香港參與國家改革開放志 上

香港地方志中心　編纂

中華書局

香港參與國家改革開放志

責任編輯　黎耀強　郭子晴　黃杰華
裝幀設計　Circle Communications Ltd
製　　作　中華書局（香港）有限公司

編纂　　香港地方志中心有限公司
　　　　香港灣仔告士打道 77-79 號富通大廈 25 樓
出版　　中華書局（香港）有限公司
　　　　香港北角英皇道四九九號北角工業大廈一樓 B
　　　　電話：（852）2137 2338　傳真：（852）2713 8202
　　　　電子郵件：info@chunghwabook.com.hk
　　　　網址：http://www.chunghwabook.com.hk
發行　　香港聯合書刊物流有限公司
　　　　香港新界荃灣德士古道 220-248 號荃灣工業中心 16 樓
　　　　電話：（852）2150 2100　傳真：（852）2407 3062
　　　　電子郵件：info@suplogistics.com.hk
印刷　　宏亞印務有限公司
　　　　香港柴灣豐業街 8 號宏亞大廈 13 樓
版次　　2021 年 12 月初版
　　　　©2021 中華書局（香港）有限公司
規格　　16 開（285mm×210mm）

衷心感謝以下機構及人士的慷慨支持，
讓《香港志》能夠付梓出版，永留印記。

Hong Kong Chronicles has been made possible with the generous contributions of the following benefactors:

 首席惠澤機構
Principal Benefactor

香港賽馬會慈善信託基金
The Hong Kong Jockey Club Charities Trust
同心同步同進 *RIDING HIGH TOGETHER*

惠澤機構
Benefactors

香港董氏慈善基金會
The Tung Foundation

黃廷方慈善基金
Ng Teng Fong Charitable Foundation

恒隆地產
Hang Lung Properties Limited

太古集團
John Swire & Sons

怡和管理有限公司
Jardine Matheson Limited

信德集團何鴻燊博士基金會有限公司
Shun Tak Holdings − Dr. Stanley Ho Hung Sun Foundation Limited

恒基兆業地產集團
Henderson Land Group

滙豐
HSBC

中國銀行(香港)有限公司
Bank of China (Hong Kong) Limited

李嘉誠基金會
Li Ka Shing Foundation

電訊盈科有限公司
PCCW Limited

亞洲保險有限公司
Asia Insurance Company Limited

其士集團
CHEVALIER GROUP

陳廷驊基金會
The D. H. Chen Foundation

經綸慈善基金
Victor and William Fung Foundation

劉鳴煒先生
Mr. Ming Wai Lau

伍絜宜慈善基金
Wu Jieh Yee Charitable Foundation

工銀亞洲慈善基金
ICBC (Asia) Charitable Foundation

霍英東基金會
Fok Ying Tung Foundation

中國移動香港有限公司
China Mobile Hong Kong Company Limited

招商局集團(香港)有限公司
China Merchants Holdings (Hong Kong) Co., Ltd.

新世界發展有限公司
New World Development Company Limited

華潤集團
China Resources Group

九龍倉集團有限公司
The Wharf (Holdings) Limited

新鴻基地產發展有限公司
Sun Hung Kai Properties Limited

中國太平保險集團有限責任公司
China Taiping Insurance Group Co., Ltd.

中電控股有限公司
CLP Holdings Limited

嘉道理父子有限公司
Sir Elly Kadoorie & Sons Limited

香港鐵路有限公司
MTR Corporation Limited

中國建設銀行(亞洲)
China Construction Bank (Asia)

交通銀行(香港)有限公司
Bank of Communications (Hong Kong) Limited

瑞安集團有限公司
Shui On Holdings Limited

鷹君集團有限公司
Great Eagle Holdings Limited

蘭桂坊集團
Lan Kwai Fong Group

嘉里控股有限公司
Kerry Holdings Limited

方樹福堂基金
Fong Shu Fook Tong Foundation

朱鼎健博士
Dr. Ken Chu

施榮怡先生
Mr. Ivis Sze

旭日慈善基金有限公司
GS Charity Foundation Limited

中原地產
CENTALINE PROPERTY

麗新集團
Lai Sun Group

上海實業(集團)有限公司
Shanghai Industrial Investment (Holdings) Co., Ltd.

渣打銀行
Standard Chartered Bank

中國農業銀行股份有限公司香港分行
Agricultural Bank of China Limited Hong Kong Branch

香港中旅(集團)有限公司
China Travel Service (Holdings) Hong Kong Limited

嘉華國際集團有限公司
K. WAH INTERNATIONAL HOLDINGS LTD.

美心集團
Maxim's Group

名譽贊助人·顧問·理事·執行委員會名單

名譽贊助人	林鄭月娥　駱惠寧
名 譽 顧 問	王賡武
當 然 顧 問	李家超

理 事 會
理事會主席	董建華
執行委員會主席	陳智思
理事會常務秘書長	鄭李錦芬

理事會理事

丁新豹	孔令成	王䓪鳴	李明逵	李國章	李焯芬
冼玉儀	金耀基	范徐麗泰	馬逢國	馬豪輝	張信剛
張炳良	梁元生	梁愛詩	梁錦松	陳坤耀	馮國經
黃永光	黃玉山	楊紹信	劉智鵬	劉遵義	羅康瑞
譚惠珠					

編審委員會

首席召集人	李焯芬			
召集人	丁新豹	梁元生	冼玉儀	劉智鵬
委員	朱益宜	何濼生	吳祖南	李明堃
	李金強	周永新	周佳榮	周亮全
	梁操雅	陳弘毅	陳蒨	陳龍生
	黃紹倫	葉月瑜	詹志勇	鄒興華
	趙雨樂	劉兆佳	劉蜀永	潘耀明
	鄧聰	鄭宏泰	蕭國健	龍炳頤

發展委員會

首席召集人	黃永光
召集人	郭基泓
委員	簡永楨

推廣委員會

首席召集人	黃玉山			
召集人	王䓪鳴			
委員	李鑾輝	袁光銘	麥黃小珍	葉偉儀

審計委員會

主席	孔令成		
副主席	楊紹信		
委員	伍步謙	方文雄	曾順福

總 裁
	林乃仁

（筆畫序排列）

編審團隊

主　編	陳坤耀　劉佩瓊　陳景祥　陸錦榮			
責任編輯	陸錦榮　陳立衡			
撰　稿	王睿智	宋博文	吳福全	李靜雯	李慶餘
	周少芳	周罟年	林佩珊	陳立衡	陸錦榮
	許育冰	張　彧	張健華	張啟榮	崔德興
	黃柱承	黃麗瑗	彭寶珍	楊　竹	趙浩柏
	趙　漣	蔡思行	蔡耀銘	羅家輝	
協　力	方祺輝	李芷欣	吳嘉俊	林丹媛	林鳳萍
	徐美珊	袁榮致	曾宛瑩	鄭智霖	謝宗興
	韓卓峻				
外審專家學者	王香生	尹振英	任志剛	周光蓁	周八駿
	陳德霖	陳澤斌	張炳良	麥齊光	麥齊明
	崔綺雲	梁鳳儀	黃玉山	鄒廣榮	馮應謙
	靳埭強	蔡海偉	謝展寰	謝國樑	謝景芬
	謝錦添	饒美蛟			

序

「參天之木，必有其根；懷山之水，必有其源。」尋根溯源，承傳記憶，是人類的天性，民族的傳統，也是歷代香港人的一個情結，一份冀盼。

從文明肇始的遠古年代，華夏先民便已在香港這片熱土上繁衍生息，留下了數千年的發展軌跡和生活印記。然而，自清嘉慶二十四年《新安縣志》編修以後，香港地區便再無志書，留下了長達二百年的空白。

這二百年，正是香港艱苦奮鬥、努力開拓，逐步成為國際大都會的二百年，也是香港與祖國休戚與共、血脈相連，不斷深化命運共同體的二百年。1841 年香港島被英國佔領，象徵着百年滄桑的濫觴；1997 年香港回歸祖國，拉開了民族復興的序幕。

回歸以來，香港由一個他人心目中「借來的地方，借來的時間」，蛻變成為「一個國家，兩種制度」之下的特別行政區。港人要告別過客心態，厚植家國情懷，建立當家作主的責任意識，才能夠明辨方向，共創更好明天。

地方志具有存史、資政、育人的重要職能，修志過程蘊含了對安身立命、經世濟民、治國安邦之道的追尋、承傳與弘揚，是一項功在當代，利在千秋的文化大業。

香港地方志中心成立之目的，正是要透過全面整理本港自然、政治、經濟、社會、文化、人物的資料，為國家和香港留存一份不朽的文化資產，以歷史之火炬，照亮香港的未來。

凡例

一、香港是中華人民共和國的一個特別行政區。在「一國兩制」原則下，香港
修志有別於海峽兩岸官修志書的傳統架構，採用「團結牽頭、政府支持、
社會參與、專家撰寫」的方式，即由非牟利團體團結香港基金牽頭，在特
區政府和中央政府支持與社會廣泛參與下，由專家參與撰寫而成。

二、編修《香港志》目的在於全面、系統、客觀地記述香港自然和社會各方面
的歷史與現狀。在繼承中國修志優良傳統的同時，突出香港特色，力求在
內容和形式上有所突破、有所創新。

三、《香港志》記述時限，上限追溯至遠古，下限斷至 2017 年 7 月 1 日。個
別分志視乎完整性的需要，下限適當下延。

四、《香港志》記述的地域範圍以 1997 年 7 月 1 日香港特別行政區管轄範
圍為主。發生在本區之外，但與香港關係十分密切的重要事務亦作適當
記述。

五、為方便讀者從宏觀角度了解本志和各卷、各章的內在聯繫，本志設總述，
各卷設概述，各篇或章視需要設無題小序。

六、人物志遵循生不立傳原則。立傳人物按生年先後排列。健在人物的事跡採
用以事繫人、人隨事出的方法記載。

七、本志所記述的歷史朝代、機構、職稱、地名、人名、度量衡單位，均依當
時稱謂。1840 年中國進入近代以前，歷史紀年加注公元紀年；1841 年
以後，採用公元紀年。貨幣單位「元」均指「港元」，其他貨幣單位則明
確標示。

八、本志統計資料主要來自香港政府公布的官方統計資料。

九、本志對多次重複使用的名稱，第一次使用全稱時加注簡稱，後使用簡稱。

十、為便於徵引查考，本志對主要資料加以注釋，說明來源。

十一、各卷需要特別說明的事項，在其「出版說明」中列出。

出版說明

本書為香港參與國家改革開放專題志，本志以存真求實原則，全面、系統、客觀地記錄香港參與國家改革開放歷程中，兩地互動的歷史和現狀。本志記事的時限，上起 1978 年，下限斷至 2017 年 7 月 1 日，即從中共十一屆三中全會後，國家實施改革開放起，迄林鄭月娥當日就任香港特別行政區第五任行政長官止。

國家改革開放推進社會主義現代化建設，發展經濟。本志的內容，亦以記述兩地在經濟和金融領域上的互動為主。基於香港參與國家改革開放四十年來的歷程中，人、事、物的互相交叉，覆蓋面廣泛，在編纂過程中，搜集到大量且內容多樣的資料，需要有所選取。未能在本志篇目記述的部分，有關資料將分別歸屬到《香港志》其他相關部類各卷中，作出記述。為方便讀者了解本書的概貌，以及各分章的主要內容，本志設全書概述，各章視需要設無題小序。在資料搜集和編纂工作上，有幾點需要說明 ——

一、本志各項數據，主要採用香港特區政府統計處、國家統計局和相關機構年報的官方數字。由於本志下限斷至 2017 年 7 月 1 日，個別統計項目沒有年中統計數字，則採用 2017 年年底數據。

二、本志各章的內容，除主要參考官方文件外，還參考和採用了歷年的香港報章、書刊、網站、口述歷史等資料。

三、本志記述的個別事件，視需要用注釋補充其於本志下限後的重大發展，方便讀者掌握後續重要變化。

四、外國人名、國際機構名稱、協定、金融財經術語等，除為了方便讀者閱讀的需要，在個別中文名稱後括注外文稱謂外，行文一律用中文名稱。中英譯名可參閱本志所附的「中外譯名對照表」。

此外，本志以附錄形式，收錄 2018 年「香港澳門各界慶祝國家改革開放 40 周年訪問團—香港特別行政區代表團」逾百位成員的資料，供參考。

目錄

上　冊

序

凡例

出版說明

概述 _____ 1

第一章　製造業北移

第一節 概況 _____ 32

第二節 北上先行者 _____ 37

一、順德縣容奇鎮製衣廠 _____ 37

二、東莞太平手袋廠 _____ 40

三、香洲毛紡廠 _____ 42

四、中宏製氧廠 _____ 43

五、北京航空食品有限公司 _____ 44

六、廣東光明華僑電子工業有限公司 _____ 44

七、新南新印染廠有限公司 _____ 47

八、新疆天山毛紡織品有限公司 _____ 48

九、中國迅達電梯有限公司 _____ 49

十、中國銀利來有限公司、金利來（中國）服飾皮具有限公司 _____ 50

第三節 北上主要地域 _____ 51

一、珠江三角洲 _____ 51

二、長江三角洲 _____ 71

第四節 生產管理制度改革 _____ 84

一、用工制度、工資制度 _____ 84

二、管理制度 _____ 87

第二章　香港與內地貿易

第一節 概況 _____ 92

第二節 轉口貿易 _____ 101

第三節 離岸貿易 _____ 116

第四節 服務貿易 _____ 121

第三章　運輸物流

第一節 航運 _____ 134
　一、港口業務 _____ 136
　二、船舶註冊 _____ 143
第二節 空運 _____ 147
　一、往來內地航線 _____ 147
　二、航空運輸業務 _____ 149
　三、發展多式聯運服務 _____ 150
　四、參與內地機場管理 _____ 154
　五、飛機維修 _____ 159
第三節 物流管理 _____ 163

第四章　旅遊往來

第一節 旅客互流 _____ 172
　一、入境香港內地旅客 _____ 173
　二、出境內地港客 _____ 180
第二節 旅遊合作 _____ 186
　一、通關便利 _____ 186
　二、香港遊 _____ 195
　三、「個人遊」與「一簽多行」 _____ 198
　四、一程多站 _____ 206
第三節 旅遊設施及景點投資合作 _____ 209
　一、酒店 _____ 209
　二、度假村、遊樂園、主題公園、景點／景區 _____ 219
　三、高爾夫球場 _____ 223
第四節 旅遊消費 _____ 225
　一、香港居民北上旅遊消費 _____ 225
　二、內地人南下旅遊消費 _____ 234

第五章　基礎建設

第一節 港商在內地發展的基建項目 _____ 246
　一、能源 _____ 246
　二、公路及橋樑 _____ 260
　三、貨櫃碼頭 _____ 273
　四、邊境口岸設施 _____ 291
　五、地鐵 _____ 295

第二節 跨境基建項目 _____304

　　一、廣深港高速鐵路香港段 _____304

　　二、港珠澳大橋 _____305

第六章　土地與房地產

第一節 概況 _____312

第二節 引介香港土地有償使用制度 _____316

第三節 港商參與內地房地產市場 _____329

　　一、酒店 _____330

　　二、住宅 _____332

　　三、商場及寫字樓 _____340

　　四、物業代理 _____350

　　五、物業管理 _____353

第四節 中資參與香港房地產市場 _____356

　　一、投地 _____357

　　二、住宅 _____359

　　三、商廈 _____360

　　四、舊區重建 _____361

　　五、物業管理 _____362

第七章　經濟合作

第一節 CEPA 經貿合作 _____366

　　一、貨物貿易自由化 _____369

　　二、服務貿易自由化 _____378

　　三、貿易投資便利化 _____397

　　四、經濟技術合作 _____400

第二節 區域合作平台 _____400

　　一、粵港合作 _____401

　　二、京港合作 _____411

　　三、滬港合作 _____417

　　四、泛珠三角區域合作 _____419

　　五、閩港合作 _____424

　　六、西部大開發 _____425

第三節 參與自由貿易試驗區建設 _____428

　　一、中國（上海）自由貿易試驗區 _____429

　　二、中國（廣東）自由貿易試驗區 _____431

第四節 參與「一帶一路」發展 _____ 444

　　一、特區政府參與「一帶一路」建設 _____ 445

　　二、香港商界參與「一帶一路」建設 _____ 449

第八章　科技合作

第一節 兩地科技交流概況 _____ 458

　　一、院校互訪交流與合作 _____ 461

　　二、科研資金運用 _____ 466

第二節 官方合作平台 _____ 468

　　一、五所研發中心 _____ 468

　　二、深港創新圈 _____ 470

　　三、河套區港深創新與科技園 _____ 476

第三節 學界參與國家科研項目 _____ 480

　　一、國家重點實驗室夥伴實驗室 _____ 480

　　二、國家工程技術研究中心香港分中心 _____ 484

　　三、國家高技術研究發展計劃（「863」計劃）_____ 485

　　四、國家重點基礎研究發展計劃（「973」計劃）_____ 486

　　五、聯合實驗室 _____ 487

　　六、其他 _____ 491

第四節 兩地科研人才合作 _____ 492

　　一、取得國家科研成就香港人才 _____ 492

　　二、南來共同創新內地人才 _____ 503

第五節 商業孵化及融資合作 _____ 507

　　一、政府倡導 _____ 507

　　二、私人界別倡導 _____ 518

　　三、創投及上市 _____ 519

第九章　在港中資企業

第一節 概況 _____ 526

第二節 香港四大老牌中資企業 _____ 533

　　一、招商局集團 _____ 533

　　二、華潤（集團）有限公司 _____ 539

　　三、中國銀行（香港）有限公司 _____ 544

　　四、中國旅遊集團有限公司暨香港中旅（集團）有限公司 _____ 550

第三節 改革開放後來港中資企業 _____ 554

　　一、中國中信股份有限公司／中信泰富有限公司 _____ 554

　　二、中國光大集團 _____ 557

　　三、中國海外集團有限公司 _____ 559

四、京泰實業（集團）有限公司 / 北京控股有限公司 _____ 562

五、上海實業（集團）有限公司 _____ 564

六、粵海控股集團有限公司 / 粵海企業（集團）有限公司 _____ 567

第十章　銀行

第一節 在港銀行涉內地業務 _____ 572

一、概況 _____ 572

二、分支機構經營 _____ 578

三、入股內地銀行經營 _____ 582

四、法人銀行經營 _____ 585

五、村鎮銀行經營 _____ 590

六、非銀行金融機構經營 _____ 591

第二節 在港發展中資銀行 _____ 591

一、成立分支機構 _____ 591

二、收購在港銀行 _____ 596

三、上市集資 _____ 604

四、成立投資銀行 _____ 612

五、成立基金管理公司 _____ 615

第三節 銀行政策與監管 _____ 616

一、跨境監管 _____ 616

二、兩地交流 _____ 620

第十一章　證券市場

第一節　概況 _____ 624

第二節　內地企業來港融資 _____ 627

一、紅籌股 _____ 627

二、H 股 _____ 633

三、民企股 _____ 646

四、非人民幣債券 _____ 649

第三節　證券市場互聯互通 _____ 651

一、北向金融投資 _____ 651

二、南向金融投資 _____ 658

三、雙向金融投資 _____ 660

第四節　在港發展證券公司 _____ 672

一、中資證券公司 _____ 672

二、港資外資證券公司 _____ 679

第五節　北上發展證券公司 _____ 683

一、CEPA 實施前時期 _____ 683

二、CEPA 實施後時期 _____ 685

第六節 證券市場配套 _____ 692

一、金融監管與合作 _____ 692

二、證券市場基建 _____ 699

第十二章　離岸人民幣中心

第一節 概況 _____ 710

第二節 人民幣資產市場 _____ 713

一、存貸市場 _____ 713

二、債券市場 _____ 717

三、股本證券市場 _____ 726

四、基金市場 _____ 730

五、外匯市場 _____ 736

第三節 人民幣跨境貿易結算 _____ 739

第四節 人民幣直接投資 _____ 741

一、人民幣外商直接投資（RFDI） _____ 741

二、人民幣境外直接投資（RODI） _____ 742

第五節 人民幣金融基建 _____ 743

一、結算清算 _____ 743

二、流動性措施 _____ 752

三、市場基準 _____ 755

四、監管 _____ 757

第十三章　保險

第一節 概況 _____ 766

第二節 保險機構發展概況 _____ 768

一、在港中資保險機構發展 _____ 768

二、港資外資保險機構在內地發展 _____ 780

第三節 保險資金 _____ 786

一、內地資金來港投保 _____ 786

二、內地保險資金在港運用 _____ 787

第四節 保險監管與培訓 _____ 791

一、兩地監管合作 _____ 791

二、人才培訓 _____ 795

下 冊

第十四章　多媒體產業

第一節 音樂 800

　一、流行音樂 800

　二、嚴肅音樂 819

第二節 電影 834

　一、業界交流 835

　二、香港與內地合拍片 842

第三節 電視 862

　一、香港與內地互相引進電視劇 864

　二、香港電視業界與內地合作拍劇 870

　三、香港與內地合作製作綜藝節目 879

第四節 動畫與漫畫 881

　一、電視動畫 882

　二、漫畫 886

　三、電影動畫 888

　四、動畫短片 891

第十五章　設計、廣告及公關

第一節 建築設計 896

　一、向內地引入現代化設計 896

　二、協助完善內地業界制度 928

第二節 平面設計 932

　一、交流與培訓 933

　二、業務參與 942

第三節 廣告及公關 952

　一、概況 952

　二、廣告 955

　三、公關 965

第十六章　培訓與教育

第一節 專業培訓機構 980

　一、促進現代化專業人士協會 980

　二、香港管理專業協會 981

　三、香港中華總商會 982

　四、香港培華教育基金會 984

五、經緯顧問研究有限公司 _____ 988

六、廉政公署 _____ 988

七、香港社會服務聯會 _____ 989

八、京港人才交流中心 _____ 990

九、法律教育基金 _____ 991

十、香港基督教服務處 _____ 992

十一、蔣震工業慈善基金 _____ 993

十二、鄰舍輔導會 _____ 994

十三、香港城市大學 _____ 995

十四、香港理工大學 _____ 995

十五、健康快車 _____ 997

十六、新世界哈佛中國高級公務員培訓計劃 _____ 999

十七、香港金融管理學院 _____ 999

十八、社會服務發展研究中心 _____ 999

十九、香港工商專業聯會 _____ 1001

二十、香港中華教育基金 _____ 1001

二十一、東華三院 _____ 1002

二十二、亮睛工程 _____ 1002

二十三、香港懲教社教育基金 _____ 1003

二十四、醫院管理局 _____ 1003

二十五、香港公共行政學院 _____ 1005

二十六、香港文匯管理學院 _____ 1006

二十七、大公國際傳媒學院 _____ 1007

第二節 高等教育捐助基金 _____ 1007

一、叔蘋獎學金基金 _____ 1007

二、邵氏基金會 _____ 1008

三、方樹福堂基金與方潤華基金 _____ 1011

四、李嘉誠基金會 _____ 1012

五、田家炳基金會 _____ 1016

六、包氏基金 _____ 1016

七、王寬誠教育基金會 _____ 1018

八、何氏教育基金會 _____ 1022

九、霍英東教育基金會 _____ 1022

十、蔣震工業慈善基金 _____ 1025

十一、曾憲梓教育基金會 _____ 1026

十二、軒轅教育基金會 _____ 1026

十三、新鴻基地產郭氏基金 _____ 1026

第三節 高等教育交流 _____ 1029

　一、學術交流 _____ 1029

　二、互相招生 _____ 1037

　三、院校合作辦學 _____ 1045

第十七章　環境保育

第一節 概況 _____ 1060

第二節 香港與內地合作 _____ 1062

　一、合作機制 _____ 1062

　二、大氣污染防治合作 _____ 1069

　三、水環境治理及海洋生態保育合作 _____ 1074

　四、海洋生態保育合作 _____ 1079

　五、綠色生產合作 _____ 1081

第三節 參與內地環保工作的香港環保團體 _____ 1084

　一、長春社 _____ 1085

　二、世界自然基金會香港分會 _____ 1088

　三、香港地球之友 _____ 1092

　四、嘉道理中國保育部 _____ 1097

　五、亞洲動物基金 _____ 1102

　六、海洋公園保育基金 _____ 1104

第十八章　參與救災重建

第一節 華東水災 _____ 1113

第二節 汶川地震 _____ 1119

　一、特區政府參與救災行動 _____ 1119

　二、特區政府參與災後重建行動 _____ 1121

　三、民間參與救災重建行動 _____ 1128

第十九章　體育

第一節 協助重返國際組織 _____ 1146

　一、國際單車聯盟 _____ 1147

　二、國際足球協會 _____ 1147

　三、國際奧林匹克委員會 _____ 1148

　四、國際羽毛球聯合會 _____ 1148

第二節 支持舉辦國際賽事 _____ 1149

　一、參與申辦奧運會 _____ 1149

　二、參與協辦國際賽事 _____ 1153

第三節 引入體育項目 ———————————————————————————— 1159

　　一、高爾夫球 ———————————————————————————— 1160

　　二、賽車 ———————————————————————————————— 1160

第四節 與內地體育交流與合作 ——————————————————— 1162

　　一、體育人員交流 ——————————————————————— 1162

　　二、體育賽事交流 ——————————————————————— 1176

　　三、其他交流與合作 ————————————————————— 1183

大事記 ———————————————————————————————————— 1185

附表　中外譯名對照表 —————————————————————————— 1236

附錄一　香港澳門各界慶祝國家改革開放 40 周年訪問團

　　　　——香港特別行政區代表團 ———————————————— 1243

附錄二　香港全國人大代表及全國政協香港委員名單 ——————— 1379

主要參考文獻 ———————————————————————————————— 1390

編後記 ———————————————————————————————————— 1479

鳴謝 —————————————————————————————————————— 1481

概述

一、參與國家改革開放歷程發端

香港自 1979 年參與國家改革開放歷程，與內地相互促進，經過四十年互動，國家成為全球第二大經濟體、全球貿易大國；香港經濟結構從輕工業產品製造出口，成功轉型為服務業型經濟體、國際金融中心和航運中心。

1960 年代，香港經濟形成以勞動密集型、輕工業為主的加工製造出口產業結構。紡織、成衣、塑膠、電子、手錶、玩具等產品遠銷歐美等地。1960 年至 1970 年，香港製造業工廠數目從 5346 家，增加至 16,507 家；就業人數從 21.84 萬增至 54.92 萬，10 年間，分別增加 2.09 倍和 1.51 倍。同期，進出口貿易總值從 98.01 億元增至 328.45 億元，增加 2.35 倍，其中，港產品出口貨值由 1960 年的 28.67 億元，增至 1970 年的 123.47 億元，增加 3.31 倍。這段時間，製造業生產和對外貿易增長迅速，促進香港發展為對外開放的自由經濟體。

1971 年，以產業分類計算的本地生產總值，製造業佔本地生產總值 218.73 億元（當年價格）的 29.5%，接近三成，數額為 64.55 億元；同年，從事製造業人數達到 56.44 萬，製造業成為香港經濟增長的支柱產業。

1970 年代，世界經濟急劇變化。1973 年 10 月，中東戰爭爆發，石油輸出國組織對石油產量實行限制，油價飆升，導致依賴進口石油的發達國家陷入經濟衰退，激發貿易保護主義。1973 年 12 月 20 日，《關稅及貿易總協定》締約國達成《國際紡織品貿易協定》，又稱《多種纖維協定》，對發展中國家或地區出口到發達國家的紗線、織物和成衣等設置限額，實行歧視性進口數量限制。香港由於出口貿易發展早，而進口配額制度是以過去業績為基數，得以緩和貿易保護主義的衝擊，在國際貿易的排名，居第十一位左右。香港作為貿易港口，具完善、高效率的航運設施，在貨櫃輸送量及航空運輸班次均居世界前列。香港成為亞洲新興經濟體，與韓國、新加坡和台灣地區合稱為「亞洲四小龍」。

在石油危機衝擊下，整體經濟受到影響，本地生產總值實質增長率由 1973 年的 12.3%，放緩至 1974 年 2.3%，1975 年進一步下降至 0.4%。其後，隨着全球經濟漸次復蘇，帶動出口上揚，本地生產總值於 1976 年回升至 16.2% 的實質增長水平。這次經濟波動過程，暴露香港經濟增長依賴原材料，以及市場「兩頭在外」的加工生產出口產業結構弱點。

1977 年 10 月，港督麥理浩在立法局會議上發表施政報告，提出成立一個經濟多元化諮詢委員會，探討香港經濟增長結構的多元發展，並研究為製造業提供支援途徑、協助工商業開闢市場。

香港製造業經過 1970 年代快速發展，土地和勞動成本不斷上升。據政府統計處編製的

《1978 工業生產調查》報告，整體製造業勞工成本從 1973 年的 58.75 億元，增加至 1978 年的 124.43 億元，增幅 111.78%；在購置生產物料、零部件，以及生產所需的燃料、水電和其他服務費用方面，成本費用由 1973 年的 195.61 億元，增加至 434.14 億元，增幅達到 121.94%。

生產物料、工資與廠房土地成本持續上升，港產品的低成本競爭力優勢持續承受壓力。在地價昂貴、資源短缺、勞工成本上升的困難下，加上面對韓國、新加坡和台灣地區等的出口競爭，廠商表示經營困難。於此困頓之際，國家尋求經濟改革。1978 年 2 月 26 日至 3 月 5 日，第五屆全國人民代表大會第一次會議在北京舉行，會議審閱通過《1976—1985 年發展國民經濟十年規劃綱要（草案）》，推動經濟現代化發展。

1979 年 12 月，經濟多元化諮詢委員會發表《一九七九年經濟多元化諮詢委員會報告書》，建議增強香港與內地的經濟聯繫、「尋求實施各項改善本港運輸基本設施和本港與廣東省之間的運輸聯繫」，以把握「香港重新擔當轉口港的角色」機會。[1] 國家把工作重點轉到社會主義現代化建設，實行改革開放，為港商提供突破經營困局的出路。

二、協助國家發展出口導向型經濟（1978年至2000年）

中國共產黨於 1977 年 8 月召開第十一屆全國代表大會。在閉幕會議上，全會主席團副主席鄧小平提出，在「本世紀內把我國建設成為偉大的社會主義現代化強國」。

1978 年 2 月 18 日至 23 日，中共舉行十一屆二中全會，會議一致通過《1976—1985 年發展國民經濟十年規劃綱要（草案）》。

同年 12 月 18 日至 22 日，中共召開十一屆三中全會，議決把工作重點轉移到社會主義現代化建設，改變農輕重工業的比例，揭開改革開放序幕，踏上中國特色社會主義發展道路，並開始着手對經濟管理體制和經營管理方法進行改革；在自力更生的基礎上，同世界各國展開經濟合作，確立落實改革開放的方針。

1979 年 7 月 1 日，第五屆全國人大第二次會議審議通過《中華人民共和國中外合資經營企業法》，是首部有關外商（包括港澳台）投資法規的立法，用以填補之前缺乏外商投資法規的空白，並通過稅務優惠等措施，致力吸引外商到內地投資，紓解資本不足的發展局限；吸引外商投資的同時，對地方政府權力下放，鼓勵鄉鎮企業與港資合作發展加工出口輕工業。

1979 年 7 月 15 日，中共中央、國務院批轉廣東、福建兩省省委關於在對外經濟活動中，實行「特殊政策和靈活措施」的報告，決定允許廣東、福建兩省「先行一步」，給予對外經濟活動更多的自主權，以充分發揮兩省鄰近港澳台的優越條件，率先進行企業體制改革，

1978 年 12 月 18 日至 22 日，中國共產黨第十一屆中央委員會第三次全體會議在北京舉行，會議議決把黨和國家工作重點轉移到社會主義現代化建設。圖為全會通過會議公報。（新華社提供）

同時擴大對外貿易，引進外資、落實對外開放政策，為港商把生產轉移到內地提供政策條件。

1980 年 8 月 26 日，第五屆全國人民代表大會常務委員會第十五次會議，批准《廣東省經濟特區條例》施行，在廣東省深圳、珠海、汕頭分別劃出一定區域，設置經濟特區，確定特區的設立和發展得到法律授權。

從中共於 1977 年 8 月舉行十一屆一中全會、1978 年 2 月舉行十一屆二中全會、1978 年 12 月舉行十一屆三中全會、1979 年 7 月五屆人大第二次會議通過《中外合資經營企業法》，到 1980 年 8 月設置經濟特區，一步一步踏上劃時代改革開放之路。

國家對外開放，港商把勞動力密集的生產線遷至與香港毗鄰的廣東省、尤其在深圳進行生產，借助鄉親關係進入內地設廠投資，有出於節約生產成本的需要，或出於支持國家實現社會主義現代化建設的驅動下，在沒有政府完善政策和法律法規引導的民間自發層面，展開把生產線轉移到內地加工出口的合作。

另一方面，香港經濟經過 1960 年代快速發展，經濟規模持續擴大，具備發展金融業條件。進入 1970 年代，布列頓森林國際貨幣體系開始瓦解，歐洲美元流入亞洲，加上數額龐大的「石油美元」在國際間流動，香港成為西方跨國銀行進駐亞洲發展的熱門地點。隨後，香港建立銀行三級制，拓展金融業務，為發展成為國際金融中心建構基礎。

據國家統計局資料，1978 年內地國內生產總值（GDP）為 3678.7 億元人民幣，人均國內生產總值為 385 元人民幣，外匯儲備只有 1.67 億美元，進口原材料和零部件採購受資源不足所限，發展受到制約。同一年，香港按當時市值計算的本地生產總值為 857.82 億元，人均本地生產總值為 18,379 元，兩地經濟發展水平呈現顯著差距。在差距下，香港開展參與國家改革開放的歷程。

港商注入資金、技術與管理

國家招商引資　中共十一屆三中全會後翌年，於 1979 年 4 月 20 日，香港港華電子企業有限公司創辦人林中翹，與廣東省華僑農場管理局局長陳賢簽約，合作經營光明華僑電子廠，同年成為內地首家中外合資電子企業。同年 9 月 18 日，深圳市第一家港深合作經營的深圳水庫酒家開業。

深圳（1979 年 3 月 5 日，國務院批覆同意將寶安縣改為深圳市）是港商的投資重點。1979 年年底，深圳吸引港商簽訂利用外資協議共 169 項，實際利用外資 1500 萬美元。1980 年，利用外資協議項目增至 303 個，實際利用外資 3266 萬美元，分別增加 78.2% 和 112.5%。

1979 年，隸屬國家交通部的香港招商局，獲批於廣東寶安建立蛇口工業區。1980 年，原國家交通部外事局局長袁庚任蛇口工業區建設指揮部總指揮。在蛇口工業區實行「擇優招僱聘請制」，用人唯才，並開始開發赤灣，開辦企業管理幹部培訓班，香港的專業人士響應參與培訓工作，為工業區培養大批管理人才。袁庚提出「時間就是金錢，效率就是生命」的口號。這句口號在改革開放之初瞬即廣為流傳。

1980 年 5 月，經廣東省經濟特區管理委員會批准，深圳第一家港商獨資企業 —— 新南新印染廠有限公司（後易名為深圳中冠紡織印染股份有限公司）在深圳葵涌興建。1982 年，香港陸氏實業有限公司在蛇口辦電視工廠，從事設計、製造和分銷電視及電視組件。一批一批的港商北上發展，成為深圳落實改革開放的投資先行者。

1982 年，在蛇口工業區，中國第一家股份制中外合資企業 —— 中國南山開發股份有限公司成立，袁庚任董事長兼總經理。

中外合資項目以來料加工、來樣加工、來件裝配和補償貿易的「三來一補」合作形式為主。1984 年年底，深圳市累計與外商簽訂各種協議項目 3493 項，協議投資 23.25 億美元，實際引進外資 6.09 億美元，其中「三來一補」項目 2695 項，佔協議項目總數 77.15%。「三來一補」項目多數為玩具、錶帶、手袋、鞋類、手編工藝等加工裝配項目。其中，港商協議投資 20.9 億美元，佔協議投資總額的 89.8%，港商成為支持國家改革開放的外商投資主力。

除製造業「三來一補」，港商亦投資內地其他產業。另一方面，在袁庚領導下，1985 年 10月，全國第一家由企業創辦的社會保險機構 —— 蛇口社會保險公司成立。1987 年，新中國第一家由企業創辦的股份制商業銀行 —— 招商銀行在蛇口工業區開業。1988 年，蛇口社會保險公司經中國人民銀行批准，合資成立平安保險公司。

1986 年香港美麗華酒店、香港滙豐銀行、香港招商局、中國銀行深圳分行聯合投資的南海酒店開業。港商到內地尤其在廣東省珠江三角洲地區（珠三角）設廠生產，在香港轉而從事生產前期和後期的管理與服務，包括爭取訂單、擴大出口市場、採購原材料、開發設計產品、營銷策劃、品質管理、財務管理和優化產品包裝等，形成香港與珠三角「前店後廠」的合作模式；在內地生產的產品，透過香港公司的出口配額、市場信息和網絡，借助香港四通八達的航運，銷往世界各地，促進香港對外貿易，同時推動國家經濟發展。

按政府統計處資料，香港的整體出口，由 1978 年的 539.08 億元，上升至翌年的 759.34億元，按年上升 40.9%，當中，轉口貿易額由 1978 年的 131.97 億元，上升至 1979 年的200.22 億元，按年上升 51.7%，增幅顯著。

自 1979 年起，香港成為廣東省實際利用外資的主要資金來源地。按《廣東省統計年鑒》資料，1979 年至 2000 年，外商到廣東省投資所簽訂的合同共 83,768 個，香港有65,636 個，佔比 78.4%。同期，廣東實際利用外資總計 1252.48 億美元，扣除對外借款的 185.84 億美元等，外商直接投資總計 988.18 億美元，香港佔 718.77 億美元，佔比72.7%。在投資項目和資金上，香港佔總額的比重逾七成。來自港商的資金，助力滿足了國家在改革開放初期發展資金短缺的需要。

香港製造業大規模遷至廣東省珠三角，加快香港向服務型經濟轉型。1980 年代中期開始，香港與製造業相關活動在本地生產總值中所佔比重，從 1987 年的 20.3%，下降至 1992年 12.1%。同期，製造業機構的每年平均數目，由 50,756 家下降至 41,706 家，五年間，減少 9050 家；製造業從業員的每年平均數目，從 944,078 人，降至 592,354 人，共減少351,724 人。

港商大規模在內地進行生產加工貿易，帶動原材料和製成品的轉口，形成「中轉貿易」與異地生產製造相結合的發展模式，強化了香港轉口貿易港的功能和作用。1988 年，香港轉口貿易貨值達到 2754.05 億元，而香港產品出口為 2176.64 億元，轉口貿易貨值首次超過香港產品出口。到 1992 年，轉口貿易貨值增至 6908.29 億元，同年，香港產品出口達到2341.23 億元峰值後，開始持續下降，佔整體出口的比重，由 1992 年的 25.3%，下降至2000 年的 11.5%，略多於一成；而轉口貿易貨值，同期的佔比從 74.7% 上升至 88.5%，接近九成，展示這段時間，香港經濟由工業產品淨出口為主的結構，向轉口貿易和隨後的離岸貿易轉換，並繼 1950 年代後，再次成為內地重要的轉口港，位於世界集裝箱前列排名的繁忙港口。

從 1988 年至 2000 年，香港製造業生產線持續遷移到內地。按經濟活動劃分的本地生產總值，製造業的比重以當年價格計算，由 1988 年佔比 19.1%，下降至 2000 年的 5.1%、2005 年的 2.8%，到 2010 年進一步下降至 1.7%，本地製造業大規模遷移至廣東珠三角地區，在香港和內地「前店後廠」的分工模式下，港商集中在珠三角進行生產，香港本土的港產品出口製造活力轉弱。本地生產總值的增長動力，由跟生產活動相關的貿易服務和金融服務所填補，形成參與國家改革歷程中自身經濟結構的蛻變。

按政府統計處資料，香港第三產業的服務行業，在本地生產總值所佔比例，由 1980 年的 67.3%，上升至 1990 年 74.4%，2000 年進一步升至 85.7%。服務業在總就業人數中所佔比重，由 1981 年的 50%、1991 年 66%，上升至 2000 年的 82%；製造業在總就業人數中的比例，由 1981 年的 39%，下跌至 1991 年 25%，2001 年首三季進一步降至 7%。香港製造業遷移至內地後，第三產業取得快速發展，並向服務業型經濟體轉型。

港商的資本和生產技術相繼投入內地後，國家實行改革開放後所需要的發展資金，以及致力出口創匯積累實力的政策目標，通過廣東省「先行先試」發展工業產業和生產技術提升，得到了實現力量，經濟取得長足發展。中國生產總值規模，由 1978 年 3678.7 億元人民幣，增至 2000 年的 100,280.1 億元人民幣，增加 26.2 倍；人均國內生產總值由 1978 年的 385 元人民幣，增至 2000 年的 7942 元人民幣，增加 19.6 倍。

毗鄰香港的廣東省，生產總值規模由 1978 年的 185.85 億元人民幣，增至 2000 年的 10,741.25 億元，增加了 56.8 倍。港商工廠密集的廣東珠三角地區，生產總值由 1978 年的 97.53 億元人民幣，增加至 2000 年的 8421.32 億元，增長 85.3 倍，生產總值增長規模的倍數，遠較廣東全省為高。

香港與內地早期制度改革

參與設計內地土地有償使用制度　國家改革開放初期，對市場經濟和國際經濟規則缺乏了解。香港法律、會計、工程、測量等界別的一批專業人士，在廖瑤珠律師牽頭下，組成促進現代化專業人士協會，支持國家改革開放，對內地經濟制度的建設和改革，無償提供意見和協助。

內地改革開放前，按國家法律規定，任何組織或者個人不得侵佔、買賣、出租或以其他形式非法轉讓土地。城鎮國有土地採用單一行政劃撥制度，國家將土地無償、無期限提供予企業或事業單位使用，土地使用權不能在使用者之間流轉，與香港土地有償使用制度有別。

1980 年代開始，促進現代化專業人士協會的會員，包括梁振英等到深圳、上海等城市，協助內地進行土地使用制度改革探索，向內地引介土地使用權拍賣的市場機制（Leasehold），

並直接參與深圳首次土地拍賣及上海批租的制度設計，協助內地完成土地有償使用制度的改革。

1987 年 12 月 1 日，深圳引入香港土地拍賣制度，舉行首次國有土地拍賣。1988 年 3 月 22 日，上海市人民政府對外宣布有償轉讓上海虹橋經濟技術開發區第 26 號地塊的土地使用權，標書在上海和香港兩地同時發放。6 月 30 日，香港和上海兩地共收到六份標書，招標結果由日本孫氏集團以 2805 萬美元獲得 50 年使用權。

內地參照香港的土地管理制度，對土地進行有償使用制度變革，實行拍賣或批租，允許商人用來建設投資，牽引出與地產物業市場發展相關的配套法規建設，包括行政制度和金融制度。1989 年 11 月 18 日，國家土地管理局頒布《土地登記規則》，對土地使用權的取得、設定、轉移、喪失或變更辦理登記；1995 年 6 月 30 日，第八屆全國人民代表大會常務委員會第十四次會議通過《中華人民共和國擔保法》，列明房屋可作為融資的抵押品財產，對相關法規注入市場交易機制成分，反映經濟活動中個別範圍的制度改革，向相互影響的各個改革領域伸延，以滿足相關制度配套改革的需要。隨着改革開放在多領域推進，香港參與國家改革開放的範疇，同步得到擴闊。

參與培訓內地人才　自 1980 年開始，香港專業人士通過多種形式，為內地做培訓工作，加強內地人力資源的力量。最早，是深圳市政府邀請香港各專業界別人士到深圳市講課，內容包括經濟、管理、會計、國際貿易、市場營銷、法律等，汲取西方的經濟學和管理知識。在大學方面，暨南大學作為國務院僑務辦公室屬下的大學，開始進行課程改革，並邀請香港理工學院學者劉佩瓊講授西方經濟學、投資學，成為最早開設西方經濟學、金融投資專科的大學；也是最早向香港招生的內地大學，拓寬兩地民間的交往。

另一方面，到內地投資的港商及外商，參與對內地人才的培訓工作，包括商人霍英東邀請劉佩瓊組織老師，到白天鵝賓館為員工做經濟及管理學培訓，以及講授現代酒店管理知識，旨在把白天鵝賓館打造為接待外商的國際級酒店。此外，中國開始在國際招標開發南海石油，按照合作協議，中標外資公司為相關中方管理層辦經濟管理培訓班，並在香港理工學院開辦培訓課程。

1980 年代後期，繼深圳及廣州後，珠三角地區其他各市，包括番禺、佛山等地，在港商倡議、中央政府支持下，各鄉鎮發展輕工業加工出口，並自行經營「進料加工」，「利潤留成」使各市及鄉鎮政府有財政能力投資基礎建設，開路築橋，並總結出「路通財通」的發展策略，進一步利好商品進出口運輸到香港國際港口。在商業活動趨活躍及人才需求殷切下，每年組織幹部來香港理工學院參加經濟管理培訓班，以培育政府骨幹及企業高層管理人員。其間，香港參與內地幹部培訓的機構數量陸續增加，如香港中華總商會、經緯顧問研究有限公司、香港培華教育基金會，各大學及社團等，為內地改革開放培育人才投入力量。

改革開放下的互動

內地窗口公司 國家實行改革開放起步階段，外貿體制實施計劃經濟的安排和管理。外貿的經營權、領導權和所有權歸屬中央，依國家計劃和對外政策統一進行外貿活動。

1979 年至 1980 年間，中央政府下放權力，先後批准廣東省、福建省、北京市、天津市、上海市自行辦理進出口業務，獲得自主外貿權的「二省三市」隨即在香港開辦窗口公司。廣東省分別於 1980 年和 1982 年在香港成立粵海企業有限公司和廣南行，經營內地與香港，以及內地出口國際市場的貿易和其他商業業務；1980 年 9 月，福建省開辦華閩有限公司。

1980 年 11 月，內地 28 省市代表召開會議。17 省宣布外貿自行對外，與外貿部脫鈎，經營自負盈虧。隨後，一批來自內地各省市的窗口公司，相繼在香港成立。於改革開放初期，來港的窗口公司在香港進行進出口貿易、招商引資，為內地和所屬地方政府改革開放的現代化建設，打通進出口貿易通道，引進境外資金、技術設備、管理經驗及國際市場信息。

中央部門和各省市政府批准和支持來港經營的窗口公司，在香港的營運發展，獲得香港的港資和外資銀行貸予「窗口信用」，進行投資與擴張，在香港形成一股內地窗口公司來港發展熱潮。

1997 年 7 月爆發亞洲金融危機。1998 年 10 月 6 日，中國人民銀行發出通告，指廣東省政府直屬的窗口公司 —— 廣東國際信托投資公司（廣信）不能夠支付到期債務，決定在是日關閉。其後於 10 月 12 日，廣信兩家香港附屬公司 —— 廣東國際信托投資（香港）有限公司及廣信企業有限公司宣告清盤。

按內地法院的調查，廣信清盤和申請破產，是由於「經營管理混亂，存在大量高息攬存、帳外經營、亂拆借資金、亂投資等違規經營活動」。[2]

2003 年 11 月 1 日，國務院辦公廳發出《關於改革內地駐港澳地區「窗口公司」管理模式的意見的通知》，取消「窗口公司」稱謂，並要求各地方政府與原「窗口公司」脫鈎，內地政府及部門從此不得直接出資到港澳地區設立企業，把窗口公司從政府剝離出來，為中資企業在香港實現「政經分離」的市場化經營方式立下基礎。

兩地民生與經濟活動往來 國家改革開放前，香港主要靠內地供應生活必需品，包括食水、糧食、牲畜禽鳥、魚產、蔬菜等食品，為此，成立相關的企業及組織，如經營食品貿易的五豐行、經營國內商品的國貨公司。在港經營金融業務的中國銀行、負責國際貿易的華潤公司、負責航運的招商局等，為香港從內地進口生活必需品，分別提供金融、採購經銷和運輸服務。

香港與內地的聯繫，催生香港中華總商會（中總）和相關行業的工會、地方社團等與內地接觸。在國家改革開放過程中，這些機構和社團協助推動港資和外資直接進入內地，並助力中央部門和內地地方政府來港招商引資，促進香港和內地交流。中總在國務院港澳辦公室（國務院港澳辦）等政府機關支持下，開辦內地幹部培訓班。課程除上課，亦安排訪問香港的機構，包括工業邨、貨櫃碼頭、香港地下鐵路、香港股票市場和廉政公署等。

國家深化改革開放，促使香港其他商會，如香港總商會、香港中華廠商聯合會、香港工業總會等相繼加強與內地商人及政府的聯繫。香港貿易發展局的會展服務，亦逐步涵蓋內地企業及市場。

交通口岸及基礎建設　國家改革開放前，香港與內地的人流和物流靠九廣鐵路經過羅湖橋到深圳、再到廣州和其他內地城市。1979 年 4 月，廣九直通車恢復通車。羅湖口岸為連接內地與香港的第一陸路口岸。1985 年，由港商胡應湘建成的聯檢大樓，方便兩地人員來往。在霍英東倡議及資助下，建造番禺洛溪大橋，繼後，珠三角各市公路網陸續建成，把水道縱橫的珠江三角洲聯繫起來，到 1990 年代，廣深高速公路和虎門大橋通車，由珠三角到香港的公路全面通車。

香港與內地人員來往日益頻繁，香港相應需要建設更多陸路口岸作出疏導，包括文錦渡、落馬洲、深圳灣及沙頭角口岸次第落成，其中深圳灣口岸實行「一地兩檢」。這四個口岸為公路過境通道，連同合和公司興建的廣深高速公路，為兩地人員和物資的流動提供交通方便，推進香港和內地之間的融合發展。

大型投資項目　改革開放初期，港商的大型投資項目中，主要包括霍英東投資的白天鵝賓館、胡應湘等投資建造的廣州中國大酒店、利銘澤等「合作經營」的廣州花園酒店。三家均為國際五星級酒店。上海第一幢現代玻璃幕牆大廈 —— 上海聯誼大廈，由香港新鴻基證券有限公司與上海錦江聯營公司、上海國際投資信託公司合資興建。

1983 年，中國第一個大型商用核電站選址深圳大鵬半島興建，地點鄰近香港，引起港人關注，核電站於 1987 年動工建設，在投資和監管上，香港政府及民間均有參與。1994 年建成後，核電亦供應香港。

1990 年代起，港商在內地的大型房地產投資項目湧現，包括李嘉誠在北京王府井投資興建「東方廣場」，李兆基的「恒基中心」，鄭裕彤的「新世界中心」；羅康瑞在上海、杭州投資興建的「新天地」；吳光正在上海、重慶等城市的房地產項目；陳啟宗在上海等城市投資興建的「恒隆廣場」等。

1993 年，李嘉誠與深圳東鵬實業有限公司（後改稱深圳鹽田港集團）合資，成立鹽田國際集裝箱碼頭有限公司，共同建設及經營國際貨櫃航運業務，鹽田港漸次發展為國際集裝箱航運大港。

香港工商界代表團於 1977 年應邀到北京考察，團員在北京市西南面郊區長辛店拍照留念。考察團成員包括合和實業董事總經理胡應湘（上左）、長江實業集團主席及董事總經理李嘉誠（上右）。（合和實業有限公司提供）

兩地政府間互動　香港 1997 年回歸後，在中央政府支持、港澳辦和廣東省政府配合下，於 1998 年 3 月成立「粵港合作聯席會議」，粵港兩地政府高層通過這個常設機制進行合作磋商。成立初期，合作成效未彰。行政長官董建華在 2001 年《施政報告》中，提出加強與珠三角地區合作，指出「現在國家『入世』在即，粵港合作可進入新階段。特區政府決心以積極進取的態度，推動香港與珠江三角洲的經濟合作，達致互惠互利的『雙贏』局面。這是我們鞏固和加強香港作為國際金融貿易中心、運輸和物流的樞紐和重要旅遊城市的一個關鍵部署」。同年成立「粵港合作統籌小組」，負責粵港合作協調與統籌工作。1999 年 3 月，香港特區政府成立駐北京辦事處；2002 年，在廣州設立首個駐內地經濟貿易辦事處，推動粵港合作，兩地加強在口岸及交通運輸基本設施上的規劃及建設。截至 2017 年，特區政府在廣東深圳、廣西南寧、福建福州、上海、山東濟南、浙江杭州、四川成都、重慶、陝西西安、湖北武漢、湖南長沙、河南鄭州、遼寧瀋陽及天津等地先後設立經貿辦事處或聯絡處。

三、助力國家發展與世界接軌（2001年至2012年）

經過 15 年談判，中國於 2001 年 12 月 11 日成為世界貿易組織（世貿組織）第 143 個會員。加入世貿組織，中國履行的承諾包括：全面削減工業產品的關稅、開放服務業、「入世」三年後，實行外貿經營權備案登記制度，跟國際貿易規則接軌，寬鬆進出口貿易環境；「入世」五年後，向外資銀行全面開放，取消地域經營限制、允許全面開辦人民幣零售業務，全面同國際經貿與金融接軌。中國「入世」，進一步加強香港與內地經濟聯繫。

港商絡繹到內地投資，不局限於製造業生產，而向服務業領域擴展。在國家經濟進一步發展和融入國際市場的進程中，香港與內地的發展互動，從改革開放初期港商在節約生產成本的市場利潤誘導，以及愛國商人支持國家推行現代化建設的民間自發層面，轉入政府政策引導與制度層面推動的互惠互利合作。

服務貿易及直接投資

中國加入世貿組織後，香港因應國家對外開放服務業市場的承諾，拓展與內地包括集中於珠三角地區在生產服務業領域的合作，延伸和擴大香港服務業的市場空間。

貿易和投資自由化　2001 年，美國科網股泡沫爆破，香港受外圍經濟不景氣影響，輸往各地市場的出口貨物下跌、服務輸出放緩，本地生產總值的實質增長（以固定 2000 年市價計算），由 2000 年的 10.2%，大幅度回落至 2001 年的 0.5%，到 2002 年，本地生產總值增長稍回升至 2.3%。

2003 年 2 月至 6 月間，香港爆發「嚴重急性呼吸系統綜合症」疫情，旅遊業受到衝擊，本地私人消費萎縮。同年 6 月 29 日，香港與內地簽署《內地與香港關於建立更緊密經貿關係的安排》（CEPA）。中央政府開放內地居民到香港「個人遊」，促進香港私人消費增長，協助香港經濟擺脫困境。

在 CEPA 下，通過政府的政策引導和制度機制，加強兩地之間的貿易及投資合作，促進雙方共同發展。按照協議「總則」，「一、逐步減少或取消雙方之間實質上所有貨物貿易的關稅和非關稅壁壘；二、逐步實現服務貿易自由化，減少或取消雙方之間實質上所有歧視性措施；三、促進貿易投資便利化」。雙方取消貨物的關稅和非關稅壁壘、實現服務貿易自由化和投資便利化，為香港融入內地進一步發展合作清除制度性障礙，香港和內地透過制度性安排，推動兩地經濟融合。

CEPA 實施四年後，截至 2007 年 7 月，逾 1800 家香港企業按照 CEPA 的優惠條件申請

2003 年 6 月 29 日，在國務院總理溫家寶（前排左三）與香港特區行政長官董建華（前排左二）見證下，財政司司長梁錦松（左坐）與商務部副部長安民（右坐），於香港禮賓府簽署《內地與香港關於建立更緊密經貿關係的安排》（CEPA）。（香港特別行政區政府提供）

投資內地。香港銀行在內地共設立包括總部、分行和支行的營業性機構 112 家，佔外資銀行營業性機構的 33%；香港律師事務所在內地設立代表處共 60 家，佔內地的境外律師事務所內地代表處總數的 24%；兩地合拍影片的數目，從 2001 年 6 部增至每年約 20 至 30 部，於 2006 年內地賣座前十位的影片，其中 5 部是香港與內地合作出品。此外，香港人北上內地創業的個體商共 2577 戶，就業人員近 7000 人，涉及零售、餐飲、美容保健等領域。

CEPA 自 2004 年起，每年增加內容，加強推進香港與內地經濟融合。從 2003 年 6 月 29 日簽署 CEPA 主體文件，至 2017 年 6 月 28 日簽署的《經濟技術合作協議》和《投資協議》，共十份補充協議、四份子協議[3]，內地對香港開放的市場範圍，涵蓋貿易、金融、旅遊、文化、區域合作等領域。

在貨物貿易方面，截至 2017 年 12 月，內地累計進口香港的 CEPA 項下貨物總值 894.6 億元，關稅優惠 63.7 億元人民幣；香港共簽發了 156,955 份原產地證書。香港對內地的商品出口，由 2008 年的 13,704 億元，增至 2017 年的 21,058 億元，佔香港出口總值的 54.3%；香港從內地進口的商品，由 2008 年的 14,107 億元，增至 2017 年的 20,301 億

元，佔香港進口總值的 46.6%。其間，內地一直成為香港最大的整體出口目的地和進口供應地。根據中國海關的統計數字，香港為內地第三大貿易伙伴，僅次於美國和日本。

在服務貿易領域，截至 2017 年 12 月底，香港工業貿易署簽發香港服務提供者證明書 3190 份，其中，運輸服務及物流服務簽發證書 1391 份，佔總數的 43.6%。

2017 年 1 月至 12 月，訪港旅客 5847 萬人次，其中內地旅客 4444 萬人次，佔 76%；「個人遊」旅客 2538 萬人次，佔入境香港內地旅客的 57.1%。截至 2017 年 12 月底，入境香港的「個人遊」旅客累計 2.38 億人次。

香港前往內地經營的個體工商戶 10,495 戶，從業人員 28,523 人，資金數額達 10.53 億元人民幣。

內地通過 CEPA 對香港有序開放服務業市場，為香港服務業拓寬了市場空間；CEPA 亦滿足內地的服務貿易需求。香港服務業進入內地，在商業服務、分銷服務、金融服務、旅遊服務、運輸物流服務等領域，香港的相關企業和人才通過商業機構參與、個體工商戶和人才引進政策等多種途徑，為內地相關服務行業注入香港全新的營運理念和經驗。

香港對內地直接投資 特區政府統計處於 2000 年 3 月 21 日首次公布香港對外直接投資的完整統計，1998 年年底，以市值計算的香港向外直接投資總存量為 17,344 億元，內地為 5477 億元，佔總存量的 31.6%。投資於內地的直接投資集中在廣東省，達 3559 億元，佔總額的 65%；投資於其他省區為 1918 億元，佔 35%。香港在內地的直接投資企業普遍從事製造業、投資控股、房地產、基建及各項商用服務和通訊服務。

香港對內地投資不斷增加。2012 年年底，按所有國家／地區的總計，香港向外直接投資資產為 9.01 萬億元，其中，內地為 3.67 萬億元，佔總投資額的 40.7%[4]；廣東省是香港在內地直接投資的主要省份，投資總額 1.19 萬億元，佔 32.4%；其他省區為 2.48 萬億元，佔總額的 67.6%。到 2017 年年底，香港向內地直接投資總額達 5.42 萬億元，佔對外投資總額 14.2 萬億元的 38.2%，其中廣東省為 1.44 萬億元，佔香港對內地直接投資總額的 26.5%。其他省區為 3.98 萬億元，佔 73.4%。香港直接到內地投資的企業，主要從事製造業、資訊及通訊、銀行金融、房地產、專業及商用服務。

同年，香港利用外來直接投資的總額，總計為 15.2 萬億元，內地數額為 3.87 萬億元，佔香港外來直接投資總額的 25.5%。內地對香港的直接投資企業，涵蓋各類經濟活動，包括銀行金融、房地產、專業及商用服務、建築業，以及進出口貿易、批發及零售。香港同時成為內地企業走向國際發展的橋樑。

香港和內地在制度和政府政策引導下，進行廣泛的經貿互動。透過 CEPA，香港與內地在貿

易投資促進、通關便利化、電子商務、法律法規透明度、商品檢驗檢疫、食品安全、質量標準、中小企業合作、產業合作、知識產權保護、品牌合作和教育合作等領域開展合作，逐步推進兩地經濟融合。

香港與內地企業改革

國營企業　國家申請加入世貿組織前，對國有企業制度加快步伐進行公司化改革。1979 年7 月，國務院頒布《關於擴大國營工業企業經營管理自主權的若干規定》，對擴大國營企業自主權進行試點，國企可保留部分利潤；1984 年 5 月，國務院頒發《關於進一步擴大國營工業企業自主權的暫行規定》，開啟對國有企業「放權讓利」改革。

1986 年 10 月，深圳經濟特區出台《深圳經濟特區國營企業股份化試點暫行規定》，選定10 家國營企業開展試點，在全國率先探索混合所有制改革。1987 年，全國第一家國有資產專門管理機構 —— 深圳市投資管理公司成立。

1992 年 10 月 12 日至 18 日，中共召開第十四次全國代表大會，提出改革目標為建設社會主義市場經濟體制。翌年 11 月舉行的第十四屆三中全會，通過《中共中央關於建立社會主義市場經濟若干問題的決定》，着力改革國有企業經營機制，建設產權清晰、權責明確、政企分開、管理科學的現代企業制度；發展市場體系；轉變政府職能等措施。

遵循國家推進國企改革的方向，深圳通過產權改革對國有企業進行制度改造，並進行「先行先試」。2002 年，深圳啟動能源、燃氣、水務、公共交通、食品等五類國有大型企業作出國際招標招募試點改革。

2003 年 9 月，香港九龍巴士控股有限公司（九巴）與深圳市投資管理有限公司，於深圳五洲賓館簽署深圳市公共交通（集團）有限公司（深圳公交）股權轉讓及增資原則性協議。九巴以 35% 股權，成為深圳公交第二大股東。深圳市投資管理公司持股 55%，餘下股權由三家內地企業按同股同價原則，分別以現金出資入股。經過這次股權轉讓及增資，深圳公交成為一家國有控股、港資及內地民營資本參股的產權主體多元化企業。

2004 年 4 月，香港中華煤氣有限公司（中華煤氣）成功購入深圳市燃氣集團 30% 股權，聯同內地民營企業四川新希望集團有限公司入股 10%，以及持有 60% 股權的深圳市投資管理公司，深圳市燃氣集團成為一家國資、港資、民資混合所有制的企業。

2003 年 9 月，香港華潤集團五豐行為代表的境外財團，與深圳市食品總公司簽署股權轉讓原則性協議。五豐行為代表的境外財團持有新合資公司的 70% 權益；深圳市商貿投資控股公司持 30% 股權，這是深圳試行國際招標的五家國營企業中，唯一一家由策略性股東控股的公司。

在深圳作國企改革的先行示範中，通過五家大型國企股權國際招標招募作試點改革，經過遴選和評審，香港參與其三，成為當中的主力參與者，對繼後國資國企的公司化改革提供案例參考。

民營企業　內地個體戶和鄉鎮企業的興辦，給改革開放注入市場發展動力。1993 年 4 月起，內地民營科技企業四通控股把旗下部分業務，分拆為四通電子技術有限公司到香港上市，同年 8 月，四通電子技術有限公司在香港聯合交易所（聯交所）掛牌買賣，開創內地民營企業來港上市集資發展的濫觴。

1988 年 6 月，國務院頒布《中華人民共和國私營企業暫行條例》，提出私營企業的資產為私人所有，私營經濟是社會主義公有制經濟的補充。1996 年內地第一家由民間資本設立的全國性商業銀行 —— 中國民生銀行成立。1998 年 10 月，對外經濟合作部發布《關於賦予私營生產企業和科研院所自營進出口權的暫行規定》，放寬內地私營企業自營進出口權的限制，促進內地民營企業進一步發展國際貿易業務。

2001 年 3 月 15 日，國家發布的《關於國民經濟和社會發展第十個五年計劃綱要的報告》（《十五計劃》），以「對外貿易」、「利用外資」和企業「走出去」，作為推進改革開放的三項基礎政策，為內地民營企業到境外發展提供政策條件，加速內地民營企業來港集資融資發展。

2003 年，在香港股市主板及創業板上市的內地民營企業，市值達 737.4 億元，香港成為內地民營企業來港集資發展的途徑，以及走向國際發展的中介平台。到 2017 年年底，在香港上市的內地民營企業，市值上升至 100,153.3 億元。從 2003 年至 2017 年的 14 年間，內地民營企業在香港股市上市的市值規模，增加了 134.8 倍。

香港與內地金融改革

資本市場制度　1990 年 12 月，上海和深圳證券交易所相繼成立，並開設 A 股及 B 股兩個市場。A 股市場供內地投資者進行交易；B 股市場供非內地居民交易，成為境外投資者投資中國股票市場的途徑，並為內地上市公司籌集外匯資金的平台。香港交易所的研究指出，內地於 1978 年實行改革開放後，經濟對外開放，符合在香港上市資格的內地企業日增，香港聯合交易所（香港聯交所）冀這些企業能夠來港上市。從 1992 年 5 月、6 月間起，香港證券界專業人士跟國家體制改革委員會等組成「證券事務內地香港聯合工作小組」（證券工作小組），商討在香港發行 H 股的可行性和安排。

證券工作小組於 1992 年 7 月 11 日至 12 日，在北京釣魚台國賓館舉行首次會議，討論內地企業到香港上市事宜，議題涉及三方面：一、法律問題，二、會計問題，三、上市方式、交易、交收、外匯及監管合作等問題。聯合工作組分別成立三個專家小組進行具體研究。

經過逾一年討論，雙方達成共識，落實兩項目的：一、協助國企籌集發展所需的外匯資金；二，以市場內在力量推動及加快國企體制改革步伐。

內地企業來港上市需要解決一個重要問題，是採用香港實行的國際通用標準，包括信息披露、會計準則、企業管治、投資者保障等，抑或採用較寬鬆的中國標準。據時任聯交所主席李業廣透露，副總理朱鎔基為此在中南海紫光閣專門召開一個會議，聽取各方面意見，李業廣在會上提出採用國際通用標準，以增強投資者的信心。朱鎔基同意，決定採用符合香港的上市要求，按照國際標準行事，[5] 認為此舉有利內地企業實施現代公司管治制度，提高經營管理水平。

1993 年 6 月 17 日，香港聯交所宣布修訂《上市規則》，允許內地註冊企業在香港上市。6 月 19 日，香港證券及期貨監察委員會（香港證監會）、香港聯交所、中國證券監督管理委員會（中國證監會）、上海證券交易所及深圳證券交易所訂立一份《監管合作備忘錄》，正式啟動內地企業來港上市工作。同年 7 月 15 日，青島啤酒股份有限公司（「青島啤酒」）按香港的上市標準，在香港聯交所上市，成為首家 H 股企業。青島啤酒成功上市，開啟內地企業通過香港資本市場籌集國際資金的渠道。到 1993 年年底，內地企業，包括 H 股公司、紅籌公司及內地民營企業在香港股票市場上市共 40 家，市值 1440 億元，佔總市值 4.83%。

內地企業在香港股市所集資金，促進內地企業發展。據香港交易所資料，從 1993 年首家 H 股「青島啤酒」在香港上市，至 2013 年 6 月底 20 年間，H 股公司在香港集資總額為 15,250 億元；同期，包含 H 股公司、紅籌公司及內地民營企業，通過香港股票市場的集資，總額達 35,260 億元。

「青島啤酒」在香港上市，為國企改革探索出一系列方案，包括：國有資產剝離、評估、拆股以及主營業務與輔業分離的改制模式、董事誠信責任、中小股東權益保護、獨立董事、分類投票等理念和制度。內地企業在香港上市，推動內地 A 股市場在股份公司會計制度、法律制度等方面與國際接軌。

截至 2017 年年底，香港證券市場（主板及創業板）的上市公司數目 2118 家，內地企業 1051 家，佔上市公司總數的 49.6%。H 股市值 67,678.7 億元；紅籌股市值 57,388.6 億元；內地民營企業市值 100,153.3 億元。內地企業在香港股市的市值共 225,220.6 億元，佔港股總市值 339,988 億元的 66.2%；全年成交金額共 123,287.8 億元，佔香港股票市場總成交金額 162,024.76 億元的 76.09%。香港成為內地企業籌集國際資金的主要平台。

銀行制度　中國政府於 1990 年代初展開對銀行業體制改革，以適應經濟快速發展對資金和金融服務的需要。1993 年 12 月，國務院頒布《關於金融體制改革的決定》，提出「把國家專業銀行辦成真正的國有商業銀行」，開始將政策性金融和商業性金融分離，着手改善銀

行低經營效率狀況。1995 年頒布《商業銀行法》，把四家專業銀行 —— 中國銀行（中行）、中國農業銀行（農行）、中國建設銀行（建行）和中國工商銀行（工行），透過法律確立為國有獨資商業銀行。

1997 年 7 月爆發亞洲金融危機前，據中共中央政策研究室經濟組成員的研究，內地國有獨資商業銀行的不良貸款率達 29.2% 水平，[6] 資本充足率低。危機於 7 月開始席捲東亞和東南亞後，突出金融風險的破壞性。同年 11 月，中共中央和國務院召開全國金融工作會議，討論由中共中央及國務院起草的《關於深化金融改革、整頓金融秩序、防範金融風險的通知》，加快推進改革國有銀行步伐，協助四家專業國有銀行降低不良貸款率、提高資本充足率，提升銀行的長期競爭力。

1998 年 8 月 18 日，國家財政部發行 30 年期特別國債 2700 億元人民幣，向中國工商銀行、中國農業銀行、中國銀行和中國建設銀行注資，補充資本金。1999 年，財政部全額成立四家融資管理公司 —— 中國長城資產管理公司、中國信達資產管理公司、中國華融資產管理公司和中國東方資產管理公司，處置從四家國有商業銀行剝離出來的信貸業務。

2001 年 12 月 11 日，中國加入世貿組織，按照「入世」承諾，在五年過渡期內，受理外資銀行轉制及經營全面人幣業務的申請。面對開放外資銀行進入內地市場新形勢，國家加快落實國有商業銀行股份制的改造，通過職能重置、剝離不良貸款、充實資本金，為國有商業銀行創造在內地、香港及外國上市的條件。

對國有銀行進行股份制改造的其中一項措施，是引進合適的國際戰略投資者。2005 年 6 月 17 日，中國建設銀行、中央匯金投資有限責任公司與美國銀行（美銀）訂立一系列協議，美銀同意對建行作出大額投資，並與該行建立戰略性合作關係，成為首家入股四大國有商業銀行的海外策略投資者。根據美銀與匯金公司所訂立的購入股份及額外股份期權協議，於 2005 年 8 月 29 日，美銀向匯金購入 174.82 億股建行股份，動用資金 25 億美元。完成交易後，美銀持股量佔建行公開發售前在外流通股份的 9%。

建行引入國際策略性投資後，開始啟動在香港聯交所上市工作，包括向全球發售 264.86 億全流通 H 股，其中香港發售 19.86 億股，佔比 7.5%；國際配售 244.99 億股，佔比為 92.5%，發行總金額約為 622 億元，約合 80 億美元。在公開發售中，美銀再以 5 億美元認購建行股份，前後合共動用 30 億美元，持有建行股份。10 月 27 日，建行成功在香港交易所掛牌上市，創下當時香港上市集資金額最高紀錄。

中國銀行於 2004 年 8 月 26 日在北京成立中國銀行股份有限公司，2005 年 8 月與蘇格蘭皇家銀行等集團達成戰略性投資與合作協議。協議內容包括蘇格蘭皇家銀行等集團以 31 億美元，購入中國銀行 10% 的股權，並委派一名代表擔任中國銀行的董事。2006 年 6 月 1 日，中國銀行股份有限公司在香港交易所上市，共集資 867.41 億元，約合 97 億美元，再

創集資金額新高，掛牌首個交易日成交額逾 200 億元，創下香港截至當日新股掛牌首日最大交易額紀錄。

中國工商銀行於 2005 年 10 月成立中國工商銀行股份有限公司。2006 年 1 月，與高盛集團在北京簽署戰略性投資與合作協議。同年 5 月，高盛集團、安聯集團和美國運通三家公司總計斥資 38 億美元，購入工行新發行股份 241.85 億股，股權比例總計 8.89%。2007 年 7 月 18 日，工行以香港與內地同步上市，即「H＋A」上市方案正式向香港聯交所遞交 H 股上市申請，招股價定在 2.56 元至 3.07 元，合共集資 191 億美元，並成功於 10 月 27 日在香港交易所掛牌上市。

2008 年，美國次級按揭貸款問題引發國際金融危機。危機爆發前，建行、中行和工行先後及時成功在香港上市。金融危機過後，2010 年 7 月，中國農業銀行以「H＋A」股方式，在香港和上海進行首次公開招股，籌得 221 億美元，並分別於 7 月 15 日及 7 月 16 日，在上海證券交易所和香港聯交所上市。

至此，工、農、中、建四大國有商業銀行成功完成股份制改造，並達成在境外上市目標。香港在內地大型國有商業銀行股份制改造中，提供改革所需助力。內地大型商業銀行通過香港，成功進入國際資本市場，香港自身資本市場的深度和廣度，同時得到拓展，並鞏固和提升香港國際金融中心的地位。

資金跨境融通機制　1996 年 12 月 1 日，國家取消所有國際收支經常帳項目下的支付和轉移限制後，宣布接受國際貨幣基金組織的協定第八條款，實現人民幣經常項目可兌換。「入世」後，根據開放承諾，中國逐步提高金融業的對外開放程度，推進資本帳戶項目可兌換。

2001 年 11 月，香港金融管理局（金管局）總裁任志剛率領香港銀行公會代表團赴北京訪問，向國家外匯管理局（外匯局）提出在香港發展人民幣業務的可能性，建議研究建立合適機制，便利兩地人員往來，並引導沉澱在香港的人民幣現鈔，通過香港銀行體系有序回流內地。

經過逾一年商討，2003 年 6 月，金管局與外匯局關於香港經營人民幣業務達成基本共識。2003 年 11 月，國務院批准香港試辦個人人民幣業務。金管局與外匯局經過籌備、擬定相關法律文件、委任清算行、接連支付系統，以及人民幣現鈔跨境運送等安排後，香港銀行於 2004 年 2 月 25 日開始為個人客戶提供人民幣存款、兌換、匯款，開創個人人民幣業務在內地境外經營的濫觴。

2007 年 1 月 10 日，中國人民銀行宣布，經國務院批准，擴大為香港銀行辦理人民幣業務平盤及清算安排的範圍，內地金融機構經批准，可在香港發行人民幣金融債券。同年 6 月 26 日，國家開發銀行宣布在香港發行 50 億元人民幣債券，同年 8 月及 9 月，中國進出口

香港金融管理局與中國人民銀行於 2003 年 11 月 19 日，在北京人民大會堂簽訂香港經營人民幣業務合作備忘錄。人民銀行行長周小川（前右）和金管局總裁任志剛（前左），分別代表人民銀行和香港金管局在合作備忘錄上簽字，簽字後握手互賀。出席儀式者包括財政司司長唐英年（中）。（Mark Ralston/South China Morning Post via Getty Images）

銀行和中國銀行相繼分別在香港發行 20 億元及 30 億元人民幣債券，擴大香港人民幣資金池的容量，標示香港發展離岸人民幣業務取得新發展成果。香港金管局的「即時支付結算」系統，實現人民幣的實時支付結算，有助國家推動人民幣在內地境外使用的政策前進，並為香港存量的人民幣，提供更多回流內地渠道。

香港的人民幣存款總額，從 2004 年年底的 121 億元人民幣，逐漸增加至 2009 年的 627.2 億元。

2009 年 7 月 1 日，中國人民銀行、國家財政部、商務部、海關總署、稅務總局、銀監會公布共同制定的《跨境貿易人民幣結算試點管理辦法》，即日生效。跨境貿易人民幣結算試點推出，把離岸人民幣業務由個人擴展至企業和金融機構，使離岸人民幣業務的定位，從單向人民幣資金回流升級為雙向流動，實現人民幣離岸業務發展模式的突破，促進人民幣國際化向前邁出重大一步。

國家於 2002 年開始逐步開放資本市場，主要措施包括：2002 年 11 月 5 日，中國證券監

督管理委員會聯同中國人民銀行頒布《合格境外機構投資者境內證券投資管理暫行辦法》（《暫行辦法》），2002 年 12 月 1 日起實施。《暫行辦法》允許經過核准的「合格境外機構投資者」（QFII），在規定和限制下，匯入經批准額度的外匯資金，轉為人民幣，通過監管的專門帳戶，直接投資於內地證券市場。QFII 成為國家在資本帳目尚未完全可兌換的條件下，有限度引入外資進入內地股票市場。其後，於 2006 年 8 月 24 日，中國證監會、中國人民銀行和國家外匯管理局聯合發布《合格境外機構投資者境內證券投資管理辦法》（《管理辦法》），同時廢止《暫行辦法》。《管理辦法》大幅降低 QFII 投資內地證券市場的門檻。

2011 年 8 月 17 日，國務院副總理李克強來香港，出席國家「十二五」規劃與兩地經貿金融合作發展論壇，向外公布多項中央政府支持香港進一步發展，加強香港和內地經貿和金融合作的政策措施，包括允許合格境外機構投資者以人民幣投資內地證券市場。人民幣「合格境外機構投資者」制度，拓寬了內地以外的離岸人民幣資金投資內地資本市場渠道。

2011 年 12 月，國家試行「人民幣合格境外機構投資者」制度，允許離岸人民幣直接投資內地資本市場。

另一方面，國家逐步放寬內地資金到境外、尤其在香港資本市場投資。2007 年 6 月 18 日，中國證監會頒布《合格境內機構投資者境外證券投資管理試行辦法》（《試行辦法》），2007 年 7 月 5 日起施行。在資本帳戶未實現完全開放下，「合格境內機構投資者」制度，有限度允許經批准的內地機構投資者，以自有或境內募集的外匯資金投資境外市場及產品，開通了內地外匯資金投資境外市場的渠道。2014 年 11 月 5 日，中國人民銀行頒布《中國人民銀行關於人民幣合格境內投資機構投資者境外證券投資有關事項的通知》。「人民幣合格境內機構投資者」制度，允許經內地金融監管機構批准的機構投資者，以人民幣投資境外、尤其是香港資本市場。

在中國資本帳戶項目未完全可兌換的條件下，國家透過合格境內及境外機構投資者制度，以及人民幣合格境內及境外機構投資者制度，拓寬人民幣資金的跨境雙向流動，在人民幣跨境使用有效管理和風險可控下，有序推進資本帳戶項目可兌換。香港成為外資進入內地資本市場，以及內地資金進入國際資本市場的重要通道。

國家進一步深化內地與香港資本市場的互聯互通，先後於 2014 年推出「滬港通」、2016 年出台「深港通」。滬港通包括滬港交易通和滬港結算通，由香港交易所、上海證券交易所和中國證券登記結算有限責任公司緊密合作，在香港和上海證券市場建立交易及結算互通機制；深港通包括深港交易通和深港結算通，由香港交易所、深圳證券交易所和中國證券登記結算有限責任公司，於香港和深圳證券市場建立交易及結算互通機制，實現兩地投資者直接進入對方市場。全球投資者通過香港得以投資內地資本市場，有助加強離岸人民幣的投資和儲存價值。

2017 年 3 月，香港與內地以相類的運作模式，出台「債券通」，同年 7 月 3 日在香港交易所正式啟動，進一步擴大內地與香港資本市場互聯互通。

國家在資本項目尚沒有完全開放下，香港離岸人民幣市場運行機制的建立，實現人民幣資金在離岸及在岸市場之間有序流動，促進了跨境人民幣匯兌、結算與投資的循序漸進發展。截至 2017 年年底，香港人民幣資金池規模達到 6184 億元人民幣，是內地境外規模最大的人民幣資金池。香港人民幣離岸市場成為國家推動人民幣國際化，以及資本市場開放的重要平台和通道。

四、融入國家發展大局，合作發展（2013年至2017年）

進入 2000 年代，香港和內地的經濟規模及實力出現消長變化。在 GDP 方面，於 1980 年、1997 年、2000 年、2010 年及 2017 年，香港的本地生產總值分別為 1436.19 億元（288.62 億美元）、13,730.83 億元（1773.55 億美元）、13,375.01 億元（1716.73 億美元）、17,763.32 元（2286.44 億美元）、26,593.84 億元（3412.09 億美元），對比同期內地 GDP 的 1911.49 億美元、9616.04 億美元、12,110 億美元、60,870 億美元、123,100 億美元，香港 GDP 與內地 GDP 規模比較，比例分別為 15.1%、18.44%、14.18%、3.76%、2.77%，即比例從香港參與國家改革開放早期 1980 年的 15.1%，上升至 1997 年 18.44% 高點，之後，規模下降至 2017 年僅及內地 GDP 的 2.77%。

在兩地貿易方面，於 1980 年、1997 年、2000 年、2010 年及 2017 年，香港對內地的貿易額，分別為 56.66 億美元、1441.64 億美元、1614.64 億美元、4026.22 億美元、5306.61 億美元，對比同期內地貿易總額的 381.4 億美元、3251.6 億美元、4743 億美元、29,740 億美元、41,071.6 億美元。香港對內地的貿易額，跟內地貿易總額相較的比例，分別為 14.9%、44.3%（高點）、34%、13.5%、12.9%，即從 1980 年的一成半，上升至 1997 年逾四成高位，隨後下降，到 2017 年年底，比例下降至僅稍多於一成，反映香港和內地經濟規模和實力出現顯著消長變化。香港參與國家的改革開放歷程也轉入一個新階段。

中國經濟增長結構轉換

2012 年 11 月 8 日至 14 日，中共召開第十八次全國代表大會，「提出了全面建成小康社會和全面深化改革開放的目標」。11 月 15 日中共十八屆一中全會上，習近平當選中共中央總書記。

任中共中央總書記後，習近平於 2012 年 12 月 7 日視察廣東，第一站到深圳前海，並對前海開發和開放作出「依託香港、服務內地、面向世界」的指示，展示出重視香港在內地深

化改革開放階段的參與。

2013 年 3 月 14 日至 15 日，第十二屆全國人民代表大會第一次會議上，習近平當選為中國國家主席，李克強擔任國務院總理，同年 9 月及 10 月，習近平先後出訪中亞和東南亞國家期間，分別提出共建「絲綢之路經濟帶」與「二十一世紀海上絲綢之路」（「一帶一路」）倡議。同年 11 月 12 日，中共第十八屆中央委員會第三次全體會議通過《中共中央關於全面深化改革若干重大問題的決定》，國家的發展轉入全面深化改革開放階段，提出建構開放型經濟新體制，包括放寬投資准入、加快自由貿易區建設，並擴大對香港特區開放合作。香港參與國家改革開放的歷程，轉向融入國家的發展大局。

在中共舉行第十八次全國代表大會前，中國經濟結構出現轉換和深化改革的政策需要。據國家統計局總結 1978 年至 2010 年間中國經濟的表現，指出投資和出口增長強勁，成為拉動經濟增長的主要需求動力。1978 年最終消費支出由 2239 億元人民幣，增加到 2010 年的 194,115 億元人民幣，年均增長 14.9%；資本形成總額由 1378 億元人民幣增加到 193,604 億元人民幣，年均增長 16.7%；貨物和服務出口由 145.8 億元人民幣，增加至 118,031.8 億元人民幣，年均增長 23.3%。資本形成總額和出口增速，分別快於最終消費增速 1.8 個和 8.4 個百分點，兩者成為拉動經濟增長的主力。

按國家統計局的統計，2005 年國內生產總值核實數字為 183,868 億元人民幣，其中，第一產業佔比 12.5%，第二產業佔比 47.5%，接近一半，而第三產業的服務業佔比為 40%。

在 1978 年至 2010 年期間，國內生產總值增長率從 2007 年的 14.2% 高位，持續回落至 2010 年 10.4%、2011 年的 9.3%。2007 年 3 月，國務院發布《關於加快發展服務業的若干意見》，指出加快發展服務業，提高服務業在三次產業結構中的比重，是推進經濟結構調整、加快轉變經濟增長方式的必由之路。

國家在進行內地經濟增長結構轉變的同時，推進香港與內地尤其廣東珠江三角洲的融合發展。2009 年 1 月，國家發展和改革委員會公布《珠江三角洲地區改革發展規劃綱要（2008—2020 年）》（《規劃綱要》），旨在提升珠三角地區創新優勢，進一步發揮對全國的輻射帶動作用和先行示範作用。綱要的規劃範圍是以廣州、深圳、珠海、佛山、江門、東莞、中山、惠州和肇慶市為主體，並納入與港澳緊密合作共謀發展的內容。同月 21 日，香港與廣東省政府舉行「粵港合作聯席會議第十二次工作會議」，商討落實《規劃綱要》的工作，加強粵港的經濟發展合作。同年 10 月 14 日，香港特區行政長官曾蔭權發表以「群策創新天」為題的《二零零九至一零年施政報告》，提出通過參與深圳前海的發展，促進和提升香港本身的服務業，進一步推動長遠經濟發展，並對內地發展服務業作出貢獻。

2010 年 8 月 26 日，深圳特區成立三十周年，國務院批覆同意《前海深港現代服務業合作區總體發展規劃》，提出到 2020 年，前海建成基礎設施完備、國際一流的現代服務業合作

區，聚集一批具世界影響力的現代服務業企業，成為亞太地區重要生產性服務中心。

2011 年 3 月 16 日，國家公布《中華人民共和國國民經濟和社會發展第十二個五年規劃綱要》（2011 年至 2015 年，以下簡稱「十二五」規劃），指出「十二五」規劃是深化改革、加快轉變經濟發展方式的重要時期，其中第五十七章「保持香港澳門長期繁榮穩定」專章，列明「支持香港發展金融、航運、物流、旅遊、專業服務、資訊以及其他高增值服務業、支持香港發展成為離岸人民幣業務中心和國際資產管理中心、支持香港發展高價值貨物存貨管理及區域分銷中心，鞏固和提升香港國際金融、貿易、航運中心的地位，增強金融中心的全球影響力」，加強兩地的經濟合作、互補和發展。

進入「十二五」規劃期，隨着經濟發展的演進和要素資源稟賦結構變化，中國經濟在投資和出口上的動力持續減弱。2011 年至 2013 年，內地全社會固定資產投資增速放緩，增長率分別為 23.8%、20.3% 和 19.3%，低於《中華人民共和國國民經濟和社會發展第十一個五年規劃綱要》（2006 年至 2010 年，以下簡稱「十一五」規劃）時期 25.5% 的年均增速，並呈現持續下降趨勢。另一方面，按國家統計局的數據，2011 年國內生產總值的最終核實數字為 473,104 億元人民幣，其中的產業結構，第一產業佔比 10%，第二產業佔比為 46.6%，第三產業的佔比為 43.4%，低於第二產業，反映內地第三產業有進一步拓展的廣闊空間。

2012 年 6 月 27 日，在香港邁向回歸 15 周年之際，國務院發布《關於支持深圳前海深港現代服務業合作區開發開放有關政策的批覆》，給予前海深港服務業合作區，以較之經濟特區更特殊的先行先試政策，推動現代服務業發展。

另一方面，中共十八大之後，國家加快推進內地經濟增長結構轉變，取得顯著成果。按國家統計局數據，2017 年內地國內生產總值最終的核實數為 820,754 億元人民幣，其中，第一產業佔比 7.6%，第二產業佔比 40.5%，第三產業佔比 51.9%。第三產業開始佔總產值一半以上，消費增加對拉動經濟成長的貢獻。

國家全面深化改革開放

自由貿易試驗區　國家把內地建設自由貿易區、推進香港融入國家發展大局，以及促進內地經濟增長結構轉變相結合。

2013 年 8 月 22 日，「中國（上海）自由貿易試驗區」（上海自貿區）經國務院批准成立，同年 9 月 27 日，國務院批准並印發《中國（上海）自由貿易試驗區總體方案》（《自貿區方案》）。上海自貿區於 9 月 29 日正式掛牌，按照《自貿區方案》，試驗區肩負加快政府職能轉變、探索管理模式創新、促進貿易和投資便利化，為全面深化改革和擴大開放探索

新途徑。通過設立自由貿易試驗區，促進經濟體制、監管體制和行政體制的創新和升級。

2014 年 8 月 6 日，國務院發布《關於加快發展生產性服務業促進產業結構調整升級的指導意見》，提出加快發展生產性服務作為調整經濟結構的動力，推動產業結構升級。

2015 年 4 月 21 日，「中國（廣東）自由貿易區」（廣東自貿區）在廣州南沙區掛牌。廣東自貿區包含廣州南沙新區片區、深圳前海蛇口片區和珠海橫琴新區片區。深圳前海蛇口片區於同年 4 月 27 日掛牌，為廣東自貿區的一部分，集合力量推動發展。截至 2017 年 4 月 1 日，中央政府在上海、天津、福建、廣東、遼寧、浙江、湖北、河南、重慶、四川、陝西等省市，均建立起自由貿易試驗區。

在廣東自貿區掛牌運作後，中國人民銀行於 2015 年 12 月 11 日發布《關於金融支持中國（廣東）自由貿易試驗區建設的指導意見》，確定廣東自貿區的金融創新制度安排，是「堅持粵港澳一體化發展。發揮區位優勢，以粵港澳金融合作為重點，擴大金融服務業對港澳等地區開放，積極營造良好的金融服務環境，以開放創新帶動粵港澳地區發展」；深化粵港的金融合作，並以前海作試點，擴大人民幣跨境使用、跨境人民幣融資；探索資本項目可兌換、展示國家發展現代服務業、優化經濟增長模式，並借助和引導香港金融服務業優勢參與，以及融入與國家發展大局的政策期望。

香港特區政府配合國家發展戰略，香港交易所於 2012 年全資收購倫敦金屬交易所（LME）後，於 2016 年 1 月公布《香港交易所戰略規劃 2016—2018》，提出建立商品通機制，計劃在內地市場建立一個大宗商品的現貨平台。同年 9 月 6 日，香港交易所與深圳市前海管理局簽訂合作備忘錄，共同推動大宗商品交易平台在前海深港合作區落戶和運營。

2016 年 10 月 11 日，深圳市政府下發《關於批准深圳前海聯合交易中心有限公司籌建的函》，同意香港交易所與深圳市政府出資的前海金融控股有限公司，共同發起成立前海聯合交易中心，在前海打造一個有效服務實體經濟的大宗商品交易平台，建設一個規範透明的全國性大宗商品現貨交易所；聯通境內外，分階段逐步建設全球商品的人民幣定價中心。

截至 2017 年年底，前海蛇口自貿片區註冊企業有 16.35 萬家，港資背景企業 7102 家，其中金融佔 35%、現代物流 20%、信息服務業佔 15%、科技及其他專業服務佔 30%。

「一帶一路」倡議　2015 年 3 月，國家發改委、外交部和商務部經國務院授權，聯合發布《推動共建絲綢之路經濟帶和 21 世紀海上絲綢之路的願景與行動》（《願景與行動》），提出以政策溝通、設施聯通、貿易暢通、資金融通、民心相通為主要內容，加強這五方面的合作，通過利用沿線各國資源稟賦各異、經濟互補性較強的特徵，開拓彼此的合作潛力和空間。

2016 年 1 月 13 日，香港特區行政長官梁振英在立法會發表題為「創新經濟　改善民生　促進和諧　繁榮共享」的《二零一六年施政報告》，宣布設立「一帶一路」辦公室，負責推動香港參與「一帶一路」策略和政策的研究工作，統籌協調相關政府部門及貿發局、旅發局等機構，以及與中央部委、各省市政府、香港的業界、專業團體和民間團體聯絡。

2016 年 5 月起，香港特區政府與香港貿易發展局每年合辦「一帶一路高峰論壇」（「論壇」），匯聚「一帶一路」沿線相關國家和地區的政府人員、商界及國際機構的代表，共同討論「一帶一路」的商機。在 5 月 18 日在香港舉行的首屆「一帶一路高峰論壇」上，參與「論壇」的中共中央政治局常委、全國人大常委會委員長張德江指出，香港在參與「一帶一路」建設中具備獨特優勢，包括香港作為亞太地區及「一帶一路」沿線國家交通樞紐的區位優勢；作為全球最自由經濟體的開放合作先發優勢；作為國際金融和航運中心的服務業專業化優勢；作為東西方文化交融之地的人文優勢。張德江表示，中央政府支持香港在四方面發揮作用，包括：一、主動對接「一帶一路」，打造綜合服務平台；二、瞄準資金融通，推動人民幣國際化和「一帶一路」投融資平台建設；三、聚焦人文交流，促進「一帶一路」沿線民心相通；四、深化與內地合作，共同開闢「一帶一路」市場，為香港參與「一帶一路」建設提出實踐建議。

2016 年 7 月 4 日，香港金融管理局牽頭成立的「基建融資促進辦公室」（IFFO）正式啟動。通過 IFFO 平台集結相關持份者，包括資金提供者，如私募基金、主權基金及銀行等、項目的發展者和「一帶一路」沿線國家，互相交換信息和分享經驗，促進更多資金投進「一帶

2016 年 5 月 18 日，全國人大常委會委員長張德江（中）、全國政協副主席董建華（右）及香港特區行政長官梁振英（左），出席由香港特區政府與香港貿易發展局合辦、於香港會議展覽中心舉行的首屆「一帶一路高峰論壇」。（南華早報出版有限公司提供）

一路」地區，透過基建帶動發展，發揮香港作為亞洲商貿和金融中心的優勢。

2017 年 4 月 11 日，香港證券及期貨事務監察委員會（證監會）發布一項基建項目公司來香港上市融資的指引，載列證監會於審核基建工程項目公司擬在香港上市的申請時，會予考慮的因素，並指出列示這些因素是為處理潛在的相關風險而設，以維持市場的整體質素，同時為基建工程項目公司提供實現上市的途徑，顯示香港通過政府政策和制度的層面，參與「一帶一路」的建設，發揮香港在金融、法律仲裁、風險管理和中介平台角色的作用，而民間層面的企業投資者，按照自身的投資領域和專業服務領域，參與建設與投資。

2017 年 5 月，香港貿易發展局聯同上海社會科學院發布《「一帶一路」中外合作園區發展報告》，引用國家商務部的數據指出，截至 2016 年年底，中國企業在 36 個國家在建合作區 77 個，累計投資 241.9 億美元，入區企業有 1522 家，總產值達到 702.8 億美元。其中，中國在 20 個「一帶一路」國家 56 個合作區，佔所有在建合作區總數 72.7%，累計投資 185.5 億美元；入區企業 1082 家，總產值 506.9 億美元，為當地創造約 18 萬個就業職位，促進合作區所在國在輕紡、家電、鋼鐵、建材、化工、汽車、機械、礦產品等產業的發展和升級，展示「一帶一路」倡議的遼闊發展合作空間。

據香港貿易發展局的《一帶一路中外合作園區報告》，香港企業參與推動中國境外合作園區的發展。香港和記港口集團在緬甸〔仰光河口附近的蒂拉瓦（Thilawa）地區〕、泰國蘭差彭港（Laem Chabang Port）、馬來西亞（巴生港）、印尼丹戎不碌港（Port of Tanjung Priok）和越南（巴地頭頓省）等地營運貨櫃碼頭和相關業務。此外，香港招商局港口控股有限公司購得斯里蘭卡漢班托塔港的控制權，進一步投資發展。

2017 年 6 月 13 日，香港正式加入亞洲基礎建設投資銀行。

加強合作的機制與機遇

香港發展與內地密切聯繫的硬件　國家實行改革開放早期，港商胡應湘於 1983 年提出建設大橋連接珠三角西部地區，珠海市市長梁廣大也倡議興建，以聯繫珠三角東部及香港。在港英政府治下，未有成事。香港回歸後，經過商議，於 2005 年確定興建港珠澳大橋方案，2009 年動工興建，2017 年主體工程基本建成。

2006 年，香港機場管理局加強與珠海機場的合作關係，與珠海市國有資產監督管理委員會成立合資公司，共同管理及營運珠海機場，以發揮協同效應，加強粵港澳整體客貨運競爭力及通達力。

2007 年 8 月，特區政府宣布建造廣深港高鐵香港段鐵路。到 2017 年 6 月底，高鐵香港段

的工程接近完成。通過港珠澳大橋和高鐵香港段的興建,加強兩地的交通連繫。

除羅湖、落馬洲支線、紅磡、深圳灣、落馬洲、沙頭角、文錦渡等交通口岸外,於 2013 年 4 月動工興建蓮塘／香園圍口岸,聯同興建高鐵西九龍站、港珠澳大橋等基礎設施,為香港融入國家發展大局提供物流和人流交往對接的便捷。據香港規劃署於 2017 年 11 月 16 日至 29 日在 11 個邊界管制站進行的調查,往來香港及內地的跨界旅客平均每日有 666,700 人次,48% 是香港居民;內地旅客佔 32.5%;居於內地的香港居民佔 17.5%;餘下 2% 為其他地方人士。此外,平均每日有 46,100 車次經陸路過境通道往來,反映兩地交往密切。

香港發展與內地密切聯繫的軟件　香港人關心內地的發展,尤其在教育方面,個人和團體熱心捐助教育項目,包括曾憲梓捐助中山大學及多家學校、李嘉誠捐建的汕頭大學等,對「希望工程」建中小學的援助,對華東水災和汶川大地震的賑災捐輸,實踐「一方有難,八方支援」,表露出血濃於水的同胞之情。

在發揮香港專業服務優勢方面,2015 年 12 月,香港和解中心與中國國際貿易促進委員會成立內地－香港聯合調解中心,為香港及內地提供一個解決跨境商業爭議的平台,發揮香港作為亞太地區國際法律及爭議解決服務中心的地位;2016 年 11 月,香港鐵路有限公司成立港鐵學院,專門培訓鐵路營運及管理人才,以助推香港運輸專業服務的發展,配合國家的「一帶一路」倡議;2016 年 12 月,香港與內地簽署《關於內地與香港特別行政區法院就民商事案件相互委託提取證據的安排》,為兩個司法管轄區的訴訟人,在民商事案件中,以具效率和明確的渠道取得證據,顯示香港在基礎設施和自身的專業服務優勢上,作出融入國家發展大局的合作發展部署。

明確香港融入國家發展大局方向　自香港 1997 年回歸後翌年成立粵港合作聯席會議,制定商討粵港合作發展的常設機制、2004 年 2 月行政長官董建華宣布成立「大珠三角商務委員會」,並委任不同界別,包括商會、銀行界、船務及紡織業、會計界、法律界、物流業、科技界、地產界、建築業、環境及教育團體,以及中小型企業和智囊組織的代表為委員,就增進兩地的增值合作和可持續發展,向政府提出意見,促進雙邊貿易及投資,到國家發改委、外交部和商務部於 2015 年 3 月聯合發布《推動共建絲綢之路經濟帶和 21 世紀海上絲綢之路的願景與行動》,提出「充分發揮深圳前海、廣州南沙、珠海橫琴、福建平潭等開放合作區作用,深化與港澳台合作,打造粵港澳大灣區」,把香港納入粵港澳大灣區發展的國家發展戰略範疇。香港在國家改革開放的不同階段,於經濟規模和實力出現消長變化過程中,展開切合雙方發展需要的合作。

進入 2000 年代,隨着國家改變依賴資本和勞動力積累的投資驅動型增長結構,改以「全要素生產率」[7] 推動經濟成長。2013 年 11 月,中共十八屆中央委員會第三次全體會議通過《中共中央關於全面深化改革若干重大問題的決定》(《決定》)。《決定》總結中共十一屆三

2017 年 7 月 1 日，國家發展改革委員會主任何立峰（左坐二）、香港特區行政長官林鄭月娥（右坐二）、廣東省省長馬興瑞（左坐一）和澳門特區行政長官崔世安（右坐一）簽署《深化粵港澳合作　推進大灣區建設框架協議》。國家主席習近平（後排中）、國務委員楊潔篪（後排左二）、全國政協副主席梁振英（後排右二）、國務院港澳事務辦公室主任王光亞（後排左一）和中央人民政府駐香港特別行政區聯絡辦公室主任張曉明（後排右一）見證簽署協議。（香港特別行政區政府提供）

中全會議決改革的成績，並提出在新的歷史起點上，全面深化改革，展示《決定》提出的全面深化改革，是對 1978 年十一屆三中全會後，推動改革開放的繼承和進行結構性全面改進發展。

2016 年 3 月，第十二屆全國人民代表大會第四次會議通過《中華人民共和國國民經濟和社會發展第十三個五年規劃綱要》（「十三五」規劃），闡明在「十三五」期間（2016 年—2020 年），在應對國內外環境轉變下，全面落實創新、協調、綠色、開放、共享的發展理念，提高發展質量和效益，確保全面建成小康社會。「十三五」規劃的港澳專章，提出支持香港鞏固和提升國際金融、航運、貿易三大中心地位，強化全球離岸人民幣業務樞紐地位和國際資產管理中心功能，推動融資、商貿、物流、專業服務等向高端高增值方向發展；支持香港參與國家雙向開放、「一帶一路」建設，進一步把香港的發展納入國家發展的規劃之中，共同發展合作。

「十三五」規劃港澳專章亦提出，支援港澳在泛珠三角區域合作中發揮重要作用，推動粵港澳大灣區和跨省區重大合作平台建設，把粵港澳大灣區發展作為國家發展重點的內容，並規劃進入政策性操作階段。

香港在國家深化改革新歷史階段的參與，透過自身的發展優勢，配合內地發展的需要，融入國家發展大局，參與空間廣闊。國家主席習近平於 2018 年 11 月 12 日接見香港澳門各界慶祝國家改革開放 40 周年訪問團，總結 40 年改革成果的講話指出，「40 年改革開放，港澳同胞是見證者也是參與者，是受益者也是貢獻者」、「對香港、澳門來說，『一國兩制』是最大的優勢，國家改革開放是最大的舞台，共建『一帶一路』、粵港澳大灣區建設等國家戰略實施是新的重大機遇」，為香港經濟的發展和轉型出路，指出踐行方向。

注釋

1 香港經濟多元化諮詢委員會：《一九七九年經濟多元化諮詢委員會報告書》（香港：香港政府印務局，1979），第 272 段。

2 中華人民共和國最高人民法院公報，「廣東國際信托投資公司破產案」文件。2021 年 2 月 3 日瀏覽，http://gongbao.court.gov.cn/Details/bba0bd0d46cb19999c24e15b160713.htm。

3 2018 年 12 月 4 日，香港與內地簽署《香港與內地關於建立更緊密經貿關係安排》框架下的《貨物貿易協議》，加上於 2014 年 12 月簽署的《關於內地在廣東與香港基本實現服務貿易自由化的協議》（廣東協議）、2015 年 11 月簽署的《服務貿易協議》、2017 年 6 月簽署的《經濟技術合作協議》及《投資協議》，共有五份子協議。

4 按香港特區政府統計處《2014 年香港對外直接投資統計》列明的統計定義，「外來直接投資的來源國家／地區指該項投資的直接來源地，這未必反映是項投資的最終來源地．同樣地，向外直接投資的目的地國家／地區指該項投資的首個目的地。這未必反映是項投資的最終接受資金的目的地。根據國際標準，直接投資統計數字是以直接來源地及首個目的地作為分析的」。香港對內地的直接投資或包含本地和以香港為中介到內地的香港境外資金。

5 李業廣在香港地方志中心「口述歷史」紀錄，2021 年 4 月 9 日。

6 李欣欣（中共中央政策研究室經濟組）：〈從東亞金融危機看我國的金融隱患 —— 對國有獨資商業銀行資產運營現狀的分析〉，《改革》，1998 年第 3 期，頁 32。

7 全要素生產率（Total Factor Productivity, TFP）是指產出增長率中，扣除資本和勞動力等生產要素投入後的餘值，一般將之解釋為技術進步對經濟增長的貢獻。

第一章
製造業北移

第一節 概況

1950 年代開始，香港走上工業化之路，以輕工業為主的香港工業迅速起飛，生產的工業產品主要為服裝、紡織、塑膠玩具、原子粒收音機、鞋履和鐘錶。在港加工出口的規模擴大，港產品出口額在整體出口總額的比重持續上升，由 1959 年的 69.6% 提高至 1970 年的 81%。製造業成為香港經濟增長的驅動力，1970 年製造業佔本地生產總值的 30.9%。

1973 年石油危機爆發後，香港經濟出現嚴重衰退。1975 年，本地生產總值實質增長僅0.4%，失業率高達 9.1%。受土地資源匱乏、勞工短缺、生產經營成本上升等因素制約，以及來自其他「亞洲小龍」尤其台灣地區和韓國日益加劇的出口競爭，香港工業發展面對巨大的壓力。

1977 年 10 月，港督麥理浩委任 16 名委員組成經濟多元化諮詢委員會，探討香港經濟邁向多元化的政策。經過兩年研究，該委員會於 1979 年 12 月 14 日提交報告書。在政策建議醞釀之際，中共十一屆三中全會於 1978 年 12 月在北京召開，議決把黨和國家工作重心轉移到經濟建設上、實行改革開放的歷史性決策，為香港工廠外移生產提供新的發展出路。

在國家改革開放前夕，有港商在深圳文錦渡先行觀察，探索利用內地廉價土地和勞工成本進行生產的可行性。1978 年 3 月，香港東雅集團主席鄭可明與廣東省輕工業廳，率先在深圳文錦渡投資興辦羅湖手袋廠，是次合作開啟了內地來料加工的序幕。

1978 年內地開始探索中外合資經營企業，中央有關部門邀請香港律師廖瑤珠擔任顧問，協助草擬中外合資企業的章程和合同。廖瑤珠在起草過程中提出，只有中外合資經營企業的章程和合同並不足夠，建議制定《中外合資經營企業法》。她的意見得到中央領導的高度重視，揭開了外商投資立法工作的序幕。1979 年 7 月 8 日，全國第一部利用外資的法律 ——《中華人民共和國中外合資經營企業法》頒布實施，確立外商投資企業在內地以股權式合資經營的法制基礎。該法例第五條訂明，外商的投資必須是內地需要的先進技術和設備，中方投資可包括為合營期內提供場地使用權。

1979 年 7 月 15 日，中共中央、國務院批轉廣東省委和福建省委《關於對外經濟活動實行特殊政策和靈活措施的兩個報告》，決定對廣東、福建兩省實行特殊政策和靈活措施，利用毗鄰港澳台和交通便利的優勢，創辦深圳、珠海、汕頭和廈門四個出口特區（後稱經濟特區）。經濟特區率先吸收利用外商投資，在土地使用、稅務、外匯、出入境手續等方面實施優惠政策和便利措施。

國務院於 1979 年 3 月發布《以進養出試行辦法》後，同年 9 月 3 日正式頒布《發展對外加工裝配和中小型補償貿易辦法》，確定採用來料加工裝配和補償貿易，作為內地利用外

資、擴大出口的靈活方式。為提升香港產品的競爭力，一批港商抓住改革開放的機遇，利用內地毗鄰香港、充裕的勞工和廉價的土地成本等優勢，以「三來一補」模式在廣東省合作辦廠，開展勞動密集型的加工出口業務。[1]

1978 年至 1979 年間，港商合作開辦的東莞縣太平手袋廠、順德縣容奇鎮製衣廠和珠海香洲毛紡廠，相繼在廣東落戶或建設投產。按照「三來一補」企業協議，港方企業引進資金、技術、設備和原材料，與內地企業提供的土地、廠房和勞動力等生產要素結合，最終企業以加工費收入償還港方企業所支付的設備價款。

1980 年代初期，內地投資環境及政策尚未完善，一批港商響應國家實行的改革開放，帶頭到內地開設中外合資企業。1980 年 4 月，由港商投資、有「001 號合資企業」之稱的北京航空食品有限公司獲批准成立，成為全國第一家中外合資企業，而陸續進入內地投資的香港實業家相繼建立了多個「全國第一」，包括全國第一家中外合資電子企業、全國第一家中外合資自行車企業、全國第一家紡織中外合資企業、全國第一家鋁合金易拉罐製造企業、全國第一家中外合資領帶生產企業、全國第一家農村「三來一補」企業等等；它們在早期的外商投資合作中起引領帶動的作用。

內地改革開放初期，港商投資企業提供先進的技術設備和技術協助，更新和改造一些傳統老化企業，促進產品質量的改進。與此同時，參考香港的管理經驗，港商投資企業訂立擇優選才為特徵的用人制度、按勞分配為原則的工資制度，以及紀律嚴謹的管理制度，幫助企業提高生產效率和經營管理水平。

1986 年 4 月和 1988 年 4 月，全國人民代表大會分別通過《中華人民共和國外資企業法》和《中華人民共和國中外合作經營企業法》，在法律上允許和保障外商以獨資和合作形式進行投資；1990 年 8 月 19 日，國務院制定《關於鼓勵華僑和香港澳門同胞投資的規定》，進一步明確港商在內地的投資優惠待遇；1991 年 4 月頒布《中華人民共和國外商投資企業和外國企業所得稅法》，規定給外商享有「兩免三減半」的稅務優惠待遇，逐步建立起吸引外商投資的法律基礎。[2]

隨着「外資三法」和外商投資優惠政策的實施，愈來愈多港商通過獨資、合資及合作投資辦廠，將香港部分或全部生產線遷往內地。據廣東省政府發展研究中心的報告，港商在廣東直接投資從早期以合作經營為主，逐步形成合作經營和合資經營並重的格局，1990 年代獨資經營的發展尤為迅猛。[3] 1979 年至 1995 年，在累計港商直接投資額中，合資企業、合作企業和獨資企業的比例分別為 35.5%、43.8% 和 20.7%。

據香港工業總會的調查，1991 年前港商在珠三角地區投資的企業規模以中小型為主，當中 57.5% 企業僱用員工少於 500 人。港資企業的投資規模大多在 1000 萬元以下，佔港資企業數目的 60.8%。[4] 1991 年前在珠三角地區的港商投資企業中，投資比例較高的行業包括

電子業、玩具業、塑膠及皮革製品業、電器及光學製品業、鐘錶業等傳統勞動密集型產業。[5]

根據香港特區政府統計處的資料，受產地來源的規限，服裝業和紡織業將生產工序遷移的情況受較大限制。1980 年代中後期，塑膠製品、電器及電子業將生產程序遷移往內地的情況最為普遍，其次是金屬製品業和服裝業。1986 年至 1991 年間，這四個行業的香港就業人數呈急速下跌，分別每年平均下降 12.9%、7.5%、6% 和 6%。

在投資區域方面，1980 年代中後期，內地逐步擴大對外開放的區域，港商對內地的投資由初期集中於經濟特區、經濟技術開發區，逐步向沿海港口城市和沿海經濟開放區不斷推進。1990 年代，內地沿海地區的地價和勞工價格不斷上漲，亦驅使香港製造商把生產基地轉移到內陸省份。

1990 年 4 月 18 日，國務院總理李鵬在上海宣布中央決定同意上海市加快浦東地區開發，帶動了港商對上海及長江三角洲的製造業投資。1992 年 1 月，鄧小平發表「南巡講話」，國家明確加快外向型經濟發展，港商投資出現新高潮。港商對長江三角洲的投資明顯增多，當中製造業佔最大部分。

雖然香港製造業在內地的生產基地從珠三角向長三角延伸，不過，廣東省仍是香港製造業最大的生產基地。香港工業總會的研究報告指出，2001 年在內地從事製造業活動的香港公司約有 63,000 家；在內地投資和擁有管理權的工廠有 53,300 家，分布於東莞、深圳、廣州、惠州、中山等廣東五個城市。另外，長江三角洲地區約有 2600 家工廠，承包香港公司外判的加工工序。據該報告的估算，2002 年香港在內地直接或間接創造了 1100 萬個工業就業職位。[6]

1990 年代，香港大企業、大財團相繼進入廣東投資，高新技術項目增加。港商對內地製造業的投資項目，逐漸從勞動密集型加工行業為主擴大到資本密集型項目，而技術密集型的產業作有限度的發展。1990 年代，港商在廣東的生產超越傳統加工，進一步擴展至電腦、電腦元件和配件、通訊設備、精密儀器、智慧玩具和精細化工等領域，開拓較高附加值的產品。

隨着 1980 至 1990 年代的產業轉移，香港製造業生產活動大幅度減少。根據香港貿易發展局的調查，1990 年代末期，超過八成香港廠家在內地投資製造業，以及與製造業有關的進出口業務。其間，香港製造業的就業人數急速萎縮，1980 年代以涉及外發加工的製造業影響最大，尤其是收音機、電視及通訊設備製造業、電器產品及電子玩具製造業、塑膠製品製造業、金屬製品業和服裝製品業。1980 年至 2000 年，香港製造業職位大幅減少 81.66 萬個，降幅達 79.2%；而香港製造業企業則減少約 3.36 萬家，降幅達 63.9%（見表 1-1-1）。

香港製造業大規模北移，在跨地域生產之下，香港與珠三角地區逐漸形成「前店後廠」的

表 1-1-1　1980 年至 2017 年香港製造業機構單位及就業人數變化

年份	機構單位數目（家）	就業人數（人）	年份	機構單位數目（家）	就業人數（人）
1980	52,566	1,030,861	1999	20,383	223,212
1981	48,324	996,121	2000	18,958	214,221
1982	45,194	895,328	2001	17,258	197,878
1983	46,309	936,609	2002	16,460	186,402
1984	50,033	955,746	2003	15,156	172,404
1985	49,140	908,528	2004	14,681	167,398
1986	50,099	942,734	2005	12,643	145,247
1987	50,756	944,078	2006	12,026	128,801
1988	51,671	885,963	2007	11,401	124,111
1989	52,475	829,723	2008	11,418	122,937
1990	51,823	762,599	2009	10,752	116,807
1991	43,893	651,404	2010	10,320	111,498
1992	41,706	592,354	2011	9942	106,944
1993	34,382	504,888	2012	9636	102,843
1994	31,988	433,672	2013	9358	102,004
1995	27,599	367,995	2014	8908	100,245
1996	25,859	327,473	2015	8444	97,385
1997	24,925	289,961	2016	8037	94,098
1998	22,431	251,684	2017	7613	91,811

資料來源： 香港特區政府統計處。

注：1980 年至 2004 年的統計數字是以「香港標準行業分類 1.1 版」為基礎，2005 年起的統計數字是按「香港標準
　　行業分類 2.0 版」編製。

分工模式，香港公司承接海外訂單、供應原材料、設計研發產品、包裝、控制品質，以至
銷售及市場推廣，而設於內地的工廠負責附加值較低的加工和生產運作。「前店後廠」的合
作關係帶動內地製造業的發展，催生了內地對金融、保險、運輸、商業服務，以及與貿易
相關的生產型服務需求，助推香港由製造業出口向服務型經濟轉型。

2001 年中國加入世界貿易組織，標誌着國家對外開放邁向重要里程碑。為履行入世的承
諾，內地加大對外資企業開放，並解除外資企業的內銷比例限制。2000 年 10 月 31 日修
訂的《中華人民共和國外資企業法》，取消對外資企業產品必須全部出口或大部分出口的規
定；2001 年 4 月 12 日國務院公布《關於修改〈中華人民共和國外資企業法實施細則〉的
決定》，刪除外資企業產品的出口佔總產值 50% 以上的規定。在內地的港資製造企業乘勢
開闢內銷渠道，突破過去以出口導向型為主，轉而實現外銷加內銷雙軌發展。香港工業總
會於 2007 年發表的調查指出，以產品平均價值計算，全部受訪企業的出口和內銷的比例，
分別為 68% 和 28.2%，較 2003 年僅 10% 的內銷比例增長顯著。[7]

據香港特區政府中央政策組發表的研究報告，2000 年代，在內地的港資製造企業仍以勞動密集型為主，佔總數約 70%；其投資領域涵蓋紡織、服裝、電子、玩具、金屬製品、塑膠等行業。[8] 根據世界貿易組織《紡織品及成衣協議》，發達國家對內地實施的紡織品配額限制在 2005 年前取消，內地加入世界貿易組織後，香港紡織及服裝業在內地的生產經營業務趨於活躍。據國家商務部統計，2000 年代香港是內地紡織業最大的直接投資來源地，也是紡織業大型項目的主要來源地。[9]

2000 年代中後期，港資生產企業在內地的經營面臨挑戰。第十屆全國人大五次會議通過的《中華人民共和國企業所得稅法》，規定 2008 年 1 月 1 日起對內資和外資企業的所得稅實行「兩稅合一」，取消三資企業所得稅的減免優惠政策。[10] 國家只對重點扶持和鼓勵發展的產業和項目，給予企業所得稅優惠。國家重點扶持的高新技術企業，可享減按 15% 的稅率繳交企業所得稅。與此同時，《中華人民共和國勞動合同法》於 2008 年 1 月 1 日正式實施。

2008 年環球金融危機爆發後，廣東省決定實施產業轉移和勞動力轉移的「雙轉移」發展戰略。珠三角的經濟規劃和政策調整，以及勞工和經營成本上升，為珠三角設廠生產的港商帶來轉型升級壓力，促使加快發展高技術含量、高附加值的製造業。面對珠三角地區的經營環境轉變，以中小企業為主的港資製造企業在珠三角的投資步伐趨緩，反之加快向長三角地區轉移產業，形成珠三角與長三角雙中心的投資格局。香港工業總會的調查報告指出，2008 年前把珠三角的生產業務遷移的港資企業，大多把珠三角的工廠遷往內地其他地區，而 2010 年後的產業轉移，則以轉至東南亞國家為主，也有少數選擇回流香港。

隨着人民幣升值、內地加快產業升級，港商對內地製造業投資呈下降態勢。2001 年至2010 年，港商對內地實際投資金額從 167.17 億美元增至 605.67 億美元，增長 2.6 倍（見表 1-1-2）。服務業合作成為主要趨勢，流入房地產等服務貿易領域的投資日漸增多。其間，製造業在港商對內地實際投資總額的比重，從 68.6% 逐年下降至 39.5%。

在製造業方面，港商對內地的投資領域不斷拓寬。2001 年至 2010 年間，在內地生產的港資企業主要集中於紡織、通訊及機械製造業。根據國家商務部的外資統計，以項目數量和實際投資金額計，港商對內地投資的食品製造、化學原料及化學製品、醫藥製造、通用設備、專業設備、交通運輸設備、通訊設備、計算機及其他電子設備等行業，均居於所有外資來源地的首位。

到 2017 年，港商對內地的投資遍及各行各業，投資領域從以製造業為主向服務業轉變，與香港經濟向服務業主導轉型的趨勢一致。2017 年，信息傳輸、軟件和信息技術服務業成為港商對內地直接投資的第一大行業，佔香港實際投資額的 20.5%；製造業則居於第二，佔17.6%。

相對於改革開放初期，香港在內地的製造業投資，由勞動密集型為主向資本、技術密集型

發展；其投資項目由中大型為主向大中型為主轉變；港資製造企業的生產方式，從代工生產為主向自有品牌生產發展；產品結構則由低技術、低附加值為主向高技術含量、高附加值發展。

隨着香港製造業在內地增資壯大，香港本地製造業規模持續收縮。香港製造業機構單位從 2005 年的 12,643 家，下降至 2017 年的 7613 家，跌幅接近 40%；同期，製造業就業人數則從 145,247 人減至 91,811 人，減少超過 5.34 萬人（見表 1-1-1）。據香港政府統計處的統計，按經濟活動劃分的本地生產總值，製造業在香港本地生產總值的佔比進一步下降，以當時價格計算，從 2005 年的 2.8% 下降至 2017 年的僅 1%。

內地改革開放以來，港商在內地經歷了不同階段的發展，始終是內地最大的外來投資來源。據《中國外資統計公報》的資料，1979 年至 2017 年，香港累計在內地投資興辦的企業 417,032 家，佔全國外資企業總數的 46.3%；累計實際投資金額 10,093 億美元，佔內地吸收外資總額的 50.2%。廣東省成為全國吸收港資最多的地方，根據《廣東統計年鑒》，1979 年至 2017 年，廣東省累計實際利用外資 4237.56 億美元，其中港資佔 2728.55 億美元，港資在廣東省實際利用外資佔 64.4%。當中，製造業及製造業相關服務的投資，一直佔有主要的地位。

第二節 北上先行者

國家實行改革開放，向外招商引資。1979 年 1 月，廣東省革命委員會、交通部向國務院報送《關於我駐香港招商局在廣東寶安建立工業區的報告》，同年 7 月，中央批准香港招商局在蛇口建立工業區，供港澳商人、華僑和外商投資設廠。在國家啟動改革開放進程中，香港廠商率先到內地投資，把生產線北移至內地。

本節選取記述的港商企業「先行者」，是在改革開放初始階段到內地投資，設辦「全國第一」的開創性企業。這批「先行者」成為國家推動改革開放的「排頭兵」。

一、順德縣容奇鎮製衣廠

順德縣容奇鎮製衣廠是全國首批「三來一補」的工廠之一。據佛山市順德區檔案局的記載，1978 年，在順德縣外貿進出口公司引薦下，港商楊釗代表香港大進（國際）貿易有限公司與中國紡織品進出口公司廣東省分公司，於 1978 年 6 月 23 日簽訂合作協議，以補償貿易形式開辦來料加工製衣廠。中方企業騰出舊廠房和提供勞動力，港方企業出資 400 萬元，從美國、日本、西德進口製衣設備和提供原料。港商收取加工費作為設備價款，合作期限為六年。

表 1-1-2　1979 年至 2017 年港商在內地投資情況

年份	協議項目			協議投資額
	港商簽訂協議 （個）	外商簽訂協議 （個）	佔外商簽訂協議 （％）	港商協議投資額 （億美元）
1979-1982	不詳	920	不詳	不詳
1983	不詳	638	不詳	不詳
1984	1870	2116	不詳	21.75
1985	2613	3073	不詳	41.34
1986	1155	1498	77.1	17.73
1987	1721	2233	77.1	19.47
1988	4562	5945	76.7	34.67
1989	4072	5779	70.5	31.60
1990	4751	7273	65.3	38.33
1991	8502	12,978	65.5	72.15
1992	30,781	48,764	63.1	400.44
1993	49,134	83,437	58.9	739.39
1994	24,622	47,549	51.8	469.71
1995	17,186	37,011	46.4	409.96
1996	10,397	24,556	42.3	280.02
1997	8405	21,001	40.0	182.22
1998	7805	19,799	39.4	176.13
1999	5902	16,918	34.9	133.29
2000	7199	22,347	32.2	169.61
2001	8008	26,140	30.6	206.86
2002	10,845	34,171	31.7	252.02
2003	13,633	41,081	33.2	407.08
2004	14,719	43,664	33.7	501.38
2005	14,831	44,019	33.7	632.35
2006	15,496	41,496	37.3	不詳
2007	16,208	37,892	42.8	不詳
2008	12,857	27,537	46.7	不詳
2009	10,701	23,442	45.7	不詳
2010	13,070	27,420	47.7	不詳
2011	13,889	27,717	50.1	不詳
2012	12,604	24,934	50.6	不詳
2013	12,014	22,819	52.7	不詳
2014	12,169	23,794	51.1	不詳
2015	13,146	26,584	49.5	不詳
2016	12,753	27,908	45.7	不詳
2017	18,066	35,662	50.7	不詳

資料來源：《中國商務年鑒》、《中國外商投資報告》、中國商務部新聞公告。
注：1979 年至 1985 年的港商簽訂協議數目、港商協議投資額及港商實際投資額的統計數字，包含港澳地區。

協議投資額		實際投資額		
外商協議投資額 （億美元）	佔外商協議投資額 （％）	港商實際投資額 （億美元）	外商實際投資額 （億美元）	佔外商實際投資額 （％）
49.58	不詳	不詳	17.69	不詳
19.17	不詳	不詳	9.16	不詳
28.75	75.7	7.48	14.19	52.7
63.33	65.3	9.56	19.56	48.9
33.30	53.3	13.29	22.44	59.2
37.09	52.5	15.88	23.14	68.6
52.97	65.5	20.68	31.94	64.7
56.00	56.4	20.37	33.93	60.0
65.96	58.1	18.80	34.87	53.9
119.77	60.2	24.05	43.66	55.1
581.24	68.9	75.07	110.08	68.2
1114.36	66.4	172.75	275.15	62.8
826.80	56.8	196.65	337.67	58.2
912.82	44.9	200.60	375.21	53.5
732.76	38.2	206.77	417.26	49.6
510.03	35.7	206.32	452.57	45.6
521.02	33.8	185.08	454.63	40.7
412.23	32.3	163.63	403.19	40.6
623.80	27.2	155.00	407.15	38.1
691.95	29.9	167.17	468.78	35.7
827.68	30.4	178.61	527.43	33.9
1150.70	35.4	177.00	535.05	33.1
1534.79	32.7	189.98	606.30	31.3
1890.64	33.4	179.49	724.06	24.8
不詳	不詳	213.07	727.15	29.3
不詳	不詳	277.03	835.21	33.2
不詳	不詳	410.36	1083.12	37.9
不詳	不詳	460.75	940.65	49.0
不詳	不詳	605.67	1147.34	52.8
不詳	不詳	705.00	1239.85	56.9
不詳	不詳	655.61	1210.73	54.2
不詳	不詳	733.97	1239.11	59.2
不詳	不詳	812.68	1285.02	63.2
不詳	不詳	863.87	1355.77	63.7
不詳	不詳	814.65	1337.11	60.9
不詳	不詳	945.09	1363.15	69.3

該公司改造舊廠房和安裝新設備，於 1978 年 10 月投產，廠址位於容奇工業路。製衣廠從香港派出技術人員，對以順德容奇鎮本地人居多的工廠工人進行培訓。1979 年 6 月 12 日，順德縣革命委員會向廣東省革命委員會主任習仲勳及副主任楊尚昆等領導呈交書面報告，題為《開展來料加工裝配業務大有可為 —— 順德縣容奇鎮製衣廠八個月小結》。根據該報告，全廠工人 720 人，月產量從 2600 打增加至 8000 打。工廠開辦八個月以來，生產共 38,606 打各款長西褲，收取工繳費 1,276,234 元，扣除設備款 281,337 元，實際外匯收入 993,393 元。

建廠第一年，順德縣容奇鎮製衣廠實現加工費收入 20 萬美元。1980 年 8 月，該廠更名為「廣東省順德縣容奇鎮大進製衣廠」。1982 年 4 月，該公司投資 34 萬元人民幣，興建 2800 平方米新廠房，生產服裝及中高檔牛仔褲，出口往美國和香港。同年，在北京全國成果展覽上獲中國對外經濟貿易部頒發榮譽證書。大進製衣廠的合作生產模式得到高度肯定，容奇鎮按照大進的合作模式，相繼與港資企業再開辦四家製衣廠。

二、東莞太平手袋廠

東莞太平手袋廠創建於 1978 年，位於東莞市虎門鎮。通過香港華潤公司的介紹，香港信孚手袋製品有限公司創辦人張子彌聯絡廣東省輕工業局（後稱廣東省輕工業品進出口總公司）。1978 年 7 月，張子彌在廣州與東莞縣第二輕工業局簽訂為期五年的來料加工合同。合同規定，港方企業從香港進口 15 台設備和原材料，合作方則提供 200 平方米的廠房和借調太平服裝廠十多名車工。產品經港商外銷後，所賺得的加工費有 20% 作為設備價款償還港方企業。

1978 年 9 月 15 日，東莞太平手袋廠獲國家工商總局頒發「三來一補」牌照，編號「粵字 001」，並於同日正式投產。張子彌從香港派出電工、機修工和技術人員，把全廠的腳踏設備改成電動設備，並指導工人操作和維修設備。該公司第一年產量超過 7 萬打，收入為 100 萬元加工費，賺取外匯超過 60 萬元。

組建初期，該公司在太平竹器廠原址加工生產女裝手袋。1979 年，東莞太平手袋廠在虎門鎮租用兩層舊廠房，佔地一萬多平方米。同年，張子彌將香港廠房的全部生產線搬入虎門。1981 年，東莞太平手袋廠全部償清港方企業前期投資的 300 萬元設備價款。在合同期內，港方企業共投資超過 500 萬元，引進 300 多台生產設備。該公司獲得加工費 900 萬元人民幣，出口創匯約 450 萬元，成為廣東省重點的手袋出口和生產基地。東莞太平手袋廠從代加工生產轉型至發展自主品牌「金虎牌」，員工人數高峰期達到 800 多人。

東莞太平手袋廠沒有進出口經營權，1984 年，張子彌與外貿公司簽訂合同，把東莞太平手袋廠由全國首家來料加工改變為進口加工的企業。1996 年 12 月，該廠因港商轉往外地發展而結業。

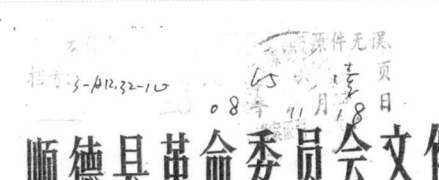

1979 年 6 月 12 日，順德縣革命委員會向廣東省革命委員會主任習仲勳、副主任楊尚昆等呈交由順德縣容奇鎮製衣廠草擬的書面報告，題為《開展來料加工裝配業務大有可為 —— 順德縣容奇鎮製衣廠八個月小結》，報告辦廠以來的營運情況。（旭日集團提供）

香港信孚手袋製品有限公司創辦人張子彌與東莞縣第二輕工業局合作興辦全國首家來料加工企業 —— 東莞太平手袋廠，於 1978 年 9 月 15 日投產。圖為位於虎門鎮的廠房生產車間。（香港大公文匯傳媒集團提供）

三、香洲毛紡廠

香洲毛紡廠創立於 1978 年，位於珠海，是國家改革開放後建立的第一家補償貿易企業。1978 年 5 月，永新企業有限公司創辦人曹光彪在北京向中國紡織品進出口總公司總經理陳誠宗提出以補償貿易方式辦廠，計劃書得到國家批覆同意；同年 8 月 31 日，永新企業有限公司、澳門紡織品有限公司與中國紡織品進出口總公司廣東省分公司，在澳門南光貿易公司簽署「籌辦毛紡定點廠協議」，合作年期為五年。

曹光彪投資 740 萬元，港方企業負責提供原料、生產設備及產品銷售，先後從西德、瑞士、日本、美國、英國、波蘭等國家購入先進的生產設備，並提供投產前技術培訓和投產後的工藝技術指導；珠海方面投資 55 萬元人民幣，提供土地、廠房基礎建設和工廠的勞動力。1978 年 11 月動工建廠。1979 年 11 月，香洲毛紡廠正式投產。

香洲毛紡廠於 1979 年 11 月 7 日舉行開幕紀念。工廠組建初期，員工 410 人，包括企業管理和技術專業人員。主要產品是純羊毛紗和羊兔毛混紡紗，設計生產能力為年產 120 萬磅毛線。在工廠投產初期，由於產品質量問題，1980 年 9 月 8 日全面停產整頓，18 日後恢復生產。

1979 年 11 月 7 日，香洲毛紡廠在珠海正式開幕，永新企業有限公司董事長曹光彪（右一）及其女曹其真（左三）、珠海市第一任市委書記吳健民（右二）、珠海市革命委員會主任甘偉光（右三）為開幕紀念祝酒。（香港大公文匯傳媒集團提供）

1984 年 1 月，鄧小平第一次到訪珠海，第一站視察香洲毛紡廠。是年，該公司產量達到 609 噸，工業總產值 962.8 萬元人民幣，創匯 440 萬元。

香洲毛紡廠投產三年，港方企業已提前收回投資。按合同規定，加工費用收入在五年內償還港商投資本息後，工廠無償歸還國家所有。1984 年合同期滿後，該公司逐步減少來料加工，到 1988 年 4 月，香洲毛紡廠正式結束與港商的來料加工合作。

四、中宏製氧廠

中宏製氧廠是蛇口工業區引進的第一家中外合資企業。1979 年 9 月 5 日，香港宏德機器鐵廠與招商局簽訂合辦製氧廠的協議，總投資額 1000 萬元。招商局佔 75% 股權，香港宏德機器鐵廠佔 25%。1980 年上半年中宏製氧廠動工興建，乙炔車間和氧車間分別於 1980 年 7 月和 8 月建成投產。該廠主要生產氧氣、乙炔、氮氣、氫氣等，年產量為 13 萬支氧氣、4.5 萬支乙炔。1987 年 5 月，該公司擴建為中宏工業氣體有限公司，主要向浮法玻璃廠提供氮氣和氫氣等工業氣體。

1979 年 9 月 5 日，香港宏德機器鐵廠和招商局簽訂合辦製氧廠的協議，投資總額 1000 萬元，中宏製氧廠成為蛇口工業區最早興辦的合資企業。1980 年 7 月，乙炔車間建成投產。圖為該公司待運的乙炔氣瓶。（攝於 1981 年，新華社提供）

五、北京航空食品有限公司

北京航空食品有限公司是內地政府頒布實施《中外合資經營企業法》後第一家開業的中外合資企業。為配合 1980 年中美恢復通航，在新華社香港分社社長王匡引薦下，1979 年 3 月開始，美心食品有限公司的伍沾德和伍淑清父女多次前往北京，與民航局局長沈圖洽談合作，合資目的是提高北京國際機場航空食品供應部門的管理經營水平。伍沾德邀請東亞銀行參股，以及牛奶公司作為技術伙伴和合作投資者，成立中國航空食品公司。成立資金 200 萬美元，其中，牛奶公司佔 50%、東亞銀行佔 18%。

在簽訂協議和合同之前，港方企業墊付 500 萬元，購買全套航食設備，並草擬協議和合同內容。1980 年 3 月 8 日，中國航空食品公司與中國民航北京管理局簽訂協議；同年 4 月 4 日，經鄧小平的特別批准，中華人民共和國外國投資管理委員會下發「外資審字〔1980〕第一號」的批覆通知。

北京航空食品有限公司經營航空配餐、飲料等業務，以及為中國民航及外航飛機提供餐飲服務。註冊資本 588 萬元人民幣，合資期限為八年。其中，中方投資 300 萬元人民幣，佔 51%；港方企業投資 288 萬元人民幣，佔 49%。中方投資建設廠房、購置辦公日用品和提供專用車輛；港方企業則從美國、法國、西德等地購入配餐設備和運輸車輛。

由於歐美主要國家對華實施禁運，先進設備無法直接進入內地。1980 年 2 月，伍沾德從美國訂購的設備運抵香港，經船公司安排以「船過船」方式運往天津港，再以火車轉運北京。1980 年 5 月 1 日，北京航空食品有限公司在北京開業。1980 年 5 月 2 日中美通航，該公司為第一架飛離北京的美國飛機提供機上配餐。1980 年和 1981 年，德國漢莎航空公司兩次對北京航空食品有限公司的餐食和用水等 12 個項目進行抽查化驗，並給予「衛生標準高」的肯定。1982 年 10 月，北京航空食品有限公司與民航上海管理局合營上海航空食品公司。

1984 年，北京航空食品有限公司日均配餐量 4200 份，較合營前的 640 份增長 5.5 倍。從開業至 1984 年年底，合資雙方收回本利達到投資額兩倍以上。經過多次商議，合資期限由原定 8 年延長至 43 年。隨着內地航空業的發展，北京航空食品有限公司的日均配餐量從合營前的 640 份增至 2017 年的 10 萬份，供應的中外航空公司 30 多家，為北京首都機場 75% 的國際航班提供配餐。

六、廣東光明華僑電子工業有限公司

1979 年 4 月 20 日，經國務院僑務辦公室副主任林修德引薦，香港實業家林中翹代表香港港華電子企業有限公司與廣東省華僑農場管理局局長陳賢簽約，成立光明華僑電子工廠。同年 12 月，香港港華電子企業有限公司和廣東省華僑企業公司同意由來料加工裝配轉為合資經營

1980 年 3 月 8 日，北京航空食品有限公司在廣州舉行合資協議簽字儀式，港方代表伍沾德（右坐）代表中國航空食品公司與中方代表夏衍（左坐）簽字。（伍淑清提供）

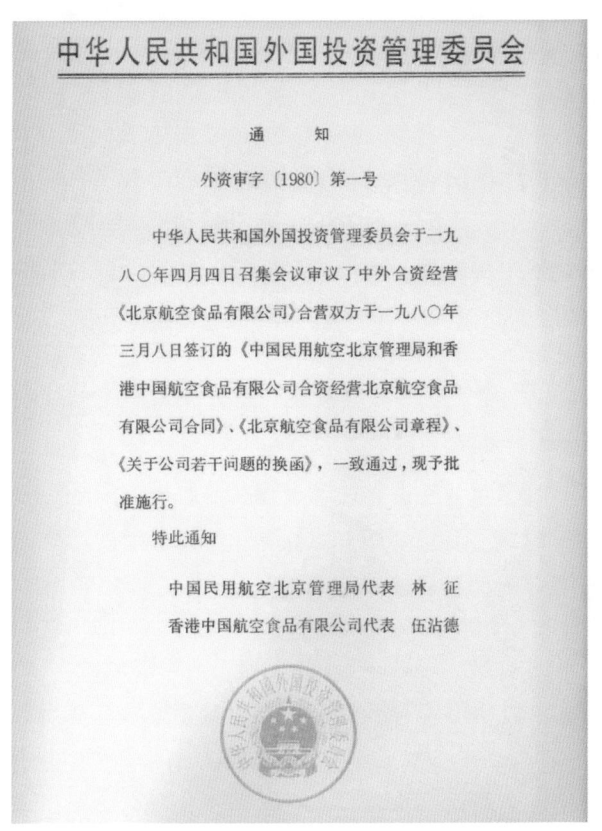

1980 年 5 月 1 日，內地第一家中外合資企業 —— 北京航空食品有限公司在北京開業。圖為中華人民共和國外國投資管理委員會發出的「外資審字〔1980〕第一號」批准通知。（伍淑清提供）

港商林中翹和廣東省華僑企業公司在深圳合資興辦的廣東光明華僑電子工業有限公司，1980 年 5 月在深圳市沙河工業區投產，是全國首家中外合資電子企業。圖為廣東光明華僑電子工業有限公司生產間。（攝於 1982 年 10 月，新華社提供）

企業 —— 廣東光明華僑電子工業有限公司，是內地第一家中外合資電子企業。公司首期投資 4300 萬元，廣東省華僑企業公司和香港港華電子企業有限公司分別佔 51% 和 49%。

1980 年 5 月 21 日該公司成立，同日正式投產。早期從事電子錶、收錄機機芯的來料加工組裝，設計生產能力為年產收音機 20 萬部。1990 年前引進外國先進設備超過 1500 台，生產線 16 條。該公司定期組織文化技術培訓班，由香港、內地高等院校的教師授課，並選派員工參加國內外舉辦的有關技術培訓班。

1983 年，雙方原定 10 年的合資期限延長為 15 年。在合資經營後，港方企業所得的紅利全部無息貸給廣東光明華僑電子工業有限公司作為流動資金。1986 年 9 月，雙方決定追加投資 1000 萬元。1987 年，成為廣東省第一家同時獲得彩色電視機和收錄機生產許可證的電子企業。1988 年 7 月，成為廣東省第一家電子整機裝配先進企業。1989 年 10 月 14 日，經深圳市政府批准，該公司更名為康佳電子有限公司。

該公司在 1980 年代後期進入彩電領域，生產康佳牌「彩霸」電視、「勁力」音響組合、「好運通」通訊系列等電子產品。1991 年被列為中國 500 家最大外商投資工業企業排名第六。1992 年 3 月 27 日，深康佳 A、B 股票同時在深圳證券交易所上市；1995 年 8 月 29 日改名為康佳集團股份有限公司。1990 年代，康佳自行研發生產出內地第一台全遙控彩色電視

機、第一台圖文傳真機。1998 年，康佳彩電產品的內地市場佔有率已躍升至第一，成為深圳市首家銷售額超過百億元的工業企業。同年，林中翹宣布退休，2001 年 6 月 30 日前，港華電子集團仍持股 0.87%。

七、新南新印染廠有限公司

1980 年 5 月 5 日，經廣東省經濟特區管理委員會批准，新南新印染廠有限公司由香港羅氏美光集團獨資興辦，首期投資額 4000 萬元。它是深圳第一家獲批准成立的外商獨資企業，也是深圳第一家港商獨資企業。1980 年 9 月在深圳市龍崗區葵涌鎮動工建廠，翌年 12 月正式投產 。

1982 年 12 月，該公司成立新南新染廠工會，是內地第一家外商獨資企業工會，成為「三資」企業建立工會的典型。1983 年，新南新印染廠有限公司主要股東在香港破產，1984 年 4 月，該公司進行資產重組，由華聯紡織（集團）有限公司、深圳市紡織工業公司聯合五位香港投資者以 2500 萬元購得資產，組成中外合資企業，同時改名為深圳中冠印染有限公司，合資期限為 25 年。該公司主要從事純棉和麻類織物的印染加工，通過香港子公司在日本設立的分支機構銷售產品。產品銷往香港、日本和歐美市場，國際合作品牌包括 CK、GAP、JCPenney、NEXT、TOMMY。

1980 年 5 月 5 日，香港羅氏美光集團在深圳市龍崗區葵涌鎮獨資興辦新南新印染廠有限公司，是深圳第一家獲批准成立的外商獨資企業，以及深圳第一家港商獨資企業。圖為新南新印染廠有限公司建成的廠房。（攝於 1981 年，新華社提供）

1991 年工業總產值 2.76 億元人民幣，銷售收入 3.06 億元人民幣，職工有 760 人。1992 年，該公司在深圳發行 A、B 股票，同年更名為深圳中冠紡織印染股份有限公司，是中國紡織印染業第一家股票上市公司。1997 年銷售收入 3.8 億元人民幣，成為全國最大 500 家外商投資企業之一。後來因連年虧損，2007 年 3 月起，該公司的印染工廠進入全面停產。

八、新疆天山毛紡織品有限公司

新疆天山毛紡織品有限公司位於新疆烏魯木齊市，前身為新疆維吾爾自治區烏魯木齊毛紡織廠。1980 年 6 月，香港半島針織有限公司董事長唐翔千和香港國際棉業有限公司、新疆烏魯木齊毛紡織廠、日本東洋紡絲工業株式會社四方合資，合營期限為 15 年，是全國第一家紡織中外合資企業，也是新疆第一家中外合資企業。註冊資本 1308 萬美元，其中香港半島針織有限公司和日本東洋紡絲工業株式會社投資 442.8 萬美元，佔 33.9%；香港國際棉業有限公司投資 49.2 萬美元，佔 3.8%；新疆烏魯木齊毛紡織廠投資 816 萬美元，佔 62.4%。

公司設有天山毛紡廠、天山針織一廠及天山針織二廠三家工廠。1980 年 5 月，該公司新廠房破土動工。1981 年 10 月建成投產。天山毛紡廠以新疆的羊絨、羊毛為原料，生產羊毛、羊絨紗和針織品，產品以外銷為主。自 1980 年起獲得自營進出口權，產品銷售量從 1982 年的 5 萬件增至 1986 年的 16 萬件。為提高產品質量，該公司每年派管理幹部、專業人員和操作工人，前往香港和日本進行技術考察及實習。

1980 年 6 月 ，全國第一家紡織中外合資企業 —— 新疆天山毛紡織品有限公司在新疆烏魯木齊市成立，1981 年 10 月正式投產。圖為該公司從香港派去的技術顧問（左）指導公司針織二廠的女工學習縫合技術。（攝於 1981 年 11 月，新華社提供）

1988 年，該公司更名為烏魯木齊天山毛紡織公司，1995 年改制為股份有限公司，1998 年 5 月在深圳證券交易所上市。當時，年生產 1100 噸，各種衫 300 萬件。該公司引進德國、意大利、日本等國家設備和技術，建成「SS」、「GTS」、「天山」三個自主品牌。2013 年 10 月資產重組後，該公司的主要業務為毛紡織和礦業。2016 年 10 月完成重大資產重組，更名為德展大健康股份有限公司。

九、中國迅達電梯有限公司

中國迅達電梯有限公司於 1980 年 7 月 4 日獲批准成立，是內地機械行業第一家中外合資企業，由香港怡和迅達（遠東）股份有限公司、中國建設機械總公司、瑞士迅達股份有限公司三方合資組建，合營年期 20 年。註冊資本 1600 萬美元，中方以上海電梯廠和北京電梯廠的固定資產和庫存作為股本投入，港方、中方和瑞方股權分別佔 10%、75% 和 15%。合資經營的目是提高中國電梯、自動扶梯、自動人行道的生產能力和產品性能，以及生產適用於內銷和外銷的產品。

中國迅達電梯有限公司總部位於北京，生產銷售各類電梯、扶手電梯、自動人行道。中國迅達電梯有限公司上海電梯廠吸收瑞士轉讓技術和工藝，研究開發交流調速電梯和高速電梯。在合營的第五年，成功收回全部投資。生產能力由合營前年產 490 台電梯提高至 1993 年的 3173 台，增長 5.5 倍。

1980 年 7 月，由香港怡和迅達（遠東）股份有限公司、瑞士迅達股份有限公司和中國建築機械總公司三方共同投資的中國迅達電梯有限公司，獲內地政府批准成立，是內地改革開放後第一家中外合資工業企業，生產、銷售、安裝及維修各類電梯、扶手電梯和自動人行道。圖為該公司的自動扶梯組裝線。（新華社提供）

1986 年 2 月，中國銀利來有限公司在廣東梅縣開業。中國銀利來有限公司是香港金利來（遠東）有限公司和梅縣地區對外經濟服務公司成立的合資經營企業。圖為該公司其中一條領帶生產線。（新華社提供）

1993 年，新製造廠落戶上海浦東，同年在全國設有銷售、安裝、維修服務機構 53 個。1987 年至 1994 年，連續八年被評為「全國十大最佳合資企業」。1995 年瑞士迅達公司完成增資控股，2006 年起成為瑞士迅達集團持有的獨資企業。

十、中國銀利來有限公司、金利來（中國）服飾皮具有限公司

1984 年 4 月 4 日，香港金利來（遠東）有限公司董事長曾憲梓與梅縣地區對外經濟服務公司合作，在家鄉梅州興辦中國銀利來有限公司，是全國第一家專營領帶的中外合資企業。港方企業出資 66.06 萬美元，從西德和意大利引進先進的領帶生產設備，設計生產能力為年產 300 萬條領帶，合資年期為 15 年。

1986 年 2 月，中國銀利來有限公司在廣東梅縣開業，同年 3 月正式投產。該公司保送技術人員到香港金利來廠培訓，以確保領帶生產質量達到世界水平。中國銀利來有限公司年產達 1000 萬條領帶，曾憲梓把中國銀利來有限公司的收入全部用作家鄉建設。

1990 年 5 月，曾憲梓投資 360 萬美元，在廣東省梅州市創立金利來（中國）服飾皮具有限公司。同年，金利來（中國）有限公司註冊成立，負責統籌該集團在內地的服裝和服飾業務。1996 年，金利來（中國）服飾皮具有限公司銷售額達到 11.86 億元人民幣，被列入全國500 家外商投資企業名單。2004 年，「金利來」品牌商標獲國家工商總局認定為馳名商標。

第三節 北上主要地域

一、珠江三角洲

1. 深圳

國家實行改革開放後，港商在廣東省的投資從興辦「三來一補」企業起步。深圳是港商最早投資的地區。1978 年 12 月 18 日，香港怡高實業公司、深圳輕工工藝品進出口支公司與寶安縣石岩公社上屋大隊加工廠，簽署「深輕寶第 001 號」來料加工協議書，成立石岩公社上屋大隊熱線圈廠，深圳第一家「三來一補」工廠由此誕生。該廠房位於寶安縣石岩公社上屋村，面積 200 平方米。早期生產吹風機發熱器的配件，1979 年加工費收入為 30 萬元。1993 年易名為深圳上屋電業廠。

1978 年年底，香港妙麗集團董事長劉天就在深圳開辦深圳皮鞋廠、製衣廠。1979 年 2 月，香港夏巴國際有限公司與中國機械設備進出口公司廣東省分公司、廣東省汽車工業公司簽訂《關於加工裝配汽車的協議》，成立深圳市汽車裝配廠，以補償貿易形式組裝旅遊汽車。港方企業投資廠房設備及生產工具，中方企業負責土地開發工程。

1979 年 4 月，香港嘉年印刷有限公司創辦人彭國珍牽頭，與廣東省包裝進出口公司、深圳市輕工業品分公司組織成立深圳印刷製品廠，以補償貿易方式引進設備和建廠，1981 年 10 月建成投產。深圳印刷製品廠於 1983 年轉為合資經營企業，由擁有 50% 股權的香港德智發展有限公司與中國包裝進出口公司廣東省分公司、深圳市輕工業公司組建成深圳市嘉年印刷有限公司，生產彩色印刷品及瓦楞紙箱，成為深圳經濟特區成立後，興辦的第一批中外合資企業之一。

港商在深圳開展的補償貿易業務中，食品製造是早期發展的行業。1979 年 4 月 29 日，香港荳品有限公司（後稱為香港維他奶國際集團）創辦人羅桂祥在廣州與中國糧油食品進出口公司廣東省食品分公司、廣東華僑企業公司的代表簽訂為期五年的補償貿易協議，投資深圳光明華僑畜牧場的牛奶生產項目。港方企業從瑞典購入擠奶及加工生產設備、提供員工培訓，以及包銷牛奶；光明華僑畜牧場則以貸款 50% 付息。雙方實際共同投資 5052 萬元。1980 年 3 月，香港荳品有限公司與深圳光明華僑畜牧場簽訂改造奶牛和出口的補償貿易協議，深圳光明華僑畜牧場於 1981 年開始轉虧為盈。

1979 年 7 月 1 日，第五屆全國人民代表大會第二次會議通過《中華人民共和國中外合資經營企業法》，明確依法保障外商的投資、利潤和權益，並制定外商投資和公司治理規則。1979 年 7 月 15 日，中共中央、國務院批轉廣東省委和福建省委《關於對外經濟活動實行特殊政策和靈活措施的兩個報告》，決定對廣東省、福建省實行特殊政策和靈活措施，在深

1979 年 4 月，香港荳品有限公司創辦人羅桂祥在廣州與中國糧油食品進出口公司廣東省食品分公司、廣東華僑企業公司的代表簽訂補償貿易協議，投資光明華僑畜牧場的牛奶生產項目。1980 年 3 月，該畜牧場開始從外國引進良種奶牛和自動化牛奶加工生產線，生產鮮奶出口香港。圖為自瑞典引進的全自動魚骨式擠奶機。（攝於 1982 年，新華社提供）

圳、珠海試辦出口特區。1979 年，港商在深圳簽訂投資協議 169 項，主要是港商的來料加工訂單。港商的投資規模較小，實際投資總額 1500 萬美元。根據深圳博物館的資料，1979 年只有港商在深圳投資設廠。

1979 年 4 月，港商林中翹代表香港港華電子公司，與廣東省華僑農場管理局局長陳賢簽約成立來料加工廠 —— 光明華僑電子廠，後轉型為合資經營企業廣東光明華僑電子工業公司，這家全國第一家中外合資電子企業落戶深圳（詳見本章第二節）。

1980 年開始，港商在深圳的製造業投資開始出現獨資形式。經廣東省經濟特區管理委員會批准，1980 年 5 月 5 日，香港羅氏美光集團在深圳葵涌成立深圳第一家獨資企業 —— 新南新印染廠有限公司。1980 年，港商陸擎天、陸海天投資 600 萬元在蛇口興建「三來一補」廠房，從事電視機的裝配生產。1982 年 4 月 4 日，深圳市人民政府批准陸氏實業（蛇口）有限公司在蛇口註冊成立，由一家「三來一補」企業改組為獨資企業。1983 年 1 月 5 日投產，1984 年整機組裝 4091 萬台電視機。

1980 年 8 月 26 日，第五屆全國人民代表大會常務委員會第十五次會議批准《中華人民共和國廣東省經濟特區條例》，同日成立深圳經濟特區。根據該條例，經濟特區對外商提供

優惠待遇，包括特區企業所得稅稅率為 15%；進口作生產用途的物資免繳進口稅；進出特區的外商可獲手續簡化便利；以及經廣東省經濟特區管理委員會同意，企業可自行招聘職工、與職工簽訂勞動合同等。1984 年 5 月，國務院決定開放沿海 14 個港口城市，同年 11 月，國務院發布《關於經濟特區和沿海十四個港口城市減徵、免徵企業所得稅和工商統一稅的暫行規定》。按照該規定，在經濟特區內，經營期 10 年以上的外商投資生產企業，經稅務部門批准，從獲利年度起可享第一年和第二年免繳所得稅，第三年至第五年所得稅減半優惠。

1979 年至 1985 年，深圳經濟特區累計外商協議投資額 33.52 億美元，當中約 91.7% 來自香港企業，包括外國參股的香港企業。其間，深圳的來料加工裝配產值高速成長，增長 12.9 倍，當中約 95% 是由香港廠商或者外商通過港商提供的加工訂單。在技術和設備方面，根據《深圳經濟特區年鑑》，1980 年至 1985 年，香港引進到深圳經濟特區的設備和生產線 1361 套，佔當地引進的技術設備 13.5%；在深圳引進的技術設備中，香港僅次於日本而位居第二。

根據香港工業總會的調查，按行業分布，首批投資深圳的港資企業主要是低技術、低附加值的勞動密集型傳統製造行業，包括電子、紡織服裝、包裝印刷、塑料、金屬製品、玩具等。[11] 第一批在深圳開展加工出口業務的香港電子企業，包括陸氏實業（蛇口）有限公司、深圳華發電子有限公司、深圳華利電子有限公司、廣東光明華僑電子工業有限公司，引進彩色電視生產線、印刷電路板生產線等技術設備，組裝生產彩色電視機、收錄機等電子產品（見表 1-3-1）。

1981 年 12 月，香港陸氏實業有限公司與國家機械電子工業部中國振華電子工業公司、深圳賽格集團公司合資成立深圳華發電子有限公司，投資總額 321 萬美元。深圳華發電子有限公司為當時深圳市引進第一條彩色電視生產線。

深圳較大型的首批合資企業有旭日（深圳）印刷有限公司，由香港旭日柯式印刷有限公司與深圳市石油化學工業公司合資興辦，於 1984 年 3 月投產，總投資 2500 萬元。該公司的生產設備全部由港方企業提供，引進西德、美國、英國、日本等彩色印刷機和釘裝機設備。

1984 年 8 月，香港大寰自行車有限公司總經理施展熊與深圳市輕工業公司合資經營中華自行車有限公司，首期投資總額 195 萬美元。港方企業以資金和設備投資於合資企業，中方企業提供土地、廠房、工人，所獲利潤對半分。1985 年 1 月 16 日，該公司正式投產，生產「駿馬牌」單車。是年產量突破 100 萬輛，成為內地出口最多單車的製造商。1987 年 7 月，美國世穩自行車有限公司參股，成為三方聯合投資的中外合資企業。

1980 年至 1985 年，港商在深圳投資的紡織服裝企業中，投資規模較大的有南方紡織有限公司，由香港半島投資有限公司、華聯紡織有限公司、深圳市紡織工業公司和常州市紡

表 1-3-1　部分在深圳進行生產的港商

項目名稱	行業	香港投資方
石岩公社上屋大隊熱線圈廠	電器及電子製品	香港怡高實業公司
深圳皮鞋廠	鞋類製造	劉天就
深圳市汽車裝配廠	運輸設備	香港夏巴國際有限公司
深圳印刷製品廠	紙張及紙品、印刷及出版	彭國珍／香港德智發展有限公司
深圳光明華僑畜牧場牛奶生產項目	飲品	羅桂祥
廣東光明華僑電子工業公司	電器及電子製品	林中翹
新南新印染廠有限公司	紡織製品（包括針織）	香港羅氏美光集團
深圳華發電子有限公司	電器及電子製品	陸擎天
陸氏實業（蛇口）有限公司	電器及電子製品	陸擎天、陸海天
深圳市旭日電子玩具廠	玩具	蔡志明
旭日（深圳）印刷有限公司	紙張及紙品、印刷及出版	香港旭日柯式印刷有限公司
深圳華利電子有限公司	電器及電子製品	香港新利貿易有限公司
中華自行車有限公司	運輸設備	施展熊
南方紡織有限公司	紡織製品（包括針織）	香港半島投資有限公司
深圳華絲企業股份有限公司	紡織製品（包括針織）	香港招商局發展有限公司、香港中華投資有限公司
平湖新南旭日電子玩具廠	玩具	蔡志明
深圳永新印染有限公司	紡織製品（包括針織）	曹光彪
深圳百麗鞋業有限公司	鞋類製造	鄧耀
創維—RGB 電子有限公司	電器及電子製品	黃宏生
深圳先進微電子科技有限公司	電器及電子製品	ASM 太平洋科技有限公司
深圳歐菲光網絡有限公司	電器及電子製品	香港迅啟有限公司
伯恩光學（深圳）有限公司	專業設備及光學用品	楊健文
天王電子（深圳）有限公司	專業設備及光學用品	董觀明
世紀晶源科技有限公司	電器及電子製品	高敬德、梁志敏、黃光苗
偉志光電（深圳）有限公司	電器及電子製品	姚志圖
先進半導體材料（深圳）有限公司	電器及電子製品	ASM 太平洋科技有限公司
創維平面顯示科技（深圳）有限公司	電器及電子製品	黃宏生

織工業公司合資經營，總投資達 1524 萬元人民幣。南方紡織有限公司引進轉速達每分鐘 80,000 轉的西德氣流紡紗機，1985 年 5 月正式投產，生產純棉紗和滌棉混紡紗。

1985 年 9 月，香港招商局發展有限公司、香港中華投資有限公司、浙江省絲綢進出口公司、杭州絲綢印染廠、中國銀行杭州信託諮詢公司聯合投資，成立合資企業深圳華絲企業股份有限公司，首期投資 222 萬美元。華絲企業股份有限公司生產真絲印染綢和絲綢、紡織服裝，出口歐美、日本等地，1991 年在深圳市 100 家最大企業位列第 18 位，是當時深圳市最大的絲綢生產集團。

香港大寰自行車有限公司與深圳市輕工業公司合資經營的中華自行車有限公司，於 1985 年 1 月正式投產。兩年間，設計製造能力從年產 30 萬輛，擴大至 1987 年的 60 萬輛。圖為該公司的自行車生產線。（攝於 1993 年，新華社提供）

玩具業是港商早期在深圳投資的行業之一。1983 年，香港實業家蔡志明創辦的香港旭日國際集團投資 1000 萬元，在深圳市龍崗區開辦玩具獨資企業 —— 深圳市旭日電子玩具廠，加工生產電子玩具。1986 年 1 月，香港旭日國際集團在深圳市龍崗區註冊成立平湖新南旭日電子玩具廠，註冊資本 1500 萬元，生產的玩具及配件主要銷往美國。高峰期員工總數達 3 萬人。

繼《中華人民共和國中外合資經營企業法》出台後，1986 年 4 月和 1988 年 4 月，全國人民代表大會分別通過《中華人民共和國外資企業法》和《中華人民共和國中外合作經營企業法》，對三資企業（合資經營、合作經營和獨資企業）提供稅收政策優惠。1987 年，深圳市政府針對「三來一補」投資形式，提出「一要發展，二要提高」的指導思想。港商在深圳的投資由改革開放之初以短期合約為主的「三來一補」形式，漸次轉向合資、合作經營的長期投資模式發展。

1988 年 11 月，香港永新企業有限公司創辦人曹光彪，與由日東紡織株式會社和日棉株式會社聯合組成的 NDP 公司、中國紗布進出日公司、南油深圳服務總公司合資，成立深圳特區創立規模最大的一家漂染印企業 —— 深圳永新印染有限公司，1990 年 11 月正式投產。該項目總投資達 3000 萬美元，港方投資佔 70%。

1986 年至 1990 年，港澳商在深圳經濟特區累計簽訂投資協議 2209 項，累計實際投資額 13.72 億美元，佔深圳經濟特區同期利用外商投資總額 62.3%（見表 1-3-2）。1980 年代末期，深圳成為香港廠商在廣東省最大的加工地區。根據香港政府統計處的統計，1989 年，在與外發加工有關的內地進口貨品中，44% 外發加工活動在深圳進行。

1980 年代中後期，港商在廣東的產品生產擴展至家用電器和電子產品。在深圳以生產彩色電視機、錄音機、音響為主的港資電子企業，在 1980 年代由代工生產逐漸發展自創品牌，其間創造多個彩色電視機的自有品牌，包括「快樂牌」、「佳麗彩」、「彩霸」等。

1988 年，香港康力集團與中國（深圳）彩電總公司合資成立創維實業有限公司，初期生產電視機遙控器。1994 年 1 月，香港康力集團將持有的股權轉讓給黃宏生創辦的香港創維電子有限公司。黃宏生投資三億元人民幣，與中國深圳彩電總公司、中國電子器件工業總公司下屬的深圳 RGB 電子有限公司合作，組建合資企業深圳創維 —RGB 電子有限公司，從事彩色電視機開發、生產和銷售。創維集團有限公司佔 51% 股權。

1991 年 10 月，麗華鞋業貿易有限公司創辦人鄧耀與中國深圳蛇口企業（集團）公司合資經營深圳百麗鞋業有限公司，註冊資本 200 萬元人民幣。組建初期，主要從事訂製及製造鞋類產品。深圳百麗鞋業有限公司採用產品研發、採購和生產製造的經營模式，先後推出自有品牌包括 Belle、Staccato、Teenmix、Tata、Fato。1994 年開設專賣店，以特許經營模式發展內地銷售市場。

1992 年 1 月鄧小平南巡發表「南巡講話」後，港澳商在深圳經濟特區的投資項目數和金額大幅攀升。1993 年港澳商在深圳經濟特區簽訂的協議項目 1921 項，較 1992 年的 888 項增加 116.3%；同年，實際投資額 6.57 億美元，較 1992 年的 3.37 億美元增加 95%（見表 1-3-2）。

1990 年至 1995 年，港商在深圳設立的獨資企業數目顯著增加。設於深圳的獨資港澳台企業單位的數目，從 1990 年的 35 家上升至 1995 年的 215 家，增長 514.3%。1995 年，在深圳註冊的港澳台企業中，合資經營企業佔最大比重，達到 60.1%，合作經營和獨資企業分別佔 20.9% 和 19%。

1995 年 6 月 20 日，國家計劃委員會、國家經濟貿易委員會、對外貿易經濟合作部聯合發布《指導外商投資方向暫行規定》和《外商投資產業指導目錄》，首次把屬於高新技術、先進技術的外商投資項目列為鼓勵類投資。為鼓勵外商投資高新技術產業，1995 年開始，深圳市政府制定一系列扶持高新技術產業發展的政策。1998 年 1 月 1 日起，深圳市政府執

表 1-3-2　1986 年至 1996 年港澳商對深圳經濟特區投資統計表

年份	簽訂協議項目	協議投資額			實際投資額		
	港澳商（項）	港澳商協議投資額（億美元）	外商協議投資總額（億美元）	佔外商協議投資總額（%）	港商實際投資額（億美元）	外商實際投資總額（億美元）	佔外商實際投資總額（%）
1986	350	2.24	4.96	45.2	3.81	4.84	78.7
1987	252	1.50	6.23	24.1	2.46	3.94	62.4
1988	546	2.94	4.31	68.2	2.58	4.14	62.3
1989	542	3.20	4.00	80.0	2.66	4.34	61.3
1990	519	3.83	5.16	74.2	2.21	4.77	46.3
1991	642	7.43	8.93	83.2	2.66	5.13	51.9
1992	888	14.49	18.24	79.4	3.37	5.86	57.5
1993	1921	30.28	37.76	80.2	6.57	11.14	59.0
1994	1270	17.73	20.71	85.6	7.42	11.08	67.0
1995	713	17.39	23.77	73.2	5.44	10.45	52.1
1996	502	5.59	12.07	46.3	9.51	17.08	55.7

資料來源：《深圳統計年鑒》。

行《關於進一步扶持高新技術產業發展的若干規定》，給予新認定的高新技術企業稅收優惠政策，包括實行兩年免徵所得稅、八年減半徵收所得稅的優惠。

另一方面，1995 年開始，內地調整對外商投資企業的政策。1995 年 12 月 26 日，國務院頒布《關於改革和調整進口稅收政策的通知》，規定 1996 年 4 月 1 日起，對進口設備及原材料一律按法定稅率徵收關稅和進口環節稅，取消對外商投資企業進口貨物的稅收優惠政策。港澳商在深圳經濟特區簽訂協議項目，由 1995 年的 713 項一度減少至 1996 年的 502 項（見表 1-3-2），減幅達 29.6%；其間，港澳商在深圳市簽訂協議項目，從 1288 項減少至 760 項（見表 1-3-3），跌幅達 41%。

進入 2000 年代，港商在深圳的投資投向高新技術產業。2001 年 3 月，經深圳市外商投資局批准，香港迅啟有限公司與深圳市智雄電子有限公司共同組建合資企業 —— 深圳歐菲光網絡有限公司（後稱深圳歐菲光科技有限公司），首期註冊資本為 1600 萬美元，香港迅啟有限公司以機器設備認繳註冊資本 1280 萬美元，佔 80%。深圳歐菲光網絡有限公司從事精密光電薄膜元器件的研發、生產和銷售，主要產品有紅外截止濾光片、鏡座元件和純平觸控式屏幕，2009 年被認定為國家級高新技術企業。

2001 年 12 月，港商董觀明創辦的香港時計寶集團，在深圳獨資成立天王電子（深圳）有限公司。該集團在深圳和大埔建成生產基地，組裝天王品牌手錶。2011 年，「天王手錶」在內地市場佔有率 11.1%，成為國產手錶銷售首位。天王電子（深圳）有限公司入選為「2017 年度輕工業鐘錶行業十強企業」。

表 1-3-3　1986 年至 2017 年港澳商對深圳市投資統計表

年份	簽訂協議項目	協議投資額			實際投資額		
	港澳商（項）	港澳商協議投資額（億美元）	外商協議投資總額（億美元）	佔外商協議投資總額（％）	港商實際投資額（億美元）	外商實際投資總額（億美元）	佔外商實際投資總額（％）
1986	387	2.40	5.14	46.7	3.86	4.89	78.9
1987	284	1.64	6.49	25.3	2.56	4.04	63.4
1988	610	3.34	4.87	68.6	2.82	4.44	63.5
1989	630	4.02	4.89	82.2	2.87	4.58	62.7
1990	699	5.47	6.93	78.9	2.63	5.19	50.7
1991	885	5.47	11.52	47.5	3.24	5.80	55.9
1992	1330	20.62	25.18	81.9	4.61	7.15	64.5
1993	2834	41.17	49.77	82.7	9.25	14.32	64.6
1994	1885	26.05	29.86	87.2	12.59	17.30	72.8
1995	1288	27.48	35.97	76.4	10.52	17.35	60.6
1996	760	8.01	16.80	47.7	15.01	24.22	62.0
1997	1576	9.88	17.69	55.9	20.30	28.72	70.7
1998	1614	15.30	27.46	55.7	18.30	25.52	71.7
1999	1355	11.16	22.30	50.0	14.42	27.54	52.4
2000	1474	14.13	26.40	53.5	18.45	29.68	62.2
2001	1288	18.00	40.04	45.0	19.42	36.03	53.9
2002	1498	20.52	51.86	39.6	21.65	49.02	44.2
2003	1852	34.03	58.29	58.4	31.83	50.42	63.1
2004	1959	19.87	48.40	41.1	12.54	23.50	53.4
2005	1974	26.51	56.89	46.6	15.75	29.69	53.0
2006	2233	36.24	63.37	57.2	16.73	32.69	51.2
2007	3427	66.70	87.27	76.4	22.39	36.62	61.1
2008	2582	61.83	73.32	84.3	25.69	40.30	63.7
2009	1142	32.34	35.16	92.0	27.58	41.60	66.3
2010	1472	44.96	55.90	80.4	31.02	42.97	72.2
2011	1985	53.64	74.89	71.6	32.61	45.99	70.9
2012	1988	50.88	62.64	81.2	37.99	52.29	72.7
2013	1611	49.74	67.00	74.2	41.87	54.68	76.6
2014	2011	96.16	108.95	88.3	43.87	58.05	75.6
2015	2673	228.71	255.95	89.4	56.14	64.97	86.4
2016	3365	487.11	521.93	93.3	59.91	67.32	89.0
2017	5717	325.08	368.57	88.2	65.74	74.01	88.8

資料來源：《深圳統計年鑑》。

注：2004 年開始，本表內的協議投資額和實際投資額皆採用外商直接投資，不包含外商其他投資。

2004 年 11 月，港商高敬德、梁志敏、黃光苗等作為主要投資商，與香港亞太高科技投資（控股）有限公司、中洲科技投資有限公司等七家共同組建中外合資企業 —— 世紀晶源科技有限公司，屬於港商在深圳投資的特大型高新技術企業。註冊資本 8 億元人民幣，首期投資額為 30 億元人民幣。2005 年 6 月，世紀晶源科技有限公司在深圳光明新區高新技術產業園，動工建設深圳化合物半導體產業基地，研發和生產半導體照明、光存儲、光通訊和微波通訊等領域的核心材料和器件。

2007 年，國家對加工貿易政策作重大調整。2007 年 6 月 19 日，財政部、國家稅務總局聯合發布《關於調整部分商品出口退稅率的通知》，對 2831 項商品的出口退稅率進行調整，約佔海關稅則中商品總數 37%，2007 年 7 月 1 日起執行。同年 7 月 23 日，商務部、海關總署公布新增 1853 種加工貿易限制類商品，主要涉及塑膠原料及製品、紡織紗線、布匹、家具等勞動密集型產業。根據與外發加工有關的內地進口貨品統計，2007 年深圳仍是香港製造業進行加工的最主要地區，但深圳所佔比重已從 1990 年的 44% 下降至 2007 年的 28%。

2010 年代，在深圳的港商大型投資企業主要從事高新技術產業，當中包括偉志光電（深圳）有限公司、先進半導體材料（深圳）有限公司、深圳先進微電子科技有限公司、深圳創維—RGB 電子有限公司、深圳歐菲光科技股份有限公司、創維平面顯示科技（深圳）有限公司等。

2017 年，港澳商在深圳實際投資額 65.74 億美元，佔外商實際投資總額 88.8%（見表 1-3-3）。同年，深圳吸收的外商工業投資 9.55 億美元，佔外商實際投資總額 12.9%，較 1997 年的 84.4% 大幅下降。

2. 東莞

1978 年 7 月，國務院出台《開展對外加工裝配業務試行辦法》，允許廣東、福建作為先行試點，東莞是廣東五個試點縣之一。同年 7 月，經香港華潤公司介紹，香港信孚手袋製品有限公司董事長張子彌在廣州簽訂為期五年的合同，與東莞縣第二輕工業局在虎門鎮合作開辦東莞太平手袋廠，成為全國第一家來料加工廠。合同規定，港方從香港進口 15 台設備及原材料並負責產品外銷，太平手袋廠則提供 200 平方米的舊廠房和勞動力以加工生產手袋。東莞太平手袋廠於 1978 年 9 月 15 日正式投產，首年獲得加工費 100 萬元人民幣。

1978 年 12 月，香港商人張氏兄弟簽約在家鄉東莞虎門鎮籌辦龍眼髮具廠，取得廣東省政府「粵三來一補 003 號」批文，1979 年 3 月投產。1979 年 4 月，龍眼髮具廠於虎門鎮龍眼村的張氏祠堂開業，成為內地首家農村「三來一補」企業。張氏兄弟從香港進口原材料，虎門公社龍眼大隊組織勞動力加工製作橡膠人頭，其後增置設備和生產線，來料加工髮具製品。

內地改革開放之初，港商把紡織、製衣、玩具、鞋履等勞動密集型工業的生產工序及生產線相繼遷入東莞，投資項目以小型企業為主（見表 1-3-4）。1979 年 4 月，香港實業家林亮在東莞開辦來料加工企業永和玩具廠，成立初期招聘 25 名工人。該公司引進五台塑膠壓鑄機，在東莞石排鎮租用廠房及生產塑膠玩具，供應日本玩具商。

港商早期在東莞拓展紡織業，首批進入東莞的大型紡織企業有廣東聯發毛紡織有限公司。1984 年，香港工業家唐翔千及胞弟唐俞千在香港開辦的亞非針織廠有限公司、粵商貿易有限公司、粵海紡織品有限公司，與廣東省東莞縣發展公司共同成立廣東聯發毛紡織有限公司，1984 年 9 月籌建，首期投資總額 500 萬美元，生產兔毛紗和羊毛紗。該合資企業從日本引進粗梳毛紡織設備，1986 年 1 月全面投產。1988 年 7 月，香港商人夏松芳創辦的福田實業（集團）公司下屬的香港福津有限公司，與香港華潤紡織品有限公司、香港福民發展有限公司、東莞紡織品進出口公司及東莞市長安實業集團公司合資興辦東莞福安印染紡織有限公司，是 1980 年代港商在東莞投資的較大型紡織項目。該企業主要生產筒子色紗、針織布和染整布。2002 年出口額位列全國首 100 家企業。

在首批進入東莞的港商投資企業中，投資規模較大的包括廣東生益科技股份有限公司、東莞厚街科技電業廠、東莞新科電子廠、東莞益安電子製造有限公司、東莞厚街愛高電子總廠和東莞生益電子有限公司。

1985 年 6 月，香港商人唐翔千持有的香港偉華電子有限公司與香港福民發展有限公司、東莞市電子工業總公司、廣東省外貿開發公司共同合資經營東莞生益敷銅板有限公司（後稱廣東生益科技股份有限公司），成立時註冊資本 700 萬美元，主要生產敷銅板。1998 年 10月在上海證券交易所成功發行上市，2007 年起成為中國電子元件百強企業，是內地最大的製銅板生產企業。

1986 年 5 月，香港愛高電業有限公司創辦人梁劍文在東莞設來料加工廠 —— 東莞厚街愛高電子總廠，生產播放及錄影機、鐳射音響組合及電子通訊產品，1987 年產量達 300 萬件。至 2000 年，東莞厚街愛高電子總廠擁有逾 20 條生產線，投資設備總額超過二億元。

1987 年 10 月，偉易達電子有限公司創辦人黃子欣和梁棪華，在東莞市厚街鎮開辦東莞偉易達電子廠，首期投資 6400 萬美元。早期以來料加工方式生產電子教育遊戲機和電子教育玩具，產品主要出口歐美市場。1989 年，該集團的電子教育遊戲機產品在美國市場佔有率達 60%。

1988 年 9 月，香港工業家鍾志平創立的創科實業有限公司在東莞投資生產設施，開設來料加工企業東莞厚街科技電業廠，生產可充電式電動工具。廠房於 1991 年全面投產，進行塑膠鑄模、錫焊、電池焊接、零件裝配、產品裝配及包裝等工序。1988 年 10 月，香港新科實業有限公司與廣東宏遠集團公司以來料加工形式，合作興辦東莞新科電子廠，專門生產電腦磁頭，供應 IBM、WD、康柏等電子品牌企業。

表 1-3-4　部分在東莞進行生產的港商

項目名稱	行業	香港投資方
東莞太平手袋廠	皮革及皮革製品	張子彌
龍眼髮具廠	假髮及相關製品的製造	張氏兄弟
永和玩具廠	玩具	林亮
廣東聯發毛紡織有限公司	紡織製品（包括針織）	唐翔千、唐翎千
東莞生益敷銅板有限公司	電器及電子製品	香港偉華電子有限公司、香港福民發展有限公司
東莞福安印染紡織有限公司	紡織製品（包括針織）	夏松芳
東莞厚街愛高電子總廠	電器及電子製品	梁劍文
東莞偉易達電子廠	玩具	黃子欣、梁棪華
東莞厚街科技電業廠	機械、設備、儀器及零件	鍾志平
東莞新科電子廠	電器及電子製品	香港新科實業有限公司
東莞龍昌玩具有限公司	玩具	梁麟
東莞益安電子製造有限公司	電器及電子製品	梁華濟
東莞田氏化工廠有限公司	化學品及化學產品	田家炳
東莞生益電子有限公司	電器及電子製品	香港偉華中國有限公司
東莞德永佳紡織製衣有限公司	服裝製品	潘彬澤
東莞朗福皮鞋有限公司	鞋類製造	梁日昌
東莞謝崗朗福皮革製品廠	鞋類製造	梁日昌
東莞謝崗真怡鞋廠	鞋類製造	梁日昌
東莞長安上沙紅發玩具廠	玩具	葉潤權
東莞東發玩具廠有限公司	玩具	葉潤權
東莞大發玩具廠有限公司	玩具	葉潤權
東莞長安權智電子廠	電器及電子製品	譚偉豪、譚偉棠
東莞晶苑毛織製衣有限公司	服裝製品	羅樂風
聯業製衣（東莞）有限公司	服裝製品	香港聯業製衣有限公司
東莞王氏港建電子有限公司	電器及電子製品	王華湘
東莞理文造紙廠有限公司	紙張及紙品、印刷及出版	李運強、李文俊
玖龍紙業（東莞）有限公司	紙張及紙品、印刷及出版	張茵
東莞美維電路有限公司	電器及電子製品	唐翔千
東莞清溪晶達電子製品廠	電器及電子製品	聲達香港有限公司
廣東建暉紙業有限公司	紙張及紙品、印刷及出版	建輝國際實業有限公司
東莞新能源科技有限公司	機械、設備、儀器及零件	梁少康、曾毓群、陳棠華
米亞精密金屬科技（東莞）有限公司	基本金屬及金屬製品	香港聯豐商業集團

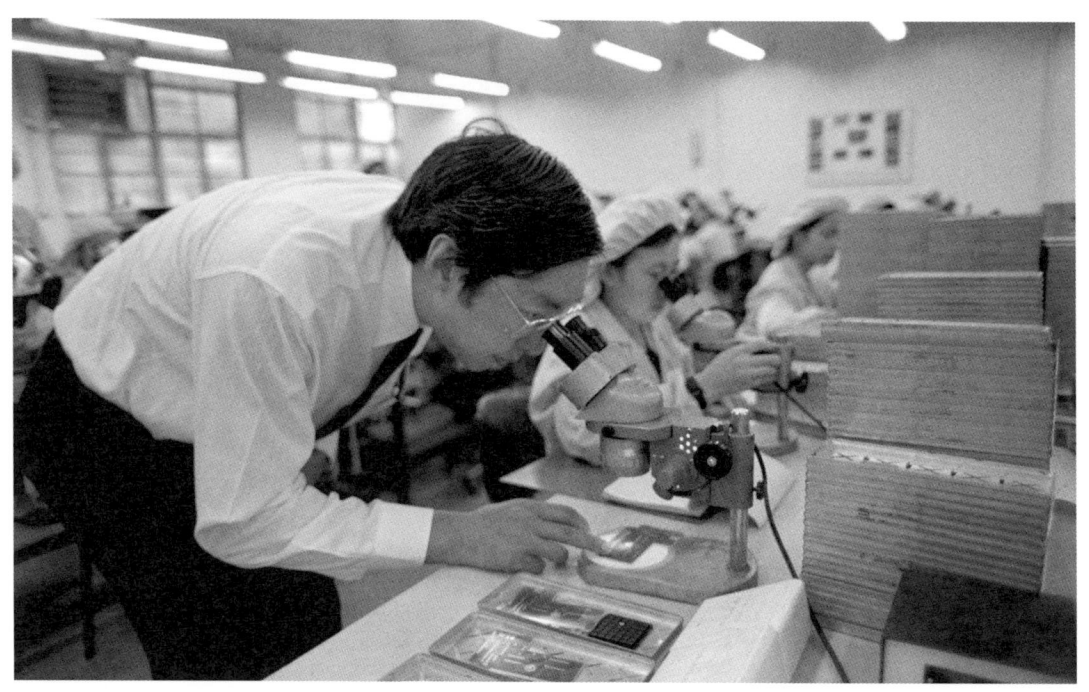

1987 年 10 月，以香港為基地的偉易達集團，在東莞市厚街鎮開辦來料加工企業 —— 東莞偉易達電子廠。圖為偉易達集團聯席創辦人黃子欣親力親為，在東莞偉易達電子廠觀察微型電路板的質量。（攝於 1993 年，新華社提供）

1989 年 6 月，香港龍昌玩具有限公司創辦人梁麟與東莞市供應貿易公司各出資 600 萬元，合作興辦東莞龍昌玩具有限公司。該公司的主要產品有塑膠電子玩具、布料玩具，產品主要銷往美國和日本。

1989 年，梁華濟創辦的香港益安國際（後稱第一視頻集團）在東莞市附城主山設立獨資企業 —— 東莞益安電子製造有限公司，生產影音器材和零件。1991 年 8 月，香港偉華中國有限公司與廣東生益科技股份有限公司合作投資，成立合資經營企業東莞生益電子有限公司（後稱生益電子股份有限公司）。合同投資總額 5120 萬美元，註冊資本 2590 萬美元，其中港方企業佔 70%。該公司主營加工製造高精度、高密度印製線路板，產品廣泛應用於電腦、通訊、電源、儀錶、汽車及家電等領域。

1991 年 3 月，香港商人田家炳在東莞市虎門鎮投資成立東莞田氏化工廠有限公司，生產 P.V.C 薄膜和人造皮產品，1992 年正式投產。1994 年，香港田氏化工廠全部的生產線北移東莞新廠房。

1992 年 9 月，香港商人梁日昌在東莞投資 2500 萬元，與東莞謝崗鎮工業發展總公司合資經營東莞朗福皮鞋有限公司，港方企業佔股份 71.5%。梁氏相繼在東莞謝崗鎮興辦東莞謝崗朗福皮革製品廠和東莞謝崗真怡鞋廠，這三家企業以加工生產皮鞋、皮手袋為主，並且生產銷售自家品牌 PATTY 鞋類產品。

表 1-3-5　1990 年至 2017 年港商對東莞市投資統計表

年份	港商簽訂協議項目（項）	實際投資額		
		港商實際投資額（億美元）	外商實際投資總額（億美元）	佔外商實際投資總額（%）
1990	236	1.02	1.02	100.0
1991	415	1.33	1.49	89.3
1992	813	3.16	3.32	95.2
1993	1245	7.23	7.93	91.2
1994	1038	6.92	7.88	87.8
1995	830	5.83	6.84	85.2
1996	252	5.82	7.14	81.5
1997	不詳	6.81	8.96	76.0
1998	不詳	5.98	9.42	63.5
1999	不詳	5.71	9.71	58.8
2000	不詳	8.90	16.47	54.0
2001	不詳	8.96	18.16	49.3
2002	不詳	9.97	21.48	46.4
2003	不詳	12.26	25.63	47.8
2004	不詳	5.72	30.34	18.9
2005	不詳	18.52	37.51	49.4
2006	不詳	25.07	43.38	57.8
2007	不詳	29.89	50.44	59.3
2008	不詳	18.82	24.47	76.9
2009	不詳	16.98	25.94	65.5
2010	不詳	18.26	27.32	66.8
2011	不詳	18.31	30.51	60.0
2012	不詳	21.38	33.69	63.5
2013	不詳	18.51	39.38	47.0
2014	不詳	23.68	45.29	52.3
2015	不詳	37.34	53.20	70.2
2016	不詳	27.14	39.26	69.1
2017	不詳	11.95	17.19	69.5

資料來源：《東莞統計年鑒》。

注：1.《東莞統計年鑒》沒有記錄 1997 年至 2017 年東莞利用港資項目數量。
　　2. 2008 年開始，本表內的外商實際投資總額為外商直接投資，不包含外商其他投資。

1992 年在鄧小平「南巡講話」的鼓舞下，港商在東莞簽訂協議 813 項，實際投資金額 3.16
億美元，分別較 1991 年大幅增加 95.9% 和 137.6%。1992 年，在東莞實際利用外商投資
額中，港資佔的比重達到 95.2%（見表 1-3-5）。

1992 年至 1995 年，大型港商投資企業進軍東莞的紡織製衣業。1992 年 7 月，香港上市
公司德永佳集團創辦人潘彬澤在東莞投資興辦中外合作企業 —— 東莞德永佳紡織製衣有限

公司，由德永佳（中國）發展有限公司、東莞市外資引進公司、東莞市麻涌鷗涌工業開發公司共同組建。港方企業投資 7400 萬元，東莞市麻涌鷗涌工業開發公司提供土地，東莞市外資引進公司則投資 1700 萬元。德永佳紡織製衣有限公司引進日本圓筒針織機和西德染色機，生產針織布、染整色紗和色布。

1993 年 7 月，香港上市公司晶苑國際集團創辦人羅樂風獨資成立東莞晶苑毛織製衣有限公司，廠址位於東莞市常平鎮，生產和銷售毛衣、針織服裝、針梳織製品。1993 年 11 月，香港聯業製衣有限公司在東莞清溪鎮設立獨資企業 —— 聯業製衣（東莞）有限公司，主要加工生產針織、梳織服裝。聯業製衣（東莞）有限公司的協議投資總額 2.5 億元。

港商在東莞投資造紙業，規模最大的是東莞理文造紙廠有限公司和玖龍紙業（東莞）有限公司。1994 年 3 月，香港理文集團的李運強和李文俊父子，在東莞中堂鎮潢涌管理區獨資興辦東莞理文造紙廠有限公司，投資總額 5960 萬美元，生產和銷售紙和紙製品。1995 年 12 月，張氏企業有限公司創辦人張茵在東莞市投資 1041.60 萬美元，與東莞市對外經濟發展公司合資成立玖龍紙業（東莞）有限公司，佔總投資 86.8%，經營期限為 50 年。玖龍紙業（東莞）有限公司位於東莞市麻涌鎮，主要製造銷售高檔紙和紙板，設計年產能為 20 萬噸牛卡紙。

1990 年代，港資企業在東莞投資生產電子、電動和智能型產品。1989 年香港權智（國際）有限公司推出「快譯通」後，1993 年 6 月成立合作企業東莞長安權智電子廠，製造和銷售電子辭典、電子遊戲機、電路板及傳呼機。註冊資本 530 萬元，全部由香港權智（國際）有限公司出資，其中 380 萬元投資於設備和機器；合作經營期限 12 年，期限屆滿後固定資產撥歸中方合伙人，設備和機器則於 12 年內歸還港方企業。

1993 年 11 月，香港商人王華湘創立的王氏港建（集團）有限公司，在東莞市常平鎮興辦獨資企業 —— 東莞王氏港建電子有限公司。東莞王氏港建電子有限公司自置廠房，生產電視遊戲機、電子消費品、電子保安設備，產品 90% 外銷。

1992 年至 1995 年，葉潤權創立的香港紅發集團以東莞為製造基地，先後成立三家獨資企業，分別為東莞長安上沙紅發玩具廠、東莞東發玩具廠有限公司和東莞大發玩具廠有限公司，製造和銷售塑膠玩具和電子玩具，產品品牌有 Redbox、Motormax。2000 年投資總額超過 1 億元。

港資企業在東莞不斷升級轉型，1990 年代中後期，投資領域逐步向高附加值、高科技含量領域轉變。

2001 年 12 月，唐翔千家族的美維科技集團在東莞投資成立獨資企業 —— 東莞美維電路有限公司，從事多層、高密度印刷電路板的生產。2002 年，聲達香港有限公司在東莞市清溪鎮成立來料加工企業東莞清溪晶達電子製品廠（後稱東莞晶達電子科技有限公司），研發、

生產和銷售五金、塑膠模具和電子產品。直至 2016 年，投資總額為 289 萬美元，主要產品是手機和遊戲機顯示屏，佔全球產量約 20%。

2004 年 5 月，香港新科實業有限公司創辦人梁少康與曾毓群、陳棠華在香港組建的新能源科技有限公司，以獨資方式在東莞松山湖高新技術產業開發區興辦東莞新能源科技有限公司。東莞新能源科技有限公司開發、生產和銷售環保電池產品，生產的鋰電池被廣泛應用於筆記型電腦、手機、數碼相機、可攜式錄影機等消費電子產品，是全球五大鋰離子電池供應商之一。

2007 年 10 月，香港聯豐商業集團在鳳崗鎮投資設立米亞精密金屬科技（東莞）有限公司，該公司是精密金屬部件的生產商，以生產和銷售蘋果品牌手機配件、高檔五金件、金屬製品、汽車零配件為主。

港商在內地投資由深圳向東莞擴散，到 2005 年，港商對東莞的實際投資金額首次超越深圳（見表 1-3-3 及表 1-3-5）。東莞成為香港外發加工最重要的地區之一，在內地進口而與外發加工貿易有關的貨值中，2007 年東莞佔 33%，較 1989 年的 15.2% 比重大幅提高。

1997 年香港回歸後，港商在東莞的投資規模不斷擴大。根據《東莞年鑒》，東莞市的港資企業中，投資總額超千萬美元的從 1997 年底的 141 家，增加至 2007 年底的 435 家，增長 2.1 倍；其中，超億美元的港資企業從 2 家發展到 19 家，增長 8.5 倍。在東莞投資超過億美元的港資企業，包括偉易達集團、新科集團、理文造紙集團、福安紡織印染有限公司等。按新簽項目平均規模計算，2007 年港商新簽投資項目平均為 232.1 萬美元，較 1997 年的 55.4 萬美元增長 3.2 倍。

2008 年全球金融危機爆發後，2009 年 1 月 8 日，國家發展和改革委員會公布《珠江三角洲地區改革發展規劃綱要（2008－2020 年）》，提出「鼓勵加工貿易延伸產業鏈」。2010 年 11 月 10 日，商務部、人力資源和社會保障部、海關總署聯合出台《關於在蘇州、東莞開展加工貿易轉型升級試點工作的通知》，東莞市獲批為全國加工貿易轉型升級試點城市。2008 年至 2011 年，港商在東莞的投資增長停滯（見表 1-3-5）。

在《內地與香港關於建立更緊密經貿關係的安排》（CEPA）框架協議下，港商在東莞的投資擴展至服務業領域。按東莞的外商直接投資統計，自 2012 年起，製造業在東莞利用外商實際投資額中的比重急跌，2016 年製造業所佔比重為 43.2%。

內地改革開放以來，香港是東莞第一大外商投資來源地。2016 年東莞市出口前 300 名企業中，其中有 77 家是港商投資企業，佔總數 25.7%。截至 2017 年，在東莞的港資企業 6485 家，佔外商投資企業總數的 55.7%；累計實際利用港資 424.4 億美元，佔東莞實際利用外資的 55.8%。

港商在東莞投資的工業企業獲得較好的投資效益。玖龍紙業（東莞）有限公司、廣東理文造紙有限公司、東莞理文造紙廠有限公司、廣東建暉紙業有限公司、廣東生益科技股份有限公司、東莞新能源科技有限公司，被列入東莞市 2017 年度規模效益企業排名的首 20 家企業。

3. 廣州

廣州從承接香港「三來一補」業務起步。1978 年，港商在廣州簽訂的第一個工業項目是廣東罐頭廠，港商通過補償貿易方式投資 71 萬美元，生產各類果汁。1979 年 4 月，華高錶業有限公司、東源機械有限公司、海珠區手錶裝配廠與廣州市輕工出口公司共同簽訂《來料加工裝配錶芯協議書》，合作開辦來料加工企業 —— 海珠區手錶裝配廠，是廣州最早的「三來一補」企業。該公司以補償貿易方式購置 700 萬元設備。海珠區手錶裝配廠於同年 6 月 28 日投產，主要來料裝配港商的機械、電子、石英手錶和電腦原件延時線。

1978 年至 1983 年，港澳台商在廣州的工業投資協議 38 項，協議投資額 1443.19 萬美元。1981 年 12 月，香港思達半導體有限公司與廣州市鐘錶工業公司共同投資 600 萬美元，成立先達有限公司，港方企業佔 33%。先達有限公司生產三極管、大規模集成電路，合資期限為 15 年。

1984 年 3 月 26 日，中共中央、國務院召開沿海部分城市座談會。同年 5 月 4 日，中共中央、國務院決定進一步開放 14 個沿海港口城市，廣州是其中之一。1984 年 10 月 24 日，廣州市政府印發《廣州市華僑、港澳同胞投資優惠暫行辦法》，透過優惠措施鼓勵華僑、港澳同胞在廣州投資，並確定工業是廣州引進外資和技術的重點。同年 11 月 15 日，國務院發布《關於經濟特區和沿海十四個港口城市減徵、免徵企業所得稅和工商統一稅的暫行規定》，表明沿海 14 個港口經濟技術開發區的生產項目，在稅收上享受減、免稅優惠待遇。同年 12 月，廣州經濟技術開發區成立。

港澳商在廣州簽訂的工業投資協議項目和協議投資額於 1984 年迅速增加，分別為 64 項和 3229.97 萬美元，比上年分別增加 3.92 倍和 5.57 倍。1984 年至 1990 年間，港商在廣州的投資範圍廣泛，遍及食品、紡織、家用電器、電子、化工、建材等行業（見表 1-3-6）。其間，港澳台商累計協議投資額 9.59 億美元，累計協議項目 1201 項，項目平均金額 79.85 萬美元。

首批進入廣州的港資電子企業包括廣州（科苑）電子有限公司、航偉企業有限公司和亞洲伊博有限公司。1984 年 6 月，香港科苑電子有限公司創辦人袁勃、袁弓夷父子，與廣州電子錶廠合資經營廣州（科苑）電子有限公司，港方企業投資 127.5 萬美元，主要生產和出口電子鐘錶。

表 1-3-6　部分在廣州進行生產的港商

項目名稱	行業	香港投資方
海珠區手錶裝配廠	機械、設備、儀器及零件	華高錶業有限公司
先達有限公司	電器及電子製品	香港思達半導體有限公司
廣州（科苑）電子有限公司	機械、設備、儀器及零件	袁勃、袁弓夷
中國雪櫃實業有限公司	機械、設備、儀器及零件	香港高美達家電企業有限公司
航偉企業有限公司	電器及電子製品	香港偉越企業有限公司
廣州美特容器有限公司	基本金屬及金屬製品	羅富昌
聯發鞋業有限公司	鞋類製造	香港沙必捷有限公司
廣州冷凍食品有限公司	食品	香港牛奶（廣東）冰淇淋有限公司
亞洲伊博有限公司	電器及電子製品	袁勃、袁弓夷
廣州寶潔有限公司	化學品及化學產品	和記黃埔
廣州彩星玩具有限公司	玩具	陳大河
依利安達（廣州）電子有限公司	電器及電子製品	蘇章盛、曾銘培、譚錦濠
利民（番禺南沙）電器發展有限公司	電器及電子製品	黃乾利
鎮泰（中國）工業有限公司	玩具	黃鐵城、盧沃棠、陸洪邦、蘇紀英

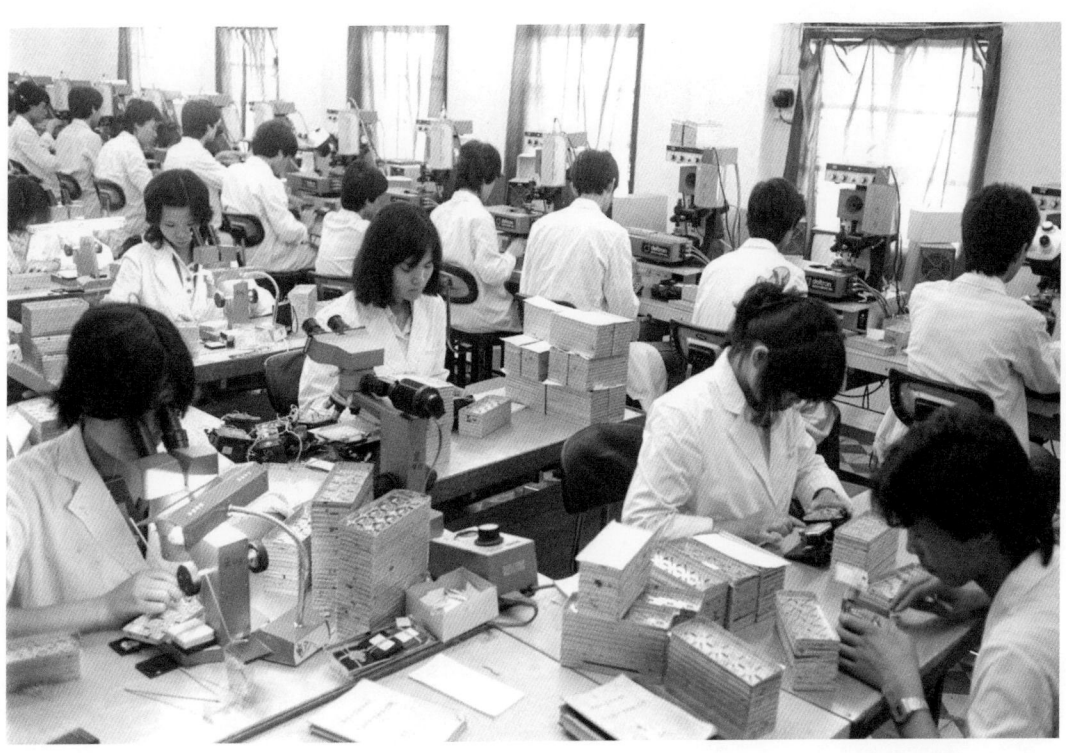

華高錶業有限公司、東源機械有限公司、海珠區手錶裝配廠與廣州市輕工出口公司在廣州合作開辦海珠區手錶裝配廠，於 1979 年 6 月 28 日投產，每日可加工裝配五萬隻手錶芯，是廣州最早興辦的「三來一補」企業。圖為該公司的手錶裝配生產線。（新華社提供）

1985 年 3 月，香港偉越企業有限公司與中國航天航空技術進出口公司廣州分公司、廣州經濟技術開發區合資興辦航偉企業有限公司，首期投資 100 萬美元，港方企業佔 35%，合資經營期限為 10 年。航偉企業有限公司是內地最早生產液晶電子遊戲機和兒童智力電腦的工廠，成功開發的產品有 LED 電子鬧鐘、超薄型 FM 立體聲收音機、無線電話。

在首批港商投資廣州的食品製造企業中，投資規模最大的是廣州冷凍食品有限公司。1986年，香港牛奶集團全資附屬公司香港牛奶（廣東）冰淇淋有限公司投資 323 萬美元，與廣州人民食品廠合資興建廣州冷凍食品有限公司，佔總投資額 30%，合營期限 20 年。該項目從美國、英國、丹麥、意大利等國家引入冰淇淋生產線，主要產品是冰淇淋、人造冰塊、塑料包裝容器、奶類食品等。

1986 年 10 月 11 日，國務院頒布《關於鼓勵外商投資的規定》。為改善外商投資企業的生產經營條件，廣州市政府於同年 10 月 30 日發布《廣州市鼓勵外商投資的實施辦法》，給予外商投資企業包括減免稅收、產品出口手續、外匯管理、基建期間免交土地使用費等優惠待遇，產品出口企業和先進企業則免交市政建設費，並且給予外商投資企業生產管理方面的自主權。同年 12 月 15 日，廣州市政府公布《廣州經濟技術開發區鼓勵外商的實施辦法》，制定了鼓勵外商在廣州經濟技術開發區投資的具體規定和辦法。

1980 年代中後期，在廣州的港商投資企業中，投資規模較大的有中國雪櫃實業有限公司、廣州美特容器有限公司和廣州寶潔有限公司。1985 年 3 月，香港高美達家電企業有限公司與廣州市白雲農工商聯合公司、廣州市對外貿易總公司、廣州市輕工業品進出口（集團）公司、廣州國際信託投資公司合資，組建中國雪櫃實業有限公司，投資總額為 2200 萬美元。中國雪櫃實業有限公司引進日本三菱全套電冰箱生產設備和工藝技術，生產「華凌牌」冰箱，1988 年 12 月正式投產。

1985 年 4 月，美特容器（香港）有限公司創辦人羅富昌，與廣州市飲料工業公司、中國包裝進出口總公司、振華輕工企業有限公司、廣州經濟技術開發區工業發展總公司、美波國際有限公司合作組建廣州美特容器有限公司，投資總額 2680 萬美元，合營期限為 20 年。廣州美特容器有限公司是內地第一家鋁合金易拉罐製造企業，也是全國最大的易開罐生產企業。該公司從美國、英國等國家引進兩條製蓋生產線，以及一條製罐生產線。1987 年全面投產，同年在「全國十大最佳合資企業」中名列榜首。1988 年 10 月，投產僅 22 個月就收回全部投資。

1988 年 8 月，香港商人李嘉誠旗下的和記黃埔有限公司，透過全資附屬公司和記黃埔（中國）有限公司與美國 P&G 公司、廣州肥皂廠、廣州經濟技術開發區建設進出口貿易公司合資，成立廣州寶潔有限公司，合資期限為 30 年。成立時投資總額和註冊資本均為 1000 萬美元，美國 P&G 公司及港方企業合共佔 65%。廣州寶潔有限公司應用美國 P&G 公司的先進技術，生產和銷售個人護理和清潔用品。

1987 年，香港商人羅富昌投資的廣州美特容器有限公司全面投產，設計生產能力為年產 2.5 億個罐體和 5 億個易拉蓋。同年 12 月 1 日，港督衞奕信（左二）參觀這家內地最大的鋁合金易拉罐製造企業。（新華社提供）

1980 年代進入廣州的港資玩具企業中，投資規模較大的是廣州彩星玩具有限公司。1988 年 2 月，港商陳大河創辦的香港彩星集團與廣州經濟技術開發區工業發展總公司合資經營，生產各類玩具包括電動説話娃娃 Cricket、忍者龜系列玩具。首期投資及註冊資本為 192 萬美元，港方企業佔 55%，合資經營年限 20 年。

1979 年至 1990 年，港商在廣州直接投資 6.89 億美元，佔同期廣州的外商直接投資總額 87%。1990 年，廣州美特容器有限公司、廣州科苑電子有限公司、聯發鞋業有限公司，均被列入出口創匯 300 萬美元以上輕工企業的名單。

在 1992 年鄧小平「南巡講話」的鼓舞下，港商在廣州簽訂的合同協議項目突破 1000 項，達到 1029 項；實際投資額 4.61 億美元，比上年增加 146.5%。1993 年，港商對廣州的投資金額超越深圳和東莞，達到 11.68 億美元；佔廣州利用外商投資總額的 91.4%。1994 年起，港商在廣州市吸收的外商投資比重逐年下降，該比重從 1994 年的 77.2% 大幅下降至 1999 年的 45.5%（見表 1-3-7）。

1990 年代，港商投資的大型項目開始增加。廣州大型的港資工業企業包括利民（番禺南沙）電器發展有限公司、依利安達（廣州）電子有限公司。1993 年 11 月，香港商人蘇章盛、曾銘培和譚錦濠創辦的依利安達集團在廣州建立生產設備，與廣州經濟技術開發區新

表 1-3-7　1985 年至 2017 年港商對廣州市直接投資統計表

年份	港商簽訂協議項目（項）	協議投資額			實際投資額		
		港商協議投資額（億美元）	外商協議投資總額（億美元）	佔外商協議投資總額（％）	港商實際投資額（億美元）	外商實際投資總額（億美元）	佔外商實際投資總額（％）
1985	264	3.74	不詳	80.8	不詳	不詳	不詳
1986	93	1.91	不詳	60.7	不詳	不詳	不詳
1987	111	1.50	不詳	68.6	不詳	不詳	不詳
1988	243	0.22	不詳	56.2	不詳	不詳	不詳
1989	252	2.68	4.01	66.8	1.04	1.34	77.6
1990	304	3.63	4.72	76.9	1.26	1.81	69.6
1991	465	4.77	7.06	67.6	1.87	2.32	80.6
1992	1029	39.58	44.97	88.0	4.61	5.54	83.2
1993	1080	61.91	68.36	90.6	11.68	12.78	91.4
1994	1478	52.03	68.58	75.9	14.01	18.14	77.2
1995	1454	54.09	67.31	80.4	15.50	21.44	72.3
1996	601	29.67	44.74	66.3	15.47	23.32	66.3
1997	438	8.63	16.98	50.8	15.70	24.80	63.3
1998	337	10.25	19.32	53.1	16.20	27.16	59.6
1999	318	6.70	14.14	47.4	13.60	29.87	45.5
2000	359	6.38	15.28	41.8	19.57	29.89	65.5
2001	332	8.34	19.62	42.5	15.80	30.01	52.6
2002	434	13.18	30.23	43.6	11.73	22.84	51.4
2003	425	12.40	35.11	35.3	13.64	25.81	52.9
2004	509	15.39	32.05	48.0	10.31	24.01	42.9
2005	540	15.49	34.02	45.5	10.26	26.49	38.7
2006	492	15.72	43.91	35.8	12.50	29.23	42.8
2007	520	37.86	70.35	53.8	10.78	32.86	32.8
2008	578	49.66	59.19	83.9	15.48	36.23	42.7
2009	534	24.80	37.84	65.5	19.54	37.73	51.8
2010	599	36.43	49.74	73.2	23.96	39.79	60.2
2011	729	46.98	67.47	69.6	26.22	42.70	61.4
2012	708	36.77	68.02	54.1	23.13	45.75	50.6
2013	745	52.27	71.14	73.5	27.49	48.04	57.2
2014	807	55.68	80.40	69.3	26.84	51.07	52.6
2015	942	66.98	83.63	80.1	42.77	54.16	79.0
2016	922	83.73	99.01	84.6	47.82	57.01	83.9
2017	940	86.83	133.91	64.9	51.80	62.89	82.4

資料來源：《廣州統計年鑒》、《廣東省統計年鑒》。
注：1985 年至 1988 年數字依據《廣州市志》的資料記載。

技術開發總公司合資成立依利安達（廣州）電子有限公司，項目總投資達到 4600 萬美元。該公司引進電路板的生產技術和設備，生產和銷售多層電路板及相關的電子產品，年生產能力為 22 萬平方米。

獨資企業於 1990 年代發展較快。1995 年 12 月，香港商人黃鐵城與盧沃棠、陸洪邦和蘇紀英創立的鎮泰集團，在廣州開展大型的獨資玩具生產項目 —— 鎮泰（中國）工業有限公司，總投資達到 2.3 億元。鎮泰（中國）工業有限公司位於廣州番禺市欖核鎮，1997 年 11 月建成投產，生產包括芭比娃娃、變形金剛等玩具，產品由美國的孩之寶等世界玩具商代理出口業務。

在第十個五年計劃（2001 年至 2005 年）中，廣州市政府規範發展加工貿易，提出「由以往勞動密集型為主導逐步向資金、技術密集型方向發展」，鼓勵外商投資高新技術產業。2003 年起，廣州實施製造業與服務業並重的戰略，外商對廣州製造業和服務業的投資繼續增長。截至 2007 年年底，港商在廣州投資項目共 12,664 個，佔廣州歷年累計外資項目的 69.5%；港商實際投資 222.65 億美元，佔廣州市歷年累計實際使用外資的 56%。

2015 年 3 月 26 日，廣東省政府出台《廣東省工業轉型升級攻堅戰三年行動計劃》，提出以工業轉型升級推動廣東經濟轉型升級。同年 6 月 10 日，廣州市人民政府提出實施三年工業轉型升級攻堅行動。2015 年至 2017 年間，港澳台資規模以上（年主營業務收入 2000 萬元人民幣及以上）工業企業的生產水平呈現下降趨向，其工業產值從 2015 年的 3093.16 億元人民幣，下降至 2017 年的 2345.84 億元人民幣，佔廣州市總產值的比重從 16.6% 下降至 11.2%。

二、長江三角洲

1. 上海

以上海為中心的長江三角洲，與香港的經貿關係有悠久的歷史。國家實行改革開放之前，只有零星的港商投資項目在長三角地區展開。港商在上海採用「三來一補」形式進行製造業合作始於 1978 年，1978 年 4 月，香港華大公司在上海投石問路，委託上海玩具元件總廠為 8000 萬隻玩具元件進行加工工序，支付加工費 164 萬美元。

中共十一屆三中全會召開後，1979 年 3 月，上海市委統戰部部長張承宗以團長身份帶領上海工商界經濟代表團首次視察香港，向香港工商界人士介紹內地改革開放的路線、方針和政策。同年 10 月 20 日至 31 日，唐翔千率領香港工商界代表團回訪上海，香港工商界代表吳中一、劉浩清、郭正達、渣打銀行總經理白朗夫婦等 26 人在滬進行座談交流，並與上海市革命委員會主任彭沖等會面，由此拉開港商進入上海投資生產的序幕。

1979 年 7 月 1 日，全國人民代表大會通過《中華人民共和國中外合資經營企業法》。中外合資形式隨後於 1980 年首次在上海出現。1980 年 8 月，香港怡和迅達（遠東）股份有限公司、中國建設機械總公司、瑞士迅達股份有限公司合資，組建上海第一家中外合資工廠 —— 中國迅達電梯有限公司上海電梯廠，註冊資本 1200 萬美元，合營年期為 20 年。中國迅達電梯有限公司的首期投資為 1600 萬美元，港方企業投資 160 萬美元，佔投資總額 10%；中方企業以上海電梯廠和北京電梯廠的固定資產和庫存作為投資，佔 75%；瑞方則投資 240 萬美元，佔 15%。該公司利用瑞士迅達公司的技術資料，改造交流雙速電梯和研究開發自動扶手電梯。

1980 年代，港商在上海的投資集中於傳統勞動密集型的製造業，涉及行業主要為紡織服裝、機械加工、電子、化工和建材等（見表 1-3-8）。在首批香港與上海合資項目中，較大型的是上海聯合毛紡織有限公司。1980 年 8 月 31 日，港商唐翔千和上海紡織局在外灘的市政府大樓簽署合資企業的協議。1981 年 8 月 4 日，上海聯合毛紡織有限公司在浦東舉行開工典禮，由香港聯滬毛紡織有限公司和上海市紡織工業局所屬上海毛麻紡織工業公司共同投資，是興辦浦東第一家中外合資企業 —— 上海聯合毛紡織有限公司。主要生產毛紗、毛衫、呢絨。註冊資本 600 萬美元，其中港方出資 240 萬美元。上海聯合毛紡織有限公司有較好的經濟效益，開業後三年半收回全部投資。

1984 年 1 月，港商葉仲午、顧小坤創辦的香港環球玩具集團有限公司，與上海玩具進出口公司、上海市投資信託公司、上海愛建公司、中國銀行上海分行在上海閔行經濟開發區共同投資，成立上海環球玩具有限公司。上海環球玩具有限公司是上海二輕系統與外商合資經營的第一家企業，也是閔行經濟技術開發區首家合資企業。首期投資為 500 萬美元，港方企業佔 35%。上海環球玩具有限公司於 1985 年 7 月投產，主要生產知名玩具名牌「火柴盒」（MATCHBOX）鋅合金玩具。

1985 年 3 月，香港興利塑膠製品廠有限公司與上海玩具三廠、上海玩具進出口公司、開隆投資開發公司共同組建上海興利塑膠製品廠有限公司，註冊資本 100.6 萬美元，港方投資佔 54.67%，合資期限 20 年。1985 年 7 月投產，主要產品是電子遙控玩具。上海興利塑膠製品廠有限公司與上海環球玩具有限公司，同為產品出口型企業。

1984 年 5 月 4 日，中共中央、國務院批轉《沿海部分城市座談會紀要》，決定開放上海等 14 個沿海港口城市。1985 年 2 月 18 日，中共中央、國務院批轉《長江、珠江三角洲和閩南廈漳泉三角地區座談會紀要》，確定進一步開放長江三角洲為沿海經濟開放區。1981 年至 1985 年間，港商在上海簽訂的合同數目達 78 項，佔上海新批項目總數 51.7%；港商在上海的實際投資金額 2342 萬美元，佔上海利用外商投資總額 21.7%。[12]

1986 年 10 月 11 日，國務院頒布《關於鼓勵外商投資的規定》，在稅收、土地使用、供

上海聯合毛紡織有限公司於 1981 年 8 月 4 日由香港聯滬毛紡織有限公司和上海毛麻紡織工業公司合資創建,是滬港首家合資工業企業。圖為香港聯滬毛紡織有限公司副董事長唐翔千(左)、上海聯合毛紡織有限公司董事長張惠發(中)和總經理端木錫華在商談公司發展規劃。(攝於 1986 年,新華社提供)

表 1-3-8　部分在上海進行生產的港商

項目名稱	行業	香港投資方
中國迅達電梯有限公司 上海電梯廠	機械、設備、儀器及零件	香港怡和迅達(遠東)股份有限公司
上海聯合毛紡織有限公司	紡織製品(包括針織)	唐翔千
上海環球玩具有限公司	玩具	葉仲午、顧小坤
上海興利塑膠製品廠有限公司	玩具	香港興利塑膠製品廠有限公司
上海海欣有限公司	紡織製品(包括針織)	香港申海有限公司、香港福欣實業有限公司
上海海欣毛紡有限公司	紡織製品(包括針織)	香港申海有限公司、香港福欣實業有限公司
上海海達毛紡有限公司	紡織製品(包括針織)	香港申海有限公司、香港福欣實業有限公司
上海海利玩具有限公司	玩具	香港申海有限公司、香港福欣實業有限公司
上海海欣化纖有限公司	紡織製品(包括針織)	香港申海有限公司、香港福欣實業有限公司
上海海發玩具有限公司	玩具	香港申海有限公司、香港福欣實業有限公司
上海三菱電梯有限公司	機械、設備、儀器及零件	香港菱電(集團)有限公司
上海永新彩色顯像管有限公司	專業設備及光學用品	曹光彪
上海遠東集裝箱有限公司	運輸設備	香港惠航船務有限公司、 香港東林船務有限公司
上海大地百樂染織製衣有限公司	紡織製品(包括針織)	香港百樂染整廠有限公司
上海申佳鐵合金有限公司	基本金屬及金屬製品	香港寶佳集團有限公司
上海錦港合纖有限公司	紡織製品(包括針織)	香港吉雄有限公司
上海冠達爾鋼結構有限公司	基本金屬及金屬製品	香港競立貿易有限公司
上海申華超細化纖有限公司	紡織製品(包括針織)	香港吉雄有限公司
上海盛昌天華電子有限公司	電器及電子製品	香港申威投資公司
上海白貓有限公司	化學品及化學產品	香港新鴻基中國工業投資有限公司

電、信貸資金、進出口等方面，提出一系列鼓勵外商投資的優惠政策和措施；同月 23 日，上海市政府補充《關於鼓勵外商投資的若干規定》，並於同年 11 月 1 日起實施。鼓勵外商投資產品出口和先進技術企業的措施推出後，港商在上海的投資規模從 1986 年的 0.29 億美元擴大至 1989 年的 1.72 億美元，增長 4.9 倍；同期，佔上海實際利用外資的比重從 29.6% 提高至 40.8%（見表 1-3-9）。

1980 年代中後期，港商在上海開展的合資經營業務顯著增加。1986 年 9 月，上海海欣有限公司（後稱上海海欣集團股份有限公司）在上海松江區（原稱松江縣）成立，由香港申海有限公司、香港福欣實業有限公司、上海玩具進出口公司、上海松江洞涇工業公司與外貿玩具開隆投資開發公司合資組建，首期投資 450 萬美元，其中，香港申海有限公司投資佔 30%、香港福欣實業有限公司佔 20%，合資年期為 15 年。1988 年 1 月上海海欣有限公司建成投產，早期主要經營長毛絨玩具面料。1986 年至 1993 年，上海海欣有限公司先後興辦上海海欣毛紡有限公司、上海海達毛紡有限公司、上海海利玩具有限公司、上海海欣化纖有限公司、上海海發玩具有限公司，形成「一條龍」的玩具長毛絨生產經營體系，填補了自產長毛絨玩具面料的缺口，結束長期依靠進口的歷史。

1987 年 1 月，在港商胡法光的推動，香港菱電（集團）有限公司與上海機電實業公司、中國機械進出口總公司和日本三菱電機株式會社四方合資，在閔行經濟技術開發區組建上海三菱電梯有限公司，註冊資本 1600 萬美元，港、中、日三方投資比例為 10%、75%、15%。根據協議，該公司引進日本三菱全電腦控制和變頻變壓的生產技術，到 1992 年上海三菱電梯有限公司的各類電梯產量達 2400 台。

1987 年 12 月，香港永新技術開發有限公司董事長曹光彪和上海真空電子器件股份有限公司組成合資經營企業 —— 上海永新彩色顯像管有限公司，註冊資本 9174.9 萬美元，港方企業佔 25%，主要生產「上永牌」彩管。為改造一期生產線，上海永新彩色顯像管有限公司引進東芝公司的彩色顯像管技術和關鍵設備，總投資 5859 萬元人民幣。1988 年 12 月 15 日，上海市長朱鎔基主持召開彩管工程現場辦公會，宣布上海永新彩管工程為「1989 年上海市第一號工程」。

1988 年 4 月 3 日，上海市人民政府發布《上海市外商投資企業享受技術密集型、知識密集型項目優惠待遇的辦法》，規定凡屬技術密集型和知識密集型的外商投資項目，可獲減按 15% 的稅率繳付企業所得稅，同年 5 月 1 日起實施。1990 年 4 月 18 日，中共中央、國務院宣布開發浦東，同意在浦東實行經濟技術開發區和某些經濟特區的政策。

隨着上海浦東的開放、1992 年鄧小平發表「南巡講話」，港商到上海直接投資的勢頭迅猛。1992 年上海新批的香港投資項目數量急升至 1036 個，較 1991 年分別上升 505.8%；協議金額 17.65 億美元，比 1991 年增長 1278.9%。1994 年，港商在上海的實

表 1-3-9　1981 年至 2017 年 港商對上海投資直接統計表

年份	港商簽訂協議項目（項）	協議投資額			實際投資額		
		港商協議投資額（億美元）	外商協議投資總額（億美元）	佔外商協議投資總額（％）	港商實際投資額（億美元）	外商實際投資總額（億美元）	佔外商實際投資總額（％）
1981	不詳	0.10	0.10	100.0	不詳	0.03	不詳
1982	不詳	0.14	0.27	51.9	0.03	0.03	100.0
1983	不詳	不詳	0.74	不詳	0.06	0.11	54.5
1984	不詳	0.48	3.89	12.3	0.04	0.28	14.3
1985	不詳	2.06	7.11	29.0	0.11	0.62	17.7
1986	不詳	0.20	2.97	6.7	0.29	0.98	29.6
1987	34	1.22	2.47	64.5	0.28	2.12	13.2
1988	129	0.99	3.33	29.7	0.93	3.64	25.5
1989	105	1.11	3.59	30.8	1.72	4.22	40.8
1990	83	1.11	3.75	29.6	0.40	1.77	22.6
1991	171	1.28	4.50	28.4	0.47	1.75	26.9
1992	1036	17.65	33.57	52.6	7.25	12.59	57.6
1993	1718	43.38	70.16	61.8	9.25	23.18	39.9
1994	1574	63.08	100.26	62.9	16.67	32.31	51.6
1995	990	36.47	105.40	34.6	18.44	32.50	56.7
1996	636	38.61	110.68	34.9	22.32	47.16	47.3
1997	526	13.24	53.20	24.9	17.56	48.08	36.5
1998	356	7.68	58.48	13.1	10.26	36.38	28.2
1999	347	10.72	41.04	26.1	11.74	30.48	38.5
2000	419	9.44	63.90	14.8	7.86	31.60	24.9
2001	479	7.75	73.73	10.5	11.59	43.92	26.4
2002	619	16.81	105.76	15.9	12.22	50.30	24.3
2003	864	20.28	110.64	18.3	14.96	58.50	25.6
2004	884	24.28	116.91	20.8	16.37	65.41	25.0
2005	916	31.00	138.33	22.4	8.74	68.50	12.8
2006	919	35.39	145.74	24.3	13.53	71.07	19.0
2007	1141	55.07	148.69	37.0	19.74	79.20	24.9
2008	1267	136.74	171.12	79.9	31.00	100.84	30.7
2009	1122	74.84	133.01	56.3	39.55	105.38	37.5
2010	1335	68.08	153.07	44.5	46.35	111.21	41.7
2011	1448	86.01	201.03	42.8	56.44	126.01	44.8
2012	1436	120.65	223.38	54.0	68.43	151.85	45.1
2013	1550	153.16	249.36	61.4	83.52	167.80	49.8
2014	1808	198.51	316.09	62.8	115.79	181.66	63.7
2015	2589	409.36	589.43	69.5	112.95	184.59	61.2
2016	1863	376.14	509.78	73.8	107.35	185.14	58.0
2017	1233	228.48	401.94	56.8	96.91	170.08	57.0

資料來源：《上海統計年鑑》、《上海年鑑》。

注：1981 年至 1995 年的協議投資金額和實際投資金額統計來源自上海統計局編《光輝七十載 —— 上海歷史統計資料匯編 1949－2019》。

1987 年 12 月 18 日，香港永新技術開發有限公司董事長曹光彪和上海真空電子器件股份有限公司合資經營的上海永新彩色顯像管有限公司，在上海朱行正式開業，第一期工程建成投產。圖為該公司於 1991 年正式投產的彩管生產線。（新華社提供）

際投資金額突破 10 億美元，達到 16.67 億美元；佔外商投資金額超過 50%，達 51.6%（見表 1-3-9）。

製造業是港商在上海的主要投資領域，1979 年至 1996 年年底，港商在上海累計投資工業項目 4145 項，佔投資項目總數 62.9%。1990 年代，港商在上海的製造業投資中，紡織服裝、鞋類、機械加工、金屬、電子企業的增長顯著，集成電路等技術性工業成為熱門投資領域。

這一時期，港商在上海的投資項目規模擴大。投資規模達 1000 萬美元以上的新批製造業合資項目增加，包括上海大地百樂染織製衣有限公司、上海錦港合纖有限公司、上海申華超細化纖有限公司、上海遠東集裝箱有限公司、上海申佳鐵合金有限公司、上海冠達爾鋼結構有限公司、上海白貓有限公司和上海盛昌天華電子有限公司。

1991 年，香港惠航船務有限公司和香港東林船務有限公司、上海遠洋運輸公司、上海市金橋工業公司、上海市五金礦產進出口公司、台灣德國航運股份有限公司香港分支機構等六家公司共同投資，合作興辦上海遠東集裝箱有限公司。該公司引進外國先進的貨櫃生產流水線，專門製造、修理和銷售 20 呎和 40 呎鋼質乾貨海運貨櫃箱。首期投資 1200 萬美元，註冊資本 790 萬美元，合營期限為 30 年。

1994 年 1 月,香港新鴻基中國工業投資有限公司與上海合成洗滌劑廠投資 3000 萬美元,共同組建上海白貓有限公司(後稱上海和黃白貓有限公司)。2006 年 3 月,上海白貓(集團)有限公司轉讓 80% 股權給和記黃埔集團屬下全資子公司香港和黃(中國)有限公司,2008 年投資方共同增資 10 億元人民幣,生產經營白貓、佳美等品牌的各類清潔劑及洗滌化妝用品。

1990 年代中後期,香港佔上海利用外資總額的比重呈逐年下降的態勢。以協議金額計算,該比重從 1980 年代在 50% 以上,下降至 1997 年的 24.9%。受亞洲金融危機的衝擊,1997 年至 2000 年間,港商在上海實際投資規模從 17.56 億美元下跌至 7.86 億美元,跌幅達 55.2%;佔同期上海實際利用外資比重,從 36.5% 下降至 24.9%。

按 2000 年至 2001 年中國最大 500 家外商投資企業排序,按銷售收入排名入圍的滬港合資的工業企業,包括上海永新彩色顯像管有限公司、上海白貓有限公司和上海海欣集團股份有限公司。上海永新彩色顯像管有限公司更發展成為大型高新技術企業。

在香港特別行政區政府與內地簽署《內地與香港關於建立更緊密經貿關係的安排》(CEPA)後,2003 年 10 月 27 日,第一次滬港經貿合作會議在香港舉行,會議圍繞在 CEPA 框架下進一步加強滬港合作。香港特別行政區政府和上海市政府同意涉及機場建設管理、港口和物流、世博會、旅遊會展、投資和商貿、教育衛生和體育事業、金融服務、專業人才八個方面的合作重點。

2006 年 1 月 20 日,上海市發布實施《國民經濟和社會發展第十一個五年規劃綱要》,提出以先進製造業和現代服務業為發展重點,積極推動金融創新和發展。上海的引資結構轉為以服務業為主,2017 年製造業實際到位外資 8.1 億美元,佔上海實際到位外資的比重僅 5%。2015 年開始,港商對上海實際投資亦有下降趨勢。然而,香港仍是上海最大的外資來源地。2017 年港商實際投資金額 96.91 億美元,佔上海實際利用外資的比重 57%。

2. 江蘇

內地改革開放前,港商在江蘇省最早的投資項目始於 1978 年。1978 年 10 月 28 日,經對外經濟貿易部批准,香港實業家楊元龍創立的香港溢達企業有限公司與中國紡織品進出口公司江蘇省分公司簽訂補償貿易項目,港方投資 240 萬美元,補償期為三年。香港溢達企業有限公司提供先進的縫紉設備和冷氣裝置,中國紡織品進出口公司則安排無錫市光明內衣廠和常州市人民服裝為溢達生產成衣。這個項目共引進 12 條服裝生產線,1979 年 6 月,第一批 19 萬打成衣通過香港溢達企業有限公司經香港銷往美國,屬於內地首批成衣出口到美國的協議。

1979 年 8 月,陳瑞球創辦的香港長江製衣集團,以旗下的香港黃浦江紡織有限公司與無

錫國棉一廠進行補償貿易，是內地改革開放後全國棉紡織行業第一個來料加工補償貿易項目。港方投資 1122 萬美元，從瑞士、日本、意大利、西德引進 25,920 錠紡紗設備，於 1981 年 7 月全面投產。中方企業以胚布償還引進設備價款，補償年期為六年。

1981 年開始，港商採取中外合資經營方式投資江蘇省製造業。1981 年 4 月，港商莊啟程創辦的菲律賓維德集團有限公司、香港維德行，與江蘇省輕工業進出口公司、無錫家具總廠、無錫縣輕工業公司共同投資，於無錫市興辦中國江海木業有限公司，生產膠合板和木材。中國江海木業有限公司是江蘇省第一家中外合資企業，註冊資本 298 萬美元，港方投資佔 40%，合資經營期 20 年。1981 年 5 月，該公司獲國家工商行政管理局頒發編號為「10001」號的營業執照。

1980 年至 1990 年，江蘇的港商投資企業主要是生產型企業，涉及紡織服裝、輕工、電子、化工和建材等行業（見表 1-3-10）。1984 年 12 月，由香港吳香梅企業有限公司、蘇州銅材廠和江蘇省國際信託投資公司合資經營的蘇州銅材有限公司批准成立，投資金額 950 萬美元，香港企業佔 25%。蘇州銅材有限公司從西德、瑞士和奧地利引進先進的銅板、銅帶的生產技術和設備，成功技術改造蘇州銅材廠的銅板、銅帶生產線，並於 1987 年 9 月開業。

1981 年 4 月，香港商人莊啟程在無錫投資開辦的中國江海木業有限公司獲批准成立，生產膠合板和木材，成為江蘇省第一家中外合資企業。圖為該公司工人在使用膠合板加壓機。（攝於 1983 年，新華社提供）

表 1-3-10　部分在江蘇省進行生產的港商

項目名稱	行業	香港投資方
中國江海木業有限公司	木材及水松製品、家具及固定裝置	香港維德行
蘇州銅材有限公司	基本金屬及金屬製品	香港吳香梅企業有限公司
新聯興紡織有限公司	紡織製品（包括針織）	香港黃浦江紡織有限公司
蘇州華泰有限公司	紡織製品（包括針織）	香港佳運有限公司
無錫錫華毛紡織有限公司	紡織製品（包括針織）	香港光耀雄基企業有限公司
鹽城市振陽絨毛製品有限公司	紡織製品（包括針織）	香港竟成貿易公司
南通南康石油化工有限公司	石油及煤產品	香港康登國際有限公司
張家港金亮麻紡織有限公司	紡織製品（包括針織）	香港金亮發展有限公司
南京金陵玻璃工業有限公司	專業設備及光學用品	香港宏加有限公司
無錫梁溪冷軋薄板有限公司	機械、設備、儀器及零件	香港商橋貿易有限公司
徐州徐港電子企業有限公司	電器及電子製品	香港金柏電子有限公司、香港鷹達企業有限公司
蘇州新雅研磨材料有限公司	材料製品	香港雅寶研磨材料有限公司
張家港東誠木業有限公司	木材及水松製品、家具及固定裝置	香港東誠拓展有限公司
張家港豐騰電機有限公司	機械、設備、儀器及零件	香港快騰投資有限公司
張家港宏國化學工業有限公司	化學品及化學產品	香港穩可興業有限公司
張家港遠東紡織機械有限公司	機械、設備、儀器及零件	香港吉瑪高有限公司
張家港宏發金屬製品有限公司	基本金屬及金屬製品	香港羅蘭斯寶電子有限公司
張家港偉業絨布印染有限公司	紡織製品（包括針織）	香港高峰電子企業有限公司
佳德合織（蘇州）有限公司	紡織製品（包括針織）	香港佳運集團有限公司
常熟達利木業有限公司	木材及水松製品、家具及固定裝置	香港達利有限公司

新聯興紡織有限公司是江蘇省首批中外合資企業之一。1985 年 11 月，香港黃浦江紡織有限公司與無錫第一棉紡織廠、第一色織廠、第三針織廠獲批准合資興辦新聯興紡織有限公司，總投資 500 萬美元，港方企業佔 30%。該公司利用補償貿易引進 603 台先進紡織設備，主要生產經營色織布、針織布和服裝，1987 年 12 月正式開業。投資規模較大的港商合資紡織企業還有蘇州華泰有限公司、無錫錫華毛紡織有限公司、無錫興業紡織印染有限公司、張家港金亮麻紡織有限公司。

1986 年 11 月，江蘇省人民政府頒布《關於鼓勵外商投資的若干規定》，制定外商在江蘇省的投資保障和優惠政策。1988 年 3 月 18 日，國務院印發《關於擴大沿海經濟開放區範圍的通知》，決定將 40 個市、縣，其中包括江蘇省城市，劃入沿海經濟開放區。

1980 年代中後期，港商在江蘇省投資大型工業項目。1985 年至 1990 年，港商在江蘇投資的大型合資項目，主要經營化工和建材業務，規模超過 2000 萬美元的合資項目包括：南通南康石油化工有限公司、南京金陵玻璃工業有限公司、無錫梁溪冷軋薄板有限公司。

首批進入江蘇的港商投資企業經營規模日趨擴大，中國江海木業有限公司、鹽城市振陽絨

毛製品有限公司、徐州徐港電子企業有限公司、新聯興紡織有限公司、無錫錫華毛紡有限公司等，均在 1990 年至 1991 年度中國規模最大首 300 家外商投資企業之列。

1991 年 1 月和 1992 年 6 月，江蘇省人民政府先後發布《關於鼓勵華僑和香港澳門同胞投資的若干規定》和《外商投資企業免徵、減徵地方所得稅規定》，有關措施進一步改善江蘇省的投資環境。1992 年鄧小平視察南方和發表重要的「南巡講話」後，江蘇省市政府明確提出擴大對外開放，並引導外商發展技術密集型和高新技術項目。港商在江蘇的投資規模於 1990 年代初急速增長，並開始向基礎設施建設和高新技術產業延伸。

隨着香港有實力的大財團進入江蘇，1990 年代的投資項目趨向大型化，規模在 2000 萬美元以上的港商投資項目數量大幅增加。3000 萬美元以上的大型投資項目包括蘇州新雅研磨材料有限公司、張家港東誠木業有限公司、張家港豐騰電機有限公司、張家港宏國化學工業有限公司、張家港遠東紡織機械有限公司、張家港宏發金屬製品有限公司、張家港偉業絨布印染有限公司、佳德合纖（蘇州）有限公司、常熟達利木業有限公司。截至 2001 年年底，江蘇歷年累

表 1-3-11　1999 年至 2017 年港商對江蘇省直接投資統計表

年份	港商簽訂協議項目（項）	協議投資額			實際投資額		
		港商協議投資額（億美元）	外商協議投資總額（億美元）	佔外商協議投資總額（%）	港商實際投資額（億美元）	外商實際投資總額（億美元）	佔外商實際投資總額（%）
1999	不詳	16.27	69.78	23.3	11.74	63.99	15.9
2000	595	20.47	106.11	19.3	15.36	64.24	23.9
2001	759	30.04	150.95	19.9	13.14	71.22	18.4
2002	1300	39.56	196.73	20.1	21.39	103.66	20.6
2003	1914	82.46	308.07	26.8	35.96	158.02	22.8
2004	1903	92.93	360.78	25.8	28.38	121.38	23.4
2005	1988	130.15	464.39	28.0	29.54	131.83	22.4
2006	2302	162.65	465.42	34.9	43.17	174.31	24.8
2007	1855	242.43	527.07	46.0	67.40	218.92	30.8
2008	1410	252.21	507.26	49.7	99.51	251.20	39.6
2009	1447	235.25	509.81	46.1	105.72	253.23	41.7
2010	1700	277.60	568.33	48.8	140.06	284.98	49.1
2011	1731	297.30	595.54	49.9	167.03	321.32	52.0
2012	1664	282.92	571.41	49.5	179.64	357.60	50.2
2013	1497	294.62	472.68	62.3	185.30	332.59	55.7
2014	1269	273.67	431.87	63.4	168.18	281.74	59.7
2015	905	241.29	393.61	61.3	142.80	242.75	58.8
2016	1084	254.58	431.39	59.0	153.42	245.43	62.5
2017	1000	289.52	554.26	52.2	145.34	251.35	57.8

資料來源：《江蘇統計年鑒》、《江蘇年鑒》。

計港商投資企業約 5000 家，累計協議投資額 150 億美元，累計實際投資額 70 億美元。

自 2002 年起，港商在江蘇省的投資步伐顯著加快。2002 年至 2010 年間，港商在江蘇省的實際投資金額從 21.39 億美元增至 140.06 億美元，增長達 554.8%（見表 1-3-11）。2010 年，港商在江蘇省的實際投資額首次超越廣東省，令江蘇省躍升為香港直接投資流入內地的最大目的地。

面對經營成本上升、資源環境約束、市場需求下降及融資困難等壓力，以勞動密集型居多的港澳商企業，尤其是紡織服裝、家具、設備製造等行業，在江蘇省的存活率只有 75.5%。另一方面，港澳商在江蘇的服務業投資快速增長，製造業投資呈現負增長，傳統製造業投資額顯著下降。

根據《江蘇年鑑》，1984 年至 2016 年間，江蘇累計實際利用港澳資本 1720.90 億美元，佔江蘇累計實際使用外資比重的 43.1%。按地區分布，港澳企業的投資主要集中於蘇南地區。2017 年，港商在江蘇省實際投資金額 145.34 億美元，佔江蘇省實際利用外資金額的 57.8%（見表 1-3-11）。

3. 浙江

內地改革開放初期，只有少數港商在浙江省進行工業投資。港商在浙江省開展的「三來一補」業務始於 1979 年。1979 年 4 月，經浙江省進出口委批准，香港利喬行與杭州自動化研究所達成加工裝配協議，加工生產電子計算機。

港商在浙江省的投資以中小型加工項目為主。1980 年至 1985 年，港商對浙江累計直接投資項目 65 項，累計協議投資額 5863.20 萬美元。

1980 年 7 月，香港新藝行獲批准與浙江省二輕局下屬的浙江省家具雜品工業公司，在杭州合辦浙江第一家中外合資經營企業 —— 西湖藤器企業有限公司，投資總額為 45.1 萬美元，港方投資比例為 45%。港方企業提供原料，以及從日本、香港引進新的工藝技術，提高浙江省藤器行業技術。1981 年 1 月 1 日西湖藤器企業有限公司正式開業，生產藤家具、藤木家具、藤蓆、藤帶、藤編織品等產品。開業第一年出口額 300 萬元，其藤製加工產品出口到日本、美國、香港等 18 個國家和地區。

1983 年 12 月，香港信豐發展有限公司與杭州市紡織公司、蕭山布廠、浙江省國際信託公司合作，投資 220 萬美元組建浙江最早的港商投資紡織企業 —— 杭豐紡織有限公司，其中港方企業佔 37%，合營期限為 15 年。杭豐紡織有限公司從西德、日本、瑞士、捷克等國家引進設備，生產氣流紡棉紗。1984 年 9 月，香港立信國際貿易公司投資 250 萬美元，與浙江省臨平綢廠聯合創立杭信絲綢印染有限公司，它是浙江省首批印染企業之一。杭豐紡織有限公司、杭信絲綢印染有限公司均被評為浙江省「雙優」外商投資企業。

1980 年 7 月，香港新藝行與浙江省家具雜品工業公司合辦的西湖藤器企業有限公司獲批准成立，翌年 1 月在杭州開業，為浙江省第一家中外合資企業。圖為該公司在 1984 年春季舉辦的中國進出口商品交易會上參與展出。（新華社提供）

1986 年 4 月 12 日，第六屆全國人民代表大會第四次會議通過《中華人民共和國外資企業法》後，港商開始在浙江省開辦獨資企業。浙江第一家獨資企業是由港商投資的立新裝飾材料有限公司，1987 年 7 月 9 日在杭州獨資成立，註冊資本 2.7 萬美元。

1988 年，港商在浙江省開辦的新增企業 103 家，比 1987 年急增 329.2%；協議金額 0.58 億美元，佔全省外商總投資額 51.1%。投資規模較大的紡織企業是華豐紡織製衣有限公司，由香港上華集團公司與餘姚化纖棉紡織總廠合資成立，註冊金額 1600 萬元人民幣，投資比例各為 50%。

1990 年代，港商在浙江的製造業投資，投向紡織、石油加工、化工和電子通信等行業（見表 1-3-12）。1991 年 11 月，香港大志企業有限公司與嘉興自行車廠合資經營浙江省第一家中外合資自行車企業 —— 浙江菲利普自行車公司，並與英國蘭令國際有限公司進行技術合作，生產中、高檔單車。浙江菲利普自行車公司總投資 450 萬美元，港方企業佔 30%。該公司初期設計能力為年產 60 萬輛單車，合營期限為 15 年。1993 年，該公司的經濟效益在自行車行業中居全省第一、全國第三。

表 1-3-12　部分在浙江省進行生產的港商

項目名稱	行業	香港投資方
西湖藤器企業有限公司	木材及水松製品、家具及固定裝置	香港新藝行
杭豐紡織有限公司	紡織製品（包括針織）	香港信豐發展有限公司
杭信絲綢印染有限公司	紡織製品（包括針織）	香港立信國際貿易公司
華豐紡織製衣有限公司	紡織製品（包括針織）	香港上華集團公司
浙江菲利普自行車公司	運輸設備	香港大志企業有限公司
協和石油化工集團（中國）有限公司	石油及煤產品	香港協和石化（集團）有限公司
寧波永新光學儀器有限公司	專業設備及光學用品	曹光彪

自 1992 年起，港商投資項目逐步趨於大中型，1000 萬美元以上項目大量出現。1992 年 10 月，經國家計劃委員會批准，香港協和石化（集團）有限公司於寧波獨資興辦大型石化項目 —— 協和石油化工集團（中國）有限公司，首期投資 10 億美元，是當時全省最大的外商獨資項目。該項目由煉油和石化兩部分組成，包括 500 萬噸煉油、30 萬噸乙烯、20 萬噸聚脂和 20 萬噸級的原油碼頭以及自備電廠等。1994 年 11 月，協和石油化工集團（中國）有限公司在寧波北侖區破土動工。

根據浙江省統計局的統計，1980 年至 1996 年年底，港商在浙江投資項目 6595 個，協議投資金額 88.3 億美元，分別佔該省外商投資企業總數的 47.9% 和 52.7%。這一時期，有 3039 家港商投資企業在浙江投產，佔同期該省批准總數的 46.1%。

1997 年 2 月，香港企業家曹光彪在家鄉寧波投資，以香港嶸光投資有限公司的名義與寧波光學儀器廠合資組建寧波永新光學儀器有限公司，投資總額為 2500 萬元人民幣，註冊資本為 1750 萬元人民幣。港方企業以外匯現匯出資，佔註冊資本的 60%；中方企業則以廠房、生產設備及流動資產等作價出資，合資期限為 11 年。該公司主要研發、生產和銷售光學顯微鏡、光學元件和其他光學產品，2000 年 12 月改組成立寧波永新光學股份有限公司，獲認定為國家級高新技術企業。

1998 年 4 月 14 日，中共中央、國務院發布《中共中央、國務院關於進一步擴大對外開放，提高利用外資水平的若干意見》，表明繼續吸收港澳台地區和東南亞國家的投資，以及在高新技術領域加強與香港的合作。同日，浙江省政府出台《關於鼓勵外商直接投資若干政策的通知》和《關於進一步改善外商投資軟環境的決定》兩項政策性文件，積極吸收外商直接投資。浙江省政府以稅收減免和土地使用等優惠政策，鼓勵外商從事工業生產型項目、農業、基礎設施建設和高新技術產業，並且從簡化審批手續、及時辦理入境簽證申請、規範涉及外商投資企業的行政收費等方面，改善外商投資軟環境。

1997 年香港回歸後，港商在浙江的投資項目和規模明顯擴大。根據浙江省統計局的統計，1997 年至 2006 年，浙江省累計的港商投資企業 8688 家，協議投資金額 314.50 億美元，實際投資金額 156.8 億美元，分別佔總數的 34.1%、38.7% 和 39.1%。以協議投資金額計算，項目平均金額從 1996 年的 240.89 萬美元，快速上升到 2006 年的 578.67 萬美元，增長 1.4 倍。

港商在浙江的投資領域趨多元化，遍及房地產、基建發展、物流、紡織、石油化工業等。1997 年至 2006 年間，在浙江省註冊的港資企業仍以第二產業為主，比重達到 76%。其間，在浙江省註冊的港資製造企業共 6313 家，註冊港資 145.50 億美元，分別佔浙江省外商製造企業總數的 35.6% 和 37.5%。

港資在浙江實際利用外資的比重有逐年上升趨勢，從 2005 年的 39.3% 增至 2017 年的 68%。港商對浙江省實際投資快速增長，2017 年達到 121.67 億美元，較 2005 年的 30.37 億元增長 3 倍（見表 1-3-13）。香港是浙江省最大的投資來源地，截至 2017 年 9 月底，港商在浙江省累計投資項目超過 24,500 個；實際投資額超過 1000 億美元。

第四節 生產管理制度改革

內地改革開放之初，香港廠商率先進入內地投資，並引進香港生產管理經驗，在港商投資或合作單位實行現代化管理。香港廠商對用工制度和工資制度進行改良探索，包括實行合同制、貫徹按勞分配原則等，打破內地「鐵飯碗」和「大鍋飯」制度，以提升工人生產效率，並對內地勞動制度改革起了推動的作用。

一、用工制度、工資制度

香洲毛紡廠　全國首家補償貿易企業香洲毛紡廠於 1979 年 9 月試產，同年 11 月建成投產，原設計生產能力為年產 120 萬磅毛線，標準成紗率 93%。1980 年 8 月，該廠產量僅 86 萬磅毛線，成紗率 85%，質量合格率 87%。基於投產後生產管理和產品質量等問題有待改善，同年 9 月 8 日，與香洲毛紡廠有補償貿易合作關係的香港永新企業有限公司，宣布暫停向香洲毛紡廠提供原料，香洲毛紡廠一度停產整頓 18 日。珠海市經濟委員會派工作組到香洲毛紡廠調查，香港永新企業有限公司董事長曹光彪和女兒曹其真與工作組進行磋商，曹光彪根據在港澳辦企業的生產管理經驗提出多項意見及建議，包括通過改變工資及用人制度，以提升工人生產效率。

內地實行改革開放前，企業的職工由市勞動局統一調配，勞動用工實行固定工制度，香洲毛紡廠工人絕大部分由勞動部門分配。曹光彪建議香洲毛紡廠採取管理體制改革，賦予廠

表 1-3-13　1987 年至 2017 年港商對浙江省直接投資統計表

年份	港商簽訂協議項目（項）	協議投資額			實際外資額		
		港商協議投資額（億美元）	外商協議投資總額（億美元）	佔外商協議投資總額（%）	港商實際投資額（億美元）	外商實際投資總額（億美元）	佔外商實際投資總額（%）
1987	24	0.09	0.45	19.3	不詳	0.23	不詳
1988	103	0.58	1.13	51.1	不詳	0.30	不詳
1989	120	0.50	1.09	45.6	不詳	0.52	不詳
1990	172	0.71	1.33	53.4	不詳	1.62	不詳
1991	344	2.19	3.17	69.1	不詳	1.72	不詳
1992	1329	22.64	29.09	77.8	1.90	2.94	64.6
1993	2296	22.65	37.46	60.5	6.98	10.33	67.6
1994	1139	13.50	28.93	46.7	4.69	11.44	41.0
1995	678	15.11	32.50	46.5	5.65	12.58	44.9
1996	472	11.37	31.29	36.3	6.52	15.20	42.9
1997	277	4.37	12.10	36.1	7.06	15.03	47.0
1998	306	3.67	18.34	20.0	4.37	13.18	33.2
1999	336	7.86	21.48	36.6	6.69	15.33	43.6
2000	452	6.66	25.09	26.5	5.06	16.13	31.4
2001	615	14.60	50.16	29.1	6.69	22.12	30.2
2002	1102	23.01	67.89	33.9	10.97	31.60	34.7
2003	1573	47.43	120.50	39.4	20.20	54.49	37.1
2004	2346	82.47	145.61	56.6	40.87	66.81	61.2
2005	1189	64.10	161.27	39.7	30.37	77.23	39.3
2006	1439	83.27	191.03	43.6	38.98	88.89	43.9
2007	1329	116.98	204.00	57.3	42.60	103.66	41.1
2008	793	113.53	178.20	63.7	47.96	100.73	47.6
2009	835	104.44	160.18	65.2	57.97	99.40	58.3
2010	991	142.05	200.47	70.9	72.71	110.18	66.0
2011	788	139.91	205.84	68.0	74.63	116.66	64.0
2012	700	131.98	210.72	62.6	80.17	130.69	61.3
2013	802	184.53	243.84	75.7	96.50	141.59	68.2
2014	764	166.18	244.12	68.1	112.90	157.97	71.5
2015	805	185.12	278.22	66.5	106.96	169.60	63.1
2016	836	197.66	280.81	70.4	113.14	175.77	64.4
2017	965	230.46	346.87	66.4	121.67	179.02	68.0

資料來源：《浙江統計年鑒》。

注：1990 年至 1995 年的港商簽訂協議數目、港商協議投資額及港商實際投資額的統計數據，包含港澳地區。

長選用人才的自主權，能夠調任不稱職和開除不合格的員工，破除「鐵飯碗」。珠海香洲毛紡廠對廠長的聘任制度進行改革，廠長由全廠職工代表大會透過選舉方式選出，廠長有權選拔和聘任副廠長。同時，香洲毛紡廠實行廠長負責制，給予廠長經營和管理的決策權。

在調動員工的生產積極性方面，曹光彪建議實行多勞多得的工資分配制度。香洲毛紡廠對工資制度進行初步的改革，先以「集體定額計件，超額比例提成」取代以往採用「計時工資＋獎賞」的分配形式，進而引入記分制度，將工資收入與生產水平直接掛鈎，實行「固定崗位職務工資＋浮動工資＋固定補貼」的工資制度。

1980 年 11 月 5 日，香洲毛紡廠全面恢復生產。據珠海市第一任市長吳健民的憶述，[13] 經過整頓和改革後，香洲毛紡廠的產品質量提高到港澳地區的水平，月產量較整頓前增長 18.8%。新工資分配制度成功提高該廠的勞動生產率，勞動出勤率達到 99.8%。

東莞太平手袋廠　東莞太平手袋廠於 1978 年 9 月正式投產，是廣東省第一家投產的來料加工企業。東莞市檔案館的資料指出，在成立之初，該廠工人的生產進度跟不上預期計劃，不能按時交貨。1979 年 3 月推行「個人定額超產獎」，並建立員工獎罰制度，按產品合格率多少對員工獎勵，成功調動職工的積極性和自覺性，99% 以上職工完成和超額完成工廠下達的生產任務。

東莞太平手袋廠採納香港信孚手袋製品有限公司老闆張子彌的建議，在當地率先實行計件工資制，取消企業原來採用的八級工資制，打破「吃大鍋飯」制度。計件工資制推出後，在城鎮造成轟動。東莞太平手袋廠的「按件計酬」分配方式，成功激發全廠工人的積極性。據東莞市檔案館的資料，工人的每月工資達到二三百元人民幣，相比原太平竹器廠（初期所借用的廠房）的月薪增長十倍以上 。投產 5 年，東莞太平手袋廠的加工費收入達 900 萬元人民幣，為國家創匯約 450 萬元。

新疆天山毛紡織品有限公司及上海聯合毛紡織有限公司　1980 年代初期，全國第一家紡織中外合資企業新疆天山毛紡織品有限公司，以及滬港首家合資企業上海聯合毛紡織有限公司實行計件工資制，體現多勞者多得。新疆天山毛紡織品有限公司對管理人員實行職務工資制，對工人則實行計件定額定崗工資制。上海聯合毛紡織有限公司的計件付酬形式與質量掛鈎，嚴格實行質量否決制，凡產品品質不達標者予以減薪。

恩平廣聯泰紡織企業公司　1982 年 3 月，深圳率先在港商投資企業竹園賓館和友誼餐廳進行工資改革試點，實行結構工資制。港資製造企業隨之試行結構工資制，把員工勞動所得的報酬與企業效益連結起來。1983 年，香港廣聯泰企業有限公司與恩平縣紡織工業公司合資組建恩平廣聯泰紡織企業公司。恩平廣聯泰紡織企業公司對幹部實行「固定工資＋崗位職務浮動工資制」，工資按職、能、德、勤等表現指標浮動；對工廠工人實行全浮動工資制，以生產、質量、消耗、定額、安全生產和紀律作為考核指標，按分數計算實際工資。

實行結構工資制後，該廠的生產力得到釋放，勞動生產率達到每小時 12.45 元人民幣，較同期同類企業的水平為高。[14]

中宏製氧廠　1983 年 2 月，中宏製氧廠實行新型的工資制度，由「職務工資＋浮動工資」組成。職務工資按職工的學歷、工作能力、工作年數而釐定，同一崗位的職務工資也有不同；浮動工資與企業經濟效益緊密掛鈎，由職工的工作成效決定，起點為總工資的四分之一。1983 年，該廠的人均收入增加 25 元人民幣。對於電石破碎工種，中宏製氧廠採取計件工資制。

中國迅達電梯有限公司　該公司實行董事會領導的總裁負責制，對職員和工人分別實行聘任制和合同制。1985 年 6 月，中國迅達電梯有限公司的上海電梯廠制定結構工資制，把工資同員工所在部門、崗位和工作績效聯繫起來。該公司把工資制度分為標準工資和效益工資兩部分，員工的標準工資是由基礎工資、員工年資、崗位職務三個因素決定，而效益工資是對於員工超額完成部分給予的獎賞。實行按勞分配的工資制度改革後，全員勞動生產率從 1981 年的 1.9 萬元人民幣增至 1986 年的 5.3 萬元人民幣。

二、管理制度

港商在內地設廠進行生產，為維持生產秩序，着手制定一系列嚴謹的規章制度，以及標準化的紀律守則，以進行管理。

東莞太平手袋廠　內地改革開放之初，工廠設定規章制度被視為有效的管理方法。東莞太平手袋廠按照港商張子彌的提議，制定工廠規章制度。該廠在大門上貼上廠規，規定對遲到的工人處以罰款、工廠範圍內不准抽煙等等，以提高員工的自律性。

北京航空食品有限公司　全國第一家中外合資企業北京航空食品有限公司在內地率先實行「打卡上班」，作為員工出勤考核制度。北京航空食品有限公司建立企業的生產和管理秩序，先後建立和執行《職工守則》、《各級負責人員職責》、《獎懲規章》、《清潔衛生制度》、《交接班制度》等規章制度，使公司的各項工作有章可循。其中，《各級負責人員職責》訂明包括各級職工的職責，確保分工明確。在嚴明的廠規制度下，員工的高工作效率得以保持。

新疆天山毛紡織品有限公司　汲收香港和日本的工廠管理經驗，新疆天山毛紡織品有限公司在 1980 年代制定《職工守則》、《職工獎罰條例》和《職工考勤制度》。根據規定，該公司對曠工 7 天者、偷東西 70 元以上者予以除名；工人不得帶同個人物品進入車間，違者受到罰款和處分；累計三次小過為一次大過，對大過滿三次者予以開除。該公司刊登於《國際貿易》雜誌的文章指出，[15] 在執行這些規定的兩年間，有 381 名表現突出的職工獲發獎

勵，102 名違反紀律者予以各種處罰，全公司勞動出勤率超過 95%。公司經濟效益逐年提高，出口產品產值率達到 68% 以上。[16]

恩平廣聯泰棉紡廠 該公司制定企業的《員工管理規則》，其內容包括職工的工作時間、待遇、福利、請假、退休、考績、獎勵、懲處。實施的細則例如員工上下班要親自打卡，不得遲到、早退或擅離職守；上班時間遲到 15 分鐘以內為遲到，超過 15 分鐘者，以曠工半日論處；一個月內遲到或早退三次者，以曠工半日論處。在執行合約期間，員工必須履行有關的廠規，企業管理以該《規則》為準繩。

港商到內地設廠投資，引入生產技術的同時，亦把在香港實行的用工制度和管理方法帶進內地。

注釋

1   「三來一補」是指來料加工、來樣加工、來件裝配和補償貿易。

2   根據第八條的規定，經營期在十年以上的外商投資生產企業，從開始獲利的年度起，第一年和第二年免徵企業所得稅，第三年至第五年減半徵收企業所得稅。從事石油、天然氣、稀有金屬、貴重金屬等資源開採項目，由國務院另行規定。

3   張柏鑒、王利文、陳聖河：〈香港投資企業在廣東的發展和前景〉，載香港明天更好基金、一國兩制經濟研究中心編：《「九五」計劃和十五年遠景目標與香港經濟論文集》（香港：香港明天更好基金、一國兩制經濟研究中心，1997），頁 106。

4   Federation of Hong Kong Industries, *Hong Kong's Industrial Investment in the Pearl River Delta: 1991 Survey Among Members of the Federation of Hong Kong Industries* (Hong Kong: Industry & Research Division, Federation of Hong Kong Industries, 1992).

5   同上注。

6   香港工業總會：《珠三角製造 —— 香港製造業的蛻變（第一部分研究報告）》（香港：香港工業總會，2003），頁 5、8。

7   香港工業總會：《珠三角製造 —— 香港工業的挑戰與機遇》（香港：香港工業總會，2007），頁 47；香港工業總會：《珠三角製造 —— 香港製造業的蛻變：第二部份暨總研究報告》（香港：香港工業總會，2003），頁 26。

8   香港特別行政區政府中央政策組：《香港經濟研究：經濟轉型、競爭力與經濟增長可持續性》（香港：中央政策組，2009 年 3 月 3 日）。

9   按商務部關於印發《外商投資統計制度（2016 年）》列明的統計定義，外商直接投資是指外方投資者在中國境內「通過設立外商投資企業、合伙企業、與中方投資者共同進行石油、天然氣和煤層氣等資源的合作勘探開發以及設立外國公司分支機構等方式進行投資」。2004 年 1 月 1 日起，外商投資統計口徑由原來的外商直接投資、外商其他投資、對外借款三部分，調整為外商直接投資、外商其他投資兩部分。其中，外商直接投資是指「外國投資者在非上市公司中的全部投資及在單個外國投資者所佔股權比例不低於 10% 的上市公司中的投資」，其餘為外商其他投資。

10   「兩稅合一」是指把內資企業和外資企業的所得稅法合併成一部稅法，統一所得稅的制度、稅率及優惠。根據《中華人民共和國企業所得稅法》第五十七條，2007 年 3 月 16 日前已批准設立而享受低稅率優惠的企業，可以在實施該法後五年內逐步過渡到法定的稅率；享受定期減免稅優惠的企業，可以在實施該法後繼續享受到期滿為止。

11   Federation of Hong Kong Industries, *Hong Kong's Industrial Investment in the Pearl River Delta: 1991 Survey Among Members of the Federation of Hong Kong Industries* (Hong Kong: Industry & Research Division, Federation of Hong Kong Industries, 1992).

12 滬港經濟年報編輯委員會：《滬港經濟年報 1998》（上海：上海社會科學院出版社，1998），頁 22。

13 吳健民：《創辦珠海特區五年的回憶》（廣州：廣東人民出版社，1998），頁 66。

14 王婷娣：〈訪恩平廣聯泰紡織企業公司〉，《國際經濟合作》，1988 年 03 期，頁 24。

15 新疆天山毛紡織品有限公司：〈健全生產責任制抓好品質管理〉，《國際貿易》，1983 年第 7 期，頁 19-20。

16 滕志榮：〈從實際出發辦好中外合資企業 —— 新疆天山毛紡織品有限公司 總經理（中方）〉，《新疆社會經濟》，1991 年第 1 期，頁 81-85。

第二章
香港與內地貿易

第一節 概況

1970 年代，香港經濟發展成為以輕工業加工出口歐美市場的工業城市。配合工業產品出口到歐美市場的需要，香港同時發展貿易服務所需的現代化管理港口碼頭設施、國際機場、密集的國際航線及船期、先進通訊設施、實行銀行三級制度，在港有為數逾 70 家香港及外國的銀行、有為經濟活動提供服務的律師、會計等等專業機構及人才，形成香港對外貿易的運作架構。

1978 年 12 月舉行中共十一屆三中全會後，國家推動制度改革與市場開放。根據世界貿易組織（世貿組織）的資料，這一年，內地的國際貿易額只有 210.86 億美元，佔全球貿易總額的 0.8%；香港的對外貿易額達 248.47 億美元，佔全球商品貿易額的 0.9%(見表 2-1-1)。

改革開放開始不久，國家於 1980 年設立四個經濟特區，為面臨缺乏勞動力及土地約制的香港輕工業加工，提供一個紓解困局的機遇，港商把生產線北移；香港工業陸續遷移到深圳、東莞，以至珠三角洲地區等城鎮。

港商在內地進行輕工業加工，通過國際市場購買機器及原料，並把工業製成品利用香港的出口配額及航運港口輸往歐美，在內地沿海港口碼頭發展落後的情況下，帶動香港發展成為世界最大的貨櫃港口，香港的對外貿易迅速增長，由 1978 年的 248.47 億元，增加至 1998 年的 3616.23 億美元，20 年間增加 13.6 倍。內地的商品貿易額迅速擴張，到 1999 年，內地的商品貿易額達 3606.3 億美元，首度超過香港同年的 3551.14 億美元，自此內地商品貿易的規模高於香港（見表 2-1-1）。

2001 年年底中國加入世貿組織，隨後貿易迅速增長。由 2001 年到 2010 年，10 年間內地的對外貿易額增長接近五倍，2017 年相較 2010 年，增加近 38.1%，達 41,071.38 億美元，佔世界貿易總額的 11.5%；同年，香港的對外貿易額為 11,387.78 億美元，佔世界貿易總額的 3.2%。

在貿易運輸港口方面，內地沿海地區在「九五計劃」期間（1996 年至 2000 年），發展現代化國際港口，包括洋山港等。到 2017 年，全球十大貨櫃港口輸送量排名，上海居首，深圳排列第二、寧波排列第四、香港從 2001 年排名第一，降至排列第五（見表 3-1-3）。

在貿易伙伴方面，1978 年至 1984 年，美國為香港商品貿易最大伙伴。到 1985 年，香港與內地之間的商品貿易額達到 1201.75 億美元，這一年起，內地取代美國，成為香港最大的商品貿易伙伴（見表 2-1-2）。2017 年，香港從內地進口 20,301.45 億元，佔香港進口總額的 46.6%；香港對內地出口 21,058.29 億元，佔香港出口總額的 54.3%(見表 2-1-3）。

香港與內地的貿易關係和貿易形式，自 1978 年起持續發生變化。內地的工業發展，主要由廣東省珠三角地區引進香港輕工業加工出口開始，並以「兩頭在外」的模式展開，即經過香港進口輕工業原料，加工為工業製成品，再經香港出口到歐美市場。另一方面，香港與珠三角形成「前店後廠」的分工格局。2000 年以前，分工生產的出口貨品主要為電器、機械設備、服裝、玩具、手錶等。進口貨品主要為出口商品的原料，包括金屬礦產、塑膠原料、棉花等。《中國統計年鑒》的資料顯示，1998 年全國外商投資企業的商品出口額中，廣東省佔近半，達到 45%。

在香港對外貿易方面，據香港特區政府統計處的資料，於 1979 年，香港與內地的商品貿易總值為 170.48 億元，至 2017 年年底，香港與內地的商品貿易總值，大幅度上升至 41,359.74 億元，增加 241.6 倍，內地市場的重要性不斷提高，其間，香港與內地的經貿合作持續深化，香港對外貿易結構隨之發生變化。1979 年至 2017 年間，香港成為內地對外貿易的主要轉口港。香港與內地貿易的發展歷程，呈現三個不同發展階段特點。

從港產品出口到轉口

改革開放初期，內地實行吸引外資為主的對外開放政策。1978 年 7 月 15 日，國務院頒發《開展對外加工裝配業務試行辦法》，允許廣東、福建作為試點，吸收港澳僑胞投資及開展來料加工和來料裝配業務。1979 年 9 月 3 日，國務院正式發布《開展對外加工裝配和中小型補償貿易辦法》，明確對來料加工、裝配業務簡化審批手續，以及「三來一補」的加工貿易優惠政策。

《開展對外加工裝配和中小型補償貿易辦法》出台後，香港廠商相繼把生產線遷移至內地，利用內地廉價的生產要素，開展「三來一補」投資項目。隨着香港勞動密集的生產工序轉移到內地，香港與珠江三角洲形成產業跨地域分工格局。這一時期，香港與內地的貿易從內地進口為主，逐漸轉變為進口、港產品出口和轉口貿易全面發展。1985 年至 1990 年間，香港進口額從 2314.20 億元增至 6425.30 億元，增長 177.6%；同期，港產品出口額從 1298.82 億元增至 2258.75 億元，增長 73.9%；轉口貿易額從 1052.70 億元增至 4139.99 億元，增長 293.3%。

香港製造業大規模北移及生產規模擴充，帶動大量原料、半製成品及機器設備，經香港以轉口方式輸入內地。原料和半製成品經內地生產加工後，借助香港的港口硬件設施及貿易網絡，轉銷海外其他地方。1989 年香港輸往內地的整體出口貨值中，53% 貨品作外發加工用途。香港與內地加工貿易的發展，帶動香港轉口貿易快速增長，令轉口貿易成為香港對外貿易迅速發展的引擎。

表 2-1-1　香港和內地在全球商品貿易的比重

年份	全球商品貿易			內地商品貿易			
	出口額（億美元）	進口額（億美元）	總額（億美元）	出口額（億美元）	佔全球商品出口額（%）	進口額（億美元）	佔全球商品進口額（%）
1978	13,069.10	13,584.30	26,653.40	99.55	0.8	111.31	0.8
1979	16,593.30	16,936.80	33,530.10	136.14	0.8	156.21	0.9
1980	20,361.36	20,771.86	41,133.22	180.99	0.9	199.41	1.0
1981	20,143.87	20,704.87	40,848.74	220.07	1.1	220.14	1.1
1982	18,858.11	19,438.73	38,296.84	223.21	1.2	192.85	1.0
1983	18,459.77	18,915.58	37,375.35	222.26	1.2	213.90	1.1
1984	19,557.14	20,156.55	39,713.69	261.39	1.3	274.10	1.4
1985	19,528.90	20,155.16	39,684.06	273.50	1.4	422.52	2.1
1986	21,385.06	22,076.07	43,461.13	309.42	1.4	429.04	1.9
1987	25,155.00	25,837.23	50,992.23	394.37	1.6	432.16	1.7
1988	28,689.16	29,652.73	58,341.89	475.16	1.7	552.68	1.9
1989	30,989.20	32,054.59	63,043.79	525.38	1.7	591.42	1.8
1990	34,897.39	35,999.75	70,897.14	620.91	1.8	533.45	1.5
1991	35,113.59	36,284.49	71,398.08	719.10	2.0	637.91	1.8
1992	37,791.72	39,005.17	76,796.89	849.40	2.2	805.85	2.1
1993	37,946.94	38,944.26	76,891.20	917.44	2.4	1039.59	2.7
1994	43,282.64	44,285.73	87,568.37	1210.06	2.8	1156.15	2.6
1995	51,676.20	52,852.72	104,528.92	1487.80	2.9	1320.84	2.5
1996	54,060.52	55,472.70	109,533.22	1510.48	2.8	1388.33	2.5
1997	55,923.19	57,386.60	113,309.79	1827.92	3.3	1423.70	2.5
1998	55,031.35	56,825.80	111,857.15	1837.12	3.3	1402.37	2.5
1999	57,193.81	59,262.81	116,456.62	1949.31	3.4	1656.99	2.8
2000	64,540.20	66,474.91	131,015.11	2492.03	3.9	2250.94	3.4
2001	61,964.40	64,069.46	126,033.86	2660.98	4.3	2435.53	3.8
2002	65,007.13	66,565.39	131,572.52	3255.96	5.0	2951.70	4.4
2003	75,908.32	77,710.71	153,619.03	4382.28	5.8	4127.60	5.3
2004	92,225.53	94,733.61	186,959.14	5933.26	6.4	5612.29	5.9
2005	105,102.92	107,852.63	212,955.55	7619.53	7.2	6599.53	6.1
2006	121,314.49	123,687.88	245,002.37	9689.78	8.0	7914.61	6.4
2007	140,320.03	142,688.47	283,008.50	12,204.56	8.7	9561.16	6.7
2008	161,705.29	164,969.84	326,675.13	14,306.93	8.8	11,325.67	6.9
2009	125,650.91	127,147.37	252,798.28	12,016.12	9.6	10,059.23	7.9
2010	153,039.93	154,380.92	307,420.85	15,777.54	10.3	13,962.47	9.0
2011	183,436.01	184,383.64	367,819.65	18,983.81	10.3	17,434.84	9.5
2012	185,144.86	186,572.96	371,717.82	20,487.14	11.1	18,184.05	9.7
2013	189,699.46	189,661.19	379,360.65	22,090.05	11.6	19,499.90	10.3
2014	190,110.72	190,608.09	380,718.81	23,422.93	12.3	19,592.33	10.3
2015	165,581.47	167,335.07	332,916.54	22,734.68	13.7	16,795.66	10.0
2016	160,452.49	162,111.94	322,564.43	20,976.32	13.1	15,879.25	9.8
2017	177,429.31	179,858.96	357,288.27	22,633.46	12.8	18,437.92	10.3

資料來源： 世界貿易組織。

內地商品貿易		香港商品貿易					
總額 （億美元）	佔全球商品 總額（%）	出口額 （億美元）	佔全球商品 出口額（%）	進口額 （億美元）	佔全球商品 進口額（%）	總額 （億美元）	佔全球商品 總額（%）
210.86	0.8	114.53	0.9	133.94	1.0	248.47	0.9
292.35	0.9	151.40	0.9	171.27	1.0	322.67	1.0
380.40	0.9	203.23	1.0	229.94	1.1	433.17	1.1
440.21	1.1	217.75	1.1	261.36	1.3	479.11	1.2
416.06	1.1	213.43	1.1	248.67	1.3	462.10	1.2
436.16	1.2	224.54	1.2	244.09	1.3	468.63	1.3
535.49	1.3	283.37	1.4	304.44	1.5	587.81	1.5
696.02	1.8	300.77	1.5	311.95	1.5	612.72	1.5
738.46	1.7	360.81	1.7	359.42	1.6	720.23	1.7
826.53	1.6	487.12	1.9	506.91	2.0	994.03	1.9
1027.84	1.8	634.93	2.2	703.25	2.4	1338.18	2.3
1116.80	1.8	733.36	2.4	776.62	2.4	1509.98	2.4
1154.36	1.6	823.90	2.4	847.25	2.4	1671.15	2.4
1357.01	1.9	986.59	2.8	1038.83	2.9	2025.42	2.8
1655.25	2.2	1195.86	3.2	1273.40	3.3	2469.26	3.2
1957.03	2.5	1353.85	3.6	1413.08	3.6	2766.93	3.6
2366.21	2.7	1514.65	3.5	1658.78	3.7	3173.43	3.6
2808.64	2.7	1738.71	3.4	1960.72	3.7	3699.43	3.5
2898.81	2.6	1809.14	3.3	2012.84	3.6	3821.98	3.5
3251.62	2.9	1881.95	3.4	2132.97	3.7	4014.92	3.5
3239.49	2.9	1748.64	3.2	1867.59	3.3	3616.23	3.2
3606.30	3.1	1744.03	3.0	1807.11	3.0	3551.14	3.0
4742.97	3.6	2026.83	3.1	2140.42	3.2	4167.25	3.2
5096.51	4.0	1910.66	3.1	2020.08	3.2	3930.74	3.1
6207.66	4.7	2019.28	3.1	2079.69	3.1	4098.97	3.1
8509.88	5.5	2287.08	3.0	2332.49	3.0	4619.57	3.0
11,545.55	6.2	2655.43	2.9	2728.93	2.9	5384.36	2.9
14,219.06	6.7	2921.19	2.8	3001.60	2.8	5922.79	2.8
17,604.39	7.2	3226.69	2.7	3357.54	2.7	6584.23	2.7
21,765.72	7.7	3493.86	2.5	3701.32	2.6	7195.18	2.5
25,632.60	7.8	3702.42	2.3	3929.62	2.4	7632.04	2.3
22,075.35	8.7	3294.22	2.6	3522.41	2.8	6816.63	2.7
29,740.01	9.7	4006.92	2.6	4413.69	2.9	8420.61	2.7
36,418.65	9.9	4555.73	2.5	5108.55	2.8	9664.28	2.6
38,671.19	10.4	4929.07	2.7	5534.86	3.0	10,463.93	2.8
41,589.95	11.0	5355.46	2.8	6222.77	3.3	11,578.23	3.1
43,015.26	11.3	5241.30	2.8	6007.65	3.2	11,248.95	3.0
39,530.34	11.9	5104.86	3.1	5587.70	3.3	10,692.56	3.2
36,855.57	11.4	5166.35	3.2	5465.20	3.4	10,631.55	3.3
41,071.38	11.5	5498.65	3.1	5889.13	3.3	11,387.78	3.2

表 2-1-2　香港的主要商品貿易伙伴

年份	國家或地區 內地	美國	日本	台灣地區	新加坡
	貨值	貨值	貨值	貨值	貨值
1978	108.45	238.76	185.42	59.90	57.13
1979	170.48	311.58	244.54	84.70	80.37
1980	281.95	388.86	301.74	110.26	116.85
1981	404.78	484.27	378.61	141.42	156.02
1982	447.33	522.97	372.73	138.87	158.19
1983	612.27	710.08	474.19	172.05	172.32
1984	951.01	978.61	624.03	238.25	193.67
1985	1201.75	942.88	633.16	264.75	179.02
1986	1405.49	1097.79	692.86	315.74	189.36
1987	2053.98	1375.13	911.66	454.06	247.18
1988	2885.72	1637.14	1218.61	619.47	323.89
1989	3434.40	1904.28	1284.98	725.25	390.77
1990	3945.11	2059.11	1398.17	850.51	464.91
1991	5010.78	2325.09	1686.41	1054.22	524.12
1992	6284.12	2836.94	2146.53	1196.75	633.14
1993	7400.89	3200.60	2318.67	1221.39	763.22
1994	8547.21	3608.39	2602.36	1358.02	945.39
1995	9870.79	4073.24	3032.12	1649.95	1162.74
1996	10,498.15	4172.60	2997.27	1565.45	1198.92
1997	11,161.17	4418.26	3100.11	1611.58	1169.75
1998	10,440.45	4212.36	2505.76	1379.48	921.85
1999	10,571.49	4193.74	2356.16	1333.86	924.15
2000	12,579.68	4782.86	2861.10	1639.72	1117.42
2001	12,281.01	4347.20	2642.10	1432.95	1024.77
2002	13,303.17	4244.29	2662.81	1504.87	1073.25
2003	15,281.69	4229.45	3079.97	1674.73	1262.74
2004	18,068.18	4535.94	3636.86	2029.24	1545.63
2005	20,619.00	4798.92	3750.79	2186.54	1817.31
2006	23,491.62	4946.99	3885.62	2470.24	2134.49
2007	26,379.84	5069.70	4068.96	2580.37	2452.25
2008	27,811.80	5099.92	4185.04	2469.84	2502.66
2009	25,126.23	4273.74	3452.38	2303.62	2169.11
2010	31,279.73	5112.49	4358.08	2933.65	2883.86
2011	34,441.62	5421.40	4537.56	3261.86	3107.99
2012	36,986.21	5429.64	4555.75	3257.32	3022.97
2013	38,913.78	5509.81	4215.72	3392.53	3050.21
2014	39,659.80	5610.55	4203.96	3795.75	3206.51
2015	39,205.64	5531.26	3830.67	3394.14	3043.18
2016	38,603.00	5306.84	3634.44	3665.87	3229.79
2017	41,359.74	5439.35	3818.68	4190.50	3491.30

資料來源：　香港特區政府統計處編：《香港對外商品貿易回顧》、《香港對外商品貿易》。

（單位：億元）

韓國	印度	德國	泰國	馬來西亞	所有國家／地區
貨值	貨值	貨值	貨值	貨值	貨值
25.18	7.34	67.24	16.45	10.24	1169.64
35.54	8.03	96.08	21.86	13.87	1617.71
49.99	10.88	109.80	26.41	15.90	2098.93
71.03	10.89	110.80	30.84	17.70	2605.37
65.02	13.10	112.46	31.94	19.19	2702.77
78.13	17.72	134.09	41.24	24.78	3361.42
111.39	20.95	162.00	41.20	32.77	4448.11
125.29	22.30	163.66	39.29	26.82	4665.72
174.52	33.07	219.46	51.82	34.82	5524.84
268.63	40.91	308.68	76.11	55.01	7559.82
392.92	57.99	382.80	103.81	87.23	9918.67
404.08	67.95	428.49	131.40	107.70	11,332.91
430.12	70.10	562.25	165.32	127.06	12,824.05
513.43	73.95	680.32	186.22	153.82	15,448.68
591.57	83.83	709.70	200.05	192.68	18,802.48
657.15	124.23	796.85	209.10	228.27	21,188.48
761.45	153.34	830.87	271.72	290.78	24,207.22
949.57	207.07	899.86	335.97	407.61	28,352.48
960.02	211.45	924.87	377.37	470.92	29,334.99
948.76	218.05	951.75	405.26	513.29	30,710.40
826.40	199.25	846.05	336.40	430.35	27,767.41
867.25	258.55	807.79	348.59	409.94	27,417.17
1092.32	305.58	921.07	423.06	519.71	32,306.52
967.35	272.32	849.01	418.03	517.77	30,491.81
1063.51	306.91	818.37	463.36	551.82	31,799.36
1228.66	395.76	974.44	511.16	600.44	35,482.06
1445.36	457.12	1028.99	583.76	698.00	41,302.37
1512.77	574.16	1137.74	685.57	757.38	45,796.43
1715.19	598.29	1200.91	779.44	822.95	50,608.31
1723.23	825.64	1291.67	861.79	880.74	55,555.24
1676.48	1102.16	1473.80	953.29	933.14	58,494.39
1461.79	1048.81	1294.45	826.78	871.74	51,614.45
1873.83	1462.46	1382.97	1108.31	1104.88	63,958.59
2112.43	1801.21	1549.52	1190.56	1176.17	71,018.49
2123.79	1590.13	1350.90	1146.28	1124.21	73,465.09
2228.38	1706.22	1296.89	1208.61	1143.01	76,204.04
2379.21	1903.12	1310.75	1372.70	1320.74	78,917.98
2264.65	1847.45	1233.66	1340.03	1232.83	76,516.99
2502.67	2094.74	1175.87	1305.35	1178.57	75,966.31
3087.28	2660.47	1278.58	1437.77	1435.39	82,329.02

表 2-1-3　1978 年至 2017 年香港與內地商品貿易狀況

年份	進口貿易			出口貿易				
	從內地進口額（億元）	香港進口總額（億元）	內地佔香港進口總額比重（%）	港產品對內地出口額(A)（億元）	香港輸往內地轉口額(B)（億元）	香港對內地出口(A+B)（億元）	香港整體出口（億元）	香港對內地出口佔香港整體出口（%）
1978	105.50	630.56	16.7	0.81	2.14	2.95	539.08	0.5
1979	151.30	858.37	17.6	6.03	13.15	19.18	759.34	2.5
1980	219.48	1116.51	19.7	16.05	46.42	62.47	982.42	6.4
1981	295.10	1383.75	21.3	29.24	80.44	109.68	1221.63	9.0
1982	329.35	1428.93	23.0	38.06	79.92	117.98	1273.85	9.3
1983	428.21	1754.42	24.4	62.23	121.83	184.06	1606.99	11.5
1984	557.53	2233.70	25.0	112.83	280.64	393.47	2214.41	17.8
1985	589.63	2314.20	25.5	151.89	460.23	612.12	2351.52	26.0
1986	816.33	2759.55	29.6	180.22	408.94	589.16	2765.30	21.3
1987	1173.57	3779.48	31.1	278.71	601.70	880.41	3780.34	23.3
1988	1556.34	4987.98	31.2	380.43	948.95	1329.38	4930.69	27.0
1989	1966.76	5627.81	34.9	432.72	1034.92	1467.64	5705.09	25.7
1990	2361.34	6425.30	36.8	474.70	1109.08	1583.78	6398.74	24.8
1991	2933.56	7789.82	37.7	544.04	1533.18	2077.22	7658.86	27.1
1992	3543.48	9552.95	37.1	619.59	2121.05	2740.64	9249.53	29.6
1993	4021.61	10,725.97	37.5	633.67	2745.61	3379.28	10,462.50	32.3
1994	4708.76	12,507.09	37.6	610.09	3228.35	3838.44	11,700.13	32.8
1995	5394.80	14,911.21	36.2	635.55	3840.43	4475.98	13,441.27	33.3
1996	5704.42	15,355.82	37.1	616.20	4177.52	4793.72	13,979.17	34.3
1997	6083.72	16,150.90	37.7	638.67	4438.78	5077.45	14,559.49	34.9
1998	5806.14	14,290.92	40.6	560.66	4073.66	4634.32	13,476.49	34.4
1999	6075.46	13,927.18	43.6	504.14	3991.88	4496.02	13,490.00	33.3
2000	7149.87	16,579.62	43.1	541.58	4888.23	5429.81	15,726.89	34.5
2001	6819.80	15,681.94	43.5	495.47	4965.74	5461.21	14,809.87	36.9
2002	7170.74	16,194.19	44.3	413.74	5718.70	6132.44	15,605.17	39.3
2003	7856.25	18,057.70	43.5	367.57	7057.87	7425.44	17,424.36	42.6
2004	9182.75	21,111.23	43.5	378.98	8506.45	8885.43	20,191.14	44.0
2005	10,493.35	23,294.69	45.0	446.43	9679.23	10,125.66	22,501.74	45.0
2006	11,929.52	25,998.04	45.9	402.68	11,159.41	11,562.09	24,610.27	47.0
2007	13,296.52	28,680.11	46.4	406.10	12,677.22	13,083.32	26,875.13	48.7
2008	14,107.35	30,252.88	46.6	347.58	13,356.87	13,704.45	28,241.51	48.5
2009	12,493.74	26,923.56	46.4	266.72	12,365.77	12,632.49	24,690.89	51.2
2010	15,297.51	33,648.40	45.5	312.23	15,669.99	15,982.22	30,310.19	52.7
2011	16,968.07	37,645.96	45.1	306.99	17,166.56	17,473.55	33,372.53	52.4
2012	18,408.62	39,121.63	47.1	260.27	18,317.32	18,577.59	34,343.46	54.1
2013	19,421.31	40,607.17	47.8	247.84	19,244.63	19,492.47	35,596.86	54.8
2014	19,869.64	42,190.46	47.1	231.95	19,558.21	19,790.16	36,727.51	53.9
2015	19,840.49	40,464.20	49.0	204.33	19,160.82	19,365.15	36,052.79	53.7
2016	19,168.31	40,083.84	47.8	185.63	19,249.06	19,434.69	35,882.47	54.2
2017	20,301.45	43,570.00	46.6	172.68	20,885.61	21,058.29	38,758.98	54.3

資料來源：　香港特區政府統計處編：《香港對外商品貿易回顧》、《香港對外商品貿易》。

1989 年，轉口貿易額 3464.05 億元，佔香港整體出口額 5705.09 億元超過一半，達到 60.7%，香港對外貿易結構實現由港產品出口向轉口貿易轉移。1993 年為港產品出口發展的重要分水嶺，港產品出口額開始下跌，從 1993 年的 2230.27 億元，下跌至 2017 年的 434.55 億元，在香港出口貿易所佔的比重逐年減少。隨着國家經濟高速發展，內地對進口商品的需求增加，香港作為內地與國際市場之間的商貿中介角色不斷強化，漸次發展成為內地最重要的轉口貿易中心，以及內地通往世界各地的「窗口」。

從轉口貿易到離岸貿易

香港的轉口貿易發展以加工貿易為主要動力，在香港與內地之間的轉口貿易中，加工貿易佔了很大比重。內地改革開放後，隨着內地工廠的加工生產能力日益提升，以及內地港口碼頭設施不斷完善，加上航運能力提高和進口服務業包括品質檢驗、貨物保險和貨櫃的發展，部分在內地加工的貨品，不經香港進行後期加工製作及包裝工序，以轉運或直接付運的方式外銷，藉此降低港口運輸等成本。1990 年代，世界貿易組織成立後取消紡織品及成衣出口配額制度，內地貨物經香港轉口的增長減緩，離岸貿易迅速崛起。據香港貿易發展局對離岸貿易進行的調查研究，於 1988 年，離岸貿易佔香港公司出口總額（包括香港公司銷往內地的內地製造產品）的比重為 18.6%，到 1997 年，增加至 34.2%，10 年間增加 83.9%。

另一方面，在經濟全球化的背景下，1990 年代起內地調整貿易政策，包括多次降低關稅，並減少出口配額和非關稅貿易措施，批准跨國公司直接進入內地市場採購，驅使香港貿易模式加快轉型。港商利用國際網絡和供應鏈管理經驗，結合在全球採購、運輸、金融、保險等行業的運作能力，推動香港離岸貿易進一步發展。

2001 年中國正式加入世界貿易組織後，內地逐步放寬外資企業的市場准入條件，允許外資企業進入內地經營和分銷。外資企業包括香港貿易公司直接進入內地市場，並從內地直接出口，促進香港離岸貿易的發展。香港貿易結構實現由轉口貿易為主，向轉口貿易和離岸貿易並行發展轉變。2002 年開始，香港特區政府統計處編製離岸貿易統計數字。2002 年，香港離岸貿易所涉及貨物的價值為 14,582.52 億元，超越同年的轉口貿易額 14,295.90 億元。2008 年起，離岸貿易規模大幅度拋離轉口貿易。

從商品貿易到服務貿易

除有形貿易外，世貿組織自 1998 年開始把服務貿易加入《國際貿易統計》報告中，主要包括跨境服務及消費、商業存在及自然人移動，具體而言就是運輸物流、旅遊及商業服務等。

隨着香港製造業向內地轉移，香港的公司逐步演變為總部控制中心和服務中心。內地對香

港貿易支援服務的需求上升，推動香港服務業逐漸由為本地製造業服務，擴張至為珠江三角洲地區製造業服務。1999 年，在香港服務貿易輸出中，23.8% 是香港向內地出售的服務。同年，香港與內地之間的服務貿易額達 2414.38 億元，佔香港服務貿易總額的 45.1%（見表 2-1-4）。

2003 年 6 月 29 日，內地與香港簽署《內地與香港關於建立更緊密經貿關係的安排》（CEPA）。CEPA 是內地作為國家主體與獨立關稅區香港簽署的自由貿易協定，標誌香港與內地的經貿合作，由民間主導改為政府推動，朝着制度化的方向發展。在 CEPA 框架下，內地逐步取消貨物貿易的關稅和非關稅壁壘，並且逐步實現服務貿易擴大開放，加強兩地商品和服務貿易的發展。2006 年，香港與內地全面實現商品貿易自由化，以及基本實現服務貿易自由化。

表 2-1-4　香港主要的服務貿易伙伴

國家或地區\年份	內地		美國		英國		日本	
	服務貿易額（億元）	佔香港服務貿易總額（%）	服務貿易額（億元）	佔香港服務貿易總額（%）	服務貿易額（億元）	佔香港服務貿易總額（%）	服務貿易額（億元）	佔香港服務貿易總額（%）
1995	1867.37	38.0	718.97	14.6	495.38	10.1	243.91	5.0
1996	2104.06	38.6	853.86	15.6	494.77	9.1	260.23	4.8
1997	2313.45	41.7	821.13	14.8	401.93	7.3	249.00	4.5
1998	2419.45	45.1	660.40	12.3	367.96	6.9	230.84	4.3
1999	2414.38	45.1	667.14	12.5	348.22	6.5	241.62	4.5
2000	2562.99	44.3	828.45	14.3	356.09	6.2	288.40	5.0
2001	2541.51	44.5	829.99	14.5	343.75	6.0	274.20	4.8
2002	2636.59	44.7	823.14	13.9	374.70	6.3	294.63	5.0
2003	2605.96	44.0	834.94	14.1	340.45	5.7	291.61	4.9
2004	2926.32	41.6	988.86	14.1	453.65	6.4	392.30	5.6
2005	3305.65	41.6	1118.27	14.1	492.45	6.2	468.96	5.9
2006	3757.68	41.5	1284.35	14.2	555.19	6.1	589.42	6.5
2007	4056.62	39.6	1501.55	14.7	625.61	6.1	677.39	6.6
2008	4206.79	38.5	1620.26	14.8	670.86	6.1	690.33	6.3
2009	3628.85	37.8	1457.47	15.2	591.05	6.2	651.57	6.8
2010	4380.59	37.8	1733.10	14.9	700.73	6.0	757.69	6.5
2011	4842.29	38.2	1788.34	14.1	695.96	5.5	821.16	6.5
2012	5222.41	39.4	1775.63	13.4	781.90	5.9	806.99	6.1
2013	5530.59	40.6	1785.49	13.1	755.07	5.5	810.26	5.9
2014	5381.71	39.3	1833.48	13.4	790.49	5.8	870.37	6.4
2015	5324.43	39.4	1805.97	13.4	775.04	5.7	927.83	6.9
2016	5173.52	39.4	1703.92	13.0	768.58	5.9	940.11	7.2
2017	5385.87	39.2	1768.48	12.9	832.98	6.1	983.35	7.2

資料來源：　香港特區政府統計處。

隨着內地製造業快速壯大，內地對香港生產型服務的需求不斷提高，包括金融、物流、貿易服務等。泛珠三角地區的迅速發展，對香港服務的需求持續增加，強化香港作為區內商貿樞紐的地位，並且促使香港經濟朝向服務業發展。2004 年開始，香港服務業對本地生產總值的貢獻達到 90% 以上。

金融服務、旅遊、貿易及物流、專業及工商業支援服務，成為香港四大傳統主要行業。經過長期實踐，香港服務業逐漸形成全球融資、供應鏈管理、物流、全球採購和銷售等核心競爭優勢，結合內地具備競爭力的製造業，強化香港作為服務中心的地位。[1] 國家在《「十二五」規劃綱要》第五十七章中表明，繼續支持香港發展高增值服務業，包括金融、航運、物流、旅遊、專業服務、資訊等行業，以及「鞏固和提升香港國際金融、貿易、航運中心的地位」。

內地改革開放以來，香港與內地的貿易快速發展，支撐香港貿易中心的地位。據香港特區政府統計處的統計，1978 年至 2017 年，香港與內地的商品貿易總額從 108.45 億元增長至 41,359.74 億元，增長 380.4 倍；1995 年至 2017 年，香港與內地的服務貿易總額從 1867.37 億元增長至 5385.87 億元，增長 1.9 倍。據世貿組織的統計報告，2017 年香港商品貿易出口額位列全球第七，佔市場份額的 3.1%；同年，香港商業服務貿易出口居全球第十五位，佔市場份額的 2%。

第二節 轉口貿易

第二次世界大戰前，香港轉口貿易已具規模。1951 年美國對華實行「禁運」，香港轉口貿易遭受短期衝擊，1951 年至 1954 年間，香港商品貿易總額下跌 37.1%。隨着香港經濟向本地加工製造轉型，港產品出口快速擴張，到 1960 年代，香港出口結構實現從轉口貿易發展成為以港產品加工出口為主。1969 年，香港出口總額 131.97 億元，本地產品出口額 105.18 億元，佔香港出口總額 79.7%；轉口貿易額 26.79 億元，佔香港出口總額僅 20.3%。

1970 年代，香港加工出口貿易蓬勃，港產出口貨品主要有成衣紡織、塑膠玩具及鐘錶等工業製品。1970 年至 1978 年，港產品出口在香港出口總額的比重維持在大約 75% 至 80%；轉口貿易在香港出口總額雖然一直在約 25% 以下水平，但大多數年份都有雙位數增長。1978 年的香港出口總額中，轉口貿易佔 24.5%（見表 2-2-1）。這一時期，內地一直是香港轉口貨物的最大供應地，佔香港轉口貿易額超過 20%。

1979 年 1 月 1 日，中國和美國正式建交，同年 1 月 23 日，美國飲料可口可樂重返內地市場。在中國糧油食品進出口總公司安排和香港五豐行的協助下，第一批共 20,000 箱可口可樂裝上火車，經由香港紅磡火車站運往內地，分銷到內地主要城市及旅遊區，包括北京、

表 2-2-1　1978 年至 2017 年香港出口貿易結構

年份	整體出口			港產品出口			轉口		
	貨值（億元）	增長（%）	佔商品貿易總額（%）	貨值（億元）	增長（%）	佔整體出口（%）	貨值（億元）	增長（%）	佔整體出口（%）
1978	539.08	20.2	46.1	407.11	16.3	75.5	131.97	34.3	24.5
1979	759.34	40.9	46.9	559.12	37.3	73.6	200.22	51.7	26.4
1980	982.42	29.4	46.8	681.71	21.9	69.4	300.72	50.2	30.6
1981	1221.63	24.3	46.9	804.23	18.0	65.8	417.39	38.8	34.2
1982	1273.85	4.3	47.1	830.32	3.2	65.2	443.53	6.3	34.8
1983	1606.99	26.2	47.8	1044.05	25.7	65.0	562.94	26.9	35.0
1984	2214.41	37.8	49.8	1379.36	32.1	62.3	835.04	48.3	37.7
1985	2351.52	6.2	50.4	1298.82	-5.8	55.2	1052.70	26.1	44.8
1986	2765.30	17.6	50.1	1539.83	18.6	55.7	1225.46	16.4	44.3
1987	3780.34	36.7	50.0	1952.54	26.8	51.6	1827.80	49.2	48.4
1988	4930.69	30.4	49.7	2176.64	11.5	44.1	2754.05	50.7	55.9
1989	5705.09	15.7	50.3	2241.04	3.0	39.3	3464.05	25.8	60.7
1990	6398.74	12.2	49.9	2258.75	0.8	35.3	4139.99	19.5	64.7
1991	7658.86	19.7	49.6	2310.45	2.3	30.2	5348.41	29.2	69.8
1992	9249.53	20.8	49.2	2341.23	1.3	25.3	6908.29	29.2	74.7
1993	10,462.50	13.1	49.4	2230.27	-4.7	21.3	8232.24	19.2	78.7
1994	11,700.13	11.8	48.3	2220.92	-0.4	19.0	9479.21	15.1	81.0
1995	13,441.27	14.9	47.4	2316.57	4.3	17.2	11,124.70	17.4	82.8
1996	13,979.17	4.0	47.7	2121.60	-8.4	15.2	11,857.58	6.6	84.8
1997	14,559.49	4.2	47.4	2114.10	-0.4	14.5	12,445.39	5.0	85.5
1998	13,476.49	-7.4	48.5	1884.54	-10.9	14.0	11,591.95	-6.9	86.0
1999	13,490.00	0.1	49.2	1706.00	-9.5	12.6	11,784.00	1.7	87.4
2000	15,726.89	16.6	48.7	1809.67	6.1	11.5	13,917.22	18.1	88.5
2001	14,809.87	-5.8	48.6	1535.20	-15.2	10.4	13,274.67	-4.6	89.6
2002	15,605.17	5.4	49.1	1309.26	-14.7	8.4	14,295.90	7.7	91.6
2003	17,424.36	11.7	49.1	1216.87	-7.1	7.0	16,207.49	13.4	93.0
2004	20,191.14	15.9	48.9	1259.82	3.5	6.2	18,931.32	16.8	93.8
2005	22,501.74	11.4	49.1	1360.30	8.0	6.0	21,141.43	11.7	94.0
2006	24,610.27	9.4	48.6	1345.27	-1.1	5.5	23,265.00	10.0	94.5
2007	26,875.13	9.2	48.4	1091.22	-18.9	4.1	25,783.92	10.8	95.9
2008	28,241.51	5.1	48.3	907.57	-16.8	3.2	27,333.94	6.0	96.8
2009	24,690.89	-12.6	47.8	577.42	-36.4	2.3	24,113.47	-11.8	97.7
2010	30,310.19	22.8	47.4	695.12	20.4	2.3	29,615.07	22.8	97.7
2011	33,372.53	10.1	47.0	656.62	-5.5	2.0	32,715.92	10.5	98.0
2012	34,343.46	2.9	46.7	588.30	-10.4	1.7	33,755.16	3.2	98.3
2013	35,596.86	3.6	46.7	543.64	-7.6	1.5	35,053.22	3.8	98.5
2014	36,727.51	3.2	46.5	552.83	1.7	1.5	36,174.68	3.2	98.5
2015	36,052.79	-1.8	47.1	468.61	-15.2	1.3	35,584.18	-1.6	98.7
2016	35,882.47	-0.5	47.2	428.75	-8.5	1.2	35,453.72	-0.4	98.8
2017	38,758.98	8.0	47.1	434.55	1.4	1.1	38,324.43	8.1	98.9

資料來源：　香港特區政府統計處編：《香港對外商品貿易》、《香港對外商品貿易回顧》。

上海、廣州，成為改革開放後，最早到達內地的外國消費品，也是第一批經香港進入內地的轉口消費品。

國家實行改革開放後，致力發展加工貿易。1978 年 7 月 15 日，國務院頒布《開展對外加工裝配業務試行辦法》，決定在廣東、福建、上海試行加工貿易的政策。總結試點的經驗，國務院在 1979 年 3 月 26 日和 9 月 3 日分別頒布《以進養出試行辦法》和《發展對外加工裝配和中小型補償貿易辦法》，從政策和法規上確認加工貿易的合法地位，出口導向的來料加工裝配和補償貿易的靈活優惠政策，隨即在全國加速展開。隨後，財政部也推出相關的稅收優惠政策和措施。

「三來一補」（來料加工、來樣加工、來件裝配、補償貿易）的靈活和優惠政策出台後，港商利用內地勞動力和生產成本的優勢，通過「三來一補」的合作形式，委託內地單位將港方企業提供的原料加工，並且把製成品交付港方企業。香港貿易發展局於 1988 年發表的研究報告指出，1979 年至 1987 年，香港向廣東繳付約 20 億美元加工費。到 1988 年中期，廣東省約有 13,000 家工廠僱用 100 萬至 130 萬員工，為香港出口貨品進行加工裝配工序。

1978 年至 1980 年間，香港與內地的貿易關係快速升溫，香港與內地之間的轉口貿易貨值，從 2.14 億元升至 46.42 億元，急增 20.7 倍。1980 年開始，內地躍居香港轉口貨物的最大市場，1980 年內地佔香港轉口貿易總額 15.4%，超越第二位美國的 10.3%。

1979 年 1 月 23 日，在中國糧油食品進出口總公司安排、香港五豐行的協助下，第一批美國飲料可口可樂從香港運往內地，是改革開放後首批輸入內地的轉口消費品。（華潤集團提供）

改革開放初期，西方國家對內地紡織品及服裝貿易實施出口限制，掌握較多紡織品出口配額的香港紡織企業，以永久或暫時方式，向內地生產企業轉讓歐美市場的紡織品配額。內地企業利用配額承接出口訂單，然後通過香港輸往海外市場。內地出口持續增加，香港憑着地理位置、貿易網絡、高效率的基礎設施和支援服務等優勢，再次成為內地的主要轉口港。1984 年經香港轉口的貨物之中，有三分之二以上（67.3%）來自內地或者經香港輸入內地（見表 2-2-2），顯示香港重新擔當內地的主要轉口港。

1980 年代中後期，內地完善加工貿易保稅制度，進一步推動加工貿易的發展。1985 年 3 月 22 日，國務院批轉財政部《關於對進出口產品徵、退產品稅或增值稅的報告》和《關於對進出口產品徵、退產品稅或增值稅的規定》，明確對來料加工、來件裝配和補償貿易所需進口的設備、原材料和零部件免徵產品稅或增值稅，同年 4 月 1 日實施。1988 年 5 月 6 日海關總署發布的《中華人民共和國海關對進料加工進出口貨物管理辦法》，規定對作加工生產用途的進口料件免徵進口關稅、產品稅（或增值稅）。

在加工貿易保稅政策的基礎上，內地從事加工貿易的三資企業享有稅收的特別優惠。1991 年 4 月 9 日頒布的《中華人民共和國外商投資企業和外國企業所得稅法》，規定設在經濟特區的外商投資企業和設在經濟技術開發區的生產性外商投資企業，減按 15% 的稅率徵收企業所得。經營期在十年以上的生產性外商投資企業，從獲利年度起更可享「兩免三減半」的優惠待遇。

1980 年代中期起，內地逐步建立鼓勵外商投資政策。1986 年 10 月 11 日，國務院頒布《關於鼓勵外商投資的規定》，對於產品出口企業和先進技術企業，在稅收、土地使用費、信貸資金、進出口手續方面給予特別優惠，並保障外商投資企業在生產經營方面的自主權，包括制定生產經營計劃、機構設置和人員編制等。1990 年 8 月 19 日，國務院發布《關於鼓勵華僑和香港、澳門同胞投資的規定》，對港澳企業出台優惠政策，包括用於生產出口產品的進口原料、燃料、散件、零部件、元器件、配套件，可免繳進口關稅和工商統一稅，以及免領進口許可證。出口方面，除國家限制出口產品外，港澳投資企業生產的出口產品亦可免繳出口關稅和工商統一稅。

1980 年代的加工貿易與利用外商投資政策結合，逐步形成鼓勵外商投資的制度環境，香港製造業生產線遂向內地轉移，以維持產品價格競爭力和擴大供應能力。香港公司從事前期的產品開發、原料採購，以及後期包裝和市場銷售等生產環節，原料或半製成品經由香港輸往內地，內地生產加工後的製成品或半製成品再由香港轉口銷售。香港與內地的跨境加工活動發展起來，使香港與內地之間日漸形成「前店後廠」的生產格局，帶動香港轉口貿易的急速發展。

隨着香港轉口貿易迅猛發展，對外貿易出現重大的結構性轉變。1978 年至 1988 年間，香

表 2-2-2　1978 年至 2017 年香港與內地轉口貿易

年份	來源地為內地的轉口		目的地為內地的轉口		香港轉口貨值（億元）	香港與內地轉口佔香港轉口貨值（%）
	貨值（億元）	增長（%）	貨值（億元）	增長（%）		
1978	36.59	不適用	2.14	不適用	131.97	1.6
1979	56.63	54.8	13.15	514.5	200.22	6.6
1980	83.94	48.2	46.42	253.0	300.72	15.4
1981	128.34	52.9	80.44	73.3	417.39	19.3
1982	146.94	14.5	79.92	-0.6	443.53	18.0
1983	196.80	33.9	121.83	52.4	562.94	21.6
1984	281.07	42.8	280.64	130.4	835.04	33.6
1985	346.28	23.2	460.23	64.0	1052.70	43.7
1986	515.97	49.0	408.94	-11.1	1225.46	33.4
1987	842.66	63.3	601.70	47.1	1827.80	32.9
1988	1315.25	56.1	948.95	57.7	2754.05	34.5
1989	1882.71	43.1	1034.92	9.1	3464.05	29.9
1990	2404.10	27.7	1109.08	7.2	4139.99	26.8
1991	3156.89	31.3	1533.18	38.2	5348.41	28.7
1992	4037.82	27.9	2121.05	38.3	6908.29	30.7
1993	4740.07	17.4	2745.61	29.4	8232.24	33.4
1994	5458.31	15.2	3228.35	17.6	9479.21	34.1
1995	6363.92	16.6	3840.43	19.0	11,124.70	34.5
1996	6835.14	7.4	4177.52	8.8	11,857.58	35.2
1997	7234.16	5.8	4438.78	6.3	12,445.39	35.7
1998	6912.19	-4.5	4073.66	-8.2	11,591.95	35.1
1999	7201.26	4.2	3991.88	-2.0	11,784.00	33.9
2000	8495.17	18.0	4888.23	22.5	13,917.22	35.1
2001	8083.70	-4.8	4965.74	1.6	13,274.67	37.4
2002	8639.67	6.9	5718.70	15.2	14,295.90	40.0
2003	9671.04	11.9	7057.87	23.4	16,207.49	43.5
2004	11,354.69	17.4	8506.45	20.5	18,931.32	44.9
2005	13,132.11	15.7	9679.23	13.8	21,141.43	45.8
2006	14,612.92	11.3	11,159.41	15.3	23,265.00	48.0
2007	15,977.70	9.3	12,677.22	13.6	25,783.92	49.2
2008	17,076.96	6.9	13,356.87	5.4	27,333.94	48.9
2009	15,033.19	-12.0	12,365.77	-7.4	24,113.47	51.3
2010	18,209.64	21.1	15,669.99	26.7	29,615.07	52.9
2011	20,150.46	10.7	17,166.56	9.6	32,715.92	52.5
2012	21,044.17	4.4	18,317.32	6.7	33,755.16	54.3
2013	21,598.78	2.6	19,244.63	5.1	35,053.22	54.9
2014	21,683.29	0.4	19,558.21	1.6	36,174.68	54.1
2015	21,630.34	-0.2	19,160.82	-2.0	35,584.18	53.8
2016	20,855.04	-3.6	19,249.06	0.5	35,453.72	54.3
2017	22,267.60	6.8	20,885.61	8.5	38,324.43	54.5

資料來源：　香港特區政府統計處編：《香港對外商品貿易》、《香港對外商品貿易回顧》。

港轉口貿易的增長速度超過港產品出口。1988 年，香港轉口貿易總額達 2754.05 億元，佔香港整體出口 55.9%，超過港產品出口所佔的 44.1%，香港恢復以轉口貿易為主的出口結構。其後，香港轉口貿易的地位持續提高，轉口貿易在香港整體出口中所佔的比例逐年增加。

1980 年代，經香港轉口其他地方的內地貨值大幅上升，香港作為內地商品轉銷海外的橋樑作用逐步加強。1989 年開始，在香港轉口貿易額中，超過五成是源自內地的轉口貨品，相比 1979 年的 28.3% 比重顯著提高（見表 2-2-2）。1980 年代，香港在內地與歐美日貿易中擔當轉口港的角色，經香港轉口海外的內地貨品的主要市場是以歐美國家為主，包括美國、德國和英國（見表 2-2-3）。經香港轉口的內地商品，從改革開放初期的初級產品為主，包括棉纖維、紡紗線、手工製品及未加工食品，發展到 1980 年中後期以服裝、紡織品及玩具等輕紡工業製成品為主，部分是香港廠商在內地加工的製成品，運返香港後再轉銷海外市場。

1985 年 10 月 19 日，國務院批轉國家計委等八個部門《關於擴大機電產品出口報告的通知》，明確重點扶植機電產品作為重要的出口商品之一，扶植鼓勵機電產品出口政策措施出台，包括對機電產品實行出口退稅。1980 年代中後期，通過香港轉口海外的內地電動機械逐年猛增，從 1985 年的 4.13 億元增至 1989 年的 101.04 億元，增長約 23.5 倍（見表 2-2-4）。

隨着香港生產工序逐步向內地轉移，香港製造業佔本地生產總值呈現持續下降趨勢。1980 年至 1992 年間，香港製造業機構數目下跌 20.7%，香港製造業就業人口下跌 42.5%。受製造業大規模向內地遷移的影響，1993 年開始，港產品出口總額逐年收縮，港產品出口在整體出口額的比重，從 1979 年的 73.6% 下降至 1993 年的 21.3%。

香港製造業北移後，內地成為香港外發加工的重要地區。香港廠商外發內地加工活動頻仍，帶動香港對內地的轉口貿易急劇增長。1990 年代香港輸往內地的轉口貨值中，超過 40% 與外發內地加工有關。香港輸往內地作加工用途的轉口貨品貨值，從 1990 年的 554.96 億元大幅增至 1997 年的 1978.09 億元。

隨着港商在內地興辦合資企業及進行其他生產型投資，對現代化機械的需求日益增加。香港轉口往內地加工的貨品主要是原料及半製成品，其中以「紡織原料、布及其他紡織品」和「機械及機械用品、電動機器設備」為最大宗，合計佔接近五成。2000 年開始，經香港輸往內地的電動機械及部件貨值，超過紡織原料及製品貨值（見表 2-2-5）。

內地是港商主要的生產基地，也是港商主要的採購貨源地。香港有大量貿易商協助海外買家進行採購，香港作為內地製品採購中心的作用不斷增強。原產於內地的香港轉口貨值，從 1991 年的 2404.10 億元增至 1997 年的 7234.16 億元，增長約兩倍。這一時期，香

港已成為內地最重要的轉口港和貿易中心。據內地和香港的官方統計，在內地出口貿易額中，超過一半是經香港轉口其他地方，經香港轉口的內地原產貨品主要是消費品，包括服裝、玩具、電訊設備和電動機械，而經香港轉口的內地貨物最大目的地是美國。

1990 年代，隨着內地港口設施完善，內地直接付運的能力提高，愈來愈多交易所涉及貨物毋須經香港進出，由直接付運帶動的離岸貿易增長勢頭快於轉口貿易。1990 年代中期，香港的貿易結構出現轉移趨勢，轉口貿易向離岸貿易轉移，標誌香港對外貿易的第二階段結構性轉變（詳見本章第三節）。

國家實行改革開放後，香港再度擔當內地主要轉口港的角色，並成為全球最繁忙的貨櫃港之一。圖為香港葵涌貨櫃碼頭。（攝於 1994 年，南華早報出版有限公司提供）

表 2-2-3　1978 年至 2017 年按主要目的地劃分經香港轉口的內地產品貨值

目的地 / 年份	內地	美國	日本	德國	英國
1978	不詳	3.73	6.84	0.95	不詳
1979	不詳	7.35	7.04	1.90	不詳
1980	不詳	16.90	5.88	2.95	不詳
1981	2.91	28.14	11.36	不詳	不詳
1982	5.53	35.74	8.99	4.18	不詳
1983	9.88	55.10	11.10	3.98	3.16
1984	21.10	87.78	21.36	6.96	4.74
1985	30.76	112.56	28.79	11.06	6.68
1986	42.19	186.67	32.74	19.19	12.17
1987	61.85	277.48	56.68	43.81	28.91
1988	89.27	432.42	112.44	77.51	50.85
1989	120.71	659.93	149.88	120.56	78.25
1990	140.46	816.45	160.19	213.60	107.94
1991	164.14	1039.55	208.14	298.96	132.21
1992	202.05	1399.77	285.02	307.27	191.07
1993	218.37	1683.31	356.68	386.36	229.01
1994	270.19	1957.94	451.77	393.25	254.62
1995	361.25	2135.45	591.20	429.10	297.17
1996	389.94	2260.24	699.12	442.76	331.68
1997	481.63	2422.39	684.91	433.76	358.42
1998	504.35	2393.15	565.67	394.24	391.15
1999	612.98	2482.09	582.11	412.06	423.09
2000	896.97	2837.81	722.86	462.65	485.74
2001	1052.69	2593.21	749.27	425.62	431.21
2002	1436.89	2676.07	725.02	414.80	429.82
2003	2054.23	2601.05	815.42	475.53	460.05
2004	2714.11	2766.11	933.24	538.04	533.65
2005	3586.79	2977.28	1016.56	648.85	573.40
2006	4510.40	3115.74	1026.85	667.07	611.06
2007	5254.18	3144.57	1029.50	735.59	637.89
2008	5781.52	3090.63	1053.21	865.43	678.06
2009	5598.27	2533.96	962.86	743.81	546.52
2010	7064.57	2925.31	1126.00	739.52	555.94
2011	7980.00	2883.78	1197.31	816.41	527.65
2012	8971.28	2971.20	1268.88	714.95	474.33
2013	9541.14	2863.28	1168.88	672.37	450.78
2014	9096.28	2926.65	1097.56	659.37	447.80
2015	8985.53	2947.87	1014.81	636.09	444.65
2016	8514.27	2767.30	954.83	600.53	402.83
2017	9180.99	2775.18	1004.75	655.69	377.09

資料來源：　香港特區政府統計處編：《香港對外商品貿易回顧》、《香港對外商品貿易》。

（單位：億元）

新加坡	荷蘭	台灣地區	印度	泰國	韓國
3.43	不詳	2.19	不詳	不詳	不詳
5.02	不詳	2.79	不詳	不詳	1.03
5.96	不詳	3.91	不詳	不詳	1.66
8.20	不詳	4.27	不詳	不詳	4.13
9.46	不詳	5.46	不詳	不詳	5.69
11.84	不詳	6.98	不詳	不詳	8.39
11.82	2.10	9.99	不詳	不詳	14.45
12.26	4.67	9.04	不詳	不詳	19.43
15.87	不詳	11.25	不詳	不詳	29.39
20.51	13.26	22.54	不詳	不詳	50.65
27.92	24.83	37.34	不詳	不詳	65.59
33.44	34.40	45.78	不詳	不詳	70.88
38.81	52.80	59.70	不詳	不詳	65.80
50.28	67.31	87.82	不詳	不詳	75.86
64.63	91.52	87.28	不詳	不詳	65.58
86.41	114.74	86.08	不詳	不詳	66.48
116.68	129.83	100.80	不詳	不詳	63.96
158.69	157.28	122.79	不詳	不詳	74.21
185.67	174.61	123.43	不詳	不詳	86.24
198.72	188.63	136.02	不詳	不詳	不詳
187.51	189.97	129.08	不詳	不詳	47.88
201.67	180.99	127.00	不詳	不詳	86.25
228.90	190.58	154.48	不詳	86.07	123.52
183.85	191.79	132.08	不詳	89.15	123.75
198.64	212.54	133.23	不詳	112.87	142.33
235.31	234.48	168.56	不詳	126.99	172.01
269.32	277.00	193.86	不詳	143.37	220.70
287.52	322.15	205.49	不詳	155.14	256.52
299.99	294.07	226.97	91.13	176.53	292.74
315.71	357.83	227.84	127.09	213.49	302.88
319.37	412.11	230.21	167.52	234.65	277.67
248.21	332.11	232.38	211.89	187.15	239.54
318.00	397.75	351.23	317.01	259.27	305.30
351.29	396.21	492.53	422.21	325.39	359.04
334.83	385.69	472.61	376.01	311.34	336.04
346.47	386.62	410.66	441.54	312.19	364.16
349.58	440.75	414.72	524.60	354.26	337.32
346.85	492.48	368.40	611.00	350.07	311.30
362.48	544.21	344.57	655.21	346.81	317.58
361.56	602.21	390.14	884.06	386.04	341.14

表 2-2-4　1978 年至 2017 年按主要類別劃分的經香港轉口的內地原產貨品貨值

貨品類別 / 年份	服裝及衣服配件	紡織紗、織物、製成品及有關產品	雜項製品（主要包括嬰兒車、玩具、遊戲及運動貨品）
1978	3.28	不詳	不詳
1979	7.24	不詳	不詳
1980	12.94	不詳	不詳
1981	18.38	不詳	不詳
1982	27.11	不詳	不詳
1983	40.92	37.28	15.87
1984	56.89	57.85	33.07
1985	71.68	69.15	45.86
1986	127.42	98.38	76.67
1987	173.96	151.12	143.48
1988	237.24	188.80	237.24
1989	358.90	238.12	373.07
1990	463.83	247.78	506.11
1991	619.34	300.91	646.03
1992	763.97	336.09	884.79
1993	889.34	347.33	987.37
1994	901.46	378.88	1127.21
1995	885.31	415.96	1296.09
1996	977.16	404.48	1370.64
1997	1028.32	448.21	1507.55
1998	930.43	422.75	1447.77
1999	944.72	424.87	1501.05
2000	1045.72	509.52	1666.30
2001	1012.77	485.89	1469.12
2002	985.30	541.95	1469.18
2003	1038.02	612.64	1489.79
2004	1189.27	687.29	1577.12
2005	1490.33	698.28	1645.92
2006	1623.68	723.26	1628.90
2007	1797.93	704.88	1920.73
2008	1888.70	650.49	2005.92
2009	1674.60	535.25	1732.57
2010	1768.56	605.49	1712.63
2011	1776.94	610.16	1847.18
2012	1619.18	576.50	1819.78
2013	1556.55	589.99	1656.70
2014	1441.65	547.97	1485.52
2015	1282.23	521.02	1441.43
2016	1080.82	453.51	1291.92
2017	1000.63	441.23	1419.85

資料來源：香港特區政府統計處編：《香港對外商品貿易回顧》、《香港對外商品貿易》。

注：1. 1990 年及之後的數字根據國際標準貿易分類第三次修訂版編製，1990 年之前的數字不能跟 1990 年或之後的數字相比較。

　　2. 2007 年及之後的數字根據國際標準貿易分類第四次修訂版編製，2007 年之前的數字不能跟 2007 年或之後的數字相比較。

（單位：億元）

鞋履	攝影器具、設備及用品及光學貨品	電動機械、器具、用具及其電動部件	電訊、錄音及音響設備和儀器	辦公室機器及自動資料處理儀器
不詳	不詳	不詳	不詳	不詳
0.99	不詳	不詳	不詳	不詳
2.00	不詳	不詳	不詳	不詳
3.26	不詳	不詳	不詳	不詳
4.34	不詳	不詳	不詳	不詳
5.53	不詳	不詳	不詳	不詳
不詳	不詳	不詳	不詳	不詳
7.60	不詳	4.13	4.12	不詳
10.99	不詳	8.62	11.51	不詳
21.43	不詳	21.84	46.35	不詳
41.14	24.12	60.83	99.04	不詳
75.91	38.90	101.04	178.91	不詳
138.80	51.26	116.22	258.10	34.54
238.15	81.20	169.22	326.73	63.41
341.29	117.60	241.54	396.95	100.89
458.20	146.79	315.52	497.90	145.48
519.49	174.25	385.12	673.94	207.97
585.64	229.54	523.94	818.50	338.71
634.16	278.91	603.01	797.61	458.30
636.39	310.43	660.30	811.96	549.22
503.48	310.30	669.78	788.22	602.29
465.30	327.21	768.35	818.93	611.23
491.23	372.70	1036.83	1100.61	739.57
446.11	364.71	994.88	1025.81	820.63
434.75	380.22	1100.89	1259.86	951.72
431.46	424.02	1335.68	1607.91	1117.37
425.77	486.85	1703.36	2131.51	1329.75
460.60	505.18	2078.75	2523.58	1776.60
448.84	521.78	2649.71	2866.33	1985.05
443.00	564.22	3066.41	3339.14	1821.31
441.64	583.84	3457.46	3730.57	1995.28
345.19	467.12	3249.46	3368.01	1744.84
405.04	633.36	4146.51	4196.57	2389.25
400.48	694.04	4451.91	4810.14	2751.62
361.23	710.39	4555.11	5382.14	3165.92
323.07	698.96	4820.76	6056.26	3071.94
297.29	695.30	5136.58	6248.27	3051.28
不詳	659.36	5381.99	6630.52	2979.62
不詳	645.87	5512.67	6547.69	2770.46
不詳	625.21	6243.66	6663.13	3048.39

表 2-2-5　1978 年至 2017 年按主要類別劃分經香港輸往內地的轉口貨值

（單位：億元）

年份 / 貨品類別	紡織紗、織物、製成品及有關產品	電動機械、器具、用具及其電動部件	電訊、錄音及音響設備和儀器	辦公室機器及自動資料處理機器	初級形狀塑膠
1978	0.20	0.01	0.04	0.01	不詳
1979	2.22	0.27	1.16	0.14	0.00
1980	13.68	2.59	4.44	0.65	0.01
1981	31.70	3.59	10.35	0.81	0.02
1982	26.70	3.39	4.04	1.95	0.01
1983	31.65	7.45	7.19	6.23	0.01
1984	65.19	20.46	28.96	20.99	0.03
1985	96.26	41.76	49.24	26.71	0.03
1986	112.60	25.96	28.27	13.97	0.03
1987	148.36	44.78	43.36	25.60	0.02
1988	184.22	87.68	68.21	29.17	0.04
1989	235.41	84.13	63.71	27.33	0.11
1990	282.00	82.21	62.37	30.75	55.40
1991	356.20	113.21	76.18	44.97	100.59
1992	427.92	151.38	99.76	66.20	130.94
1993	451.22	196.45	183.02	94.17	141.03
1994	560.12	237.13	260.72	118.89	197.23
1995	649.65	316.10	297.24	160.47	294.91
1996	698.93	375.36	300.44	180.75	278.02
1997	729.77	457.22	316.62	229.22	288.75
1998	644.25	466.72	330.87	245.22	266.13
1999	598.25	589.38	342.55	295.33	283.50
2000	662.57	905.02	441.83	405.48	341.09
2001	613.57	1029.98	466.58	535.49	293.03
2002	618.38	1288.86	679.87	695.47	332.51
2003	667.25	1712.93	877.28	956.85	377.43
2004	730.41	2275.90	1148.12	1157.33	481.74
2005	711.70	2741.32	1309.16	1543.98	545.95
2006	733.33	3530.66	1441.60	1788.53	596.53
2007	713.54	4394.46	1850.61	1572.83	641.30
2008	647.41	4785.35	1962.95	1737.47	632.28
2009	538.96	4805.87	1761.03	1665.41	513.88
2010	612.08	6064.80	2247.71	2289.67	617.92
2011	583.85	6533.65	2547.69	2562.18	602.87
2012	525.82	6674.91	3118.18	2950.36	589.16
2013	517.52	7375.69	3588.37	2796.29	529.62
2014	450.50	8196.46	3374.12	2731.33	532.97
2015	392.06	8724.19	3340.53	2348.45	470.64
2016	320.94	9627.31	3078.79	2045.30	426.07
2017	290.58	10784.44	3045.42	2205.82	417.06

資料來源：　香港特區政府統計處編：《香港對外商品貿易回顧》、《香港對外商品貿易》。

注：1. 1990 年及之後的數字根據國際標準貿易分類第三次修訂版編製，1990 年之前的數字不能跟 1990 年或之後的數字相比較。

2. 2007 年及之後的數字根據國際標準貿易分類第四次修訂版編製，2007 年之前的數字不能跟 2007 年或之後的數字相比較。

1990 年代中後期，香港轉口貿易進入調整期。1996 年中美經濟貿易出現摩擦，經香港輸往美國的內地貨品減少。1996 年 6 月 17 日，美國海關對來自香港的十項進口服裝類別，實施額外的進口管制規定，制約了香港與內地加工貿易的發展。為履行加入世界貿易組織的承諾，內地對外商投資實行國民待遇，取消對外資企業的稅收優惠政策。港商進入內地投資的步伐隨之減緩，使香港與內地的加工貿易發展勢頭進一步減弱。

1990 年代末期，內地經香港輸往海外和經香港輸往內地的轉口貨品中，涉及外發加工貿易的比例皆呈現下降的趨勢。外發加工對轉口貿易增長的推動力減弱，經香港轉口的內地貨品中，與外發加工有關的貨值所佔比重則從 1997 年的 88.4% 逐年下降；在香港輸往內地的轉口貨值中，作外發加工用途的比例從 2000 年的 49.7% 逐年下降（見表 2-2-6）。

在輸往內地的整體出口貨品中，與外發加工貿易有關的貨值所佔的比重，從 1999 年的 52.6% 下降至 2007 年的 34.5%（見表 2-2-6）。涉及外發加工貿易的貨值，在香港對內地整體出口貨品的比重呈現下降趨勢，反映香港的貿易形態由轉口貿易向離岸貿易轉變。

2000 年香港轉口貿易總額中，61% 與內地原產品有關，其中有 85.1% 涉及外發加工貿易。2000 年開始，經香港轉口的內地原產貨品中，出現大量由內地出口香港後返銷內地的情況，其貨值從 2000 年的 896.97 億元增至 2008 年的 5781.52 億元，增長逾 5.4 倍。2005 年開始，內地取代美國，成為經香港轉口的內地原產貨品的最大目的地。

2001 年加入世界貿易組織後，內地全面參與國際分工和經濟全球化，逐步發展成為「世界工廠」，作為全球供應鏈中一個重要組成部分。隨着內地擴大對外開放水平，對香港轉口需求增加，促進香港轉口貿易持續發展。2000 年代，香港發展成為「內地與亞洲其他經濟體的重要商貿平台」。[2] 香港貿易發展局於 2003 年發表的研究報告指出，2002 年內地從亞洲經濟體，包括印尼、馬來西亞、菲律賓、新加坡、韓國、台灣地區及泰國等輸入的進口貨物達 1221 億美元，其中 33.7% 經香港轉口。同年，經香港進行的亞洲區內貿易中，74.9% 以內地為目的地。經香港輸往世界各地的亞洲區內貿易，對香港的轉口貿易也愈加重要。

根據香港特區政府統計處的統計，2000 年代，與內地有關的香港轉口商品的科技含量有所提高。經香港輸往世界各地的內地商品和香港輸入內地的轉口貨品中，電動機械、電訊及音響設備、辦公室機器及自動資料處理儀器佔最大的比重。2005 年，這三類貨品在來源地為內地的轉口貨值和香港輸入內地的轉口貨值中，分別佔 48.6% 和 57.8%。

2006 年開始，在內地出口總額中，通過香港轉口其他地方的貨值佔比重不足兩成，反映內地貨品對香港轉口的依賴程度相對降低。隨着香港對外貿易結構由轉口向離岸貿易轉移，香港作為內地與世界貿易往來的中介角色發生變化，香港從轉口港「轉型成為更先進的貿易及物流中心」。[3]

表 2-2-6　1989 年至 2017 年香港與內地之間涉及外發加工貿易的估計貨值及所佔比重

年份	輸往內地作加工用途的港產出口貨品（A）		輸往內地作加工用途的轉口貨品（B）		輸往內地作加工用途的整體出口貨品（A+B）		從內地進口的貨品		原產地為內地的轉口貨品	
	貨值（億元）	外發加工貿易比重（%）	貨值（億元）	外發加工貿易比重（%）	貨值（億元）	外發加工貿易比重（%）	貨值（億元）	外發加工貿易比重（%）	貨值（億元）	外發加工貿易比重（%）
1989	319.62	76.0	449.06	43.6	768.68	53.0	1135.81	58.1	不詳	不詳
1990	364.18	79.0	554.96	50.3	919.14	58.8	1451.03	61.8	不詳	不詳
1991	403.69	76.5	735.62	48.2	1139.31	55.5	1973.84	67.6	2214.50	74.1
1992	442.71	74.3	973.68	46.2	1416.39	52.4	2540.13	72.1	2998.33	78.3
1993	451.41	74.0	1150.37	42.1	1601.78	47.9	2952.03	73.8	3645.36	80.8
1994	419.59	71.4	1392.21	43.3	1811.79	47.7	3549.12	75.9	4225.44	82.0
1995	438.90	71.4	1737.22	45.4	2176.13	49.0	3995.67	74.4	4924.61	82.2
1996	430.89	72.8	1792.35	43.3	2223.24	46.9	4528.90	79.9	5528.22	86.0
1997	470.78	76.1	1978.09	44.7	2448.86	48.6	4911.42	81.2	5955.11	88.4
1998	421.84	77.4	1970.89	44.1	2212.73	48.1	4777.43	82.7	5597.26	87.6
1999	376.96	75.9	1978.90	49.7	2355.86	52.6	4875.07	80.5	5701.26	86.6
2000	393.04	72.7	2429.29	49.7	2822.33	52.0	5670.00	79.3	6473.38	85.1
2001	351.72	71.0	2243.81	45.2	2595.53	47.5	5319.60	78.0	5783.29	82.2
2002	288.48	69.8	2488.01	43.5	2776.50	45.3	5310.34	74.0	5947.08	82.5
2003	249.24	68.0	3012.23	42.7	3261.47	43.9	5649.33	71.7	6034.60	79.4
2004	248.25	65.7	3616.10	42.5	3864.35	43.5	6615.43	72.0	6851.47	79.3
2005	250.80	56.3	3634.02	37.6	3884.82	38.4	6919.79	65.9	7565.79	79.3
2006	207.17	51.6	3892.24	34.9	4099.41	35.5	7693.17	64.5	8147.93	80.7
2007	191.62	47.3	4323.71	34.1	4515.33	34.5	7799.94	58.6	8410.48	78.4
2008	132.32	38.1	4577.32	34.3	4709.64	34.4	7890.39	55.9	7922.21	70.1
2009	73.33	27.3	4179.10	33.8	4252.43	33.7	6231.55	49.9	6418.12	68.1
2010	57.89	18.6	5133.50	32.8	5191.39	32.5	7624.10	49.8	8119.96	72.9
2011	47.64	15.5	5513.35	32.1	5561.00	31.8	8039.75	47.4	8840.57	72.6
2012	40.91	15.7	5819.42	31.8	5860.33	31.5	7635.60	41.5	8956.35	74.2
2013	41.46	16.7	5914.77	30.7	5956.23	30.6	7121.38	36.6	8664.06	71.9
2014	36.02	15.5	5768.27	29.5	5804.29	29.3	7550.70	38.0	8984.20	71.5
2015	28.49	13.9	5493.16	28.7	5521.66	28.5	7886.57	39.7	9075.53	71.8
2016	不詳	不詳	不詳	不詳	5361.87	27.6	7552.17	39.4	8705.40	70.7
2017	不詳	不詳	不詳	不詳	5793.87	27.5	8102.80	39.9	9205.28	70.5

資料來源：　香港特區政府統計處編：《政府統計月刊》。

注：按照香港特區政府統計處的闡釋 ——

　　1. 表中的原產地為內地的轉口貨品數字，並不包括輸往內地的數字。

　　2. 出口往內地的貨品是以離岸價計算，而從內地進口的貨品則以到岸價計算。

　　3. 從內地進口的貨品涉及外發加工貿易是指那些加工後從內地進口香港的貨品，其中全部或部分原料或半製成品是以合約安排從香港或經香港出口往內地加工；原產地為內地的轉口貨品涉及外發加工貿易是指那些經香港轉口的製成品，其中全部或部分原料或半製成品是以合約安排從香港或經香港出口往內地加工，而加工後的貨品再進口香港；輸往內地的整體出口貨品是指那些從香港或經香港出口往內地加工的原料或半製成品，經加工後成為製成品，並以合約安排再進口香港。

受內地及周邊地區的港口競爭，經香港海運轉口貨值於 2008 年達到 7945.66 億元最高值，其後絕大部分年份的貨值均減少。然而，轉口貨物對香港空運的依賴上升，1998 年至 2008 年間，香港空運轉口貨值從 1979.65 億元增至 8859.44 億元，增長 3.5 倍。2008 年的香港轉口總額中，有 32.4% 以空運處理。空運轉口貨值的增長，彌補部分的海運轉口增長放緩。

為應對 2008 年美國次貸危機引發的全球金融海嘯，內地政府利用稅收手段進行貿易政策調整。2008 年 8 月至 2009 年 6 月，經國務院批准，財政部和國家稅務總局連續七次發出通知，宣布提高部分勞動密集型商品和其他受影響較大產品的出口退稅率，包括調高部分紡織品、服裝、玩具、部分塑膠製品、部分家具、機電產品等的出口退稅率。2009 年香港轉

表 2-2-7　1993 年至 2017 年按主要來源地劃分香港輸往內地的轉口貨值

（單位：億元）

來源地 年份	內地	台灣地區	韓國	日本	美國	馬來西亞	泰國	新加坡	菲律賓	德國
1993	218.37	591.66	167.82	781.08	246.01	24.48	不詳	95.19	不詳	108.93
1994	270.19	664.34	215.98	905.96	286.61	45.49	不詳	116.14	不詳	108.85
1995	361.25	770.86	277.22	930.37	385.43	70.32	不詳	168.13	不詳	100.80
1996	389.94	757.97	293.71	947.00	453.65	103.81	不詳	206.32	不詳	121.56
1997	481.63	757.78	324.43	987.39	461.78	113.83	不詳	226.48	不詳	124.79
1998	504.35	652.40	324.63	941.80	410.03	99.67	81.19	161.91	不詳	118.26
1999	612.98	637.64	308.51	915.18	416.82	110.09	79.31	92.12	不詳	116.69
2000	896.97	748.26	365.00	1046.05	475.92	164.27	110.74	107.36	不詳	150.26
2001	1052.69	687.30	330.14	977.31	504.29	174.75	104.55	109.35	53.63	169.32
2002	1436.89	804.32	388.96	1090.50	483.34	191.48	122.06	125.95	82.52	184.70
2003	2054.23	919.57	463.36	1321.34	485.77	249.96	165.27	176.83	149.31	226.11
2004	2714.11	1151.43	524.30	1607.37	450.69	324.81	190.70	192.56	146.37	227.75
2005	3586.79	1330.36	612.75	1547.07	468.86	363.88	207.59	197.66	162.67	233.76
2006	4510.40	1459.16	725.45	1596.56	506.81	390.59	246.48	204.09	220.48	247.74
2007	5254.18	1654.11	817.27	1775.39	538.38	440.98	302.80	223.58	252.04	249.44
2008	5781.52	1562.74	729.74	1836.88	629.68	454.96	381.80	236.35	250.85	281.83
2009	5598.27	1406.29	709.54	1502.68	553.79	465.35	398.26	180.39	218.09	263.93
2010	7064.57	1795.02	971.67	1849.40	670.18	618.69	479.07	230.74	297.00	265.97
2011	7980.00	1882.05	1028.00	1855.56	727.59	661.87	514.12	282.21	291.55	277.95
2012	8971.28	1930.02	1110.80	1915.61	736.68	602.26	496.36	262.55	301.01	254.39
2013	9541.14	2274.10	1226.90	1721.75	843.56	602.86	408.60	298.24	312.55	252.41
2014	9096.28	2507.89	1411.25	1704.84	881.33	734.05	449.14	334.35	364.34	254.57
2015	8985.53	2461.37	1512.17	1535.25	722.03	814.55	509.76	313.34	357.82	248.99
2016	8514.27	2759.88	1716.15	1524.95	732.51	834.41	548.79	379.68	371.97	238.12
2017	9180.99	3104.38	2047.87	1547.86	731.88	819.52	578.11	426.97	393.48	254.42

資料來源：　香港特區政府統計處編：《香港對外商品貿易回顧》、《香港對外商品貿易》。

口貿易額比 2008 年下跌 11.8%；同年，以貨值計算，經香港轉口的內地原產貨品較 2008 年下跌 12%，為內地改革開放以來錄得的最大跌幅。

2009 年至 2017 年間，在香港轉口貿易額中，超過一半是由香港輸往內地的轉口貨物帶動的。經香港輸往內地轉口貨物佔香港轉口貿易額的比重逐年上升，從 1979 年的 6.6% 升至 2017 年的 54.5%。其中，台灣地區經香港輸往內地轉口貨物迅速增長。自 2011 年開始，台灣地區超越日本，成為經香港輸往內地轉口貨物的最大來源地（見表 2-2-7），反映香港作為海峽兩岸經貿發展的重要通道。

內地既是香港轉口貨物的最大供應地，也是香港轉口貨物的最大目的地，在香港轉口貿易佔有重要的地位。2017 年，來源自內地的轉口貨值為 22267.60 億元，與 1979 年相比，其貨值上升 392.2 倍；同年，經香港轉口往內地的貨值佔香港轉口貨值 54.5%，較 1979 年轉口往內地的貨值大幅度上升 1587.3 倍。

內地改革開放以來，香港與內地的出口貿易蓬勃發展，鞏固和提升香港轉口貿易中心的地位。2017 年，在香港商品出口總額中，有 98.9% 轉口其他地方；同年，在商品進口總額中，有 74.8% 是經香港外銷而輸入的。根據世界貿易組織的報告，在世界商品貿易排名中，以轉口貿易為主的香港，從 1985 年位列全球第十四位，躍升到 2017 年的全球第七位。

第三節 離岸貿易

內地實行改革開放初期，香港廠商在珠江三角洲進行跨境生產，為內地生產基地提供原材料和設備進口。有關貨物從香港或經香港輸往內地進行加工後，製成品被運往香港作後期裝配、產品包裝和品質檢測，以轉口形式由香港輸往海外市場。在香港與珠江三角洲的「前店後廠」模式帶動下，香港轉口貿易於 1980 年代高速發展。其間，香港離岸貿易（轉運及直接付運）活動並不活躍。

1980 年代末期，香港港口處理的內地轉運貨物開始顯著增加。內地經香港海運轉運貨物吞吐量，從 1983 年的 88.61 萬公噸升至 1988 年的 349.36 萬公噸，增長逾 2.9 倍；其間，內地經香港海運轉運貨物佔所有轉運貨物的比重，從 17.3% 增至 25.3%。香港貿易發展局的調查報告指出，1988 年香港廠商以轉運及直接付運方式進行的離岸貿易，相對轉口貿易的比例為約 50%（見表 2-3-1）。[4] 同年，受訪香港公司處理的內地出口貨物中，經香港轉口和離岸貿易的比例分別為 82% 和 18%（見表 2-3-2）。[5]

1980 年代，香港港口處理的轉運貨物主要來自內地和美國。來自內地的轉運貨物是主要按原料分類的製成品，以美國、台灣地區和德國為轉運主要目的地。經香港運往內地的轉運

表 2-3-1 1988 年至 2017 年香港轉口貿易及離岸貿易涉及貨值

年份	轉口貿易		離岸貿易	
	貨值（億元）	增長（%）	貨值（億元）	增長（%）
1988	2754.05	不適用	1400.00	不適用
1991	5348.41	不適用	2700.00	不適用
1994	9479.21	不適用	6550.00	不適用
1997	12,445.39	不適用	10,520.00	不適用
2000	13,917.22	不適用	14,250.00	不適用
2002	14,295.90	不適用	14,582.52	不適用
2003	16,207.49	13.4	16,666.05	14.3
2004	18,931.32	16.8	18,358.39	10.2
2005	21,141.43	11.7	20,871.64	13.7
2006	23,265.00	10.0	23,464.70	12.4
2007	25,783.92	10.8	26,589.38	13.3
2008	27,333.94	6.0	33,628.19	26.5
2009	24,113.47	-11.8	29,311.56	-12.8
2010	29,615.07	22.8	38,862.99	32.6
2011	32,715.92	10.5	44,669.56	14.9
2012	33,755.16	3.2	46,689.57	4.5
2013	35,053.22	3.8	49,543.94	6.1
2014	36,174.68	3.2	52,302.42	5.6
2015	35,584.18	-1.6	43,349.35	-17.1
2016	35,453.72	-0.4	42,438.59	-2.1
2017	38,324.43	8.1	44,558.41	5.0

資料來源： 香港特區政府統計處、香港貿易發展局離岸貿易調查。
注：1988、1991、1994、1997 及 2000 年的離岸貿易數字乃根據香港貿易發展局估算而製成。自 2002 年起，香港政府統計處開始編製離岸貿易的估算統計數字。

表 2-3-2 香港公司出口內地產品的付運方式趨勢

（單位：%）

年份	經香港轉口佔比	經香港轉運佔比	從內地直接付運佔比
1988	82.0		18.0
1991	81.0	10.6	8.3
1994	78.0	11.7	10.3
1997	71.8	12.4	15.8
2000	67.1	9.4	23.5
2003	52.3	10.1	37.6
2006	44.0	12.2	43.7
2009	48.8	7.3	43.9

資料來源： 香港貿易發展局離岸貿易調查。
注：在香港貿易發展局於 1988 年進行的調查中，轉運被視作直接付運。

貨物，包括人造樹脂及塑料等化學製品、紡織纖維和機械等，絕大部分來自美國。這一時期，來自內地而運往美國的轉運貨物吞吐量逐年上升，其佔來自內地的抵港轉運貨物比重亦逐年上升，反映香港發揮着內地與美國之間的轉運港功能。

1990 年代，內地開放貨運業。1990 年 12 月 5 日，國務院發布的《中華人民共和國海上國際集裝箱運輸管理規定》，允許外商在內地設立中外合資經營、中外合作經營的集裝箱運輸企業，業務範圍包括國際貨運代理、貨物裝卸、倉儲和拼集裝箱服務。隨着內地加工和包裝工序日趨成熟，以及香港貨運公司紛紛在內地設立代辦處和分公司，部分內地製成品毋須在香港進一步加工，後期包裝和品質檢測等生產工序，亦可按港商要求在內地完成。在這發展趨勢下，加快香港離岸貿易的發展。

1991 年 4 月 9 日，第七屆全國人民代表大會第四次會議通過《中華人民共和國國民經濟和社會發展十年規劃和第八個五年計劃綱要》，批准有計劃地新建、擴建港口和機場等基礎設施。1993 年至 2001 年，深圳鹽田、赤灣和蛇口港口的貨櫃吞吐量，每年平均分別以150%、51% 和 37% 速度增長。隨着珠江三角洲地區港口迅速發展，港口碼頭和貨物處理設施日趨完善，船運航線相應增加，部分香港外發內地加工的貨物不再經香港轉口，改為採用聯運提貨單經香港轉運目的地，或者由內地直接付運。

1995 年 1 月 1 日，世界貿易組織正式成立。按《紡織品與服裝協議》中規定，世界貿易組織成員從 1995 年開始分階段取消紡織品和服裝貿易限制。以往轉口貨物的部分工序在香港加工完成後，使用香港配額出口其他地方，但自從逐步取消配額制度，加工貨品可以直接由內地出口。1990 年代香港離岸貿易增長迅猛，增長速度超越同期的轉口貿易。根據香港貿易發展局的調查報告，1994 年香港離岸貿易貨值達到 6550 億元，比 1991 年約 2700億元增長 1.4 倍；其間，離岸貿易相對轉口貿易比例從 50% 上升至 70%。1997 年，離岸貿易貨值突破 10,000 億元，達到 10,520 億元，相當於轉口貿易總額約 85%。

1998 年 10 月 14 日，位處珠江口及屯門西的香港首個內河碼頭落成啟用，專門處理香港與珠江三角洲地區港口之間，以船隻載運的集裝箱及散裝貨物。1998 年至 2003 年，香港港口轉運貨物量（包括海運和河運）急速增長，每年平均增長率為 18.1%，香港與內地之間的港口轉運貨運量以每年平均 19.9% 速度增加。在香港港口轉運貨運總量中，香港和內地之間的港口轉運貨運量所佔的比重持續上升，2003 年達到 45% 最高比例。這一時期，香港作為內地與其他國家之間的轉運港角色得以加強。

隨着香港和珠三角經濟關係的加強，香港和珠江三角洲之間的港口轉運貨運量持續增加。2003 年香港和內地之間的港口轉運貨運量中，75% 是香港與珠江三角洲地區之間的轉運貨物，較 1998 年的 52% 顯著增加。2003 年，在香港與內地之間的港口轉運貨運量中，珠江三角洲的廣州和深圳佔最大的比重，分別為 22% 和 20%。

據香港貿易發展局的估算統計數字，2000 年香港離岸貿易涉及貨值 14,250 億元，首次超越轉口貿易額（見表 2-3-1）。香港貿易發展局的調查報告指出，轉口仍為港商出口內地製造產品的主要付運方式，惟有關比重已從 1988 年的 82% 下降至 2000 年的 67.1%；直接付運的比例，從 1991 年的 8.3%，上升至 2000 年的 23.5%（見表 2-3-2）。

離岸貿易活動所涉及的貨品是從香港以外的賣家直接運往香港以外的買家，由於有關貨品未有經香港進出，有關的貨品價值並不包括在香港對外商品貿易統計數字內。然而，如果把離岸貿易所涉及的貨值納入香港商品貿易總額，2000 年香港佔全國對外貿易總額的比重高達 67%。[6]

2000 年代，港商的生產和採購活動由廣東省向長江三角洲延伸，長江三角洲地區的生產加快發展，進一步拉動直接付運的增長。除個別年份外，2002 年至 2010 年香港離岸貿易涉及貨值保持雙位數增長，其貨值從 14,582.52 億元增至 38,862.99 億元，增長約 1.7 倍。

香港貿易發展局的調查報告指出，廣東省及廣東省以外地區較多在內地直接付運，以節省運費成本。直接付運比例較高的行業，主要是製造原料及金屬、化學品和機器等大宗產品。至於一些較高附加值的產品，包括珠寶、鐘錶、電腦及電訊設備、電子產品，由於價值較高、體積較小和重量較輕，大多採用香港高效率的空運付運海外市場。

香港公司經營的離岸商品貿易業務，分為轉手商貿活動和與離岸貿易有關的商品服務兩種。前者以貨物物主的身份，從外地購入貨品並售予香港以外的買家，並從買賣中賺取毛利；後者作為代理人，按香港以外買家或賣家要求，安排購買或銷售貨物的服務，並從買賣中賺取佣金。2002 年至 2010 年間，轉手商貿活動所涉及的貨品價值在離岸商品貿易的比重持續上升，從 70.4% 上升至 85.9%（見表 2-3-3）。

香港貿易商從內地採購的貨品中賺取較高的毛利，2002 年的毛利率為 10.8%，同年轉手商貿活動的整體毛利率為 8.6%。2000 年代，香港公司從轉手商貿活動所賺取的毛利中，約 70% 是來自從內地採購的貨品。香港貿易商提供的轉手商貿服務所賺取的毛利，從 2002 年的 666.44 億元增至 2010 年的 1541.12 億元，增長 1.3 倍（見表 2-3-4）。

按轉手商貿活動所涉及的貨物銷售目的地分析，內地是相關貨物的最大目的地。在轉手商貿活動所涉及的貨物銷售貨值中，銷往內地的貨物所佔的比重，從 2002 年的 37.3% 升至 2010 年的 44.4%。

2010 年代，香港出口貿易結構由轉口貿易持續轉向離岸貿易。根據香港貿易發展局的調查報告，對於較遠離香港的生產基地，除非需要符合加工貿易的要求、在香港進行其他工序或者併櫃，或者利用香港空運網絡，香港出口商傾向將貨品從內地直接付運，以節省成本和提高效率。1988 年至 2012 年，在受訪公司的出口貨物中，涉及離岸貿易的比例持續上升，由 18.6% 大幅增加至 65%。

表 2-3-3　轉手商貿活動和與離岸交易有關的商品服務在香港離岸貿易的比重

年份	離岸貿易	轉手商貿活動所涉及的貨品		與離岸交易有關的商品服務	
	貨值（億元）	銷售價值（億元）	比重（%）	銷售價值（億元）	比重（%）
2002	14,582.52	10,267.80	70.4	4,314.72	29.6
2003	16,666.05	11,808.82	70.9	4,857.23	29.1
2004	18,358.39	13,170.02	71.7	5,188.36	28.3
2005	20,871.64	15,290.16	73.3	5,581.47	26.7
2006	23,464.70	17,816.76	75.9	5,647.94	24.1
2007	26,589.38	20,726.86	78.0	5,862.52	22.0
2008	33,628.19	27,703.18	82.4	5,925.01	17.6
2009	29,311.56	24,708.13	84.3	4,603.43	15.7
2010	38,862.99	33,374.03	85.9	5,488.96	14.1
2011	44,669.56	38,568.77	86.3	6,100.80	13.7
2012	46,689.57	40,456.16	86.6	6,233.41	13.4
2013	49,543.94	44,066.39	88.9	5,477.55	11.1
2014	52,302.42	47,331.41	90.5	4,971.01	9.5
2015	43,349.35	38,718.64	89.3	4,630.71	10.7
2016	42,438.59	37,979.23	89.5	4,459.36	10.5
2017	44,558.41	39,777.98	89.3	4,780.42	10.7

資料來源：　香港特區政府統計處。

表 2-3-4　2002 年至 2017 年來源地為內地的轉手商貿活動

年份	轉手商貿活動所涉及的貨品銷售價值			轉手商貿活動所賺取的毛利			
	（億元）	增長（%）	比重（%）	（億元）	增長（%）	比重（%）	毛利率（%）
2002	6195.62	不適用	60.3	666.44	不適用	75.5	10.8
2003	6019.49	-2.8	51.0	661.84	-0.7	66.1	11.0
2004	8281.23	37.6	62.9	897.16	35.6	79.1	10.8
2005	9023.21	9.0	59.0	916.37	2.1	71.3	10.2
2006	10,728.78	18.9	60.2	1100.02	20.0	76.7	10.3
2007	13,238.96	23.4	63.9	1240.63	12.8	76.9	9.4
2008	14,937.41	12.8	53.9	1330.34	7.2	75.4	8.9
2009	12,535.72	-16.1	50.7	1406.71	5.7	82.0	11.2
2010	15,501.80	23.7	46.4	1541.12	9.6	75.8	9.9
2011	18,352.79	18.4	47.6	1724.71	11.9	74.8	9.4
2012	15,699.70	-14.5	38.8	1657.24	-3.9	69.3	10.6
2013	15,844.21	0.9	36.0	1719.52	3.8	69.9	10.9
2014	17,446.43	10.1	36.9	1763.65	2.6	70.3	10.1
2015	16,001.94	-8.3	41.3	1712.75	-2.9	70.4	10.7
2016	17,008.56	6.3	44.8	1743.63	1.8	71.0	10.3
2017	17,371.34	2.1	43.7	1838.91	5.5	70.5	10.6

資料來源：　香港特區政府統計處。

2014 年，香港離岸貿易涉及的貨物銷售貨值突破 50,000 億元大關，達 52,302.42 億元，相當於同年轉口貿易總額的 144.6%。由於環球經濟疲弱，2015 年離岸貿易涉及的貨物銷售貨值錄得歷來最大的降幅，跌幅達到 17.1%。

在香港與其他國家或地區之間的港口轉運貨量中，大部分都與內地的轉運貨物有關。按轉運貨物裝卸地點分析，2003 年與內地有關的港口轉運貨物，高度集中於台灣地區（88%）和美國（82%）；到 2017 年，與內地有關的港口轉運貨物中，以香港與泰國、馬來西亞、台灣地區、韓國和美國之間的港口轉運比重較大，分別為 74.6%、69.6%、67.6%、61.7% 和 58.7%。

香港作為內地與世界各地貿易的中介人角色，由傳統的轉口貿易中心演變成為貿易和物流樞紐。2017 年，香港離岸貿易涉及的貨物銷售貨值達 44,558.41 億元，相對轉口貿易比例為 116.3%。

第四節　服務貿易

香港是以服務業為主的經濟體系，1980 年，服務業在本地生產總值所佔比例為 68.7%。但相對商品貿易，香港服務貿易的規模仍較小。根據香港特區政府統計處的資料，以當時離岸價計算，1980 年香港商品貿易總額 2061.12 億元，為服務貿易總額 495.40 億元的 4.2 倍。以當時價格計算，1980 年的香港服務貿易總額，相當於本地生產總值的 34.5%。

1981 年至 1989 年，國家實行改革開放後，伴隨香港製造業將低附加值的工序大規模遷往內地，跨境加工及轉口活動增加，帶動內地製造業對香港生產型服務需求。香港服務貿易輸出大幅度增長，從 351.74 億元增至 1180.37 億元，增長約 2.4 倍；同期，香港服務貿易輸入從 262.24 億元增至 1099.60 億元，增長約 3.2 倍（見表 2-4-1）。1980 年代的香港服務貿易保持貿易順差，1989 年香港服務輸出淨額為 80.77 億元。

1990 年代，香港服務貿易發展迅速，服務貿易規模不斷擴大。香港服務貿易輸出保持雙位數增長，少數年份（1997 年和 1998 年）因香港經濟受外部因素衝擊而出現負增長。由於服務貿易輸入的增長速度持續高於服務貿易輸出，自 1990 年起，香港服務貿易差額為赤字。1990 年，香港服務輸出總額 1306.71 億元，服務輸入總額 1330.12 億元，服務輸出淨額 -23.41 億元。

另一方面，國家深化外貿體制改革，於 1991 年 6 月提出對外經貿以質取勝戰略，經濟從 1980 年代數量型增長向質量型增長模式轉變。隨着內地經濟由高增長邁向高質量發展，對各類專業服務有龐大的需求。香港服務貿易功能走向多元化，至 1990 年代中期，香港形成以運輸、旅遊、金融、保險、其他商業服務（包括法律、會計、顧問管理、與貿易相關的服務）為主導的服務貿易結構。[7]

表 2-4-1　1978 年至 2017 年香港服務貿易發展情況

年份	香港服務輸出		香港服務輸入		香港服務輸出淨額
	（億元）	增長（%）	（億元）	增長（%）	（億元）
1978	195.08	20.0	114.72	24.1	80.36
1979	250.73	28.5	161.13	40.5	89.60
1980	290.90	16.0	204.50	26.9	86.40
1981	351.74	20.9	262.24	28.2	89.50
1982	398.48	13.3	287.29	9.6	111.19
1983	462.44	16.1	346.58	20.6	115.86
1984	554.97	20.0	426.33	23.0	128.64
1985	597.07	7.6	476.24	11.7	120.83
1986	696.78	16.7	569.49	19.6	127.29
1987	892.53	28.1	725.08	27.3	167.45
1988	1045.26	17.1	922.31	27.2	122.95
1989	1180.37	12.9	1099.60	19.2	80.77
1990	1306.71	10.7	1330.12	21.0	-23.41
1991	1470.68	12.5	1625.00	22.2	-154.32
1992	1696.48	15.4	1921.11	18.2	-224.63
1993	1889.76	11.4	2129.49	10.8	-239.73
1994	2096.08	10.9	2557.78	20.1	-461.70
1995	2247.25	7.2	2822.96	10.4	-575.71
1996	2487.57	10.7	3120.56	10.5	-632.99
1997	2403.86	-3.4	3298.08	5.7	-894.22
1998	2107.05	-12.3	3316.12	0.5	-1209.07
1999	2241.78	6.4	3230.67	-2.6	-988.89
2000	2460.37	9.8	3467.01	7.3	-1006.64
2001	2431.58	-1.2	3432.63	-1.0	-1001.05
2002	2613.56	7.5	3440.83	0.2	-827.27
2003	2636.28	0.9	3378.36	-1.8	-742.08
2004	3176.17	20.5	3915.93	15.9	-739.76
2005	3684.38	16.0	4374.35	11.7	-689.97
2006	4229.21	14.8	4949.07	13.1	-719.86
2007	5027.75	18.9	5360.60	8.3	-332.85
2008	5443.58	8.3	5653.99	5.5	-210.41
2009	5013.03	-7.9	4736.86	-16.2	276.17
2010	6257.19	24.8	5469.30	15.5	787.89
2011	7107.16	13.6	5780.35	5.7	1326.81
2012	7640.26	7.5	5942.66	2.8	1697.60
2013	8126.40	6.4	5832.16	-1.9	2294.24
2014	8290.85	2.0	5735.22	-1.7	2555.63
2015	8089.48	-2.4	5743.45	0.1	2346.03
2016	7646.60	-5.5	5781.06	0.7	1865.54
2017	8112.95	6.1	6059.24	4.8	2053.71

資料來源： 香港特區政府統計處。

香港特區政府統計處公布的香港與內地服務貿易統計數字始於 1995 年。1995 年至 2000 年，香港對內地服務輸出從 342.65 億元增至 440.89 億元，增長 28.7%（見表 2-4-2）。這一時期，在香港對內地輸出的服務中，運輸服務和旅遊服務是最大的組成部分，合計佔近七成（見表 2-4-3）。香港對內地的運輸和旅遊服務輸出，分別從 1995 年的 125.11 億元和 117.52 億元，增至 2000 年的 176.12 億元和 153.61 億元，其間分別增長 40.8% 和 30.7%（表 2-4-3）。

1990 年代初，內地推進國有企業股份制改革。1993 年 7 月開始，大型國有企業以 H 股在香港交易所上市。據香港特區政府統計處的資料，香港對內地的金融服務輸出增長強勁，從 1995 年的 6.98 億元增至 1999 年的 9.88 億元，增長率達 41.5%。這一時期，香港向內地提供的「其他商業服務」增長顯著，從 1995 年的 25.92 億元，大幅增至 1999 年的 82.72 億元，增長 2.2 倍，是香港對內地服務輸出增長最快的服務類別（見表 2-4-3）。

在服務輸入方面，1995 年香港服務輸入總額 2822.96 億元，當中 1524.72 億元源自內地，佔服務輸入總額的 54.4%。香港從內地購入的服務，涵蓋製造服務、旅遊、運輸、電子通訊、電腦及資訊服務、保險及退休金服務、金融服務及其他商業服務。其中，製造服務是內地服務輸入最重要的組成部分，其次是旅遊服務。1995 年，內地製造服務輸入達到 994.61 億元，佔內地所有服務輸入 65.2%；同年，內地旅遊服務輸入達到 335.66 億元，佔內地所有服務輸入的 22%。自 1995 年有相關統計數字開始，內地是香港服務輸入的最大來源地（見表 2-4-3 及表 2-4-4）。

1990 年代中後期，離岸貿易的急速發展，香港的貿易角色由轉口港演變為指揮總部中心，管理和協調內地與世界各地之間的直接和間接貿易，並提供多方面的貿易支援服務。在轉運方面，香港提供包括航運、港口、導航、拖船、倉儲等服務；其他貿易支援服務包括貿易融資和保險。

與離岸貿易有關的服務輸出，涵蓋「商貿服務」和「與離岸交易有關的商品服務」（詳見本章第三節）。商貿服務及其他貿易相關的服務對香港服務貿易的重要性日益增加，成為香港服務輸出的主要收益來源，其對服務貿易盈餘的貢獻從 1997 年的 63.6%，增至 2000 年的 86.4%。[8] 1998 年至 2007 年的香港對內地服務輸出中，超過三成是來自商貿服務及其他貿易相關的服務。

2001 年中國正式加入世界貿易組織，為遵守世界貿易組織《服務貿易總協定》，內地放寬對服務業的限制，包括承諾給予外資在批發、零售、旅遊、運輸、保險、銀行、證券、計算機等服務領域的市場准入，拉開內地服務貿易對外開放的帷幕。2002 年，香港對內地服務輸出 632.56 億元，較 2001 年的 469.66 億元大幅上升 34.7%。2002 年開始，內地超越美國，成為香港服務貿易最大的出口市場（見表 2-4-5）。

表 2-4-2　1995 年至 2017 年香港與內地的服務貿易統計

| 年份 | 香港輸往內地的服務輸出 | | | 香港從內地服務輸入 | | | 香港與內地服務輸出淨額 |
	（億元）	增長（%）	內地佔所有目的地比重（%）	（億元）	增長（%）	內地佔所有來源地比重（%）	（億元）
1995	342.65	不適用	16.2	1524.72	不適用	54.4	-1182.07
1996	364.21	6.3	15.5	1739.85	14.1	56.1	-1375.64
1997	404.30	11.0	17.8	1909.15	9.7	58.3	-1504.85
1998	442.18	9.4	21.5	1977.27	3.6	59.7	-1535.09
1999	431.02	-2.5	20.2	1983.36	0.3	61.6	-1552.34
2000	440.89	2.3	18.9	2122.10	7.0	61.4	-1681.21
2001	469.66	6.5	20.4	2071.85	-2.4	60.7	-1602.19
2002	632.56	34.7	25.4	2004.03	-3.3	58.7	-1371.47
2003	692.02	9.4	27.0	1913.94	-4.5	56.9	-1221.92
2004	789.12	14.0	25.2	2137.20	11.7	54.8	-1348.08
2005	871.16	10.4	24.3	2434.49	13.9	55.8	-1563.33
2006	940.59	8.0	22.8	2817.09	15.7	57.0	-1876.50
2007	1159.76	23.3	23.7	2896.86	2.8	54.2	-1737.10
2008	1291.29	11.3	24.3	2915.50	0.6	51.8	-1624.21
2009	1394.40	8.0	28.5	2234.45	-23.4	47.4	-840.05
2010	1855.77	33.1	30.1	2524.82	13.0	46.4	-669.05
2011	2341.37	26.2	33.8	2500.92	-0.9	43.5	-159.55
2012	2693.58	15.0	36.6	2528.83	1.1	42.8	164.75
2013	3171.51	17.7	40.6	2359.08	-6.7	40.7	812.43
2014	3216.50	1.4	40.2	2165.21	-8.2	38.0	1051.29
2015	3107.92	-3.4	39.8	2216.51	2.4	38.9	891.41
2016	2963.61	-4.6	40.1	2209.91	-0.3	38.5	753.70
2017	3102.76	4.7	40.0	2283.11	3.3	38.2	819.65

資料來源：　香港特區政府統計處。

注：1.1995 年至 2017 年數字採納《2010 年國際服務貿易統計手冊》內最新的國際建議。

2. 由於非直接計算的金融中介服務沒有地區細分數字，本表內的內地佔所有目的地比重和內地佔所有來源地比重，不等同於香港所有服務輸出的相關數字。

受「嚴重急性呼吸系統綜合症」疫情的影響，2003 年香港經濟遭受打擊，失業率高達7.9%。2003 年 6 月 29 日，香港與內地簽訂《內地與香港關於建立更緊密經貿關係的安排》（CEPA）主體文件，內地承諾在 18 個服務行業對香港擴大開放。同年 9 月 29 日，雙方簽訂「附件四」，宣布自 2004 年 1 月 1 日起，內地以循序漸進方式放寬香港服務提供者的市場進入限制。CEPA 是內地作為國家主體與獨立關稅區香港簽署的自由貿易協定，也是內地對外簽署和全面實施的第一個自由貿易協定。其後每年簽署的補充協議增加和充實 CEPA 的內容，旨在擴大市場開放及進一步便利香港與內地之間的貿易（詳情請參見第七章第一節）。

在 CEPA 的框架下，「個人遊」計劃作為最先推出的旅遊合作措施，於 2003 年 7 月 28 日開始實施（詳情請參見第四章第二節第三目）。隨着入境旅客數目上升，2003 年起，香港旅遊服務實現服務輸出順差。2003 年的旅遊服務輸出淨額達成 73.8 億元。隨着「個人遊」計劃不斷擴大，2007 年 1 月，該計劃範圍擴展至 49 個內地城市。以「個人遊」計劃訪港的內地旅客人數大幅增加，香港對內地旅遊服務輸出從 2003 年的 345.31 億元，上升至2007 年的 623.9 億元，增幅達 80.7%（見表 2-4-3）。

香港特區政府統計處的資料顯示，在香港對內地的服務輸出中，旅遊服務的重要性不斷上升。2006 年開始，旅遊服務佔香港對內地的服務輸出的比重，超越與離岸貿易有關的商貿服務及其他貿易相關的服務所佔比重。

2003 年至 2007 年，香港與內地服務貿易輸出穩步增加，從 692.02 億元增至 1159.76 億元，增長率達 67.7%。其間，內地着力推進國有商業銀行股份制改革，以及實施合格境內機構投資者（QDII）計劃。2006 年 4 月，中國人民銀行、中國銀行業監督管理委員會、國家外匯管理局聯合發布《商業銀行開辦代客境外理財業務管理暫行辦法》後，允許內地機構和個人委託境內商業銀行在境外進行金融產品投資。隨着內地開放金融業，對香港金融服務的需求日益增加，尤其是內地企業在香港進行首次公開招股及與資產管理相關的服務。2003 年至2007 年間，香港對內地的金融服務輸出從 7.74 億元增至 27.14 億元，上升超過 2.5 倍。

香港特區政府統計處的資料顯示，2006 年開始，香港的服務輸出集中於運輸服務、旅遊服務和金融服務三大服務類別，合計佔香港服務輸出總額的 80% 左右。在服務輸入方面，製造服務自 2007 年起處於跌勢，反映外發加工貿易活動不振。由於香港輸出的金融服務及旅遊服務持續錄得可觀增長，而製造服務的輸入自 2007 年起逐年減少，2009 年開始，香港服務貿易總額每年皆錄得盈餘。2009 年香港服務貿易淨額為 276.17 億元。

隨着訪港旅遊業興旺、金融活動及其他商業活動蓬勃，2010 年香港服務輸出總額 6257.19億元，較 2009 年急速上升 24.8%。香港自內地購入的服務呈現逐年減少的趨勢。2012年，香港與內地服務貿易首次實現順差。那一年，香港對內地服務輸出 2693.58 億元，香港從內地服務輸入 2528.83 億元，順差達到 164.75 億元。

表 2-4-3　1995 年至 2017 年按服務組成劃分的香港與內地服務輸出及輸入

服務類別 年份	製造服務		運輸		旅遊		保險及退休金服務	
	服務輸出	服務輸入	服務輸出	服務輸入	服務輸出	服務輸入	服務輸出	服務輸入
1995	§	994.61	125.11	71.77	117.52	335.66	7.36	9.32
1996	§	1205.76	146.48	76.35	130.35	347.19	2.26	4.74
1997	§	1297.40	159.57	97.13	134.01	395.97	5.07	4.42
1998	§	1356.88	174.39	83.92	126.57	424.55	7.58	1.89
1999	§	1360.76	170.98	103.66	118.88	415.59	6.80	0.52
2000	§	1527.73	176.12	111.64	153.61	364.09	8.88	-0.88
2001	§	1476.11	172.50	124.90	184.34	345.48	9.77	1.63
2002	§	1396.38	203.90	127.79	293.04	327.06	9.89	1.05
2003	§	1333.64	183.12	135.43	345.31	271.54	8.29	3.70
2004	§	1477.33	214.43	174.63	403.46	316.06	5.69	5.25
2005	§	1723.11	252.43	207.31	444.65	319.95	6.62	5.89
2006	§	2052.73	257.73	227.88	503.14	335.78	9.30	5.37
2007	§	2018.56	328.37	279.81	623.90	366.95	14.47	5.22
2008	§	1983.65	331.23	281.67	730.23	392.87	12.36	6.97
2009	§	1343.40	284.73	230.59	876.49	387.93	13.23	6.11
2010	§	1488.52	382.10	250.31	1178.23	433.12	19.93	9.22
2011	§	1394.59	444.47	260.09	1588.96	453.59	25.51	18.15
2012	§	1388.84	432.21	271.61	1929.57	465.97	26.04	23.59
2013	§	1160.02	437.44	282.57	2385.50	502.24	29.52	30.63
2014	§	925.17	494.47	295.67	2344.08	512.32	36.28	38.07
2015	§	900.19	481.96	301.43	2214.85	551.55	41.66	44.90
2016	§	881.92	575.93	293.53	1978.46	566.86	49.61	44.68
2017	§	913.13	635.17	308.30	2016.11	568.21	47.04	43.76

資料來源：　香港特區政府統計處。

注：1. 表內數字採納《2010 年國際服務貿易統計手冊》內最新的國際建議，主要有兩方面變動：一、在新標準下，涉及外地加工貨品的貿易活動從以往記錄在貨品貿易，改為記錄為服務貿易中的「製造服務」；二、「轉手商貿活動」所賺取的毛利從以往記錄在服務貿易改為貨品貿易，故在新標準下的服務輸出總值較少。

2. 由於非直接計算的金融中介服務沒有按地區細分的數字，本統計表內的數字不包括非直接計算的金融中介服務數字。

3. § 表示數值在 ± 50 萬元之內。

（單位：億元）

金融服務		電子通訊、電腦及資訊服務		其他商業服務		所有服務	
服務輸出	服務輸入	服務輸出	服務輸入	服務輸出	服務輸入	服務輸出	服務輸入
6.98	0.99	24.94	35.22	25.92	48.72	342.65	1524.72
5.84	0.35	21.91	35.55	23.26	41.98	364.21	1739.85
7.82	0.43	16.64	33.65	46.31	46.00	404.30	1909.15
8.79	1.45	12.14	22.96	80.31	54.92	442.18	1977.27
9.88	1.78	13.30	17.55	82.72	53.95	431.02	1983.36
4.65	1.83	5.29	11.86	62.53	73.44	440.89	2122.10
5.36	1.36	9.56	10.95	52.37	78.86	469.66	2071.85
4.60	2.32	14.04	15.80	71.48	103.70	632.56	2004.03
7.74	2.18	19.33	19.74	80.62	113.58	692.02	1913.94
8.85	2.78	22.60	18.76	92.85	113.45	789.12	2137.20
9.85	4.30	23.56	15.52	98.00	132.25	871.16	2434.49
21.45	9.26	18.71	14.32	92.76	142.38	940.59	2817.09
27.14	13.99	17.86	16.50	98.98	162.75	1159.76	2896.86
30.02	13.69	26.09	17.96	117.29	193.24	1291.29	2915.50
31.32	11.60	25.30	18.30	123.34	217.16	1394.40	2234.45
53.17	19.69	39.18	25.94	139.20	282.94	1855.77	2524.82
48.66	31.56	42.60	29.56	145.67	298.75	2341.37	2500.92
38.73	19.07	54.22	37.75	168.76	307.70	2693.58	2528.83
57.28	22.49	63.54	41.52	170.46	305.16	3171.51	2359.08
69.38	24.24	62.94	47.34	174.02	306.24	3216.50	2165.21
93.77	36.77	64.65	45.23	175.86	317.87	3107.92	2216.51
83.09	35.99	61.52	46.32	178.60	322.09	2963.61	2209.91
118.28	52.51	57.94	47.04	187.64	331.31	3102.76	2283.11

隨着訪港旅遊業蓬勃，帶動香港旅遊服務輸出加快增長。2012 年開始，香港向內地出售的旅遊服務，對香港服務輸出的貢獻超過 25%，成為整體服務輸出的主要動力。2012 年起，香港對內地輸出的旅遊服務，佔香港整體旅遊服務輸出超過 75%。

2014 年 6 月，香港特區政府向中央政府提出以「一周一行」簽注來替代「一簽多行」簽注的政策，以解決訪港旅客增加所衍生的水貨問題。中央政府於 2015 年 4 月 13 日回應特區政府的請求，宣布即時實施將深圳戶籍居民「一簽多行」調整為「一周一行」的新措施。在新措施下，持該簽注人士每周只可來港一次。受「一周一行 」個人遊簽注的效應影響，2015 年和 2016 年香港對內地輸出的旅遊服務，分別錄得 3.4% 和 4.6% 的跌幅。

2014 年 12 月 18 日，香港與內地簽署《關於內地在廣東與香港基本實現服務貿易自由化的協議》，於 2015 年 3 月 1 日起實施。根據該協議，內地服務業由「正面清單」改為以准入前國民待遇加「負面清單」形式開放，廣東對香港服務業開放 153 個服務貿易分部門，把開放的行業擴大至整體服務貿易部門的 95.6%。2015 年 11 月 27 日雙方簽署的《服務貿易協議》，把大部分在廣東先行先試的開放措施擴大至內地全境實施，由 2016 年 6 月 1 日起實施。

2009 年至 2014 年，香港服務貿易盈餘不斷擴大。2014 年，香港服務貿易輸出達到 8290.85 億元峰值。在訪港旅遊業放緩的影響下，2015 年和 2016 年，香港服務貿易稍為回落，分別比上年下降 2.4% 和 5.5%。

2017 年香港服務貿易穩步增長，服務貿易總額達 14,172.19 億元，較 1978 年的 309.80 億元增長 44.7 倍；其中，香港服務輸出達 8112.95 億元，較 1978 年的 195.08 億元增長 40.6 倍。同年，香港服務貿易錄得 2053.71 億元盈餘，較 2009 年的 276.17 億元盈餘增加 6.4 倍，為香港國際收支平衡發揮重要作用。

1995 年至 2017 年，香港服務貿易進出口市場高度集中，內地、美國、日本位列前三位，內地是香港服務貿易最大的伙伴（見表 2-4-4 及表 2-4-5）。其間，內地市場在香港服務輸出的重要性不斷增強。在香港服務貿易輸出總額中，與內地有關的服務貿易所佔的比重，從 1995 年的 16.2% 增至 2017 年的 40%。在香港服務貿易輸入額中，與內地有關的服務貿易所佔的比重，從 1995 年的 54.4% 下降至 2017 年的 38.2%。

2017 年，香港服務貿易總額相當於本地生產總值的 53.3%，較 1980 年的 34.5% 有所提高。服務業在香港經濟中的重要性亦不斷提高，按香港特區政府統計處的就業綜合估計數字，2017 年香港服務業的就業人數達到 337.29 萬人，佔總就業人數的 88.2%；比 1997 年 252.84 萬人增長 33.4%。據香港特區政府統計處的統計，以當時價格計算，服務業佔本地生產總值的比重從 1980 年的 66.6% 不斷增加，到 2017 年達到 88.6%。

表 2-4-4　1995 年至 2017 年香港服務輸入主要來源地

來源地 年份	內地		美國		日本		英國	
	服務輸入（億元）	比重（%）	服務輸入（億元）	比重（%）	服務輸入（億元）	比重（%）	服務輸入（億元）	比重（%）
1995	1524.72	54.4	316.35	11.3	149.52	5.3	120.81	4.3
1996	1739.85	56.1	370.76	12.0	134.87	4.3	132.66	4.3
1997	1909.15	58.3	313.43	9.6	145.41	4.4	125.98	3.8
1998	1977.27	59.7	270.20	8.2	143.57	4.3	126.52	3.8
1999	1983.36	61.6	269.31	8.4	112.76	3.5	109.77	3.4
2000	2122.10	61.4	309.52	9.0	131.65	3.8	124.48	3.6
2001	2071.85	60.7	315.82	9.2	129.40	3.8	118.92	3.5
2002	2004.03	58.7	329.44	9.7	147.62	4.3	131.12	3.8
2003	1913.94	56.9	335.82	10.0	155.24	4.6	137.65	4.1
2004	2137.20	54.8	358.52	9.2	213.94	5.5	176.14	4.5
2005	2434.49	55.8	401.63	9.2	226.97	5.2	204.74	4.7
2006	2817.09	57.0	436.94	8.8	242.47	4.9	227.78	4.6
2007	2896.86	54.2	500.60	9.4	272.45	5.1	248.62	4.6
2008	2915.50	51.8	543.29	9.7	304.94	5.4	264.21	4.7
2009	2234.45	47.4	513.58	10.9	264.54	5.6	248.36	5.3
2010	2524.82	46.4	593.14	10.9	321.24	5.9	267.98	4.9
2011	2500.92	43.5	642.79	11.2	323.69	5.6	330.30	5.7
2012	2528.83	42.8	628.20	10.6	387.44	6.6	324.65	5.5
2013	2359.08	40.7	627.83	10.8	392.64	6.8	324.60	5.6
2014	2165.21	38.0	631.20	11.1	426.97	7.5	336.21	5.9
2015	2216.51	38.9	637.87	11.2	445.57	7.8	334.21	5.9
2016	2209.91	38.5	655.78	11.4	458.87	8.0	333.29	5.8
2017	2283.11	38.2	662.65	11.1	499.22	8.4	348.53	5.8

資料來源： 香港特區政府統計處。

表 2-4-5　1995 年至 2017 年香港服務輸出主要目的地

目的地 年份	內地		美國		日本		英國	
	服務輸出 （億元）	比重 （%）	服務輸出 （億元）	比重 （%）	服務輸出 （億元）	比重 （%）	服務輸出 （億元）	比重 （%）
1995	342.65	16.2	402.62	19.0	345.86	16.3	123.10	5.8
1996	364.21	15.5	483.10	20.5	359.90	15.3	127.57	5.4
1997	404.30	17.8	507.70	22.4	256.52	11.3	123.02	5.4
1998	442.18	21.5	390.20	18.9	224.39	10.9	104.32	5.1
1999	431.02	20.2	397.83	18.6	235.46	11.0	131.85	6.2
2000	440.89	18.9	518.93	22.3	224.44	9.6	163.92	7.0
2001	469.66	20.4	514.17	22.4	214.35	9.3	155.28	6.8
2002	632.56	25.4	493.70	19.8	227.08	9.1	163.51	6.6
2003	692.02	27.0	499.12	19.5	185.21	7.2	153.96	6.0
2004	789.12	25.2	630.34	20.1	239.71	7.6	216.16	6.9
2005	871.16	24.3	716.64	20.0	265.48	7.4	264.22	7.4
2006	940.59	22.8	847.41	20.5	312.72	7.6	361.64	8.8
2007	1159.76	23.7	1000.95	20.4	353.16	7.2	428.77	8.8
2008	1291.29	24.3	1076.97	20.3	365.92	6.9	426.12	8.0
2009	1394.40	28.5	943.89	19.3	326.51	6.7	403.21	8.2
2010	1855.77	30.1	1139.96	18.5	379.49	6.2	489.71	8.0
2011	2341.37	33.8	1145.55	16.5	372.27	5.4	490.86	7.1
2012	2693.58	36.6	1147.43	15.6	394.46	5.4	482.34	6.6
2013	3171.51	40.6	1157.66	14.8	362.43	4.6	485.66	6.2
2014	3216.50	40.2	1202.28	15.0	363.52	4.5	534.16	6.7
2015	3107.92	39.8	1168.10	15.0	329.47	4.2	593.62	7.6
2016	2963.61	40.1	1048.14	14.2	309.71	4.2	606.82	8.2
2017	3102.76	40.0	1105.83	14.2	333.76	4.3	634.82	8.2

資料來源：　香港特區政府統計處。

注釋

1 張燕生：〈改革開放以來香港在促進國家經濟發展中的作用〉，載陳多編：《港澳經濟年鑒 2008》（香港：港澳經濟年鑒社，2008），頁 365-367。

2 香港貿易發展局：《亞洲區內貿易增升：香港的角色》（香港：香港貿易發展局研究部，2003），頁 9。

3 香港特別行政區政府財政司司長辦公室經濟分析及方便營商處經濟分析部：〈專題 2.1 離岸貿易與內地的對外貿易〉，《二零零六年第三季經濟報告》（香港：香港特別行政區政府物流服務署，2006），頁 20-21。

4 香港貿易發展局研究部：《香港貿易及貿易支援服務》（香港：香港貿易發展局，1996）。

5 香港貿易發展局調查統計的離岸貿易，包含香港公司銷往內地的內地製造產品。

6 關家明：〈香港與國家的依存關係〉，《信報》，2018 年 5 月 10 日，A19 版。

7 根據《2011 年香港服務貿易統計》，其他商業服務包括：研究及發展以及與創新活動相關的服務（不包括機器的保養及維修服務）；法律服務；會計、核數、簿記及稅務顧問服務；商業及管理顧問以及公共關係服務；廣告、市場研究及公眾意見調查服務；建築、工程、科學及其他技術服務；營運租賃服務；與貿易相關的服務；以及雜項商業服務。

8 根據《2010 年香港服務貿易統計》，商貿服務是指「從境外賣家買入，並直接賣給香港以外買家的貨物買賣服務，有關貨物並沒有進出香港。其中包括經由分判加工安排生產，而直接賣給香港以外買家的貨物買賣，有關貨物並沒有進出香港」。在《香港服務貿易統計》報告中，與離岸貿易有關的服務輸出，被歸入服務貿易的主要服務組別「商貿服務及其他與貿易相關的服務」內。

第三章
運輸物流

第一節　航運

香港位於中國南部，珠江口以東，擁有天然的深水港，支撐香港出入口貿易的發展。隨着國家實行改革開放，為香港的製造業資本提供了向內地擴張生產和發展的機會，香港與內地的經貿關係日趨緊密。1979 年 12 月，港府發表《1979 年經濟多元化諮詢委員會報告書》，提出增強香港與廣東省之間的運輸聯繫，包括改善海上、鐵路及道路運輸的基本設施，以及提升貨物處理能力，發揮香港作為內地轉口港的角色。1980 年代，內地發展出口導向型製造業，香港擔當連接內地與海外貨物的中轉站，推動香港港口的發展。1987 年，香港的貨櫃吞吐量首次超越鹿特丹，位列全球首位。直至 2006 年，香港的貨櫃吞吐量一直維持在全球港口排名的首兩位。香港的港口業務，推動香港成為國際航運中心。

1990 年代中後期，隨着內地港口發展日趨成熟，特區政府於 1998 年 6 月，成立「香港港口及航運局」，取代「香港港口發展局」，以加強香港航運業的競爭力，並着手研究利用香港的商業環境，發展航運服務包括船舶保險、融資、海事仲裁等高增值的航運業務，香港航運業開始向高端航運服務轉型。

國務院頒令於 2002 年 1 月 1 日起實施的《中華人民共和國國際海運條例》，為香港投資者在內地投資經營國際海上運輸業務，以及國際海上運輸相關的輔助性業務提供規範。2003 年後，在《內地與香港關於建立更緊密經貿關係的安排》（CEPA）的准入制度下，香港公司可在內地設立獨資企業，經營國際船舶管理、國際海運貨物倉儲、國際海運集裝箱站和堆場，以及無船承運人業務；香港船務公司可在內地設立獨資船務公司，為其擁有或經營的船舶提供攬貨、簽發提單、結算運費、簽訂服務合同等日常業務服務；香港服務提供者可利用幹線班輪船舶在內地港口自由調配自有和租用的空集裝箱，但需要辦理有關海關手續。這些政策措施為在內地提供各類物流服務的香港公司，提供更大的靈活性。2004 年 1 月 14 日，東方海外貨櫃航運有限公司經香港工業貿易署批准，獲得 CEPA 海運服務、貨代服務、公路卡車和汽車貨運、倉儲服務、物流服務等五項證書，是航運業第一家受惠 CEPA 的班輪公司。

在 2000 年代中期，內地港口發展急速增長，2007 年，上海港貨櫃吞吐量首次超越香港，排名全球第二，2010 年躍升至全球首位。2011 年，中央公布第十二個五年規劃綱要，提及支持香港發展高價值貨物存貨管理及區域分銷中心，以鞏固及提升香港國際航運中心的地位。同年 11 月，香港船東會與舟山海員管理協會簽訂戰略合作框架協議，邀請舟山海員管理協會作為非正式會員加入香港船東會，並就內地和國際航運法規、公約的發展，特別是涉及海員培訓和僱用等方面加強溝通和交流。

2014 年 3 月，特區政府為配合國家「十三五」規劃進行前期研究工作，擬訂六個課題範疇，並於 2014 年下旬分別諮詢「經濟發展委員會」、「策略發展委員會」及「香港與內地經貿合作諮詢委員會」意見後，把六個擬議的範疇細化並整理成九個政策課題建議，當中包

括「加強與內地合作、提升香港國際航運中心地位／支持香港作為國際及區域航空樞紐」。同年 4 月，特區政府完成「提升香港作為國際航運中心地位」的顧問研究，總結香港有條件發展高增值航運服務，並建議政府成立新的法定航運機構；同月宣布投放一億元成立海運及空運人才培訓基金，支持和鼓勵本地在學青年及在職海事專業人才修讀培訓課程和升讀專業學位課程，以提升業界的整體競爭力和專業水平。

2014 年 9 月，國務院發布《關於促進海運業健康發展的若干意見》，提出要促進海運業發展，推進海運企業深化改革、轉型升級；加強內地海運船隊建設；發展現代航運服務業，加快推進國際航運中心的建設等。香港則可配合發展中的內地航運和造船業，提供相關的航運服務，涵蓋船舶管理、經紀、租賃、融資，到海事保險、法律及仲裁以至船舶支援服務，為內地航運公司提供「走出去」的跳板及為國際航運公司提供進入內地市場的平台，以推動香港成為內地以至亞太區的國際航運服務樞紐。

香港的高增值專業海運服務發展成熟，形成海運服務業群。2016 年，香港約有 280 間公司提供船務代理及船舶管理服務；70 間公司提供船舶經紀服務；88 家保險公司提供船舶保險服務。國際保障及彌償組織的 13 個成員協會中，有 12 個在香港設有辦事處，為倫敦以外最大的服務群組；2016 年 10 月 24 日，國際海上保險聯盟宣布在香港設立亞洲區中心，成為聯盟在德國總部以外的首個分支組織，以促進海事保險業在香港以至內地及亞太地區的發展，進一步提升香港作為海運服務樞紐的地位。

2017 年，在香港營辦航線的國際海運公司約有 50 家，每星期提供約 320 班航班，目的地遍及全球約 470 個港口；逾 800 家與海運服務有關的公司在香港營業，提供船隻管理、船務經紀及船舶租賃、海事保險，以及海事法律及仲裁服務。中國國際經濟貿易仲裁委員會於 2012 年 9 月在香港設立仲裁中心；2014 年 11 月，中國海事仲裁委員會在香港正式設立其首個內地以外的仲裁中心，協助香港處理內地及海外航運企業的仲裁需求。香港國際仲裁中心於 2011 年至 2015 年，共處理 402 宗與海事相關的仲裁個案。2015 年 1 月，總部設於荷蘭海牙的常設仲裁法院與中央人民政府簽訂東道國協議，並與特區政府簽訂相關的行政安排備忘錄，確保常設法院負責管理的仲裁（包括國家與投資者之間的仲裁）可以在香港進行。2015 年 11 月 19 日，香港國際仲裁中心在中國（上海）自由貿易試驗區設立代表處並舉行揭牌儀式，為首家在內地設立代表處的國際仲裁機構。2017 年，香港國際仲裁中心共受理 532 宗仲裁案件，當中海事仲裁佔總案量 8.8%。

2017 年，香港港口在全球排名第五，處理 2077 萬個標準貨櫃，當中載貨貨櫃吞吐量約七成為轉運貨，內地轉運貨近四成。根據香港船舶註冊處統計，截至 2017 年 12 月，香港船舶數量為 2545 艘，註冊噸位超過 1.1 萬億載重噸，佔全球船舶註冊數量的 2.7%，全球位居第四。香港船東擁有的船隊，佔全球商船總載重噸位的 3%，全球排列第八。若計香港船東所管理及擁有共 2100 多艘船舶，總載重噸位佔全球商船約 10%。

一、港口業務

改革開放初期，國家開啟貿易體制改革，開展「三來一補」加工貿易等，吸引一批港商在廣東省設工廠。廣東及福建兩省因靠近港澳，具有加快經濟發展的有利條件，獲中央給予更多主動權，對外經濟活動實行特殊政策和靈活措施，試辦出口特區。1980年8月，全國人大常委會同意深圳、珠海、廈門、汕頭設置經濟特區，鼓勵港商在內的企業投資設廠。港商將原料及半製成品輸往內地加工，產品輸往國際市場銷售，在珠江三角洲地區形成「前店後廠」格局。[1] 其時，廣東省「交通運輸十分緊張」，港口「疏運能力低，船舶的停港時間長」。[2] 深圳市僅有幾個百噸級內河土坡碼頭，年吞吐量10多萬噸，「海上運輸幾乎是空白」。[3] 另一方面，香港擁有優良的天然海港，為東南亞之中樞港口。葵涌貨櫃碼頭第一至五號碼頭於自1972年至1976年陸續投入運作，設6個停泊處，以及150畝裝卸場地，包括貨櫃裝卸場和貨櫃貨運站，每年可處理150萬個20尺貨櫃，位居全球第四位、亞洲第二。航線方面，截至1978年，從香港往世界各地航線共18條，包括加拿大及美國西岸線、加拿大及美國東岸線、中南美洲線、歐洲線、地中海線、紅海線、東南非洲線、西非線、日本線、澳洲線、新西蘭線、巴基斯坦及海灣各港線、孟加拉灣及科倫坡線、新加坡線、曼谷線、印尼線、馬尼拉線、沙巴、沙撈越及北婆羅洲線。香港成為連接內地與海外市場的門戶港口。

1980年代初期，香港與內地港口更多貨運航線陸續通航。1981年9月27日，福建省主要僑鄉之一同安縣劉五店港貨輪正式與香港通航，有不定期的貨輪開往香港。1983年3月26日，香港明華船務有限公司開辦香港至廈門貨箱航線。3月28日，「華勝」輪集裝箱船抵達廈門東渡碼頭，是開港以來第一艘集裝箱船舶。4月7日，廈門至香港集裝箱航線通航，「華勝」輪首載118個載重箱，18個空箱由廈門往香港轉口歐洲。4月10日，再開闢香港至湛江貨箱航線；9月2日，廈門與香港之間的定期貨班輪正式開航。廣東及福建省以外，1980年3月26日，中國遠洋運輸總公司浙江省分公司的「姚江輪」，從寧波港啟航直達香港，是寧波—溫州—香港航線開闢後，第一艘從浙江省直接開來香港的貨輪。1982年8月，該航線從不定期航行改為每月上、中、下旬三次定期航行，開闢浙江省第一條遠洋運輸及散雜貨定期班輪航線。據香港統計處1983年首份《香港船務統計》，與港交通的內地港口包括大連、廣州、天津新港、南京、青島、秦皇島、上海、汕頭、天津、湛江、溫州、蕪湖、廈門、福州等。

1983年，在內地裝上的海運進口香港的貨物，以及從香港往內地的海運出口貨物量，分別為3,311,965噸及154,278噸，分別佔整體海運進口貨量，以及整體海運出口貨量的15.2%及3.4%；來自內地的海運抵港轉運貨物有783,815噸，在內地卸下的海運離港轉運貨物有102,332噸，分別佔整體海運抵港轉運貨量及整體海運離港轉運貨量的34.4%及3.6%（見表3-1-1）。香港貨櫃吞吐量亦持續增長。1983年香港貨櫃碼頭處理183萬個標

香港港口是華南地區貨物的門戶港和轉運樞紐。香港的轉運貨櫃吞吐量佔貨櫃總吞吐量，由 1998 年約三成三，上升至 2017 年超過七成，當中內地轉運貨物佔整體轉運貨物的比例，由 1998 年約兩成，上升至 2017 年近四成。圖為葵涌二號貨櫃碼頭。（香港國際貨櫃碼頭有限公司提供）

準貨櫃，緊迫第二大的紐約；至 1987 年，香港貨櫃吞吐量 3,457,182 個標準貨櫃，超越鹿特丹升至全球第一位。隨着內地貨物經港轉口的前景向好，航運業界認為擴大貨櫃碼頭區為當務之急。香港政府在 1980 年代初與香港碼頭營運商商討擴建葵涌貨櫃碼頭，以應付 1990 年代的航運需求，處理進出珠三角的轉運貨物。1988 年至 1995 年間，第六號至八號貨櫃碼頭陸續落成啟用。而香港貨櫃吞吐量自 1987 年至 2004 年間連續多年排名全球第一（1990、1991 及 1998 年排名第二），海運亦是此時期香港對外貿易的最主要運輸方式（見表 3-1-2）。

內地港口經歷 1980 年代的全面建設時期，至 1990 年代進入系統發展階段，港口開始注重深水化、專業化建設，逐漸發展專業化集裝箱碼頭。[4] 1991 年，深圳蛇口集裝箱碼頭建成，為深圳第一個集裝箱碼頭，並開闢至中東的鐘擺式航線。赤灣港集裝箱碼頭自 1992 年開始建設。1993 年，和記黃埔與深圳東鵬實業有限公司（東鵬實業於 1994 年更名深圳鹽

表 3-1-1　香港與內地海運貨運量

年份	從內地經海運進口香港的貨物量	從香港經海運出口到內地的貨物量	從內地經海運抵港轉運貨物量	經海運離港轉運到內地的貨物量	總貨運量
1983	3,311,965	154,278	783,815	102,332	4,352,390
1984	3,056,394	595,308	882,566	299,627	4,833,895
1985	2,544,039	1,090,179	1,045,811	1,043,167	5,723,196
1986	3,636,404	1,047,492	1,537,658	829,127	7,050,681
1987	4,414,928	710,597	1,809,558	1,270,262	8,205,345
1988	4,107,161	1,324,052	1,945,789	1,547,812	8,924,814
1989	4,308,408	1,981,638	2,122,967	1,356,192	9,769,205
1990	5,007,692	1,697,313	2,194,537	924,371	9,823,913
1991	5,166,119	2,477,972	2,379,369	1,624,994	11,648,454
1992	4,720,458	3,200,702	2,546,714	1,741,046	12,208,920
1993	5,308,000	3,183,000	3,363,000	2,048,000	13,902,000
1994	5,039,000	3,953,000	4,573,000	3,147,000	16,712,000
1995	5,330,000	4,924,000	5,252,000	4,190,000	19,696,000
1996	5,177,000	5,638,000	4,304,000	4,486,000	19,605,000
1997	4,666,000	5,944,000	4,409,000	4,882,000	19,901,000
1998	4,465,000	4,841,000	4,154,000	3,883,000	17,343,000
1999	3,715,000	2,606,000	5,158,000	3,704,000	15,183,000
2000	5,676,000	2,584,000	5,900,000	4,163,000	18,323,000
2001	6,589,000	2,351,000	5,185,000	4,891,000	19,016,000
2002	6,928,000	2,217,000	5,534,000	4,684,000	19,363,000
2003	7,026,000	2,787,000	6,225,000	5,577,000	21,615,000
2004	5,852,000	2,303,000	7,910,000	5,060,000	21,125,000
2005	6,327,000	1,983,000	8,415,000	5,318,000	22,043,000
2006	5,890,000	2,433,000	10,416,000	5,416,000	24,155,000
2007	7,702,000	2,592,000	12,668,000	5,772,000	28,734,000
2008	5,857,000	2,595,000	12,937,000	6,722,000	28,111,000
2009	4,957,000	2,307,000	7,708,000	6,418,000	21,390,000
2010	6,635,000	2,903,000	11,186,000	6,709,000	27,433,000
2011	6,576,000	3,963,000	14,212,000	8,341,000	33,092,000
2012	6,237,000	3,622,000	12,100,000	8,313,000	30,272,000
2013	9,225,000	2,381,000	12,139,000	7,561,000	31,306,000
2014	29,160,000	1,933,000	11,593,000	7,989,000	50,675,000
2015	19,806,000	1,424,000	9,100,000	6,051,000	36,381,000
2016	13,924,000	1,566,000	8,525,000	5,459,000	29,474,000
2017	14,231,000	1,672,000	8,220,000	8,358,000	32,481,000

資料來源：　香港特別行政區政府統計處《香港船務統計》。

表 3-1-2　港口貨物吞吐量（遠洋、河運）

（單位：萬公噸）

| 年份 | 海運貨物（遠洋） | | | 年份 | 河運貨物 | | |
	卸下（抵港）	裝上（離港）	海運貨物總吞吐量		卸下（抵港）	裝上（離港）	河運貨物總吞吐量
1983	2413.8	743.0	3156.8	1983	424.4	117.4	541.8
1984	2645.1	884.2	3529.3	1984	425.8	168.2	594.0
1985	2965.7	1003.2	3968.9	1985	526.4	260.0	786.4
1986	3510.1	1236.7	4746.8	1986	631.5	250.6	882.1
1987	3894.2	1461.5	5355.7	1987	615.2	325.8	941.0
1988	4425.8	1706.3	6132.1	1988	600.9	406.0	1006.9
1989	4579.2	1886.3	6465.5	1989	547.7	354.9	902.6
1990	4624.2	1976.6	6600.8	1990	602.6	326.2	928.8
1991	5289.9	2354.6	7644.5	1991	672.2	442.5	1114.7
1992	5892.3	2452.4	8344.7	1992	1162.7	770.6	1933.3
1993	6822.6	2787.3	9610.0	1993	1178.3	1025.5	2203.8
1994	7667.2	3427.4	11,094.7	1994	1617.2	1390.7	3007.9
1995	8704.8	4012.7	12,717.5	1995	1472.3	1400.9	2873.2
1996	8669.4	3914.5	12,583.8	1996	1423.5	1722.6	3146.1
1997	9195.0	4135.1	13,330.1	1997	1556.3	2036.5	3592.8
1998	9010.4	3737.8	12,748.2	1998	1674.7	2294.1	3968.8
1999	8862.1	3960.1	12,822.2	1999	1768.4	2293.2	4061.6
2000	8800.3	4293.4	13,093.7	2000	1893.2	2477.3	4370.6
2001	8850.6	4217.0	13,067.6	2001	2196.6	2556.8	4753.4
2002	9344.4	4485.7	13,830.1	2002	2628.4	2792.5	5421.0
2003	9936.3	4925.5	14,861.8	2003	2919.1	2980.3	5899.4
2004	10,461.2	5400.6	15,861.7	2004	3024.2	3201.9	6226.2
2005	10,669.5	5477.2	16,146.7	2005	3426.1	3441.1	6867.2
2006	10,657.9	5962.9	16,620.8	2006	3496.3	3706.8	7203.1
2007	10,943.5	6791.2	17,734.7	2007	3188.9	3619.7	6808.6
2008	11,022.0	6975.5	17,997.4	2008	3575.7	4367.1	7942.8
2009	10,561.2	5597.9	16,159.1	2009	3368.1	4769.4	8137.6
2010	11,444.7	6755.7	18,200.4	2010	3981.6	4599.5	8581.1
2011	12,018.5	7474.2	19,492.6	2011	3765.6	4486.2	8251.8
2012	11,744.8	7141.2	18,886.0	2012	3725.1	4317.2	8042.3
2013	11,607.1	6816.8	18,423.8	2013	4620.5	4561.2	9181.7
2014	13,052.7	6679.3	19,732.1	2014	5365.7	4675.8	10,041.6
2015	11,218.0	5640.6	16,858.6	2015	4062.8	4734.5	8797.3
2016	11,029.1	5379.4	16,408.4	2016	4048.3	5216.3	9264.6
2017	11,887.3	5801.7	17,688.9	2017	5570.5	4895.1	10,465.6

資料來源：　香港特別行政區政府統計處；鄭國漢、王于漸編：《港口設施及貨櫃處理服務》。

注：1. 海運貨物是指越過內河航限操作的船隻所運載的貨物。內河航限是指香港鄰近水域，包括珠江、大鵬灣和澳門，以及其他在廣東和廣西與香港鄰近水域相連的內陸水域。

2. 抵港貨物數字不包括經邊境的輸送系統進入的碎石及石粉。

3. 自 1992 年起採用對遠洋及內河貨運的新定義。

田港集團有限公司）合資經營鹽田港區集裝箱碼頭，翌年 7 月開港，開通首條國際航線。[5]
廣州港區則隨着船舶大型化而沿珠江逐步向出海口延伸，新沙港區一期於 2000 年全面完工；南沙港區一二期 10 個深水集裝箱泊位 2007 年全面建成投產。船隻可直接掛靠內地港口，加上兩地港口服務質素差異日益縮小，改變了香港的地位，珠江三角洲港口集裝箱運輸由香港一元結構向香港、深圳、廣州三元結構轉變。2005 年起，香港在世界貨櫃港口的排名開始下跌，而上海的世界排名則於 2007 年起超越香港，排名全球第二，貨櫃吞吐量

表 3-1-3　世界貨櫃港口的吞吐量排列

排名	1987	1988	1989	1990	1991	1992	1993	1994	1995	1996	1997	1998	1999	2000	200…
1	香港 345.7	香港 403.3	香港 446.4	新加坡 522.4	新加坡 635.4	香港 797.2	香港 920.4	香港 1105	香港 1255	香港 1346	香港 1438.6	新加坡 1513.6	香港 1621.1	香港 1809.8	香港 178…
2	鹿特丹 281.3	新加坡 337.5	新加坡 436.4	香港 510.1	香港 616.2	新加坡 755.6	新加坡 904.7	新加坡 1040	新加坡 1184.6	新加坡 1294.5	新加坡 1413.6	香港 1458.2	新加坡 1594.5	新加坡 1708.7	新加… 155…
3	高雄 277.9	鹿特丹 328.9	鹿特丹 361.7	鹿特丹 366.7	高雄 391.3	鹿特丹 412.3	高雄 463.6	高雄 490.0	高雄 505.3	高雄 506.3	高雄 569.3	高雄 627.1	高雄 698.5	釜山 754	釜山 807…
4	新加坡 263.5	高雄 308.3	高雄 338.3	高雄 349.5	鹿特丹 376.6	高雄 396.1	鹿特丹 416.1	鹿特丹 453.9	鹿特丹 478.7	鹿特丹 500.7	鹿特丹 549.5	鹿特丹 601.1	釜山 644	高雄 742.6	高雄 754…
5	紐約 208.9	神戶 226.3	神戶 245.9	神戶 259.6	釜山 269.4	釜山 275.1	釜山 307.1	釜山 321.3	釜山 450.3	釜山 468.4*	釜山 523.4	釜山 594.6	鹿特丹 634.3	鹿特丹 627.5	上海 63…
6	釜山 194.9	紐約 209.6	釜山 215.8	釜山 234.8	神戶 263.5	神戶 260.8	神戶 269.6	漢堡 272.6	漢堡 289.0	漢堡 305.4	長堤 350.5	長堤 409.8	長堤 440.8	上海 561.3	鹿特… 609…
7	基隆 193.9	釜山 206.5	洛杉磯 205.7	洛杉磯 211.6	漢堡 218.9	洛杉磯 228.9	漢堡 248.6	長堤 257.4	長堤 284.4	長堤 300.7	漢堡 333.7	漢堡 355	上海 421	洛杉磯 487.9	洛杉… 518…
8	神戶 187.7	基隆 171	紐約 198.8	漢堡 196.9	洛杉磯 203.8	漢堡 226.8	洛杉磯 237.6	洛杉磯 251.9	橫濱 275.7	洛杉磯 268.3	安特衞普 296.9	洛杉磯 337.8	洛杉磯 382.9	長堤 460.1	深圳 507…
9	洛杉磯 158	洛杉磯 165.2	基隆 178.7	紐約 187.2	基隆 200.5	紐約 210.4	橫濱 216.8	橫濱 231.7	洛杉磯 255.5	安特衞普 262	洛杉磯 296	安特衞普 326.6	漢堡 373.8	漢堡 424.8	漢堡 468…
10	不詳	漢堡 162.2	漢堡 172.8	基隆 182.8	紐約 186.5	基隆 194.1	長堤 207.9	安特衞普 220.8	安特衞普 232.9	橫濱 240	杜拜 260	上海 306.6	安特衞普 361.4	安特衞普 410	長堤 446…

資料來源：　香港特別行政區政府統計處《香港船務統計》。
注：＊臨時數字

為 26,152,000 個標準貨櫃，香港則為 23,998,000 個標準貨櫃。2013 年，深圳港口貨櫃吞吐量 23,278,000 個標準貨櫃，全球排名第三，處理量超越香港的 22,352,000 個標準貨櫃。2015 年，寧波—舟山貨櫃吞吐量 20,627,000 個標準貨櫃，全球排名第四，香港則以 20,073,000 個標準貨櫃位列第五。內地其餘港口包括青島、廣州、天津均於 2007 年起陸續打入全球貨櫃港十大排名（見表 3-1-3）。

（單位：萬標準貨櫃）

02	2003	2004	2005	2006	2007	2008	2009	2010	2011	2012	2013	2014	2015	2016	2017
香港 14.4	香港 2044.9	香港 2198.4	新加坡 2319.2	新加坡 2479.2	新加坡 2793.6	新加坡 2991.8	新加坡 2586.7	上海 2906.9	上海 3173.9	上海 3252.9	上海 3361.7	上海 3528.5	上海 3653.7	上海 3713.3	上海 4023.3
加坡 94.1	新加坡 1841.1	新加坡 2132.9	香港 2260.2	香港 2353.9	上海 2615.2	上海 2800.6	上海 2500.2	新加坡 2843.1	新加坡 2993.8	新加坡 3164.9	新加坡 3257.9	新加坡 3386.9	新加坡 3092.2	新加坡 3090.4	新加坡 3366.7
山 5.3	上海 1128.2	上海 1455.4	上海 1808.4	上海 2171.9	香港 2399.8	香港 2449.4	香港 2104	香港 2369.9	香港 2438.4	香港 2311.7	深圳 2327.8	深圳 2403.7	深圳 2420.5	深圳 2397.9	深圳 2520.9
海 61	深圳 1065	深圳 1365.9	深圳 1619.7	深圳 1847	深圳 2109.9	深圳 2141.7	深圳 1825	深圳 2251	深圳 2257.1	深圳 2294.1	香港 2235.2	香港 2222.6	寧波—舟山 2062.7	寧波—舟山 2156.1	寧波—舟山 2460.7
雄 9.3	釜山 1040.8	釜山 1149.2	釜山 1184.3	釜山 1203.9	釜山 1326.1	釜山 1345.3	釜山 1198	釜山 1419.4	釜山 1618.5	釜山 1704.6	釜山 1768.6	寧波—舟山 1945	香港 2007.3	香港 1981.3	香港 2077
圳 1.4	高雄 884.3	高雄 971.4	高雄 947.1	高雄 977.5	鹿特丹 1079.1	杜拜 1182.7	廣州 1120	寧波—舟山 1314.7	寧波—舟山 1471.9	寧波—舟山 1617.5	寧波—舟山 1735.1	釜山 1868.3	釜山 1946.9	釜山 1945.6	釜山 2049.3
特丹 0.6	洛杉磯 717.9	鹿特丹 829.2	鹿特丹 928.8	鹿特丹 965.3	杜拜 1065.3	廣州 1100.1	杜拜 1112.4	廣州 1254.6	廣州 1425	廣州 1454.7	青島 1552.2	青島 1658	廣州 1762.5	廣州 1885.8	廣州 2035.6
杉磯 0.6	鹿特丹 714.4	洛杉磯 732.1	漢堡 808.8	杜拜 892.3	高雄 1025.7	寧波—舟山 1093.4	寧波—舟山 1050.3	青島 1201.2	杜拜 1303.1	青島 1450.3	廣州 1503.9	廣州 1638.9	青島 1743.6	青島 1805	青島 1830.9
堡 7.4	漢堡 613.8	漢堡 700.3	杜拜 761.9	漢堡 886.2	漢堡 989	鹿特丹 1078.4	青島 1027.6	杜拜 1160	青島 1302	杜拜 1328	杜拜 1364.1	杜拜 1524.9	杜拜 1559.2	杜拜 1477.2	杜拜 1536.8
特衛普 7.7	安特衛普 544.5	杜拜 642.9	洛杉磯 748.5	洛杉磯 847	青島 946.6	青島 1037.7	鹿特丹 974.3	鹿特丹 1114.8	鹿特丹 1187.7	天津 1230.3	天津 1301.2	天津 1406.1	天津 1411.1	天津 1451.9	天津 1506.9

按照學者分析，香港在深圳港和廣州港急速發展下繼續保持世界前十大貨櫃港的位置，「其中一個主要原因是中國的沿海運輸權政策」。[6] 1993 年 7 月 1 日起，內地施行《中華人民共和國海商法》，其中第四條規定：「中華人民共和國港口之間的海上運輸和拖航，由懸掛中華人民共和國國旗的船舶經營。但是，法律、行政法規另有規定的除外。非經國務院交通主管部門批准，外國籍船舶不得經營中華人民共和國港口之間的海上運輸和拖航。」在「一國兩制」下，香港與內地港口間的貨物往來並不被視為境內運輸，貨櫃在內地港口裝上外籍貨船後，可以經香港轉運至另一內地港口。1998 年，香港港口轉運貨櫃吞吐量佔總貨櫃吞吐量 33.8%，至 2003 年，佔比超過一半至 51.6%，其後逐年增加，直至 2017 年，港口轉運貨櫃吞吐量佔總貨櫃吞吐量 71.2%。內地則是抵港轉運貨物的主要裝貨國家，亦是離港轉運貨物的主要卸貨國家，香港成為屬於中國同時位於境外的轉運樞紐（見表 3-1-4）。

表 3-1-4　載貨貨櫃吞吐量（轉運）及佔比

年份	載貨貨櫃吞吐量（抵港轉運）（萬標準貨櫃）	載貨貨櫃吞吐量（離港轉運）（萬標準貨櫃）	貨櫃總吞吐量（萬標準貨櫃）	佔比（%）	內地抵港轉運（萬標準貨櫃）	內地離港轉運（萬標準貨櫃）	內地轉運佔比（%）
1998	174.5	214.2	1148.9	33.8	48.6	30.7	20.4
1999	224.8	263.5	1280.1	38.1	60.1	28.8	18.2
2000	281.2	312.2	1424.8	41.6	128.3	109.7	40.1
2001	302.6	343.1	1418.9	45.5	130.9	135.0	41.2
2002	347.3	393.4	1532.2	48.3	157.9	151.1	41.7
2003	408.4	445.0	1653.2	51.6	202.1	164.0	42.9
2004	475.1	473.6	1788.3	53.1	239.8	162.4	42.4
2005	526.5	488.6	1845.3	55.0	258.1	168.5	42.0
2006	551.1	545.4	1934.4	56.7	265.0	174.3	40.1
2007	593.4	626.2	1990.7	61.3	302.9	177.8	39.4
2008	630.9	650.9	2027.2	63.2	319.7	179.1	38.9
2009	556.5	586.2	1772.6	64.5	247.7	200.7	39.2
2010	654.4	667.8	2000.2	66.1	317.7	202.3	39.3
2011	710.1	714.6	2069.7	68.8	345.6	213.2	39.2
2012	700.0	693.9	1965.3	70.9	308.7	211.1	37.3
2013	698.8	675.5	1925.4	71.4	307.6	214.2	38.0
2014	672.2	666.1	1904.1	70.3	294.7	219.1	38.4
2015	591.7	587.5	1710.8	68.9	256.9	195.5	38.4
2016	601.0	568.8	1697.9	68.9	252.3	197.8	38.5
2017	649.1	614.8	1775.2	71.2	250.7	233.3	38.3

資料來源：　香港特別行政區政府統計處《香港船務統計》。
注：從 1998 年起，一系列新的貨櫃吞吐量數字開始編製。

二、船舶註冊

香港船舶登記註冊制度有超過 150 年歷史。1990 年前,香港並沒有自己的船舶註冊體系,船舶均是在英國船舶註冊體系下註冊。1986 年,中英聯合聯絡小組同意設立獨立的香港船舶註冊紀錄冊。1990 年 12 月 3 日,香港船舶註冊處成立。該年底香港註冊船舶 765 艘,總噸位 6,285,000 噸。1997 年回歸前夕,由於政治前景及往台灣地區的航行安排不明朗,加上亞洲經濟危機,香港註冊船舶跌至 5,658,000 總噸位。回歸後,按基本法 125 條規定,香港特別行政區經中華人民共和國政府授權,進行獨立船舶登記,並根據香港特別行政區的法律,以「中國香港」名義頒發有關證件,香港可以沿用過往的船舶管理制度和航運法例,包括船員管理、界定航運業特定職能和責任等。

1999 年,香港推行船舶註冊改革,簡化收費結構、把規管上和技術上的要求重新與國際標準接軌、為香港船舶引入「註冊船舶品質管理」系統、精簡註冊程序等。1999 年 12 月 28 日,特區政府經濟局與交通部簽署《內地和香港特別行政區關於對內地和香港兩地登記註冊的船舶在對方港口停靠時徵收船舶噸稅的備忘錄》。香港註冊船隻停靠內地港口,可按優惠稅率計算港口稅。一艘淨重為五萬噸的香港註冊船隻在停靠內地港口時,將可節省約六萬元,即約省卻 30% 港口稅。這是香港與內地首次就船舶噸稅簽訂的互惠協議。

另一方面,海事處開始主動向內地船東推廣,包括於 2000 年 10 月在大連首次舉辦研討會,推廣香港船舶註冊服務。2003 年 7 月海事處推行註冊前品質管理制度,若申請註冊船隻質素及有關船公司被評為有問題,船東在註冊前須承擔由香港海事處驗船主任進行轉旗驗船的費用,以提高香港註冊船舶的質素。2004 年 3 月,香港首次獲美國海岸防衛隊「21 世紀優質船舶計劃」確認,意味香港註冊船舶於美國水域享有優惠,可接受較少港口國監督檢驗。

香港船舶實行一系列改良措施,「得到本地船東支持,更吸引大量大中華地區的重要船東來港註冊」。[7] 2004 年 7 月,中海集裝箱運輸股份有限公司旗下的超級集裝箱船「中海亞洲」在香港首航。該船於香港註冊,運載力 8500 個標準貨櫃,是當時全球最大的集裝箱船。2008 年 4 月,中國第一艘建造和擁有的液化天然氣貨輪「大鵬昊」在香港註冊 。2011 年 1 月,中國海運集團旗下集裝箱船「中海之星」成為香港船舶註冊一員。該船為當時全球最大集裝箱船,載貨量 14,100 個標準貨櫃。2015 年 3 月,在香港註冊的載貨量 19,100 個標準貨櫃集裝箱船「中海北冰洋」交付運營,該船是當時香港船舶註冊處最大的集裝箱船。2015 年 9 月底,隨着招商局能源運輸股份有限公司(招商輪船)的 40 萬噸超大型礦砂船「明成」在港註冊,香港的船舶註冊噸位突破一億總噸,船隻數目共 2449 艘。至 2016 年年底,在香港註冊的船舶中,屬香港船東佔 41%,共 71,173,000 載重噸;30.4% 屬內地船東,共 52,748,000 載重噸。

2004 年 7 月 13 日，中海集裝箱運輸股份有限公司旗下的集裝箱船「中海亞洲」號在香港首航，該船於香港註冊，運載力 8500 個標準貨櫃，是當時全球最大集裝箱船。經濟發展及勞工局局長葉澍堃（左二）在葵涌香港國際貨櫃碼頭主持首航啟動儀式。（香港特別行政區政府提供）

2004 年 7 月 13 日，在香港首航的集裝箱船「中海亞洲」號停泊於葵涌八號貨櫃碼頭以東。（南華早報出版有限公司提供）

2008 年 4 月 3 日，中國第一艘液化天然氣貨輪「大鵬昊」在香港船舶註冊處註冊，該輪容量為 147,210 立方米，是
招商集團、中遠集團和英國石油公司合資建造及擁有。圖為當日大鵬昊在上海交付船東。（新華社提供）

香港船舶註冊的船舶噸位於 2015 年 9 月底突破一億總噸，翌年 3 月 4 日舉辦誌慶酒會。運輸及房屋局局長張炳良
（中），與運輸及房屋局常任秘書長（運輸）黎以德（左四）、海事處處長鄭美施（左二）及其他嘉賓一同主持亮燈儀式。
（香港特別行政區政府提供）

至 2017 年年底，香港為世界第四大船舶註冊地，僅次於巴拿馬、馬紹爾群島及利比里亞，船舶載重噸為 181,428,000 噸，其中屬內地船東的香港註冊船舶共 58,683,000 載重噸，佔 32.3%，比重僅次於香港船東（39.9%，共 72,453,000 載重噸）。該年於香港船舶註冊擁有最高總噸的船東為中國海運（香港）集團。

表 3-1-5　香港註冊船舶統計

年份	船隻數目	總噸位（萬噸）
1990	765	628.5
1991	663	647.5
1992	583	732.0
1993	597	775.1
1994	592	800.3
1995	582	889.0
1996	544	787.7
1997	484	565.8
1998	479	621.3
1999	521	833.8
2000	577	1039.7
2001	653	1372.6
2002	758	1623.0
2003	880	2060.4
2004	1009	2556.5
2005	1085	2979.8
2006	1150	3252.9
2007	1227	3596.7
2008	1361	3964.3
2009	1496	4490.4
2010	1735	5651.0
2011	1952	6833.3
2012	2193	7885.5
2013	2327	8643.5
2014	2373	9278.2
2015	2477	10,229.0
2016	2513	10,757.0
2017	2545	11,384.0

資料來源： 海事處《香港註冊船舶統計》。
注：截至年底數字。

第二節 空運

一、往來內地航線

改革開放初期，中國民航國際航線共 12 條，與香港則無定期航班。1978 年，內地與香港商討港穗客機通航。由於中英之間未有航空協定，只可以包機形式，乘客對象主要為參加 10 月廣州舉行的秋季中國出口商品交易會（秋交會）的客商。包機所用飛機為中國民航派出的三叉戟客機，怡和獲委託地勤工作，售票由香港中國旅行社和中國航空公司辦理。10 月 12 日，中國民航來往香港與廣州的客運包機開航。包機在秋交會期間每日上下午各對開一班，其後各增一班，至 11 月中旬秋交會會期完結。是次港穗包機為日後「香港與中國其他城市航空服務的先聲」。[8]

1978 年 10 月 3 日，香港民航處與中國民航局達成協議，由該年 10 月 12 日起，在中國出口商品交易會舉行期間，每天有兩班包機對開來往廣州及香港。圖為 1978 年 10 月 10 日穗港包機開航前夕，香港《大公報》的相關報道，左上圖為來往香港與廣州的中國民航三叉戟客機；左下圖為負責包機地勤服務的怡和公司航空部，在開航前於啟德機場櫃台試掛「中國民航」標誌；下圖為中國民用航空穗港包機客票。（香港大公文匯傳媒集團提供）

1979 年 11 月，中英兩國簽署民用航空運輸協定，內地可以選定數個城市與香港開辦定期班機。1980 年 6 月 21 日，來往香港至上海的定期航線首航，除中國民航班機外，國泰航空亦有航班往來滬港，是香港航機 30 年來首次正式重返內地。11 月，北京倫敦訂定正式通航的同時，香港與北京、杭州及廣州亦開辦定期直達航班。4 日，香港至北京航線正式通航，每周三天開出。1981 年 10 月至 11 月，香港與天津、南京及昆明間的民航服務相繼開辦。1980 年代，香港至內地各地城市包括桂林、成都、西安、廈門、海口、大連、鄭州、湛江、青島、南昌等包機或定期班機服務陸續開通；至 2000 年，香港與內地約 40 個城市有定期或固定航班。

2000 年 2 月 2 日，香港與內地簽署《內地和香港特別行政區間航空運輸安排》（《安排》），提供架構以利便航空公司的經營，促進兩地之間航空服務發展。2001 年開始，香港定期與內地商討擴展《安排》，提升兩地航空公司可經營的航點及運力。2004 年《安排》檢討後，兩地間 44 條航線上（北京、成都、重慶、大連、福州、廣州、杭州、黃山、昆明、蘭州、寧波、青島、上海、汕頭、瀋陽、太原、天津、廈門、西安、長春、長沙、桂林、貴陽、海口、哈爾濱、合肥、濟南、梅縣、南昌、南京、南寧、溫州、武漢、煙台、湛江、鄭州、三亞、石家莊、武夷山、烏魯木齊、深圳、北海、洛陽、張家界）增加「麗江」新航線。2006 年 7 月，香港與內地間新增 11 個通航地點，分別為海拉爾、延吉、佳木斯、齊齊哈爾、牡丹江、威海、西雙版納、拉薩、喀什、銀川、宜昌。至此，香港與內地通航城市共 56 個，覆蓋絕大部分內地主要城市。2014 年 12 月，《安排》再擴展，兩地定期航班通航點增至 66 個。2017 年，《安排》下包括 68 個定期航班通航點。

2000 年 2 月 2 日，經濟局局長葉澍堃（左）與民用航空總局副局長鮑培德在北京簽署《內地和香港特別行政區間航空運輸安排》。（香港特別行政區政府提供）

截至 2017 年，香港已簽署 67 份雙邊民用航空運輸協定；195 個定期航班目的地涵蓋北亞、東南亞、中東／中亞／南亞、歐洲、澳大拉西亞／太平洋島嶼、非洲、北美、中美及南美，當中有 42 個往來內地城市的航班目的地，包括北京、長春、長沙、成都、重慶、大連、廣州、桂林、貴陽、海口、杭州、哈爾濱、揭陽、濟南、晉江、昆明、梅縣、南昌、南京、南寧、寧波、青島、三亞、上海／虹橋、上海／浦東、瀋陽、石家莊、太原、天津、烏蘭巴托、溫州、武漢、無錫、武夷山、廈門、西安、西寧、徐州、煙台、義烏、湛江、鄭州。

二、航空運輸業務

1978 年內地改革開放後，香港再次成為中國通往世界的門戶。1980 年代，兩地貿易快速增長，內地成為香港最主要出口市場、轉口貿易市場和進口來源地，惟逾半香港整體貿易是經海路運輸，此時期香港最主要的空運貿易伙伴是美國和日本。在香港對內地的空運貿易方面，於改革開放初期，貿易所涉及的首先是勞動密集型消費產品，時間價值低，不需依賴航空運輸。[9] 1979 年，來自內地空運進口額為 8800 萬元（同年，來自日本空運進口額為 35.86 億元、來自美國進口額為 33.86 億元），對內地轉口額為 3400 萬元（同年，對日本轉口額為 12.28 億元、對美國轉口額為 8.27 億元）；至 1990 年，對內地空運貿易轉口額升至 34.42 億元（同年，對美國空運轉口額為 132.02 億元、對台灣地區 88.04 億元、對日本 74.42 億元）。

1990 年代，香港對外貿易的最主要運輸方式仍以海運為主，但其佔香港整體貿易貨值逐漸下跌，空運貿易日趨重要，每年貨值平均增長 11%。空運貨量方面，1996 年起，香港國際機場成為全球最繁忙的國際貨運機場，[10] 1998 年，赤鱲角香港國際機場啟用，跑道其後增加至兩條，航機升降處理量及貨運能力提升。至 1999 年，空運貿易佔香港整體貿易貨值近四分之一，日本和美國雖然仍然是此時期香港空運進口兩大供應地，惟其比重逐漸下降。空運對香港與內地之間貿易的重要性增加：空運進口額由 1990 年 23.79 億元（佔整體空運進口 1.9%）增至 1999 年 162.99 億元（4.5%）；轉口額由 1990 年 34.42 億元（佔整體空運轉口 5.2%）增至 1999 年 222.66 億元（9.2%）。

2000 年 2 月，香港與內地簽署《內地和香港特別行政區間航空運輸安排》（《安排》），包括提供充裕運力，讓兩地的航空公司增加服務，滿足市場的運輸需求。2001 年開始，香港定期與內地商討擴展《安排》，提升兩地航空公司可經營的航點及運力。2004 年《安排》檢討後，容許更多兩地航空公司加入市場、大幅增加班次、串飛兩個內地航點及代碼共享。2006 年 7 月，取消大部分航線的運力限制。2007 年 12 月，香港與內地簽訂新的備忘錄，2008 年 3 月底起，雙方在大部分航線的指定航空公司數目不再受限制；2008 年夏秋季起，取消 14 條航線的運力限制；貨運方面，2008 年至 2009 年冬春季起，貨運服務全面開放，運力限制完全取消。

特區政府逐步開放香港的航空服務市場，推行航空貨運服務開放政策，以吸引更多空運貨物經由香港國際機場處理，包括 2000 年 5 月生效的《航空貨物轉運（促進）條例》，放寬對多類經香港轉運的航空貨物的進出口管制。香港國際機場及航空／航空運輸業界亦開始積極發展多式聯運服務，以海陸交通網絡連繫珠江三角洲，加強香港在珠三角經濟體系與世界市場之間的重要中介角色，包括空運貨站於 2000 年推出「超級中國幹線」空陸直轉多式聯運服務。在香港空運業發展多式聯運服務方面，機管局於 2001 年啟用香港國際機場海運碼頭；2003 年啟用海天客運碼頭；2005 年推出內地預辦登機服務；2008 年推出港深機場中轉服務等。

香港對外貿易主要運輸方式於此時期有較大轉變。空運漸漸取代海運在香港進口的重要性，2003 年，以貨值計算，空運是香港最主要進口途徑，佔 34.5%。2005 年，空運與陸運取代海運成為香港商品貿易主要付運方式，空運及陸運在香港整體出口貨值中分別佔 30.6% 及 30.9%。內地同年取代美國，成為香港整體空運出口的最大目的地，貨值為 1385 億元，佔 20.1%。2009 年，內地取代日本成為香港最大空運供應地，進口貨值 1367 億元，佔 13%。2010 年起連續 10 年，香港國際機場成為全球最繁忙貨運機場。[11]

2017 年，香港國際機場客運量 7246 萬人次，進出香港航班數目 420,659 架次，貨運量 494 萬公噸。香港空運整體出口貨值 14,926.43 億元，佔整體 38.5%，僅次陸運。香港空運貿易整體出口往內地貨值 3436.58 億元，是香港空運整體出口最大目的地，佔比 23%。香港空運進口貨值 19,472.74 億元，佔 44.7%，內地是最大供應地，進口貨值為 2911.74 億元，佔香港空運進口貨總貨值 15%。

三、發展多式聯運服務

1. 超級中國幹線

香港空運貨站附屬公司「香港空運服務有限公司」於 2000 年推出空陸直轉多式聯運服務「超級中國幹線」，連接香港及內地，以應付兩地的貨物聯運需求。2000 年 8 月 2 日，首條「超級中國幹線」開通，以香港為中轉站輸往內地的海外貨物，在香港國際機場貨運站進行清關並貼上封條後，可直接經陸路付運至廣州白雲國際機場，毋須在邊境接受香港及深圳海關檢查，縮短貨物在跨界通道的清關時間。貨物抵廣州白雲國際機場後，可經空運或陸運到內地其他城市，或以包車直接送交珠三角地區的收貨人；國泰航空為超級中國幹線的首個顧客。2001 年 6 月，加開每日由廣州白雲國際機場南下直達香港空運貨站的封關貨車運輸服務。其後服務擴至深圳寶安國際機場。

2002 年 4 月，服務擴至黃埔保稅區。9 月，增加 14 個位於珠江三角洲地區的目的地，貨物抵黃埔保稅區後以定時集裝車轉送東莞雁田、鳳崗、長安、太平、篁村、清遠、肇慶、

表 3-2-1　香港與內地空運貿易貨值

（單位：億元）

年份	進口	整體出口	港產品出口	轉口
1979	0.88	不適用	不適用	0.34
1980	2.48	不適用	不適用	3.75
1981	3.47	不適用	不適用	3.92
1982	4.18	不適用	不適用	3.61
1983	6.04	9.38	1.26	8.11
1984	8.77	16.22	1.75	14.47
1985	10.93	24.06	2.18	21.88
1986	15.28	23.57	2.07	21.50
1987	16.13	32.18	2.66	29.52
1988	20.78	32.11	2.84	29.27
1989	19.09	34.80	3.03	31.78
1990	23.79	37.56	3.14	34.42
1991	25.52	49.23	4.15	45.07
1992	32.01	62.28	4.52	57.76
1993	38.21	82.34	5.94	76.40
1994	55.63	78.99	6.79	72.20
1995	81.52	96.99	10.33	86.66
1996	96.46	109.15	12.09	97.06
1997	113.72	109.51	16.97	92.54
1998	93.55	143.32	19.92	123.40
1999	162.99	246.85	24.19	222.66
2000	247.18	403.40	34.60	368.80
2001	225.16	545.51	29.03	516.49
2002	317.39	624.74	25.32	599.41
2003	455.34	748.44	15.71	732.73
2004	726.08	1053.35	26.33	1027.03
2005	1030.69	1385.02	59.99	1325.03
2006	1224.38	1589.12	28.61	1560.51
2007	1336.22	1915.19	27.43	1887.77
2008	1430.56	2061.92	17.64	2044.28
2009	1367.28	1948.93	14.43	1934.50
2010	1656.55	2303.64	18.72	2284.92
2011	1670.49	2943.79	18.95	2924.83
2012	1846.88	3208.40	14.96	3193.44
2013	2300.33	3601.40	14.11	3587.29
2014	2524.00	3630.91	14.42	3616.49
2015	2698.10	3449.79	13.36	3436.43
2016	2512.13	3206.22	9.54	3196.68
2017	2911.74	3436.58	10.19	3426.39

資料來源： 香港特別行政區政府統計處《香港對外貿易回顧》、《香港對外商品貿易》。

高明、順德、番禺、新會、台山、中山、汕頭。2003 年，服務擴展至廈門和福州；是年經超級中國幹線處理貨物共 5460 公噸。2004 年 7 月，包車服務伸延至珠江三角洲 57 個目的地，提供到府送遞。2005 年 4 月，繼廣州白雲國際機場、深圳寶安國際機場、黃埔保稅區、廈門及福州後，增設東莞（虎門）貨物收發中心；是年經超級中國幹線處理貨物共 17,500 公噸。2012 年，香港空運服務有限公司配合香港海關「多模式聯運轉運貨物便利計劃」，為超級中國幹線貨車安裝全球定位系統設備及電子鎖，駛經海關管制站，若沒有被抽查便可直接過關，毋須停留，加快清關時間。

2012 年 10 月 15 日，香港空運服務有限公司與廣東虎門港在深圳簽訂「超級中國幹線」項目合作協議，建立東莞保稅物流中心與香港國際機場的快速通道，2015 年 7 月投入營運。2015 年，香港空運服務有限公司在廣州南沙開設第七個貨物收發中心，以電子商貿為服務對象。直至 2017 年，經「超級中國幹線」處理的貨物量為 16,015 公噸（見表 3-2-2）。

表 3-2-2　經「超級中國幹線」處理的貨物量

（單位：公噸）

年份	處理的貨物量
2006	12,185
2007	14,964
2008	13,598
2009	15,912
2010	17,154
2011	16,604
2012	14,202
2013	16,264
2014	23,975
2015	19,121
2016	16,025
2017	16,015

資料來源：　香港特別行政區政府運輸及房屋局。

2. 海運碼頭及海天客運碼頭

香港國際機場啟用初期，以機場為運送起點或目的地的空運貨物，均以貨車運送來往機場。2001 年 3 月 28 日，香港國際機場海運碼頭（前稱海運貨站）正式啟用，啟用初期提供往返珠江三角洲 16 個港口的貨運服務，由華南地區運往海外的貨物，除經陸路運抵香港國際機場外，也可選擇水路運輸。2001 年 4 月起，海關為往來珠江三角洲的空海聯運方式轉運貨物提供一站式清關服務，以配合香港國際機場海運碼頭的運作。

機管局在發展機場海運碼頭項目時，亦有開設機場客運碼頭的設想。2002 年 1 月，機管局與珠江船務及信德中旅簽訂合作意向書，合作投資經營機場客運碼頭，同年 6 月簽署專營

合約。2003 年 9 月,香港國際機場海天客運碼頭正式啟用,提供往來蛇口、深圳福永港、東莞虎門、澳門外港碼頭與香港國際機場的跨境快船服務。旅客抵達海天客運碼頭後,隨即轉乘接駁巴士往機場客運大樓(禁區)的登機閘口,當中毋須辦理入境及清關手續;服務其後增加往來中山港及珠海九洲港的航線,並推出在上游港口提供預辦登機服務,營運三年共 350 萬人次使用。

2006 年,機管局宣布斥資 10 億興建永久海天客運碼頭,以提升可接待客運量。2010 年,新的海天客運碼頭正式啟用;年內,增設往來廣州南沙和澳門氹仔的航線。2015 年 7 月,增加往來廣州蓮花山航線。2016 年至 2017 年度,海天客運碼頭客運量達 260 萬人次,當中共有 93 萬人次使用預辦登機服務。

3. 內地預辦登機及港深機場中轉服務

2005 年 11 月,香港國際機場與蛇口碼頭聯手推出預辦登機服務,旅客可於蛇口碼頭辦理登記手續,包括領取登機證及託運行李。旅客乘船抵達香港國際機場後,毋須辦理任何手續即可登機,行李付運至轉乘的飛機航班,預辦登機服務初期適用於國泰航空及港龍航空的航班,是全球首創的跨境預辦登機服務。預辦登機服務其後陸續擴展至深圳福永、澳門、東莞虎門、珠海九洲、廣州蓮花山等港口;陸路車站如:深圳京基百納廣場、福田汽車站也有提供領取登機證的預辦登機服務。2016 年至 2017 年度共 21 家航空公司參與提供預辦登機服務,旅客使用人次達 93 萬人次。

香港國際機場與深圳寶安國際機場合作推出「港深機場中轉服務」計劃,旅客可在香港國際機場或深圳寶安國際機場,預辦中轉航班的登機手續和領取登機證。圖為深圳機場設立的專門櫃台,為前往香港轉飛機的旅客預辦登機手續。(機場管理局提供)

2008 年 5 月 19 日，港深兩地機場簽署《深港機場客運合作框架協議書》，為日後進一步合作奠定基礎。同年 10 月，香港國際機場與深圳寶安國際機場正式合作推出「港深機場中轉服務」計劃（又稱「港深飛、深港飛」），旅客可在香港國際機場或深圳寶安國際機場預辦中轉航班的登機手續和領取登機證，然後乘跨境客車前往中轉機場轉乘飛機；首批參與計劃的航空公司共 13 家。該計劃將兩地機場的陸路連接更緊密，讓香港國際機場的國際網絡與深圳機場的內地航線優勢互補。

四、參與內地機場管理

1. 上海機場

2003 年 10 月 27 日，香港機場管理局（機管局）與上海機場（集團）有限公司（上海機場）簽訂「緊密合作框架意向書」，推動港滬兩地機場在多個領域的交流與合作，包括機場安全及保安管理、機場流程及環境管理、設施規劃及專營權業務等現代化管理經驗。翌年 12 月 13 日，機管局與上海機場集團簽署協議，向上海機場提供諮詢服務，包括客運大樓流程管理、零售業務營運以及航空貨運發展，為期五個月。

2009 年 10 月，機管局與上海機場簽署合作協議，合資成立滬港機場管理（上海）有限公司。新公司負責管理上海虹橋國際機場（虹橋機場）兩座航站樓、東交通中心及零售業務，為 2010 年舉辦的上海世博會提供高水平的機場服務。根據合營協議，機管局與上海機場（集團）各自出資 4900 萬元人民幣（5570 萬元）和 5100 萬元人民幣（5800 萬元），分別獲取滬港機場公司 49% 和 51% 股本權益，合約為期 20 年。

2003 年 10 月 27 日，香港機場管理局與上海機場（集團）有限公司，簽署《緊密合作框架意向書》，加強兩地機場的交流與合作，包括分享現代化管理經驗。香港特區行政長官董建華（後排左五）與上海市市長韓正（後排右五）在香港會議展覽中心見證簽字儀式。（香港特別行政區政府提供）

2009 年 10 月 12 日，上海機場（集團）有限公司與香港機場管理局在上海舉行滬港機場合作項目簽約儀式，雙方合資成立上海滬港機場管理有限公司，進一步加強滬港兩地機場合作。上海市委副書記、市長韓正（前右二），香港特區政務司司長唐英年（前右三）等出席簽約儀式。（新華社提供）

2010 年 3 月 6 日，上海虹橋國際機場二號航站樓舉行啟用前的大規模綜合模擬運行，4000 餘名模擬旅客和內地八家航空公司，演練旅客進港、出港、中轉、航班延誤等流程，全面檢驗新航站樓的運行保障能力，確保 3 月 16 日順利投入運營。（新華社提供）

滬港機場公司借鑒香港國際機場開航時的經驗，為虹橋機場二號航站通航作準備，包括反覆測試航班資料顯示系統和行李處理系統、制定應變計劃、儲備足夠乾糧和瓶裝水。2010年3月，虹橋機場二號航站樓啟用。翌年，虹橋機場開設十多家零售店及餐飲店，並增設航站樓設施包括貴賓室、吸煙室和機場園景。旅客體驗管理方面，借鑒香港國際機場引入機場大使，為旅客提供協助。2011年，虹橋機場在「Skytrax 2011世界機場大獎」中獲「世界最快進步機場獎」。2012年，國際航空運輸評級組織Skytrax按300多項服務指標包括航站樓的舒適度及設施、零售及餐飲設施等，將上海虹橋機場評為四星機場，為內地第三個獲此評級的機場。

截至2017年，機管局透過合資公司參與管理上海虹橋機場航站樓的運作及零售業務，虹橋機場的客運量由2008年的2287.47萬人次，上升至2017年的4190萬人次；飛機起降量則由2008年的18.53萬架次，增加至2017年26.4萬架次。虹橋機場在Skytrax 2017年的年度意見調查中，獲選為「中國最佳國內機場」。

2. 北京首都國際機場

機管局以個別項目形式為北京首都國際機場（首都機場）提供管理諮詢服務。2003年，機管局為首都機場進行安全檢查研究。2004年12月10日，機管局獲首都機場委任，研究首都機場第二號航站樓的行李系統運作程序和效率，評估設計容量和實際容量，以及有關管理制度和方法。2007年5月，機管局與北京首都國際機場集團公司簽訂協議，為北京機場的管理和培訓提供顧問服務，配合首都機場三號航站樓於2008年奧運前啟用。同年6月12日，雙方簽署《三號航站樓接收項目合作備忘錄》，香港派遣專家參與三號航站樓試運行階段，對其系統運行能力進行風險評估；並就行李系統、地鐵系統、保潔、安保、停車管理等五個服務合約進行諮詢工作。首都機場集團公司與香港機管局等機構組建委員會，負責監督及接收的相關準備工作。2008年2月29日，三號航站樓啟用。啟用初期至奧運會及殘疾人奧運會期間，機管局亦提供實地支援。

2010年10月28日，機管局與北京首都國際機場股份有限公司在北京簽署諒解備忘錄，香港國際機場與首都機場締結為姊妹機場，進一步加強伙伴關係。

3. 杭州蕭山國際機場

2005年1月17日，機管局與杭州蕭山國際機場有限公司在香港簽署戰略合作及合資項目意向書，香港國際機場與杭州蕭山機場結為戰略合作伙伴。同年4月15日，雙方簽署《杭州蕭山國際機場有限公司增資認購協定》，機管局注資19億元，取得杭州蕭山國際機場35%股權，杭州蕭山國際機場有限公司由國有企業變為合資經營的有限責任公司，為內地民用機場整體合資的首次嘗試。在協議下，雙方合資經營管理杭州蕭山國際機場，合資公司引進香港國際機場的管理經驗和技術，增加營運效率，提高服務質量及管理水平，協助杭州蕭山國際機場逐步與國際先進機場接軌。2006年9月16日，機管局正式與杭州蕭山

2007 年 5 月，香港機場管理局與北京首都國際機場集團公司簽訂協議，為北京機場的管理和培訓提供顧問服務，配合首都機場三號航站樓於 2008 年奧運前啟用。圖為 2008 年 2 月 29 日啟用當日的北京首都機場三號航站樓。（新華社提供）

2005 年 1 月 17 日，浙江省委書記習近平（中排右三）與香港特區行政長官董建華（中排左三），在香港見證香港機場管理局與杭州蕭山國際機場有限公司代表簽署戰略性合作及合資項目意向書。（香港特別行政區政府提供）

國際機場有限公司簽署合資經營合同。12 月 18 日，合資公司正式成立，由黃偉麟出任總經理，是首名參與管理內地機場的香港人。

合資公司成立後，來往兩地航班增加，由 2005 年的 88 班，增至 2006 年的 120 班。2007 年，合資公司展開總投資額 68.08 億元人民幣的蕭山國際機場第二期擴建工程，包括興建總面積 96,000 平方米的國際航班航站樓、567,000 平方米的停機坪、67 個停機位，及 3400 米長的第二跑道，並增加國內航班航站的樓面面積。2010 年 7 月，二期擴建工程第一階段的國際新航站樓啟用，設有 20 個停機位；2012 年 12 月，二期擴建工程第二階段新建國內航站樓（即三號航站樓）投入服務，第二條跑道亦於翌年 1 月啟用。

2016 年，杭州蕭山國際機場啟動三期擴建工程，以配合 2022 年亞運會保障工作。項目主要建設內容為新建航站樓 72 萬平方米、陸側交通中心 48 萬平方米、商業開發 17 萬平方米等，同時在新建航站樓地下配套建設機場高鐵站 5.6 萬平方米，總建設規模達 150 萬平方米以上，項目總投資約 270 億元。

截至 2017 年，杭州蕭山國際機場客運量由 2007 年的 1170 萬人次，上升至 2017 年的 3560 萬人次，在內地最繁忙客運機場中位列第十；貨運量從 2007 年 196,000 公噸，上升至 2017 年 589,500 公噸，在內地最繁忙貨運機場中名列第六。航空交通量（飛機起降量）則由 2007 年 114,700 架次，上升至 2017 年 271,100 架次。國際及地區航點由 2005 年的 10 個，增至 2017 年的 49 個、國內航點由 2005 年的 44 個增至 2017 年的 113 個。

4. 珠海機場

珠海機場是全國第一個純地方政府投資的機場，設計客流量 1200 萬人次、設計年貨郵吞吐量 20 萬噸。自 1995 年啟用後，經營錄得虧損，至 2005 年，該機場客流量 64 萬人次，利用率不足 6%；貨流量為 7981 噸，不到設計能力的 4%。珠海市政府從 1999 年開始尋求與珠三角其他機場合作。

2006 年 8 月 2 日，第九次粵港合作聯席會議宣布，中央政府批准機管局與珠海市國有資產監督管理委員會簽訂合作協議，成立合資公司「珠港機場管理有限公司」，以專營權模式共同管理及營運珠海機場，為期 20 年。機管局透過全資附屬公司投資 1.98 億元人民幣，獲取合資公司 55% 權益；珠海市國有資產監督管理委員會透過全資擁有的珠海市匯暢交通投資有限公司，注資 1.62 億元人民幣，獲得其餘 45% 權益。港珠機場合作「標誌香港國際機場首度成為內地航空體系的『內部成員』」，是推動珠三角機場體系長遠發展策略的重要里程。[12] 同年 10 月 1 日，合資公司接手管理珠海機場。首個營運年度，珠海機場引入新的航空公司、16 間商舖及食肆，並於 2007 年引入大家樂、OK 便利店、屈臣氏等香港及國際連鎖品牌，以及設立城市候機服務中心。該年珠海機場年客運量首度超越 100 萬人次，貨運量及航空交通量分別較對上一年同期上升 21% 及 20%。

2007 年 12 月，珠海市政府《珠海市航空產業園發展規劃》獲廣東省政府批覆同意，建設航空產業園，以珠海機場附近為核心區，重點發展通用飛機及公務機製造、通用航空運營與服務產業、航空文化與教育培訓產業。機管局參與前期規劃，香港專家就園區布局、配套設施等提出規劃意見，並獲珠海方面採納。2008 年 11 月，航空產業園開園。

2008 年 8 月，機管局協助珠海機場組織突發事故演習，模擬一架抵達的航機發生火警，超過 120 名人員參加演習，以籌備第七屆中國國際航空航天博覽會。

珠海機場於 2008 年至 2009 年度現金流量收支略有盈餘，2010 年至 2011 年度，珠海機場開始轉虧為盈，錄得溢利 60 萬元。2016 年 1 月，珠海機場公務機臨時口岸啟用，提供清關、出入境及檢疫服務，為港珠澳大橋投入服務作準備；同年 6 月，與香港商用航空中心簽署合作協議，並於 11 月首次推出香港與珠海機場之間的直升機包機服務。

截至 2017 年，機管局透過合資公司參與營運及管理珠海機場，該機場的客運量由 2007 年的 104 萬人次，上升至 2017 年的 922 萬人次；2007 年的貨運量是 10,745 公噸，而 2017 年的國內貨運量則為 37,379 公噸；航空交通量（飛機起降量）則由 2007 年 9460 架次，上升至 2017 年 69,720 架次。

五、飛機維修

1. 廣州飛機維修工程有限公司

改革開放後，中國民航廣州管理局的機隊和人員規模不斷擴大，歐美新機型日益增多，原有廣州航修廠的維修技術能力與國外先進維修企業有很大差距，飛機定檢停場期遠高於國際水平，國家需花大量外匯將飛機送往外國深度檢修。中國民航廣州管理局開始構想建立合資飛機維修公司，並於 1986 年正式啟動籌備工作，尋找合作伙伴。[13] 1989 年 10 月 28 日，中國民航廣州管理局、香港和記黃埔（中國）有限公司及美國洛克希德飛機服務公司合資成立廣州飛機維修工程有限公司（廣州飛機維修工程，GAMECO），民航廣州管理局佔股 50%，和記黃埔（中國）及洛克希德分別佔股 25%，首期投資額 3000 萬美元。廣州飛機維修工程擁有當時中國最大飛機維修機庫，面積 14,000 平方米，可同時容納一架波音 747 和兩架波音 737 飛機。

1990 年，廣州飛機維修工程獲得中國民航局及美國聯邦航空局的維修許可證。1991 年 3 月，完成內地首次波音 737 飛機的 D 檢工作。1992 年 4 月，完成波音 757 飛機 4C 檢工作，是當時內地同類型飛機最高等級定檢大修。1995 年，簽訂實施內地第一宗為國外飛機提供全面維修支援的合同。1998 年，成為內地首家擁有空中巴士 A320 飛機 C 檢能力的維修公司。同年 3 月，獲歐洲聯合航空局維修許可證。2002 年底，和黃正式確認購買洛克希德的股份，廣州飛機維修工程成為中國南方航空（1992 年民航廣州管理局體制改革後，中

1989 年 10 月 28 日，中國民航廣州管理局、香港和記黃埔（中國）有限公司，及美國洛克希德飛機服務公司合資成立廣州飛機維修工程有限公司，並在廣州白雲機場舉行開幕典禮，廣東省副省長張高麗（右一）、中國民航管理局局長胡逸洲（右二）及和黃董事總經理馬世民（左二）出席典禮。項目首期投資額 3000 萬美元，是當時中國最大的飛機維修機庫。（南華早報出版有限公司提供）

國南方航空繼承股份）與和黃兩方合資。2006 年，成為空中巴士維修體系第 15 家成員，是內地首家。2015 年，首次登上《航空周刊》全球十大機體維修企業排名榜。2017 年，廣州飛機維修工程仍為長江和記實業有限公司旗下合資企業，佔股 50%。

2. 廈門太古飛機工程有限公司

1992 年 12 月 3 日，香港飛機工程有限公司（港機集團）與廈門市政府簽訂有關建立飛機維修中心的諒解備忘錄，雙方其後進行前期準備工作。1993 年 7 月 1 日，廈門太古飛機工程有限公司（廈門太古，HAECO Xiamen）在廈門註冊成立，由香港飛機工程有限公司、廈門航空工業有限公司、國泰航空公司、日本航空公司、新加坡航空公司和北京凱蘭航空技術開發服務公司共同合資。項目分兩期投資建設，首期投資 6300 萬美元，興建一個可同時維修兩架波音 747 飛機及一架窄體飛機的飛機庫，第二期飛機庫與第一期飛機庫的規模相同。港機集團於廈門太古佔股 41%，並提供國外飛機維修量和具國際水平的飛機維修技術和管理經驗，包括將百多名港機集團全職員工借調廈門。1996 年 1 月 18 日，廈門太古飛機工程有限公司舉行開業典禮，成為唯一由跨國公司合資興建、以維修國外飛機為主的維修基地。3 月 21 日，廈門太古第一個客戶國泰航空公司的波音 747-200 飛機進廠維修。

1997 年 8 月，廈門太古獲波音入股，加強客機改裝貨機的能力。1999 年 4 月 21 日，廈門太古第二期飛機庫開業，維修能力增長一倍。[14] 1999 年 12 月 8 日，廈門太古與日本航

由廈門太古飛機工程有限公司改裝完成的 747-400 波音改裝貨機（圖），由波音公司第一次在美國之外完成主要飛行試驗項目。（新華社提供）

講解人員向媒體介紹經過改裝的主艙地板。（新華社提供）

空公司簽署協議，運用波音授權的「客改貨」技術，為一架日航波音 747-200 客機改裝為貨機。2003 年 3 月 24 日，廈門太古第三個飛機庫開始啟用。2005 年 12 月，第四個雙機位飛機庫啟用。2006 年，廈門太古繼續與波音合作，完成波音首次在海外的波音 747-400 客改貨飛機設計、改裝及試飛取證工作。截至 2017 年 12 月 31 日，廈門太古完成 70 架客改貨飛機，機型涵蓋波音 737、747 及 757。2007 年 6 月，第五機庫啟用。2011 年 6 月，第六機庫開業。同年，廈門太古獲得空中巴士核准和波音授權，成為亞太區第一家、也是唯一一家空中巴士及波音的公務機整裝中心。

繼成立廈門太古，港機集團及旗下廈門太古於內地陸續和國內外企業成立合資公司，擴展飛機維修業務，先後於 1994 年及 1995 年與原設備製造商（OEM）Lucas Aerospace 及 AlliedSignal Aerospace 合資，成立廈門盧卡斯太古宇航有限公司及廈門聯信太古宇航有限公司，提供飛機部件修理服務。1998 年，與山東航空合資，於山東濟南遙牆國際機場成立山東太古飛機工程有限公司，翌年 3 月開業，成為內地第四家中外合資飛機工程公司，從事窄體飛機維修及改裝業務。2008 年 6 月，與廈門航空工業有限公司、國泰航空公司、日本航空公司、華航（亞洲）股份有限公司、西安飛機國際航空製造股份有限公司及陝西燎原液壓股份有限公司合資成立的廈門太古起落架維修服務公司開業，是內地首家提供全面起落架維修及大修服務的企業。港機集團與廈門太古亦分別與鄧祿普飛機輪胎有限公司和勢必銳公司合資，成立晉江鄧祿普太古飛機輪胎有限公司及晉江太古勢必銳複合材料有限公司（2018 年，易名為晉江太古飛機複合材料有限公司），兩公司於福建晉江專門從事複合材料修理及輪胎翻新的設施於 2009 年 11 月啟用。2010 年 8 月，由港機集團、廈門太古、四川航空集團公司、四川海特高新技術股份有限公司合資的四川太古飛機工程服務有限公司（2013 年川航集團增資後，更名四川飛機維修工程有限公司）於成都雙流國際機場開幕，是內地首家中外合資專門進行空中巴士系列飛機維修的設施。同年，與國泰航空公司、廈門航空工業有限公司合資的廈門太古發動機服務有限公司投入運作，為 GE 90 系列發動機提供大修及維修服務，GE Aviation 並於 2014 年成為該公司股東之一。2011 年，成立上海太古飛機工程服務有限公司，以上海浦東國際機場為基地，從事外勤維修服務。

截至 2017 年，廈門太古飛機工程有限公司在廈門高崎國際機場共有六個飛機庫，能同時容納 12 架廣體飛機和五架窄體飛機，公司業務包括基地維修、零部件製造、技術培訓及私人飛機設計整裝方案，並在內地多個主要機場提供外勤服務；員工約 4500 人。港機集團於廈門太古佔 58.55% 權益，集團在內地的其他營運公司包括上海太古飛機工程服務有限公司、山東太古飛機工程有限公司、四川飛機維修工程有限公司、太古部件維修（廈門）有限公司、廈門太古起落架維修服務有限公司、晉江太古飛機複合材料有限公司、廈門豪富太古宇航有限公司、廈門霍尼韋爾太古宇航有限公司、晉江鄧祿普太古飛機輪胎有限公司及廈門太古發動機服務有限公司。

第三節 物流管理

改革開放前的計劃經濟時期，內地物流有「高度集權、分割管理、政府定價、政企不分」等特點，尚未有「物流」的概念。從 1978 年起，國家物資總局和中國物資經濟學會先後應羅馬尼亞、日本、美國和香港有關單位邀請，組團進行物資管理相關考察及交流。1978 年 9 月 5 日至 24 日，國家物資總局、上海、遼寧、廣東物資局等 10 人組成香港物資經營管理考察組，前來香港考察。考察組於 20 天內視察香港的工廠、工地、倉庫、碼頭、商行等 27 個單位，了解香港物資供應渠道、庫存情況和服務工作等。完成考察後，考察組與外貿部香港華潤公司研究如何擴大對香港市場的出口，利用香港靈活市場的特性，通過香港華潤公司進口及出口急需的物資，以「以出養進，進出平衡」的辦法，調整內地物資短缺情況。1978 年 11 月及 1979 年 5 月，考察組分別兩次到日本考察交流，學習與借鏡日本「物流」的概念及營運管理，開啟內地現代物流的發展。[15]

國家實行改革開放後，提供優惠政策吸引港商北上設廠。1980 年代，香港與珠江三角洲地區以「前店後廠」的合作模式發展，而香港則成為珠三角生產、後勤和管理中心，向內地提供物流運輸服務。當時從事採購貿易的港資企業利豐有限公司（利豐），開始在內地拓展物流業務，旗下利和物流以上海為總部，全資擁有上海英利物流有限公司，以建立集團的物流網絡。1987 年，利豐持有上海陸海英國際集裝箱貨運有限公司 50% 股權，公司在上海淞滬地區擁有兩個集裝箱貨櫃碼頭、五萬平方呎貨倉設施，以及 2500 部貨運卡車，在上海、寧波、南京、杭州、蘇州等地設有辦事處，提供一站式物流服務，實現貨物全國配送。

1993 年，利豐先後投資廣州番禺商貿城和湛江的貨倉等。其中佔地 220 萬平方米的番禺商貿城，原計劃發展成專門為華南地區提供產品製造、倉儲、集散及分銷的園區，並以「貨倉式現購自運」模式運作，整個項目分四期完成，首期項目「利聯倉行」。1998 年，利聯倉行首期工程完成，但因當時內地政府對外資商業企業的政策限制，未能取得批文，遂中途改作貨倉運作，成為該公司華南總部的臨時所在地。

隨着 1994 年《中華人民共和國對外貿易法》頒布實施，1995 年 6 月 29 日，中國商務部發布《中華人民共和國國際貨物運輸代理業管理規定》、1996 年 9 月 9 日對外貿易經濟合作部發布《外商投資國際貨物運輸業代理企業審批規定》，以及 1998 年 1 月 26 日《中華人民共和國國際貨物運輸代理業管理規定實施細則》（試行）發布施行，為內地國際貨物運輸代理業管理提供法制基礎，並對外資物流企業在內地經營業務範圍作出明確規定。當中 1996 年發布的《外商投資國際貨物運輸業代理企業審批規定》列明，香港的服務提供者在內地投資設立國際貨運代理企業，註冊資本最低限額為 100 萬美元，經批准後外商投資國際貨運代理企業可經營訂艙、倉儲；貨物的監裝、監卸、集裝箱拼裝拆箱；國際快遞（私人信函除外）；報關、報驗、報檢、保險；繕制有關單證、交付運費、結算雜費、交付雜費，

以及其他國際貨物運輸代理業務，經營期限不超過 20 年。

1996 年，香港成立的嘉里物流聯網有限公司（嘉里物流）首次進入內地市場，與三菱集團在上海外高橋合資投建倉庫，成立上海菱華倉儲服務有限公司，嘉里物流佔 25% 股權，開始拓展內地業務；1998 年 4 月 24 日，新世界與華通集團、中國集裝箱總公司合資成立中集新世界物流有限公司，並於北京舉行合資意向簽約儀式，投資超過八億元人民幣，由中方控股。合資公司負責引進國際管理技術，改造中集運輸系統，共同開發集裝箱多式聯運及綜合物流業務市場；1999 年 5 月，海暉國際宣布出售旗下的證券及期貨業務，將所得資金償還債務及發展凍倉及物流業務。

1999 年 11 月，國家經濟貿易委員會與世界銀行在北京主辦「現代物流發展國際研討會」，國務院副總理吳邦國在會上首次談及「現代物流」，指現代物流作為一種先進的組織方式和管理技術，協助企業減少物資消耗、提高效率，將成為推動內地經濟發展的重要產業和經濟增長點。2001 年 3 月，內地政府部門聯合下發第一個有關物流發展的政策性文件。國家經貿委、鐵道部、交通部、信息產業部、外經貿部、民航總局等六個部委聯合發布《關於加快我國現代物流發展的若干意見》，明確指出現代物流發展的指導思想與總體目標，並提出積極培育現代物流服務市場、營造現代物流發展的宏觀環境等措施。同年發表第十個五年計劃綱要中，將物流業列為要大力發展的新型服務業之一。

2001 年 10 月 24 日，香港嘉里集團旗下的嘉里北京（十八里店）發展有限公司、北京京泰實業有限公司、北京京泰投資管理中心、北京華遠集團、北京紅石實業有限責任公司等五家股東，在京港洽談會上發起成立北京京泰物流置業有限公司，承擔位於北京朝陽區十八里店京津塘高速公路兩側的北京物流港開發和建設，總投資 100 多億元人民幣，是當時嘉里最大的投資，借助嘉里在全球的物流網絡，分享先進的物流管理經驗、資訊技術和國際化的物流管理人才。同年，嘉里物流（上海外高橋）有限公司成立，為外商獨資企業，2003 年獲得上海外高橋用地，2005 年，嘉里物流上海外高橋物流中心建成，以把握內地貨物來源地直接出口的貨物處理需要。

2001 年 12 月 11 日，中國正式加入世界貿易組織，並承諾加大服務業和基礎設施建設的對外開放力度。對速遞、貨物運輸代理、倉儲的物流服務作出承諾，入世後一年內，允許外資擁有多數股權；速遞、貨物運輸代理服務（不包括貨檢服務）的外資企業，在入世後四年內，允許在內地設立獨資子公司，而倉儲服務的外資企業，則允許於入世後三年內，設立外資獨資子公司。

2002 年 6 月，中國對外貿易經濟合作部公布，在北京、天津、上海和重慶四個直轄市、浙江、江蘇、廣東三省及深圳經濟特區進行試點，允許香港投資者以中外合資、合作的形式投資經營國際流通物流、第三方物流業務，包括自營或代理貨物的進出口業務、國際及國內貨運代理業務、普通貨物的運輸、倉儲、裝卸、加工、包裝、配送及相關信息處理等

服務。註冊資本不得低於 500 萬美元，境外投資者股份比例不得超過 50%。2002 年 7 月 30 日，在深圳舉行的 2002 中國產業採購與物流發展論壇上，國家經貿委經濟研究中心主任王忠明指出國家有步驟、有計劃地引進國外資金、先進技術及管理經驗，發展中外合資合作物流企業，以促進物流企業發展。

2004 年 1 月，嘉里物流與深圳鹽田港口局合作，於鹽田二號碼頭保稅區以合資方式經營的物流中心竣工，透過拓展內地市場，加強與珠三角合作，保持香港物流業的競爭優勢。

2003 年 9 月 29 日，內地與香港根據《內地與香港關於建立更緊密經貿關係的安排》（CEPA），就開放服務貿易領域的具體承諾簽署附件四。在運輸及物流服務方面，從 2004 年 1 月 1 日起，允許香港服務提供者以獨資形式在內地提供貨代服務，最低註冊資本要求比照內地企業實行，又允許香港服務提供者以獨資形式，在內地提供相關的貨運分撥和物流服務，包括道路普通貨物的運輸、倉儲、裝卸、加工、包裝、配送及相關信息處理服務和有關諮詢業務、國內貨運代理業務，利用電腦網絡管理和運作物流業務。在 CEPA 框架下，香港公司可以較內地在入世承諾中關於國際貨代及物流市場開放的時間，提前以獨資形式進入內地。

CEPA 實施後，新柏泓（廣州）國際貨運代理有限公司於 2004 年 3 月 15 日成立，主要經營國際貨運代理等業務，是 CEPA 下第一家在內地開設獨資公司的香港國際貨代企業。2004 年 8 月，全球性物流服務供應商美國伯靈頓公司透過其在香港的子公司提前進入內地市場，在廣州越秀區成立伯靈頓貨運代理（廣州）有限公司，是在 CEPA 框架下第一家內地批准成立的港商獨資子公司。

2004 年 6 月，嘉里物流投資 4000 萬元在天津保稅區建立物流中心，佔地三萬平方米，採用現代化物流管理系統，為跨國公司提供第三方綜合物流及增值服務，並於 2006 年建成嘉里物流天津保稅物流中心。同年 10 月，嘉里物流公布斥資 3.8 億元人民幣分兩個階段收購內地從事供應鏈管理服務的大通集團 70% 權益，進一步拓展其內地業務及泛中華物流網絡；第二次成交已於 2005 年 1 月 13 日完成。

2005 年 9 月，新創建集團與中國鐵道部成立的中鐵集裝箱運輸有限責任公司及其他獨立第三者簽訂意向書，成立合資公司，發展、營運及管理 18 個位於內地 18 個城市之大型樞紐性鐵路集裝箱中心站。翌年 9 月 28 日，正式簽訂合資合同，成立為期 50 年的合資公司「中鐵聯合國際集裝箱有限公司」（中鐵聯集），是中國鐵道部首個大型中外合資項目，投資額當時估算為 120 億元人民幣，新創建在合資公司持股 22%。合資公司負責建設及經營鐵路集裝箱中心站及有關業務，包括集裝箱的到發、裝卸、拼箱、堆存、集裝箱維修、報關、轉關、清關及查驗、集裝箱公路運輸、配送和物流業務、國際貨代、多式聯運業務及承包集裝箱班列等一條龍門對門物流服務，以應付內地貿易增長和貨運需要。18 個樞紐性鐵路集裝箱中心站包括上海、昆明、成都、重慶、武漢、西安、深圳、青島、大連、哈爾

嘉里物流自 2003 年起發展內地市場，其位於重慶（二期）、無錫及廈門三個物流中心於 2013 年下半年投入運作，總樓面面積合共 150 萬平方呎。圖為嘉里重慶物流中心。（嘉里物流聯網有限公司提供）

濱、天津、鄭州、蘭州、瀋陽、廣州、烏魯木齊、北京及寧波，分兩期建設，至 2010 年完工。2010 年，新創建集團增持中鐵聯集股權至 30%，為該項目第二大股東。

隨着中國入世承諾兌現，內地物流業從 2005 年 12 月 11 日起全面對外開放。從事速遞服務及貨物運輸代理服務的外資企業，可通過收購或聯盟的方式在內地擴張業務，亦可以獨資方式在內地設立國際貨運代理企業。據國家統計處數據，2005 年，「交通運輸、倉儲和郵政業」的外商直接投資的實際使用金額是 18.1 億美元，按年上升 42.4%。

2006 年 3 月，香港新興綜合物流在鹽田港保稅物流園區興建的物流中心落成啟用，佔地三萬平方米，從事遠洋集運、貨櫃託運、陸地運輸等物流業務，投資額二億元，是 CEPA 承諾對物流業開放後內地首家港商獨資的物流中心。從 2003 年至 2017 年 6 月 30 日，在 CEPA 下，運輸服務及物流服務行業《香港服務提供者證明書》累積簽發數目為 1383 張，是服務行業中最多，佔總簽發數目 44%。

2006 年 3 月，人大批准第十一個五年規劃綱要，當中將現代物流業單列一節，明確四項任務，包括第一、推廣現代物流管理技術，即供應鏈管理；第二、培育專業化物流企業，積極發展第三方物流；第三、建立物流標準化體系，以及第四、加強物流基礎設施整合，發展區域性物流中心。隨着外資及港資物流企業加入市場，行業經歷整合過程，當中港資的參與主要在國際物流、專業物流和增值物流，專業物流如冷鏈物流、能源物流等領域，將經營及管理模式、物流專業知識等帶入內地，助內地逐步實現行業規範，促進物流行業走向現代化。

2007 年 5 月 31 日，由中外七家股東合資的中鐵聯合國際集裝箱有限公司在北京成立，負責建設和經營全國 18 個鐵路集裝箱物流中心。七個合資方包括中鐵集裝箱運輸有限責任公司、香港新世界集團下屬新創建服務管理有限公司、中國國際海運集裝箱（集團）股份有限公司、香港漢彩投資有限公司、德國鐵路集團、法國達飛海運集團、以星綜合航運有限公司。（新華社提供）

香港的新創建有份合資的「中鐵聯合國際集裝箱有限公司」是中國鐵道部首個大型中外合資項目。圖為中鐵聯合國際集裝箱有限公司在大連市大窯灣港區裝卸作業。（中新圖片提供）

2008 年，扎根香港的太古開始涉足內地冷鏈物流服務市場，3 月 27 日，太古全資附屬公司澳洲太古與廣東省食品進出口集團公司，共同投資組建廣東太古冷鏈物流有限公司，前者佔合資公司 60% 股權、後者佔 40%，合資公司首期投資三億元人民幣，第一期於廣州市黃埔區建一座二萬噸的冷庫，將經營冷鏈的經驗，包括倉儲、運輸、訂單管理、流程管理、品質管理、食品追溯機制等各個方面的經驗帶入內地，引導內地業務的規範化發展。

2010 年 5 月 27 日，《內地與香港關於建立更緊密經貿關係的安排》（CEPA）補充協議七簽署，進一步擴大開放服務貿易和增強貿易投資便利化合作。同年 6 月 29 日至 30 日，中國商務部和廣東省政府在佛山舉辦「內地與港澳地區落實 CEPA 加強物流領域合作研討會暨第七屆佛山（國際）物流合作洽談會」，香港及內地業界代表重點討論在 CEPA 框架下，內地與港澳地區現代物流及相關服務業的融合發展，以及如何應用供應鏈的管理理念，推進服務業與製造業共同發展。全國 46 個流通領域現代物流示範城市代表與三地物流企業代表通過見面會初步建立合作關係，佛山五區向港澳代表、物流企業推介服務業項目有 135 個。是次洽談會共達成簽約項目 80 項，投資合作總金額 323.79 億元人民幣，項目涵蓋物流設施建設與合作、物流外包合作、會展、商貿流通服務合作、創意設計合作、旅遊及餐飲投資合作、舊城改造七大類別。

2011 年 3 月 16 日，《「十二五」規劃綱要》出台，明確支持香港提升其區域物流樞紐的地位，包括發展為高價值貨物的庫存管理及區域配送中心。翌年 12 月 1 日，國務院印發《服務業發展「十二五」規劃》，當中一節提及深化內地與港澳地區服務業合作，鼓勵完善珠三角地區與港澳跨界交通運輸體系，提升物流便利化水準，鼓勵發展電子商務，積極支援電子認證、線上支付、網絡信用、現代物流等電子商務支撐體系建設，打造區域航運衍生服務基地、生產組織中樞和國際供應鏈管理中心。

香港區域配送中心是製造業物流供應鏈的一環，通常為內地生產活動提供支援，亦會從事區域及國際貨物配送。國際品牌在香港設立其亞洲區域配送中心，將庫存集中在香港，按亞洲各銷售地區的實際需求，將貨物進行增值服務如重新包裝、標籤及組裝等，再利用香港的海、空網絡，與內地的陸路網絡將貨物配送到區內不同目的地。香港區域配送中心處理貨物的種類甚多，包括電子零部件和備件、化妝品、食品和廚具、奢侈品牌產品、電子消費品、醫藥產品和葡萄酒等價值較高的貨物。

2013 年，在內地開展跨境電子商務的外貿企業超過 20 萬家，跨境電子商務平台企業超過 5000 家。隨着內地消費者對外國進口產品的需求增加，內地消費者通過「海淘」或代購方式購買海外產品，促進港商開展跨境電商業務，亦帶動國際物流速遞或轉運業務的快速增長，造就一批內地快遞企業冒起，包括「三通一達」（圓通速遞、申通快遞、中通快遞及韻達快遞）、順豐等。截至 2016 年，內地民營快遞企業的業務量佔市場份額九成；業務收入佔市場份額 83.8%。

自廣東自貿區於 2015 年 4 月 21 日正式掛牌後，香港與廣州市商務委員會於同年 9 月 9 日共同簽訂《加強跨境貿易電子商務合作協議》，推動發展兩地跨境電子商務，吸引港商到自貿區開展跨境電商業務，香港的廣東合捷國際供應鏈有限公司，於 2016 年在南沙跨境電商提供保稅倉庫等物流服務。

隨着內地電商平台開始拓展海外市場，內地民營快遞企業亦涉足國際市場，通過與香港物流伙伴合作，加快內地快遞企業了解國際市場環境、法律政策、文化等。2013 年 5 月 28 日，阿里巴巴集團與多家物流公司共同創立菜鳥網絡，由菜鳥香港公司 100% 控股，擴大物流網絡，以物流信息管理系統協調和統籌第三方物流平台，以降低物流成本及提升效率；2015 年 3 月 19 日，菜鳥聯合圓通開通韓國 — 內地 — 香港跨境電商專用航線；2016 年，香港的先達國際貨運有限公司與菜鳥網絡建立電子商務合作伙伴關係，拓展內地至海外的小包裹業務。

2017 年 5 月，在香港起家的順豐控股和 UPS 宣布在香港成立合資公司，以共同開發和提供國際物流產品，聚焦跨境貿易，擴展全球市場；同年 6 月 12 日，阿里巴巴集團發布「天貓出海」項目，依託發展十多年的新經濟基礎商業設施，包括交易、支付、物流、營銷、數據、技術等，助商家拓展國際市場，其中天貓超市於 6 月 18 日在香港開業，被視為天貓國際化的第一步。

2017 年 5 月 8 日，內地圓通速遞股份有限公司公布，以現金方式收購香港主板上市公司先達國際物流控股有限公司 255,820,000 股股份，佔先達國際全部已發行股份的 61.87%。圓通在收購公告中指出，收購先達國際能夠迅速拓展公司全球網絡覆蓋、提升公司國際業務人才梯隊建設、構建海外投融資平台、助力公司打造極具性價比的跨境物流全鏈路產品與服務，為公司成為全球綜合性快遞物流運營商和供應鏈集成商奠定基礎。

2015 年 3 月，中央政府發布《推動共建絲綢之路經濟帶和 21 世紀海上絲綢之路的願景與行動》，勾畫「一帶一路」倡議的發展構想及藍圖，促進相關國家的共同發展。2015 年年底，「一帶一路」沿線國家之一印尼企業三林集團在內地的子公司三林萬業（上海）企業集團，提出在福建省建設港口，並利用該港口進口東南亞的水產、凍肉及水果至內地。由於這類食品容易腐壞，保質期短，因此需要完善的物流配套。三林集團於是在香港貿易發展局福建辦事處的協助下，委任香港威裕環球集團作其物流顧問公司，在項目動工前研究計劃的可行性，並制定合適的物流方案。同年 11 月 11 日，香港、四川兩地政府在成都合辦「香港『一帶一路』專業服務研討會 —— 川港物流合作」，讓川港兩地的業界人士建立聯繫，交流技術、經驗，共同尋找商機，促進川港物流業的交流合作及融入「一帶一路」國家戰略建設。

2016 年 11 月，特區政府發表的《香港 2030+：跨越 2030 年的規劃遠景與策略》框架

文件指出，香港要在「西部經濟走廊」發展現代物流業，以把握廣東自貿區和「一帶一路」國策措施帶來的經濟需求。招商局集團於 2012 年 3 月獲特區政府批出 50 年專營權，在香港青衣 181 地段投資、設計、興建及營運新物流中心。2016 年 12 月 16 日，招商物流於青衣「招商局香港青衣物流中心」舉行平頂儀式；項目配合了政府在「西部經濟走廊」發展現代物流業的建議空間布局。

香港的地理位置、自由港地位、基礎設施、海陸空多式聯運網絡，以及物流專業人才，令香港成為亞洲區內的物流樞紐。2017 年，貿易及物流業是香港四大經濟支柱之首，貿易及物流業佔本地生產總值約 21.5%，當中物流業佔本地生產總值的 3.2%，相關就業人數約 18 萬人，佔總就業人數 4.7%。

注釋

1　詳見第一章。

2　中共廣東省委：〈中共廣東省委關於發揮廣東優越條件，擴大對外貿易，加快經濟發展的報告〉，載國家經濟體制改革委員會辦公室編：《經濟體制改革文件匯編（1978-1983）》（北京：中國財政經濟出版社，1983），頁 472-475。

3　中華人民共和國交通部水運司編：《中國對外開放港口》（北京：人民交通出版社，2000），頁 288。

4　徐萍：〈改革開放 30 年來我國港口建設發展回顧〉，載國家發展和改革委員會編寫運輸研究所編：《中國港口建設發展報告》（北京：人民交通出版社，2008），頁 12。

5　有關香港參與內地港口建設詳情，請見第五章「基礎建設」。

6　王緝憲：《世界級樞紐 —— 香港的對外交通》（香港：商務印書館（香港）有限公司，2019），頁 47。

7　劉智鵬：〈第二部分第五章—香港船舶註冊處〉，《香港港口與海事處歷史》，香港特別行政區海事處網頁，2017 年 3 月 2 日修訂，2021 年 8 月 2 日瀏覽，https://www.mardep.gov.hk/theme/port_hk/hk/p2ch5_2.html。

8　香港民航處處長唐寧語，見〈我國客機昨試航穗港成功〉，《大公報》（香港），1978 年 10 月 12 日，第 4 版。

9　張安民：《中國航空貨運：香港、上海、北京》（香港：匯智出版有限公司，2004），頁 122。

10　國際貨運指往來機場與其他國家機場的貨運量，但不計算航空郵件。資料來源：劉智鵬、黃君健、錢浩賢：《天空下的傳奇》，上卷（香港：三聯書店（香港）有限公司，2014），頁 236。

11　貨運包括往來機場以及內地、國外機場的所有貨物以及航空郵件。資料來源：劉智鵬、黃君健、錢浩賢：《天空下的傳奇》，上卷（香港：三聯書店（香港）有限公司，2014），頁 236。

12　香港機場管理局：〈機管局與珠海市政府成立合資公司管理珠海機場〉，香港機場管理局新聞稿，2006 年 8 月 2 日發布，2021 年 8 月 2 日瀏覽，https://www.hongkongairport.com/tc/media-centre/press-release/2006/pr_846。

13　歐戈易、劉沐強：〈馬不提鞭自奮蹄 —— 記 GAMECO 在改革開放 40 年中的發展歷程〉，《航空維修與工程》，2018 年第 9 期，頁 24-25。

14　格力：〈一個創造奇迹的飛機維修企業 —— 記廈門太古飛機工程有限公司〉，《航空維修與工程》，2000 年第 3 期，頁 18-19。

15　「物流」意指從物質生產、流通直到消費前的整個過程，包括生產企業的原材料供應、生產製造過程中半成品的周轉，成品製成後的分類、包裝、儲存、運輸、發送，一直到顧客手中這樣的一個範圍。

第四章
旅遊往來

第一節 旅客互流

國家實行改革開放前，香港和內地旅客往來疏落。1977 年，入境香港的內地旅客人數 3559 人次，佔香港整體訪港旅客 175.57 萬人次的 0.2%。內地實行改革開放後，香港毗鄰的廣東省作為國家南部主要的出入境口岸，外地遊客、華僑和港澳居民到廣東旅遊、探親、從事商貿活動的交往開始活躍。

隨着寶安縣於 1979 年 1 月改為深圳市建制，以及隨後設置為經濟特區，香港與陸地接壤的深圳市之間的旅客往來，包括港人前往內地探親旅遊、投資洽談等每天的人流和車流轉趨頻密，惟通關只有羅湖和文錦渡兩個口岸，需增關口岸，疏導擠塞的通關人流和車流。

1982 年 3 月 21 日，以深圳市政府秘書長甄錫培為首席的代表團來港，與港府政治顧問麥若彬為首的港方代表團商討，增關兩地之間的通道口岸，以滿足兩地旅客增加的往來需求，雙方達成共識，並議決成立四個對應的工作小組作出跟進，包括「陸路交通小組」、「方便旅客過境小組」，「大小梅沙─香港輪渡工作小組」和「治理深圳河小組」。

雙方達成合作共識後，「方便旅客過境小組」擬定實施細則，以及把羅湖口岸關閘時間，由下午 5 時延長至晚上 8 時 30 分。同年 4 月 30 日，兩地政府代表在深圳簽訂《深圳─香港關於增關兩地之間通道的協議》，兩地增關關口通道，以加強香港和內地之間的往來。5 月 17 日內地正式延長通關時間至晚上 8 時 30 分，為兩地旅客提供往返便利，並開啟兩地旅遊往來的新發展時期。

1997 年香港回歸後，與內地在旅遊領域的合作更形緊密。據香港旅遊發展局資料，1997 年內地訪港旅客人數為 236.42 萬人次，較 1978 年的 24,291 人次，增逾 96 倍。

2003 年 6 月，香港和內地簽訂《內地與香港關於建立更緊密經貿關係的安排》（CEPA），內地允許廣東省境內居民個人赴港旅遊。內地居民可以通過「個人遊」簽注來港旅遊。翌年，整體訪港的內地旅客數目攀上逾 1200 萬人次水平，刺激香港入境旅遊市場進一步發展，並為旅遊業相關行業，包括零售、餐飲服務、酒店業等帶來直接消費收益及增加就業機會。

2017 年，來港內地旅客數目增至 4444.53 萬人次，佔整體訪港旅客總人次數 5847.22 萬的 76%，接近八成；同年，香港往內地旅客數量達 7980 萬人次，是內地入境旅客總數 1.39 億人次的 57.4%。雙方自 1978 年迄 2017 年，經過 40 年旅遊業發展合作，互為對方最大旅客市場。

一、入境香港內地旅客

國家實行改革開放前,內地旅遊業作為中國外交事業的延伸和補充,承擔的是民間外事接待功能,不具備現代產業特徵。1978 年前,廣東省並沒有設立專門旅遊行政管理機構,有關旅遊接待單位分屬不同部門管理。1978 年 3 月,中共中央批轉外交部黨組《關於發展旅遊業的請示報告》後,為統一領導和協調廣東全省的旅遊工作,廣東省委於 1978 年 5 月設立中共廣東省旅遊工作小組,同年 7 月 6 日決定成立廣東省旅行遊覽事業管理局,負責籌建省旅遊局的工作。經過五個月籌備,廣東省旅遊局於 1979 年 1 月正式辦公,[1] 建立起香港和內地旅遊往來的制度基礎。

同年 4 月 4 日,香港至廣州直通車客運服務恢復。首班列車當日上午 8 時 30 分由廣州開出,逾兩個半小時後,抵達紅磡九龍火車站,恢復中斷了 30 年的穗港直通車客運服務,為粵港兩地旅客往返提供方便陸路交通工具。

1979 年,整體訪港旅客總數為 221.32 萬人次,當中主要客源來自日本(50.80 萬人次,佔旅客總人次數 23%)、東南亞國家(45.53 萬人次,佔旅客總人次數 20.6%)、美國(30.36 萬人次,佔旅客總人次數 13.7%)、西歐國家(29.97 萬人次,佔旅客總人次數 13.5%)等,而內地旅客數目只有 9891 人次,不足一萬,佔整體訪港旅客總數 0.45%。

1979 年 4 月 4 日,中斷近 30 年的香港至廣州直通車客運服務恢復運作,通車剪綵儀式在廣州舉行,由鐵道部副部長耿振林(前排左一)主禮,港督麥理浩(中)亦有出席。(星島新聞集團提供)

1983 年 11 月 15 日，首團「香港遊」的團員抵達香港後，在尖沙咀美麗華酒店與記者茶敘會面。（香港大公文匯傳媒集團提供）

到 1982 年年底，入境香港內地旅客人數增至 20,092 人次，佔訪港旅客總數為 0.8%，仍不足 1%。

在國家實行改革開放下，1983 年 5 月 30 日，廣東省駐香港機構粵海公司向廣東省政府呈送《關於開辦廣東省內人士到港澳旅遊業務報告》，提議開辦港澳遊，方便廣東省居民來到港澳探親會友。同年 7 月 18 日，廣東省政府以《關於開辦省內人員到港澳旅遊業務事》函覆粵海公司，同意開辦，並批准由廣東省旅遊服務公司（「省旅」）和粵海屬下的廣東（香港）旅遊有限公司（「廣旅」）聯合經營，進行試辦「香港遊」。經過籌備，同年 11 月 15 日，第一批廣東省居民共 25 人從廣州出發前往香港旅遊、探親，展開為期八天的訪港之旅，香港媒體稱之為「新中國第一團」，[2] 自此拉開內地居民出境來香港旅遊的序幕。廣東省居民可以參加旅行團來港探親旅遊。這首個「香港遊」旅行團抵港後翌日，獲安排的旅遊行程包括遊覽海洋公園、在合和中心進自助午餐，然後到虎豹別墅、淺水灣、深水灣、山頂觀光，晚上在香港仔珍寶海鮮舫晚膳。[3]

從 1983 年 11 月 15 日至 12 月 31 日，「香港遊」試辦團有 20 團共 510 人來港。探親訪港旅遊團試點開始後，國務院於 1984 年 3 月批准轄下僑務辦公室、港澳辦公室和公安部聯合上報的《關於擬組織歸僑、僑眷和港澳台眷屬赴港澳地區探親旅行團的請示》，規定由中國旅行社總社委託各地的中國旅行社統一承辦赴港澳探親旅行團的工作，讓內地居民港澳探親旅遊擴至全國。直至 1992 年，國務院港澳辦批准福建省海外旅遊公司、華閩旅遊有限公司，以及於 1998 年增加中國國際旅行社總社可以辦理香港遊，使可辦理港澳探親團的旅行社增至四家。

隨着內地放寬出境旅遊限制，內地居民赴港旅遊人數按年增加，由 1983 年的 3.25 萬人次增至 1984 年 21.49 萬人次，[4] 佔 1984 年整體訪港旅客總人次數 330.37 萬的 6.5%。在來港旅客人數漸增情況下，於 1985 年 11 月 22 日全國人大常委會第十三次會議通過《中華人民共和國公民出境入境管理辦法》（《出入境管理辦法》），並於 1986 年 2 月 1 日起施行。《出入境管理辦法》沒有列出與出境旅遊直接相關的條文，按第二章出境第五條，中國公民因私事出境，須向戶口所在地的市、縣公安機關提出申請。早期訪港內地旅客的出境，主要以探親為目的。

從 1986 年至 1993 年，訪港內地旅客增長加速，入境人次由 1986 年的 36.35 萬（佔整體訪港旅客人次 9.0%），增至 1993 年 173.30 萬人次（佔整體 19.4%），較訪港旅客佔人數最多的台灣地區（177.73 萬人次，佔整體比例 19.9%），相差僅 0.5 個百分點。

1994 年 7 月 15 日，公安部、外交部和交通部聯合發布《中華人民共和國公民出境入境管理法實施細則》（下簡稱《實施細則》），並於同日起施行。《實施細則》第一章總則第二條列明中國公民因私事出入境的項目，私事包括定居、探親、訪友、繼承財產、留學、就業和旅遊，明確提及出境旅遊，而旅遊出境「須提交旅行所需外匯費用證明」（第二章出境第四條第六項）。到 1997 年 3 月 17 日，經國務院批准，國家旅遊局、[5] 公安部於 7 月 1 日發布《中國公民自費出國旅遊管理暫行辦法》（《暫行辦法》），2002 年 5 月 27 日，國務院公布《中國公民出國旅遊管理辦法》，條例自 2002 年 7 月 1 日起實施，同時廢止《暫行辦法》，對內地居民自費出國旅遊作出全面的法制規範和管理。

內地居民來港旅遊探親訪友觀光，自內地於 1986 年 2 月 1 日起實施《出入境管理辦法》，到 1994 年 7 月 15 日起施行《實施細則》，訪港人數持續遞增，從 1986 年的 36.35 萬人次，增至 1994 年 194.37 萬，人次接近 200 萬，增幅達 4.35 倍，佔整體訪港旅客總人次的 20.8%，成為香港入境旅遊市場佔比最多的客源地（美洲 11.0%；歐洲、非洲及中東 13.3%；澳洲、新西蘭及南太平洋 3.5%；北亞 18.5%；南亞及東南亞 14.3%；台灣地區 17.8%；澳門及未能辨別 0.7%）（見表 4-1-1）。

據香港旅遊協會（香港旅遊發展局前身）的資料，從 1994 年至 2000 年止，內地旅客訪港的目的，逾一半為度假，其次為商務或參加會議，跟 1980 年代早段訪港內地旅客以探親會友目的為主比較，內地旅客訪港目的較前多樣化（見表 4-1-2）。

香港旅遊協會於 2001 年根據法例重組，並按新生效的《香港旅遊發展局條例》，易名為香港旅遊發展局。該局對訪港內地旅客的統計，細分為入境過夜和入境不過夜。當中，過夜旅客留港時間平均三至四晚。過夜和不過夜的旅客，兩者訪港的目的均以度假為主。除度假為首要目的外，過夜旅客訪港的其他目的，依次為探訪親友、商務、途經香港及其他；至於不過夜旅客來港除度假外，訪港其他目的依次為途經香港及其他、商務會議、探訪親

表 4-1-1 1978 年至 2017 年內地遊客佔香港整體遊客比重

年份	整體訪港旅客總人次	內地訪港旅客人次	佔比 (%)	年份	整體訪港旅客總人次	內地訪港旅客人次	佔比 (%)
1978	2,054,739	24,291	1.2	1998	10,159,646	2,671,628	26.3
1979	2,213,209	9891	0.4	1999	11,328,272	3,206,452	28.3
1980	2,301,473	14,994	0.7	2000	13,059,477	3,785,845	29.0
1981	2,535,203	14,537	0.6	2001	13,725,332	4,448,583	32.4
1982	2,606,100	20,092	0.8	2002	16,566,382	6,825,199	41.2
1983	2,775,014	32,487	1.2	2003	15,536,839	8,467,211[③]	54.5
1984	3,303,719	214,854[①]	6.5	2004	21,810,630	12,245,862	56.1
1985	3,656,817	308,978	8.4	2005	23,359,417	12,541,400	53.7
1986	4,052,641	363,479	9.0	2006	25,251,124	13,591,342	53.8
1987	4,917,044	484,592	9.9	2007	28,169,293	15,485,789	55.0
1988	6,167,221	683,604	11.1	2008	29,506,616	16,862,003	57.1
1989	5,984,501	730,408	12.2	2009	29,590,654	17,956,731	60.7
1990	6,580,850	754,376	11.5	2010	36,030,331	22,684,388	63.0
1991	6,795,413	875,062	12.9	2011	41,921,310	28,100,129	67.0
1992	8,010,524	1,149,202	14.3	2012	48,615,113	34,911,395	71.8
1993	8,937,500	1,732,978	19.4	2013	54,298,804	40,745,277	75.0
1994	9,331,156	1,943,678	20.8	2014	60,838,836	47,247,675	77.7
1995	10,199,994	2,243,245	22.0	2015	59,307,596	45,842,360	77.3
1996	12,973,764	2,389,341[②]	18.4	2016	56,654,903	42,778,145	75.5
1997	11,273,377	2,364,223	21.0	2017	58,472,157	44,445,259	76.0

資料來源： 香港旅遊發展局：《2017 年香港旅遊業統計》，「1976 至 2017 年按居住國家 / 地區劃分的訪港客人次」表，頁 8。

注：① 自 1984 年起，內地訪港旅客數字包括持有中國護照、雙程證、旅遊證件或海員簿等的內地旅客。
　　② 自 1996 年起，數字包括經澳門訪港的非澳門居民旅客人次。
　　③ 自 2003 年起，數字包含「個人遊」形式訪港的內地旅客人次。

表 4-1-2 內地旅客訪港目的[①] 佔比（1994 年至 2000 年）

（單位：%）

年份	度假	商務 / 會議	探訪親友	途經香港	其他
1994	47	31	13	8	1
1995	49	26	12	14	數字少於 0.5%
1996	53	25	13	10	數字少於 0.5%
1997	58	21	12	8	2
1998	53	20	14	12	1
1999	53	18	19	10	1
2000	61	20	10	8	1

資料來源： 香港旅遊協會：《香港旅遊業統計》，1994 年至 2000 年各期。由於四捨五入關係，個別百分比數字加起來可能不等於 100%

注：① 以來源地分類，數字為整體內地旅客，入境過夜及入境不過夜不細分。

友。從 2001 年至 2017 年間，訪港內地旅客，包括入境過夜或不過夜，度假一直為主要的入境目的（見表 4-1-3）。

隨着國家推動和深化改革開放，內地與香港的往來與互動的範圍擴大。內地居民除通過「香港遊」來港旅行度假或探親外，亦可以透過內地公安機構簽發的「往來港澳通行證」，以及可供一次、兩次或多次往來的有效「商務簽注」，來港作商務旅遊。多次往來的「商務簽注」有效期分為三個月、一年及三年。持商務簽注入境的內地居民是以訪客身份來港，目的是從事商務活動，如參加展覽會、交易會、貿易洽談、簽訂合約、參加招標、投標活動等。持證者每次來港時的逗留時間不超過七天。

商務簽注自 1998 年 3 月 30 日開始簽發，簽發首年，持商務簽注內地訪港旅客人數不足 6 萬人次，至 2003 年人次達到 314.69 萬，增加 53.5 倍。自 2003 年實施「個人遊」計劃後，持商務簽注內地訪港旅客人次逐漸減少，到 2017 年年底，人次為 127.02 萬，較 2003 年高峰下降近 60%（見表 4-1-4）。

內地旅客來港，經陸路入境為主，比例從 2002 年的 66.2%，增至 2017 年 84.1%。經海路入境的比例，由 2002 年 15.3%，持續下降至 2017 年 4.3%；至於經航空入境的內地旅客比例，由 2002 年 18.5%，降至 2017 年的 11.6%（見表 4-1-5）。

在入境過夜和不過夜旅客的結構中，2000 年起及其後，入境過夜旅客的人次，一直高於入境不過夜旅客，到 2011 年出現逆轉。這一年，整體訪港內地旅客人次為 2810.01 萬人次，過夜旅客人次為 1359.98 萬人次，佔總人次的 48.4%；而不過夜內地旅客人次為 1450.04 萬人次，佔比為 51.6%，入境不過夜內地旅客，數目首次高於過夜內地旅客（見表 4-1-6）。這些不過夜旅客，逾九成都是「一簽多行」的旅客[6]（有關「一簽多行」詳情，請參閱本章第二節分目「『個人遊』與『一簽多行』」）。

入境香港內地旅客從 1978 年的 24,291 人次，佔香港整體旅客人次（205.48 萬人次）的 1.2%，增至 2014 年的 4724.77 萬人次歷年高峰，佔該年香港整體旅客人次（6083.88 萬人次）的 77.7%，其間增加 1944 倍。雖然於 2017 年訪港內地旅客人數較 2014 年減少 280.24 萬人次，但數目仍達到 4444.53 萬人次，佔該年整體訪港旅客（5847.22 萬人次）的 76%。於增長過程中，經過 1983 年的「香港遊」試辦團、翌年廣東省居民組團「香港遊」來港旅行成為定制、隨後於 2003 年，在《內地與香港關於建立更緊密經貿關係協議》下，內地 49 個城市居民相繼可以透過「個人遊」簽注來港旅遊，內地旅客成為香港入境旅遊市場最大的客源，其間各種變化，包括人數增長和訪港目的多樣化，展現在國家改革開放下兩地旅遊往來的時代演變面貌。大量內地旅客來港消費，成為香港零售業的持續增長動力，同時對香港接待旅客的承載能力帶來考驗。

表 4-1-3 內地旅客訪港目的（過夜及不過夜分類）

年份	過夜旅客訪港目的（%）					平均逗留時間（晚）	不過夜旅客訪港目的（%）				
	度假	探訪親友	商務／會議	途徑香港	其他		度假	探訪親友	商務／會議	途徑香港	其他
2001	53	11	22	12	1	3.46	不詳	不詳	不詳	不詳	不詳
2002①	40	22	32	6	1	4.52	18	3	24	54	1
2003②	46	24	26	5	數字少於 1%	4.81	23	6	38	32	1
2004	51	28	16	4	1	4.26	32	7	31	29	1
2005	51	29	16	3	1	4.22	39	7	32	19	2
2006	53	27	16	3	1	3.86	47	7	27	17	2
2007	54	29	13	2	2	3.58	48	8	26	15	3
2008	53	28	15	2	2	3.52	52	7	23	14	4
2009	55	28	13	2	3	3.40	55	8	18	14	6
2010	57	25	12	3	4	3.90	57	7	15	15	6
2011	60	22	11	2	5	3.90	62	7	13	11	7
2012	60	23	11	2	4	3.70	64	7	10	11	7
2013	62	22	10	3	4	3.40	67	6	9	11	7
2014	63	20	10	3	4	3.30	68	6	8	11	6
2015	59	20	12	4	5	3.20	63	6	9	16	6
2016	59	20	12	3	5	3.20	63	6	9	15	7
2017	61	19	11	3	6	3.10	64	5	9	14	8

資料來源： 香港旅遊發展局：《訪港旅客分析報告》，2002 年至 2017 年各年期。
注：① 只包括 2002 年 7 月至 12 月的數字（逗留時間除外）。
　　② 只包括 2003 年第一、三及四季的數字（逗留時間除外）。

表 4-1-4 持商務簽注內地訪客

（單位：人次）

年份	持商務簽注訪港的內地旅客	年份	持商務簽注訪港的內地旅客
1998	57,706	2008	1,586,821
1999	268,680	2009	1,490,311
2000	655,043	2010	1,320,869
2001	1,097,027	2011	1,350,892
2002	2,270,637	2012	1,779,949
2003	3,146,880	2013	1,433,807
2004	2,661,392	2014	1,298,620
2005	1,901,706	2015	1,220,589
2006	1,675,931	2016	1,287,647
2007	1,490,586	2017	1,270,202

資料來源： 特區政府入境事務處提供。

表 4-1-5　內地旅客入境香港取道途徑（2002 年至 2017 年）

年份	經陸路入境（人次）	佔內地入境旅客人次總數百份比 (%)	經海路入境（人次）	佔內地入境旅客人次總數百份比 (%)	經航空入境（人次）	佔內地入境旅客人次總數百份比 (%)
2002	4,520,009	66.2	1,043,754	15.3	1,261,436	18.5
2003	6,283,798	74.2	1,139,759	13.5	1,043,654	12.3
2004	9,272,556	75.7	1,473,118	12.0	1,500,188	12.3
2005	9,740,105	77.7	1,238,496	9.9	1,562,799	12.5
2006	10,374,028	76.3	1,316,651	9.7	1,900,663	14.0
2007	11,797,463	76.2	1,618,643	10.5	2,069,683	13.4
2008	13,260,133	78.6	1,496,027	8.9	2,105,843	12.5
2009	14,679,246	81.7	1,127,522	6.3	2,149,963	12.0
2010	18,537,059	81.7	1,403,806	6.2	2,743,523	12.1
2011	23,073,865	82.1	1,741,997	6.2	3,284,267	11.7
2012	29,193,317	83.6	1,904,415	5.5	3,813,663	10.9
2013	33,920,048	83.2	2,267,373	5.6	4,557,856	11.2
2014	39,919,203	84.5	2,322,002	4.9	5,006,470	10.6
2015	38,565,572	84.1	1,979,038	4.3	5,297,750	11.6
2016	35,906,251	84.0	1,838,648	4.3	5,033,246	11.8
2017	37,376,499	84.1	1,912,973	4.3	5,155,787	11.6

資料來源：　香港旅遊發展局：《香港旅遊業統計》，「訪港旅客人數明細表（按來港交通工具計）」，2002 年至 2017 年各年期。

表 4-1-6 過夜內地旅客與不過夜內地旅客比例（2000 年至 2017 年）

年份	所有訪港內地旅客	入境過夜旅客	百分比（%）	入境不過夜旅客	百分比（%）
2000	3,785,845	2,707,186	71.51	1,078,659	28.49
2001	4,448,583	3,065,894	68.92	1,382,689	31.08
2002	6,825,199	4,757,303	69.70	2,067,896	30.30
2003①	8,467,211	5,685,895	67.15	2,781,316	32.85
2004	12,245,862	7,793,882	63.65	4,451,980	36.35
2005	12,541,400	8,029,705	64.03	4,511,695	35.97
2006	13,591,342	8,434,278	62.06	5,157,064	37.94
2007	15,485,789	9,092,649	58.72	6,393,140	41.28
2008	16,862,003	9,379,689	55.63	7,482,314	44.37
2009	17,956,731	9,663,565	53.82	8,293,166	46.18
2010	22,684,388	11,678,055	51.48	11,006,333	48.52
2011	28,100,129	13,599,768	48.40	14,500,361	51.60
2012	34,911,395	15,110,372	43.28	19,801,023	56.72
2013	40,745,277	17,089,509	41.94	23,655,768	58.06
2014	47,247,675	19,077,014	40.38	28,170,661	59.62
2015	45,842,360	17,996,827	39.26	27,845,533	60.74
2016	42,778,145	17,364,946	40.59	25,413,199	59.41
2017	44,445,259	18,526,210	41.68	25,919,049	58.32

資料來源：　香港旅遊發展局：《2017 年香港旅遊業統計》，「按居住國家／地區劃分的訪港旅客人次」、「按居住國家／地區劃分的訪港過夜旅客人次」，以及「按居住國家／地區劃分的訪港不過夜旅客人次」各表數據，頁 8-9。

注：① 2003 年數字包含由 7 月 28 日，即《香港與內地建立更緊密經貿關係安排》有關旅遊合作協議生效啟動「個人遊」計劃之日起統計。

二、出境內地港客

1978 年國家實行改革開放後，港人前往內地旅遊的人數增加，每天往返兩地的人流漸次頻密。據港府統計處的資料，1978 年，經由香港陸路往返內地的華人總數為 258.22 萬人次，每天平均約為 7075 人次。1997 年香港回歸後，香港居民北上旅遊人次進一步增加，1999 年，香港人往來內地的跨界旅客行程[7] 每天平均為 239,900 人次；2007 年，人次升抵超過 34 萬（349,300）的高峰後回落，至 2017 年，港人每日往來內地人次稍為回落，每天仍逾 30 萬人次（319,800）（見表 4-1-7）。

1. 旅程目的

行程目的方面，在 1999 年，居港港人往返內地，以消閒為旅程目的之人次，每天平均接近 10 萬（99,300），佔往來總數的比例 41.4%。至 2009 年，以消閒為旅程目的到內地旅行的居港港人，每日往來平均人次升抵 191,500 的高峰後回落。到 2017 年，人次降至 146,200，佔每天往返總人次的比例，仍達到 45.7%。港人前往內地旅遊的行程目的，一直以消閒為主。

探望親友為行程目的方面，在 1999 年，每天平均有 56,100 人次，佔往來總人次的比例為 23.4%，至 2009 年，增至近六萬人次（59,800），取代公幹行程，按人次數量計位列第二，到 2017 年一直維持排列第二位置，人次升至 92,200，佔比接近三成（28.8%）。

公幹行程方面，在 1999 年，每天平均有 69,700 人次，佔往來總人次的 29.1%，按人次數量計，位列第二。至 2009 年起，第二位置為探親行程取代。到 2017 年，公幹行程只佔往來總人次比例的 14.4%，每日人次下降至 45,900 低位，較 1999 年的人次數目，減少 34.15%。

上班行程方面，在 1999 年，居港港人往內地上班每天平均有 5100 人次，佔往來總人次 239,900 的 2.1%。到 2017 年，居港港人往內地上班的每日平均人次，上升至 16,600 人，佔往來總人次 319,800 的 5.2%，按人次計算，相較 1999 年，每日多出 11,500 人次（見表 4-1-8）。

2. 旅程目的地

旅程目的地方面，居港港人往返內地旅遊，珠江三角洲地區一直是其首選。由 1999 年至 2017 年，居港港人往返珠三角佔總人次的比例，一直維持在九成以上水平，當中，以往返深圳人次最多。在 1999 年，每天平均往返深圳的人次有 140,700，佔往返內地人次總數的 58.7%，至 2011 年佔比升至高峰的 77.1%。到 2017 年，佔比回落至 68.4%，深圳仍是港人返回內地旅程首選的目的地。

東莞自 2001 年起，是珠江三角洲地區第二多居港港人往返的地方，每天有 38,700 人次

（14.0%），至 2017 年，每天平均人次回落至 25,700，佔比降至 8%，仍居第二位。

1999 年，居港港人來往廣東省會廣州的每天平均人次有 29,400，為港人往來內地人次第二多目的地，但自 2001 年起，為東莞取代，廣州自此排列第三。至 2017 年，往返廣州每天平均往來人次，降至不足兩萬（19,900）。

此外，居港港人到廣東省以外地區的上海市，於 1999 年，每天平均有 1500 人次往返，佔總人次比例 0.6%，至 2017 年，達到 5200 人次，佔總人次比例為 1.6%，以人次計算的增幅，為 1999 年的 2.47 倍。

1999 年，居港港人往返北京的每天平均人次為 1600，稍多於上海同年的 1500 人次。到 2017 年，每天平均有 2100 人次往返，較上海的 5200 人次為少。從 2001 年至 2017 年，居港港人往返上海的人次一直多於北京，上海成為居港港人到廣東省地區以外的首選旅程目的地（見表 4-1-9）。

3. 旅程逗留時間

1999 年至 2017 年期間，居港港人往返內地旅行，不過夜的人次佔總數比例均過半數。1999 年，不過夜旅客每天平均人次為 152,800，佔所有往返內地居港港人人次 239,900 的 63.7%，至 2017 年，每天不過夜人次平均為 164,400，佔所有居港港人旅客總計的 51.4%，佔比持續下降；而在內地逗留一至兩晚的居港港人，佔比持續上升，由 1999 年每天平均 55,000 人次，升至 2017 年的 116,300 人次，數量增加超過一倍，佔比由 1999 年的 22.9%，升至 2017 年的 36.4%（見表 4-1-10）。

按過夜旅客的統計分項，在 2001 年，居港港人到訪廣東省不過夜的比例，佔總人次的 29.5%，至 2014 年小幅度上升至 30.8%。

居港港人到訪深圳，2001 年不過夜的人次，約佔總數的一半（49.8%），2008 年上升至 64.3% 高峰，隨後回落至 2014 年的 54.5%，其間，佔總數比例仍多於一半。

在過夜逗留時間方面，在 2001 年，居港港人到訪廣東省（包括深圳）逗留的晚數為 3.4 晚；到 2014 年，逗留晚數為 3.1 晚，變化不大。在 2001 年，到廣東省以外其他地方的逗留晚數為 8.4 晚，至 2014 年降至 6.8 晚（見表 4-1-11）。

4. 旅程交通工具模式

居港港人往來內地所採用的交通工具，以乘搭人次計算，由 1999 年至 2017 年，邊界列車一直居於榜首，為最多居港港人採用，乘搭人次於 1999 年為每天平均 187,200。隨着更多過境口岸開通，乘搭邊界列車的人次，於 2017 年降至每天平均 164,700，佔各類交通工具乘搭總人次的 51.5%。

表 4-1-7　居港港人往來香港及內地每天平均跨界旅客人次（1999 年至 2017 年）

年份 旅客類型	1999		2001		2003		2006		2007
	人次	百分比 (%)	人次	百分比 (%)	人次	百分比 (%)	人次	百分比 (%)	人次
居於香港人士	239,900	84.3	275,400	82.7	299,400	78.2	329,300	73.5	349,30
居於內地的香港居民	18,900	6.6	33,100	9.9	36,200	9.5	38,400	8.6	49,50
來自內地的旅客	14,100	5.0	17,600	5.3	39,200	10.2	65,200	14.6	76,80
其他	11,700	4.1	7100	2.1	8100	2.1	15,100	3.4	15,20
總計	284,600	100.0	333,200	100.0	382,800	100.0	448,100	100.0	490,90

資料來源：香港特別行政區政府規劃署《北往南來 2017 年跨界旅運統計調查》報告。

表 4-1-8　居港港人往來香港及內地的目的和每天平均人次（1999 年至 2017 年）

年份 往內地 行程目的	1999		2001		2003		2006		2007
	人次	百分比 (%)	人次	百分比 (%)	人次	百分比 (%)	人次	百分比 (%)	人次
消閒 ①	99,300	41.4	116,700	42.4	121,900	40.7	152,100	46.2	173,30
探望親友	56,100	23.4	54,900	19.9	60,300	20.1	57,900	17.6	60,90
公幹	69,700	29.1	83,400	30.3	78,000	26.1	76,200	23.2	76,60
上班	5100	2.1	12,200	4.4	30,100	10.0	24,300	7.4	20,90
其他目的	9600	4.0	8200	3.0	9100	3.0	18,700	5.7	17,60
總計	239,900	100.0	275,400	100.0	299,400	100.0	329,300	100.0	349,30

資料來源：　香港特別行政區政府規劃署《北往南來二零一七年跨界旅運統計調查》。

注：　① 消閒行程的定義於 2011 年統計調查作出修訂，因此，2011 年起統計調查的數字未必能與以往的數字作直接
　　　　比較。

表 4-1-9　居港港人往來香港及內地的目的地和每天平均人次（1999 年至 2017 年）

年份 目的地	1999		2001		2003		2006		2007
	人次	百分比 (%)	人次	百分比 (%)	人次	百分比 (%)	人次	百分比 (%)	人次
珠江三角洲	222,900	92.9	260,200	94.5	284,800	95.1	311,800	94.7	330,30
深圳	140,700	58.7	167,100	60.7	200,100	66.8	219,400	66.6	236,60
東莞	29,200	12.2	38,700	14.0	37,600	12.5	35,400	10.8	35,70
廣州	29,400	12.3	26,500	9.6	23,900	8.0	27,200	8.3	26,50
中山	4600	1.9	9000	3.3	7100	2.4	9000	2.7	10,50
佛山	6000	2.5	5100	1.9	4400	1.5	5700	1.7	56
惠州（不包括龍門縣）	4700	2.0	4200	1.5	4100	1.4	3600	1.1	50
江門	3000	1.3	3600	1.3	2500	0.8	3900	1.2	41
珠海	4200	1.8	4900	1.8	4700	1.6	7100	2.1	59
肇慶（端州區、鼎湖區、四會市、高要區）	1100	0.5	1000	0.4	500	0.2	500	0.1	4
廣東省其他地方	4400	1.8	5000	1.8	3800	1.3	5600	1.7	46
上海	1500	0.6	1900	0.7	2700	0.9	3400	1.0	47
北京	1600	0.7	1400	0.5	2100	0.7	2400	0.7	19
內地其他地方	9500	3.9	6900	2.5	5900	2.0	6100	1.9	79
總計	239,900	100.0	275,400	100.0	299,400	100.0	329,300	100.0	349,30

資料來源：香港特別行政區政府規劃署《北往南來二零一七年跨界旅運統計調查》報告。

2007	2009		2011		2013/14		2015		2017	
分比(%)	人次	百分比(%)	人次	百分比(%)	人次	百分比(%)	人次	百分比(%)	人次	百分比(%)
71.2	342,600	67.9	341,800	60.8	314,200	51.9	338,900	52.2	319,800	48.0
10.1	53,000	10.5	70,800	12.6	82,400	13.6	100,800	15.5	116,600	17.5
15.6	94,400	18.7	136,600	24.3	195,800	32.4	196,200	30.2	216,600	32.5
3.1	14,600	2.9	13,200	2.3	12,400	2.1	12,800	2.0	13,600	2.0
100.0	504,600	100.0	562,400	100.0	604,900	100.0	648,800	100.0	666,700	100.0

2007	2009		2011		2013/14		2015		2017	
分比(%)	人次	百分比(%)	人次	百分比(%)	人次	百分比(%)	人次	百分比(%)	人次	百分比(%)
49.6	191,500	55.9	167,600	49.0	131,900	42.0	137,700	40.6	146,200	45.7
17.4	59,800	17.5	76,100	22.3	85,000	27.1	103,100	30.4	92,200	28.8
21.9	57,500	16.8	55,600	16.3	58,400	18.6	57,000	16.8	45,900	14.4
6.0	19,300	5.6	21,600	6.3	22,300	7.1	23,900	7.1	16,600	5.2
5.0	14,400	4.2	20,900	6.1	16,500	5.2	17,200	5.1	18,900	5.9
100.0	342,600	100.0	341,800	100.0	314,200	100.0	338,900	100.0	319,800	100.0

2007	2009		2011		2013/14		2015		2017	
分比(%)	人次	百分比(%)	人次	百分比(%)	人次	百分比(%)	人次	百分比(%)	人次	百分比(%)
94.6	321,600	93.9	322,400	94.3	296,100	94.2	312,300	92.2	293,400	91.8
67.7	246,900	72.1	263,500	77.1	233,400	74.3	233,400	68.9	218,800	68.4
10.2	27,600	8.1	19,600	5.7	23,400	7.5	28,400	8.4	25,700	8.0
7.6	22,800	6.7	19,300	5.7	18,200	5.8	21,500	6.3	19,900	6.2
3.0	6700	1.9	6200	1.8	5600	1.8	7100	2.1	7500	2.4
1.6	4000	1.2	3100	0.9	3800	1.2	5700	1.7	6400	2.0
1.4	3800	1.1	3000	0.9	3900	1.2	6500	1.9	5900	1.9
1.2	4400	1.3	2500	0.7	3200	1.0	4300	1.3	4300	1.4
1.7	3900	1.1	4600	1.4	4200	1.3	4600	1.4	4100	1.3
0.1	1 500	0.4	400	0.1	400	0.1	700	0.2	700	0.2
1.3	6000	1.7	4600	1.3	4000	1.3	9400	2.8	8900	2.8
1.3	4000	1.2	4900	1.4	3500	1.1	3900	1.2	5200	1.6
0.5	2600	0.7	2400	0.7	2300	0.7	2400	0.7	2100	0.7
2.3	8400	2.4	7500	2.2	8200	2.6	10,900	3.2	10,200	3.2
100.0	342,600	100.0	341,800	100.0	314,200	100.0	338,900	100.0	319,800	100.0

表 4-1-10 居港港人往來香港及內地逗留內地時間和每天平均人次（1999 年至 2017 年）

年份 在內地 逗留時間	1999		2001		2003		2006		200□
	人次	百分比 (%)	人次	百分比 (%)	人次	百分比 (%)	人次	百分比 (%)	人次
一天或少於一天 / 不過夜 [①]	152,800	63.7	183,900	66.8	208,700	69.7	224,400	68.2	245,5
二至三天 / 一至兩晚 [①]	55,000	22.9	62,800	22.8	60,800	20.3	65,900	20.0	64,8
四至七天 / 三至六晚 [①]	20,400	8.5	20,400	7.4	21,700	7.3	26,600	8.1	26,5
多於一星期 / 多於六晚 [①]	7700	3.2	5800	2.1	7600	2.5	9200	2.8	92
未決定	3900	1.6	2400	0.9	500	0.2	3100	1.0	33
總計	239,900	100.0	275,400	100.0	299,400	100.0	329,300	100.0	349,3

資料來源： 香港特別行政區政府規劃署《北往南來二零一七年跨界旅運統計調查》報告。

注： ① 分類已於 2011 年統計調查作出修訂，因此，2011 年統計調查起的數字未必能與以往的數字作直接比較。

按： 特區政府規劃署是於 2011 年起引入不過夜的詞彙，之前是逗留一天或少於一天，同時間把二至三天修訂為一至
　　兩晚，四至七天改為三至六晚及多於一星期改為多於六晚。

表 4-1-11 過夜與不過夜居港港人比例及平均逗留日數（2001 年至 2014 年）

	年份	全國	廣東省 （包括深圳）	深圳	廣東省 其他地方	廣東省以外 其他地方
不過夜百分比（%）	2001	27.5	29.5	49.8	9.9	1.8 [①]
	2002	28.8	30.6	50.9	11.6	1.7 [①]
	2003	30.2	32.1	53.1	10.0	0.4 [①]
	2004	32.3	34.4	54.9	12.8	0.1 [①]
	2005	34.8	36.8	57.6	11.5	0.1 [①]
	2006	35.7	37.7	57.4	10.9	少於 0.05%
	2007	38.2	40.3	61.8	11.2	0.1 [①]
	2008	41.7	43.9	64.3	12.8	少於 0.05%
	2009	36.7	39.1	59.8	11.0	少於 0.05%
	2010	35.1	37.8	59.1	12.0	少於 0.05%
	2011	31.3	33.6	55.5	11.0	少於 0.05%
	2012	30.4	32.5	54.0	11.8	少於 0.05%
	2013	29.9	32.1	55.3	10.6	少於 0.05%
	2014	28.8	30.8	54.5	10.3	少於 0.05%
過夜百分比（%）	2001	72.5	70.5	50.2	90.1	98.2
	2002	71.2	69.4	49.1	88.4	98.3
	2003	69.8	67.9	46.9	90.0	99.6
	2004	67.7	65.6	45.1	87.2	99.9
	2005	65.2	63.2	42.4	88.5	99.9
	2006	64.3	62.3	42.6	89.1	100.0
	2007	61.8	59.7	38.2	88.8	99.9
	2008	58.1	56.1	35.7	87.2	100.0
	2009	63.3	60.9	40.2	89.0	100.0
	2010	64.9	62.2	40.9	88.0	100.0

| 2007 | 2009 | | 2011 | | 2013/14 | | 2015 | | 2017 | |
分比 (%)	人次	百分比 (%)	人次	百分比 (%)	人次	百分比 (%)	人次	百分比 (%)	人次	百分比 (%)
70.3	249,500	72.8	172,800	50.6	168,200	53.5	173,100	51.1	164,400	51.4
18.6	59,400	17.4	125,200	36.6	106,400	33.9	124,000	36.6	116,300	36.4
7.6	26,100	7.6	29,700	8.7	25,900	8.3	27,300	8.0	27,200	8.5
2.6	7600	2.2	8500	2.5	8800	2.8	11,600	3.4	9000	2.8
1.0	不適用	不適用	5500	1.6	4900	1.6	2900	0.9	3000	0.9
00.0	342,600	100.0	341,800	100.0	314,200	100.0	338,900	100.0	319,800	100.0

（續左表）

	年份	全國	廣東省（包括深圳）	深圳	廣東省其他地方	廣東省以外其他地方
過夜百分比（％）	2011	68.7	66.4	44.5	89.0	100.0
	2012	69.6	67.5	46.0	88.2	100.0
	2013	70.1	67.9	44.7	89.4	100.0
	2014	71.2	69.2	45.5	89.7	100.0
過夜旅行的平均逗留時間（晚數）	2001	3.9	3.4	2.6	3.9	8.4
	2002	3.8	3.4	2.2	4.1	7.7
	2003	3.9	3.6	2.3	4.3	7.4
	2004	3.7	3.3	2.2	4.0	7.4
	2005	3.5	3.2	2.3	3.7	7.3
	2006	3.4	3.1	2.3	3.6	6.7
	2007	3.4	3.0	2.3	3.4	7.4
	2008	3.4	3.1	2.1	3.6	7.4
	2009	3.1	2.8	1.9	3.3	6.8
	2010	3.4	2.9	1.9	3.5	7.3
	2011	3.3	2.8	2.1	3.2	7.4
	2012	3.2	2.8	2.3	3.0	7.7
	2013	3.3	2.8	2.1	3.1	7.8
	2014	3.4	3.1	2.0	3.6	6.8

資料來源： 香港特別行政區政府統計處，《本港居民到中國內地旅行的消費開支》報告，2001 年至 2012 年各期；
《到中國內地作私人旅行的本港居民的社會及經濟特徵和消費開支》報告，2012 年至 2014 年各期。

注： ① 主要是郵輪旅遊。
由於四捨五入關係，個別項目的數字加起來可能與總數不符。

表 4-1-12　居港港人往來香港及內地的交通工具模式和每天平均人次（1999 年至 2017 年）

年份 交通工具類型	1999 年		2001 年		2003 年		2006 年		2007
	人次	百分比 (%)	人次	百分比 (%)	人次	百分比 (%)	人次	百分比 (%)	人次
邊界列車	187,200	78.1	213,000	77.3	199,400	66.6	188,500	57.3	198,6
過境巴士	19,000	7.9	17,500	6.3	37,700	12.6	43,400	13.2	37,2
穿梭巴士	7600	3.2	12,300	4.5	30,100	10.1	61,600	18.7	48,8
私家車	400	0.2	5800	2.1	7100	2.4	8300	2.5	99
飛機	6100	2.6	6200	2.3	6 600	2.2	9500	2.9	11,8
渡輪	14,900	6.2	15,900	5.8	13,500	4.5	12,600	3.8	10,5
直通車	3400	1.4	3500	1.3	4200	1.4	4800	1.5	42
專營巴士 / 專線小巴 / 的士	不適用	不適用	不適用	不適用	不適用	不適用	不適用	不適用	21,8
其他	1100	0.5	1300	0.5	800	0.3	500	0.1	66
總計	239,900	100.0	275,400	100.0	299,400	100.0	329,300	100.0	349,3

資料來源：　香港特別政區政府規劃署：《北往南來二零一七年跨界旅運統計調查》。

乘搭專營巴士 / 專線小巴 / 的士的比例，由 2007 年每天平均 21,800 人次，上升至 2017 年 54,600 人次，佔各類交通工具總乘搭人次的 17.1%，為港人到內地位列第二的常用交通工具。

過境巴士於 1999 年每天平均有 19,000 人次乘搭，佔比 7.9%，至 2017 年升至每天平均有 42,700 人次乘搭，佔比 13.4%，為港人到內地使用第三多的交通工具（見表 4-1-12）。

第二節　旅遊合作

一、通關便利

內地實行改革開放前，香港與內地出入境旅客往來，主要通過羅湖和文錦渡兩個陸路口岸進行通關。內地實行改革開放後，兩地出入境旅客人流增加，兩地政府同意擴建原先的羅湖和文錦渡兩個陸路口岸。1982 年 3 月 21 日，深圳市政府秘書長甄錫培率團赴港，與港府政治顧問麥若彬為首的港府官員舉行會談，商討進一步方便香港與深圳之間的旅客往來等議題，就增建和改善既有通關口岸達成協議，並同意成立聯合工作小組。同年 4 月 30 日兩地簽署《深圳—香港關於增闢兩地之間通道的協議》，議定興建皇崗連接落馬洲大橋、文錦渡新橋和沙頭角沙河橋，以及設立大小梅沙至香港客輪服務等旅遊專用口岸，方便兩地旅客往來後，兩地進一步加強方便旅遊往來合作。1998 年 3 月 30 日，在中央政府支持、國務院港澳事務辦公室和廣東省政府配合下，成立「粵港合作聯席會議」。在同年 9 月 24 日舉行的粵港聯席會議第二次會議上，雙方在改善口岸管理的議題上達成共識，同意延

007年	2009年		2011年		2013/14年		2015年		2017年	
分比(%)	人次	百分比(%)	人次	百分比(%)	人次	百分比(%)	人次	百分比(%)	人次	百分比(%)
56.8	188,000	54.9	192,900	56.4	167,400	53.3	177,500	52.4	164,700	51.5
10.7	33,900	9.9	22,800	6.7	31,600	10.0	44,300	13.1	42,700	13.4
14.0	39,700	11.6	31,000	9.1	19,100	6.1	11,300	3.3	18,100	5.6
2.8	15,400	4.5	16,100	4.7	12,700	4.0	15,200	4.5	16,000	5.0
3.4	10,800	3.2	9 900	2.9	10,100	3.2	10,600	3.1	13,100	4.1
3.0	7400	2.2	7600	2.2	6100	2.0	6000	1.8	6100	1.9
1.2	3800	1.1	4600	1.4	4500	1.4	4100	1.2	4200	1.3
6.2	35,200	10.3	47,000	13.8	55,100	17.5	69,800	20.6	54,600	17.1
1.9	8300	2.4	9800	2.9	7700	2.4	200	0.1	300	0.1
00.0	342,600	100.0	341,800	100.0	314,200	100.0	338,900	100.0	319,800	100.0

長羅湖口岸、皇崗口岸、文錦渡口岸和沙頭角口岸的開放時間，改善陸路口岸管理和紓緩日益繁忙的跨境交通，以及同意加強合作促進兩地旅遊。

1. 口岸通道

羅湖管制站 1950年7月1日，經中央人民政府政務院批准，羅湖口岸正式成為國家對外開放口岸，並成立羅湖邊檢站，為國家最早對外開放的口岸。1982年12月，港商胡應湘獲中央領導接見，提出改造深圳火車站計劃，當中包括興建羅湖口岸聯檢大樓。改造計劃獲中央政府批准，於1983年3月14日，由香港合和中國發展（深圳）有限公司（香港合和公司）與深圳經濟特區發展公司簽署合作協議。香港合和公司負責籌集資金進行改造工程。1983年7月14日聯檢大樓及配套項目動工，經過20多個月日夜施工，1985年6月14日首期工程及與其連接的雙層行人天橋竣工啟用。1986年11月23日，中央政府與胡應湘達成協議，由國家斥資從胡應湘手上購回聯檢大樓產權，除支付本金和利息外，並付予一定比例合理利潤，大樓不再按原先計劃，向使用其過境的旅客徵收費用。

聯檢大樓共11層（另含地庫一層），設計每天可接待八萬名旅客，年接待旅客量為2800萬人次。旅客進出境能於不同樓層完成包括海關、邊檢、商檢、衛生檢疫、動植物檢疫等入境手續。

1995年聯檢大樓完成擴建，出入境櫃位增至160個（包括地下離境大堂設櫃位68個，二樓入境大堂設櫃位92個），另一樓設有42個櫃位，供接待非香港居民（包括其他國家旅客、內地單程證和雙程證人士）的入境事宜，即共設有旅客出入境櫃位202個。至1999年，再增添8個離境櫃位，櫃位總數增至210個。到2004年，檢查櫃位增至226個，每

天最高可接待 40 萬人次的旅客流量。

2005 年 1 月 18 日，羅湖口岸連接聯檢大樓的行人天橋擴寬工程落成啟用，整條橋裝上玻璃幕牆，設有空調系統，橋身也擴闊七米。同年 2 月，羅湖管制站亦完成改善工程，特區政府入境事務處在地下離境大堂東面增設檢查櫃枱至不多於 26 個，以及在離境大堂增闢 1100 平方米地方作額外的緩衝區，供 3800 名旅客輪候過關，容量增加兩倍。至 2007 年年底，羅湖口岸成為全國旅客流量最大陸路出入境口岸，出入境人次達 9506.34 萬。

2012 年，經羅湖管制站出入境的香港和內地居民人流往來達到高峰的逾 9346.39 萬人次，其中內地旅客佔 2288.64 萬人次；2017 年，站內共設有 181 條多功能、供旅客自助出入境檢查的 e- 道；同年，出入境的旅客（包括港人及訪港人士）逾 8170 萬人次，較 2016 年增加 0.5%，當中訪港人士（包括內地及外地旅客）錄得 2200 萬人次，較 2016 年上升 1%，是香港最繁忙的出入境口岸。

大樓落成後，兩度延長開放時間，分別為自 1998 年 10 月 15 日起，延長通關一小時，開放時間為上午 6 時 30 分至晚上 11 時 30 分；至 2001 年 12 月 1 日，開放時間再延長半小時，由每日上午 6 時 30 分至晚上 12 時，直到 2017 年未有再作改變。

大角咀碼頭　1978 年 11 月 17 日，大角咀碼頭開辦來往港穗兩地客運飛翔船航線，恢復中斷 30 年的港穗海上客運，初時每日港粵對開三班，每條船可載 60 人。之後，碼頭增開多條往返中國航線，包括前往廣州的黃埔港、洲頭咀、粵東的汕尾、福建的廈門和上海等

1980 年代初，羅湖口岸聯檢大樓啟用以前，旅客需在羅湖橋上露天部分徒步過關。（新華社提供）

航線。大角咀碼頭往返香港和內地之間的航線旅客迅速增加，於 1981 年，華人旅客經海路出境或入境人次各突破 300 萬至總數 6,396,962 人次。到 1984 年，華人旅客出境或入境人次各突破 400 萬至總數 8,345,620，兩三年間經海路出入境總人數增加近 200 萬人次。1985 年 10 月 31 日，位於信德中心的新港澳碼頭落成，舊港澳碼頭改建作為臨時中港碼頭，以分流大角咀碼頭的出入境旅客。1986 年 1 月 15 日，珠江船務公司、招商局及港中水翼船公司分別經營行走香港至珠海、江門、三埠、蛇口、太平及中山等航線的快速船，轉到上環舊港澳碼頭開出，其餘 11 條航線仍在大角咀碼頭行駛。1988 年 11 月 8 日，位於尖沙咀中港城的中國客運碼頭啟用後，大角咀碼頭停用。

紅磡管制站　紅磡管制站為乘搭直通火車往返內地旅客辦理出入境手續。1979 年 4 月 4 日香港至廣州直通火車恢復通車。直通車服務地域範圍持續擴展，1993 年 1 月 8 日，服務範圍伸展至廣東省佛山；1994 年 10 月 8 日起，港穗直通車開始在東莞市常平鎮的常平站停靠（常平站於 1997 年 12 月 23 日升格並更名為東莞站，後於 2013 年 6 月 20 日復名為常平站）。1995 年 3 月 28 日，港穗直通車服務延伸至肇慶。1997 年 5 月 18 日及 19日，直通車服務分別擴展至北京（京九直通車）和上海（滬九直通車）。2014 年高峰時，旅客數目達 448 萬人次；2017 年設 17 條多功能 e- 道，為旅客提供快捷出入境檢查手續，經該管制站出入境的旅客量下降至 386 萬人次。紅磡管制站為兩地旅客乘搭直通火車往返內地的方便通道。

文錦渡管制站　內地實行改革開放前，文錦渡是人手擔挑供香港鮮活商品的兩地貿易關口。1976 年 5 月 25 日建成第一座公路橋，1978 年 10 月，經國務院批准成為對外開放關口。隨着兩地旅遊往來人流增加，1981 年 1 月，文錦渡增闢為客運、貨運口岸，並於同年6 月 25 日開通進出境客運汽車，每日進出客車六班，是內地最早對外開放的客、貨運綜合性公路口岸。

1985 年 2 月 10 日，文錦渡第二座公路橋建成投入使用。1999 年 4 月 1 日起，客運通關服務往後延長兩小時，開放時間由早上 7 時至晚上 10 時。2005 年 2 月，新建出入境雙向橋正式投入使用，進一步方便人流和車流的進出。同年 3 月，文錦渡實行「快捷通」出入境車輛自動查驗系統，每輛車經邊檢閘口的驗放時間只需約五秒。

2010 年 2 月 22 日至 2013 年 8 月 26 日，文錦渡進行改建工程，完工後出入境查驗通道增至 44 條（其中人工查驗通道 24 條，自助式查驗通道 20 條）。設計每日過境旅客最高容量為 30,000 人次。2017 年，經文錦渡管制站出入境車輛共有 185 萬架次高峰，較 2016年增加 4.1%。經該管制站出入境的旅客人數有 424 萬人次，較 2016 年增加 6.1%，當中訪客錄得 190 萬人次，較 2016 年上升 2.5%。

沙頭角管制站　1984 年 9 月，國務院批准沙頭角口岸對外開放。1985 年 3 月，沙頭角口

岸建成使用，為跨境車輛及旅客提供出入境檢查服務。2012 年出入境的車輛共有 91 萬架次，旅客人數於 2013 年達 339 萬人次，二者均創下使用高峰；2017 年，經沙頭角管制站出入境的車輛共有 88 萬架次，較 2016 年增加 7.9%。經該管制站出入境的旅客人數為 309 萬人次，較 2016 年上升 2.9%。管制站內設有 10 條多功能 e- 道，方便過關旅客自助辦理過關手續進出。

港澳碼頭　為疏導大角咀碼頭的渡輪過境旅客，港府於 1986 年 1 月 15 日把位於港島上環的舊港澳碼頭改作臨時中港客輪碼頭，開放時間為上午 7 時至晚上 8 時。舊港澳碼頭來往香港和內地之間的航線，其後轉到毗鄰的新港澳碼頭。1998 年 7 月 1 日，香港回歸祖國一周年，珠江九洲港碼頭舉行「珠海—香港客運航線夜航首航儀式」，珠海高速客輪有限公司擁有的最先進「海洋」號豪華客輪晚上 7 時半離開珠海的九洲碼頭，前往香港的港澳碼頭。1999 年 9 月 20 日，信德中旅船務投資有限公司與深圳機場港務公司合作經營的「港深航線」，增設四班夜航服務，分別為兩班由九龍中國客運碼頭開往深圳及兩班由深圳開往香港港澳碼頭。

2017 年，港澳客輪碼頭每天有近 278 班客輪往返香港與澳門或內地，經往來澳門及廣東省鄰近口岸的旅客總數為 1732 萬人次，較 2016 年增加 1.6%。其中香港居民出入境人次為 980 萬，訪港旅客出入境人次為 752 萬，較 2016 年增加 12.1%。

中國客運碼頭　中國客運碼頭於 1988 年 11 月 8 日啟用，並接收由大角咀碼頭提供往來香港與廣東省 21 個港口，包括廣州、上海、汕頭及廈門等地的跨境渡輪服務，為兩地旅客服務，方便港粵兩地旅客通過海路往來。

碼頭設有三個可容納排水量達 2.5 萬噸及食水深 10 米普通大型船隻繫泊的泊位，七個可供動力承托高速船隻（如雙體船、飛翔船等小型船隻）使用的泊位，每天由早上 6 時開放至晚上 10 時。又，碼頭設有 38 個入境及 26 個出境櫃位，每小時可容納 4400 名旅客辦理出入境手續，每年最多可接待 1900 萬人次的乘客。

2013 年接待旅客達高峰的 920 萬人次，當中 51 萬人次為郵輪旅客。2017 年，中港碼頭每日平均接待 99 班往返香港與澳門或內地的客輪，經此口岸出入境旅客達 707 萬人次，當中大部分是訪港旅客，出入境人次為 398 萬，佔比超過五成半（56.3%）。

落馬洲管制站　隨着香港與內地交往漸趨頻繁，道路交通需求增加，1982 年 4 月 30 日，港府與深圳市政府簽訂《深圳—香港關於增闢兩地之間通道的協定》，內容包括興建皇崗—落馬洲大橋，為私家車和商業車輛往來兩地的乘客提供出入境檢查服務。1991 年 8 月 8 日，客運部分正式開通，管制站通關時間同時延長，由每日早上 9 時至下午 5 時，改為早上 7 時 30 分至下午 8 時。至 2001 年 12 月 1 日，通關時間再度延長，由早上 6 時 30 分至凌晨零時，與羅湖口岸看齊。於 2003 年 1 月 27 日，落馬洲口岸正式實施 24 小時通

關，是唯一一個提供 24 小時客運通關服務的陸路關口，為兩地的人員通關往來帶來更大的方便。同年 9 月，落馬洲管制站完成擴建改善工程，旅客檢查櫃枱由原來的 28 個增加至 50 個（旅客接待量由每小時 4200 人次增加至 5500 人次）。入境處於 2006 年 1 月 24 日在落馬洲口岸大樓加設 12 條 e-道，而 e-道的應用範圍也於同日擴展至持有簽證身份書並持有智能身份證人士（即新移民）。2017 年，經落馬洲管制站出入境的旅客人數為 2870 萬人次，較 1997 年出入境旅客逾 500 萬（5,043,603）人次，增加 4.74 倍。而 2017 年經落馬洲出入境的旅客當中，訪客有 995 萬人次，較 2016 年上升 9.1%。站內設有 46 條多功能 e-道，為兩地主要的陸路通道之一。

香港國際機場 位於赤鱲角的香港國際機場於 1998 年 7 月 2 日由國家主席江澤民在香港特區首任行政長官董建華等陪同下，主持開幕典禮，並於同月 6 日啟用，而 1925 年起運作的啟德機場亦於同日凌晨關閉。2002 年，內地旅客經航空入境香港的數目為 1,261,436 人次，佔內地入境香港旅客總人次的 18.5%，到 2017 年為 5,155,787 人次，佔內地入境香港旅客總人次 44,445,259 的 11.6%。

隨着入境香港取道空運的人數增加，香港機場管理局於 2004 年與入境事務處合作，推出「訪港常客通道」，以提升通關便利效率；2005 年安裝旅客自助出入境檢查通道，採用端對端無線射頻識別技術，處理所有離港行李。

2006 年至 2010 年抵港層過關檢查櫃枱由 44 個增加至 70 個，並引入智能卡和辨識電子系統；2006 年 7 月，增設 28 條自助檢查通道，11 月設立「專用服務櫃枱」，方便在過去 12 個月內使用機場到訪香港三次或以上旅客；2008 年 5 月 19 日起，增設 16 條經常訪港旅客 e-道。

機場三跑道系統建造工程於 2016 年 8 月動工，工程目標在 2024 年年底竣工，落成後機場每年能應付額外 3000 萬人次客運量。

國際機場協會（ACI）公布 2017 年全球首 20 名最繁忙的機場，香港國際機場以國際客運量 7300 萬人次排名第八位。

機場海天客運碼頭 香港國際機場於 2003 年 9 月增關附屬客運碼頭——海天客運碼頭，連接蛇口、深圳、東莞虎門及澳門等地，便利內地珠三角城市居民通過空運往來。旅客乘搭跨境快船轉駁服務直接前往機場，不用再在機場大樓辦理香港出入境及清關手續，縮短往來珠三角多個口岸一半旅程時間。

於 2005 年 11 月，香港國際機場與深圳蛇口碼頭攜手推出全球首創跨境預辦登機服務，旅客可於蛇口碼頭預辦登機手續，乘搭快船轉駁服務前往香港機場海天客運碼頭後，毋須再辦理任何手續即可登機。

至 2010 年 1 月 15 日，永久海天客運碼頭落成啟用，設有四個泊位，平均每日提供 85 班快船，並於首年接載約 224 萬名旅客，來往香港機場與八個珠三角及澳門的口岸，包括中山、珠海九洲港、東莞虎門、廣州南沙港、深圳蛇口、深圳福永、澳門氹仔，以及澳門外港客運碼頭。至 2015 年，海天客運碼頭增設往來廣州蓮花山服務，並錄得超過 196 萬名海轉空及 89 萬名空轉海旅客人次紀錄，其中蓮花山、蛇口、福永、虎門、中山、九洲、澳門外港客運碼頭及氹仔均設有一站式跨境預辦登機服務。至 2017 年 11 月，預辦登機服務擴展至南沙口岸，即共有九個快船口岸提供預辦登機服務。同年，海天客運碼頭共錄得逾 165 萬名海轉空及 89 萬名空轉海的過境旅客使用。

屯門客運碼頭　2006 年 11 月 4 日，屯門客運碼頭正式使用，為香港第三個跨境渡輪碼頭，設有三個泊位，每小時可接待 800 名過境旅客，由九洲發展與香港西北航運快線合作經營，每日提供四班往來珠海九洲港的渡輪服務。

2007 年 6 月 15 日，經營屯門碼頭的香港西北航運快線再增添一條由屯門往來蛇口的航線。10 月 11 日，往返屯門至珠海的航線暫停，往來屯門至蛇口之渡輪服務則維持不變。隨着深港西部通道啟用，來往屯門至蛇口的渡輪服務，票價減半至最便宜的 28 元，吸引搭客選乘。2010 年 1 月 17 日，香港西北航運快線成功續租屯門碼頭後，未再提供前往內地的渡輪航線，並於 2012 年 9 月 10 日終止屯門客運碼頭租賃協議，向特區政府交還屯門客運碼頭。2016 年 1 月 28 日，停運逾三年的屯門碼頭恢復運作，投得碼頭營運權的信德中旅船務管理有限公司（下簡稱信德中旅），每日提供三班船次往來屯門及深圳機場福永碼頭。同年 9 月 15 日，信德中旅旗下的噴射飛航，聯同珠海高速客輪有限公司經營屯門客運碼頭開往珠海九洲港的航線，中途短暫停泊香港國際機場，航程約 1 小時 45 分鐘。

至 2017 年，屯門客運碼頭每日平均接待 20 班往返香港與澳門或內地的客輪，接待的客量為 70 萬人次，當中九成（63 萬）是香港居民。

深圳灣管制站　在 2001 年 7 月 25 日舉行的粵港合作聯席會議第四次全體會議上，兩地政府原則上同意在深圳東角頭的新填海區設置過境聯檢設施（即深港西部通道），研究實行「一地兩檢」的通關安排，以紓緩兩地陸路口岸面對大量旅客和車輛過境壓力。2003 年 2 月 21 日，香港特區立法會通過撥款 77.83 億元興建連接新界西部和深圳市南山區的深港西部通道香港段及與其連接的后海灣幹線。同年 8 月 28 日，深圳灣管制站動工興建，國務院副總理曾培炎及特首董建華出席奠基儀式。

至 2007 年 6 月 28 日，香港和深圳兩地政府簽署深圳灣口岸「一地兩檢」合作安排，協議內容包括土地租賃合同、深圳灣口岸重大事宜合作安排、深圳灣口岸運作實施方案，以及深圳灣公路大橋深圳段運作及保養維修安排合作協議。特區政務司司長許仕仁及深圳市市長許宗衡出席見證簽署儀式。

深圳灣口岸於 2007 年 7 月 1 日啟用，並由國家主席胡錦濤在特首曾蔭權等陪同下主持剪綵儀式。特區政府並棄用深港西部通道作為總稱，改用深圳灣公路大橋及深圳灣口岸兩個名稱。8 月 24 日在特區政府憲報刊登公告，自當日起，大橋的正式名稱定為「深圳灣公路大橋」。公告並把官方的起點定為港深西部公路的交界處，終點則為深圳灣口岸港方口岸區內的四條斜路。口岸的查驗區由深港兩地政府投資建設，是首個按照「一地兩檢」模式運作的客貨綜合性公路口岸。

管制站開放時間為上午 6 時 30 分至晚上 12 時，設多條穿梭兩地跨境巴士線，便利兩地旅客出入境；2012 年 2 月 20 日起，管制站共設有 63 條多功能 e- 道。設計上限為每日 17 萬名旅客人次辦理出入境手續。

經深圳灣出入境的旅客人數持續增加，由 2007 年的逾 430 萬（4,356,295）人次增加至 2017 年的 4060 萬人次，增加 8.44 倍。2017 年，共錄得訪客 1930 萬人次，較 2016 年上升 5.1%，是香港第三個最繁忙的陸路口岸。

落馬洲支線管制站　落馬洲支線在 2007 年 8 月 15 日正式通車，是第二個陸路口岸有鐵路路線連接的關口，車站出入境大堂共設有 136 個入境事務處櫃枱，通道每日可接待高達約 15 萬人次的旅客，以對羅湖口岸起分流作用。2016 年高峰時出入境旅客逾 6340 萬人次；2017 年為過境旅客數量降至 5940 萬人次，過關繁忙程度僅次於羅湖。

啟德郵輪碼頭　位於原啟德機場舊址的啟德郵輪碼頭於 2013 年 6 月 12 日正式啟用開幕，是繼位於尖沙咀海運大廈郵輪碼頭之後另一郵輪碼頭，新郵輪碼頭設計每小時接待高達 3000 名旅客人次。碼頭第二個泊位於 2014 年 9 月 29 日投入服務後，能夠同時停泊兩艘世界上最大的郵輪，讓香港具備發展成為區內郵輪樞紐的良好條件。2015 年碼頭處理約 56 班過境或以香港為母港的郵輪航次，接待旅客量達 26 萬人次。2017 年，啟德郵輪碼頭處理約 186 班過境或以香港為母港的郵輪航次，較 2013 年上升 96%，旅客量達 78 萬人次。管制站亦設有 7 條多功能 e- 道，方便已登記該項服務的旅客出入。

2. 措施

旅客出入境管理　隨着國家改革開放的進一步深入，港深之間的交往日增，兩地政府開始設立機制，協調旅客便利過關的課題。1982 年 4 月 2 日，港深兩地政府成立的「方便旅客過境小組」在深圳舉行首次會議，雙方就羅湖延長通關時間，增建羅湖西人行出入境管理、文錦渡客運公路橋、私家車由文錦渡過關等問題進行商議。同年 5 月 17 日，經港深地政府磋商，是日起，返回深圳商業洽談、旅遊及在深圳置業的三類港人，在事前向深圳相關單位取得證明後，返港時間可延至晚上 8 時 30 分，即通往港方關口由原來 5 時關閉，延長至 8 時 30 分。

1985 年 6 月 14 日，羅湖聯檢大樓竣工啟用，過關人流顯著增加，在春節期間過境人流高

峰期出現擁擠現象，港深雙方經磋商後，從 1998 年起，每年春節期間成立春節過境小組，負責了解和通報口岸情況，以協調、處理和疏導旅客過關情況。

同年 11 月，經內地公安部批准，在香港、澳門的外國人從深圳或珠海入境向口岸簽證機關申請特區旅遊簽證，在深圳經濟特區停留五天，在珠海經濟特區停留三天。其後，於 1994 年 9 月 15 日，公安部、外交部、國家旅遊局、國家安全部、國家海關總署下發《關於為到香港的外國人組團進深圳經濟特區旅遊提供便利的管理辦法》，對到訪香港的外國人由指定的旅行社組團進深圳特區停留不超過 72 小時，可免辦簽證入境。2000 年 11 月 10 日起，免簽安排延長至 144 小時，外國人經香港入境後，可在廣州、深圳、珠海、佛山、東莞、中山、江門、肇慶、惠州、汕頭 10 個珠三角地區城市旅遊，進一步開放內地旅遊市場（有關簽證延長逗留時間，請參閱本節第四分目「一程多站」）。

1991 年 5 月 1 日，港深「方便旅客過境小組」召開例會，同意在各節日期間，每天由香港人民入境事務處（1997 年後改稱香港特別行政區政府入境事務處）羅湖管制站與深圳邊防檢查站值班官員，在羅湖橋會晤，相互通報情況，並協調旅客過關疏導工作。同年 10 月，羅湖聯檢大樓二樓改造工程完成，正式開通為持護照內地公民、台灣旅客、華僑和外籍人士入出境專用通道，緩解旅客過境擁擠的局面。

從 2004 年 5 月起，內地居民持有「往來港澳通行證」或「因公往來香港澳門特別行政區通行證」的訪港人士，在香港辦理出入境手續時，毋須提交旅客抵港或離港申報表，進一步簡化出入境檢查程序。

簽證　內地實行改革開放前，港人返內地須在羅湖的邊防檢查站申領一次有效的《港澳同胞回鄉介紹書》，填寫返鄉目的、目的地和逗留時間等資料；出境時，由關口檢查站收回。隨着改革開放展開，內地於 1979 年 8 月 1 日起簡化手續，把一次有效的《港澳同胞回鄉介紹書》，改為三年內多次使用有效的《港澳同胞回鄉證》。1981 年 12 月 1 日起，回鄉證有效期由 3 年延長至 10 年，1988 年 9 月 8 日回鄉證改版，加貼電腦條碼方便電腦管理，足供來往 104 次使用。香港 1997 年回歸後，於 1999 年 1 月 15 日，內地部門發出全新的回鄉卡，設有高科技防偽，實行電子化管理。各邊境口岸開始實施全新電腦讀卡設備加快通關時間，香港居民進出內地較之前更為便捷。

2014 年 5 月 20 日起，廣東試點啟用電子往來港澳通行證。新版證件採用國際標準設計製作。2014 年 9 月 15 日開始，在全國發行電子港澳通行證；2015 年 8 月，廣東推出「出入境自助辦證一體機」，符合資格的內地居民兩至五分鐘內，辦妥赴港澳遊簽注；2016 年 6 月 12 日起，北京市公安局出入境管理局在部分出入境接待大廳推出簽注（卡式）自助一體機，合資格的內地居民三分鐘內自助辦理個人赴港澳旅遊簽注，便利來港的辦證安排。至 2017 年，兩地政府無進一步修訂簽注政策。

旅客自助出入境檢查（e- 道）服務 特區政府於 2004 年 12 月 16 日起，於羅湖管制離境大堂，設置三條試驗性、供 11 歲或以上、持智能身份證的香港永久居民使用的電子 e- 道，以自助方式離境，並再分階段在其他出入境口岸安裝。至 2005 年 3 月 9 日為止，共有超過 500,000 人次使用該系統辦理出境手續。同年 4 月，政府向立法會提交〈入境（修訂）條例草案〉，容許非永久性居民和經常訪港旅客使用 e- 道，有關擴展自 2006 年 1 月起實施。在訪港內地旅客人數持續增加下，特區政府自 2012 年 1 月 3 日起，容許 18 歲或以上合資格的經常訪港內地旅客，前往設於各管制站的登記處，經成功登記後使用自助出入境檢查系統（e- 道）。合資格的訪客須：一、持有有效的通行證並附有有效的一年多次赴港簽注；二、於登記日前 12 個月內訪港三次或以上；三、在香港無不良紀錄者。2017 年年底，各管制站共設有 595 條多功能 e- 道，約有近 100 萬（990,000）名持紙本樣式往來港澳通行證內地旅客辦妥登記使用 e- 道服務。

二、香港遊

「香港遊」試辦團於 1983 年 11 月成功舉辦後，翌年 1 月 19 日，廣東省旅遊局[8] 向省政府呈交《關於一九八三年試辦「香港遊」旅遊團的情況和一九八四年工作方案》報告（下簡稱《報告》）指出，1983 年 12 月下旬，新華社香港分社[9] 與廣東（香港）旅遊有限公司（廣旅）跟香港人民入境事務處（香港特區政府入境事務處前身）會談商定，由 1984 年 1 月起，試行「香港遊」每日一團由 25 人增至 36 人；由第二季度至年終止，每日兩團，人數增至 72 人，全年共組織 22,680 人赴港探親或旅遊。《報告》提出拓展「香港遊」具體業務的發展方案。

對於廣東省旅遊局所作的匯報，廣東省政府於 2 月 21 日發出批轉省旅遊局《關於一九八三年試辦「香港遊」旅遊團的情況和一九八四年工作方案》的通知，表示 1983 年 11 月、12 月份試辦「香港遊」旅遊團情況良好，在此基礎上，1984 年可正式開辦「香港遊」旅遊團業務，並逐步在各地、市鋪開，增加人數。「香港遊」計劃開啟香港與內地展開制度性的旅遊合作。

按照廣東省政府制定的《香港旅遊組團試行辦法》，內地居民到香港旅遊參觀的費用，採取定期包線包價辦法，以港元計算，由香港親友向廣旅交付。旅遊團人數方面，每團由 25 至 36 人組成，一般集體參觀遊覽四天，自行活動四天，其間可自由會親訪友。廣東省政府這項政策決定，使香港遊由試辦轉為正式全面推行。

「香港遊」政策實施後，香港與內地確立旅遊往來的常置機制。訪港內地旅客的數目，由 1983 年年底 3.25 萬人次，增至 1984 年年底的 21.49 萬人次，一年間增加 5.6 倍，[10] 佔 1984 年訪港旅客總數 330.37 萬的 6.5%，相對來自美洲（佔比 20.6%）、東南亞和南亞（佔比

23.1%）等地區，內地訪旅客人數在實施「香港遊」初期，佔訪港旅客總人數的比例並不高。

隨着兩地居民旅遊往來人次數目增加，廣東省政府增設多個口岸，作為「香港遊」出入境口岸，包括於 1986 年 6 月起，增設廣州洲頭咀、湛江港、開平三埠港、海口港、江門港、汕頭港及中山港；至 1987 年年底前，加入珠海九州港、肇慶港、番禺蓮花山港及太平港；1988 年 2 月 7 日，再增加順德容奇港作為「香港遊」出入境口岸，方便內地居民參加「香港遊」旅遊團往返。

在增加出入境口岸，方便內地組團「香港遊」後，內地訪港旅客相應明顯增加，從 1988 年的 68.36 萬人次，佔訪港旅客總數 616.72 萬人次的 11.08%，增至 1994 年的 194.37 萬人次，佔訪港旅客總數 933.12 萬人次的 20.8%，成為香港入境旅遊市場佔整體訪港旅客比例最高的客源地。參加「香港遊」的內地旅客人數配額亦逐年增加，於 1995 年、1996 年及 1997 年，限額分別依次由每天平均 928 人、1026 人，增至 1997 年 1046 人。

在內地旅遊市場迅速發展下，香港旅遊協會（香港旅遊發展局前身）於 1997 年在北京設立首個內地辦事處。隨後，上海、廣州和成都辦事處分別於 1999 年、2004 年和 2006 年成立，加強兩地旅遊事業合作。

1998 年，香港受到亞洲金融風暴影響，股票和地產價格遽跌，市民的資產財富萎縮，降低消費意欲。在本地和外圍經濟不利環境下，香港經濟增長出現負值，實質增長為 -5.0%；失業率由 1997 年的 2.2% 上升至 4.7%，經濟表現低迷。

經香港特區政府和內地政府部門商討，同年 7 月 6 日起，「香港遊」每日的配額由 1997 年的 1046 人，增至 1500 人。這一年，香港整體訪港旅客人次，從回歸前 1996 年的 1297.38 萬人次高位，回落至 1998 年的 1015.96 萬人次，但訪港內地遊客的數目不降反增，由 1996 年的 238.93 萬人次，增至 1998 年的 267.16 萬人次，佔整體訪港旅客的比例上升至 26.3%，較佔比第二位台灣地區的 18.6%，高出 7.7 個百分點。

2000 年 4 月 17 日，香港特區政府與國家旅遊局代表在北京召開定期的「香港遊」旅行團計劃檢討會議，會議上，雙方認同「香港遊」計劃在過去一年整體運作暢順，並同意就加強兩地旅遊合作發展，達成如下八項共識：

（一）將「香港遊」的配額由每年 547,500 個，增加至 730,000 個；即每天平均配額由 1500 個增加至 2000 個。在繁忙日子，每日的指標可視情況而增加，例如在春節前後等高峰期，而每年整體配額不超過 730,000 個。

（二）將「香港遊」內地指定組團社，由 4 家增加至 17 家。

（三）內地組團社須在香港有接待社，這些接待社必須為香港旅遊業議會的會員。

（四）國家旅遊局會在短期內公布及實施對內地經營商的管理措施，加強監管，減少違規情況。

（五）香港入境事務處會簡化「香港遊」的入境手續，方便內地旅客到港。

（六）雙方會在六個月後對新安排的運作情況進行檢討。

（七）香港入境事務處會與有關的內地組團社及接待社保持經常接觸，確保「香港遊」計劃運作暢順。

（八）雙方同意組團旅行社可辦一至兩天香港團，香港入境事務處會加以配合，使「香港遊」計劃更有彈性，滿足短線旅客的需求。

同年 9 月 25 日，香港特區政府和廣東省人民政府在深圳召開粵港合作聯席會議第三次會議，會議上，雙方確定「香港遊」的配額，由每年 540,000 個增加至 700,000 個，即每日平均配額由 1500 個增至 2000 個。同時，香港特區政府透過雙方合作，擴大訪港外國旅客組團進入深圳提供便利簽證安排，逗留時間由原來的 72 小時，延長至 144 小時，範圍由深圳擴大至珠江三角洲九個城市，加強兩地旅遊合作。

按照雙方的協議，除增加「香港遊」入境旅遊配額外，基於香港與內地的商貿聯繫日趨密切，商務旅客增多，內地公安同意把多次有效的商務簽注有效期，由原來的六個月延長至最長三年，每次逗留時間可長達 14 天，配合兩地經濟發展的需要，以及對本地的旅遊業和零售業提供發展助力。

「香港遊」配額於增加後，內地旅客訪港人次數目相應上升。2001 年，整體訪港旅客為 1372.53 萬人次，較 2000 年的 1305.95 萬人次稍增 5.1%。但同年訪港內地旅客人次，由 2000 年的 378.58 萬人次，上升至 444.86 萬人次，增長 17.5%。訪港內地旅客佔香港整體旅客的比重達 32.4%，超過三成。這一年，香港旅遊業雖保持增長，但經濟受外圍景氣不利影響而告放緩。本地生產總值實質增長由 2000 年的 10%，減慢至 2001 年的 0.6%，下降 9.4 個百分點。就業市場同步明顯轉弱，失業率從 2000 年 4.9% 上升至 5.1%，經濟表現疲弱。

2001 年 9 月 11 日，美國發生「九一一恐怖襲擊事件」，世界旅遊業備受衝擊，訪港旅客人數銳減，本地經濟增長受壓。面對外圍及本地經濟放緩，2001 年第三季本地生產總值與一年前同期比較，實質下 0.5%，較第一及第二季的 2.2% 及 1.4% 增長為低，經濟面對進一步放緩壓力。

2001 年 10 月 10 日，香港特區行政長官董建華發表 2001 年度施政報告，宣布特區政府與國家旅遊局談妥，由 2002 年 1 月 1 日起取消「香港遊」配額制度，並開始增加內地組團旅行社數目，目標是容許所有組織內地居民「出國遊」的內地旅行社均可組辦「香港遊」。2001 年 11 月，於北京召開的「全國公安出入境管理工作會議」議決取消「香港遊」配額限制。

2002 年 1 月 1 日，國家旅遊局落實取消「香港遊」的配額，同時批准內地 63 家可組織「港

澳遊」的旅行社組團來香港旅遊。此外，廣東省政府於 2002 年 5 月開始，為該省居民簽發五年期多次往來港澳通行證，這類通行證之前只發給商務旅客，自此之後，商務、旅遊或探親均可獲發該類通行證。在新措施下，2002 年年底，內地訪港旅客人數創出新高，達到 6825.20 萬人次，較 2001 年的 4448.58 萬人次，上升 53.4%，人數大幅增加。

在 2003 年 2 月至 6 月期間，香港爆發「嚴重急性呼吸系統綜合症」疫情，旅遊業受到衝擊，本地消費市場不景，經濟增長動力轉弱。同年 6 月 29 日，香港特區政府與國家商務部簽署《內地與香港關於建立更緊密經貿關係的安排》（Closer Economic Partnership Arrangement, CEPA），加強「內地與香港之間的貿易及投資合作，促進雙方共同發展」。

在 CEPA 下，有關服務貿易開放的政策，其中有關加強兩地旅遊合作，促進香港旅遊業發展的措施，包括內地允許廣東省境內居民個人赴港旅遊（「個人遊」計劃）。根據 2003 年 6 月 29 日公布的協議文本，這項措施首先在東莞、中山、江門三市試行，並不遲於 2004 年 7 月 1 日在廣東省全省範圍實施；雙方加強在旅遊宣傳和推廣方面的合作，包括促進相互旅遊，以及開展以珠江三角洲為基礎的對外推廣活動。

「個人遊」計劃於 2003 年 7 月 28 日起正式實施後，「香港遊」計劃便告結束。

三、「個人遊」與「一簽多行」

香港於 2001 年受美國經濟低迷影響，經濟放緩，本地消費開支和投資開支急速下降，旅遊業受到打擊，全年經濟實質增長僅 0.5%。2002 年，經濟微弱復蘇。翌年，香港經濟經歷大幅度波動，該年 3 月初，香港爆發「嚴重急性呼吸系統綜合症」疫情，經濟隨即於第二季度急速收縮。到 6 月 29 日，香港與內地簽署《內地與香港關於建立更緊密經貿關係的安排》（Closer Economic Partnership Arrangement, CEPA）。隨後，經濟漸次恢復動力，本地生產總值於 2003 年第三及第四季，分別回升至 4% 和 5%。按照 CEPA 主體法律文本第十四章「旅遊合作」，內地政府允許廣東省境內居民個人赴港旅遊，開啟內地居民來港「個人遊」的序幕。

1.「個人遊」

「個人遊」計劃自 2003 年 7 月 28 日起在四個廣東省城市（東莞、中山、江門、佛山）推行。「個人遊」實施前，內地居民大部分只可通過港澳商務簽注或參加「香港遊」，以組團方式來港旅遊。在「個人遊」計劃下，開放「個人遊」城市的戶籍居民，可向當地公安局申請「個人遊」簽注來港旅遊，簽注有效期為三個月或一年，其間，持證旅客可多次來港，每次逗留不多於七天。

2003 年 7 月至 2007 年 1 月期間，「個人遊」開放的範圍漸次擴大至其他城市，包括 18

省共 49 個城市（見表 4-2-1）。

「個人遊」計劃於 2003 年 7 月 28 日展開，到年終，通過「個人遊」簽注訪港的內地旅客有 66.73 萬人次，佔整體訪港內地旅客 846.72 萬人次的 7.9%。翌年，以「個人遊」簽注來港的內地旅客，人數升至 425.96 萬人次，較 2003 年增加 5.4 倍，佔整體訪港內地旅客的 34.78%。這一年，訪港內地旅客全年人次為 1224.59 萬人次，首次突破一千萬人次關口，佔整體訪港旅客的比例攀上 56.1%，內地成為香港入境旅遊市場逾半數的客源。

工商及科技局於 2007 年 6 月向立法會工商事務委員會提交「《內地與香港關於建立更緊密經貿關係安排》對香港經濟的影響」的文件，估量「個人遊」計劃展開後首三年對香港經濟的影響。文件指出，2004 年至 2006 年，「個人遊」旅客帶來 227 億元的額外旅客消費。在 2006 年，有關的額外旅客消費估算為 93 億元，較 2004 年的水平增約 38%。旅客消費主要在零售、酒店住宿及飲食業方面。

另一方面，該局稱把額外旅客消費與各個旅遊相關行業一併考慮，並參考個別行業的增加值，計算出對各相關旅遊行業的直接淨增加值，數據顯示「個人遊」旅客的購物開支大幅上升，酒店住宿和飲食方面的消費相對有所下降；而零售業生意增加，為香港零售業提供較其他行業更多的就業機會（見表 4-2-2）。

2007 年起，「個人遊」內地旅客的入境人次，佔整體來港內地旅客逾半，並且比例持續增加，至 2017 年年底，「個人遊」旅客數目為 2537.96 萬人次，佔所有訪港內地旅客人次的57.1%，接近六成（見表 4-2-3）。「個人遊」旅客的旅遊消費，購物佔消費大部分份額（有關「個人遊」消費情況，可參閱本章第四節第二分目「內地人南下旅遊消費」），為香港零售消費市場帶來增長動力。

2.「一簽多行」

內地旅客經「個人遊」簽注來港人次，從 2003 年的 66.73 萬人次，增至 2007 年 859.31萬人次，四年間增加 11.9 倍。於 2008 年 8 月 5 日舉行的粵港合作聯席會議第十一次會議上，粵港雙方同意加強兩地在旅遊上的合作。特區政府旅遊事務署與廣東省旅遊局共同簽署《粵港旅遊合作協議》。按照協議，廣東省有關部門開展對香港服務者在粵省設立合資及獨資旅行社的審批工作，獲內地授權的香港旅遊企業在深圳以試點形式，為合資格的非廣東省籍居民開展迪士尼定點團隊旅遊，進一步擴大內地居民合資格來港「個人遊」所覆蓋的人數範疇。

2009 年 3 月 30 日，深圳市公安局召開境內外媒體新聞發布會宣布，公安部出入境管理局發布決定，從 4 月 1 日起，實施為深圳戶籍居民辦理一年多次往返香港個人旅遊簽注工作，凡不屬於國家登記備案工作人員的深圳戶籍居民，可向深圳市公安局出入境管理處申請一年有效期的多次往返香港個人旅遊簽注（即「一簽多行」），該簽注有效期為一年，每

由香港旅遊發展局與北京市旅遊局合辦的「千人個人遊」計劃旅遊團，首團 260 名團友於 2004 年 9 月 1 日抵港，到達香港赤鱲角機場，神情興奮。（南華早報出版有限公司提供）

2013 年「個人遊」推出 10 周年，來自武漢的吳老師（前左一）一家憑「個人遊」簽注來港旅遊，並在香港太平山頂留影。（新華社提供）

表 4-2-1　訪港「個人遊」計劃實施進程

| 生效日期[①] | 開放省份及城市 | | 2010 年戶籍人口[②]（萬人） |
	省份	城市	
2003 年 7 月 28 日	廣東	東莞、佛山、中山、江門	1102.85
2003 年 8 月 20 日	廣東	廣州、深圳、珠海、惠州	1499.49
2003 年 9 月 1 日	直轄市	北京、上海	2673.92
2004 年 1 月 1 日	廣東	汕頭、潮州、梅州、肇慶、清遠、雲浮	2430.84
2004 年 5 月 1 日	廣東	汕尾、茂名、湛江、陽江、韶關、揭陽、河源（對廣東全省 21 個城市開放）	3469.32
2004 年 7 月 1 日	福建	福州（市直轄區）、廈門、泉州	1059.12
	江蘇	南京、蘇州、無錫	1741.54
	浙江	杭州、寧波、台州	1845
2005 月 3 月 1 日	直轄市	天津、重慶（限 15 個區市）	2550
2005 年 11 月 1 日	四川	成都	1142.7
	山東	濟南	606.48
	遼寧	大連、瀋陽	1303.62
2006 年 5 月 1 日	江西	南昌	498.68
	湖南	長沙	651.21
	廣西壯族自治區	南寧	686.55
	海南	海口	145.99
	貴州	貴陽	373.54
	雲南	昆明	541.39
2007 年 1 月 1 日	河北	石家莊	981.05
	河南	鄭州	730.94
	吉林	長春	754.89
	安徽	合肥	501.95
	湖北	武漢	838.37

資料來源：　① 國家公安部出入境管理局新聞發布；另見香港旅遊發展局，《市場概覽｜中國內地》，2017 年 8 月，頁 4。
　　　　　　② 國家統計局，第六次全國人口普查主要數據公報，各省市數據資料。

表 4-2-2 「個人遊」計劃對選定行業的直接淨增加值 [1] 額外消費

年份	整體經濟	酒店及旅舍業	零售業	飲食業	其他個人服務 [2]	跨境旅客服務
額外消費（億元）						
2004	64.80	4.13	47.36	9.00	4.31	2.54
2005	64.43	1.38	53.74	6.67	2.64	2.01
2006	89.07	3.40	76.89	6.70	2.07	3.72
增值額 （億元）						
2004	47.14	246	7.27	3.29	2.22	0.80
2005	46.51	85	8.33	2.41	1.40	0.60
2006	64.95	196	11.19	2.37	1.10	1.23
就業機會（個）						
2004	19,158	790	6306	3141	870	74
2005	17,815	213	6779	2204	500	51
2006	25,742	666	10,339	2282	408	119

資料來源： 工商科技局向立法會工商事務委員會提交資料文件，「《內地與香港關於建立更緊密經貿關係案排》對香港經濟的影響」（立法會ＣＢ（1）1849/06-07（04）號文件，圖 16 數據 ，2007 年 6 月。
注： ① 由於這些估計數字並未涵蓋其後的影響，對不同行業的直接影響的總和遠較對整體經濟的影響為少。
　　 ② 其他個人服務包括旅行代理、機票代理、本地交通和其他個人款待。

表 4-2-3 「個人遊」訪港旅客人次 （2003 年至 2017 年）

年份	「個人遊」人次	佔內地訪港旅客人次比例（%）	佔所有訪港旅客人次比例（%）	較前一年增／減幅度比例（%）
2003	667,271 [1]	7.9	4.3	不適用
2004	4,259,691	34.8	19.5	538.4
2005	5,550,255	44.3	23.8	30.3
2006	6,673,283	49.1	26.4	20.2
2007	8,593,141	55.5	30.5	28.8
2008	9,619,280	57.0	32.6	11.9
2009	10,591,418	59.0	35.8	10.1
2010	14,244,136	63.0	39.5	34.5
2011	18,343,786	65.3	43.8	28.8
2012	23,141,247	66.3	47.6	26.2
2013	27,464,867	67.4	50.6	18.7
2014	31,355,433	66.3	51.5	14.2
2015	27,942,111	61.0	47.1	-10.9
2016	24,223,277	56.6	42.8	-13.3
2017	25,379,600	57.1	43.4	4.8

資料來源： 香港旅遊發展局，《2017 年香港旅遊業統計》，「1976 至 2017 年按居住國家／地區劃分的訪港旅客人次」表，頁 8。
注： ① 2003 年數字由 7 月 28 日，即《香港與內地建立更緊密經貿關係安排》有關旅遊合作協議生效日起統計。

次在香港逗留不超過七天。按「一簽多行」計劃，深圳戶籍居民一年辦一次簽注，即可無限次於簽注期內往來香港旅遊。計劃實施後，到該年 10 月底，超過 97 萬深圳居民人次持這類簽注訪港。據香港旅遊發展局的資料，2009 年訪港內地旅客 1796 萬人次，當中，一簽多行旅客佔 147 萬人次。

同年 12 月 15 日起，「個人遊」計劃擴展至常住深圳非廣東戶籍居民。合資格的申請人，可向深圳市公安局出入境管理部門申請三個月一次、或一年一次的個人旅遊簽注。持證人每次可在香港逗留不超過七天。翌年 12 月 15 日，措施進一步擴大至包括大部分在深圳受聘工作的非廣東省戶籍居民，使深圳居民來港旅遊更為方便。

隨着「個人遊」訪港旅客持續增加，香港零售業的銷售額同步增加，「2012 年『個人遊』旅客的消費為香港帶來逾 216 億元的增加值，等於本地生產總值的 1.3%。在不同的行業中，以增加值計算，『個人遊』計劃對本地零售業的貢獻最大，其次為酒店業。這些行業的經營也產生對其他行業的服務需求，從而對整體經濟進一步作出貢獻」。[11]

除「個人遊」旅客外，也有以組團方式來港的內地旅客。按照規定，內地旅行團來港須經由中國國家旅遊局登記的內地旅行代理商（下稱「組團社」）負責組團，然後交由香港註冊旅行社代理商（下稱「地接社」），負責在港提供服務，包括食宿、安排觀光行程。香港一些「地接社」在沒有收取「組團社」接待費情況下，仍為該組團社負責的訪港旅行團提供接待服務。這些香港「地接社」選擇靠賺取內地旅客在香港消費的佣金，彌補其接待成本和賺取利潤。2010 年 3 月 25 日，香港一名女導遊接待一個從安徽到香港的內地三天團時，不滿旅客購物的金額，在旅遊車上以冒犯語言責難旅客，事件引起本地輿論關注低服務收費、甚或零服務收費的香港接待旅遊公司，以「強迫旅客購物」的經營手法和問題。行政長官曾蔭權於同年 10 月 13 日發表《2010－2011 年度施政報告》，提出責成商務及經濟發展局局長，檢討整個旅遊業的運作和規管架構。事件並未扭轉內地旅客來港觀光旅遊人次增加的上升趨勢。

2012 年 8 月，內地公安部公布，2012 年 9 月 1 日推出新的出入境便利措施，允許常住於北京、天津、上海、重慶、廣州及深圳等內地本市戶籍就業人口和高等院校的在讀大學生，於常住地提交各類出境證件申請，包括來往港澳通行證及各類赴港簽注；非深圳戶籍居民亦可在深圳辦理「一年多次個人遊簽注」。

2013 年，訪港內地旅客的數目突破 4000 萬人次，佔整體訪港旅客 5429.88 萬人次的七成五。訪港內地旅客中，「個人遊」旅客的數目逾 2746 萬人次。其間，從 2011 年至 2013 年，每月持「一簽多行」個人遊簽注來港的內地旅客入境人次，由 2011 年的 616.8 萬增至 1215.2 萬人次（見表 4-2-4）。

大量內地旅客來港人數增加，凸顯香港旅遊接待承載力問題。2013 年年初，穿梭兩地的

「水貨客」大量購入嬰兒奶粉，導致配方奶粉供應鏈失效，個別牌子配方粉嚴重缺貨，引起香港新生嬰兒父母的不滿，水貨活動問題並成為社會的討論焦點。特區政府決定於 3 月 1 日起，實施配方粉出口管制（俗稱「限奶令」）。按《2013 年進出口（一般）（修訂）規例》，「禁止任何人輸出，供 36 個月以下嬰兒食用的配方粉（包括奶粉或豆奶粉），除非該人士已獲發出許可證」，過去 24 小時內不曾出境者可攜帶不逾 1.8 公斤配方粉。[12]

另一方面，入境事務處制定「懷疑水貨客監察名單」，對懷疑水貨客進行入境問訊，並採取特別行動，於入境時加強截查懷疑從事水貨活動者，對可疑者拒絕其入境並即時遣返內地。從 2013 年至 2015 年年底，受懷疑從事水貨活動被拒入境的人數，合共超過 47,000 人（見表 4-2-5）。

隨着內地訪港旅客和「水貨」活動增加，香港接待旅客承載能力受到進一步的壓力。特區政府於 2014 年 6 月向中央政府提出以「一周一行」簽注，替代「一簽多行」簽注的政策。2015 年 4 月 13 日，中央政府宣布，即時起實施新措施，深圳戶籍居民「一簽多行」調整為「一周一行」，以減少來港內地旅客的人次。深圳政府停止簽發「一簽多行」簽注，改為簽發「一周一行」簽注。持該簽注人士，每周一至周日只可來港一次，每次可逗留七天。新措施並不影響已獲發「一簽多行」的簽注，持有有效「一簽多行」簽注的深圳戶籍居民，仍可在有效期限內多次往返香港和內地，直至簽注有效期結束。

入境事務處數字顯示，「一簽多行」改為「一周一行」後，於 2015 年 4 月 13 日至 2016 年 3 月 31 日期間，內地訪客人次約為 4249 萬，按年下跌 8.6%，當中，持未到期「一簽多行」簽注入境的訪客人次約為 631.5 萬，按年下跌 57.3%，而持「一周一行」簽注入境的訪客人次約為 438 萬。

按年度計算，實施「一周一行」後，到 2015 年年底，所有訪港內地旅客人數下降，由 2014 年的 4724.77 萬人次，下降至 4584.24 萬人次，減少 140.53 萬人；「個人遊」人次，由 2014 年的 3133.54 萬人，同步回落至 2794.21 萬人，減少 339.33 萬人，降幅 10.8%；翌年，2016 年「個人遊」人數進一步下跌至 2422.33 萬人次，連續兩年下降。在 2016 年 3 月，登記來港的內地入境團只有 4789 團，較 2015 年同期的 9350 團大幅下跌 48.8%，以 2016 年第一季度計算，全季錄得 11,665 團，較 2015 年同期下跌 59.3%。

到 2017 年，「個人遊」人次稍告回升至 2537.96 萬人次，佔所有訪港內地旅客的人次比例為 57.1%，比對 2014 年 3135.54 萬高峰人次的 66.3%，下降 9.2 百分點，共 595.58 萬人次。

對於處理水貨活動問題，從 2015 年 4 月至 2016 年 3 月 31 日一年間，共偵破 359 宗涉及水貨走私案件，檢獲總值 980 萬元的物品。同期，香港海關共查獲 3824 宗違規出口配方粉案件，檢獲約 26,000 公斤配方粉。經過連續的打擊行動後，水貨活動已告收斂，卻

表 4-2-4　每月持「一簽多行」個人簽注訪港旅客入境人次（2011 年至 2013 年）

月份　　年份	2011	2012	2013
1 月	581,696	757,771	1,181,976
2 月	363,894	628,203	787,283
3 月	457,272	691,406	861,717
4 月	454,363	707,043	882,346
5 月	456,955	740,423	908,547
6 月	417,801	730,785	946,883
7 月	538,519	852,590	1,038,800
8 月	580,085	952,560	1,073,881
9 月	521,789	881,063	1,069,731
10 月	584,416	904,559	1,081,184
11 月	542,530	928,772	1,109,126
12 月	668,794	1,052,211	1,210,074
總計	6,168,114	9,827,386	12,151,548

資料來源：　商務及經濟發展局局長蘇錦樑於 2014 年 6 月 25 日回應立法會議員田北俊提問的書面回答。政府新聞處，《新聞公報》，2014 年 6 月 25 日，「立法會十一題：檢討個人遊計劃」，附件資料。

表 4-2-5　懷疑從事水貨活動被拒入境人次（2013 年至 2015 年）

管制站	2013	2014	2015
羅湖	6068	4520	6765
落馬洲支線	3981	3473	10,128
紅磡	0	1	0
落馬洲	160	88	148
深圳灣	1201	2256	4882
文錦渡	239	1000	1653
沙頭角	167	108	238
總數	11,816	11,446	23,814

資料來源：　保安局局長黎棟國答覆立法會議員鄧家彪提問之書面回答資料。政府新聞處，《新聞公報》，2016 年 4 月 27 日。「立法會十五題：打擊水貨活動」。

未停止，2017 年仍錄得違規攜帶配方粉離境的個案，數目由 2013 年每月平均緝獲的 430 宗，下降至 2017 年每月平均 324 宗，下跌約 25%。

從 2009 年 4 月 1 日推出「一簽多行」計劃，到 2017 年，其間，訪港內地旅客人數攀升，漸次展現本地接待旅客和旅遊業承載能力不足的一面。

四、一程多站

1980 年代後期，香港旅遊協會（香港旅遊發展局前身）提出，粵港澳三地歷史背景相近，各具不同旅遊特色，三地可攜手合作，共同推廣旅遊，開發整個珠江三角洲的旅遊潛力。自 1990 年起，粵港澳三地經過多次討論，共同探討各種合作可行方法。1993 年 12 月，香港旅遊協會、廣東省旅遊局和澳門旅遊司（於 1999 年 12 月改稱為澳門特別行政區旅遊局），在國家旅遊局支持下，成立「珠江三角洲旅遊推廣機構」。機構於 2003 年易名為「粵港澳旅遊推廣機構」，共同合作，致力吸引更多海外旅客，讓旅客在一次的旅程中，遊覽三地各具特色的景緻，落實港澳和內地「一程多站」的旅遊合作。1991 年，以「一程多站」模式經香港前往粵澳的旅客共有 200 萬人次。

「一程多站」的旅遊發展模式，自 2004 年中起，由粵港澳合作擴展至泛珠三角區域（9+2）的合作。2004 年 6 月 3 日，泛珠三角區域（9+2）各地方首長，在廣州簽署《泛珠三角區域合作框架協議》，其中第四條「合作領域」關於旅遊合作部分，列示「各方支持全面推進區域旅遊合作，共同研究制定區域旅遊發展戰略和市場開發策略；建立區域旅遊信息庫；構建區域旅遊網絡營銷系統，創建旅遊電子商務服務平台；共同策劃和推廣區域精品旅遊線路，樹立區域旅遊形象，打造區域旅遊品牌」。同年 8 月 4 日，在廣州舉行的粵港合作聯席會議第七次會議上，雙方同意，粵港澳三方共同研究把宣傳工作推展至泛珠三角區域的合作層面。三方同意善用泛珠三角的豐富天然旅遊資源，共同發展及向海外宣傳「一程多站」的區域旅遊路線，加強協力推動「一程多站」的旅遊合作。

2007 年 1 月 15 日，《「十一五」與香港發展》經濟高峰會下設的「專業服務、信息科技及旅遊專題小組」發表報告及行動綱領，建議與內地更多省市開拓合作策劃、在海外推廣「一程多站」的主題式行程及藉着北京 2008 年奧運，與內地合作向海外推廣「一程多站」行程。

2008 年 1 月 8 日，粵港合作聯席會議第十次工作會議在廣州舉行，會議議定在既有的合作平台上，成立「粵港澳旅遊合作委員會」，以加強粵港澳三方在旅遊市場推廣方面的合作，共同開發和推廣更多針對不同客源市場的「一程多站」旅遊路線，並繼續就推廣「誠信旅遊」保持緊密合作。同年 6 月和 10 月，旅發局與深圳市旅遊局（2009 年 8 月改組為深圳市文體旅遊局）兩度聯手，分別向山西省太原市的旅遊業界，以及在新加坡和馬來西亞推廣一程兩站行程，吸引更多旅客前來港深兩地旅遊。

8 月 20 日，旅發局和海南省旅遊局簽署《關於進一步深化港瓊「一程多站」旅遊和誠信遊合作協議》；香港旅遊事務署和海南省旅遊局（2008 年 5 月 28 日改組為海南省旅遊發展委員會，2018 年 9 月 29 日再改組為海南省旅遊和文化廣電體育廳）簽署《加強郵輪旅遊合作安排》，推廣香港與海南省在「一程多站」旅遊、「誠信旅遊」和「郵輪旅遊」等合作。

2009 年 5 月 9 日，香港特區政府與商務部簽訂《內地與香港關於建立更緊密經貿關係的安排》補充協議六，允許經營赴台旅遊的內地組團社組織持有效《大陸居民往來台灣通行證》及旅遊簽注的遊客以過境方式在香港停留。補充協議容許內地旅行團乘坐以香港作為母港的郵輪，經香港赴台的措施，開通港台「一程多站」旅遊路線和產品。內地旅客並只需持有一個簽證，可以過境方式入境或出境留港七天。配合《安排》的補充協議六，2009 年 8 月 2 日麗星郵輪推出「一程多站」香港台灣暑假航次，從香港出發前往台灣航程。

隨着香港與俄羅斯互免簽證協議於同年 7 月 1 日生效後，香港旅發局於 9 月同海南省合作推出「一程多站」，鼓勵俄羅斯人先去海南島再到香港遊覽。9 月和 10 月，旅發局以 2007 年被列作世界文化遺產的開平碉樓為賣點，先後在日本和台灣地區推介港、澳及開平的「一程多站」行程。

2010 年 4 月 7 日，粵港雙方根據國家發展和改革委員會於 2009 年 1 月 8 日公布的《珠江三角洲地區改革發展規劃綱要（2008 年 — 2020 年）》，簽訂《粵港合作框架協議》，當中第三章第二條有關旅遊的部分，提出雙方聯合開發推廣「一程多站」旅遊線路，研究開發粵港航空及郵輪旅遊，形成不同主題、特色、檔次的多元旅遊產品體系；共同開拓海外旅遊市場，開展旅遊宣傳促銷，共同吸引國際遊客，並有效利用廣東「144 小時便利簽證」政策，簡化到香港的外國遊客入境廣東手續，以及為粵港兩地居民互訪提供便利措施。

2010 年 4 月 30 日，旅發局首次聯同廣東省旅遊局代表團，往北美洲舉辦聯合路演，向多倫多、紐約及三藩市，推介香港與廣東省合作推出的「一程多站」旅遊產品，及不同主題的行程，包括在「2010 香港節慶年」和「2010 華人華僑旅遊年」活動中，推出富有歷史文化特色的孫中山史跡遊、海上絲綢之路遊、電影拍攝地遊和地質公園遊等新路線。同年 5 月 1 日至 10 月 31 日，上海舉辦第 41 屆世界博覽會。旅發局趁上海舉辦世博會的機會，於 5 月 31 日在上海舉行「這一刻上海、下一刻香港 —— 無限香港·精彩節慶」大型宣傳活動，推廣旅客到香港參加上海的「一程多站」行程，鼓勵旅客前往上海後到訪香港。

2011 年 11 月 5 日，廣東國際旅遊文化節揭幕，香港與廣東省簽訂旅遊戰略合作協議，加強粵港澳三地利用各自特色明顯的旅遊背景，進行「一程多站」的推介工作。

2012 年 1 月 9 日，粵港兩地簽署落實《實施〈粵港合作框架協議〉2012 年重點工作》，其中共同開發「一程多站」旅遊精品線路，聯合開展海外宣傳推廣。同年 5 月，香港與深圳聯袂到加拿大推廣旅遊。

2013 年 3 月 15 日，粵港合作聯席會議第十八次工作會議，雙方同意配合啟德郵輪碼頭的落成，加強合作推廣郵輪旅遊，共同開拓以香港為母港的郵輪旅遊市場及繼續加強「一程多站」旅遊線路的開發及推廣。廣東亦把「144 小時便利簽證」政策推廣到全省。同月，為配合莫斯科國際旅遊展，旅發局再度與澳門及三亞合作，向俄國市場推廣結合三地的「一程多站」旅遊。同年 8 月 17 日，國家旅遊局宣布，放寬內地旅客在香港乘坐郵輪到台灣地區的限制，容許內地旅行團從香港到台灣後，藉「一程多站」的安排，繼續乘坐該郵輪前往日本或韓國旅遊，再返回內地。根據旅發局的統計數據，2013 年訪港過夜旅客中，有近九成長途旅客及近五成短途旅客利用「一程多站」旅遊模式訪港。

2015 年 7 月 9 日，特區政府旅遊事務署、珠海市文化體育旅遊局[13] 及澳門旅遊局簽署旅遊合作框架協議，加強三地的旅遊推廣合作，以配合港珠澳大橋於 2018 年落成啟用。同年 9 月 11 日，旅發局、廣東省旅遊局、澳門特區政府旅遊局在廣州廣交會展館開幕的 2015 中國（廣東）國際旅遊產業博覽會上，聯合發布 2015 粵港澳五條「一程多站」旅遊新線路，分別是「美食休閒遊」、「尋根探祖遊」、「地質公園—世界遺址遊」、「文化歷史遊」、「濱海風光遊」，行程多在四天三夜至六天五夜。

2016 年 7 月 13 日，旅發局與珠海市文化體育旅遊局、深圳市文化體育旅遊局及澳門旅遊局合作，在泰國舉辦業界推介會，介紹四地的旅遊特色，開拓「一帶一路」沿線國家或地區在旅遊合作的發展空間。

2017 年 2 月 23 日粵港合作聯席會議第二十二次工作會議上，粵港雙方同意在旅遊方面，兩地積極與鄰近地區建立合作平台，進一步推動「一程多站」旅遊發展，包括發展面向「一帶一路」沿線國家的郵輪市場，共同開發粵港郵輪旅遊「一程多站」路線。

同年 4 月，香港與粵桂閩澳共五地加強合作，聯合在印尼舉辦「一程多站」旅遊推廣活動，開拓東南亞客源市場。5 月，特區政府指出，不少到訪香港的旅客都以「一程多站」的方式旅遊，短途市場旅客以「一程多站」方式旅遊的比例接近百分之六十；長途市場的比例更超過百分之八十。

在 2014 年至 2016 年間，旅發局一直與大灣區內的旅遊機構合作進行聯合推廣，包括先後與廣東省旅遊局、深圳市文化體育旅遊局、[14] 珠海市文化體育旅遊局和澳門旅遊局在多個長、短途客源市場，包括新加坡、馬來西亞、印尼、泰國、日本、韓國、印度、俄羅斯、英國、法國、德國、美國、加拿大、澳洲及新西蘭等，透過業界推介會、考察團、展覽、路演、廣告等途徑，宣傳包含香港在內的「一程多站」行程及產品；而「一程多站」成為香港特區政府與內地相關省市和部門向外聯合推廣香港和內地旅遊發展的重要項目。

第三節 旅遊設施及景點投資合作

一、酒店

1978 年，隨着國門打開，前往內地旅遊、公幹、探親的海內外人士不斷增加。同年，國家接待入境旅客人數達 180.9 萬人次，超過 1957 年至 1977 年間的總和，惟供旅客住宿的內地涉外旅遊飯店數目只有 137 家，供不應求。

1978 年 7 月，國務院僑務辦公室主任廖承志邀請一批知名港商，包括利銘澤、霍英東、李嘉誠、馮景禧、彭國珍、胡應湘等人上京，跟鄧小平會面，促成其後在廣州興建首批共三家涉及外資、設備現代化的酒店。之後，其他個別的港商相繼加入，在內地尤其是在廣東省興建酒店。1990 年以後，港商在內地興建的酒店，多屬五星級或豪華酒店，或是作為港商在內地發展大型綜合建築群的其中一個投資組合部分（有關情況，可參閱第六章「土地與房地產」第三節第一目「酒店」）。在內地投資和經營酒店方面，港商引入國際著名酒店品牌或獨特的酒店管理模式，協助提升內地旅遊酒店的服務水平。

1. 白天鵝賓館

1978 年 9 月，中國旅行遊覽事業管理總局 [15] 局長盧緒章在北京與霍英東、彭國珍商談興建賓館的構想，達成在廣州興建賓館的意向。

1978 年 11 月 2 日，廣東省旅遊旅館工程領導小組成立，副組長為廣州市副市長林西。1979 年 1 月 10 日，林西受廣東省委第一書記兼廣東省革命委員會主任習仲勳之命，率領廣州地區商貿代表團，赴香港考察並商談有關合資建設酒店事宜。同月 23 日，霍英東和彭國珍跟林西等在澳門葡京酒店簽訂《廣州沙面白鵝潭投資興建旅館計劃意向書草案》（白鵝潭賓館後來由霍英東更名為白天鵝賓館），但賓館規模、資金運用、承建及經營管理等問題尚待解決。

同年 2 月 22 日，習仲勳致函余秋里，提及「霍英東先生是愛國商人，同我們商談了八次，親自奔赴廣州、北京商談了五次」，[16] 請示從速審批廣東上報的霍英東興建旅遊賓館事宜。同月 26 日，廖承志也寫信給盧緒章詢問：「廣州的霍英東一項，是否無論如何爭取它能夠談成，並在今年內開始施工？」反映從速建造酒店的決策意向。

4 月 5 日，「國務院利用僑資外資籌建旅遊飯店領導小組辦公室」向國務院遞交《關於霍英東在穗建造旅遊飯店的請示報告》，獲國務院批准。同月 10 日，盧緒章與霍英東、彭國珍簽訂在廣州興建鵝潭賓館協議。

白天鵝賓館是廣州首三家涉外酒店中最先動工興建和落成的一家。1979 年 7 月 19 日，白天鵝賓館破土動工，霍英東決定採取三自政策，即自行設計、自行施工、採購建設和自行管理。設計方面，賓館由廣州兩位設計師佘畯南和莫伯治負責（有關酒店的建築設計風格，可參閱第十五章「設計、廣告及公關產業」第一節「建築設計」），並且採用獎金制來激勵員工，加強他們工作的積極性。施工和選購的物品，從空調、電梯，到專用信紙、杯、碟等，均自行向世界各地採購，並決定酒店的營運，由內地人士自行管理。

白天鵝賓館於 1982 年 10 月 14 日竣工，在廣州秋交會開幕前一天部分試業，賓館共有客房 1014 間。至 1983 年 2 月 6 日春節前，賓館正式開業。白天鵝賓館是內地第一家容許並非顧客的民眾可內進的酒店，也是第一家全面實施電腦化管理的酒店、第一家使用信用卡結帳及接受八種外匯付款方式的酒店。1984 年 1 月，白天鵝賓館開業翌年，鄧小平、楊尚昆、王震等一行 31 人前來視察。1985 年 2 月 19 日及 23 日，鄧小平先後兩次前來視察，並親筆題字。酒店在霍英東經營的 20 年間，接待了 40 多位國家元首和政府首腦，包括 1985 年美國副總統老布殊和其夫人芭芭拉，以及首位訪華美國總統尼克遜；1986 年 10 月 18 日，中央更在白天鵝賓館設國宴，款待到訪廣州的英女王伊利沙伯二世。新加坡總理李光耀分別於 1988 年 9 月 21 日和 1997 年 12 月 9 日，兩度入住白天鵝賓館。

1985 年 7 月，白天鵝賓館被「世界一流酒店組織」吸納為成員，為內地酒店第一家。1990 年，白天鵝賓館同中國大酒店齊獲國家旅遊局評為全國首批五星級酒店。

1986 年 10 月 18 日，英女王伊利沙伯二世（中）訪華期間到廣州訪問，並入住白天鵝賓館，由廣東省省長葉選平（右）和霍英東（左）一起接待。（霍英東基金會提供）

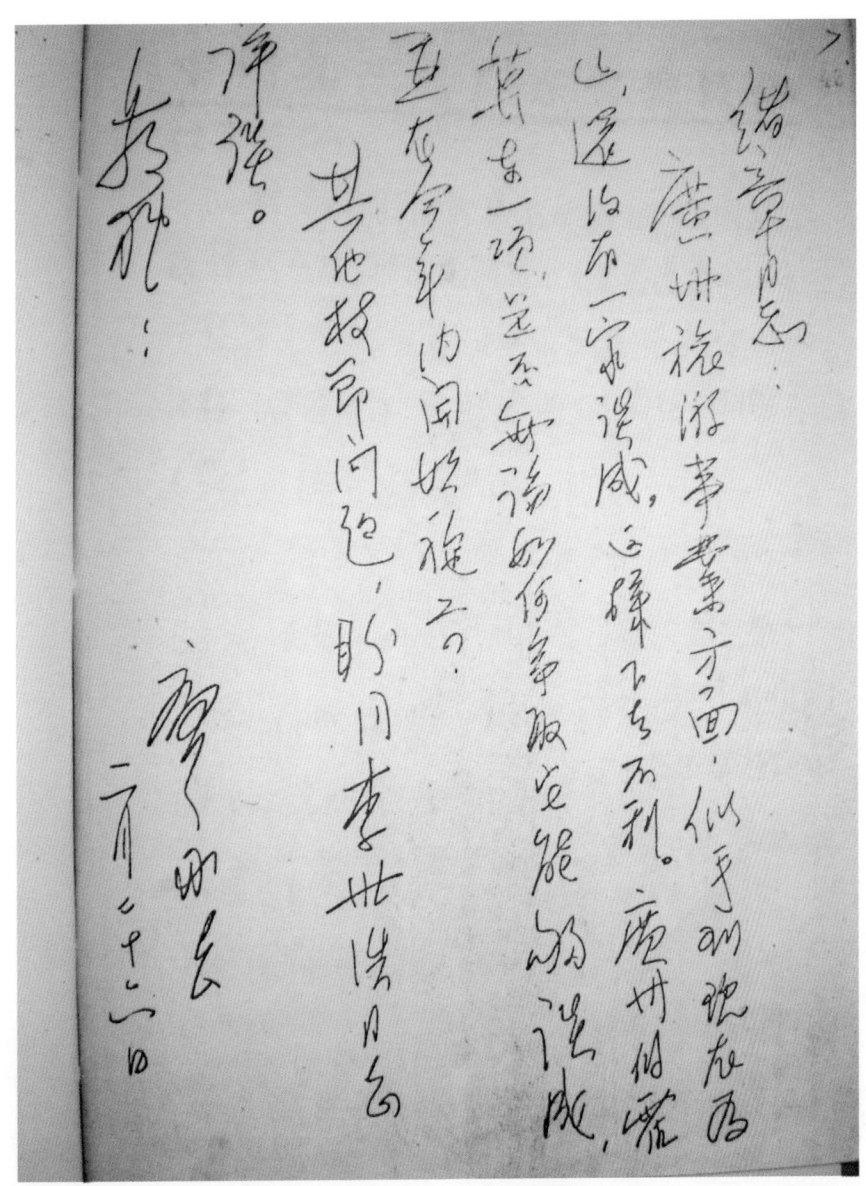

國務院僑務辦公室主任廖承志於 1979 年 2 月 26 日致函國家旅遊局局長盧緒章，就霍英東興建白天鵝賓館一事，催促早日達成共識。（霍英東基金會提供）
信函全文如下：

緒章同志：

　　廣州旅遊事業方面，似乎到現在為止，還沒有一家談成，這樣下去不利。廣州的霍英東一項，是否無論如何爭取它能夠談成，並在今年內開始施工？

　　其他枝節問題，盼同李世浩同志詳談。

敬禮

　　　　　　　　　　　　　　　　　　　　　　廖承志
　　　　　　　　　　　　　　　　　　　　　　二月二十六日

1991 年白天鵝賓館總結中國人管理現代化酒店的經驗，編寫出版篇幅長達 70 多萬字的《白天鵝賓館管理實務》一書，制訂白天鵝賓館業務工作規程。白天鵝賓館是國家首間由外資以「興建 — 營運 — 轉移」（BOT）的產權運作模式發展的酒店，在 15 年合約期滿後續約 5 年，於 2003 年 2 月 6 日合作期滿，酒店交還給廣東省政府，成為一家國企。

2. 花園酒店

1980 年 3 月 28 日，港商利銘澤牽頭的華資財團，以香港花園酒店有限公司名義，與廣州市政府的廣州嶺南置業公司簽訂協議書，在廣州合作興建花園酒店，計劃總投資額近六億元（項目超支、實際總投資額達九億元，主要是銀團貸款），內地以土地作股份參與，以「合作經營」方式合作，雙方按利潤分成，合作為期 15 年，可以協議延長年期。酒店邀請美籍華裔建築師貝聿銘和司徒惠設計藍圖，建築面積達 17 萬平方米，共有兩座，樓高 30 層，房間總數 2300 間，並引入香港半島國際酒店管理集團負責管理。其中東座用作酒店公寓，出租予外資企業為主，另一座為酒店。

同年 12 月 26 日，全國人大常務委員會副委員長楊尚昆為花園酒店奠基立石。1983 年，投資項目主要負責人利銘澤猝然逝世，惟飯店興建工程未受影響。鄧小平 1984 年 2 月 2 日南巡時，親自題下「花園酒店」四個字。

1985 年 8 月 28 日，中央軍事委員會副主席楊尚昆到廣州出席花園酒店全面開業及啟用典禮。1990 年 7 月 16 日，花園酒店獲國家旅遊局評為五星級酒店。2005 年 1 月 1 日，雙方合作期滿，花園酒店收歸廣州市政府所有和管理。

3. 中國大酒店

1980 年 4 月 20 日，香港新合成發展有限公司（新合成）主席馮景禧，與廣州羊城服務發展有限公司代表、廣州市革命委員會副主任左銘，在廣州簽約合作興建象崗賓館（後改稱中國大酒店），投資額是 1.25 億美元。廣東省省長習仲勳翌日與馮景禧和新合成副主席李嘉誠會面，討論興建酒店事宜。新合成公司的成員還包括胡應湘、李兆基、鄭裕彤和郭得勝等。酒店於 1984 年 6 月 10 日全面開業，並由新世界（國際）酒店管理中心負責經營管理至 1998 年。酒店佔地面積 1.9 萬平方米，建築面積約 16 萬平方米，高 19 層，有逾 1000 間國際標準客房，中方提供土地使用權，港方負責籌集資金和經營管理，合作期為 20 年。

酒店同時設立訓練部，備有能容納 500 人的課室、圖書館、語言實驗室等協助培訓員工。2004 年 6 月，中國大酒店合作期滿，資產回歸給廣州市政府。

4. 北京兆龍飯店

1978 年 10 月，環球航運集團公司主席包玉剛訪問北京，訪問期間表示支持國家實行改革開放，並有意捐資興建酒店。至 1980 年 3 月 18 日，包玉剛到北京商談船舶出口事宜，訪

1981 年 7 月 6 日，港商包玉剛（右）及其父親包兆龍（中）在人民大會堂獲鄧小平（左）接見。當日包玉剛向國家正式捐贈 1000 萬美元，用以在北京興建兆龍飯店。（新華社提供）

問期間，獲中央領導人王震、谷牧及姚依林接見。會談中，包玉剛再表示樂意捐資 1000 萬美元，在北京建造一家現代化高級規格的旅遊飯店和辦公樓，無條件贈予旅遊總局使用。同月 21 日，包氏在北京致函總理趙紫陽，提出請求所建飯店以他父親名字（兆龍）命名，獲得同意。1981 年 7 月 4 日，飯店舉行興建奠基儀式。兩天後（6 日），包玉剛獲鄧小平在人民大會堂福建廳接見，並向鄧小平送上建造兆龍飯店的 1000 萬美元支票和建造上海交通大學圖書館的承諾書。1983 年 9 月 3 日，飯店施工期間，工程一度受阻，鄧小平對工程進度作出指揮，並親自題下「兆龍飯店」四個字。飯店於 1985 年 9 月 27 日試業，共有客房 250 間，鄧小平於同年 10 月 25 日出席飯店開業典禮。

5. 深圳竹園賓館

1981 年 1 月 25 日，由香港妙麗集團董事長、《天天日報》社長劉天就投資 8000 萬元，與深圳市出土地和勞動力合作興建的深圳竹園賓館開業。這是深圳經濟特區第一家中外合資酒店。該酒店引入港式管理制度，採用勞動合同制，打破「鐵飯碗」的就業模式。

6. 北京麗都假日飯店

1981 年 5 月 13 日，香港益和有限公司（新加坡僑商羅新權所有）與中國國際旅行社總社（1982 年轉手予中國旅行社）在北京簽訂合同，投資額達 1.6 億美元興建北京麗都假日飯店，飯店首期於 1984 年 12 月落成啟用，並聘用國際假日酒店集團管理，成為首家以假日

1981 年 1 月 25 日，深圳經濟特區設立後第一家中外合作酒店、由香港妙麗物業管理有限公司和深圳市房地產公司聯合經營的竹園賓館第一期正式開業。（攝於 1981 年，新華社提供）

酒店品牌在內地經營的酒店。酒店第一期於 2003 年 6 月清拆重新發展。自 2011 年 1 月 1 日起，麗都假日酒店終止與假日集團管理合約，改由港中旅酒店有限公司負責，並更名為「北京麗都維景酒店」。至 2014 年 2 月 15 日，港中旅集團、港中旅酒店有限公司洲際酒店集團（假日酒店集團母公司）再度合作，把麗都飯店一期原址新建成的酒店 —— 北京麗都皇冠假日酒店，交予洲際酒店集團管理，並主持揭幕儀式。

7. 深圳南海酒店

1983 年 5 月 2 日，香港美麗華集團、香港招商局集團、香港上海滙豐銀行及中國銀行深圳分行聯合投資 8000 萬元興建南海酒店，為蛇口工業區提供一家高檔酒店，以配合當地石油後勤基地的招商引資工作。香港美麗華集團旗下的香港美麗華集團大酒店，於 1980 年 3 月起與中國旅行遊覽事業管理總局合作，組織各省市酒店的部分領班以上的人員，輪流到該酒店接受實地培訓，每省一團，每團 26 人，課程歷時五個月，每周上課兩天，四天到各營業部門實習，一天休息。1981 年，該集團飲食總經理關自然應中國旅行遊覽事業管理總局邀請，在武漢、長春、北京、上海、杭州、廣州等多個大城市的酒店，做西餐服務示範講學，為內地培訓逾 200 名酒店業務骨幹。

南海酒店位於深圳蛇口國際客運碼頭旁，佔地面積 3.2 萬平方米，有 383 間客房，1986

年 3 月 26 日正式開業。1990 年 9 月 21 日，經國家旅遊局評定為深圳市第一家五星級飯店。至 2017 年 7 月 9 日，完成三年改建後，易名為「深圳蛇口希爾頓南海酒店」，由國際酒店集團希爾頓負責管理。

8. 香格里拉酒店

1984 年，香格里拉國際飯店（杭州）有限公司和浙江省旅遊集團正式合資，成立杭州香格里拉飯店有限公司，改建原先的杭州飯店，並於同年 11 月完成改建和投入營業，並將之易名為「杭州香格里拉飯店」。這是香格里拉酒店集團在內地經營的首家五星級酒店。1984 年，香格里拉集團創始人郭鶴年以馬來西亞郭氏兄弟公司的名義，與國家對外經濟貿易部屬下的中國對外經濟貿易諮詢公司，簽訂合資經營協議書，在北京興建中國國際貿易中心。該項目其後成為包括酒店、寫字樓、商城和服務式公寓在內的大型城市綜合體。

香格里拉集團在內地擁有和管理其他三個酒店品牌，並按照「業主 — 開發商 — 運營商」的經營策略，負責旗下酒店的管理外，也為第三方擁有的酒店提供酒店管理服務。至 2017 年，該集團在內地共開設 50 家酒店，遍布全國多個省會及門戶城市。

9. 維景酒店

1984 年 1 月，作為總部設在香港的央企 —— 香港中國旅行社有限公司 [17]（香港中旅社），進行改革，「開展多元化經營，擴大經營陣地」，籌組翌年成立香港中旅集團。1984 年 10 月 4 日，香港中旅社在香港購入首間酒店 —— 香港華國酒店（1985 年 5 月 1 日開業至 1993 年 12 月 1 日歇業）。1995 年，香港中旅集團把分散管理的酒店業務，包括杭州五洲大酒店、南京、敦煌、張家界、北京等酒店，歸由重組後的香港中旅酒店管理公司集中管理。2001 年，首家以「維景」命名，寓意「維多利亞港灣的風景」的（四星級）酒店 —— 香港維景酒店在港開業，令集團在港澳擁有的酒店增至五家，並在 2005 年起以建設維景品牌為中心，經營香港和內地的酒店。2016 年 9 月，中國旅遊集團酒店控股有限公司推出全新的英倫風輕奢品牌「睿景」。同年 11 月，全球首家睿景酒店於香港開幕。2017 年 11 月與洲際酒店集團簽署戰略合作協議，雙方決定共同開展特許經營高端品牌「皇冠假日酒店及度假村」和中端品牌「假日酒店」、「假日度假酒店」，是內地首次由中資酒店集團特許經營並管理國際酒店集團的高端及中端品牌。

10. 北京京廣新世界酒店

新世界發展有限公司於 1983 年成立新世界酒店（國際）有限公司，並由後者於 1984 年管理首家在內地的酒店 —— 中國大酒店。翌年 11 月 16 日，新世界酒店（國際）有限公司與北京京廣中心酒店有限公司簽約，管理整個集酒店、寫字樓、公寓於一身的北京京廣中心。至 1990 年，新世界發展有限公司在內地共管理或擁有七家酒店，包括同年落成的北京京廣中心酒店（後改名為北京京廣新世界酒店，再於 2014 年翻新為北京瑰麗酒店）。直到 2017 年，集團在內地營運八家酒店，包括北京佔三家。

11. 北京貴賓樓

1990 年 9 月 1 日，港商霍英東以香港霍英東投資有限公司名義（佔股 40%），與北京首都旅遊集團有限責任公司合資建造的豪華五星級飯店 —— 北京貴賓樓飯店（貴賓樓）竣工開業，並作為十一屆亞運會的指揮中心。這座共有 217 家套房的豪華酒店，毗鄰中南海，外觀設計要求與鄰近的天安門和故宮配合，樓高不能超過天安門城樓，只有 10 層，樓高 39 米。貴賓樓作為建國 50 周年、60 周年大慶，中非論壇、亞歐論壇等重大活動的接待服務工作的場地，並為 2008 年北京奧運會總部飯店之一，接待來自世界各地的奧運會貴賓。開業 20 年間，接待過英國首相戴卓爾夫人、德國總理科爾、日本首相海部俊樹等。至 2017 年連續 27 年作為政協港澳委員指定的住宿酒店及開會場地。

12. 北京東方君悅大酒店

李嘉誠旗下的長江實業（集團）有限公司繼投資中國大酒店後，於 1993 年再度在內地投資酒店，收購北京麗都假日飯店，翌年投資北京喜來登長城飯店（前稱長城飯店）項目。其後，集團陸續在內地不同城市，包括瀋陽、重慶、成都投資及興建五星級酒店。至 2001 年 10 月，位於內地最大及最具代表性的商業建築群之一 ——「北京東方廣場」內的北京東方君悅大酒店落成啟用，由國際飯店集團凱悅酒店集團管理，為北京主要五星級酒店之一。

13. 北京國際俱樂部飯店

1994 年，新鴻基地產（新地）在內地再度投資酒店 —— 北京國際俱樂部飯店，新地佔股 40%，並於 1996 年引入投資伙伴美國喜來登北京公司建造和運營。該飯店於 2000 年更名為瑞吉酒店，這是亞太區首家以「瑞吉」冠名的豪華五星級酒店，先後接待過美國前總統小布殊、奧巴馬、特朗普和英國首相貝理雅等外國政要。此外，新地從 2000 年代初開始，持續拓展內地酒店業務，並在多個一線城市發展集豪華酒店、頂級寫字樓和高端商場於一身的大型地標性綜合項目。

14. 馬哥孛羅酒店

1996 年 12 月，九龍倉酒店集團旗下馬哥孛羅酒店集團，在廈門開設首家此一品牌的酒店 —— 廈門馬哥孛羅東方大酒店，之後再在內地增加另一個奢華酒店品牌 —— 尼依格羅。至 2017 年，其在內地合共經營七家酒店。

15. 世茂酒店

2001 年起踏足香港資本市場的內地民企世茂集團，[18] 自 2004 年起開始到內地發展酒店業務，先後與四家國際知名的酒店管理公司締結戰略合作關係。2017 年 7 月 11 日與喜達屋資本合組世茂喜達酒店集團（世茂喜達），擁有六個不同市場定位的自主酒店品牌，涵蓋不同類型的酒店服務。至 2017 年年底，世茂喜達營運及籌劃的 31 家酒店中，八家正式投入運營，23 家籌備開業。截至 2017 年 12 月 31 日止，集團自持（世茂系列）酒店已開業的有 18 家，擁有客房數量超過 6000 間。

16. 上海新天地雙塔酒店

2005 年，港商羅康瑞執掌的瑞安集團與美籍印尼華僑廖凱原控有的上海酒店投資有限公司，合資成立上海禮興酒店有限公司，投資建設上海新天地雙塔（即東塔 107 號酒店和西塔 108 號酒店）酒店。2008 年金融風暴期間停工逾一年。至 2010 年 4 月 1 日，鷹君集團宣布向羅康瑞收購新天地雙塔酒店的西塔（108 號酒店）項目三分之一股權，並定名為上海新天地朗廷酒店。該酒店於同年 10 月開業。東塔（107 號酒店）項目於 2011 年 10 月開業，成為國際凱悅酒店集團管理的安達仕酒店。

2011 年 6 月 29 日，羅康瑞旗下的瑞安房地產（瑞房）宣布，投資 80 億元人民幣發展包括酒店項目在內，位於上海虹穚的綜合發展項目 —— 虹橋天地。2014 年 8 月，瑞房與鷹君集團達成框架協議，以 9.65 億元人民幣出售上海虹橋天地酒店，並於 2017 年 5 月 26 日以上海虹橋康德思酒店名義開幕，成為朗廷酒店集團在內地首間康德思品牌酒店。至 2017 年，集團在內地擁有及經營的酒店共九家。

17. 其他

在 1978 年至 2013 年期間，港商到內地投資酒店業的其他酒店，投資地域主要集中在廣東省（見表 4-3-1）。

表 4-3-1 港商投資的其他酒店項目

酒店／賓館名稱	簽約／動工日期及投資單位	開業／落成日期
北京香山飯店	1978 年由港商楊元龍創立的僑美旅遊事業有限公司（後來退出投資）與北京市第一服務局發起興建，在北京香山飯店原址改建，並由國際建築師貝聿銘設計。	1982 年 10 月 17 日開業
番禺賓館	1979 年 3 月，霍英東與何賢、何添各斥資 300 萬元，聯同張耀宗和梁昌一起捐資在番禺興建。	1980 年 12 月 14 日開業
湛江海濱賓館	香港永華代理有公司與湛江市海濱招待所合作，總投資 1.5 億元於廣西湛江興建。	1981 年 11 月開業
珠海賓館	霍英東參與投資。	1982 年 12 月開業
深圳雅園賓館	香港新和投資有限公司與深圳市園林局在深圳合作經營。	1983 年 2 月對外營業
廣州華僑酒店	隸屬廣東省中國旅行社，與香港嘉華公司在廣州合作經營。	1983 年開業
韶關碧湖山莊	中國國際旅行社韶關支社與香港華南旅行社有限公司合作在廣東韶關合作經營。	1986 年 2 月開業
廣州遠洋賓館	香港招商局友聯船廠有限公司與廣州遠洋運輸公司合資，以 1300 萬美元在廣州興建。	1986 年 8 月 28 日開業

（續上表）

酒店／賓館名稱	簽約／動工日期及投資單位	開業／落成日期
廣州中央酒店	廣東省興華實業公司與香港旺譽有限公司合作，總投資 1.8 億元在廣州興建。	1986 年 9 月 28 日開業
汕頭市龍湖賓館	香港添寶投資有限公司與汕頭經濟特區旅遊公司，投資 6250 餘萬元（前者投資 5100 萬元）在廣東汕頭合作興建。	1987 年元旦全面開業
上海靜安希爾頓酒店	香港信誼酒店投資有限公司與國際希爾頓集團共同擁有。	1988 年 6 月 28 日正式營業
北京王府飯店	香港熊谷深業有限公司〔熊谷組（香港）有限公司和深業集團有限公司，前者其後改為香港建設（控股）有限公司〕與北京京西賓館合資，於 1986 年 2 月動工興建王府飯店。1999 年由解放軍總參謀部持有的股權轉給在港央企中國光大集團。至 2002 年，飯店由中外合資經營企業重組為中外合作企業，成為香港上海大酒店的附屬公司，再於 2003 年易名為「北京王府飯店」英文名稱改為"The Palace Beijing"，中文名稱改為「王府半島酒店」。	1989 年 3 月開業
上海新錦江大酒店	香港合明投資公司與上海錦江飯店，於 1984 年 8 月合作組建，總投資 8490 萬美元。	1990 年 10 月 8 日正式開業
廣東國際大廈	1987 年廣東省信托房產開發公司與香港廣信實業有限公司合作，投資 1.1731 億美元在廣州興建。	1992 年 7 月建成
北京首都賓館	霍英東參與投資。	1990 年 7 月 13 日開業
東莞銀都酒店	1994 年動工，由香港快昌投資有限公司與中國建設銀行東莞市分行下屬的東莞市建設服務公司合資建設，總投資額 5.5424 億元人民幣。	1995 年 12 月 25 日竣工試業
東莞新都會怡景酒店	香港新金域地產與香港展基集團投資 2 億人民幣在東莞興建。	2003 年 3 月開業
南沙大酒店	霍英東參與投資。	2005 年 1 月 23 日開業
南沙世貿中心大廈	霍英東參與投資。	2006 年 8 月 28 日開業
深圳大中華喜來登酒店	香港大中華國際集團和大中華國際（深圳）集團在深圳投資興建。	2007 年 4 月 26 日正式開業
拉薩瑞吉度假酒店	身為香港上市公司香港中信資源控股有限公司主席的郭炎，以香港運高世紀有限公司名義，投資 5 億元人民幣，於 2006 年在拉薩興建五星級酒店。郭氏並在拉薩和西安各擁有一家四星及五星級酒店。	2010 年 11 月 1 日開幕，2011 年 5 月 27 日正式掛牌營業
佛山中港國際酒店	香港中港皮業集團投資 2 億元在佛山興建。	2013 年開業
北京怡亨酒店	香港僑福集團參與投資，坐落在北京僑福芳草地建築群內。	2013 年開業

二、度假村、遊樂園、主題公園、景點／景區

1984 年 10 月 16 日廣東省旅遊局發表報告，建議集中力量，有重點、分期分批建設一些旅遊景區、景點和旅遊城市，冀解決「有旅少遊」，偏重建設賓館，而度假村、遊樂園、景區建設滯後的問題。隨後，省內各地區陸續開發不同性質和類型的旅遊度假設施，包括遊樂園、主題公園，並吸引一批港商參與。

進入 1990 年代後，遊樂園的旅遊吸引力下降，廣東省轉移利用外資修建大型景區、高爾夫球場、遊覽景點景區。在這些建設中，港商主要集中投資建設高爾夫球場和遊樂園。

1. 度假酒店及度假村

中山溫泉賓館　1979 年 8 月 8 日，霍英東和另外三位港澳知名人士何賢、何鴻燊和馬萬祺組建的中澳投資建設有限公司，與廣東省旅遊局局長楊可忠簽訂協議，合作興建中山溫泉賓館。該份名為「補償投資協定」的協定，訂明在 13 年的合作期內，外方負責管理培訓並投資 3000 萬元興建中山溫泉賓館，不需擔保、不計利息、不要利潤，合作期滿時歸還本金，全部資產移交中山市政府。其後，中澳投資建設有限公司又追加投資 1000 萬元，總投資達 4000 萬元。

同年 10 月 28 日，賓館工程開始動工，1980 年 12 月 28 日竣工開業。中山溫泉賓館也是廣東省第二家引入外資興建的賓館，曾接待鄧小平、江澤民等國家領導人。

第一期工程包括 5 棟主樓、10 棟別墅和中西餐餐廳，並於 2013 年初完成全面的升級改造，成為一個由星級酒店、天然溫泉、高爾夫球場組成，集商務政務接待、會議會展、休閒度假功能於一身，佔地 2.2 平方公里的綜合型旅遊度假中心。

珠海度假村　1981 年 4 月，珠海經濟特區發展公司與港商吳兆聲合作，投資 2 億元興建珠海度假村。度假村位於珠海香洲，佔地約 23 萬平方米，於 1984 年 10 月 1 日建成開業。度假村由出租別墅、珠海大酒店、鄉村俱樂部、大型購物中心組成，其中鄉村俱樂部的部分，是度假村大型娛樂中心，有中餐廳、的士高夜總會、滾軸溜冰場、練馬場、跑馬車場、實彈射擊場、小型賽車場及兒童碰碰車等文體活動場地。

深圳灣大酒店　與香港元朗隔海相望的深圳灣大酒店，是由香港永明發展企業公司與沙河華僑企業公司合作經營，於 1985 年 10 月 1 日開業，酒店佔地面積 23 萬平方米，分賓館、遊樂場兩部分。賓館設有豪華客房 308 間，630 張床位。總投資按合同規定為 3000 萬元，後追加為 9000 萬元。至 2004 年，持有深圳灣大酒店業權的華僑城集團與總部設在英國的洲際酒店集團簽署合作協議，把深圳灣大酒店改建成為「西班牙風格主題酒店」。至 2006 年年底，原址建成深圳首座白金五星酒店 —— 華僑城洲際大酒店試業，並於 2007 年正式營業。

1979 年 8 月 8 日，由霍英東聯合何賢、何鴻燊、馬萬祺等港澳知名人士組成的中澳投資建設有限公司，和廣東旅遊局合作投資興建中山溫泉賓館。該建築設計富有民族風格，別致的廊門通道是其設計特色之一。（新華社提供）

酒店的遊樂場設施於 1984 年 6 月啟用，是由香港永明發展公司與廣東省華僑企業公司、廣東省國際信託公司合作投資 5151 萬元建設，除設有新奇、刺激旅遊項目外，同時舉辦民間文藝匯演。遊樂場並配有 180 度全景銀幕和五聲道的立體電影院、360 度過山車和巨型摩天輪等。

香蜜湖度假村 1983 年 2 月，由香港馮志強發展有限公司與深圳特發集團合作，投資 2.2 億元興建的香蜜湖度假村，主要部分的設施投入開業。整個建設工程歷時六年，分三期建成，包括現代娛樂城、高級賓館、別墅山莊、餐廳、購物市場等遊樂度假設施，佔地約 140 萬平方米。

1985 年 7 月 10 日，位於度假村北部的香蜜湖中國娛樂城開業，是東南亞最大遊樂城之一，備有先進的遊樂設施，包括落差高達 35 米的雙環過山車，還有全長超過 5 公里的水上過山車，和亞洲最高的摩天輪，全高 46 米。2011 年 6 月 26 日，掛牌宣告「因娛樂城內部改造，暫停營業」。

珠海御溫泉度假村 1998 年 2 月 28 日，由香港御溫泉國際管理集團投資超過 1.3 億元人民幣興建的珠海御溫泉度假村開業；度假村位於珠海市斗門鎮，是國家級 AAAA 旅遊景區，也是珠海十景之一，設有天然溫泉池、石溫泉等。

珠海海泉灣度假區 2004 年，香港中旅集團暨香港中旅國際投資有限公司投資 22 億元人民幣，動工興建首期珠海海泉灣度假區。2006 年 1 月 22 日，度假區首期正式開業，開發建設面積約一平方公里。海泉灣度假區以罕有的純天然海洋溫泉為核心，由兩座五星級的維景國際大酒店和神秘島主題樂園，以及漁人碼頭等休閒娛樂設施組成，是集體檢中心、拓展訓練營、加勒比水公園、賽車場、大型親子項目於一身的旅遊休閒度假勝地和國際會議中心。2007 年 4 月，海泉灣度假區獲國家旅遊局授予中國首家「國家旅遊休閒度假示範區」稱號。2008 年 10 月 1 日，香港中旅國際投資有限公司的另一溫泉度假村項目 —— 咸陽海泉灣度假區竣工並投入營運，2011 年 11 月 30 日，總投資 50 億元人民幣的青島海泉灣度假區正式營業，是香港中旅集團第三個溫泉度假區項目。

2. 遊樂場及遊樂園

中山長江樂園 1983 年 7 月，由香港三菱順捷公司和中山長江旅遊區合作興建中山長江樂園，港方投資 5800 萬元，中方投資 2230 萬港元及 504 萬元人民幣。1985 年 10 月，樂園建成開業，是廣東省實行改革開放後，第一家引進外資建設和合作經營的大型、具有國際先進水準和機動遊戲的遊樂場，樂園營運至 1997 年歇業。

廣州東方樂園 1984 年 4 月，香港新中粵投資有限公司和廣州新穗旅遊中心有限公司合作興建廣州東方樂園，首期工程於 1985 年 6 月 30 日落成啟用。樂園位於廣州市白雲山麓，佔地 24 萬平方米，設施包括從日本引入的雙環過山車等 50 多個機動遊樂項目和中國歷史人物塑像館等，創過一天 10 萬名遊客的紀錄，也是國際旅遊協會的第一個中國會員。2004 年 9 月 6 日，東方樂園「歇業調整」。原址並於 2007 年 1 月建成廣州白雲國際會議中心。

廣州南湖遊樂園 1985 年 10 月，香港三菱順捷投資有限公司與廣州南湖賓館合作，投資一億元興建南湖遊樂園開業。樂園位於廣州市北部，佔地 25 萬平方米，園內有大小機動娛樂項目 30 多個。它是廣州南湖國家旅遊度假區的重要組成部分，是一座與自然環境相結合的遊樂場。

飛圖夢幻影城 影城位於番禺南村鎮，佔地總面積 100 多公頃，由香港飛圖娛樂有限公司投資約 2 億元人民幣發展，於 1995 年 7 月開業。影城以現代化大型遊樂休閒度假中心為定位，內設文化、娛樂、觀賞、度假、體育、歌舞演出及電影、電視、音樂製作。1996 年 3 月 20 日，一名香港女遊客在影城乘熱汽球墜地身亡。1997 年，16 家承建商聯名向番禺區人民政府控告影城，追討拖欠工程費用 2600 萬元人民幣。1999 年，影城易主並易名為森美反斗樂園。2004 年，森美反斗樂園關閉結業。

3. 主題公園

錦繡中華　1987 年 9 月，香港中旅集團籌集 1 億元興建的大型文化主題公園「錦繡中華」微縮景區動工，1989 年 11 月 22 日正式開業，是中國第一個大型人造景區。國務院副秘書長何春霖、全國人大僑務委員會副主任梁靈光、國務院僑務辦公室主任廖暉、國家旅遊局、深圳市領導、港澳台以及海外 20 多個國家、地區 1400 多位嘉賓出席開幕禮。景點內有各民族彩塑小人合計約五萬個，稱為「小人國」。景區坐落深圳灣畔，佔地面積 30 萬平方米，設有 80 個景點，與實景比例大部分為 1：15，包括秦陵兵馬俑、萬里長城、頤和園、故宮、天壇，以及自然山水景區長江三峽、灕江山水、黃山、泰山、石林等。

中國民俗文化村　香港中旅集團再度投資興建的主題公園 —— 中國民俗文化村於 1991 年 10 月 1 日開幕，內有 21 個少數民族的 24 個村寨，按 1：1 比例建成，展示各地民族風情及建築特色。2003 年元旦錦繡中華和中國民俗文化村兩園合一。

世界之窗　1994 年 6 月 18 日，香港中旅集團投資 6.5 億元、位於深圳灣畔的深圳世界之窗項目建成開業，佔地面積 48 萬平方米。景區分為世界廣場、亞洲區、大洋洲區、歐洲區、非洲區、美洲區、世界雕塑園和國際街八大區域，並首創大型廣場藝術演出。1996 年 9 月，香港中旅集團與湖南省廣播電視發展中心、深圳華僑城經濟發展總公司聯合投資興建長沙世界之窗。

1994 年 6 月 18 日，由香港中旅集團投資發展的深圳世界之窗大型文化旅遊景區落成。園區分為世界廣場、亞洲區、大洋洲區、歐洲區、非洲區、美洲區、世界雕塑園和國際街八大區域。圖為遊客參觀金字塔幻想館。（攝於 2001 年，新華社提供）

4. 景區／景點發展

港商在內地景區或景點發展的投資項目不多。全國人大香港代表王敏剛於 1992 年，透過西北拓展公司投資逾億元與甘肅省合作開辦敦煌山莊，是港人最早在西北投資建設的文化旅遊項目。1995 年，王敏剛捐資 10 萬元人民幣予敦煌鳴沙村建立敦煌民俗博物館（敏剛樓）。

1997 年 1 月 30 日，港商葉華能、謝治文和梅縣、雁洋鎮兩級政府集資擴建的梅州市梅縣葉劍英元帥故居紀念館擴建後竣工，擴展館面積達 2800 平方米。

香港中旅集團透過旗下香港中旅國際投資有限公司（中旅投資），於 2009 年 11 月，收購母公司中旅集團（港中旅）四個自然景區資產，包括盧山索道、南岳索道、長春淨月潭（滑雪場）及黃山玉屏客運索道。同年 12 月，中旅投資以中外合資形式，投資 6885 萬元人民幣，佔登封發展 51% 股權，以發展及經營嵩山風景名勝區下轄之少林景區、中嶽景區及嵩陽景區。2010 年 10 月，中旅與河南雞公山文化旅遊集團有限公司合資成立港中旅（信陽）雞公山文化旅遊發展有限公司，共同經營及開發河南信陽雞公山風景名勝區。

中旅投資於 2012 年 12 月與浙江安吉滸溪生態園發展有限公司合資成立港中旅（安吉）旅遊發展有限公司，共同開發及經營安吉靈峰山旅遊休閒度假區項目。合資公司投資總額及註冊資本為 9980 萬美元，中旅投資及合資方分別佔 80% 及 20% 股權。

2013 年 12 月，中旅投資與桂林旅遊發展總公司達成合作協議，斥資 2 億元人民幣，收購桂林旅遊發展投資 51% 股權，並成立中外合資公司，共同開發桂林核心景區 —— 蘆笛岩景區及濱江景區，並收購寧夏沙坡頭索道有限責任公司 51% 股權，發展沙坡頭景區。

三、高爾夫球場

1. 中山溫泉高爾夫球場

中山溫泉高爾夫球場是港商霍英東和鄭裕彤首期出資 1500 萬元、於 1982 年 10 月以中山溫泉賓館與香港時煌有限公司名義合作興建，也是內地首家成立高爾夫球會的球場。

球場佔地面積 50 萬平方米，於 1984 年 8 月 25 日建成開業。廣東省委機關報《南方日報》同月 26 日，以頭版報道球場開幕的消息，並形容為：「為我國旅遊事業增添了新的康樂設施，對增進國際交往和加強省港澳的體育聯繫創造了有利條件。」

中山溫泉高爾夫球會是中國第一個具備 36 個洞可作錦標賽的標準高爾夫球場，有兩個符合國際標準的 18 洞高爾夫球場，分別由兩位知名職業球手阿諾·龐瑪和積尼·告斯設計而成，佔地總面積其後增至 165 萬平方米。阿諾龐瑪球場於 1988 年 4 月率先舉辦中國第一個大型國際性高爾夫球賽 —— 登喜路杯高爾夫球太平洋區決賽，英國前首相希斯出席揭幕儀式。此外，霍英東有份投資的海南亞龍灣高爾夫球場於 2000 年落成啟用。

由霍英東和鄭裕彤聯合投資的中山溫泉高爾夫球場，於 1984 年 8 月落成啟用，當時佔地面積約 50 萬平方米，是 1949 年後首個建成的高爾夫球場。（新華社提供）

2. 深圳高爾夫俱樂部

1984 年 3 月，香港華聯實業公司與深圳特發公司合作興建大型深圳高爾夫俱樂部，並於 1985 年 11 月開業。俱樂部位於深圳中心區，佔地面積達 136 萬平方米，經營範圍包括高爾夫球場、俱樂部、會員所、會員別墅、中西餐廳、酒店、室內外球場、游泳池、騎馬場、娛樂中心。這是國家首家立項批准的高爾夫球會。深圳高爾夫俱樂部於 2015 年 9 月 25 日宣布於同月 30 日經營期滿後，結束營運。

3. 觀瀾湖高爾夫球會

1992 年 12 月，在鄧小平發表著名的南巡講話、繼續深化改革政策之後，身為港資觀瀾湖集團創始人兼政協委員朱樹豪，選擇在深圳與東莞交界一處荒地興建深圳觀瀾湖高爾夫球會。1995 年觀瀾湖高爾夫球會開幕，並首次承辦高爾夫世界盃比賽，共有 32 個國家 64 名選手參賽，是中國第一次舉辦高爾夫球世界級大賽。

深圳觀瀾湖高爾夫球會佔地 20 平方公里，擁有 12 個 18 洞的高爾夫球場，橫跨深圳、東莞兩市，同時發展多個錦標級球場的觀瀾湖高爾夫球會及旅遊度假區、生態藝術園、國際會所、休閒酒店、高爾夫球學院及培訓基地等，2004 年以 180 洞 10 個球場的規模，獲健

力士世界紀錄大全確定為全世界最大高爾夫球會。它舉辦過多次國際大賽和國際巨星到訪活動，包括 1995 年有「高爾夫奧林匹克」之稱的第 41 屆富豪中國巡迴賽、1998 年的富豪亞洲比洞賽和雨果波士四人兩球賽、1999 年的歐米茄錦標賽等。

該集團於 2007 年將業務擴展到海南島。2010 年 3 月 25 日，海口觀瀾湖度假區在一片火山熔岩石漠地上建成，並設有內地著名導演馮小剛電影公社項目，成為集運動、賽事、保健、養生、文化、娛樂、商務、會展、培訓和居住於一身的大型休閒產業群。

4. 港中旅聚豪（深圳）高爾夫球會

1999 年 3 月 20 日，香港中旅集團旗下的港中旅聚豪（深圳）高爾夫球會（聚豪）開幕啟用。球會位於深圳市寶安區西鄉九圍，佔地 3000 餘畝。2010 年年初，擁有 27 個洞的戴伊場啟用，是由界內聞名的皮特‧戴伊和其侄女辛茜婭‧戴伊聯名設計，也是該家族在內地首家高爾夫球場項目。此外，由美國知名高球場設計師荷德贊和弗萊設計的荷德贊場於2011 年初開放，使聚豪成為擁有 45 洞規模的市內球場。

2015 年 2 月 10 日，聚豪球會公布，2 月 2 日收到深圳市發展改革委等要求退出高爾夫球場通知信函，至 2017 年 11 月 6 日聚豪球會全部關閉。

第四節 旅遊消費

一、香港居民北上旅遊消費

1979 年 7 月 10 日廣東省公安廳宣布，1979 年 8 月 1 日起，把一次有效的《港澳同胞回鄉介紹書》，改為三年內多次使用有效的《港澳同胞回鄉證》（回鄉證），並於 1981 年 12月改為 10 年多次有效，便利香港居民返回內地探親及旅遊消費。1997 年香港回歸後，香港和內地連繫日趨緊密，通關方便，內地成為香港居民出外旅行的熱門目的地。

1990 年代初期，香港經濟蓬勃，而內地物價相較香港低廉，吸引香港市民北上消費旅遊。按兩地貨幣的匯率，於 1997 年，1 港元兌人民幣的官方匯率為 1.07 元，有利香港人到內地購物或消費。2000 年港人北上消費總額達 293 億元。2003 年落馬洲 / 皇崗口岸實施 24小時出入境通關，讓港人更方便穿梭兩地，北上旅遊消費。

踏入 2000 年，內地經濟進一步發展，人民生活水平提升，消費增加，帶動物價上升，香港和內地之間的物價距離縮小，加上港元兌換人民幣的匯價下跌，港人踴躍北上消費的熱潮呈現漸退。

1. 消費規模

整體消費　香港居民到內地跨界旅行的總人次中，私人旅行佔 68%（3385 萬人次），數目較 1999 年上升 23%，業務旅行佔 32%（1625 萬人次）。基礎建設連繫的發展（例如鐵路及道路網絡的擴展）、管制站設施的擴充、過境程序的簡化，以及內地供應較香港價格為低的商品及服務，均為香港居民跨界私人旅行普及化的主要因素。[19]

在 2000 年，香港居民到內地私人旅行的消費開支總額達 293 億元。其中，旅行團形式的佔 22%（64 億元），非旅行團形式佔其餘的 78%（229 億元）。每人次的平均消費開支約 870 元，旅行團形式每人次的平均消費開支約 2100 元，高於非旅行團形式每人次的平均消費開支 740 元。

2003 年第二季，香港出現「嚴重急性呼吸系統綜合症」疫情（SARS），香港居民外遊數字急降。隨着 2003 年第三季及第四季疫情受控，香港居民外遊人數回復至正常水平。按全年計，整體外遊人次（業務及私人旅行）下跌 5.6% 至 6090 萬人次，較 2002 年減少 360 萬人次；前往內地旅行的香港居民人次亦減少 300 萬至 5260 萬，前往內地作私人旅行的比例只有 65%（3400 萬人次），較 2002 年的 69%，下降 4 個百分點，減少超過 436 萬人次。於 2003 年，香港居民到內地作私人旅行，每人次的平均消費開支約為 600 元，較 2002 年的 690 元下降 13.04%。

私人旅行人次和每人平均消費雙雙下降，令消費總額明顯下降。2003 年，香港居民在內地所有形式的私人旅行消費總額降至 204 億元，較 2002 年的 263 億元顯著下降 22.4%（見表 4-4-1）。

至 2004 年，SARS 疫情過後，香港居民前往內地旅行的人次回復增長，較 2003 年增加 710 萬人次，總人次接近 6000 萬（5970 萬）水平，私人旅行人次回復至 2002 年的水平，有 3860 萬人次，佔比維持在 65%。在消費方面，香港居民在內地私人旅行的人均消費由 2003 年的 600 元，上升至 2004 年的 620 元。同年，香港居民到內地旅行的消費總額較 2003 年明顯增加 36 億元至 240 億元，增幅達 17.6%。

2008 年，在春節期間大雪、5 月發生四川汶川地震，以及在 8 月舉行北京 2008 奧運會等背景因素影響下，香港居民到內地的人次較 2007 年輕微上升 0.8%，為 7030 萬人次，升幅遠低於 1998 年至 2008 年的 6% 平均按年升幅；消費總開支為 293 億元，與 2007 年比較，增長 0.69%。

2010 年上海舉行世界博覽會，香港居民到訪內地的人次較 2009 年上升 3%，達 7270 萬人次，每人次在內地的整體平均消費開支約為 750 元，較 2009 年的 680 元增加逾一成（10.29%）。是年，香港居民到內地旅行的消費總開支為 333 億元，較 2009 年的 308 億元增加 8.12%。

2014 年，香港居民返回內地作私人旅行的總消費金額升至 385 億元的高峰，較 2000 年的 293 億元，增長逾三成（31.4%），同期到內地作私人旅遊的香港居民，由 2000 年的 3380 萬人次，升至 2014 年的 4500 萬人次，增幅三成三（33.14%）。整體人均消費方面，於 2000 年為 870 元，至 2014 年降到 860 元，呈現訪客量上升而平均消費金額下跌的現象（見表 4-4-1）。

表 4-4-1 香港居民到內地作私人旅行的消費開支（按旅行形式及區域劃分）

目的地	年 份	私人旅行的消費開支（元）			
		總開支（億）	佔全國總開支比例（%）	每人次的平均開支	以旅行團形式的總開支（億）
全國	2000	293	100	870	64
	2001	276	100	770	60
	2002	263	100	690	56
	2003	204	100	600	37
	2004	240	100	620	47
	2005	241	100	600	48
	2006	263	100	610	46
	2007	291	100	620	58
	2008	293	100	630	47
	2009	308	100	680	52
	2010	333	100	750	56
	2011	344	100	780	58
	2012	357	100	800	56
	2013	376	100	860	54
	2014	385	100	860	56
廣東省	2000	202	68.9	640	19
	2001	196	71.0	590	20
	2002	193	73.4	540	18
	2003	153	75.0	480	13
	2004	171	71.3	470	15
	2005	174	72.2	460	19
	2006	194	73.8	470	18
	2007	213	73.2	480	26
	2008	218	74.4	500	22
	2009	223	72.4	520	26
	2010	227	68.2	550	28
	2011	241	70.1	590	33
	2012	257	72.0	620	34
	2013	264	70.2	650	35
	2014	287	74.5	680	36

（續上表）

目的地	年 份	私人旅行的消費開支（元）			
		總開支（億）	佔全國總開支比例（%）	每人次的平均開支	以旅行團形式的總開支（億）
廣東省以外的內地其他地方	2000	91	31.1	3720	45
	2001	80	29.0	3140	40
	2002	71	27.0	2880	39
	2003	51	25.0	2590	25
	2004	68	28.3	2940	33
	2005	68	28.2	2970	29
	2006	69	26.2	3040	28
	2007	78	26.8	3100	32
	2008	74	25.3	3180	25
	2009	85	26.7	3090	26
	2010	106	31.8	3310	27
	2011	103	29.9	3400	25
	2012	100	28.0	3460	22
	2013	112	29.8	3640	19
	2014	98	25.5	3420	20

資料來源： 香港特別行政區政府統計處：〈本港居民到中國內地旅行的消費開支〉《香港統計月刊 專題文章》2001 年至 2015 年各期。

注： 由於四捨五入關係，個別數字加起來可能與總數不符。

廣東省內消費 2000 年，香港居民在廣東省（包括深圳）的消費總額估算達 202 億元，佔香港居民到內地私人旅遊消費 293 億元的 68.9%，廣東省以外內地其他地方為 91 億元，佔比 31.1%；至 2014 年，香港居民到廣東省（包括深圳）作私人旅行的消費總開支為 287 億元，佔香港居民在內地私人旅遊消費 385 億元的 74.5%，消費更趨集中於廣東省。

2000 年，港人在與香港一河之隔的深圳，以非旅行團形式的私人旅遊消費為 66 億元，佔廣東省內非旅行團形式的私人旅遊消費總額 183 億元的 36%，深圳以外的廣東省內其他地方的相關消費總額佔 64%（118 億元）。到 2007 年，深圳的佔比升至 48% 的高峰，同一水平維持至 2009 年；到 2011 年，相關佔比下降 6 個百分點至 42%。香港居民到內地作非旅行團形式的私人旅行消費集中在廣東省；在廣東省內的旅遊消費集中於深圳（見表 4-4-2）。

到廣東省過夜香港旅客每人次每日的平均開支，在 2001 年是 210 元，至 2014 年上升至 270 元，增幅接近三成（28.57%）；到廣東省不過夜旅行的人均消費，2001 年為 310 元，至 2014 年升至 340 元，較 2001 年的水平上升不足一成（9.68%）。到訪深圳的過夜香港旅客，每人次每日的平均開支在 2001 年是 190 元，至 2014 年上升至 290 元，增幅逾五成，達 52.63%，增幅明顯；到深圳不過夜旅行的人均消費，在 2001 年為 290 元，到 2014 年升至 310 元，較 2001 年的水平增加 6.9%（見表 4-4-3）。

香港居民到廣東省內作非旅行團形式私人旅行的消費結構，於 2000 年分別為住宿及膳食佔 57.6%（106 億元）；娛樂、交通及其他服務佔 31%（57 億元）；購物佔 11.4%（21 億元）；至 2014 年，住宿及膳食的開支佔比為 62.7%（158 億元），對比 2000 年，金額上升近五成（49.06%），佔比上升 5.1 個百分點；娛樂、交通及其他服務方面，2000 年的佔比為 31%（57 億元），至 2014 年，佔比降至 28.2%（71 億元），金額上升近兩成半（24.56%）；購物支出方面，於 2000 年，到省內作非旅行團的港人這方面的消費為 21 億元，至 2014 年升至 23 億元，金額增加 2 億元，但佔比由 2000 年的 11.4% 下降至 2014 年 9.1%，購物消費佔總消費額不足一成（見表 4-4-4）。

消費品種方面，於 2000 年，香港旅客到訪內地購買的商品主要為茶葉、香煙、中藥材、衣履、手袋、窗簾及床上用品，以及影碟機等；服務方面的開支，主要用於交通費、卡拉 OK、遊樂場入場費、牙醫服務費用、健康中心和桑拿中心費用，以及高爾夫球場費用。至 2014 年，購買的商品，包括食品、手信、衣履、家庭用品及藥材；在服務方面的主要開支包括交通費、醫療費用、按摩費用及卡拉 OK 的開支。

2. 消費者特徵

性別　2002 年，到內地私人旅行的香港男性佔比為 59.3%，40.7% 為女性；至 2014 年，男性佔比降至 55.0%，女性佔比上升至 45.0%。到廣東省以外的內地其他地方作私人旅行的人次中，於 2002 年，男性佔比為 53.1%，女性為 46.9%。至 2009 年，兩性比例出現逆轉，女性佔比為 52.6%，男性佔比 47.4%，女性較男性佔比多出 5.2 個百分點，至 2014 年，女性佔比為 51.3%，男性為 48.7%，女性佔比仍高於男性（見表 4-4-5）。

年齡　按年齡劃分，在 2001 年，所有年齡組別中，40 至 49 歲這個年齡組別佔香港居民到內地作私人旅行總人次的比例最高，達 25.2%，其次為年齡組別 30 至 39 歲群組（19.2%），繼後依次為 50 至 59 歲，以及 60 歲或以上的人士（各佔近 17%）。

到 2014 年，50 至 59 歲這個年齡組別的人士佔比最多，達 26.1%，其次為 60 歲或以上的年齡組別（25.5%），兩個組別佔前赴內地作私人旅遊的香港居民過半數（見表 4-4-6）。

經濟活動身份　在 2002 年，往內地作私人旅行的香港居民中，就業人士佔比為 53%；非從事經濟活動人士佔比為 40.2%，當中包括退休人士（14.6%）、料理家務者（12.4%）及其他人士（13.1%）；餘下的是失業人士，佔總人次的 6.9%。

至 2014 年，到內地作私人旅行的香港居民中，就業人士佔總人次的比例為 52.5%，較 2002 年輕微減少 0.5 個百分點；非從事經濟活動人士佔比近四成半（44.8%），較 2002 年增加 4.6 個百分點，當中退休人士佔比升至 17.8%，較 2002 年增加 3.2 個百分點，料理家務者及其他非從事經濟活動人士分別佔 12.9% 及 14.1%；餘下的屬失業人士，佔比為 2.7%，較 2002 年減少 4.2 個百分點（見表 4-4-7）。

表 4-4-2　香港居民到廣東省作非旅行團形式私人旅行消費開支總額

省內消費分布 ＼ 年份	2000	2001	2002	2003	2004	2005	2006	2007	2008	2009	2010	2011
在深圳消費開支總額（億元）	66.0	61.0	58	49	58	66	82	90	95	99	93	92
在深圳消費開支佔在廣東省消費開支比例（％）	35.9	34.7	33	35	37	43	47	48	48	48	44	42
在廣東省其他地方消費開支總額（億元）	118.0	115.0	117	91	98	88	93	97	101	108	118	128
在廣東省其他方消費開支比例（％）	64.1	65.3	67	65	63	57	53	52	52	52	56	58

資料來源：　香港特別行政區政府統計處：〈本港居民到中國內地旅行的消費開支〉《香港統計月刊 專題文章》2001 年至 2012 年各期。

表 4-4-3 香港居民到內地作私人旅行的每人次平均消費開支

目的地	年份	所有私人旅行（元）	不過夜旅行（元）	過夜旅行（元）	過夜旅行每人次每日的平均開支（元）
全國	2000	870	不詳	不詳	不詳
	2001	770	310	950	240
	2002	690	270	850	220
	2003	600	250	750	190
	2004	620	280	780	210
	2005	600	290	770	220
	2006	610	290	780	230
	2007	620	310	820	240
	2008	630	300	870	250
	2009	670	310	880	280
	2010	750	290	990	290
	2011	780	300	1000	300
	2012	800	320	1010	310
	2013	860	330	1080	330
	2014	860	340	1070	310
廣東省	2000	620	不詳	不詳	不詳
	2001	590	310	710	210
	2002	540	270	650	190
	2003	480	250	590	160
	2004	470	280	570	170
	2005	460	290	560	180
	2006	470	290	580	190
	2007	480	310	600	200
	2008	500	300	650	210
	2009	520	310	650	240
	2010	550	290	710	240
	2011	590	300	730	260
	2012	620	320	760	270
	2013	650	330	800	280
	2014	680	340	840	270

（續上表）

目的地	年份	所有私人旅行（元）	不過夜旅行（元）	過夜旅行（元）	過夜旅行每人次每日的平均開支（元）
深圳	2000	420	不詳	不詳	不詳
	2001	380	290	480	190
	2002	340	250	430	190
	2003	310	240	390	170
	2004	320	280	380	170
	2005	320	280	380	170
	2006	350	280	450	200
	2007	360	300	460	200
	2008	360	290	500	230
	2009	380	300	500	260
	2010	370	280	500	270
	2011	400	280	540	250
	2012	420	300	560	250
	2013	450	320	610	290
	2014	430	310	570	290
廣東省其他地方	2000	840	不詳	不詳	不詳
	2001	790	420	830	220
	2002	720	360	770	190
	2003	660	350	700	160
	2004	630	330	680	170
	2005	630	360	660	180
	2006	630	370	660	180
	2007	650	370	680	200
	2008	700	390	740	200
	2009	710	390	750	230
	2010	760	320	820	240
	2011	780	390	830	260
	2012	800	390	860	280
	2013	840	410	890	280
	2014	900	460	950	260
廣東省以外的內地其他地方	2000	3850	不詳	不詳	不詳
	2001	3140	510[1]	3190	380
	2002	2880	500[1]	2920	380
	2003	2590	460[1]	2590	350
	2004	2940	410[1]	2950	400
	2005	2970	450[1]	2980	410
	2006	3040	[2]	[2]	450
	2007	3100	[2]	[2]	420
	2008	3180	[2]	[2]	430
	2009	3090	[2]	[2]	460
	2010	3310	[2]	[2]	460
	2011	3400	[2]	[2]	460
	2012	3460	[2]	[2]	450
	2013	3640	[2]	[2]	470
	2014	3420	[2]	[2]	500

資料來源： 香港特別行政區政府統計處：〈本港居民到中國內地旅行的消費開支〉
《香港統計月刊 專題文章》2001 年至 2015 年各期。

注： ① 主要是有關郵輪旅遊的開支。
② 由於差不多所有到廣東省以外的內地其他地方的旅行，都是過夜旅行，所以未能提供不過夜和過夜旅行的細分數字。

表 4-4-4　香港居民到廣東省（包括深圳）作非旅行團形式的私人旅行消費開支（按開支類別劃分）

年份（佔比） 開支類別	2000		2001		2002		2003		2004		2005		2006	
	估算	百分比(%)	估算	百分比(%)	估算	百分比(%)	估算	百分比(%)	估算	百分比(%)	估算	百分比(%)	估算	百
娛樂、交通 及其他服務	57	31.0	54	30.9	53	30.3	46	32.9	63	40.1	60	38.7	70	3
購物	21	11.4	21	12	22	12.6	18	12.9	21	13.4	19	12.3	22	1
住宿及膳食	106	57.6	100	57.1	100	57.1	76	54.3	73	46.5	76	49.0	84	4

資料來源：　香港特別行政區政府統計處：〈本港居民到中國內地旅行的消費開支〉《香港統計月刊 專題文章》2001年至 2015 年各期。

注：由於四捨五入關係，個別百分比數字加起來可能不等於 100%。

表 4-4-5　按目的地及性別劃分的香港居民到內地作私人旅行人次之比例

年份（佔比） 目的地	2002		2003		2004		2005		2006		2007	
	男	女	男	女	男	女	男	女	男	女	男	女
到內地作私人旅行	59.3	40.7	61.4	38.6	59.2	40.8	58.3	41.7	56.5	43.5	55.1	44
深圳	62.8	37.2	65.4	34.6	63.0	37.0	61.6	38.4	59.8	40.2	58.1	41
廣東省其他地方	56.8	43.2	58.6	41.4	56.2	43.8	55.4	44.6	53.3	46.7	52.1	47
廣東省以外的內地其他地方	53.1	46.9	49.6	50.4	51.5	48.5	49.9	50.1	46.8	53.2	46.8	53

資料來源：　香港特別行政區政府統計處：〈到中國內地作私人旅行的本港居民的社會經濟特徵〉《香港統計月刊 專題文章》2003 年至 2015 年各期。

表 4-4-6　按年齡劃分的香港居民到內地作私人旅行之比例

（單位：%）

年份（佔比） 年齡組別	2001	2002	2003	2004	2005	2006	2007	2008	2009	2010	2011	2012	2013	2014
	男女合計	男女合計	男女合計	男女合計	男女合計	男女合計	男女合計	男女合計	男女合計	男女合計	男女合計	男女合計	男女合計	男女合計
0-14	7.3	6.6	5.0	5.2	5.0	4.8	4.5	4.3	4.4	4.3	4.2	4.1	3.5	4.0
15-29	14.7	13.8	15.0	14.1	14.5	15.7	15.7	16.1	16.4	16.2	16.2	15.9	14.0	13.8
30-39	19.2	18.5	17.6	17.0	16.7	16.3	15.7	14.7	15.2	14.3	14.6	14.7	12.6	12.6
40-49	25.2	25.7	27.5	26.5	26.6	26.0	24.8	23.5	22.7	22.0	20.1	19.1	19.3	18.0
50-59	16.9	18.4	18.9	20.4	21.1	21.9	22.6	23.6	23.8	24.1	23.7	25.3	26.2	26.1
60 或以上	16.8	17.1	16.0	16.8	16.1	15.3	16.7	17.7	17.5	19.1	21.2	21.0	24.5	25.5

資料來源：　香港特別行政區政府統計處：〈到中國內地作私人旅行的本港居民的社會經濟特徵〉《香港統計月刊 專題文章》2002 年至 2015 年各期。

注：由於四捨五入關係，個別百分比數字加起來可能不等於 100%。

2007		2008		2009		2010		2011		2012		2013		2014	
	百分比(%)	估算	百分比(%)	估算	百分比(%)	估算	百分比(%)	估算	百分比(%)	估算	百分比(%)	估算	百分比(%)	估算	百分比(%)
	37.4	73	37.2	73	35.3	66	31.4	69	31.5	67	30.0	72	31.3	71	28.2
	13.4	21	10.7	27	13.0	28	13.3	23	10.5	23	10.3	23	10.0	23	9.1
	49.2	102	52.0	107	51.7	116	55.2	127	58.0	133	59.6	135	58.7	158	62.7

（單位：%）

2008		2009		2010		2011		2012		2013		2014	
男	女	男	女	男	女	男	女	男	女	男	女	男	女
3.7	46.3	54.4	45.6	53.4	46.6	53.5	46.5	53.9	46.1	54.2	45.8	55.0	45.0
6.2	43.8	57.0	43.0	55.6	44.4	56.6	43.4	56.8	43.2	57.2	42.8	58.2	41.8
0.3	49.7	51.5	48.5	50.8	49.2	50.6	49.4	52.2	47.8	52.2	47.8	53.0	47.0
.2	48.8	47.4	52.6	49.6	50.4	47.0	53.0	46.5	53.5	49.0	51.0	48.7	51.3

表 4-4-7　按經濟活動身份劃分的香港居民到內地作私人旅行之比例

（單位：%）

經濟活動身份／年份	就業	失業	非從事經濟活動	退休	料理家務	其他
2002	53.0	6.9	40.2	14.6	12.4	13.1
2003	53.9	7.8	38.3	13.7	12.0	12.6
2004	54.5	6.3	39.2	14.5	11.6	13.1
2005	55.6	4.8	39.6	13.8	12.7	13.1
2006	57.1	4.1	38.9	13.3	12.8	12.7
2007	57.1	3.1	39.8	14.7	13.1	12.0
2008	55.4	2.8	41.8	15.0	13.9	12.9
2009	54.5	4.7	40.8	14.1	12.9	13.8
2010	53.6	3.2	43.2	15.9	14.1	13.2
2011	55.1	2.6	42.3	16.6	13.4	12.3
2012	54.6	3.6	41.8	15.6	13.4	12.8
2013	53.8	3.5	42.7	17.2	13.5	12.1
2014	52.5	2.7	44.8	17.8	12.9	14.1

資料來源： 香港特別行政區政府統計處：〈到中國內地作私人旅行的本港居民的社會經濟特徵〉《香港統計月刊 專題文章》2003 年至 2015 年各期。

注：由於四捨五入關係，個別百分比數字加起來可能不等於 100%。

行業 按就業者從事的行業劃分，於 2001 年，香港居民到內地作私人旅行的 1830 萬就業人士人次中，從事批發、零售、進口與出口貿易、飲食及酒店業的人士佔比為 25.6%，其次為從事社區、社會及個人服務業（21.3%）、建造業（16.2%）。至 2011 年，在香港就業人士到內地作私人旅行的 2670 萬人次中，從事進出口貿易、批發及零售業和住宿及膳食服務業（即前稱的批發、零售、進口與出口貿易、飲食及酒店業）的人士佔比最高，達 28.1%，其次為從事公共行政、社會及個人服務業（即前稱的社區、社會及個人服務業），佔比為 21.0%，以及金融、保險、地產、專業及商用服務業（前稱金融、保險、地產及商用服務業），佔比為 19.7%（見表 4-4-8）。

收入 2001 年，到內地私人旅行的港人人次，每月收入介乎 10,000 至 14,999 元之間的群組所佔的比例最高，達 25.6%，隨後依次為月入介乎 8000 至 9999 元（13.9%）及 6000 至 7999 元（12.7%）。月入少於 15,000 元中低收入人士，佔到內地作私人旅行的比例超過六成半（65.7%）。至 2011 年，月入介乎 10,000 至 14,999 元的港人，繼續成為到內地私人旅行的最多人次群組，佔比為 21.9%，較 2001 年減少 3.7 個百分點，每月收入少於 15,000 元的組別，佔比降至 59.7%，較 2001 年減少 6 個百分點（見表 4-4-9）。

二、內地人南下旅遊消費

自 1984 年內地推出「香港遊」後，不斷放寬內地人來港旅遊的規定及可攜出境金額，內地旅客來港旅遊的消費佔香港旅遊消費市場的份額持續擴大。至 2017 年，內地旅客是香港旅客消費市場最大的旅客消費群。

1. 消費規模

過夜客消費 來港過夜內地旅客的總消費開支，在 1998 年超過 100 億元，達 113.14 億元，佔香港過夜旅客消費市場總額 394.11 億元的三成以下（28.7%）。及至 2000 年 4 月 19 日，特區政府和國家旅遊局代表議決「香港遊」每天平均配額由 1500 個增加至 2000 個後，內地過夜旅客來港消費佔香港過夜旅客消費市場總額的比例，是年上升至 32.4%，超逾三成。到 2002 年，來港過夜內地旅客的消費額為 260.56 億元，佔香港過夜旅客消費市場總額 517.68 億元的 50.3%，達到一半。

2003 年 7 月 28 日，廣東省內四個城市率先實行「個人遊」來港旅遊，8 月 20 日，「個人遊」城市擴展至另外四個省內城市：廣州、深圳、珠海、惠州。同年 8 月 28 日，國家外匯管理局和海關總署印發《攜帶外幣現鈔出入境管理暫行辦法》的通知，放寬內地居民攜帶外幣出境的金額限制，外幣上限由 2000 美元提高至 5000 美元。該年過夜內地旅客在港消費額為 298 億元，佔本地過夜旅客消費市場總額 487.78 億元的 61.1%，較 2002 年增加 10.8 個百分點。

表 4-4-8　按就業行業劃分的香港居民到內地作私人旅行之比例

（單位：%）

就業行業所 佔百分比 年份	製造	建造	進出口貿易、 批發及零售 業、住宿①及 膳食服務②	運輸、倉庫、 郵政及速遞 服務、資訊及 通訊③	金融、保險、 地產、專業及 商用服務④	公共行政、 社會及 個人服務⑤	其他
2001	10.2	16.2	25.6	12.7	13.2	21.3	0.9
2002	8.8	15.1	27.5	13.1	13.1	21.3	1.1
2003	6.8	16.0	27.5	14.5	14.6	19.4	1.2
2004	6.5	15.9	29.8	13.4	12.9	20.9	0.7
2005	6.6	13.3	28.7	13.4	14.7	22.5	0.9
2006	6.4	13.0	28.9	14.0	14.8	21.9	1.1
2007	6.2	13.0	29.0	12.8	15.7	22.6	0.7
2008	6.1	12.0	27.3	13.8	15.8	23.9	1.0
2009	4.7	12.7	28.6	14.1	18.6	20.4	0.8
2010	3.5	13.1	28.9	13.8	17.2	22.2	1.3
2011	2.9	12.3	28.1	15.3	19.7	21.0	0.7

資料來源：　香港特別行政區政府統計處：〈到中國內地作私人旅行的本港居民的社會經濟特徵〉《香港統計月刊 專題文章》2002 年至 2015 年各期

注：① 住宿服務業包括酒店、賓館、旅舍及其他提供短期住宿服務的機構單位。

　　② 2001 年至 2008 年，此類別為批發、零售、進出口貿易、飲食及酒店業。

　　③ 2001 年至 2008 年，此類別為運輸、倉庫及通訊業。

　　④ 2001 年至 2008 年，此類別為金融、保險、地產及商用服務業。

　　⑤ 2001 年至 2008 年，此類別為社區、社會及個人服務業。

　　由於四捨五入關係，個別百分比數字加起來可能不等於 100%。

表 4-4-9　按每月就業收入劃分的香港居民到內地作私人旅行之比例

（單位：%）

百分比 年份	收入（元）							
	多於 30000	20,000 至 29,999	15,000 至 19,999	10,000 至 14,999	8000 至 9999	6000 至 7999	4000 至 5999	少於 4000
2001	9.7	11.7	13.0	25.6	13.9	12.7	7.7	5.8
2002	9.3	11.9	10.9	24.6	14.7	12.7	8.9	6.9
2003	10.3	10.6	10.5	21.6	15.5	14.0	9.6	8.0
2004	9.5	10.8	12.0	21.1	16.0	13.7	9.3	7.8
2005	10.5	10.6	10.7	21.1	15.1	14.6	9.4	8.2
2006	10.6	11.8	11.9	21.6	15.6	13.6	8.6	6.4
2007	11.1	11.1	12.2	21.0	15.5	14.6	8.3	6.2
2008	10.1	11.8	12.7	22.6	15.5	13.6	6.7	6.9
2009	11.7	13.2	12.9	21.9	14.5	12.3	6.5	7.0
2010	14.2	12.6	12.2	22.4	14.0	13.0	4.9	6.7
2011	13.8	12.9	13.6	21.9	13.0	13.1	4.7	7.0

資料來源：　香港特別行政區政府統計處：〈到中國內地作私人旅行的本港居民的社會經濟特徵〉《香港統計月刊 專題文章》2002 年至 2015 年各期。

注：由於四捨五入關係，個別百分比數字加起來可能不等於 100%。

2004 年 11 月 29 日，中國人民銀行（人行）發出公告，調整國家貨幣出入境限制，出入境每人每次攜帶的人民幣限額，由 6000 元提升至 20,000 元。隨着內地開放更多可辦理「個人遊」的城市，至 2007 年 1 月，「個人遊」城市增至 49 個。同年，內地過夜旅客來港消費額為 472.2 億元，佔總額 53.7%。到 2009 年，佔比突破 2003 年的 61.1% 水平，達到六成五（65.5%）。及至 2014 年，佔比達到 75.1% 的高峰，總消費金額創下 1660.3 億元的紀錄。自 2015 年起，訪港內地旅客減少，消費金額和佔比均呈下降。2017 年年底，過夜內地旅客消費市場佔香港過夜旅客消費市場比例為 72.3%，總消費金額接近 1300 億（1298.7 億）元，較 1998 年的 113 億元，增加 10.5 倍（見表 4-4-10）。

據旅發局的調查報告，來港過夜的內地旅客的人均消費，在 1998 年為 5487 元。按日計算，日均消費為 1411 元。到 2007 年，人均每日消費為 1450 元，較 2006 年的 1219 元，增加 19%。至 2017 年，個人每日平均消費升至 2248 元，較 2006 年的水平增加近八成半（84.41%），較 1998 年的 1411 元則增加近六成，達 59.32%。

表 4-4-10 1998 年至 2017 年內地來港過夜旅客消費額及市場佔比

年份	過夜內地旅客總消費（億元）	所有過夜旅客總消費（億元）	過夜內地旅客消費佔香港過夜旅客消費市場的百分比（％）
1998	113.1	394.1	28.7
1999	104.6	386.3	27.1
2000	132.4	407.9	32.4
2001	158.2	407.9	38.8
2002	260.6	517.7	50.3
2003	298.0	487.8	61.1
2004	339.4	611.4	55.5
2005	365.7	688.9	53.1
2006	396.8	759.3	52.3
2007	472.2	878.7	53.7
2008	532.4	942.1	56.5
2009	639.7	976.6	65.5
2010	870.4	1351.4	64.4
2011	1117.9	1666.9	67.1
2012	1294.2	1858.4	69.6
2013	1527.3	2084.5	73.3
2014	1660.3	2210.5	75.1
2015	1426.1	1930.4	73.9
2016	1263.2	1752.3	72.1
2017	1298.7	1796.7	72.3

資料來源： 香港旅遊發展局：〈與入境旅遊相關的消費〉《香港旅業網》1998 年至 2017 年各期。
注：旅客人均消費數據最早始於 1998 年。

來港過夜內地旅客的消費開支,最大筆費用在購物,金額由 1998 年的 73.14 億元,升至 2017 年的 782.01 億元,升幅近 10 倍(9.69 倍);購物佔旅遊開支的比例,由 1998 年的 64.6%,升至 2009 年的 76.3% 高峰,至 2017 年回落至 60.2%。

第二大筆的開支為酒店帳單,金額由 1998 年的 17.57 億元,升至 2017 年的 203.48 億元,升幅逾 10 倍(10.58 倍);佔支出總額的比例,由 1998 年至 2017 年,均維持在約一成五的水平。

第三大筆的開銷項目是酒店外膳食,金額由 1998 年的 11.08 億元,升至 2017 年的 174.29 億元,上升近 15 倍(14.73 倍);佔比由 1998 年的 9.8% 上升至 2017 年的 13.4%。

娛樂開支方面,佔比由 1998 年的 1.4% 上升至 2017 年的 3.3%,實際金額則由 1998 年的 1.53 億元,升至 2017 年的 43.11 億元,升幅 27.18 倍。

觀光開支方面,金額由 1998 年的 6.32 億元,下降至 2017 年的低位,僅 1.82 億元;佔支出總額比例由 1998 年的 5.6%,大幅度降至 0.1% 的低位,是各分項統計中,唯一一項金額不升反降的消費項目(見表 4-4-11)。內地旅客來港旅遊的消費開支,以購物為主,這個消費模式一直沒有改變。

不過夜客消費 來港不過夜內地旅客的總消費金額,於 1998 年為 6.62 億元,至 2005 年突破 50 億元至 56.27 億元;2007 年更突破 100 億元至 117.12 億元,到 2014 年上升至 760.76 億元高峰後,再回落至 2017 年的 594.89 億元;市場佔比由 1998 年的 30.7% 升至 2001 年的過半數(50.9%),2015 年上升至 95.6% 的高峰後,輕微回落至 2017 年的 94.8% 水平,佔據香港整個不過夜旅客消費市場逾九成份額(見表 4-4-12)。

「個人遊」消費 從 2007 年起,「個人遊」旅客一直佔來港內地旅客人數過半,其消費力較非「個人遊」旅客為高。

特區政府工業貿易署在 2010 年對深圳戶籍居民可持「一簽多行」簽注來港政策實施了九個月的影響後,作出評估並指出,「個人遊」計劃訪港的旅客,在 2009 年為香港共帶來 264 億元的額外消費,較 2008 年增加接近 40%。在 2004 至 2009 年期間,「個人遊」訪港旅客共帶來累計超過 848 億元的額外消費。

2012 年在港過夜的內地旅客,「個人遊」旅客人均境內消費為 8229 元,較非「個人遊」的 9190 元少一成多(11.7%),但按過夜停留時間的平均每日消費計算,「個人遊」過夜遊客每人每天平均消費為 3199 元,較非「個人遊」的 1810 元,高出 0.77 倍。不過夜內地旅客方面,「個人遊」旅客人均消費為 2582 元,較非「個人遊」旅客的 2128 元高出 21.33%(見表 4-4-13)。

2. 購物品種

旅遊發展局自 2001 年起，對內地過夜旅客的購物品種進行統計（至 2008 年正式列出十大購物榜），不同時期排在首十位的榜內購物品種，主要為奢侈品或消費品，包括化妝品、香水、現成服裝、皮鞋、手袋 / 銀包 / 皮帶、金首飾（無寶石）、手錶（2016 年及 2017 年跌出榜外）、攝影器材（2008 年起跌出榜外）、智能手機（2008 年起跌出榜外，至 2014 和 2015 年重在榜上）及小食 / 糖果等（見表 4-4-14）。

表 4-4-11　1998 年至 2017 年訪港內地過夜旅客在港消費模式

年份	人均消費（元）	每日平均消費（元）	購物		酒店帳單	
			金額（億元）	%	金額（億元）	%
1998	5487.0	1411.0	73.1	64.6	17.6	15.5
1999	4425.0	1132.0	65.9	63.0	15.8	15.1
2000	4868.0	1462.0	85.6	64.6	21.6	16.3
2001	5169.0	1494.0	100.9	63.7	24.4	15.4
2002	5487.0	1216.0	154.6	59.3	34.7	13.3
2003	5235.0	1089.0	202.2	67.9	33.4	11.2
2004	4355.0	1022.0	230.8	68.0	36.2	10.7
2005	4554.0	1080.0	239.2	65.4	41.5	11.4
2006	4705.0	1219.0	268.0	67.5	47.8	12.1
2007	5193.0	1450.0	342.7	72.6	50.1	10.6
2008	5676.0	1615.0	380.5	71.5	61.8	11.6
2009	6620.0	1946.0	488.1	76.3	54.7	8.6
2010	7453.0	1928.0	640.3	73.6	91.9	10.6
2011	8220.0	2122.0	787.9	70.5	146.8	13.1
2012	8565.0	2339.0	916.0	70.8	160.9	12.4
2013	8937.0	2613.0	1094.1	71.6	178.8	11.7
2014	8703.0	2674.0	1192.7	71.8	189.1	11.4
2015	7924.0	2446.0	981.3	68.8	167.9	11.8
2016	7275.0	2251.0	821.6	65.0	168.5	13.3
2017	7010.0	2248.0	782.0	60.2	203.5	15.7

資料來源：　資料來源：香港旅遊發展局：〈與入境旅遊相關的消費〉《香港旅業網》（1998 年—2017 年各年）。
注：旅客人均消費數據最早始於 1998 年。

不過夜內地旅客的購物品種，主要集中購買日常貨品。自 2010 年有統計資料起，食品、藥品、中藥、個人護理用品（如洗髮水、尿布等）均排在首六位，奶粉自 2016 年納入調查類別以來，連續兩年均排在第三位；其他現成服裝、皮類製品及電器／攝影用品（包括智能手機等）的消費品，均排在不過夜內地旅客購物品種的稍後位置，珠寶首飾等奢侈品多排在榜末，跟過夜內地旅客以消費品和奢侈品為主的消費模式不同（見表 4-4-15）。

酒店外膳食		娛樂		本地觀光		其他	
額（億元）	%	金額（億元）	%	金額（億元）	%	金額（億元）	%
11.1	9.8	1.5	1.4	6.3	5.6	3.5	3.1
12.6	12.1	1.5	1.4	4.4	4.2	4.4	4.2
15.6	11.8	1.4	1.0	3.5	2.6	4.8	3.6
20.3	12.8	2.3	1.5	4.4	2.8	5.9	3.7
37.9	14.5	7.5	2.9	7.3	2.8	18.6	7.1
37.3	12.5	5.2	1.7	2.8	0.9	17.1	5.7
41.5	12.2	7.4	2.2	3.6	1.0	20.1	5.9
49.0	13.4	6.4	1.8	6.4	1.8	23.2	6.3
46.4	11.7	7.4	1.9	3.3	0.8	23.9	6.0
45.4	9.6	8.9	1.9	2.8	0.6	22.4	4.7
50.6	9.5	11.1	2.1	3.1	0.6	25.3	4.8
54.2	8.5	13.4	2.1	2.7	0.4	26.7	4.2
80.2	9.2	17.8	2.0	2.9	0.3	37.3	4.3
105.7	9.5	25.4	2.3	4.4	0.4	47.8	4.3
122.9	9.5	31.7	2.4	5.3	0.4	57.5	4.4
143.6	9.4	40.7	2.7	4.3	0.3	65.8	4.3
157.8	9.5	46.1	2.8	3.6	0.2	70.9	4.3
159.2	11.2	35.4	2.5	2.2	0.2	80.1	5.6
155.8	12.3	35.2	2.8	1.9	0.1	80.3	6.4
174.3	13.4	43.1	3.3	1.8	0.1	94.0	7.2

表 4-4-12 1998 年至 2017 年訪港內地不過夜旅客在港消費額及市場佔比

年份	內地不過夜旅客在港消費總額（億元）	不過夜旅客在港消費總額（億元）	佔不過夜旅客在港消費總額的百分比（％）
1998	6.62	21.56	30.7
1999	7.37	20.00	36.8
2000	12.19	26.99	45.2
2001	16.10	31.64	50.9
2002	19.96	36.37	54.9
2003	35.78	47.48	75.4
2004	46.42	56.12	82.7
2005	56.27	69.35	81.1
2006	79.26	95.47	83.0
2007	117.12	136.15	86.0
2008	159.94	182.17	87.8
2009	195.04	226.91	86.0
2010	259.31	293.51	88.4
2011	353.60	393.58	89.8
2012	492.78	526.06	93.7
2013	643.56	680.34	94.6
2014	760.76	797.44	95.4
2015	750.58	784.82	95.6
2016	602.78	636.53	94.7
2017	594.89	627.68	94.8

資料來源： 香港旅遊發展局：〈與入境旅遊相關的消費〉《香港旅業網》2002 年至 2017 年各期 。

表 4-4-13　2012 年「個人遊」旅客跟其他旅客在港消費比較

性質 / 旅客類別	過 夜			入境不過夜
	逗留時間（晚）	人均境內消費（元）	平均每人每日境內消費（元）	人均境內消費（元）
所有內地旅客	3.7	8565	2339	2489
「個人遊」旅客	2.6	8229	3199	2582
廣東	2.2	5002	2248	2450
非廣東[①]	2.8	13,116	4697	5183
一簽多行[①]	2.1	4799	2325	2057
非「個人遊」旅客	5.1	9190	1810	2128
其他地區旅客	3.3	6516	1987	665

資料來源： 香港特別行政區政府商務及經濟發展局：〈「香港承受及接待旅客能力評估」報告〉2013 年 12 月。
注：① 香港旅遊發展局根據少量抽樣數目估算的數字。

表 4-4-15 內地不過夜旅客購買貨品主要類別

年份	2010	2011	2012	2013	2014	2015	2016	2017
所購買的貨品	百分比（%）							
食品、酒類及香煙	42.0	44.0	47.0	54.0	56.0	53.0	53.0	53.0
小食 / 糖果	27.0	28.0	27.0	32.0	33.0	33.0	32.0	30.0
奶粉 [①]	未作單項統計						27.0	27.0
其他食品	19.0	23.0	26.0	31.0	31.0	31.0	10.0	11.0
藥品、中藥	16.0	16.0	18.0	24.0	21.0	16.0	17.0	21.0
個人護理用品（例如洗髮水、尿布等）	22.0	23.0	25.0	26.0	24.0	18.0	16.0	15.0
美容及護膚品 [②]	24.0	25.0	26.0	29.0	31.0	32.0	31.0	37.0
化妝品	19.0	20.0	20.0	22.0	22.0	20.0	20.0	25.0
其他護膚品	7.0	6.0	8.0	11.0	13.0	14.0	13.0	15.0
香水	3.0	2.0	2.0	3.0	2.0	2.0	2.0	2.0
現成服裝	18.0	19.0	17.0	15.0	18.0	18.0	16.0	12.0
皮製用品	9.0	11.0	9.0	9.0	10.0	11.0	8.0	7.0
電器 / 攝影用品	8.0	8.0	9.0	8.0	8.0	10.0	5.0	4.0
蘋果手機、智能電話及其他電訊用品	5.0	4.0	4.0	4.0	4.0	7.0	3.0	2.0
珠寶首飾及手錶	6.0	4.0	4.0	6.0	5.0	4.0	4.0	4.0
手袋 / 銀包 / 皮帶	3.0	4.0	4.0	3.0	3.0	4.0	3.0	2.0

資料來源： 香港旅遊發展局：〈訪港旅客分析報告〉《香港旅業網》2010 年至 2017 年各期。
注： ① 2016 年才設立此項目。
　　 ② 2014 年前稱化妝品、護膚品。
按： 百分比顯示受訪者曾購買該項目的比例。

表 4-4-14 內地過夜旅客在港購買貨品主要類別

年份 所購買 的貨品	2001[2] 百分比	2002[2] 百分比	2003[2] 百分比	2004[2] 百分比	2005[2] 百分比	2006[2] 百分比	2007[2] 百分比	2008 百分比
化妝品[3]	包括在個人 護理用品內	包括在個人 護理用品內	包括在個人 護理用品內	35	32	34	35	37
現成服裝	48	55	52	44	43	44	48	46
小食／糖果	不詳	29	33	26	26	27	30	31
藥品、中藥	8	17	18	13	14	13	11	13
皮鞋／其他 鞋類	13	22	19	14	16	18	21	21
手袋／銀包／ 皮帶	不詳	11	10	7	8	9	12	13
奶粉[1]	未有此 分類	未有此 分類	未有此 分類	未有此 分類	未有此 分類	未有此 分類	未有此 分類	未有此 分類
個人護理用品 （例如洗髮水、 尿布等）	17[4]	31[4]	30[4]	包括在 化妝品內	12	11	13	13
金首飾 （無寶石）	24	23	17	13	10	9	9	10
香水	7	11	9	6	7	6	7	8
智能手機及其 他電訊用品	4	7	6	5	8	8	8	榜外
照相機、攝影 機、及其他攝 影器材	10	11	10	8	9	7	6	榜外
手錶／鐘錶	11	15	10	7	7	7	7	7

資料來源： 香港旅遊發展局：《香港旅業網》訪港旅客分析報告（2002 年至 2017 年各份報告）。

注： ① 2016 年才正式設立此調查項目。

② 香港旅遊發展局 2008 年以前並無正式排名榜，只在 2008 年起才列出十大購物榜。

③ 2010 年以後由化妝品、護膚品改作化妝品。

④ 包括化妝品在內。

（單位：%）

2009	2010	2011	2012	2013	2014	2015	2016	2017
百分比	百分比	百分比	百分比	百分比	百分比	百分比	百分比	百分比
42	39	38	36	36	39	30	33	37
48	46	44	40	41	42	38	35	30
33	31	28	28	29	29	27	24	24
16	19	17	19	20	24	16	18	21
22	22	21	18	17	18	18	16	15
15	16	15	14	13	15	13	11	10
未有此分類	未有此分類	未有此分類	未有此分類	未有此分類	未有此分類	未有此分類	8	8
13	14	12	12	12	10	8	6	6
9	10	10	11	13	11	7	6	5
11	11	9	8	9	榜外	榜外	6	5
榜外	榜外	榜外	榜外	榜外	7	9	榜外	榜外
榜外	榜外	榜外	榜外	榜外	榜外	榜外	榜外	榜外
7	7	7	8	8	7	6	榜外	榜外

注釋

1　2018 年 10 月 29 日改組為廣東省文化和旅遊廳。

2　黃寶儀：〈改革開放 40 年　赴港第一團見證國門愈開愈寬〉，大公網，2018 年 6 月 5 日發布，http://www.takungpao.com/special/239157/2018/0605/218930.html；另見新民週刊：〈「新中國第一團」的「香港遊」〉，《文匯網》，2009 年 9 月 12 日發布，http://news.wenweipo.com/2009/09/12/HO0909120005.htm。

3　〈「香港遊」旅行團抵港　共二十五人，男女各佔一半〉，《大公報》（香港），1983 年 11 月 16 日，第 6 版。

4　從 1984 年起，香港旅遊發展局對訪港內地旅客的統計數字包含持中國護照、雙程證、旅遊證件或海員簿等的內地旅客。

5　2018 年 3 月改組為文化和旅遊部。

6　香港特別行政區政府商務及經濟發展局：《香港承受及接待旅客能力評估報告》（香港：香港特別行政區政府商務及經濟發展局，2013），頁 6。

7　據香港特區政府規劃署定義，「『跨界旅客行程』為一名以旅客為身份的人士往來香港及內地或往來香港及澳門的任何一個單向行程。來回行程中的出發行程及回程會分別被計算為兩次行程」。

8　2018 年 10 月 25 日改組為廣東省文化和旅遊廳。

9　2000 年 1 月 18 日起更名為中央人民政府駐香港特別行政區聯絡辦公室。

10　自 1984 年起，香港旅遊發展局對訪港內地旅客的統計數字包含持有中國護照、雙程證、旅遊證件或海員簿等的內地旅客。

11　策略發展委員會：《香港與中央／內地的關係》（文件編號：CSD/1/2014）（2014 年 5 月 26 日），（附件二：旅遊業及「個人遊」計劃），頁 4。

12　或帶同嬰幼兒者，亦可攜帶一定分量的配方粉。

13　2019 年 1 月改組為珠海市文化廣電旅遊體育局。

14　2019 年 1 月改組為深圳市文化廣電旅遊體育局。

15　1982 年 8 月 23 日改組為國家旅遊局，到 2018 年 4 月 8 日再改組為文化和旅遊部。

16　文匯報：〈白天鵝賓館展出習仲勳親筆信〉，《文匯報》（香港）網頁，2018 年 2 月 7 日發布，http://paper.wenweipo.com/2018/02/07/CH1802070025.htm。

17　1985 年 10 月 29 日成立香港中旅（集團）有限公司（中旅），至 1992 年 11 月 11 日，中旅旗下的香港中旅國際投資有限公司在香港聯交所掛牌上市，中旅於 2007 年 6 月改組後，中國中旅集團成為全資子公司，並以中國港中旅集團為母公司，2016 年，中國港中旅集團公司與中國國旅集團有限公司完成重組。2017 年，集團更名為「中國旅遊集團有限公司暨香港中旅（集團）有限公司」。

18　2001 年 11 月，世茂集團主席許榮茂成功收購香港主板上市公司東建科訊，並改名為世茂中國（其後改名為世茂國際）。2006 年 7 月世茂集團分拆「世茂房地產控股有限公司」在香港主板市場上市，再於 2020 年 5 月 27 日，改稱為「世茂集團控股有限公司」。

19　香港特別行政區政府統計處：〈本港居民到中國內地旅行的消費開支〉，載香港特別行政區政府統計處編：《香港統計月刊》（香港：香港特別行政區政府統計處，2001），頁 3。

第五章
基礎建設

第一節　港商在內地發展的基建項目

一、能源

改革開放前，內地能源基礎建設由國家財政撥款興建，發展受投資體制、資金和技術等條件制約。1978 年，全國發電裝機缺口達 1000 萬千瓦，發電量缺口達 400 億千瓦時（度）。1982 年 9 月，中共十二大將能源定為經濟發展的戰略重點。第六個五年計劃時期（「六五」時期）（1981 年至 1985 年），內地國民收入的年均增長率為 9.7%，而電力生產年均增長 6.4%。根據電力部調查，全國每年缺電 450 億至 500 億度，缺乏發電裝機容量 1200 萬千瓦以上。[1] 沿海地區缺電狀況尤其嚴重，工廠普遍出現「開三停四」（即每周開工三天，停產四天）的情況。

1978 年 6 月，香港中華電力有限公司（中電）主席羅蘭士·嘉道理訪問內地時，提議向廣東供電，並在 1979 年 1 月與廣東省電力公司達成粵港聯網協議。中電自該年 4 月 2 日起，每日向廣東省供應約 100 萬度電力。

1985 年 1 月 18 日，中電與廣東核電投資有限公司在北京人民大會堂，簽訂合作興建和經營大亞灣核電站的協議，這耗資逾 40 億美元的項目採用「借貸建設、售電還錢、合資經營」的模式，開創內地利用外資建設大型基礎產業項目的先例。大亞灣核電站是內地首座商用核電廠，為內地的核能業培訓建造、管理及技術人才。

1985 年 5 月 23 日，國務院批轉國家經委等部門《鼓勵集資辦電和實行多種電價的暫行規定》，打破三十年來國家獨資辦電和統一電價的局面，通過能源建設投資多元化，以解決電力建設資金不足的問題。按「誰投資、誰用電、誰得利」的原則，鼓勵聯合辦電、集資辦電、支持地方辦電、開展國際合作、利用外資辦電。

同年 10 月，中電動工興建首條連接香港與內地的海底電纜，並在 1986 年年底開始向受斷電及限電影響的深圳蛇口工業區輸電，保障區內工廠的生產運作。1987 年 7 月 22 日，香港合和實業有限公司（合和）投資的沙角 B 電廠建成，佔廣東省在該年累計發電機容量的 11.84%。該電廠開創內地以「興建—營運—移交」模式興建基建項目的先例、引入外國先進設備和管理技術、培訓內地的電力建設團隊，以保障當地的電力供應和改善投資環境。

1994 年 3 月 30 日，電力工業部印發《電力建設利用外資暫行規定》的通知，首次系統地列出對外資辦電的投資和經營方式的規定，並表示鼓勵外資貸款在大型水電項目和中西部地區作重點投資。

1990 年代，港商包括中電、新世界發展有限公司（新世界）、長江基建集團有限公司（長建）等，陸續到內地發展電力工業，主要在珠江三角洲投資燃煤發電廠，發電規模較大的投資項目包括沙角 C 電廠、珠江電廠、南海江南發電廠、珠海電廠。隨後，港商投資的地域逐步延伸至華中及華北，包括長建的河南沁陽江懷電廠、吉林四平熱能電廠、遼寧撫順熱電廠等。此外，中電在山東省投資全國最大型中外合資燃煤發電項目（合共四間電廠：石橫一期及二期電廠、聊城電廠和菏澤二期電廠），亦於廣東省經營懷集水電站。

2000 年 8 月，由國務院批准國家計劃委員會上報的《關於廣東省電力供需狀況和西電東送規劃有關問題的報告》，決定在「十五期間」（2001 年至 2005 年）由西部向廣東輸電 1000 萬千瓦。2002 年 9 月 23 日，中電、貴州省電力公司和貴州省基建投資公司，合資成立貴州中電電力有限責任公司，興建貴州西電東送的重點工程「安順電廠二期」，是港資首次參與西電東送工程，亦是中電首個取得控股權的內地項目。

自 2000 年代中期，港資在內地的電力投資主要是在再生能源方面，配合《「十一五」規劃綱要》（2006 年至 2010 年）鼓勵發展風力和太陽能發電的政策。2004 年，中電首次在內地投資風力發電場 —— 山東煙台市的長島風場。2005 年至 2017 年，除了在廣西投資的防城港電廠為燃煤發電廠外，中電於內地新增的投資多為風場、太陽能光伏電站和水電站，遍布於 15 個省、自治區和直轄市（華北：北京、河北、天津、內蒙古、山東；華東：上海、江蘇；華南：廣東、廣西；東北：遼寧、吉林；西南：雲南、貴州、四川；西北：甘肅）；而電能實業有限公司（電能實業）除了在珠海投資金灣燃煤發電廠外，還在雲南大理市和河北樂亭縣發展風電場（見表 5-1-1）。

1. 粵港聯網工程

1978 年 6 月，中電主席羅蘭士·嘉道理訪問內地，並提出粵港聯網的構思。同年 12 月，廣東省電力公司派員到港考察，並與中電磋商聯網供電事宜，以緩解該省的缺電問題。1979 年 1 月，雙方正式展開談判，並在 16 日達成協議，同意自該年 4 月 2 日開始，中電每日向廣東省供應約 100 萬度電力，廣東電力公司則按照大量用電標準價目付費。

首條粵港電力聯網線路工程隨即展開，從香港粉嶺變電站架設約 11 公里長的 66 千伏輸電線路，連接至深圳水貝變電站，升壓至 110 千伏聯入廣東電網，工程於 1979 年 3 月 29 日完成。

同月 31 日，嘉道理與廣東省電力公司總經理師兆祥主持於葵涌控制中心舉行的聯網通電儀式。同年 12 月，第二回路投入運作。隨着購電量逐年上升，雙方於 1981 年至 1991 年間進行五期「粵港聯網」工程擴建。到 1991 年年底，粵港聯網線路增至七回，主變九台，總容量 108 萬千伏安。

1990 年 6 月 26 日，深圳供電局與廣東省電力工業總公司簽訂首份《委託廣東省電力工業

表 5-1-1　港商在內地投資的電廠

電廠	地點	港商持有權益（%）	投產或投資日期	總裝機容量（兆瓦）
沙角 B 電廠	廣東省東莞市	合和：35.23%	1987 年 4 月 22 日	700
廣州蓄能水電站	廣東省廣州市	中電擁有第一期600 兆瓦的使用權直至 2034 年	1993 年	2400
珠江電廠一、二期	廣東省廣州市	新世界：50%、25%	1993 年、1997 年 12 月 31 日	1200
順德德勝電廠	廣東省順德市	新世界：60%	1993 年	273.5
大亞灣核電站	廣東省深圳市	中電：25%	1994 年 2 月 1 日	1968
沙角 C 電廠	廣東省東莞市	合和：40%	1994 年 12 月 13 日	1980
汕頭澄海發電廠	廣東省汕頭市	長建：60%	1995 年 1 月	75
汕頭潮陽發電廠	廣東省汕頭市	長建：60%	1995 年 1 月	90
汕頭鮀浦發電廠	廣東省汕頭市	長建：60%	1995 年 1 月	114
南海江南發電廠	廣東省南海市	長建：36.4%	1995 年 1 月	121
盤山電廠	天津市	中電：20%	1996 年	1060
南海發電一廠	廣東省南海市	長建：30%	1996 年 11 月	400
懷集水電站	廣東省懷集縣	中電：84.9%	1997 年購入	129
石橫電廠一、二期	山東省肥城市	中電：29.4%	1997 年、1998 年	1260
撫順熱電廠	遼寧省撫順市	長建：60%	1997 年 1 月簽訂投資協議	150
河南沁陽電廠	河南沁陽市	長建：49%	1997 年 9 月簽訂投資協議	110
吉林四平熱電廠	遼寧省吉林市	長建：45%（2009 年出售予電能實業）	1998 年 5 月 1 日	200
三河電站一、二期	河北省三河市	中電：17%	2000 年、2007 年	1330
綏中電站一、二期	遼寧省綏中市	中電：15%	2000 年、2010 年	3760
珠海發電廠	廣東省珠海市	長建：45%（2009 年出售予電能實業）	2000 年 4 月 3 日	1400
神木電廠	陝西省神木市	中電：49%	2001 年 1 月	220
準格爾電站二、三期	內蒙古準格爾旗	中電：20%	2002 年、2007 年	1320
菏澤電廠二期	山東省菏澤市	中電：29.4%	2003 年	600
安順電廠二期	貴州省安順市	中電：70%	2003 年 10 月	600
聊城電廠一期	山東省聊城市	中電：29.4%	2004 年 6 月	1200
長島風場	山東省煙台市	中電：45%	2006 年 5 月	27.2
雙遼風場一、二期	吉林省雙遼市	中電：49%	2007 年、2009 年	99
金灣電廠	廣東省珠海市	長建：45%（2009 年出售予電能實業）	2007 年 2 月	1200
威海風場一、二期	山東省威海市	中電：45%	2007 年 4 月、2008 年 12 月	69
成都金堂電廠	四川省成都市	新世界：35%	2007 年 6 月 3 日	1200
防城港一、二期電廠	廣西防城港市	中電：70%	2007 年 9 月、2016 年 11 月	2580

（續上表）

電廠	地點	港商持有權益（%）	投產或投資日期	總裝機容量（兆瓦）
南澳風場二、三期	廣東省汕頭市	中電：25%	2007 年 11 月、2010 年 9 月	60
榮成風場一、二、三期	山東省榮成市	中電：49%	2008 年、2010 年 10 月、2011 年 1 月	147.8
大通風場	吉林省洮南市	中電：49%	2008 年 8 月	49.5
華電萊州一期風場	山東省萊州市	中電：45%	2008 年 9 月	40.5
大理風電場	雲南省大理市	電能實業：45%	2009 年 1 月 1 日	48
河源電廠	廣東省河源市	合和：35%	2009 年 1 月 16 日	1200
長嶺風場二期	吉林省松原市	中電：45%	2009 年 9 月	49.5
大理漾洱水電站	雲南省大理市	中電：100%	2009 年 9 月	49.8
東營河口風場	山東省東營市	中電：49%	2009 年 9 月	49.5
沾化風場一、二期	山東省濱州市	中電：49%	2009 年 10 月、2010 年 12 月	99
樂亭風電場	河北省樂亭縣	電能實業：45%	2009 年 10 月 1 日	49.5
曲家溝風場	遼寧省阜新市	中電：49%	2009 年 12 月	49.5
利津風場一、二期	山東省東營市	中電：49%	2009 年 12 月、2010 年 10 月	99
馬鬃山風場	遼寧省阜新市	中電：49%	2010 年 1 月	49.5
乾安風場一、二期	吉林省松原市	中電：100%	2010 年 11 月、2011 年 10 月	99
江邊水電站	四川省甘孜州九龍縣	中電：100%	2011 年 6 月	330
蓬萊風場一期	山東省蓬萊市	中電：100%	2012 年 1 月	48
崇明風場	上海市	中電：29%	2013 年 1 月	48
金昌太陽能光伏電站	甘肅省金昌市	中電：100%	2013 年 7 月	85
萊蕪風場一期	山東省萊蕪市	中電：100%	2014 年 1 月	49.5
西村太陽能光伏電站一、二期	雲南省大理市	中電：100%	2014 年 12 月、2015 年 11 月	84
泗洪太陽能光伏電站	江蘇省宿遷市	中電：100%	2015 年 2 月	93.4
尋甸風場一期	雲南省尋甸市	中電：100%	2016 年 1 月	49.5
三都風場	貴州省黔南州	中電：100%	2016 年 7 月	99
中電萊州風場一期	山東省萊州市	中電：100%	2016 年 10 月	49.5
陽江核電廠	廣東省陽江市	中電：17%	2017 年購入	6516
淮安太陽能光伏電站	江蘇省淮安市	中電：100%	2017 年 6 月	12.8

資料來源：　根據公開資料整理，包括公司年報、公司官方網頁、《中電資料冊》、《廣東年鑑》、《廣州年鑑》、《廣東省志 ‧ 電力工業志》等。

1979 年 3 月 31 日，中電主席羅蘭士‧嘉道理（右）與廣東省電力公司總經理師兆祥（左）於葵涌控制中心主持粵港聯網通電儀式。（中華電力有限公司提供）

總公司進口香港電力的協議》，廣東省同意自 1990 年 7 月 1 日起，為深圳市向中電增加購電，以應付深圳上升的電力需求。在 1990 年至 1994 年間，中電向深圳輸電累計 38.59 億度（不含蛇口工業區），緩解深圳市用電的緊張局面。隨着電廠陸續於廣東省落成投產，除了蛇口工業區，深圳市和廣東省分別在 1995 年及 1996 年停止向中電購電。

2000 年上半年，廣東省用電量達 596 億度，同比增加 18%；缺電約 55 萬千瓦，扭轉廣東省四年以來電力供應略有剩餘的局面。廣東省電力公司遂向中電恢復購電。從 1979 年至 2017 年，中電累計輸出 743.1 億度電予廣東省（包括蛇口工業區）（見表 5-1-2）。

2. 香港至蛇口的電纜工程

1985 年 5 月中旬，深圳蛇口工業區受斷電及限電影響，致工廠輪流開工，每周「停二開五」（停工兩日、運作五日），工業區遭 11 家外商聯名控告違反供電協議，要求賠償損失。經國務院批准，中電主席羅蘭士・嘉道理與招商局副董事長袁庚於同年 7 月 24 日簽署供電合同：中電自 1986 年年底開始向蛇口工業區和毗鄰的赤灣每日提供 42 萬度電力，為期 10 年，以穩定蛇口的電力供應，並毋須香港用戶津貼。

中電負責投資 7000 萬元，委託日本住友電業株式會社、東京三井物產及香港總代理隆華貿

1985 年 7 月 24 日，中電主席羅蘭士・嘉道理（左二）與招商局副董事長袁庚（右二）簽署中電向蛇口供電的合同。（香港大公文匯傳媒集團提供）

表 5-1-2　1979 年至 2017 年中電輸往廣東省的電力（包括蛇口工業區）

年份	中電輸往廣東省電量 （億千瓦時／億度）	廣東省供電量 （億千瓦時／億度）	中電所輸電力佔 廣東省供電量的比例 (%)
1979	2.5	不詳	不適用
1980	3.1	不詳	不適用
1981	2.4	不詳	不適用
1982	2.7	不詳	不適用
1983	3.7	不詳	不適用
1984	7.4	不詳	不適用
1985	10.5	175.00	6.00%
1986	12.1	189.76	6.38%
1987	13.6	230.15	5.91%
1988	14.4	282.19	5.10%
1989	17.7	316.06	5.60%
1990	18.0	361.88	4.97%
1991	30.6	394.93	7.75%
1992	49.6	459.00	10.81%
1993	45.0	572.77	7.86%
1994	17.6	770.58	2.28%
1995	14.8	821.06	1.80%
1996	5.3	908.66	0.58%
1997	5.6	981.15	0.57%
1998	6.1	1038.54	0.59%
1999	6.3	1140.04	0.55%
2000	11.8	1535.40	0.77%
2001	15.8	1433.27	1.10%
2002	21.8	1610.08	1.35%
2003	30.0	1895.77	1.58%
2004	30.9	2121.33	1.46%
2005	45.0	2278.56	1.97%
2006	45.3	2471.89	1.83%
2007	40.4	2695.44	1.50%
2008	35.5	2681.96	1.32%
2009	37.3	2666.25	1.40%
2010	26.1	3146.29	0.83%
2011	29.6	3696.27	0.80%
2012	18.4	3644.33	0.50%
2013	16.5	3768.24	0.44%
2014	12.3	3805.00	0.32%
2015	11.9	3789.19	0.31%
2016	12.1	4036.00	0.30%
2017	13.4	4348.16	0.31%
1979—2017 合計	743.1	不適用	不適用

資料來源：《香港能源統計年刊》（1990，2000，2010，2018）、《中國電力年鑒》（1993—2015）、《廣東年鑒》
（1987—2018）。

易公司，負責鋪設一條從元朗流浮山入海，穿越后海灣，接駁至蛇口變電站的電纜。工程於 1985 年 10 月展開，在 1986 年 5 月建成，並於 11 月 9 日投入使用。電纜全長 12 公里，其中海底部分長 9 公里，電壓為 132 千伏，最高輸電量為 120 兆伏安（日供電能力可達 245 萬度），是首條連接香港與內地的海底電纜。

1995 年 8 月 28 日，雙方簽署電力供應第二修正合同，擬定中電鋪設第二回香港至蛇口 132 千伏海底電纜，最大供電容量為 120 兆伏安，合同從 1996 年 12 月 1 日開始，為期 20 年。第二、三條海底電纜分別於 1997 年及 2006 年投產，供電可靠度提升至 99.99%。

3. 沙角 B 電廠

沙角 B 電廠位於廣東省東莞市虎門鎮沙角地區珠江入海口處，與沙角 A 電廠相毗鄰，是中外合資興建的第一個火力（燃煤）電廠，亦開創內地以「興建─營運─移交」方式投資大型基建項目的先例。

深圳經濟特區在成立初期，並無發電廠，而廣東省的大電網只能滿足深圳的七成用電量。1980 年代初，中國大酒店日均耗電量佔廣州全市供電量的 2%，參與投資該酒店的合和董事總經理胡應湘，在 1983 年向深圳市政府提出用「興建─營運─移交」模式興建火力發電廠，以解決當地欠缺辦電資金的問題。1984 年 3 月 4 日，雙方簽訂意向書，就合同文件、電廠選址等事項磋商，並在 1984 年 6 月 18 日達成協議。

1985 年 3 月 8 日，合和電力（中國）有限公司（合和電力）[2] 與深圳經濟特區電力開發公司（簡稱深圳電力，深圳市能源集團有限公司的前身）簽訂以「興建─營運─移交」方式，合作興建深圳火力發電廠 B 廠（即沙角 B 電廠）的合同：深圳電力提供建廠條件、燃料供應、生產準備等，合和電力負責籌措建設資金、工程設計、建設，以及在投產後 10 年的合約期內經營電廠；合作期屆滿後發電廠一切權益無償移交深圳電力。

工程建設由香港合和建築有限公司（合和建築）總承包，合和建築委託香港合和高捷達有限公司負責工程管理，香港友朋閣普利世顧問工程公司和廣東省電力勘測設計院負責工程設計，日本三井集團負責電廠的設備供應、安裝及調試。東芝公司提供渦輪發電機及附件，石川島播磨公司提供鍋爐及輔助廠房，香港的滑模工程有限公司則承擔土木工程及工程運作。

沙角 B 電廠的建築成本，包括設計費、財務費用、建築費用及利息等，約達 40 億元，是當時深港兩地最大的工業合作項目，合共 33.33 億元貸款來自 11 個國家 46 間銀行組成銀團，由中國銀行、萬國寶通國際有限公司和香港上海滙豐銀行任首席經理銀行；是內地首次在香港以項目貸款形式籌集資金的基建項目。

工程於 1984 年 9 月 28 日開山平整場地，1985 年 7 月 1 日主廠房動工。合和採「快速跟

蹤」的工程模式，即同時進行設計、採購和施工。施工人數達 5000 名，內地員工佔 95% 以上。此合作項目除了引進資金、外國技術和機械設備，亦培訓施工團隊，為內地興建同類發電廠提供參考。

1987 年 4 月 22 日，第一號發電機組在正式施工後 22 個月內首次併網，較預定時間提早 11 個月，第二號機組則提早 8 個月，在 7 月 22 日併網發電。全座電廠於 27 個月內建成，創造同類型電廠建造速度之世界紀錄。沙角 B 電廠投產後，深圳的供電得到改善，深圳市供電局宣布自該年 8 月起，取消企業每周用電輪休兩天（即停二開五）的制度和對空調機的使用限制。

該電廠佔地面積 32 公頃，置兩台 35 萬千瓦的燃煤機組（佔廣東省在 1987 年累計發電機容量的 11.84%），每年額定發電總量為 60 億度。深圳電力向合和電力收購不低於六成的發電量，即每年 36.79 億度電，電廠按 1982 年深圳向香港購電價，每度電約值 0.41 元，以人民幣及外匯各半支付。

沙角 B 電廠先投產，後在 1988 年 4 月 29 日舉行投產典禮，該電廠為當時廣東省內最大的發電廠，是廣東電網負荷中心的主力電廠之一，緩解深圳特區經濟建設的缺電問題及改善廣東的投資環境。

十年合作經營期間，雙方組成董事會決策，具體運作和維修工作由合和負責。合和電力通過招投標，選擇英國電力國際有限公司和美國佛洛丹尼樂聯合組成的電力服務公司，在 1986 年至 1990 年間，參照英國電廠模式管理及營運，並負責培訓內地的操作及維修員工。1991 年起，改由廣東電力局屬下的廣華實業公司對合和電力負責，沿用既定的管理制度來接手營運電廠。

截至 1999 年 7 月 31 日，沙角 B 電廠累計上網電量 462 億度。同年 8 月 1 日，沙角 B 電廠產權正式無償移交深圳能源集團公司，並在 9 月 7 日舉行沙角 B 電廠移交儀式。移交後，電廠由深圳能源集團和廣東電力集團共同組成的深圳市廣深沙角 B 電力有限公司對沙角 B 電廠實行工廠制管理。沙角 B 電廠作為中國首個「興建 — 營運 — 移交」基建項目，是內地基建投融資體制改革的突破。

4. 大亞灣核電站

大亞灣核電站位於深圳市東部大亞灣畔大坑村，是內地核電發展的先驅、改革開放以來最早和最大型的中外合資項目。

1978 年 5 月，廣東省委書記、副省長王全國在參觀法國核電站後，考慮在廣東建核電站來解決缺電的問題。投資額經初步估算為 40 億美元，而中國當時的外匯儲備僅有 1.67 億美元。1979 年 1 月，廣東省電力公司與中電討論粵港聯網計劃時，提出在廣東省合營核電

1985 年 8 月 5 日，合和董事總經理胡應湘（左）及廣東省省長梁靈光（右）出席沙角 B 電廠的奠基儀式。（合和實業有限公司提供）

沙角 B 發電廠正門。（合和實業有限公司提供）

1985 年 1 月 18 日，香港核電投資有限公司董事長石威廉（左坐四），以及中國水利電力部副部長兼廣東核電投資有限公司代董事長趙慶夫（右坐四），於北京人民大會堂簽訂廣東核電合營有限公司合同。國務院副總理李鵬（前排左十）、香港中華電力有限公司主席羅蘭士・嘉道理（左坐三）見證簽字儀式。（中華電力有限公司提供）

站的建議。雙方於 1979 年 11 月聯合進行可行性研究，1980 年 12 月 11 日提出報告，在 1982 年 12 月獲國務院批准。

1985 年 1 月 18 日，在國務院副總理李鵬的見證下，中電的全資附屬公司香港核電投資有限公司（港核投）與廣東核電投資有限公司（廣核投），於北京人民大會堂簽訂聯營合同，雙方合資成立廣東核電合營有限公司，負責興建和經營大亞灣核電站。[3]

合營公司的註冊金額達 4 億美元，港核投出資 1 億美元（佔股 25%）、廣核投出資 3 億美元（佔股 75%），餘下所需建設資金由中國銀行從國外出口信貸和商業信貸籌措。這「借貸建設、售電還錢、合資經營」模式，開創內地利用外資建設大型基礎產業項目的先例。核電站工程造價，按實際帳面匯率計算 40.72 億美元（每度造價 2069 美元）。

核電站生產的電力按雙方出資的比例出售，港核投購 25%、廣核投購 75%；此外，在核電站投產後的 20 年合營期內（1994 年至 2014 年 5 月），港核投同意額外購買由廣核投轉售相等於總產電量 45% 的電力。即是大亞灣核電站總產電量的 70% 輸往香港，餘下的 30% 供應廣東。合營期屆滿後，大亞灣核電站及收入歸屬中方。

1987 年 8 月 7 日，中電主席羅蘭士·嘉道理（右三）與廣東省省長葉選平（右二）出席大亞灣核電站的奠基儀式。（南華早報出版有限公司提供）

1986 年 10 月 27 日，立法局屬下大亞灣核電小組成立，並舉行首次會議。小組共有 16 名成員，由黃保欣議員擔任召集人，負責根據立法局核電考察團報告書，監察大亞灣核電站建設計劃的進展，並收集更多有關核電站的資料（尤其是安全方面的資料）來分析對香港可能構成的影響，以回應香港公眾對核電安全的關注，最終促成大亞灣核電站的安全建設及順利營運。

1987 年 8 月 7 日，大亞灣核電站主體工程展開。自 1989 年起，合營公司按照與法國電力公司簽訂的培訓合同，分三批派遣 115 人到法國及英國接受培訓，啟動中國核電建設及營運自主化的進程。1990 年 11 月，中國政府邀請國際原子能機構，組織來自九個國家的專家對大亞灣核電站進行運行前安全評審。同年 12 月，中電透過其全資擁有的香港抽水蓄能發展公司，購買廣州抽水蓄能電站一期 50%的使用權，以配合香港接收核電站的電力。

大亞灣核電站佔地 34 公頃，兩座 984 兆瓦的壓水式反應堆核能汽輪發電機組，分別於1994 年 2 月及 5 月投產，總裝機容量為 1968 兆瓦。

2008 年 8 月 28 日，香港特區政府與中央政府國家能源局簽署關於能源合作的諒解備忘錄，雙方表明支持現有核電供應協議在 2014 年 5 月 6 日屆滿後續簽 20 年。2009 年 9

大亞灣核電站在 1994 年投產，總裝機容量為 1968 兆瓦，是內地核電發展的先驅、改革開放以來最早和最大型的中外合資項目。（攝於 2016 年 8 月，中華電力有限公司提供）

月，核電供港的合約獲延長 20 年至 2034 年。其後經過磋商，雙方同意大亞灣核電站於 2014 年年底至 2023 年間，將輸港核電由佔其總輸出量的七成提升至約八成。

截至 2017 年 7 月 1 日，大亞灣核電站累計發電量達 3270 億度，分別向香港和廣東供電 2300 億及 970 億度，其間使粵港兩地的二氧化碳排放量減省逾 1.8 和 0.8 億噸。在世界核營運者協會的表現指標中，大亞灣核電站自投產以來一直在發電能力、電站安全及效率、工業安全、輻射防護等主要範疇，維持優秀水平。2017 年，運營公司於法國電力公司安全業績挑戰比賽中，已連續 10 年於能力因子項目名列榜首。

5. 沙角 C 電廠

沙角 C 電廠位於廣東省東莞市虎門鎮沙角地區珠江入海口處，毗鄰沙角 A、B 電廠；該電廠在落成時，是廣東省最大的火力（燃煤）電廠，亦是該省採用「興建—營運—移交」方式興建的最大中外合作電力項目。

1988 年 4 月 29 日，胡應湘在沙角 B 電廠投產典禮表示，合和將投資興建沙角 C 電廠。1990 年 6 月，中國國家計劃委員會批准沙角 C 電廠立項。1991 年 7 月 19 日，合和實業有限公司的全資附屬企業合和能源有限公司（合和能源）和廣東省電力局的附屬企業廣東省沙角（C 廠）發電公司（沙 C 公司）在香港簽署合作興建及經營沙角 C 廠的協議。1992 年，合和能源與沙 C 公司合資成立廣東廣合電力有限公司，負責建設及營運沙角 C 電廠。

沙角 C 電廠的投資額達 19.7 億美元，合和能源佔股四成，廣東省電力局佔六成；合作期為電廠完工日起計 20 年，電廠資產在合作期滿後無償移交粵方。合和能源負責沙角 C 電廠的設計、建設及工程建設管理。

1992 年 5 月 27 日，沙角 C 電廠舉行開工奠基典禮。1993 年 4 月 29 日，廣東省電力局決定成立沙角發電總廠，負責營運及檢修 A、C 兩廠。沙角 C 電廠引進國外全套發電設備，採用工程總承包交鑰匙的建設方式；由合和旗下的香港滑模工程有限公司、阿爾斯通公司，以及 ABB Combustion Engineering Systems 組成總承包集團，承辦電廠的所有土建及設備供應。

沙角 C 電廠配備三台 66 萬千瓦發電機組，總裝機容量 198 萬千瓦，年設計發電能力 130 億度。一號發電機組於 1994 年 12 月 13 日正式併網試行發電，並在 19 日舉行併網儀式。第二、三號機組相繼於 1995 年 5 月 4 日和 8 月併網發電。1996 年 8 月 26 日，該電廠舉行投產儀式。沙角 C 電廠佔廣東省在 1996 年新投產發電裝機容量的 55.14%，累計發電總裝機容量的 7.53%。

1997 年，合和將所有股份售予美國邁朗公司；2002 年 12 月，美國邁朗公司將所持股份轉售給香港華潤集團公司，而廣東省電力局的六成股份則劃撥予廣東省粵電集團有限公司。

沙角 C 電廠總裝機容量達 198 萬千瓦，1996 年舉行投產儀式，是當時廣東省最大的火力（燃煤）電廠。圖為該電廠的投資者合和董事總經理胡應湘，在 1994 年 7 月 12 日攝於沙角 C 廠的建築地盤。（南華早報出版有限公司提供）

6. 安順電廠二期

中電與貴州省電力公司於 1998 年開始洽談電力建設業務合作。2001 年 2 月 22 日，香港中華電力（中國）有限公司董事、總經理李銳波與貴州電力公司總經理向德洪、貴州省基本建設投資公司總經理趙家興，簽署合資建設及營運安順二期電廠的投資意向書。

電廠位於貴州省安順市，配置兩台 30 萬千瓦燃煤機組，是國家發改委指定為支持西部大開發的「西電東送」項目，於 2001 年 11 月 25 日動工。2002 年 9 月 23 日，貴州中電電力有限責任公司（貴州中電）在北京人民大會堂舉行成立典禮。中華電力（中國）擁有合營公司 70% 的股權，貴州省電力公司和貴州省基本建設投資公司分別佔股 18% 和 12%，是中電在內地首間取得控股權的電廠，亦是當時貴州省最大的合資企業。

安順電廠二期的總投資額為 25 億元人民幣，股東出資 25%（中電按股權出資 4.4 億元人民幣），其餘 75% 則是利用借貸融資，是貴州省的首個中外合資電廠，為該省開創多元化、多渠道集資建設「西電東送」工程的先例。2003 年 2 月，三號機組併入貴州電網發電，並向廣東省輸電。同年 8 月 8 日，四號機組投產，成為 2000 年 11 月「西電東送」工程展開以來首個竣工的項目。

安順電廠二期是貴州電力系統單機容量最大、自動化程度最高的主力電廠，在 2004 年發電 3261 百萬度，佔全省發電量 629.24 億度的 5.18%。2010 年 4 月 13 日，中電向中國國電集團公司出售全數 70% 股權，售價為 7.5 億元人民幣。

二、公路及橋樑

1978 年，內地公路的總里程為 89 萬公里，二級以上公路長一萬公里，逾三分之一的村鎮並無公路接駁。「六五」時期（1981 年至 1985 年），內地共投資 53.41 億元人民幣於公路建設，佔國民經濟各部門基本建設投資額（3410.09 億元）的 1.57%。[4] 以國家財政撥款為主的公路建設投融資體制，長期局限內地的公路發展。

1981 年 8 月，港澳商人霍英東、何賢、馬萬祺、何鴻燊等經營的澳門南聯公司，與廣東省政府在廣州簽訂《關於貸款建設廣珠公路四座大橋協議書》，率先打破公路建設依賴國家財政撥款的單一投融資渠道，貸款資金逐漸成為內地修建幹線公路，尤其是高速公路的主要建設資金來源。

內地實行「以橋養橋、以路養路」的有償性投資方式後，這市場機制逐步推展至其他基礎設施領域，陸續推出「以電養電」、「以港養港」、「以通訊辦通訊」等政策，逐漸形成「國家投資、地方籌資、社會融資、利用外資」的多元化投融資格局。

1984 年 10 月 8 日，香港合和中國發展（高速公路）有限公司與廣東省公路建設公司簽訂

《廣深珠高速公路協議書》。1987 年 4 月 23 日，廣深高速公路動工，由合和負責籌措所有工程支出，建成後收取車輛過路費，償還本息。

1989 年 8 月 8 日，廣佛高速公路正式通車，是廣東省首條、內地第二條落成的高速公路；其中香港珠江船務有限公司注資 5500 萬人民幣，彌補建設資金缺口。廣東省通過與港商合建通行能力大、行車速度快、運輸效益高的高速公路，縮短沿線鄉鎮與中心城市（包括廣州、深圳）的行車距離，降低農產品、工業製成品的運輸成本和時間，改善投資環境、帶動沿線地區的經濟發展、加速城鎮化進程，並直接提高港口、機場和鐵路的集疏運輸能力。

在 1980 年代，霍英東、李嘉誠及何鴻燊等港商除投資興建公路外，亦在廣東捐建橋樑。這些由不同港商捐建的橋樑包括大石大橋（1984）、沙灣大橋（1987）、洛溪大橋（1988）及韓江大橋（1989）（見表 5-1-3）。

1989 年 12 月，廣東省政府批准《廣東省高速公路建設規劃方案》，提出廣東省的公路建設從建一般公路為主，轉為修建高速公路為主。1990 年代，長江集團、新世界、合和集團、路勁基建有限公司等港資企業陸續在珠江三角洲投資路橋，包括廣深高速公路、廣州環城高速公路、梅觀高速公路、虎門大橋及京珠高速公路（廣珠段）等，漸構成以廣州市為中心向粵東輻射，連接至製造業中心東莞、深圳和香港，形成珠江三角洲公路網的骨幹；而合和在 2001 年 12 月至 2013 年 1 月興建的珠江三角洲西岸幹道（共三期），為粵西連接廣州、佛山、中山、珠海至澳門高速公路網中的主幹道（見表 5-1-3）。

另一方面，港商投資內地高速公路的地域由廣東省，擴展至湖北、湖南、四川、河北、天津各省、市。其中新中港集團投資 8.118 億元人民幣，全長 92.4 公里的成綿（成都至綿陽）高速公路在 1998 年 12 月通車，是中國西南地區與外商合作修建的首條高速公路；新中港集團牽引亞洲基建基金有限公司、美國國際集團亞洲投資基金、日本伊藤忠亞洲有限公司等外國財團入股，以及參與工程監理驗收（見表 5-1-4）。

透過與內地合組公司興建及經營收費公路，港商除帶來建設資金、安排國際融資外，還引進香港的企業管理概念，包括效率、工程監理和利潤機制等。

1. 廣珠公路四橋

改革開放初期，廣珠公路是由廣州駛往珠海的主要通道，汽車需靠渡輪經三洪奇、容奇、細滘、沙口四個渡口過河。1978 年至 1980 年，交通部撥給廣東省的投資金額分別為 330 萬元人民幣、631.5 萬元人民幣及 193 萬元人民幣，廣東省修橋建路的資金缺口達 31.35 億元人民幣。[5]

1981 年，港澳商人霍英東、何賢、馬萬祺、何鴻燊等向廣東省政府提出興建廣珠四橋的計劃，並於同年 8 月 10 日在廣州簽訂《關於貸款建設廣珠公路四座大橋協議書》，由上述港

表 5-1-3　港商在廣東省參與的主要高速公路及橋樑項目

項目	通車日期	長度（公里）	項目總投資	港商的投資或捐款
三洪奇大橋	1984 年 1 月 15 日	0.69	不詳	霍英東、何賢、馬萬祺、何鴻燊等貸款 1.5 億元興建廣珠公路四橋
細滘大橋	1984 年 3 月	0.64	不詳	霍英東、何賢、馬萬祺、何鴻燊等貸款 1.5 億元興建廣珠公路四橋
沙口大橋	1984 年 8 月 26 日	0.91	不詳	霍英東、何賢、馬萬祺、何鴻燊等貸款 1.5 億元興建廣珠公路四橋
大石大橋	1984 年 10 月 14 日	0.46	1100 萬元人民幣	霍英東、何添等共捐 500 萬元人民幣
容奇大橋	1984 年 11 月 25 日	1.02	不詳	霍英東、何賢、馬萬祺、何鴻燊等貸款 1.5 億元興建廣珠公路四橋
沙灣大橋	1987 年 12 月 30 日	1.19	3190 萬元人民幣	霍英東捐贈 3000 萬元
洛溪大橋	1988 年 8 月 28 日	1.92	8100 萬元人民幣	霍英東、何賢、何添捐資 1485 萬元人民幣
韓江大橋	1989 年 4 月 30 日	1.17	5950 萬元人民幣	李嘉誠捐 450 萬元、莊靜庵捐 60 萬元、陳偉南捐 50 萬元
廣佛高速公路	1989 年 8 月 8 日	15.70	2.20 億元人民幣	香港珠江船務有限公司出資 5500 萬元人民幣
三善大橋	1990 年 2 月 25 日	0.80	3000 萬元人民幣	霍英東捐贈 1500 萬元
深圳惠州高速公路（惠州段）	1993 年 4 月	34.69	不詳	萬爵投資有限公司（新世界的全資附屬公司）佔股 50%
廣州北環高速公路	1993 年 12 月 18 日	22	1.90 億美元	誠願投資有限公司（新世界的全資附屬公司）出資 1.385 億美元
梅觀高速公路	1995 年 5 月 6 日	19.30	9 億元人民幣	路勁基建有限公司出資 1.5 億元人民幣
汕頭海灣大橋	1995 年 12 月 28 日	6	6.65 億元	香港長江和黃汕頭海灣大橋有限公司、香港新峰企業有限公司各投資投資 2 億元
江門潮連橋	1996 年 4 月	2	1.30 億元	長建投資 6500 萬元
深汕高速公路東段	1996 年 11 月 8 日	140.00	26.19 億元	長建投資 8.77 億元
虎門大橋	1997 年 6 月 9 日	15.76	27.30 億元人民幣	合和投資 8.19 億元人民幣
廣深高速公路	1997 年 7 月 1 日	122.80	122.17 億元人民幣	合和提供註冊資本及股東貸款 2.56 億美元，並向國際銀團籌集融資貸款 8 億美元
江門江鶴高速公路（一期）	1999 年 1 月	20	4.21 億元	長建投資 2.11 億元

（續上表）

項目	通車日期	長度（公里）	項目總投資	港商的投資或捐款
京珠高速公路（廣珠段）	1999 年 12 月 6 日	58.19	46 億元人民幣	新世界佔股 25%
廣州東南西環高速公路	2000 年 6 月 26 日	38	45 億元人民幣	長建及合和各投資 20 億元人民幣
番禺北斗大橋	2001 年 1 月	3	1.64 億元	長建投資 6600 萬元
珠江三角洲西岸幹道第一期	2004 年 4 月 30 日	14.70	16.80 億元人民幣	合和提供 2.94 億元人民幣註冊資本
京珠高速公路（廣珠北段）	2005 年 12 月 20 日	27	25.60 億元人民幣	新世界佔股 15%
珠江三角洲西岸幹道第二期	2010 年 6 月 25 日	45.5	72 億元人民幣	合和投資 12.6 億元人民幣
廣肇高速公路	2010 年 9 月 30 日	53.39	不詳	新世界佔股 25%
廣州市東新高速公路	2010 年 12 月 31 日	46.22	60 億元人民幣	新世界投資（於 2017 年佔股 45.9%）
珠江三角洲西岸幹道第三期	2013 年 1 月 25 日	37.7	56 億元人民幣	合和投資 15.1 億元人民幣

資料來源： 根據公開資料整理，包括公司年報、公司官方網頁、《廣東年鑑》、《中國港口年鑑》、《廣州年鑑》、《廣東省志・公路交通志》、廣東省交通運輸廳網頁、期刊及報章等。

表 5-1-4 港商在內地其他省份（廣東省以外）參與的主要高速公路及橋樑項目

項目	通車日期	長度（公里）	項目總投資	港商的投資
武漢機場高速公路	1995 年 4 月	18.00	不詳	宵凱實業有限公司（新世界的全資附屬公司）佔股 66.67%
長益高速公路	1998 年 7 月 1 日	69.00	14.326 億元人民幣	路勁基建有限公司投資 6.18 億元人民幣
成綿高速公路	1998 年 12 月 21 日	92.40	13.53 億元人民幣	新中港集團投資 8.12 億元人民幣
唐津高速公路（河北段）	1999 年 9 月	58.00	17.75 億元人民幣	路勁基建有限公司投資 7.99 億元人民幣
成樂高速公路	1999 年 11 月 28 日	86.80	20.84 億元人民幣	香港東禾基建投資（中國）有限公司投資 12.48 億元人民幣
保津高速公路河北段	1999 年 12 月	104.95	24 億元人民幣	路勁基建有限公司投資 9.6 億元人民幣
唐津高速公路（天津北段）	2000 年 12 月 19 日	60.67	不詳	新世界佔股 60%
龍城高速公路	2012 年 7 月 19 日	71.60	42.48 億元人民幣	路勁基建有限公司投資 6.60 億元人民幣

資料來源： 根據公開資料整理，包括公司年報、公司官方網頁、期刊及報章等。

澳商人經營的澳門南聯公司貸予廣東省公路建設公司投資 1.5 億元，專供廣州至珠海（拱北）公路上三洪奇、容奇、細滘、沙口四處渡口改建橋樑及其引道接線附屬工程之用，利息按年利率 6% 計算。自 1984 年 9 月 1 日開始計息及償還，分 10 年還清本息。並訂明工程在協議生效後 3 年內全部竣工，建成後實行過橋收費，以收費償還本息。

1983 年 11 月 21 日，廣東省政府辦公廳批准廣珠公路四座大橋（見表 5-1-5），以及廣深公路上的兩座大橋徵收機動車過橋費，是全國首份由省政府正式批准過橋收費的政策性文件。

表 5-1-5　廣珠公路四橋基本資料

	動工日期	通車日期	全長（公里）
三洪奇大橋	1981 年 12 月 10 日	1984 年 1 月 15 日	0.69
細滘大橋	1982 年 5 月	1984 年 3 月	0.64
沙口大橋	1982 年 4 月	1984 年 8 月 26 日	0.91
容奇大橋	1982 年 5 月	1984 年 11 月 25 日	1.02

資料來源：《大公報》、《廣東省志・公路交通志》、《順德縣地名志》及《順德縣志》等。

1984 年 11 月 25 日，中央顧問委員會、廣東省第一書記任仲夷在最後一座落成的容奇大橋通車典禮致辭時表示，廣珠四橋是中國「首次引進外資興建，並徵收過橋費的橋樑，是對外開放政策的成果」。[6]

廣珠公路四座大橋全線通車後，自廣州驅車往珠海，可在三小時內到達，將車程縮短近兩小時。

廣東省與港澳商人合作，以「貸款修路、收費還貸」修建廣珠公路四橋，突破以往內地公路建設依賴政府撥款的局限、擴闊集資渠道。將市場機制引入基礎建設的投資領域，形成「國家投資、地方籌資、社會融資、利用外資」的多元化投融資格局。這交通投融資改革，為其他省份效法，並逐漸推廣至全國。截至 2017 年年底，全國的收費公路長達 16.37 萬公里，累計建設投資總額 82,343.9 億元人民幣，其中貸款資金達 56,729.8 億元人民幣，佔總額的 68.89%。

三洪奇大橋於 1981 年 12 月 10 日動工，在 1984 年 1 月 15 日通車。（霍英東基金會提供）

1984 年 8 月 26 日，沙口大橋通車。（霍英東基金會提供）

1984 年 3 月，細滘大橋通車。（霍英東基金會提供）

1984 年 11 月 25 日，容奇大橋通車典禮，標誌着廣珠公路四橋全部落成。（霍英東基金會提供）

2. 洛溪大橋

1981 年 11 月至 12 月，全國人大和政協兩會期間，廣州市番禺的地方官員在北京，向霍英東和何賢提出資助修建洛溪大橋的計劃，以解決交通擠塞問題。

1984 年 12 月，國務院第 54 次常務會議批准實施「貸款修路、收費還貸」政策，允許各級政府財政性資金或企業資本金投入之外，利用銀行貸款或社會集資建設公路（含橋樑、隧道），建成後收取合理的車輛通行費，償還貸款或集資，以解決公路建設資金不足的問題。

洛溪大橋是這政策頒布後，全國首座由政府以貸款建設、用收費償還貸款本息的橋樑，亦是最早取消收費的；大橋位於廣州市南出口的國道 105 線上，北起廣州瀝滘，南接番禺洛溪，是廣州通往番禺、順德、中山和珠海等地的要道。

大橋主橋耗資 8100 萬元人民幣，港澳商人霍英東、何賢、何添等捐資 1485 萬元人民幣，廣東省政府和廣州市、番禺縣政府出資 1500 萬元人民幣，餘款由借貸籌得。大橋在 1985 年 9 月 1 日動工。

洛溪大橋由廣東省公路勘察設計院聯合交通部公路規劃設計院設計，廣東省公路工程處負責施工，培訓一批建築設計及施工人員，並創下當時中國橋樑建設中多項紀錄：大橋全長約 1.92 公里，寬 15.5 米，雙向四車道，落成時是廣東省最長的公路橋。總體設計體現「主橋要先進、引橋要經濟」的原則，主橋長 480 米、引橋長 1436.04 米。

大橋通航淨空高逾 34 米，是全國通航橋樑中最高的；主橋採用預應力混凝土連續剛構，其 180 米的主橋跨徑在世界同類型橋樑中位列第六，居亞洲之首。通航淨寬大於 120 米，橋底主孔可容許 7000 噸巨輪通過。此外，大橋亦是全國最大的預應力 T 型鋼構連續橋樑。

洛溪大橋的開通典禮在 1988 年 8 月 28 日舉行，廣東省省長葉選平、霍英東、何添、何厚鏵等主持剪綵儀式。洛溪大橋營運後採「雙向收費」辦法，以償還貸款及保養的開支，收費由一元五角人民幣至二十元人民幣不等。

廣東省政府根據《公路法》和《收費公路管理條例》（2004 年 9 月 13 日國務院令第 417 號）規定，決定自 2005 年 7 月 1 日起，終止洛溪大橋的收費，成為廣東省首個還清貸款本息後終止收費的路橋項目，為往後逐步終止過路收費的路橋作出示範；大橋在 17 年內累計收費達 14.59 億元人民幣。

3. 廣佛高速公路

廣佛高速公路起點於廣州市郊橫沙（連接廣州環城高速公路西段），終點於佛山北郊謝邊，途經佛山市泌衝、沙涌、雅瑤、大步，全長 15.7 公里，最高時速 120 公里，是廣東省首條、內地第二條通車的高速公路，亦是內地首條中外合資、率先實行「貸款修路、收費還貸」的高速公路，開創中國利用有償融資興建高速公路的先例。

1984 年 8 月，廣東省政府決定興建廣佛高速公路，並在 1986 年 12 月 28 日動工。廣東省公路建設公司公開尋求合作伙伴以解決建設資金問題。1988 年 7 月 7 日，香港珠江船務有限公司（珠江船務）與廣東省公路建設公司簽定協議入股 25%，成立廣佛高速公路有限公司，註冊資本達 1 億元人民幣，負責建設、經營和管理這內地首條中外合資的高速公路，合營期為 20 年。該公路的總投資達 2.2 億元人民幣，其中珠江船務出資 5500 萬。

廣佛高速公路於 1989 年 8 月 1 日試行開通；在 1989 年 8 月 8 日舉行的通車典禮上，廣東省副省長匡吉表示以往由廣州至佛山，到省內各衛星城市的交通在珠江大橋常遭堵塞，影響

1989 年 8 月 1 日，全長 15.7 公里的廣佛高速公路試行開通，是廣東省首條、內地第二條通車的高速公路，亦是內地首條中外合資、率先實行「貸款修路、收費還貸」的高速公路。（新華社提供）

經濟發展，而廣佛高速公路有助緩和廣州西出口處 —— 珠江大橋塞車的情況。[7]

廣佛高速公路的通車量由首年的日均 7708 輛，增加至 1993 年的 41,446 輛。1995 年年底，投資者收回廣佛高速公路的投資成本。1998 年，廣佛高速公路佔粵高速的全年收入近 90%，為該公司在珠江三角洲擴建、興建路橋提供資金及營運經驗。

1999 年 10 月，廣佛高速公路完成首次擴建，橫沙至雅瑤段 6.86 公里從四車道拓至八車道，雅瑤至謝邊段 6.97 公里從四車道拓至六車道。擴建工程總投資額逾 3 億元人民幣，其中珠江船務出資 5935 萬元。廣佛高速公路在 2003 年至 2004 年進行大修期間並沒有封路，成為全國第一條在不全封閉情況下進行大型維修的特大車流量高速公路。廣佛高速公路在 2007 年進行第四次擴建，全線皆擴建成八車道。

2017 年，廣佛高速公路的通車量達 6263 萬輛，通行費收入為 4.35 億元人民幣，按年增長率分別為 8.65% 及 10.62%。

廣佛高速公路通車後，將廣州與佛山之間長達 2 小時的車程縮短至 20 分鐘，為推進廣佛同城一體化奠定交通基礎，並促進沿線地區的城鎮化及工業發展，如里水鎮發展成生產衣襪的重鎮，大瀝鎮成為「中國鋁材第一鎮」等。

4. 廣深高速公路

廣深高速公路是連接廣州、深圳、珠海的廣深珠高速公路的首期工程，從廣州氮肥廠立交橋起，西接廣州北環高速公路，經增城、東莞、寶安，以深圳市皇崗口岸為終點。這是直接貫通廣州、深圳和香港的首條高速公路，亦是全國最繁忙的高速公路之一。全長 122.8 公里，雙向六車道（另部分路段為八或十車道），最高行車時速 120 公里，全線橋樑總長 45.041 公里，為內地最大規模的公路橋樑之一。

1978 年，廣東省的公路長達 5.2 萬公里，並無高速公路及一級公路，二級公路僅有 28 公里。1978 年 12 月，合和實業有限公司董事總經理胡應湘向廣東省政府提交珠江三角洲綜合公路網的構思，提議興建連結廣州和深圳的高速公路。1981 年 6 月，香港合和中國發展（高速公路）有限公司（合和高速）與廣東省公路建設公司簽訂《合作興建廣深拱高速公路意願書》，是中國首份簽訂的中外合作高速公路項目。

1983 年 5 月，胡應湘邀請交通部副部長、中國公路學會會長潘琪、廣州市副市長梁尚立實地考察美歐亞三大洲 11 個國家高速公路。同年 7 月 7 日，潘琪與梁尚立聯名撰寫考察報告，呈交廣東省人民政府、交通部並轉報國務院，建議中央「盡快在原則上批准修建這條高速公路」。

1981 年 10 月，合和董事總經理胡應湘（左二）向廣東省委第一書記任仲夷（左三）、深圳市委第一書記兼市長梁湘（左四）、廣東省副省長曾定石（左五）介紹高速公路計劃。（合和實業有限公司提供）

1984 年 5 月，國務院原則上批准廣深高速公路的可行性報告。同年 10 月 8 日，由胡應湘與廣東省交通廳廳長李谷，分別代表雙方於廣州中國大酒店簽訂《合作興建廣深珠高速公路協議書》，由粵方負責籌集徵地和房屋拆遷費用，其餘工程投資，包括附屬設施等由港方籌措，建成後收取車輛過路費等，償還本息。

1987 年 4 月 23 日，廣深高速公路動工。1988 年 4 月 27 日，廣深珠高速公路有限公司成立，負責興建、經營及管理廣深高速公路。註冊資本達 4.71 億元人民幣（約值 7.02 億港元），全由合和高速出資。合和所佔的利潤比例為：合作期首十年為 50%，其後十年為 48%，合作期最後十年為 45%。合作期三十年屆滿後，廣深珠高速公路有限公司，一切財產和權益無條件歸廣東省公路建設公司所有。

廣深高速公路於 1994 年 7 月試行通車，到 1997 年 7 月 1 日正式全線通車營運。工程於內地訂定高速公路建設標準前展開，遂以中國公路技術標準為基礎，參照美國及西德的高速公路標準規劃設計，主要技術指標均滿足或高於當時的國內標準；廣東省公路工程施工總公司、香港滑模工程有限公司聯合承包設計和施工，並為廣東省的公路發展培訓一批設計及施工人員。該高速公路設置電腦收費系統、交通監控系統、緊急電話系統、光纖通訊系統，是內地率先配備雙電源供電夜間路燈照明系統的高速公路。

1987 年 4 月 23 日，廣深高速公路動工，全長 122.8 公里，是直接貫通廣州、深圳和香港的首條高速公路；亦為全國最繁忙的高速公路之一。（南華早報出版有限公司提供）

廣州環城高速公路與廣深高速公路交匯處。（攝於 1994 年 8 月，新華社提供）

公路總投資 122.17 億元人民幣，資金來源包括：一、內地貸款 7.72 億元人民幣；二、合和高速提供註冊資本及股東貸款 2.56 億美元；三、合和高速向國際銀團籌集融資貸款 8 億美元。全部貸款以過路費收入按計劃分期償還，其中人民幣貸款須在 1998 年前還清；融資銀團貸款須在 2002 年上半年還清；在 2007 年 9 月 17 日，廣深珠高速公路有限公司向合和高速歸還註冊資本 7.02 億元。

廣深高速公路是廣東省以廣州為中心向省內輻射的大交通網中的重要組成部分，連接多個人口稠密的工業城鎮、重要基礎設施（包括深圳寶安機場及皇崗口岸），以及與虎門大橋、深圳機荷高速公路、廣珠東線高速公路、廣州東南西環高速公路、廣州北二環高速公路等組成內地最密集的公路網之一。廣深高速公路的交通事故率為當地一般公路的十分之一，死亡率亦較一般公路少三分之二，改善沿線的交通行車環境，並提高公路的安全性。

此外，廣深高速公路將廣深之間的行車距離縮短 40 公里，節省約 3 小時的行車時間；吸引企業在沿線的廣州、增城、東莞、深圳等地投資工廠、房地產和物流公司等，形成經濟走廊，推動當地的經濟發展、農村工業化、城鄉一體化，加快形成珠江三角洲城市群。2017年 3 月 1 日，富士康科技集團總裁郭台銘於增城富士康第 10.5 代顯示器全生態產業園區區動工典禮表示：「近年富士康到深圳、廣州來投資，也是沿着廣深高速。」[8]

自 1994 年主幹道試行通車以來，廣深高速公路的車流量及路費收入均持續錄得穩定增長。

日均車流量由 1994 年的 3.74 萬輛，在翌年上升至 4.87 萬，2000 年達 10.9 萬。在 2017 年上半年，廣深高速公路的日均路費收入及日均折合全程車流量增至 916.9 萬元人民幣及 9.9 萬架次。

5. 虎門大橋

虎門大橋是廣深珠高速公路上跨越珠江出海口的一座特大型橋樑，東連東莞市虎門鎮，西接廣州市南沙區。主輔橋及引橋全長 15.76 公里（收費里程），六線行車，其中主橋長 4.6 公里，是中國首座大跨徑鋼箱樑懸索橋。

虎門大橋先於 1992 年 10 月 28 日動工；1994 年 6 月 10 日，合和（佔股 30%）與廣東省公路建設公司（40%）、國家交通投資公司（10%）、東莞市公路橋樑開發總公司（10%）、番禺市橋樑管理所（10%）簽訂協議，投資 27.3 億元人民幣（約 24.4 億元）興建虎門大橋，合作期限為 30 年，以收取過橋費償還貸款。1994 年 9 月 9 日，廣東虎門大橋有限公司成立，負責建設、經營和管理虎門大橋及有關配套設施。

虎門大橋於 1997 年 5 月 1 日試行通車，並在同年 6 月 9 日正式通車，日均車流量由 5 月份的 7000 輛次，到 6 月上旬增至 12,000 輛次；是中國首座自主設計、施工建造的大跨徑鋼箱樑懸索橋，落成時為內地最大的公路懸索橋。

虎門大橋於 1997 年 6 月 9 日正式通車，主橋長 4.6 公里，是首座跨越珠江口的大橋，兩端連接廣珠東線高速和廣深高速公路。（攝於 1999 年 10 月，新華社提供）

虎門大橋作為首座跨越珠江口的大橋，是珠江三角洲高速公路網的重要幹道，兩端連接廣珠東線高速和廣深高速公路。在通車前，珠江口東西兩岸的交通主要是通過番禺南沙至東莞太平的汽車輪渡，或繞道廣州。虎門大橋落成，使深圳與珠海間的陸路距離縮短約 100 公里，構成珠江三角洲和粵東、粵西交通網絡，加強粵港澳的陸路聯繫；截至 2016 年年底，大橋累計收費車流量 3.94 億架次，而在 2017 年上半年的日均車流量達 115,022 架次，日均路費收入為 424.1 萬元人民幣。

6. 廣州環城高速公路

廣州環城高速公路全長 60 公里，雙線六車道，設計時速為 80 至 100 公里；是中國首條環繞城市的全封閉、全立交、高速通行的汽車專用道路，由北環高速公路（22 公里）和東南西環高速公路（38 公里）連接而成。

1985 年，廣州市政府決定興建廣州環城高速公路，將此列為該市「七五」（1986 年至 1990 年）及「八五」（1991 年至 1995 年）期間的重點工程項目。同年 5 月成立高速公路籌建處，並在 8 月完成《廣州環城高速公路可行性研究報告》。

廣州環城高速公路是廣州市公路網的骨幹，通過七條放射線與內環路及市內各主要幹道相連，對市區交通起分流作用；其建設資金主要由港商新世界、合和與長建集團有限公司提供。

廣州北環高速公路　廣州北環高速公路全長 22 公里，起點在與廣佛高速公路相接的沙貝，往東經白泥河、廣清公路、廣花公路、沙河等地，終於廣州氮肥廠（廣氮）北側，並與廣深高速公路接駁。

1985 年，廣州市政府決定自資興建北環高速公路，而東南西環高速公路則引進外資建設。北環高速公路的首期工程（7.3 公里）西起沙貝、東至瑤台，於 1987 年 1 月 18 日動工，由廣州市政府出資興建。1990 年 11 月 29 日，負責管理的廣州北環高速公路有限公司成立。同年 12 月 2 日首期線路開通，該月的日均車流量為 6000 至 6500 輛；1991 年、1992 年的日均車流量分別為 1.5 萬及 3.1 萬輛。

1989 年 3 月，國家銀根收縮，廣州市政府改為引進外資參與北環線的第二期續建工程（15 公里）。同年 9 月，新世界與廣州市高速公路總公司（2008 年改組為廣州交通投資集團有限公司）展開洽商。1990 年 6 月 29 日，雙方簽訂共同興建及經營管理環城高速公路北環段合同。二期工程（15 公里）西起廣花、東至廣氮，總投資為 1.385 億美元，全由誠願投資有限公司（新世界的全資子公司）提供；於 1991 年 3 月動工，並在 1993 年 12 月 18 日通車。

北環全線由廣州北環高速公路有限公司管理，合營期由 1994 年 1 月 1 日起至 2023 年屆滿，其中誠願投資有限公司佔股 65.29%。北環高速公路疏導廣州北郊的過境交通和市區北面的交通，將進出廣州的行車時間由一至兩小時縮短為 20 分鐘左右。2017 年上半年，

該高速公路的日均車流量達 316,906 架次,日均路費收入為人民幣 205.7 萬元,同比增長 8.5% 和 4.2%。

廣州東南西環高速公路　廣州東南西環高速公路總長 38 公里,是雙向六線高速公路,沿廣州市區東、南及西方周邊興建,以及連接北環高速公路組成廣州環城高速公路,被廣州市政府列為該市跨世紀之十大基建工程之一。

1978 年 12 月,合和實業有限公司董事總經理胡應湘向廣東省政府提交珠江三角洲綜合公路網的構思,提議興建廣州東南西環高速公路。1992 年 11 月 23 日,合和環穗公路有限公司(合和環穗)與廣州市高速公路總公司簽署合同,共同興建、經營及管理廣州東南西環高速公路。預計投資總額達 5.5 億美元,註冊資本 5500 萬美元,全由合和環穗公路有限公司承擔。1994 年 9 月,東環段工程部份展開。由於合和環穗資金短缺,該路段在 1995 年 2 月停工。

1996 年 7 月 19 日,合和、長建與廣州市高速公路總公司簽訂上述合同之補充修訂協議及有關東南環段的合作方案。1996 年 9 月,東環段復工。

1997 年 10 月 31 日,三方簽署合作合同補充修改協定,將西南環段之合作及東南環段之修定方案合併成一整體工程項目,由廣州市高速公路總公司負責總承包。公路的總投資仍為 5.5 億美元(相當於 45 億元人民幣),長建(佔 45% 權益)及合和(佔 45% 權益)各投資 20 億元人民幣,餘下 5 億元人民幣由廣州市高速公路總公司支付。

2000 年 6 月 26 日,東南西環高速公路全線建成通車,較原定計劃提早一年實現,該月的每日平均車流量為 31,000 架次,同年 9 月已上升至 38,500 架次,增幅達 24%。

此外,通車後廣州市區對外進出口將由原來的 8 個增至 12 個,形成以廣州市為中心、輻射全省的公路網絡,疏導大量進入廣州市區的交通,紓緩該市的道路擠塞情況。

2007 年 8 月 9 日,合和集團與長建皆出售在環城公路合營企業之全部權益,予廣州市通達高速公路有限公司(廣州市高速公路總公司的附屬公司),分別售得 17.13 億元人民幣和 12.6 億元人民幣;東南西環高速公路於 2007 年 9 月起免收路費。

三、貨櫃碼頭

貨櫃運輸自 1970 年代起成為世界航運業發展主流。內地最早開展貨櫃運輸的上海港,於 1978 年貨櫃吞吐量不足 2000 箱。在改革開放初期(1978 年至 1985 年),內地港口建設由政府包辦,投資渠道單一,資金短缺。「六五」時期(1981 年至 1985 年),全國水運部門的基本投資額為 108.3 億元人民幣。

1985 年 9 月 30 日，國務院頒布《關於中外合資建設港口碼頭優惠待遇的暫行規定》，首次允許外資參與內地港口建設。政府停止包辦港口建設投資，實行「以收抵支，以港養港」政策，鼓勵港口向國內外金融機構進行政策性或商業性貸款，改革投融資體制來擴大港口建設和經營投資多元化。1987 年 12 月 5 日，南京港務局與美國英雪納碼頭公司合資經營南京國際集裝箱裝卸有限公司，是內地首個中外合資貨櫃碼頭企業。

1990 年代開始，港商陸續在中國東南沿海貨櫃箱源集散地投資經營港口，增加中小港口的餵給能力，以及作為其在香港貨櫃碼頭業務的擴展及延伸。1991 年 8 月，深圳首個貨櫃碼頭 —— 蛇口集裝箱碼頭開始營運，由香港招商局集團及中國遠洋運輸集團投資，是內地首個由企業自行籌資、自主經營的現代化專業貨櫃碼頭。

在「八五」（1991 年至 1995 年）交通規劃中，深圳鹽田港、福建湄州灣、寧波北侖港及大連大窯灣被列入重點建設的四大國際深水中轉港。1992 年 7 月 25 日，交通部頒布《關於深化改革、擴大開放、加快交通發展的若干意見》，提出要鼓勵中外合資、合作租賃、建設、經營公用碼頭泊位和貨主專用碼頭。

和記黃埔有限公司（和黃，在 2015 年改組後更名長江和記實業有限公司）自 1992 年起於華南（珠海九洲港、南海三山港、深圳鹽田港、汕頭、珠海高欄港、江門高沙港）投資經營貨櫃碼頭，建立珠江三角洲港口網絡，是 1990 年代唯一可控股內地港口碼頭的外資公司，亦為內地最大的外資碼頭營運商。

在長江三角洲，1993 年 8 月 12 日和黃投資合營的上海集裝箱碼頭開始營運，是首個外資持股逾 49% 的碼頭項目，也是中國交通行業和沿海港口的最大合資項目。在 1994 年，該碼頭處理 113 萬個標準貨櫃，佔上海港總吞吐量的 94.25%，成為內地首個吞吐量逾百萬的貨櫃碼頭。

在環渤海灣，新世界於 1997 年 1 月收購天津東方海陸集裝箱碼頭有限公司 24.5% 股權。該碼頭在 1999 年 1 月 1 日投入營運，年處理能力為 140 萬個標準貨櫃。

2001 年 4 月，交通部頒布《公路、水路交通結構調整意見》，指出港口結構調整的重點：「基本建成上海國際航運中心，發展長江三角洲、珠江三角洲和環渤海灣港口群；在主要幹線港建設大型專業集裝箱泊位，相應建設集裝箱支線港和餵給港，完善港口集裝箱水路集疏運系統，盡快形成集裝箱一體化運輸體系。」同年 8 月，和黃（佔股 49%）與寧波港務局合資成立寧波北侖國際集裝箱碼頭有限公司，經營寧波港首個專業貨櫃碼頭和合資碼頭。

隨着中國於 2001 年 12 月加入世界貿易組織（世貿），2002 年 4 月 1 日修訂《外商投資產業指導目錄》，以及在 2004 年 1 月 1 日實施《中華人民共和國港口法》，解除對外商

投資內地港口的股權限制，確立多元化的投資及經營主體，以配合進出口業及物流業的發展。加入世貿帶來的機遇與放寬控股權的限制，推動外商參與內地港口的營運及建設。

和黃除在 2003 年 3 月成立上海浦東國際集裝箱碼頭有限公司（佔股 30%），合資經營上海外高橋港區一期，亦分別在 2004 年和 2008 年展開鹽田港西港區和東港區的工程。

此外，現代貨箱碼頭有限公司（現代貨箱碼頭）加大在內地兩大製造業地區的投資，在 2004 年參與的太倉項目（佔股 51%），是該公司開拓長江三角洲貨櫃碼頭市場的第一步；隨後，於 2005 年 7 月 19 日簽約投資深圳大鏟灣集裝箱碼頭（佔股 65%）。同年 11 月 29 日，新世界佔股 18% 的天津五洲國際集裝箱碼頭有限公司投入營運，年處理能力為 150 萬個標準貨櫃。

2006 年 9 月，國家交通部頒布最高層面的港口規劃 ——《中國沿海港口布局規劃》，將全國沿海港口劃分為環渤海、長江三角洲、東南沿海、珠江三角洲和西南沿海五個港口群體，強化群體內綜合性、大型港口的主體作用。

2007 年，香港東方海外（國際）有限公司持有各 20% 股權的天津聯盟國際集裝箱碼頭及寧波遠東碼頭先後投入運作。2013 年 12 月 13 日，新世界佔股 20% 的廈門集裝箱碼頭集團有限公司開始營運，每年處理能力為 910 萬個標準貨櫃。

開放及投資港口建設，被視為推動中國發展外向型經濟、出入口貿易的重要舉措。具營運碼頭數十年經驗的港商，是珠江三角洲、長江三角洲及環渤海灣貨櫃碼頭建設的主要外資來源，引入資金、先進的技術、設備、專業服務及管理模式，並提供碼頭管理的專業培訓。此外，其環球商業網絡更為內地港口帶來穩定貨源和航線，並協助推動內地進行口岸管理體制改革，簡化通關程序，大幅提升碼頭的吞吐量、裝卸作業效率、國際知名度及競爭力。從 2011 年起至 2017 年，上海港、深圳港及寧波舟山港佔據世界貨櫃的吞吐量頭五名。

1. 珠三角港口群

珠江三角洲港口群依託香港經濟、貿易、金融、資訊和國際航運中心的優勢，其貨櫃運輸系統以深圳、廣州港為幹線港，而汕頭、惠州、虎門、珠海、中山、陽江、茂名等則為支線或餵給港，以華南、西南部分地區為腹地。

1991 年 8 月，蛇口集裝箱碼頭開始營運，是深圳首個由企業自行籌集資金、自主經營的現代專業貨櫃碼頭，由香港招商局集團及中國遠洋運輸集團投資。1992 年 2 月 27 日，該碼頭率先開通不經由香港中轉的環球貨櫃班輪航線，開創外資遠洋貨櫃船隊直接靠泊內地口岸的先河。

1992 年至 1996 年，和黃陸續在珠海九洲港（1992）、佛山南海港（1993）、深圳鹽田港（1993）、珠海高欄港（1994）、江門港（1995）投資貨櫃碼頭，建構旗下的珠三角港口網絡，提供通達全球的貨運接駁服務。

和黃位於九洲、南海和江門的內河港口，毗鄰內陸製造業生產中心，船公司經內河港運貨到鹽田或香港，將貨物裝卸到赴歐美的遠洋貨輪。至於其營運的沿海貨櫃碼頭（包括汕頭港、廈門港、珠海高欄港），除把內河船接駁至香港和鹽田外，亦把貨物直接運至亞洲其他港口，並逐漸發展遠洋運輸業務。

此外，現代貨箱碼頭在 1998 年注資蛇口集裝箱碼頭；又於 2005 年 7 月 19 日投資建設及營運深圳大鏟灣集裝箱碼頭（佔股 65%）（見表 5-1-6）。

珠海國際貨櫃碼頭（九洲港）　1980 年 8 月 26 日，珠海經濟特區成立。1982 年 4 月，珠海九洲港初步建成港口並開始運營。1987 年 3 月，九洲港貨運碼頭建成啟用，成為當時珠江西岸最大的貨物運輸港口。

和黃於 1990 年代初發展內地港口業務，為最早投資於內地的香港碼頭營運商之一。1992 年 11 月 20 日，和記黃埔珠海港口投資有限公司和珠海港控股集團有限公司，成立珠海國際貨櫃碼頭（九洲）有限公司（九洲國碼），各佔五成股權，註冊資本 5200 萬美元，獲准經營九洲港貨運碼頭 50 年；該碼頭在 1993 年 1 月開始正式運作，主要處理貨櫃、件雜貨、散裝貨的裝卸及貨物倉儲運輸業務，每年可處理 48 萬個標準貨櫃及 160 萬噸件雜貨。1994 年，九洲國碼的貨櫃吞吐量達 26.06 萬個標準貨櫃，珠海港成為內地吞吐量排名第五的港口。

1997 年，九洲國碼開始採用和黃編寫的碼頭設備管理軟體，制定平均故障密度、平均故障修理時間、淨利用率、總完好率、操作完好率、故障百分率、保養佔用率、故障佔用率、總停機率等性能指標，以建立碼頭的管理及維修系統。此外，九洲國碼在和黃的協助下，安排基層管理人員赴香港國際貨櫃碼頭公司（和黃的附屬公司）學習和接受培訓、參與港口研討會等，以提高員工的管理意識、業務能力和工作效率。

九洲港貨運碼頭為珠海市最早及最主要的貨櫃碼頭；2001 年 8 月，吞吐量累計突破 200 萬個標準貨櫃，而該年處理 25.03 萬個標準貨櫃。2007 年共處理 41.17 萬個標準貨櫃，吞吐量達到最高峰。此後，隨着周邊鹽田、南沙等大港的發展，九洲港的貨櫃吞吐量逐年下降，於 2014 年下跌至 24.29 萬個標準貨櫃。2015 年 10 月 30 日，九洲港貨運碼頭停航並遷至洪灣港。

鹽田國際集裝箱碼頭　鹽田港位於深圳東部、大鵬灣海域西北部，南與香港新界隔海相望；碼頭水深達 14 至 17.6 米，被列為中國沿海重點發展的四大國際中轉深水港之一，由香港

表 5-1-6　港商在珠三角投資的貨櫃碼頭

	港方股東	成立日期	吞吐量（萬個標準貨櫃）	註冊金額
蛇口集裝箱碼頭	現代貨箱碼頭、招商局、太古洋行	1989 年 3 月 10 日成立，1991 年 8 月開始營運	2017 年：526	618,201,150 元
赤灣集裝箱碼頭有限公司	現代貨箱碼頭、招商局、嘉里建設（香港）有限公司	1990 年 12 月 7 日	2017 年：222	95,300,000 美元
珠海國際貨櫃碼頭（九洲港）	和黃	1992 年 11 月 20 日成立，1993 年 1 月開始營運	2015 年 1-9 月：14.37[①]	52,000,000 美元
南海國際貨櫃碼頭有限公司	和黃	1993 年 3 月 8 日	2017 年：37.6	42,800,000 美元
鹽田國際集裝箱碼頭有限公司（鹽田港區一、二期碼頭）	和黃、中遠太平洋	1993 年 11 月 16 日	2017 年：1270.4（此乃整個鹽田港區的吞吐量，包括一期、二期、三期、西港區）	2,400,000,000 元
珠海國際貨櫃碼頭（高欄港）	和黃	1994 年 7 月 28 日	2017 年：134.21	105,750,000 美元
江門國際貨櫃碼頭（高沙港）	和黃	1995 年 7 月 25 日	資料不詳	14,460,000 美元
鹽田三期國際集裝箱碼頭有限公司（鹽田港區三期碼頭）	和黃、中遠太平洋	2002 年 12 月 26 日	見 2017 年鹽田港區的吞吐量	2,400,000,000 元
廣州港南沙港務有限公司	中遠太平洋	2003 年 3 月 17 日	2017 年：580.03	1,260,000,000 元人民幣
深圳鹽田西港區碼頭有限公司（鹽田港西港區碼頭）	和黃	2005 年 4 月 1 日	見 2017 年鹽田港區的吞吐量	2,343,300,000 元人民幣
大鏟灣集裝箱碼頭（一期）	現代貨箱碼頭	2005 年 7 月 19 日	2017 年：132.39	2,475,550,000 元人民幣
廣州南沙海港集裝箱碼頭有限公司	中遠太平洋	2006 年 6 月 9 日成立，2007 年 3 月開始營運	2017 年：506.62	1,928,293,400 元人民幣
惠州國際集裝箱碼頭	和黃	2009 年 7 月 15 日	2017 年：20	685,300,000 元人民幣

資料來源：　根據公開資料整理，包括公司年報、公司官方網頁、《中國港口年鑒》、期刊及報章等。
注：① 2015 年 10 月 30 日，九洲港貨運碼頭停運並遷至洪灣港。

和記黃埔投資有限公司（和黃投資）作為最大股東的鹽田國際集裝箱碼頭有限公司興建和經營。鹽田港主要處理輸往歐美主要市場的貨物，亦為京九、京廣鐵路沿線及東部地區物資水陸中轉的主要集散地和港口支援系統基地。

1980 年深圳經濟特區成立後，有需要興建深水港以配合珠江三角洲日漸蓬勃的製造業出入口業務。除香港外，深圳鹽田港是珠江三角洲區內唯一天然深水海港；依靠交通部補助，深圳市財政撥款和深圳東鵬實業有限公司自籌資金，鹽田港起步工程在 1987 年 12 月 14 日展開，興建第一期工程及配套設施，包括兩個 5 萬噸貨櫃泊位，以及五個 1000 至 2.5 萬噸級的泊位。

1992 年 7 月 31 日，和黃主席李嘉誠致函深圳市政府洽商投資鹽田港。1993 年 10 月 5 日，在國務院總理李鵬、副總理鄒家華等見證下，李嘉誠在北京釣魚台國賓館，與深圳東鵬實業有限公司（1994 年更名深圳鹽田港集團有限公司）簽署《深圳鹽田國際集裝箱碼頭合資合同》。同年 11 月 16 日，鹽田國際集裝箱碼頭有限公司（鹽田國際）正式成立，負責建設和經營鹽田港。公司註冊資金 24 億元，和黃佔股 70%，是內地第一個由外資控股的合資港口項目，合營期為 50 年。

1994 年，國家確定以深圳作為全國口岸改革的試點。2 月，國家經濟體制改革委員會於北京成立深圳港口及口岸體制改革領導小組，提出深圳口岸改革要與國際標準銜接，並先以鹽田港作試點。4 月 14 日，國家「八五」（1991 年至 1995 年）計劃的重點項目 —— 鹽田港一期港口工程竣工，造價達 41 億元人民幣。

和黃以其國際商業網絡，為鹽田港引入客源及投資者。6 月 16 日，馬士基集團與鹽田國際簽約，成為鹽田港的首名客戶。同時，和黃與東鵬實業分別出售 7% 和 3% 的鹽田國際股權予馬士基集團的附屬公司 A. P. Moller Finance，以引入這家全球最大貨櫃航運公司作為策略性股東。7 月 20 日，鹽田國際開港，迎來第一艘遠洋貨櫃班輪 —— 馬士基旗下的「阿爾基西拉斯」輪靠泊，開通首條國際航線。

1994 年 9 月，鹽田國際安排歐洲六國考察團，由和記黃埔港口集團（和黃港口）中國部總經理盧寶鎏陪同深圳副市長朱悦寧率領的代表團，到德國、荷蘭和丹麥考察現代化港口和海關的運作，成員還包括國務院特區辦、公安部邊檢總局、國家海關總署、國家口岸辦和深圳市官員。

開業首年，深圳海關對船舶的查驗率高、貨物清關程序繁複，延誤船期。[9] 此外，鹽田國際當時的貨物處理費比香港低，惟深圳市政府收取的港口費有四十多項，使載貨量較小的船舶使用鹽田港的成本，比使用葵涌貨櫃碼頭高。鹽田國際在 1994 年共處理 13,000 個標準貨櫃，較鹽田國際董事會訂立的首年吞吐量目標 30 萬個標準貨櫃為低。

1995 年 7 月 21 日，國務院轉發由國家經濟體制改革委員會、國家經濟貿易委員會擬訂的《深圳口岸管理體制改革試點方案》，簡化查驗程序，允許提前報關報檢；深圳港監實行 24 小時服務，對轉口貨櫃抽檢率不得超過 10%。在口岸通道上，按照國際慣例，只保留邊檢和海關。此外，又統一對外公布收費項目和標準，由深圳物價部門監督口岸各種收費，以減少收費項目及多部門收費的情況。

1995 年 10 月 16 日，海關總署署長錢冠林率全國沿海及內地 17 家海關負責人，出席深圳大鵬海關與鹽田國際《關於鹽田港進口集裝箱轉關運輸合作備忘錄》簽字儀式。鹽田港作為全國首個與中國海關簽訂集裝箱轉關運輸備忘錄的港口，推動海關深化業務改革、口岸管理體制改革，以及建立與全國轉關監管相銜接的機制 —— 在碼頭公司提供擔保的基礎上，簡化轉關手續。於 1996 年 1 月 10 日起實施「閘口通道式管理」，簡化貨物報驗手續，改為船舶抵港 48 小時前預先申報，直接在閘口通道報驗，集中驗放，將轉關出口的低風險貨物報驗時間由原來的半小時縮短為兩至三分鐘。

1994 年 4 月 28 日，第一代鹽田國際管理團隊在鹽田國際集裝箱碼頭留影。左至右：企業傳訊經理趙麗卿、碼頭操作經理賀凱迪、和記黃埔港口集團中國部總經理盧寶鎏、常務副總經理劉能芳、商務經理王香俊、總經理謝錦添、最終客戶市場推廣經理區馭邦、中國事務經理鄧子彬。（謝錦添提供）

另一方面，鹽田毗鄰香港，和黃以此地理優勢，讓船隻可接駁至香港這一轉運中心，同享和黃的管理經驗、專利技術、運輸供應鏈及商業網絡等資源，促進鹽田港業務迅速增長：1995 年和 1996 年的吞吐量分別增長至 10.6 萬及 35.35 萬個標準貨櫃（見表 5-1-7）。

鹽田國際分別於 1996 年及 2001 年啟動第二、三期工程，共投資 113 億元。此外，又在 2003 年 10 月率先試行和黃開發的核心碼頭操作系統 nGen，其後陸續推展至其他和黃港口碼頭。2004 年，鹽田國際的吞吐量增至 626 萬個標準貨櫃，佔深圳港總吞吐量（1365.5 萬個標準貨櫃）約 45.8%，累計操作 3100 萬個標準貨櫃，助深圳市實現在 1990 年代提出「以港強市」、推動海港（鹽田港）、空港「雙港齊飛」的發展戰略。

2005 年 10 月 26 日，鹽田國際在倫敦獲全球物流學會頒發「2005 至 2006 年度全球最佳集裝箱港口」稱號，是中國港口首次獲得此類全球性行業大獎。

2005 年 11 月 8 日，和記黃埔鹽田港口投資有限公司與深圳市鹽田港集團簽約，同意投資110 億元進行鹽田港三期擴展工程，建造六個貨櫃泊位，可停靠 10,000 個標準貨櫃以上的超大型貨櫃船舶；雙方分別持股 65% 和 35%。2006 年 8 月，鹽田港三期工程通過國家竣工驗收後，鹽田港成為全國單一貨櫃吞吐量最大的樞紐港區，年吞吐量達 766 萬個標準貨櫃。

1996 年 12 月 18 日，深圳鹽田港國際集裝箱碼頭第二期舉行動工儀式。左三至右：深圳市市長李子彬、和黃主席李嘉誠、深圳市委書記厲有為。（南華早報出版有限公司提供）

表 5-1-7　鹽田國際的歷年吞吐量

年份	鹽田國際吞吐量（萬個標準貨櫃）	深圳港吞吐量（萬個標準貨櫃）	深圳港在全國排名	深圳港在世界排名	全國貨櫃碼頭吞吐量（萬個標準貨櫃）	鹽田國際佔深圳港吞吐量的百分比	鹽田國際佔全國吞吐量的百分比	深圳港佔全國貨櫃碼頭吞吐量的百分比
1994	1.30	17.90	8	不適用	487	7.26%	0.27%	3.68%
1995	10.60	28.40	7	不適用	663	37.32%	1.60%	4.28%
1996	35.40	58.90	4	不適用	803	60.10%	4.41%	7.33%
1997	63.80	114.80	2	35	1077	55.57%	5.92%	10.66%
1998	103.80	195.20	2	17	1312	53.18%	7.91%	14.88%
1999	158.80	297.80	2	11	1592	53.32%	9.97%	18.71%
2000	214.80	399.30	2	11	2400	53.79%	8.95%	16.64%
2001	275.20	507.60	2	8	2700	54.22%	10.19%	18.80%
2002	418.20	761.40	2	6	3721	54.93%	11.24%	20.46%
2003	525.80	1065.20	2	4	4687	49.36%	11.22%	22.73%
2004	626.00	1365.50	2	4	6160	45.84%	10.16%	22.17%
2005	758.10	1619.70	2	4	7564	46.80%	10.02%	21.41%
2006	886.50	1846.90	2	4	9361	48.00%	9.47%	19.73%
2007	1001.60	2109.90	2	4	11,400	47.47%	8.79%	18.51%
2008	968.30	2142.60	2	4	12,831	45.19%	7.55%	16.70%
2009	857.90	1825.00	2	4	12,240	47.01%	7.01%	15.13%
2010	1013.40	2251.00	2	4	14,613	45.02%	6.93%	15.40%
2011	1026.40	2257.00	2	4	16,367	45.48%	6.27%	13.79%
2012	1066.70	2294.00	2	4	17,747	46.50%	6.01%	12.93%
2013	1079.60	2327.80	2	3	19,021	46.38%	5.68%	12.24%
2014	1167.30	2403.70	2	3	20,244	48.56%	5.77%	11.87%
2015	1216.60	2421.00	2	3	21,156	50.25%	5.75%	11.44%
2016	1169.60	2397.90	2	3	22,005	48.78%	5.32%	10.90%
2017	1270.40	2520.90	2	3	23,838	50.39%	5.33%	10.58%

資料來源：　和記港口鹽田國際：〈鹽田國際歷年吞吐量數據表〉，https://www.yict.com.cn/about-throughput/annual-throughput.html?locale=zh_CN、《中國港口年鑒》（2003—2004）。

除發展鹽田港的中港區（即第一至三期）外，和黃與深圳鹽田港集團進一步擴建港口業務和設施，分別在 2004 年和 2008 年展開鹽田港西港區和東港區的工程（見表 5-1-8）。2013 年 1 月 8 日，鹽田國際在營運 18 年半內的吞吐量突破一億個標準貨櫃，創下世界港口發展史上最快實現這吞吐量的新紀錄。

2017 年 5 月 22 日，鹽田國際 16 號泊位正式投入運行，並在該月 28 日迎來世界第一艘裝載量逾 21,000 個標準貨櫃的貨櫃船「東方香港號」（總長 399.87 米，寬 58.8 米，總裝載量為 21,413 個標準貨櫃）靠泊。全年處理 1270.4 萬個標準貨櫃，佔深圳港總吞吐量（2520.9 萬個標準貨櫃）近五成；其中外貿貨櫃共 1223.93 萬個標準貨櫃，增長 8.38%；海鐵聯運箱量達 12.33 萬個標準貨櫃。開闢國際貨櫃班輪航線 79 條，主要航線有：美洲 34 條，歐洲 23 條，亞洲 19 條。

大鏟灣集裝箱碼頭一期　九龍倉集團有限公司旗下的現代貨箱碼頭在 1990 年代末於深圳的赤灣集裝箱碼頭和蛇口集裝箱碼頭分別持有 8% 和 20% 的股份。隨着中國加入世貿，現代貨箱碼頭加強於內地港口的投資，分別在兩大製造業地區（珠江三角洲和長江三角洲）投資深圳大鏟灣及蘇州太倉港。

大鏟灣集裝箱碼頭位於珠江口礬石水道東南部、深圳西部的寶安區，是大型專業化貨櫃港區，以集裝箱遠洋幹線運輸為主，兼顧近洋、內支航線和內貿運輸；是現代貨箱碼頭首個

表 5-1-8　鹽田國際集裝箱碼頭的基本資料

	一期	二期	三期	西港區
簽約日期	1993 年 10 月 15 日	1993 年 10 月 15 日	2001 年 11 月 26 日	2004 年 12 月 15 日
泊位	2	3	11	4
設計年吞吐能力（個標準貨櫃）	4,500,000		9,925,000	2,370,000
動工日期	1987 年 12 月 14 日	1996 年 12 月 18 日	2002 年 9 月	1998 年 7 月
竣工日期	1994 年 4 月 14 日	1999 年 11 月	2004 年 9 月	2006 年 1 月 25 日
啟用日期	1994 年 7 月 20 日	2000 年 7 月 2 日	2003 年 10 月 16 日	2001 年 3 月 27 日
總投資額	5,000,000,000 元人民幣	4,700,000,000 元	17,600,000,000 元	4,030,000,000 元人民幣
營運公司及其成立日期	鹽田國際集裝箱碼頭有限公司 1993 年 11 月 16 日		鹽田三期國際集裝箱碼頭有限公司 2002 年 12 月 26 日	深圳鹽田西港區碼頭有限公司 2005 年 4 月 1 日

資料來源：　根據公開資料整理，包括深圳市鹽田港集團有限公司的官方文件、《付貨人雙月刊》、《中國港口年鑒 2002》，以及和記港口信託提供的資料。

2008 年 7 月，大鏟灣碼頭一期開始正式營運，是全球首個全部採用市電場橋的貨櫃碼頭。（新華社提供）

2005 年 7 月 19 日，現代貨箱碼頭有限公司與深圳大鏟灣港口投資發展有限公司在深圳簽訂合同，合資組建深圳大鏟灣現代港口發展有限公司，共同開發經營深圳大鏟灣港區一期貨櫃碼頭，為期 50 年。圖為現代貨箱碼頭高級董事祈天順（前排左）及深圳市大鏟灣港口投資發展有限公司常務副總經理施佑生（前排右）簽字。後排左起：深圳市政府秘書長唐杰、深圳市副市長張思平、深圳市市長許宗衡、九龍倉集團有限公司及現代貨箱碼頭有限公司主席吳光正及深圳市貿工局黨組書記王學為。（現代貨箱碼頭有限公司提供）

在內地控股的貨櫃碼頭。1998 年 7 月 21 日，交通部和廣東省政府聯合批覆的《深圳港總體布局規劃》，將大鏟灣港區規劃為深圳西部其中一個以貨櫃運輸為主的重要港區。

2002 年 1 月 8 日，現代貨箱碼頭與深圳港大鏟灣集裝箱碼頭籌建辦公室簽訂合作意向書，開發大鏟灣集裝箱碼頭，作為香港航運業務的延伸，形成深港兩地密不可分的經濟紐帶。2005 年 7 月 19 日，現代貨箱碼頭（佔股 65%）與深圳大鏟灣港口投資發展有限公司（佔股 35%）在深圳簽訂合同，合資組建深圳大鏟灣現代港口發展有限公司，共同建設和經營深圳大鏟灣港區一期貨櫃碼頭，為期 50 年。

2005 年 9 月 13 日，投資額達 70.73 億元人民幣的第一期工程展開，碼頭陸域總面積約 112 萬平方米，碼頭岸線長 1830 米，縱深 600 米；建造 5 個設計吞吐能力 250 萬標準箱，可以靠泊 15 萬噸級貨櫃船舶的泊位。

2007 年 12 月 21 日，大鏟灣碼頭一期 4 號、5 號泊位投入營運，並迎來 7 萬噸級的巴拿馬籍貨櫃船「東方安特衞普號」泊岸。2008 年 5 月 23 日，深圳大鏟灣現代港口發展有限公司、深圳市大鏟灣港口投資發展有限公司與深圳海關簽署《共同促進大鏟灣港區發展合作備忘錄》，深圳海關承諾在大鏟灣港區開放口岸各類進出口監管業務，包括口岸清關、陸路轉關、水路轉關及國際中轉運輸等業務；而大鏟灣碼頭一期則承諾在碼頭管理、進出口貨物監管、國際轉運貨物、資訊共用與安全等方面配合海關的工作。

2008 年 7 月，大鏟灣碼頭一期開始正式營運，是全球首個全部採用市電場橋的貨櫃碼頭。此外，又在該月 14 日迎來首艘來自香港的直達駁船停靠，開通香港至大鏟灣的駁船直航業務，促進大鏟灣集裝箱碼頭成為泛珠三角各主要生產基地貨物的主要集散點之一。同年 9 月，3 號泊位試行運作。

2009 年 6 月，1 號、2 號泊位投入試運行；第一期工程五個泊位至此全部竣工。交通運輸部副部長徐祖遠在該月表示，深圳港大鏟灣港區一期工程是中國集裝箱運輸的重點工程，有助推動深圳港集裝箱運輸的發展，明顯改善和增強深圳港的集聚輻射能力和綜合服務功能。[10]

2017 年，深圳大鏟灣現代港口發展有限公司處理 132.7 萬個標準貨櫃，開闢 12 條國際貨櫃班輪航線。

2. 長三角港口群：上海國際航運中心

長江三角洲港口群以上海、寧波、蘇州港為幹線港，包括南京、南通、鎮江等長江下游港口共同組成上海國際航運中心貨櫃運輸系統，並以連雲港、嘉興、溫州、台州等作為支線和餵給港口。

1992 年 10 月，中共十四大作出「以上海浦東開發開放為龍頭，進一步開放長江沿岸城市，盡快把上海建成國際經濟、金融、貿易中心之一，帶動長江三角洲和整個長江流域經濟的新飛躍」的國家戰略決策。1992 年 12 月 1 日，張家港港務局引入香港永嘉有限公司（翌年被佛羅倫集團收購，該集團於 1996 年改稱中遠太平洋有限公司，在 2016 年重組後改稱中遠海運港口有限公司），合資成立張家港永嘉集裝箱碼頭有限公司，以彌補建設資金短缺，並引進管理技術與裝卸設備。1993 年 8 月，港商和記黃埔港口投資有限公司與上海港務局簽約合辦上海集裝箱碼頭有限公司，總投資額達 56 億元人民幣，是當時內地規模最大的中外合資碼頭項目。

1996 年 1 月 16 日，國務院在上海召開江浙滬兩省一市負責人會議，宣布啟動以上海深水港為主體，浙江、江蘇的江海港口為兩翼的上海國際航運中心建設。交通部部長黃鎮東亦在同年 1 月 23 日指出，建設上海國際航運中心是開發開放浦東，使上海成為國際經濟、金融、貿易中心之一的重要條件，並表示這對中國對外開放，對長江經濟帶的經濟發展意義重大。

同年 11 月 28 日，國務院總理李鵬在考察上海時指示，要加快進行上海外高橋和寧波北侖港區集裝箱碼頭的技術改造，同時增加太倉港碼頭的處理能力。負責港口建設的時任上海港務局副局長陳學習表示，第九個五年計劃時期（「九五」時期）（1996 年至 2000 年），上海港口建設面臨最嚴重的問題是資金短缺，其「以港養港」的財務體制，受成本上升、匯率調整等因素影響，導致利潤下滑；上海港在 1997 年累計欠債逾 20 億元人民幣，須積極謀求與外資合作。[11]

港商是上海國際航運中心組合港的主要投資者（見表 5-1-9）：除營運上海集裝箱碼頭外，和黃先後投資寧波北侖港二期（2001 年）、上海浦東國際集裝箱碼頭（2003 年）和上海明東集裝箱碼頭（2004 年），而現代貨箱碼頭投資的蘇州太倉港碼頭在 2004 年 1 月開始運作。香港的中資公司招商局集團及中遠太平洋，先後在南京、上海、寧波、揚州與連雲港等地投資貨櫃碼頭。

表 5-1-9　港商在長三角投資的貨櫃碼頭

	港方股東	成立日期	吞吐量（萬個標準貨櫃）	註冊金額
張家港永嘉集裝箱碼頭有限公司（張家港港 15 號、16 號泊位）	香港永嘉有限公司（1993 年被中遠太平洋有限公司收購）[1]、[2]	1992 年 5 月 7 日成立，同年 12 月 1 日開始營運	2017 年：73.59	36,800,000 美元
上海集裝箱碼頭有限公司	和黃	1993 年 5 月 26 日成立，同年 8 月 12 日開始營運	2010 年：319.72[3]	2,000,000,000 元人民幣
太倉國際集裝箱碼頭有限公司	現代貨箱碼頭、中遠太平洋	1998 年 5 月 8 日成立，2004 年 1 月開始營運	2017 年：一期：24；二期：91	一期：451,000,000 元人民幣；二期：1,273,000,000 元人民幣
南京港龍潭集裝箱有限公司	中遠太平洋	2000 年 4 月 6 日	2017 年：288.10	1,544,961,839 元人民幣
寧波北侖國際集裝箱碼頭（二期）	和黃	2001 年 8 月 21 日	2017 年：210.00	700,000,000 元人民幣
上海浦東國際集裝箱碼頭（外高橋港區一期）	和黃、中遠太平洋	2003 年 1 月 16 日	2017 年：265.04	1,900,000,000 元人民幣
寧波大榭招商國際碼頭有限公司	招商局	2003 年 6 月 6 日	2017 年：300.8	1,209,090,000 元人民幣
揚州遠揚國際碼頭有限公司	中遠太平洋	2004 年 2 月 26 日	2017 年：48.91	69,600,000 美元
上海明東集裝箱碼頭（外高橋五期碼頭）	和黃、中遠太平	2005 年 11 月 16 日	2017 年：650.01	4,000,000,000 元人民幣
寧波遠東碼頭經營有限公司	中遠太平洋、東方海外（國際）有限公司	2006 年 7 月 12 日	2017 年：298.08	2,500,000,000 元人民幣
連雲港新東方國際貨櫃碼頭有限公司	中遠太平洋	2007 年 7 月 11 日	2017 年：287.26	470,000,000 元人民幣

資料來源：　根據公開資料整理，包括公司年報、公司官方網頁、《中國港口年鑒》、《張家港年鑒》、國家企業信用信息公示系統網、期刊、報章，以及和記港口提供的資料等。

注：①「1992 年張家港港務局又率先引進外資，與香港永嘉有限公司合資成立了張家港永嘉集裝箱碼頭有限公司。這誠摯的牽手，既彌補了集裝箱泊位建設資金的不足，又引進了先進的管理技術和裝卸設備。特別是 1993 年中遠太平洋有限公司收購了香港永嘉有限公司，使永嘉公司成為中遠集團首家控股碼頭，公司整體實力又得到了大幅度提升。」（陳君君：〈真誠服務二十載 黃金水道再添彩 —— 張家港永嘉集裝箱碼頭有限公司二十年發展紀實〉，《中國遠洋航務》，2012 年 07 期，頁 81。）

② 2016 年，中遠太平洋有限公司改稱中遠海運港口有限公司。

③ 2011 年 1 月起終止貨櫃處理業務。

上海集裝箱碼頭 1990 年 5 月，和黃主席李嘉誠與上海港務局（2005 年改組成上海國際港務（集團）股份有限公司）共同倡導在上海合資營運貨櫃碼頭。1992 年 12 月 1 日，雙方在香港簽訂合約組建上海集裝箱碼頭有限公司（簡稱 SCT 或上海集裝箱碼頭），各持五成股份，總投資額達 56 億元人民幣，註冊資本為 20 億元人民幣。上海集裝箱碼頭有限公司負責經營由三個舊碼頭（寶山、張華浜、軍工路）組成的上海集裝箱碼頭，合資經營期限 50 年，是內地當時規模最大的中外合資碼頭營運商，亦是首個外資持股逾 49% 的碼頭項目。

和黃除為上海集裝箱碼頭提供資金、貨源，還引進先進技術和管理模式，並在碼頭配置先進的裝卸機械，為上海港建立包括作業處理、船舶計劃、船舶配載、電子數據交換等 11 個子系統在內的 TOPS 碼頭營運系統，提升碼頭的貨櫃處理能力和管理水平，使上海集裝箱碼頭一度成為內地最大、管理最先進的貨櫃碼頭。

1993 年 8 月 12 日，上海集裝箱碼頭正式投入營運，並獲准自訂收費標準，率先實行港口放開價格經營。上海集裝箱碼頭自營業首日至同年 12 月 31 日，吞吐量達 408,414 個標準貨櫃。1994 年，上海集裝箱碼頭共處理 113 萬個標準貨櫃，佔上海港總吞吐量（119.9 萬個標準貨櫃）的 94.25%，成為內地首個吞吐量逾百萬的貨櫃碼頭。

上海集裝箱碼的改建工程於 1994 年 7 月展開，並在 1995 年年底竣工，將 7 個貨櫃泊位擴建成 12 個，年處理能力由 85 萬增至 158 萬個標準貨櫃，具備停靠第三代貨櫃船的能力。和黃港口還對上海港提供免費技術轉讓，提升碼頭作業效率，將貨櫃船停泊的平均等候時間由 1993 年初的 32 至 33 小時，降至 1996 年的 15 至 16 小時（見表 5-1-10）。

發展國際中轉箱運輸是發展國際航運中心重要標誌；[12]1996 年 4 月 10 日，中遠太平洋有限公司（簡稱中遠太平洋，於 2016 年 7 月 22 日改稱中遠海運港口有限公司）的「麗濤」輪，在上海集裝箱碼頭的張華浜碼頭裝卸 5 箱從釜山經上海中轉至熱那亞的 40 呎標準貨櫃，啟動上海港國際中轉業務的試點計劃。直至 1996 年年底，張華浜碼頭已處理約 7000 個標準貨櫃。

1997 年 9 月 1 日，上海市副市長夏克強宣布上海口岸海上集裝箱國際轉運業務正式運營，而國際轉運專用港區範圍亦由張華浜港區，擴展至軍工路港區、寶山港區、外高橋港區。同年，上海集裝箱碼頭的吞吐量達 176.65 萬個標準貨櫃，佔上海港貨櫃吞吐量的 69.91%（252.7 萬個標準貨櫃）（見表 5-1-11）。該碼頭公司已與世界上 39 個國家和地區的 85 個主要港口，建立海上貿易往來業務。自上海集裝箱碼頭始發的國際定期班輪航線有 14 條，可直達北美、歐洲、澳洲、波斯灣、地中海及東南亞、東北亞等地；並在年內處理 10,612 個國際中轉貨櫃。

1999 年 10 月，上海集裝箱碼頭的吞吐量突破 1000 萬個標準貨櫃，同年的總吞吐量達 259.5 萬個標準貨櫃，躍升為全球第七大貨櫃碼頭，佔上海港全年吞吐量（421.6 萬個標準貨櫃）約六成。

1993 年 8 月 12 日，上海集裝箱碼頭有限公司正式投入營運。和記黃埔上海港口投資有限公司與上海港集裝箱綜合發展公司（上海港務局的附屬公司）各持該合資公司的五成股份。（攝於 1996 年，新華社提供）

表 5-1-10　1993 年至 1996 年船隻在上海集裝箱碼頭的平均停泊時間

年份	船隻在上海集裝箱碼頭的平均停泊時間
1993	32 至 33
1994	24
1995	18
1996	15 至 16

資料來源：　《寶山年鑑》（1996，1997）；〈上海港建立電腦系統提高生產效率集裝箱輪停泊時間縮短〉，《文匯報》，1996 年 8 月 13 日。

表 5-1-11　上海集裝箱碼頭的歷年吞吐量

年份	上海集裝箱碼頭的吞吐量（萬個標準貨櫃）	上海港吞吐量（萬個標準貨櫃）	上海集裝箱碼頭佔上海港吞吐量的百分比	全國貨櫃吞吐量（萬個標準貨櫃）	上海集裝箱碼頭佔全國貨櫃吞吐量的百分比	上海港佔全國貨櫃吞吐量的百分比	上海港貨櫃吞吐量的國際排名
1993	90.00	93.50	96.26%	383	23.50%	24.41%	28
1994	113.00	119.90	94.25%	487	23.20%	24.62%	26
1995	125.00	152.70	81.86%	663	18.85%	23.03%	19
1996	140.00	197.10	71.03%	803	17.43%	24.55%	18
1997	176.65	252.70	69.91%	1077	16.40%	23.46%	11
1998	202.72	306.60	66.12%	1312	15.45%	23.37%	10
1999	259.50	421.60	61.55%	1592	16.30%	26.48%	7
2000	295.07	561.20	52.58%	2400	12.29%	23.38%	6
2001	261.00	634.00	41.17%	2700	9.67%	23.48%	5
2002	303.50	861.20	35.24%	3721	8.16%	23.14%	4
2003	335.80	1128.20	29.76%	4687	7.16%	24.07%	3
2004	366.10	1455.70	25.15%	6160	5.94%	23.63%	3
2005	360.00	1808.40	19.91%	7564	4.76%	23.91%	3
2006	370.35	2171.90	17.05%	9361	3.96%	23.20%	3
2007	344.61	2615.20	13.18%	11,400	3.02%	22.94%	2
2008	368.18	2800.60	13.15%	12,831	2.87%	21.83%	2
2009	297.98	2500.20	11.92%	12,240	2.43%	20.43%	2
2010	319.72	2906.90	11.00%	14,613	2.19%	19.89%	1

資料來源：　《香港船務統計》、《上海統計年鑑》、《中國港口年鑑》及《上海統計年鑑》，以及和記港口信託提供的資料。

2003 年 3 月，上海集裝箱碼頭將第 2000 萬個標準貨櫃裝上中遠集裝箱運輸有限公司的「菊花輪」，成為內地首家達到此吞吐量紀錄的企業。2004 年，上海集裝箱碼頭共處理 366.1 萬個標準貨櫃，佔上海港 —— 全球第三大貨櫃港口 —— 全年吞吐量（1455.7 萬個標準貨櫃）約 25.15%。上海集裝箱碼頭由 2011 年 1 月起終止其貨櫃處理業務。

寧波北侖國際集裝箱碼頭　1989 年，寧波北侖港被國家列為重點開發建設的四個國際深水中轉港之一。1996 年 4 月召開的浙江省重點建設會議決定，浙江省在「九五」時期（1996 年至 2000 年）期間，重點建設寧波北侖港集裝箱二期擴建工程，盡快建成以上海港為中心的上海 —— 寧波 —— 舟山組合型大港，以配合上海國際航運中心建設。1997 年，北侖港二期經過改造後擁有三個 10 萬噸級貨櫃專用泊位，可供第六代貨櫃船停泊。

2001 年 6 月 8 日，和記港口寧波有限公司與寧波港務局（2004 年 4 月 6 日更名為「寧波港集團有限公司」，2015 年 9 月 29 日改稱「寧波舟山港集團有限公司」）簽署合辦寧波北侖國際集裝箱碼頭有限公司（簡稱 NBCT 或二期碼頭）的合同，雙方投資 20 億元人民幣，經營寧波北侖港二期的貨櫃碼頭，為期 50 年。和黃港口擁有合資公司 49% 的股權（出資 9.8 億元人民幣），寧波港務局佔 51%。

2001 年 8 月 21 日，寧波北侖國際集裝箱碼頭有限公司成立，負責營運的北侖港二期貨櫃碼頭是寧波港第一個專業貨櫃碼頭和合資碼頭，也是當時唯一鐵路直達港區、實現鐵海聯運的貨櫃碼頭（見表 5-1-12）。

上海浦東國際碼頭　位於長江南岸的外高橋一期碼頭，為國務院於 1990 年 4 月 18 日宣布開發開放浦東後，在浦東興建的首個多用途碼頭。1998 年，和黃、中遠太平洋、上海實業（集團）有限公司和上海港務局，簽訂共同營運上海外高橋保稅區內貨櫃碼頭的意向書。同年 6 月 29 日，上海港外高橋港區一期貨櫃碼頭改造工程完成，將原一期四個萬噸級泊位、一個長江駁泊位，改建成三個能停泊第四、五代以上大型貨櫃船的泊位，年設計吞吐能力為 60 萬個標準貨櫃，是上海國際航運中心的重要碼頭。

2000 年 3 月 29 日，上述各方在上海簽署共同經營外高橋一期港區的協議。2003 年 1 月 16 日，上海浦東國際集裝箱碼頭有限公司在上海成立，經營上海外高橋碼頭一期。該公司由上海外高橋保稅區港務公司（2006 年 12 月 20 日併入「上海國際港務（集團）股份有限公司」）、和記港口浦東有限公司、中遠太平洋（中國）投資有限公司及上實基建控股有限公司四方，以 4：3：2：1 的投資比例合資組成，註冊資金 19 億元人民幣，合資期限 50 年。

2003 年，上海浦東國際集裝箱碼頭有限公司共處理 203 萬個標準貨櫃，營運 16 條國際貨櫃船航線，通往歐洲、美洲、中東及非洲等地，以及多條國內支線，每月接待班輪 70 多艘（見表 5-1-13）。

表 5-1-12 寧波北侖國際集裝箱碼頭的歷年吞吐量 [①]

年份	寧波北侖國際集裝箱碼頭的吞吐量（萬個標準貨櫃）	寧波港（寧波－舟山港）吞吐量（萬個標準貨櫃）	寧波北侖國際集裝箱碼頭佔寧波港（寧波－舟山港）吞吐量的百分比	全國貨櫃吞吐量（萬個標準貨櫃）	寧波北侖國際集裝箱碼頭碼頭佔全國貨櫃吞吐量的百分比	寧波港（寧波－舟山港）佔全國貨櫃吞吐量的百分比	寧波港（寧波－舟山港）貨櫃吞吐量的國際排名
2001	81.24	121.31	66.97%	2700	3.01%	4.49%	49
2002	100.33	185.90	53.97%	3721	2.70%	5.00%	32
2003	132.57	276.26	47.99%	4687	2.83%	5.89%	22
2004	169.14	400.55	42.23%	6160	2.75%	6.50%	17
2005	178.50	520.80	34.27%	7564	2.36%	6.89%	15
2006	188.20	706.80	26.63%	9361	2.01%	7.55%	13
2007	206.06	943.00	21.85%	11,400	1.81%	8.27%	11
2008	206.08	1093.37	18.85%	12,831	1.61%	8.52%	7
2009	185.08	1050.33	17.62%	12,240	1.51%	8.58%	8
2010	215.20	1314.40	16.37%	14,613	1.47%	8.99%	6
2011	215.36	1468.62	14.66%	16,367	1.32%	8.97%	6
2012	210.68	1683.00	12.52%	17,747	1.19%	9.48%	6
2013	187.73	1735.00	10.82%	19,021	0.99%	9.12%	6
2014	202.00	1944.95	10.39%	20,244	1.00%	9.61%	5
2015	206.11	2062.60	9.99%	21,156	0.97%	9.75%	4
2016	206.10	2156.00	9.56%	22,005	0.94%	9.80%	4
2017	210.00	2460.70	8.53%	23,838	0.88%	10.32%	4

資料來源： 和記港口信託提供、寧波北侖國際集裝箱碼頭有限公司：〈歷年吞吐量〉，寧波北侖國際集裝箱碼頭有限公司網，https://www.nbct.com.cn/company_profile/cid/18.html。

注：① 2005 年 12 月 20 日，浙江省政府宣布，自 2006 年 1 月 1 日起正式啟用「寧波－舟山港」名稱，以取代「寧波港」和「舟山港」的原稱。（資料來源：〈我國兩大深水良港寧波港和舟山港啟動一體化進程〉，新華網，2005 年 12 月 20 日，http://www.gov.cn/jrzg/2005-12/20/content_132333.htm。）

太倉國際集裝箱碼頭 太倉港集裝箱碼頭 —— 現代貨箱碼頭首個在長三角的投資項目，既是江蘇省重點建設的貨櫃港口，亦是上海國際航運中心貨櫃樞紐港的重要組成部分。

2004 年 1 月，太倉項目第一期投入運作，設有四個萬噸級泊位，分別是兩個貨櫃泊位及兩個件雜貨船泊位，投資總額為 12 億元人民幣，年處理能力為 100 萬個標準貨櫃。第一期由太倉國際集裝箱碼頭有限公司營運，現代貨箱碼頭佔 51% 股份，中遠太平洋佔 46%，其餘 3% 股份由蘇州城市投資發展持有。

第一期於 2005 年處理 25.1 萬個標準貨櫃和 241 萬噸散集貨，其吞吐量在 2006 年大幅增長 86% 至 46.7 萬個標準貨櫃，配合長三角急促發展的製造業、進出口貿易和物流運輸業。

2006 年 9 月，第二期首個泊位開始運作。該期設有四個貨櫃泊位，由蘇州現代貨箱碼頭有限公司持有，現代貨箱碼頭及蘇州市政府分別佔此合資公司的 70% 和 30% 股權。所有泊位於 2008 年 12 月全面落成，太倉港的貨櫃泊位擴充至六個，每年的處理能力增至 360 萬個標準貨櫃。

表 5-1-13　上海浦東國際集裝箱碼頭的歷年吞吐量

年份	上海浦東國際集裝箱碼頭的吞吐量（萬個標準貨櫃）	上海港吞吐量（萬個標準貨櫃）	上海浦東國際集裝箱碼頭佔上海港吞吐量的百分比（%）	全國貨櫃吞吐量（萬個標準貨櫃）	上海浦東國際集裝箱碼頭佔全國貨櫃吞吐量的百分比（%）	上海港佔全國貨櫃吞吐量的百分比（%）	上海港貨櫃吞吐量的國際排名
2003	202.70	1128.20	17.97%	4687	4.32%	24.07%	3
2004	230.40	1455.40	15.83%	6160	3.74%	23.63%	3
2005	250.00	1808.40	13.82%	7564	3.31%	23.91%	3
2006	251.70	2171.90	11.59%	9361	2.69%	23.20%	3
2007	270.20	2615.20	10.33%	11,400	2.37%	22.94%	2
2008	294.00	2800.60	10.50%	12,831	2.29%	21.83%	2
2009	229.10	2500.20	9.16%	12,240	1.87%	20.43%	2
2010	245.00	2906.90	8.43%	14,613	1.68%	19.89%	1
2011	238.80	3173.90	7.52%	16,367	1.46%	19.39%	1
2012	215.10	3252.90	6.61%	17,747	1.21%	18.33%	1
2013	224.60	3361.70	6.68%	19,021	1.18%	17.67%	1
2014	237.40	3528.50	6.73%	20,244	1.17%	17.43%	1
2015	250.80	3653.70	6.86%	21,156	1.19%	17.27%	1
2016	255.60	3713.30	6.88%	22,005	1.16%	16.87%	1
2017	265.04	4023.30	6.59%	23,838	1.11%	16.88%	1

資料來源：《中國港口年鑒》、《和黃年報》，以及和記港口信託提供的資料。

太倉港集裝箱碼頭於 2009 年的吞吐量達 92.5 萬個標準貨櫃，並分別於 2011 年及 2015 年突破 150 萬和 220 萬個標準貨櫃。

2015 年 7 月，現代貨箱碼頭按江蘇省政府要求，向寧波港股份有限公司出售其於太倉集裝箱碼頭業務的 50% 間接股權，出售收益為 9.08 億元。其後於 2017 年 6 月，出售餘下的間接權益，收益為 1.23 億元。

3. 環渤海地區港口群

環渤海地區港口群由遼寧、津冀和山東沿海港口群組成，服務於中國北方沿海和內陸地區的社會經濟發展。

港資新世界於 1997 年 1 月收購天津東方海陸集裝箱碼頭有限公司的 24.5% 股權。該碼頭於 1999 年 1 月 1 日投入營運，年處理能力為 140 萬個標準貨櫃。

2005 年 11 月 29 日，新世界佔股 18% 的天津五洲國際集裝箱碼頭有限公司投入營運，每年可處理 150 萬個標準貨櫃。2007 年，香港東方海外（國際）有限公司持有 20% 股權的天津聯盟國際集裝箱碼頭投入運作。

此外，香港的中資公司中遠太平洋、招商局集團亦在大連、營口、天津、錦州、青島、秦皇島等地營運多個貨櫃碼頭（見表 5-1-14）。

4. 其他

港商在內地其他地區投資的貨櫃碼頭，列示於表 5-1-15。

四、邊境口岸設施

1980 年 4 月，香港運輸署署長顏敦禮應廣州市交通局的邀請到廣州訪問，並提議在皇崗—落馬洲增設口岸以加強雙方的公路聯繫。1982 年 4 月 30 日，經國務院批准，深圳和香港兩地代表在深圳簽訂《深圳—香港關於增闢兩地之間通道的協議》，其中包括達成興建羅湖口岸新行人橋及開闢「深圳皇崗—香港落馬洲」過境通道的協定。港商胡應湘與深圳市合作興建羅湖聯檢大樓，並將皇崗口岸邊檢綜合檢查站納入其投資的廣深高速公路工程。

1. 羅湖聯檢大樓

羅湖聯檢大樓位於深圳羅湖商業中心區，南臨深圳河與香港相望。羅湖口岸是改革開放前深圳僅有的兩個陸路口岸之一，亦為中國最早實行聯檢的口岸。國家實行改革開放，帶起香港居民回鄉探親的熱潮，令羅湖的出入境設施不敷應用，1979 年 1 月到 9 月經羅湖出入境的人士約 450 萬人次，1980 年間同期增至 520 萬人次。

表 5-1-14 港商在環渤海地區投資的貨櫃碼頭

	港方股東	成立日期	吞吐量（萬個標準貨櫃）	註冊金額
大連集裝箱碼頭有限公司 [①]	中遠太平洋	1996 年 6 月 3 日	2017 年：943.11	40,000,000 元人民幣
營口集裝箱碼頭有限公司	中遠太平洋	1996 年 10 月 15 日	2017 年：149.6	8,000,000 元人民幣
天津東方海陸集裝箱碼頭	新世界	1997 年 3 月 6 日成立，1999 年 1 月 1 日開始營運	2017 年：96.1	29,200,000 美元
大連大港中海集裝箱碼頭有限公司	中遠太平洋	1999 年 7 月 7 日	2017 年：2.46	7,500,000 元人民幣
錦州新時代集裝箱碼頭有限公司	中遠太平洋	2001 年 9 月 29 日	2017 年：61.06	320,843,634 元人民幣
大連港灣集裝箱碼頭有限公司	中遠太平洋	2004 年 9 月 3 日	2017 年：260.46	240,000,000 元人民幣
天津港聯盟國際集裝箱碼頭有限公司	東方海外（國際）有限公司	2005 年 3 月 30 日	2017 年：274.36	160,000,000 美元
天津五洲國際集裝箱碼頭有限公司	中遠太平洋 、招商局 、新世界	2005 年 11 月 7 日成立，同月 29 日開始營運	2017 年：255.5	1,145,000,000 元人民幣
大連港股份有限公司	招商局	2005 年 11 月 16 日	2017 年：1075	12,894,535,999 元人民幣
天津港歐亞國際集裝箱碼頭有限公司	中遠太平洋	2007 年 9 月 4 日	2017 年：246.98	1,260,000,000 元人民幣
大連國際集裝箱碼頭有限公司	中遠太平洋	2007 年 10 月 17 日	2017 年：282.89	730,000,000 元人民幣
秦皇島港新港灣集裝箱碼頭有限公司	中遠太平洋	2007 年 10 月 30 日	2017 年：55.93	400,000,000 元人民幣
營口新世紀集裝箱碼頭有限公司	中遠太平洋	2007 年 12 月 24 日	2017 年：151.51	40,000,000 元人民幣
青島前灣聯合集裝箱碼頭有限責任公司	招商局	2009 年 12 月 18 日	2017 年：624	2,000,000,000 元人民幣
青島港國際股份有限公司	中遠海運港口有限公司 [②]	2013 年 11 月 15 日	2017 年：1227	6,036,724,000 元人民幣

資料來源： 根據公開資料整理，包括公司年報、公司官方網頁、《中國港口年鑒》、國家企業信用信息公示系統網、期刊、報章，以及和記港口提供的資料等。

注：① 「(ii) 於 2017 年 10 月，大連集裝箱碼頭已與大連國際碼頭以及大連港灣碼頭吸收合併。(iii) 於 2017 年 10 月，大連港灣碼頭因大連港灣碼頭與大連集裝箱碼頭，以及大連國際碼頭吸收合併而註銷。」（中遠海運港口有限公司：《2017 年年報》，頁 238。）「大連集裝箱碼頭於 2017 年 10 月份完成對大連港灣集裝箱碼頭有限公司（『大連港灣碼頭』）和大連國際集裝箱碼頭有限公司（『大連國際碼頭』）的吸收合併，中遠海運港口完成戰略性出售大連港灣碼頭和大連國際碼頭股權。」（中遠海運港口有限公司：《2017 年年報》，頁 427。）

② 「[2017 年] 一月與青島港國際宣布達成交易協議，中遠海運港口將戰略入股青島港國際約 16.82% 的股份，同時將其持有的青島前灣碼頭 20% 股權出售予青島港國際。5 月交易完成後，中遠海運港口持有青島港國際約 18.41% 的權益。」（中遠海運港口有限公司：《2017 年年報》，頁 6。）

表 5-1-15　港商在內地其他地區投資的貨櫃碼頭

	港方股東	成立日期	吞吐量（萬個標準貨櫃）	註冊金額
廈門象嶼新創建碼頭有限公司	新世界	1992 年 12 月 29 日	2013 年：95.2[①]	384,040,000 元人民幣
廈門國際貨櫃碼頭有限公司	和黃	1997 年 3 月 4 日	2017 年：105.57	1,148,700,000 元人民幣
泉州太平洋集裝箱碼頭有限公司	中遠太平洋	2006 年 8 月 23 日	2017 年：133.74	80,770,000 美元
晉江太平洋港口發展有限公司	中遠太平洋	2008 年 2 月 27 日	2017 年：49.6	49,900,000 美元
廈門遠海集裝箱碼頭有限公司	中遠太平洋	2008 年 11 月 28 日	2017 年：169.97	1,813,680,000 元人民幣
廈門集裝箱碼頭集團有限公司	新世界	2013 年 12 月 13 日	2017 年：818.2	2,436,604,228 元人民幣

資料來源：　根據公開資料整理，包括公司年報、公司官方網頁、《中國港口年鑒》、國家企業信用信息公示系統網、期刊、報章，以及和記港口信託提供的資料等。

注：① 2013 年 2 月 25 日，新創建與若干廈門港口投資者合資設立廈門集裝箱碼頭集團有限公司，以其持有 50% 權益的廈門象嶼新創建碼頭有限公司注入合資公司。自此之後，不再記錄廈門象嶼新創建碼頭有限公司的吞吐量，而記錄廈門集裝箱碼頭集團有限公司的吞吐量。

在 1982 年 4 月 30 日簽訂《深圳—香港關於增闢兩地之間通道的協議》後，深圳市獲中央批准着手籌建新的聯檢大樓，以提升香港和深圳海關接待旅客過境手續的能力。1982 年 12 月 10 日，合和實業總經理胡應湘獲國務院總理趙紫陽等中央領導接見，提出負責興建羅湖口岸聯檢大樓。1983 年 3 月 14 日，胡應湘與深圳經濟特區發展公司總經理孫凱風，在深圳簽署深圳火車站及口岸聯檢大樓的工程合約，工程在 7 月 14 日破土動工。

1983 年 3 月 14 日，合和董事總經理胡應湘在記者會解釋羅湖新聯檢站與火車站的布局。（香港大公文匯傳媒集團提供）

深圳羅湖聯檢大樓（圖中）採用中國傳統宮殿式建築風格，象徵中國的「南方大門」。（合和實業有限公司提供）

胡應湘建築工程師事務所的楊鑒賢建築師負責設計，採用中國傳統宮廷式建築風格，以象徵聯檢大樓是中國的「南方大門」。樓高 11 層（另含一層地庫），佔地面積 9106 平方米，南、北附樓各三層，總建築面積共 70,263 平方米。

1985 年 6 月 13 日，羅湖聯檢大樓與連接深港兩地的行人橋舉行啟用儀式，由香港政府政治顧問布義德、深圳市委副書記兼副市長周鼎與深圳市副市長甄錫培剪綵，翌日正式啟用，是當時香港與內地最多人使用的陸路聯繫。每日接待近 8 萬旅客過境，年通過能力為 2800 萬人次。地庫和第一至三層供聯檢過關之用，第四層是配合聯檢業務的海關倉庫，在第十一層設有貴賓室，其餘各層作海關、邊防檢查、衛生檢疫部門辦公之用。

聯檢大樓的建築費連本帶息一共為 2.5 億元；在 1986 年 11 月，深圳市政府以 2.66 億元向合和全資收購。

羅湖聯檢大樓在啟用時，每天客流量約四萬人次。隨着深圳經濟特區和國內建設的發展，出入境人員迅速增加，1990 年達 2810 萬人次，每天客流量近 8 萬人次。2002 年羅湖口岸經過大規模改造後，查驗通道從 2000 年的 137 條增加到 173 條。到 2017 年，羅湖口岸的全年出入境旅客 8163.54 萬人次，日均 22.37 萬人次。

2. 皇崗口岸邊檢綜合檢查站

皇崗口岸是中國規模最大的公路客、貨運綜合性公路口岸，連接廣深珠高速公路的起點，也是連接內地與香港的主要過境通道。皇崗口岸邊檢綜合檢查站位於深圳市福田區南端，

與香港新界落馬洲隔河相望，口岸南面的皇崗―落馬洲大橋橫跨深圳河，全長 950 米，相連深圳與香港的公路網。

1982 年 4 月 30 日，經國務院批准，深圳和香港兩地代表在深圳簽訂《深圳―香港關於增闢兩地之間通道的協議》，其中包括達成開闢「深圳皇崗―香港落馬洲」過境通道的協定。

口岸的首項工程皇崗―落馬洲大橋率先於 1986 年 5 月 5 日動工；1988 年 4 月 19 日，廣東省政府批准成立皇崗口岸建設聯合工作小組，由深圳市副市長周溪舞任組長，廣深珠高速公路工程建設副總指揮李牧及胡應湘為組員，負責審查和批准口岸建設規劃、設計、預算、招標投標及監督，以加快口岸建設。於 4 月 27 日成立的廣深珠高速公路有限公司，以皇崗口岸作為其興建的廣深珠高速公路之起點，並同意將皇崗口岸的建設費，納入該高速公路的總投資內。

1988 年 6 月，廣深珠高速公路公司與皇崗建設發展公司組建皇崗口岸工程總承包公司，負責邊檢綜合檢查站等口岸設施的工程，並於該月 14 日通過總體設計方案後展開全面施工。

1989 年 2 月 27 日，聯檢大樓平頂儀式舉行。皇崗口岸於 1989 年 12 月 29 日率先開放貨運通道，其後，自 1991 年 8 月 8 日起提供客運通關服務，正式全面啟用。

口岸區域佔地面積 101.6 萬平方米，其中監管區（檢查站）65.3 萬平方米，生活區 6.8 萬平方米，商業服務區 29.5 萬平方米。設有 128 條汽車檢查通道，其中 60 條小汽車檢查通過，60 條貨車檢查通道，8 條大型客車檢查通道。建有旅客檢查大樓、貨運入境和出境報關大樓及消毒庫、免稅店等 30 多個單體建築物。1993 年又添置貨櫃檢查系統。

旅檢大樓樓高五層，建築面積達 2.55 萬平方米，東側為入境大廳，西側為出境大廳，共設有入出境驗證通道 26 條，每日最多可應付五萬輛次汽車和五萬人次過關。

2017 年，皇崗陸路口岸出入境旅客 3204.6 萬人次，日均 8.78 萬人次；出入境車輛 863.3 萬輛次，日均 2.37 萬輛次，是內地貨車入出境數量最多的客貨綜合性公路口岸。

五、地鐵

1984 年 6 月 18 日，合和董事總經理胡應湘與深圳市政府簽訂建設沙角 B 電廠的合同，首次將「公私合營」的「興建―營運―移交」模式引入內地，打破內地由政府包辦基建項目的局面；其後，外商陸續在內地以「興建―營運―移交」形式投資公路、橋樑、電廠、廢水處理等。

1993 年，國家計劃委員會（國家計委於 1998 年改組為國家發展計劃委員會，2003 年再

改組為國家發展和改革委員會，簡稱國家發改委）開始研究投融資體制改革。1995 年 1 月 16 日，對外貿易經濟合作部公布《關於以「興建—營運—移交」方式吸收外商投資有關問題的通知》，允許外商以合作、合資或獨資的方式建立「興建—營運—移交」項目公司。2004 年 1 月，地鐵有限公司（地鐵公司；2007 年 12 月 2 日起，改名為香港鐵路有限公司後，簡稱港鐵公司）與深圳市政府簽署《關於深圳市軌道交通四號綫投資建設運營的原則性協議》，將「興建—營運—移交」及「鐵路加物業」綜合發展模式引入在內地軌道交通建設。

2004 年 5 月 1 日，建設部頒布的《市政公用事業特許經營管理辦法》實施，指出市政公用行業實行特許經營的範圍包括公共交通、城市供水、供氣、供熱等，是內地首部市政公用事業特許經營制度的規章。2005 年 9 月 23 日，國務院辦公廳轉發建設部等部門《關於優先發展城市公共交通的意見》，加快推動內地城市軌道交通的建設。

2006 年 4 月，地鐵公司佔股 49% 的北京京港地鐵有限公司（京港地鐵），與北京市政府簽署《北京地鐵四號綫項目特許協議》，首創以公私合營模式參與內地城市軌道交通發展 —— 投資、建設並特許經營北京地鐵四號綫 30 年。2012 年 9 月 28 日，港鐵公司將鐵路業務拓展至杭州，杭州杭港地鐵有限公司（港鐵公司佔股 49%）與杭州市政府簽訂《杭州地鐵一號綫項目特許協議》，特許經營期為 25 年。

2013 年 11 月，中國共產黨第十八屆中央委員會第三次全體會議決定，允許社會資本通過特許經營等方式參與城市基礎設施投資和運營。2014 年 9 月 23 日，財政部下發《關於推廣運用政府和社會資本合作模式有關問題的通知》，提出要盡快形成有利於促進公私合營模式發展的制度體系，以拓寬城鎮化建設融資管道，促進政府職能加快轉變，完善財政投入及管理方式。2015 年 6 月 1 日，《基礎設施和公用事業特許經營管理辦法》實施，首次為公私合營項目設定最長 30 年的特許經營期限。

截至 2017 年，港鐵公司在內地營運六條地鐵綫路，合計規劃綫路總長 221.2 公里，共 150 個車站；除帶來三十多年營運地下鐵路的經驗、資金及先進的設備，港鐵公司引入的「興建—營運—移交」、公私合營、「鐵路加物業」綜合發展的模式，有助促進內地城市軌道的發展和投融資體制改革（見表 5-1-16）。

1. 深圳地鐵

四號綫（龍華綫） 深圳地鐵四號綫最終規劃全長約 31.3 公里，分為三期，共 23 個車站，是該市軌道交通網絡中南北走向的一條骨幹綫路，南起福田口岸（與港鐵落馬洲站接駁），北至觀瀾牛湖，途經福田中心區、龍華中心區及觀瀾中心區。

2001 年 3 月，深圳地鐵一期工程（包括一號綫東段和四號綫南段）全綫動工，總投資額達 115.5 億元人民幣，深圳市政府出資 70%，其餘向銀行借貸。在一期工程全綫動工的期

表 5-1-16 港鐵公司在內地地鐵業務的資料概覽

項目名稱	港鐵的投資額	業務模式	專營權開始日期	專營權期限（年）	截至 2017 年 7 月 1 日	
					車站數目	路線長度（公里）
北京京港地鐵有限公司（港鐵公司所佔權益為 49%）						
北京地鐵四號綫	6.8 億元人民幣	公私合營	2009 年 9 月	30	24	28
北京地鐵大興綫		營運及維修專營權	2010 年 12 月	10	11	22
北京地鐵十四號綫	22 億元人民幣	公私合營	一期：2013 年 5 月 二期：2014 年 12 月 三期：2015 年 12 月	30	一期：7 二期：12 三期：11	一期：12.4 二期：14.8 三期：16.6
北京地鐵十六號綫	約 24.5 億元人民幣	一期：營運及維修專營權	一期：2016 年 12 月	30	一期：10	一期：19.6
港鐵軌道交通（深圳）有限公司（港鐵公司所佔權益為 100%）						
深圳市軌道交通四號綫（龍華綫）	26.4 億元	一期：營運 二期：建設—運營—移交 三期：委託代建與運營	一期：2010 年 7 月 二期：2011 年 6 月	30	一期：5 二期：10	一期：4.5 二期：16
杭州杭港地鐵有限公司（港鐵公司所佔權益為 49%）						
杭州地鐵一號綫	22.2 億元人民幣	一期：公私合營 二期：營運及維修專營權	一期：2012 年 11 月 二期：2015 年 11 月	25	一期：31 二期：3	一期：48 二期：5.66

資料來源：港鐵公司提供。

間，深圳市政府採取「興建—營運—移交」模式修建四號綫二期工程，以緩解財政壓力。2002 年下半年，深圳市發展和改革局與境內外投資者就發展四號綫進行一系列投資意向洽談，並確定地鐵公司作為戰略投資者。

2003 年 5 月 1 日，《深圳市公用事業特許經營辦法》開始實施，允許深圳市政府特別授權許可符合條件的企業在一定時間和範圍內，經營某項公用事業。5 月 9 日，深圳市政府同意地鐵公司主要以「興建—營運—移交」的方式投資建設四號綫。5 月 20 日，地鐵公司與深圳市政府簽署合作備忘錄。

2004 年 1 月 15 日，地鐵公司與深圳市政府在深圳五洲賓館簽訂《關於深圳市軌道交通四號綫投資建設運營的原則性協議》，香港特區政務司司長曾蔭權、深圳市代市長李鴻忠、副市長李德成、許宗衡，以及地鐵公司主席錢果豐、行政總裁周松崗等出席簽字儀式。根據協議，地鐵公司負責建造四號綫的二期工程，並按照「興建—營運—移交」安排，於二期工程完成後經營四號綫全綫 30 年。項目的總投資額約 60 億元人民幣，由港鐵公司股本注資 24 億元人民幣，其餘透過銀行貸款提供。

深圳市代市長李鴻忠在簽字儀式上指出，這是境外公司投資內地軌道交通的首個成功範例，突破以往以政府投資為主的傳統模式，符合國家軌道交通建設的改革思路。地鐵公司參與投資，可減輕政府財政負擔、引進先進的建設—管理—運營經驗、深化城市基礎設施建設的投融資體制改革、促進深圳國際化城市的建設進程，以及進一步提升深港合作水準。

2004 年 3 月 1 日，地鐵公司的全資附屬公司港鐵軌道交通（深圳）有限公司（「港鐵（深圳）」）在深圳註冊成立。2005 年 5 月 26 日，地鐵公司與深圳市政府草簽《深圳市軌道交通四號綫特許經營協定》及其他相關協定。簽約儀式在香港特區環境運輸及工務局局長廖秀冬與深圳市常務副市長許宗衡的見證下進行。2005 年 11 月 4 日，內地軌道領域首條採用「興建—營運—移交」模式的深圳地鐵四號綫二期工程展開。

2009 年 3 月 18 日，港鐵公司與深圳市政府就深圳市軌道交通四號綫以「興建—營運—移交」模式合作的項目，正式簽署了《特許經營協議》。2010 年 7 月 1 日，港鐵（深圳）接管營運全長 4.5 公里、沿綫設有五個車站的四號綫第一期。2011 年 6 月 16 日，四號綫二期通車，全長 16 公里，設有 10 個車站。

2011 年 8 月 18 日，港鐵公司的兩間全資附屬公司，港鐵（深圳）及港鐵物業（深圳）有限公司，投得四號綫龍勝站車廠上蓋地段的「天頌」發展項目，可發展總樓面面積約為 206,167 平方米，其中包括一個樓面面積約為 10,000 平方米的商場，這是港鐵公司在內地的首個物業發展項目。2013 年 12 月 16 日，「天頌」項目舉行開工典禮。2015 年 12 月，售出首批 1698 個預售單位的 96%。項目於 2017 年竣工及交付；港鐵公司該年的內地物業發展經營利潤增長五倍，達到 23.14 億元，主要來自佔「天頌」大部分的多層住宅單位所得的利潤入帳。

2016 年 8 月 26 日，港鐵技術諮詢（深圳）有限公司與深圳市交通委簽署《委託協議書》，以監督深圳地鐵四號綫北延綫（三期項目：清湖北站至牛湖站）的施工，該綫路將由深圳市政府出資興建。

2017 年，深圳地鐵四號綫總乘客量達 2.1 億人次，周日平均乘客量（average weekday patronage）約 580,000 人次。

深圳地鐵四號綫清湖站。該綫路的最終規劃全長約 31.3 公里，分為三期，共 23 個車站，港鐵公司參與投資、建設及營運。（新華社提供）

2. 北京地鐵

港鐵公司透過與內地公司組建合作企業經營北京鐵路業務。2006 年 1 月 16 日，地鐵公司出資 49%，與北京首都創業集團有限公司（首創集團，出資 49%）和北京市基礎設施投資有限公司（京投公司，出資 2%）成立合作企業「北京京港地鐵有限公司」。同年 4 月 12 日，京港地鐵與北京市政府簽署協議，以公私合營模式參與投資、建設並負責運營四號綫，是內地城市軌道交通領域中首個公私合營項目。

2011 年 8 月 17 日，國務院副總理李克強在港宣布中央政府「支持香港鐵路公司深化與北京、上海、深圳市地鐵建設和運營方面的合作」。兩個月後，港鐵公司、京投公司和首創集團簽署《「十二五」北京地鐵市場化投資運營意向協議書》。按照協議規定，北京地鐵規劃於第十二個五年計劃時期（「十二五」時期）（2011 年至 2015 年）末期建成並開通 660 公里綫路，業主方與投資方將選擇適當綫路開展合作，港鐵公司和首創集團作為主要投資方，擬投資北京地鐵在建及新建綫路，並由其合資公司北京京港地鐵有限公司負責運營管理。

2014 年 11 月 26 日，京港地鐵與北京市政府簽訂《北京地鐵十四號綫項目特許協議》。2015 年 11 月 28 日，京港地鐵與北京市政府正式簽署《北京地鐵十六號綫項目特許協議》。2016 年 11 月 4 日，港鐵公司、京港地鐵及京投公司簽署《北京地鐵四號綫、大興綫沿綫上蓋物業開發合作框架協議》，三方以軌道交通引導城市發展為理念，利用港鐵公司

的「鐵路加物業」發展經驗，研究綜合開發四號綫及大興綫沿綫車廠及車站上蓋物業的可行性和潛力。

2017 年，港鐵公司於北京的鐵路業務包括四號綫及大興綫、十四號首三期和十六號綫北段，於京港地鐵的應佔利潤為 3.58 億元。

四號綫及大興綫　北京地鐵四號綫是一條貫穿北京市區南北的地鐵主幹綫，全長 28.2 公里，設 24 個車站。2004 年 12 月，地鐵公司與京投公司和首創集團簽訂原則性協議，以公私合營合作方式，投資、建設及營運北京地鐵四號綫。2006 年 4 月 12 日，京港地鐵與北京市政府正式簽署《北京地鐵四號綫項目特許協議》，特許經營期限 30 年。京港地鐵以公私合營模式參與投資、建設及營運北京地鐵四號綫，是內地城市軌道交通領域中首個公私合營項目。項目耗資 153 億元人民幣，京港地鐵出資 46 億元人民幣，負責投資、建設車輛、信號等部分，以及日常營運與維修保養。2007 年 12 月 15 日，港鐵公司與京港地鐵、北京市交通學校簽署戰略合作協議，創辦「北京市交通學校 — 港鐵及京港城市軌道交通人才培訓中心」，為內地首個具有培訓大專學歷地鐵專才資格的學校；培訓四號綫百多名值班站長，並安排四號綫值班站長、站務員、司機等到港鐵公司學習和訓練實際操作。港鐵公司車輛專家亦定期到南車四方機車車輛的車廠現場工作，提出改良意見。

2009 年 9 月 28 日，四號綫正式通車。港鐵公司於營運初期派出 60 人赴京，就規劃、營運管理及本地員工培訓提供支援。2011 年，北京市發展和改革委員會《四號綫 PPP 模式實施效果評價報告》對四號綫公私合營模式進行全面評價，指出四號綫是「城市軌道交通領域引入社會投資進行公私合營運作的標杆項目，為北京市引進了新的運營管理模式，與傳統的建設和運營模式相比省了政府大量財政資金」。[13]2016 年，國家發改委對項目後評價顯示，四號綫公私合營模式具有良好的財務效益和社會效益，在整個特許經營期內，相比傳統模式為政府節約 98.8 億元人民幣。

大興綫是北京地鐵四號綫的延綫，全長 21.8 公里，設 11 個車站。2009 年 12 月 30 日，京港地鐵與北京市政府全資擁有的北京軌道交道大興綫投資有限責任公司，正式簽署《北京軌道交通大興綫委託運營協議》，由京港地鐵負責日常營運管理和維修保養大興綫，委託運營期為 10 年，期滿經北京市政府同意後可以延長。《委託運營協議》以市場化契約形式規範地鐵所有者和營運商的權利義務，建立營運成本具體指標，完善了政府對軌道交通營運成本的控制指標，進一步明確營運商提供客運服務應達到的安全和服務標準，並建立起相應可量化的考核機制，是繼四號綫以後，「又一次市場化運作的有益嘗試」，被視為對北京「軌道交通委託運營體制的一次重要創新」。[14] 2010 年 12 月 30 日，大興綫開通試營運。

2017 年，四號綫和大興綫總乘客量為 4.51 億人次，周日平均乘客量超過 133 萬人次。

2006 年 4 月 12 日，北京市交通委副主任劉小明（左坐）、北京京港地鐵有限公司總經理王紹基（右坐）在北京釣魚台國賓館簽訂北京地鐵四號綫項目特許協議。（香港鐵路有限公司提供）

2009 年 9 月 28 日，北京地鐵四號綫正式通車，圖為四號綫動物園站。（新華社提供）

2015 年 12 月 26 日，北京地鐵十四號綫中段和昌平綫二期試行營運。（新華社提供）

十四號綫　北京地鐵十四號綫全長 47.3 公里，承擔從北京西南至東北的交通運輸功能。2012 年 11 月 6 日，由港鐵公司、京投公司及首創集團合資組成的京港地鐵，與北京市政府草簽《北京地鐵十四號綫項目特許協議》，以公私合營模式參與投資、建設及營運十四號綫，特許經營期限 30 年。[15] 500 億元人民幣初始投資額中，京港地鐵承擔 30%（約 150 億元人民幣），負責建設列車、信號及機電設備等；港鐵公司對十四號綫投入資本為 24.5 億元人民幣。十四號綫與港鐵一樣，全部採用車體較大、載客量較多的 A 型地鐵列車，為北京地鐵首次嘗試。港鐵公司在此方面提供工程及營運專家方面的支持，向內地輸出集體運輸工程技術和營運經驗。

2013 年 5 月 5 日，十四號綫第一期投入服務，京港地鐵以「營運及維修」收費模式經營。經與北京市政府商討，30 年專營權於 2015 年 12 月正式生效，同月十四號綫第三期啟用。港鐵公司於 2015 年 6 月、2016 年 1 月及 2016 年 2 月分別向十四號綫注資 4900 萬元人民幣、7.4 億元人民幣及 2.4 億元人民幣。

2017 年，十四號綫總乘客量 2.2 億人次，周日平均乘客量約 687,000 人次。

十六號綫　北京地鐵十六號綫全長 49.8 公里，共 29 個車站，是一條南北向骨幹地鐵綫。2015 年 11 月 28 日，由港鐵公司、京投公司及首創集團合資組成的京港地鐵，與北京市政府正式簽署《北京地鐵十六號綫項目特許協議》，以公私合營模式參與投資、建設及營運

十六號綫。十六號綫總投資 474 億元人民幣，京港地鐵承擔其中 150 億元人民幣，負責建設車輛、通訊、信號、供電、空調通風、防災警報、設備監控、自動售檢票系統及車廠、停車場中的機電設備等，並獲 30 年特許經營權，由全綫通車時開始。[16] 2016 年 12 月 31 日，十六號綫北段投入運作。2017 年，十六號綫北段總乘客量 2500 萬人次，周日平均乘客量約 77,000 人次。

3. 杭州地鐵

一號綫及延綫　2006 年 5 月，經過杭州市軌道交通建設資金籌措辦公室的研究，杭州市政府確定地鐵一號綫以公私合營模式對外招標。2007 年 3 月 28 日，杭州地鐵一號綫動工。2008 年 3 月，杭州市發展和改革委員會為一號綫特許經營項目發出招商公告。

2010 年 3 月 4 日，港鐵公司的附屬公司港鐵杭州一號綫投資有限公司，連同杭州市地鐵集團有限責任公司的附屬公司，就全長 48 公里的杭州地鐵一號綫項目以公私合營模式合作，進行投資、建造以及為期 25 年的營運，與杭州市政府簽署特許經營協議。項目的總投資額為 221 億元人民幣，分為 A、B 兩部分，分別約佔總投資額的 63% 及 37%。A 部分為杭州地鐵一號綫的土木建造工程，由杭州市地鐵集團有限責任公司出資及進行；B 部分採公私合營模式，投資約 82.9 億元人民幣，主要包括機電設備工程，由港鐵公司（佔 49% 股權）及杭州市地鐵集團（佔 51% 股權）於 2012 年 9 月 5 日成立的杭州杭港地鐵有限公司（簡稱「杭港地鐵」，註冊資本為 45.4 億元人民幣）出資及建設，並負責營運該鐵路綫。而杭港地鐵透過借貸出資，港鐵公司的股本投資為 22 億元人民幣。

2012 年 9 月 28 日，杭港地鐵與杭州市政府簽訂一號綫公私合營項目的特許經營協議。根據協議，杭港地鐵負責為一號綫提供機電設備工程及車輛。一號綫於同年 11 月 24 日開通，是浙江省首條地鐵綫路，亦是杭州城市建設史上投資規模最大的基建項目。此外，共有三個車站的一號綫延綫亦於 2015 年 11 月 24 日投入服務，隨着延綫的開通，一號綫全長達到 53.6 公里，共有 34 個車站。

2017 年，杭州地鐵一號綫及延綫總乘客量 2.25 億人次，周日平均乘客量約 616,000 人次。

五號綫　杭州地鐵五號綫，規劃全長 51.5 公里，[17] 由蕭山區的香樟路站通往餘杭區的綠汀路站，沿綫共有 38 個車站，計劃於 2019 年年底建成通車。[18] 杭州地鐵五號綫公私合營項目於 2014 年 11 月被財政部納入政府和社會資本合作首批示範項目，並於 2015 年 5 月被國家發改委納入第一批公私合營推介項目。

2016 年 5 月，港鐵公司向杭州市政府遞交此鐵路綫項目的標書。2017 年 6 月 26 日，港鐵公司聯同杭州市政府及杭州市地鐵集團，就杭州地鐵五號綫公私合營項目，簽署特許經營協議。

項目總投資約 375.9 億元人民幣，分 A、B 兩部分，分別約佔總投資額的 60% 及 40%：A 部分工程包括車站、區間等土建工程，由杭州市地鐵集團負責投資和建設；B 部分投資額約為人民幣 109 億元人民幣，由港鐵公司（佔股 60%）與杭州市地鐵集團（佔股 40%）共同出資創辦的特許經營公司投資和建設，該特許經營公司亦負責杭州地鐵五號綫建成通車後 25 年的運營管理及設施維護更新；港鐵公司向合營公司注資 26.16 億元人民幣。

第二節 跨境基建項目

一、廣深港高速鐵路香港段

廣深港高速鐵路是從香港到廣州全長約 140 公里的高速鐵路系統（高鐵），經福田、深圳北、虎門等車站，連接全國 25,000 公里的國家高鐵網絡。高鐵香港段項目是全球首個全地底高速鐵路項目，以經營權模式興建及營運，全長 26 公里，是香港首條高速鐵路。

2000 年 5 月，運輸局（運輸及房屋局的前身）發布的《鐵路發展策略 2000》，首次建議興建高鐵香港段（前稱「區域快線」）。2001 年 10 月，行政長官在施政報告公布計劃興建一條連貫香港、深圳及廣州的高速鐵路。2004 年，原鐵道部編制國家中長期鐵路網規劃，決定將該項目納入國家「四縱四橫」高速鐵路網絡。2007 年 8 月 2 日，特區政府宣布採用專用通道方案建造香港段，興建一條全新的全地下隧道鐵路線。行政長官於同年 10 月宣布擬建的高鐵香港段為十大基建工程項目之一。

2008 年 7 月 8 日，香港立法會財務委員會（立法會財委會）批出 27 億 8260 萬作為高鐵香港段的設計及地盤勘測工作預算費。2009 年 10 月 20 日，行政長官會同行政會議決定由港鐵公司採用服務經營權模式，來進行高鐵香港段的建造、測試及試行運作。立法會財務委員會在 2010 年 1 月 16 日批准撥款進行高鐵香港段的鐵路（550 億 1750 萬元）和非鐵路（118 億元）兩部分的建造工程，合共 668 億 1750 萬元。政府從中撥出 650 億元予港鐵公司進行該工程項目的建造，並保留餘下的 18 億 1750 萬元，以進行項目的監管、政府設施及其他與該工程項目相關而不屬港鐵公司負責範圍以內的工程。

2010 年 1 月 27 日，全長約 26 公里的高鐵香港段動工，由西九龍總站開始，興建專用隧道直達深圳福田站連接全國高鐵網絡。西九龍總站佔地約 11 公頃，地面層被車站中庭的鋼架結構覆蓋。西九龍總站工程包括建造一個四層的地下結構，最底層深入地底約 30 米，總建築面積達 40 萬平方米，是香港其中一個挖掘最深、規模最大的挖掘工程。香港口岸區總面積約 2.41 萬平方米，入境大廳設置人工櫃檯 66 個，自助通道 22 條，離境大廳設置人工櫃檯 32 個，自助通道 29 條。

興建中的高鐵香港西九龍站。高鐵香港段全長 26 公里,由香港西九龍站往北面延伸,至皇崗以南的邊界地區與高鐵內地段連接。(攝於 2017 年,美聯社提供)

廣深港高鐵香港段的建造工程出現成本超支及工程延誤問題。2015 年 6 月 30 日,港鐵公司向政府提交高鐵香港段目標完工日期,以及委託費用預算的最新檢視結果,把目標完工日期推遲至 2018 年第三季度,當中包括六個月的緩衝時間在內。[19] 截至 2017 年 6 月底,高鐵香港段項目的建造工程完成約 95%。為支付工程的超支款額,立法會財務委員會於 2016 年 3 月批准政府 196 億 250 萬元的追加撥款申請,使核准預算增至 892 億 260 萬元,其中 844.2 億元撥予港鐵公司作為委託費用。

高速鐵路縮短香港與內地各城市之交通時間,香港段與廣深段連接後,可直達內地 44 個站點,接通國家高鐵網絡,有助實現粵港澳大灣區一小時生活圈規劃構想,從西九龍總站出發之四小時車程,範圍覆蓋逾 6000 萬人口。

二、港珠澳大橋

港珠澳大橋跨越珠江口伶仃洋海域,是首個連接粵港澳三地的跨境運輸基建項目,東岸起於香港大嶼山西北的礐石灣,西岸着陸點為珠海拱北和澳門明珠。全長 55 公里,由 12 公里的香港連接路、29.6 公里的主橋和 13.4 公里的珠海連接線組成,是全球最長的橋隧組合跨海通道。

相對於珠三角東部，香港與珠三角西部的交通聯繫主要依靠水路。1983 年，香港合和集團主席胡應湘首次提出建伶仃洋大橋的建議。1997 年亞洲金融危機後，香港特區政府表示要尋找新的經濟增長點、振興經濟，並有必要盡快建設連接香港、澳門和珠海的跨海陸路通道，以充分發揮香港、澳門的優勢，2002 年，香港特區政府向中央提出修建港珠澳大橋的建議。

國家發展和改革委員會（國家發改委）與香港特區政府於 2003 年 1 月共同推展《香港與珠江西岸交通聯繫研究》。研究於同年 7 月完成，結論指出，有需要興建一條陸路通道連接香港及珠三角西部，縮短兩地的行車距離和時間，以收宏觀社會經濟效益。

2003 年 8 月 4 日，國務院批准粵港澳三地政府成立港珠澳大橋前期工作協調小組（協調小組），協調並推進大橋建設方案的前期工作。香港特區政府亦委聘顧問，進行港珠澳大橋香港段和北大嶼山公路連接路的勘測及初步設計工作。

2004 年 2 月，協調小組委聘中交公路規劃設計院為港珠澳大橋進行工程可行性研究。2007 年 1 月，中央政府宣布成立港珠澳大橋專責小組，以加速推動大橋項目的進展。專責小組由國家發改委牽頭，成員包括國家交通部、國務院港澳事務辦公室，以及三地政府的代表。2008 年 2 月 28 日，協調小組就工程方案、投融資建議實施方案及下一步工作達成共識。6 月 6 日，立法會財委會批准撥款 8690 萬元，以進行香港口岸工程計劃的工地勘測和初步設計工作。

2008 年 8 月，粵港合作聯席會議第十一次會議提出，大橋海中橋隧主體工程採用「政府全額出資本金方式」；同時，三地政府就大橋的融資達成共識；除了各自承擔其境內的口岸及連接線的建設外，更進一步同意共同承擔大橋主體的建設：中央及廣東省政府出資 70 億元人民幣，香港及澳門分別出資 67.5 億元人民幣和 19.8 億元人民幣，合共 157.3 億元人民幣，佔大橋主橋項目費用約 42%。資本金以外部分，由三方共同組建的項目管理機構通過貸款來籌集。大橋建成後實行收費還貸。

2009 年 1 月，三地政府透過在內地公開招標，並在財務顧問提供獨立和專業的協助下，於 3 月選定中國銀行作為大橋主橋貸款牽頭行，組建銀團提供貸款；中國銀行承諾向港珠澳大橋主橋項目提供貸款約 220 億元人民幣。

國務院在 2009 年 10 月 28 日的常務會議上，正式批准港珠澳大橋工程可行性研究報告。同年 12 月 15 日，大橋正式施工，設計壽命為 120 年。主橋為一條三線雙程分隔車道，全長約 29.6 公里，採用橋隧結合方案，包括一條長約 6.7 公里的海底隧道，設計行車速度每小時 100 公里。主橋從西端珠海拱北和澳門特區明珠對開的人工島，伸延至東端粵港分界

2007 年 1 月 9 日，港珠澳大橋專責小組召開第一次會議。圖中為專責小組組長國家發展和改革委員會副主任張曉強，左二為交通部副部長翁孟勇，右三為國務院港澳辦副主任周波。出席會議的專責小組成員有廣東省政府常務副省長湯炳權（左一）、香港特區政府環境運輸及工務局局長廖秀冬（右二）及澳門特區政府土地工務運輸局副局長陳漢傑（右一）。（香港特別行政區政府提供）

線香港特區境外的海底隧道東人工島。2010 年 2 月，三地政府簽署《港珠澳大橋建設、營運、維護及管理協議》，並在同年 7 月成立港珠澳大橋管理局。

2011 年 11 月 19 日，立法會財委會通過 466 億 2380 萬元撥款，作為香港口岸（304 億 3390 萬元），以及香港接線（或稱香港連接路）（161 億 8990 萬元）的工程預算費。11 月 30 日，香港口岸填海工程展開，工程包括於香港國際機場東北面對開水域填海，提供約 150 公頃的土地（其中約 130 公頃土地用作香港口岸，約 20 公頃土地用作屯門至赤鱲角連接路南面出入口），以興建多座建築物及運輸設施，為旅客及貨物提供檢查及出入境服務。12 月 14 日，行政長官曾蔭權主持香港口岸動工典禮。

2012 年 5 月 25 日，立法會財委會批准香港接線所需的額外撥款 88 億 5730 萬元。5 月 31 日，香港接線路工程展開 —— 建造約 12 公里長的三線雙程行車的接線，把香港口岸與港珠澳大橋主橋連接起來，工程主要包括高架橋、隧道、地面道路、海堤、填海及相關設施。

2016 年 1 月 30 日，立法會財委會批准增撥 54 億 6110 萬元予「港珠澳大橋香港口岸 —— 填海及口岸設施」工程。同年 6 月，大橋主體橋樑合龍。

2017 年 5 月，香港接線高架橋、隧道及地面道路全線貫通。同年 7 月 7 日，大橋的海底隧道及大橋主體工程全線貫通。[20]

大橋使珠三角西部納入香港方圓三小時車程可達的範圍內，來往香港國際機場與珠海的陸路時間，由 4 小時縮短至約 45 分鐘；來往香港貨櫃碼頭與珠海的行車時間，由 3.5 小時減至 75 分鐘，有助促進粵港澳大灣區的人流和物流聯繫。

興建中的港珠澳大橋跨越珠江口伶仃洋海域，是首個連接粵港澳三地的跨境運輸基建項目。（美聯社提供）

2011 年 12 月 14 日，行政長官曾蔭權（左三）主持港珠澳大橋香港口岸的動工典禮。圖左至右：澳門特區建設發展辦公室主任陳漢傑、中央人民政府駐香港特別行政區聯絡辦公室副主任郭莉、香港特區行政長官曾蔭權、香港特區運輸及房屋局局長鄭汝樺、國家發展和改革委員會基礎產業司副司長吳曉、廣東省交通運輸廳副廳長陳冠雄。（南華早報出版有限公司提供）

港珠澳大橋全長 55 公里，由 12 公里的香港連接路、29.6 公里的主橋和 13.4 公里的珠海連接線組成，是全球最長的橋隧組合跨海通道。照片攝於 2017 年東涌。（南華早報出版有限公司提供）

注釋

1   國家統計局工業交通統計司：〈「六五」時期能源平衡情況綜述〉，載國家統計局工業交通統計司主編：《中國能源統計年鑒 1986》（北京：中國統計出版社，1987），頁 13。

2   合和電力的股東包括合和中國發展有限公司（合和實業有限公司的全資附屬公司）（擁有 50% 股權）、中國建設投資（香港）有限公司（40%）、兼松江商株式會社（5%）、越秀企業有限公司（2.5%）和深業開發有限公司（2.5%）。

3   自 2003 年起改由大亞灣核電運營管理有限責任公司接管營運。

4   中國交通年鑒社：〈公路基本建設投資完成情況〉、〈全國交通運輸各部門基本建設投資及比例〉，載中國交通年鑒社編：《中國交通年鑒 1986》（北京：中國交通年鑒社，1986）。

5   牛和恩、林常青：〈依靠體制改革　再造集資優勢　加快廣東公路建設步伐新的思路 —— 關於我省交通投資融資體制改革方案的代説明〉，《廣東公路交通》，1994 年第 2 期，頁 2。

6   〈港澳人士倡建　廣珠四橋最後一座　容奇大橋昨日通車　來往穗澳時間減半　任仲夷劉俊杰及霍英東等分別致詞〉，《大公報》（香港），1984 年 11 月 26 日，第 5 版。

7   〈廣佛高速公路正式通車 廣州環城公路昨同時啟用〉，《大公報》（香港），1989 年 8 月 9 日，第 2 版。

8   袁佩如：〈廣深高速營運 20 周年　見證世界級城市群崛起〉，南方網，2017 年 5 月 17 日發布，2021 年 8 月 3 日瀏覽，http://news.southcn.com/gd/content/2017-05/17/content_170887552_2.htm。

9   謝錦添、楊玉珍、廖振強：《深圳鹽田：從零到千萬大港》（新加坡：八方文化創作室，2015），頁 21。

10 〈徐祖遠：港口工程建設要高度重視工程安全和質量〉，中國政府網，2009 年 6 月 6 日發布，2021 年 7 月 27 日瀏覽，http://www.gov.cn/govweb/gzdt/2009-06-06/content_1333417.htm。

11 〈上海港口建設將進一步擴大對外合作〉，《新華社》，1997 年 1 月 20 日。

12 「開展國際中轉箱運輸是確立國際航運中心重要標誌之一」，參見蔣工聖：〈關於建立海運國際集裝箱貨物海關監管新模式的思考〉，《中國港口》，1996 年第 6 期，頁 38；「發展集裝箱國際轉運業務，是提高上海口岸港口吞吐量，形成上海港樞紐港地位的重要措施，也是促進上海國際航運中心建設的客觀需要。」參見吳明華：〈走向國際樞紐大港的標誌 —— 上海口岸海上集裝箱國際轉運業務正式運營〉，《中國遠洋航務通告》，1997 年第 10 期，頁 1。

13 新華網：〈北京軌道交通擬加大市場化運作〉，網易教育網頁，2011 年 10 月 21 日發布，2021 年 8 月 3 日瀏覽，https://www.163.com/edu/article/7GU0752800293L7F.html。

14 京港地鐵：〈《北京軌道交通大興線委託運營協議》和《大興線建設介入協議》在北京正式簽署〉，京港地鐵網頁，2009 年 12 月 30 日發布，2021 年 8 月 3 日瀏覽，https://www.mtr.bj.cn/article/5d510c0aebb1a36f5ef5981f.html。

15 京港地鐵與北京市政府於 2014 年 11 月 26 日正式簽署《北京地鐵十四號線項目特許協議》。新華社：〈「京港地鐵」獲北京地鐵十四號線 30 年運營權〉，中國政府網，2014 年 11 月 26 日發布，2021 年 8 月 3 日瀏覽，http://www.gov.cn/xinwen/2014-11/26/content_2783618.htm。

16 按港鐵公司 2020 年中期報告，十六號線全線通車目標日期為 2021 年年底。參見香港鐵路有限公司：《香港鐵路有限公司 2020 年中期報告》（2020 年 8 月 6 日），頁 24。

17 杭州地鐵五號線於 2020 年 4 月全線開通後，實際全長 56.2 公里。

18 2019 年 6 月 24 日，杭州地鐵 5 號線首通段（善賢站到良睦路站）正式開通試運營。

19 2018 年 9 月 23 日，高鐵香港段正式通車。

20 2018 年 10 月 23 日，港珠澳大橋開通儀式於珠海舉行，並在翌日正式通車。

第六章
土地與房地產

第一節 概況

香港土地與房屋市場實行自由買賣流轉的制度，與內地有別 —— 改革開放前，內地實行計劃經濟，國有土地以行政劃撥方式，無償、無限期給土地使用者使用，城鎮房屋實行福利分配制，土地與房屋不具備商品性質。1978 年 12 月中共十一屆三中全會後，國家的工作重心轉移到推動國民經濟發展。深圳等改革開放前沿地區率先參考香港的土地批租制度，探索土地有償使用制度改革。香港工商界及專業人士對內地土地使用制度提供改革參考意見和協助政策落實。

1979 年 3 月 5 日，深圳市出租蛇口半島 1000 畝土地給香港招商局建設蛇口工業區，租地期限 15 年（免所得稅 3 年），每年每畝交地租 4000 元。同年 4 月，中央工作會議在北京召開，廣東省提出利用該省毗鄰港澳的有利條件，實行特殊政策和靈活措施，加快對外開放和經濟建設。會上，福建省也提出在廈門建立出口加工區的要求。中央工作會議決定在廣東的深圳、珠海、汕頭，以及福建的廈門等地試辦出口特區（1980 年 3 月更名經濟特區）。

1979 年下半年起，廣東省籌建深圳經濟特區並準備為特區立法，港澳經濟界人士、商會和研究諮詢機構，如香港中華總商會、促進現代化專業人士協會（現代化協會）等關注國家發展的團體，其成員多次獲邀參與協助內地籌建經濟特區和規劃的工作，包括協助規劃蛇口工業區，以及參加 1980 年 9 月舉辦的深圳社會經濟發展規劃會議；他們就深圳土地及人口規劃等議題，提出專業意見，供內地參考。

1980 年 8 月 26 日，第五屆全國人民代表大會常務委員會第十五次會議批准施行《廣東省經濟特區條例》（《條例》），深圳經濟特區同日正式成立。《條例》第十二條允許包括港商等外商有償、有限期使用特區範圍內的國有土地，以發展對外經濟合作和技術交流，促進社會主義現代化建設。《條例》第四條提及允許客商投資興辦或與中方合資興辦住宅和建築業。1980 年至 1981 年間，香港德興公司與國有企業深圳市房地產公司[1]（簡稱深房公司）簽訂 10 項租賃土地協定，總計租地 4.54 萬平方米，規劃建築面積 34 萬平方米，投資 9 億元，深圳方收取土地使用費 2 億多元。1981 年 11 月通過、同年 12 月公布的《深圳經濟特區土地管理暫行規定》列明商品住宅用地最長使用年限為 50 年（第十五條），惟禁止出租和擅自轉讓土地（第五條）。自 1984 年開始，廣州、上海等地也開始進行城鎮土地有償使用試點，但國有土地仍不能進入市場流通。

1980 年代，來自香港法律、會計、工程、測量等不同專業界別的現代化協會成員，多次往返深圳，為來自全國各地的幹部提供義務講學，介紹香港的城市規劃、土地政策、建築條例、法律制度、會計制度等，成為內地進行土地使用制度改革的參考依據。負責土地使用

制度改革的中央官員也參考香港專業人士的意見，包括現代化協會成員撰寫文章中提及的建議。1986 年 11 月，深圳市政府組團到香港考察土地拍賣市場，隨後深圳市委、市政府向中央政府提交《關於選若干點試行土地使用權有償轉讓的建議》的報告，提出在土地所有權不變的前提下實行土地使用權有償轉讓。1987 年 7 月，國務院主要領導人批覆該報告，決定將深圳、廣州、上海和天津四個城市作為首批土地使用權有償出讓的試點城市。深圳經濟特區參考香港批租制度，於同年 9 月、11 月、12 月，分別以協議、招標和拍賣方式出讓國有土地使用權。經歷 1987 年 12 月 1 日在深圳會堂舉行國有土地使用權全國首次公開拍賣後，同月 29 日通過《深圳經濟特區土地管理條例》，第二條列明：「特區國有土地實行有償使用和有償轉讓制度。」土地有償出讓和轉讓的法規其後從深圳經濟特區推向全國。1988 年 4 月 12 日，第七屆全國人大第一次會議修改國家憲法中有關土地使用權的條例，規定全國土地的使用權可以依照法律的規定轉讓。

1988 年，在多位香港工商界及專業人士的協助下 —— 包括現代化協會成員梁振英於同年 1 月至 2 月協助擬定及翻譯內地首份國際土地招標文件 —— 上海於 6 月 20 日至 30 日進行全國首次國際性土地批租。日籍華人孫忠利投得上海虹橋經濟技術開發區地塊，於 8 月 8 日進行簽署儀式。同年 12 月 29 日，《土地管理法》根據修改後的憲法作出第一次修正，刪除「禁止出租土地」的內容，並增加「規定國有土地和集體所有的土地的使用權可以依法轉讓」、「國家依法實行國有土地有償使用制度」等內容。

在內地進行土地使用制度改革的 1980 年代，房地產市場逐步形成，香港發展商起初只獲批准投資外銷房地產項目。1979 年年底開始，港商首次在廣州、深圳投資興建住宅小區等單一項目，規模較小，包括廣州的東湖新村（建築面積六萬平方米）和深圳的東湖麗苑（建築面積三萬平方米）。兩個項目都是以「補償貿易」形式合作發展的外銷樓盤，在香港出售。

1980 年代初期，香港主要發展商新世界發展有限公司（新世界發展）、合和實業有限公司（合和）、新鴻基地產發展有限公司（新地）、長江實業集團有限公司（長實）、瑞安集團有限公司（瑞安）都有參與內地酒店投資項目，以中外合作或中外合資形式進行，港商出資，國家出地，在經營若干年後，酒店交還國家。這些項目為國家帶來第一批現代化管理的酒店，主要在廣州、北京、深圳、上海等大城市興建，包括廣州的白天鵝賓館（1979 年簽約）、中國大酒店（1980 年簽約）及花園酒店（1980 年簽約）；中山溫泉賓館（1979 年簽約）；北京的兆龍飯店（1981 年簽約）；深圳的南海酒店（1983 年簽約）和上海的城市酒店（1984 年簽約）等。其中，白天鵝賓館是改革開放後首家中外合作的大型酒店。從 1980 年代至 1990 年代初期，港商成為北京中高檔酒店的主要投資者，截至 1993 年年底，北京近 300 萬平方米的中外合資酒店中，港商參與投資的酒店佔 70%，包括內地第一座超高層建築京廣中心的酒店部分（即京廣新世界飯店，2014 年翻新為北京瑰麗酒店）。京廣中心由熊谷組（香港）有限公司和廣東省及北京市多家公司於 1985 年至 1990 年合資

興建，地上 52 層，高 208.7 米，建成時是全國第一高、亞洲第三高建築物。港商投資的首批大型酒店項目為內地帶來第一批城市地標式建築物，除了引入先進建築技術和現代設計，同時在中外合作經營酒店的過程中，向內地引介現代化管理模式和市場經驗。

自 1988 年 4 月憲法修正案允許土地使用權合法轉讓起，香港中小型開發商在內地合法取得土地使用權進行發展，開發樓盤在香港出售，1992 年至 1993 年是外銷樓盤在香港銷售的第一個高峰期，每年在香港推出約八萬個內地住宅單位，主要位於珠三角地區。

1988 年後，大型香港發展商也開始在內地投資住宅項目。1989 年 5 月由霍英東的有榮有限公司、恒基兆業地產有限公司（恒基兆業）、香港粵海企業（集團）和番禺縣政府合組公司開發毗鄰廣州的衛星城番禺洛溪新城，總建築面積逾 250 萬平方米，1991 年年底完成建築面積 22 萬平方米的建設，建成 93 幢樓、2551 套商品房。進入 1990 年代，港商在內地開發的房地產項目數量及規模加大，在推廣樓盤的過程中，開始引入香港物業代理的市場銷售經驗和經營模式。

1990 年，香港中原地產代理公司（中原地產）受委託在香港推銷洛溪新城，首次涉足內地房地產的物業代理業務，1992 年正式成立內地分部，負責中原地產在內地的業務，把「在業務上掌握市場脈搏、公開信息、公平交易，同時堅持不炒賣的宗旨」引進內地。1990 年 5 月，中國海外建築工程有限公司（中國海外，1992 年 8 月改組為中國海外集團有限公司，簡稱中海集團）在深圳推出海富花園樓盤時，從香港引進實體樣板房（港稱示範單位）等銷售模式。港商彭磷基於 1991 年起在番禺開發的祈福新邨，在內地首創設立大型售樓部，培訓專業售樓員、提供售樓書、模型、電視廣告、設示範單位等營銷手法。

隨着廣州、北京、上海等內地大城市於 1990 年代初落實城市規劃和舊區重建，港商作為主要參與的外商，在這些城市從事開發較大型的住宅及商業地產項目。1992 年，嘉華國際集團有限公司參與廣州市首個舊城改造計劃，將廣州越秀區重建為大型住宅及商業小區嘉和苑，項目共 12 座，提供逾 1000 個住宅單位。同年，北京市向國務院提交《關於報送〈北京城市建設總體規劃〉（草案）的請示》，國務院於 1993 年批覆。北京市提出危舊房改造與新區開發、住房改革、房地產經營、保護古都風貌相結合的方針，並允許外資企業合資開發與經營房地產。

在內地舊區重建方面，香港主要地產發展商均有參與 —— 新地與北京東安集團合資對北京王府井商業大街的東安市場舊址進行改建擴建，成為新東安廣場（1993 年至 1997 年興建；商場部分稱為新東安市場，2008 年 4 月 20 日更名為北京 APM）；長實在北京市東城區佔地 10 萬平方米的舊城區進行拆遷，發展總建築面積 80 萬平方米，集商場、寫字樓和酒店的綜合項目東方廣場（1996 年至 2004 年興建）；新世界發展公司及多家香港公司投資開發改造北京崇文門外大街（1995 年至 1998 年興建），並在該地發展北京新世界中心

一期和二期（1998 年和 2000 年開業）等房地產項目。恒隆地產於 1990 年代初開拓內地市場，1994 年在上海靜安區發展結合購物中心和寫字樓的綜合體項目恒隆廣場（Plaza 66，1994 年至 2001 年興建），建成時為浦西地區第一高樓，商場採取分租經營模式。

上海市政府於 1995 年啟動全市 365 萬平方米棚戶、簡屋、危房的改造工程，允許外資開發內銷房政策出台，吸引香港開發商投資。瑞安開發的瑞虹新城和上海新天地為較具代表性的港資地產項目。瑞虹新城是一個包括辦公樓、購物中心、酒店、文化及娛樂設施和住宅物業的綜合社區，其住宅部分是一個由外資發展商開發的內銷樓盤，自 1998 年起開售，成為上海市大型住宅區之一。上海新天地引入西方先進建築設計及商業模式，為內地城市規劃發展帶來結合石庫門舊區保育和文創商業街的新嘗試。

1997 年亞洲金融風暴後，亞洲多國的貨幣、股票市場及其他資產價格暴跌，香港房地產市場從 1997 年的歷史高位進入下行調整周期，根據中原樓市大數據，全港住宅實用面積平均呎價，由 7410 元下跌至 2003 年的 2368 元，香港發展商在內地的投資步伐放緩。

1998 年 7 月國務院發布《關於進一步深化城鎮住房制度改革加快住房建設的通知》，落實住房分配貨幣化、發展住房金融，並建立以經濟適用住房為主的多層次城鎮住房供應體系，內地房地產企業急速發展，房地產開發資金由 1997 年的 3817 億元人民幣上升至 2003 年的 13,196.9 億元人民幣，首次超越 10,000 億元人民幣。同期，利用外資（主要是港資）發展內地房地產項目的比例，從 12.1% 下降到 1.3%，港資在內地房地產市場的份額急速下降。

2003 年後，香港地產業復甦，對內地房地產市場保持投資。根據 FDI markets 統計，2006 年至 2016 年，在外商直接投資內地住宅地產的國家和地區中，香港仍佔第三位。2006 年內地物業價格處於低谷期，大量外資通過投資內地房地產進入中國市場，國家為防止境外機構和個人炒房抬升房價，自 2006 年起三次（2006 年、2010 年、2012 年）推出「限外令」，限制境外資金在境內購房，直到 2015 年 8 月取消「不得購買非自用、非自住商品房」的規定。

「限外令」主要針對住宅地產，港商投資內地房地產項目自 2006 年後，集中於商業房地產項目，尤其是商場、寫字樓、酒店綜合體。2006 年至 2016 年，港商在內地投資 29 個商業地產項目，累計投資額 131.09 億美元，是所有外資直接投資內地商業地產佔比最高，為 26.80%；與住宅地產相比，2006 年後商業地產是香港主要發展商在內地的投資焦點，並朝品牌化、藝術化、高端生活化方向發展。投資地點遍布全國一、二、三線城市。恒隆在上海興建「恒隆廣場」後，2006 年起相繼在瀋陽、濟南、無錫等城市建造及持有綜合商業項目，並以「恒隆廣場」品牌命名。自 2010 年起，新世界發展在內地成立以「K11」為品牌的生活藝術商場、寫字樓與住宅綜合體，包括 2010 年開幕啟用的武漢 K11 多元文化生

活區。其後在上海、瀋陽、北京、廣州、天津及寧波等城市投資 16 個項目，總租賃面積逾 140 萬平方米。此外，廣州太古匯於 2011 年落成，包括一個高尚購物商場、兩座甲級辦公樓、一家豪華酒店 —— 廣州文華東方酒店及服務式住宅。

2000 年至 2017 年，內地商品房銷售面積隨着國家於 1998 年推出住房貨幣化改革而急速上升，從 2000 年的 18,637.13 萬平方米，上升至 2017 年的 169,407.82 萬平方米。同時期，港商參與內地房地產的市場份額整體下降：在內地經營的房地產發展商數目，從 27,303 個急升至 95,897 個，其中由港、澳、台資金成立的地產開發企業的數目，由 2899 家微升至 3066 家，而市場份額由 10.6% 下降到 3.2%。

第二節 引介香港土地有償使用制度

1970 年代末，香港一群法律、會計、工程、測量等界別的專業人士籌建「促進現代化專業人士協會」（現代化協會），計劃以各自的專業知識，協助國家現代化建設。在內地改革土地使用制度中，這批專業人士協助深圳、上海等城市進行改革探索，向內地引介香港的土地有償使用制度，並直接參與深圳首次土地使用權拍賣及上海土地批租的制度設計。

國家實行改革開放前，「國家所有的土地，由私人經營者，經營人不得以之出租、出賣或荒廢」，城鎮國有土地採用單一行政劃撥制度，國家將土地無償、無期限提供予使用者使用，土地使用權不能在使用者之間流轉，與香港土地有償使用制度有別。

1978 年 4 月至 5 月，國家計劃委員會和對外貿易經濟合作部受國務院委派組織考察組，實地考察港澳經濟後，同年 6 月向中央提交《港澳經濟考察報告》，建議把廣東寶安（1979 年 1 月 23 日撤縣設深圳市）、珠海建設成出口基地和面向港澳的遊覽區。同年下半年，香港產業測量師劉紹鈞獲安排到深圳與廣東省領導人見面，並向廣東省領導人表示，香港一班專業人士擬成立一個協會，向內地提供法律、規劃、工程等方面的協助。他稱，當時同行的香港人士包括香港中華總商會一位女代表，以及準備在深圳投資興建外銷住宅的妙麗集團負責人劉天就。[2]

現代化協會於 1979 年 10 月 10 日在香港正式註冊成立，廖瑤珠律師為創會會長，成立的宗旨為「協助及提供服務，以促進各行各業之專門人才直接參與中國及其他國家或地區推行之現代化運動」。現代化協會成立後，深圳市開始同該會成員保持聯繫，共同探索深圳現代化建設和規劃的工作。

同年，國務院批准交通部香港招商局在深圳南部海岸租用土地創辦蛇口工業區，該年年底招商局常務副董事長袁庚邀請現代化協會成員及其他香港專業人士坐船往蛇口考察。考察過後，現代化協會成員協助蛇口工業區進行規劃，並印製成中英雙語小冊子《香港招商局深圳市蛇口工

1979 年年底，招商局常務副董事長袁庚邀請現代化協會及其他香港專業人士坐船往蛇口考察。左至右：劉紹鈞、廖瑤珠、袁庚、城市規劃師周爽南。（曾正麟提供）

業區投資簡介》，於 1980 年 1 月 15 日在香港舉辦的招商局起義 30 周年紀念酒會上派發。

1979 年 7 月，中共中央、國務院批轉《廣東省委、福建省委關於對外經濟活動實行特殊和靈活措施的兩個報告》，同意在廣東省的深圳、珠海、汕頭和福建省廈門試辦「出口特區」，隨即開展特區條例的起草工作，由廣東省委書記吳南生統領。在特區條例的起草過程中，香港中華總商會王寬誠（1958 年至 1984 年間任該會副會長及會長）是諮詢對象之一。

同年 12 月 6 日，廣東省委第一書記習仲勳率團從澳洲訪問歸來途經香港，視察香港六天，其間除了與香港官方人士會面，也與香港民間組織和人士交流，並就經多次修改的《廣東省出口工業特區條例》（草稿）（即《廣東省經濟特區條例》的初稿）向他們徵詢意見。王寬誠向習仲勳當面提出意見，並於 12 月 11 日寫了一封長信，由訪問團帶回深圳交給負責起草特區條例的吳南生。信中提出「把深圳宣布為特區，同時，仿效香港拍賣土地的方式，把土地的使用權以較長的年期拍賣給土地使用者……除了拍賣外，也可用出租方式，土地的出租或拍賣乃為今後發展的重要條件之一……」。

王寬誠在 1980 年 1 月 7 日致函吳南生，信中就深圳土地規劃提出建議：「招人投資買土地，建若干商業辦公樓（香港稱寫字間）、工廠大廈、工人住宅等等，但先要測量好土地，規劃用途，印好契約，規定拍賣章程等等。」

深圳在經濟發展資金短缺下，市政府探索利用土地資源的方法，發展外銷房地產項目，開拓財政收入來源，解決資金不足的發展局限。1980 年 1 月 1 日，深圳市首任房管局副局長駱錦星與香港妙麗集團負責人劉天就簽約，由深圳提供土地，妙麗集團投入資金，以「補償貿易」形式合作興建住宅小區東湖麗苑，規定稅後純利由深方、港方按 85：15 分成。同月 8 日，駱錦星組建全國第一家房地產開發企業深房公司，引入香港資金發展涉外房地產項目，推動深圳市進行土地使用制度改革進一步探索。駱錦星指出，東湖麗苑是土地商品化的體現，開土地有償使用的先河。[3]

1980 年 1 月 1 日，現代化協會應全國人大常委會副委員長、國務院僑務辦公室（國僑辦）主任、國務院港澳事務辦公室（港澳辦）主任廖承志的邀請訪問北京，是香港專業人士團體第一次正式訪問內地政府部門。由會長廖瑤珠率領，訪問團一行 24 人，成員包括副會長劉紹鈞、秘書長陳子鈞（大律師）、司庫陳文裘（會計師）、委員何耀棣（律師）、黃振墀（工程師）、馮慶炤（馮秉芬公司執行董事）、廖子光（教授、建築師）和曾正麟（建築師及測量師）等。國家計劃委員會、國僑辦、港澳辦、外國投資管理委員會、中國國際信託投資公司、中國國際貿易促進委員會、中國人民對外友好協會（對外友協）等近十個部門的有關負責人先後會見訪問團。訪問團離開北京後途經廣州，獲廣東省省委書記吳南生、副省長曾定石等接見。1980 年 6 月，廣東省委任命吳南生兼任深圳市委第一書記及市長。

1980 年 1 月 1 日，現代化協會訪問北京。左至右：中國人民對外友好協會會長王炳南、廖瑤珠、陳子鈞、對外友協副會長侯桐、劉紹鈞。（曾正麟提供）

現代化協會訪京後，成員劉紹鈞、何鍾泰和曾正麟應邀參加同年 3 月 1 日在深圳市舉辦的城市規劃座談會。其他參加座談會的香港人士包括周爽南（城市規劃師）、胡偉民（設計師）、游耀展（城市設計師）、陳祖表（土木工程師）、李大衛（城市設計師）和羅孔瑞（建築師）。當時深圳市建設委員會對深圳市的性質定為具有相當水平的工農業結合的生產基地，對外加工基地，吸引港澳遊客的遊覽區，一個現代化的邊防城市。同月 24 日至 30 日，國務院於廣州召開的廣東、福建兩省工作會議，提出試辦經濟特區，並同意把原擬的「出口特區」改稱為「經濟特區」。

同年 8 月 26 日，第五屆全國人大常委會第十五次會議批准施行《廣東省經濟特區條例》（《條例》），規定在深圳、珠海、汕頭設置經濟特區，同日深圳經濟特區宣告成立。《條例》在起草階段參考了香港的經驗，首次以法規形式肯定特區範圍內的國有土地有償使用原則及以外商獨資、合資或合作等方式，引進外資經營土地資源的做法。

《條例》第十二條列明，「特區的土地為中華人民共和國所有。客商用地，按實際需要提供，其使用年限、使用費額和繳納辦法，根據不同行業和用途，給予優惠，具體辦法另行規定」。1980 年 12 月 5 日，香港中央建業有限公司與深房公司簽訂了關於羅湖區一塊 4000 平方米商住用地的協議，其中約定港方有償（每平方米交納土地使用費 5000 元）、有限期（協定使用限期 30 年）使用該塊土地，這是深圳正式徵收「土地使用費」的開端。廣東省人大常委會於 1981 年 12 月公布《深圳經濟特區土地管理暫行規定》，翌年 1 月 1 日施行，第八條列明客商投資設廠、興辦各項事業，需要使用土地者，可以向市政府申請，取得《土地使用證書》。第十五條規定客商使用土地的最長年限，工業用地 30 年、商業（包括餐館）用地 20 年、商品住宅用地 50 年、旅遊事業用地 30 年等。

1980 年 9 月 14 日至 16 日，新成立的深圳經濟特區邀請香港學者、記者及專業人士在深圳新園招待所就《深圳經濟特區社會經濟發展規劃大綱》（《深圳規劃大綱》）初稿進行評議，會議分「建設組」和「經濟組」兩組進行。建設組召集人為香港周爽南城市建設師事務所負責人周爽南，組員包括合和實業有限公司代表黃廣惠和劉景文、潘衍壽工程師事務所代表陳因、香港迪奧設計公司顧問胡偉民、現代化協會成員劉紹鈞等。經濟組召集人為香港中文大學工商管理學院院長閔建蜀、香港中文大學地理系主任黃均堯、香港理工學院商業及管理學高級講師劉佩瓊等。香港與會人士就深圳人口發展、土地規劃與功能分區等議題提供意見。1982 年 8 月 20 日，《深圳規劃大綱》修改稿完成，同年 11 月 30 日發布。

自 1980 年代初起，現代化協會成員協助內地進行現代化發展，向內地幹部提供培訓和參考文章。整個 1980 年代，他們多次到深圳羅湖及蛇口工業區，向來自全國各地組織來的技術幹部無償講學，講解香港的專業制度、技術和相關的法律和政府政策，內容遍及城市規劃、土地政策、建築條例、法律制度、會計制度等。部分測量師出身的現代化協會成員提供學術文章，供內地進行土地制度改革的政策研究和參考。

1983 年 11 月 13 日，現代化協會由梁振英會長率團訪問深圳市政府，雙方就深圳經濟特區最新發展情況進行討論交流。出席者包括劉紹鈞（前排穿深色褲、繫深色領帶者）、梁振英（前排右七）、深圳市副市長甄錫培（前排右六）、陳子鈞（前排右五）、梁振英夫人唐青儀（前排右四）、曾正麟（前排右一）。（香港大公文匯傳媒集團提供）

1983 年，現代化協會成員劉紹鈞撰寫〈香港之房地產市場〉及〈香港房地產資源管理〉兩篇文章，供周干峙、王先進等負責內地土地制度改革的官員和于光遠、費孝通等相關學者參考。[4]〈香港之房地產市場〉介紹房地產的重要性、特性、市場情況、香港土地所有權、年期等一些批租的資料。〈香港房地產資源管理〉分析香港房地產市場成功吸引本地及外地資金投入的因素，包括有償及有年限批租制度、土地批租途徑以招標及拍賣為主、政府控制土地開發、調控土地供應量、充分利用土地收入等。

同年 11 月 13 日，現代化協會會長梁振英率團訪問深圳，一行 30 人早上參觀蛇口工業區及赤灣石油後勤基地，下午拜會深圳市副市長甄錫培，雙方就深圳經濟特區的最新發展情況交換意見。會後訪問團參觀深圳市的城市建設。

1984 年，新華社香港分社聯絡現代化協會，並安排協會成員訪問上海，自此現代化協會開始協助上海推動土地制度改革。1985 年至 1986 年，現代化協會在深圳舉辦兩個介紹香港房地產交易市場的培訓班，為內地土地使用制度改革提供參考資訊。梁振英在第一期培訓班的第一節課上，為學員講解土地使用制度以及與土地、房地產和規劃有關的實踐經驗。

隨着 1980 年代初期香港專業人士在深圳與上海推介香港土地有償使用制度，中央政府多

次邀請現代化協會成員去北京開會，聽取他們介紹香港房地產交易市場情況。內地一些學者如費孝通和于光遠，也主張土地資源市場化。1986年，內地建立推動土地有償轉讓制度的全國性部門和法規。同年2月21日，統籌全國地政的國家土地管理局成立，王先進任首任局長。6月25日，第六屆全國人大常委會第十六次會議通過《中華人民共和國土地管理法》（《土地管理法》），1987年1月1日實施，規定各級人民政府組織編製土地利用總體規劃。《土地管理法》的第二章「土地的所有權和使用權」下，第七條「國有土地和集體所有的土地可以依法確定給個人使用」、第十條「依法改變土地的所有權或者使用權的，必須辦理土地權屬變更登記手續，更換證書」，明確為土地使用權轉讓提供法律依據。

1986年2月國家土地管理局成立後，上海及深圳正式組織研究課題組和訪港團學習香港的土地有償制度和經驗。該年5月，中共中央書記處要求上海學習和借鑒香港經驗，上海隨即組織成立滬港經濟比較研究課題組，對土地利用、自由港、外匯自由兌換、稅收、利用香港等五個課題進行研究。通過比較研究，上海市委和市政府總結指出，香港資源匱乏但經濟仍能高速發展，與實行土地批租制度相關。

同年8月26日至9月9日，上海市委、市政府派出11人組成的房地產、港口考察團赴香港，並要求考察團回滬後提出可供實施的諮詢報告。考察團由上海市人民政府副秘書長夏克強、土地局局長蔣如高及從事房地產、規劃及政策研究的內地專業人士組成，先到廣州、深圳再到香港，聚焦探討的專題包括土地批租和房地產經營、港口建設和自由港政策。考察團首先考察廣州及深圳在城市開發建設和土地有償使用方面的做法和經驗，再到香港考察，先後造訪在港中資機構、民間友好人士，以及港府各部門及半官方機構，通過33次座談會和現場訪問，了解三地在城市開發建設和土地有償使用方面的做法、經驗和下一步的考慮。

上海考察團回滬後，1986年11月4日上海市成立土地批租領導小組及土地批租試點辦公室，為落實土地批租計劃作前期準備。組長及副組長分別由上海市副市長倪天增和市政府副秘書長夏克強擔任。23日，上海市土地批租領導小組向國務院匯報，並請求中央批准上海作為出租土地使用權的試點地區，允許土地承租者自由轉讓、出租、逐步形成房地產市場。

同年12月20日，上海市城市經濟學會與上海市房產經濟學會等共同舉辦全國性的「如何搞活房地產市場」學術討論會。現代化協會成員、香港測量師學會創會會長簡福飴是受邀講者之一。他擔任深圳市的顧問，協助深圳市土地制度改革工作。他在討論會中分享香港利用土地資源的市場經驗，會後撰寫〈關於我國建立城市地產市場可行性研究〉，系統地講述建立完整房地產市場的可行性，供上海市政府官員參考。

1986 年 11 月 17 日，繼上海市組織訪港考察團後，深圳市副市長李傳芳率領深圳房地產代表團赴香港進行為期十天的考察，其中三天，現代化協會向代表團講解香港的官地拍賣及土地制度，並與代表團一起研討深圳的土地使用制度改革問題。考察團並觀摩香港土地拍賣會現場。

深圳市訪港考察團返回深圳後，着手撰寫《深圳市房地產改革赴港考察報告》（《考察報告》）。1986 年 12 月 28 日，報告完成後提交深圳市領導審閱。《考察報告》建議改革現行的行政劃撥土地、收取土地使用費的辦法，在充分準備創造條件的基礎上，採取公開拍賣為主，公開拍賣、招標與行政劃撥相結合的特區土地管理制度。《考察報告》指出：「香港是只有 1066 平方公里的彈丸之地，但香港政府十分珍惜這個世界最寶貴的土地資源，把全港土地收歸官府，在全面規劃和初步開發的基礎上，採取高地價政策，通過招標和公開拍賣的形式，為港英政府攫取巨額收入。高峰年代（1980 年至 1981 年度）的賣地收入佔當年總財政收入的 37%，進入 80 年代的六年平均也達 17%。」

1986 年 12 月，深圳市基建辦公室擬訂《深圳經濟特區土地管理體制改革方案》，並於 1987 年 2 月 28 日將《深圳經濟特區土地管理體制改革方案》（討論稿）報送市政府，以及建議成立深圳市房地產改革領導小組。該小組於同年 3 月成立，負責全市房地產改革統一管理與協調工作。另一方面，市政府着手起草《深圳經濟特區土地管理體制改革方案》（送審稿），7 月經市政府通過。同月，國務院主要領導人批覆由深圳市委、市政府提交的《關於選若干點試行土地使用權有償轉讓的建議》的報告，決定將深圳、廣州、上海和天津四個城市作為首批土地使用權有償出讓的試點城市。

1987 年 9 月 9 日，深圳在全國率先試行土地使用權有償出讓，以協議形式出讓一塊 5300 平方米住宅用地的土地使用權，限期 50 年，由中國航空技術進出口公司深圳工貿中心購入。11 月 25 日，深圳第一次以公開招標形式有償出讓一塊 46,300 平方米的住宅用地，由九家在深圳市有房產開發經營權的企業參與，中標企業由招標小組根據標價、規劃設計方案、工程竣工期及企業資格審定評議選出，最後由深華工程開發公司取得土地使用權。同月，國務院批准國家土地管理局等部門的報告，確定在深圳、上海、天津、廣州、廈門、福州進行土地使用制度改革試點。

1987 年 12 月 1 日下午 4 時 30 分，國有土地使用權全國首次公開拍賣會在深圳會堂舉行，開放予深圳市所有註冊法人競投，共有 44 家企業參與競投，其中 9 家有外資成分。土地競投由深圳市規劃國土局局長劉佳勝主持，副拍賣官廖永鑒負責粵語翻譯。香港測量師學會會長劉紹鈞率領 21 人赴深圳見證土地使用權全國首次公開拍賣，團員包括香港工程師學會會長何鍾泰、英國及香港最高法院律師唐基德、香港地產行政人員協會會長羅景雲。四人同為深圳市房地產諮詢顧問。

香港測量師學會在香港訂製一柄棗紅色的樟木拍賣槌子贈予深圳市。中央政治局委員、國家經濟體制改革委員會主任李鐵映，國務院外資領導小組副組長周建南，中國人民銀行副行長劉鴻儒，以及來自全國 17 個省市的市長來到拍賣現場觀摩。拍賣會歷時 17 分鐘。拍賣地塊編號 H409-4，位於深圳水庫旁，屬住宅用地，面積 8588 平方米，使用年限 50 年，由深圳經濟特區房地產公司總經理駱錦星代表公司舉牌，以 525 萬元人民幣投得，1988 年至 1989 年間在地塊上興建住宅小區東曉花園。

1987 年 12 月，劉紹鈞與中央官員在深圳開會檢討深圳第一次土地使用權公開拍賣。參與會議的中央官員包括中央政治局委員、國家經濟體制改革委員會主任李鐵映，國家土地管理局局長王先進，建設部副部長周干峙等。會議上討論到參與深圳拍賣的國企很多不做可行性報告、不計算成本就投地，無助引進外資，遂決定以後不再拍賣，全部要招標，即土地批租。招標不一定最高價者得，而是選擇成本計算合理的。

深圳土地使用權首次公開拍賣後，陸續有土地制度改革法規出台。1987 年 12 月 29 日，《深圳經濟特區土地管理暫行規定》廢止，同日廣東省第六屆人大常委會第三十次會議通過《深圳經濟特區土地管理條例》，深圳經濟特區國有土地正式實行有償使用和有償轉讓制度。深圳於 1988 年 1 月 3 日頒布《深圳經濟特區土地管理條例》，深圳經濟特區土地開始全面有償使用，在全國率先建立起以土地使用權有償轉讓為核心的土地買賣或租賃市場。

在獲悉中央批准進行土地使用權有償出讓後，上海市土地批租領導小組（1988 年 4 月改稱上海市土地使用制度改革領導小組）及土地批租試點辦公室（上海市批租辦），於 1987 年 10 月起邀請香港測量師、律師、銀行家、發展商及建築師等 17 人在深圳分批進行座談諮詢，梁振英、劉紹鈞等獲邀單獨會面提供意見。簡福飴對拍賣章程、土地法規的配套方面提供可行性建議（見表 6-2-1）。

1987 年 11 月 29 日，經國務院審定批准，上海市政府發布《上海市土地使用權有償轉讓辦法》（《辦法》），翌年 1 月 1 日生效。1988 年 10 月 22 日，上海市政府批准《辦法》的六個實施細則，即《上海市土地使用權有償轉讓房地產登記實施細則》、《上海市土地使用權有償轉讓公證實施細則》、《上海市土地使用權有償轉讓委託律師代理的若干規定》、《上海市土地使用權有償轉讓房產經營管理實施細則》、《上海市抵押人民幣貸款管理暫行規定》和《上海市抵押外匯貸款管理暫行規定》。同年 11 月 1 日，六個實施細則正式生效。

1988 年 1 月 25 日至 2 月 13 日，由上海市土地批租辦公室副主任王安德、上海虹橋聯合發展有限公司經理周友琦及朱克君三人組成的上海虹橋 26 號地塊國際招標文件起草組帶着初稿赴香港進行修訂，在仲量行合伙人、現代化協會成員梁振英的協助下，起草組在香港中環交易廣場 25 樓仲量行內完成內地首個面向國際的土地招標文件的最後修訂工作，梁振

1987 年 12 月在深圳舉行的土地有償使用權拍賣會，用作拍賣的拍賣槌和木座。木座上的金屬牌刻有三行字：「深圳市人民政府笑納／香港測量師學會敬贈／一九八七年十二月一日」。拍賣槌和木座由深圳博物館收藏。（FOTOE 提供）

土地有償使用權全國首次公開拍賣會於 1987 年 12 月 1 日在深圳會堂舉行。土地競投由深圳市規劃國土局局長劉佳勝（左）主持，副拍賣官廖永鑒（右）負責粵語翻譯。香港測量師學會在香港訂製一柄棗紅色樟木拍賣槌，贈予深圳市。（新華社提供）

1987 年 12 月 1 日，全國首次國有土地使用權公開拍賣會在深圳會堂舉行，編號 H409-4 地塊由深圳經濟特區房地產公司總經理駱錦星（舉牌者）代表公司舉牌，以 525 萬元人民幣投得。（新華社提供）

表 6-2-1 1987 年至 1990 年香港顧問及專業人士前往深圳與上海市批租辦領導和人員會面並座談討論內容

日期	港方參與人士	討論內容
1987 年 10 月 22 日	簡福飴、滙豐銀行中國業務公司總經理李慧敏、建築工程師樓負責人何顯毅等	與上海市批租辦有關領導和人員討論《上海市土地使用權有償轉讓辦法》的條款及上海虹橋 26 號地塊擬進行批租等情況。
1987 年 10 月 24 日	香港測量師學會會長劉紹鈞	與上海市批租辦有關領導和人員討論《上海市土地使用權有償轉讓辦法》的條款及上海虹橋 26 號地塊擬進行批租等情況。
1988 年 6 月 3 日	翁余阮律師行創辦人阮北耀	與上海市公證處有關領導及人員洽商在香港的標箱的封箱、開箱及標書進行有效性公證等事宜。
1988 年 10 月 6 日 至 7 日	仲量行合伙人梁振英	與上海市批租辦有關領導和人員討論上海虹橋 28-3C 號地塊擬批租事宜；上海展覽中心的發展；建議撰寫並發行《上海房地產市場調查報告》等事宜。
1988 年 10 月 8 日	香港測量師學會創會會長簡福飴、阮北耀、香港上海實業公司副總經理譚志遠	建立和健全與土地批租相關的法制和法規等事宜；編撰及發行《上海房地產市場調查報告》的必要性；上海土地批租的計劃性等事宜。
1989 年 5 月 26 日	仲量行方學偉	與上海市批租辦人員討論《上海房地產市場調查報告》的稿件。
1990 年 3 月 6 日	梁振英、仲量行經理葉桂陶	與上海市批租辦有關領導和人員討論上海工業用地批租以及上海浦東開發的土地批租事宜；發行《1989 年上海房地產市場調查報告》的總結及如何編寫好之後的調查報告；關於上海土地批租工作人員赴港人才培訓等事宜。
1990 年 9 月 7 日	梁振英	1990 年 6 月上海市委書記、市長朱鎔基赴港推介浦東開發的事情後，與上海市批租辦有關領導和人員討論上海浦東開發的土地批租等事宜。

資料來源： 中共上海市委黨史研究室編：《破冰：上海土地批租試點親歷者説》（上海：上海人民出版社，2018），頁 158-160、232-233。

英負責英文版的翻譯。招標文件第五稿定稿，印製成 2000 份標書，通過顧問及在香港的上海機構向世界各地發放。

1988 年 2 月 28 日，中共中央向全國人大委員會提出《關於修改中華人民共和國憲法個別條款的建議》，尤其針對與國有土地轉讓相關的條款。同年 3 月 16 日至 18 日，深圳舉行全國性土地使用權有償轉讓研討會，參與會議的有來自各省、市主管土地工作的副市長以及國土廳、局的領導共一百多人，包括國家土地管理局局長王先進、深圳市政府副市長李傳芳、上海市政府副秘書長夏克強。會議特別邀請劉紹鈞、簡福飴、梁振英及唐基德四位香港專業人士參加。在研討會上，四人講解香港基本土地制度、土地管理中的法律問題、土地經營管理的基本形式及土地與房地產的關係。

土地使用權有償轉讓研討會結束後，在香港顧問的協助下，上海市土地管理局於同年 3 月 22 日首次舉行土地使用權有償轉讓發標會，對位於該市虹橋經濟技術開發區內面積 1.29 公頃的 26 號地塊實行國際招標，出讓使用權期限為 50 年。75 家國外客商及港商代表和 162 家內地企業參加發標會。

1988 年 4 月 12 日，第七屆全國人大第一次會議對國家憲法中有關土地使用權的條例進行修正，憲法第十條第四款「任何組織或者個人不得侵佔、買賣、出租或者以其他形式非法轉讓土地」中刪除「出租」兩字，並加入新規定：「土地的使用權可以依照法律的規定轉讓。」

同年 6 月 7 日至 18 日，上海市土地管理局局長蔣如高率團訪港，進行上海批租前的市場考察及政策宣傳，其間接觸上海實業、太古地產、恒基兆業、瑞安、新地等多家香港發展商及中銀 13 家銀行團。考察團此行同時向梁振英、劉紹鈞、簡福飴、周安橋、羅康瑞、阮北耀及胡經緯七人頒發上海市房地產改革諮詢顧問證書。6 月 20 日起，上海虹橋招標工作在港、滬兩地同步進行，瑞安、恒基兆業以及上海實業亦有參與地塊投標。上海市公證處採用香港公證員委託代理制度，通過司法部，確定香港翁余阮律師行的阮北耀律師為此項公證的委託公證員。上海市公證處向翁余阮律師行發出一封《商請函》和正式的《委託書》，詳細陳述委託事宜，包括招標活動起訖時間、標箱檢查、監督投標的要求等。港方標箱由阮北耀及公證行人員護送，經空運至上海，在各投標代理人及公證人面前一同開標。

上海首次土地批租於 1988 年 6 月 30 日中午 12 時截標，港滬兩地標箱各收到三份標書。同年 7 月 2 日開標，由日籍華人孫忠利以 2805 萬美元投得虹橋經濟技術開發區 26 號地塊使用權 50 年，投標金額是同年上海財政收入的 2%。8 月 8 日，孫忠利的孫氏企業集團與上海市政府正式簽約，批租地塊上其後興建太陽廣場，1995 年竣工。

劉紹鈞出席批租簽約儀式後，與上海市有關官員談「深圳土地批租情況及對上海工作的建議」，內容包括全面實行土地有償使用制度、建立土地開發基金、房地產體制改革、培訓專業人員等。8 月 14 日，上海市市長朱鎔基對他的建議作出正面批示，並提出將建議印成市政府的信息參考簡報。同月 25 日，簡報發到全市。

1988 年 10 月 27 日，香港測量師學會訪問北京，獲國務院港澳辦主任姬鵬飛在人民大會堂接見。姬鵬飛公開認可參考香港土地批租的辦法，向外表示內地土地使用制度改革正式啟動。

1988 年 12 月 29 日，《土地管理法》根據同年 4 月的憲法修正案內容作出第一次修正，刪除「禁止出租土地」的字句，增加「規定國有土地和集體所有的土地的使用權可以依法轉讓」、「國家依法實行國有土地有償使用制度」等內容。1989 年 11 月 18 日，國家土地管理局頒布《土地登記規則》，對土地使用權的取得、設定、轉移、喪失或變更辦理登記。1990 年 5 月 19 日，國務院發布《城鎮國有土地使用權出讓和轉讓暫行條例》、《外商投資

上海首次土地批租由日籍華人孫忠利以 2805 萬美元中標，1988 年 8 月 8 日舉行簽約儀式。（劉紹鈞提供）

1988 年 10 月 27 日，國務院港澳事務辦公室主任姬鵬飛（中）在北京人民大會堂，會見由香港測量師學會會長劉紹鈞（左）率領的香港測量師學會訪京團。姬鵬飛在會面時表示，認可土地使用制度改革可參考香港土地批租辦法。（新華社提供）

開發經營成片土地暫行管理辦法》及相關文件，為外商在內地參與土地使用權買賣提供法律依據。

1980 年代末至 1990 年代初期，隨着內地房地產市場相關法規愈趨完善，香港專業人士就國家建立可靠市場信息和培訓房地產人才上提供支援。1988 年 8 月，上海首次土地批租後，劉紹鈞於同年 9 月向上海市贈送其測量師行所製作的《深圳房地產市況報告》，並向上海尋求相關數據信息，用以編撰上海的房地產報告。同年仲量行合伙人梁振英致函向上海市市長朱鎔基，建議進行房地產市場信息調查，建議獲朱鎔基認同。

1988 年 11 月 4 日，上海市政府辦公廳發布《上海市人民政府辦公廳關於同意組織開展本市房地產市場信息調查工作的通知》。11 月 15 日至 17 日，梁振英派出仲量行市場部及調查部林增榮及方學偉等三人到滬協助調查工作。《1989 年上海房地產市場調查報告》於 1989 年 5 月出版。1990 年 6 月底開始，仲量行舉辦培訓班，上海方面派員參加，分四批，每批兩人。

1991 年 3 月 14 日，香港房地產建築業協進會（協進會）成立，宗旨包括促進香港、澳門、台灣地區及內地各地之房地產建築業行政人員之友誼、聯繫及合作；增強業內學術性與專業性之研究、交流及諮詢；支持專業人才培訓等。協進會往北京訪問建設部及國家土地管理局後，隨即展開籌備國內房地產建築業行政人員來港培訓計劃。根據計劃，每位獲選的內地行政人員到香港接受全面性在職培訓，藉此提高內地人員的專業質素及推廣內地房地產的發展。1992 年 7 月，協進會舉辦第一屆內地人員培訓班，為建設部、國家土地管理局、上海市、廣州市、廣東省國土廳、廣東省建設委員會、同濟大學及中國人民大學，合共培訓 11 人，總期四個月。1993 年 7 月至 10 月舉辦第二屆內地人員培訓班，有 7 人參加。1994 年 10 月至 1995 年 1 月，協進會舉辦第三屆也是最後一屆培訓班，7 人參加。在培訓過程中，學員被安排到不同公司實習，還參觀與房地產有關的私人公司及政府部門，包括中英土地委員會、地政總署、差餉物業估價署、香港房屋經理學會、土地註冊處、房屋署等。

1991 年 11 月 21 日，劉紹鈞在北京與中國人民建設銀行及建設部代表會談，三方簽署備忘錄，表示因應深圳、上海兩地房地產市場、股票市場發展加快，外商投入日漸增多，準備合作成立全國性房地產諮詢公司，以促進內地房地產市場的形成和發展及住房制度改革。由中國人民建設銀行信託投資公司、香港劉紹鈞產業測量師行（中國）有限公司，以及中國房地產開發總公司三方合資組建的建銀房地產業諮詢有限公司於 1992 年 8 月 15 日正式成立，是國家第一家全國性的專門從事房地產業諮詢服務的中介機構。公司成立的新聞稿指出，「該公司既是專門為房地產市場提供專業諮詢服務的高層次智囊團，又是我國房地產業與國際房地產市場『接軌』的理想途徑，藉此引進香港和其他國家在房地產業管理、估價、諮詢、服務等方面的先進經驗和技術」。

1992 年 9 月，建設部頒發《城市房地產市場評估管理暫行辦法》。翌年 2 月，《土地估價機構管理暫行辦法》和《土地估價師資格考試暫行辦法》相繼出台，國家開始建立房地產估價師認證制度。1993 年 5 月，建設部確認全國第一批 140 名房地產估價師，並向 10 位香港測量師學會成員頒發高級顧問聘書，包括簡福飴、林濬、劉紹鈞、梁守肫、鄔滿海、張皓生、梁振英、莫錦鈞、吳恒廣及曾正麟。1994 年 4 月 20 日，建設部、人事部聯合發出《關於公布第二批房地產估價師名單的通知》，確認內地第二批約 206 名房地產估價師。同年 8 月，中國房地產估價師學會（2004 年 7 月易名中國房地產估價師與房地產經紀人學會，CIREA）正式成立。

香港測量師學會在 1990 年代以後，吸納不少內地會員成為其特許測量師，成為學會在內地發展的基礎，學會並與中國房地產估價師學會、中國建設工程造價管理協會（CECA）及中國建設監理協會（CAEC）訂立資格互認協議。

第三節 港商參與內地房地產市場

改革開放初期，內地房地產與旅遊業發展相關，開始引入香港及海外資金投資酒店項目。1978 年 8 月，國務院計劃在北京、廣州、上海、南京四大城市興建八幢涉外旅遊飯店，11 月成立「利用僑資、外資建設旅遊飯店領導小組」，由國僑辦兼港澳辦主任廖承志等領導。12 月 12 日至 15 日，國家召開研究利用僑資、外資建設旅遊飯店的會議，鄧小平看過會議紀要後於翌年 1 月 6 日作出指示：「搞旅遊要把旅館蓋起來。下決心要快，第一批可找僑資、外資，然後自己發展。方針政策定了要落實。首先要選好人，不選好人事情很難落實。」改革開放後，香港主要發展商開始在內地投資興建酒店。

在內地地方政府招商引資的背景下，中小型香港發展商在改革開放初期已透過「補償貿易」等形式，在深圳、廣州、中山等珠三角城市，以及福州、上海、北京等一、二線城市投資開發外銷樓盤。

1980 年代初起，內地改革土地使用制度和住房制度。1988 年 4 月，國家憲法修正案允許內地土地使用權轉讓在市場自由流通。1990 年代開始，內銷房地產市場逐步形成，內地房地產業進入第一個高增長時期，香港主要發展商在內地都有參與大型住宅項目和商場、寫字樓等商業地產項目的開發，並將香港房地產市場的經驗帶入內地，包括住宅小區、高層屋苑、商住綜合體等住宅類型和商住項目，以及樓花預售、廣告銷售、物業代理、物業管理等房地產經營模式。

1998 年，內地結束福利分房制度，住房全面貨幣化，本土房地產企業的市場佔有率快速增長。2004 年至 2013 年是內地房地產業第二個高增長時期，其間國家頻繁出台宏觀調控措

施對房地產市場進行調控，並推出限制境外資金購買住宅的「限外令」，港商參與內地住宅地產項目，尤其是中低檔次住宅的份額有所下降，投資焦點轉移至商業地產項目，而且朝高端精品化、品牌價值、文化創意和城市綜合體等方向發展，並開拓更多二、三線城市的項目，參與房地產市場時更着重商業地產項目的租金和管理收入等長線回報模式。

一、酒店

國家實行改革開放後，主要香港發展商相繼與國家旅遊機關或國營企業，以合作或合資形式在內地大城市共同開發大型酒店，採用「興建─營運─轉移（BOT）」模式進行，即由國家提供土地，港方投資興建酒店，並由港方營運若干年後無償交給國家。

1979 年 5 月 4 日，國務院批准第一批六幢引進僑資、外資的旅遊飯店，包括港商霍英東和彭國珍投資 6250 萬元（折合 1350 萬美元；另外以酒店的名義向銀行貸款 3631 萬美元）的廣州白天鵝賓館，北京的建國飯店和長城飯店，南京金陵飯店，上海的華亭賓館和虹橋飯店。六幢酒店共提供 5000 多間客房。[5]

1979 年 7 月 1 日，第五屆全國人民代表大會第二次會議通過《中華人民共和國中外合資經營企業法》，為中外合資經營企業提供法律依據。12 日，國家計劃委員會下達批准通知書，香港維昌公司負責人霍英東與廣東省旅遊局副局長陳斌簽訂償還合同，決定合作期限為 15 年。15 日，中共中央、國務院批轉《廣東省委、福建省委關於對外經濟活動實行特

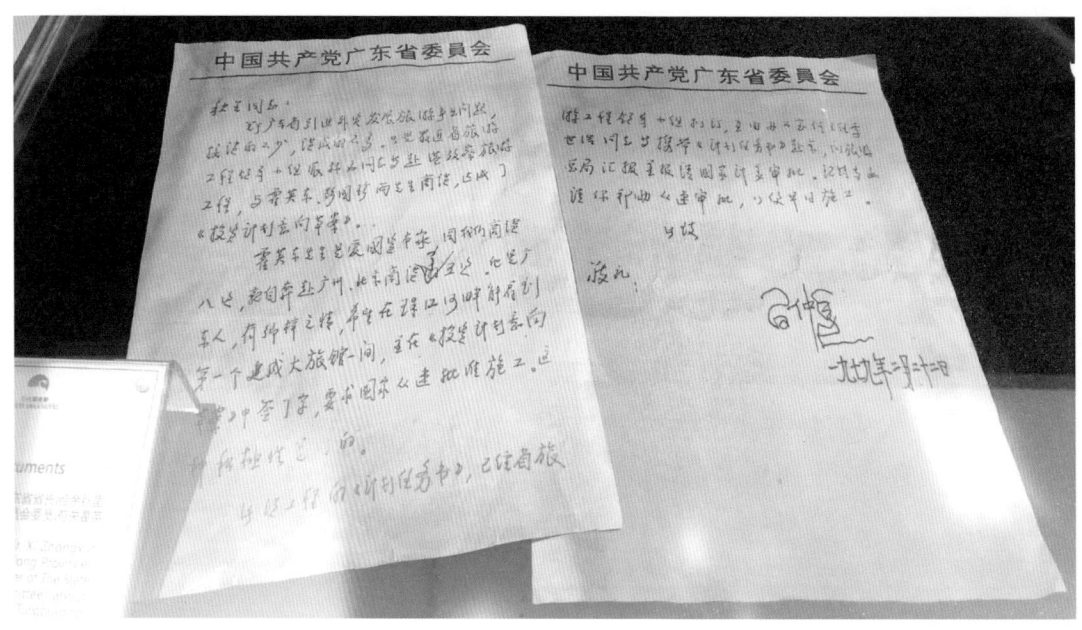

1979 年 2 月 22 日，廣東省委第一書記習仲勳給國務院副總理余秋里的親筆信中，提及霍英東為了在廣州建成白天鵝賓館，同內地政府商談八次，並請余秋里及相關官員跟進審批事宜，以便早日施工。該信於 2018 年 2 月 6 日白天鵝賓館展覽室開放時展出。（香港大公文匯傳媒集團提供）

1980 年 4 月 20 日，香港地產商合組的新合成發展有限公司，與廣州羊城服務發展公司在廣州簽約合作建設中國大酒店。新鴻基企業創辦人馮景禧（左坐）、廣州市副市長左銘（右坐）；前排左至右：廣州市副市長林西、廣東省委常委及廣州市委第二書記梁湘、廣東省委第二書記楊尚昆、長實主席李嘉誠、廣東省副省長曾定石、合和主席胡應湘。（合和實業有限公司提供）

殊政策和靈活措施的兩個報告》（《中發 [1979] 50 號文件》），在對外經濟活動上給予廣東和福建兩省「更多的主動權，使之發揮優越條件，……先走一步，把經濟盡快搞上去」。19 日，位於廣州沙面白鵝潭的白天鵝賓館開始動工，1983 年 2 月 6 日正式開業，為改革開放後首家中外合作大型酒店。

1970 年代末起，中外合作酒店陸續在內地開發。1980 年 3 月 28 日，港商利銘澤和廣州市代表簽署合作協議，在廣州興建大型商務酒店花園酒店，由香港花園酒店有限公司與廣州嶺南置業公司合作經營，合作期 20 年，投資額達 1.15 億美元（近 6 億元）。花園酒店於 1985 年 8 月 28 日全面開業，擁有全國最大的酒店會議中心。2005 年 1 月 1 日，花園酒店結束中外合作期，全部產權收歸廣州市政府。

1980 年 4 月 20 日，胡應湘（合和）、鄭裕彤（新世界發展）、李嘉誠（長實）、李兆基、郭得勝及馮景禧（三人於 1963 年共同創辦新鴻基企業，即新地的前身）透過中外合作形式在廣州市中心投資 1.25 億美元興建酒店。他們合組新合成發展有限公司，與廣州羊城服務發展公司合作經營中國大酒店，佔地面積 1.9 萬平方米、建築面積 16.8 萬多平方米，由高級酒店、住宅大樓和商業大廈（含寫字樓和商場）三部分組成。港方籌集資金和負責經營管理，合作期為 20 年。開業後每年所得利潤先用於還本付息，還清本息後，利潤雙方對半分成。合作期滿後，酒店全部財產在正常營業的情況下，無償移交廣州方面。胡應湘被推舉為總經理，負責策劃和酒店建設工作。1983 年 12 月 8 日，中國大酒店部分開業，翌年 6 月 10 日全面開業。

除了以「中外合作」形式引資興建酒店外，改革開放初期出現一批「中外合資」酒店和旅館，中外雙方投入資金，外方在經營酒店若干年後將酒店歸還國家。境外投資者來自香港、美國、日本等地區和國家。位於北京的建國飯店和長城飯店是內地首兩家中外合資酒店，是 1980 年 4 月國家外國投資管理委員會批准的首三家合資企業的第二和第三號。[6] 兩個項目分別由美籍華人陳宣遠及沈堅白投資。

根據《中國商務年鑒》，1979 年至 1983 年間，內地合共批准六個中外合資經營酒店、旅館項目，分布在北京、福州、瀋陽和深圳等城市，其中四個項目由香港成立的公司與內地單位簽署合同，即北京建國飯店（1980 年 4 月批准簽署，合營年限 10 年）、北京聽松樓飯店（1983 年 1 月批准簽署，合營年限 10 年）、深圳蛇口南海酒店（1983 年 7 月批准簽署，合營年限 20 年）和羅湖大酒店（1983 年 11 月批准簽署，合營年限 20 年）。

1984 年，中外合資酒店合同數目急升至 39 個，其中 21 個合同經由香港註冊公司簽署，佔 79.5%。改革開放初期的中外合資酒店大部分透過香港公司引資開發。

改革開放後的北京，作為接待外賓的國家首都，對酒店需求殷切。1980 年代初起，港商相繼在北京投資建設中、高檔酒店。1981 年 7 月 6 日，港商包玉剛向國家正式捐贈 1000 萬美元，用以在北京朝陽區三里屯興建兆龍飯店。1985 年 10 月 25 日，鄧小平和楊尚昆等領導率領 20 多位部委負責人出席兆龍飯店落成典禮。1984 年 7 月，香港香格里拉國際飯店（北京）有限公司，與中國五金礦產進出口總公司和四季青公社合營的北京紫竹飯店，合資 4000 萬美元在北京西郊發展北京香格里拉飯店。

根據華僑日報編寫的《香港年鑒》第 46 期記載，截至 1993 年年底，北京近 300 萬平方米的中外合資酒店中，港商參與投資的酒店佔 70%，直接投資金額近 10 億美元，包括含酒店部分（京廣新世界飯店）的京廣中心、王府飯店及貴賓樓飯店。京廣中心於 1985 年至 1990 年由熊谷組（香港）有限公司和廣東省及北京市多家公司合資興建，地上 52 層，高 208.7 米，建成時為全國第一高、亞洲第三高建築物。

2000 年代初期，港商在改革開放初期投資的酒店，大部分已移交回給國家，並朝集團化和連鎖化經營模式方向發展。2008 年 8 月 7 日，白天鵝酒店集團有限公司成立，白天鵝從單一酒店轉向集團連鎖經營。至此，1979 年國務院批准利用僑資和外資建立的六家酒店全部結束單體酒店的運作模式。

二、住宅

改革開放初期，土地使用制度改革剛起步，土地使用權不能轉讓，內地房地產內銷市場尚未形成。1970 年代末，香港中小型開發商首先在經濟特區和沿海開放城市投資興建外銷住宅，樓盤在香港出售給港澳人士和海外華僑。港商投資外銷樓盤，引入資金協助內地加快住

宅建設，促使內地成立第一批房地產企業。1979 年 10 月 15 日，香港寶江發展有限公司與同年 4 月成立的廣州市東山區引進外資住宅建設指揮部，簽訂國家第一份引進外資開發住宅小區的合同，港商負責提供 3600 萬元資金、建築設計和技術，廣州方面出土地、包拆遷、承建，雙方以「補償貿易」形式合作發展位於廣州大沙頭的住房項目東湖新村。

1979 年 12 月 21 日，東湖新村動工，1982 年建成 25 幢連花園住宅小區，建築面積共計六萬平方米，均分三份，其中一份由港商分兩期（1980 年和 1981 年）在香港預售，售價每平方米 2300 元至 2500 元，首次預售時一天內售罄。另外一份分配給拆遷戶，第三份由華僑公司、外輪供應公司等國內企業單位購入作為員工宿舍，每平方米 700 元人民幣（約2300 元），屬於全國第一批面向國內市場的「商品房」。

1983 年 6 月，廣州市東山區引進外資住宅建設指揮部成立廣州市首家房地產開發公司東華實業公司，後改名為東華實業股份有限公司（東華實業）。東華實業利用開發東湖新村所獲得的資金和招商引資的經驗，陸續在廣州開發湖濱苑、五羊新城、花園新村、文德大廈等項目。1980 年代，以東華模式命名的地產開發模式列入內地與地產相關的教材，重點介紹，成為學習對象。1983 年，外交部組織駐 100 多個國家的駐外使節集體參觀東湖新村小區，作為改革開放重要成就之一，向國際社會宣傳。

香港妙麗集團負責人劉天就於 1979 年與深圳市首任房管局副局長駱錦星接觸。駱錦星於當年初接到任務，在一年內興建 240 套合共逾 2 萬平方米的房子，作為科級以上幹部的宿舍。在缺乏資金情況下，駱錦星徵得深圳市委書記張勛甫同意，於 1980 年 1 月 1 日與劉天就簽訂手寫協議書，由深圳提供土地，港方負責建設投資，以「補償貿易」的形式合作開發住宅項目東湖麗苑。雙方簽署協議書後，1980 年 1 月 8 日駱錦星組建全國第一家房地產開發企業深圳市房地產公司，同年 8 月易名為深圳經濟特區房地產公司，駱錦星擔任第一任總經理（至 1997 年）。1980 年 3 月，妙麗集團與深房公司正式簽署深圳第一個合作開發房地產項目合同，所得利潤按 15：85（中方佔 85%）分成。

東湖麗苑由 14 幢 6 層高樓房所組成，設計圖紙出來後，1980 年春節期間即在香港預售，首批推出 108 套面積 50 至 60 平方米的戶型，每平方米均價 2730 元，一次付清有九五折優惠，同時提供三個深圳戶口名額。首批 108 套以抽籤方式一次售罄，隨即加推第二批108 套。

由 1980 年 1 月至 1983 年 10 月，深房公司同外商（以港商為主）簽訂 36 項興建與出售樓宇的協議書，涉及投資額 58.8 億元，其中 22 項屬合作經營，投資額 45.6 億元，其餘 14 項為客商獨資經營項目，投資額 12 億多元。這些項目大部分是屋村小區、別墅及高層屋苑等住宅項目，小部分是商場寫字樓和酒樓，在深圳經濟特區成立初期推動城市化發展。13 個於 1983 年年底已經開發的項目，涉及動工面積 62 萬平方米、竣工建築面積達

由香港妙麗集團與內地深房公司合作發展的深圳第一個住宅小區 —— 深圳東湖麗苑首期於 1981 年落成。（新華社提供）

1981 年 8 月 18 日在香港《大公報》刊登的深圳東湖麗苑售樓廣告。（香港大公文匯傳媒集團提供）

25 萬平方米,相等於改革開放前深圳鎮建築面積的總和。已完成投資總額為 6 億元,佔全深圳市實際引進總投資的 40%。

在深圳、廣州引入港資開發外銷房地產項目的同時,中央開始對內地住房商品化進行探索。1980 年初,鄧小平提出「出售公房、調整租金、提倡個人建房買房」的總體住房改革設想。同年 6 月,中共中央、國務院在批轉《全國基本建設工作會議匯報提綱》中正式提出實行住房商品化政策,准許私人建房、私人買房、准許私人擁有自己的住宅。

1980 年 8 月 26 日,第五屆全國人民代表大會常務委員會第十五次會議決定,批准國務院提出的《廣東省經濟特區條例》,深圳經濟特區正式成立。該《條例》首次為外資在深圳開發房地產項目提供法律依據和規則。特區土地屬國家所有,但客商用地可按實際需要提供,使用年限、使用費數額另外有規定(第十二條)。法規出台後,對深圳經濟特區的房地產發展起推動作用。1981 年,在港中資企業中國海外首次投資內地房地產項目,開發深圳羅湖區樓盤海豐苑大廈。1981 年 4 月 3 日,中國海外在香港公開預售海豐苑第一幢 208 個單位,同年 7 月,預售第二幢單位,「海豐苑可謂是中國向香港學習地產業務的踏腳石……海豐苑建設目的,是為適應〔深圳〕特區發展的需要,並為滿足海外華僑及港澳人士在中國境內投資設廠和進行貿易之外商在深圳市置業,營商的要求和願望」。[7] 海豐苑於 1983 年年底入伙,樓高 95.7 米,逾 30 層,建成時是深圳最高住宅樓宇。

1981 年 11 月 17 日,廣東省第五屆人大常委會第十三次會議通過《深圳經濟特區土地管理暫行規定》,由 1982 年 1 月 1 日開始,深圳經濟特區向客商的獨資企業或與中方合資企業用地,不論新徵土地,或利用原有企業場地,均應計收土地使用費(第十六條),並確定土地使用最長年限,例如工業用地最長 30 年、商品住宅用地最長 50 年(第十五條)。

1983 年 11 月 15 日,廣東省第六屆人大常委會第四次會議通過《深圳經濟特區商品房產管理規定》,「為加強深圳經濟特區商品房產的管理,保障房產經營者和房產主的合法權益」(第一條)。規定提及的商品房產「指深圳市人民政府批准經營房產的國營企業和外國公民、華僑、港澳同胞、台灣同胞及其公司企業(以下簡稱客商)獨資,或上述國營企業與客商合資、合作建築的,用來進行買賣、出租的住宅、工商業樓宇、倉庫、停車場及其他房屋」(第二條)。截至 1983 年年底,在深圳經濟特區開發房地產項目所涉及的土地使用權和房產權的相關法規初步建立。

1984 年年中前,港澳人士和海外華僑在深圳購買住宅,其內地親戚可享遷戶入深圳的優惠。隨着優惠結束,加上香港前途問題談判的不明朗因素,深圳外銷住房滯銷。1985 年 4 月國務院內部發布施行《關於華僑投資優惠的暫行規定的通知》,對華僑在國內投資提供各種優惠,包括從獲利年度起三年免徵所得稅、減收企業使用土地的費用 10% 至 30% 等,以加快外資包括港資在內地投資發展的速度。1986 年 4 月 12 日,第六屆全國人大第四次會

議通過實行《中華人民共和國外資企業法》。同年 10 月 11 日，《國務院關於鼓勵外商投資的規定》正式發布，成為國家利用外資的總體戰略，吸引海外資金及港澳台商到內地投資。

1988 年 4 月 12 日，第七屆全國人大第一次會議通過《中華人民共和國憲法修正案（1988年）》，修訂國家憲法中有關土地使用權的條例。憲法修正後，國有土地從不可以出租變為可以出租，同年 6 月，上海進行內地第一次國際性土地批租，日籍華人孫忠利以 2805 萬美元，投得虹橋經濟技術開發區 26 號地塊 50 年使用權，8 月 8 日簽約。上海進行全國首次國際性土地批租後，內地土地使用權正式合法進入市場，吸引港商等外商透過協議、批租、招標等方式取得土地使用權作為開發房地產項目之用。

1988 年年底開始，是香港主要發展商在內地投資開發住宅項目的第一個高峰期。同年 8 月，中國海外成立深圳公司，9 月參加深圳第一塊以美元作價編號為 H118-5 地塊的國際招標，並以 810 萬美元中標。地塊位於深圳市中心深南東路南側，面積約 7032 平方米。中國海外投資 2.93 億元，將該地塊發展為海富花園。同年 8 月 28 日，由港商霍英東等投資興建的洛溪大橋開通，連接廣州和番禺之間的陸路交通更為便捷，翌年 5 月起，霍英東的有榮有限公司、恒基兆業、番禺縣政府等合作在番禺洛溪開發衛星城洛溪新城，佔地 150 萬平方米，包含 4 個多層住宅區、3 個高級別墅區、1 個高層商住區和 1 個大型洋房小區，總建築面積 250 萬平方米。

1990 年 5 月 19 日，國務院發布《城鎮國有土地使用權出讓和轉讓暫行條例》、《外商投資開發經營成片土地暫行管理辦法》及相關文件，為港商等外商在經濟特區、沿海開放城市和沿海經濟開放區發展成片土地提供法律依據。外商開發成片土地，享受有關稅費優惠，但必須綜合性開發公用設施，並在此基礎上建設生產及生活服務設施，以改善投資環境。同年 8 月 19 日，國務院公布《關於鼓勵華僑和香港澳門同胞投資的規定》，其第三條列明華僑、港澳投資者可以進行投資的類別包括購置房產、依法取得土地使用權開發經營等。9月 7 日第七屆人大常委會第十五次會議通過《中華人民共和國歸僑僑眷權益保護法》，列明「國家依法保護歸僑、僑眷在國內私有房屋的所有權」（第十條），法規保障在內地購置房地產的華僑及港澳人士及其家屬的權益。

港商彭磷基自 1991 年年中起，在番禺興建大型郊區住宅項目祈福新邨，同年 11 月 26 日開始預售，是內地第一個國際化大型綜合社區。整個項目佔地逾 7000 畝，截至 2016 年中，共出售單位三萬個。祈福新邨內設醫院、學校、會所、公園、商舖，是閉門式管理的社區。祈福新邨銷售對象以香港人、華僑及海外人士為主，業主來自 100 多個國家及地區，約 80% 為香港人。

1992 年 2 月，新世界發展在內地成立新世界發展（中國）；5 月，長實在內地成立合資公司深圳長和實業有限公司，香港主要發展商開始進軍內地房地產市場。根據《廣東統計年鑒》，外資投資內地房地產的實際完成投資額，自 1990 年代初開始急速上升，1992 年

為 4.3382 億美元，1993 年為 13.4425 億美元，1994 年為 15.5996 億美元，1995 年為 16.2811 億美元，1996 年為 18 億美元。在外資投資中，港澳台地區佔 68.8%。此外，外商與國家簽訂的房地產開發項目數自 1992 年急升，以改革開放前沿地區廣東省為例，利用外資簽訂的房地產項目在 1991 年為 105 項，而 1992 年、1993 年和 1994 年，分別有 617 項、1662 項和 882 項，這三年是 1979 年至 2000 年之間項數最多的三年，涉及合同金額分別為 56.1393 億美元、132.0756 億美元和 81.3748 億美元。

1992 年下半年開始，在珠三角地區投資設廠的香港廠商，包括位於深圳寶安區和龍崗區等地的廠商，開始參與房地產發展，這些發展商主要是單一項目公司。自 1992 年至 1993 年，在港出售的內地樓盤數目急增。根據北京德高房地產顧問有限公司主編《1995 中國房地產市場》提供的數據，1992 年內地樓盤在港推出八萬個單位，總值逾 200 億元。根據華僑日報編印的《香港年鑑》第 46 期統計，在 1993 年全年，內地住宅樓盤在港發售的數目有 478 個，住宅單位數目 75,534 個，遍布全國 40 個城市地區，主要集中在珠三角地區，佔比 66.3%。在珠三角樓盤中，數目最多的四個地點是東莞（113 個）、廣州（64 個）、深圳（43 個）和中山（26 個）。建設部統計指出，1993 年全國涉外房地產投資總額中，廣東省佔 63%。

踏入 1990 年代初期，香港具資本實力的財團開始大規模參與內地住宅項目的發展，在廣州、上海等沿海城市以參與城市規劃和舊區重建的模式，與內地單位合作開發大型樓盤。

在廣州，1991 年新世界發展在廣州東山區廣州動物園旁開發集團內地首個房地產項目福萊花園，把香港高座屋苑規劃模式引進廣州市場。另一方面，嘉華國際集團有限公司於 1992 年參與廣州市首個舊城改造計劃，與廣州市越秀區城市建設開發公司，組建廣州市越華房地產發展有限公司，合作將廣州越秀區重建為大型住宅及商業小區嘉和苑，同年 11 月 4 日舉行奠基典禮，1993 年落成。嘉和苑項目共 12 座，提供逾 1000 個住宅單位，滙豐銀行購入其中一幢高級商用物業作華南區後勤基地。1994 年，長實在廣州天河區推出首個住宅項目怡苑，由 4 座 14 層大廈和 6 座複式住宅組成，加上逾萬平方米的古園林。1995 年新世界發展於廣州發展二沙島別墅項目新世界花園別墅，售價每平方米 4 萬元人民幣，創內地房地產最高單價。

上海方面，1992 年 1 月，中國海外與盧灣區政府及當地企業合作，簽約開發海華花園，是改革開放後全國第一個外銷舊城改造項目，項目揭開中國棚戶區改造的序幕。中國海外將污水遍地的糞便碼頭改造成高檔住宅社區，1994 年 12 月海華花園建成時為上海最高的住宅建築。

1993 年 12 月，上海市政府批准發布《上海市利用外資開發經營內銷商品住宅暫行規定》，鼓勵外商投資企業在危棚簡屋、二級舊里密集地區（兩者建築面積須佔總量的 70% 以上，前者須佔總量的 50% 以上）、三廢工廠搬遷地塊開發內銷商品住宅。1994 年 11 月 15

1992 年 1 月，中國海外與上海盧灣區政府及當地企業合作，簽約開發海華花園，是改革開放後全國第一個外銷舊城改造項目，圖為上海海華花園拆遷前原貌。（中國海外集團有限公司提供）

1994 年 12 月海華花園落成，當時為上海最高的住宅建築。（中國海外集團有限公司提供）

日，上海首例出讓地塊徐匯區建國西路 68 號，地塊面積 4.6 公頃，出讓金 80 萬元人民幣。是年上海出讓 5 幅，1995 年出讓 18 幅，共出讓土地 88.1 公頃，可建內銷商品住宅 242.07 萬平方米，拆除危棚簡屋 12.03 萬平方米。

1996 年 6 月開始，瑞安與上海虹口區政府共同對佔地 90 萬平方米的上海虹鎮老街 16 個舊區進行改造。瑞安將上海市中心舊棚舍打造為一個包括辦公樓、購物中心、酒店、文化及娛樂設施，以及住宅物業的「瑞虹新城」綜合社區，其中住宅部分是由外資發展商開發的首批內銷樓盤之一。2002 年，瑞虹新城第一期建成。截至 2017 年年底，住宅部分分七期發展，出售及交付予買家約 711,000 平方米建築面積的住宅單位，成為上海市最大型住宅區之一。

1996 年 12 月，瑞安與上海市盧灣區政府簽訂開發意向書，取得太平橋地區重建項目開發權。上海市盧灣區太平橋地區重建項目，原地塊為中國共產黨第一次全國代表大會（中共一大）會址，後經瑞安保留舊區內石庫門建築，1999 年至 2001 年間打造成集餐飲、商業、娛樂、文化的休閒步行街上海新天地，其中住宅區部分是翠湖天地。

1998 年，國家推出住房貨幣化改革，國務院於同年 7 月 3 日發布《關於進一步深化城鎮住房制度改革加快住房建設的通知》，宣布結束實行多年的福利分房政策，由實物分配改為貨幣分配，內地房地產全面貨幣化。該通知加強住房金融的發展，包括擴大個人住房貸款的發放範圍，任何商業銀行在全國所有城鎮均可發放個人住房貸款。自 1998 年內地商品房銷售面積急速上升，從 12,185.30 萬平方米，上升至 2017 年的 169,407.82 萬平方米。

1990 年代末開始，內地房地產開發企業的實際到位資金急速上升，從 1998 年的 4414.94 億元人民幣，上升至 2017 年的 156,052.62 億元人民幣，主要增長來自按揭貸款和預售款。利用外資（包括港資）的金額增減幅度不大，1998 年為 361.76 億元人民幣，到 2017 年，只有 168.19 億元人民幣，所佔比例從 1998 年的 8.2%，下降到 2017 年的 0.1%（見表 6-3-1）。

2006 年 7 月 11 日，建設部、商務部、國家發展和改革委員會（國家發改委）、中國人民銀行、國家工商總局及國家外匯管理局（國家外管局），共同公布《建設部等部門關於規範房地產市場外資准入和管理的意見》（限外令），指出：「今年（2006 年）以來，我國房地產領域外商投資增長較快，境外機構和個人在境內購買房地產也比較活躍。為促進房地產市場健康發展，經國務院同意，現就規範房地產市場外資准入和管理提出以下意見。」意見包括進一步強化和落實各地區特別是城市人民政府的監管責任。自 2006 年起國家三次（2006 年、2010 年、2012 年）推出「限外令」，限制境外資金在境內購房，規定境外機構在境內設立的分支、代表機構和境內工作、學習時間超過一年的境外個人，可以購買符合實際需要的自用、自住的商品房，不得購買非自用、非自住商品房，直到 2015 年 8 月 19 日才正式鬆綁，刪除「不得購買非自用、非自住商品房」的規定。

表 6-3-1　1998 年至 2017 年內地房地產開發企業資金來源

（單位：億元人民幣）

年份	本年實際到位資金	利用外資
1998	4,414.94	361.76
2000	5,997.63	168.70
2005	21,397.84	257.81
2006	27,135.55	400.15
2007	37,477.96	641.04
2008	39,619.36	728.22
2009	57,799.04	479.39
2010	72,944.04	790.68
2011	85,688.73	785.15
2012	96,536.81	402.09
2013	122,122.47	534.17
2014	121,991.48	639.26
2015	125,203.06	296.53
2016	144,214.05	140.44
2017	156,052.62	168.19

資料來源：　中華人民共和國國家統計局編：《中國統計年鑒》（1980—2017）（北京：中國統計出版社，1981—2018）。

根據 FDI markets 統計，2006 年至 2016 年，外商直接投資內地住宅地產共投資新建 66 個項目，投資總額 206.4 億美元。主要投資者來自新加坡和泰國，分別投資 24 和 8 個住宅地產項目，香港房地產發展商投資 7 個項目，排第三。

2000 年至 2017 年，內地經營的房地產發展商數目從 27,303 個急升至 95,897 個，其中由港、澳、台資金成立的地產開發企業的數目，由 2899 個微升至 3066 個，市場份額由 10.6% 下降到 3.2%。

三、商場及寫字樓

改革開放初期，香港中小型發展商開始在經濟特區和沿海開放城市，透過同深房公司等經營房地產的國營企業簽訂協議，以合作、獨資等方式開發外銷房地產項目，以屋村小區和別墅等純住宅項目為主，對商場及寫字樓投資有限，港商主要扮演引資角色。深房公司引入香港資金在羅湖市中心開發的第一批高層住宅大廈，樓高 20 至 30 層，為原本只有低層樓房的深圳市容帶來改變，增加城市商業配套。這一批高層住宅採用一幢或多幢連平台設計，例如羅湖大廈（1981 年至 1983 年興建）、金城大廈（1982 年至 1986 年興建）、友誼大廈（1981 年至 1984 年興建），敦信大廈（1983 年至 1985 年興建）等，在大廈公用平台以下的低層為商場、寫字樓等商業單位，深房公司擁有業權及負責管理，港商不參與營運。

由香港中發大同地產公司聯同深房公司、以及廣東省信託投資公司深圳分公司合資開發的深圳國際商業大廈（國商大廈），於 1981 年 10 月在深圳羅湖商業區破土興建，1983 年 4 月竣工，高 67.5 米，是深圳市第一批高層商業樓宇之一。國際商業大廈由兩幢各 20 層的辦公樓組成，總建築面積 5.2 萬平方米，大廈首兩層裙樓為商場。項目在全國第一次採用工程公開招標形式興建，合同訂明工期提前一天完成獎勵一萬元、延誤一天罰款一萬元，在獎罰制度下創造「五天一層樓」的建築速度。1984 年 1 月 24 日下午 4 時 40 分，鄧小平到深圳經濟特區視察時，在深圳市委書記、市長梁湘等陪同下登上國商大廈頂樓，眺望建設中的羅湖新城區。

1984 年 5 月，香港五龍貿易公司、中國航空工業集團屬下中國航空技術深圳有限公司（深圳中航）、深圳市華僑商品供應公司（華僑公司）合資經營的天虹商場註冊成立，是國家第一家中外合資商業零售企業。1980 年代初期內地進出口仍按照計劃經濟管理，天虹商場向深圳經濟特區政府申請批准成為中外合資企業，以取得進口商品配額。1985 年 1 月，位於福田區的深南天虹商場開業，由華僑公司具體負責管理。同年 10 月底，華僑公司退出，天虹商場由深圳中航和港方繼續經營。天虹商場是內地首創全面開架銷售的商場，並提出「反假打假不售假」的質量口號。截至 2015 年年底，天虹商場有 41 家分店，是深圳和廣東地區銷售額最高、商場數量最多的連鎖百貨企業。

1980 年代初，上海等內地大城市相繼推動城市化發展，開始引入港資等外資興建商業樓宇。1984 年 3 月，香港新鴻基證券有限公司、上海國際投資信託公司及上海錦江聯營公司合作在黃浦區投資興建現代化辦公樓聯誼大廈開始動工，1985 年 4 月竣工，是改革開放後，上海第一幢現代化辦公樓。聯誼大廈用玻璃幕牆結構建築，地上 29 層，地下 1 層，樓高 108.5 米，建成時是上海第一高樓，直到 1987 年紀錄被 123.4 米高的上海電信大樓打破。

1984 年 5 月 4 日，中共中央及國務院批轉《沿海部分城市座談會紀要》，決定進一步對外開放天津、上海、寧波、溫州、廣州、福州等 14 個沿海城市，在當地推動改革開放，進行城市化及現代化建設。1988 年 4 月 12 日，憲法修正案允許土地可以出租、土地使用權可以轉讓，在全國範圍內，土地使用權及房地產可以進入市場流通，為內地房地產業的發展建立法律基礎。資金充裕的香港發展商透過協議、招標、批租等方式向政府取得土地使用權發展地產項目。

進入 1990 年代，香港主要發展商包括長實、恒隆、恒基兆業、希慎興業、瑞安、新地、新世界發展、嘉里建設有限公司（嘉里）、九龍倉集團有限公司（九龍倉）等進入內地發展大規模的房地產項目。它們所投資的首批商場、寫字樓等商業地產項目，位於上海、北京、廣州等一線城市的核心地段，尤其是中央商業區。

1984 年 1 月 24 日，鄧小平（左二）在深圳登上 20 層高的國際商業大廈頂樓，眺望建設中的羅湖新城區。（新華社提供）

香港中發大同地產公司合資開發的深圳國際商業大廈，於 1983 年 5 月投入使用，為深圳市第一批高層商業樓宇之一。（新華社提供）

由香港新鴻基證券有限公司及兩家上海企業合作投資興建的上海聯誼大廈，位於上海黃浦區，樓高 108.5 米，1985
年建成時為上海第一高樓。（新華社提供）

上海方面，1990 年代初，長實參與上海靜安區的重建計劃，該區擁有 26.3 萬平方米危
房、棚戶、簡屋，以及 172 萬平方米二級舊里。1994 年 6 月，長實參與投資的長和慶豐
企業有限公司與上海梅龍鎮（集團）公司簽署中外合作經營合同，投資總額約 1.2 億美元，
興建梅龍鎮廣場，為上海靜安區第一批引進外資落實中外合作經營的項目之一，1997 年
8 月 15 日開業，為一座集商場與商務於一體的綜合建築，地上 37 層，地下 3 層；地下 1
層至第 10 層為大型商場，第 11 層以上是甲級寫字樓。梅龍鎮在上海首次引入國際流行的
「購物商場」概念，提供購物、娛樂（包括電影院）、餐飲及休閒一站式綜合性服務。

1991 年 1 月 1 日，陳啟宗接任恒隆地產董事長一職後，展開內地拓展策略，集中在人口
龐大城市的最佳地段發展商業項目，於 1992 年首先進軍上海，在當地建造兩個地標式項
目 —— 上海恒隆廣場及上海港匯廣場。1994 年 3 月，上海港匯廣場（Grand Gateway
66）動工興建，含兩幢樓高 52 層的甲級寫字樓和一幢樓面面積 122,262 平方米、共 6 層
的購物商場，於 1999 年 12 月 28 日開業。項目由香港三家發展商恒隆、恒基兆業及希慎
興業合股組成的港興企業有限公司，與上海徐家匯商城（集團）有限公司合作開發，總投
資達 6 億美元。港匯廣場位於上海徐家匯商業中心地鐵徐家匯站上蓋，2011 年更名港匯恒
隆廣場。

1994 年 3 月 22 日，上海港匯廣場在上海浦東徐家匯舉行奠基儀式。項目由香港恒隆、恒基兆業及希慎興業合股組成的港興企業有限公司，與上海企業合作開發。（恒隆地產有限公司提供）

1994 年 11 月，恒隆在上海靜安區興建恒隆廣場（Plaza 66，因其中一座寫字樓樓高 66 層而命名），由樓面面積 53,700 平方米的購物中心和樓面面積 159,555 平方米的寫字樓所組成，2001 年 7 月建成開業時是浦西地區第一高樓，並引入商場分租管理和經營模式。「恒隆廣場 66」品牌於上海誕生，2006 年開始陸續在全國各地複製。恒隆在經濟活躍的二、三線城市的最優越地段購置大型地塊，與著名建築師行合作，建造具國際水平的商業綜合體項目，尤其集中發展購物商場，並提供優質管理服務。2010 年至 2016 年相繼開業的恒隆廣場包括瀋陽皇城恒隆廣場（Palace 66，2010 年 6 月開業）、濟南恒隆廣場（Parc 66，2011 年 8 月開業）、瀋陽市府恒隆廣場（Forum 66，購物中心 2012 年 9 月開業）、無錫恒隆廣場（Center 66，2013 年 9 月開業）、武漢恒隆廣場（Heartland 66，2013 年 11 月開業）、天津恒隆廣場（Riverside 66，2014 年 9 月開業）及大連恒隆廣場（Olympia 66，2016 年 9 月開業）。

恒基兆業在 1993 年至 1997 年間，先後在上海閘北、徐匯、靜安、黃浦等區購入十數幅地皮，並在閘北建不夜城廣場（樓面面積商業部分 293,448 平方呎和寫字樓部分 142,353 平方呎）。1994 年，上海淮海中路開始大規模改造，瑞安參與其中，在淮海中路開發瑞安廣場，為瑞安在內地第二個投資項目。瑞安廣場為樓高 26 層的甲級商業大樓，總建築面積逾 7.8 萬平方米，其中商業樓面面積達 3 萬平方米，1997 年初落成啟用。1996 年 12 月，瑞安與上海市盧灣區政府簽訂開發意向書，獲得太平橋地區重建項目的開發權。盧灣區 2011 年與黃浦區合併成為新的黃浦區，是浦西商業中心。太平橋項目包括商舖、辦公樓、住宅

瑞安集團負責人羅康瑞（右三）於 2000 年 8 月 9 日視察上海新天地項目石庫門建築重建工程。（羅康瑞提供）

等，項目的商業地產部分包括歷史建築物重建區上海新天地，新天地東面與中國共產黨第一次全國代表大會會址歷史保護區毗鄰。1998 年，瑞安租得該重建區 50 年使用權，與上海復興建設發展有限公司合作投資 15 億美元，改造石庫門建築，開發上海新天地。上海新天地佔地 3 萬平方米，建築面積逾 6 萬平方米，1999 年 2 月正式動工，2001 年 6 月第一期新天地廣場建成，設有各種露天餐廳及零售店。2002 年 9 月 30 日，新天地全面開業。上海新天地以南的新天地時尚，是一個時尚購物商場，總建築面積 2.6 萬平方米。

新地於 1990 年代初在上海發展商業地產項目，在滬首個項目是以合作方式投資開發的上海中環廣場，位於浦西商業區地鐵 1 號綫黃陂南路上蓋，1999 年開業，提供約 47 萬平方呎的優質寫字樓及零售店舖。2007 年 6 月 25 日，新地於浦東陸家嘴金融商貿區的核心地段動土興建上海國際金融中心（上海國金中心，Shanghai IFC），總樓面面積 370 萬平方呎，包括兩幢甲級現代寫字樓、120 萬平方呎高尚購物商場上海國金中心商場、國際五星級酒店上海浦東麗思卡爾頓酒店，以及豪華服務式公寓國金匯。2010 年 4 月，上海國金中心商場開始試業。新地於浦西淮海中路最繁盛的商業區發展上海環貿廣場（Shanghai ICC），包括兩座頂級寫字樓、大型商場及豪華住宅，其商場部分為環貿 iAPM 商場，面積 130 萬平方呎，於 2013 年開業。

九龍倉自 1993 年起，先後在武漢、北京、大連、重慶及上海興建一系列時代廣場。1999 年，位於上海淮海中路的大上海時代廣場落成，結合商場、甲級寫字樓及服務式住宅，在

內地延續九龍倉在香港的「時代廣場」系列。九龍倉以香港海港城為藍本，把先進零售管理帶進內地，開拓高端零售，在多個城市打造國際水平商業綜合體，有助內地零售業與世界接軌。九龍倉自 2006 年起分別在上海青浦、成都和長沙拓展大型折扣購物中心業務 —— 奧特萊斯。2010 年，上海會德豐國際廣場開幕，建成時為浦西第一高樓，為九龍倉內地總部。截至 2017 年，九龍倉於成都、重慶、長沙、無錫及蘇州的中央商務區或新中央商務區的核心地帶發展超高層商業綜合體「國際金融中心」（IFS 國金中心）系列，成為九龍倉在內地的經常性租金收入基礎。

北京方面，1992 年北京市向國務院提交《關於報送〈北京城市建設總體規劃（草案）的請示》，國務院於 1993 年批覆。北京市提出危舊房改造與新區開發、住房改革、房地產經營、保護古都風貌相結合的方針，並允許外資企業合資開發與經營房地產。香港主要地產發展商參與北京的舊區重建。1993 年至 1998 年，新地與北京東安集團合資對北京王府井商業大街的東安市場舊址進行改建擴建，興建新東安廣場，包括商場部分新東安市場（2008 年更名為北京 APM），為北京王府井首個重建項目，包括逾百萬平方呎商場及三座總面積 45.8 萬平方呎的新東安廣場寫字樓。

1999 年 2 月，長實北京東方廣場項目拆除護網，工程進入初裝階段。（中新圖片提供）

1994 年，長實啟動北京東方廣場項目，項目位於北京市東城區，南臨長安街，西靠王府井大街，投資 20 億美元，對 10 萬平方米舊城區進行拆遷，建成建築面積達 80 萬平方米，集商業、辦公、服務式公寓與酒店綜合體項目。1996 年項目正式動工。2000 年，第一批辦公樓啟用，同年商場開業。2001 年，東方廣場內的東方君悅大酒店竣工。2004 年，整個項目落成開業。2011 年 4 月，長實旗下首家在香港上市的人民幣計價房地產投資信託基金匯賢產業信託（匯賢）在港上市，旗下資產組合包括北京東方廣場，涵蓋零售、寫字樓、服務式公寓及酒店等業務。匯賢的零售物業組合包括位於北京東方廣場及重慶大都會東方廣場的購物中心。匯賢的資產管理面積超過 110 萬平方米，資產組合涵蓋零售、寫字樓、服務式公寓及酒店物業業務。

1995 年，新世界發展及多家香港公司投資開發改造北京崇文門外大街，並在該地發展北京新世界中心一期和二期（1998 年和 2000 年開業）等商業地產項目。恒基兆業斥資 33 億元人民幣打造的北京恒基中心（2016 年更名雛菊金融中心），集商貿、寫字樓、公寓及酒店於一身，建築面積 30 萬平方米，項目於 1997 年落成。

2011 年 8 月 15 日，置地公司附屬公司王府井發展有限公司，以 29.1042 億元人民幣，投得東城區王府井大街西側商業金融用地地塊國有建設用地使用權，為北京市政府「北京‧香港經濟合作研討洽談會」招商引資重點項目之一，隨後項目建設正式列入北京市重點工程。2012 年 3 月 7 日，項目正式奠基，北京相關官員以及怡和集團主席亨利‧凱瑟克、置地公司總裁彭耀佳等嘉賓出席奠基儀式。置地公司獲內地政府相關商標註冊批准後，於 2014 年 9 月 21 日在第四屆王府井國際品牌節上，正式宣布將其在北京首個旗艦商業地產項目命名為「王府中環」。王府中環佔地面積約為 21,000 平方米，提供約 43,000 平方米的高端零售空間，並包含一家擁有 73 間客房的文華東方酒店，總建築面積達 15 萬平方米。據置地公司解釋，「王府」代表王府井在北京長期以來的地緣傳承，而「中環」即香港中環，為置地公司於 1889 年誕生之地。2015 年年底，王府中環竣工封頂，2018 年 5 月 29 日正式開幕。

廣州方面，1994 年 3 月，由熊谷組（香港）有限公司、蜆殼電器工業（集團）有限公司與中國保利集團（保利）附屬機構嶸高貿易有限公司組成的熊谷蜆殼發展（廣州）有限公司，在廣州天河區動工建設中天廣場（後更名為中信廣場），由一幢 80 層的辦公樓、兩幢 38 層的副樓（國際公寓樓），4 層作為商場的裙樓及地下 2 層的停車場組成，1997 年 4 月建成時是全國最高的建築，成為廣州市的地標之一。中天廣場的設計、承包興建和物業管理由香港機構負責。

恒基兆業在廣州上下九商圈長壽路地鐵站上蓋興建的購物中心恒寶廣場於 2003 年落成，樓高 5 層，總樓面面積 65,020 平方米，首次將港式地鐵商業模式引入廣州。

踏入 2000 年代，香港發展商在內地商業地產項目的投資，包括商場、寫字樓、酒店、住宅綜合體項目，在所有外資中投資額最高；根據德勤 2018 年《中國房地產行業投資促進

報告》，2006 年至 2016 年港商累計在內地投資 131.09 億美元，共開發 29 個商業地產項目（見表 6-3-2）。除了繼續投資一線城市的核心地段，港商在二線城市的核心地段也開發項目，並朝品牌化、高檔化、綜合體化方向發展（見表 6-3-3）。太古地產具代表性項目之一包括 2008 年開幕的北京朝陽區三里屯太古里綜合商業體，項目採用北京傳統四合院及胡同概念設計，由歐華爾顧問有限公司及日本隈研吾聯合設計事務所負責設計。項目以開放式、低密度特點打造，20 幢建築分布在南北兩個鄰近的零售區域，總樓面面積逾 13.6 萬平方米，包含 200 多家商舖及餐廳。2011 年，廣州太古匯落成，項目包括一個高尚購物商場、兩座甲級辦公樓、一家豪華酒店廣州文華東方酒店及服務式住宅。太古地產其他項目包括上海興業太古匯、前灘太古里、北京頤堤港及成都遠洋太古里。

自 2010 年起，新世界發展在內地成立以「K11」為品牌的生活藝術商場、寫字樓與住宅綜合體，包括 2010 年開幕啟用的武漢 K11 多元文化生活區。其後在武漢、上海、瀋陽、北京、廣州、天津及寧波等城市投資 16 個項目，總租賃面積逾 140 萬平方米。2011 年 8 月 18 日，港鐵公司以 20 億元人民幣，投得深圳地鐵龍華綫車廠上蓋物業發展權，成該公司首個內地物業發展項目。項目位於深圳市寶安區龍華綫車廠上蓋，總用地面積 89,401.23 平方米，樓面面積 20.6167 萬平方米，以港鐵旗下兩家全資子公司，即港鐵軌道交通（深圳）與港鐵物業（深圳）聯合投得。項目商業與住宅樓面分別為 1 萬和 19.175 萬平方米，餘下 4417 平方米樓面為社區設施用途。2016 年新地旗下廣州珠江新城天匯廣場之商場部分 IGC 開業，樓面面積達 100 萬平方呎，另位於廣州天河商業區的商場天環，商場總樓面面積約 90 萬平方呎。

表 6-3-2　2006 年至 2016 年香港發展商在內地直接投資新建商業地產項目數目比例

年份	內地當年新建項目總數（個）	香港發展商投資新建項目總數（個）	香港發展商投資新建項目所佔比例（%）
2006	6	4	66.7
2007	7	2	28.6
2008	11	4	36.4
2009	18	4	22.2
2010	7	0	0.0
2011	9	1	11.1
2012	15	2	13.3
2013	19	3	15.8
2014	9	3	33.3
2015	11	1	9.1
2016	13	5	38.5
2006-2016	125	29	23.2

資料來源：　FDI markets、德勤研究團隊、中國商務部投資促進事務局、德勤中國房地產行業團隊合編：《中國房地產行業投資促進報告》（2018 年 4 月），頁 26。

表 6-3-3 香港發展商在內地投資商業地產綜合體的主要品牌

香港發展商	主要品牌	1988 年國家憲法修正案允許土地使用權轉讓在市場自由流通後，港商在內地開發的首批綜合體例子 [①]	開始興建時間	落成 / 開業時間
九龍倉	時代廣場 IFS 國金中心 奧特萊斯	大上海時代廣場	1993 年	1999 年落成
太古地產	太古里 太古匯 頤堤港	北京三里屯太古里	2003 年（內地企業首先開發，2007 年太古接手建設）	2008 年開幕
長實及和記黃埔	東方廣場 世紀匯 世紀都會	北京東方廣場	1996 年	2004 年完全落成
恒基兆業	恒基中心	北京恒基中心 （2016 年更名雛菊金融中心）	1993 年	1997 年落成
恒隆地產	恒隆廣場 港匯恒隆廣場	上海港匯廣場 （2011 年更名上海港匯恒隆廣場）	1994 年	1999 年開業
瑞安集團	瑞安廣場 新天地 瑞安城中匯	上海瑞安廣場	1994 年	1997 年落成
置地公司	中環	北京王府中環	2012 年	2018 年開業
新世界發展	新世界中心 K11	北京新世界中心一期	1995 年	1998 年開業
新鴻基地產	APM IFC 國金中心	北京新東安廣場 （2008 年商場部分更名北京 APM）	1993 年	1997 落成；1998 年開業
嘉里集團	嘉里中心	上海靜安嘉里中心	第一期 1994年；第二期 2009 年	第一期 1998 年落成；第二期 2013 年落成

資料來源： 各香港發展商年報、發展商提供資料、歐華爾顧問有限公司。

注：① 新世界發展、長實、合和及新地前身新鴻基企業於 1980 年投資興建的廣州中國大酒店，包括酒店主體和商業大樓和商場部分，屬於港商在內地最早興建的綜合體項目之一。

1996 年，熊谷組（香港）有限公司與內地企業在廣州天河區合作投資中天廣場，項目包括一幢 80 層辦公樓和兩幢 38 層國際公寓樓。（新華社提供）

廣州太古匯於 2011 年落成，由一個購物商場、兩座甲級辦公樓、廣州文華東方酒店及服務式住宅組成。（攝於 2012 年 1 月，太古地產有限公司提供）

四、物業代理

1. 進入內地市場

改革開放初期，內地房地產市場尚未形成。1980 年 4 月，鄧小平提出城鎮居民個人可以購買房屋，同年 6 月，國務院公布住房商品化的政策。截至 1984 年，88.2% 的城鎮住戶為公有住房（公產房、公房），僅 9.4% 是自有房，房屋買賣並不普遍。在福利分房制度下，內地城鎮居民直接從國家部門及事業單位租住房屋，物業代理（中介）及租賃業並不存在。

港商自 1980 年代初起在廣州、深圳等地與當地房管部門開設的房地產開發企業合作，港商提供興建所需的資金（包括貸款）並負責在香港出售樓宇。在改革開放初期，港商在內地開發的樓盤屬單一項目，購買者大部分是為內地親屬購買住房的港澳人士和海外華僑。當時內地城鎮住房嚴重短缺，1980 年全國城鎮人均居住面積僅 3.9 平方米，外銷房屋供不

應求,香港發展商直接在港出售內地樓盤,短期內售罄。部分內地樓盤會透過香港公司代售。例如 1982 年至 1988 年間,深房公司自行投資開發位於深圳市東北角黃貝嶺的怡景花園別墅區,付少量手續費由香港深聯有限公司在香港代為出售。1983 年 8 月起,涉外商品樓宇在深圳設立售樓處。

在香港人投資發展和購買深圳商品房的背景下,1983 年 11 月 15 日,廣東省第六屆人大常委會第四次會議通過的《深圳經濟特區商品房產管理規定》,鼓勵客商在深圳購置房產(第三條),並保護房產主的房產權,除允許房產主通過房產買賣、贈與、交換、遺贈和繼承外,也允許房產抵押和房屋租賃(第六條)。上述法規的出台,對內地房地產買賣及租賃市場的發展提供了法律依據。1988 年 4 月國家憲法修改後,內地國有土地的使用權可以出租和轉讓,同年 6 月,上海舉行全國首次國際性批租,內地房地產市場進入第一個高增長期。1988 年至 1998 年是港商在內地投資房地產的高峰期,在珠三角地區及內地大城市開始興建外銷大型樓盤,首次透過香港物業代理公司銷售樓盤。

1989 年 5 月,霍英東、恒基兆業、番禺縣政府等合作開發的衛星城番禺洛溪新城開始動工,工程第一期 2551 套商品房,建築面積 22 萬平方米,於 1991 年年底完成。1990 年,洛溪新城項目接觸香港中原地產代理公司(中原地產),要求協助推銷樓盤,是中原地產開展內地物業代理業務的起端。中原地產在香港透過廣告和樓盤推介講座推銷洛溪新城樓盤,結果銷情理想,吸引了一批準備到內地購房退休的香港人士。

1990 年,珠三角地區的外銷商品房房價每平方米數千元,而香港房價已升至每平方米 15,000 至 20,000 元。1990 年 8 月 19 日,國務院出台《關於鼓勵華僑和香港澳門同胞投資的規定》,內容包括鼓勵華僑、港澳同胞購置房產作為投資。9 月 7 日全國人大常委會公布的《中華人民共和國歸僑僑眷權益保護法》,列明「國家依法保護歸僑、僑眷在國內私有房屋的所有權」(第十條),對在內地購買住宅和長期生活的香港人提供法律保障。1992 年初鄧小平南巡後,內地地方官員透過房地產項目引入外資發展當地經濟,部分在廣東省設廠的港商開始兼顧房地產投資,內地的外銷房地產項目在 1990 年代初期急速增加。踏入 1992 年春節,內地樓盤在香港展銷,中原地產憑藉代理洛溪新城的經驗將內地樓盤推銷給香港買家,樓盤集中於珠三角地區,包括惠陽淡水、東莞樟木頭等地的樓盤。中原地產隨後在內地大城市拓展業務,於 1993 年在上海首先建立一家合資公司,其後於 1994 年正式在廣州、北京設立分行,並於 1997 年和 1998 年在深圳和上海設立分行,繼後陸續在重慶、珠海、南京、天津等 20 多個內地城市設立分公司,提供多元化服務,包括房地產物業銷售及租賃,並提供顧問及物業管理等服務。在進入內地拓展市場的首 10 年,中原的業務以一手房代理為主。中原地產深圳分行代理的第一個樓盤是一手高端小區樓盤東海花園,在香港和內地同步銷售。

除中原地產外,其他港資物業代理公司也於 1990 年代初期進入內地市場。美聯(中國)控

股有限公司（美聯中國）成立於 1992 年，專責中國及海外房地產買賣及租賃服務，覆蓋多個重點城市，包括北京、廣州、深圳、珠海、重慶、成都等，至 2017 年在內地擁有逾300 家分行及近萬名員工。

1993 年，香港測量師廖勝昌在廣州成立珠江恒昌房地產顧問有限公司。繼後，廖勝昌於 2001年 12 月在廣州開設滿堂紅物業管理公司（滿堂紅）的第一家分店。滿堂紅在全國多個城市相繼設立分店，包括佛山、東莞、中山、珠海、深圳、上海、南京、武漢、成都及重慶等。

1998 年 7 月，國務院公布《關於進一步深化城鎮住房制度改革加快住房建設的通知》，取消福利住房實物分配，並實行住房分配貨幣化。隨後內地住房買賣及租賃市場發展迅速。同年，中原地產開始拓展內地二手市場業務。1999 年至 2000 年間，中原地產將香港二手房業務的操作流程引入內地城市，截至 2015 年年底，中原地產在內地擁有 1700 多家分店，員工 4 萬多名。

2000 年後，內地房地產代理業務快速發展，內地本土代理公司（中介機構）如我愛我家、鏈家、中大恒基等紛紛成立，數目急速增長，截至 2005 年年底，全國註冊登記的房地產經紀機構約 2 萬家。同時期，港資代理公司相繼拓展內地業務。2001 年美聯中國在深圳註冊成立美聯物業代理（深圳）有限公司。2015 年，內地地產中介公司鏈家透過收購擴充全國業務，港資滿堂紅成為鏈家合併對象。廖勝昌將所持股份轉售予鏈家，部分員工將滿堂紅股份換成鏈家股份並繼續發展。截至 2016 年年底，鏈家在全國有 8000 多間分店。

2. 地產代理資格互認

2003 年 12 月，香港地產代理監管局組團訪問北京，與內地政府相關官員交流，香港地產代理業界支持兩地建立更緊密關係。自 2003 年香港與內地簽署《內地與香港關於建立更緊密經貿關係的安排》（CEPA）協議後，香港地產代理監管局與內地有關部門商討內地房地產經紀與香港地產代理專業資格互認計劃的安排，以促進兩地專業交流及行業長遠發展。2008 年 3 月至 4 月，地產代理監管局與香港地產業界再度組團訪問北京，拜訪住房和城鄉建設部、商務部、中共中央統戰部和港澳辦，介紹香港房地產中介服務的規管和發展。訪問團跟中國房地產估價師與房地產經紀人學會代表見面。訪問團 30 多名成員，包括 12 名地產代理監管局董事局成員以及來自 7 個香港地產代理業商會的 16 名代表。

2008 年 8 月，地產代理監管局與廣州市房地產中介服務管理所簽署協議，安排香港從業員考取在廣州執業的資格證書。2009 年 1 月 16 日地產代理監管局和中國房地產估價師與房地產經紀人學會簽署備忘錄，同年 8 月，東莞房產管理局及東莞房地產中介協會 21 人來港，先後參觀地產代理監管局、職業訓練局、中原地產及香港大學校外課程，以了解香港代理運作及交流。交流團為期兩日，其間安排團員參觀香港多個一手樓賣樓現場。東莞房地產中介協會代表表示，是次為東莞同業首度舉行訪港考察團，旨在了解香港情況，為未來代理兩地執業鋪路。

2010 年 11 月，地產代理監管局和中國房地產估價師與房地產經紀人學會正式簽署為期五年的協議書，實行地產代理資格互認，以實踐知識和經驗交流、互惠互利，優勢互補。首屆訓練課程與考試名額 300 人，於 2011 年 7 月 18 日至 20 日在深圳舉行。第一屆考試共有 231 名香港地產代理及 67 名內地房地產經紀參加，香港及內地考生的合格率分別有97.4% 及 98.5%，合格考生可在一年內申請互認資格。

2011 年 10 月 23 日，地產代理監管局訪京展開第二期培訓課程討論，並研究課程由三天改為兩天。2015 年 6 月起，地產代理監管局和中國房地產估價師與房地產經紀人學會探討延長互認計劃的可行性，2017 年 6 月 23 日雙方簽署續約協議，第二屆培訓及考試名額150 個，於 2017 年 12 月上旬在珠海舉行，分別有 138 名香港和 28 名內地從業員參與，全部 166 名參加者均通過考試。

五、物業管理

改革開放初期，內地城鎮住房按產權歸屬進行管理，即公產房歸市房產管理局管理，商品房歸發展商管理，住宅區的環境衛生由環衛部門和居委會管理，綠化由園林處管理，道路由市政部門管理，水電則由自來水公司和供電局管理，沒有統一的管理標準和健全的管理制度。自 1979 年起，香港商人投資開發廣州和深圳的住宅小區，並引入香港的物業管理模式管理小區後，內地開始發展統一標準的物業管理制度。

1979 年，由港商與廣州市東山區合作開發的房地產項目東湖新村，是內地首個實施物業管理的住宅小區。小區提供物業管理的決定，在港商和東山區相關官員討論合作細節時已確立。由於當時內地沒有物業管理的先例，1980 年 4 月東山區組織人員專程赴香港的住宅小區考察，並將香港一個屋苑的管理規程帶回廣州參考，據此制定出東湖新村的管理規程。1981 年 4 月東湖新村第一批住戶入伙，同年 5 月小區物業管理處正式成立，為業主提供保安、清潔、綠化和代收水電費的服務。

1980 年 1 月，香港妙麗集團與隸屬深圳市房管局的深房公司簽約，合作發展深圳第一個住宅小區東湖麗苑，同時從香港引入住宅物業管理制度。1981 年 2 月 21 日，深圳市房地產管理局向深圳市編制委員會遞交《關於成立深圳市物業管理公司的報告》，同年 3 月 10日，深圳市編制委員會向深圳市房地產管理局下發 1981 年 6 號文件《關於成立深圳市物業管理公司報告的批覆》，同意成立全國首家物業管理公司 —— 深圳市物業管理公司（深物公司，1988 年 4 月改稱深圳市物業管理有限公司），屬於局科級企業單位，最初定員 10名。深物公司是國內第一家經營涉外商品房管理的機構，隸屬於深房公司，在經濟上則獨立核算、自負盈虧。公司借鑒香港房地產管理方法和經驗，配合深圳經濟特區特殊情況，1980 年代初由單純的管理型公司，轉變為服務經營型公司，服務宗旨為「依法管理、業主至上、服務第一」。1981 年 9 月，深物公司負責管理的東湖麗苑首批 216 套外銷商品房入

伙，東湖麗苑管理處成立，是內地第一個對商品房產實施綜合管理、提供有償服務的小區管理處。管理處實行 24 小時值班制，對清潔衛生、園亭綠化、安全保衛、機電設備和公共設施進行保養維修等服務。管理員每年接受輪訓一次，部分被派往香港學習。同年 11 月，深物公司引進香港資金和技術合資組建圳通冷氣安裝工程有限公司，負責為服務的住宅小區和大廈提供中央空調等冷氣安裝服務。

由深房公司自籌資金興建的內地第一個別墅區項目怡景花園於 1982 年動工，引進港式物業管理，買家以港人為主。怡景花園借鑒香港業主立案法團的形式，成立業主聯誼會，讓小區的業主有組織地聯合起來共同解決小區的事務，成為內地業主委員會的雛形。1983 年 5 月，由深房公司開發的深圳經濟特區第一幢出售寫字樓大廈國際商業大廈交付使用，來自 30 多個國家和地區的業主進駐大廈。深物公司成立國際商業大廈的管理處前，選派兩人參加深圳市科委舉辦的現代化管理培訓班學習，並去香港考察高層樓宇管理制度的實施情況。

1984 年 10 月，深物公司與香港聯合管理公司合作，成立深圳香港物業清潔管理服務公司，1985 年 3 月開業，承接第一個清潔業務是深物公司管理服務的 10 個涉外商品住宅小區，包括別墅、公寓和高層大廈，共 8000 多戶，業主以華僑和港澳人士為主。深物公司聘請香港專業技術人員任公司技術經理，並參照香港同類商品樓宇物業清潔管理的有關條例，制定出適合深圳經濟特區涉外商品樓宇清潔管理的規章制度。

1985 年年底，深圳市政府新組建房地產管理局（深圳房管局），對全市 12 個公產房住宅區和近 20 個商品房住宅區進行管理。1986 年，深圳房管局的房產經營管理科對這些住宅區進行調查研究。調研過後，深圳房管局肯定自 1981 年起由深房公司從香港引入的統一物業管理模式。此後，深圳房管局探索利用港式統一物業管理模式改革內地房屋管理體制、推行企業化管理、實行有償服務，以解決公產房住宅區由多個單位管理所造成的管理混亂和維護不足的問題。房產經營管理科科長杜志文透過與香港房屋署、香港英國皇家屋宇管理學會交流，學習香港屋苑的管理經驗。1987 年 4 月，深圳房管局總結涉外商品房住宅區物業管理模式和經驗，在怡景花園召開第一次特區住宅區管理工作會議，提出「誰受益、誰出錢」的管理原則，推行有償服務的政策。

1980 年代中後期，隨着商品房在深圳大量湧現，深圳房管局對更多物業管理公司的成立進行批核。1992 年 1 月，內地地產發展商萬科企業股份有限公司（萬科）在深圳成立物業管理公司。由企業實施管理、房地產管理局進行監管的住宅區管理體制在深圳市逐步形成。

在 1980 年代末至 1990 年代初，香港物業管理模式繼續引入內地。中國海外在 1986 年在香港註冊成立中海物業，1988 年 9 月在深圳投得的地塊上興建海富花園，1990 年 5 月開始發售，並引進物業管理概念、實體樣板房（香港稱示範單位）展示。1995 年 12 月，海富花園獲建設部頒發首批「全國城市物業管理優秀示範住宅社區」稱號，是全國物業管理最

高級別考評殊榮，全國僅 34 個單位獲得。1993 年 4 月，建設部在廣東番禺舉行全國物業管理工作會議，深圳房管局代表杜志文介紹香港的物業管理模式和其在深圳推廣的經驗。建設部地產業司司長謝家瑾在會上提出在全國推行深圳的住宅區管理模式，會議最終確定物業管理的基本概念，以及全國物業管理發展的大方向和基本模式。建設部番禺會議結束後，委託深圳房管局組織全國性物業管理培訓班，將源於香港的深圳模式推向全國。同年 6 月 28 日，深圳市物業管理行業協會成立，是全國第一家物業管理行業協會組織。協會的成立標誌內地物業管理行業正式誕生。

1994 年 3 月 11 日，建設部頒布國家第一部物業管理規章《城市新建住宅小區管理辦法》，4 月 1 日實施，要求在全國新建小區推行物業管理制度，並規定住宅小區逐步推行社會化、專業化的管理模式，由物業管理公司統一實施專業化管理。《城市新建住宅小區管理辦法》出台後，深圳、珠海、廣東、上海、寧波、青島、廈門、江西八個省市先後出台物業管理條例，包括 1994 年 7 月深圳頒布的全國第一部地方物業管理法規《深圳經濟特區住宅區物業管理條例》，條例制定過程參考了業界意見和經驗。此外，北京、重慶等近百個省市陸續制定出台本地區的物業管理辦法。1995 年至 1997 年，香港培華教育基金資助三期城市住宅小區物業管理培訓班，培訓高級物業管理人才。第二期培訓班在深圳和香港舉辦，第三期在番禺和香港舉辦。學員是全國各地優秀試點小區和優秀管理小區的物業管理經理，以及房地產部門和開發公司的負責人及技術骨幹。

進入 1990 年代中期，隨着香港發展商在內地投資興建大型高檔住宅項目，對優質物業管理需求增加，香港物業管理公司透過在內地成立中外合營或合資公司、入股內地企業等方式，陸續進軍內地市場。1994 年，香港富城物業管理有限公司（1981 年成立）成立廣州富城物業管理有限公司。同年，另一家物業服務公司新豪集團（1990 年成立）進入內地市場，服務大型房地產開發商。香港發展商新地旗下的啟勝管理服務有限公司，於 1996 年成立上海啟勝物業管理服務有限公司，作為進入內地市場的首站。2004 年，新地成立廣州市啟勝物業管理有限公司，處理華南地區的物業管理業務。啟勝業務覆蓋上海、北京、成都、廣州、深圳和佛山等城市。

2000 年，香港中銀集團旗下的新中物業管理（中國）有限公司在北京成立，成為首家由商務部批准設立的外商獨資物業管理公司。2003 年香港新昌管理集團有限公司（2017 年更名為昇捷控股有限公司）於香港聯合交易所主板上市，同年成立合營公司廣州新昌建恒物業管理有限公司，以及新昌瑞安物業管理（上海）有限公司，後者為瑞安在上海發展的高級住宅及商廈提供管理服務。

2004 年，在港主力提供估價與測量服務的忠誠集團，入股中外合資企業上海悅華物業以拓展內地物業管理市場，管理物業包括中高檔住宅、辦公室及商舖物業為主，並涉及與物業相關的其他配套服務和業務。悅華物業具有內地物業管理二級資質，並為中國物業管理

協會會員及上海市物業管理協會理事。同於 2004 年成立的上海豐誠物業管理有限公司，在 2008 年成為瑞安房地產（瑞安 2004 年在內地成立的房地產旗艦公司）全資擁有的子公司，將香港管理理念引進內地實踐。

2011 年 6 月，上海豐誠物業管理有限公司成立學習與發展中心，通過專業的培訓提升員工的物業管理能力。2006 年 8 月，香港地鐵有限公司在北京與 SOHO 中國有限公司簽署 SOHO 尚都物業管理合約。此外，香港地鐵公司 2004 年在北京成立港鐵（北京）房地產管理有限公司，負責內地高級住宅、會所、辦公樓及商場的管理工作。由 2012 年至 2017 年，內地物業管理面積由不及 150 億平方米，上升至 195 億平方米。同一時期，物業管理行業營業收入，由 3000 億元人民幣上升至 7000 億元人民幣。

第四節 中資參與香港房地產市場

國家實行改革開放後，香港與內地的經貿往來日見頻繁，隨着中央及地方政府在改革開放初期於香港設立更多「窗口公司」，香港傳統四大中資企業中國銀行（中銀）、華潤、中旅和招商局的業務有所變化，朝多元化、本土化和集團化方向發展，並於 1980 年代初陸續購置寫字樓或興建新總部，開始涉足香港房地產市場，與香港企業合作投地及發展房地產項目。

1979 年，中國海外建築工程有限公司在香港註冊成立，作為改革開放後中央政府在港設立的首批「窗口公司」之一，以承建工程作為在港發展房地產的第一步，自 1980 年代中期起在香港開發中小型住宅至大型項目，1992 年將地產業務以中國海外發展有限公司（中海發展）的名義在香港上市，成為首家以香港本地業務上市的中資企業。

1990 年代起，中國海外集團有限公司（中海集團）及其他在港中資企業參與香港房地產市場逐步多元化，從興建住宅、商廈、重建舊樓及設立物業管理公司等皆有所涉足。自 2003 年 6 月 19 日內地首家房地產公司首創置業以 H 股方式在香港上市後，內地房地產公司相繼來港上市，並參與香港房地產的發展。

2004 年至 2013 年為內地房地產市場高增長期，也是房地產宏觀調控措施頻繁實施的時期，國家及相關部委出台 70 餘項宏觀調控政策。2005 年至 2015 年，內地房地產對外直接投資所佔比重不斷提高，2015 年前來香港投資的金額達 54.9 億美元，佔當年內地房地產對外投資金額的 70.5%；香港成為內地房地產「走出去」的首選目標地區。

一、投地

中資企業在港投地之初，以住宅地皮為主。1980 年 9 月，由華潤、長實、大寶地產及會德豐合組公司，以 6 億元投得天水圍地皮，其中 0.08 英畝為屋地，餘下 1205.77 英畝為第三級農地，項目其後發展為嘉湖山莊。1988 年 8 月，廣州市在港窗口公司越秀集團（1985 年成立）購入新蒲崗麗宮戲院地皮，1992 年戲院結業，改建為商住項目越秀廣場。1989 年中資機構上潤有限公司以 2.27 億元，投得屯門一幅住宅地，發展成為冠峰園。同年，中海發展與信和置業有限公司（信置）首次合組公司，成功投得太湖花園一期地皮。雙方其後於香港合作發展多個住宅項目，包括御景園、寶松苑及帝景峰。

1990 年代後期，中資發展商投地規模轉為優質地段地皮。1997 年 3 月，中海集團與僑光置業、東亞銀行合作以 14 億元投得何文田忠孝街地皮（發展為雅利德樺臺），6 月與百利保、富豪酒店合資 55 億元投得赤柱黃麻角道海景地皮（發展為富豪海灣），10 月與僑光置業、大昌集團及菱電發展合作，以 29 億元購入屯門南浪海灣地皮。1997 年 3 月 25 日，信置與光大集團、新中地產、中銀及維德集團等聯手，以 118.2 億元投得小西灣地皮，發展成 8 座共提供 3098 個單位的藍灣半島。1998 年 3 月中信泰富與長實及和記黃埔合作，以 28.93 億元投得尖沙咀廣東道地皮，發展為港景峯 3 座豪宅。2011 年 5 月中海集團以 5.97 億元購入又一村海棠道地皮，打造為「海棠路 62 號」十座洋房項目。

2008 年金融海嘯導致全球經濟衰退，國家推出四萬億元人民幣刺激經濟計劃，刺激內地房地產價格上漲。經歷金融海嘯後，內地房地產市場呈現內需不足，地產公司資金回流緩慢。2010 年後，包括萬科、中海集團、五礦地產有限公司、世茂房地產控股有限公司（世茂）、華潤、保利等中資房地產公司開始大規模將資金調往香港發展。

2013 年 1 月，萬科與新世界發展合作投地，以 34.34 億元投得港鐵荃灣西站 6 區項目地皮，發展為住宅項目柏傲灣，該幅地皮是萬科在港參與房地產市場的首個項目。據高力國際統計，同年內地跨境房地產投資額達 160 億美元。根據香港地政總署及德意志銀行統計資料，以樓面面積計算，2009 年中資發展商在港投地佔比約 6%，至 2016 年上升至24%。

2004 年至 2013 年，香港政府全面採用「勾地表」制度，發展商向地政總署申請勾出地皮作公開拍賣。2013 年至 2014 年度，政府取消勾地表制度，改以招標形式出售，並將土地分拆為較小面積地皮。投地制度改變後，中資企業在港參與投地佔比繼續上升。

隨着政府開發啟德新發展區，2013 年 6 月，中海集團以共 45.4 億元購入啟德 1H1 及 1H2 地盤，打造全港第一幅港人港地[8] 住宅地皮，發展為啟德 1 號（I）及啟德 1 號（II）；2014 年 2 月，中資保利置業以 39.2 億元投得啟德第 1I 區 3 號地皮，樓面呎價達 6530 元，較

首幅港人港地 1H 區 2 號地皮，樓面呎價 4913 元高逾三成。

世茂在港投地的策略傾向貴重地皮，在 2014 年 5 月，該公司伙拍英皇國際及明發集團，以 27.0808 億元投得壽臣山道與黃竹坑徑交界一幅地皮，2015 年 9 月再以 70.2 億元投得大窩坪延坪道地皮，每平方呎樓面呎價逾 1.1 萬。2014 年 12 月中國城市建設及俊和（亞洲聯合基建）以 21.38 億元，投得新界沙田馬鞍山白石耀沙路地皮，樓面呎價 5517 元，並於 2017 年 6 月將地盤出售給宏安地產，同年 9 月，碧桂園控股有限公司（碧桂園）以 24.41 億元代價，向宏安地產購入耀沙路項目（泓碧）六成股權。

2015 年 5 月，中信泰富以 14.69 億元投得馬鞍山落禾沙里海景地皮，發展為三座共 148 伙的住宅峻源。同年 7 月，萬科以 38.22 億元投得屯門 56 區掃管笏地皮，發展低密度住宅項目 Le Pont 上源，為萬科在港首個全資項目，共提供 1154 伙。同年 9 月，保利置業以 17.3 億元投得屯門青山灣地皮，樓面呎價逾 1.5 萬元。

2016 年高銀金融以 63.8 億元購入何文田豪宅地皮，樓面呎價 1.09 萬。萬科於同年 2 月再以 13.06 億元，獨資購入九龍長沙灣福榮街地皮，發展住宅項目 The Campton，提供 467 伙。海航集團於 2016 年年底起至 2017 年初在數月間斥資 272 億元購入四幅啟德住宅地皮，其後悉數轉售。

2017 年 2 月，龍光地產及合景泰富合作聯手，以 168.56 億元投得香港鴨脷洲利南道地皮，樓面呎價達 2.2 萬元，刷新 1997 年 3 月由信置等財團以 118.2 億元投得小西灣地皮（發展為藍灣半島）的紀錄（見表 6-4-1）。同年 5 月，合景泰富與龍湖地產合組財團，

表 6-4-1　截至 2017 年 7 月 1 日香港成交價逾百億元官地

賣地日期	地皮位置	成交價（億元）	中標財團
2017 年 5 月	啟德 1F 區 2 號 （商業／酒店用地）	246.00998988	南豐
2017 年 5 月	中環美利道停車場 （商業用地）	232.8	恒基兆業
2017 年 2 月	香港鴨脷洲利南道	168.5578	龍光地產* 及合景泰富*
1997 年 3 月	小西灣填海區	118.2	信置、光大集團*、 新中地產*、 中銀*及維德集團
2013 年 3 月	何文田常樂街	116.8788	嘉里
2011 年 6 月	西半山波老道前政府宿舍	116.5	長實
2010 年 6 月	何文田忠孝街與佛光街交界	109	新地
2010 年 7 月	山頂聶歌信山道前政府宿舍	104	南豐、九龍倉

資料來源： 地政總署。
注： *中資企業。

以 72.3 億元投得九龍啟德第 1K 區 1 號地皮，為龍湖地產首次在香港投得地皮，樓面呎價 1.26 萬元，地皮發展為住宅項目尚·珀溋。2017 年 6 月，路勁基建與深圳控股，以各佔五成股份合作，以 31.7 億元投得屯門管翠路地皮，發展低密度住宅及少量洋房項目。

根據瑞銀 2015 年 10 月發表的報告，香港五大發展商 —— 長實、新地、新世界發展、信置及恒基兆業在購買香港地皮的金額，由 2010 年合共佔總額的 89%，降至 2015 年 9 月的 41%。根據高力國際的統計資料，2016 年初至 2017 年第一季度，內地發展商在香港市場投得 10 幅土地，總投資 588.9 億元，佔同期香港整體土地招標成交金額的 57.7%。2017 年第一季度，港府招標出售的三幅土地均由內地開發商取得。

二、住宅

改革開放初期，中資企業開始在港投資及發展住宅房地產項目。最初開發的項目以中小型住宅單位為主，逐步發展中、大型及豪宅類型住宅。1984 年 1 月，光大提出以 9.7 億元向長實旗下國際城市集團購買北角城市花園第二及三期共八座約 1100 個住宅單位及基層商場，為光大首次在香港投資房地產。同年 6 月 28 日，王光英在記者招待會上宣布取消城市花園交易，並表示當初決定收購城市花園第二及第三期，與某中東財團表示有意購買樓宇有關，怡和遷冊令中東財團改變主意。光大認為地產市道不景，並非投資的時機，故取消收購協議。

1985 年至 1986 年，中國海外在香港開發首個住宅項目大埔海寶花園，總投資 1.11 億元。1985 年 1 月，香港武夷建築有限公司（中國建築工程總公司福建分公司的香港附屬公司）、廣東水利水電工程有限公司佔股近七成的駿峰有限公司，與地下鐵路簽訂協議，以總投資額 1.05 億元興建筲箕灣站上蓋住宅項目峻峰花園。1985 年 3 月，深房公司同香港南方地產有限公司、香港宏圖有限公司合資，在香港註冊成立香港新峯發展有限公司，正式開始經營海外房地產業務。1985 年 7 月，深房公司以 5350 萬元購入香港九龍深水埗一幅地皮，並向港府申請增加用地地積比，由原來一座改為雙座式住宅商住樓宇太子中心，1987 年 12 月竣工，樓高 16 層。深房公司也於 1987 年至 1988 年在香港北角英皇道與明園西街交界處興建 28 層的明苑中心大廈，首兩層設計成商場舖位。

1990 年代，香港房地產市場進入高增長期，全港二手住宅實用面積平均呎價由 1990 年約 1600 元，急升至 1997 年年底 7410 元高位。1997 年亞洲金融風暴後香港樓市價格大幅下滑，至 2003 年 SARS 時到達低位，之後逐步回升，2011 年重返 1997 年的高位。

2012 年萬科完成收購香港上市公司南聯地產控股有限公司 75% 股權，並在翌年更名為萬科置業（海外）有限公司（萬科置業）。2013 年萬科伙拍新世界發展和港鐵合作發展荃灣西六區項目（柏傲灣），成為萬科第一個在港的住宅發展項目。

三、商廈

1978 年年底，招商局以 6180 萬元在上環干諾道西購入一幢 24 層商業寫字樓。華潤集團於 1979 年購下灣仔灣景中心 A 座，成為華潤總部。同年 12 月 28 日，灣仔港灣道 26 號香港華潤大廈項目正式動工，佔地 6600 平方米，由合和實業設計和總承包施工，中國海外現場管理，華潤設立建築經營部負責建築材料的採購供應。1982 年 12 月 28 日香港華潤大廈封頂，1983 年 9 月 26 日正式落成使用。華潤大廈由兩座高 50 層 178 米的主樓和副樓組成，建成時與當時香港第一高樓怡和大廈平高。1983 年 5 月，光大實業（光大）以每平方呎 1750 元購買位於金鐘的遠東金融中心大廈第 39 層全層，成為光大在香港的首個辦公室。

1985 年 4 月 18 日，中銀大廈動工，1988 年 8 月 8 日封頂，1990 年 5 月 17 日落成，代替 1951 年 11 月 19 日落成位於中環德輔道中 2 號 A 的中國銀行大廈，成為中銀的新總部。中銀大廈由中銀香港創始人貝祖詒的兒子美籍華裔建築師貝聿銘設計，樓高 70 層 315 米，建築面積 13.5 萬平方米，建成時，為世界第七高的摩天大廈，亞洲最高的建築物。

1991 年，總投資 7.37 億元、位於灣仔軒尼詩道的中國海外大廈落成啟用。1994 年中信泰富與中信香港合作購入香港中環添馬艦地皮，發展成中信大廈作為總部，項目於 1997 年落成，1998 年啟用。

2012 年，中國農業銀行以 48.8 億元購入中環干諾道 50 號為總部。2013 年 2 月，中國石油集團旗下的中石油財務（香港）有限公司，以 2.32 億元購入灣仔會展廣場辦公大樓高層（43 樓）01 至 06 室，按該層面積 7857 平方呎計算，呎價高達 29,485 元，創當時全港商廈呎價新高。2015 年 11 月，恒大地產以 125 億元向華人置業購入灣仔美國萬通大廈，成交期長達 6 年，而恒大地產於 2016 年 12 月 1 日將大廈易名為中國恒大中心，作為香港總部之用。2016 年光大集團子公司光大控股以 100 億元購入灣仔大新金融中心全幢，改名為光大中心。

2012 年 6 月 7 日香港政府成立起動九龍東辦事處，致力打造九龍東一帶，加快其轉型為第二個香港核心商業區。部分中資企業亦逐步將總部遷入東九龍、紅磡一帶。2012 年中國建設銀行購入九龍灣東匯 18，改名為中國建設銀行中心，作價 25.1 億元。2015 年中國人壽以 58.5 億元購入紅磡 One HarbourGate 西座商廈作總部，後改名為中國人壽中心。2016 年祥祺集團以 45 億元購入紅磡 One HarbourGate 東座商廈及商舖，改名為祥祺中心。2017 年 10 月綠景（中國）地產投資有限公司以 90 億元，向會德豐購入九龍東海濱道 123 號的 8 Bay East 全幢臨海甲級商廈。同年 11 月中國國儲能源化工集團與世茂董事局主席許榮茂、金利豐集團主席朱李月華、香港投資者盧文端、馬亞木、陳秉志及張順宜等購入中環中心 75% 業權，成交價 402 億元（見表 6-4-2）。

表 6-4-2　2012 年至 2017 年由中資企業大手投資購入的商廈項目例子

公布年份	金額（億元）	商廈項目
2012 年	約 25.1	中國建設銀行購入九龍灣東匯 18，改名為中國建設銀行中心
2012 年	約 48.8	中國農業銀行購入中環干諾道 50 號作總部
2015 年	約 125	恒大地產購入灣仔美國萬通大廈全幢，改名為中國恒大中心
2015 年	約 58.5	中國人壽購入紅磡 One HarbourGate 西座商廈及商舖，改名為中國人壽中心
2016 年	約 100	光大集團子公司光大控股購入灣仔大新金融中心全幢，改名為光大中心
2016 年	約 45	祥祺集團購入紅磡 One HarbourGate 東座商廈及商舖，改名為祥祺中心
2017 年	約 90	綠景（中國）地產購入觀塘 8 Bay East 全幢
2017 年	約 402	中國國儲能源化工集團及多名香港投資者，購入中環中心 75% 業權
2017 年	約 230	中國長城資產管理公司及高盛和基匯資本聯手購入領展 17 項物業，包括商場及車位

資料來源：　各發展商官方網頁、媒體報道。

四、舊區重建

2010 年至 2016 年，中海集團與市區重建局合作發展西營盤第三街市區重建項目星鑽，樓高 35 層，提供 255 個單位，投資金額 34.61 億元。2012 年至 2015 年，中海集團和市區重建局再度合作，以 8.29 億元發展位於九龍馬頭角北帝街的住宅項目喜點，樓高 26 層，共 168 個單位，全部單位於首個開售日悉數售出。

2011 年，中國冶金科工股份有限公司（中國中冶）以 7000 萬元透過強拍統一西環南里 4A、6、8 及 10 號業權，原計劃連同毗鄰物業重建為住宅，於 2012 年以約 3.2 億元將地盤售予新世界發展，其後發展為 Eight South Lane。

香港發展商金朝陽集團（金朝陽）持有的港島摩羅廟街 14 至 18 號住宅地盤，面積約 6000 餘平方呎，可重建樓面近五萬平方呎，於 2012 年獲屋宇署批准，興建一座 27 層商住物業，金朝陽用三年時間完成地基工程。2016 年中國中冶以 8.2 億元向金朝陽購入。

2017 年，武夷集團以 1.12 億元收購黃大仙鳴鳳街 18 至 20 號全幢物業，作舊樓重建；同年，碧桂園以 6.1 億元購入九龍城賈炳達道 142 至 154 號舊樓重建。同年碧桂園以逾 24

億元向宏安地產購入馬鞍山耀沙路項目（泓碧）六成股權等，首次在港開展房地產發展。佳源國際以逾 26 億元向香港投資者鄧成波購入三個發展項目，包括屯門住宅項目菁雋，地皮前身為政府官地，此舉間接令佳源持有官地。

五、物業管理

中資公司誠信行物業管理服務集團於 2012 年 10 月併購香港天怡物業顧問有限公司，2017 年 4 月更名為香港誠信行管理服務有限公司，為香港住宅、商場、工商廈物業，提供管理及保安、清潔、公共設施維修等工作。2014 年 6 月 30 日，彩生活服務集團有限公司（彩生活），成為首家在港上市的中資物業股，專注於物業管理服務之餘，更提供銷售及租賃服務等。其後中資物業管理公司相繼在香港上市（見表 6-4-3）。

2015 年 10 月 23 日，中海物業集團有限公司（中海物業）在香港聯交所上市，管理物業類型包括住宅、商用物業及政府物業等。中海物業是中海集團旗下的物業管理公司，早於 1986 年在香港註冊成立，在港上市前已經在內地及港澳發展業務多年。2007 年 7 月 1 日，中海物業正式接管「一地兩檢」的深圳灣口岸港方口岸區的物業管理工作，此後該公司陸續投得多個香港出入境口岸的物業管理項目。截至 2015 年 5 月 31 日，中海物業在內地 48 個城市多個地點、香港和澳門的客戶提供物業管理服務，管理的總建築面積約為 6.76 億平方米。總部位於杭州市西湖區，以物業服務為基礎的綠城服務集團有限公司（綠城服務），於 2016 年 7 月 12 日在香港交易所掛牌上市。

表 6-4-3　2014 年至 2017 年在港上市中資物業管理公司

中資物管公司名稱	上市日期
彩生活	2014 年 6 月 30 日
中海物業	2015 年 10 月 23 日
中奧到家	2015 年 11 月 25 日
綠城服務	2016 年 7 月 12 日
祈福生活服務	2016 年 11 月 8 日
浦江中國	2017 年 12 月 11 日

資料來源：　香港交易及結算所有限公司「披露易」網站。

注釋

1　該公司於 1980 年 8 月易名為深圳經濟特區房地產公司，1992 年 9 月更名為深圳經濟特區房地產總公司，1993 年 9 月 17 日更名為深圳經濟特區房地產（集團）股份有限公司（簡稱深房集團）。

2　2020 年 1 月 13 日，劉紹鈞在星光行 10 樓接受香港地方志中心編輯訪問。

3　引述深圳創新發展研究院：〈百位深圳改革人物駱錦星：競得中國土地使用權「第一拍」的吃螃蟹者〉，深圳市現代創新發展基金會網頁，2018 年 1 月 17 日發布，2021 年 8 月 3 日瀏覽，http://www.cxsz.org/index.php/About/dynamic_detail/id/91.html。

4　兩篇文章其後收錄於香港房地產建築業協進會、中國人民大學土地管理系編：《房地產論文集》（北京：中國人民大學出版社，1995），頁 32-54、93-101。

5　港商於改革開放 40 年期間投資興建酒店項目的詳情，請參閱本志第四章「旅遊往來」第三節第一目「酒店」。

6　第一號是香港美心集團與中國民航總局共同投資的北京航空食品有限公司。

7　根據中國海外建築工程有限公司發言人張士慧的發言。引自〈深圳海豐苑第二幢即將推出〉，《華僑日報》1981 年 7 月 7 日，第四張第一頁建築與地產特刊。

8　「港人港地」政策是 2013 年港府在樓市過熱時採用的先導計劃，優先照顧香港永久性居民置業安居的需要。參見香港特別行政區政府新聞處：〈啟德兩幅實施「港人港地」措施的政府土地將公開招標出售〉，香港特別行政區政府新聞公報網頁，2013 年 3 月 19 日發布，2021 年 8 月 3 日瀏覽，https://www.info.gov.hk/gia/general/201303/19/P201303190467.htm。

第七章
經濟合作

香港屬高度外向型和高外貿依存度的經濟體系，自 1997 年回歸後，經歷亞洲金融風暴、資產及科網股泡沫爆破和美國經濟放緩等因素，接連打擊香港經濟。2000 年 1 月，香港總商會在《中國加入世貿對香港商界的影響》報告書，率先提出香港與內地訂立自由貿易協議的構想，並為此於同年 3 月致函特區行政長官董建華。2001 年 11 月，中國在多哈簽署加入世界貿易組織（世貿組織，WTO）議定書後，香港總商會向特區行政長官重提該項建議。2002 年 1 月 25 日，中央政府與香港特區政府正式就制定符合「一國兩制」原則和世貿組織規則的自由貿易協議，在北京展開《內地與香港關於建立更緊密經貿關係的安排》（CEPA）的磋商工作。

2003 年 6 月 29 日，中央人民政府與香港特區政府簽署 CEPA 主體文件，同年 9 月 29 日簽署六份附件，於 2004 年 1 月 1 日起正式生效。由香港財政司司長及中央人民政府商務部副部長共同領導的聯合指導委員會，負責 CEPA 的整體統籌工作。2003 年 12 月 17 日，聯合指導委員會在北京召開首次會議。

CEPA 是香港與內地簽訂的首份雙邊自由貿易協議，亦是內地簽署的第一個全面自由貿易協定，為內地與其他國家和地區洽商同類市場開放協議提供參考。CEPA 採取「循序漸進」及「先易後難」的方式，分階段磋商，逐步擴大內容和範疇。雙方於 2004 年至 2013 年間，先後簽訂十份補充協議，擴大市場開放及進一步便利貿易和投資，促進經貿合作和持續發展。

2013 年，行政長官梁振英在《施政報告》中宣布增設聯合工作小組，進一步完善落實 CEPA 措施的機制。小組的內地一方由商務部台港澳司牽頭，邀請相關中央部委及地方政府參與；港方則由工業貿易署帶領，並按需要邀請相關的特區部門出席專題會議。小組於 2013 年 6 月 18 日在廣州召開首次會議。

2014 年 12 月 18 日，雙方把補充協議提升為「子協議」，簽署 CEPA《關於內地在廣東與香港基本實現服務貿易自由化的協議》（《廣東協議》），首次採用負面表列的開放清單和准入前國民待遇。

CEPA《服務貿易協議》於 2016 年 6 月 1 日實施後，基本實現服務貿易自由化的地域範圍擴展至內地全境。2017 年 6 月 28 日，雙方簽署 CEPA《經濟技術合作協議》和 CEPA《投資協議》，將 CEPA 提升至一般全面自由貿易協議的水平，為兩地持續增長的投資活動，訂立促進和保護措施，並推展經濟和技術的合作交流。

2000 年 3 月 20 日，香港總商會主席董建成致函行政長官董建華，提議香港特區政府與內地簽訂「區域貿易協議」（亦即後來的 CEPA）。（香港總商會提供）

2003 年 9 月 29 日，財政司司長唐英年（左）與商務部副部長安民（右）在香港簽署 CEPA 的六份附件。（中新圖片提供）

表 7-1-1　《內地與香港關於建立更緊密經貿關係的安排》（CEPA）協議簽訂及實施的時間表

階段	協議	簽訂日期	實施日期	附件
1	《CEPA》主體文件	2003 年 6 月 29 日簽訂 CEPA 主體文件、2003 年 9 月 29 日簽署六份附件	2004 年 1 月 1 日	附件 1：關於貨物貿易零關稅的實施 附件 2：關於貨物貿易的原產地規則 附件 3：關於原產地證書的簽發和核查程序 附件 4：關於開放服務貿易領域的具體承諾 附件 5：關於「服務提供者」定義和相關規定 附件 6：關於貿易投資便利化
2	補充協議	2004 年 10 月 27 日	2005 年 1 月 1 日	附件 1：第二批內地對原產香港的進口貨物實行零關稅的產品清單 附件 2：第二批享受貨物貿易優惠措施的香港貨物原產地標準表 附件 3：內地向香港開放服務貿易的具體承諾的補充和修正
3	補充協議二	2005 年 10 月 18 日	2006 年 1 月 1 日	附件 1：2006 年享受貨物貿易優惠措施的香港貨物原產地標準表（一） 附件 2：內地向香港開放服務貿易的具體承諾的補充和修正二
	補充協議三	2006 年 6 月 27 日	2007 年 1 月 1 日	內地向香港開放服務貿易的具體承諾的補充和修正三
4	關於 2006 年上半年《內地與香港關於建立更緊密經貿關係的安排》項下零關稅貨物原產地標準的確認書	2006 年 6 月 27 日	2006 年 7 月 1 日	2006 年上半年香港享受零關稅貨物原產地標準表 [①]
5	補充協議四	2007 年 6 月 29 日	2008 年 1 月 1 日	內地向香港開放服務貿易的具體承諾的補充和修正四
6	補充協議五	2008 年 7 月 29 日	2009 年 1 月 1 日	內地向香港開放服務貿易的具體承諾的補充和修正五
7	補充協議六	2009 年 5 月 9 日	2009 年 10 月 1 日	內地向香港開放服務貿易的具體承諾的補充和修正六
8	補充協議七	2010 年 5 月 27 日	2011 年 1 月 1 日	內地向香港開放服務貿易的具體承諾的補充和修正七
9	補充協議八	2011 年 12 月 13 日	2012 年 4 月 1 日	內地向香港開放服務貿易的具體承諾的補充和修正八
10	補充協議九	2012 年 6 月 29 日	2013 年 1 月 1 日	內地向香港開放服務貿易的具體承諾的補充和修正九
11	補充協議十	2013 年 8 月 29 日	2014 年 1 月 1 日	內地向香港開放服務貿易的具體承諾的補充和修正十
12	關於內地在廣東與香港基本實現服務貿易自由化的協議（廣東協議）	2014 年 12 月 18 日	2015 年 3 月 1 日	附件 1：內地在廣東省向香港開放服務貿易的具體承諾 附件 2：香港向內地廣東省開放服務貿易的具體承諾
13	服務貿易協議	2015 年 11 月 27 日	2016 年 6 月 1 日	附件 1：內地向香港開放服務貿易的具體承諾 附件 2：香港向內地開放服務貿易的具體承諾 附件 3：關於「服務提供者」定義和相關規定
14	投資協議	2017 年 6 月 28 日	2018 年 1 月 1 日	附件 1：關於「投資者」定義的相關規定 附件 2：內地及香港的減讓表 附件 3：徵收
	經濟技術合作協議	2017 年 6 月 28 日	不適用	不適用

資料來源：　工業貿易署。

注：① 這份確認書附件是為《CEPA》附件 2 表 1《享受貨物貿易優惠措施的香港貨物原產地標準表》的補充。

CEPA 為一份開放及不斷發展的自由貿易協議,在「一國兩制」原則和世貿組織框架下,推進內地與香港之間的貿易和投資自由化與區域經濟一體化,涵蓋貨物貿易、服務貿易、投資等範疇(見表 7-1-1)。

一、貨物貿易自由化

根據 CEPA 協議,逐步減少或取消雙方之間實質上所有貨物貿易的關稅和非關稅壁壘,實現貨物貿易自由化。

按 CEPA 主體文件(第一階段),內地自 2004 年 1 月 1 日起,對原產香港進口金額較大的 374 個稅目產品實行零關稅,比中國對世貿組織的低關稅(平均約 12%)承諾提早三年落實(見表 7-1-2)。

香港銷往內地的貨物符合 CEPA 的原產地規則,可享有零關稅優惠。「原產香港」的產品,為完全在香港獲得的產品(主要是礦產品和漁產品),或在香港進行實質性加工的工業產品。「實質性加工」的認定標準在 CEPA 實施初期主要為特定的「製造或加工工序」、四位數級的「稅號改變」和大於或等於 30% 增值的「從價百分比」。[1] 在第一階段實行零關稅的產品中,68% 沿用香港當時採用的特定工序標準,予香港生產商較大的彈性,把握進入內地市場的機會。

表 7-1-2　CEPA 關稅優惠與內地 2003 年關稅稅率及入世關稅承諾比較

	類別內主要貨品的關稅率範圍			
	內地 2003 年關稅(%)	中國入世承諾內的約束關稅率(%)		2004 年實施的 CEPA 關稅(%)
		2004 年	最終(2007 年實施)	
電機及電子產品	5.0-30	5.0-30.0	5.0-30.0	0
塑膠產品	8.4-12.7	6.5-10.8	6.5-10.0	0
紙製品	5.0-13.3	5.0-10.4	5.0-7.5	0
紡織成衣	5.0-21.3	5.0-19.4	5.0-17.5	0
化學製品	5.5-21.7	5.5-15.8	5.5-10.0	0
藥物	3.0-6.0	3.0-6.0	3.0-6.0	0
鐘錶	14.0-23.0	12.5-25.0	12.5-25.0	0
首飾	26.7-35.0	23.3-35.0	20.0-35.0	0
化妝品	18.3-22.3	14.2-19.2	6.5-15.0	0
金屬製品	4.0-10.5	4.0-10.5	4.0-10.5	0
其他	5.0-24.2	5.0-25.0	5.0-25.0	0

資料來源: 立法會 CB(1)2101/02-03(02) 號文件,2003 年 7 月 2 日,頁 6-7,https://www.legco.gov.hk/yr02-03/chinese/panels/ci/papers/ci0630cb1-2101-2c.pdf。

香港原產地證書發證機構為工業貿易署，或任一政府認可簽發來源證機構（香港總商會、香港工業總會、香港中華廠商聯合會、香港中華總商會或香港印度商會）。在申請原產地證書之前，廠商須於工業貿易署辦理工廠登記，證明其廠房擁有足夠能力生產有關的出口貨物。

2004 年 1 月 5 日，香港工業總會簽發首張 CEPA 原產地證書予香港京都養生堂藥業有限公司一批總值 36 萬元、共 1000 箱的枇杷膏。1 月 7 日，首批進入內地的零關稅貨物 —— 31 萬隻「空白光碟」經皇崗口岸過關。截至 2004 年年底，透過 CEPA 零關稅進口內地的香港製造產品，總值 11.5 億元，主要受惠的貨物包括紡織及成衣製品、藥物、電機及電子產品、着色劑及化學產品等。

2004 年 10 月 27 日，雙方簽署 CEPA《補充協議》（第二階段），內地同意將零關稅擴大至另外 713 項產品，包括 529 項香港現有生產的及 184 項擬在香港生產的產品，當中 74% 的產品沿用香港當時以工序界定的原產地規則，包括紡織及成衣製品、食物及飲品、藥物以及部分塑膠和金屬製品。此外，11% 的產品採用「稅號改變」標準，只有 7% 的產品採用「百分之三十從價百分比」的規定。第二階段下零關稅的產品種類繁多，一些產品甚至獲豁免高達 35% 的關稅。同時雙方同意，原產香港的產品，經雙方確認投產後即可享有零關稅優惠，毋須再待次年 1 月 1 日方可豁免。

2005 年 10 月 18 日簽署的 CEPA《補充協議二》（第三階段）進一步規定，自 2006 年 1 月 1 日起，除禁止進口的貨物外，[2] 內地對原產香港的進口貨物全面實施零關稅；零關稅進口貨物須符合雙方商定的原產地標準。除第一及第二階段涵蓋的產品外，內地及香港亦已商定 2006 年內地稅號中 262 個稅則號列所涵蓋的一系列產品的原產地規則。《補充協議二》首次將「香港自有品牌」列為確認原產地的參考因素，並同意放寬手錶的原產地規則，容許香港自有品牌的手錶，毋須符合不少於 30% 的本地增值要求。

在 CEPA 首三個階段下，內地與香港共商訂 1369 項產品的原產地規則，至於仍未商訂原產地規則的產品，雙方同意在 2005 年之後會每年舉行兩次磋商（有別於 CEPA 首兩個階段定下每年一次的做法），予有意申請的製造商有更大靈活性。

2011 年 12 月 13 日簽署的《補充協議八》，修改香港原產地貨物標準的計算方法，容許業界把原產自內地的原料及組合零件價值計算在「從價百分比」內，而納入計算的價值可達「從價百分比」的一半（即 15%）。

截至 2017 年，共有 1894 種港產品可享有內地零關稅優惠（見表 7-1-3）。香港累計簽發 156,955 份原產地證書，主要貨物類別包括食品及飲品（29.37%）、塑膠及塑膠製品（21.78%）、紡織及成衣製品（17.94%）、藥用及護理用品（11.41%）等（見表 7-1-4）。

表 7-1-3 CEPA 貨物貿易自由化進程

協議簽訂日期或原產地規則磋商時段	協議或原產地規則磋商	新增香港原產貨物享受《安排》零關稅優惠的實施日期	新增獲列入《安排》零關稅清單的香港原產貨物項目	累計零關稅貨物項目[①②]
2003 年 6 月 29 日	《安排》主體文件	2004 年 1 月 1 日	273 項	273
2004 年 10 月 27 日	《安排》補充協議一	2005 年 1 月 1 日	新增 713 項	1087
2005 年 10 月 18 日	《安排》補充協議二	2006 年 1 月 1 日	新增 261 項	1369
2006 年上半年	第一輪原產地規則磋商[③]	2006 年 7 月 1 日	新增 37 項	1407
2006 年下半年	第二輪原產地規則磋商	2007 年 1 月 1 日	新增 45 項	1452
2007 年上半年	第一輪原產地規則磋商	2007 年 7 月 1 日	新增 17 項	1465
2007 年下半年	第二輪原產地規則磋商	2008 年 1 月 1 日	新增 16 項	1481
2008 年上半年	第一輪原產地規則磋商	2008 年 7 月 1 日	新增 8 項	1510
2008 年下半年	第二輪原產地規則磋商	2009 年 1 月 1 日	新增 5 項	1515
2009 年上半年	第一輪原產地規則磋商	2009 年 7 月 1 日	新增 28 項	1565
2009 年下半年	第二輪原產地規則磋商	2010 年 1 月 1 日	新增 8 項	1573
2010 年上半年	第一輪原產地規則磋商	2010 年 7 月 1 日	新增 7 項	1592
2010 年下半年	第二輪原產地規則磋商	2011 年 1 月 1 日	新增 11 項	1603
2011 年上半年	第一輪原產地規則磋商	2011 年 7 月 1 日	新增 10 項	1630
2011 年下半年	第二輪原產地規則磋商	2012 年 1 月 1 日	新增 3 項	1633
2012 年上半年	第一輪原產地規則磋商	2012 年 7 月 1 日	新增 7 項	1739
2012 年下半年	第二輪原產地規則磋商	2013 年 1 月 1 日	新增 7 項	1746
2013 年上半年	第一輪原產地規則磋商	2013 年 7 月 1 日	新增 17 項	1774
2013 年下半年	第二輪原產地規則磋商	2014 年 1 月 1 日	新增 3 項	1777
2014 年上半年	第一輪原產地規則磋商	2014 年 7 月 1 日	新增 8 項	1796
2014 年下半年	第二輪原產地規則磋商	2015 年 1 月 1 日	新增 8 項	1804
2015 年上半年	第一輪原產地規則磋商	2015 年 7 月 1 日	新增 3 項	1812
2015 年下半年	第二輪原產地規則磋商	2016 年 1 月 1 日	新增 2 項	1814
2016 年上半年	第一輪原產地規則磋商	2016 年 7 月 1 日	新增 1 項	1819
2016 年下半年	第二輪原產地規則磋商	2017 年 1 月 1 日	新增 4 項	1823
2017 年上半年	第一輪原產地規則磋商	2017 年 7 月 1 日	新增 6 項	1891
2017 年下半年	第二輪原產地規則磋商	2018 年 1 月 1 日	新增 3 項	1894

資料來源： 工業貿易署。

注：① 每年的累計零關稅貨物項目，除了包括兩地根據《安排》協議或原產地規則磋商新增的零關稅貨物外，亦函蓋內地海關總署定期對「貨物名稱及編號協調制度」進行調整而引致受惠貨物項目數量的轉變。

② 不包括內地有關法規、規章禁止進口的和履行國際公約而禁止進口的貨物，以及內地在有關國際協議中作出特殊承諾的產品。

③ 在進一步開放貨物貿易的措施下，內地與香港同意由 2006 年 1 月 1 日起，如貨物尚未有共同商定的《安排》原產地規則，香港生產商可提出申請，要求將產品納入兩地每年兩次的原產地規則磋商之中。

表 7-1-4　原產地證書統計（2004 年至 2017 年）

貨物類別	《安排》下的原產地證書申請概況 獲批准的原產地證書數目（申請證書數目）						
	2004	2005	2006	2007	2008	2009	2010
1 食品及飲品	7(12)	1247(1273)	2280(2311)	3861(3895)	3364(3481)	2548(2600)	2878(3033
2 塑膠及塑膠製品	308(317)	915(924)	1394(1411)	1543(1559)	1546(1555)	2283(2315)	2915(2923
3 紡織及成衣製品	1193(1300)	2265(2442)	2433(2552)	2529(2570)	2434(2468)	2271(2319)	2675(2742
4 藥用及護理用品	681(702)	1030(1036)	1124(1156)	1208(1217)	1225(1240)	1101(1110)	1304(1316
5 化工產品	170(188)	374(393)	489(511)	593(609)	606(612)	692(697)	842(854
6 金屬及五金產品	62(66)	278(282)	397(401)	493(492)	536(541)	571(574)	679(685
7 紙品及印刷品	157(178)	533(549)	313(314)	101(104)	193(209)	409(414)	340(344
8 着色劑	181(192)	255(259)	368(374)	383(382)	240(251)	314(318)	519(527
9 電機及電子產品	183(186)	65(68)	52(65)	157(157)	120(119)	288(293)	304(333
10 皮革及毛皮產品	2(2)	4(5)	9(11)	13(14)	20(20)	43(48)	35(38
11 鐘錶及其零件	27(29)	26(31)	65(71)	61(63)	73(72)	107(107)	80(86
12 機器及機器用具	0(0)	5(6)	4(4)	5(4)	7(7)	5(5)	31(33
13 光學、照相及電影儀器及零件	4(4)	10(13)	49(49)	42(42)	57(60)	48(49)	62(103
14 首飾及貴金屬	32(33)	39(39)	96(96)	141(141)	151(153)	35(37)	52(52
15 化妝品	0(1)	20(21)	12(12)	12(14)	13(17)	14(15)	20(29
16 食品殘渣及動物飼料	0(0)	1(1)	8(8)	29(29)	22(22)	33(35)	33(33
17 量度及檢查儀器	0(0)	0(0)	0(0)	0(0)	0(0)	0(0)	19(19
18 家具	0(0)	0(0)	1(1)	0(0)	0(0)	0(0)	0(0
19 醫療儀器及按摩器具	0(0)	0(0)	0(0)	0(0)	0(0)	0(0)	0(0
20 其他	0(0)	2(2)	1(1)	0(0)	2(2)	0(0)	0(0
21 玩具及遊戲或運動用品	1(1)	0(0)	0(0)	0(0)	0(0)	0(0)	0(0
總計	3008 (3211)	7047 (7321)	8978 (9233)	10,956 (11,080)	10,537 (10,756)	10,687 (10,861)	12,686 (13,028

資料來源： 工業貿易署。

注： 1. 括弧內的數目為申請 CEPA 原產地證書的數目。

　　 2. 由於一份原產地證書可同時包含多於一個類別的產品，總計數字可能會與該年度所有類別的原產地證書數字的總和不同。

　　 3. 如獲簽發的原產地證明書數目比括號內的申請數目多，是因為對上一個年度收到的申請在該年才獲批。

《安排》下的原產地證書申請概況 獲批准的原產地證書數目（申請證書數目）							2004 年至 2017 年申請及獲批准的《安排》原產地證書數目
2011	2012	2013	2014	2015	2016	2017	
212(3397)	3466(3604)	3634(3779)	4519(4626)	6168(6255)	4417(4525)	4501(4582)	46,102(47,373)
450(3465)	3329(3350)	3819(3863)	4009(4067)	2947(3047)	2986(3036)	2740(2789)	34,184(34,621)
908(2949)	2893(2945)	2594(2623)	1870(1896)	1138(1142)	705(711)	255(257)	28,163(28,916)
331(1342)	1512(1538)	1312(1331)	1659(1680)	1238(1267)	1638(1663)	1547(1593)	17,910(18,191)
856(862)	749(763)	831(843)	740(764)	814(826)	778(793)	664(669)	9198(9384)
639(644)	641(641)	611(615)	597(601)	353(353)	235(236)	263(264)	6355(6395)
411(411)	401(404)	371(371)	315(322)	214(225)	129(131)	93(100)	3980(4076)
469(480)	258(259)	180(179)	164(161)	141(142)	89(91)	68(68)	3629(3683)
246(249)	120(120)	165(165)	127(131)	120(124)	118(118)	73(73)	2138(2201)
120(121)	121(122)	179(185)	555(563)	358(361)	15(15)	5(5)	1479(1510)
169(175)	163(163)	199(199)	42(42)	0(0)	0(0)	0(0)	1012(1038)
43(47)	192(195)	154(154)	125(129)	114(114)	138(152)	183(182)	1006(1032)
80(93)	80(81)	69(69)	76(76)	121(125)	143(144)	107(109)	948(1017)
50(50)	41(43)	28(28)	33(33)	27(27)	17(18)	24(23)	766(773)
42(35)	18(21)	34(37)	32(34)	47(50)	42(43)	43(45)	349(374)
29(29)	33(33)	30(30)	31(32)	23(23)	30(30)	30(30)	332(335)
19(19)	23(23)	24(24)	22(22)	19(19)	15(16)	19(18)	160(160)
0(0)	0(0)	2(2)	10(10)	4(5)	17(18)	0(0)	34(36)
0(0)	4(5)	1(1)	5(5)	7(7)	0(0)	0(0)	17(18)
0(0)	0(0)	0(0)	0(0)	0(0)	0(0)	0(0)	5(5)
0(0)	0(0)	0(0)	0(0)	0(0)	0(0)	0(0)	1(1)
13,997 (14,287)	14,011 (14,274)	14,211 (14,473)	14,909 (15,172)	13,833 (14,090)	11,492 (11,718)	10,603 (10,794)	156,955 (160,298)

在 CEPA 框架下，榮利集團有限公司於 2004 年 1 月 7 日使用香港總商會簽發的 CEPA 產地來源證，率先以零關稅把在香港製造的 31 萬隻空白光碟輸往內地。（香港總商會提供）

2004 年 2 月 26 日，海關關員在北京首都國際機場海關物流監控處，為當地辦理的首批 CEPA 零關稅港貨辦理驗放手續。這批商品是在香港生產的成衣，總值約 2.7 萬元。（新華社提供）

CEPA 實施後,香港出口內地 CEPA 項下貨物受惠貨值,由 2004 年的 11.5 億元,增長至 2017 年的 76.1 億元,升幅近 5.62 倍;佔港產品對內地出口的百分比由 3% 升至 44.1%。在此期間,總值 894.6 億元的港產貨物獲享 CEPA 零關稅優惠出口內地,共獲豁免關稅 63.7 億元人民幣(見表 7-1-5),其中貨值最高的三個種類依次為塑膠及塑膠製品、藥用及護理用品、食品及飲品(見表 7-1-6).

表 7-1-5 歷年 CEPA 貨物離岸貨值及關稅優惠統計

年份	CEPA 原產地證書涉及出口貨物		關稅優惠(億元人民幣)	港產品對內地出口			港產品總出口			
	總值(億元)	年增長率(%)		總值(億元)	年增長率(%)	CEPA 項下佔比(%)	總值(億元)	年增長率(%)	往內地出口佔比(%)	CEPA 項下佔比(%)
2004	11.5	不適用	0.7	379.0	3.1	3.0	1,259.8	3.5	30.1	0.9
2005	23.7	106.1	1.8	446.4	17.8	5.3	1,360.3	8.0	32.8	1.9
2006	32.5	37.1	2.7	402.7	-9.8	8.1	1,345.3	-1.1	29.9	2.4
2007	44.3	36.3	3.9	406.1	0.8	10.9	1,091.2	-18.9	37.2	4.1
2008	48.2	8.8	3.4	347.6	-14.4	13.9	907.6	-16.8	38.3	5.3
2009	54.5	13.0	3.8	266.7	-23.3	20.4	577.4	-36.4	46.2	9.4
2010	71.6	31.4	4.7	312.2	17.1	22.9	695.1	20.4	44.9	10.3
2011	88.7	23.9	6.1	307.0	-1.7	28.9	656.6	-5.5	46.8	13.5
2012	96.7	9.0	6.5	260.3	-15.2	37.1	588.3	-10.4	44.2	16.4
2013	96.4	-0.3	6.3	247.8	-4.8	38.9	543.6	-7.6	45.6	17.7
2014	101.6	5.4	6.8	232.0	-6.4	43.8	552.8	1.7	42.0	18.4
2015	78.8	-22.4	6.1	204.3	-11.9	38.6	468.6	-15.2	43.6	16.8
2016	70.0	-11.2	5.1	185.6	-9.2	37.7	428.8	-8.5	43.3	16.3
2017	76.1	8.7	5.8	172.7	-7.0	44.1	434.6	1.4	39.7	17.5
總計	894.6	不適用	63.7	4170.4	不適用	不適用	10,910	不適用	不適用	不適用

資料來源: 工業貿易署、《香港統計年刊》(2005—2017)、《港澳經濟年鑒 2007》、《香港對外商品貿易(2016 年 12 月)》、統計處網上互動數據發布服務網、《香港商品貿易統計 - 港產品出口及轉口:周年附刊(2017 年版)》。

表 7-1-6 2004 年至 2017 年 CEPA 貨物離岸總貨值（按貨品類別劃分）

貨物類別	2004 年至 2017 年 CEPA 貨物離岸總貨值（按貨品類別劃分）						
	2004	2005	2006	2007	2008	2009	2010
塑膠及塑膠製品	112,335	385,665	723,347	988,374	1,187,558	1,704,387	2,486,0:
藥用及護理用品	737,026	1,087,533	1,201,413	1,426,912	1,654,103	1,588,360	1,940,0(
食品及飲品	311	187,630	293,005	463,634	449,364	496,384	631,3:
紡織及成衣製品	122,417	333,189	423,668	608,718	616,692	487,570	698,7:
化工產品	38,687	72,317	104,444	138,522	178,781	287,464	346,0!
金屬及五金產品	21,744	147,104	248,074	349,261	351,337	378,982	483,3!
皮革及毛皮產品	24	577	4,939	2,150	3,686	3,119	21,9(
光學、照相及電影儀器及零件	9,929	8,648	44,309	68,123	138,643	156,479	127,4:
機器及機器用具	0	1,080	3,732	3,429	5,017	4,339	32,9!
著色劑	52,214	62,897	134,321	121,847	89,584	127,657	201,8'
電機及電子產品	40,048	16,150	5,530	180,901	47,221	156,748	41,2
量度及檢查儀器	0	0	0	0	0	0	59,5
紙品及印刷品	10,259	34,899	30,257	27,799	29,178	36,884	17,4
首飾及貴金屬	3,592	24,016	32,638	45,334	58,945	9,974	55,0
化妝品	0	655	1,081	2,239	1,746	1,551	1,8
鐘錶及其零件	1,705	3,294	3,114	5,062	6,494	5,354	11,2
醫療儀器及按摩器具	0	0	0	0	0	0	
食品殘渣及動物飼料	0	25	363	1,357	1,030	1,989	1,7
家具	0	0	20	0	0	0	
其他	0	27	8	0	41	0	
玩具及遊戲或運動用品	9	0	0	0	0	0	
總計	1,150,300	2,365,706	3,254,263	4,433,662	4,819,420	5,447,241	7,157,9

資料來源： 工業貿易署。

（單位：千元）

2004 年至 2017 年 CEPA 貨物離岸總貨值（按貨品類別劃分）							
2011	2012	2013	2014	2015	2016	2017	2004 至 2017
,155,444	3,536,948	3,787,156	3,422,247	2,000,258	1,893,288	2,059,037	27,442,082
,966,326	2,401,211	2,193,861	2,840,242	2,364,188	2,488,867	2,689,494	26,579,542
819,933	878,386	911,269	1,031,710	1,341,556	1,301,239	1,667,820	10,473,579
986,027	984,700	829,833	621,492	251,710	147,327	51,820	7,163,902
402,746	440,598	525,495	584,124	534,787	524,244	522,843	4,701,145
742,714	721,922	524,317	390,852	111,485	66,969	73,879	4,612,021
169,686	197,781	381,761	878,933	814,350	2,458	1,289	2,482,715
152,359	153,214	120,579	110,540	156,824	269,290	205,457	1,721,825
89,853	176,971	175,914	132,471	163,588	186,526	193,185	1,169,092
174,595	51,083	18,978	19,974	16,391	17,194	16,749	1,105,307
92,678	21,558	27,408	23,668	25,192	24,287	17,920	720,528
71,855	46,792	65,028	50,200	57,690	32,774	53,024	436,893
16,772	18,709	18,512	18,175	12,742	15,455	16,945	304,033
11,519	9,609	7,521	11,955	6,157	8,768	13,860	298,969
2,944	3,163	18,743	16,606	18,190	22,493	25,880	117,093
13,167	10,169	18,893	4,503	0	0	0	83,024
0	21,060	8,190	1,186	1,250	0	0	31,686
1,487	1,692	1,571	1,720	1,404	1,941	2,132	18,469
0	0	137	480	265	1,224	0	2,126
0	0	0	0	0	0	0	76
0	0	0	0	0	0	0	9
870,105	9,675,566	9,635,166	10,161,078	7,878,027	7,004,344	7,611,334	89,464,116

二、服務貿易自由化

2003 年香港的服務業佔本地生產總值 87%，按照 CEPA 的服務業開放措施，內地予香港服務提供者早於並優於其他境外投資者到內地開業及經營。

香港和內地在 2003 年 6 月 29 日簽署 CEPA 主體文件後，於 2004 年至 2013 年間簽訂十份補充協議，內地逐步擴大服務業對香港開放的幅度。2014 年 12 月 18 日，雙方在 CEPA 框架下簽訂《關於內地在廣東與香港基本實現服務貿易自由化的協議》（《廣東協議》），涵蓋大部分服務領域，令廣東與香港率先基本實現服務貿易自由化。2015 年 11 月 27 日簽署的《服務貿易協議》，更將地域範圍由廣東擴至內地全境。擴大服務貿易對香港開放，為香港服務業拓展發展空間，亦「為內地相關行業帶來了先進的經營理念、優質的服務方式和廣泛的海外經營網絡，促進了內地行業服務水平的提高和結構的升級」。[3]

1. CEPA 主體文件及六份附件（第一階段）

2004 年 1 月 1 日 CEPA 正式實施後，內地向香港放寬 18 個服務行業的市場准入限制，包括：管理諮詢、會議及展覽、廣告、會計、房地產及建築、醫療及牙醫、分銷、物流、貨物運輸代理、倉儲、運輸、旅遊、視聽、法律、銀行、證券、保險和電訊（見表 7-1-7）。

香港的「自然人」和「法人」符合 CEPA 訂立的「香港服務提供者」定義，均可享有內地所給予的優惠待遇。「自然人」指香港永久性居民，毋須申請《香港服務提供者證明書》，即可享有 CEPA 的優惠。「法人」指根據香港適用法律適當組建或設立的任何法律實體（公司、合伙企業、獨資企業等），並在香港從事實質性商業經營三至五年。法人服務提供者須先向工業貿易署申請取得《香港服務提供者證明書》，然後向內地有關部門申請以 CEPA 待遇在內地提供服務。每份《香港服務提供者證明書》有效期為兩年。此外，外國公司及投資者亦可選擇在香港設立公司，或收購或兼併香港服務提供者，開拓內地市場。

在 CEPA 開放服務業的措施方面，內地給予香港比加入世貿組織承諾更早及更多的優惠，形式主要包括降低地域限制、降低股本要求、減少持股限制、允許獨資經營、擴大業務範圍及種類等，以此來降低准入門檻。

其中，對銀行業有較大的優惠措施，包括將香港銀行在內地設立分行的資產規模要求，由不少於 200 億美元，降至最少 60 億美元；已設立分行者可在全國擴充網絡；又將香港銀行經營人民幣業務的條件，由在內地開業最少三年降至兩年以上。2004 年 3 月 29 日，永隆銀行有限公司深圳分行開業，是 CEPA 實施後首家獲准在內地設分行的香港銀行，亦是 CEPA 降低註冊門檻後，首間獲批的香港中小型銀行。此後，大新銀行（6 月 3 日）、上海商業銀行（6 月 21 日）等香港中型銀行陸續進入內地市場。

表 7-1-7　CEPA 第一階段市場進入首例

日期	市場進入首例
2003 年 12 月 29 日	利豐貿易（上海）有限公司（香港利豐貿易公司的全資附屬公司）獲商務部批出的出口企業許可證，成為內地首間具有採購權的外商獨資貿易公司。
2004 年	中信集團旗下中信 21 世紀透過持有內地增值服務商「鴻聯九五信息產業有限公司」49% 股權，成為 CEPA 框架下首間內地與香港合資電訊企業。
2004 年 1 月 1 日	港商郭惠芳獲廣州市工商行政管理局越秀分局發出個體工商戶營業執照，是 CEPA 實施後首個領取內地個體營業執照的香港個體工商戶。同月 15 日，郭惠芳於廣州北京路開業的香港零關稅商品城銷售港產化妝品。
2004 年 3 月 3 日	九龍巴士控股有限公司與無錫交通產業集團有限公司，在蘇州無錫市宣告成立「無錫九龍公共交通股份有限公司」，既是內地公交系統第一家股份制合資企業，亦是內地第一間公用事業型國有企業整體改制為港商投資股份制企業。
2004 年 3 月 26 日	新華傳媒集團及博達國際（財經）公關有限公司在深圳成立新華博達財經傳播（集團），是 CEPA 簽署後首間在內地掛牌的港資財經公關公司。
2004 年 3 月 19 日	香港新柏泓船務有限公司獲批，在廣州開辦「新柏泓（廣州）國際貨運代理有限公司」，是第一間獲 CEPA 待遇在內地開設獨資公司的香港國際貨運代理企業。
2004 年 3 月 29 日	永隆銀行深圳分行正式開業，是 CEPA 實施後首間獲准在內地設分行的香港銀行。
2004 年 4 月	商務部准許南京利豐英和商貿有限公司（香港利豐貿易公司的全資附屬公司），透過 CEPA 成為內地首家從事貿易及分銷業務的香港獨資商貿公司。
2004 年 5 月 10 日	香港民安保險有限公司深圳分公司獲中國保監會批准，改組為民安保險（中國）有限公司（2015 年 11 月更名為亞太財產保險有限公司），成為進駐內地的首間外資財產保險子公司。
2004 年 6 月 3 日	以香港為總部的星空傳媒在上海成立首間外資獨資廣告公司——星空傳媒（中國）有限公司。
2004 年 8 月	東方海外貨櫃航運（中國）有限公司獲得國際船舶代理業務經營資格，成為在 CEPA 框架下首間獲准經營國際船舶代理業務的香港航運企業。
2004 年 8 月 13 日	美國伯靈頓全球貨運物流有限公司旗下的香港伯靈頓全球有限公司，在廣州越秀區成立伯靈頓貨運代理（廣州）有限公司，是 CEPA 框架下第一家中國政府批准成立的港商獨資子公司。
2004 年 10 月 9 日	香港牛奶國際控股有限公司旗下的連鎖企業萬寧，在廣州天河城設立首間概念店，是第一間通過 CEPA 以獨資身份進入內地的香港零售商。

資料來源：　根據報章報道、公司新聞稿、《資本企業家》、《工商月刊》等整理。

保險業方面，CEPA 允許香港保險公司以合併組成集團的形式在內地經營，並可參股內地的保險公司（持股不得超過 24.9%，高於其他外地保險公司參股內地保險公司的 10% 最高股比）。2004 年 5 月 10 日，香港民安保險有限公司深圳分公司獲中國保監會批准，改組為民安保險（中國）有限公司（2015 年 11 月更名為亞太財產保險有限公司），成為進駐內地的首間外資產險子公司。

旅遊業方面，內地允許廣東省境內的居民以個人身份訪港 ——「個人遊」計劃自 2003 年 7 月 28 日起在廣東省東莞、中山、江門及佛山市試行，並在 8 月 20 日擴展至廣州、深圳、珠海及惠州市。9 月 1 日，計劃推廣至北京及上海。

在律師、會計師、醫生、建築設計師等專業服務行業開放方面，雙方鼓勵專業人員資格相互承認，推動彼此間的專業技術人才交流。

2003 年 11 月 4 日，香港測量師學會與中國房地產估價師學會簽署《中國房地產估價師學會和香港測量師學會資格互認協議書》，是 CEPA 框架下最早展開互認資格的協議。雙方於 2004 年 3 月舉行協議下的首次培訓及測試，並在同年 8 月 20 日向首批成功通過測試者（香港 97 名產業測量師、內地 111 名房地產估價師）頒發資格證書，是 CEPA 框架下最早啟動互認資格的專業。同月，首批通過測試的建築師亦獲頒發資格證書。

2003 年 11 月 27 日，國家司法部通過《香港特別行政區和澳門特別行政區居民參加國家司法考試若干規定》，允許香港、澳門居民自 2004 年 1 月 1 日起參加國家司法考試。2004 年 9 月 18 日，396 名香港居民在深圳與內地考生一起參加為期兩天的 2004 年國家司法考試。

2004 年 2 月 9 日，深圳市司法局向林月明頒發內地律師實習證，批准她到北京市金杜律師事務所深圳分所實習，是首位獲取內地律師事務所實習證的香港律師。同年 3 月 27 日，香港律師吳永嘉獲重慶市司法局頒發 CEPA 框架下第一張《香港法律顧問證》，成為首位受聘於內地律師事務所的香港執業律師，與重慶中豪律師事務所達成協議，出任其法律顧問。

從 2004 年起，全國專利代理人資格考試開放予香港居民參加。成功通過測試者，在內地專利代理機構實習滿一年後，可申請領取《專利代理人執業證》。

2. 補充協議一至十（第二至十一階段）

2004 年 10 月至 2013 年 8 月間，內地與香港簽訂十份補充協議，擴大在服務業的開放措施（見表 7-1-8）。開放領域逐步擴大至法律、信息技術服務和教育服務等共 50 個領域。

2004 年 11 月 19 日，國家工商行政管理總局宣布，具中國公民身份的香港永久性居民自 2005 年 1 月 1 日（CEPA 第二階段）起，可在內地申請註冊個體工商戶，可申請登記的經

營範圍涵蓋零售業（不包括煙草零售）、餐飲業、居民服務和其他服務業中的理髮及美容保健服務、洗浴服務、家用電器修理及其他日用品修理，惟不包括特許經營。

汽車零售業方面，2005 年 1 月，香港合眾汽車有限公司獲商務部批准，在廣州設立合眾汽車銷售服務（中國）有限公司，是首間獲准在內地銷售汽車的外商獨資企業。

醫療服務方面，2005 年 1 月，瑞士裕利集團旗下的永裕（香港）醫藥有限公司（佔股80%），與上海康健進出口有限公司合組永裕（上海）醫藥有限公司，註冊資金為 1200 萬元人民幣，是內地首間由外資控股的醫藥合資企業，突破當時商務部對外商在華經營批發公司持股不多於 49% 的限定。2005 年 7 月，中國香港醫療衞生學會會長高永文帶領其他13 名香港醫生，簽約廣東番禺祈福醫院，自 9 月起每逢周日到院執業應診，成為在 CEPA實施下，首批獲衞生部批出執業牌照的香港醫生。根據《補充協議五》，2009 年 1 月 1 日起允許香港西醫及牙醫在廣東省開業後，香港腸胃肝臟專科醫生吳秉英隨即在 1 月 6 日於廣東省武警總隊醫院內，開設首家以獨資形式經營的港資醫療集團。同年 12 月 16 日，吳瑋綜合門診部開業，面積約 1.5 萬呎，分內科、外科、婦科、口腔科、中醫、醫療美容、X光及化驗八大科室，引進香港私家診所服務模式和管理，是深圳首間港資醫療診所。2013年 3 月 21 日，深圳希瑪林順潮眼科醫院成立，是根據 CEPA 在內地開業的首間港資私營醫院。截至 2013 年 3 月，合計有 72 間香港合資、合作的醫療機構在內地開業。而廣東省衞生廳共批出 19 張《設置醫療機構批准書》予香港服務提供者，在廣東開設診所或門診部，分別在順德、廣州、中山及深圳等地。

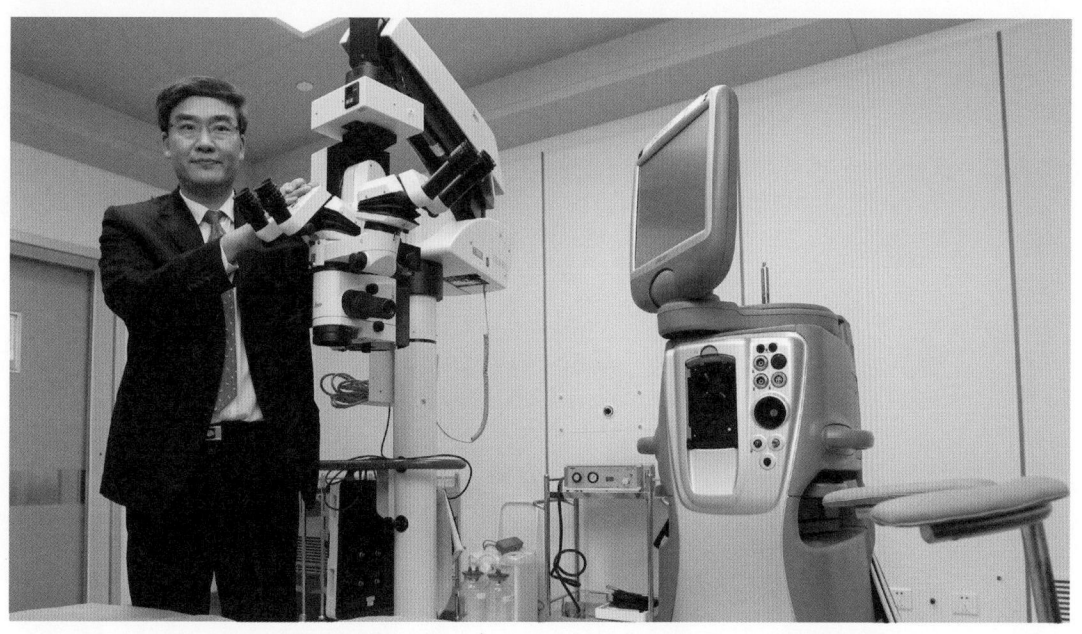

2013 年 3 月 21 日，深圳希瑪林順潮眼科醫院開業，這是根據 CEPA 在內地開業的首家港資私營醫院。圖為該醫院院長林順潮。（南華早報出版有限公司提供）

表 7-1-8　CEPA 服務業開放的進程

階段	簽訂日期	實施日期	協議	開放領域數目	新增開放領域	開放領域總數
1	2003 年 6 月 29 日	2004 年 1 月 1 日	CEPA 主體文件	涵蓋 18 個領域：管理諮詢、會議及展覽、廣告、會計、房地產及建築、醫療及牙醫、分銷、物流、貨物運輸代理、倉儲、運輸、旅遊、視聽、法律、銀行、證券、保險和電訊。	同左	18
2	2004 年 10 月 27 日	2005 年 1 月 1 日	補充協議一	涵蓋 19 個領域，包括 10 個屬於 CEPA 已開放的服務範疇：法律、建築、分銷、運輸、貨代、醫療、視聽、會計、銀行、證券。	新增 9 項：個體工商戶[①]、機場服務、信息技術服務、專利代理、商標代理、職業介紹所、文化娛樂服務、人才中介機構，以及專業技術人員資格考試。	27
3	2005 年 10 月 18 日	2006 年 1 月 1 日	補充協議二	涵蓋 10 個領域，包括法律、會計、視聽、建築、分銷、銀行、證券、旅遊、運輸及個體工商戶。	沒有新增	27
4	2006 年 6 月 27 日	2007 年 1 月 1 日	補充協議三	在法律、建築、信息技術、會展、視聽、分銷、旅遊、航空運輸、陸路運輸，以及個體工商戶這 10 個領域在原有開放承諾基礎上，推出 15 項具體開放措施。	沒有新增	27
5	2007 年 6 月 29 日	2008 年 1 月 1 日	補充協議四	涵蓋 28 個服務領域，包括 17 個屬於 CEPA 已開放的領域：法律、醫療、房地產、人才中介、會展、電訊、視聽、分銷、保險、銀行、證券、旅遊、文娛、海運、航空運輸、公路運輸、個體工商戶。	新增 11 項：公用事業服務、老人社會服務、計算機及相關服務、市場調研服務、與管理諮詢相關的服務、建築物清潔服務、攝影服務、印刷服務、筆譯和口譯服務、環境服務及體育服務。	38
6	2008 年 7 月 29 日	2009 年 1 月 1 日	補充協議五	涵蓋 17 個領域，包括 15 個屬於 CEPA 已開放的服務領域：會計、建築、醫療、人員提供與安排、印刷、會展、分銷、環境、銀行、社會服務、旅遊、海運、航空運輸、公路運輸、個體工商戶。	新增 2 項：採礦及勘探相關的服務。	40
7	2009 年 5 月 9 日	2009 年 10 月 1 日	補充協議六	涵蓋 20 個領域，包括 18 個屬於 CEPA 已開放的服務領域：法律、建築、醫療、房地產、人員提供與安排、印刷、會展、公用事業、電訊、視聽、分銷、銀行、證券、旅遊、文娛、海運、航空運輸、個體工商戶。	新增 2 項：研究和開發、鐵路運輸。	42

（續上表）

階段	簽訂日期	實施日期	協議	開放領域數目	新增開放領域	開放領域總數
8	2010 年 5 月 27 日	2011 年 1 月 1 日	補充協議七	涵蓋 14 個領域，包括 12 個屬於 CEPA 已開放的服務領域：建築、醫療、視聽、分銷、銀行、證券、社會服務、旅遊、文娛、航空運輸、專業技術人員資格考試和個體工商戶。	新增 2 項：技術檢驗分析與貨物檢驗、專業設計。	44
9	2011 年 12 月 13 日	2012 年 4 月 1 日	補充協議八	涵蓋 16 個領域，包括 13 個屬於 CEPA 已開放的服務領域：法律、建築、技術檢驗分析與貨物檢驗、人員提供與安排、分銷、保險、銀行、證券、醫院、旅遊、公路運輸、專業技術人員資格考試和個體工商戶。	新增 3 項：跨學科的研究與實驗開發服務、與製造業有關的服務，和圖書館、博物館等文化服務。	47
10	2012 年 6 月 29 日	2013 年 1 月 1 日	補充協議九	涵蓋 22 個領域，包括 21 個屬於 CEPA 已開放的服務範疇：法律、會計、建築、醫療、計算機及其相關服務、技術檢驗和分析、人員提供與安排、印刷、會展、其他商業服務、電訊、視聽、分銷、環境、銀行、證券、社會服務、旅遊、文娛、鐵路運輸、個體工商戶。	新增 1 項：教育服務領域。	48
11	2013 年 8 月 29 日	2014 年 1 月 1 日	補充協議十	涵蓋 30 個領域，包括 28 個屬於 CEPA 已開放的服務範疇：法律、建築、計算機及其相關服務、房地產、市場調研、技術檢驗和分析、人員提供與安排、建築物清潔、攝影、印刷、會展、筆譯和口譯、電訊、視聽、分銷、環境、銀行、證券、醫院服務、社會服務、旅遊、文娛、體育、海運、航空運輸、公路運輸、貨代、商標代理。	新增 2 項：複製服務及殯葬設施。	50
12	2014 年 12 月 18 日	2015 年 3 月 1 日	廣東協議	廣東對香港服務業開放 153 個服務貿易分部門，佔世界貿易組織全部服務貿易分部門的 95.6%，基本實現服務貿易自由化的目標。	不適用	不適用
13	2015 年 11 月 27 日	2016 年 6 月 1 日	服務貿易協議	內地對香港服務業作全面或部分開放的部門有 153 個，佔世界貿易組織全部 160 個服務貿易部門的 95.6%，當中就「商業存在」的服務模式有 62 個部門對香港實行國民待遇。	不適用	不適用

資料來源： 工業貿易署及政府新聞處。

注：① 內地與香港於 2003 年 6 月簽署 CEPA，內地在 18 個服務行業給予香港服務提供者優惠的市場准入待遇，當中「分銷服務行業」的開放措施已經包括「個體工商戶」，地域範圍只限在廣東省，營業範圍只限於零售。其後內地與香港於 2004 年 10 月簽署 CEPA 補充協議，內地同意取消對香港永久性居民中的中國公民在內地設立個體工商戶的地域限制（即擴大地域範圍至內地全境），以及擴大其經營範圍，故將「個體工商戶」從「分銷服務行業」中分拆出來單獨表述。

在開放電影院業務方面，2005 年 1 月 21 日，位於深圳華潤萬象城的「嘉禾深圳影城」開幕，是內地首家港資控股的電影院。2006 年 8 月 6 日，由香港洲立集團創辦的「深圳 MCL 洲立影城」於深圳南山開幕，是內地首家由香港獨立投資的電影城。

保險業方面，2005 年 11 月 4 日，東亞銀行與中國人壽在北京簽署業務合作協議，共同發展內地保險業務，東亞銀行成為中國人壽在內地的首家外資銀行保險兼業務代理人。2009 年 8 月 27 日，滙豐人壽保險有限公司在上海開業，成為首家在 CEPA 框架下成立內地合資公司的香港保險企業。2010 年 2 月，香港榮駿保險服務有限公司獲內地批准，於深圳設立匯才保險代理（深圳）有限公司，成為首間經 CEPA 獲取內地保險代理業務資格的港資保險代理公司。2013 年 2 月，康宏理財宣布，通過 CEPA 成為首家獲發全國保險代理牌照的香港企業。

證券業方面，《補充協議二》允許符合條件的創新試點類證券公司及內地期貨公司在香港設立分支機構，並於 2006 年正式實施。香港從此成為內地金融機構「走出去」和「引進來」、參與國際市場的重要平台。[4] 2006 年，共有五間內地證券公司獲准在香港設分支機構，包括國泰君安證券股份有限公司成立國泰君安金融控股有限公司、國元證券有限責任公司成立國元證券（香港）有限公司、廣發證券股份有限公司成立廣發控股（香港）有限公司、華泰證券有限責任公司成立華泰證券（香港）有限公司、申銀萬國證券股份有限公司成立申銀萬國（香港）集團有限公司。2006 年 7 月 3 日，銀河期貨經紀有限公司成為首家合資期貨公司。2007 年 5 月 29 日，格林期貨（香港）有限公司宣布獲香港證監會批准在港開業，成為首批透過《補充協議二》開放措施獲准在港開業的內地期貨公司之一。2012 年 5 月，恒生證券有限公司與廣州證券有限責任公司通過 CEPA 成立「廣州廣證恒生證券投資諮詢有限公司」，成為首間合資證券投資諮詢公司。

交通物流業方面，2006 年 12 月 18 日，杭州蕭山國際機場有限公司和香港機場管理局（機管局）以增資併購方式共同組建的中外合資公司成立，是內地民用機場中首家整體對外合資的機場。2007 年 5 月，廣東郵航國際貨代有限公司獲批，成為首家香港獨資航空運輸銷售代理公司。2009 年 10 月，香港機場管理局和上海機場（集團）有限公司簽訂滬港機場合作項目，合資成立上海滬港機場管理有限公司。

銀行業方面，2007 年 12 月 13 日，湖北隨州曾都滙豐村鎮銀行有限責任公司開業，是全國首間由外資銀行全資設立的新型農村金融機構。這是根據《補充協議四》的規定，鼓勵香港銀行到內地農村設立村鎮銀行之首例。《補充協議六》允許香港銀行透過廣東省的分行開設異地支行，2010 年 1 月 29 日，恒生銀行於佛山開設支行。

旅遊業方面，2008 年 10 月，永安旅遊獲國家旅遊局批准經營「港澳遊」，成為香港首間獲發該類牌照的旅行社。2013 年 3 月，國家旅遊局批准康泰國際旅行社（深圳）有限公司，成為首家試點經營內地居民出境旅遊業務的內地與香港合資旅行社。

2010 年 1 月 29 日，恒生銀行於佛山開設支行，是根據 CEPA 補充協議六框架下落實「異地支行」措施的第一批支行。圖左三為恒生中國副董事長兼行長薛關燕萍，中為恒生銀行副董事長兼行政總裁梁高美懿，右三為財經事務及庫務局常任秘書長（財經事務）區璟智。（新華社提供）

教育方面，2008 年 7 月《補充協議五》簽署後，國家教育部與廣東當局建立聯合審批機制，共同審批粵港合作辦學機構和項目。2011 年 7 月 4 日，香港中文大學與深圳大學在深圳簽署協議籌建香港中文大學（深圳）。根據該協議，中大負責日常管理、教學科研、招聘教師，並參照香港中文大學的運作模式，以使辦學水平與大學本部一致。2012 年 10 月 11 日，教育部宣布，正式批准籌建香港中文大學（深圳）。

建築設計業方面，2014 年 6 月 5 日，何設計建築設計事務所（深圳）有限公司成為 CEPA 協議下，香港首間獲得國家住房和城鄉建設部批准的具有甲級建築工程設計資格的獨資公司。

法律服務方面，2014 年 11 月 7 日，林李黎律師事務所成功透過 CEPA 與一間深圳律師事務所在前海成立首間香港與內地合伙聯營的律師事務所 —— 華商林李黎（前海）聯營律師事務所。

此外，根據 2011 年 12 月 13 日簽訂的《補充協議八》，雙方同意放寬香港服務提供者定義中有關「實質性商業經營」的判斷標準，除個別 CEPA 措施或內地法律法規及行政規章對有關業務性質和範圍作特定規定外，香港服務提供者可向內地申請使用 CEPA 優惠措施的範圍，不受其在香港經營的範圍限制。

專業人員資格互認方面，2007 年《補充協議四》同意開展勘察設計註冊電氣工程師、勘察設計註冊公用設備工程師資格互認的交流工作，並成立工作專責小組，研究推進建築領域專業人員資格互認後的註冊和執業工作。2009 年《補充協議六》鼓勵專業人員資格互認或作技術交流，有關措施涵蓋會計、建築、房地產及印刷領域。此外，在醫療領域下開放香港藥劑師在內地報考執業藥師資格考試及註冊。2010 年《補充協議七》允許 12 類香港法定註冊醫療衛生專業人員（醫生、中醫、牙醫、藥劑師、護士、助產士、醫務化驗師、職業治療師、視光師、放射技師、物理治療師和脊醫）到內地短期執業，又允許香港永久性居民參加內地土地估價師資格考試。2012 年《補充協議九》同意繼續推進內地房地產估價師、造價工程師與香港產業測量師、工料測量師的資格互認工作。

3.《廣東協議》（第十二階段）

2011 年 8 月，國務院副總理李克強在訪港期間表示，內地會進一步對香港擴大服務貿易開放，並在「十二五」（2012 年至 2015 年）期末通過 CEPA 基本實現內地和香港服務貿易自由化。

2014 年 12 月 18 日，香港特區政府與商務部在 CEPA 框架下簽署《關於內地在廣東與香港基本實現服務貿易自由化的協議》（簡稱《廣東協議》），並於 2015 年 3 月 1 日實施。跟 CEPA 和它的補充協議不同，《廣東協議》僅適用於廣東省，而且首次採用正面和負面列表的混合模式表述內地在廣東對香港開放的措施，是內地首份參照國際標準、以准入前國民待遇加負面清單的方式制定的自由貿易協議，亦是首次以國際通行的分類標準制定負面清單，開放的深度和闊度都超出以往的 CEPA 措施。

在《廣東協議》下，廣東對香港服務業開放 153 個服務貿易部門，佔世貿組織全部服務貿易部門的 95.6%，在廣東省率先基本實現服務貿易自由化的目標。當中就「商業存在」的服務模式有 58 個部門對香港實行國民待遇。「商業存在」服務模式的負面清單覆蓋 134 個服務貿易部門，共列出 132 項不符合或不適用國民待遇的措施。除了保留的不符或不適用的措施和一般的水平管理措施，在市場准入要求方面，內地在廣東省對符合條件的香港服務提供者取消所有特殊限制，即享受與內地企業同等待遇。針對跨境交付、境外消費、自然人流動的服務模式（統稱為跨境服務），以及電訊和文化領域的正面清單，共有 27 項新增開放措施。

《廣東協議》引入最惠待遇條款，表明內地對其他國家或地區提供優惠待遇，如有優於 CEPA 的，也會延伸至香港，以保證香港繼續享受內地最優惠的開放措施。

廣東是香港企業的主要投資目的地，《廣東協議》以先行先試的方式在廣東省率先實現服務貿易自由化，亦為在內地全境基本實現與香港服務貿易自由化的目標提供參考。

2015 年 3 月 6 日，永隆銀行有限公司與中國聯合網絡通信有限公司合資創辦招聯消費金融公司，是全國首家在 CEPA 框架下成立的消費金融公司。

4.《服務貿易協議》(第十三階段)

特區政府與商務部以《廣東協議》為基礎,在 2015 年 11 月 27 日簽署《服務貿易協議》,將基本實現服務貿易自由化的地域範圍擴展至內地全境。該協議在簽署之日起生效,並由 2016 年 6 月 1 日起實施。

《服務貿易協議》除了包括新增的開放措施外,也涵蓋和歸納 CEPA 及其補充協議以及《廣東協議》內有關服務貿易開放的承諾,成為 CEPA 框架下一份獨立的有關服務貿易的子協議。《服務貿易協議》開放的寬度和深度進一步加大,把大部分在廣東先行先試的開放措施,推展至內地全境,並減少負面清單中的限制性措施。

內地對香港服務業作全面或部分開放的部門共有 153 個,佔世貿組織全部 160 個服務貿易部門的 95.6%,當中就「商業存在」的服務模式,有 62 個部門對香港實行國民待遇。「商業存在」服務模式的負面清單,涵蓋 134 個服務貿易部門,共保留 120 項與國民待遇不符的限制性措施,比《廣東協議》負面清單中 132 項限制措施減少 12 項,並在覆蓋跨境服務、文化及電訊領域的正面清單中增加 28 項開放措施。

協議中的最惠待遇條款,顯示內地對其他國家或地區提供優惠待遇,優於 CEPA 的會延伸

2015 年 11 月 27 日,香港特區政府與商務部簽署《服務貿易協議》,將基本實現服務貿易自由化的地域範圍擴展至內地全境。行政長官梁振英(左五)和財政司司長曾俊華(左四)與其他主禮嘉賓主持祝酒儀式。(香港特別行政區政府提供)

至香港，保證香港繼續享受內地最優惠的開放措施。這是首份內地全境以准入前國民待遇加負面清單方式全面開放服務貿易領域的自由貿易協定，標誌內地全境與香港基本實現服務貿易自由化。

2016 年 7 月 1 日，恒生前海基金管理有限公司成立，是 CEPA 框架下首家港資控股合資基金管理公司。

2016 年 7 月 28 日，香港聯合醫務集團有限公司獨資設立的上海聯和醫療門診部開業，由香港家庭醫學及各專科醫生團隊提供駐診及遠程專業諮詢服務，是首間藉 CEPA 政策進入上海的香港獨資醫療機構。

在開放證券業方面，2016 年 10 月 18 日，申港證券股份有限公司於中國（上海）自由貿易試驗區開業，是首家根據《補充協議十》設立的合資全牌照證券公司。2017 年 6 月 19 日，中國證監會核准滙豐前海證券有限責任公司（滙豐前海證券）在深圳市註冊，是首間根據《補充協議十》成立的外資控股合資證券公司。同日，東亞銀行有限公司與其他股東合資成立的東亞前海證券有限責任公司（東亞前海證券）獲得中國證監會核准成立，是根據《補充協議十》條款、在金融改革方面先行先試的自由貿易試驗區內成立的第二間內地與香港合資全牌照證券公司。

5. CEPA 服務貿易整體成果統計數據

由 2003 年 10 月至 2017 年，工業貿易署共簽發 3190 份 CEPA《香港服務提供者證明書》，其中最多獲批證明書的行業包括運輸物流（1391 份，43.61%）、分銷（364 份，11.41%）、航空運輸（285 份，8.93%）、人員提供與安排服務（164 份，5.14%）和廣告（142 份，4.45%）等（見表 7-1-9）。

在此期間，共有 1836 間香港企業獲工業貿易署簽發《香港服務提供者證明書》，主要從事運輸物流業（573 間，31.21%）、分銷業（273 間，14.87%）、廣告業（131 間，7.14%）、印刷服務業（120 間，6.54%）和人員提供與安排服務（96 間，5.23%）等（見表 7-1-10）。

截至 2017 年，內地註冊香港個體工商戶 10,495 戶（其中逾 7200 戶在廣東註冊），從業人員 28,523 人，資金數額 10.53 億元人民幣（在廣東註冊資金約 6 億元人民幣）。

CEPA 推動內地修訂完善境外上市的相關規定，以支持符合香港上市條件的內地企業赴香港上市。截至 2017 年年底，共有 1051 家內地企業在香港聯合交易所上市，佔上市公司總數 50%；市值合計 225,220.6 億元，佔聯交所上市公司總市值 66%。

「個人遊」計劃從廣東省 4 市逐漸推廣至廣東省全省範圍及北京、上海等共計 49 個內地城市。內地居民赴港「個人遊」遊客從 2003 年的 66.7 萬人次增長至 2017 年的 2537.96 萬人次，累計共 2.38 億人次。

香港與內地的合拍電影數量，由 2004 年前每年約 10 部，增加至 2010 年至 2014 年間每年約 25 至 30 部。根據香港影業協會的統計，於 2004 年至 2017 年間，共有 396 部香港與內地合拍片上映，佔在香港上映的首輪香港電影總數（762 部）的 51.97%。

同時，內地放寬專業服務領域的機構聯營及個人執業限制、與香港簽署專業互認協議，及允許香港永久性居民中的中國公民報考內地專業評核試等，以促進兩地服務業融合和專業交流，推動內地專業服務領域對香港開放（見表 7-1-11）。

2005 年 5 月 24 日，香港測量師學會、中國建設工程造價管理協會在北京簽訂《內地造價工程師與香港工料測量師互認協議》。環境運輸及工務局常任秘書長（工務）盧耀楨（右二）及國家建設部副部長劉志峰（左二）見證該簽署儀式，並頒發證書予首批成功通過互認安排取得相關專業資格的 199 名結構工程師（其中 90 名來自香港）。（香港特別行政區政府提供）

表 7-1-9　2003 年至 2017 年《香港服務提供者證明書》以行業劃分簽發數目 [①]（申請數目）

	服務行業	2003	2004	2005	2006	2007	2008	2009
1	運輸服務及物流服務	18(68)	720(747)	212(190)	57(61)	83(84)	77(74)	22(22
2	分銷服務	7(18)	281(296)	42(42)	7(7)	3(4)	1(0)	1(1
3	航空運輸服務	0(0)	0(0)	3(3)	8(11)	57(61)	38(38)	20(19
4	人員提供與安排服務	0(0)	0(0)	17(17)	16(17)	12(12)	33(32)	16(16
5	廣告服務	1(1)	47(50)	22(24)	5(5)	9(8)	13(15)	3(3
6	印刷服務	0(0)	0(0)	0(0)	0(0)	0(0)	0(1)	4(3
7	建築專業服務及建築及相關工程服務	0(0)	41(67)	17(21)	13(13)	14(16)	2(2)	5(5
8	視聽服務	0(0)	6(7)	5(7)	9(7)	3(3)	3(5)	4(5
9	證券期貨服務	0(0)	0(0)	3(3)	3(3)	1(1)	0(0)	1(1
10	增值電信服務	3(10)	17(15)	3(3)	1(1)	4(3)	5(5)	2(2
11	管理諮詢與相關的服務	0(0)	20(33)	6(8)	4(5)	4(4)	0(0)	0(1
12	旅遊和與旅遊相關的服務	0(0)	1(1)	2(2)	3(3)	4(4)	6(7)	8(8
13	醫療及牙醫服務	0(0)	1(1)	0(0)	0(0)	0(0)	1(1)	3(4
14	文娛服務（除視聽服務以外）	0(0)	0(0)	0(0)	4(4)	0(0)	2(2)	2(2
15	房地產服務	0(0)	8(9)	9(9)	0(0)	1(1)	4(4)	2(2
16	會議服務和展覽服務	0(0)	11(11)	4(5)	0(0)	1(1)	0(0)	0(0
17	法律服務	0(0)	6(6)	4(4)	4(4)	0(0)	1(2)	2(1
18	計算機及其相關服務及信息技術服務	0(0)	0(0)	8(10)	4(4)	3(1)	1(4)	2(1
19	所有保險及其相關服務	0(0)	3(3)	0(0)	0(0)	0(0)	2(2)	2(2
20	商標代理服務	0(0)	0(1)	2(1)	2(2)	2(2)	2(2)	0(0
21	行政及支援服務	0(0)	0(0)	0(0)	0(0)	0(0)	0(0)	0(0
22	銀行及其他金融服務（不包括保險和證券）	3(3)	2(2)	0(0)	2(3)	1(0)	1(1)	0(0
23	與製造業有關的服務	0(0)	0(0)	0(0)	0(0)	0(0)	0(0)	0(0
24	教育服務	0(0)	0(0)	0(0)	0(0)	0(0)	0(0)	0(0
25	其他商業服務	0(0)	0(0)	0(0)	0(0)	0(0)	0(0)	0(0
26	電信服務	0(0)	0(0)	0(0)	0(0)	0(0)	0(0)	0(0
27	租賃服務	0(0)	0(0)	0(0)	0(0)	0(0)	0(0)	0(0
28	其他人類健康服務	0(0)	0(0)	0(0)	0(0)	0(0)	0(0)	0(0
29	會計、審計和簿記服務	0(0)	0(0)	0(0)	0(0)	1(1)	1(1)	0(0
30	商業保理服務	0(0)	0(0)	0(0)	0(0)	0(0)	0(0)	0(0
31	攝影服務	0(0)	0(0)	0(0)	0(0)	0(0)	0(0)	1(1
32	環境服務	0(0)	0(0)	0(0)	0(0)	0(0)	0(0)	0(0
33	自然科學和工程學的研究和實驗開發服務	0(0)	0(0)	0(0)	0(0)	0(0)	0(0)	0(0
34	公用事業服務	0(0)	0(0)	0(0)	0(0)	0(1)	1(0)	0(0
35	與農業、林業及漁業相關的服務	0(0)	0(0)	0(0)	0(0)	0(0)	0(0)	0(0

2010	2011	2012	2013	2014	2015	2016	2017	2003 年至 2017 年的總數
32(33)	49(54)	21(16)	32(34)	31(30)	15(16)	9(8)	13(13)	1391(1450)
3(3)	2(2)	2(3)	1(0)	7(7)	3(3)	4(4)	0(0)	364(390)
16(21)	25(26)	24(26)	25(25)	18(16)	10(12)	18(17)	23(23)	285(298)
13(15)	9(9)	13(14)	14(15)	5(4)	4(4)	8(9)	4(3)	164(167)
7(7)	4(4)	10(10)	7(7)	10(10)	4(5)	0(0)	0(0)	142(149)
12(13)	42(43)	34(36)	16(16)	5(4)	4(4)	3(3)	1(1)	121(124)
6(6)	2(2)	1(1)	0(1)	2(2)	0(0)	2(2)	0(0)	105(138)
8(8)	7(7)	10(11)	6(5)	8(8)	4(4)	6(9)	2(0)	81(86)
1(1)	1(1)	0(0)	0(0)	4(4)	17(18)	38(40)	20(19)	89(91)
4(4)	3(3)	2(3)	3(3)	2(2)	2(3)	4(3)	8(8)	63(68)
2(2)	1(1)	4(4)	3(3)	4(5)	1(1)	0(0)	2(2)	51(69)
5(6)	3(3)	4(3)	2(2)	3(3)	1(2)	3(3)	4(4)	49(51)
6(7)	5(4)	4(4)	0(0)	2(4)	7(7)	7(6)	8(9)	44(47)
3(3)	4(4)	3(4)	4(3)	4(4)	3(3)	3(3)	3(3)	35(35)
1(1)	0(0)	1(1)	2(2)	0(0)	1(1)	0(0)	0(0)	29(30)
4(4)	0(0)	1(1)	0(0)	2(2)	0(0)	1(1)	0(0)	24(25)
1(1)	0(0)	1(1)	1(1)	2(2)	1(1)	1(1)	0(0)	24(24)
0(0)	0(0)	1(3)	0(0)	0(0)	1(1)	1(1)	2(2)	23(27)
2(2)	0(0)	3(3)	2(2)	1(2)	2(1)	4(5)	2(1)	23(23)
1(1)	2(2)	0(0)	1(1)	1(1)	0(0)	0(0)	1(1)	14(14)
0(0)	0(0)	0(0)	2(2)	2(2)	3(3)	2(2)	4(4)	13(13)
1(1)	0(0)	0(0)	0(0)	0(0)	0(0)	0(0)	0(0)	10(10)
0(0)	0(0)	0(0)	4(4)	1(1)	0(0)	2(2)	0(0)	7(7)
0(0)	0(0)	0(0)	1(1)	1(1)	1(1)	3(3)	0(0)	6(6)
0(0)	0(0)	0(0)	3(3)	2(2)	1(1)	0(0)	0(0)	6(6)
1(1)	0(0)	0(0)	0(0)	0(1)	2(1)	0(1)	1(1)	4(5)
0(0)	0(0)	0(0)	0(0)	1(1)	3(3)	0(0)	0(0)	4(4)
0(0)	0(0)	0(0)	2(2)	2(2)	0(0)	0(0)	0(0)	4(4)
0(0)	0(0)	0(0)	1(1)	0(0)	0(0)	0(0)	0(0)	3(3)
0(0)	0(0)	0(0)	0(0)	2(2)	1(1)	0(0)	0(0)	3(3)
0(0)	0(0)	1(1)	0(0)	1(1)	0(0)	0(0)	0(0)	3(3)
1(1)	0(0)	0(0)	0(0)	0(0)	0(0)	0(0)	1(1)	2(2)
0(0)	0(0)	0(0)	1(1)	0(0)	0(0)	0(0)	0(0)	1(1)
0(0)	0(0)	0(0)	0(0)	0(0)	0(0)	0(0)	0(0)	1(1)
0(0)	0(0)	0(0)	0(0)	0(0)	0(0)	0(0)	1(1)	1(1)

（續上表）

	服務行業	2003	2004	2005	2006	2007	2008	2009
36	建築物清潔服務	0(0)	0(0)	0(0)	0(0)	0(0)	0(0)	0(0)
37	採礦及勘探服務	0(0)	0(0)	0(0)	0(0)	0(0)	0(0)	0(0)
38	社會服務	0(0)	0(0)	0(0)	0(0)	0(0)	0(0)	0(0)
39	體育服務	0(0)	0(0)	0(0)	0(0)	0(0)	0(0)	0(0)
40	跨學科的研究與實驗開發服務	0(0)	0(0)	0(0)	0(0)	0(0)	0(0)	0(0)
41	圖書館、博物館等文化服務	0(0)	0(0)	0(0)	0(0)	0(0)	0(0)	0(0)
42	專業設計服務	0(0)	0(0)	0(0)	0(0)	0(0)	0(0)	0(0)
43	個人、寵物及家居服務	0(0)	0(0)	0(0)	0(0)	0(0)	0(0)	0(0)
44	其他專業服務	0(0)	0(0)	0(0)	0(0)	0(0)	0(0)	0(0)
45	其他研究和開發服務	0(0)	0(0)	0(0)	0(0)	0(0)	0(0)	0(0)
46	通訊服務	0(0)	0(0)	0(0)	0(0)	0(0)	0(0)	0(0)
47	殯葬設施	0(0)	0(0)	0(0)	0(0)	0(0)	0(0)	0(0)
48	複製服務	0(0)	0(0)	0(0)	0(0)	0(0)	0(0)	0(0)
49	出版相關服務	0(0)	0(0)	0(0)	0(0)	0(0)	0(0)	0(0)
50	技術檢驗和分析服務	0(0)	0(0)	0(0)	0(0)	0(0)	0(0)	0(0)
51	保安及護衛服務	0(0)	0(0)	0(0)	0(0)	0(0)	0(0)	0(0)
52	市場調研服務	0(0)	0(0)	0(0)	0(0)	0(0)	0(0)	0(0)
53	筆譯和口譯服務	0(0)	0(0)	0(0)	0(0)	0(0)	0(0)	0(0)
	總數[2]	32(100)	1164(1249)	359(349)	142(150)	203(207)	194(198)	100(99

資料來源： 工業貿易署。

注 ① 如獲簽發的證明書數目比括號內的申請數目多，是因為對上一個年度收到的申請在該年才獲批。

② 此表的年度總數扣除了申請者獲批後而主動取消的證明書。

表 7-1-10　歷年獲發 CEPA《香港服務提供者證明書》香港企業的統計（以行業劃分）

	服務行業	2003	2004	2005	2006	2007	2008	2009
1	運輸服務及物流服務	7	297	108	36	27	30	8
2	分銷服務	6	196	41	7	2	1	1
3	廣告服務	1	47	22	5	9	11	2
4	印刷服務	0	0	0	0	0	0	4
5	人員提供與安排服務	0	0	9	11	7	18	7
6	建築專業服務及建築及相關工程服務	0	31	16	8	7	2	5
7	證券期貨服務	0	0	3	3	1	0	1
8	航空運輸服務	0	0	3	1	2	4	4
9	視聽服務	0	6	4	8	3	2	2
10	增值電信服務	3	17	3	1	4	4	2
11	管理諮詢與相關的服務	0	19	5	3	3	0	0
12	醫療及牙醫服務	0	1	0	0	0	1	3
13	旅遊和與旅遊相關的服務	0	1	2	3	4	5	7

2010	2011	2012	2013	2014	2015	2016	2017	2003 年至 2017 年的總數
0(0)	0(0)	0(0)	0(0)	0(0)	0(0)	0(0)	1(1)	1(1)
0(0)	0(0)	0(0)	0(0)	0(0)	0(0)	0(0)	0(0)	0(0)
0(0)	0(0)	0(0)	0(0)	0(0)	0(0)	0(0)	0(0)	0(0)
0(0)	0(0)	0(0)	0(0)	0(0)	0(0)	0(0)	0(0)	0(0)
0(0)	0(0)	0(0)	0(0)	0(0)	0(0)	0(0)	0(0)	
0(0)	0(0)	0(0)	0(0)	0(0)	0(0)	0(0)	0(0)	0(0)
0(0)	0(0)	0(0)	0(0)	0(0)	0(0)	0(0)	0(0)	0(0)
0(0)	0(0)	0(0)	0(0)	0(0)	0(0)	0(0)	0(0)	0(0)
0(0)	0(0)	0(0)	0(0)	0(0)	0(0)	0(0)	0(0)	0(0)
0(0)	0(0)	0(0)	0(0)	0(0)	0(0)	0(0)	0(0)	0(0)
0(0)	0(0)	0(0)	0(0)	0(0)	0(0)	0(0)	0(0)	0(0)
0(0)	0(0)	0(0)	0(0)	0(0)	0(0)	0(0)	0(0)	0(0)
0(0)	0(0)	0(0)	0(0)	0(0)	0(0)	0(0)	0(0)	0(0)
0(0)	0(0)	0(0)	0(0)	0(0)	0(0)	0(0)	0(0)	0(0)
0(0)	0(0)	0(0)	0(0)	0(0)	0(0)	0(0)	0(0)	0(0)
0(0)	0(0)	0(0)	0(0)	0(0)	0(0)	0(0)	0(0)	0(0)
0(0)	0(0)	0(0)	0(0)	0(0)	0(0)	0(0)	0(0)	0(0)
0(0)	0(0)	0(0)	0(0)	0(0)	0(0)	0(0)	0(0)	0(0)
30(141)	159(165)	140(145)	133(134)	123(123)	91(96)	119(123)	101(97)	3190(3376)

2010	2011	2012	2013	2014	2015	2016	2017	2003 年至 2017 年的總數
9	8	7	11	5	8	7	5	573
3	2	1	1	5	3	4	0	273
6	3	6	7	8	4	0	0	131
12	41	34	16	5	4	3	1	120
6	4	9	9	4	4	7	1	96
2	1	0	0	2	0	2	0	76
1	0	0	0	4	14	35	19	81
5	10	9	7	3	5	6	13	72
6	1	4	3	5	1	5	2	52
4	2	1	2	2	1	3	5	54
1	1	2	2	4	1	0	2	43
6	5	4	0	2	6	5	4	37
3	1	3	1	2	1	0	2	35

（續上表）

	服務行業	2003	2004	2005	2006	2007	2008	2009
14	房地產服務	0	7	9	0	1	3	2
15	文娛服務（除視聽服務以外）	0	0	0	2	0	2	1
16	所有保險及其相關服務	0	3	0	0	0	2	2
17	法律服務	0	6	4	4	0	1	1
18	計算機及其相關服務及信息技術服務	0	0	8	3	2	1	1
19	會議服務和展覽服務	0	7	2	0	0	0	0
20	商標代理服務	0	0	1	2	2	2	0
21	行政及支援服務	0	0	0	0	0	0	0
22	銀行及其他金融服務（不包括保險和證券）	3	2	0	1	1	1	0
23	與製造業有關的服務	0	0	0	0	0	0	0
24	教育服務	0	0	0	0	0	0	0
25	其他商業服務	0	0	0	0	0	0	0
26	其他人類健康服務	0	0	0	0	0	0	0
27	租賃服務	0	0	0	0	0	0	0
28	商業保理服務	0	0	0	0	0	0	0
29	電信服務	0	0	0	0	0	0	0
30	會計、審計和簿記服務	0	0	0	0	1	1	0
31	攝影服務	0	0	0	0	0	0	1
32	環境服務	0	0	0	0	0	0	0
33	公用事業服務	0	0	0	0	0	1	0
34	建築物清潔服務	0	0	0	0	0	0	0
35	自然科學和工程學的研究和實驗開發服務	0	0	0	0	0	0	0
36	與農業、林業及漁業相關的服務	0	0	0	0	0	0	0
37	採礦及勘探服務	0	0	0	0	0	0	0
38	社會服務	0	0	0	0	0	0	0
39	體育服務	0	0	0	0	0	0	0
40	跨學科的研究與實驗開發服務	0	0	0	0	0	0	0
41	圖書館、博物館等文化服務	0	0	0	0	0	0	0
42	專業設計服務	0	0	0	0	0	0	0
43	個人、寵物及家居服務	0	0	0	0	0	0	0
44	其他專業服務	0	0	0	0	0	0	0
45	其他研究和開發服務	0	0	0	0	0	0	0
46	通訊服務	0	0	0	0	0	0	0
47	殯葬設施	0	0	0	0	0	0	0
48	複製服務	0	0	0	0	0	0	0
49	出版相關服務	0	0	0	0	0	0	0
50	技術檢驗和分析服務	0	0	0	0	0	0	0
51	保安及護衛服務	0	0	0	0	0	0	0
52	市場調研服務	0	0	0	0	0	0	0
53	筆譯和口譯服務	0	0	0	0	0	0	0
	總數	20	640	240	98	76	92	54

資料來源： 工業貿易署。

注：如一間企業獲簽發多過一份的《香港服務提供者證明書》，只計算該企業的第一次獲批申請。

2010	2011	2012	2013	2014	2015	2016	2017	2003 年至 2017 年的總數
1	0	1	1	0	1	0	0	26
1	1	2	3	4	2	3	3	24
2	0	3	1	1	2	3	2	21
1	0	1	1	1	0	0	0	20
0	0	1	0	0	0	1	1	18
4	0	1	0	2	0	0	0	16
1	2	0	1	1	0	0	1	13
0	0	0	2	2	3	2	3	12
1	0	0	0	0	0	0	0	9
0	0	0	3	1	0	2	0	6
0	0	0	1	1	1	2	0	5
0	0	0	3	2	0	0	0	5
0	0	0	2	2	0	0	0	4
0	0	0	0	1	2	0	0	3
0	0	0	0	2	1	0	0	3
0	0	0	0	0	2	0	0	2
0	0	0	0	0	0	0	0	2
0	0	0	0	0	0	0	0	1
1	0	0	0	0	0	0	0	1
0	0	0	0	0	0	0	0	1
0	0	0	0	0	0	0	1	1
0	0	0	0	0	0	0	0	0
0	0	0	0	0	0	0	0	0
0	0	0	0	0	0	0	0	0
0	0	0	0	0	0	0	0	0
0	0	0	0	0	0	0	0	0
0	0	0	0	0	0	0	0	0
0	0	0	0	0	0	0	0	0
0	0	0	0	0	0	0	0	0
0	0	0	0	0	0	0	0	0
0	0	0	0	0	0	0	0	0
0	0	0	0	0	0	0	0	0
0	0	0	0	0	0	0	0	0
0	0	0	0	0	0	0	0	0
0	0	0	0	0	0	0	0	0
0	0	0	0	0	0	0	0	0
76	82	89	77	71	66	90	65	1836

表 7-1-11　香港與內地資格互認的成果 （2003 年至 2017 年）

日期	行業	互認協議	簽訂方或考試舉辦方
2003 年 11 月 4 日	產業測量師	《中國房地產估價師學會和香港測量師學會資格互認協議書》	香港測量師學會、中國房地產估價師學會
2003 年 12 月	證券及期貨	《內地與香港關於建立更緊密經貿關係的安排 - 與證券及期貨人員資格有關的安排》	香港證券及期貨事務監察委員會、中國證券監督管理委員會
2004 年 2 月 17 日	建築師	《建築師資格互認協議》	香港建築師學會、全國註冊建築師管理委員會
2004 年 8 月 27 日	結構工程師	《結構工程師資格互認協議》	香港工程師學會、全國註冊工程師管理委員會（結構）
2004 年 8 月 27 日	會計師	《內地與香港註冊會計師部分考試科目相互豁免協議》	香港財經事務及庫務局、國家財政部
2005 年 5 月 24 日	規劃師	《內地註冊城市規劃師與香港規劃師學會會員資格互認協議》	香港規劃師學會、國家建設部全國城市規劃執業制度管理委員會
2005 年 5 月 24 日	工料測量師	《內地造價工程師與香港工料測量師資格互認協議》	香港測量師學會、中國建設工程造價管理協會
2006 年 6 月 27 日	建築測量師	《內地監理工程師與香港建築測量師資格互認協議》	香港測量師學會、中國建設監理協會
2008 年 7 月 29 日	會計師	《內地與香港註冊會計師部分考試科目相互豁免補充協議》	香港財經事務及庫務局、國家財政部
2008 年 7 月 29 日	會計師	《擴大內地與香港註冊會計師部分考試科目相互豁免受惠人員範圍協議》	香港財經事務及庫務局、國家財政部
2009 年 3 月 31 日	會計師	在 CEPA《補充協議六》下，2009 年 3 月 31 日及之前成為香港會計師公會正式會員的香港居民，在參加內地註冊稅務師資格考試時，獲豁免報考「財務與會計」科目。	不適用
2010 年 11 月 1 日	會計師	《內地與香港註冊會計師部分考試科目相互豁免補充協議二》	香港財經事務及庫務局、國家財政部
2010 年 11 月 3 日	地產代理	《內地房地產經紀人與香港地產代理專業資格互認計劃協議書》	香港地產代理監管局、中國房地產估價師與房地產經紀人學會
2017 年 6 月 23 日	地產代理	《內地房地產經紀人與香港地產代理專業資格互認續約協議》	香港地產代理監管局、中國房地產估價師與房地產經紀人學會

資料來源：　工業貿易署網、香港證券及期貨事務監察委員會網、香港建築師學會網、政府新聞公報、保險業監管局網、地產代理監管局網、中華人民共和國住房和城鄉建設部網、中國新聞網。

三、貿易投資便利化

CEPA 下的一系列貿易投資便利化措施，為香港與內地貨物和服務貿易自由化提供機制保障，同時拓展經貿合作的領域，以降低貿易投資成本。

CEPA 主體文件的附件 6《關於貿易投資便利化》提出，在「貿易投資促進」、「通關便利化」、「商品檢驗檢疫、食品安全、質量標準」、「電子商務」、「法律法規透明度」、「中小企業合作」、「中醫藥產業合作」七個領域開展貿易投資便利化合作。為此，雙方成立工作小組在聯合指導委員會指導和協調下跟進七個合作領域的便利化措施。

中央政府各部門、內地地方政府陸續推出及修訂政策、轉變政府職能，以配合實施 CEPA 協議的市場開放承諾，包括推行商事登記制度改革，以簡化審批程序及提高行政效率；改革海關行政管理制度，縮短清關時間，提高貨物流轉速度。商務部副部長姜增偉在 2008 年指出，開展貿易投資便利化，有助提高內地海關通關效率、改善商檢的程序和制度、增強內地法律法規透明度，並在多個領域推動內地行業健康、有序發展。[5]

通關便利化方面，2003 年 5 月，海關總署於 CEPA 簽署之前在深圳海關設立原產地管理辦公室，專責處理香港 CEPA 貨物通關、監控及後續核查等業務工作。2004 年 1 月 1 日，香港及內地海關同時啟用雙方首次共同編製的《內地海關及香港海關陸路進 / 出境載貨清單》，該清單是內地海關首次與其他地區海關統一作業單證，為內地此後與澳門海關、毗鄰地區海關統一載貨清單提供參考。雙方並就互認關鎖和查驗信息共享等達成共識：對於經一方海關查驗後確認載貨清單申報貨物與實際貨物相符的，施加綠色關鎖後，對方海關一般不再查驗。深港關區之間轉關監管一次申報、一次查驗、一次放行的通關模式，將平均轉關時間由 20 分鐘縮減至少於 5 分鐘。這亦是內地海關首次與境外海關實行互認關鎖和查驗信息共享這一國際先進的通關管理模式。

在商事登記制度改革方面，商務部及有關部門陸續下放審批權，促進投資便利化。2004 年 8 月 31 日，商務部、國務院港澳辦聯合下發並實施《關於內地企業赴香港、澳門特別行政區投資開辦企業核准事項的規定》（俗稱「民企自由行」或「企業自由行」），是國家首次公布有關內地企業投資香港和澳門的指引。商務部把部分投資審批權下放到省級商務主管部門，申請程序亦較之前的規定公開、簡化及快捷，推動一批缺少國際市場運作經驗的內地中小企業通過香港「走出去」發展海外業務。

此後，隨着各補充協議的簽署，雙方進一步加強在貿易投資便利化方面的合作。2006 年 6 月 27 日簽訂的《補充協議三》新增知識產權保護領域，以維護廠商權益。2008 年 7 月 29 日達成的《補充協議五》再新增品牌合作領域，以提升雙方品牌競爭力。2010 年 5 月 27 日簽署的《補充協議七》將教育合作列入合作範疇，並將中醫藥產業合作納入產業合作領

域具體內容，使貿易投資便利化合作範疇增至 10 個（見表 7-1-12）。

一些內地省、市政府亦陸續簡化審批程序。2007 年 9 月 1 日，上海在浦東新區市民中心設立全國第一個「CEPA 綠色通道」，一站式受理香港投資者在當地的審批和諮詢，以簡化登記程序、縮短審批時間。2008 年 11 月，商務部決定設立「落實 CEPA 示範城市（區）」，重點指導和協調上海市浦東新區、佛山市和珠海市落實 CEPA 的工作，並向全國推廣經驗。2009 年，佛山市和珠海市亦宣布設立「CEPA 綠色通道」。2012 年，上海市開始在全市推廣「CEPA 綠色通道」。同年 3 月 26 日，深圳市經濟貿易和信息化委員會頒布《深圳關於設立 CEPA 與 ECFA 外商投資項目審批綠色通道的公告》，優先及加快審批 CEPA 投資申請。

與此同時，香港與內地海關繼續進行多項區域通關合作、改革，為實行 CEPA 貨物貿易自由化營造更為便捷的通關環境。2006 年 5 月 30 日，深港物流綠色通道正式開通。通道全長 51 公里，從香港葵涌碼頭至深圳華南國際物流中心，兩地海關運用實時全球定位追蹤系統及「統一陸路載貨清單」等電子報關數據，將清關、轉關工作轉移至華南國際物流中心完成，省卻在皇崗口岸辦理人工錄單、人工審核、人工驗放等手續，提高通關效率、降低物流運輸成本。同年深圳海關全面啟動「屬地申報、口岸驗放」模式，加強與香港海關合

表 7-1-12　貿易投資便利化的合作範疇

範疇	加強合作領域
貿易投資促進	加強雙方在貿易、投資方面的相互促進，及共同開拓國際商品、工程市場方面的合作。
通關便利化	建立雙方海關信息通報制度，探討數據聯網、發展口岸電子清關的可行性，通過技術手段加強雙方對通關風險的管理，提高通關效率。
商品檢驗檢疫、食品安全、質量標準	加強雙方在機電產品及動植物檢驗檢疫和食品安全、衛生檢疫監管、產品認證認可及標準化管理等方面的合作，開展消費安全領域的合作，並積極推動香港檢測實驗室與內地有關認證機構開展合作，以成為認證檢測國際多邊互認體系所接受的檢測實驗室。
電子商務	加強雙方在電子商務規則、標準、法規的研究和制定，企業運用、推廣、培訓等方面的合作；加強電子政務合作。
法律法規透明度	加強雙方合作，提高法律法規透明度，努力為兩地工商企業提供資訊，為促進兩地經貿交流奠定基礎。
中小企業合作	加強雙方中小企業的信息交流，組織雙方中小企業交流與考察，共同探討支持中小企業發展的策略和扶持政策。
產業合作	兩地根據優勢互補的原則，加強雙方在中醫藥產業、會展產業、文化產業、環保產業和創新科技產業的合作與交流。
知識產權保護	加強雙方在知識產權保護領域的合作，就兩地知識產權保護的信息進行交流與溝通，以推動兩地經濟發展和促進兩地經貿交流與合作。
品牌合作	透過建立工作組、品牌保護的信息交流及品牌的推廣和促進，加強雙方在品牌領域的合作，以推動兩地經濟發展和促進兩地經貿交流。
教育合作	加強雙方在教育領域的交流與溝通、信息交流、培訓考察的合作，以及支持兩地有關在內地培養本科或以上高層次人才的合作。

資料來源：　工業貿易署。

作，推進區域通關改革，提高通關效率。2010 年 5 月 21 日，海關總署廣東分署啟動「擴展陸路貨物查驗結果參考互認合作」與「擴展水運貨物 X 光機查驗結果參考互認合作」，利用粵港海關雙方監管資源，參考互認對方貨物查驗結果，以免兩地海關重複查驗，提高貨物流轉速度，為企業節省通關成本。2012 年 11 月，香港海關的「多模式聯運轉運貨物便利計劃」與內地海關「跨境快速通關」實行試點銜接，從香港通過深圳皇崗海關前往深圳機場和廣州機場的試點車輛，平均通關時間減少約 26 分鐘。

2014 年 12 月 18 日簽署的《廣東協議》，批准香港服務提供者在廣東省大部分服務貿易領域的投資項目與內地投資項目按同等權限和程序辦理投資，且設立公司及相關的合同章程審批改為備案管理。2015 年 11 月 27 日簽訂的《服務貿易協議》，更將適用範圍由廣東省延伸至內地全境，進一步提高兩地投資貿易便利化程度。

通關便利化方面，2016 年 3 月 28 日，香港海關與內地海關正式推行「跨境一鎖計劃」，將香港海關的「多模式聯運轉運貨物便利計劃」與內地海關的「跨境快速通關」對接。透過應用同一把電子鎖和全球定位系統設備，以「跨境一鎖，分段監管」為原則，減少重複檢查，為業界提供無縫清關服務。

在簡化個體工商戶登記制度方面，2016 年 5 月 31 日，國家工商行政管理總局發布《關於擴大開放港澳居民在內地申辦個體工商戶登記管理工作的意見》，訂明香港居民自 6 月 1 日起在內地各省 / 市 / 自治區申請設立個體工商戶，毋須經過外資審批（不包括特許經營），由經營所在地的工商行政管理（市場監督管理）部門（登記機關）直接予以登記。此外，2016 年 9 月 2 日，廣西開通「CEPA 項目綠色通道」，並決定在該自治區 14 市全面推行，優先辦理 CEPA 項目的審批。

國家「十三五」規劃提出要加大內地對香港開放的力度，推動 CEPA 升級。2017 年 6 月28 日，香港特區政府與商務部簽訂《投資協議》，將 CEPA 的市場准入承諾擴大至《服務貿易協議》範圍以外的非服務業（包括製造業、礦業和資產投資），引入投資保護的義務，以確立兩地投資制度的穩定性，推動投資自由化和便利化。

這是內地首份以准入前國民待遇加負面清單的模式，開放投資准入的投資協議。在此之前，CEPA 的自由化措施局限於貨物和服務貿易。《投資協議》於簽署之日生效並於 2018年 1 月 1 日實施，主要內容涵蓋投資准入、投資保護、投資便利及爭端解決等方面。

和香港與外地簽署的《促進和保護投資協定》等國際間投資協議相近，《投資協議》訂明雙方在保護及便利投資上的承諾，如簡化投資手續和要求、限制投資被徵收，補償損失及投資和收益可轉移至外地等。

雙方承諾給予對方投資和投資者不低於給予本地或其他方投資和投資者的待遇，「最惠待遇」

條款亦確保內地對其他國家或地區提供較 CEPA 更優惠的待遇時，有關待遇也會自動延伸至香港。《投資協議》下的香港投資者定義與《服務貿易協議》下有關「香港服務提供者」的規定相若。協議亦設立解決機制，處理投資者涉及另一方政府執行協議的實體義務的爭端。

四、經濟技術合作

2017 年 6 月 28 日簽署並生效的《經濟技術合作協議》，整理和更新 CEPA 及其補充協議內有關經濟技術合作內容，將「一帶一路」建設經貿領域的合作與次區域經貿合作納入 CEPA 架構下，明確支持香港企業參與內地的發展戰略，以及開拓相關計劃及措施帶來的商機。有別於 CEPA 其他協議，此協議不涉及市場准入承諾和實質的開放措施，而是為香港與內地未來的更緊密合作提出方向。

協議設「一帶一路」專章，為雙方在不同層次就多個範疇展開合作奠下基礎。雙方同意通過建立工作聯繫機制、搭建交流平台、支持兩地業界聯合開拓「一帶一路」沿線市場、支持香港為「一帶一路」建設提供專業服務以及舉辦相關宣傳活動等。

「次區域經貿合作」專章把香港與內地不同區域的現有合作置於制度化框架之內：鼓勵推動深化泛珠三角區域，尤其是粵港澳大灣區的經濟合作。同時支持在自由貿易試驗區，以及在前海、南沙和橫琴進一步擴大對香港服務業開放，例如金融、交通航運、商貿、專業服務和科技等。

協議亦建議在金融、旅遊、法律仲裁、會計、會展業、文化、環保、創新科技、教育、電子商務、中小企業、知識產權、商標品牌、中醫藥產業這 14 個重點領域加強合作。

在簽署《投資協議》及《經濟技術合作協議》後，CEPA 成為一份更全面的現代化自由貿易協議，涵蓋貨物貿易、服務貿易、投資以及經濟技術合作四個重要支柱，確保香港業界在內地市場繼續享受最優惠准入待遇。

第二節 區域合作平台

香港回歸前，香港與內地的區域合作透過粵港的「跨境聯絡制度」（1982 年設立），以及「中英關於香港與內地跨境大型基建協調委員會」（於 1994 年 12 月 3 日在北京成立）零星進行，缺乏常設制度推動。1997 年香港回歸後，與內地的區域合作，通過政府協調，以及市場主導相結合的方式推行。同年 10 月 20 日，京港洽談會首度召開，隨後每年由兩地輪流舉行，以半官方合作的形式，推動北京對香港開放投資，促進雙方在經貿、社會等領域共同發展。

1998 年 3 月 30 日，在中央政府的支持、國務院港澳辦公室和廣東省政府配合下，成立粵港合作聯席會議，增強香港與廣東省的發展合作，改善投資環境和簡化通關程序等。2002年 1 月，中央政府與香港特區政府成立「內地與香港大型基礎設施協作會議」，加強雙方在運輸與大型基建項目（包括廣深港高速鐵路、港珠澳大橋）的協作。

2003 年 6 月 29 日，香港特區政府與國家商務部簽訂《內地與香港關於建立更緊密經貿關係的安排》（CEPA），加強兩地之間的貿易和投資合作、促進雙方共同發展。其後，香港與內地各區域相繼建立常規化、制度化的官方合作機制，包括召開泛珠三角區域合作與發展論壇暨經貿洽談會、增設深港合作會議和閩港合作會議；在長三角區域及京津冀地區，分別設有滬港合作會議與京港經貿合作會議。因應不同地區的資源及優勢，香港與內地不同地區的合作重點進行協作。

香港與內地各區建立的官方合作機制，配合落實 CEPA 協議對香港開放的措施。2003 年 8月 5 日，舉行第六次粵港合作聯席會議，雙方同意設立「粵港落實 CEPA 服務業合作專責小組」，磋商在廣東落實 CEPA 的配套措施、檢討落實進度及跟進問題；2005 年 7 月 25日，第二屆泛珠論壇編製的《泛珠三角區域合作發展規劃綱要（2006—2020 年）》指出，泛珠各省（區）須改革審批制度、打破市場主體准入的地區限制，以推進落實 CEPA。

此外，各區域合作平台通過雙邊或多邊的合作措施，協助促進內地政府進行深化改革開放，包括在海關通關、商事登記制度等方面的改革，同時擴大對香港開放市場，以協調雙方在社會民生和經濟的互惠互利發展。雙方的合作範疇逐步擴大，包括跨境基建、促進人流物流的便利措施、環境保護、食物安全、資訊科技、城市建設、旅遊合作、文化交流、體育項目推廣，以及康復治療人才培訓等。

一、粵港合作

1. 粵港合作聯席會議

廣東省與香港陸路相連，歷來關係密切。內地實行改革開放後，雙方隨即着手建立官方聯絡機制。1981 年 5 月 5 日至 6 日，港府政治顧問魏德巍訪穗，[6] 並與廣東省副省長曾定石及廣東省公安廳官員會晤，商討兩地如何建立更多經常性的聯繫，以處理邊境客貨運、走私及非法入境等事宜。1982 年，香港與廣東省設立跨境聯絡制度，磋商打擊跨界罪案、治理深圳河等問題，推動雙邊合作發展。

1994 年 12 月 3 日，「中英關於香港與內地跨境大型基建協調委員會」在北京成立，就銅鼓航道、珠海伶仃洋大橋（計劃擱置後被港珠澳大橋取代），以及香港新機場及其周圍地區的航空交通管制等協調；委員會於 1997 年 6 月 30 日結束工作。同年 10 月，香港特區政府重設「香港與內地跨界大型基建協調委員會」，處理香港與內地（主要為廣東省）的跨界

基建項目，包括西部通道、銅鼓航道，以及落馬洲、皇崗旅客過境通道等。

香港回歸後，粵港合作聯席會議於 1998 年 3 月成立，增強兩地由政府主導推動的發展合作。2003 年 8 月，第六次粵港合作聯席會議升格成由兩地政府首腦主持，以 CEPA 為發展契機，建立新的合作架構、定下長遠合作方針，並逐漸增加重點合作範疇。此外，在 CEPA 實施後，深港合作會議制度於 2004 年 6 月 17 日在粵港合作框架下設立，成為兩地直接溝通的渠道。

1997 年 8 月 30 日，香港特區行政長官董建華在深圳會晤國務院港澳事務辦公室主任廖暉，提出成立粵港高層次合作機制的構想。同年 10 月 8 日，董建華於首份施政報告提出聯同中央有關部門，和廣東省政府成立較高層次的組織，以加快粵港區域性全面合作，就涉及兩地的交通基建、環境治理、副食品供應、城市用水、社會福利、企業投資及通關等重大項目，進行研究和協調。

經國務院批准，1998 年 3 月 30 日，首次粵港合作聯席會議（聯席會議）在廣州召開，確定經濟商務、科教人才、口岸建設為合作的重點，並決定每年輪流在香港和廣州召開兩次聯席會議 —— 這是香港特區政府與內地省區政府建立的首個高層次、經常性協調組織機制。[7]

1998 年 9 月 24 日，第二次聯席會議在香港舉行，雙方同意採取具體措施改善陸路口岸管理、建立兩地政府專用的互聯網絡、改善港商在內地的營商環境，以及推動旅遊、環保、科技合作。2000 年 9 月 25 日，第三次聯席會議在深圳舉行，討論環保、旅遊、口岸、中小學語言教育交流培訓、粵港港幣支票聯合結算，以及政府信息網絡互聯等合作事宜；聯席會議自此調整為每年召開一次。2001 年 8 月，特區政府設立粵港合作統籌小組，跟進粵港合作事宜的進度及落實。2002 年 7 月，特區政府駐粵經濟貿易辦事處（駐粵辦）成立。

2003 年 3 月 4 日，董建華與廣東省省長黃華華在北京會晤，就加強粵港合作、提升粵港合作機制，並為 CEPA 的簽署做好各項籌備工作等事宜達成初步共識。同年 6 月 29 日 CEPA 主體文件簽訂後，8 月 5 日，董建華與黃華華在香港共同主持粵港合作聯席會議第六次會議上，雙方同意建立粵港合作的新機制和新架構，並同意建立兩地企業、行業及商會之間經常性的民間協作機制。雙方確定在服務業、口岸、跨界大型基建項目、對外推介「大珠三角」、旅遊、建立粵港傳染病情況交流與通報機制、高新技術、教育、推動知識產權保護、擴大粵港經濟合作腹地、籌備召開粵港經貿合作研討會及文化體育這 12 個重點範疇加強合作，以落實 CEPA 內容。此外，粵港分別設立粵港發展策略研究小組和大珠三角商務委員會（2004 年 3 月至 2013 年 2 月），負責研究粵港經貿合作與發展。[8]

2003 年 9 月 9 日粵港合作聯席會議第六次會議的首次工作會議，確定 84 個子項目的工作時間表，並建立工作會議機制、督導機制、通報機制等三大工作機制。此後，粵港雙

方就傳染病預防（2003）及食品安全（2006）建立通報機制，推出粵港科技合作資助計劃（2004），[9] 成立粵港加工貿易轉型升級專題專責小組（2007），協助在粵港資企業轉型升級，同時重點推進港珠澳大橋、深港西部通道等大型基建項目、泛珠三角區域合作、環保、口岸以及創新、旅遊和經貿等方面合作。

1998 年 3 月 30 日，行政長官董建華在粵港合作聯席會議成立儀式致辭。圖左至右：國務院港澳辦主任廖暉、董建華、廣東省省長盧瑞華。（香港特別行政區政府提供）

駐粵辦設投資香港服務中心（2006），為有意在香港開設公司的廣東企業提供一站式服務，並主辦粵企赴港上市融資洽談會及粵企赴港上市融資圓桌會議（2007），解答企業赴港上市的疑問。另外，特區政府又於 2008 年 4 月推出為期五年的清潔生產伙伴計劃，立法會財務委員會批准撥款 9306 萬元推行該計劃。計劃於 2012、2015 年兩度延長至 2020 年，鼓勵粵港企業參與改善區域環境。

2008 年 7 月 29 日，CEPA《補充協議五》簽訂後，粵港兩地服務業的合作空間進一步擴展，該年落實深化粵港服務業合作先行先試的措施共 25 項，又簽訂《粵港醫療服務業合作協議》等 11 份合作協議。在同年 8 月舉行的粵港合作聯席會議第十一次會議，粵港澳三地政府同意共同承擔港珠澳大橋主體工程費用。

2009 年 1 月 8 日，國家發展和改革委員會公布《珠江三角洲地區改革發展規劃綱要（2008—2020 年）》，將珠三角地區的發展提升到國家發展戰略層面，首次提出擴大粵港自主磋商範圍，並將粵港合作定為國家政策。2010 年 4 月 7 日，特區行政長官曾蔭權與廣東省省長黃華華在北京簽訂兩地政府共同編製的《粵港合作框架協議》（《框架協議》），這是自粵港合作聯席會議成立以來首份有關粵港合作的綱領文件，將《規劃綱要》的宏觀政策轉化為有利兩地發展的具體措施，涵蓋範圍廣泛，包括跨界基建、現代服務業、先進製造業及科技創新、優質生活圈、教育等。

《框架協議》為粵港合作定出六個長遠發展定位，分別是世界級新經濟區域、金融合作區域、先進製造業和現代服務業基地、現代流通經濟圈、優質生活圈和世界級城市群；並確立深圳前海地區、深港河套地區、廣州南沙及落實 CEPA 重點市等為重點合作區。2010 年 8 月，國務院批覆《前海深港現代服務業合作區總體發展規劃》，把前海定位為粵港現代服務業創新合作示範區，以支持粵港合作提升區域競爭力。

粵港兩地政府自 2010 年起每年就實施《框架協議》頒布年度重點工作，雙方根據每年定下的工作重點，檢視、落實協議中的具體措施，包括推進蓮塘／香園圍口岸規劃與建設、優化東江水資源調度機制、推進人民幣結算試點、聯合開發「一程多站」旅遊線路、落實 CEPA 及服務業開放在廣東「先行先試」政策措施等。

2011 年 3 月 16 日公布的《中華人民共和國國民經濟和社會發展第十二個五年規劃綱要》（《「十二五」規劃綱要》），首次將有關香港及澳門特區的內容單獨成章（《港澳專章》），強調中央支持深化內地與香港的經濟合作、深化粵港合作和落實《框架協議》，並確認《框架協議》中兩地的發展定位。同年 8 月 23 日，特區政府與廣州市政府簽訂《關於穗港合作推進南沙新區發展意向書》，設穗港合作專責小組，共同推動產業轉型升級、實施 CEPA 先行先試綜合合作示範區。

2012 年 6 月及 9 月，粵港澳《共建優質生活圈專項規劃》和《粵港澳基礎設施建設合作

專項規劃》先後發布，提出相關領域的長遠合作方向。在該年 9 月舉行的第十五次粵港合作聯席會議上，雙方同意重點推動率先在 2014 年基本實現兩地服務貿易自由化、於「十二五」期內加快落實《框架協議》的年度分解工作，並確立具體目標。這是雙方首次就推動粵港合作，編製綜合各範疇的多年度工作路線圖及時間表。2014 年 12 月 18 日簽署的《關於內地在廣東與香港基本實現服務貿易自由化的協議》（《廣東協議》），令粵港率先基本實現服務貿易自由化。

2015 年 9 月的第十八次粵港合作聯席會議將「一帶一路」、廣東自貿試驗區、創新及科技等範疇列入 2016 年的合作方向。同年 6 月 6 日，粵港兩地首次推出粵港暑期實習計劃，廣東省的企業及機構為香港青年提供實習崗位。

2016 年 1 月，政府資訊科技總監辦公室與廣東省經濟和信息化委員會成立「粵港信息化專家委員會」，推動兩地發展大數據、雲計算、物聯網和智能城市等技術和應用，研究制定適用於兩地的標準和指引，並促進粵港兩地業界參與國際組織的信息技術標準化工作。同年 3 月 17 日頒布的《中華人民共和國國民經濟和社會發展第十三個五年規劃綱要》（《「十三五」規劃綱要》），其中港澳專章強調深化內地與港澳合作，支持香港參與國家雙向開放、「一帶一路」建設，並支持加快前海、南沙、橫琴等粵港澳合作平台建設，支持港澳在泛珠三角區域合作中發揮重要作用，以及推動粵港澳大灣區建設。

到 2017 年 6 月底，粵港合作聯席會議共舉辦 19 次，舉行工作會議 22 次，成為推動粵港合作的重要平台（見表 7-2-1）。聯席會議下設專責小組增至 31 個，涵蓋策略研究、經貿金融、社會民生、口岸基建、區域合作、應急救援等領域。

截至 2017 年 6 月 29 日，在廣東省稅務機關所轄的「走出去」企業當中，共 1002 戶（不含深圳，下同）赴香港經營，佔該省所有「走出去」企業的 60.2%，而其中直接投資香港的企業共 962 戶，總協議投資額達 131.8 億美元。[10]

2. 深港合作會議

隨着 CEPA 的實施，深港兩地政府進一步加強溝通與合作。2004 年 6 月 17 日，香港特區政府政務司司長曾蔭權與深圳市市長李鴻忠在香港舉行深港合作會議，並在粵港合作的框架下簽署《關於加強深港合作的備忘錄》，確定雙方合作的方向和原則。兩地又簽署了另外八份合作協議書，涵蓋法律服務、工業貿易、投資推廣、經貿交流、旅遊及科技等。深港合作會議基本上每年召開一次。會議機制的設立，是深港雙方在粵港合作的框架下建立的官方協作溝通機制，將深港合作由民間／市場為主變成常規化、制度化，是推動深港合作的重要平台。此後，深港兩地在重要基礎設施、口岸安排、城市規劃、經貿、創新科技、旅遊、環境保護及教育等多方面展開合作，尤其是深港兩地機場協作、開發落馬洲河套地區成為重點（見表 7-2-2）。

表 7-2-1　歷屆粵港合作聯席會議的成果

日期及地點	合作範疇
1998 年 3 月 30 日 廣州	跨界客運及貨運、跨境基建發展、經濟商務、科教人才、口岸建設
1998 年 9 月 24 日 香港	電子通訊網絡、口岸、旅遊、環保、經貿、科技
2000 年 9 月 25 日 深圳	改善東江水質、環保、旅遊、口岸通關、金融、教育、粵港信息網絡互聯
2001 年 7 月 25 日 香港	口岸通關、發展南沙、香港 / 珠海機場合作、環保合作、改善東江水質、粵港政府信息網絡互聯
2002 年 3 月 15 日 珠海	在皇崗 / 落馬洲和深港西部通道的口岸實行「一地兩檢」查驗模式、旅遊合作、開通香港機場至珠江三角洲水上客運航線
2003 年 8 月 5 日 香港	服務業、口岸、協調粵港跨界大型基建、對外推介「大珠三角」、旅遊、建立粵港傳染病情況交流與通報機制、高新技術、教育、知識產權、經貿、擴大粵港經濟合作腹地、文化體育
2004 年 8 月 4 日 廣州	泛珠三角區域合作、經貿、區域運輸網絡及城市規劃、旅遊、環保、物流、科技、公務員交流、教育、口岸、鼓勵廣東企業來港開業和上市集資
2005 年 9 月 28 日 香港	食物安全、口岸建設通關、泛珠三角區域合作、環保、信息化、科技、基建和規劃、協助企業發展、教育、民間、旅遊、保護知識產權、開發落馬洲河套地區、公務員交流、文化活動
2006 年 8 月 2 日 廣州	經貿、基建、環保、口岸及促進兩地人流物流、食物安全及疾病預防、吸引廣東企業來港發展、聯合海外推廣大珠三角和泛珠三角、科技及信息化合作、教育、人才交流、旅遊、文化
2007 年 8 月 2 日 香港	基建、口岸、環保、食物安全、經貿、旅遊、創新及科技、社會福利、知識產權、信息化、城市規劃及發展、金融、文化、體育、教育、傳染病情況通報、人才交流、泛珠三角區域合作
2008 年 8 月 5 日 廣州	基建、口岸、促進兩地人流物流、環保、食品安全、旅遊、教育、文化、體育、社會福利
2009 年 8 月 19 日 香港	落實《珠三角地區改革發展規劃綱要》、基建、口岸、環保、經貿、金融、醫療科技、教育、旅遊、城市規劃及發展
2010 年 9 月 16 日 廣州	「粵港合作框架協議」、「共建優質生活圈」及「基礎設施建設」合作規劃、前海發展、落馬洲河套地區規劃、金融、經貿、基建、教育、醫療、環保、旅遊
2011 年 8 月 23 日 香港	金融、商貿、便利粵港往來、環保、醫療、教育、文化、南沙及前海發展、區域合作規劃
2012 年 9 月 14 日 廣州	推動粵港率先基本實現服務貿易自由化、加快落實《粵港合作框架協議》、商貿合作和 CEPA 廣東先行先試措施、金融、科技、基建、便利往來、口岸、環保、教育、文化、南沙及前海發展、區域合作規劃
2013 年 9 月 16 日 香港	推動粵港率先基本實現服務貿易自由化、金融、專業服務、旅遊、商貿、科技、創意產業、口岸建設、環保、教育、打擊走私活動、南沙及前海發展
2014 年 11 月 6 日 廣州	粵港率先基本實現服務貿易自由化、金融、專業服務、旅遊、口岸建設、跨境基建、知識產權保護、社會民生、教育、文化交流、環保、南沙、前海及橫琴發展
2015 年 9 月 9 日 香港	服務貿易自由化、金融、專業服務、創新及科技、環保、青年合作、文化交流、教育
2016 年 9 月 14 日 廣州	「一帶一路」、創新及科技、青年合作、環保、金融、專業服務、教育、旅遊、南沙、前海及橫琴發展

資料來源：　政府新聞處、《香港年報》（1998—2017）。

協議
不適用
不適用
不適用
不適用
不適用
不適用
不適用
不適用
不適用

簽訂 6 份協議：《深化實施 CEPA、共同推進粵港服務業合作協議》、《關於推動粵港兩地企業開展節能、清潔生產及資源綜合利用工作的合作協議》、《粵港社會福利合作安排》、《關於對供港塘魚運輸工具加施檢驗檢疫封識的協議書》、《2007年至 2008 年粵港保護知識產權合作協議》及《關於加強粵港信息化合作的安排》。

簽訂 11 份協議：《加快實施 CEPA 及其補充協議五的合作協議》、《推進粵港兩地教育交流與合作協議書》、《在廣東省試點，允許香港服務提供者以獨資民辦非企業單位形式舉辦殘疾人福利機構合作安排》、《職業介紹所服務合作》、《人才中介機構服務合作》、《獲得「內地註冊城市規劃師資格」及「內地監理工程師資格」的香港專業人士在粵註冊合作協議》、《粵港旅遊合作協議》、《粵港醫療服務業合作協議》、《粵港關於促進港資加工貿易企業轉型升級的合作協議》、《粵港共建科技創新平台合作協議》及《加強粵港應急管理合作協議》。

簽訂 8 份協議：《關於推進前海港深現代服務業合作的意向書》、《粵港教育合作協議》、《粵港共同落實 CEPA 及在廣東先行先試政策措施的合作協議》、《粵港研發生產藥物（疫苗）合作安排》、《粵港環保合作協議》、《關於推進港深西部快速軌道合作安排》、《粵港金融合作專責小組合作協議》及《二〇〇九年至二〇一〇年粵港知識產權合作協議》。

簽訂 4 份協議：《有關《粵港合作框架協議》的落實安排》、《共同推進粵港產學研合作協議》、《粵港海上搜救合作安排》及《粵港優質農產品合作協議》。

簽訂 5 份協議：《關於穗港合作推進南沙新區發展意向書》、《粵港應對氣候變化合作協議》、《關於建立粵港兩地跨境電信網絡嚴重故障應急通報機制合作安排》、《粵港知識產權合作協議（2011 至 2012 年）》及《嶺南通‧八達通聯名卡發行合作框架協議》。

簽訂 7 份協議：《粵港共同推動率先基本實現服務貿易自由化合作協議》、《粵港推進在粵港資加工貿易企業加快轉型升級的合作協議》、《粵港食品安全工作交流與合作框架協議》、《香港數碼港管理有限公司及廣東軟件行業協會合作意向書》、《佛山市南海區人民政府與香港科技園公司戰略合作協議》、《廣東省氣象局與香港天文台數值天氣預報技術長期合作協議》及《廣東省佛山市人民政府、廣東省鐵路建設投資集團有限公司、香港鐵路有限公司、招商局集團有限公司合作意向書》

簽訂 8 份協議：《粵港共同推動率先基本實現服務貿易自由化合作協議》、《前海深港現代服務業合作區管理局與發展局合作意向書》、《粵港促進電影業深入合作發展協議》、《粵港標準工作專責小組合作協議》、《粵港知識產權合作協議（2013 – 2014 年）》、《粵港反走私緊密合作協議》、《關於進一步加強粵港旅遊合作協議》及《粵港信息化合作框架協議》。

簽訂 5 份協議：《粵港共建新型研發機構項目合作框架協議書》、《粵港文化交流合作發展規劃 2014 – 2018》、《珠江口區域 VTS 數據共享合作計劃》、《粵港清潔生產合作協議》及《氣象科技合作協議》。

簽訂 5 份協議：《粵港食品安全工作交流與合作協議》、《粵港姊妹學校合作協議》、《粵港保護知識產權合作協議（2015—2016）》、《粵港澳三地搜救機構「客船與搜救中心合作計劃」互認合作安排》及《加強跨境貿易電子商務合作協議》。

簽訂 9 份協議：《粵港攜手參與國家「一帶一路」建設合作意向書》、《粵港醫療衛生交流合作安排》、《粵港共同推進中國（廣東）自由貿易試驗區建設合作協議》、《2016—2020 年粵港環保合作協議》、《粵港食品安全風險交流合作協議》、《粵港旅遊合作協議》、《海事調查合作協議》、《有關深化旅客衛生檢疫聯防，服務深港通關便利的合作安排》及《粵港質量和檢測認證工作合作協議》。

表 7-2-2　歷屆深港合作會議的成果

日期及地點	討論及合作範疇	協議
2004 年 6 月 17 日 香港	口岸、基礎設施、CEPA 實施、經貿投資、專業服務、金融、旅遊、物流、科技、法律、環保、教育、文化及公務員交流	「1+8」協議，即《關於加強深港合作的備忘錄》及 8 個具體協議，包括：《法律服務合作協議書》、《香港工業貿易署—深圳市貿易工業局合作協議》、《關於投資推廣的合作協議》、《關於加強經貿交流與合作協議》、《旅遊合作協議》、《關於加強深港旅遊市場管理合作協議》、《科技交流與服務合作協議》、《深圳高新區—香港數碼港管理有限公司戰略合作協議書》。
2005 年 9 月 5 日 香港	口岸、基建、規劃、CEPA 實施、科技、研究落馬洲河套地區開發的可行性、環保、食物安全及教育	不適用
2007 年 12 月 18 日 香港	口岸、基建、創新科技、服務貿易、旅遊、食物安全、環保、城市規劃及醫療護理交流	兩地政府簽署 7 份合作協議，包括《關於近期開展重要基礎設施合作項目協議書》、《加強深港環保合作協議》、《深港加強城市規劃合作協議》、《深港加強和促進服務貿易合作備忘錄》、《雙方旅遊合作協議》、《「深港創新圈互動基地」合作備忘錄》、《醫療護理交流合作安排》。
2008 年 11 月 13 日 深圳	協助在深圳的港商、口岸、落馬洲河套地區的開發、基建、金融、環保、創新科技、旅遊、文化、教育、	兩地政府簽署 5 份合作框架協議，包括《「落馬洲河套地區綜合研究」合作協議書》、《教育合作協議》、《加強深港清潔生產工作合作協議》、《更進一步加強文化合作協議》和《雙方旅遊合作協議》。
2009 年 11 月 30 日 香港	開放及合作發展前海現代服務業（香港同意為前海的發展規劃和政策提供意見）、旅遊合作、金融、教育、跨境基建、環保及創新科技	兩地政府簽署 4 份協議《深圳學校試辦港人子弟班合作協議》、《2010 年文化及體育交流合作協議》、《關於水生動物疫病檢測的合作安排》及《深化「深港創新圈」建設合作安排》；香港旅遊發展局與深圳市文體旅遊局簽署《旅遊合作協議》；香港大學與深圳出入境檢驗檢疫局簽署《深港創新圈創新技術科技合作協議》；香港大學與深圳市衛生和人口計劃生育委員會簽署《香港大學深圳教學醫院合作安排》。
2010 年 12 月 6 日 深圳	開放及合作發展前海現代服務業、金融、旅遊、檢測和認證業、跨境基建、環保及體育	兩地政府簽署 3 份協議：《公司／企業註冊交流合作協議》、《香港和深圳兩地檢測認證交流合作協定》及《關於促進港深檢測認證科技創新合作協議》。
2011 年 11 月 25 日 香港	開放及合作發展前海現代服務業、落馬洲河套地區發展、跨境基建、口岸通關、金融及經貿、教育、法律及仲裁	兩地政府簽署 4 份合作協議：《法律合作安排》、《推進落馬洲河套地區共同開發工作的合作協議書》、《關於加強進出口食品安全的合作協議》及《數值天氣預報技術長期合作協議》。
2013 年 1 月 11 日 深圳	開放及合作發展前海現代服務業、金融、口岸、跨境基建、環保及創新科技	兩地政府簽署 4 份合作協議：《關於共同推進深港青年創新創業基地建設合作協議》、《深圳市投資推廣署香港特別行政區政府投資推廣署投資促進合作協議》、《推廣兩城文化藝術發展合作協議》及《關於水生動物疫病檢測的合作協議》。

（續上表）

日期及地點	討論及合作範疇	協議
2013 年 11 月 25 日 香港	開放及合作發展前海現代服務業、口岸、教育、跨境基建、環保、落馬洲河套地區開發、金融及深港青年創新創業基地	簽署 3 份合作協議：香港教育局與深圳市教育局簽署《深圳學校開設「港籍學生班」合作協議》；香港旅遊發展局與深圳市文體旅遊局簽署《旅遊合作協議》；香港科技園公司與深圳市前海管理局簽署《深圳市前海深港現代服務業合作區管理局與香港科技園公司戰略合作協議》。
2015 年 1 月 30 日 深圳	開放及合作發展前海現代服務業、金融、青年交流實習及創業、醫療服務、社會民生（養老）、跨境基建、落馬洲河套地區開發、教育、便利跨境學童的過關措施及環保	不適用
2016 年 2 月 29 日 香港	開放及合作發展前海蛇口片區現代服務業、創新及科技、創意產業、金融服務、專業服務（跨境法律服務、醫療服務、建築及相關工程服務）及青年創業合作	香港發展局、深圳市前海深港現代服務業合作區管理局及深圳市住房和建設局簽署《在深圳市前海深港現代服務業合作區試行香港工程建設模式合作安排》；香港商務及經濟發展局及深圳市設計之都推廣辦公室簽署《香港特別行政區政府與深圳市人民政府關於促進創意產業合作的協議》；香港漁農自然護理署與深圳出入境檢驗檢疫局簽署《深圳出入境檢驗檢疫局與香港特別行政區政府漁農自然護理署關於水生動物疫病檢測的合作安排》。
2017 年 1 月 3 日 香港	開放及合作發展前海蛇口片區現代服務業、落馬洲河套地區發展、創新及科技、金融（推動《關於金融支持中國（廣東）自由貿易試驗區建設的指導意見》中的相關措施）、專業服務（法律服務、建築及相關工程服務）、青年交流實習及創業	兩地政府簽署《關於港深推進落馬洲河套地區共同發展的合作備忘錄》。

資料來源： 政府新聞處。

2007 年 5 月，兩地簽署「深港創新圈」合作協議後，組織多個科技論壇和項目推介會，以及推出深港科技合作資助計劃鼓勵兩地科研機構合作。同年 12 月舉行第三次深港合作會議，兩地簽署《關於近期開展重要基礎設施合作項目協議書》等七項合作協議，並宣布設置港深機場合作聯合專責小組及港深邊界區發展聯合專責小組，推進兩地機場協作和落馬洲河套地區開發、蓮塘／香園圍口岸等邊界鄰近土地的研究規劃工作。

2008 年 11 月 13 日第四次深港合作會議，雙方簽署《「落馬洲河套地區綜合研究」合作協議書》、《加強深港清潔生產工作合作協議》等五個合作框架協議。作為「深港創新圈」框架下的首個重點項目，兩地政府邀請美國杜邦公司於香港設立其太陽能光伏電薄膜全球業務總部和研發中心（2009 年 3 月開幕），及於深圳設立生產基地（2009 年 11 月啟用）。

2009 年 11 月 30 日，第五次深港合作會議在香港召開，開放及發展前海的現代服務業首次成為深港合作會議的主要討論範疇。政務司司長唐英年（右）及深圳市代市長王榮（左）在主持會議後會見傳媒。（香港特別行政區政府提供）

2009 年 5 月，國務院批准《深圳市綜合配套改革總體方案》，提出深港功能互補，錯位發展，推動形成全球性的物流中心、貿易中心、創新中心和國際文化創意中心。同年 11 月 30 日召開的第五次深港合作會議，開放及發展前海的現代服務業，開始成為深港合作會議的主要討論範疇，香港特區政府為深圳市政府主導的前海發展規劃和政策提供意見。是屆深港合作會議共簽署《深化「深港創新圈」建設合作安排》、《香港大學深圳教學醫院合作安排》等七個合作協議。

2010 年 12 月 6 日，駐粵辦增設駐深圳聯絡處。在同日舉辦的第六次深港合作會議上，雙方同意積極落實《粵港合作框架協議》中有關金融合作的措施，並透過 CEPA 及粵港、深港「先行先試」等模式，進一步推動深港金融合作。會上，雙方確認經國務院同年 8 月批覆的《前海深港現代服務業合作區總體發展規劃》對兩地在前海推進現代服務業合作的重要性。此後，兩地合作範疇逐漸擴大至打擊非法水貨活動、優化跨境學童過關安排、環保、金融、科技創新以及青年合作等。

2012 年 7 月 1 日香港大學深圳醫院啟用，2013 年 6 月深港青年創新創業基地成立，2014 年香港中文大學與深圳市政府合辦的香港中文大學（深圳）開始招生。2015 年 4 月 27 日，深圳前海蛇口自貿片區掛牌（其中前海區塊即前海深港現代服務業合作區），成為深化兩地合作的另一平台。

2017 年 1 月 3 日，深港合作會議在港舉行之前，兩地政府簽署《關於港深推進落馬洲河套地區共同發展的合作備忘錄》，共同推動在落馬洲河套地區發展港深創新及科技園，建立重點創科研究合作基地，並建設相關設施。

二、京港合作

自內地改革開放起，京港兩地致力尋求促進兩地經貿合作的方式。1986 年 12 月 2 日，香港第 26 任總督尤德為香港貿易發展局（貿發局）北京辦事處主持開幕禮。3 日至 9 日，「香港產品八六 —— 香港產品展覽會」在北京中國國際展覽中心舉行，由貿發局及中國國際貿易促進委員會合辦，約 70 間香港廠家及公司參與。這是貿發局截至當時在內地舉辦規模最大的港貨展覽，展出香港廠商提供的 2500 多件產品，包括機械、電子、通訊設備、包裝設備、玩具、家庭用品及鐘錶等，藉此與內地分享香港工業發展的經驗。[11] 此外，香港的金融、運輸、旅遊及商業服務等行業亦參加是次活動。

1992 年 11 月 25 日至 29 日，北京市常務副市長張健民率領 400 多人代表團，在香港會議展覽中心舉辦北京投資貿易洽談會，共簽訂 274 張合資、合作合同，總投資額達 52 億美元。

香港回歸後，雙方每年召開北京‧香港經濟合作研討洽談會（京港洽談會），以此平台推進及深化合作；初期京港洽談會主要包括研討會和洽談會兩部分。1999 年 3 月 4 日，特區政府成立駐北京辦事處（駐京辦）。至 2004 年 9 月，更建立官方合作機制 —— 京港經貿合作會議，為兩地交流合作開闢高層會晤渠道。

1. 北京‧香港經濟合作研討洽談會

1997 年 10 月 20 日，由貿發局、香港中華總商會、香港中華廠商聯合會、香港中國企業協會、北京市對外經濟貿易委員會及北京市人民政府外事辦公室合辦的面向二十一世紀北京‧香港經濟合作研討洽談會在北京召開。北京有 93 個機構參與，共有 16 個京港合資合作簽約項目，總金額 14.62 億美元；另簽有 13 個外商投資項目，總金額 1 億多美元。項目主要圍繞基礎設施建設和居民住宅建設，包括香港新世界（中國）有限公司參與在北京經濟開發區內興建安居小區等。自此，京港洽談會秉承「優勢互補、共創繁榮」的宗旨，每年由兩地輪流主辦。

1998 年 10 月 12 日至 14 日，京港洽談會在香港舉行，圍繞高科技、服務貿易及企業改造三個主題展開。其間簽訂合同和意向 106 項，金額達 35.17 億美元。當中包括七個高新技術項目，吸引外資（如美國哈佛大學基金會）投資內地的技術研發。此外，香港旅遊協會與北京市旅遊局簽署《京港旅遊合作協議書》。

1999 年 10 月的第三屆京港洽談會以高科技產業和中關村科技園區建設為主。38 個簽約項目，投資總額達 5.4 億美元，其中有 11 項高科技項目，如香港新世界集團與北大青鳥集團共同投資 2400 萬美元，成立北大青鳥新世界網絡技術有限公司，主要從事網絡軟件開發、電子商務和信息服務業務。10 月 28 日，北京市副市長張茅在閉幕禮表示，此次洽談會是北京進一步擴大開放、加快發展的重要舉措。

2000 年 11 月 2 日，北京市發展計劃委員會在第四屆京港洽談會發布《新世紀北京城市基礎設施建設的規劃及政策措施》，宣布加快開放基礎設施領域建設，並推動建立經營性基礎設施項目的投資回報補償機制。是屆洽談會簽訂 41 個項目投資合作協議，涉及基礎設施、高科技、房地產、旅遊、文化娛樂，醫療設施、商業及商業設施、工業、農業、科技園區等領域，總金額達 48.63 億美元。

自 2001 年第五屆京港洽談會開始，雙方合作重點轉向高新技術產業、服務業、城市基礎設施建設與環保等四個領域。是屆洽談會推出一批奧運配套設施、環境設施，以及地鐵、城市快速路等市政基礎設施項目，吸引近 300 名港商參與。在房地產領域，港商投資達 134 億美元，佔北京市房地產業合同外資總額的 68%。

2002 年第六屆京港洽談會首次引入人才招聘會，聯想集團有限公司、用友軟體股份有限公司、神州數碼集團股份有限公司等逾 100 間機構，到港招聘包括 CEO、技術總監等高級管理及專業技術人員在內的 285 個中高級職位，涵蓋金融、保險、市場營銷、法律、生物製藥、旅遊、信息技術等行業。此外，香港律師會與北京律師協會達成合作，進行京港律師交流培訓。京港洽談會由北京單向引資，轉為京港雙向經貿交流。

2003 年第七屆京港洽談會是 CEPA 簽署後舉行的首次洽談會，從這屆開始，香港從投資環境、政策、人才輸入計劃上都皆作出調整 —— 在京推介香港，以吸引北京以及內地資金到港投資。是屆洽談會以「CEPA 與京港合作新商機」為主題，就奧運項目、京港旅遊、香港品牌及零售批發、北京物流項目、京港金融及京港律師等合作進行重點探討。

2004 年 9 月，第八屆京港洽談暨奧運經濟市場推介會在香港舉行，重點宣傳 2008 年北京奧運投資項目，包括奧運場館及相關設施建設、地鐵與天然氣特許經營等城市基礎設施等。9 月 2 日，京港政府舉行高層會晤，建立官方經貿合作機制。

文化產業、城市建設與管理等民生相關內容於 2005 年首次納入京港洽談會（第九屆），以借鑒香港的經驗。2006 年 9 月 29 日，北京市市長王岐山在會見香港新聞界訪京團時表示，香港一直保持北京第一大出口市場地位，而京港洽談會已成為兩地合作的重要載體。[12] 同年 11 月舉辦的第十屆京港洽談會，首設時尚產業專場研討活動；包括「北京十大服裝品牌」在內的 20 多家服裝廠商，在產品設計和推廣方面尋求與香港合作。截至 2006 年年底，香港在京的投資企業數量、實際投資額均居外商之首。在北京的港資公司累計有

2932 間，佔北京市外商投資企業的 24.9%；港商共投資 82.6 億美元，佔全市實際外資的
23.6%，主要涉及商務服務、房地產、電子通訊設備、計算機服務和軟件、住宿和餐飲等
行業。北京在港累計設立 71 間企業，協議總金額近 3 億美元，涵蓋貿易、諮詢、計算機服
務、中醫藥等領域。[13]

2008 年國際金融危機影響香港經濟，惟未損香港在京投資逐年增長趨勢。2008 年第十二
屆京港洽談會首次開設衞生合作、北京中華老字號與香港企業界交流合作等專題活動。

2009 年第十三屆京港洽談會期間，首屆香港品牌商品（北京）展銷會在京舉行，百餘家香
港企業攜 3000 多個品種的產品參展，拓展內銷市場。2011 年第十五屆京港洽談會，特區
政府公司註冊處與北京市工商行政管理局於 10 月 21 日簽署《公司／企業註冊交流合作協
議》，協助兩地投資者了解對方合作伙伴和投資項目主體的存續狀態與信用狀況。

至 2012 年 11 月第十六屆京港洽談會，35 個項目簽約，總額達 101 億美元，規模是截至
2017 年 6 月底最大的。簽約項目中，既包括北京懋隆文化產業創意園二期開發等文化創意
產業合作項目，亦有北京老字號吳裕泰利用香港產業資源優勢「走出去」的投資項目，這是
京港洽談會首次在港組織文化創意項目推介。洽談會首日（11 月 5 日），特區行政長官梁振
英與北京市代市長王安順見證《北京市與香港特別行政區文化交流與合作協議書》、《京港食
品安全交流合作框架協議》，以及北京市衞生局、香港醫管局、通州區政府關於共同發展醫院
管理學院合作協議的簽署。此外，北京中關村科技園區與香港科技園亦簽訂戰略合作備忘錄。

從 2014 年起，雙向投資成為京港洽談會的主題；該年原定在香港舉辦的第十八屆京港洽談
會於同年 11 月 25 日至 26 日轉至北京舉行，簽署 21 個合作項目，總額達 71.8 億美元，
涵蓋 18 個雙向投資項目，涉及總部經濟、高端服務業等領域。

2015 年第十九屆京港洽談會共有 29 個重大簽約項目，其中 16 個是北京市服務業擴大開
放帶來的商機，雙向投資項目達 25 個，簽約總金額折合 92.1 億美元。香港投資北京的 18
個簽約項目，皆是以「高精尖」為主的首都功能產業項目；北京投資香港的 7 個簽約項目，
則主要集中於京港兩地企業聯合開展海外投資併購與開拓國際市場。另外，北京市科委與
香港科技大學、香港理工大學、香港城市大學簽訂《京港科技創新協同發展戰略合作協
議》，在科技資源開放共用、開展科技成果轉化對接等方面開展科技合作。

2016 年首九個月，香港在京實際投資 53.3 億美元；同期北京在香港直接投資額 79.57 億
美元。北京在港直接投資首次超過同期吸引港資規模。截至 2016 年 9 月，香港在京累計
批准設立外商投資企業 14,499 家，居外商來京投資項目數的首位；累計在京投資 490.1 億
美元，佔比 43.3%。同期，北京市在香港累計直接投資額 229.57 億美元，佔北京市全部
境外直接投資額的 43.7%。2016 年第二十屆京港洽談會共簽約重大項目 14 個，簽約金額
47.4 億美元。

從 1997 年至 2016 年，京港洽談會共舉辦 20 屆，為兩地工商界開拓商機而搭橋鋪路，同時為兩地政府探討優化經濟發展環境和提升社區生活質素的交流平台（見表 7-2-3）；從最初北京向香港招商引資，轉為「引進來」和「走出去」雙向投資並重。合作領域由房地產、批發零售逐漸拓展到高新科技、教育、文化、醫療衛生、城市管理、旅遊、交通、現代服務業等領域。洽談會的形式亦由洽談、推介會，擴展到人才招聘、參觀交流、專場論壇等活動。

2. 京港經貿合作會議

隨着京港交流合作展開，有需要建立官方合作機制，以及時就兩地交流與合作中的重大問題磋商。2004 年 9 月 2 日，第八屆京港洽談會舉辦期間，京港高層會晤暨京港經貿合作會議第一次會議於香港舉行，兩地合作「進入一個政府推動和加快發展的新階段」。[14]

香港特區行政長官董建華和北京市市委書記劉淇主持會議。雙方同意建立「京港經貿合作會議」機制，以深化合作。合作機制分為三個層次：最高層為兩地行政首長舉行的不定期磋商；第二層是特區財政司司長及北京市副市長主持的工作會議，負責推動會議所確定的各項工作；第三層是雙方各設的聯絡辦公室，負責會議的籌備和日常聯絡工作。香港方面由政制事務局局長任聯絡辦公室主任，京方聯絡辦主任為市政府港澳事務辦公室主任和市

2006 年 11 月 15 日，香港特區行政長官曾蔭權（右）和北京市市長王岐山（左），在香港主持第二次京港經貿合作會議前交談。雙方於會上同意加強在 2008 年奧運、深化 CEPA 的實施、金融服務，以及創新科技與創意文化產業四方面的合作。（香港特別行政區政府提供）

商務局局長。雙方均表示應充分把握 CEPA 及 2008 年北京奧運帶來的契機，以促進兩地經濟的互利發展，並確定在經貿、教育、文化、旅遊、專業人才交流、環保和奧運經濟等七個重點領域推進合作。

2006 年 11 月 15 日，香港特區行政長官曾蔭權和北京市市長王岐山在香港主持第二次京港經貿合作會議。雙方同意在 2008 年奧運、深化 CEPA 的實施、金融服務，以及創新科技與創意文化產業四方面加強合作。

2010 年 11 月 25 日，香港特區行政長官曾蔭權和北京市市長郭金龍在香港主持第三次京港經貿合作會議。曾蔭權和郭金龍表示，第二次京港經貿合作會議以來，京港在八個合作領域，包括經貿、城市管理與公共服務、教育、旅遊、金融、衞生、專業人才交流，以及創新科技和創意文化產業，都取得進展。雙方同意加強在金融服務、落實 CEPA、創新科技和創意及文化產業、聯合推廣四個領域的合作。

「京港經貿合作會議」機制的建立，為兩地進一步交流合作開闢高層會晤渠道（見表 7-2-4）。[15]

表 7-2-3　歷屆京港洽談會的成果

日期及地點	主題	招商項目及成果
第 1 屆 北京　1997 年 10 月 20 日至 21 日	面向二十一世紀	京港合資、合作及中外合資簽約項目共 29 個，總金額 16.2 億美元。其中 16 個京港合作項目，金額達 14.62 億美元。
第 2 屆 香港 1998 年 10 月 12 日至 14 日	優勢互補、共創繁榮	106 個簽約合作項目，總金額 35.17 億美元。其中合作合同 21 項，金額達 3.07 億美元；合作意向和協議 85 項，金額達 32.1 億美元。
第 3 屆 北京 1999 年 10 月 27 日至 28 日	優勢互補、攜手創新、共同推進京港高新技術產業化國際化	38 個項目簽約，總投資額達 5.4 億美元。其中合同 22 個，金額達 1.6 億美元；其他意向、協議項目 16 個，投資達 3.8 億美元，其中高科技項目 11 個，金額達 1.4 億美元。
第 4 屆 香港 2000 年 11 月 2 日至 3 日	迎接 WTO 新機遇，共創京港新經濟	推出 80 個項目，共 41 個項目簽約，總金額達 48.63 億美元；包括 8 個高科技項目、8 個旅遊項目、15 個房地產項目、4 個工業項目、3 個城市基礎設施項目等。
第 5 屆 北京 2001 年 10 月 23 日至 24 日	新奧運、新機遇、新合作	簽訂 30 個京港合資合作項目，投資總額 13.2 億美元。項目涉及物流服務、旅遊合作、企業技術改造、基礎設施和危舊房改造及人才培訓。
第 6 屆 香港 2002 年 10 月 29 日至 30 日	京港合作、共同繁荣	推出 261 個合作項目，簽訂 41 個合作項目，總投資額達 11.87 億美元。
第 7 屆 北京 2003 年 10 月 23 日至 24 日	CEPA 與京港合作新商機	招商項目達到 177 個，投資額 97 億美元，包括 64 個高新技術及現代製造業項目、28 個商業旅遊項目、25 個基礎設施項目、20 個房地產項目。
第 8 屆 香港 2004 年 9 月 2 日至 3 日	奧運	推出 110 多個招商項目，涉及投資額逾 120 億美元；集中推介奧運場館及相關設施建設、地鐵與天然氣特許經營等城市基礎設施等多個項目。

（續上表）

日期及地點	主題	招商項目及成果
第 9 屆 北京 2005 年 11 月 28 日至 29 日	不適用	不適用（是次洽談會以企業對企業、行業對行業的模式進行）。
第 10 屆 香港 2006 年 11 月 15 日至 16 日	北京奧運籌備進展情況介紹	北京向港商推出 86 個招商項目，包括產業化項目、高校成果轉換項目、開發區項目和旅遊項目四大類。
第 11 屆 北京 2007 年 11 月 5 日至 6 日	和諧、合作、發展、共贏	北京對港推介大約 60 個項目，主要涵蓋 IT 服務外包、文化創意、奧運經濟等產業。
第 12 屆 香港 2008 年 11 月 26 日至 27 日	共享新商機、共謀新合作、共創新繁榮	推出 110 多個招商項目，共有 26 個項目簽約，金額約 50 億美元，涉及交通、通信、傳媒、旅遊、IT、城市建設等領域。
第 13 屆 北京 2009 年 10 月 29 日至 30 日	同心協力、互利共贏	推出 231 個項目，簽約合作項目 36 個，金額近 32 億美元，涉及現代服務業、文化創意產業、城市基礎設施建設、生物醫藥、房地產、都市工業、新能源、新材料環保業以及跨國公司在京設立總部等領域。
第 14 屆 香港 2010 年 11 月 24 日至 25 日	加強京港務實合作，共促兩地經濟繁榮	推出 318 個項目，26 個簽約合作項目，金額達 88 億美元。
第 15 屆 北京 2011 年 10 月 20 日至 21 日	共享新商機、共謀新發展、共創新繁榮	18 個簽約項目，總金額達 69 億美元，涉及文化創意產業、生物醫藥產業、電子信息、房地產及基礎設施、新能源、新材料和環保業等領域。
第 16 屆 香港 2012 年 11 月 5 日至 6 日	優勢互補、互利雙贏、共同發展	推出 269 個項目，共有 35 個項目簽約，金額達 101 億美元，主要涵蓋現代服務業、電子信息業、環保業、文化創意產業、旅遊業及基礎建設等領域。
第 17 屆 北京 2013 年 10 月 23 日至 24 日	產業引領、創新驅動、轉型發展、共創繁榮	推出 370 個招商項目，15 個項目簽約，金額達 70.73 億美元，主要涉及現代服務業、文化創意產業、旅遊業及電子信息業等。
第 18 屆 北京 2014 年 11 月 25 日至 26 日	互通要素、雙向投資、同享機遇、共創繁榮	簽署 21 個項目合作協議，金額達 71.8 億美元，涵蓋應急救援裝備科研、衛生醫療和食品安全及基建等領域。
第 19 屆 香港 2015 年 11 月 27 日至 28 日	互通要素、雙向投資、同享機遇、共創繁榮	簽約 29 個重大項目，其中雙向投資項目 25 個，簽約金額折合 92.1 億美元。香港投資北京的 18 個簽約項目達 80.06 億美元，主要涵蓋技術創新總部、高新技術產業、高品質生活服務業、重要交通基礎設施等項目；北京投資香港的 7 個簽約項目達 12.04 億美元，則主要與促進兩地企業圍繞「一帶一路」戰略，聯合開展海外投資併購與開拓國際市場有關。
第 20 屆 北京 2016 年 11 月 3 日至 4 日	互通要素、雙向投資、同享機遇、共創繁榮	14 個簽約項目，金額總值 47.4 億美元，主要涉及創新創業、醫療衛生、基建、電子支付等範疇，覆蓋北京市服務業擴大開放綜合試點的主要領域。其中香港投資北京項目 12 個，金額約 47.2 億美元；北京投資香港項目 2 個，金額達 2000 萬美元。

資料來源：《北京年鑒》（1998—2018）、報章報道。

表 7-2-4 歷屆京港經貿合作會議的成果

日期及地點	重點合作領域
2004 年 9 月 2 日香港	經貿、教育、文化、旅遊、專業人才交流、環保、奧運經濟
2006 年 11 月 15 日香港	2008 年奧運、深化 CEPA 的實施、金融服務、創新科技與創意文化產業
2010 年 11 月 25 日 香港	金融服務、落實 CEPA、創新科技和創意及文化產業、聯合推廣

資料來源： 政府新聞處。

三、滬港合作

1985 年 5 月 8 日至 13 日，貿發局、中國國際貿易促進委員會上海市分會聯合主辦的「香港產品八五」展覽在上海舉行，港督尤德與上海市市長汪道涵主持開幕禮。這是香港產品首次在上海作大規模展出，共有 90 家香港廠商參加，向內地介紹新科技、產品的設計和品質，主要展品包括最新的電子產品、印刷機械、光學儀器、電腦、家用電器、通訊器材和鐘錶等。展覽會吸引逾 7 萬人進場，香港參展商共獲得 1.5 億元訂單。

1996 年 12 月 17 日至 19 日，貿發局、滬港經濟發展協會聯合主辦的「滬港金融合作與發展研討會」在香港舉行，逾 200 位香港與上海金融界人士參加，以增進兩地金融界的交流和合作。

2000 年 6 月 2 日，滬港經濟發展協會、上海海外聯誼會主辦的「滬港大都市發展研討會」開幕，以「加強合作、共同發展」作為主題。這是在香港回歸後，於上海舉行的「第一次民間性、綜合性的專題研討兩地發展的會議」。[16] 截至 2017 年，共舉辦八屆滬港大都市發展研討會。[17]

2003 年 6 月 29 日，香港與內地簽署《內地與香港關於建立更緊密經貿關係的安排》（CEPA），加強內地與香港的貿易和投資合作。9 月，香港特區政府與上海市政府官員，在上海會晤時商定建立滬港經貿合作會議（2015 年改稱滬港合作會議）機制，以把握 CEPA 及 2010 年上海世界博覽會（世博會）所帶來的機遇，推進兩地合作（見表 7-2-5）。

表 7-2-5 歷屆滬港合作會議的合作範疇

第一次會議（2003）	第二次會議（2012）	第三次會議（2015）
航空港	航空、航運及物流	航空、航運及物流
港口航運和物流	旅遊會展	商貿投資
世博會	商貿投資	旅遊和創意產業及文化和體育
旅遊會展	文化、創意及體育	教育及醫療衛生
投資和商貿	教育及醫療衛生	金融
教育、衛生和體育事業	金融服務	專業人才
金融服務業	專業人才交流	青少年發展和社會管理
專業人才交流	青少年發展和社會管理	科技
	創新科技	城市管理
		上海自貿試驗區合作

資料來源： 政府新聞處。

沪港经贸合作会议
Hong Kong / Shanghai Economic and Trade Cooperation Conference
上海 Shanghai 10. 4. 2015

2015 年 4 月 10 日，行政長官梁振英（左四）及上海市市長楊雄（左五）在上海共同主持滬港經貿合作會議第三次會議。兩地就 10 個範疇、共 27 項合作措施達成共識，包括在上海自貿試驗區合作。（香港特別行政區政府提供）

2003 年 10 月 27 日，滬港經貿合作會議第一次會議在行政長官董建華和上海市市長韓正率領下於香港舉行，啟動兩地政府高層會面的常設機制。雙方根據需要協商不定期舉行會議，商討重要的合作項目，解決合作中存在的問題。雙方同意在 CEPA 框架下以現代服務業為重點，在「航空港、港口航運和物流」、「世博會」、「旅遊會展」、「投資和商貿」、「教育」、「衛生和體育事業」、「金融服務」、「專業人才交流」八個領域加強合作。其後兩地在滬港經貿合作會議機制下簽訂合作協議或意向書，互訪，舉行工作會議、研討會、交流會等。在航空港合作上，香港機場管理局與上海機場（集團）有限公司簽訂《滬港機場緊密合作框架意向書》（2003 年 10 月 27 日），其後合資成立上海滬港機場管理有限公司（2009 年 10 月 12 日）；便利香港投資者和服務者在上海發展方面，2007 年 9 月 1 日，上海於浦東新區市民中心設立全國第一個「CEPA 綠色通道」，一站式受理香港投資者的審批及諮詢，後擴展至全市範圍；金融合作方面，2010 年 1 月兩地簽署《關於加強滬港金融合作的備忘錄》，在滬港經貿合作會議框架及國家金融管理部門的指導和支持下，加強金融領域合作，並定期召開滬港金融合作工作會議。

2012 年 1 月 5 日，滬港經貿合作會議第二次會議在上海舉行，由行政長官曾蔭權及上海市市長韓正共同主持。兩地就「商貿投資」、「金融服務」、「航空航運及物流」、「旅遊會展」、「創新科技」、「文化創意及體育」、「專業人才」、「教育及醫療衛生」、「青少年發展和社會

管理」九個範疇的合作達成共識，並簽署三份合作協議：《關於加強商貿合作的協議》、《文化交流與合作協議書》及《滬港兩地公務員交流實習活動的實施協議書》，香港醫院管理局亦在會上與上海申康醫院發展中心續簽合作協議書，以促進兩地在文化行政管理、人才培訓、籌辦大型文化活動等多方面的交流合作。

2015 年 4 月 10 日，滬港經貿合作會議第三次會議於上海舉行，由行政長官梁振英及上海市市長楊雄共同主持。兩地就 10 個範疇、共 27 項合作措施達成共識，10 個合作範疇為「上海自貿試驗區合作」、「商貿投資」、「金融」、「青少年發展和社會管理」、「航空航運及物流」、「科技」、「城市管理」、「旅遊和創意產業及文化和體育」、「專業人才」、「教育及醫療衛生」。兩地政府亦簽署三份合作協議，分別為《關於加強滬港商務合作的協議》、《關於加強滬港金融合作的協議》及《關於上海和香港兩地公務員實習交流活動協議書》。同年，滬港經貿合作會議更名為滬港合作會議，反映兩地由經貿合作轉為全面合作。

四、泛珠三角區域合作

泛珠三角區域合作主要由地方政府推動，以泛珠三角區域合作與發展論壇（泛珠論壇）、泛珠三角區域經貿合作洽談會（泛珠洽談會）作為重要合作平台，推行海關改革以擴大內地對外開放、鼓勵港澳協助泛珠各省企業與國際市場接軌，以及進行商貿、產業投資、基建、旅遊、農業、人力資源、科教文化、醫療環保、環境生態、信息化建設及金融等合作，以消除行政壁壘，加快形成公平開放、規範統一的大市場。

踏入 2000 年代，中央政府強調統籌區域發展，計劃逐步扭轉地區差距擴大的趨勢。2003 年 6 月 CEPA 簽署，進一步促進粵港經濟融合。在此背景下，廣東省委書記張德江於同年 7 月首次提出「泛珠三角」的構想，冀藉此發展內地腹地，與長三角一起，成為引領中國現代化的兩大發展引擎。11 月 3 日，張德江在會見出席 2003 年廣東經濟發展國際諮詢會的顧問時正式對外公布泛珠三角計劃。

泛珠三角區域涵蓋九個內地省區（福建、江西、湖南、廣東、廣西、海南、四川、貴州、雲南）和香港、澳門兩個特別行政區（「9＋2」），地域面積佔全國五分之一，人口佔全國三分之一，生產總值佔全國三分之一（不含港澳）。「9＋2」政府商定共同舉辦泛珠三角區域合作與發展論壇和泛珠三角區域經貿合作洽談會，以加快推進合作進程，擴大影響。這是中國規模最大、範圍最廣的區域合作機制，亦是加強東中西部經濟交流合作、推動港澳與內地擴大開放的區域合作體系。

2004 年 6 月 1 日，首屆泛珠三角區域合作與發展論壇在香港揭幕。論壇在翌日移師澳門舉行，並於 6 月 3 日在廣州閉幕。「9＋2」省區政府在閉幕禮簽署《泛珠三角區域合作框架協議》，同意建立合作協調機制，在基礎設施、產業與投資、商務與貿易、旅遊、農業、勞

2004 年 6 月 3 日，首屆泛珠三角區域合作與發展論壇在廣州閉幕。香港行政長官董建華（左二）、澳門行政長官何厚鏵（左一）與九省首長於閉幕式上手牽手，體現論壇合作發展的精神。（香港特別行政區政府提供）

務、科教文化、信息化建設、環境保護、衛生防疫十個範疇推進合作。合作協調機制包括建立行政首長聯席會議制度、政府秘書長協調制度，設立日常工作辦公室，以及建立部門銜接落實制度。泛珠論壇暨經貿洽談會原則上每年舉辦一次。

由九省區和港澳輪流承辦的泛珠洽談會是泛珠合作主要的經貿交流平台。2004 年 7 月 14 日至 17 日，首屆泛珠洽談會在廣州舉行，洽談會簽約項目 847 個、協議金額達 2926 億元人民幣；其中香港經貿團與內地有關單位及企業達成 200 多項合作項目，合約總額逾 200 多億元人民幣。[18] 2005 年 7 月 25 日，第二屆泛珠論壇暨經貿洽談會於成都開幕，並召開首屆泛珠三角區域行政首長聯席會議，通過《泛珠三角區域合作發展規劃綱要（2006－2020 年）》，提出透過消除區域障礙、提高通關、檢驗檢疫效率、加強機制建設等措施，形成東中西互聯互動、協調發展、共同繁榮的新格局。此外，又強調加強與港澳海關合作，「以快速通關系統為核心推進九省（區）與港澳間的貿易便利化」；要「發揮香港與澳門的國際聯繫、及其金融市場和專業服務的優勢，鼓勵和協助九省區企業走出去，並與國際市場接軌」。[19] 這規劃涵蓋香港，也提出爭取將整體泛珠地區發展，納入國家五年規劃。

2006 年 3 月 23 日，財經事務及庫務局舉辦泛珠三角區域金融服務論壇，是香港首次舉行以泛珠區域金融合作為主題的論壇，藉以增進泛珠各省政府官員和企業代表對香港各類融資、投資服務的了解，鼓勵各省利用香港作為國際融資及投資平台。同年 4 月，香港駐粵經濟貿易辦事處擴大覆蓋範圍，包括廣東、廣西、江西、福建及海南五個泛珠省區；9 月，特區政府在四川成都設立經濟貿易辦事處，覆蓋範圍包括四川、湖南、雲南、貴州四個泛

珠省區，以加強與泛珠省區的聯繫。「個人遊」計劃自同年 5 月 1 日起擴展至泛珠省區所有省會城市。是年 6 月舉行的泛珠論壇通過《泛珠三角區域綜合交通運輸體系合作專項規劃》、《泛珠三角區域能源合作「十一五」專項規劃》和《泛珠三角區域旅遊合作指導性意見》，並首次與東盟商務部級官員對話。

2007 年 5 月 10 日至 11 日，香港特區政府舉辦「泛珠三角商貿通關便利化論壇」暨「區域海關關長聯席例會」，國家海關總署副署長劉文杰、香港海關關長湯顯明和澳門海關關長徐禮恆簽署「八個項目合作意向書」，促進泛珠三角區域貿易通關便利化，進一步擴大內地對外開放，主要項目包括擴展 X 光機查驗結果參考互認口岸範圍、跨境快速通關項目等。

2008 年 5 月四川大地震後，原定當年 6 月舉行的第五屆泛珠論壇延至 2009 年 6 月舉行。2008 年 10 月 8 日，泛珠三角投資項目庫在廣州開通運行，為區域各成員方提供一個跨區域的招商合作平台。2009 年 1 月 8 日，國家發展和改革委員會公布《珠江三角洲地區改革發展規劃綱要（2008－2020 年）》，提出將泛珠合作「納入全國區域協調發展總體戰略」，深化合作，促進東中西部地區優勢互補，藉推進商貿、產業、基建、科技、人才、知識產權保護、旅遊、環保等合作，消除行政壁壘，加快形成公平開放、規範統一的大市場。是年泛珠論壇暨經貿洽談會各方簽署《「9＋2」交通合作框架協議》、《泛珠三角區域「9＋2」旅遊合作框架協議》和《進一步深化泛珠三角主流媒體合作框架協議》。

泛珠區域合作的領域逐步擴展：2010 年泛珠論壇首度納入人口議題，並簽署《泛珠三角地區人口和計劃生育區域協作框架協議書》，2011 年簽署《社會信用體系共建協議》、《泛珠三角地區跨省流動人口社會撫養協作協議》，2012 年以綠色發展為主題等。

2013 年 9 月 9 日，第九屆泛珠論壇暨經貿洽談會與第三屆中國（貴州）國際酒類博覽會在貴陽同期合辦。泛珠各方簽署《貴州共識》，提出進一步深化泛珠新一輪合作的方向，包括進一步發揮港澳優勢，帶動泛珠區域內重點地區加快發展；完善合作機制，將泛珠大會改為兩年召開一次，並把洽談會由展覽調整為展銷結合，以推進其市場化運作等。該屆經貿洽談會推介項目 5169 個，簽約金額 7258 億元人民幣，是截至 2017 年 7 月 1 日簽約金額最高的。

2014 年 10 月 12 日至 13 日，由粵港澳合辦的第十屆泛珠論壇暨經貿洽談會在廣州市舉行，各方在行政首長聯席會議上簽署新一輪泛珠合作的綱領性文件——《泛珠三角區域深化合作共同宣言（2015 年－2025 年）》，重點在基礎設施、產業投資、商貿、旅遊、農業、人力資源、科教文化、醫療社保、環境生態、信息化建設及金融共 11 方面深化合作。同時變更泛珠論壇暨洽談會的舉辦方式，改為每兩年舉辦一次，會址固定在廣州，廣東省為固定承辦方，每屆確定一至二個省（區）為共同承辦方。行政首長會議制度則維持每年舉辦、輪流承辦的模式。並建立政府秘書長會議制度，負責落實協調；設立泛珠三角區域合作行政首長聯席會議秘書處，負責區域合作日常工作。此外，會議決定爭取將泛珠區域合作納

入國家「十三五」規劃、推進「一帶一路」建設列為重點工作之一。

2016 年 3 月 15 日，國務院發布《關於深化泛珠三角區域合作的指導意見》，將泛珠區域合作提升為國家戰略。3 月 17 日，《「十三五」規劃綱要》頒布，明確提出深化泛珠三角區域合作，其中港澳專章首次提出支持港澳在泛珠三角區域合作中發揮重要作用，推動粵港澳大灣區和跨省區重大合作平台建設。

2016 年 8 月 25 日，第 11 屆泛珠論壇暨經貿洽談會在廣州召開，以「深化泛珠合作與自貿區創新推廣」為主題，共同參與「一帶一路」建設成為各方政府的共識。論壇當日簽約 9 個項目，總金額超過 1000 億元人民幣。此前 10 屆泛珠論壇累計簽約項目超過 2 萬個，總金額逾 4.3 萬億元人民幣。該屆論壇首設「主題對話」環節，並舉辦泛珠與自貿區論壇、泛珠產業合作論壇、泛珠區域協調發展論壇、泛珠網絡媒體論壇四場專業論壇。

截至 2016 年 6 月，泛珠內地九省區累計吸收港澳實際投資 2700 億美元，佔內地累計吸收港澳實際投資的三分之一以上（見表 7-2-6）。

表 7-2-6　歷屆泛珠論壇暨經貿洽談會的成果

日期	地點	主題	論壇主要成果	洽談會成果 （單位：人民幣）
2004 年 6 月 1 日至 3 日	香港、澳門、廣東廣州	合作發展、共創未來	簽署《泛珠三角區域合作框架協議》。	洽談會在 2004 年 7 月 14 日至 17 日於廣州舉行；847 項簽約項目，協議金額達 2926 億元。
2005 年 7 月 25 日至 28 日	四川成都	合作發展、共創未來	首屆行政首長聯席會議通過《泛珠三角區域合作發展規劃綱要（2006—2020 年）》、《泛珠三角區域合作經濟工作意見》和《泛珠三角區域首長聯席會議紀要》，成立行政首長聯席會議秘書處，確立泛珠合作制度框架。	703 項簽約項目，協議金額達 1150 億元。
2006 年 6 月 5 日至 6 日	雲南曲靖、昆明	合作發展、共創未來	通過《泛珠三角區域綜合交通運輸體系合作專項規劃》、《泛珠三角區域能源合作「十一五」專項規劃》和《泛珠三角區域旅遊合作指導性意見》等區域專項規劃。	1019 項簽約項目，協議金額達 1982 億元。
2007 年 6 月 8 日至 12 日	湖南長沙	合作發展、共創未來	通過《關於務實推進泛珠三角區域合作專項規劃實施的工作意見》、《關於進一步加強泛珠三角區域市場環境建設工作的實施意見》、《泛珠三角區域合作行政首長聯席會議章程》和《泛珠三角區域合作與發展論壇暨經貿洽談會承辦方產生辦法（修訂稿）》，簽署《泛珠三角區域九省區勞動力市場信息網絡平台建設建議書》。	1254 項簽約項目，協議金額達 3376.2 億元

（續上表）

日期	地點	主題	論壇主要成果	洽談會成果（單位：人民幣）
2009年6月9日至13日	廣西南寧	攜手共進，合作共贏	通過《關於進一步完善泛珠三角區域合作機制的意見》、《泛珠三角區域合作行政首長聯席會議議事規則》等，簽署《「9+2」交通合作框架協議》、《泛珠三角區域「9+2」旅遊合作框架協議》和《進一步深化泛珠三角主流媒體合作框架協議》。	逾600項簽約項目，協議金額約2261億元
2010年8月27日至31日	福建福州	深化合作，共謀發展	簽署《加強泛珠區域綜合交通大通道建設合作備忘錄》、《泛珠區域旅遊合作福州宣言》、《泛珠三角各省區「一程多站」精品旅遊線路》等，涉及交通、工業、農業、信息、物流、旅遊、民生等多個領域。	簽約項目1263項，投資金額2831億元
2011年9月20日至24日	江西南昌	加快轉變發展方式、深化合作、綠色發展	簽署《社會信用體系共建協議》、《泛珠三角地區跨省流動人口社會撫養協作協議》、《泛珠三角旅遊深度合作協議》等近10份協議。	簽約項目1544項，簽約總金額4512億元。
2012年11月28日至12月2日	海南海口、三亞	綠色發展，合作共贏	明確跨省區基礎設施建設合作等七項工作，簽署《全面推進泛珠三角區域旅遊協調發展合作協議》等17份省（區）間合作協定、備忘錄及共識。	簽約750多個項目、總金額達4100多億元。
2013年9月9日至13日	貴州貴陽	「合作發展、共創未來」、「多彩貴州行，合作新起點」	簽署《貴州共識》，更改泛珠大會的舉辦形式。	簽約項目1432個，金額7258億元。
2014年10月12日至13日	廣東廣州	合作發展、共創未來	簽署《泛珠三角區域深化合作共同宣言（2015年—2025年）》，取代2004年簽署的《泛珠三角區域合作框架協議》，提出爭取將泛珠區域合作納入國家「十三五」規劃。	達成合作項目780個，總金額達5493億元。
2016年8月25日至26日	廣東廣州	深化泛珠合作與自貿區創新推廣	大會首設「主題對話」環節，圍繞貫徹落實五大發展理念、推進國家《「十三五」規劃綱要》及《國務院關於深化泛珠三角區域合作的指導意見》等主題開設四場專業論壇。	現場簽約9個代表性項目，涉及基礎設施、產業升級、綠色環保、科技創新、金融服務等領域，簽約金額1000多億元。

資料來源：　根據政府新聞公報及各報章報道整理。

五、閩港合作

繼 2002 年 11 月至 12 月香港福建社團聯會在香港主辦「香港福建節」後,「福建‧香港周」於 2003 年 8 月 22 日至 27 日在福州舉行。閩港政府代表團其間舉行高層會談,由香港特區財政司司長唐英年及福建省省長盧展工主持。2007 年起,福建與香港貿發局連續四年舉行閩港經貿合作工作會談,推動落實各項合作。

2012 年 2 月,駐粵辦成立駐福建聯絡處。2013 年 4 月 27 日至 5 月 2 日,香港特區政府、福建省政府和廈門市政府在廈門市合辦「2013 福建廈門‧香港周」,透過一系列研討會、展覽和展銷活動擴大閩港在經貿、文化、旅遊等領域的交流合作。

2014 年 1 月 12 日,福建省省長蘇樹林在省政府工作報告提出,福建要完善閩港合作機制,擴大雙方在金融、物流、旅遊、文化創意、工業設計等領域的合作。1 月 23 日,行政長官梁振英赴福州會見福建省委書記尤權,雙方同意建立不定期的高層會面機制,由香港特區政府政務司司長與福建省分管港澳和商務事務的副省長主持,提升兩地交流和合作層次。同年 5 月,福建省政府印發《加強閩港合作三年(2014－2016 年)行動方案》,推出 22 條促進閩港合作的措施。

2015 年 1 月 22 日,政務司司長林鄭月娥(左)到訪福州,與福建省副省長鄭曉松(右)共同主持閩港合作會議第一次會議。(香港特別行政區政府提供)

2015 年 1 月 22 日，政務司司長林鄭月娥與福建省副省長鄭曉松，於福州共同主持第一次閩港合作會議。會上，兩地政府簽署《關於加強閩港經貿合作的協議》和《關於加強閩港金融合作的協議》，以加強閩港服務業合作、協助福建企業拓展海外市場、招商引資、拓展閩港旅遊業合作，並加強銀行業、保險業、證券業、會計、金融等多方面的合作。此外，雙方同意將文化創意產業作為中長期合作的發展方向。

2015 年 6 月 1 日，由閩港政府聯合主辦的 2015 閩港合作推介會在香港舉行，會上簽約 15 個項目，總投資額達 37.6 億美元。

2016 年 4 月 15 日，第二次閩港合作會議在香港舉行，由政務司司長林鄭月娥與福建省副省長梁建勇主持。雙方同意透過溝通聯絡機制，進一步落實 2015 年簽訂的兩份有關加強閩港經貿合作及金融合作的協議。在經貿金融合作方面，兩地政府同意共同探索「一帶一路」沿線地區的商機，開拓閩港一程多站郵輪航線；鼓勵更多香港會計、保險、證券等專業服務業在福建展開業務，並支持更多閩企來港上市和在港設立專屬自保保險公司。在創新及科技方面，雙方同意支持閩港製造業、創新科技業和服務業加強交流，促進香港「再工業化」和福建製造業轉型升級；並透過資訊科技增潤計劃，培育年輕人成為資訊科技專才。此外，雙方亦同意加強青年和文化及創意產業方面的交流和合作。

截至 2017 年 6 月，福建省政府公布的統計數據顯示，改革開放後福建累計實際利用港資近 800 億美元，約佔全省實際利用外資的三分之二，香港成為福建省第一大外資來源地；福建在港投資企業 1118 家，投資額近 100 億美元，近 80 家福建企業在港交所上市，融資額超過 1000 億元。[20]

六、西部大開發

1998 年 8 月 29 日至 9 月 5 日，香港特區政府工務局與貿發局組織香港建造業人士到烏魯木齊及蘭州，考察西北地區的市場發展機會。1999 年 11 月，中央經濟工作會議正式提出西部大開發戰略。[21] 此後，特區政府主要透過舉辦香港節、派遣訪問團、與西部省、市合辦招商研討會等方式，推進與西部地區的交流合作。

2001 年 5 月 20 日至 29 日，政務司司長曾蔭權率領逾 280 人的訪問團，考察陝西、四川、新疆三地，並邀請未能到訪的西部其他九個省市區的領導到北京與訪問團交流，以了解西部發展機遇，促進相互交流和合作。訪問團成員包括香港主要工商企業領袖、專業人士、特區政府官員、半官方機構代表和傳媒，其中包括香港跨行業財團、金融、電子、機械、旅遊、房地產等 20 多個領域的 71 名商界領導。特區政府及貿發局分別在西安（5 月 22 日至 24 日）、成都（5 月 25 日至 28 日）和烏魯木齊（5 月 28 日至 30 日）舉行香港優勢博覽會，其中在成都舉行 2001 年中國西部經貿洽談會暨香港優勢博覽會，達成 165

項合作項目，簽訂的貿易金額達 178 億元人民幣。

自 2004 年起，香港特區政府亦透過泛珠論壇等區域合作平台，推進與雲南、貴州、四川和廣西等西部省區的合作。

1. 渝港合作

2000 年 4 月，工務局局長李承仕率領百人團訪問重慶，參加與國家建設部合辦的「2000年內地與香港城市建設與環境研討會」，為期八天。同年 6 月 10 日，中共重慶市委書記賀國強、香港紡織商會會長楊釗為渝港經濟促進會揭牌。2001 年 11 月 27 日至 12 月 2 日，「重慶‧香港周」在重慶舉行，約三百多人參加。在活動之一的渝港中小企業交流會上，重慶市對外經濟貿易委員會主任李建春指出，香港資金佔重慶境外投資的 51%；香港工業貿易署副署長黎以德表示，冀透過是次活動加強渝港企業的聯繫和合作。「重慶‧香港周」其後在 2004 年 5 月、2009 年 7 月、2012 年 1 月及 2014 年 4 月亦有舉辦。

2012 年 1 月，香港特區駐重慶聯絡處開始運作，以進一步促進香港與內地的經貿聯繫和合作。另外，2013 年 4 月 15 日，渝港經貿合作推介會暨簽約儀式在香港舉行，共有 35 個簽約項目，金額達 129.63 億美元，涵蓋土地開發、金融、工業、物流、商貿等領域。截至 2017 年年底，重慶在香港成立的境外企業達差不多 100 家，投資總額約 30 億美元；同時，還有 13 家企業在香港上市，總市值接近 57 億美元。[22]

2. 陝港合作

2000 年 11 月 22 日至 12 月 2 日，特區政府及陝西省政府在西安舉辦「陝西香港節」，透過展覽會、金融研討會、專業服務研討會等推動陝港交流合作，鼓勵陝西透過香港擴大融資渠道和引進現代管理技術，加快開放發展。

2004 年 7 月 20 日至 22 日，陝西省委副書記、西安市委書記袁純清率西安市經貿代表團在香港舉行「2004 西安—香港經濟合作項目推介會」，共簽約 39 個項目、投資總額達 15.22 億美元，是西安市在 CEPA 實施後首次赴港舉辦的大規模高層次經貿推介活動。同年 11 月，陝西省政府主辦的「2004 陝西—香港經貿合作周」在香港舉行，吸引該省 300 多間企業赴港參加。2006 年 4 月，「西安招商項目和旅遊推介會」在香港舉行。

2011 年至 2017 年，陝西省在香港、澳門和深圳三地共舉辦七屆「陝粵港澳經濟合作活動周」，作為實施西部大開發戰略、配合區域經濟一體化趨勢，以及擴大陝西對外開放的舉措。2017 年 4 月 17 日，香港特區駐陝西聯絡處開始運作。截至 2017 年年底，香港在陝西省累計投資 171.94 億美元，佔全省實際利用外資的 42.04%。

3. 隴港合作

2001 年 5 月 6 日至 22 日，甘肅省政府在香港主辦「香港甘肅省招商引資推介會」，其間

共簽訂 25 個投資合作項目，引進資金達 58.14 億元人民幣。2008 年 12 月 11 日，甘肅省商務廳在香港舉辦「甘肅省投資環境暨項目推介會」，並與貿發局簽訂《關於進一步促進雙方經貿合作備忘錄》。2015 年 8 月 5 日，香港投資推廣署、駐京辦與甘肅省政府在蘭州市舉辦「善用香港優勢‧開拓海外市場」研討會，鼓勵隴企以香港為平台，「走出去」開拓國際市場，是特區政府首次聯合甘肅省就營商、融資、稅務和簽證等展開推介活動。

4. 川港合作

2001 年 5 月 25 日至 28 日，貿發局與四川省政府等內地單位在成都合辦「2001 年中國西部博覽洽談會暨香港優勢博覽會」。2003 年 11 月，「四川—香港合作發展周」在香港會議展覽中心新翼舉行，有 182 個投資項目達成協議，主要涉及交通、能源、城建、環保、旅遊、文化等領域。2006 年 9 月，香港特區駐成都經濟貿易辦事處（駐成都辦）成立。

2012 年 5 月 24 日，發展局常任秘書長（工務）韋志成與四川省住房和城鄉建設廳廳長楊洪波，在成都簽訂《川港建築領域合作意向協議》，加強兩地在建築及相關行業的合作，包括建設工程管理、建築及工程技術、專業人員培訓及企業營商等。

2016 年 5 月 12 日至 13 日，「創新升級‧香港博覽」在成都舉行，是貿發局於中國西部主辦的首個大型服務業旗艦推廣活動，推介各類有助企業創新升級的設計及市場推廣、管理及科技創新的服務，並探討「一帶一路」帶來的機遇。同年 6 月，駐成都辦在成都舉辦「2016 成都香港節」。

5. 滇港合作

2001 年 10 月，雲南省政府在香港舉行「雲南—香港旅遊暨投資促進活動周」，共達成 24 項合作項目，總投資額為 11.8 億美元，協議利用外資額達 6.2 億美元。2007 年 6 月 23 日，駐成都辦、香港《文匯報》與雲南省政府在昆明合辦首屆「滇港合作高級論壇」，旨在促進滇港兩地政府、企業、民間交流與發展的高層對話。該論壇在 2008 年 12 月、2012 年 7 月亦有舉行。

2008 年 4 月，雲南省省長秦光榮率領 500 多人的代表團訪港，並出席「雲南‧香港深化全面合作系列活動」。其間，兩地政府簽訂《雲南省與香港特別行政區更緊密文化關係安排協議書》和《港滇旅遊業更緊密合作安排》，貿發局亦與雲南省政府簽署《促進雙方服務貿易合作備忘錄》。

2014 年 5 月 5 日，雲南沿邊開放暨滇港產業合作推介會在香港舉行。雲南省副省長丁紹祥在會上建議滇港兩地在金融、臨空產業、旅遊、服務業、交通及基礎設施、高原特色農業等六大產業加強合作。2015 年 5 月 18 日，雲南省政府在香港主辦「2015 滇港產業合作暨中國－南亞博覽會推介會」，並設滇港旅遊文化合作項目專場、滇港金融合作項目專場對接説明會，共推出近百個招商合作項目。

6. 桂港合作

2005 年 8 月 24 日至 31 日，廣西壯族自治區政府在香港、澳門舉辦「港澳廣西周」。2006年 6 月 3 日，在南寧舉行的「廣西—香港經貿合作交流會」上，貿發局、廣西商務廳及廣西招商促進局簽署《關於進一步加強經貿交流與合作框架協議》，加強北部灣（廣西）經濟區開放開發合作，並在製造業、商貿、農業、旅遊、金融、會展、航空等重點領域的合作。

2014 年 9 月 18 日，首屆「桂港合作論壇暨廣西投資合作項目對接會」在廣西南寧揭幕，由《香港商報》、全球商報聯盟和廣西桂港交流合作促進會聯合主辦。2016 年 10 月 9 日至 13 日，廣西壯族自治區主席陳武率領代表團赴港舉辦「深化桂港合作懇談會」系列活動，以深化桂港合作機制和拓展合作領域。其間兩地簽署《桂港金融合作專責小組協議》、《桂港交通物流專責小組協議》，以及《關於進一步深化桂港經貿合作備忘錄》等三份機制性協議。2017 年 4 月 18 日，特區政府駐廣西聯絡處開始運作。

7. 寧港合作

2006 年 5 月，寧夏回族自治區政府主席馬啟智率領近 400 人的團隊，赴香港參加「2006寧夏（香港）經貿文化旅遊活動周」（寧港經貿周），這是寧夏首次在香港舉辦的綜合性大型活動。其間共簽訂各類合作項目 46 個，總投資額達 118.5 億元人民幣，涵蓋能源、化工、環保、旅遊、物流等多個領域。寧港經貿周其後在 2009 年、2011 年及 2013 年皆有舉辦。

8. 黔港合作

2006 年 11 月，由貿發局、貴州省經濟貿易委員會聯合主辦的「貴州—香港經貿合作交流會」在花溪舉行，行政長官曾蔭權率領 153 位政府官員、工商界知名人士等組成的考察團赴會。曾蔭權在開幕禮致辭時指出，金融、旅遊、中藥開發、基礎建設及相關投資是推進黔港合作的重要領域。

2011 年 5 月 3 日至 6 日，貴州省政府在香港會展中心舉行第一屆「貴州‧香港投資貿易活動周」，共簽約 50 個投資項目，總投資額為 133.19 億美元，其中利用外資金額達 108.59億美元，是貴州省截至當時在境外開展的最大規模招商引資活動。會上，貿發局與貴州省商務廳簽署《進一步促進雙方經貿合作備忘錄》。貴州‧香港投資貿易活動周其後在 2012年、2013 年及 2014 年亦有舉行。

第三節 參與自由貿易試驗區建設

中國於 2001 年 12 月加入世界貿易組織（世貿）後，進一步對外開放，其後在 2010 年代創立自由貿易試驗區（自貿區），加快兌現加入世貿的承諾，並為深化經濟改革、擴大對外開放建構試驗場，配合「一帶一路」戰略，營造更符合國際慣例、自由開放、鼓勵創新的市場環境。

2013 年 9 月 29 日，中國首個自貿區在上海掛牌成立，逐漸推行行政精簡化、金融國際化、貿易及投資自由化等制度改革，累積可複製和推廣的經驗。2015 年 4 月 8 日，國務院印發《中國（廣東）自由貿易試驗區總體方案》，建基於上海的經驗，進一步推動粵港澳合作發展，把廣東自貿區建設成粵港澳深度合作示範區、21 世紀海上絲綢之路重要樞紐。廣東自貿區於同年 4 月 21 日正式掛牌。

香港是進駐上海及廣東自貿區數量最多、投資最大和納稅最多的外資來源地，港商引入多元化的跨境金融服務、受國際認可的專業服務。

一、中國（上海）自由貿易試驗區

根據國務院於 2013 年 9 月 27 日發布的《中國（上海）自由貿易試驗區總體方案》，中國（上海）自由貿易試驗區（上海自貿區）是推進國家改革開放的「試驗田」，主要任務是加快轉變政府職能、探索管理模式創新、促進貿易和投資便利化，為全面深化改革和擴大開放探索新途徑、積累新經驗。

2013 年 9 月 29 日，上海自貿區掛牌成立，總面積約為 28.8 平方公里，涵蓋外高橋保稅區、外高橋保稅物流園區、洋山保稅港區和浦東機場綜合保稅區等四個海關特殊監管區域。2015 年 4 月 8 日，國務院批准並印發《進一步深化中國（上海）自由貿易試驗區改革開放方案》，將上海自貿區的範圍擴展至陸家嘴金融區、金橋開發區和張江高科技區，總面積增至 120.72 平方公里。

香港是上海自貿區的首要外資來源地；至 2017 年年底，有 3494 家港資企業進駐，佔外資企業總數的 45.72%，位列榜首。行業集中分布在金融業（64.33%）、批發貿易（12.95%）、租賃和商務服務業（3.13%）、專業諮詢業（2.31%）。

1. 投資便利化和貿易自由化

上海自貿區率先試行外商投資准入前國民待遇加負面清單管理模式。2013 年 9 月 29 日，上海市政府公布《中國（上海）自由貿易試驗區外商投資准入特別管理措施（負面清單）（2013 年）》，含 190 項特別管理措施；在 2017 年 6 月國務院公布的版本，特別管理措施減至 95 項。

跨境電子商貿　2013 年 12 月 28 日，上海自貿區啟動全國首個跨境電商平台「跨境通」。大昌行藉此新建的官方進口渠道，在 2014 年 12 月推出電子商貿平台 —— DCHnYOU 大昌優品，為內地消費者提供從香港等地進口的正貨商品。

國際仲裁服務　2015 年 11 月 19 日，香港國際仲裁中心上海代表處成立，是首間落戶上海自貿區的國際仲裁機構，以其國際仲裁方面的經驗，為上海企業處理商業糾紛，推動上

海商事糾紛仲裁國際化，營造便利的貿易投資環境。

人才培訓　2016 年 5 月，香港銘爾集團在浦東臨港軟件園設立銘爾傳（上海）餐飲文化技能培訓公司，是內地首間外資職業技能培訓機構。該集團與法國米芝蓮級別廚藝學院 ── 法國杜卡斯學院合作，提供高端專業廚師課程。

醫療服務　2017 年 3 月 23 日，香港培力控股有限公司投資 350 萬元人民幣，設立全資擁有的上海農本方中醫門診部有限公司。

2. 金融合作與創新

在金融業方面，香港上海滙豐銀行、東亞銀行和恒生銀行的內地子公司於 2013 年 10 月獲上海銀監局批准在上海自貿區籌建支行，提供跨境金融服務；2014 年 1 月滙豐銀行、東亞銀行上海自貿區支行成立，2 月恒生銀行上海自貿區支行成立。2014 年 1 月，香港上海滙豐銀行有限公司旗下的滙豐銀行（中國）有限公司，成為首間協助企業在區內完成人民幣跨境雙向資金池的外資銀行，並在同年 2 月起為區內個人客戶辦理人民幣跨境結算業務。

跨境人民幣支付服務　2014 年 4 月 8 日，東亞銀行設於內地的全資附屬公司 ── 東亞銀行（中國）有限公司（東亞中國）與上海盛付通電子支付服務有限公司簽署《跨境電子商務人民幣支付業務合作協定》，成為上海自貿區內首家提供跨境電子商務人民幣支付服務的

2015 年 11 月 19 日，律政司司長袁國強（右二）與香港國際仲裁中心主席鄭若驊（右三）主持香港國際仲裁中心上海代表處的揭幕儀式。該處是第一個國際仲裁機構於內地開設的代表處。（香港特別行政區政府提供）

外資銀行。2015 年 10 月，東亞中國獲准成為首批 19 家獲得人民幣跨境支付系統直接參與者資格的外資銀行之一，並為一家化工企業客戶辦理首筆通過人民幣跨境支付系統、由境內匯至香港的跨境匯款交易。2016 年 8 月 18 日，恒生中國宣布成功發行一億元人民幣上海自貿區跨境同業存單並完成申購。

自由貿易帳戶 2014 年 5 月，上海自貿區正式推出自由貿易帳戶（FT 帳戶）業務，企業可以透過 FT 帳戶進行跨境投融資活動。恒生在同年成為第一批 FT 帳戶業務參與試點的外資銀行，而滙豐和東亞亦在 2015 年獲准為客戶開辦 FT 帳戶。2015 年 3 月滙豐通過從境外拆借資金，為一間自貿區企業通過 FT 帳戶提供外幣貿易融資，成為首家在該新政下開展業務的外資銀行。該業務也是自貿區金融機構通過新政支持上海自貿區平行汽車進口試點的首單融資業務。

融資租賃業 上海自貿區允許各類融資租賃公司在區內設立項目子公司，開展境內外租賃服務。2014 年 6 月 25 日，中國光大控股融資租賃（香港）有限公司和光大控股（青島）投資有限公司合資 5000 萬美元，在上海自貿區成立光大融資租賃（上海）有限公司，從事工程機械租賃、汽車租賃、醫療器械等大型通用設備融資租賃業務。

跨境黃金貿易 上海黃金交易所（上海金交所）於 2014 年 9 月 18 日推出國際板，是上海自貿區推出的首個國際化金融類資產交易平台，同月滙豐獲許成為首批加入上海金交所國際板的銀行。2015 年 7 月 10 日，上海金交所首次引入境外交易所作為特別會員，與香港金銀業貿易場合作推出「黃金滬港通」業務，拓展國際投資者參與中國境內黃金市場的渠道。同日，中銀香港獲委任為「黃金滬港通」的獨家結算銀行，負責提供跨境黃金交易相關的資金結算以及跨境支付服務，而旗下的寶生金融投資服務有限公司，在上海金交所國際板與中國銀行上海自貿區分行，完成首筆一噸現貨黃金競價交易。

證券業務 2016 年 10 月 18 日，首家根據 CEPA《補充協議十》設立的內地與香港合資全牌照證券商 —— 申港證券股份有限公司於上海自貿區開業；註冊資本 35 億元人民幣，由 3 間香港持牌金融機構、11 間內地機構投資者創辦，其中港商投資額合計 12.2 億元人民幣，佔總股份的 34.86%。

二、中國（廣東）自由貿易試驗區

2009 年 1 月 8 日，國家發展和改革委員會公布《珠江三角洲地區改革發展規劃綱要（2008－2020 年）》（《規劃綱要》），提出規劃廣州南沙新區、深圳前後海地區、珠海橫琴新區等合作新區，「作為加強與港澳服務業、高新技術產業等方面合作的載體」。同年 3 月，粵港澳合作首次寫入國務院《政府工作報告》。2010 年 4 月 7 日，香港特區政府與廣東省簽署《粵港合作框架協議》，將深圳前海地區、廣州南沙地區列為重點合作區域。

2011 年 3 月，南沙、前海和橫琴開發列入國家《「十二五」規劃綱要》港澳專章的「粵港澳合作重大項目」。

2014 年 12 月 31 日，國務院批准中國（廣東）自由貿易試驗區（廣東自貿區）成立，並在 2015 年 4 月 8 日頒布《中國（廣東）自由貿易試驗區總體方案》，決定將廣東自貿區建設成為粵港澳深度合作示範區、21 世紀海上絲綢之路重要樞紐和全國新一輪改革開放先行地。4 月 21 日，廣東自貿區正式掛牌，面積約為 116.2 平方公里，分為廣州南沙新區片區、深圳前海蛇口片區和珠海橫琴新區片區。

按照該方案的功能劃分，廣州南沙新區片區重點發展航運物流、特色金融、國際商貿、高端製造等產業；深圳前海蛇口片區重點發展金融、現代物流、信息服務、科技服務等戰略性新興服務業；珠海橫琴新區片區重點發展旅遊休閒健康、商務金融服務、文化科教和高新技術等產業。

在擴大服務業開放方面，隨着 CEPA《補充協議八》、《補充協議九》簽署，粵港澳服務業人員職業資格互認的推進，香港會計師（2013 年起）、稅務師以及律師（2014 年起）等相關專業人士陸續在前海、南沙和橫琴開展業務。

在擴大金融業對外開放方面（尤其是跨境人民幣業務），繼 2013 年前海開展跨境人民幣試點業務，2015 年 7 月試點範圍擴大至南沙和橫琴，經辦有關業務的不乏香港金融機構。至 2017 年人民幣已成為廣東自貿區跨境資金往來的主要貨幣。

前海深港青年夢工場（2014 年 12 月 7 日成立）、粵港澳（國際）青年創新工場（2015 年 4 月 21 日成立）和橫琴‧澳門青年創業谷（2015 年 6 月 29 日成立）等粵港澳青年創新創業平台相繼成立，協助香港青年創業。

自 2015 年起，三大片區法院着手探索港澳籍人民陪審員參審機制，截至 2017 年 5 月累計選任港澳籍人民陪審員 28 名，亦選任港籍調解員，建立商事特邀調解制度。

港商是廣東自貿區的主要外資來源；截至 2017 年年底，港資註冊企業共 9295 間（前海蛇口片區：7102；南沙新區片區：1333；橫琴新區片區：860）。

1. 深圳前海蛇口片區

2009 年 1 月頒布的《規劃綱要》提出規劃建設前後海地區後，8 月 19 日，香港與深圳簽署《關於推進前海港深現代服務業合作的意向書》，雙方同意將前海地區的規劃建設作為港深合作的重要載體，以共同推進前海港深現代服務業開放及發展的相關工作。在 11 月 30 日舉行的第五次深港合作會議上，決定由深圳市政府主導及負責開發管理前海，而香港特區政府則為前海的發展規劃和政策等提供意見。雙方在會上成立前海合作聯合專責小組，由特區政府政制及內地事務局局長和深圳市常務副市長分別擔任組長，啟動前海深港現代

服務業合作區規劃建設工作。

2010 年 2 月，深圳市前海深港現代服務業合作區管理局（前海管理局）成立，是借鑒香港模式成立的內地首家區域治理型法定機構。8 月 26 日，國務院正式批覆《前海深港現代服務業合作區總體發展規劃》（《前海總體規劃》），將前海定位為粵港現代服務業創新合作示範區，前海發展提升為國家發展策略，為內地「構建對外開放新格局、建立更加開放經濟體系」作出探索。是年 12 月，特區政府駐粵經濟貿易辦事處在深圳成立深圳聯絡組，協助推進兩地在前海現代服務業發展及其他新措施方面的合作。

配合《前海總體規劃》，2011 年 9 月 27 日，粵港兩地政府及商務部等 24 個部門組成的深圳前海深港現代服務業合作區建設部際聯席會議（前海部際聯席會議）制度成立。11 月 25日，兩地政府在第七次深港合作會議上簽訂《法律合作安排》，同意加強法律事務方面的溝通和交流，推動在前海更廣泛使用法律及仲裁服務。

2012 年 6 月 27 日頒布的《國務院關於支持深圳前海深港現代服務業合作區開發開放有關政策的批覆》，提出「支持深圳前海深港現代服務業合作區實行比經濟特區更加特殊的先行先試政策，打造現代服務業體制機制創新區、現代服務業發展集聚區、香港與內地緊密合作的先導區、珠三角地區產業升級的引領區」。在前海部際聯席會議制度框架下，深港雙方於 2012 年 8 月共同組建前海合作區諮詢委員會（2015 年更名為前海蛇口自貿片區暨前海深港合作區諮詢委員會），港方委員約佔 50%，下設法律（2014 年 5 月 28 日設立）、金融（2014 年 6 月 6 日設立）、青年事務（2014 年 6 月 12 日設立）、規劃建設（2014 年6 月 23 日設立）四大專業諮詢委員會，吸納香港專業人士參與前海建設。

在徵求特區政府九個部門和法定機構的意見，以及聽取香港法律界、金融界、行業協會和相關智庫的建議後，深圳前海管理局於 2014 年 12 月 4 日發布《前海深港現代服務業合作區促進深港合作工作方案》，全面展開前海深港合作。

2015 年 4 月 27 日，前海蛇口片區掛牌成立，規劃面積 28.2 平方公里，分為前海區塊（15 平方公里，即前海深港現代服務業合作區）和蛇口區塊（13.2 平方公里）。12 月 7 日，深圳市前海香港商會成立，下轄四個專業委員會，為片區港企提供服務支撐，是在前海成立的首個商業行業組織；50 間創會港商包括招商局、周大福珠寶集團（周大福）、新世界發展有限公司（新世界）、嘉里建設有限公司（嘉里建設）、金銀業貿易場、滙豐銀行、東亞銀行、渣打銀行、華商林李黎（前海）聯營律師事務所等。

截至 2017 年上半年，前海蛇口自貿片區累計註冊企業逾 14 萬家，金融類企業逾 5 萬家，其中持牌金融機構 206 家。香港是前海蛇口片區最主要的外資來源地。截至 2017 年上半年，片區註冊港資企業達 4603 家，資本合計 4150.68 億元人民幣，近 90% 港企分布於金融（約 40%）、現代物流、信息服務及科技服務業。

表 7-3-1 前海蛇口片區的企業總數及港商數目（全年數字）

	企業總數	港商總數
2015	61,452	2172
2016	124,560	4223
2017	163,500	7102

資料來源：《深圳年鑑》（2017，2018）、《明報》、新華社、前海政策百科網、前海深港現代服務業合作區。

投資便利化和貿易自由化 前海對港籍高端、緊缺人才（2013年1月起）和符合《前海深港現代服務業合作區企業所得稅優惠目錄》的企業（2015年8月起），減按15%的稅率徵稅。2014年至2016年的三個批次中，累計認定境外高端人才250名，其中港籍佔127名。除營造「類香港」的稅收環境，前海亦優先向港籍專才提供住房配額，發行通訊「前海卡」（2014年7月）、深港兩地交通「互通行」卡（2016年2月）等，實現深港通訊資費、交通接軌。

2014年8月，前海管理局成立前海國際聯絡服務有限公司，負責宣傳招商、提供諮詢和辦理註冊服務，鼓勵港商投資前海；又將審批及工商註冊程序合併，並推出優惠港資企業的政策，如不設註冊資本限制、開通「港企直通車」服務模式等。

2014年12月，深圳市政府出台《前海深港現代服務業合作區促進深港合作工作方案》，提出到2020年實現「萬千百十」工程目標，即由港資開發的建築面積超過900萬平方米，為香港居民提供超過10萬個中高端就業崗位，吸引1萬家香港企業落戶；港資服務業規模超過1000億元人民幣，成功孵化培育港資創新創業領軍企業超過100家，建成香港優勢產業十大聚集基地。方案提出給予前海註冊的港資企業國民待遇，同時確保前海三分之一的土地留給港企，並在土地出讓起始價、出讓方式、操作模式等方面銜接香港慣例和通行規則，聽取香港企業的意見和建議。

人才合作方面，2012年12月《前海深港人才特區建設行動計劃（2012—2015年）》提出建立深港跨境職業資格准入和互認機制。2013年1月起，具備中國註冊會計師執業資格及香港會計師公會會員資格，同時持有香港永久性居民身份證的香港會計專業人士，可在前海申請設立會計師事務所。特區政府發展局與前海管理局於2013年9月簽署合作意向書，設立規劃及建設專責小組，探討讓香港建築及工程界別的專業人士及企業直接在前海執業和開業，及擴大服務範圍的具體方案。2014年1月3日，前海管理局與省人社廳、市人社局簽訂《共建人才工作改革創新窗口單位備忘錄》，推動深港跨境職業資格互認。2014年6月，首批18名香港註冊稅務師通過服務深圳前海深港現代服務業合作區執業培訓考核，獲得證書。通過資格互認、考試互免協議、合伙聯營、港資項目試點、備案等機制安排，香港註冊稅務師、會計師、房屋經理、律師、資訊科技界等十多類專業人士獲准到前海執業從業。

2014 年 9 月，中國海事局向驊林海事服務（深圳）有限公司頒發《海員外派機構資質證書》，內地首家香港外資海員外派機構正式落戶前海，國際海員外派範圍由香港籍船舶擴大至其管理的所有船舶，將內地海員勞務市場對港資船東部分開放。

前海管理局自 2014 年起引進香港高等院校學生到前海實習。截至 2017 年 7 月底，前海為香港青年的大學生提供 1500 個實習名額，接待近 2 萬名到訪交流的香港學生。

2014 年 12 月 7 日，前海深港青年夢工場開園，是全國首個國際化青年創新創業社區。前海深港青年夢工場由前海管理局、深圳市青年聯合會及香港青年協會三方發起成立並共同指導運營。除實施租金、稅務和住宿等優惠，亦提供專項補貼資金及融資平台，予兩地青年以較低的運營成本和商業風險實現創業。2015 年，59 個香港青年創新創業團隊進駐，當中十多個團隊獲得首輪融資，包括留英歸港的陳升團隊，落戶不足一年即獲首輪融資 5000 萬元人民幣。截至 2017 年 4 月底，深港青年前海夢工場共孵化 187 個創業團隊，其中有 87 隊來自香港。

2014 年 12 月 30 日，首屆前海深港人才合作年會舉辦，七名內地和香港人才專家擔任前海全國人才管理改革試驗區人才顧問。同日，前海深港博士後交流驛站、前海留學人員創業園掛牌成立，為香港博士、青年人才等在前海創新創業提供資金補貼、諮詢服務等扶持。

在法律和仲裁服務方面，前海借鑒香港經驗和引入法律專才，營建與國際接軌的法治化營商環境。早在 2010 年 12 月 13 日，香港律師會成立「香港律師會法律服務發展策略研究室—前海課題組」，並與內地司法各部委、律協召開會議，研究前海粵港合作模式。2012 年 11 月 8 日，香港律師會發表律師行業前海發展報告。2013 年 5 月 8 日，借鑒香港廉政公署的理念和做法，成立前海廉政監督局。

2013 年 12 月 7 日，粵港澳商事調解聯盟（後改名為「粵港澳仲裁調解聯盟」）成立；深圳國際仲裁院聯合香港中國企業協會商事調解委員會、香港聯合調解專線辦事處、香港國際仲裁中心香港調解會、香港仲裁司學會、香港測量師學會、香港和解中心等香港調解組織，與深圳證券期貨業糾紛調解中心、中國對外貿易中心（廣交會投訴站）、廣東省民營企業投訴中心、深圳外商投資企業協會商事調解委員會、深圳市總商會調解仲裁中心等 12 家主要商事調解機構為創辦成員。

2014 年 2 月 26 日，全國首個境外法律查明平台 —— 深圳市藍海現代法律服務發展中心在前海設立。11 月 7 日，首家內地與香港合伙聯營律師事務所 —— 華商林李黎（前海）聯營律師事務所在前海成立，為中國企業的海外投資、「一帶一路」項目及外資來華的投資提供跨境法律服務。截至 2017 年 7 月 1 日，在內地的 10 間粵港合伙律師聯營事務所中，有 7 間落戶前海。

前海深港青年夢工場是全國首個國際化青年創新創業社區，由前海管理局、深圳市青年聯合會及香港青年協會三方發起成立並共同指導運營。（南華早報出版有限公司提供）

2014年11月7日，首家香港與內地聯營的律師事務所「華商林李黎聯營律師事務所」在深圳前海成立。圖為該律師事務所獲頒執業資格證書。（香港大公文匯傳媒集團提供）

2014 年 12 月 19 日，首宗申請調解的商事案件，在深圳國際仲裁院（華南國際經濟貿易仲裁委員會）位於前海的國際仲裁庭調解結案。該案當事人以及當事人選擇的代理律師、調解員、仲裁員均來自香港，涉及的是在內地的商事糾紛。截至 2017 年 4 月，深圳國際仲裁院共有 870 名仲裁員，其中 146 名仲裁員來自香港；同年 6 月，港籍調解員參與和主持調解成功的案件共 96 件。

2015 年 9 月 20 日，「一中心兩基地」（中國港澳台和外國法律查明研究中心、最高人民法院港澳台和外國法律查明研究基地、最高人民法院港澳台和外國法律查明基地）落戶前海，為引入香港法律服務和區內中資企業的海外投資提供配套。

2016 年，前海法院首創「港籍調解」與「港籍陪審」制度，並在同年 11 月判決首例適用香港法審理的案件。至 2017 年 5 月，前海法院以香港法律處理 27 宗案件，並聘請 29 名港人調解員及多名陪審員。

在專業管理服務方面，2014 年 12 月，前海聯合發展控股公司與香港第一太平戴維斯公司合資成立深圳市前海第一太平戴維斯物業管理有限公司，為深港青年夢工場等前海物業提供港式物業管理服務。2015 年 4 月，香港獨資的中英卓越船舶管理（深圳）有限公司落戶前海，成為第一家在廣東自貿區註冊的外商獨資水運輔助企業。

在工程建設、管理模式方面，2015 年 1 月 9 日，嘉里建設競得 T102-0255 地塊，成為首家進入前海開發的香港本土企業。前海嘉里中心項目是前海蛇口自貿片區獲批設立後出讓的第一個商業項目，亦是首個試點「香港建設模式」的投資項目。2016 年 12 月，嘉里控股有限公司聯同嘉里建設再與東亞銀行有限公司合作，投得前海嘉里中心相鄰的前海商業用地（佔地 21 萬方呎），總建築面積約 119 萬方呎，項目於 2017 年 4 月 26 日舉行奠基典禮。

2016 年 2 月 29 日，前海管理局、深圳市住房和建設局與香港特別行政區發展局，在香港共同發布《在深圳市前海深港現代服務業合作區試行香港工程建設模式合作安排》，在前海建設的香港工程，可採香港模式進行建設、管理、服務。2016 年 6 月，前海公布《專業機構名冊》，名冊上包括建築、屋宇裝備、工料測量和結構工程類別的企業和已備案登記的專業人士，毋須符合內地企業資質或註冊規定，便可為港商獨資或控股的建設項目直接提供服務。

在通關檢疫方面，2015 年 7 月，深圳出入境檢驗檢疫局在片區試行深港檢測結果互認，實現紅酒等相關產品「一張證書深港直通」。片區於 2016 年首創生鮮進口關檢聯合作業模式，並在全國率先開展「前海全球中心倉」試點。是年 4 月，香港食物環境衛生署與深圳出入境檢驗檢疫局簽署合作協議，容許外國進口香港的冷藏肉類／家禽（凍肉）經深圳前海保稅港區暫存然後分批進口香港，建立中轉凍肉業務的「前店後倉」監管模式。

此外，2015 年 12 月 7 日，周大福及新世界發展共同投資發展的前海周大福全球商品購物中心（即前海港貨中心）一期開幕，共 21 間商戶進駐，以跨境電商的形式營運，按照「港資建設、港企運營、港人收益」的原則，主要為內地居民購買港貨等入口商品提供便利，同時亦為港商提供在內地的創業平台。二期於 2016 年 8 月投入服務，兩期總營業面積達 20,000 平方米；周大福珠寶集團有限公司、莎莎國際控股有限公司（莎莎）、美心集團、佐丹奴國際有限公司、太興飲食集團等商戶進駐。

金融合作與創新　前海重點發展跨境人民幣業務創新發展、深港金融市場互融互通、投融資便利化及資本項下開放先行先試。

香港金融機構落戶前海片區方面，2013 年 6 月，恒生中國深圳前海支行投入服務，成為首個由外資銀行開設、以支持前海發展為業務重點的網點；東亞銀行（中國）有限公司深圳前海支行在同年 7 月開業。2015 年 3 月 6 日，香港永隆銀行有限公司與中國聯合網絡通信有限公司合資創辦招聯消費金融有限公司，是全國首家在 CEPA 框架下成立的消費金融公司。2016 年 7 月 1 日，恒生前海基金管理有限公司成立，是 CEPA 框架下首家港資控股合資基金管理公司。2017 年 6 月 30 日，證監會批准滙豐前海證券有限責任公司、東亞前海證券有限責任公司設立。

人民幣業務方面，中國人民銀行於 2012 年 12 月發布《前海跨境人民幣貸款管理暫行辦法》，准許香港銀行承辦跨境人民幣貸款。首批前海跨境人民幣貸款項目 2013 年 1 月 28 日在深圳簽約，中銀香港、工銀亞洲、滙豐、恒生、大新、渣打、東亞、永隆、南洋商業銀行等 15 家香港銀行向前海企業發放貸款，貸款規模達 20 億元人民幣，用於前海地區開發建設。該日，港商寶能國際（香港）有限公司和聯富國際發展有限公司，亦與中國建設銀行深圳市分行、交通銀行深圳分行等簽署金額達 6.2 億元人民幣的境外項目人民幣貸款協議。2014 年 12 月 22 日，前海金融控股公司（前海金控）與深港兩地六家金融機構（港方代表為東亞銀行、國家開發銀行香港分行和中國民生銀行香港分行）組成的銀團，完成首單跨境人民幣銀團貸款簽約。2016 年 6 月，招商銀行深圳前海分行向招商局旗下香港瑞嘉投資實業有限公司直接發放流動資金貸款，首筆金額 2 億元人民幣，是深圳地區第一筆「境內銀行為境外機構開設的境內外匯帳戶」（Non-Resident Account，簡稱 NRA）的跨境人民幣流動資金貸款業務，前海跨境人民幣業務實現雙向打通。截至 2016 年年底，前海跨境人民幣貸款業務累計提款金額 356.2 億元。

在跨境雙向人民幣債券方面，2015 年 4 月，前海金控赴港發行規模為 10 億元的點心債，該債券不僅是境外首隻前海概念的人民幣債券，也是廣東自貿區掛牌後首隻人民幣債券，吸引 142 家國際投資機構參與認購，獲逾 130 億元認購，12 倍超購。2015 年 11 月，招商局集團（香港）有限公司在銀行間市場公開發行人民幣短期融資券，是前海企業境外母公司的首單熊貓債。

在發展交易平台方面，2014 年 12 月 8 日，香港金銀業貿易場帶同 68 家行員企業進駐前海保稅區，是前海首個港企集聚基地。2016 年 2 月，香港交易所集團（港交所）在三年規劃中提出計劃在內地市場建立一個大宗商品的現貨平台，服務實體經濟。2017 年 3 月，港交所與深圳市前海金控簽署合資成立前海聯合交易中心的協議。4 月 7 日，前海聯合交易中心完成工商登記及公司註冊變更。

2. 廣州南沙新區片區

1970 年代末，廣州市番禺區管轄下的南沙，已與港澳地區開展經濟往來，其中以港商霍英東為代表。2009 年《規劃綱要》提出規劃建設南沙新區後，穗港雙方於 2011 年 8 月簽署《關於穗港合作推進南沙新區發展意向書》，並於 12 月召開第一次專責小組會議，探討南沙發展方向。2012 年 9 月，國務院正式批覆《廣州南沙新區發展規劃》，把南沙定位為粵港澳全面合作示範區。2015 年 4 月 21 日，南沙新區片區（南沙片區）成立，是廣東自貿區面積最大的片區。

香港是南沙片區的最主要外資來源地。截至 2017 年 12 月底，在南沙片區註冊的港資企業有 1333 家，投資總額 303.7 億美元。[23] 香港新鴻基地產發展有限公司、珠江船務企業有限公司、粵海投資有限公司等投資公司已進駐；平謙香港、中銀通、珠江電力燃料、天創時尚鞋業、方興地產、中石化新海能源等多家港資區域銷售與運營總部項目亦已落戶。

投資便利化和貿易自由化　2015 年 4 月 21 日南沙片區掛牌當日，四洲集團在南沙成立四洲（廣州）食品進出口貿易有限公司，以及成立四洲國際交易中心，7 月開始開展具規模的 CEPA 食品進口，並成為「兩地一檢、結果互認」的「CEPA 食品」檢驗監管模式的試點企業，將通關檢疫時間由原本的十多天縮短至三到四小時。至 2016 年，該模式已推廣至廣東出入境檢驗檢疫局轄區範圍。

南沙引入香港的法律和仲裁服務，營造國際化和法治化的營商環境。2014 年 11 月，南沙法院在全國率先聘任港澳籍人民陪審員。2015 年 3 月，南沙法院開庭審理全國首宗香港籍人民陪審員參審案件，截至 2016 年年底港澳籍人民陪審員參與案件審理共八件。

廣州首間粵港合伙聯營律師事務所 —— 國信信揚麥家榮（南沙）聯營律師事務所於 2015 年 7 月開業，為企業提供一站式的涉及內地、港澳法律服務。該年事務所共有 10 名律師，包括 3 名香港律師及 7 名內地律師。事務所常年擔任南沙區投資貿易促進局法律顧問，並先後參與制定《南沙新區關於促進融資租賃業發展的實施意見》等政策。

2015 年 12 月 30 日，全國首家自貿試驗區法院廣東自貿區南沙片區人民法院掛牌成立，建立涉港澳民商事案件協調機制，首批吸納特邀調解員 45 名，其中來自香港和澳門的特邀調解員 7 名。

仲裁服務方面，南沙國際仲裁中心為南沙企業提供可選的粵港澳三地商務仲裁服務。

2015 年 11 月 19 日成立的廣州國際航運仲裁院，以及皆於 2015 年 12 月 23 日在南沙掛牌的廣州金融仲裁院（自貿區分院）和中國廣州知識產權仲裁院，引入香港法律、金融等行業專家、高科技及知識產權領域代表任仲裁員，構建符合國際營商規則的商業市場。截至 2016 年年底，各仲裁院共受理各類國際商事仲裁案件 23 宗，爭議標的金額達 4.6 億元。2017 年 5 月 5 日中國（廣東）自由貿易試驗區廣州南沙新區片區勞動人事爭議仲裁委員會成立，在立案、審查、庭審等裁審環節，借鑒香港勞動仲裁程序的特點，探索在南沙粵港澳深度合作區採用與香港勞動爭議審裁接軌的勞動仲裁模式。

在航運物流方面，廣州海關在 2015 年 6 月試運行「粵港跨境貨棧」項目，採取粵港陸空跨境聯運中心管理模式，配合南沙新區「粵港兩地海關監管互認」、「跨境快速通關」、「智能化卡口驗放」等便利措施，貨物運抵香港機場後，可直轉運至南沙保稅港區，運輸時間最短只需四小時，實現香港機場與南沙保稅港區物流園區之間「一站式」空陸聯運。此外，還引進一批香港航運物流企業，如與巨龍集團合作承接博祿工程塑料粒亞洲配送中心項目，推動香港百利第一置地公司共建新型電子商務港園區、香港翔泰集團在南沙設立食品商貿總部物流園區項目、太古冷鏈物流服務中心項目等。

在健康醫療產業方面，港商在南沙投資高端醫療項目，包括霍英東銘源發展有限公司與北京養生老字號鶴年堂合建的霍英東鶴年堂中醫城（於 2015 年 11 月開幕），以及香港李氏大藥廠於 2016 年投資的南沙兆康國際康復中心。

在跨境商貿方面，霍英東集團有限公司創辦的自郵行跨境商城在 2016 年 4 月 18 日開業。該跨境電商店由港資建設、港人運營、以銷售港貨精品為主，進駐的港產品牌包括四洲集團、六福珠寶、萬希泉、莎莎、維特健靈、位元堂、時裝精品店義莎、家電品牌德國寶等，為香港商品提供「線上網站＋線下體驗店」的銷售管道。此外，四洲集團跨境電商直購中心亦於同月試業。

2016 年頒布的《廣州市國民經濟和社會發展第十三個五年規劃綱要》提出將面積達 10 平方公里的「南沙樞紐區塊」，打造成「粵港深度合作區」。2016 年 9 月，粵港合作聯席會議進一步提出將其打造成粵港深度合作示範區，只限引進香港企業，故被稱為「香港園」。區內第一期土地平整招標於 2017 年 3 月開始。

在簡化商業註冊程序方面，南沙自貿區政府在 2016 年 4 月聯同創興銀行推出「香港通」，為有意在南沙設立公司的投資者，於香港提供商事登記代辦服務，率先將招商服務、內地商事服務等延伸至香港。

科教合作　科研合作方面，香港科技大學霍英東研究院在 2007 年 1 月正式落戶南沙，

2007 年 1 月，香港科技大學宣布將位於南沙資訊科技園的研究院，命名為「香港科技大學霍英東研究院」，並為研究院舉行開幕典禮，及為研究院新校園奠基。左起：廣東省人民政府港澳事務辦公室副主任林迪夫、科大校董會主席陳祖澤、霍英東基金會董事長霍震霆、霍英東銘源發展有限公司董事長何銘思、科大校長朱經武、廣州市南沙區常務副區長劉海濤。（香港科技大學提供）

截至 2016 年年底設有 4 個研發部和 16 個研發中心，承擔國家重點基礎研究發展計劃（「973」計劃）、國家高技術研究發展計劃（「863」計劃）、國家自然科學基金和商業合作項目近 400 項，為國家科技部認定的國際科技合作基地，以及廣東省科技廳認定的粵港產學研集合科技創新平台。

香港科技大學授權霍英東研究院為國內科研項目的孵化、轉換平台，將大學科技成果首先在南沙孵化。藍光 LED 芯片製造商廣東晶科電子股份有限公司，是香港科技大學在南沙孵化的企業。2015 年年初，研究院啟動粵港澳（國際）青年創新工場建設。由香港科技大學、澳門大學、中山大學、華南理工大學、廣東工業大學、廣州大學聯合發起的粵港澳高校創新創業聯盟，於 2016 年 6 月 16 日在南沙香港科技大學霍英東研究院揭牌成立。

教育合作方面，由香港亞洲金融集團投資、英國修仕倍勵授權的廣州修仕倍勵國際實驗學校落戶南沙，項目總投資 8 億元人民幣，於 2017 年 4 月 21 日動工。

金融合作與創新　至於進駐南沙片區的香港金融機構，創興銀行南沙自貿試驗區支行在 2015 年 12 月 30 日開業，是首間進駐的港資銀行，亦是南沙片區開展跨境人民幣貸款的首批試點銀行。

在私募股權投資基金跨境投資試點方面，2015 年 2 月，廣州賽富兆星股權投資基金成立，是首家港資股權投資基金。該公司從事股權投資及股權投資管理業務，為區內新興產業提

供引導、聚集與培育等綜合化金融服務。另外，在合格境外有限合伙人（QFLP）試點的基礎上，於香港註冊的建銀國際（控股）有限公司聯同南方電網資本控股有限公司，在 2017 年 6 月 30 日成立南網建鑫基金管理有限公司，是南沙首家合格境外一般合伙人（QFGP），主要以股權投資、設立子基金等方式投資與電網主業相關的領域。

在跨境人民幣服務方面，2015 年 7 月 13 日，中國人民銀行廣州分行發布《廣東南沙、橫琴新區跨境人民幣貸款業務試點管理暫行辦法》，創興銀行（香港總行）該日率先完成南沙首批跨境人民幣貸款試點業務，向廣東新船重工有限公司發放人民幣 1 億元貸款。中國銀行（香港）亦於同日與中國銀行廣東省分行合作，向發展南沙港區碼頭項目的廣州港股份有限公司發放 3 億元跨境人民幣貸款。2016 年 7 月，創興銀行南沙自貿試驗區支行協助南沙區內企業在人民銀行完成跨境貸款的備案登記。截至 2016 年第三季度，已辦理 27 筆跨境人民幣貸款備案，涉及金額 62 億元，其中大部分貸款來源於香港金融機構。此外，中國人民銀行廣州分行與香港金融管理局在跨境支付結算領域先行先試，於 2016 年 7 月推出南沙自貿區粵港電子支票聯合結算業務。粵港電子支票通過以 PDF 格式文件記載並傳遞與傳統紙質支票相似的票據要素資料，與紙張支票具有同等的法律效力，包括人民幣、港幣和美元三個幣種。粵港電子支票聯合結算被列為廣東自貿區第三批可複製推廣經驗，2017 年 3 月起在廣東省全面推廣。

在人民幣債券方面，南沙推出全國首個「跨境資產代客衍生品綜合交易」業務，廣州證券任主承銷商，在 2016 年 3 月替越秀交通基建（香港）發行 10 億元人民幣債券，是內地首筆交易所市場公募熊貓債。同年 5 月，創興銀行發行總額達 15 億元人民幣的國內首筆銀行間市場熊貓債，用作拓展該銀行於南沙的支行業務。

3. 珠海橫琴新區片區

2009 年 8 月 14 日，國務院批覆《橫琴總體發展規劃》，將橫琴島納入珠海經濟特區範圍，橫琴開發上升為國家戰略，成為全國首個粵港澳緊密合作示範區。

2014 年 1 月，特區政府與珠海市政府簽署合作意向書，在粵港合作聯席會議框架下設港珠合作專責小組，協助港商把握珠海、橫琴發展機遇，加強合作。2015 年 4 月，《中國（廣東）自由貿易試驗區總體方案》通過，橫琴被納入廣東自貿區範圍。珠海橫琴新區片區（橫琴片區）於 2015 年 4 月 23 日掛牌，佔地 28 平方公里，通過先行先試貨物貿易便利化、擴大服務領域開放的制度創新，建設文化教育開放先導區和國際商務服務休閒旅遊基地。

香港是橫琴片區最重要的外資來源地。截至 2017 年 7 月 1 日，註冊的外資企業有 1488 家，註冊資本總額約 880.21 億元人民幣。其中有 542 家港資企業落戶，佔外資企業總數 36.42%；港商投資額達 534.67 億元人民幣，佔總投資額 49.03%。行業集中分布於租賃和商務服務業（34.50%）、批發和零售業（17.71%）、科學研究和技術服務業（15.13%）。

投資便利化和貿易自由化　商事登記改革方面，橫琴片區自 2014 年起對在橫琴工作的港澳居民實行優惠的個人所得稅政策，按港澳與內地個人所得稅負差額給予全額補貼；而符合特定條件的公司繳納低至 15% 的所得稅。另外，橫琴新區地方稅務局在 2015 年 12 月推出全國首個粵港澳智能導稅創客平台「智稅寶」。2016 年 9 月，橫琴片區首創 V-Tax 遠程可視自助納稅方式服務，毋須過境即可完稅。同年 12 月，創興銀行廣東自貿試驗區橫琴支行與珠海橫琴新區工商行政管理局合作，推出商事服務「港澳通」，為有意在橫琴投資的客戶，提供招商推介、諮詢解釋、證照導辦等服務。

在娛樂休閒產業方面，香港嘉華集團旗下的銀河娛樂集團在 2014 年 3 月宣布，斥資 100 億元人民幣將橫琴一幅面積 2.7 平方公里的土地發展成世界級度假勝地。香港麗新集團投資 180 億元人民幣打造集影視製作、演藝、休閒等一體的國際級文化創意基地 —— 星藝文創天地，首期建築工程於 2015 年年底動工。此外，香港麗新集團投資的橫琴創新方項目，是以文化創意為主題的休閒旅遊綜合體，於 2015 年年底動工。首期項目包括獅門娛樂天地、國家地理探險家中心、橫琴凱悅酒店、多功能場館、婚慶場館及概念零售餐飲等。

橫琴片區引入香港法律、仲裁專家，構建國際化和法治化的營商環境。橫琴國際仲裁院於 2014 年 8 月 7 日揭牌，並任命 11 名港籍仲裁員。2015 年 4 月，由珠海仲裁委員會、香港聯合調解專線辦事處、香港仲裁司學會等六方發起的珠港澳商事爭議聯合調解中心在橫琴成立，作為對接港澳的多元化調解機制。2016 年 7 月 8 日，全國首間內地與港澳合伙聯營的中銀－力圖－方氏（橫琴）聯營律師事務所開業，為境內外及「一帶一路」沿線國家（地區）的企業提供跨境、國際法律服務。

借鑒港澳在工程建設監管的經驗，橫琴片區於 2016 年 4 月公布《橫琴新區社會投資類建設工程管理模式創新方案》，試行「港資港模式」、「澳資澳模式」；甄選港澳投資工程項目作為試點，實行全程履責、終身負責，打造銜接港澳的工程監管模式，便利港商投資在橫琴的工程項目。

此外，2016 年 11 月 25 日，廣深港珠直升機航線試飛橫琴，標誌橫琴自貿區首個直升機固定運營基地落成。運營方星雅航空與香港公務機服務公司 Sino Jet 戰略重組，為珠三角商旅客戶提供直升機起降、包租機、飛行培訓等一系列服務。

金融合作與創新　在開闢跨境融資管道方面，中國人民銀行廣州分行在 2015 年 7 月 13 日發布《廣東南沙、橫琴新區跨境人民幣貸款業務試點管理暫行辦法》，允許在橫琴片區企業從港澳地區銀行借入人民幣資金，用於區內經營、投資、建設，以及區內企業的境外項目建設等。廣發基金管理有限公司成為首批獲准在港銷售基金的內地公募基金之一，旗下廣發行業領先混合型證券投資基金於 2015 年 12 月 29 日在香港正式接受認購。

橫琴片區支持粵港金融機構跨境互設和開展業務。橫琴首家香港地區銀行 —— 東亞銀行廣

東自貿試驗區橫琴支行於 2015 年 10 月 16 日開業；創興銀行廣東自貿試驗區橫琴支行於 2016 年 8 月 30 日開張。工銀國際控股有限公司、六福財富管理（香港）有限公司亦在橫琴分別設立股權投資、財務諮詢公司。截至 2017 年 7 月橫琴片區各類金融企業共 5574 家，其中港資金融企業 93 家，註冊資本達 328 億元人民幣，為橫琴自貿區及港澳企業和個人提供跨境金融服務。

在跨境人民幣債券方面，廣東自貿區首個熊貓債落地橫琴片區 —— 2016 年 7 月，平安銀行橫琴分行協助於香港註冊成立的海航集團（國際）有限公司，在上海交易所發行第二期熊貓債 30 億元。

第四節 參與「一帶一路」發展

2013 年 9 月 7 日，中共中央總書記、國家主席習近平到訪哈薩克斯坦，提出共同建設「絲綢之路經濟帶」。同年 10 月，習近平在印尼國會演講時，提及共建「21 世紀海上絲綢之路」（合稱「一帶一路」）。「一帶一路」橫跨亞洲、歐洲和非洲，涵蓋 60 多個國家和地區。沿線以新興經濟體和發展中國家為主體，人口約 44 億，經濟總量約 22 萬億美元，分別佔全球的 63% 和 30% 左右。

2013 年 11 月中共十八屆三中全會通過《中共中央關於全面深化改革若干重大問題的決定》，提出「推進絲綢之路經濟帶、海上絲綢之路建設，形成全方位開放新格局」。2015 年 3 月 28 日，中央政府發布《推動共建絲綢之路經濟帶和 21 世紀海上絲綢之路的願景與行動》（《願景與行動》），勾劃「一帶一路」的共同發展構想及藍圖，致力促進沿線各國的政策溝通、設施聯通、貿易暢通、資金融通及民心相通，從而加強各國在政經人文領域的合作。《願景與行動》亦提到香港可發揮獨特的優勢作用，參與並推動「一帶一路」的建設，以及構建粵港澳大灣區。

2015 年 7 月，行政長官梁振英表示，香港會積極參與「一帶一路」倡議，希望比內地城市走得更前，為國家起到「帶路」的作用；隨後於 2016 年《施政報告》中，宣布特區政府將積極參與和配合「一帶一路」策略，從商貿物流、專業及基礎設施服務等多方面加強合作，促進共同發展。為此，特區政府從機構設置、便利融資、促進貿易等多方面採取措施，參與「一帶一路」建設。

香港的商界除了於絲路國家投資基建能源外，在與內地企業「併船出海」發展絲路沿線地區的業務時，亦提供多元化的融資渠道、法律仲裁、風險管理、建築顧問監理等專業服務，確保「一帶一路」投資和建築項目符合國際標準，扮演「超級聯繫人」的角色，協助內地企業「走出去」。而物流業亦藉着與內地公司建立策略伙伴關係，來擴充跨境商業網絡。此

外，旅遊業和電影業界等也參與促進「民心相通」的交流活動。對「一帶一路」地區的直接投資則多以中資企業為主。

一、特區政府參與「一帶一路」建設

行政長官梁振英在 2016 年《施政報告》中指出，香港在「一帶一路」可扮演五方面的功能角色，包括集資融資平台、商貿物流平台、優化貿易環境、專業及基礎建設服務平台和促進民心相通。此後，特區政府推出一系列政策和措施，從機構設置、便利融資、促進貿易等方面參與「一帶一路」建設。

1. 政策溝通

「一帶一路」辦公室　政府在 2016 年 8 月 1 日成立「一帶一路」辦公室，主要負責推動研究工作，統籌協調相關部門和貿易發展局、旅遊發展局等機構，並與中央部委、各省市政府、業界、專業團體和民間團體就「一帶一路」事宜聯絡，並於 2017 年中推出網站（www.beltandroad.gov.hk）提供有關資訊。蔡瑩璧為首位「一帶一路」專員，任期至 2017 年 6 月 30 日止，領導辦公室工作。辦公室負責籌備由行政長官率領的一個共 29 人的跨界別代表團參與 2017 年 5 月在北京舉行的「一帶一路」國際合作高峰論壇。「一帶一路」專員亦為「一帶一路」督導委員會成員。

2017 年 8 月 7 日，行政長官林鄭月娥（右）在北京與亞洲基礎設施投資銀行行長金立群（左）會面。（香港特別行政區政府提供）

另一方面，督導該委員會於 2016 年成立，由行政長官主持，其他成員包括政務司司長、財政司司長、律政司司長和有關政策局局長，負責制定香港參與「一帶一路」的策略和政策。截至 2017 年 6 月 30 日共舉行六次會議，除檢視政府各相關政策局和部門有關「一帶一路」的工作進度外，亦商討重點議題。

2. 資金融通

加入亞洲基礎設施投資銀行　2013 年 10 月，中國倡議籌建亞洲基礎設施投資銀行（亞投行）。2014 年 12 月，香港向中央政府表達加入亞投行的意願，隨後與財政部及亞投行商討香港以非主權地區身份加入亞投行的事宜。特區政府派出官員以中國代表團成員身份出席亞投行的會議，以及參與籌備成立亞投行的工作。另應亞投行的要求，安排兩名人員以專家身份借調亞投行，協助亞投行建立系統，以及制定標準和程序指引。

2016 年 1 月 16 日，亞投行在北京開業，以通過在基礎設施和其他生產性領域的投資，促進亞洲經濟可持續發展、創造財富並改善基礎設施互聯互通。該年年底，亞投行董事會表示，香港可申請加入亞投行，並認繳 7651 股股本，其中 1530 股為實繳股本（相當於 12 億元，分 5 年繳付），6121 股為待繳股本。2017 年 5 月 12 日，香港立法會財務委員會批准關於亞投行的撥款建議。在繳付第一期實繳股本及完成所需的法律程序後，香港在 2017 年 6 月 13 日正式加入亞投行。財政司司長陳茂波表示：「作為國際金融中心，香港擁有『一國兩制』的獨特優勢、成熟穩健和流動性充裕的金融市場，以及大量具國際經驗的頂尖金融人才。香港的優勢可以協助亞投行籌集資金，為該行的不同基建項目融資。」[24]

伊斯蘭金融　特區政府於 2014 年 9 月、2015 年 6 月和 2017 年 2 月分別發行三批美元伊斯蘭債券，於香港交易所、馬來西亞的 Bursa Malaysia（Exempt Regime）及迪拜的 Nasdaq Dubai 上市，為「一帶一路」相關國家提供伊斯蘭金融貨幣的服務。

基建融資促進辦公室　2016 年 7 月 4 日，香港金融管理局成立基建融資促進辦公室（基建辦），匯聚相關持份者，包括投資者、銀行和開發基建項目的企業等，協助企業進行基建融資。其主要職能包括：提供資訊交流和經驗分享平台、提升基建投融資方面的技能和知識、推廣市場及產品發展，以及促進基建投融資活動。截至 2017 年 7 月 1 日，基建辦邀得逾 63 間本地、內地和海外的多邊金融機構及發展銀行、公私營機構投資者、資產管理公司、銀行、保險公司、基建項目發展及營運商、專業服務公司和國際商會成為合作伙伴。公營機構包括世界銀行轄下的國際金融公司、亞洲開發銀行、中國國家開發銀行、中國進出口銀行等多邊發展銀行和政策銀行。一些公營國際投資者和發展基金，如加拿大養老金投資公司和絲路基金亦已加入。私營機構伙伴則包括一些主要的商業銀行、投資銀行、私募基金、專業服務機構、大型資產管理公司、國內外有開發基建項目能力和經驗的企業等。基建辦亦透過設立網站，舉辦會議、研討會、工作坊等活動，與各公私營伙伴分享資訊、交流經驗。

3. 貿易暢通

簽署合作備忘錄及意向書 2014 年 4 月 24 日，香港發展局與國家商務部簽署《合作備忘錄》，香港工程公司得以參與國家援建項目的招標。2016 年 9 月 14 日，粵港兩地政府簽署《粵港攜手參與國家「一帶一路」建設合作意向書》，支持兩地企業到「一帶一路」沿線國家及地區投資發展。

簽訂貿易合作協議 特區政府藉與「一帶一路」沿線經濟體締結自由貿易協定（自貿協定）及促進和保護投資協定（投資協定），加強香港和這些市場的經貿聯繫。香港與東盟於 2014 年 7 月展開自貿協定及投資協定的談判，截至 2017 年 7 月 1 日，雙方已進行九輪談判。此外，香港在 2016 年 9 月展開與格魯吉亞及馬爾代夫的自貿協定談判。

特區政府亦尋求與「一帶一路」沿線國家和地區簽署「全面性避免雙重課稅協定」（全面性協定），促進貿易往來。截至 2017 年，已與香港簽訂全面性協定的伙伴有不少位於「一帶一路」沿線地區，包括內地、泰國、越南、文萊、印度尼西亞（印尼）、匈牙利、科威特、捷克共和國、馬來西亞、卡塔爾、阿拉伯聯合酋長國（阿聯酋）、羅馬尼亞、俄羅斯、拉脫維亞、白俄羅斯和巴基斯坦。此外，香港已與巴林、孟加拉、印度、以色列、馬其頓、沙特阿拉伯及土耳其展開相關磋商。

海關合作 香港海關爭取與「一帶一路」沿線經濟體簽訂「認可經濟營運商」互認安排，讓達標的企業享有外地海關提供的通關便利。香港首先與內地於 2013 年 10 月簽訂互認安排，並逐步與印度（2013）、新加坡（2014）、泰國（2015）和馬來西亞（2016）四個「一帶一路」沿線經濟體達成互認協議。

推廣宣傳 特區政府聯同香港貿易發展局（貿發局），或內地地方政府舉行論壇、展覽、研討會、座談會、考察團和路演等多種活動，進行推廣宣傳。如 2015 年投資推廣署與廣東及澳門相關機構共同在新加坡、印尼和馬來西亞合辦聯合投資推廣活動。貿發局於 2015 年在內地多個大型經貿博覽會中設置「香港館」，推介香港專業服務；在香港舉辦的大型國際論壇及博覽會，如 2015 年 11 月的亞洲物流及航運會議、2015 年 12 月的亞洲知識產權營商論壇及 2016 年 1 月的亞洲金融論壇等，加入「一帶一路」環節；2015 年 9 月於印尼首都雅加達舉行「時尚潮流．魅力香港」大型展覽，向當地及東盟商界推廣香港的服務；2015 年 10 月與環境局合作，邀請「一帶一路」沿線國家和地區參與國際環保博覽，來自印度、馬來西亞、俄羅斯及菲律賓的環保官員，以及來自哈薩克斯坦、伊朗、阿聯酋、波蘭、越南、泰國、新加坡及印尼等超過 30 個「一帶一路」沿線國家和地區的買家參與；並於 2015 年 12 月推出「一帶一路」資訊網站（www.beltandroad.hk），協助業界掌握「一帶一路」商機。

官方外訪、交流 行政長官梁振英及多位司局長多次率團到訪「一帶一路」沿線國家，包

2015 年 11 月 17 日至 18 日，特區政府與貿發局合辦的第五屆「亞洲物流及航運會議」於香港會議展覽中心舉行，聚焦三大議題，包括大數據分析、電子商務以及中國「一帶一路」策略。（香港特別行政區政府提供）

括東盟、南亞、中東、中亞和歐洲等地，進行交流和考察活動。如財政司司長曾俊華 2015 年 9 月帶領特區政府首個「一帶一路」商貿代表團，訪問匈牙利、波蘭和德國三國；「一帶一路」專員蔡瑩璧 2017 年 6 月訪問哈薩克斯坦並在「阿斯塔納經濟論壇 2017」上發言。

設立經濟貿易辦事處 特區政府於內地和海外的經濟貿易辦事處（經貿辦）亦負責推動與「一帶一路」沿線國家和地區的經貿聯繫和交流。2016 年特區政府在雅加達開設經貿辦，並於 2017 年開始籌備開設駐首爾經貿辦和展開在印度、墨西哥、俄羅斯、南非和阿聯酋五國設立經貿辦的前期工作。

舉辦「一帶一路高峰論壇」 2016 年 5 月 18 日，特區政府及貿發局在香港合辦首屆「一帶一路高峰論壇」，邀請沿線市場的主要官員、國際機構代表、商界和相關行業專家，探討「一帶一路」帶來的商機。論壇每年一度，是內地、海外與香港企業對接最大和最重要的「一帶一路」倡議國際商貿合作平台。

專業服務協進支援計劃 2016 年 11 月 24 日，特區政府推出 2 億元的「專業服務協進支援計劃」，支持香港專業服務業加強與境外市場（包括「一帶一路」沿線國家及地區）的交

流和合作並加強相關的推廣活動。每個獲批項目的最高資助款額為合資格項目成本總額的 90%，或 300 萬元，以較低者為準。一般而言，項目須於三年內完成。

4. 民心相通

教育合作　教育局及印尼教育與文化部於 2015 年 12 月 16 日簽訂有關加強兩地教育合作的備忘錄，並於同日宣布推出「一帶一路獎學金—印尼」，於 2016/17 學年開始每年頒發獎學金予 10 名來自印尼、於香港就讀政府資助學士學位課程的學生。教育局於 2016 年 2 月推出計劃，資助有經濟需要的專上學生到「一帶一路」地區交流。獲資助的學生於其課程修業期內最多可獲約五萬元資助，以參與兩次於「一帶一路」地區進行的交流活動。

文化藝術交流　截至 2017 年 7 月 1 日特區政府與其他地區合共簽署了 16 份文化合作諒解備忘錄，當中不少是與「一帶一路」沿線國家簽訂的，包括菲律賓、新加坡、越南、埃及、以色列、克羅地亞、意大利、俄羅斯和印尼。

二、香港商界參與「一帶一路」建設

香港作為國際金融中心和全球最大的離岸人民幣中心，為本地和內地企業「一帶一路」項目提供多元化的集資、融資渠道，而法律業、保險業等亦提供國際認可的專業服務。截至 2017 年 7 月 1 日，本地公司對「一帶一路」地區的直接投資有限，以中資企業為主。

1. 設施聯通

「一帶一路」以基礎建設發展先行，香港的一些大型基建和能源公司主要在亞洲投資較小型的基建項目，而法律業、保險業等專業服務也為「一帶一路」基建項目發展提供支援。

能源投資　在香港註冊的中信資源控股有限公司（中信資源）在二十一世紀初於印尼（2006 年 Seram 油田）和哈薩克（2007 年卡拉贊巴斯油田）投資油田。2012 年 7 月 26 日，中華煤氣宣布，其全資附屬公司易高環保投資有限公司斥資 1.7 億美元，收購泰國 L33/43 和 L44/43 的岸上油田勘探和開採項目，佔股 60%。此項目已營運和出產石油。2015 年 4 月，偉能集團與中國中車（香港）公司及中技公司簽訂為期五年的電力項目共同開發協議，在「一帶一路」沿線多個國家共同開發建造燃氣、燃柴油及燃重燃油分布式發電站。

港口投資　2012 年，招商局集團正式入股東非吉布提港，佔 23.5% 的股份，又於 2014 年提出將原有港口轉型升級，在距離老港口五六公里的地方建一個新港。2017 年 5 月，吉布提多哈雷多功能港正式投入運營。

以中信集團為主的中信聯合體 2015 年年底中標緬甸皎漂特區的工業園和深水港項目，2016 年，中信集團在香港註冊中信緬甸（香港）控股公司，對項目進行統一投資和管理。

2015 年 12 月 16 日，教育局副局長楊潤雄（右）與印尼教育與文化部秘書長 Didik Suhardi（左），在印尼雅加達簽署教育合作諒解備忘錄，加強兩地的教育協作。（香港特別行政區政府提供）

專業服務　香港建造業、法律業、金融保險業等專業服務也為「一帶一路」基建項目發展提供支援。

工程顧問方面，香港的工程公司自 2014 年 4 月獲准參與部分國家援建項目的招標後，豐展設計及營造有限公司得到商務部在尼泊爾國家武警學院的工程監理合同，負責監察及跟進施工情況。工程於 2015 年 4 月 16 日動工，如期在 25 個月內建成。這是中國政府在當地援建項目中最快落成的建築，被國家商務部評定為「優良工程」。馬海（建築顧問）有限公司則在援建柬埔寨的桔井農業技術學校項目負責監理工作。該項目包括辦公樓、教學樓、實驗樓、圖書館等 11 個單體建築及相關室外工程，總面積約 6650 平方米。工程於 2015 年 7 月展開，2017 年 1 月竣工。

法律專業方面，2014 年，香港國際仲裁中心受理的案件中只有 11% 涉及內地或「一帶一路」司法管轄區的當事人，這比例在 2017 年上升至 25%。此外，林李黎律師事務所於 2014 年 11 月聯同廣東華商律師事務所，在前海成立華商林李黎聯營律師事務所，為中國

企業的海外投資、「一帶一路」項目提供跨境法律服務。史蒂文生黃律師事務所於 2016 年成立「一帶一路法律服務中心」，並與中國錦天城律師事務所建立策略聯盟，為投資「一帶一路」沿線東南亞國家的香港及內地企業，提供法律服務。

香港保險業界憑藉國際化的金融專業配套和遍布各地的業務網絡，為內地企業提供「一帶一路」大型投資及基建項目承保，以及風險評估管理和再保險服務，例如中國太平保險（香港）有限公司在 2017 年開展「一帶一路」業務，為海外中國企業提供保險服務，保費總計約 5900 萬元，涉及的風險保額累計約 248 億元。客戶包括中國石油化工股份有限公司（中石化）、中國石油天然氣集團有限公司、中國海洋石油集團有限公司、大唐國際發電股份有限公司（大唐發電）等多個大型國有企業，主要承保莫桑比克工程險項目、中石化 AP LNG 項目，以及大唐發電柬埔寨電網項目等。

2. 資金融通

亞洲開發銀行估算由 2016 年至 2030 年間，亞洲基建發展的資金需要每年約 17,000 億美元。除了香港本地的大型基建公司外，眾多參與「一帶一路」項目的內地公司也都在香港上市及發行債券，包括中國中車股份有限公司、中國鐵道建築集團有限公司、中國交通建設股份有限公司、招商局集團有限公司（招商局）、中信資源、中國有色礦業有限公司等。

此外，香港的銀行和證券公司亦透過不同方式為「一帶一路」項目提供融資、借貸。渣打銀行在 2015 年成立「一帶一路」戰略執行委員會，2016 年又成立「一帶一路」工作委員會，僅 2016 年參與完成「一帶一路」相關項目 40 個，涉及印度、巴基斯坦、孟加拉、馬來西亞、中東等國家和地區。2016 年 9 月，渣打銀行與招商銀行建立「一帶一路」戰略聯盟。

由 2015 年至 2017 年上半年，中信証券經紀（香港）有限公司以香港為平台，累計在「一帶一路」沿線完成 IPO、債券發行和跨境併購等 50 項項目。

2015 年上半年，東英金融集團有限公司（東英金融）、新疆生產建設兵團、建工集團，以及哈薩克 KEA 公司簽訂關於農業合作《投資合作備忘錄》，以推進農業「走出去」。同年下半年，東英金融與中新建國際農業合作公司簽訂《關於共同設立新建東英海外農業投資基金管理公司協議書》，雙方各出資 1000 萬元在開曼群島註冊成立合資公司。[25] 2017 年 4 月 6 日，東英金融、南南合作金融中心及中國光大證券國際有限公司在香港簽署協議，共同成立「一帶一路」基金，首期規模為 2 億美元，投資行業包括清潔能源、可再生能源、科技創新、文化體育、醫療健康、農業等。

2015 年 6 月，中國銀行（香港）有限公司（中銀香港）協助中國銀行發行一系列不同幣種的「一帶一路」債券，用於支持「一帶一路」項目開發。債券的發行通過中國銀行在「一帶一路」沿線的香港、新加坡、匈牙利、阿布達比、台北等多家海外機構進行，總集資額 40 億美元，是首筆以「一帶一路」為主題、以四種貨幣在五地同步上市的債券。中銀香港

還通過收購母行在東盟國家的資產，推動中銀香港從一間本地銀行成為東南亞的區域性銀行。[26] 2017年1月25日，中銀香港與世界銀行旗下多邊投資擔保機構簽署緬甸光纖通信網絡有限公司1億美元的項目擔保協定，在緬甸鋪設4500公里光纖網絡，連接當地中南部66個城市及鄉鎮。中銀香港亦制定業務及風險指引，配合「一帶一路」建設和內地企業「走出去」的相關業務策略。

2016年年初，香港上海滙豐銀行成立「一帶一路」專責小組，並為中國電力技術裝備有限公司在埃及的輸電線路工程提供跨境金融服務，以及參與斯里蘭卡首都科倫坡港口項目的融資。

2016年1月，中國工商銀行（亞洲）在香港開設亞太業務部，參與「一帶一路」政策衍生的亞太地區大型項目融資、併購貸款、銀團貸款等項目。截至2017年6月底，已向「一帶一路」沿線國家包括越南、柬埔寨、印度、泰國、印尼、馬來西亞等，批出200多億元貸款。

3. 貿易暢通

投資貿易合作是「一帶一路」建設的重點內容。招商局自2012年起在吉布提港口投資建設「絲路驛站」，在「一帶一路」沿線國家及地區複製「前港－中區－後城」的蛇口綜合開發模式。同年，招商局也在白俄羅斯建造「中白工業園」，這是「一帶一路」的標誌性項目和中國企業參與建設的最大的海外工業園，招商局中白商貿物流園成為中白工業園內第一個動工項目。2016年1月18日，招商局與吉布提政府簽署《吉布提出口加工區開發合作框架協議》，與吉布提政府合作開發自由貿易區。5月30日，招商局與多哥政府簽署首個國家與企業之間的「一國一企」戰略合作協議，多哥成為繼吉布提之後「前港－中區－後城」模式落地的另一個非洲國家。

2014年，在香港成立的中國飛機租賃集團控股有限公司（中飛租賃）與印度航空達成租賃五架全新A320飛機的協議，首次與「一帶一路」沿線的海外航空公司合作。12月3日，中飛租賃與哈爾濱市政府簽訂協議，該公司投資20億美元，在哈爾濱臨空經濟區建設中國首家飛機拆解基地項目。這是全中國首個及最大型的飛機拆解基地，可為「一帶一路」沿線國家提供服務。2016年，中飛租賃向土耳其廉航公司飛馬航空交付兩架A320飛機，又向越南首家廉航捷星太平洋航空交付四架A320飛機。

2014年年底，先達國際貨運有限公司成立eTotal團隊專門操作小包裹業務，發展跨境電子商務物流服務，並於2015年9月與主要電子商務合作伙伴如阿里巴巴集團旗下菜鳥網絡建立伙伴關係。2017年5月，上海圓通速遞股份有限公司成為先達國際物流控股有限公司（先達國際貨運有限公司的母公司）的最大股東，藉先達的全球服務網絡及航線資源促進公司在「一帶一路」沿線國家的業務發展。

2015 年 4 月 3 日，嘉里物流聯網有限公司（嘉里物流）旗下子公司嘉里物流（中國）投資有限公司與中鐵進出口公司（中鐵）簽署戰略合作協定，將中鐵的鐵路網絡及營運經驗，與嘉里物流在東南亞的跨境業務網絡（KART）結合，拓展「一帶一路」業務。2016 年 8 月嘉里物流完成市場上首班由浙江義烏至西班牙馬德里的西行鐵路包列貨運。[27] 2017 年 4 月 10 日，嘉里物流成為首間以亞洲為基地的環球第三方物流服務供應商，參與「一帶一路」的首個英中鐵路貨運項目 —— 由倫敦至義烏的東行鐵路貨運班列之首發儀式。同年 6 月 13 日，嘉里物流與以迪拜為總部及業務橫跨獨立國家聯合體的貨運集團 Globalink Logistics DWC LLC 組成合資企業，令嘉里物流的全球網絡新增九個國家，包括哈薩克斯坦、烏茲別克斯坦、吉爾吉斯斯坦、塔吉克斯坦、土庫曼斯坦、格魯吉亞、亞美尼亞、阿塞拜疆及烏克蘭。

2015 年 12 月，絲綢之路沿線 36 個國家的工商協會在香港共同發起成立絲綢之路國際總商會，並舉辦首屆絲綢之路國際投資論壇。

2016 年 4 月 21 日，廣東省國家稅務局、地方稅務局在廣州舉辦「服務『一帶一路』，稅收春風護航」主題宣傳活動，聯同香港、澳門稅務學會為到場的 120 間「走出去」企業提供稅收諮詢服務。廣東省稅務機關在此交流會上，提出建構粵港澳稅務合作與交流平台、建立粵港澳企業常態化溝通交流的機制。

2016 年 6 月，大昌行集團有限公司收購利豐亞洲業務 LF Distribution Holdings Limited，令貿易與物流網覆蓋新加坡、緬甸、泰國、馬來西亞、印尼、菲律賓及文萊等「一帶一路」沿線國家和地區。

4. 民心相通

民心相通是「一帶一路」建設的社會根基，香港各界從文化、人才交流等多方面與絲路國家展開合作。

香港分別於 2015 年及 2016 年獲邀參加第二屆和第三屆絲綢之路國際電影節，《五個小孩的校長》、《賭城風雲 2》與《單身男女 2》三部香港電影，以及兩部香港新晉導演的作品《爭氣》和《幸運是我》先後參展。

香港的旅遊業界推出多個以「一帶一路」為主題的一程多站遊學團和旅遊團，包括香港中國旅行社、康泰旅行社、永安旅遊、星晨旅遊有限公司。2015 年 11 月 6 日，雲頂香港有限公司（雲頂香港）與廣州港集團有限公司簽署了雙邊合作意向書，協助改造南沙現有碼頭的設備和設施；雲頂香港又與廣州港集團有限公司、中交城市投資控股公司簽署三方合作意向書，就成立聯營公司共同運營籌劃興建的廣州南沙國際郵輪碼頭達成共識；雲頂香港擬以其建造及運營郵輪碼頭的經驗，協助廣州營造世界一流國際郵輪母港。此外，雲頂香港子公司麗星郵輪的旗艦郵輪「處女星號」自 2016 年 1 月 3 日起全年以廣州（南沙港）

為新母港，每周開辦兩個固定航次，包括周五出發的三天兩晚廣州－香港之旅及周日出發的六天五晚廣州－下龍灣－峴港－三亞之旅，以郵輪旅遊的方式推動新的「21世紀海上絲綢之路」。

人才交流培訓方面，香港鐵路有限公司在 2016 年 11 月 10 日成立的港鐵學院，與內地及「一帶一路」沿線國家分享營運鐵路系統的知識和經驗。港鐵學院在 2017 年首屆學年頒發 63 張證書予「一帶一路」沿線國家的鐵路從業人員。港鐵學院的課程包括：鐵路高級行政管理課程、資產管理證書課程、鐵路營運管理證書課程和因應學員要求而度身訂製的課程。2017 年 4 月 27 日，港鐵學院與印尼雅加達捷運簽署備忘錄，為印尼首個地下鐵路項目擔任顧問，提供鐵路營運、維修保養及人力資源方面的培訓，並協助雅加達捷運設立鐵路學院。

注釋

1 「從價百分比」是指完全在一方獲得的原料、組合零件、勞工價值和產品開發支出價值的合計與出口製成品離岸價格（FOB）的比值應大於或等於 30%，並且最後的製造或加工工序應在該方境內完成。具體計算公式如下：

$$\frac{原料價值＋組合零件價值＋勞工價值＋產品開發支出價值}{出口製成品的 FOB 價格} \times 100\% \geq 30\%$$

　參見香港特別行政區政府工業貿易署：《內地與香港關於建立更緊密經貿關係的安排》（附件 2：關於貨物貿易的原產地規則）（2003 年 9 月 29 日）。

2 禁止進口的貨物包括：內地有關法規、規章禁止進口的和履行國際公約而禁止進口的貨物，以及內地在有關國際協議中作出特殊承諾的產品。

3 商務部新聞辦公室：〈CEPA：改革開放和「一國兩制」方針的成功結合與實踐 —— 商務部副部長姜增偉談 CEPA〉，《日常新聞發布》，商務部網頁，2008 年 7 月 31 日發布，2021 年 8 月 11 日瀏覽，http://www.mofcom.gov.cn/article/ae/ai/200807/20080705698872.shtml。

4 姜洋：〈攜手並進 共譜新時代資本市場改革發展新篇章 —— 姜洋副主席在「新時代香港資本市場再出發」研討會上的演講〉，中國證券監督管理委員會網頁，2018 年 6 月 1 日發布，2021 年 5 月 27 日瀏覽，http://www.csrc.gov.cn/pub/newsite/zjhxwfb/xwdd/201806/t20180601_339003.html。

5 商務部新聞辦公室：〈CEPA：改革開放和「一國兩制」方針的成功結合與實踐 —— 商務部副部長姜增偉談 CEPA〉，《日常新聞發布》，商務部網頁，2008 年 7 月 31 日發布，2021 年 8 月 11 日瀏覽，http://www.mofcom.gov.cn/article/ae/ai/200807/20080705698872.shtml。

6 魏德巍在 1987 年出任第 27 任香港總督，其中文名改為衞奕信；於 1992 年 7 月卸任。

7 〈粵港合作聯席會議昨日在廣州成立〉，新華社，1998 年 3 月 31 日。

8 粵方小組最初名為粵港發展策略協調小組，後改名為粵港發展策略研究小組。

9 粵港科技合作資助計劃自 2004 年推出至 2017 年 1 月，共批出逾 240 個項目。

10 國家稅務總局辦公廳：〈潮湧香江二十年 稅收助力千帆競渡〉，國家稅務總局網頁，2017 年 6 月 29 日發布，2021 年 8 月 11 日瀏覽，http://www.chinatax.gov.cn/chinatax/n810219/n810724/c2688608/content.html。

11 香港貿易發展局：〈前言〉，《香港產品展覽會特刊》，頁 1，載於《大公報》（香港），1986 年 12 月 3 日。

12 馬靜、奕峒：〈十屆京港洽談會 市長冀帶隊來港〉，《文匯報》網頁，2006 年 9 月 30 日發布，2021 年 8 月 11 日瀏覽，http://paper.wenweipo.com/2006/09/30/CH0609300004.htm。

13 新華社：〈港資在京投資居外資之首〉，《華夏時報》，新浪財經，2007 年 6 月 13 日發布，2021 年 8 月 11 日瀏覽，http://finance.sina.com.cn/g/20070613/09523687657.shtml；中國新聞社《世界華商發展報告》課題組：〈2007 年世界華商發展報告〉，中國發展門戶網，2008 年 1 月 18 日發布，2021 年 8 月 11 日瀏覽，http://cn.chinagate.cn/reports/2008-01/16/content_9542332_10.htm。

14 香港特別行政區政府新聞處：〈行政長官在京港經貿合作會議致歡迎辭〉，香港政府新聞公報網頁，2004 年 9 月 2 日發布，2021 年 8 月 11 日瀏覽，https://www.info.gov.hk/gia/general/200409/02/0902175.htm。

15 文匯報：〈京港合作進入黃金時期〉，《文匯報》網頁，2005 年 11 月 28 日發布，2021 年 8 月 11 日瀏覽，http://news.wenweipo.com/2005/11/28/IN0511280060.htm。

16 吳宇：〈上海和香港加強合作〉，《新華社》，2000 年 6 月 7 日。

17 2015 年 11 月 24 日，第八屆滬港大都市發展研討會在香港召開。

18 〈立法會十七題：港府重視泛珠三角區域合作〉，政府新聞公報，2005 年 1 月 5 日發布，2021 年 8 月 22 日瀏覽，https://www.cmab.gov.hk/tc/legco/questions20050105.htm。

19 泛珠三角合作信息網：〈泛珠三角區域合作發展規劃綱要（2006-2020 年）〉，泛珠三角合作信息網，2006 年 3 月 3 日發布，2021 年 8 月 11 日瀏覽，http://www.pprd.org.cn/fzgk/hzgh/201606/t20160621_53310.htm。

20 搜狐網：〈紀念香港回歸 20 周年閩港經貿交流合作研討會在福州舉辦〉，中國新聞社網頁，2017 年 6 月 14 日發布，2021 年 8 月 11 日瀏覽，https://www.sohu.com/a/148886475_123753。

21 西部大開發的範圍主要包括四川、重慶、貴州、雲南、西藏、陝西、甘肅、青海、寧夏、新疆、內蒙古、廣西 12 個省、自治區、直轄市等地。

22 香港特別行政區政府新聞處：〈商務及經濟發展局局長出席「渝港合作推介會」致辭全文〉，香港政府新聞公報網頁，2018 年 9 月 3 日發布，2021 年 8 月 11 日瀏覽，https://www.cedb.gov.hk/chi/speech/2018/pr03092018a.htm。

23 國家稅務總局廣州市稅務局、畢馬威企業諮詢（中國）有限公司：〈粵港澳大灣區稅收服務指南〉，粵港澳大灣區門戶網頁，2019 年 8 月 9 日發布，2021 年 8 月 11 日瀏覽，https://www.tid.gov.hk/english/aboutus/tradecircular/cic/asia/2019/files/ci2019630a.pdf，頁 13。

24 香港特別行政區政府新聞處：〈香港成為亞洲基礎設施投資銀行新成員〉，香港特別行政區政府新聞公報網頁，2017 年 6 月 13 日發布，2021 年 8 月 11 日瀏覽，https://www.info.gov.hk/gia/general/201706/13/P2017061300524.htm。

25 2015 年 11 月 12 日，中新建國際農業合作有限責任公司成立。該公司是新疆生產建設兵團（兵團）參與「一帶一路」建設、統籌運作兵團農業「走出去」項目的國有資本投資運營平台。

26 中銀香港於 2016 年收購馬來西亞中國銀行及於文萊開設海外自建分行，2017 年 1 月完成對中國銀行（泰國）股份有限公司的股權收購，2 月底再從母行手上購入印尼業務和柬埔寨業務。參見中國銀行（香港）：〈東南亞業務〉，中國銀行（香港）網頁，2021 年 8 月 11 日瀏覽，https://www.bochk.com/tc/southeastasia.html。

27 嘉里物流：〈嘉里物流收購蘭州捷時特物流有限公司之股權 以強化鐵路貨運能力〉，嘉里物流新聞稿，2017 年 7 月 3 日發布，2021 年 8 月 11 日瀏覽，https://www.kln.com/tc/press/press-release/2017/kerry-logistics-strengthens-rail-freight-capability-through-acquisition-of-shares-in-lanzhou-pacific-logistics-ltd/。

第八章
科技合作

第一節 兩地科技交流概況

改革開放初期，香港與內地的科技合作從本地大學與科研機構的互訪交流開始。1970 年代末至 1980 年代，香港的大學及專上學院開始與內地高等學府建立聯繫，透過派遣教職人員互訪、講學、舉辦科研講座、交換學報等院校刊物及資料，與內地大學及科研機構進行學術層面的科技交流。

1990 年代，香港政府發展高等教育，並增加本地學士學位課程學額，以應對社會和經濟發展的人才需要。1991 年，以研究型為主的第三所大學 —— 香港科技大學創校，港府開始投放資源在研究工作包括高科技研究，致力培養高質量的研究人員。

1990 年代中期，兩地的科技交流合作呈多樣化，並逐漸出現一些制度化計劃和合作組織。香港理工學院於 1994 年 3 月 21 日推出中國傑出學人訪問計劃；兩地院校及科研機構建立聯合實驗室、研究中心、研究所等。中國科學院（中科院）在 1996 年 4 月至 1997 年 1 月，與香港科技大學、香港大學共同建立五個聯合實驗室和聯合研究中心。

1997 年香港回歸後，特區政府着手制定長期科技發展政策，並與內地建立常置合作機制。1998 年 3 月，行政長官董建華成立一個包括學者、工商界和政府官員的「創新科技委員會」，委任美國加州大學柏克萊分校前校長田長霖為主席。委員會成員包括中科院院長路甬祥、香港興業國際集團董事總經理查懋聲、香港科技大學副校長及物理學教授張立綱、工商局局長周德熙、香港上海滙豐銀行執行董事鄭海泉、工業署署長何宣威、高科橋有限公司主席兼行政總裁高錕、香港中文大學副校長及經濟學教授廖柏偉、金山工業（集團）有限公司主席兼行政總裁羅仲榮、半島針織有限公司董事總經理唐英年、航天科技國際集團有限公司董事局主席兼總裁王美岳、偉易達集團主席黃子欣、香港大學商學院院長及香港經濟研究中心主任王于漸與工商局局長俞宗怡（任期至 1998 年 3 月 30 日）。

同年 3 月 30 日，在中央政府支持、國務院港澳辦公室和廣東省政府配合下，成立粵港合作聯席會議，加強香港特區政府與廣東省政府的聯繫與合作，雙方同意探討促進粵港科技合作的措施，及後於 2004 年展開的「粵港科技合作資助計劃」也是這個合作平台的交流成果。

國務院於 1998 年 6 月決定推行中科院知識創新工程試點，由中科院推進與國家創新體系各單元的聯合合作，發展高新技術產業。香港與內地共建聯合實驗室、工程中心、國家重點實驗室、聯合研究中心、聯合培養研究生、聯合承擔國家基礎研究項目等舉措陸續在兩地全面展開。

1998 年下半年，特區行政長官董建華、財政司司長曾蔭權、工業署署長何宣威等分別訪

1998 年 9 月 12 日至 14 日，創新科技委員會主席田長霖（前排右五）率團前往珠三角訪問三天。其間，參觀三間工廠包括位於東莞市的創科實業，探討港商在內地設廠的機會，以及香港與珠三角如何加強科研合作。（創科實業有限公司提供）

問深圳，參觀高新技術產業園區及區內企業。9 月 12 日，田長霖率團到訪深圳，其間與廣東省省長盧鍾鶴、廣州市委書記黃華華及廣州市長林樹森會晤，探討兩地加強科技合作的範圍。

2000 年代，特區政府與內地的科技合作交流、科研資助等機制逐漸形成，以及香港的科研基建亦陸續落成。2004 年 5 月 17 日，香港與內地簽署「內地與香港成立科技合作委員會協議」，以加強兩地在科技及多個產業領域的交流與合作。協議擬定合作領域包括信息技術、電子技術、生物技術、新材料技術、先進製造技術及設備、環境保護、中醫藥等。

2005 年，國家科技部同意香港大學（港大）在香港成立兩間國家重點實驗室夥伴實驗室，包括新發傳染性疾病國家重點實驗室夥伴實驗室，以及腦與認知科學國家重點實驗室夥伴實驗室，是香港首批及當時唯一在中國境外獲批准成立的國家重點實驗室，於同年 10 月 4 日開幕並投入運作。2005 年至 2013 年間，香港各大學共成立 16 間國家重點實驗室夥伴實驗室。

2010 年起，港澳地區科研機構在內地單獨設立、或與內地單位聯合設立的科研單位，可獨立申請承擔國家科技計劃課題。2010 年至 2012 年間，香港六間大學在深圳虛擬大學園設立的產學研基地或研究院陸續落成啟用；2006 年至 2014 年，472 位香港科研人員參與國家重點基礎研究發展計劃（「973」計劃）、國家高技術研究發展計劃（「863」計劃）、

支撐計劃、國家國際科技合作專項以及火炬計劃等 143 項國家科技計劃課題的研究工作，其中課題負責人有 43 名，109 個香港科研機構作為承擔單位或參加單位參與 93 項課題的研究。

2011 年 3 月 16 日，內地公布「十二五」規劃綱要，將「保持香港澳門長期繁榮穩定」單獨成章，闡述香港特區在國家發展戰略中的功能定位，並支持香港培育新興產業。同年 8 月 17 日，國務院副總理李克強訪港時提出支持在香港成立國家工程技術研究中心香港分中心，並以適當形式，在港設立高新技術產業化基地等。翌年，香港應用科技研究院（應科院）獲科技部批准，在港成立第一個分中心 —— 國家專用集成電路系統工程技術研究中心香港分中心；香港科技園公司於 2011 年至 2014 年間，獲國家科學技術部確認三個國家產業化基地，包括「國家綠色科技產業化（夥伴）基地」、「香港國家現代服務業產業化（夥伴）基地」及「香港國家集成電路高新技術產業化（夥伴）基地」。

2014 年 9 月 10 日，總理李克強出席第八屆夏季達沃斯論壇開幕式致辭時，首次倡議「大眾創業、萬眾創新」[1] 的主張，此後，香港及內地出現一批以科技創新創業的初創企業，配合一些創業孵化器、加速器、風險創投基金、共享工作間等企業形成初創生態圈，為初創企業提供贏取種子基金或風險投資基金的機會。2014 年，投資推廣署成立初創企業專責團隊，以加強香港作為主要創業樞紐的地位，吸引包括內地創業人士來港開業。據投資推廣署從 2014 年起進行有關香港創業生態環境的調查統計，香港初創公司數目由 2014 年的 1065 間，增加至 2017 年的 2229 間。2017 年的初創企業創辦人中，有 57% 來自香港，至於原屬國家／地區為內地的創業家，比例佔 16%。

特區政府於 2000 年 7 月成立投資推廣署（推廣署）。該署負責吸引和保留外來直接投資，以配合政府整體政策目標，包括發展創新科技。推廣署於 2017 年完成 402 個項目，直接投資額超過 166 億元，當中 86 個是與內地公司有關的項目，佔年內已完成項目總數的 21%，是投資項目的最大來源地。

除內地創業家來港創業外，香港的初創企業陸續到內地發展，2014 年 11 月，由香港科技大學電子與計算機工程學系教授李澤湘發起成立的東莞松山湖國際機器人產業基地（機器人基地），開始投入運作。李群自動化、逸動科技等約十間香港初創企業在機器人基地成立。

2016 年 7 月，國務院通過《中華人民共和國國民經濟和社會發展第十三個五年規劃綱要》（《「十三五」規劃綱要》），明確「十三五」時期以科技創新為主要發展目標，其中涉及港澳部分的內容單獨成章（《港澳專章》），確立香港在國家整體發展中的功能定位。在創新及科技方面，《港澳專章》提出支持香港發展創新科技事業，培育新興產業。香港社會業界陸續籌辦創新科技相關展覽和活動，聯繫香港、內地和全球的創科機構，推動創科發展。

2016 年 9 月 24 日至 10 月 1 日，團結香港基金在港主辦首屆「創科博覽 2016」，以「創

新驅動發展，科技引領未來」為主題，展品以國家「十二五」規劃的科技成就項目為基礎，包括航天、航空、深潛、信息、健康、能源、交通及創新創業共八個主題，展出 60 項達國際水平的內地科研產品及項目，包括航天及探月工程、北斗衛星導航、深潛二萬呎潛水器、自主研發的無人船、無人機等。一連八天的創科博覽，進場人數超過六萬人。

2017 年 3 月 5 日，總理李克強在十二屆全國人民代表大會第五次會議上，提到「研究制定粵港澳大灣區城市群發展規劃，以推動港澳與內地深化合作，發揮港澳獨特優勢，提升在國家經濟發展和對外開放中的地位與功能。」[2] 香港特區政府於同年 7 月 1 日，與國家發改委、廣東省人民政府和澳門特區政府簽署《深化粵港澳合作推進大灣區建設框架協議》，確立在大灣區建設中心的合作重點領域，包括打造國際科技創新中心。

一、院校互訪交流與合作

改革開放初期，香港與內地的科技合作從學術交流開始。1980 年代，香港中文大學（中大）、香港理工學院（理工學院，1994 年正名為香港理工大學，簡稱理大）及 1980 年代中期成立的香港城市理工學院（城市理工學院，1994 年正名為香港城市大學，簡稱城大），設立較多工科及科技相關學科的課程。兩地院校的交流合作模式，包括派遣教職人員互訪講學、舉辦科研講座、交換學報等院校刊物及資料，與內地大學及科研機構進行學術層面的科技交流。其間，院校間的科技合作是個別性的交流，並未有整套規劃。

1978 年 9 月，內地大學首次邀請香港學術機構前往內地進行學術訪問。當時，香港理工學院院長李格致獲西安交通大學邀請，率領理工學院 12 人代表團作官式訪問。訪問期間，雙方同意交換個別研究資料，以及在一些學術範圍合作，包括金屬成形、電力傳送與分布、高電壓工藝學、厚膜材料與生產、微型計算機、控制與自動體系、低溫工藝學、高分子與複合材料、半導體材料等。理工學院通過交流，向內地院校分享現代設備在科技上的應用經驗，以及把院校的資源計劃、圖書館管理、學生入學紀錄等行政工作電腦化。理工代表團還訪問清華大學、北京大學、北京師範大學、上海交通大學、廣州中山大學及華南工學院等。

1979 年 10 月，中大校董陶德獲中科院邀請訪問中國，參觀中科院設在北京和上海的多間科學研究所，以及杭州和廣州的兩所大學。陶德於翌年 1 月下旬至 2 月上旬訪問中大，並於大學校董會會議上致辭時指出，內地認識到科技發展落後於世界，中文大學與畢業生可以擔當連接內地與世界的橋樑，協助內地追趕世界的科技發展。

香港的大學透過舉辦不同科研範疇研討會，邀請內地學者參與，為內地學者提供與外界交流的平台。1981 年 2 月 25 日至 27 日，理工學院與華南工學院在深圳合辦近岸工程研討會，研討會為期三天，香港、內地及海外的工程人員在相關範疇進行科技經驗交流。

1980 年代中期，各間大學及專上學院陸續與內地學院或科研機構簽訂各種合作協議。1984 年成立的城市理工學院，於成立初期與內地學術交流的活動訂立指引，並委任電腦中心主任潘其浩為中國事務聯絡主任，負責統籌所有與內地院校合作的學術交流計劃。當時布政司署屬下的教育統籌科撥款五萬元，資助院校與中國學院進行學術交流。

1985 年 1 月 14 日至 15 日，城市理工初次與廣州中山大學建立聯繫；3 月 11 日至 16 日，城市理工學院的不同單位獲邀到中山大學訪問，雙方確定合作的領域。首個合作項目是協助中山大學將行政管理程序電腦化，並提供技術支援。同年 9 月，電腦中心主任就中山大學的行政程序電腦化進行研究，並於 1986 年 1 月完成並提交報告。1986 年 3 月 20 日至 22 日，雙方代表在中山大學就雙方的學術交流正式簽署合作協議；8 月起，中山大學派出 3 名人員到城市理工學院的電腦中心工作六個月。

1986 年 5 月，中大副校長徐培深率領理學院考察團訪問中科院設於北京及上海兩地的科研單位，並確立協辦多項長期合作計劃，經費由私人基金會贊助，交流活動促進院校間互相溝通，雙方加深了解。

1988 年 5 月 30 日至 6 月 13 日，理工學院應中國科學研究院及國家教育委員會邀請，率領 14 人代表團到訪北京、武漢、西安及南京，探訪 40 多家大學及高等教育機構，並與中國科學研究院選出 20 多項研究題材，以備進行聯合研究計劃。1987 年至 1988 年度，理工學院 14 個學系與內地學術機構進行共 50 項聯合研究計劃，是學院該年度在與內地聯繫方面的一項重大發展。

1988 年 8 月 4 日，中大署理校長徐培深與河北省科學院院長羅民權重新簽訂兩校於 1985 年訂立的科技協作協議書，規定雙方在科學研究方面保持合作，並互派學者作短期訪問，同意開展合作研究計劃及交換出版刊物與研究資料；10 月 14 日，中大校長高錕與廣州中山醫科大學校長彭文偉，分別代表中大腫瘤研究組與中山醫科大學腫瘤中心簽署合作協議，加強雙邊協作、互通醫學信息及交流學術經驗，促進相關領域的研究工作。

1990 年代，隨着各大學與內地學院建立基礎聯繫後，兩地開始建立長期的交流合作計劃，包括定期的訪問計劃、研討會、不同科研範疇的合作研究等。城市理工學院於 1991 年至 1992 年度有 52 項學術交流，包括訪問、講學、研究合作等；資助 77 名教職員到內地交流；接待 138 名內地學者到學院進行學術交流，這些互訪交流活動中，過半數是與科學及工程相關的學術領域。同年度城市理工學院推出一套接待中國到訪學者的計劃。

1992 年，中大與多倫多大學簽訂合作協議，並與中國國家科技委員會達成三邊研究計劃，合作組成生物科技研究工作站，開展心臟基因庫等研究計劃，透過多方合作及聯繫，組成一個全球網絡，以提升教研質素。

1993 年 12 月，聯合國工業發展署撥款在中大設立「國際蕈菌生物技術服務中心」，委任真菌學家張樹庭教授為中心首位主任，他以中大作科研基地，並透過他在國際上的影響力，將食用菌、藥用菌等相關的國際會議地點，定在內地舉辦，以擴大內地食用菌產業及科研與國際的接觸。

1994 年 3 月 21 日，理工學院推出的中國傑出學人訪問計劃，首屆授予六位內地學者「傑出中國訪問學人」稱號，並邀請他們到理工舉辦公開講座與研討會，雙方進行交流。1994 年至 2014 年間共邀請 122 名傑出中國學人訪問理工。

1995 年 5 月，理大創立「國際應用科技開發協作網」（協作網），成立初期有 14 家內地知名大學簽署協議參與協作網，成員院校將其科研成果引進至應用層面，在工商業範疇上應用。在協作網籌備會議中，各成員提出近百項具開發或商品化潛力的項目，包括材料科學、先進製造技術、通訊及資訊科技、精細化工及藥物、醫療衛生儀器等多個應用科技範疇。理大透過 1997 年新成立的科技及顧問有限公司，協助協作網各成員推廣展銷科技成果，其中一項計劃，為協助內地院校設計的一系列貴價醫療儀器，拓展國際市場。

1996 年，中大醫學院與北京醫科大學和台灣地區陽明大學合作，創立海峽兩岸暨香港地區醫學教育協會，並在長江三峽遊輪上舉辦第一屆研討會，以「大陸醫學教育改革探討；研究生教育；醫學生的臨床知識和技能培養；醫學生的通識教育」為主題。此後，幾乎每年或每兩年舉辦研討，探討醫學教育問題，促進學術與科研合作交流，至 2015 年 3 月，共舉辦 14 次研討會。

1997 年香港回歸前後，中科院與香港各大學先後成立 15 個聯合實驗室。從 1996 年 4 月至 1997 年 1 月，中科院與香港科技大學、香港大學共同建立一批聯合實驗室和聯合研究中心，為雙方建立長期、穩定、互利的科技合作基礎。當中包括與科大共建的生命科學與生物技術聯合實驗室、微電子聯合實驗室；與香港大學共建的中國語文認知科學聯合研究中心、轉基因動物研究聯合中心及新材料合作和檢測技術聯合實驗室。

隨着香港院校與內地院校合作愈趨密切，深圳市委政府為發展高新技術產業，於 1999 年 9 月，在深圳成立虛擬大學園，建設一個創新型產學研結合的示範基地，以集合內地及港澳院校的科研人才、技術等，提升兩地科研合作水平。首批 22 間院校包括香港大學及香港科技大學。隨後，香港浸會大學、香港理工大學、香港城市大學及香港中文大學陸續加入。

理大以應用研究為重點發展策略，其藥物開發能力於 2005 年 1 月獲中國科學技術部認可，獲准通過位於深圳的「理大現代中藥研究所」，成立專門研究中藥及分子藥理的「國家重點實驗室」，為全國首個從事中藥開發、亦是首個由香港特區院校設於內地的國家重點實驗室。

2011 年 9 月 22 日，香港科技大學深圳產學研大樓啟用。大樓位於深圳虛擬大學園國家大學科技園，是首批獲市政府批准入駐的八所香港及內地大學之一。（香港科技大學提供）

2005 年起，國家科技部同意在香港設立國家重點實驗室夥伴實驗室，而港大的新發傳染性疾病國家重點實驗室夥伴實驗室和腦與認知科學國家重點實驗室夥伴實驗室，成為香港首批獲批准成立的國家重點實驗室夥伴實驗室，於 10 月 4 日開幕並投入運作。隨後陸續有院校獲批成立國家重點實驗室。

隨着兩地院校共建聯合實驗室，加強科研領域的合作後，香港院校參與國家重要的科研項目趨多。2005 年 10 月 5 日，中大宣布成立「太空與地球信息科學研究所」；同日位於中大校園內的「衛星遙感地面接收站」第一期工程落成，興建獲國家科學技術部「863」國家高技術研究發展計劃及特區政府的創新科技署撥款支持，以記錄和處理從衛星接收到的遙感數據，監測香港、華南及周邊地區全天候的環境與自然災害，是促進香港與內地技術合作的重要平台，為國家地理觀測體系的一部分，並為中大太空與地球信息科學研究所的重要設施。

同年 10 月，中國航天飛船神舟六號成功升空，香港學術界也有參與當中載人航天飛行的科研工作。理大紡織及製衣學系應國家航天局要求，設計內地首套防靜電工作服給地面控制中心人員，並由該學系副教授陳志駒籌劃，工作服符合美國材料與試驗協會（ASTM）的標準，能即時卸除所有靜電，是內地首套能達至零靜電狀態技術的工作服。

2006 年 4 月 27 日，理大與國家航天局月球探測工程中心簽訂協議，加強在人才培養、科學研究及學術交流三個範疇合作，並參與月球探測計劃「嫦娥工程」。

同年 9 月 22 日，中大與中科院及深圳市政府簽署協議，合作於深圳成立「中科院香港中文大學深圳先進集成技術研究所」（集成所），是內地首個中科院與香港的大學共建的研究所，也是中大與深圳市政府首個大型合作項目。該所下設 13 個研究中心和實驗室，逾 220 名

科研人員，近 20 位中大教授參與研究，於 2008 年至 2009 年度取得超過 5140 萬人民幣的研究經費。

香港院校亦透過合辦研討會及院士訪校計劃，提供平台給香港及內地學者進行學術交流。2007 年起，中大與國家自然科學基金會，每年合辦不同主題的學術研討會，給香港及內地學者發表研究成果、交流意見及分享研究進程等提供平台，2007 年 10 月 31 日至 11 月 1 日，雙方舉辦首個合辦的研討會，主題為「生物信息與應用學術研討會」。

2008 年 1 月 28 日至 2 月 2 日，中大首次舉辦「院士訪校計劃」，五位中科院院士應邀到訪，包括中國人民解放軍第四軍醫大學神經科學研究所鞠躬院士、中科院動物研究所劉以訓院士、中科院昆明植物研究所孫漢董院士、中科院上海生命科學研究院生物化學與細胞生物學研究所張永蓮院士、中科院上海生命科學研究院植物生理生態研究所趙國屏院士。同年 9 月 26 日，中大亦舉辦首屆「中國工程院院士訪校計劃」，以建構兩地科學技術精英合作交流的平台。

2008 年，城大參與開發的「北斗一號」衛星導航定位系統用戶終端機的小型天線和功率放大器，有關技術首次應用於汶川地震救災工作，此項研究獲得 2011 年度國家技術發明獎二等獎。

在 2010 年代，香港院校繼續在不同科研範疇與內地科研機構及院校簽署合作協議，並成立實驗室、研究中心及合作中心等。2010 年 9 月 16 日，特區政府創新科技署與廣東省科學技術廳簽訂《共同推進粵港產學研合作協議》，以進一步落實《珠江三角洲地區改革發展規劃綱要（2008—2020 年）》和《粵港合作框架協議》，深化粵港科技合作，推動粵港產學研合作，協助香港的高等院校、研究機構在廣東省建立聯合實驗室、聯合工程研究中心等。

2010 年 6 月，理大與中國空間技術研究院簽訂聯合研發協議，在國家探月工程相關領域展開合作。雙方於 2013 年 3 月簽訂協議，籌組共建一所「力學與空間環境工程技術聯合實驗室」，以擴大理大科研人員參與國家航太科技研究的層面。

2011 年 3 月 31 日，中大校長沈祖堯在上海與中科院上海分院簽訂全面合作協議，並共同成立「中科院上海分院—香港中文大學上海合作中心」，協調及促進雙方交流，並統籌開展更多合作項目。在合作框架下，中科院上海藥物研究所與中大生物醫學學院共同組建「促進中藥全球化聯合實驗室」，以促進雙方在中藥全球化方面的合作，致力開拓中藥全球化發展的創新研究。

11 月，中大生物醫學學院與中科院廣州生物醫藥與健康研究院簽訂合作協議，以促進雙方人才培訓、交流及研究的合作發展。翌年 8 月 24 日，中大—中科院廣州生物醫藥與健康研究院幹細胞與再生醫學聯合實驗室成立，深化雙方伙伴合作關係，以助日後參與更多具高質量的本地、內地及國際性研究計劃。

2012 年 2 月 20 日，中大與浙江大學肝病及消化病聯合研究中心揭幕，校長沈祖堯率領六人代表團前往浙江大學主持揭幕儀式。

2013 年 1 月，深圳海洋研究與技術聯盟成立，由深圳虛擬大學園發起，城大海洋污染國家重點實驗室聯合清華大學、中科院深圳先進技術研究院、廈門大學、深圳大學、北京大學等 11 所高等院校及研究機構合作成立，以促進相關領域的研究。

2010 年代中，本地院校增加與內地企業合作，進行研究合作。2014 年 10 月，城大與昆明貴金屬研究所及貴研鉑業股份有限公司，簽訂合作協議，建立長期戰略合作伙伴關係，加強各方在科學研究、技術開發、人才培養等領域的合作。年內，城大學者與內地學者進行聯合研究，其中三項研究課題獲國家自然科學基金委員會，以及香港研究資助局聯合科研資助基金的資助，總金額達 300 萬元。

2016 年 11 月 30 日，理大與華為技術有限公司（華為）設立「理大—華為先進計算系統與網絡光互連聯合實驗室」，集中長途和短距離數據傳輸系統、計算機網絡和系統，以及大數據計算等領域，研發嶄新科技，並進行影響深遠的轉化研究，這是香港首個以高傳輸容量光通訊及先進計算系統為主要研究領域的實驗室。

2017 年 2 月 27 日，理大與中國航天國際控股有限公司簽署協作研究框架協議，建立一個平台，利用理大在創新科技上的優勢，配合國家航天工程領域的技術需求。根據協議，雙方成立一所發展智能系統的聯合實驗室，開拓航空領域的應用研究，並進行專才交流和互訪、舉辦課程和講座，以及提供研究資助基金。

二、科研資金運用

1970 年代末至 1980 年代，香港與內地科研交流的經費，部分來自港府津貼，部分為院校經常性的研究經費，此外，個別學系及研究所自籌經費支持交流活動。當時港府資助香港與內地交流的金額，每年約 15 萬元，外界基金會包括中英基金會、裘槎基金會、培華教育基金等亦有資助香港的大學與內地進行交流及合作研究。

1991 年，大學教育資助委員會成立研究資助局（研資局），為香港高等教育機構提供多項具競爭性的研究資助計劃。

除來自政府的科研資金，私人界別亦推出科技基金，支持兩地科技教育發展。1994 年，四位香港金融家何善衡、梁銶琚、何添、利國偉各捐資一億元，成立的「何梁何利基金」，初期設有科學與技術成就獎和科學與技術進步獎，前者每年最多不超過五名，每人獲獎金 100 萬元；後者每人獎金 10 萬元（1997 年增至 15 萬元，1999 年增至 20 萬元）。首屆獲科學與技術成就獎的科學家包括錢學森、黃汲清、王淦昌及王大珩。

香港銀行家何善衡、梁銶琚、何添、利國偉於 1994 年各捐一億元，成立「何梁何利基金」，設「科學與技術成就獎」
及「科學與技術進步獎」，獎勵取得傑出成就的中國科技工作者。圖為該年 5 月 13 日，副總理朱鎔基（右二）會見利
國偉（左二）、何添（左一）等捐款人代表。（何梁何利基金提供）

香港業界亦開始與內地政府組織長期支持兩地科研學者的計劃，以資助及培養兩地傑出的
科研學者。1998 年，李嘉誠基金會和國家教育部共同啟動實施的「長江學者獎勵計劃」，
對在內地從事科研教育工作的優秀學者提供人才培訓及獎勵。中大醫學院副院長（研究）、
李嘉誠健康科學研究所所長、醫學院李嘉誠醫學講座教授兼化學病理學講座教授盧煜明教
授獲頒 2006 年「長江學者成就獎」，是該年唯一獲此獎項的本地學者。

1999 年，香港研究資助局與國家自然科學基金委員會（基金委）設立的聯合科研資助基
金，為香港與內地提供科研合作資金。1998 年 11 月，研資局與基金委簽訂有關設立聯合
科研資助基金的協議；雙方每年合共撥出 1500 萬元，以促進香港與內地研究人員於信息
科學、生物科學、新材料科學、海洋與環境科學、中醫中藥研究、管理科學六個方面的合
作。首年度計劃共接獲 229 份初步申請書，經過評審後，同意對其中 14 個項目作出資助。

2010 年，香港學者協會與國家人力資源和社會保障部全國博士後管委會辦公室推動「香江
學者計劃」，以培養博士後人員為宗旨，獲選的內地博士後研究生，以合約人員身份到香港
院校開展博士後研究工作，科研經費由兩地政府負責。截至 2017 年，共有 396 位內地博
士獲選赴港展開為期兩年的科研工作。

研資局按需要增加撥款，每年資助金額由 1999 / 2000 年度的 1000 萬元，逐步提升至
2015 / 16 年度的 2625 萬元。基金委的資助金額亦不斷相應增加，以促進兩地科研發展。
每年獲資助項目的數目，由成立首年的 14 個項目，增至 2015 / 16 年度的 23 個。

2016 / 17 年度開始，研資局及基金委進一步擴展聯合科研資助基金計劃，資助青年會議項目，以促進香港和內地相類領域的青年研究員，通過發表其近期及未公開的研究工作，開拓新的合作。雙方每年各自資助最多兩項在當地舉辦的會議項目。

香港的大學申請內地科研資金有既定的機制和體制，主要包括兩點：第一、只可伙拍內地機構合作申請，共同承擔內地的科研項目；第二、資金不可以「過河」。2010 年起，港澳地區科研機構在內地單獨設立、或與內地單位聯合設立的科研單位，獲許可獨立申請承擔國家科技計劃課題。2010 年起至 2011 年間，香港六所大學在深圳的研究院先後落成啟用。香港各大院校遂以其於深圳研究院的名義，申請內地的科研資金，並用於在內地的研發工作。

2006 年至 2014 年，472 位香港科研人員參與了國家重點基礎研究發展計劃（「973」計劃）、國家高技術研究發展計劃（「863」計劃）、支撐計劃、國合專項以及火炬計劃等143 項國家科技計畫課題的研究工作，其中課題負責人有 43 名，109 個香港科研機構作為承擔單位或參加單位參與 93 項課題的研究。

截至 2017 年 6 月 30 日，研資局與基金委的聯合科研資助基金聯合資助項目共 353 項。據研資局統計，2017 年該局累計資助金額為 2.76 億元。另據國家自然科學基金委會員資料，2017 年，該基金委會員資助港澳學者合作研究基金「兩年期項目」[3] 共 120 項，資助費用共 2160 萬元人民幣；獲批的「四年期項目」共 22 項，資助費用是 3960 萬元人民幣，為香港科技界加強與內地的合作交流和承擔國家級科研項目，提供一個途徑，以助兩地在科技領域深化合作與交流。

第二節 官方合作平台

一、五所研發中心

2006 年，香港特區政府創新科技署成立五所香港研發中心（見表 8-2-1），旨在結合政府、產業界、學術界及科研機構四方面，進行以大珠三角地區產業需要為導向的應用科技研發工作，並促進科研成果商業化。研發中心聚焦於五個科技範疇，包括汽車零部件、資訊及通訊技術、物流及供應鏈管理應用技術、納米科技及先進材料，以及紡織及成衣。2006 年4 月 20 日，五所研發中心舉行成立典禮。

2007 年 5 月 21 日，工商及科技局局長王永平於「攜手建設創新型國家」論壇發表主題報告指出，大部分香港和珠三角企業依賴進口技術，缺乏自主品牌。香港特區建設科技基礎設施的目標，是協助香港以至珠三角的企業提升自主創新能力和技術水平，為產品及服務增值，開發自主品牌，增加國際市場競爭力。王永平舉例闡釋，香港一間電子公司使用

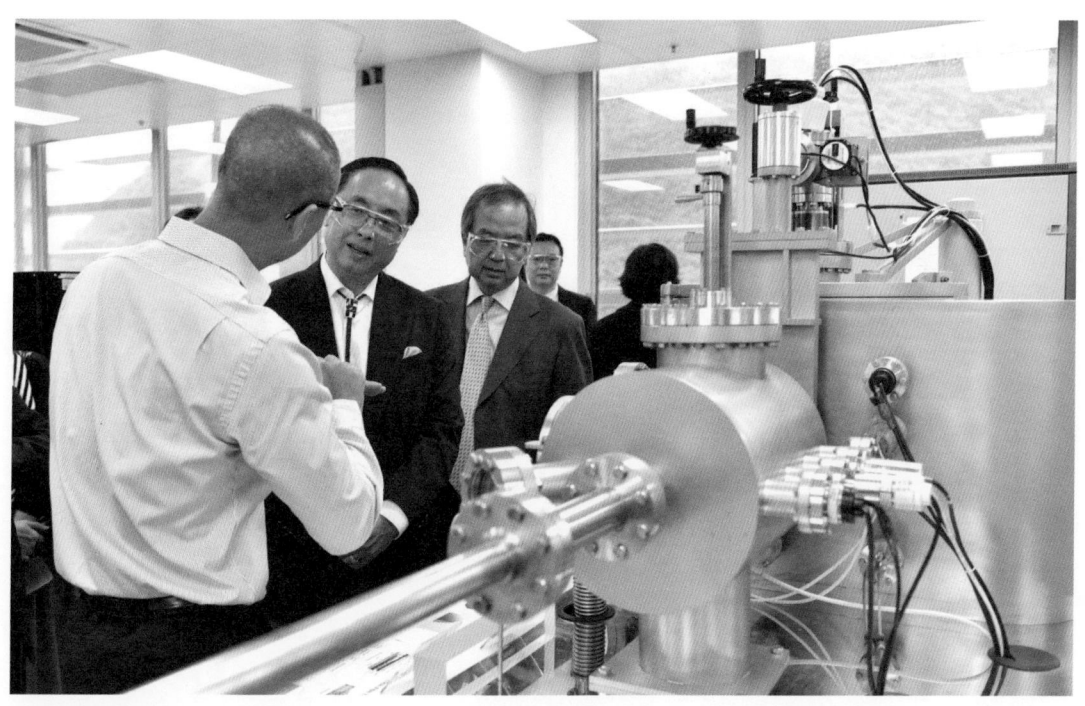

香港特區政府於 2006 年成立五所研發中心，推動和統籌選定科技範疇內的應用研發。圖為 2016 年 8 月 10 日，創新及科技局局長楊偉雄到訪納米及先進材料研發院，並由研發院行政總裁余宏德（左三）陪同參觀實驗室，觀看薄膜晶體管，該研發院致力進行及支持以市場主導的納米技術和先進材料研發工作。（香港特別行政區政府提供）

表 8-2-1：五所香港研發中心

研發中心	承辦機構
汽車零部件	香港生產力促進局
資訊及通訊技術	香港應用科技研究院有限公司
物流及供應鏈管理應用技術	香港大學、香港中文大學、香港科技大學
納米科技及先進材料	香港科技大學
紡織及成衣	香港理工大學

資料來源： 香港特別行政區政府。

應用科技研究院（應科院）開發的 H.264 視像壓縮核心技術及其網絡電視機頂盒，與全球五十多家公司競爭，獲上海網絡電視台選為機頂盒外購指定生產商。上海網絡電視台為全國首間推出網絡電視服務的電視台。

截至 2016 年 5 月，五所研發中心共進行超過 920 個研發項目，涉及資助額約 41 億元。2016 / 2017 年度，五所研發中心共開展 135 個新研發項目，當中 48 個為業界有份贊助的新合作項目。2016 / 2017 年度的研發開支為 5.2 億元（見表 8-2-2）。

表 8-2-2　2016 年至 2017 年度香港五所研發中心營運情況

研發中心	開展的新項目數目	研發開支（萬元）	來自業界的收入（萬元）
香港應用科技研究院	38	26,800	7800
納米及先進材料研發院	45	9240	5682
香港物流及供應鏈管理應用技術研發中心 [①]	18	8330	1136
香港紡織及成衣研發中心	18	4180	1853
汽車零部件研發中心	16	3420	806

資料來源：香港特別行政區政府創新科技署。

注：①「香港物流及供應鏈管理應用技術研發中心」於 2018 年易名為「物流及供應鏈多元技術研發中心」。

二、深港創新圈

港深科技創新合作的範疇包括通過制度、技術、服務及管理等方面創新，連接國際創新資源，協助珠三角產業升級轉型。2004 年 6 月 17 日，政務司司長曾蔭權與深圳市長李鴻忠，在香港禮賓府舉行深港合作會議，並簽署《加強深港合作的備忘錄》及其他八份合作協定（「1+8」協定），建立港深兩地科技合作的協調機制，共同策劃科技合作計劃，為粵港合作框架下的港深直接溝通平台。

2005 年 7 月，深圳市委書記李鴻忠提出建立「深港創新圈」的概念。當時中央正制定「十一五」規劃，提出以建設創新型國家為目標和任務，「深港創新圈」的設想獲得國務院肯定。12 月 19 日，國家有關部委、廣東省科技廳、香港特區政府及深圳市代表約 50 人，在深圳召開「建立深港創新圈專題研討會」，對建立「深港創新圈」的必要性、可行性、可操作性，以及其定位、目標、模式等展開討論。

2006 年 1 月，深圳市政府 1 號文件《關於實施自主創新戰略建設國家創新型城市的決定》中，正式把建設「深港創新圈」列為戰略目標。2 月 17 日，深圳市常務副市長劉應力在香港科技大學發表題為《深港創新圈的構思與展望》的報告，就「深港創新圈」的提出、定位、功能、實施等問題發表公開演講。

2007 年 5 月 21 日，港深政府正式在港簽署「深港創新圈」合作協議，雙方成立「深港創新及科技合作督導會議」，以進行高層協商與溝通，並統籌及督導兩地各有關機構在港深合作上的安排。首次會議於 2007 年 10 月 15 日在深圳舉行，雙方同意繼續推行深港科合作資助計劃 [4]，該年支持的科技範疇為 RFID（射頻識別）共性技術、數碼電視及集成電路三個科技範疇的研發項目；雙方亦同意加強協調及整合兩地的科技資源，包括共同推動香港的研發中心與深圳的科技基礎設施和科研機構合作，協同發展並加強人才培訓及交流。

2009 年 1 月 8 日，國家發展與改革委員會（國家發改委）公布《珠江三角洲地區改革發展

2007 年 5 月 21 日，工商及科技局局長王永平（前左）與深圳市常務副市長劉應力（前右）簽署「深港創新圈」合作協議，推動和加強深港科技合作，包括人才交流和資源共享。後排左起：深圳市市長許宗衡、國家科技部副部長程津培、財政司司長唐英年、廣東省副省長宋海及國務院港澳事務辦公室副司長謝偉民出席見證協議簽署。（香港特別行政區政府提供）

規劃綱要（2008—2020 年）》，提出珠江三角洲地區進一步發揮先行示範作用，包括提高自主創新能力、加強區域合作、深化粵港澳科技合作、規劃「深港創新圈」等。2009 年 3 月 31 日，港深雙方於深圳召開「深港創新及科技合作督導會議」第三次會議，就「深港創新圈」合作協議進行覆檢及制訂未來三年行動計劃。計劃分為三大範疇，一共涉及 24 個合作項目，涵蓋生物醫學、集成電路、射頻識別、太陽能電池及工業設計等多個領域。合作單位包括兩地政府、大學、科研機構及民間組織（見表 8-2-3）。

2009 年 11 月 30 日，政務司司長唐英年與深圳市代市長王榮在香港共同主持深港合作會議，港深雙方在會後簽署《深化「深港創新圈」建設合作安排》，並達成其他共識，包括繼續推動兩地落實創新及科技合作協議、設立專項資金，支持兩地科企合作研發項目、聯手宣傳推廣、積極推動包括兩地檢測機構合作在內的創新科技領域高端服務業發展、配合兩地創新科技產業基地園區發展等。

為深化「深港創新圈」建設，促進兩地技術和人才交流，支持兩地青年創新創業，港深政府共同推進青年創新創業基地建設。2013 年 1 月 11 日，港深政府簽署《關於共同推進深港青年創新創業基地建設合作協議》，為兩地創業青年提供發展空間。2013 年 6 月，首個深港青年創新創業基地正式落戶南山雲谷創新產業園，政務司司長林鄭月娥與深圳市市長許勤，共同為基地主持揭牌儀式。首個基地落點是南山雲谷創新產業園原宿舍樓改造的 4 號辦公樓第四層，作為基地入駐企業的暫時過渡工作場地；2015 年年底，深港青年創新創業基地遷至南山智園 C2 棟 16 樓。

表 8-2-3　「深港創新圈」三年行動計劃（2009—2011）內的 24 個項目

一、創新基地——為科研合作項目提供實驗室或相關的設備
1. 建立深港傳染病研究中心
2. 建立深港創新圈互動基地，為兩地企業提供支援服務
3. 建設香港院校深圳產學研基地
4. 建設毫米波國家重點實驗室深圳基地
5. 為全自動晶圓檢測機合作專案建設開放性研發基地
6. 鼓勵香港研發中心在深圳建立分部
7. 鼓勵香港科技創業者在深圳大學城創業園
8. 建立聯合試驗室，進行數字訊號處理（DSP）以及集成電路（IC）技術研究
二、服務平台——讓科技資源得以分享，以及提供科技服務合作的平台
9. 構建以運動控制技術為核心的公共技術平台
10. 設立深港 IC 設計創新服務平台
11. 推動光明新區產業轉移和升級中心
12. 協助深港工業設計創新科技成果轉化中心
13. 建立深港工業設計資訊中心和培訓中心
14. 建立深港設計中心創意產業園區
15. 建立深港基因組學個體化醫學研究中心
16. 加強南山和香港合作為主體的深港知識服務業聯盟（即「深港知識服務業聯盟」，由「深圳市南山科技事務所」與「香港資訊科技聯會」牽頭）
17. 設立無線自組網技術服務平台
18. 加強香港與深圳的科技人才培訓與交流
19. 加強港深科技團體交流（即「深港科技社團聯盟」，由「深圳市科學技術協會」與「香港青聯科技協會」牽頭）
20. 加強港深學生科學交流與合作計劃（即「深港全民科學素質交流與合作行動計劃」，由「深圳市科學技術協會」與「香港資訊科技聯會」牽頭）
三、重大專項——在特定領域的合作
21. 電子產品編碼（EPC）和射頻識別（RFID）聯合應用專項研究
22. 食品安全及藥品安全專項研究
23. 愛滋病聯合防治專項研究
24. 太陽能電池生產技術專項研究

資料來源：香港資訊科技聯會。

2013 年 12 月 7 日，香港青年協會與前海管理局和深圳市青年聯合會發起成立前海深港青年夢工場（夢工場），讓 18 歲至 45 歲青年及 200 家初創企業在「夢工場」實踐創業計劃，探索創新創業孵化器產業化發展的新模式。2014 年 11 月，計劃開始接受青年及具高潛質的初創企業申請進駐，同年 12 月開園。入駐前海的現代物流、信息服務、科技服務、文化創意產業及專業服務的企業，均可獲稅率優惠。截至 2017 年 4 月底，夢工場累計孵化初創團隊共 187 個，其中香港團隊 87 個，超過半數項目獲得融資。

2017 年 1 月 3 日，香港特區政府與深圳市人民政府簽署《關於港深推進落馬洲河套地區共同發展的合作備忘錄》，共同推廣「港深創新及科技園」，以吸引港深兩地及海外企業、研發機構和高等院校進駐，推動「港深創新及科技園」的發展。

1. 中介服務機構

在「深港創新圈」的合作項目中，香港的中介科技服務機構，如香港科學園、數碼港、香港生產力促進局等，發揮半官方機構兼屬科技中介服務的作用，協助香港中小企業孵化、技術研發、產品檢測、人才培訓等方面支援。

2004 年 6 月 17 日，港深政府簽署「1+8」協定，在八份合作協議中，香港生產力促進局（生產力局）及香港數碼港管理有限公司（數碼港）分別與深圳市高新技術產業園區簽署《科技交流與服務合作協議》及《深圳高新區 —— 香港數碼港管理有限公司戰略合作協議書》，以建立技術交流合作平台，為兩地企業提供產品開發、製造技術應用及技術轉移等服務，並鼓勵兩地高新科技企業合資合作，建立兩個園區的信息、資源、業務、人才的互流通道，合約包括設立一條直接專線，以提升兩地的資料傳送效率。

2006 年 3 月 21 日，香港科技園公司、深圳高新區及西安高新區三方在深圳簽署《跨區域創新科技合作備忘錄》，推動三地在科技、人才與產業化方面的合作，「深港創新圈」進入實際運作。根據協議，三方共同為三個城市的企業及大學建立一個聯合服務平台。

2007 年 10 月 15 日，生產力局與深圳市生產力促進中心共同組建的「深港生產力基地」揭幕，並於同年 12 月試驗運行。基地設立六大支援中心，為港深兩地企業提供環保技術、電子及汽車技術、培訓、資訊技術、資訊科技及管理系統和管理諮詢等服務。主持揭幕儀式的主禮嘉賓之一、商務及經濟發展局局長馬時亨指「深港生產力基地」為港深兩地科技合作的里程碑，是落實「深港創新圈」的一項重要措施。

2007 年 12 月 18 日，香港科技園公司與深圳高新區簽署《「深港創新圈互動基地」合作備忘錄》。根據協議，深圳高新區的軟件園二期為香港方預留約 10,000 平方米的研發場地；香港科學園二期亦為深圳方預留 1000 平方米的研發場地。

2008 年 5 月 5 日，香港、深圳與美國杜邦公司簽署合作意向書，是「深港創新圈」首個大

2004 年 10 月，香港生產力促進局與深圳市生產力促進中心簽署合作協議，並於 2005 年共同組建「深港生產力基地」。2007 年 10 月 15 日，基地揭幕，並於同年 12 月試運行，是深港合兩地科技合作的里程碑，亦是落實「深港創新圈」的一項重要措施。（新華社提供）

型科技合作項目。杜邦公司承諾在香港科學園成立其全球光伏電薄膜業務及研發中心，並於深圳建立生產設施，這是當時一個創新的模式。公司總部於 2009 年 3 月開幕，生產基地於同年 11 月 17 日投產；2014 年 8 月，杜邦公司約滿撤出香港科學園。

2. 大學

「深港創新圈」合作協議其中一項內容，是「加強兩地科研機構及高校間的合作，鼓勵雙方科教人員的交流、鼓勵雙方建立聯合實驗室」[5]，借助香港研發優勢，推進珠三角區域創新平台的轉型升級。

香港科技大學於 1999 年 8 月 16 日，與深圳市政府及北京大學於深圳五洲賓館簽署合作協議，共同在深圳高新區創建「深港產學研基地」。基地採取開放式的官、產、學、研結合模式，以發展成為「一個具有競爭力的科技成果孵化與產業化基地、風險基金聚散基地、科技體制創新基地、高新技術人才培養引進基地」[6]為目標，是科大與北大重要的對外合作基地之一。

1999 年 9 月，深圳虛擬大學園成立，為內地首個集成國內外院校資源，按「一園多校、市校共建」模式建設的創新型產學研結合示範基地。自 2000 年起，香港六所大學陸續在深圳設立研究院，其中香港理工大學與香港浸會大學是最早進駐深圳虛擬大學園的香港高等院校。

從 2006 年起，深圳市政府每年從深圳市科技研發資金中，安排 3000 萬元人民幣專項經費，用於資助香港的大學和科研機構與深圳市科研機構和企業合作。其中，2006 年資助「深港創新圈」計劃項目有 27 項，資助金額 1605 萬元人民幣。

2006 年 4 月 20 日，香港科技大學與深圳市政府及北京大學共同成立「深港發展研究院」，是深港產學研基地的研究部門，亦為兩地研發合作的橋樑。

同年 6 月 5 日，香港中文大學校長劉遵義與深圳市常務副市長劉應力簽署《深圳市政府與香港中文大學全面合作備忘錄》，在科研教育、醫療各個方面展開全面合作。9 月 21 日，中大工程學院和香港資訊科技聯會於尖沙咀喜來登酒店舉行第二屆科技經濟高峰會「深港創新圈—資訊科技界兩地協作論壇」，以促進兩地在科技政策、產業及教育各方面的交流合作。

2009 年 11 月 30 日，香港大學與深圳出入境檢驗檢疫局在深港合作會議後，簽署《深港創新圈創新技術科技合作協議》，鼓勵雙方合作參與國家級食品安全和監管的重大科研項目、共享實驗室資源、推動科技成果轉化，並在深圳進行試驗、應用和產業化，以及培養關鍵技術方面的人才，鼓勵港方在深圳聘用研究人員開展創新研究工作。

2010 年至 2011 年間，香港理工大學（2010 年）、香港中文大學（2011 年）、香港城市大學（2011 年）和香港科技大學（2011 年）在「三年行動計劃」中計劃建設的產學研基地，相繼落成使用及開展科研工作；包括發展應用研究和孕育產業項目；而香港大學（2011 年）及香港浸會大學（2000 年）在深圳設立研究院。截至 2010 年，深圳虛擬大學園內六所大學促成港深科技合作 29 項，培養人才 5508 人次，其中博士 81 人，碩士 1428 人，學士 908 人，定單培訓 824 人。當中，香港理工大學「中藥藥學及分子藥理學實驗室」獲科技部批准成為省部共建國家重點實驗室培育基地之一。

2005 年 1 月，香港理工大學深圳研究院轄下現代中藥研究所，獲國家科學技術部正式批准，成為全國首間專門研究中藥藥劑與藥理學的國家重點實驗室，亦是首間由香港院校設於內地的國家重點實驗室。圖為香港理工大學常務副校長曾慶忠（右）和現代中藥研究所常務副所長陳士林於實驗室內合照。（香港大公文匯傳媒集團提供）

2011 年至 2012 年間，香港大學及香港科技大學的四個研究項目，透過各自在深圳設立的研究院，入選國家級 973 計劃。此為國家級科技計劃成立以來，首次直接批出撥款予香港高等院校的科研項目。

隨着香港各所大學在深圳南山高新區成立產學研基地或研發中心，「深港創新圈」三年計劃下「建香港院校深圳產學研基地」的措施得以落實。

三、河套區港深創新與科技園

落馬洲河套地區（河套地區）是深港創科合作的另一平台。1997 年 7 月 1 日，國務院頒布第 221 號令，深圳河裁彎拉直、完成治理後，以新的深圳河中心線作為港深兩地的區域界線。按國務院令，深圳河以南屬於香港特別行政區的行政區域，落馬洲河套地區歸屬於深圳河以南，即屬香港特別行政區的行政區域範圍。

1990 年代，社會各界對發展河套提出各種建議。特區政府在 2001 年 2 月發表《香港2030：規劃遠景與策略》初議報告書中，提出探討發展「邊界城市」的可能性。2007 年10 月完成最後報告，指出落馬洲河套區具潛力發展作特殊用途，並有需要設於邊界位置。同月，特區政府公布《施政報告》，將河套地區發展列入「十大基建項目」之一。

2007 年 12 月 18 日，港深政府簽署《關於近期開展重要基礎設施合作項目協議書》，並成立「港深邊界區發展聯合專責小組」（下稱「專責小組」），負責統籌、協調和督導港深邊界區土地規劃和發展的研究工作。專責小組於 2008 年 3 月 10 日舉行第一次會議，決定以「共同研究、共同開發」的原則，由深港雙方開展綜合研究，探討開發河套地區的可行性，以及有利於兩地的土地用途，相關研究經費由深港兩地政府共同承擔。

2008 年 5 月 2 日，規劃署委託捷利行測量師有限公司和香港理工大學公共政策研究所統籌和進行公眾諮詢，收集公眾人士對河套地區未來土地用途的意見。同時，深圳市政府也就同一議題，在深圳收集公眾意見。香港的公眾諮詢活動由發展局出資，於 2008 年 6 月 10日至 7 月 12 日進行公眾諮詢活動，其間分別進行一次公眾論壇、四次專題小組討論會和一場大珠三角商務委員會簡介會。

2008 年 11 月 13 日，港深政府簽署《「落馬洲河套地區綜合研究」合作協議書》。2009年 4 月，立法會財委會批准撥款 3370 萬元，用作落馬洲河套地區發展的規劃、工程研究顧問費及工地勘測。2009 年 5 月 26 日，規劃署聯同土木工程拓展署，與奧雅納工程顧問有限公司簽訂合約，於 6 月 1 日正式開展「落馬洲河套地區發展規劃及工程研究 — 勘查研究」，顧問合約總值約 2630 萬元。

2009 年 8 月 19 日，粵港政府在粵港合作聯席會議第十二次會議上，就河套發展取得初步

共識，同意河套地區發展以高等教育為主，輔以高新科技研發和文化創意產業的用途，配合落實《珠江三角洲地區改革發展規劃綱要（2008—2020年）》。有關共識在 2011 年 11 月 25 日的深港合作會議後，通過政務司司長林瑞麟與深圳市市長許勤簽署的《推進落馬洲河套地區共同開發工作的合作協議書》得到初步落實。

港深政府達成共同發展方向共識後，2010 年至 2012 年間，同步就河套發展建議先後進行兩輪公眾諮詢。第一階段公眾參與活動在 2010 年 11 月 23 日至 2011 年 1 月 22 日舉行，收集公眾對河套地區的「初步發展大綱圖」及周邊土地的初步發展建議的意見。其間，在香港舉行共 21 場諮詢會議或簡介會、一場公眾論壇及四場巡迴展覽，並接獲共 114 個來自香港境內的書面意見。

完成第一階段諮詢後，規劃署表示適切採納公眾意見，連同相關技術評估結果，就河套地區發展方案作出六項修訂。修訂反映在「建議發展大綱圖」內，包括靈活調配用作「高新科技研發」及「文化創意產業」的土地；調整「教育」、「高新科技研發」及「文化創意產業」的建築樓宇高度上限，降至 12 層，「商業」用途樓宇高度上限降至 9 層；東面連接路改以隧道和沉降式道路興建，減低對生態的影響；在區內東西兩端冷凍負荷中心區，興建兩個較小型的區域供冷系統，提高節能效益等。

「建議發展大綱圖」擬稿公布後，展開第二階段的公眾參與諮詢，在 2012 年 5 月 15 日至 7 月中旬，諮詢人士及團體包括立法會發展事務委員會、城市規劃委員會、土地及建設諮詢委員會轄下規劃小組委員會、相關區議會及鄉事委員會、當村村民及村代表、地區人士、環境關注團體及專業團體等，在港舉辦共九場簡報會、兩場巡迴展覽，共接獲 36 份書面意見，收集的意見與第一階段相若。

2013 年 7 月 18 日，港深雙方就河套地區的「建議發展大綱圖」定稿。根據「建議發展大綱圖」，河套地區土地總面積 87.7 公頃，其中 22.8 公頃用作教育用地，佔土地總面積 26%；8.6 公頃用作高新科技研發及文化創意產業用地，佔土地總面積 9.9%；商業設施佔地約 1.2 公頃，佔土地總面積 1.4%，位於河套地區的東北面，以便連接未來建設的過境設施，以及位於東面的運輸交匯處。

2013 年 10 月 25 日，環境保護署按《環境影響評估條例》（第 499 章）批准河套地區發展的環境影響評估報告，並於同年 11 月 22 日將環境許可證批予土木工程拓展署。

2014 年 6 月起，土木工程拓展署就河套地區發展的土地除污及前期工程，進行詳細設計工作，為後續的主體工程作準備。

2017 年 1 月 3 日，香港特區政府與深圳市人民政府簽署《關於港深推進落馬洲河套地區共同發展的合作備忘錄》，同意合作發展河套地區為「港深創新及科技園」（「港深創科園」），

建立重點科研合作基地，以及相關高等教育、文化創意和其他配套設施。香港特區政府負責建設河套地區的基礎設施，及河套地區外為應付河套地區發展及其周邊地區所需要的基建配套設施，而香港科技園公司會成立一家全資擁有的附屬公司，專門負責「港深創科園」的上蓋建設、營運、維護和管理。河套地區的土地面積約為科學園的四倍，「港深創科園」將提供總樓面面積 120 萬平方米，約為香港科學園的三倍。

2017 年，港深雙方成立「河套區港深創新及科技園發展聯合專責小組」；2017 年 2 月 9 日，雙方於深圳舉行首次會議，確認聯合專責小組的職權範圍、運作模式和組成，並討論發展「港深創科園」的下一步工作計劃。

2017 年 3 月 6 日，創新及科技局局長楊偉雄出席立法會工商事務委員會、發展事務委員會及資訊科技及廣播事務委員會的聯席會議，簡介「港深創科園」計劃，並就委員提出的書面質詢作回應，質詢議題包括附屬公司董事局的組成、河套地區的土地用途規劃、發展時間表及費用、管理及營運模式和出入境安排等。

2017 年 6 月 9 日，落馬洲河套地區分區計劃大綱草圖刊憲，由城市規劃委員會公布並開放給公眾查閱。

2017 年 1 月 3 日，《關於港深推進落馬洲河套地區共同發展的合作備忘錄》簽署儀式在政府添馬總部舉行。香港特區行政長官梁振英（後排右）和廣東省常委、深圳市委書記、市長許勤（後排左），共同見證政務司司長林鄭月娥（右坐）與深圳市副市長艾學峰（左坐）簽署備忘錄。（香港特別行政區政府提供）

港深政府於 2017 年 1 月 3 日簽署的《關於港深推進落馬洲河套地區共同發展的合作備忘錄》，雙方同意合作將河套地區（圖）發展為「港深創新及科技園」，以創新和科技為主軸，建立重點科研合作基地，以及相關高等教育、文化創意和其他配套設施。（新華社提供）

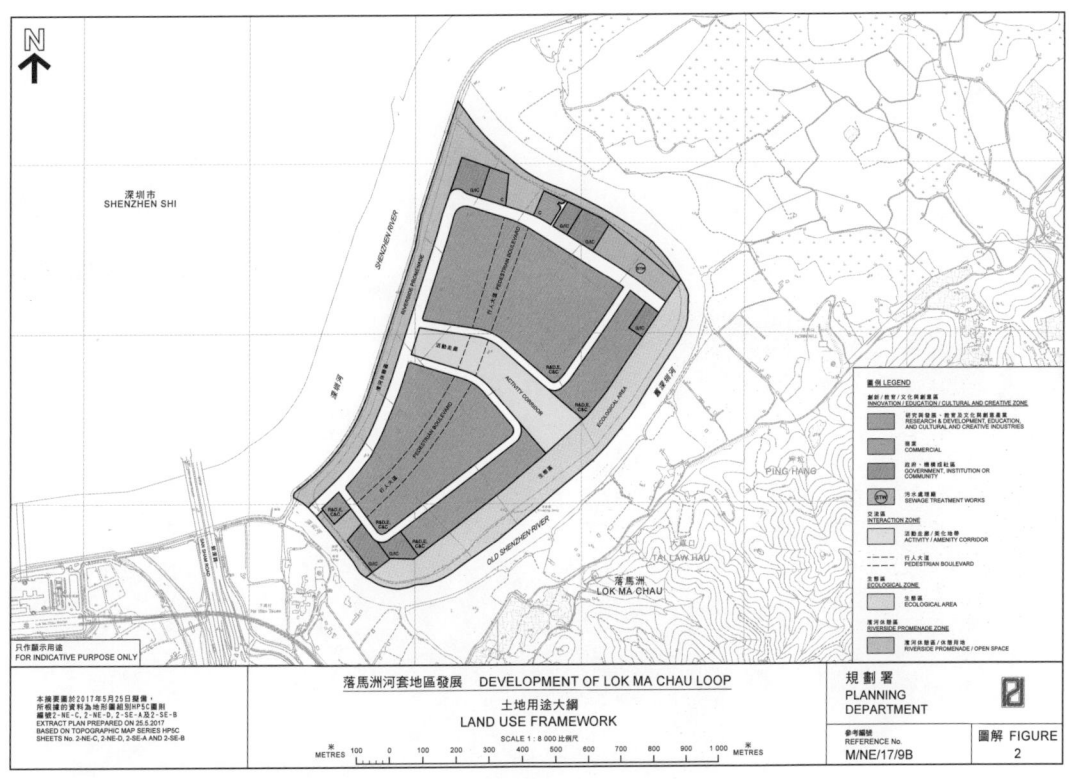

2017 年 6 月 9 日，落馬洲河套地區分區計劃大綱圖草圖刊憲，供公眾查閱。香港特區及深圳市政府同意在河套地區建立重點科研基地，以及相關高等教育、文化與創意產業和其他輔助設施。圖內橙色標示區域規劃作「研究與發展、教育及文化與創意產業」用途。（城市規劃委員會提供）

第三節 學界參與國家科研項目

一、國家重點實驗室夥伴實驗室[7]

國家重點實驗室計劃於 1984 年由國家計劃委員會（國家計委，1998 年改組為國家發展計劃委員會，2003 年再改組為國家發展和改革委員會）組織實施，由國家科學技術部（科技部）負責管理，是內地實施科技體制改革的重要措施之一，主要任務是在教育部、中國科學院（中科院）等部門的相關大學和研究所中，建設一批國家重點實驗室。

科技部於 2005 年同意香港大學（港大）兩間實驗室在香港成立國家重點實驗室夥伴實驗室。按照國家重點實驗室計劃，香港的實驗室需要在特定科技範疇有卓越研究表現，經過兩輪評核，獲科技部批准後，才允許與內地相應的國家重點實驗室結為研發伙伴。

港大的新發傳染性疾病國家重點實驗室夥伴實驗室和腦與認知科學國家重點實驗室夥伴實驗室，是香港首批獲批准成立的國家重點實驗室夥伴實驗室。2005 年 10 月 4 日，港大兩所實驗室開幕並正式運作。

2005 年，港大醫學院獲國家科技部批准成立新發傳染性疾病國家重點實驗室。圖為 2003 年 6 月 30 日，國務院總理溫家寶（右二）訪問香港大學醫學院，參觀基因研究中心，港大微生物學系系主任袁國勇（右一）向溫總理介紹港大的醫學科研成果。（香港大學李嘉誠醫學院提供）

2011 年 5 月 23 日，國家科學技術部、教育部、中國科學院、中國工程院和自然科學基金委員會共同主辦的全國基礎研究工作會議在北京召開，並為新建的國家重點實驗室代表授牌。農業生物技術國家重點實驗室（香港中文大學）首任主任兼中國工程院院士辛世文（右五）、香港大學理學院化學系講座教授及中國科學院院士支志明（右二）出席工作會議。（香港中文大學提供）

同年 11 月 16 日，由港大、香港中文大學（中大）、香港城市大學（城大）、香港科技大學（科大）、香港浸會大學（浸大）、香港理工大學（理大）組成的香港高校科技交流代表團共 30 人訪問科技部，在會上，雙方就香港科技界申請建設國家重點實驗室問題研討和交流。

2007 年前，香港的大學設立的實驗室直接向科技部申請國家重點實驗室夥伴實驗室的資格。當時本地大學有五所實驗室分別向科技部提出申請，伙拍內地國家重點實驗室，在香港建立夥伴實驗室，並獲批准。該五所實驗室包括港大新發傳染性疾病國家重點實驗室夥伴實驗室、港大腦與認知科學國家重點實驗室夥伴實驗室、中大華南腫瘤學國家重點實驗室夥伴實驗室、中大農業生物技術國家重點實驗室夥伴實驗室、城大毫米波國家重點實驗室夥伴實驗室。

2007 年 4 月，內地與香港科技合作委員會舉行第三次會議，科技部與創新科技署同意制定統籌申請機制，由香港創新科技署統籌整個申請程序，處理香港設立國家重點實驗室夥伴實驗室的申請，並由大學教育資助委員會下設的研究資助局（研資局）提供協助。首輪徵求申請工作於 2007 年年底開展，收到六所大學共 17 宗申請。創新科技署邀請五位來自海外大學的學術界人士組成專家小組，評核申請書，最終推薦其中七所實驗室供科技部考慮。

2008 年年中，科技部代表團來港進行現場考察和討論，經過多輪說明和審議後，科技部於 2009 年及 2010 年批准在香港額外成立七所夥伴實驗室，包括中大植物化學與西部植物資源持續利用國家重點實驗室夥伴實驗室、科大香港分子神經科學國家重點實驗室夥伴實驗室、城大海洋污染國家重點實驗室夥伴實驗室、理大超精密加工技術國家重點實驗室夥伴實驗室、理大手性科學國家重點實驗室夥伴實驗室、港大合成化學國家重點實驗室夥伴實驗室及港大肝病研究國家重點實驗室夥伴實驗室。

資助方面，夥伴實驗室可以透過研資局和創新及科技基金等渠道申請撥款，以及與內地同類機構合作申請內地的研究撥款，包括國家高技術研究發展計劃（「863」計劃）和國家重點基礎研究發展計劃（「973」計劃）。2009 年年中起，創新及科技基金允許 50% 的資助額，可跨境用於支付該基金資助的項目在內地的支出（通稱「錢過河」）。

2011 年至 2012 年度起，夥伴實驗室獲特區政府提供直接資助，每所資助上限為 200 萬元；2013 年至 2014 年度起，特區政府增加對國家重點實驗室夥伴實驗室的資助，將每所每年的資助上限由 200 萬元提升至 500 萬元。[8]

截至 2017 年，香港一共有 16 所國家重點實驗室夥伴實驗室獲准成立，其中 12 間在 2010 年或以前獲科技部批准成立，另四間於 2013 年獲批成立（見表 8-3-1）。

香港科技大學分子神經科學國家重點實驗室夥伴實驗室（圖）於 2009 年 11 月獲國家科技部批准成立，與上海神經科學國家重點實驗室結為伙伴。實驗室前身為 1999 年成立的「分子神經科學中心」，由生命科學部講座教授葉玉如擔任實驗室主任。（香港科技大學提供）

表 8-3-1 國家重點實驗室夥伴實驗室一覽表

國家重點實驗室夥伴實驗室	成立年份
香港大學	
新發傳染性疾病國家重點實驗室夥伴實驗室	2005
腦與認知科學國家重點實驗室夥伴實驗室	2005
肝病研究國家重點實驗室夥伴實驗室	2010
合成化學國家重點實驗室夥伴實驗室	2010
生物醫藥技術國家重點實驗室夥伴實驗室	2013
香港中文大學	
華南腫瘤學國家重點實驗室夥伴實驗室[1]	2006
農業生物技術國家重點實驗室夥伴實驗室	2008
植物化學與西部植物資源持續利用國家重點實驗室夥伴實驗室[1]	2009
消化疾病研究國家重點實驗室夥伴實驗室	2013
香港城市大學	
毫米波國家重點實驗室夥伴實驗室[1]	2008
海洋污染國家重點實驗夥伴實驗室	2009
香港理工大學	
超精密加工技術國家重點實驗室夥伴實驗室	2009
手性科學國家重點實驗室夥伴實驗室[1]	2010
香港科技大學	
分子神經科學國家重點實驗室夥伴實驗室	2009
先進顯示與光電子技術國家重點實驗室夥伴實驗室	2013
香港浸會大學	
環境與生物分析國家重點實驗室夥伴實驗室	2013

注：[1] 2018 年 9 月，香港中文大學的「華南腫瘤學國家重點實驗室夥伴實驗室」正名為「轉化腫瘤學國家重點實驗室」；「植物化學與西部植物資源持續利用國家重點實驗室夥伴實驗室」正名為「藥用植物應用研究國家重點實驗室」；香港城市大學「毫米波國家重點實驗室夥伴實驗室」正名為「太赫茲及毫米波國家重點實驗室」；香港理工大學「手性科學國家重點實驗室夥伴實驗室」正名為「化學生物學及藥物研發國家重點實驗室」。

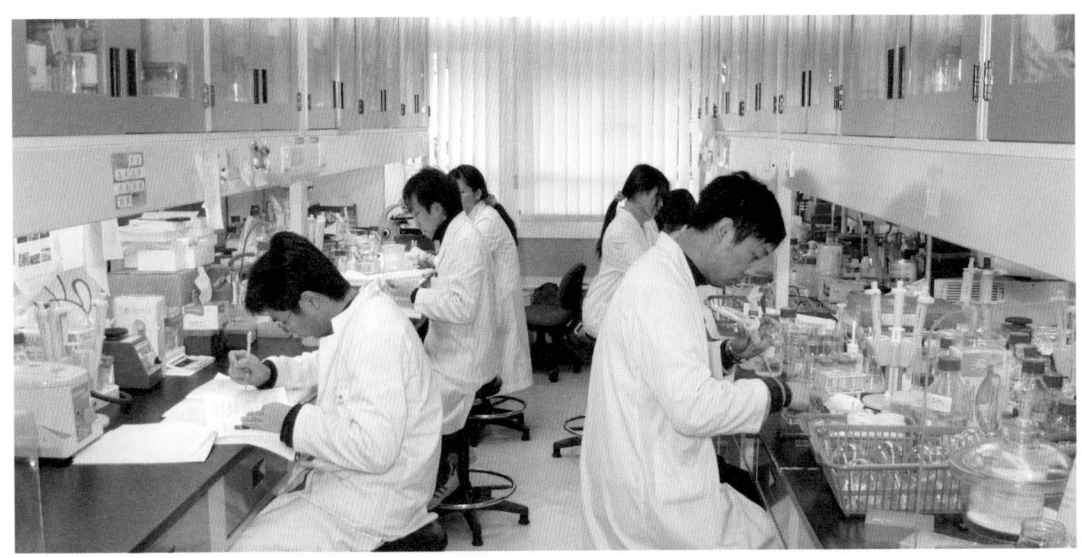

香港中文大學農業生物技術國家重點實驗室夥伴實驗室於 2008 年 3 月獲國家科技部批准成立，首任主任為中國工程院院士辛世文。圖為研究人員在農業生物技術國家重點實驗室中央實驗室內工作情況。（香港中文大學提供）

二、國家工程技術研究中心香港分中心

2011 年 8 月 17 日，國務院副總理李克強訪港時表示，支持在香港成立國家工程技術研究中心香港分中心。2012 年，香港應用科技研究院（應科院）獲科技部批准在港成立第一個分中心 —— 國家專用集成電路系統工程技術研究中心香港分中心。2015 年再有五間香港分中心獲批，合共有六間國家工程技術研究香港分中心，分別由應科院及其他三所大學負責管理（見表 8-3-2）。

2013 / 2014 年度，特區政府開始向國家工程技術研究中心香港分中心提供資助，每所香港分中心每年可獲資助最多 500 萬元。

表 8-3-2：國家工程技術研究中心香港分中心一覽表

國家工程技術研究中心香港分中心	成立年份
香港應用科技研究院	
國家專用集成電路系統工程技術研究中心香港分中心	2012
香港理工大學	
國家鋼結構工程技術研究中心香港分中心	2015
國家軌道交通電氣化與自動化工程技術研究中心香港分中心	2015
香港城市大學	
國家貴金屬材料工程技術研究中心香港分中心	2015
香港科技大學	
國家人體組織功能重建工程技術研究中心香港分中心	2015
國家重金屬污染防治工程技術研究中心香港分中心	2015

2015 年 11 月，香港理工大學成立兩所國家工程技術研究中心香港分中心，分別為國家軌道交通電氣化與自動化工程技術研究中心香港分中心及國家鋼結構工程技術研究中心香港分中心。理大鐵路工程跨學科研究團隊與西南交通大學「國家軌道交通電氣化與自動化工程技術研究中心」建立密切合作關係，共同承擔內地高鐵研究項目，協助中國鐵路行業的技術創新和技術轉移。圖為理大鐵路工程跨學科研究團隊正進行研究。（香港理工大學提供）

三、國家高技術研究發展計劃（「863」計劃）

「863」計劃是內地在 1986 年 3 月獲國家領導人鄧小平贊成、於同年 11 月經國務院批准開展的策略性高科技研究發展計劃。當時為內地改革開放初期，缺乏足夠條件全面大規模發展高科技。透過「863」計劃，選擇對內地社會經濟發展有實際作用的高端科技領域起步發展。「863」計劃在內地的「七五」、「八五」和「九五」三個五年計劃成功實施的基礎上，國務院於 2001 年 4 月正式批准「十五」期間繼續實施該計劃，並選擇信息技術、生物和現代農業技術、新材料、先進製造與自動化技術、能源技術、資源環境技術等六個高新科技領域，一共 19 個主題和若干重大專項作為發展重點。

1997／1998 年度，香港科技大學與廣州中山大學合作，在珠江和近岸海域研製和設立「近岸環境要素立體監測示範系統」，獲內地政府撥款 650 萬元人民幣資助研究，是當時撥款最高的「863」開發項目之一，以及香港首次有研究機構獲「863」撥款。

表 8-3-3　香港入選國家 863 計劃的部分科研項目

科研項目名稱	項目開始執行年份	資助金額（萬元人民幣）	承擔單位
近岸環境要素立體監測示範系統	1997 年	650	香港科技大學與廣州中山大學
虛擬地理環境系統的研究與開發	2002 年	共 200 萬元	香港中文大學社會科學院林琿教授
開發基於高聚化合物的細胞操作及感應微機電系統	2002 年		香港中文大學工程學院李文榮教授
基於移動通訊網絡和機器人群的分散式主動傳感系統	2002 年		香港中文大學工程學院劉雲輝教授
鐵路沿線三維信息的高速獲取與環境建模	2002 年		香港中文大學工程學院劉雲輝教授
沿岸海洋環境數據融合、同化和預測系統技術	2003 年	200	香港科技大學海岸與大氣研究中心主任陳介中教授及副主任劉啟漢博士
Plant Cells As Bioreactors For Pharmaceuticals	2008 年	100	香港中文大學農業生物技術國家重點實驗室夥伴實驗室
重大疾病的基因組技術	2011 年	1300	香港中文大學消化疾病研究國家重點實驗室夥伴實驗室
胃癌分子分型和個體化診療技術	2012 年	1245	香港中文大學消化疾病研究國家重點實驗室夥伴實驗室
結直腸癌分子分型和個體化診療技術	2012 年	680	香港中文大學消化疾病研究國家重點實驗室夥伴實驗室

資料來源：　香港科技大學、香港中文大學

2002 年 10 月 18 日，香港中文大學（中大）公布香港學者首次負責領導「863」計劃研究項目，為分屬信息技術及先進製造與自動化技術兩個範疇的共四個項目，涉及研究經費資助共約 200 萬元。四個項目分別為：由社會科學院林琿教授主持的「虛擬地理環境系統的研究與開發」、工程學院李文榮教授主持的「開發基於高聚化合物的細胞操作及感應微機電系統」、工程學院劉雲輝教授主持的「基於移動通訊網絡和機器人群的分散式主動傳感系統」及「鐵路沿線三維信息的高速獲取與環境建模」（見表 8-3-3）。

四、國家重點基礎研究發展計劃（「973」計劃）

1997 年 6 月 4 日，國家科技領導小組（1998 年 6 月 25 日，國務院決定成立國家科技教育領導小組）第三次會議決定和實施《國家重點基礎研究發展規劃》，隨後由科技部組織實施國家重點基礎研究發展計劃（「973」計劃），作為實施「科教興國」和「可持續發展戰略」的重要決策，加強基礎研究和科技工作，提高科技持續創新能力。

1999 年 3 月，香港科技大學計算機科學系顧鈞教授領導的「信息技術中的應用理論和高性能軟件」計劃，獲選為國家「973」計劃，是首批立項的 15 個項目中被評為第二，而科大

是全國唯一入選「973」資訊科技項目的大學。這項研究計劃的合作伙伴包括中國科學院計算所、軟件所、計算數學所、應用數學所、北京大學、清華大學、中國科技大學、浙江大學、東南大學及其他行業單位如信息產業部等；項目預算經費為 6700 萬元人民幣，為當時獲內地政府資助額最高的資訊科技研究項目。

2010 年起，香港的科研單位在內地設立的科研機構獲准申請承擔國家重點基礎研究發展計劃（「973」計劃）的項目。2011 年，香港大學（港大）深圳研究院申報的「中國語言相關腦功能區與語言障礙的關鍵科學問題研究」通過評審，為首個成功申請「973」計劃項目，以及香港在內地設立科研單位獲得資助的機構。此項目以港大深圳研究院研究員譚力海教授為首席科學家，帶領 25 名本地、內地及國際研究團隊進行研究工作，獲國家撥款 3900 萬元人民幣（約 4700 萬元），支持實驗室未來五年的研究工作，項目於 2012 年 2 月 18 日正式啟動。

「十一五」期間，「973」計劃在研項目中，共有 40 多名香港地區科研人員承擔研究任務。「十二五」以來，來自香港的科技人員共有 242 人次參與國家「973」計劃、「863」計劃等國家科技計劃項目的研究，其中 18 人為課題負責人，四名教授分別擔任「973」計劃項目的首席科學家。

2013 年，香港科研機構獲得國家「973」計劃立項共四項，承擔國家重大科學研究計劃課題共七項，香港科研機構以在內地設立的分支機構直接向國家申報「973」計劃項目的方式，獲得國家科研經費資助共計 1.38 億元人民幣（見表 8-3-4）。

五、聯合實驗室

1986 年，中國科學院（中科院）與國家計委、國家經濟委員會（國家經委）首次聯合發布推動產學研合作的文件，二十多位院士倡議科技界與大企業緊密合作，特別是知識創新工程政策實施後，中科院推進與國家創新體系各單元的聯合合作，包括與企業共建聯合實驗室或工程中心，與大學共建國家重點實驗室、聯合研究中心、聯合培養研究生、聯合承擔國家基礎研究項目等。1995 年，中央召開全國科技大會，提出實施「科教興國」戰略目標，並推展十項工作落實「科教興國」的政策方向，包括從體制上改革應用型科研機構；促進科研機構、高校和企業之間不同形式的合作；推進中科院知識創新工程試點工作，提高源頭創新能力。中科院及其分院、研究所與全國幾十個省市自治區和部委、三千多家企業建立合作聯繫，以及加強與港澳地區及國際的合作。

1997 年，中科院與香港各大學先後成立 15 個聯合實驗室。1996 年 4 月至 1997 年 1 月，中科院與香港科技大學、香港大學共同建立一批聯合實驗室和聯合研究中心，為雙方建立長期、穩定、互利的科技合作基礎。1996 年 6 月，香港科技大學（科大）與上海生物

表 8-3-4　香港入選國家 973 計劃的部分科研項目

研究項目	項目開始執行年份	資助金額（萬元人民幣）	承擔單位 / 項目首席科學家
資訊技術中的應用理論和高性能軟件	1999 年	6700	香港科技大學計算機科學系顧鈞教授
大規模科技計算研究	2000 年	1300	香港科技大學數學系副教授杜強博士
中國酸雨沉降機制、輸送態勢及調控原理	2005 年	2600	香港理工大學土木及結構工程學系 / 王韜
胃癌新標誌物的篩選及預警和早診作用的大規模人群研究	2010 年	2700 萬港元	香港中文大學消化疾病研究國家重點實驗室夥伴實驗室
中國語言相關腦功能區與語言障礙的關鍵科學問題研究	2011 年	3900	香港大學腦與認知科學國家重點實驗室夥伴實驗室 / 譚力海
膠質細胞在神經損傷和再生中的作用	2011 年	532	香港大學腦與認知科學國家重點實驗室伙伴實驗室
作物水分高效利用機理與調控的基礎研究	2012 年	600	香港中文大學農業生物技術國家重點實驗室夥伴實驗室
用於肺癌早期診斷的納米技術檢測平台的建立	2012 年	83	香港城市大學海洋污染國家重點實驗室伙伴實驗室
金屬配合物激發態的基礎與應用研究	2013 年	3400	香港大學合成化學國家重點實驗室香港夥伴實驗室 / 支志明
腸道微生態與感染及代謝的研究	2013 年	2200	香港中文大學消化疾病研究國家重點實驗室夥伴實驗室
土壤中的復合有機污染物	2013 年及2014 年	930	香港城市大學海洋污染國家重點實驗室夥伴實驗室
老年痴呆症的分子機制研究	2013 年	3000	香港科技大學分子神經科學國家重點實驗室夥伴實驗室 / 葉玉如
腫瘤幹細胞的動態演進及干預研究	2015 年	不詳	香港中文大學華南腫瘤學國家重點實驗室夥伴實驗室
聚集誘導發光的基本科學問題	2013 年	3000	香港科技大學分子神經科學國家重點實驗室夥伴實驗室唐本忠教授 / 唐本忠
神經生長與信息傳遞重要蛋白質複合體的結構生物學研究	2013 年	977	香港科技大學分子神經科學國家重點實驗室夥伴實驗室 / 張明傑

資料來源：綜合各大學提供的資料。

工程研究中心、上海植物生理研究所、上海腦研究所等單位、中科院等建立生命科學及生物技術聯合實驗室，在神經生物學等領域開展持續合作研究。同年 7 月，香港大學（港大）校長鄭耀宗與中科院副院長路甬祥簽訂合作協議，共同建立新材料合成和檢測技術聯合實驗室，研究領域包括先進科技材料、有機和有機金屬材料、生物醫學材料等。這是港大與中科院首個聯合實驗室，以推動科研建設及發展，整合香港與內地的人才和資源，在不同

領域開展廣泛合作研究。中科院與科大及港大共建的聯合實驗室還有微電子聯合實驗室、中國語文認知科學聯合研究中心、轉基因動物研究聯合中心。

1997 年 11 月 14 日，科大與中科院簽署納米材料與技術聯合實驗室協議，為當時科大與中科院協同建立的第三個，以及規模最大的實驗室。科大理學院院長張立綱教授和中科院副院長白春禮教授分別代表合作雙方在協議書上簽字。聯合實驗室設於科大，雙方均有派研究團隊參與，而科大的化學系及物理學系是主要參與單位。

1997 年 8 月 28 日，中大與中科院籌建國家級地球信息科學聯合實驗室，作為中國國家遙感中心的香港基地，推動地球信息技術的發展，促進國家信息化、發展合作交流和培訓人才的基地。

1998 年，中科院知識創新工程試點啟動，深化改革運行機制改革，進行建院五十年來涉及面最廣、影響最為深遠的學科布局和組織結構調整。通過調整和改革，形成生物工程、基因技術、信息與自動化、能源、新材料以及農業高新技術、人口與健康、生態與環境、空間技術和地球科學等重要方向的初步學科布局。

1998 年 4 月，中大又與港大及上海有機化學研究所共同組建滬港化學合成聯合實驗室，開展前沿交叉領域的研究，以及培訓內地科研人員；同年度，中大電子工程學系和材料科學及技術研究中心與中科院上海冶金研究所建立「先進材料聯合實驗室」，共同開發離子束合成及其應用，以及進行真空技術等尖端研究。

1999 年起，中科院每隔三至四年對聯合實驗室進行評估，並淘汰未達標準的實驗室。

2003 年，中科院與香港裘槎基金會聯合設立中科院一裘槎基金會聯合實驗室資助計劃，為中科院與香港的聯合實驗室提供支持。計劃由 2004 年開始，每兩年執行一次，由海內外專家對申請項目進行評審，每次資助兩至三個科研項目，資助額度為 300 萬元。首屆有三個項目獲得資助，包括科大與南海所的「三亞海洋科學聯合實驗室」；港大、香港中文大學（中大）與上海有機化學所的「滬港化學合成聯合實驗室」，以及香港城市大學（城大）與理化所的「功能材料與器件聯合實驗室」，獲資助額度為 80 萬元至 110 萬元。

2008 年，在原有基礎上擴大申請範圍，包括聯合實驗室及伙伴團隊。資助總額由 300 萬增加至 500 萬元。此外，中科院對獲得裘槎基金資助的項目以「院對外合作重點項目」的形式，給予 30 萬元至 50 萬元人民幣的經費支持。2004 年至 2012 年間，18 個項目共獲得 1800 萬元資助。

中科院組織實施與香港地區聯合實驗室第五次評估工作，對各聯合實驗室於 2013 年至 2017 年開展的聯合工作進行全面評估，新增五個聯合實驗室（見表 8-3-5）。[9]

表 8-3-5　中科院與香港地區聯合實驗室名單（截至 2017 年）

聯合實驗室名稱	合作單位	主任
優秀類（四個）		
高密度電子封裝材料與器件聯合實驗室	深圳先進技術研究院	孫蓉
	香港中文大學	汪正平
納米材料與力學實驗室	金屬研究所	盧柯
	香港城市大學	呂堅
深港生物材料聯合實驗室	深圳先進技術研究院	蔡林濤
	香港大學	呂維加
	香港中文大學	秦嶺
滬港化學合成聯合實驗室	上海有機化學研究所	侯雪龍
	香港中文大學	黃乃正
	香港大學	支志明
良好類（八個）		
多媒體技術聯合實驗室	深圳先進技術研究院	喬宇
	香港中文大學	湯曉鷗
生物資源與疾病分子機理聯合實驗室	昆明動物研究所	姚永剛
	香港中文大學	陳偉儀
光伏太陽能聯合實驗室	深圳先進技術研究院	楊春雷
	香港中文大學	肖旭東
三亞海洋科學綜合（聯合）實驗室	南海海洋研究所	黃暉
	深海科學與工程研究所	謝強
	香港科技大學	錢培元
精密工程聯合實驗室	深圳先進技術研究院	何凱
	香港中文大學	杜如虛
化學地球動力學聯合實驗室	廣州地球化學研究所	徐義剛
	香港大學	孫敏
新材料合成和檢測聯合實驗室	理化技術研究所	佟振合
	香港大學	支志明
粵港幹細胞及再生醫學研究中心	廣州生物醫藥與健康研究院	潘光錦
	香港大學	謝鴻發
合格類（五個）		
機器人學聯合實驗室	瀋陽自動化研究所	劉連慶
	香港城市大學	李文榮
功能材料與器件聯合實驗室	理化技術研究所	汪鵬飛
	香港城市大學	李振聲
氣溶膠與環境聯合實驗室	地球環境研究所	曹軍驥
	香港理工大學	李順誠
幹細胞與再生醫學聯合實驗室	廣州生物醫藥與健康研究院	裴端卿
	香港中文大學	陳偉儀
微電子聯合實驗室	微電子研究所	趙超
	香港科技大學	潘永安

（續上表）

聯合實驗室名稱	合作單位	主任
新增聯合實驗室（五個）		
中子散射科學技術聯合實驗室	高能物理研究所	陳和生
	香港城市大學	王循理
機器人與智慧系統聯合實驗室	深圳先進技術研究院	吳新宇
	香港中文大學	錢輝環
應用數學聯合實驗室	數學與系統科學研究院	袁亞湘
	香港理工大學	陳小君
粵港澳大灣區環境污染過程與控制聯合實驗室	廣州地球化學研究所	王新明
	香港理工大學	李向東
環境科學聯合實驗室	生態環境研究中心	吳菁京
	香港浸會大學	蔡宗葦

資料來源：中國科學院。

注：此表所列的是 2018 年中國科學院對香港地區各聯合實驗室於 2013 年至 2017 年開展的聯合工作進行的第五次
全面評估。評級在 2017 年尚未公布，而新增的五家實驗室在 2017 年並未有聯合實驗室的身份。

六、其他

1999 年，由霍英東基金會、香港科技大學（科大）和廣州市科技局合作開發的信息科技和
其他創新科技為主題的「南沙資訊科技園」，獲國家科技部批准成為廣州高新技術產業開發
區的組成部分。1999 年 12 月 9 日，國家科技部批准南沙資訊科技園列為國家「火炬計劃」
軟件基地，並成為廣州軟件園其中一園。

2002 年 12 月 29 日，南沙資訊科技園舉行落成典禮，旨在培育高科技產業、為香港產業
提供成長發展機會，並增強珠江三角洲產業的競爭力，成立日有十家來自香港等地的公司
在園內運作。科大負責南沙資訊科技園的構思、設計、項目管理、培訓與發展等；霍英東
基金會提供土地與經費，並協助社區發展；廣州市政府則在政策、運輸及基礎建設上給予
支援，三方合作各有職能。

2007 年 1 月 25 日，科大宣布位於南沙資訊科技園的研究院命名為「香港科技大學霍英
東研究院」，同時為研究院舉行開幕典禮，以及為研究院新校園舉行奠基儀式。直至 2011
年，該研究院相繼成立十個研究中心或專項、兩個聯合實驗室，申請成為國家 863 課題及
國家自然科學基金的依託單位，獲國家科技部頒授為國際科技合作基地，並與南沙資訊科
技園聯合成立博士後工作站。

2014 年 3 月 28 日，科大與廣州市政府簽訂《粵港科技創新成果轉化平台建設項目合作框
架協議書》，協助把香港和國際的科研成果在霍英東研究院開展產業化工作。2014 年 12
月 16 日，科大霍英東研究院新大樓於廣州南沙資訊科技園開幕，並與廣州市超算中心及廣

州市工研院簽訂《國家超算中心南沙分中心建設意向書》，把國家超級計算廣州中心的南沙分中心設在新落成的霍英東研究院大樓。此外，霍英東研究院亦與國家公安部、廣東省環境監測中心、中國電信、中國石油化工股份有限公司北京化工研究院、華東理工大學、廣東工業大學、恩智浦半導體，以及山東琦泉集團等機構簽訂多項合作協議，加強推動與內地的產學研合作，促進香港及內地的科研合作及知識轉移。

第四節 兩地科研人才合作

一、取得國家科研成就香港人才

1. 中國科學院院士

中國科學院學部於 1955 年 6 月成立，是國家在科學技術方面最高諮詢機構。成立之初有四個學部，包括社會科學部、物理學數學化學部、生物學地學部、技術科學部。第一批中國科學院學部委員共 233 人。1979 年學部恢復活動後，分別於 1980 年、1991 年增選 283 位和 210 位學部委員。1992 年，第六次學部委員大會通過《中國科學院學部委員章程》後，增選工作每兩年進行一次，每次增選總名額不超過 60 名。

1993 年 10 月，國務院第十一次常務會議決定，中國科學院學部委員改稱為中國科學院院士。1994 年 1 月，中央政治局常務委員會議批准這項決定，同月，中國科學院（中科院）向全體學部委員發出通知，確立此中科院院士制度。「中國科學院院士」是國家設立的科學技術方面最高學術稱號，為終身榮譽，頒授予「在科學技術領域做出系統的、創造性的成就和重大貢獻」[10] 的中國籍科學家，包括居住在香港的中國籍學者、專家。1994 年 6 月，經

1995 年，香港大學化學系講座教授支志明當選中科院香港院士，為香港首位獲「中國科學院院士」名銜的科學家。（南華早報出版有限公司提供）

過中科院第七次院士大會，選舉產生首批 14 名中國科學院外籍院士，當中包括楊振寧及丘成桐。1995 年，香港大學化學系講座教授支志明當選中科院香港院士，為香港首位獲「中國科學院院士」名銜的科學家。

據 2017 年 2 月 21 日中國科學院公告，中國科學院外籍院士楊振寧和姚期智依照《中國科學院章程》和《中國科學院外籍院士轉為中國科學院院士暫行辦法》，正式轉為中科院院士。據京港學術交流中心的資料，截至 2017 年，獲選「中國科學院香港院士」的香港科學家共 29 人（見表 8-4-1）；香港外籍院士 6 人（見表 8-4-2）。

表 8-4-1　中國科學院香港院士名單

當選年份	姓名	當選時供職單位	研究方向
1994	楊振寧	香港中文大學博文講座教授 、1957 年度諾貝爾物理學獎獲得者	物理學
1995	支志明	香港大學化學系講座教授	無機化學
1999	孔祥復	香港大學分子生物學研究所講座教授	分子生物
1999	鄭耀宗	香港大學校長	微電子
1999	張佑啟	香港大學代首席副校長	土本工程、計算力學
1999	蘇國輝	香港大學解剖學系教授	神經解剖學
1999	黃乃正	香港中文大學化學講座教授	有機化學
2001	任詠華	香港大學化學系系主任	無機化學
2001	梁智仁	香港大學醫學院骨科學系系主任	脊柱外科
2001	麥松威	香港中文大學化學系講座教授	結構化學
2001	陳新滋	香港理工大學應用生物及化學科技學系講座教授 、系主任	有機化學
2001	葉玉如	香港科技大學 生物化學學系主任、生物技術研究所所長	神經生物學
2001	唐叔賢	香港城市大學物理及材料科學系講座教授	物理及材料
2003	葉嘉安	香港大學城市規劃及環境管理研究中心講座教授	地理信息科學
2003	劉允怡	中文大學外科學系教授	肝膽胰外科
2003	章梓雄	香港大學機械工程學系講座教授	流體力學
2003	吳 奇	中文大學化學系講座教授	高分子科學
2004	姚期智	美國普林斯頓大學計算機科學系教授	計算機科學
2005	吳雲東	香港科技大學化學系教授	理論有機化學
2005	李述湯	香港城市大學物理及材料科學系講座教授	材料科學
2009	唐本忠	香港科技大學講座教授	高分子合成
2011	張明傑	香港科技大學生命科學部講座教授	結構生物學
2011	張統一	香港科技大學機械工程學系講座教授	力學
2011	鄭 平	香港科技大學榮休教授	工程熱物理
2013	勵建書	香港科技大學數學系講座教授	基礎數學
2015	莫毅明	香港大學謝仕榮衛碧堅基金教授（數學）、數學系講座教授	數學
2017	湯 濤	南方科技大學副校長、香港浸會大學榮譽講座教授	計算數學
2017	謝作偉	香港中文大學化學系卓敏化學講座教授	有機化學
2017	滕錦光	香港理工大學結構工程講座教授兼可持續城市發展研究院院長	結構工程

資料來源： 京港學術交流中心 2017 年年報。

表 8-4-2 中國科學院香港外籍院士名單

當選年份	姓名	當選時供職單位	研究方向
1994	丘成桐	美國哈佛大學講座教授	數學
1994	張立綱	香港科技大學理學院院長	物理學
1996	朱經武	休斯頓大學德州超導中心創始主任	物理學
1996	高錕	香港中文大學校長、中大工程學院榮譽教授	光纖通訊
2009	徐立之	香港大學校長	基因學
2009	菲立普・希阿雷	香港城市大學講座教授	應用數學與計算力學

資料來源： 京港學術交流中心 2017 年年報。

2. 中國工程院院士

「中國工程院院士」是內地設立的工程科學技術方面最高學術稱號，為終身榮譽，與「中科院院士」並稱「兩院院士」。1994 年 2 月 25 日國務院批轉國家科委、中國科學院《關於建立中國工程院請示的通知》，批准成立中國工程院。自此，中國工程院從中國科學院技術科學部分出，主要職能為組織院士開展戰略諮詢研究、為國家決策諮詢，促進國家工程科技事業的發展。中國工程院是中國工程科學技術界最高榮譽性、諮詢性學術機構，設有共九個學部，包括機械與運載工程學部，信息與電子工程學部，化工、冶金與材料工程學部，能源與礦業工程學部，土木、水利與建築工程學部，環境與輕紡工程學部，農業學部，醫藥衛生學部和工程管理學部。

「中國工程院院士」由選舉產生，每兩年增選一次，特殊情況可提前或延後進行。每次的增選院士名額由中國工程院主席團討論決定。據京港學術交流中心的資料，截至 2017 年，香港共七人獲選「中國工程院香港院士」（見表 8-4-3）；中國工程院香港外籍院士共四人（見表 8-4-4）。

表 8-4-3 中國工程院香港院士名單

當選年份	姓名	當選時供職單位	研究方向
1997	陳清泉	香港大學電機電子工程系系主任	電動汽車、電動驅動、智慧能源、人文—信息—物理系統
2003	李焯芬	香港大學副校長	能源與礦業工程
2003	辛世文	香港中文大學生物系講座教授、系主任	農業、輕紡與環境工程
2005	范上達	香港大學外科系肝移植及肝膽胰講座教授	肝膽胰外科
2007	徐揚生	香港中文大學工程學院機械與自動化工程學講座教授	電子工程學
2007	袁國勇	香港大學微生物學系教授	醫學衛生
2011	沈祖堯	香港中文大學校長	腸胃研究

資料來源： 京港學術交流中心 2017 年年報。

香港大學電機電子工程系系主任陳清泉 1997 年當選香港首位中國工程院香港院士。圖為 2011 年他與中科院及工程院 50 多位院士交流研討時，以「電動汽車與中國低碳經濟」為題演講。（新華社提供）

表 8-4-4　中國工程院香港外籍院士名單

當選年份	姓名	當選時供職單位	研究方向
2003	何大一	美國哥倫比亞大學艾倫戴蒙愛滋病研究中心科學主任	臨床病毒學
2005	劉錦川	美國田納西大學教授暨傑出研究教授	材料科學與工程
2007	郭　位	香港城市大學候任校長	微電子產品及系統
2013	汪正平	香港中文大學工程學院院長	聚合電子材料

資料來源： 京港學術交流中心 2017 年年報。

3. 國家自然科學基金委員會獎項

1985 年 3 月，中央召開全國科技工作會議後，發布《關於科學技術體制改革的決定》）（《決定》），《決定》指出「對基礎研究和部分應用研究工作，逐步試行科學基金制」，[11] 並決定在中國科學院科學基金會基礎上，成立國家自然科學基金會。1985 年 4 月，中科院決定設立院內科學基金，用於資助院屬單位的基礎研究和應用研究中的基礎性工作，並鼓勵各研究所自行申請國家自然科學基金。

1988 年 11 月起，國家自然科學獎勵委員會及國家科學技術獎勵工作辦公室（獎勵辦），委託京港學術交流中心（京港中心），負責「國家自然科學獎」香港地區的推介、文件資料

發放、諮詢服務和接受申報的工作。1988 年 11 月 29 日至 12 月 9 日，京港學術交流中心接待國家自然科學獎訪港代表團一行三人，安排與香港大學、香港中文大學、香港理工學院、香港城市理工學院、香港浸會學院和樹仁學院等校學者交流，並召開記者招待會，向公眾介紹「國家自然科學獎」。1989 年度，兩個以香港地區申報的項目分別獲「國家自然科學獎」二等獎及四等獎，兩個項目分別為香港大學土木工程系張佑啟教授的「有限條法」，以及香港大學生理學系龍建音教授及王紀慶教授的「鼻血循環與氣道阻力的研究」。

2000 年起，「國家自然科學獎」香港特區的提名及推薦工作由香港特別行政區政府教育統籌局（教統局）統籌。教統局委託京港中心負責接受申請並進行初步形式審查，以及委託研資局進行內容評審，教統局再根據獎勵辦的推薦名額，提交獲推薦的項目。

截至 2017 年，香港地區提名「國家自然科學獎」獲獎項目 51 項（見表 8-4-5）；香港學者與內地院校學者合作而獲得「國家自然科學獎」的項目有 33 項（見表 8-4-6）；香港地區學者獲「國家技術發明獎」的項目有 4 項（見表 8-4-7）；香港地區學者獲「國家科學技術進步獎」項目有 29 項（見表 8-4-8）。

香港科技大學張鑑泉理學教授兼化學系講座教授唐本忠及其研究團隊，獲頒發 2017 年度國家自然科學獎一等獎，表揚他於高效能聚集誘導發光現象研究方面的成就。（香港科技大學提供）

香港科技大學理學院院長、分子神經科學國家重點實驗室主任葉玉如，憑「受體酪氨酸激介導的訊號通路在突觸發育和可塑性中的作用」研究項目，獲頒 2011 年度國家自然科學獎二等獎。（香港科技大學提供）

8-4-5 香港地區申報「國家自然科學獎」獲獎項目

獲獎者姓名	獲獎時所在院校及單位	獲獎年度	登記／榮譽	項目名稱
唐本忠教授 李　振教授	香港科技大學化學系	2017	一等	聚集誘導發光
錢培元教授 徐　穎教授 王　勇教授 賀麗生教授	香港科技大學	2016	二等	變化環境下生物膜封海洋底棲生態系統的影響
沈祖堯教授 于　君教授 胡嘉麒教授 吳兆文教授 陳家亮教授	香港中文大學	2016	二等	大腸癌發生分子機制、早期預警、防治研究
湯　濤教授	香港浸會大學	2016	二等	自適應與高精度數值方法及其理論分析
邵啟滿教授 荊炳義教授	香港中文大學統計系 香港科技大學數學系	2015	二等	自正則化極限理論和斯坦因方法
溫維佳教授 沈　平教授 譚永炎教授 楊世和教授	香港科技大學物理系	2014	二等	巨電流變液結構和物理性質的研究
趙國春教授 孫　敏教授	香港大學地球科學系	2014	二等	華北克拉通早元古代拼合與Columbia超大陸形成
趙天壽教授	香港科技大學機械工程系	2013	二等	燃料電池中多相能質傳遞與反應動力學的相互作用機理
滕錦光教授 林　力博士	香港理工大學土木及環境工程學系	2013	二等	高性能纖維增強複合材料加固混凝土結構的力學性能及設計理論
黃維揚教授 何卓琳博士	香港浸會大學化學系	2013	二等	多功能金屬有機聚合物／磷光材料及其在新興領域的應用研究
朱力行教授	香港浸會大學數學系	2013	二等	回歸中的模型檢驗和降維
楊　彤教授	香港城市大學數學系	2012	二等	守恆律組和玻爾茲曼方程的一些數學理論
葉玉如教授	香港科技大學生命科學部	2011	二等	受體酪激酶介導的信號通路在突觸發育和可塑性中的作用
劉雲浩教授 倪明選教授 李　默博士 楊　錚博士	香港科技大學計算機科學及工程學系	2011	二等	基於非測距的無線網絡定位理論與方法研究
黃　捷教授	香港中學大學機械與自動化工程學系	2010	二等	非線性輸出調節問題及內模原理
曹希仁教授	香港科技大學電子與計算機工程系	2009	二等	離散事件動態系統的優化理論與方法
夏克青教授	香港中文大學物理系	2009	二等	湍流熱對流的實驗研究
謝作偉教授	香港中文大學化學系	2008	二等	碳硼烷及其金屬碳硼烷的合成、結構和反應
陳關榮教授	香港城市大學電子工程系	2008	二等	混沌反控制與廣義 Lorenz 系統族的理論及其應用
張統一教授	香港科技大學機械工程系	2007	二等	壓電材料的斷裂
莫毅明教授	香港大學數學系	2007	二等	關於對稱與齊次空間的複幾何

（續上表）

獲獎者姓名	獲獎時所在院校及單位	獲獎年度	登記／榮譽	項目名稱
史文中教授	香港理工大學土地測量及地理資訊學系	2007	二等	地球空間數據與空間分析的不確定性原理
支志明教授	香港大學化學系	2006	一等	金屬配合物中多重鍵的反應性研究
張明傑教授	香港科技大學生物化學系	2006	二等	構建神經系統信號傳導複合體的結構基礎
任詠華教授	香港大學化學系	2005	二等	過渡金屬炔基及硫屬簇配合物的分子設計及其發光性能的研究
陳新滋教授	香港理工大學應用生物及化學科技學系	2005	二等	新型手性配體的設計、裝備及其在不對稱催化反應中的應用
盧煜明教授	香港中文大學化學病理學系	2005	二等	母親血漿中胎兒核酸的探索與應用
李述湯教授	香港城市大學物理與材料科學系	2005	二等	氧化物輔助合成一維半導體納米材料及應用
吳　奇教授	香港中文大學化學系	2003	二等	高分子鏈在稀溶液中的折疊和組裝
葉玉如教授	香港科技大學生物化學系	2003	二等	神經肌肉突觸新訊號傳遞機制的鑒定
湯子康副教授 王克倫教授	香港科技大學物理學系	2003	二等	納米結構氧化鋅半導體 ZnO 薄膜的室溫紫外激光發射
李述湯教授	香港城市大學物理與材料科學系	2002	二等	金剛石及新型碳基材料的成核與生長
黃勁松教授	香港科技大學數學系	2002	二等	半單李群上的非交換調和分析
湯家豪教授	香港大學統計學系	2000	二等	非線性時間序列分析中若干重要問題研究
朱詩堯副教授	香港浸會大學物理學系	1999	三等	自發輻射和受激吸收中的量子干涉效應
劉世齡教授 張佑啟教授	香港理工大學土木工程系（也曾在香港大學進行研究）	1999	三等	分析強非線性震動的增量諧波平衡法和推廣的攝動方法
李　東教授	香港中文大學訊息工程學系	1999	三等	高速分組交換系統
吳雲東副教授	香港科技大學化學系	1999	四等	計算機在有機化學中的應用
黃乃正教授	香港中文大學化學系	1997	二等	一些高張力分子的合成化學
蔡忠龍教授	香港理工大學應用物理學系（也曾在香港中文大學進行研究）	1997	三等	固態高聚物熱學、彈性性能的研究
李澤湘副教授	香港科技大學電機及電子工程學系	1997	三等	機械人在非完整約束環境下的運動規則
陳小章教授 黃宜定教授	香港中文大學生理學系	1997	四等	附睪陰離子分泌的調控機制
麥松威教授	香港大學化學系	1995	三等	晶體結構化學
蘇國輝教授	香港大學醫學院解剖學系	1995	四等	哺乳類視網膜節細胞神經纖維的再生
汪子丹副教授	香港大學物理學系	1995	四等	高溫超導混合態物理性質的理論研究
鄧棠波教授	香港浸會大學物理學系	1995	四等	鈮酸鋰晶體的缺陷結構和雜質效應
鄭耀宗教授	香港城市大學	1993	三等	金屬－氧化硅－硅（MOS）器件物理研究
支志明教授	香港大學化學系	1993	三等	高價氧釕配合物的氧化化學
鄭廣生教授	香港大學物理學系	1993	三等	脈沖星的輻射機制
張佑啟教授	香港大學土木工程系	1989	二等	有限條法
龍建音教授 王紀慶教授	香港大學生理學系	1989	四等	鼻血循環與氣道阻力的研究

資料來源：　京港學術交流中心 2017 年年報。

表 8-4-6　香港學者與內地院校學者合作的「國家自然科學獎」獲獎項目

獲獎者姓名	獲獎時所在院校及單位	獲獎年度	等級	項目名稱
張建華教授	香港浸會大學理學院	2017	二等	促進稻麥同化物向籽粒轉運和籽粒灌漿的調控途徑與生理機制
張　彤教授	香港大學土木工程學系	2016	二等	高風險污染物環境健康危害的組學識別及防控應用基礎研究
陶大程教授	香港理工大學計算機系	2016	二等	圖像結構建模與視覺表觀重構理論方法研究
陳關榮教授	香港城市大學電子工程學系	2016	二等	複雜動態網絡的同步、控制與識別理論與方法
林　參教授	香港大學機械工程學系	2015	二等	受限控制系統的參數化設計理論與應用
梁堅凝教授	香港科技大學土木及環境工程學系	2015	二等	混凝土結構裂縫擴展過程雙K斷裂理論及控裂性能提升基礎研究
李曉岩教授	香港大學土木工程系	2014	二等	廢水處理系統中微生物聚集體的形成過程、作用機制及調控原理
甘劍平教授	香港科技大學數學系	2014	二等	南海與鄰近熱帶區域的海洋聯繫及動力機制
黃　聿教授	香港中文大學生物醫學學院	2014	二等	瞬時受體電位通道在代謝性血管病中的作用與機制
汪子丹教授	香港大學物理系	2013	二等	量子幾何相位及其相關問題研究
張建華教授	香港中文大學生命科學學院	2013	二等	黃土區土壤 - 植物系統水動力學與調控機制
李述湯教授	香港城市大學物理及材料科學系	2013	二等	高效光 / 電轉換的新型有機光功能材料
楊世和教授	香港科技大學化學系	2013	二等	過渡金屬及其化合物納米材料的可控合成、微結構及相關特性
劉志鋒教授	香港中文大學化學系	2012	二等	金籠子與外場下納米結構轉變的研究
李順誠教授	香港理工大學土木及結構工程學系	2012	二等	黃土和粉塵等氣溶膠的理化特徵、形成過程與氣候環境變化
陳關榮教授	香港城市大學電子工程系	2012	二等	若干新型非線性電路與系統的基礎理論及其應用
張西祥教授	香港科技大學物理系	2012	二等	新型磁熱效應材料的發現和相關科學問題研究
王　煜教授	香港中文大學機械與自動化工程學系	2012	二等	複雜曲面數字化製造的幾何推理理論和方法
趙天壽教授	香港科技大學機械工程學系	2012	二等	多尺度多物理場耦合的複雜系統中流動與傳熱傳質機理研究
蔡宗葦教授	香港浸會大學化學系	2011	二等	典型持久性有毒污染物的分析方法與生成轉化機制研究
李　波教授	香港科技大學計算機科學及工程學系	2011	二等	計算機網絡資源管理的隨機模型與性能優化
楊　海教授 林興強教授	香港科技大學土木及環境工程學系 香港理正大學土木及結構工程學系	2011	二等	基於行為的城市交通流時空分布規律與數值計算
關新元教授	香港大學臨床腫瘤學系	2010	二等	肝癌轉移機理的新發現及其意義

（續上表）

獲獎者姓名	獲獎時所在院校及單位	獲獎年度	等級	項目名稱
李國耀教授	香港城市大學 物理及材料科學系	2010	二等	塑膠的複合結構、注射成型過程與機械破壞行為的研究
王 銳教授	香港理工大學 應用生物及化學科技系	2009	二等	若干手性催化合成方法學及其在多肽研究中的應用
陳澤強教授	香港科技大學 化學工程及生物分子工程學系	2009	二等	大氣顆粒物及其前體物排放與複合污染特徵
鄭漢其教授	香港中文大學生物化學系	2009	二等	若干重要藥用植物的成分研究
周國榮教授	香港理工大學 土木及結構工程學系	2009	二等	複雜防洪調度系統的多目標決策及徑流預報理論
陳小章教授	香港中文大學醫學院	2008	二等	精子在附睪丸中成熟的分子基礎研究
方開泰教授	香港浸會大學數學系	2008	二等	均勻試驗設計的理論、方法及其應用
梁 怡教授	香港中文大學 地理與資源管理學系	2007	二等	基於認知與非歐氏框架的數據建模基礎理論研究
唐本忠教授	香港科技大學化學系	2007	二等	新型光電功能分子材料與相關器件
余濟美教授	香港中文大學化學系	2005	二等	有毒難降解有機污染物光催化降解機理的研究

資料來源： 京港學術交流中心 2017 年年報。

表 8-4-7　香港地區學者獲「國家技術發明獎」項目

獲獎者姓名	獲獎時所在院校及單位	獲獎年度	等級	項目名稱
潘智生教授	香港理工大學 土木及環境工程學系	2017	二等	建築廢棄物再生骨料關鍵技術及其規模化應用
陸貴文教授 陳志豪教授 薛 泉教授 黃 衡博士	香港城市大學 毫米波國家重點實驗室	2011	二等	多種新型天線的發明，分析及應用研究
李 毅教授	香港理工大學 紡織及製衣學系	2008	二等	優質天然高分子材料的超細粉體化及其高附加值的再利用
陳王麗華教授 蔡忠龍教授	香港理工大學 應用物理系	2002	二等	一種新型的壓電及熱釋電材料研究與應用

資料來源： 京港學術交流中心 2017 年年報。

表 8-4-8　香港地區學者獲「國家科學技術進步獎」項目

獲獎者姓名	獲獎時所在院校及單位	獲獎年度	等級	項目名稱
管 軼教授 袁國勇教授 陳鴻霖教授 朱華晨博士	香港大學新發傳染性疾病國家重點實驗室	2017	特等	以防控人感染 H7N9 禽流感為代表的新發傳染病防治體系重大創新和技術突破
莫樹錦教授	香港中文大學腫瘤學系	2017	二等	肺癌分子靶向精准治療模式的建立與推廣應用
黃家星教授	香港中文大學 內科及藥物治療學系	2017	二等	缺血性腦卒中防治的新策略與新技術及推廣應用

（續上表）

獲獎者姓名	獲獎時所在院校及單位	獲獎年度	等級	項目名稱
呂維加教授	香港大學矯型及創傷外科學系	2017	二等	骨質疏鬆性椎體骨折微創治療體系的建立及應用
沈祖堯教授 于 君教授 梁巧儀博士	香港中文大學消化疾病研究國家重點實驗室夥伴實驗室	2016	創新團隊	第四軍醫大學消化系腫瘤研究創新團隊[①]
司徒卓俊教授	香港中文大學內科及藥物治療學系	2016	一等	IgA 腎病中西醫結合證治規律與診療關鍵技術的創研及應用
倪一清教授	香港理工大學土木及環境工程學系	2016	二等	廣州塔工程關鍵技術
王毅翔教授	香港中文大學影像及介入放射學系	2016	二等	基於磁共振成像的多模態分子影像與功能影像的研究與應用
藍輝耀教授	香港中文大學醫學院講座教授	2016	二等	慢性腎臟病進展的機制和臨床防治
彭智培教授	香港中文大學眼科及視覺科學學系	2016	二等	視網膜疾病基因致病機制研究及防治應用推廣
吳宏偉教授	香港科技大學土木及環境工程學系	2015	二等	深大長基坑安全精細控制與節約型基坑支護新技術及應用
廖家傑醫生	天下仁心有限公司	2015	二等	慢性乙型肝炎診療體系的創新及關鍵技術推廣應用
梁慧康教授	香港中文大學醫學院	2014	二等	腦梗死血管學特徵譜的新發現與血運重建治療的新策略
謝立亞副教授 余德新教授	香港中文大學公共衛生及基層醫療學院	2014	二等	生產性粉塵的致病規律與預防對策
吳鴻裕教授	香港大學李嘉誠醫學院	2014	二等	多囊卵巢綜合徵病證結合研究的示範和應用
關新元教授 孔祥復教授	香港大學李嘉誠醫學院臨床腫瘤學系 香港中文大學醫學院防疫研究中心	2012	一等	腫瘤血管生成機制及其在抗血管生成治療中的應用
梁堅凝教授	香港科技大學土木及環境工程學系	2012	二等	纖維增強複合材料的高性能化及結構性能提升關鍵技術與應用
于 君教授 沈祖堯教授	香港中文大學醫學院	2012	二等	中國人群肝病譜構建與HBV 相關肝病集成防治策略的建立及應用
吳武田教授	香港大學李嘉誠醫學院	2012	二等	脊髓與周圍神經損傷關鍵修復機制及臨床救治新策略
章 霖教授	香港大學李嘉誠醫學院	2012	二等	頭頸部鱗狀細胞癌治療後復發救治技術平台和策略的建立及應用
張志成教授	香港科技大學土木及環境工程學系	2011	二等	網構軟件技術、平台與應用
李行偉教授等	香港科技大學土木及環境工程學系	2010	二等	複雜環境下水力射流新理論、關鍵技術及應用
潘偉生教授等	香港中文大學醫學院	2010	二等	顱腦創傷後繼發性腦損害發生機理與診治新技術應用
周中軍教授	香港大學李嘉誠醫學院	2010	二等	衰老的分子調控機制及個體化衰老評價的創建和應用
詹楚生教授	香港大學李嘉誠醫學院內科學系	2009	二等	白血病表觀遺傳學基礎及臨床應用研究

（續上表）

獲獎者姓名	獲獎時所在院校及單位	獲獎年度	等級	項目名稱
王振宇教授 王繼德博士	香港大學李嘉誠醫學院	2008	一等	胃癌惡性表型相關分子群的發現及 其序貫預防策略的建立和應用
方漢平教授	香港大學土木工程系	2008	二等	含氮有機廢水生物脫氮新技術與 工程化應用
沈祖堯教授等	香港中文大學醫學院	2007	二等	腸胃潰瘍出血的創新非外科治療法
范上達教授等	香港大學外科學系	2005	一等	成人右葉活體肝移植

資料來源： 京港學術交流中心 2017 年年報。
注：① 香港中文大學和第四軍醫大學合作的消化疾病研究國家重點實驗室夥伴實驗室獲得 2016 年度「國家科學技術
進步獎創新團隊」榮譽。

4. 國家科技計劃專家庫

隨着國家重點實驗室夥伴實驗室建設、深化粵港合作等項目持續推展，內地漸次將香港科研機構和企業納入國家創新體系。2011 年 8 月 30 日，內地與香港科技合作委員會於成都舉行第六次會議，由商務及經濟發展局局長蘇錦樑與國家科技部副部長曹健林共同主持。會上提及香港創新科技署取得國家科技部同意，啟動推薦香港專家進入「國家科技計劃專家庫」工作。首輪試行計劃集中邀請身兼「內地與香港科技合作委員會」成員的六間本地大學推薦專家入庫[12]，創新科技署將符合資格的申請，交由科技部作最後決定。

2012 年 2 月 10 日，特區政府公布由創新科技署推薦 56 名香港專家加入「國家科技計劃專家庫」（見表 8-4-9），獲國家科技部批核，這是創新科技署首次推薦香港專家進入專家庫。專家庫的香港專家配合科技部的工作，參與編制國家科技計劃項目的申請指南、擔任科研項目的評審工作評估獲批准項目的執行情況，以及對國家科技計劃管理提出意見和建議。

2015 年，科技部為配合 2014 年年底展開的「中央財政科技計劃（專項、基金等）管理改革」，重構建立「國家科技專家庫」，並於 2018 年透過創新科技署統籌推薦工作。[13]

表 8-4-9 首批入選《國家科技計劃專家庫》的香港專家名單

所屬大學	學者專家
香港大學	支志明、任詠華、李心平、沈伯松、吳呂愛蓮、胡釗逸、徐立之、袁國勇、郭　新、葉嘉安、管軼、錢大康、譚國煥、譚廣亨
香港中文大學	孔祥復、伍灼耀、汪正平、沈祖堯、吳基培、徐揚生、陳德章、程伯中、劉允怡、鄭振耀、盧煜明、霍泰輝
香港城市大學	李述湯、呂　堅、林群聲、陳仲良、陳志豪、陸貴文、薛　泉
香港科技大學	史　維、李行偉、唐本忠、倪明選、張明傑、張統一、陳繁昌、葉玉如、戴自海
香港浸會大學	卞兆祥、方宏勳、陳新滋、黃偉國、湯　濤
香港理工大學	阮偉華、李榮彬、徐星全、唐偉章、陳正豪、黃永德、黃國賢、滕錦光、衛炳江

資料來源： 政府新聞處 。

二、南來共同創新內地人才

1989 年，港府宣布幅增加本地學士學位課程的學額。同年，香港第三所大學 —— 香港科技大學舉行成立奠基儀式。港府建立這所着重理科、科技、管理及商業學科的研究型大學，旨在協助香港經濟與社會發展。1993 年起，因應內地改革開放和全球國際化形勢，政府開始資助院校招收非本地學生入讀本地學士學位及研究生課程；1997 年，政府增加非本地生比例，以推動香港成為區域性的教育中心。據教資會的數據，內地來港攻讀副學士、本科及研究院課程的學生人數，由 1996 / 97 學年的 791 人，上升至 2009 / 10 學年的 8429 人。其中修讀「工程科及科技科」的內地學生人數，由 2010 / 11 學年的 2260 人，上升至 2016 / 17 學年的 2980 人，為該七個學年之中，除 2016 / 2017 學年外，其餘六個學年最多內地生報讀的學科類別（見表 8-4-10）。

自 1990 年代起，具基礎研究實力的香港專上院校，成為培育科研人才的搖籃。來港攻讀的內地學生，把學習和研究心得進行創新，其中大疆科技、雲洲智能、商湯科技及水中銀等創新科技公司的企業創辦人，均是內地學生在香港的大學求學時期醞釀出來的初創項目。

1. 創辦大疆科技

全球消費者無人機製造商「大疆創新科技有限公司」（大疆）創辦人汪滔於 2003 年入讀香港科技大學電子及計算機工程系；2005 年，以遙控直升機的飛行控制系統作為畢業研究項目，並取得學校給予的 1.8 萬元研究經費，設計和製造出第一台無人機原型。2006 年，汪滔獲科大電子及計算機工程學系教授李澤湘引薦，在科大繼續攻讀研究生課程，同年與兩位同學在深圳創立大疆。

表 8-4-10　2010/11 至 2016/17 學年按主要學科類別劃分的修讀教資會資助課程的內地學生人數

主要 學科類別 ＼ 學年	2010/11	2011/12	2012/13	2013/14	2014/15	2015/16	2016/17
醫科、牙科和護理科	577	623	695	744	786	787	791
理學科	2072	2176	2679	2840	2866	2985	3100
工程科和科技科	2260	2397	2840	2913	2972	3013	2980
商科和管理科	1809	1735	2232	2260	2384	2415	2467
社會科學科	1160	1168	1482	1521	1594	1632	1584
文科和人文科學科	631	614	780	842	771	792	844
教育科	216	222	254	254	236	253	266
合計	8724	8937	10,963	11,374	11,610	11,877	12,032

資料來源：　大學教育資助委員會。

注：由於一些教資會資助課程被納入多於一個學科類別，這些課程的學生人數是按比例計算於有關學科類別內。因此，一些學科類別的學生人數為小數數值。在上表中，小數值均已約為整數，故此數字總和可能與相對的總計略有出入。

在香港科技大學電子及計算機工程學系攻讀研究生課程的汪滔（圖），於 2006 年與兩名
同學在深圳創立大疆創新科技有限公司；大疆其後成為全球消費者無人機製造商。（Visual
China Group via Getty Images）

2010 年，大疆獲得香港科技大學投資 200 萬元，開始研發多旋翼飛行器及在無人機上加入「雲台」，提升無人機的飛行穩定性，引伸出航拍的概念。2011 年，「科大創業中心」以低廉租金向大疆出租位於「深圳產學研基地」的辦公室。2014 年 5 月 27 日，香港特區行政長官梁振英於深圳與汪滔見面，並於當晚發出一篇網誌專文談論大疆，指汪氏為「香港培養出來的年輕科技企業家」。[14]

2014 年，大疆售出約 40 萬架無人機，佔全球民用無人機市場七成份額，淨利潤由 2012 年的 800 萬美元增加至 2.5 億美元。同年，於香港科學園成立研發團隊，以配合國際業務的急速增長。2016 年 9 月 24 日，大疆在香港銅鑼灣開設的全球第三家旗艦店開幕。汪滔接受媒體訪問表示：「假如我沒有去香港，便不會取得今天的成就。」[15]

2. 創辦雲洲智能

雲洲智能科技有限公司創辦人張雲飛於 2007 年起在香港科技大學攻讀碩士，同年，他與同學合作製造第一隻可以自主航行兼同時檢測水污染的無人船，獲得多項比賽獎項。2010 年 4 月 15 日，在珠海高新區南方軟件園註冊成立雲洲智能科技有限公司。

2011 年，香港科技園公司與深圳市南山區人民政府、深圳大學生創新聯合會和在港內地畢業生聯合會舉辦第二屆「深港澳臺大學生創意計劃大獎賽」，共接獲有效參賽作品 114 份。雲洲智能以港澳聯合團隊參賽，張雲飛為隊長，隊員包括楊雙、王銘鈺和程穎婷，隊伍在比賽中獲得亞軍。

2012 年 4 月 24 日，雲洲智能科技（香港）有限公司在港註冊成立。

2015 年 5 月，雲洲智能和香港科技大學聯合組建「新材料技術聯合實驗室」。研究院署理院長吳景深為張雲飛的授業老師，吳景深指出，雲洲智能是香港及內地師生合作的例子，香港的大學培育出研究人才，研究人員利用在大學的研究成果創業，並在內地壯大成長。[16]

2016 年 2 月，雲洲智能引進科大研發的真空輔助樹脂轉移模具成型、納米材料增韌增強環氧樹脂兩項新技術，以協助開發無人船。同年 4 月 28 日，公司在珠海國際海洋高新科技展覽會展示內地首隻隱身無人艇 —— M80 海洋測量無人艇；同年 6 月獲得 B 輪融資 1.5 億元人民幣。

3. 創辦商湯科技

商湯科技（商湯）由香港中文大學工程學院湯曉鷗教授為首團隊創立的人工智能初創企業。2014 年 6 月，團隊自主研發的 DeepID 系列人臉識別演算法準確率達到 98.52%，高於 facebook 同期發表的 DeepFace 演算法，該公司據此技術發展更多工業化應用產品。

2014 年 8 月，商湯獲得 IDG 資本的千萬級美元 A 輪融資。同年 10 月，商湯科技於香港成立，在香港科學園設立公司總部。創辦人湯曉鷗，為香港中文大學信息工程系系主任兼中國科學院深圳先進技術研究院副院長，聯合創辦人為中文大學工程學院多媒體實驗室成

香港中文大學工程學院教授湯曉鷗為首團隊創立的人工智能初創企業商湯科技，於 2017 年 7 月完成 4.1 億美元 B 輪融資，成為香港科學園首間獨角獸企業。圖為該公司於中國國際高新技術成果交易會展示人體姿態識別技術。（新華社提供）

員，其團隊包括徐立、徐冰等。於 2010 年在中大獲取博士學位的徐立出任商湯的行政總裁。有內地學習及工作背景的尚海龍，隨後亦加入商湯擔任香港公司總經理。

2015 年 11 月，商湯設立深度學習超算中心 DeepLink，同期獲 StarVC 的千萬級美元 A+ 輪融資；12 月，在 ImageNet 2015 國際計算機視覺挑戰賽中，獲得檢測數量、檢測準確率兩項世界第一，為首個奪冠的中國企業。

2017 年 7 月，完成 4.1 億美元 B 輪融資，為當時全球人工智能企業單輪融資的最高紀錄，估值逾 15 億美元，成為香港科學園首間獨角獸。

4. 創辦水中銀（國際）生物科技有限公司

水中銀（國際）生物科技有限公司（水中銀）以日用品安全測試業務為主。該公司的聯合創辦人兼首席技術官陳雪平出生於湖南農村，在湖南師範大學生物教育專業本科畢業，後到廈門大學攻讀動物學專業研究生課程，2008 年到香港城市大學（城大）生物及化學系修讀博士課程，並加入由鄭淑嫻教授領導的「轉基因魚測試」的科研團隊。其後，在城大海洋污染國家重點實驗室進行博士後研究。

2009 年 12 月，科研團隊以「轉基因魚應用於雌激素物質檢測」為題的專利申請第一稿，向知識轉移處申請專利基金。2010 年 3 月，摘取專利第一稿中可用於專利申請的發明部

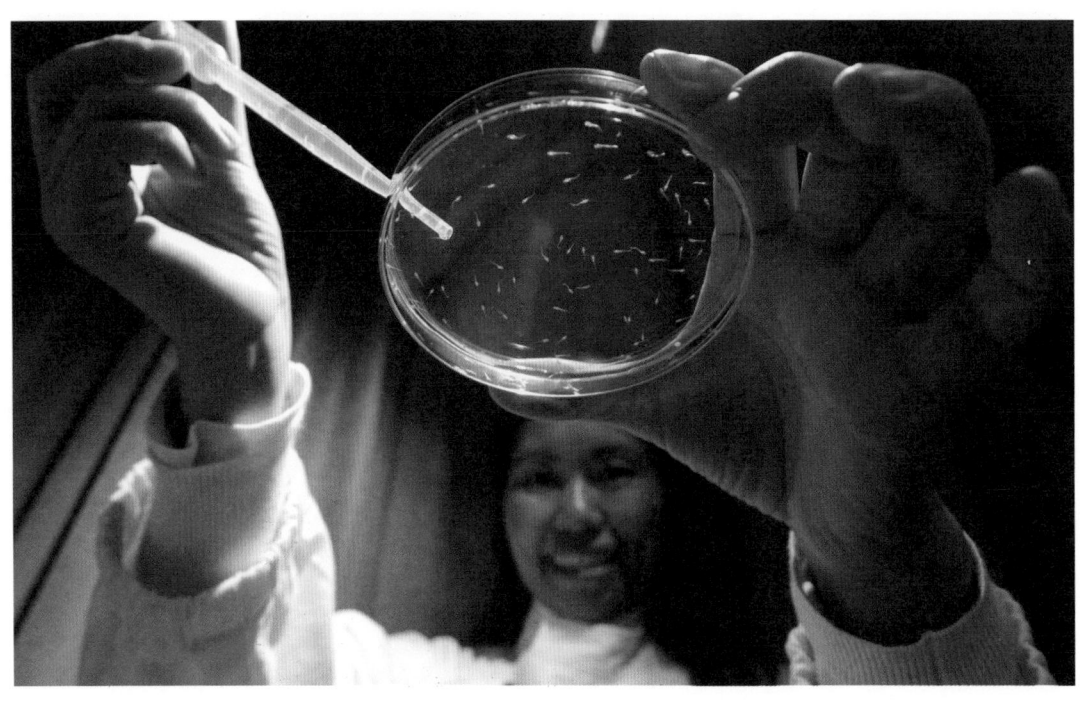

2008 年，湖南出生的陳雪平到香港城市大學生物及化學系修讀博士課程，並於 2010 年與城大校友陳子翔創辦水中銀（國際）生物科技有限公司，2015 年推出全球首創「轉基因鯖鱂魚」及「斑馬魚」的胚胎毒理測試技術，以提高全球食用品安全檢測基準。（南華早報出版有限公司提供）

分，由專利代理人修改完善形成專利第二稿，並遞交至美國專利商標局建檔。同年，陳雪平與另一位城大校友陳子翔創辦水中銀（國際）生物技術有限公司，為香港科技園公司「生物科技創業培育計劃」成員之一，2011 年 3 月，正式在香港科學園投入運作。

2012 年 11 月 12 日，城大科研團隊收到美國專利商標局發出的核准通知。該項目技術成功轉移至水中銀（國際）生物技術有限公司。2013 年至 2015 年間，公司內部完成三次融資，以協助企業商品化的工作及業務發展。2015 年 1 月，公司公布獲美國中經合集團（中經合）注資，中經合創辦人及董事長劉宇環出任水中銀主席。

2015 年 3 月，在香港科學園舉行新聞發布會，介紹其全球首創「轉基因鯖鱂魚」及「斑馬魚」的胚胎毒理測試技術，用以提高全球食用品安全檢測基準。該技術於同年獲得第 43 屆日內瓦國際發明展頒發的最高榮譽大獎。2016 年年底，技術正式開始投入應用。

2017 年 5 月 23 日，水中銀宣布應用「轉基因鯖鱂魚」及「斑馬魚」的胚胎毒性測試技術於日常食用品及護膚品，發布全球首個以生物測試 Testing2.0 技術作產品檢測的消費品安全資訊平台 ——「小魚親測」。平台首個檢測項目為 115 款分別來自中國（包括香港）、意大利及美國等地的食用油。

第五節 商業孵化及融資合作

一、政府倡導

1. 粵港科技合作資助計劃

2003 年 6 月，香港特區政府與國家商務部簽署《內地與香港關於建立更緊密經貿關係的安排》（CEPA）後，香港與內地的合作進入新階段。2003 年 8 月 5 日，在香港舉行的第六次粵港合作聯席會議上，雙方同意建立粵港合作的新架構和新機制，並整合原有及新成立的專責小組共 15 個，其中包括高新技術專責小組，定期召開會議，負責落實有關「粵港科技合作資助計劃」與交流活動，並就 12 個項目開展合作進行磋商，包括促進粵港高新技術合作。

2004 年 9 月 6 日，香港特區政府與廣東省政府宣布成立「粵港科技合作資助計劃」，以支援在六個科技範疇的應用研究項目，包括射頻識別技術、汽車配件製造關鍵技術、電子信息、新材料及精細化工、精密製造關鍵裝備及新能源與節能關鍵技術，旨在鼓勵粵港兩地大學、科研機構和科技企業加強合作，提升大珠三角地區產業的科技水平。計劃分兩類：第一類由香港創新及科技基金提供資助，供以香港機構為主要申請人、並鼓勵廣東省機構參與的項目；第二類是廣東省政府提供資助，供以廣東省機構為主要申請人、並鼓勵香港機構參與的項目。

首屆計劃在 2004 年 9 月 13 日至 10 月 21 日期間接受申請，港方共接獲 79 份申請，粵方接獲 186 份。粵港政府分別成立評審委員會進行評審工作，合共出資 3 億元，支持 67 個研發項目，包括港方撥款資助 24 個項目，粵方資助 43 個項目。港方撥款的 24 個項目中，有六個屬於射頻識別技術範疇、七個屬於汽車配件製造關鍵技術範疇、一個屬於電子信息範疇、三個屬於新材料及精細化工範疇、六個屬於精密製造關鍵裝備範疇、一個屬於新能源與節能關鍵技術範疇。計劃實施首三年間，粵港雙方撥款共 11.5 億元，支持 416 個研發項目。

2007 年起，計劃下新增一類由港粵或港深當局聯合資助的項目，以五個科技範疇為限，包括節能與新能源汽車、高效大功率白光 LED（發光二極管）關鍵技術、射頻識別共性技術、集成電路及數碼電視。首屆聯合資助類別接獲 24 份申請，有 8 份獲批，港粵及港深資助項目各 4 個；申請資助金額約 6350 萬元，當中港方資助額逾 3800 萬元。

2009 年起，港府就創新及科技基金撥款安排作出調整，包括允許「粵港科技合作資助計劃」下獲批的港方項目，有最多 50% 研發工作（及其相關開支）在內地進行，為香港科研機構與內地合作時，提供研發資源調配的彈性。

2011 年 3 月 16 日，國家公布《中華人民共和國國民經濟和社會發展第十二個五年規劃綱要》（「十二五」規劃），規劃重點之一是全面提高內地公共和私營服務信息化水平及科技實力。特區政府配合國家規劃的工作，與廣東省及深圳有關當局擴大「粵港科技合作資助計劃」的資助領域和範圍，包括研究透過擴展「創新科技基金」的資助範圍，允許其在「粵港科技合作資助計劃」下由五所研發中心進行的研發項目，部分撥款可用於向特區政府或公營機構推行試用計劃（「公營機構試用計劃」），推動兩地科研成果商品化的工作。2012 年 7 月 30 日，創新科技署公布擴大「公營機構試用計劃」至所有由「創新科技基金」資助的研發項目。同年，創新科技署通過「粵港科技合作資助計劃」、支援香港各大學在深圳設立科研基地，鼓勵香港的大學善用「粵港科技合作資助計劃」，整合大學在深港兩地的研發工作。

2017 年，「粵港科技合作資助計劃」下，供香港機構申請的第一類項目科技範疇有 27 個，兩地政府亦在第三個類別下，聯合資助 20 個科技範疇的項目，以配合產業發展的需要，並促進大珠三角地區的經濟發展。

2004 年至 2017 年 7 月底止，香港「創新及科技基金」資助的科技合作資助計劃項目共 246 個，資助總額約 8.3 億元。部分項目完成開發並成功投產，包括香港晶門科技有限公司獲撥款 200 萬元，於 2008 年 3 月完成「實現多樣化的多媒體系統芯片平台」項目。晶門科技與廣東廠商合作，研發出一系列支持中國標準的移動數字電視產品方案，產品於 2008 年年底推出市場。

香港理工大學申請的「上肢互動機械訓練系統」項目，獲撥款 358.4 萬元，於 2010 年 8 月完成項目。該項目在內地及美國完成申請專利註冊，並與香港一間醫療儀器公司以非獨家授權形式進行商品生產。

香港理工大學另一團隊的「快速檢測紡織品殘留甲醛可攜式傳感器」項目，獲撥款 389.4 萬元，於 2010 年 12 月完成。該項目與廣東廠商合作，研發出首部便攜式甲醛傳感器。

2013 年 2 月，香港大學教授支志明參與「開發與研究應用在照明上的有機發光二極管材料及器件」項目，獲 1366.5 萬元撥款。項目完成開發後，技術及新材料由彩虹集團公司及北京阿格蕾雅技術與發展有限公司進行測試，並發展成為照明及其他顯示技術有關的產品。

2. BUD 專項基金

2011 年 3 月 16 日，「十二五」規劃的「保持香港澳門長期繁榮穩定」專章（「港澳專章」）闡述香港特區在國家發展戰略中的功能定位。「港澳專章」強調中央支持香港培育新興產業，發展六項優勢產業，同時透過互動合作，協助國家提升產業結構。

特區政府在 2012 年 6 月推出總值 10 億元的「發展品牌、升級轉型及拓展內銷市場的專項基金」（「BUD 專項基金」），協助香港企業提升競爭力。

基金成立初期分為「企業支援計劃」及「機構支援計劃」兩部分。「企業支援計劃」的目標為資助個別香港企業，推行有關發展品牌、升級轉型和拓展內銷的項目，提升企業在內地市場的競爭力，促進企業在內地市場發展。截至 2017 年 7 月 1 日前，有關資訊科技行業的獲批項目有 29 項，合共批出的資助金額為 8,374,207 元。

「機構支援計劃」[17] 則旨在資助非分配利潤組織推行項目，協助香港整體或個別行業的企業發展品牌、為業務升級轉型及拓展內銷市場，從而提升它們在內地市場的整體競爭力。截至 2017 年 7 月 1 日前，獲批及開展的資訊科技、網購、電子商貿等相關項目有 9 項，合共批出的資助金額為 28,501,452 元（見表 8-5-1）。

3. 香港科技園公司

2001 年 5 月 7 日，香港科技園公司（科技園公司）正式成為法定機構並投入運作。香港科技園公司在成立初期開啟與內地開展合作，2001 年 11 月 16 日，科技園公司與廣州市對外貿易經濟合作局（外經貿局）簽訂合作協議書，按互惠互利原則，共同推動雙方科技事業的發展。

翌年 3 月 19 日至 20 日，科技園公司在香港會議展覽中心舉辦「科技世界 2002」，吸引 303 家機構參與，包括 134 家香港公司、86 家內地公司及 83 家來自其他海外國家及地區的公司，為培育公司安排與本地、內地、海外分銷商和投資者進行商業配對洽談；舉辦國際論壇並邀得中國科學技術部部長徐冠華作研討會演講嘉賓，探討各國科研成果的商品化

表 8-5-1　BUD 專項基金下獲資助項目（資訊科技相關）

項目名稱	獲資助機構	開始日期	資助金額（元）
為香港資訊科技方案供應商設立資訊科技方案數碼互動名冊，以提升香港供應商於內地的品牌競爭力	香港資訊科技商會有限公司	2013 年 2 月 1 日	3,870,900
香港資訊及通訊科技樞紐與內地業務之共同協作	香港互聯網供應商協會有限公司	2013 年 3 月 1 日	3,914,100
內地軟件市場推廣	香港軟件行業協會有限公司	2013 年 5 月 1 日	4,774,500
以網購開拓內銷導航計劃	香港工業總會	2014 年 1 月 1 日	1,656,810
展現「香港科技創新優勢產業」以發揚香港企業的創新及科技領先優勢品牌效應去促進中國內銷市場（簡稱：「展現香港科技領先優勢產業促內銷」）	香港中小企經貿促進會有限公司	2014 年 3 月 1 日	720,720
推動「香港製造」智能手機應用平台：助香港移動應用程式進入內地市場	香港無線科技商會有限公司	2014 年 4 月 1 日	3,609,000
內地軟件市場推廣（第二階段）	香港軟件行業協會有限公司	2015 年 6 月 1 日	4,234,622
「為香港物流業考察中國內地電子商貿市場之跨境入口物流商機及制定可行市場策略」計劃	香港航運物流協會有限公司	2015 年 7 月 1 日	848,250
於內地推廣香港智慧城市優秀項目	香港軟件行業協會有限公司	2017 年 6 月 15 日	4,872,550

資料來源：　香港工業貿易署 BUD 專項基金。

過程、邀請來自內地的專家討論內地市場及珠江三角洲的科技發展等議題，共有 220 人出席；亦設有展覽區域，共 61 個展位，讓 22 家本地科技公司，向業界展示產品及原型。

2002 年 6 月 27 日，香港科技園公司專責管理的香港科學園（科學園）正式揭幕。

2004 年 8 月 26 日至 29 日，廣州市政府代表團在香港舉辦「穗港合作，共同發展」系列活動，推動穗港深層次合作。其間，科技園公司與廣州天河軟件園、香港生產力促進局、廣東軟件行業協會及香港中文大學創新科技中心簽署合作協議，共同建設「粵港國際軟件園」。根據協議，軟件園採用「一園兩地」的模式，分別在廣州高唐新建區軟件產業孵化中心及香港科學園掛牌。

同年 12 月 2 日，特區政府工商及科技局與廣東省信息產業廳在珠海南方軟件園舉辦「2004 年秋季珠三角軟件產業論壇」。科技園公司、香港生產力促進局、香港中文大學、廣州天河軟件園及廣東軟件行業協會在會上，粵港國際軟件園倡議成立「珠三角軟件出口聯盟」，打造粵港軟件品牌，透過粵港兩地資源共享及優勢互補，縮短形成行業規模的時間，開拓粵港自主軟件出口與軟件加工市場，推進粵港的軟件產業走向國際市場。

2006 年 3 月，科技園公司與深圳高新區、西安高新區共同簽署《跨區域創新科技合作備忘錄》，香港與深圳計劃在各自園區開闢「深港創新圈互動基地」，以優惠的條件，專門提供給對方園區從事研發的企業或機構使用，加強雙方在科技創新方面的交流、合作與互補。

2008 年，科技園公司的材料分析實驗室與廣州市光機電技術研究院組成策略聯盟，在香港科技園公司及廣州提供發光二極體（LED）測試平台，支持珠江三角洲的 LED 照明行業。翌年，香港科技園公司的固態照明實驗室，透過此平台為超過 20 家內地公司提供發光二極管（LED）的測試。

2011 年，科學園與北京、上海、廣州、天津、西安、武漢、蘇州、重慶、成都合作，參與共同培育計劃，為新成立的培育公司提供資源及分享經驗。

2012 年 8 月 13 日，內地通信軟件產業基地中國（南京）軟件谷來港進行推介會，與科技園公司簽署戰略合作備忘錄，透過加強雙邊培訓、分享最佳管理實踐、業務合作及技術服務平台，促進香港及內地進一步交流。

2012 年 9 月 14 日，科技園公司與佛山市南海區人民政府簽訂戰略合作協議，啟動「粵港創新圈」的建設工作，共同建設「南海粵港科技產業升級試驗區」，以貫徹國家《「十二五」發展規劃綱要》中關於加強粵港合作的戰略部署，推進《粵港合作框架協議》，落實《推動率先基本實現粵港澳服務貿易自由化規劃綱要（2012—2014 年）》，加快兩地創新科技產業發展和經濟發展方式的轉變。粵港兩地重點發展綠色科技、環保節能、生物科技及電子信息等戰略性新興產業，雙方企業可在對方的科技園設置分支機構、使用雙方的設施及科研資源，以促進跨區培育途徑。科學園獲得國家的「綠色認證」[18]，9 月 27 日，「國家綠色科技產業化（夥伴）基地」在科學園舉行揭牌典禮。

2012 年 12 月 19 日，科技園公司與南海政府合作成立粵港聯合孵化器「創享藍海」，為「粵港創新圈」首個旗艦項目。

2013 年 3 月 26 日，科技園公司在北京中關村開設首個內地聯絡處，協助中關村引入創新科技、服務及國際人才，通過香港為內地企業提供國際化入口。

2014 年 1 月 9 日，科技園公司與順德區人民政府簽訂策略合作協議，包括推薦順德先進企業在園區開發迎合世界市場的產品。2014 年 4 月，順德代表企業廣東申菱空調設備有限公司（申菱空調）與科技園公司簽署意向進駐備忘錄，並於 2015 年中在科學園設立環保節能科研中心，利用香港作為「跳板」，開拓國際市場。[19]

2014 年 11 月 10 日，科技園公司推出「科技企業家夥伴合作計劃」與 13 個共享工作間營運商及六所本地大學的創業中心合作，並開設 TecONE 及軟着陸中心。軟着陸中心為有意在香港、內地及亞太區開拓市場的本地及海外科技公司，在落戶創業前提供一個短期的工作間。

2011 年 11 月，香港科學園獲國家科學技術部確認為國家綠色科技產業化（夥伴）基地；香港應用科技研究院亦於 2012 年 6 月獲科技部批准，與南京東南大學合作成立「國家專用集成電路系統工程技術研究中心香港分中心」，是首個國家工程技術研究中心香港分中心。2012 年 9 月 27 日，在科學園舉行揭牌典禮（圖），主禮嘉賓包括國家科技部副部長曹健林（右七）、中聯辦副主任殷曉靜（右六）、商務及經濟發展局局長蘇錦樑（右八）、香港科技園公司主席蒲祿祺（左七）及應科院科技委員會主席陳正豪（左五）等。（香港科技園公司提供）

2015 年起，內地鼓勵「大眾創業、萬眾創新」[20]，全國各地的眾創空間數量顯著上升。2015 年 11 月，科技部火炬中心公布首批國家級眾創空間名單，共有 136 間入選。12 月 7 日，科技園公司與科技部的直屬事業單位火炬高技術產業開發中心合作，與北京、上海、天津和深圳的四間科技眾創空間及孵化器企業簽署合作協定，為香港及內地的青年創業家提供工作空間、創業發展、市場推廣等支援。

2016 年 3 月 31 日，科技園公司與北京協同創新研究院簽署戰略合作協議，透過與本地大學、科研機構、科技企業和人才合作發展創新科技。

2016 年 11 月，香港科技園公司宣布與內地三間投資機構結為合作伙伴，包括中國香港（地區）商會、北京潤富柏嘉投資管理有限公司，以及英諾天使基金，為初創企業提供更多加速業務發展的資金及機會。三個合作伙伴各預留 5000 萬元，優先考慮投資由香港科技園公司推薦的項目。除資金方面的支持，香港科技園公司與合作伙伴共同向其項目獲推薦的初創企業，提供創業培訓、一對一輔導，以及商業與投資配對等支援。

4. 數碼港

數碼港一期及二期分別於 2001 年至 2003 年間落成，於 2003 年 6 月 27 日舉行開幕典禮。成立初期以資訊科技和電訊業為兩大發展範疇，主力吸引國際知名企業以香港為基

地，再向內地投資和發展。2002 年年底，包括微軟公司在內的首批租戶進駐數碼港，17間首批租戶中，有九間本地企業、六間美國企業及兩間歐洲企業。至於較早期承諾進駐數碼港的內地企業，有內地軟件開發的公司思創集團，是從事智能家居系統、遙控報錶系統等軟件開發。

2004 年 6 月 17 日，數碼港與深圳高新技術產業園區（深圳高新區）於禮賓府簽訂戰略合作協議書，透過兩地合作、互補優勢，進一步協助香港高增值產業拓展內地市場。在此協議下，數碼港與深圳高新區開展多方面的合作，包括共同開發嶄新資訊科技應用系統及研發成果商品化、促進市場推廣和專才發展等。第一次雙方共同進行的推廣活動，是於 2004 年 10 月 12 日至 17 日在深圳舉行的中國國際高新技術成果交流會作聯合參展。另外，數碼港 10 名商戶獲邀於 10 月 12 日探訪深圳高新區和參加交流會。為有效地共用資源，數碼港的網絡操作中心與深圳高新區之間架設光纖通訊專線，進一步提升兩地的資料傳送效率。

2005 年，數碼港推出「數碼港培育計劃」，為資訊及通訊科技初創企業提供財政、技術及業務諮詢等支援，協助企業將創新意念轉化為實質業務或商品。2006 年 12 月 3 日，國際電信聯盟世界電信展在香港揭幕，是展覽首次在日內瓦以外地方舉行。展會期間，旅客到訪數碼港參觀香港無線發展中心，這是內地境外首個設有相關科技基礎設施的機構，協助發展及測試第三代無線接駁標準 TD-SCDMA（內地研發的標準）應用方案，數碼港為此提供展示場所，讓本地公司及旅客體驗到內地的新技術，以及國際市場認識內地研發的技術及標準。

2007 年，香港有 14 個 TD-SCDMA 無線及流動通訊應用系統是通過使用香港無線發展中心的設施所開發，其中 10 個創新的應用方案，於 2007 年 9 月在北京舉行的 2007 中國國際通訊設備技術展覽會展出，並於同年 10 月起，於北京的大唐電信 TD-SCDMA 業務應用發展中心展示。

在技術合作方面，數碼港負責營運的香港無線發展中心及資訊資源中心分別於 2008 年 10 月及 11 月，與內地及海外機構簽訂合作協議，進一步加強與境外伙伴的技術合作。在保障知識產權方面，數碼港獲中國廣播影視數字版權管理論壇委任為數碼版權管理標準的起草委員，可在草擬標準時，與專家及業內人士交流意見，並可享用有關發展內地數碼版權管理的資源。

2009 年，數碼港的數碼媒體中心獲得深港創新圈資助，推行為期兩年的研究及發展項目，利用與北京大學深圳研究生院聯合開發的 MPEG—21 數碼版權管理系統，開發接通粵港兩地的數碼內容發布平台。同年，數碼港推出「數碼港創意微型基金」，為每個獲選項目提供 10 萬元的種子基金，協助參與者把創新意念開發成原型產品。

2010 年，數碼港董事局對工作使命和願景，重新檢討後制定三個發展重點，包括培育本地起步企業及企業家、推動協作以集中資源和創造商機，以及推行策略性發展計劃和合作，

促進資訊及通訊科技（ICT）普及化，並積極推動與內地初創的跨境創新和互動交流，共同發展創新數碼科技項目，培育人才，把項目落戶內地、香港、澳門及海外。同年 9 月宣布成立五大中心，包括企業發展中心、協作中心、知識及人才發展中心、科技中心和園區創建中心。其中，「協作中心」主力協助香港 ICT 企業拓展在內地及海外網絡，鼓勵國際性商業聯盟和技術交流。

2010 年上海世界博覽會舉行期間，數碼港為「香港 ICT 世博創意‧創新週」主辦機構之一，並帶領由超過 150 名本港資訊及通訊科技和數碼媒體領袖組成的代表團，與內地及其他國家的業界人士進行交流。

2011 年 4 月，數碼港與上海創智天地簽署為期五年的策略性伙伴合作協議，涉及範疇包括共用創新內容、合作推廣，以至合辦交流計劃和培訓等。簽署協議後，數碼港於同年 8 月在創智天地園區內成立上海代表處，協助香港 ICT 中小企業開拓內地商機。上海楊浦區政府屬下的上海市雲計算創新展示中心選出五位數碼港企業服務用戶展示其解決方案，包括多萊寶授權（國際）有限公司、DEF App Ltd、利奧創意媒體有限公司、Smoothweb 及 XNT Ltd。

2011 年 5 月，數碼港聯同業界人士組成香港代表團，參加在北京舉行的「第 15 屆中國國際軟件博覽會」，協作中心率領 6 間培育公司的代表及 ICT 企業家參與展覽，展示他們在雲端運算、數碼娛樂及教育娛樂方面的產品及方案。同年 6 月，數碼港行政總裁林向陽與 China Cloud Tech 技術總監張福波簽署合作備忘錄，促進香港與內地的科技協作，合力提升雲端運算技術。

2012 年 9 月 14 日，香港與廣東省政府在廣州舉行粵港合作聯席會議後，香港數碼港管理公司與廣東軟件行業協會簽訂合作意向書，促進雙方在信息通信技術領域的共同發展，包括聯合舉辦首屆「粵港信息科技青年創業計劃」。

2012 年 12 月 14 日，數碼港與中國電信股份有限公司廣東分公司、工業和信息化部電子知識產權中心、廣東省雲計算產業聯盟及廣東軟件行業協會聯合主辦的「2012 第一屆粵港雲計算大會」於廣州天河舉行，其間啟動「粵港信息科技青年創業計劃」。計劃成功申請者可於六個月內，獲發由「數碼港創意微型基金」批出總額十萬元的現金資助，用以開發產品雛型。第一屆計劃合共收到 300 份申請，由 144 名申請者共組成 24 支廣東與香港合作隊伍，共批出 10 個資助項目。

同期，數碼港、香港資訊科技聯會、深港科技合作促進會及深港產學研基地合辦「深港青年創業計劃」，入圍項目可獲發十萬元「數碼港創意微型基金」資助。第一屆計劃合共收到 200 份申請，由 157 名申請者共組成 34 支深圳與香港合作隊伍，共批出 10 個資助項目。

2014 年，數碼港推出「數碼港加速器支援計劃」，資助其培育企業及已完成培育的企

業參與本地、內地及海外加速器計劃，相關計劃為企業提供輔導，以及協助拓展海外業務和籌集資金。數碼港為每個獲選加入認可加速器計劃的企業提供最多 30 萬元資助，用以支付計劃費用、旅費、住宿費、市場及推廣費和其他相關開支。計劃推出至 2016 年，數碼港合共資助 28 間初創企業加入內地及海外的加速器計劃，包括內地的中國加速（Chinaccelerator）。

2015 年，內地倡議「大眾創新，萬眾創業」新政策。2016 年 1 月，數碼港在廣州成立第二個內地代表辦事處，以協助本地初創企業在南中國地區的發展。同於 2016 年 1 月，政府資訊科技總監辦公室（資科辦）與廣東省經濟和信息化委員會成立「粵港信息化專家委員會」，推動粵港兩地雲端運算、大數據、物聯網、智能城市及其他科技的發展及應用。同年 9 月，資科辦、廣東軟件行業協會，以及香港數碼港加入「全國信息技術標準化技術委員會雲計算標準工作組」，參與協助制定國家《信息技術雲計算雲服務採購指南》，共同制定全國雲端運算服務採購服務的標準。

2017 年 7 月 1 日，粵、港、澳三地政府與國家發改委簽署《深化粵港澳合作 推進大灣區建設框架協議》，共同打造大灣區為國際科技創新中心，數碼港其後將 2011 年創立的「數碼港粵港青年創業計劃」，擴展為「數碼港大灣區青年創業計劃」，以配合國家的政策發展，加強與內地初創生態圈的聯繫。

2010 年 9 月 14 日，香港數碼港管理有限公司與上海楊浦中央社區發展有限公司（創智天地）在商務及經濟發展局局長劉吳惠蘭（後排左二）和上海市副市長沈曉明（後排右二）及其他嘉賓見證下，簽訂合作意向書，加強雙方合作。（香港特別行政區政府提供）

2017 年 4 月，數碼港培育公司鏈知（Lynk）獲珠海大橫琴股份有限公司在港設立的「大橫琴基金」的 A 輪融資，是該基金創立以來首個投資項目。該輪融資額 400 萬美元，由東南亞豐隆集團牽頭，除大橫琴基金外，其他投資者包括數碼港、非洲 CRE 風險投資公司及 Wavemaker Partners 等。2017 年 6 月 21 日，數碼港與大橫琴股份有限公司再度合作，雙方正式簽訂合作備忘錄，以粵港兩地科創平台相互協作的方式，推動香港科技資源與橫琴產業發展有效對接，融入全球創新網絡。

5. 港澳青年創業基地

2014 年 9 月 10 日，國家總理李克強在第八屆夏季達沃斯論壇開幕式致辭時指出：「要借改革創新的『東風』，推動中國經濟科學發展，在 960 萬平方公里土地上掀起『大眾創業』、『草根創業』的新浪潮，形成『萬眾創新』、『人人創新』的新態勢。」[21] 開啟內地及香港的

表 8-5-2　廣東地區港澳青年創業基地

城市／名稱	成立日期
廣州	
華南新材料創新園	2013 年 3 月
南沙粵港澳（國際）青年創新工場	2015 年 7 月 1 日
「創匯谷」粵港澳青年文創社區	2016 年
天河區港澳青年之家「專創‧眾創空間」	2016 年 8 月
天河區港澳青年之家「ATLAS 寰圖‧辦公空間」	2017 年 6 月
廣州科學城粵港澳青年創新創業基地	不詳
深圳	
南山智園深港青年創新創業基地	2013 年
前海深港青年夢工場	2013 年 12 月
尚創峰（Upper Point）	2017 年 2 月
深圳福田崗廈深港澳青年創新創業基地	不詳
珠海	
橫琴‧澳門青年創業谷	2015 年 6 月 29 日
佛山	
港澳青年創業孵化基地	不詳
東莞	
常平弈投孵化器	2017 年 5 月
東莞天安數碼城科技企業孵化器	2010 年 10 月
聯豐創意谷科技企業孵化器	2012 年 4 月
中山	
中山市易創空間創業孵化基地（中山粵港澳青年創新創業合作平台）	2016 年 10 月
江門	
廣東網商時代產業園	2016 年 6 月

資料來源：《文匯報》、粵港澳大灣區網頁：青年創新創業 https://www.bayarea.gov.hk/tc/youth/index.html。

科技創業潮流，2010 年至 2017 年間，一批以港澳青年為對象的創業基地及創業孵化器相繼出現（見表 8-5-2）。

2014 年 11 月，香港科技大學電子與計算機工程學系教授李澤湘發起成立東莞松山湖國際機器人產業基地（機器人基地），並開始投入運作。機器人基地總面積 12,500 平方米，聚集李群自動化、逸動科技為代表的 57 家創業企業和 33 個創業團隊，其中十家企業的創始人及核心成員來自香港。此外，機器人基地採用基於項目和課題學習的辦學模式，與東莞理工學院、廣東工業大學、香港科技大學四方合作共建粵港機器人學院，共招生學生 400 人。

另一個以培育港深兩地年輕創業者為目標的港深合作區域—前海，為打造創新型國際創客社區的理念，首創「以夢工場為主導，合作機構為主體」的協同創業服務模式，引進 12 家港深國際孵化器，包括香港青協 YBHK、前海厚德孵化器、IDG 前海孵化器、香港青年專業聯盟眾創空間、香港藝術文化青年會、中科院深圳育成中心、創大前海孵化器、深港產學研基地前海孵化器、種子期前海孵化器、創展谷前海孵化器、硅谷國際開放平台、險峰華興前海孵化器等，為港深創業青年提供創新創業平台。2016 年 10 月 12 日，「前海深港創新創業生態圈」發起儀式在前海青年夢工場舉行，為港深青年提供國際化的硬件設施及配套服務。

2010 年在深圳成立的特斯拉科技，於 2012 年於香港成立香港特斯拉科技公司，並加入香港科學園的創業培育計劃。2016 年初入駐前海青年夢工場的青年專業聯盟前海眾創空間，該公司自主研發的「狗狗啟蒙電腦」，於 2017 年 5 月 30 日獲美國孵化器 Founders Space 創辦人史蒂夫・霍夫曼投資其項目，並成為公司的榮譽董事，這是內地自貿片區中的初創企業獲美國矽谷創業投資的首例。圖為創辦人之一姜偉（左）與團隊成員在實驗室對狗隻試用電腦情況進行數據記錄，探討動物的內心世界。（新華社提供）

二、私人界別倡導

1. 孵化器及加速器

培育計劃和加速計劃是創業生態系統的組成部分，香港的培育計劃由大學、政府或企業資助，在不分享初創企業收益的情況下，為後者提供服務。香港企業推行的創業加速計劃，有太古地產的 Blueprint、埃森哲（Accenture）的金融技術創新實驗室（FinTech Innovation Lab）、星展銀行的創投計劃工作室（The Vault）及 Infiniti Accelerator 等。孵化器或加速器向初創企業提供業務指導，並透過孵化培育公司本身的網絡，為初創企業介紹天使投資者或創業投資者，協助初創企業獲得融資機會。在香港設有據點的天使投資者網絡包括 Angels Den、營商天使計劃（Business Angel Programme）、香港商業天使網絡（Hong Kong Business Angel Network）等。投資早期初創企業的創業投資公司包括 500 Startups、Big Bloom、Fresco Capital、Nest、Bright Success Capital、Vectr Ventures 和 Bigcolors 等。

2016 年 7 月 19 日，紅杉資本全球執行合伙人沈南鵬、香港科技大學教授李澤湘、香港大學教授陳冠華發起，聯合香港十多位大專院校及科技界人士，共同成立「HONGKONG X 科技創業平台暨青年創業服務系統」，以發掘香港青年的創新創業潛力、支持科技研發由校園實驗室投入市場，平台成立的啟動儀式在香港舉行。平台的顧問包括騰訊主席馬化騰、香港科學院院長徐立之及香港科技大學校長陳繁昌等。按 HONGKONG X 基金計劃四年內支持 120 個初創項目及 40 多個天使項目。除基金外，紅杉資本中國基金每年會投入 200 萬元至 300 萬元助香港青年創業。2016 年 12 月 15 日，由新鴻基地產提供 3500 平方呎地方，作為香港 X 科技創業平台第一期「共創空間 X-LAB」的辦公室及實驗室。

2. 共享工作空間

2013 年至 2014 年間，香港和內地興起以創新及科技為主流的創業潮，帶動初創企業對租賃條件較彈性的共享工作空間需求。根據投資推廣署《2016 初創企業調查報告》，全港有 48 個地點提供共同工作空間設施，工作站的數目達 5618 個，較 2014 年增加 24%，吸引海外及內地提供相關服務的企業進駐。

2015 年 2 月 5 日，總部位於北京的啟迪控股股份有限公司宣布在香港開設首間香港啟迪科技園，提供一系列設施，包括同年 4 月開放的企業孵化器及共同工作空間，透過孵化器和加速器項目，協助內地企業通過香港打入國際市場，以及協助海外企業通過香港進駐內地。部分進駐啟迪科技園香港工作間的內地企業包括攜程和錢方，均以香港為平台，尋求與海外商業合作和進行市場推廣。

據投資推廣署與在香港主要共用工作空間、創業培育中心和企業促進公司營運的初創企業進行統計調查，2017 年統計結果顯示，在初創企業創辦人方面，有 57% 是香港人；6% 是回流港人；37% 是來自香港以外的人，當中 16% 的創辦人原屬地區為內地。

三、創投及上市

1993 年，美籍華人熊曉鴿代表美國風險投資基金 IDG，與上海科委合作在內地成立第一間合資的風險投資機構，開啟外資風險投資公司、香港的風險投資公司、以香港為基地的海外風險投資公司，以及產業投資基金等，到內地展開風險投資業務。據《中國風險投資年鑒》統計，2001 年年底，風險投資公司在中國累計投資總量排名 20 位之內，有 4 間是以香港區域總部的海外風險投資公司，包括荷蘭的 Baring Private Equity Partners（Asia）、美國的英特爾風險投資公司、美國的卡雷投資及日本軟銀中華基金，其中 Baring Private Equity Partners（Asia）在內地的投資總量為兩億美元，排名第二（見表 8-5-3）。

1998 年 3 月，全國人大常委會副委員長成思危在全國政協九屆一次會議上，提交《關於加快發展我國風險投資事業的幾點意見》提案（「一號提案」），提出把發展風險投資作為推動高科技產業發展的基本政策之後，內地加快推進新投融資制度創新，內地的風險投資公司開始陸續投資到高科技產業。

1998 年 5 月 1 日，IDG 向深圳金蝶軟件科技有限公司注資 2000 萬元人民幣，佔其中 25% 的股份。其後金蝶國際在 2001 年 2 月 15 日於香港上市。內地的風險資本透過首次公開發行（IPO）套現作為退出機制途徑之一。

香港金融市場是內地企業最大的境外上市平台，內地創新企業通過香港金融市場籌集國際資金發展。1990 年代末，香港就設立「創業板」進行研究及諮詢。1999 年 9 月 21 日，中國證券監督管理委員會發布《境內企業到香港創業板上市審批和監管指引》，鼓勵高新技術企業到境外創業板融資發展。

1999 年 11 月 25 日，香港創業板市場成立，首批於 1999 年內上市的公司，包括天時軟件有限公司、松景科技控股有限公司、浩倫農業科技集團有限公司及上海實業醫藥科技（集團）有限公司。

2000 年 4 月，香港的盈科數碼與 IDG 參與騰訊的種子輪投資，以 220 萬美元獲取騰訊 40% 的股份。2001 年 6 月，盈科數碼主席李澤楷將騰訊全數 20% 股份售予南非投資集團 MIH，套現 1260 萬美元。2004 年 6 月 16 日，騰訊控股在香港上市。

2007 年 11 月 6 日，內地電子商貿網站阿里巴巴網絡在港交所主板掛牌，以 B2B 電子商務交易為主業；2012 年 6 月 20 日，阿里巴巴網絡完成私有化計劃，撤銷在港的上市地位。

據《中國風險投資年鑒》統計，2007 年內地風險資本退出項目中，有 48.08% 的金額是通過資本市場上市交易實現。77 間新上市企業中，有 22 間透過香港主板市場融資，佔比為 28.57%，僅次於深圳中小企業板的 26 間公司及佔比 33.77%；22 間公司合共融資額為

表 8-5-3 2001 年年底風險投資公司在中國累計投資總量排名

公司名稱	國家／地區	中國總部城市	在內地已投資總量（億美元）	投資總量排名
China Vest Ltd. 中國創業投資有限公司	美國	北京	3.00	1
Baring Private Equity Partners (Asia) 霸菱投資（亞洲）公司	荷蘭	香港	2.00	2
H&Q Asia Pacific 漢鼎亞太公司	美國	北京	2.00	2
Soft Bank China Venture Capital 軟件銀行中國風險投資	日本	上海	2.00	2
Transpac Capital 滙亞資金管理有限公司	新加坡	北京	2.00	2
WI Harper Group 美商中經合集團	美國	北京	2.00	2
Shenzhen Venture Capital Co. Ltd. 深圳創新科技投資有限公司	中國	深圳	1.68	7
IDGVC IDG 技術創業投資基金	美國	北京	1.50	8
Intel Capital 英特爾風險投資公司	美國	香港	1.50	8
Vertex Management (Beijing) 祥峰技資管理集團（北京）	新加坡	北京	1.05	10
Goldman Sachs (Asia) Ltd 高盛	美國	北京	1.00	11
NewMargin Venture Capital 上海聯創投資管理有限公司	中國	上海	0.90	12
The Carlyle Group 卡雷投資	美國	香港	0.80	13
Guangdong Technology Venture Capital Group (GVCGC) 廣東省粵科風險投資集團	中國	廣州	0.70	14
Soft Bank China Venture Investment 軟銀中華基金	日本	香港	0.50	15
Shandong 山東省高新技術投資有限公司	中國	濟南	0.45	16
Beijing Venture Capital Co. Ltd 北京科技風險投資股份有限公司	中國	北京	0.42	17
Shanghai Venture Capital Co. Ltd 上海創業投資有限公司	中國	上海	0.40	18
Beijing Trunk Technology Group 北京創格科技集團	中國	北京	0.33	19
China Equity Co. Ltd 信中利投資有限公司	中國	北京	0.24	20

資料來源： 2002 年中國風險投資年鑒。

808.94 億元人民幣。行業分布上，狹義 IT 行業的公司佔比 15.6%，是新上市企業中的第二大類別。

隨着內地資本市場發展，A 股主板、中小板及創業板的設立，2011 年境內上市比例佔 89.53%，境外上市比例僅 10.47%，當中，透過香港主板上市的風險投資企業佔比為 5.23%，總融資金額為 101.05 億元人民幣。2013 年，內地 A 股 IPO 暫停，所有新股均在境外其他市場進行上市，其中 60 間企業在香港交易所上市，佔比 78.95%，總融資金額 1111.41 億元人民幣，佔總融資額 91.42%，顯示在內地 A 股 IPO 暫停期間，香港市場成為內地企業最重要 IPO 市場。

香港除了是內地重要的融資平台，亦是內地創投選擇投資的市場之一。2015 年 11 月，阿里巴巴集團於香港啟動「阿里巴巴創業者基金」，基金規模為 10 億元，向創業家和年輕人提供企業資本及策略指導。2016 年 5 月，首批獲該基金投資的企業，包括 YEECHOO、Shopline 和 GoGoVan。同年 9 月，再公布投資三間本地初創企業，包括時裝電商零售商 Grana、O2O 餐飲速遞企業 NOSH 及美食生活內容創作平台日日煮（DayDayCook）。六間初創企業總投資金額近 7800 萬元（見表 8-5-4）。

截至 2017 年 6 月 30 日，在香港主板上市的內地科技股，市值最高的為騰訊控股（見表 8-5-5）。

表 8-5-4　阿里巴巴香港創業者基金在 2017 年或以前投資的初創項目

企業名稱	投資年份	融資階段
YEECHOO	2016	A 輪
NOSH	2016	A 輪
GRANA	2016	A 輪
DayDayCook	2016	B 輪
SHOPLINE	2016	B 輪
GOGOVAN	2016	C 輪
Aqumon	2017	A 輪
Origami Labs	2017	A 輪
Qupital	2017	A 輪
Gobee.bike	2017	A 輪
CompareAsiaGroup	2017	B 輪
Prenetics	2017	C 輪
QooApp	2017	A 輪
WeLab	2017	C 輪

資料來源： 阿里巴巴創業者基金。

表 8-5-5　香港上市的內地科技股

股份編號	股份名稱	上市日期	2017 年 6 月 30 日市值（億元）	2017 年 6 月 30 日收市價（元）
992	聯想集團[①]	2/14/1994	478.78	4.93
136	恒騰網絡	9/25/1997	82.07	1.1
696	中國民航信息網絡	2/7/2001	673.03	23
268	金蝶國際	2/15/2001	94.66	3.25
861	神州控股	6/1/2001	80.64	5.727
2342	京信通信	7/15/2003	21.35	1.05
981	中芯國際	3/18/2004	420.9	9.05
700	騰訊控股	6/16/2004	26,467.61	279.2
763	中興通訊	12/9/2004	1080.23	18.64
2038	富智康集團	2/3/2005	192.44	2.41
2018	瑞聲科技	8/9/2005	1197.55	97.6
552	中國通信服務	12/8/2006	311.67	4.5
2382	舜宇光學科技	6/15/2007	767.9	70
3888	金山軟件	10/9/2007	264.42	20.35
777	網龍	11/2/2007	101.14	20.35
285	比亞迪電子	12/20/2007	348.8	15.48
1347	華虹半導體	10/15/2014	109.59	10.6
1478	丘鈦科技	12/2/2014	84.47	7.71
3969	中國通號	8/7/2015	529.15	6.02
1357	美圖公司	12/15/2016	361.9	8.5

資料來源：　彭博、雅虎財經、經濟通。
注：① 以截至 2017 年 9 月 30 日計算公司的資本市值。

注釋

1　新華社：〈李克強：在第八屆夏季達沃斯論壇上的致辭〉，中央政府門戶網站，2014 年 9 月 11 日發布，2021 年 8 月 3 日瀏覽，http://www.gov.cn/guowuyuan/2014-09/11/content_2748703.htm。

2　新華社：〈政府工作報告（全文）〉，中華人民共和國中央人民政府網頁，2017 年 3 月 16 日發布，2021 年 8 月 3 日瀏覽，http://big5.www.gov.cn/gate/big5/www.gov.cn/premier/2017-03/16/content_5177940.htm。

3　海外及港澳學者合作研究基金項目採取「2+4」年的資助模式。對獲兩年期資助後有實質合作並有明顯發展潛力的項目，給予四年期的延續資助。

4　2007 年 9 月 17 日，深港雙方在「粵港科技合作資助計劃」下設立深港科技合作資助計劃的專項，聯合撥款支持深港有共同興趣發展的科技範疇研發項目。

5　香港特別行政區政府工商及科技局、深圳市人民政府：〈《香港特別行政區政府與深圳市人民政府關於「深港創新圈」合作協議》〉，香港特別行政區政府創新科技署網頁，2007 年 5 月 21 日發布，2021 年 8 月 3 日瀏覽，https://www.itc.gov.hk/ch/doc/CA_Shenzhen&HK_InnovationCircle_(Chi).pdf。

6　清華大學深圳研究生院：〈《深圳虛擬大學園創新資源利用生態體系研究》〉，《深圳市 2013 年軟科學研究專案》，深圳市科技創新委員會網頁，2014 年 11 月發布，2021 年 8 月 3 日瀏覽，http://stic.sz.gov.cn/kjfw/rkx/rkxcgsjk/201711/P020171102743201418122.pdf，頁 26。

7 2018 年，國家科技部同意香港的 16 間夥伴實驗室毋須再夥拍內地科研領域相近的國家重點實驗室。在同意各夥伴實驗室經調整後的名稱，國家科技部在同年 9 月 20 日向該 16 所正式獲認可的國家重點實驗室授牌。參見香港特別行政區政府新聞處：〈內地與香港簽創科合作協議〉，香港特別行政區政府新聞公報網頁，2018 年 9 月 20 日發布，2021 年 8 月 3 日瀏覽，https://www.news.gov.hk/chi/2018/09/20180920/20180920_150442_108.html。

8 有關資助上限在 2019 年至 2020 年度起，進一步提高至每所每年 1000 萬元。

9 中科院於 2018 年就香港地區聯合實驗室於 2013 年至 2017 年開展的聯合工作，進行第五次全面評估。

10 中國科學院學部：〈中國科學院院士章程 —— 第二章第四條〉，中國科學院學部網頁，2021 年 8 月 9 日瀏覽，https://web.archive.org/web/20160919073151/http://www.casad.cas.cn/doc/14860.html。

11 中共中央：〈中共中央關於科學技術體制改革的決定〉，中國科學院網頁，1985 年 3 月 13 日發布，2021 年 8 月 3 日瀏覽，http://www.bjb.cas.cn/gzzd2016/kjhzc2016/qtkjzc/201602/P020160218328853262968.pdf。

12 六間大學包括：香港大學、香港中文大學、香港科技大學、香港理工大學、香港城市大學、香港浸會大學。

13 2017 年 11 月 3 日，「內地與香港科技合作委員會」第十二次會議在港舉行，委員會同意明年（2018 年）啟動推薦香港專家進入「國家科技計劃專家庫」的申請工作，參見新華社：〈香港專家進入「國家科技計劃專家庫」申請將啟動〉，科學網新聞，2017 年 11 月 4 日發布，2021 年 8 月 3 日瀏覽，http://news.sciencenet.cn/htmlnews/2017/11/393014.shtm。

14 梁振英：〈香港培養出來的年輕科技企業家〉，香港特別行政區行政長官網誌，2014 年 5 月 27 日發布，2021 年 8 月 3 日瀏覽，https://www.ceo.gov.hk/archive/2017/chi/blog/blog20140527.html。

15 投資推廣署：〈突破航拍疆界，捕捉全新視覺〉，香港特別行政區政府投資推廣署網頁，2015 年 7 月發布，2021 年 8 月 3 日瀏覽，https://www.investhk.gov.hk/sites/default/files/2015.07-dji-tc_0.pdf。

16 信報財經新聞，2016 年 7 月 6 日發布，2021 年 8 月 3 日瀏覽，http://startupbeat.hkej.com/?p=31229。

17 「機構支援計劃」已於 2018 年 10 月 1 日停止接受申請，並與前「中小企業發展支援基金」整合為「工商機構支援基金」。

18 《文匯報》：〈兩地科研協作：背靠國家協作科研 港掀綠色產業革命〉，《文匯報》網頁，2013 年 12 月 12 日發布，2021 年 8 月 3 日瀏覽，http://paper.wenweipo.com/2013/12/12/ED1312120014.htm。

19 《明報》：〈申菱空調冀吸納香港人才「跳出」國際〉，《明報》網頁，2016 年 3 月 25 日發布，2021 年 8 月 3 日瀏覽，https://m.mingpao.com/pns/%E6%B8%AF%E8%81%9E/article/20160321/s00002/1458496331226/%E7%94%B3%E8%8F%B1%E7%A9%BA%E8%AA%BF%E5%86%80%E5%90%B8%E7%B4%8D%E6%9C%AC%E5%9C%B0%E4%BA%BA%E6%89%8D-%E3%80%8C%E8%B7%B3%E5%87%BA%E3%80%8D%E5%9C%8B%E9%9A%9B。

20 國務院：〈國務院關於大力推進大眾創業萬眾創新若干政策措施的意見〉，中央人民政府網頁，2015 年 6 月 16 日發布，2021 年 8 月 3 日瀏覽，http://www.gov.cn/zhengce/content/2015-06/16/content_9855.htm。

21 中國政府網：〈大眾創業、萬眾創新全記錄（2013—2015 年）〉，中央政府門戶網站，2014 年 12 月 29 日發布，2021 年 8 月 3 日瀏覽，http://www.gov.cn/xinwen/2014-12/29/content_2798382.htm。

第九章
在港中資企業

第一節 概況

在香港發展的中資企業[1]，可追溯到 1873 年成立的輪船招商局（招商局前身）香港分局。此外，中國銀行香港分行（時為中國銀行香港分號）及中國旅行社香港分社分別於 1917 年及 1928 年成立。1949 年新中國成立後，招商局、中國銀行香港分行和香港中國旅行社相繼成為中華人民共和國國有企業。華潤集團的前身聯和行則於 1938 年由中國共產黨在港成立，1952 年華潤被列入國有企業。這四家在國家實行改革開放前已於香港營運的中資企業——招商、華潤、中旅和中銀，被稱為香港四大老牌中資企業（見表 9-1-1）。

表 9-1-1　香港四大老牌中資企業（按成立時間排序）

公司	成立時間	投資主體或主管部門
招商局集團	1873 年	交通部
中國銀行（香港）有限公司	1917 年	中國銀行
香港中旅（集團）有限公司	1928 年	國務院僑辦
華潤（集團）有限公司	1938 年	外經貿部

計劃經濟時期，國家在對內經營體制、財務體制、外匯分配及對外貿易體制上高度集中。在港中資企業業務範圍單一，經營規模較小，受內地相關部門管轄，各有專門的業務範圍：招商局辦理內地來港貨物中轉，並為國家採購大型遠洋船舶；中國銀行成為國家外匯外貿專業銀行，其香港分行在港經營存貸、全國城鄉匯款等，其時，在港中資銀行受中國銀行駐港總稽核室管轄；香港中旅社為辦理港澳台人士和海外華僑等來往內地等業務的接待機構，並擔任內地與香港的鐵路貨運總代理；華潤為內地各進出口公司在香港的總代理。其他中資企業大部分是內地貿易公司在香港的代理，以從事與內地進出口貿易相關的業務為主。截至 1978 年，在港中資企業數量約 122 家。

1978 年 12 月中共十一屆三中全會議決，國家實行改革開放，全國工作重點轉移至現代化建設。香港作為內地對外開放的窗口和渠道，在全國人大常委、香港大公報社長費彝民的建議和牽線下，國家基本建設委員會於 1979 年 6 月在香港成立中國海外建築工程有限公司，開拓香港建築市場。同年 10 月，中國人民政治協商會議全國委員會（全國政協）副主席榮毅仁創立中國國際信託投資公司，翌年在香港成立分公司，根據該年 7 月頒布的《中華人民共和國中外合資經營企業法》，吸收和運用外國資金、引進先進技術，進口先進設備。1981 年，天津市副市長王光英訪問澳門和香港，及後撰寫《港澳見聞和八點建議》報告，向國務院建議到香港開辦一家綜合性公司，協助國家現代化建設和內地企業走向市場。1983 年 8 月，紫光實業有限公司（中國光大集團有限公司前身）在香港開業，是國家實施改革開放後第一家在港註冊成立且直屬國務院的窗口公司。

另一方面，內地地方政府亦開始在香港設立自身的窗口公司。1979 年 6 月，廣東省向中央提出實行新的經濟管理體制，包括擴大地方對外貿易權限，安排和經營自行的對外貿易。7 月 15 日，中共中央、國務院批轉《廣東省委、福建省委關於對外經濟活動實行特殊政策和靈活措施的兩個報告》（中央 50 號文件），以兩省靠近港澳，具有加快經濟發展的有利條件，確定對其對外經濟活動實行特殊政策和靈活措施，給予更多主動權。10 月，國務院召開全國進出口工作會議，外貿體制改革在全國普遍展開，包括擴大廣東和福建的外貿經營權。1980 年 6 月，粵海企業有限公司在香港成立，成為廣東省各經濟機構、各進出口公司在香港的總代理。10 月，福建省在港成立華閩公司，為福建省對外經濟貿易在香港的總代理。

隨後，更多內地省市來港成立貿易企業。上海市政府在收回原由華潤代管的天廚味精廠、南洋兄弟煙草公司和永發印務有限公司後，於 1981 年 7 月以此三公司為基礎，成立在香港的窗口企業 —— 上海實業有限公司。深圳市政府在港的代表機構深業貿易有限公司於 1983 年 9 月開業；廣州市政府在港代表機構越秀企業有限公司 1985 年 4 月在香港開業。京泰有限公司於 1988 年成為北京市政府駐港窗口公司。此時期的窗口公司主要業務為聯絡接待、進出口貿易及為內地招商引資。

繼內地各部委和各省在香港開設窗口公司或業務機構，1986 年以後，內地的市、縣、鄉、鎮及鄉鎮企業亦紛紛來港開辦企業，在港中資企業數量急增，至 1989 年超過 2500 家，部分「出現了管理失控等問題」。[2] 1988 年 8 月，國務院開始清理整頓駐港中資機構，成立整頓駐港機構領導小組，「撤併一批經營不善、管理混亂、長期虧損、沒有存在必要的機構；對以個人名義在港澳地區登記持有的國家資產辦理了法律上的委託手續，使國家財產安全有了保障；查處了違法亂紀案件和給國家造成重大損失的經濟案件；建立、完善了必要的規章制度，使我駐港澳中資機構的管理逐步制度化、規範化」。[3] 至 1992 年 8 月，清理整頓基本結束，獲保留的中資企業約 1500 間。

國務院確立在港中資企業受新華社香港分社（中央人民政府駐香港特別行政區聯絡辦公室前身）的領導和監督。1991 年 9 月 24 日，國務院港澳辦公室等部門發布《關於我港澳地區中資機構歸口管理辦法》，規定各省、自治區、直轄市和中央各部門若存在兩個或以上的駐港澳機構，其主管部門須徵得新華社香港分社或新華社澳門分社同意，確定其中一個機構作為歸口管理單位（即「窗口公司」）（見表 9-1-2 及表 9-1-3）。

1992 年 8 月，國務院辦公廳發布《國務院辦公廳關於結束清理整頓駐港澳機構工作的通知》，宣布授權新華社香港分社和新華社澳門分社通過各地區、各部門駐港澳的歸口管理單位，對所有駐港澳中資機構實行領導、管理和監督。新華社香港分社和新華社澳門分社應根據駐港澳地區中資機構的具體情況，制定具體辦法。駐港澳中資機構在開展業務中，遇到涉及中央對港澳工作方針政策的重要情況和問題，要事先請示新華社香港分社或新華社澳門分社，其中重大問題要經過新華社香港分社或新華社澳門分社請示國務院或國務院有關部門。

表 9-1-2 1990 年代省市區駐港窗口公司（部分）

公司	投資主體或主管部門
粵海集團有限公司	廣東省
華閩（集團）有限公司	福建省
中遼有限公司	遼寧省
香港濱港（集團）有限公司	黑龍江省
中吉有限公司	吉林省
恆山貿易有限公司	山西省
驪山有限公司	陝西省
鐘山有限公司	江蘇省
富春有限公司	浙江省
華魯集團有限公司	山東省
華贛企業有限公司	江西省
黃山有限公司	安徽省
燕山發展有限公司	河北省
豫港（集團）有限公司	河南省
宜豐實業有限公司	湖北省
三湘集團有限公司	湖南省
嘉陵集團有限公司	四川省
雲港有限公司	雲南省
貴達有限公司	貴州省
隴港有限公司	甘肅省
海湖貿易有限公司	青海省
華海有限公司	海南省
京泰有限公司	北京市
津聯有限公司	天津市
上海實業（集團）有限公司	上海市
渝豐國際有限公司	重慶市
興源有限公司	內蒙古自治區
桂江企業有限公司	廣西壯族自治區
嘉川發展有限公司	寧夏回族自治區
新疆開發有限公司	新疆維吾爾自治區
西藏珠穆朗瑪貿易旅遊公司	西藏自治區
深業（集團）有限公司	深圳市
珠光（香港）有限公司	珠海市
越秀企業（集團）有限公司	廣州市

資料來源： 烏蘭木倫編：《發展中的香港中資企業》（香港：香港經濟導報社，1997）。

表 9-1-3　1990 年代部委駐港窗口公司（部分）

公司	投資主體或主管部門
光大集團有限公司	國務院
中國建設銀行香港分行	中國建設銀行
中國工商銀行香港分行	中國工商銀行
中國農業銀行香港分行	中國農業銀行
中國鐵路服務（香港）有限公司	鐵道部
天波通訊發展有限公司	郵電部
華昌盛機械企業有限公司	機械工業部
華電有限公司	電子工業部
亞貿公司	外交部
中碩發展有限公司	建設部
中國航空技術進出口（香港）公司	航空工業部
港源水利電力有限公司	水利部
能源工業有限公司	核工業部
華膺有限公司	商業部
環能貿易有限公司	煤炭工業部
中國法律服務有限公司	司法部
恆天投資有限公司	紡織工業部
萬國化工有限公司	化工部
亞太通信衛星有限公司	科委、郵電和航天部
海外中國航天開發投資有限公司	航天工業部
中國電力國際有限公司	電力部
中國新技術創業國際有限公司	國家科委
華教有限公司	國家教委
惠中實業有限公司	國家體委
香港圓明園發展有限公司	國家計委
中國統計諮詢有限公司	國家統計局
中國國際旅行社有限公司	國家旅遊局
中國朝陽建材有限公司	國家建材總局
中國航空公司	中國民航總局
中國醫藥對外貿易（香港）公司	國家醫藥管理局
中國青年旅行社（香港）有限公司	團中央
香港中國保險集團有限公司	中國保險公司
中信（香港）有限公司	中信總公司
航天科技國際集團有限公司	航天工業總公司
中國海外集團有限公司	中國建築總公司
中國冶金（香港）有限公司	冶金工業總公司
中國近海石油服務有限公司	海洋石油總公司
銀華國際（集團）有限公司	北方工業總公司
華聯船舶有限公司	船舶工業總公司
中國（香港）石油有限公司	石油天然氣總公司

（續上表）

公司	投資主體或主管部門
天利國際有限公司	中國煙草總公司
香港京源發展有限公司	京安器材總公司
中國華能集團香港有限公司	華能集團總公司
中國有色金屬（香港）控股公司	有色金屬總公司
中石化（香港）有限公司	石油化工總公司
科恆實業有限公司	中國科學院
國興國際股份有限公司	中國僑聯
中國貿促會代表處	中國貿促會
穗華企業開發有限公司	輕工總會
京港人才交流中心	中國國際人才交流會

資料來源： 烏蘭木倫編：《發展中的香港中資企業》（香港：香港經濟導報社，1997）。

另一方面，國有控股性質的在港中資企業受其內地所屬單位、系統等直接領導，包括經營、人員調動、人事任命等，具有行政干預下經營者控制特色。董事長、總經理等主要領導層由政府相關機構任命，政府能對公司的人事安排和重要決策發揮主要影響力。作為香港企業，在港中資企業亦同時遵照香港的公司法律法規的規定，安排公司治理架構。

內地民營企業方面，1992 年，對外經濟貿易部、中國人民銀行、國務院港澳辦公室聯合發布的《關於在港澳地區設立機構的審批辦法》規定，申請在港、澳地區設立機構須具特定資格，只有少數在內地設立的民營企業把業務延伸至香港。於 1990 年代，民營企業獲准按中國證券監督管理委員會（中國證監會）的措施往海外上市及融資，上市集資為民營企業在港最主要的活動。[4]

香港老牌中資企業方面，隨着國家推進改革開放，加上香港前途問題談判結束進入過渡期，其開始改變經營模式，朝集團化、多元化擴展業務。招商局早於 1978 年獲准擴大經營自主權，並於翌年在深圳南頭半島動工開發蛇口工業區。蛇口工業區是中國第一個對外出口工業加工區，亦是招商局發展成多元化綜合性企業集團的起點，其後招商局集團成立，涉足運輸、金融、工業園區、工程地產、工業貿易、旅遊、交通基建等業務領域。華潤公司的進出口香港總代理地位，在國家外貿體制改革後開始改變。1983 年，華潤獲對外經濟貿易部允許擴大經營權限，加強自營業務，並改組為華潤（集團）有限公司，開辦超級市場、碼頭倉庫、油庫等多元化業務。

至於中資銀行，1979 年中國改革銀行體系，把中國銀行從中國人民銀行中分設出來，與其後設立的中國農業銀行、中國人民建設銀行和中國工商銀行形成國家專業銀行體系。中資銀行海外分行此時期的任務則為籌措外匯資金，辦成現代化金融企業。1983 年，由中國銀行港澳管理處（前稱中國銀行駐港總稽核室）管理的 13 家在港中資銀行（包括中國銀行香港分行）連同澳門的南通銀行組成「港澳中銀集團」，以發揮集團化優勢，開拓多元化業

1979 年 7 月 8 日，蛇口工業區基礎工程正式破土動工，被稱為「開山第一炮」。（香港大公文匯傳媒集團提供）

務，並為內地現代化建設籌集資金、提供信息、資訊調查和諮詢服務，支持對內地貿易活動，並參與對內地直接間接投資。

香港中國旅行社則因應國家加快發展旅遊業，開始組織赴內地旅行團和接待內地團來港，並發展酒店、客運等業務。1985 年，香港中旅（集團）有限公司成立，成為一家多元化集團企業機構，並開始在深圳沙河開發華僑城。

兩家改革開放後成立的中資企業 —— 中信香港及中國光大，在港發展數年後，亦起步邁向集團化發展。中信於 1987 年成立中國國際信托投資（香港集團）有限公司，其後，先後入股國泰航空、香港電訊公司、港龍航空等重要香港企業，並陸續注入其收購的香港上市公司泰富發展（集團）有限公司。1991 年，泰富發展易名中信泰富，並於翌年晉身為香港恒生指數成份股。在港中資企業利用香港融資市場，開始資產經營，並以上市為主要形式，開啟香港資本市場的紅籌熱。至 1997 年 6 月，經批准成立的中資企業控股或持大股香港上市公司共 43 家。[5] 除了以香港市場作為融資渠道，壯大資本，上市過程亦促進了在港中資企業建立現代企業制度。

在港中資企業透過在香港與國際市場借款發展業務。「窗口公司」被視作內地政府的代表，香港和國際金融機構願意提供優惠條件對其借貸。1997 年至 1998 年間，亞洲金融風暴對高負債發展的中資企業造成衝擊。廣東省屬的廣東國際信托投資有限責任公司（廣信）無法承擔巨額負債，在 1998 年 10 月 6 日，由中國人民銀行宣布關閉，11 月 13 日宣布廣信

旗下的「廣信香港」和「廣信實業」在港清盤。1998 年 12 月，粤海集團因嚴重資不抵債，宣布債務重組。廣信事件和粤海集團的債務重組，引發銀行和金融機構的風險意識，向「窗口公司」收緊信貸和追收欠債，部分中資企業押後在港上市計劃，部分中資企業出售資產作為營運開支。事件暴露在港中資企業的管理和監督紕漏問題。

1999 年 1 月 10 日，國務院召開海外中資企業狀況通報會議，討論出現財政危機的香港中資企業問題和解決方案。出現財務困難的中資企業，透過企業債務或架構重組、內地政府注資、配股集資、銀行借貸應對，部分在危機中清盤。1999 年 9 月召開的中共十五屆四中全會通過《中共中央關於國有企業改革和發展若干重大問題的決定》，指出國企改革要以建立和完善現代企業制度為目標，方針包括轉變政府職能，建立權責明確的國有資產管理、監督和營運體系。「中共中央企業工作委員會」同年 12 月正式成立，國務院及旗下各部委管理的 163 家企業領導班子轉交其管理。2003 年 3 月 10 日，十屆全國人大一次會議表決通過設立「國有資產監督管理委員會」（國資委），為國務院直屬正部級機構，196 家中央企業納入其管轄，各中央部委與其在香港所辦的窗口公司脫鈎。2003 年 10 月 20 日，商務部、港澳辦、中央政府駐香港聯絡辦和中央政府駐澳門聯絡辦的《關於改革內地駐港澳地區「窗口公司」管理模式的意見》獲中央同意下發，當中列明取消「窗口公司」稱謂，內地政府及部門此後不得直接出資到港澳地區設立中資企業，並要求各省級政府建立現代企業制度，改革原「窗口公司」並與之脫鈎。原「窗口公司」不再代表各省級人民政府對本地在港澳地區興辦的企業行使行政管理和監督檢查的職能。各省、自治區、直轄市人民政府與原「窗口公司」脫鈎工作按規定在 2004 年 6 月底前完成。

金融風暴衝擊，加上 2001 年中國加入世界貿易組織，在港中資企業陸續把非核心業務剝離，並把發展重心轉移至內地。

華潤於 2001 年將整體發展布局由「立足香港、背靠大陸、面向世界」，調整為「立足香港、面向大陸、走向世界」，爭取在內地市場更大份額，至 2004 年，其內地業務佔集團總資產、營業額和經營利潤比例首次同時過半。港中旅歷經資產架構調整，重新確立旅遊為本業，在北京、成都、新疆、上海、青島、廈門、西安、太原、蘇州、杭州、大同等地開辦、併購旅社，躋身內地旅遊市場。中海集團將投資重點向內地轉移，陸續於內地城市如長春、中山、西安、南京、蘇州、佛山、寧波等發展房地產項目。招商局亦在重組資產後，將業務整合為交通運輸、房地產和金融產業。

2001 年《國民經濟和社會發展第十個五年計劃綱要》（十五計劃），提出「走出去」戰略，鼓勵能夠發揮國家比較優勢的對外投資，擴大國際技術合作的領域、途徑和方式。2003 年 6 月，內地與香港簽訂《內地與香港關於建立更緊密經貿關係的安排》（CEPA 協議），兩地政府討論內地民營企業通過香港「走出去」的可行方案，包括提倡在香港進行收購合併，及將技術含量和附加值高的產品到香港生產，再出口歐美等海外市場。2004 年 10 月發布

的《關於內地企業赴香港、澳門特別行政區投資開辦企業核准事項的規定》，是首個列明支
持包括民營企業在內的各種所有制企業來港投資的政策。在該政策下，民營企業擁有較大
自由度，以商業條件自行決定在香港投資。香港特區政府推出相應措施，吸引內地企業來
港投資開業。2007 年 6 月，投資推廣署展開名為「投資香港一行！」的全國性宣傳計劃，
在浙江、江蘇、山東、遼寧、四川、廣東和福建七個內地省份舉行宣傳工作會，向內地民
營企業宣傳如何利用香港作為邁向國際化的跳板。

2008 年全球金融海嘯後，中資企業「走出去」併購海外資產、發展海外業務趨活躍。
2015 年，國家發表《推動共建絲綢之路經濟帶和 21 世紀海上絲綢之路的願景與行動》，
勾劃「一帶一路」的發展構想及藍圖。在港中資企業在此背景之下，配合國家戰略「走出
去」。其中，2005 年起中海集團開始海外經營，進軍印度和迪拜建築市場，併購英國倫敦
寫字樓項目，拓展美國紐約及澳洲悉尼房地產項目。港中旅於 2009 年收購美國的劇院，開
中國文化企業在國外擁有自身演出劇場的先河。2015 年，港中旅全資收購英國酒店管理公
司 Kew Green Hotels，在中國、英國等地擁有和管理約 200 間酒店。在此時期核心業務為
投融資的光大控股，推出併購基金，投資於北美、歐洲及以色列等地的公司。中銀香港以
「一帶一路」沿線區域為海外布局重點，增加機構覆蓋，重組東南亞業務，逐漸從城市銀行
向國際化區域性銀行轉型。配合國家落實「一帶一路」策略，投資推廣署自 2016 年起在內
地不同城市舉辦以「一帶一路，共創新思路」為題的投資香港研討會，向當地企業介紹香
港在國家「一帶一路」倡議下的獨特優勢，以及企業如何利用這些優勢拓展海外市場。[6]

第二節 香港四大老牌中資企業

一、招商局集團

1872 年 12 月，清廷批准李鴻章奏摺，成立輪船招商局（招商局），次年在上海正式開業。
同年招商局貨輪由上海裝貨首航香港，並在香港開設分局。1948 年，招商局改制為招商局
輪船股份有限公司。1950 年，香港招商局獲正式確認為中央人民政府交通部下屬企業。
1951 年，招商局改組為中國人民輪船總公司，香港分公司獲准沿用招商局輪船股份有限公
司的名稱，事實上開始成為招商局的總部所在地，1962 年起內地來港貨物中轉事宜全部由
招商局辦理。

1978 年 6 月，交通部派外事部負責人袁庚來港檢查招商局工作。10 月，交通部上報《關
於充分利用香港招商局問題的請示》，對招商局提出「立足港澳，背靠國內，面向海外，多
種經營，買賣結合，工商結合」為經營方針，擴大經營自主權，獲得批准，並以袁庚為招
商局副董事長，駐香港主持工作，擴展業務。

1978 年 10 月，袁庚以中共交通部黨組名義，上呈《關於充分利用香港招商局問題給國務院的請示》。報告提及，香港招商局的經營方針應當定位為「立足港澳、背靠國內、面向海外、多種經營、買賣結合、工商結合」，爭取五至八年內將招商局發展成為綜合性大企業，「應當衝破束縛，放手大幹」。（招商局集團有限公司提供）

1978 年 10 月，李先念等國家領導人批示《關於充分利用香港招商局問題給國務院的請示》。（招商局集團有限公司提供）

1979 年 1 月 6 日，招商局代交通部和廣東省革委會起草致國務院《關於我駐香港招商局在廣東寶安建立工業區的報告》，後得到國務院批准。（招商局集團有限公司提供）

1978 年 11 月，招商局向廣東省委提出在廣東寶安鄰近香港的沿海地帶籌建出口工業區的構想。1979 年 1 月，獲允許自籌資金在深圳南頭半島開發蛇口工業區。7 月，蛇口工業區基礎工程正式破土動工。蛇口工業區基礎建設由香港提供支援：1980 年 7 月，招商局和香港大東通訊系統有限公司（大東電報局附屬公司）達成協議，後者負責供應及安裝蛇口的電話網絡及連接蛇口與深圳兩地的微波通訊系統。1981 年 8 月，微波通訊站建成，令蛇口、深圳與香港之間電話能夠自動直撥，並可透過香港電訊系統轉駁至世界。電力方面，1985 年，招商局與香港中華電力公司協議，從元朗流浮山至蛇口敷設海底電纜，並併入廣東大電網。翌年 11 月，中電通過海底電纜向蛇口和內地供電。

1980 年 1 月 15 日，招商局在香港舉行「香港招商局起義 30 周年紀念招待會」，會上派發《香港招商局深圳市蛇口工業區投資簡介》。簡介列明：「根據中華人民共和國中外合資經營企業法和有關法令，招商局歡迎外國人士、華僑及港澳同胞與招商局在蛇口工業區合資經營企業，從事以外銷為主的生產、製造和加工生產。合營各方在香港直接洽談並簽訂協議，爾後在中國深圳市工商行政管理局辦理註冊手續。」招商局透過此安排，以減低外商在蛇口投資的疑慮。該年前往蛇口工業區參觀或洽談生意共 1300 多人，來自美國、日本、英國、西德、澳洲等 18 個國家及港澳地區。

工業區內第一份簽訂的協議，是 1979 年 9 月招商局與香港宏德機器鐵工廠合資經營「中宏製氧廠」，生產氧氣、乙炔、氮氣、氫氣等。1980 年 4 月，招商局與遠東（香港）麵粉廠簽訂協議，成立遠東中國麵粉廠有限公司，是蛇口工業區第一家外資獨資經營企業。1980 年 7 月，招商局、廣東省有色金屬進出口總公司和香港益大金屬廠有限公司共同投資興建華益鋁廠，同年 10 月動工，是當時蛇口規模最大的合資工廠。至 1985 年，蛇口工業區引進工業項目 98 個，投資額 20.55 億元（見表 9-2-1）。

表 9-2-1 蛇口工業區工業發展概況（1979 年至 1985 年）

年份	引進項目總數	工業項目數量	工業項目佔比（%）	項目投資總額（萬元）	工業投資總額（萬元）	工業投資佔比（%）	工業產值（萬元人民幣）
1979	2	2	100.00	2000	2000	100.00	不詳
1980	10	8	80.00	33,540	27,200	81.09	不詳
1981	12	7	58.33	10,850	10,000	92.16	不詳
1982	15	4	26.67	11,076.6	3,400	30.69	1603
1983	35	16	45.71	26,185	9,570	36.55	13,863
1984	74	32	43.24	79,165	67,981	85.87	54,760
1985	58	29	50.00	92,726	85,349	92.04	76,050
合計	206	98	47.57	255,542	205,500	80.41	146,276

資料來源： 朱士秀編：《招商局史（現代部分）》（北京：人民交通出版社，1995）。

1983 年蛇口工業區內的工廠。(南華早報出版有限公司提供)

蛇口工業區基礎產業以工業為主,同時涵蓋商業、旅遊、港口等職能,當中引進港資和外資參與。1980 年 11 月,招商局和香港漢貿有限公司在蛇口合資興建「碧濤苑」,是工業區內合資籌建的第一個商品住宅項目,部分單位在香港發售。1981 年 6 月,蛇口工業區港口定名「蛇口港」。8 月,招商局與香港油蔴地小輪船公司簽訂來往香港蛇口直接客運班輪航線協議,11 月客運正式通航。該口岸為改革開放後第一個企業自籌資金建設管理和經營的國家一類口岸。同年,深圳第一家免稅品商店在蛇口港碼頭內開業,只有出入境者可以在這裏購物。1982 年 6 月 28 日,由香港商人陳惠娟參建的「蛇口購物中心」開門營業,屬內地第一家中外合資經營進出口商品並收取外匯的商店。1984 年 10 月,碧濤苑內設的百佳(蛇口)超級市場投入服務,按照香港百佳的方式經營,引入開架售貨、自選購物和集中收銀。1986 年 3 月 26 日,由招商局與香港上海滙豐銀行、中國銀行深圳分行、香港美麗華酒店有限公司合資,並由美麗華酒店負責管理和培訓的南海酒店開業,為深圳最早承擔涉外接待業務的高端酒店,四年後成為深圳首間獲中國政府評定的五星級酒店。

1984 年 12 月,招商局向交通部呈報告,擬正式成立招商局集團,「配合中銀集團、華潤集團、光大集團和其他中資機構,形成強有力的經濟支柱,為穩定、繁榮香港及配合國內四化建設作出應有的貢獻」。[7] 1985 年 11 月,招商局集團正式成立,透過整合交通部在港企業和招商局下屬企業的經營,實行分級管理,制定「發展多種經營」的方針,逐漸成為以航運為中心,兼營其他業務的綜合性集團企業。

1986 年 6 月,招商局與美資公司兆亞分別以 68% 和 32% 的持股比例,組成合資公司「新思想」,收購友聯銀行股權,招商局成為第一家擁有銀行的非金融性中資企業。友聯銀行在架構重組後,以香港及內地業務作為經營重點,在零售銀行業務外,推出證券和投資銀行服務,並擴展內地貸款業務,涵蓋基建、工業和酒店方面的投資。1987 年 4 月 8 日,招商局於蛇口工業區內成立招商銀行,是內地第一家完全由企業法人持股的股份制商業銀行。同年 5 月,與友聯銀行建立代理行關係處理對外業務,並協助對方拓展內地業務。1988年,中國人民銀行總行批准招商局發起創立平安保險公司,是 1949 年後中國第一家由企業發起創辦的股份制保險公司。

1992 年 7 月 15 日,招商局集團全資控股的海虹集團有限公司(2016 年更名「招商局港口控股有限公司」)在香港聯交所上市,集資額 9188 萬元,成為首家直接在港上市的中資企業。1992 年,招商局與中銀集團、國家交通投資公司及福建省、漳州市、龍海市等共同出資,聯合於漳州市成立招商局中銀漳州經濟開發區。1993 年,於深圳投資興建全國第一條中外合資的企業自辦鐵路平南鐵路。1994 年,參與發起成立中國聯通公司,是中國第一家非郵電系統經營基本電訊業的公司。

截至 1999 年,招商局集團涉足運輸、金融、工業園區、工程地產、工業貿易、旅遊、交通基建等七大領域。其中,運輸業務包括遠洋船隊、碼頭、中轉代理、倉儲等;金融業務包括銀行、保險、證券、基金等;工業園區包括蛇口工業區、漳州開發區等;工程地產包括香港、澳門、北京、上海、廣東等地多個地產項目;工業貿易包括修船、建材、重工、油漆化工、進出口貿易等;旅遊業務包括旅行社、航空票務、酒店等;交通基建包括廣東、福建、上海、浙江、山西、河南、貴州等地收費公路。同年,招商局由交通部直屬企業,改為由中央直接管理的 39 家國有重要骨幹企業之一。2003 年 3 月,國務院國有資產監督管理委員會成立,招商局同年列入國資委履行出資人職責的企業名單。

1997 年亞洲金融危機爆發,招商局一度出現債務問題。2000 年年底,招商局總債務250.5 億元,債務率 54%,需消化的不良資產近 50 億元。2000 年 7 月,招商局聘請諮詢公司麥肯錫作戰略診斷。2001 年 2 月,招商局在漳州召開工作會議,通過集團戰略調整綱要,即重點發展核心產業,加大資產重組力度,推進專業化和規模化經營,調整組織架構。2001 年至 2003 年,招商局經過減債、調整財務結構、消化不良資產及產業重組、結構整合、優化管理體系等,將業務整合為交通運輸業(涉及港口、公路、能源運輸、物流和造船等)、房地產業(涉及商品房物業和園區開發)和金融產業(涉及銀行、證券、基金、保險等)三項「核心產業」,基本脫離債務危機。

2000 年 4 月 19 日,招商局集團與中國工商銀行正式簽署股權轉讓協定,悉數轉讓所持友聯銀行的 2.4 億股股權(佔 53.24%)。2000 年 8 月 21 日,友聯銀行易名為中國工商銀行(亞洲)有限公司。2002 年,招商銀行香港分行成立,為該行在海外開辦的第一家分

行，也是內地股份制商業銀行第一家海外分行。2006 年 9 月 22 日，招商銀行 H 股在港上市，是第一家沒有依靠政府注資而達到國際上市標準、實現境外上市的內地銀行。2008 年 9 月 30 日，招商銀行以 193 億元完成收購永隆銀行 53.12% 股權。2009 年 1 月，招商銀行再收購餘下股權，達致完全控股永隆銀行，成為招商銀行於香港的零售業務平台。

2001 年 2 月，招商局重組運輸業務，香港明華重新列入招商局集團一級公司。2004 年 3 月，香港明華和大連遠洋運輸公司各投資 50%，在香港登記成立「中國液化天然氣運輸（控股）有限公司」，組建中國第一支液化天然氣（LNG）運輸船隊。2004 年 12 月，經招商局集團資產重組，招商局能源運輸股份有限公司（招商輪船）正式註冊成立。2007 年 2 月，招商輪船列為招商局集團二級企業，香港明華、海宏輪船、中國液化天然氣運輸（控股）有限公司成為其下屬公司，分別承擔散貨運輸、油品運輸和氣體運輸業務。

2001 年，招商局以深圳上市公司蛇口控股為主體整合旗下房地產業務，同年 9 月完成重組。2004 年，蛇口控股剝離石化業務，同年 6 月 24 日，公司更名為「招商局地產控股股份有限公司」，轉型為以房地產為主營業務的上市公司。

2001 年開始，招商局國際將發展重點定位為港口的核心業務，有步驟地淡出非核心產業領域，並進一步擴大在內地港口的布局，拓展與港口配套的物流產業鏈。次年 11 月分別收購招商局貨櫃有限公司和招商港務（深圳）有限公司的全部權益。2004 年 9 月 6 日，招商局國際列入香港恒生指數成份股。同年 10 月，招商局國際的油輪船隊出售予母公司。12 月，內地公路業務重組並分拆到新加坡上市公司招商局亞太。

2005 年 12 月，因應國企改革，根據國資委「主輔分離、做強做大主業」的精神，招商局集團向香港中旅集團無償轉讓所持有的中國招商國際旅遊管理總公司，剝離旅遊業務。

2013 年 11 月召開的中共十八大三中全會，提出推動國有企業完善現代企業制度，深化國有企業改革。2015 年 8 月，《中共中央、國務院關於深化國有企業改革的指導意見》出台。招商局對外兼併收購、重組整合資源和旗下業務，包括 2014 年兼併重組中國外運長航的油輪業務，擴大旗下船隊規模。2015 年 12 月 28 日，經國務院批准，招商局集團與中國外運長航集團實施戰略重組，中國外運長航集團以無償劃轉方式整體併入招商局集團，成為其全資子企業。2015 年 12 月，完成旗下重組園區和地產業務，以招商蛇口為名重組上市，定位城市綜合開發和運營服務商。

2016 年，招商局在國務院國資委新聞中心等聯合出版的《國企改革 12 樣本》一書中，列為其中一個國企改革的典型案例。截至 2017 年，招商局以交通（涵蓋港口、公路、航運、物流、海洋工業、貿易）、金融（涵蓋銀行、證券、基金、保險）、地產（涵蓋園區開發與房地產）三項核心產業為主體。集團在香港擁有集團總部及六家二級公司總部，即招商局港口控股有限公司、招商局金融集團有限公司、招商局能源運輸有限公司、招商局工業集團

有限公司、招商局海通貿易有限公司、招商投資發展有限公司，業務涵蓋港口、銀行、證券、保險經紀、基金及基金管理、金融業務投資與經營、船舶修理、海洋工程平台修理、海洋工程及特種船舶建造、海事貿易等領域。集團總資產共 11,976 億元人民幣。

二、華潤（集團）有限公司

華潤前身為 1938 年在港成立的「聯和行」。1948 年聯和行改組更名為華潤公司，負責採購及運輸戰略物資，經香港轉運至海外。1952 年，該公司由中共中央辦公廳轉為隸屬中央貿易部（外經貿部及商務部前身），作為內地各進出口公司在香港的總代理，組織對港出口，並為內地進口重要物資。

1970 年代末，華潤開始在內地發展「三來一補」業務，以鞏固貿易地位，擴大進出口業務為目的。1979 年 7 月 15 日，國務院批轉廣東和福建關於對外經濟活動實行特殊政策和靈活措施的兩個報告，給地方更多主動權。10 月，國務院召開全國進出口工作會議，外貿體制改革在全國普遍展開，包括擴大廣東和福建的外貿經營權，兩省自行安排和經營本省對外貿易。華潤決定將以往由華潤代理出口的廣東省商品，全部交給廣東。經商定，先從鮮活商品着手，福建照此辦理，華潤獨家壟斷內地對港貿易的格局打破。外貿業務下放其後擴及其他省市，各部委、地區相繼在港設立窗口公司。1981 年 8 月，華潤成立省市聯絡部，負責安排各省市代表的業務培訓、實習事宜，包括如何掌握商品價格、開辦公司、簽訂英文進出口合同等。

1982 年 1 月，外經貿部下發《關於華潤公司經營體制若干問題的意見》，同意華潤改為有限公司，成立董事會。1983 年 5 月，華潤為應對國家外貿業務下放、華潤代理業務將逐步縮小的趨勢，向對外經濟貿易部提出擴大經營範圍的請示報告。翌月，對外經濟貿易部同意擴大華潤的經營權限，包括加強自營業務，增開超級市場、百貨商場；可在香港或內地興辦工貿結合企業；擴大進出口貿易服務如建碼頭、倉庫；在港或國外設立分公司或合營公司。

1983 年 7 月 8 日，華潤公司正式改為華潤（集團）有限公司（簡稱華潤集團），註冊資本兩億元，進入自主經營、自負盈虧、市場化運營階段，向多元化業務發展。同年，華潤大廈落成，由集團成立的隆地企業有限公司負責運營管理，是華潤物業管理業務發展的雛形。華潤石化公司於是年 9 月成立，在港經營各種石油產品、石油化工產品等進出口業務，在港銷售汽油、航空煤油等國產石油產品，並經營青衣油庫、牙鷹洲油庫和柴灣油庫。1984 年 2 月，華潤集團在下屬的運輸倉儲企業的基礎上，組建成立「華潤運輸倉儲有限公司」，承擔運輸、倉庫、碼頭等業務，管理集團的三個百適倉庫和 1987 年落成啟用的潤發倉碼等。同年 4 月 18 日，由華潤經營的首間華潤超級市場在香港灣仔告士打道開業，

1984 年 4 月，華潤超級市場首間分店在香港告士打道開業。（華潤集團提供）

與集團旗下國貨公司有別，超市所售物品除國貨外，亦涵蓋外國商品和香港產品。集團旗下代理內地供港活豬及鮮活冷凍商品進口的五豐行，在 1980 年代中期開始進入香港屠房行業，參股元朗、荃灣兩家私屠房，其後於 1990 年起經營堅尼地城屠房。1980 年代華潤集團旗下公司及相關業務，見表 9-2-2。

1992 年 9 月 24 日，華潤集團將其作為主要股東的上市公司永達利企業有限公司，改名為華潤創業有限公司，成為華潤集團的主要上市附屬公司，也是最早一批在香港上市的中資企業。華潤創業透過投資及收購計劃，發展香港及內地之業務，初期主要包括地產、貨倉和冷倉業，並於內地投資釀酒廠等。香港成為華潤融資中心和上市主渠道，集團並透過與屬下上市公司在資產上轉讓、注入，開展資產經營，分散企業風險及加快發展。1994 年，華潤勵致在香港上市，其核心業務為製造及銷售辦公室家具。1995 年，華潤創業向華潤集團收購五豐行 26% 權益，五豐行並在香港聯合交易所上市，集資約 6 億元。1996 年11 月，分拆華潤北京置地（2001 年更名為「華潤置地」）在香港聯交所掛牌，集資 8 億元，為第一家在香港上市的內地房企。1996 年 12 月，自華潤集團收購香港國際貨櫃碼頭（HIT）10% 股權。1997 年 6 月，向華潤收購香港華人銀行權益；8 月，向華潤集團購入中港混凝土 80% 權益。1999 年，收購華潤零售（集團）有限公司，擁有中藝（香港）及華潤百貨。1990 年代末，華潤集團業務包括「貿易分銷業務」、「物流服務及分銷配送」、「製造加工業」、「地產」、「基建」、「電訊及科技」；旗下華潤創業於 1997 年 7 月 31 日納入香港恒生指數成份股，至 1999 年總資產規模為 264 億元（見表 9-2-3）。

表 9-2-2　華潤（集團）有限公司旗下機構（1988 年）

華潤（集團）有限公司旗下機構	旗下機構下屬公司
五豐行（中國糧油食品進出口總公司在港總代理）	立新公司（經銷國產臘味等）
	沙田冷倉有限公司（經營冷倉）
德信行有限公司（經營茶葉、土畜產品、藥品等）	中國地毯有限公司
	德信行藥業有限公司
	德發貿易有限公司
華遠公司（中國輕工業品進出口總公司在港總代理）	不適用
中藝（香港）有限公司（中國工藝品進出口總公司的香港總代理和中國土產畜產進出口總公司的中國地毯香港總經銷）	源昌合有限公司
	珍藝（抽紗）有限公司
	寶藝首飾有限公司
中藝貿易有限公司（主要經營中國工藝品批發、轉口）	珍藝有限公司（經營特藝、古玩）
華潤紡織品有限公司（中國紡織品進出口總公司在香港的總代理）	兆輝染廠有限公司
	德富印染有限公司
	廣源紡織有限公司
華潤絲綢有限公司（中國絲綢進總公司在香港的總代理）	不適用
華潤五礦產有限公司（中國五金礦產進出口總公司在香港的總代理）	不適用
華潤石油化工有限公司（中國化工進出口總公司在香港旳總代理）	不適用
華潤機械有限公司（中國機械進出口總公司香港的總代理）	西林貿易公司（主要經營五金工具）
華潤機械設備有限公司（中國機械設備進出口總公司和中國農業機械進出口在香港的總代理）	不適用
華潤藝林有限公司（經營各類商品進口、出口、轉口和代理內地進口建築器材、設備和室內設計裝修等）	不適用
精藝貿易公司（經營土畜產原料及製品、製裘、製革、製鞋設備、化工原料、各類輕工機械等）	精藝（香港）皮草廠
	精藝（澳門）皮草廠有限公司
華潤採購有限公司（經營華潤超級市場）	不適用
百孚有限公司（中國出口商品基地建設總公司在香港的總代理）	不適用
合眾股份有限公司（中國包裝進出口總公司在香港總代理）	不適用
中國中發有限公司（中國針織品、棉織品、毛織品在港的經銷商）	不適用
萬新有限公司（經銷中國梭織服裝及絲綢服裝）	不適用
中孚行（主要經營國內外輕工業產品及其他上品的進出口貿易等）	不適用

（續上表）

華潤（集團）有限公司旗下機構	旗下機構下屬公司
華潤運輸倉儲有限公司（多元化運輸倉儲公司）	潤發倉碼有限公司
	捷勝貨運有限公司
	百適企業有限公司
	萬通公司
華夏企業有限公司（中國對外貿易運輸總公司和中國租船公司及分支機構在香港的總代理）	華夏空運有限公司
	華夏旅遊公司
	華通船務代理有限公司
嘉陵有限公司（營運石油化工產品為主）	不適用
華潤貿易諮詢有限公司（提供客戶資訊及上品市場報告、介紹貿易投資對象、出版《香港市場》等，以促進內地同香港及海外其他地區之間的經貿往來）	不適用
中國廣告有限公司（辦理各種廣告業務）	不適用
隆地企業有限公司（經營房地產物業管理等）	不適用
特利發展有限公司（經營地產投資發展業務）	不適用
美國五豐行有限公司	不適用
美國華美公司	不適用
德信行（美國）有限公司	不適用
中藝（紐約）有限公司	不適用
新加坡國潤貿易私人有限公司	不適用

資料來源：《華潤四十年紀念特刊》（香港：華潤集團有限公司，1988）。

表 9-2-3　華潤創業組織架構圖（1997 年）

物業	食品及飲品	基建	銀行及財務服務
華潤北京置地有限公司（內地）	華潤創業啤酒有限公司（啤酒及飲品）	HIT Investments Limited（貨櫃碼頭業務）	Lippo CRE Financial Services Ltd（銀行、保險及證券業務）
勝暉投資有限公司（香港）	冷倉及貨倉	中港混凝土有限公司（生產及分銷預拌混凝土）	
	五豐行有限公司（進口及分銷肉食）		

資料來源：《華潤創業 1997 年中期業績報告》。

2000 年 6 月，華潤集團宣布將業務架構重新整合為「分銷」、「地產發展」、「科技」、「策略性投資」四個主要業務方向，目標在中國加入世界貿易組織後整體貿易量增長之中，佔有更大的市場份額；[8] 翌年並將集團「立足香港、背靠大陸、面向世界」的布局調整為「立足香港、面向大陸、走向世界」，拓展內地市場。旗下華潤創業轉型為商品分銷公司，逐步出售非核心資產包括華潤北京置地、香港華人、華潤勵致等；地產業務集中於華潤北京置地，發展內地房地產業務。2001 年 8 月，華潤電力成立，2003 年 11 月在香港上市，從事華潤的電力投資、建設、經營與管理，電廠分布於廣東、湖南、湖北、浙江、江蘇、河南及河北。2003 年，華潤水泥成立，經營水泥及混凝土業務，並在同年於香港以介紹形式上市。[9] 2004 年，華潤的內地業務佔集團總資產、營業額和經營利潤比例首次同時過半，分別為 65%、56% 和 62%，同期香港業務相關佔比為 31%、42% 和 35%。2007 年，中國石化以 40 億元收購華潤創業在港的石油產品經銷業務。2008 年，華潤集團旗下上市公司華潤勵致向母公司收購華潤燃氣有限公司，在內地七個城市經營城市燃氣分銷業務，包括天然氣或石油氣管道、壓縮天然氣加氣站及瓶裝液化石油氣分銷，並改名華潤燃氣控股。

至 2014 年，華潤創業（2015 年 10 月起改稱華潤啤酒）主要業務包括零售、啤酒、食品及飲料，其於中國的零售店舖超過 4800 間，包括華潤萬家 CR Vanguard、蘇果 Suguo、Ole'、blt、VanGO、歡樂頌 Fun Square、華潤堂 CRCare、Voi_la!、太平洋咖啡 Pacific Coffee、采活 VIVO、中藝 Chinese Arts & Crafts 等；其早於 1990 年推出的純淨水品牌怡寶 C'estbon 是內地最早專業化生產包裝飲用水，啤酒雪花 Snow 為銷量最高單一啤酒品

華潤集團子公司華潤雪花啤酒於 1993 年成立，前身為瀋陽雪花啤酒廠，是內地主要啤酒生產商之一。圖為該公司的生產廠房，工人進行品質檢查。（美聯社提供）

牌。2015 年，華潤創業重組，出售全部非啤酒業務予母公司華潤集團。

華潤置地在內地重點投資物業包括深圳、杭州、瀋陽、成都、南寧、鄭州、重慶、無錫萬象城；北京、合肥、寧波、上海五彩城，開發物業 3463.50 萬平方米、投資物業 540.91萬平方米。華潤電力於內地運營 39 座燃煤發電廠、2 座水力發電廠、1 座燃氣發電廠和 56個風電場，合計運營益裝機容量 31,331 兆瓦。華潤水泥經營 90 條水泥粉磨線、41 條熟料生產線、55 座混凝土攪拌站，其中除 3 個混凝土攪拌站位於香港外，其餘業務均位於內地。華潤燃氣在內地 22 個省份經營 205 個燃氣項目，年燃氣總銷量約 133 億立方米，客戶 2090 萬戶。

2015 年，華潤啟動「十三五發展戰略規劃」，提出「立足香港，依靠內地，面向世界」，包括重塑香港業務。其中，華潤置地在 2016 年 9 月開始參與香港投地，至 2017 年在港開發的項目有中環贊善里，並有長沙灣潤發倉和油塘華東貨倉兩個儲備重建項目。

2017 年，華潤集團總資產 12,159 億元人民幣，營業額 5555 億元人民幣，員工 423,169人，於《財富》年度世界 500 強（Global 500）排名 86 位。業務涵蓋消費（零售、啤酒、食品、飲料、咖啡、紡織）、健康（藥品研發、製造、流通、醫院、康養服務）、城市建設與運營、能源服務、科技與金融五大領域，在港業務分布於超市、中藝、華潤堂、肉食品、物流、物業出租、混凝土等；直屬企業中有 7 家在香港上市，包括華潤啤酒（前稱華潤創業）、華潤置地、華潤燃氣、華潤電力、華潤水泥、華潤醫藥、華潤鳳凰醫療，其中華潤電力和華潤置地為香港恒生指數成份股；集團單計香港總資產 766 億元，實現主營業務收入 114 億元，營業利潤 35 億元，在港員工 5416 人。

三、中國銀行（香港）有限公司

中國銀行於 1917 年 9 月在香港設立支行（隸屬廣州人行管轄），1919 年 2 月改為分行，管轄廣東、廣西各行處。1949 年 10 月 1 日，中華人民共和國中央人民政府成立，中國人民銀行總行設於首都北京。已被新中國中央人民政府接管的中國銀行，成為中國人民銀行一元化領導下負責經營和管理外匯的專業銀行。同年 12 月，中國銀行總管理處（總部）從上海遷至北京。中國銀行香港分行在 1950 年 1 月英國政府宣布承認中華人民共和國中央人民政府時，隨即宣布接受北京中國銀行新總管理處領導。

其後，新中國通過中國銀行派出機構的方式，實現了對香港地區所有中資銀行機構的內部整合和一體化領導。由中國銀行駐港總稽核室統一領導在港中資銀行的體制，一直運作到1978 年因應內地改革開放發展的需要，開始調整。1979 年 3 月，國務院批轉中國人民銀行《關於改革中國銀行體制的請示報告》，決定將中國銀行從中國人民銀行分設出來，原設於中國人民銀行內的中國銀行總管理處改為中國銀行總行。中國銀行主要負責配合外貿和

其他經濟往來的發展，引進先進技術設備，為來料加工、補償貿易等提供融資與國際結算服務；開展對外金融活動、研究國外金融動態；組織海外資金，進行外匯信貸和外貿信貸工作，為國家積累資金，加快建設。同年 8 月，中國銀行在廬山召開海外銀行經理會議，研究制定新時期的海外機構發展方針，明確了籌措、累積外匯資金是海外行的首要任務。

1982 年 12 月，中國銀行決定進一步加強港澳中銀的集團化領導和經營，將原「中國銀行駐港總稽核室」正式改為「中國銀行港澳管理處」（簡稱「港處」），作為總行派出機構，根據總行授權統一領導管理港澳各行、司和附屬單位。港澳管理處於 1983 年 1 月掛牌，14 家成員銀行及其附屬單位對外統稱「港澳中銀集團」，以增強集團化市場形象，樹造港澳地區銀行集團的新品牌。14 家成員銀行包括中國銀行香港分行、交通銀行香港分行（交銀）、廣東省銀行香港分行（省行）、南洋商業銀行（南洋商業）、寶生銀行（寶生）、華僑商業銀行（華僑商業）、鹽業銀行香港分行（鹽業）、金城銀行香港分行（金城）、中南銀行香港分行（中南）、新華銀行香港分行（新華）、國華商業銀行香港分行（國華）、浙江興業銀行香港分行（浙江興業）、集友銀行（集友）和澳門南通銀行（後改稱中國銀行澳門分行）。成員行具有不同歷史背景及股東結構，其中，鹽業、省行、中南、金城、國華、浙江興業、新華七家銀行在內地註冊成立，集友、寶生、南洋商業、華僑商業則是在香港註冊成立的本地商業銀行（見表 9-2-4）。

表 9-2-4　港澳中銀集團成員銀行背景一覽表

銀行名稱	設立日期	設立地點	香港設立分行日期
中國銀行	1912 年 2 月 5 日	北京	1917 年 9 月 24 日
鹽業銀行	1915 年 3 月 26 日	北京	1918 年 3 月 18 日
廣東省銀行	1924 年 8 月 15 日	廣州	1929 年 5 月 4 日
中南銀行	1921 年 6 月 15 日	上海	1934 年 11 月 15 日
交通銀行	1908 年	北京	1934 年 11 月 27 日
金城銀行	1917 年 5 月 15 日	天津	1936 年 10 月 20 日
國華商業銀行	1928 年 1 月 27 日	上海	1938 年 10 月 31 日
浙江興業銀行	1907 年 4 月 16 日	杭州	1946 年 12 月 25 日
新華銀行	1914 年 10 月 23 日	北京	1947 年 1 月 29 日
集友銀行	1947 年 7 月 15 日在香港註冊		
寶生銀行	1949 年 2 月 16 日在香港註冊		
南洋商業銀行	1949 年 12 月 14 日在香港註冊		
南通銀行	1950 年 6 月 21 日在澳門註冊，1987 年 1 月 1 日改名中國銀行澳門分行		
華僑商業銀行	1962 年 4 月 9 日在香港註冊		

資料來源：　中國銀行（香港）有限公司提供。

註：1. 此表以在香港設立分行（或註冊）時間為序。

　　2. 上述七家內地註冊分行因解放後其在內地的總行虛化，統一歸集在中國銀行總行管理。

　　3. 集友銀行由愛國僑領陳嘉庚創辦、南洋商業銀行由莊世平創辦。

　　4. 交通銀行香港分行 1998 年 4 月歸屬其上海總行。

1983 年後「港處」發揮統籌集團業務發展職能，逐漸整合集團中後台業務的經營與管理，相繼成立集團電腦部、外匯中心、培訓中心，統一對外經營，對內服務。1993 年，集團透過整合資金業務架構，成立「中銀集團香港外匯中心」（Bank of China Hong Kong Branch（Group Treasury Centre），簡稱 GTC），實現香港地區 13 家成員銀行以 GTCX 為交易代碼，統一對外報價。GTCX 快速成為香港金融市場一股重要及交易活躍的力量。

1983 年 6 月召開的中國銀行海外行工作會議，提出把海外分行辦成現代化的金融企業，要求海外銀行解放思想，大力開拓多種經營，擴大服務新領域。港澳中銀集團根據國內外形勢和總行的要求與設想，開展各項業務，積極推動業務與投資多元化發展，主要措施包括：（1）透過 1979 年 3 月成立的「中國建設財務（香港）有限公司」（中建財）[10]，拓展投資銀行業務；（2）透過 1980 年 9 月成立的「南洋信用卡有限公司」，拓展信用卡業務；（3）將 1983 年 10 月成立的中茂證券有限公司，易名為中銀集團證券有限公司，作為集團開展證券業務的旗艦企業；（4）將 1984 年 12 月成立的中國建設投資（香港）有限公司，易名為中銀集團投資有限公司，從事直接投資與投資管理業務，主力投資能源與電力等當時內地需求較大的領域；（5）於 1992 年 7 月成立中銀集團保險有限公司，開展保險業務。自此，中銀集團業務涉足商業銀行與信用卡消費、商人銀行、證券交易、直接投資、一般保險等，逐步從單一的商業銀行，轉型為功能齊全、混業經營、服務多元的綜合性金融機構（見表 9-2-5 及表 9-2-6）。

中國銀行香港分行於 1984 年宣布興建新中銀大廈。8 月 18 日，建築師貝聿銘（左一）在記者會上介紹中銀大廈的設計方案，出席記者會者包括中國銀行港澳管理處主任蔣文桂（右二）、中國銀行香港分行高級副總經理陳紘（左二）和方善桂（右一）。中銀大廈於 1990 年落成，高 315 米，為當時美國之外的世界最高建築。（南華早報出版有限公司提供）

表 9-2-5 1980 年代中銀集團合資經營金融企業

中芝興業財務有限公司	中國銀行、華潤公司、美國芝加哥第一國民銀行、日本興業銀行合資組成
鼎協國際租賃有限公司	中國銀行、東亞銀行、法國興業銀行合資組成
中美諮詢金融有限公司	中國銀行、九龍倉、美國化學銀行合資組成
金東財務有限公司	金城銀行、日本東京銀行、中國銀行合資組成
中華保險顧問有限公司	中國銀行、民安保險、怡和保險合資組成
澳門大豐銀行	中國銀行於 1984 年參資 50%
澳門經濟發展財務有限公司	中國銀行、大西洋銀行、法國國家巴黎銀行合資組成

資料來源： 中國銀行港澳管理處：〈香港中銀集團簡介〉,《國際金融研究》1990 年第 5 期，頁 23。

表 9-2-6 中國銀行香港分行支行、附屬公司及聯營公司（1992 年）

支行	26 間
附屬公司	中國建設財務（香港）有限公司
	新中管業有限公司
	中國銀行（代理人）有限公司
	中國銀行（香港）信託有限公司
聯營公司	中芝興業財務有限公司
	中美合資有限公司
	金東財務有限公司
	上海閔行聯合發展有限公司
	銀聯通寶有限公司（JETCO）
	朝暉置業有限公司
	鼎協租賃國際有限公司
	中華保險顧問有限公司
	中茂證券有限公司
	上海虹橋聯合發展有限公司
	迅通電子服務（香港）有限公司（EPS）
	中銀集團保險有限公司

資料來源：《中國銀行香港分行七十五周年紀念》（香港：中國銀行，1992）。

1993 年至 1994 年，九家國有企業率先在香港發行「H 股」集資，中銀集團全資附屬公司中建財參與其中八家的上市工作，包括為第一隻「H 股」青島啤酒股份有限公司在港發行上市擔任獨家保薦人、為天津渤海化工（集團）股份有限公司擔任聯席保薦人、為儀徵化纖股份有限公司擔任副保薦人，並參與青島啤酒股份有限公司、廣州廣船國際股份有限公司、昆明機床股份有限公司、馬鞍山鋼鐵股份有限公司、儀徵化纖股份有限公司、天津渤海化工（集團）股份有限公司及東方電機股份有限公司上市的包銷工作。

中銀亦加強為內地現代化建設籌集資金、提供信息和諮詢服務，參與和支持港商和外資進入內地的貿易投資活動。1980 年代開始，中銀牽頭組織中外合資的財務公司和租賃公司，向開發海上石油和發展航空航運提供資金支援。在國家 4 個經濟特區和 14 個口岸開放城市的早期建設與發展中，中銀直接參與或協助經濟特區和開放城市在香港舉辦各類招商引資洽談會，並和內地多個省市簽訂合作協定，為各地基礎設施建設提供資金。其中包括 1982 年集團成員集友銀行、華僑商業銀行、寶生銀行、南洋商業銀行和澳門南通信託投資有限公司與廈門經濟特區建設開發公司和中國銀行總行信託諮詢公司簽訂協議，聯合組成中外合資經營企業「廈門經濟特區聯合發展有限公司」（聯發集團前身），負責廈門經濟特區湖里加工區的開發建設和經營管理。1984 年，中銀集團與上海閔行、虹橋兩個開發公司和中國銀行上海分行合作，利用外資及國外先進技術和經營管理經驗，開發閔行、虹橋兩個新區。1985 年，中銀集團投資有限公司投資華能國際電力開發公司，參與內地利用外資辦電、集資辦電、自建自管電廠。1986 年 3 月，中銀集團與香港銀行同業聯合為華能國際電力開發公司提供 2 億美元的銀團貸款興建電廠，是內地首個在港籌資發展的能源項目。據統計，1978 年至 1997 年期間，港澳中銀集團為內地提供的項目貸款 3000 多宗，累計貸款額近百億美元，項目遍及十二個省市、自治區。

1998 年，中國銀行啟動港澳中銀集團重組計劃。2001 年 10 月 1 日，中國銀行將原港澳中銀集團 10 家機構的業務重組合併（內地註冊的中國銀行、中南銀行、國華銀行、金城銀行、浙江興業銀行、鹽業銀行、廣東省銀行、新華銀行的香港分行，及在港註冊的華僑商業銀行與寶生銀行）[11]，成立中國銀行（香港）有限公司（簡稱中銀香港）。中銀香港持有南洋商業銀行、集友銀行、中銀信用卡（國際）有限公司股份。是次重組為中資銀行「引進現代銀行的組織架構和管理機制，建立健全董事會制度，引進戰略業務體系概念和前、中、後台分工模式，建立獨立風險管理及監控機制及全面問責制度，發展為以股本回報率為驅動的金融機構」提供了示範與經驗。[12] 2002 年 7 月 25 日，中銀香港（控股）有限公司在香港聯合交易所主板掛牌上市，[13] 集資總額 195 億元，為首家在國際資本市場通過首次公開招股上市的中資銀行。中銀香港的母公司中國銀行參與其中，為其於 2004 年由國有獨資商業銀行改組為股份有限公司汲取了重組經驗。[14]

2003 年 12 月，中銀香港獲人民銀行委任為首家離岸人民幣清算行，開始為個人客戶提供人民幣存款、兌換、匯款以及銀行卡服務。2007 年 6 月，中銀香港與香港金融管理局和香港銀行同業結算有限公司（HKICL），合作建立了人民幣即時支付結算系統（人民幣RTGS），提升人民幣交收系統的功能。人民幣 RTGS 以即時支付結算方式，處理銀行同業人民幣支付項目，並處理人民幣批量結算及交收支付項目，向不同地區市場參與者處理與內地在岸市場之間的人民幣交易提供交易便利，並成為其後跨境貿易人民幣結算業務，以及各類離岸市場人民幣產品創新的必要金融基建。作為離岸人民幣清算行，中銀香港直接參與 2009 年 7 月推出的跨境貿易人民幣結算業務模型的設計，促使香港的人民幣業務由

2002 年 7 月，中銀香港（控股）在香港首次公開招股，同月 15 日至 18 日中午公開發售。圖為中銀職員向輪候市民派發認購表格。（星島新聞集團提供）

個人擴展至企業和金融機構，讓離岸人民幣資金回流渠道從單向變為雙向，促進了人民幣資金的跨境流動和使用。[15]

2015 年，國家發表《推動共建絲綢之路經濟帶和 21 世紀海上絲綢之路的願景與行動》文件，勾劃「一帶一路」的發展構想及藍圖。在此背景下，中國銀行將「一帶一路」沿線區域作為海外布局重點，增加機構覆蓋，並透過重組東南亞業務，助力中銀香港從城市銀行向國際化區域性銀行轉型。中銀香港朝國際化區域銀行轉型的措施包括：2016 年 10 月，收購馬來西亞中國銀行股權；同年 12 月，首個海外自建機構中銀香港文萊分行開業；2017年 1 月，收購中國銀行（泰國）股份有限公司股權；2017 年 2 月，與母公司就收購中國銀行印尼和柬埔寨業務分別簽訂協議。同時，中銀香港分別於 2016 年 5 月及 2017 年 3 月出售南洋商業銀行與集友銀行。

截至 2017 年年底，中銀香港總資產為 26,458 億元，客戶存款額及貸款總額分別為17,743 億元和 11,896 億元，在香港分行機構近 200 家，集團職員 1.3 萬人，旗下主要附屬公司包括中銀集團人壽保險有限公司、中銀信用卡（國際）有限公司、馬來西亞中國銀行、中國銀行（泰國）股份有限公司、寶生證券及期貨有限公司，業務覆蓋個人銀行、企業銀行、財資業務及保險業務等，是香港發鈔銀行及香港人民幣業務清算行。

四、中國旅遊集團有限公司暨香港中旅（集團）有限公司

中國旅遊集團有限公司暨香港中旅（集團）有限公司的前身為中國旅行社香港分社，於
1928 年 4 月 1 日成立，為中國首家旅行社「中國旅行社」在香港之分社。1954 年，中央
人民政府華僑事務委員會（中僑委）[16] 接管並重組中國旅行社香港分社，使其轉為國營企
業，同年 6 月獨立註冊為「香港中國旅行社有限公司」（簡稱「港中旅」[17]）。計劃經濟時期，
包括香港人在內的境外人士來往內地受嚴格規限。港中旅受國家委託，為辦理港澳台人士
和海外華僑等來往內地等業務的接待機構，並擔任內地與香港的鐵路貨運總代理，負責來
港貨物接卸、運送物品到內地的工作，接受委託代寫《港澳同胞回鄉介紹書》。

國家實行改革開放前，內地旅遊以外事接待為主，港中旅沒有正式組團和對外門市，赴內
地的旅行團都由香港中資機構、社團等要求組織。1978 年國家實行改革開放後加快發展旅
遊業，旅遊工作從「政治接待型」轉變為「經濟經營型」，成為國家經濟事業的一部分。
1979 年，廣東省公安廳簡化港澳人士入境內地手續，把《港澳同胞回鄉介紹書》改為三年
內多次使用有效的紙本《港澳同胞回鄉證》，並委託中旅社代辦；同年港中旅開始組織赴
內地的旅行團。初期通過與貿易有關的機構，專門營運華僑旅客生意，以火車團為主，華
東地區為主要目的地。1983 年 12 月，發起成立中國旅遊協會，開始與學校合作辦理師生
團，並與私人旅行社合作推廣雲貴川線路。1984 年，國務院批准僑辦、港澳事務辦、公安
部聯合上報的《關於擬組織歸僑、僑眷和港澳台眷屬赴港澳地區探親旅行團的請示》，規定
統一由中國旅行社總社委託各地中國旅行社承辦歸僑、僑眷和港澳台眷屬赴港澳地區探親

港中旅自 1980 年代起開始組織港人赴內地旅行
團。圖為港中旅工作人員於 2007 年香港國際旅
遊展推廣新疆旅遊線路，擺姿勢和入場觀眾打招
呼。（中新圖片提供）

旅行團在內地的全部組織工作，香港中國旅行社負責香港的接待事務。當年接待內地遊客3600人。

1980年代，港中旅在傳統旅遊業務及貨運以外，開始發展酒店、客運等業務。酒店方面，1984年10月4日，港中旅由國家財政部撥款一億元，購入「華國酒店」，為旗下第一家自營酒店。1985年，收購位於灣仔的「星加坡酒店」，改名為「星港酒店」，於1986年5月重新開業。1985年4月，在港註冊成立「香港中旅酒店管理公司」，負責集團的酒店運營。1989年5月，「京華國際酒店」開業。客運方面，1985年7月，港中旅擴充車隊規模，成立「香港中旅汽車服務有限公司」，從事過境巴士和包車業務，初期以內部旅客配套業務為主，1994年廣深高速公路開通後，開拓港穗直通巴士服務。

因應業務拓展，港中旅於1985年10月29日在港註冊成立香港中旅（集團）有限公司，成為一家多元化集團企業機構，原廣東省省長梁靈光出任集團董事長。1986年2月集團成立酒會當日，宣布興建深圳特區華僑城。深圳特區華僑城位於深圳沙河，初期計劃以外向型工業為主，以較優惠條件吸引華僑、外籍華人、港澳台胞及外國投資者興辦工商業、旅遊業等，並配備旅遊網點、住宅等。港中旅除開發建設，亦負責引進投資項目。華僑城後來重點發展旅遊，先後興建了「錦繡中華」、「中國民俗文化村」及「世界之窗」。有關1980年代港中旅的業務，詳見表9-2-7。

深圳錦繡中華主題公園於1989年開園，圖為2014年6月，錦繡中華慶祝開園25周年，並舉行景區潑水節。（中新圖片提供）

表 9-2-7 香港中旅（集團）有限公司及屬下機構（1987 年）

香港中旅（集團）有限公司董事會	
香港中旅（集團）有限公司總經理室	
香港中國旅行社有限公司	泰國中國旅行社
華僑外籍華人業務部、港澳同胞業務部、外國人業務部、旅客接待部、國際旅遊部、航空業務部	美國中國旅行社
	菲律賓中國旅行社
中環分社、九龍分社、灣仔分社、旺角分社、紅磡分社、荃灣分社、元朗分社、北角分社、沙田分社、九龍車站辦事處、港澳碼頭辦事處	英國中國旅行社
	澳大利亞中國旅行社
	新加坡中國旅行社
香港中旅貨運有限公司	經營內地和國際的陸、海、空貨物運輸業務
香港中旅協記貨倉有限公司	經營代客儲存貨物業務
香港中旅貿易有限公司	經營進出口貿易業務
香港中旅經濟開發有限公司	配合深圳特區華僑城的發展，開展調研工作
香港中旅引進諮詢服務有限公司	配合內地的四化建設，為各地引進資金、人才、技術、設備、提供資料、信息、諮詢及合資、合作項目等服務
香港中旅酒店管理有限公司	經營管理中旅集團屬下的酒店（星港酒店、華國酒店、深圳灣大酒店）
香港航空服務有限公司	承辦內地重點旅遊線路包機業務、國際和國內航空票務、組織國際旅遊
香港中旅汽車服務有限公司	經營空調豪華旅遊巴士出租、香港直達廣東省內豪華巴士等服務
香港中旅裝修工程有限公司	承包香港和內地的酒店、餐廳等工程裝修項目
香港中旅建築有限公司	承包樓宇設計建造、裝修工程及各類土木工程等
香港中旅置業有限公司	管理集團屬下所有物業、經營有關房地產購置、發展和租售等
香港中旅廣告有限公司	承辦各類宣傳廣告、展覽會的設計、製作及印刷等業務
永達行股份有限公司	經營貨車、吊機車出租業務等
深圳特區華僑城建設指揮部	不適用
深圳特區華僑城經濟發有限公司	

資料來源：《香港中旅集團大廈落成特刊》（香港：香港中旅廣告有限公司，1987）。

1992 年 7 月 21 日，香港中旅集團成立附屬機構「香港中旅國際投資有限公司」（港中投），將集團旗下深圳錦繡中華微縮景區、中國民俗文化村及貨運業務併入。同年 11 月 11 日，港中投在香港聯交所掛牌上市，集資 4 億元，成為最早在港集資上市的紅籌股之一。港中投初期業務為貨運與經營內地景區。1993 年，港中投在河北省唐山市合資成立唐山國

豐鋼鐵有限公司，經營鋼材生產。同年，購入母公司港中旅集團的港澳遊及酒店業務。其後數年，港中投陸續加入世界之窗景區、陝西渭河發電廠、深圳聚豪高爾夫球會（其後改稱深圳港中旅聚豪高爾夫球會）、客運（中旅汽車、信德中旅船務、城巴等）、路橋基建發展（天津、福州、武漢）等業務，使港中投轉為以旅遊為主的綜合概念股，並通過配售新股、發行可換股債券、在國際上發行商業票據和浮息債券，組織銀團或俱樂部貸款等方式籌集資金。母公司港中旅的業務亦擴展至石油化工、房地產（廣州中旅商業城、北京芳群公寓、上海滙麗花園）等。

受 1997 年亞洲金融風暴影響、投資決策和經營管理上的失誤，港中旅於 1998 年和 1999 年分別出現 12.4 億元和 16.3 億元虧損，一些原定的融資計劃也告吹，面臨無法如期償還債務而破產的風險。2000 年年中及 2001 年年初，中央政府對港中旅領導層作出調整，並予以財務救助，經調整資產架構、重新確立以旅遊為本業發展的定位、清退出售路橋等非核心業務等方法，港中旅順利轉虧為盈，2000 年獲 3.75 億元盈利，2001 年獲 8.62 億元盈利。

2000 年代初，在中國即將加入世界貿易組織的背景下，港中旅爭取發展內地旅遊業務，獲國務院批准。2001 年 8 月 30 日，港中投在北京獨資成立「中旅國際旅行社有限公司」，次年 1 月正式開業，經營出入境旅遊、內地旅遊業務，正式躋身內地旅遊市場。此後數年，透過自設分公司、合資和併購發展內地旅行社業務，包括收購中遠國際旅行社、北京商泰航空服務、合資在成都、新疆、上海、青島、廈門、西安、太原、蘇州、杭州、大同成立旅行社。「香港遊」方面，其限制逐步放寬，合資格接待旅行社數量增加。至 2002 年 1 月，「香港遊」配額制度取消，同月，港中旅旗下香港港澳遊管理有限公司獲國家旅遊局列為香港 173 家經營內地遊客赴港澳旅遊業務第 001 號地接社。2003 年 7 月，「港澳個人遊」以廣東省四個城市的居民為試點開始實施，其後逐步開放至其他城市，內地居民赴港旅遊業務從政策保護步入全面市場化，港中旅「港澳遊」接待人數下降。2004 年，港中旅港澳遊業務重組，開設「內地遊客部」，在港澳遊常規業務外，側重開拓內地政府部門、企業機構赴港澳商務活動接待，同時開辦香港遊散客拼團業務。

國務院國有資產監督管理委員會（國資委）於 2003 年成立後，中央直屬企業逐步實現「主輔分離、輔業改制」的改革方針，港中旅及其他國資旅遊企業整合重組。2005 年 12 月，招商局集團向港中旅集團無償轉讓全資子公司「中國招商國際旅遊管理總公司」[18]，國資委指兩大駐港企業的成功合作，「為積極貫徹落實國資委主輔分離，做強做大主業提供了寶貴經驗」[19]，具有實際的借鑒意義。與「中國招商國際旅遊管理總公司」整合重組後，2006 年「中國港中旅集團公司」成立，作為香港中旅集團在內地的母公司，兩家公司實行「兩塊牌子、一套班子」管理體制。2007 年 6 月，中國中旅（集團）公司（即「中旅總社」）併入中國港中旅集團公司，成為其全資子公司。

2008 年全球金融危機後，中資企業「走出去」併購海外資產發展海外業務趨活躍。港中旅於海外開辦旅行社以外，2009 年其屬下天創國際演藝製作交流有限公司收購美國密蘇里州布蘭森市「白宮劇院」，作為國外常態商演的固定基地，開中國文化企業在國外擁有自己演出劇場的先河，列入「國家文化出口重點項目」，天創列入「國家文化出口重點企業」。2015 年 8 月，中旅全資收購英國第二大酒店管理公司 Kew Green Hotels，收購完成後，中旅擁有及管理於中國、英國等國家約 200 間酒店。

2016 年，在國家深化國有企業改革的背景下，中國港中旅集團公司與中國國旅集團有限公司實施戰略重組，組建中國旅遊集團公司（暨香港中旅集團有限公司），並退出電力和物流貿易業務，聚焦旅遊文化主業。2017 年，中國旅遊集團公司落實國務院國資委全面深化國有企業改革重點工作要求，完成「公司制」改制工作，並正式將公司名稱變更為「中國旅遊集團有限公司」。

2017 年，中旅資產總額 1,470.74 億元人民幣，利潤總額 63.7 億元人民幣，營業收入 629.84 億元人民幣，業務涵蓋旅行服務、旅遊資產經營和服務運營、旅遊零售、旅遊金融、旅遊新業態等旅遊相關業務領域；全年平均用工人數 46,239，是中國最大旅遊央企；在香港上市的香港中旅國際投資有限公司聘用員工 6641 人，資產總值 221.35 億元，主要業務為旅遊目的地、旅行社、旅行證件及客運。

第三節 改革開放後來港中資企業

一、 中國中信股份有限公司 / 中信泰富有限公司

中國國際信托投資公司（2002 年更名中國中信集團公司，2011 年更名中國中信集團有限公司，簡稱「中信」）是在鄧小平倡導和支持下，由全國政協副主席榮毅仁於 1979 年 10 月創辦。中信由國務院直接領導，負責按照中外合資經營企業法，引導、吸收和運用外國資金、引進先進技術，進口先進設備，對中國進行建設投資。其公司章程第五條列明：「公司設在北京。在香港設立香港分公司，並根據需要得在國內外設立分公司、子公司、辦事處或代理機構。」

1980 年，中信在香港的分公司成立，1984 年起擴展在港業務，翌年註冊「中國國際信托投資（香港）有限公司」。1986 年 6 月，向香港上市公司嘉華銀行注資 3.5 億元，成為該公司的單一大股東。1987 年中國國際信托投資（香港集團）有限公司（中信香港）成立，作為中國國際信托投資（香港）有限公司及嘉華銀行的控股公司。1987 年購入國泰航空 12.5% 股權；1990 年收購香港電訊公司 20% 股權和港龍航空 38.3% 股權。內地投資方

面，此時期中信香港主要投資電廠項目，包括與江蘇省投資公司、無錫市地方電力公司、新力能源開發公司合資興辦江陰利港電廠，並從意大利等國家引進發電機組、鍋爐島等設備；參與鄭州和內蒙古電廠擴建。

1990 年，中信香港收購上市公司泰富發展（集團）有限公司（泰富），並注入港龍航空權益及物業。翌年，泰富向中信香港購入其國泰航空及澳門電訊股權，改名為中信泰富有限公司（中信泰富）。1992 年 7 月，大昌行集團成為中信泰富的全資附屬公司，8 月 4 日，中信泰富晉身恒指成份股。中信泰富透過在香港資本市場集資，以現金向中信香港購買資產，逐步擴大企業規模。至 2000 年，中信泰富業務涵蓋信息業、航空、基礎建設、發電、貿易及分銷、物業、工業製造，其中在內地投資包括位於江蘇、河南、內蒙古、山東的發電廠；上海楊浦大橋、徐浦大橋、打浦路隧道、延安東路隧道（皆為橫跨黃浦江連接浦東及浦西之設施）、滬嘉高速公路、重慶長江李家沱大橋；於無錫合營鋼鐵廠、電機廠及光纖電纜廠，及興建光纖骨幹網絡。

在中國經濟持續發展及加入世界貿易組織的背景下，中信泰富的業務重心自 2000 年起日趨側重內地，擴大其於內地房地產的投資和開發，尤其在上海及快速發展的長江三角洲城市；並拓展內地特鋼業務。集團在內地的收入和資產佔總收入和總資產的比例呈上升趨勢，香港收入佔比從 2000 年 52% 降至 2013 年佔比 13%，而內地收入佔比在同時段由 37% 上升至 76%。

1986 年 7 月 14 日，中國國際信托投資公司在香港文華酒店舉行酒會，慶祝嘉華銀行新董事會成立，中信董事長榮毅仁（右）專程由北京來港主禮慶祝酒會。（新華社提供）

2014 年 8 月 26 日，中國中信集團有限公司發布公告，中信集團通過注資中信泰富實現在香港整體上市。中信泰富更名為「中國中信股份有限公司」，於 9 月 1 日在香港聯交所開始交易。圖為中信集團於杭州的宣傳欄，展示中信集團旗下業務。（新華社提供）

2008 年，中信泰富用以對沖澳洲鐵礦開採項目開支的槓桿式外匯合約，出現 146.32 億元虧損。同年 12 月 24 日，中信泰富向母公司中國中信集團公司發行價值 116.25 億元的可換股債券集資，以換取母公司提供 15 億美元備用信貸。中信集團將債券轉換為中信泰富股份後，其於中信泰富之股權從 29% 增至 58%。2011 年，母公司中國中信集團公司經國務院批准，整體改制為國有獨資公司，更名為中國中信集團有限公司，發起設立主要業務經營平台中國中信股份有限公司（中信股份）。2014 年 8 月，中信集團透過將中信股份 100% 股權注入中信泰富，實現境外整體上市，中信泰富並更名為中國中信股份有限公司（中信股份）。

2017 年，中信股份主要業務涵蓋金融、資源能源、製造、工程承包、房地產等領域，旗下香港上市公司包括中信銀行、中信證券、中信資源、中信大錳（中信資源旗下）、中信國際電訊、亞洲衛星、大昌行；總資產 75,207.39 億元，內地佔 92%，香港及澳門佔 7%；員工 243,036 人，內地員工佔 93.2%，香港員工佔 3.16%。

二、中國光大集團

1981 年天津市副市長王光英在訪問香港和澳門後，向國務院提交《港澳見聞和八點建議》，建議在香港設立一家綜合性公司，為內地招商引資。經國務院批准，1983 年 8 月 18 日，光大實業公司及紫光實業有限公司在香港開業，全國政協副主席王光英任董事長。1984 年 7 月，紫光實業更名「中國光大集團有限公司」（光大）。光大直屬國務院，對外以民間形式出現，成立目的是根據中國改革開放的方針和發展國民經濟的需要，引進外資、先進技術和設備，開展對外投資，與外商合作，在國內外進行合資經營和各種經濟合作，按照國際貿易的慣例營運。

1980 年代，光大以經營外貿和實業投資為主，範圍包括能源、交通、原材料和其他工業、農業、食品工業、地產物業、區域性綜合發展等。1984 年 8 月，與深圳合組南海石油深圳開發服務總公司，在蛇口南頭半島建設南油開發區。9 月，與珠海特區合作、耗資 2.4 億元人民幣的珠江口磨刀門圍墾工程動土，為當時中國最大治水圍墾工程。1986 年，與南海石油深圳開發服務總公司、中國對外貿易運輸總公司合組深圳海星港口發展，共同開發深圳媽灣港區；又投資深圳媽灣發電廠。1987 年，參與建設北京京廣中心。1988 年，在深圳共同組建深圳光大木材工業有限公司，主營生產膠合板，為當時中國最大木材加工企業。同年，與江門市政府合作投資興建的江門外海大橋啟用。至 1989 年，光大累計為內地輕紡、化工、機電、電子、交通運輸等工業部門的企業，引進先進技術和設備總值約 11 億美元，與世界各地 2500 多家工商和金融企業建立業務聯繫。

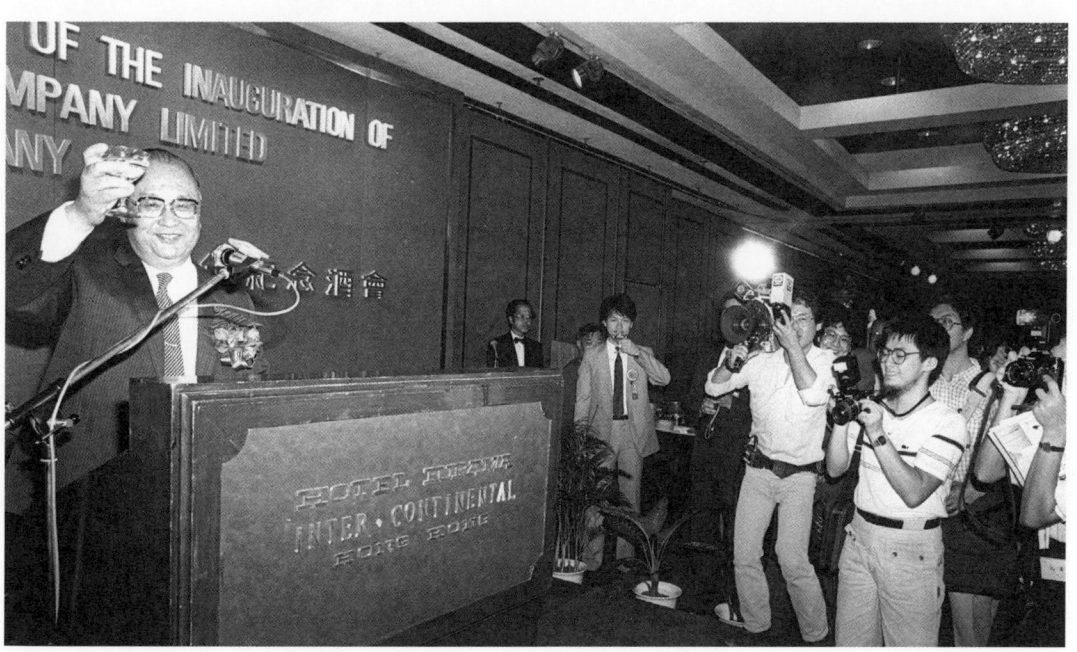

1984 年 8 月 18 日，光大在富麗華酒店舉行酒會，慶祝開業一周年，集團董事長王光英（左）在會上祝酒。（南華早報出版有限公司提供）

1988 年 6 月 13 日，由廣東省江門市政府與香港光大熊谷開發有限公司合作興建的江門外海大橋建成通車。（新華社提供）

1990 年，光大調整發展戰略，業務「向國內傾斜」、「向金融業傾斜」。11 月，中國光大（集團）總公司（光大總公司）於北京成立，與香港的「中國光大集團有限公司」形成「一個集團兩個總部」，同一套領導班子管理，此舉目的為以內地國企身份獲得內地金融領域的准入資格。光大此後向金融領域發展，1991 年 4 月成立「光大國際信託投資公司」；1992 年 8 月在北京獨資成立全國性商業銀行「中國光大銀行」；1996 年 4 月在北京註冊成立「光大證券」。同時期，光大進入香港資本市場，收購多家上市公司，包括 1993 年控股香港上市企業「寧發國際」，並將其更名為「中國光大國際有限公司」，至 1999 年其業務包括木材業務（光大木材）、基建投資（深圳媽灣電力、福州青洲大橋）、物業發展投資（上海嘉里不夜城等）等。1994 年，其控股的香港上市公司「Hanwah Holdings Ltd.」易名為「中國光大科技有限公司」，業務包括鐘錶製造及分銷（光大自有品牌「依波表」等）、通訊終端產品分銷。1994 年收購從事零售和物業投資的香港上市公司「明輝發展」的股份，同年 11 月更名為「中國光大明輝有限公司」，逐漸剝離原有業務。1997 年 9 月再改名為「中國光大控股有限公司」，成為中國光大集團於香港的主要上市公司旗艦，業務調整至以金融服務業為主，至 1999 年包括投資銀行（中國光大金融控股、光大證券）、商業銀行（中國光大銀行、港基國際銀行）、保險（標準人壽保險（亞洲）），其中持有的光大證券（其時持股 49%）及光大銀行（其時持股 20%）為母公司光大集團的核心金融資產。

2003 年，光大集團開始設計重組改革方案。2007 年，中央匯金公司向光大銀行注資 200 億元人民幣，推動光大銀行和光大集團重組改革。2014 年國務院批准光大集團重組改革的最終方案，光大總公司由國有獨資企業改制為股份制公司，並改名為「中國光大集團股份公司」，由財政部和匯金公司共同發起設立。完成改制後，先由財政部、匯金公司控股中國光大集團股份公司，再由中國光大集團股份公司控股光大銀行、光大證券、光大控股、光大國際等子公司，理清光大集團、光大銀行及匯金間的股權關係，並解決光大「北京、香港兩個總部」的問題。重組後的光大集團在香港經營的上市公司包括光大控股和光大國際。光大控股此時期核心業務為一級市場投資、二級市場投資及結構性投融資，並發展中國及新興市場的飛機租賃業務。2014 年，光大控股配合國家推動「走出去」海外投資戰略，推出中國以色列併購基金。2016 年又成立全球併購基金，投資於北美和歐洲公司。

2017 年，光大集團業務涵蓋銀行、證券、保險、資管、信託、基金等金融業態和環保、旅遊、健康、高科技等實業，是國有大型綜合金融控股集團，總資產 44,683.44 億元人民幣。其香港業務包括投資和資產管理，在港上市公司包括光大控股、光大證券（2016 年 8 月 H 股在香港聯交所上市）、中國光大國際[20] 及由光大控股持有的中國飛機租賃。其中光大控股共管理 48 隻基金，完成募資規模 1291 億元，分別在中國及世界各地投資包括銀聯商務、萬國數據、金風科技、中節能風電、中國高速傳動、華燦光電、華大基因、貝達藥業、貝因美、分眾傳媒、愛奇藝、秒拍、阿爾巴尼亞首都機場、Wish、BEP 等在內的超過 300 家企業。

三、中國海外集團有限公司

1978 年國家實行改革開放後，開展對外工程承包及對外勞務合作。在全國人大常委、《大公報》社長費彝民的建議和牽線下，1979 年 1 月，國家基本建設委員會施工局局長蕭桐一行前往香港，籌備組建公司，開拓香港的建築市場。6 月 1 日，中國海外建築工程有限公司（中國海外）在香港成立，以原國家建委施工局計劃處副處長宿玉璞為公司董事長兼總經理，首項主要樓宇建築項目為私人住宅康樂園第一期。1981 年 5 月，中國海外以母公司「中國建築工程公司」的名義，在香港申請五項最高級別 C 級施工牌照，獲批准可競投不受標額限制的樓宇建築、海港工程、道路與渠務、地盤開拓和水務工程。1982 年，與廣東水利水電工程公司合組的聯營公司興建全長 20 公里的木湖—大欖涌輸水管道，為其首個承接的政府大型公共工程項目，此後陸續獲得房委會大窩口邨二期、小西灣邨二期、翠屏邨第四期、天水圍發展土地墾拓及洪溝等的工程合約。

1985 年，中國海外開始涉足香港建築地產業，投資開發私人住宅海寶花園。通過此項目，中國海外「掌握了做地產的方法、規矩」，[21] 實現公司產業結構轉型。1988 年，在深圳成立分公司，參加深圳第一塊以美元作價的土地國際招標，並以 816 萬美元中標，發展海富花

園住宅項目。深圳海富花園於 1991 年預售樓花，向內地引進「銀行按揭購房」、「實體樣板房」、「空中花園與入戶花園」設計。同年成立中海物業深圳公司，參照香港屋邨管理模式和先進技術，如設物業管理處、安裝電腦實時監控系統、可視對講機，將物業管理概念引入內地。1994 年 5 月，建設部主辦的物業管理經驗交流會上，中海物業的管理經驗被推介為教材，供全國各地借鑒。1995 年，廣州中海物業和上海中海物業在內地成立，利用在香港市場的經驗，開展在內地的物業管理業務，並成為中國首批一級資質物業管理企業。

在深圳的地產項目成功後，中國海外持續在內地發展，先後在上海、廣州、北京、成都等地發展房地產，其中 1992 年 1 月，與上海盧灣區（今黃浦區一部分）政府及當地企業合作，通過土地批租的方式，改造舊區「斜三基地」，發展為四幢 31 層高的商住綜合樓宇「海華花園」，1995 年 5 月落成時為上海市最高的住宅建築，是改革開放實施以來，首批吸引外資進行的舊區改造項目。

1990 年代，中國海外業務發展至包括承建工程、房地產發展、物業管理和建材貿易。1992 年 6 月 16 日，經對外經濟貿易部批准，中國海外集團有限公司（中海集團）正式成立，隸屬中國建築工程總公司（2017 年更名中國建築集團有限公司）。中海集團將地產業務以「中國海外發展有限公司」（中海發展）的名義，於同年 8 月 20 日在香港聯合交易所

1985 年，中國海外投資發展香港海寶花園項目。海寶花園位於大埔市中心，1986 年 10 月入伙，共有 4 座，提供 480 個單位。右圖為市民在海寶花園售樓現場排隊。（中國海外集團有限公司提供）

掛牌上市，集資 8.44 億元，成為第一家以香港本地業務上市的中資企業，建立國際資本融資渠道，進行資本運作，並於 2007 年晉身香港恒生指數成份股，成為首家內地房地產藍籌股。從上市至 2007 年 6 月底，中海發展取得集資和銀行授信額度 532.32 億元，其中香港融資包括資本市場集資 108.35 億元、債券市場集資 34.92 億元、銀團貸款 96.77 億元、地產項目抵押貸款 80.6 億元、雙邊銀行貸款 64.3 億元。

1995 年 1 月，中海集團參與的 BCJ 聯營公司奪得香港新機場客運中心工程合約。在香港新機場核心工程中，中海集團同時參與承建西九龍填海造地二期、北大嶼山高速公路東涌段、三號幹線青衣西北交匯處及新機場海上營救中心等項目。中海集團在香港新機場客運大樓工程獲得的施工技術經驗，其後運用到廣州新白雲機場項目施工上。

1997 年亞洲金融風暴爆發，中海集團的經營一度受創，到 2000 年重回盈利狀態。其後，集團透過在香港地產開發的經驗，將投資重點向內地轉移，陸續於內地長春、中山、西安、南京、蘇州、佛山、寧波等地發展房地產項目。香港方面，2001 年獲得香港迪士尼樂園工程合約，成為中國第一個迪士尼樂園的主要承建商，並陸續承建中環填海項目、港珠澳大橋香港連接線、香港兒童醫院，並於 2013 年投資開發「港人港地」住宅啟德 1 號項目。

2017 年 6 月，由中國海外發展開發的「港人港地」住宅項目啟德 1 號正式入伙。（中國海外集團有限公司提供）

2005 年 7 月 8 日，中海集團將旗下承建業務重組，以「中國建築國際集團有限公司」的名義在香港分拆上市，以加大業務併購與資本運作力度為目的。2010 年，併購香港上市公司蜆殼電器工業（集團）有限公司（同年更名為中國海外宏洋集團有限公司）。2012 年，併購香港上市公司遠東環球集團有限公司（2019 年更名為中國建築興業集團有限公司）。2016 年併購中信地產業務。此外，中海集團分拆旗下經營物業管理業務的「中海物業集團有限公司」於 2015 年 10 月 23 日在香港上市，至此，集團在香港上市公司共五家。

2005 年，中海集團正式開始海外經營，進入印度和迪拜建築市場。2015 年，收購並持有運營英國倫敦 61 Aldwych、1 Finsbury Circus、50 Victoria Embankment 等寫字樓項目。2016 年，在美國紐約投資開發 99 Hudson、在澳洲悉尼投資開發 NEUE Macquarie Park 公寓。集團因應香港運營資源的優勢，將這些海外業務納入香港區域管理範疇。

截至 2017 年年底，中海集團是香港最大的工程承建商、中資物業發展商和公共設施管理服務商，公司經營範圍包括不動產開發與運營、承建與基建投資、物業服務等，業務分布香港、澳門、內地等 100 多個經濟活躍城市，以及英國、美國、澳洲等國的重點城市，旗下擁有 5 家香港上市公司，總資產 7771 億元，僱員人數 46,052 人，其中在港員工7014 人。

四、京泰實業（集團）有限公司／北京控股有限公司

京泰貿易有限公司（京泰）於 1979 年 6 月 1 日在香港註冊成立。1981 年獲國家正式批准，由北京國際信托投資公司投資，註冊資本 100 萬港元，為該公司駐香港的海外企業。同年更名為京泰有限公司。京泰主業以貿易及其相關業務為主，並與北京市外貿公司和市屬企業作進出口貿易、小額信用擔保及開發合資合作項目。

1979 年 6 月 1 日，京泰實業（集團）有限公司前身京泰貿易有限公司在香港註冊成立。（京泰實業（集團）有限公司提供）

1988 年，京泰有限公司改由北京市政府直接領導，成為北京市政府駐香港的「窗口公司」，負責北京市屬單位在港企業的管理工作，職責涵蓋使用政府對銀行出具的擔保函，為北京市相關部門派駐香港的人員提供工作地點、簽證、簽發銀行信用證和訪港團組的接待工作等，北京籌備 1990 年第 11 屆亞洲運動會期間，京泰公司負責在港接洽贊助和合作等事宜。

京泰業務範圍除服裝紡織、機械、化工、五金礦產、農產品、高科技產品及其他商品進出口，擴至投資、房地產開發等領域，經營公司包括廣元電子有限公司（與北京工業大學合作在港創辦，將科研成果開發產品）、家樂雅達發展有限公司（業務包括於北京承接裝飾工程）、京電（香港）有限公司、冠宙有限公司、鼎聯泰針織廠有限公司、京港國際旅遊有限公司，亦在北京合資開辦北京西餐食品有限公司，引進西歐食品加工設備、技術和專家，生產西餐肉類水產品。1993 年，由京泰參股並引進香港新世界集團，投資建立「北京崇文‧新世界房地產發展有限公司」，參與北京市中心崇文區的重建計劃。至 1996 年，京泰共有 10 家直屬企業、30 家投資企業、20 多個投資項目，總資產 11 億元。

1997 年 4 月，京泰有限公司改組為京泰實業（集團）有限公司。同年 5 月，北京市政府重組京泰集團和北京市有關企業的資產，以京泰有限公司為母公司，組建「北京控股有限公司」（北京控股），5 月 29 日在香港聯合交易所上市，超額認購 1275 倍，籌集資金淨額約 25 億元。京泰集團轉變為以資本運營為主的綜合性國有控股公司，旗下北京控股的業務包括消費品製造及分銷（燕京啤酒、三元食品、北京麥當勞、西餐食品、新景食品）；基建設

1997 年 5 月，北京控股在港首次公開招股，市民在中銀大廈門外排隊索取招股文件。北京控股最終錄得超額認購 1275 倍。（南華早報出版有限公司提供）

施（管理經營首都機場高速公路）；旅遊、零售及酒店服務（建國飯店、王府井百貨集團、八達嶺旅遊）；高科技（北京國際交換系統）。2000 年 4 月 20 日，經北京市政府批准，京泰集團在北京設立北京京泰投資管理中心，作為京泰集團在內地投資和資產管理的業務主體。同年 5 月，京泰集團通過北京京泰投資管理中心接收北京市政府注資 8 億元人民幣。

2005 年 1 月 8 日，京泰與北京市燃氣集團有限責任公司（北京燃氣）聯合重組，組建「北京控股集團有限公司」（北控集團），為北京市政府授權北京市國資委監管的國有獨資公司。2007 年 6 月，北京燃氣注入在香港上市的北京控股，京泰並成為北控集團全資附屬公司。重組後北京控股由原來的綜合性企業轉型為綜合性公用事業公司，開啟中國公用事業市場化改革先例。至 2017 年，北京控股總資產 1715 億元，旗下公司包括北京燃氣、北控水務（香港上市）、北控環境（香港上市）、燕京啤酒、德國廢物能源利用公司（EEW GmbH）等。

京泰集團重組後成為北控集團旗下承擔投資、股權管理、對外聯繫協作職能的專業化企業集團，由京泰集團經營管理的業務包括國際貿易、旅遊、酒和消費品、房地產、物流、城市軌道交通技術、清潔能源（煤製天然氣）等。2009 年至 2012 年，京泰集團根據北控集團戰略部署，將旗下資產重組，組建北控置業、北控能源、北控交通等專業化企業集團。京泰的職能並拓展為服務海峽兩岸和香港，在京、港、台在經濟貿易、科技文化等領域的交流發揮作用。2010 年，《海峽兩岸經濟合作架構協議》（ECFA）簽訂，台灣方面放寬陸資入台要求後，北控集團把京泰在香港的職能延伸至台灣地區，與京泰在台灣地區設立「京泰發展有限公司」，作為推動北京與台灣經貿聯繫的窗口和平台，為首家地方大型國有企業在台灣地區設立的陸資公司。2014 年 12 月，京泰集團於香港成立「京泰國際商務中心」，為北京企業提供商務服務，協助北京企業利用香港的國際網絡「走出去」。2016 年 6 月，京泰國際商務中心與北京市商務委員會合作，達成共建「北京—香港國際經貿發展服務中心」意向，為北京企業海外發展提供服務。11 月，連續 20 年協助舉辦一年一度「北京·香港經濟合作研討洽談會」，負責活動方案研究、接待及後勤工作等。

五、上海實業（集團）有限公司

國家實行改革開放初期，外貿權率先向包括上海的二省三市（廣東省、福建省、北京市、上海市和天津市）開放。上海市政府與華潤公司接洽，將華潤代管的香港天廚味精廠、南洋兄弟煙草公司及其下屬的永發印務有限公司交還上海市管理。1981 年 7 月 17 日，上海市政府以此三家公司為基礎，在香港註冊成立「上海實業有限公司」，作為上海市政府在香港的窗口企業，主要任務是為上海加快引進技術、資金、人才、擴大進口代理業務及管理下屬三所企業。1982 年，獲准設立貿易部，進行轉口業務和少量急需進口業務。1984 年，獲准自行決定在香港或國外創辦企業。同年，通過香港水泥代理向上海市和其他省市引進 13.8 萬噸優質水泥，協助上海城市建設。1985 年 5 月，與中國建築工程上海分公司合作

於上海興建的雁蕩公寓落成，單位主要在港銷售，為外商提供在上海的置業途徑。1986年，上海實業與上海市商業開發公司籌建「上海東方商廈」，於 1993 年 1 月 10 日開業，是國家實行改革開放後上海開設的第一家中外合資大型百貨零售企業。1988 年，與交通銀行香港分行合作為上海久事公司（上海市政府成立的投融資公司，以擴大利用外資加強城市基礎設施建設）融資 3000 萬美元，支持上海基礎設施建設。1992 年，認購上海浦東發展銀行 400 萬股，共 4000 萬元。

1993 年 6 月，上海實業改組為「上海實業（集團）有限公司」（上實集團），逐漸形成大集團架構，屬下企業超過 190 家，業務包括產品製造、進出口貿易、房地產、投資、金融、零售商業、旅遊、酒店管理。1995 年開始調整發展戰略，「以資產經營為龍頭，以上市工作為重點」，投資併購內地的上海三維製藥及上海家化，結合集團在港屬下企業南洋煙草及永發印務，形成上海概念股「上海實業控股有限公司」（上實控股），1996 年 5 月 30日以紅籌股在港上市。上實集團透過從香港資本市場籌資，參與上海的基礎設施建設、舊城改造和支柱產業發展。1996 年 9 月，上實控股成立上海霞飛日化有限公司，同年底注

上海東方商廈坐落徐家匯商圈，1986 年起由上海實業與上海市商業開發公司合作籌建，1993 年 1 月 10 日正式開業，為改革開放後上海開設的第一家中外合資大型百貨零售企業。上海東方商廈開業後以「高檔為主、高中檔結合」為經營方向，商品主要是內地日用工業品的名牌產品和「三資」企業的優質產品，並利用合資企業的優勢，率先在上海百貨行業中直接赴境外採購商品。1995 年，曾兩度組織大型採購團赴香港採購商品。（新華社提供）

2004 年 10 月，上實集團與其他企業共同出資 7.5 億元人民幣，成立「上海海外聯合投資股份有限公司」，在俄羅斯聖彼得堡市投資開發大型綜合社區 —— 波羅的海明珠項目，響應國家「走出去」戰略。該綜合社區為中國在俄羅斯最大的非能源類投資項目，集居住、商業、商務一體的多功能現代化綜合性社區。（上海實業（集團）有限公司提供）

資增加上海光明乳業食品有限公司、上海匯眾汽車製造有限公司、上海實業交通電器有限公司、上海東方商廈有限公司、上海延安路高架道路發展有限公司。1998 年 1 月納入恒生指數成份股。1999 年，上實控股分拆旗下杭州青春寶及上海家化，組成上海實業醫藥科技（集團）有限公司，12 月 2 日在香港創業板上市（2003 年私有化）。

此時期，上實集團及上實控股投資參與一批上海國有企業及合資企業的設立，以及上海基建投資。1997 年 4 月，上實控股購得上海內環線和南北高架路專營權。1999 年，上實集團收購海通證券 50% 股權，成為第一大股東。2001 年上實控股投資中芯國際集成電路製造有限公司（中芯國際），成為第一大股東。2002 年上實控股入股外高橋集裝箱碼頭第一期。2003 年，上實控股獲滬寧高速公路（上海段）25 年經營權。2007 年，上海上實收購滬昆高速公路（上海段）；上實控股收購上海城開集團 59% 股權。2009 年，上實控股悉數出售聯華超市、中芯國際、光明乳業等非主業的持股，擴大地產及基建業務。2010 年，上實控股收購香港上市公司中新地產集團，並更名「上海實業城市開發集團有限公司」，資產主要為內地中高檔住宅物業。

上實集團於 2008 年起，參與傳統國企「上海醫藥」（上藥集團）資產重組，形成包括上實集團、上藥集團核心醫藥資產業務的整體上市平台。2011 年 5 月 20 日，重組後的上海醫

藥在香港發行 H 股，集資約 160.14 億元，為內地首家 A+H 股上市醫藥公司。中共十八屆三中全會於 2013 年 11 月召開，中國進入經濟發展新常態，上實集團因應經濟環境確立以金融為引導，以醫藥、基建、房地產、消費品四大主營業務為主體，以新能源、環保、養老等新興產業為新增長極的「1+4+X」產業布局。2013 年，上海出台《關於進一步深化上海國資改革促進企業發展的意見》（「上海國資國企改 20 條」），政府從「管國企」為主轉變為「管國有資本」為主。2014 年 6 月，上實集團斥資 61 億元人民幣，以市場化方式受讓上海國際集團下屬 6 家類金融和房地產企業，為推進上海實施國有資本運營平台改建工作提供助力。

截至 2017 年年底，上實集團由上海市國資委全資控股，定位「立足香港、依託上海、服務國家戰略、走國際化道路」，業務涵蓋醫藥醫療、基建環保、房地產和區域開發、消費品、金融服務和投資五大領域，旗下上海實業控股有限公司、上海醫藥集團股份有限公司、上海實業城市開發集團有限公司在香港上市，成員企業 1000 家、員工逾 6 萬人，總資產 3574 億元。

六、粵海控股集團有限公司 / 粵海企業（集團）有限公司

粵海企業有限公司（粵海）於 1980 年 6 月 3 日在香港註冊成立，1981 年 1 月 5 日開業，為廣東省各經濟機構、各外貿進出口公司在香港的總代理，初期經營糧油、食品、土產、茶葉、畜產、五金、礦產、機械、化工、輕工、紡織、工藝品等商品的進出口貿易和旅遊、運輸、信託業務；承辦加工裝配、補償貿易、合作生產、合資經營、商品展銷、技術交流和在經濟特區投資建設等業務，是廣東省政府第一個對外窗口公司，以引進資金、設備、技術、人才和管理經驗（五個引進）為重點。

1982 年粵海成立附屬公司廣南行，拓展廣東供港糧油食品進出口業務。1983 年，旗下廣東（香港）旅遊有限公司創辦「香港遊」，組織廣東居民組團來港旅遊。1985 年 11 月，粵海企業有限公司更名為粵海企業（集團）有限公司（粵海集團），進行集團化改組，向「以貿易為主導、以實業為基礎」的多元化綜合性企業集團發展。其中，1992 年與廣東省番禺市合資開發大型住宅麗江花園，吸收借鑒香港經驗，將物業管理貫穿整個開發過程，並聘請香港公司策劃建立專業物業管理隊伍及制度。1996 年 8 月，投資建設的廣州天河城全面開業，引進日資吉之島百貨，為廣州市最大型商業中心之一，被稱為「中國第一商城」。

粵海集團自 1987 年開始利用香港的資本市場進行資產經營。1987 年，粵海集團間接收購香港上市公司「友聯世界」，並於次年將友聯世界更名為「粵海投資有限公司」（粵海投資），為全國各省市駐港企業中第一個上市企業，並於 1994 年 11 月納入恒生指數成份股，業務包括實業投資（南海皮廠、深圳啤酒、廣州麥芽等）、基建（韶關發電 D 廠、新北江大橋、

1981 年 1 月 5 日，粵海企業首任董事長嚴尚民（左）出席開業接待會。粵海是廣東省政府第一家對外窗口公司，以引進資金、設備、技術、人才和管理經驗（五個引進）為業務重點。（廣東粵海控股集團有限公司提供）

1996 年 2 月 9 日，廣州市天河城廣場暨天貿南方百貨公司舉行試業典禮。天河城同年 8 月全面開業，集購物、酒店、寫字樓於一體，並引進日資吉之島百貨，為廣州市最大型商業中心之一，有「中國第一商城」之稱。（廣東粵海控股集團有限公司提供）

廣珠高速公路石岐路段、中山火力發電廠等）、旅遊運輸及酒店服務（廣東（香港）旅遊、新國泰酒店、廣旅運輸、粵海酒店、粵海（國際）酒店等）、房地產發展及投資（麗江花園、天河城等）、批發及零售（廣南集團、廣東天貿等）。1994 年 12 月，廣南集團（前身廣南行）從粵海投資中分拆，於香港聯合交易所上市，集資 1.13 億元。1996 年 12 月，生產皮革的粵海制革自粵海投資分拆，於香港聯合交易所上市，集資 1.13 億元。1997 年 8 月，粵海啤酒（2004 年改稱金威啤酒，2013 年改稱粵海置地）自粵海投資分拆，於香港聯合交易所上市，集資 6.3 億元。同年 12 月，從事玻璃幕牆工程等業務的粵海實業更名粵海建業，並於香港聯交所上市。截至 1997 年末，隸屬粵海集團的 5 家上市公司市值為 191.73 億元，粵海集團帳面資產總額共 357 億元。

1997 年，亞洲金融風暴爆發，粵海集團面臨財務及營運困難，資不抵債。1998 年 8 月，粵海向廣東省政府告急，指面臨交叉違約風險，同年 12 月，廣東省政府宣布對粵海集團進行全面重組。經過兩年談判，2000 年 12 月，廣東省政府與債權人就粵海集團債務重組簽署最終方案。廣東省政府在原粵海企業、南粵和廣東省東江一深圳供水工程管理局基礎上，組建投資控股公司「廣東粵港投資控股有限公司」（2008 年改稱「廣東粵海控股有限公司」，2015 年改稱「廣東粵海控股集團有限公司」，下稱粵海集團），透過在香港成立的「廣東控股有限公司」（後改稱粵海控股集團有限公司）管理旗下企業如粵海投資、廣南（集團）有限公司等。

2010 年，粵海集團提出「二次創業」戰略，開啟向戰略投資控股集團轉型。2015 年，廣東省政府同意粵海集團實施國有資本投資公司改革試點，粵海集團定位為「依託粵港緊密合作優勢和香港市場環境，加快建設國際化企業」，授權其董事會在投資決策、業績考核、薪酬管理和高級管理人員選聘等重大事項的職權。同年確立以水資源管理、城市綜合體開發與運營、現代新型產業園區為核心，產業金融為支撐的「3+1」新主業板塊格局。2017 年，廣東省國資委批覆同意，粵海集團改革試點工作正式獲批，新增 14 項改革授權，探索國有資本投資公司改革路徑、管理模式等可複製可推廣經驗。

截至 2017 年 12 月，粵海集團總資產逾 1000 億元，經營主業為水務及水環境治理產業（40 餘項目、水處理規模逾 2500 萬噸／日）、城市綜合體產業（包括天河城、麗江花園、粵海酒店等項目，辦公及商業地產運營面積約 50 萬平方米）、產業園及製造業（包括開發運營粵海裝備技術產業園）。其屬下粵海控股集團有限公司是廣東省屬國企在境外規模最大的綜合性企業集團，旗下 4 家公司在港上市，分別為粵海投資、粵海制革、廣南集團和粵海置地。

注釋

1　香港中資企業是指由內地資本全資擁有或者控股，在香港註冊、經營或運作的企業。在「香港經營」是指在香港從事實業投資、金融投資以及其他經營活動。在「香港運作」，一是指代表在香港證券市場上的母公司，與投資者、中介機構、證券監管部門聯絡溝通；二是指以公司名義在香港為內地有關方面提供聯絡和服務。香港中資企業以資本屬性分類，包括國有全資或控股企業，和民營全資或控股企業兩大類。本章闡述前一類香港中資企業。

2　烏蘭木倫編：《發展中的香港中資企業》（香港：香港經濟導報社，1997），頁 307。

3　國務院辦公廳：《國務院辦公廳關於結束清理整頓駐港澳機構》（國辦發〔1992〕47 號）（1992 年 8 月 29 日）。

4　民營企業上市詳情見本書第十一章「證券市場」。

5　有關紅籌股詳見本書第十一章「證券市場」。

6　本章的記述，第一節分述四間改革開放前已在港經營的傳統中資企業，包括招商局、華潤、中國銀行（香港）及港中旅；第二節選取六間改革開放後在港成立的中資企業。上述公司規模龐大、業務眾多，記述聚焦其於改革開放期間，在香港為國家發揮窗口引資作用、為國有資產在香港金融市場探索資產經營，以及「走出去」的歷程。

7　招商局：〈關於正式成立招商局集團的報告〉，載朱士秀編：《招商局史（現代部分）》（北京：人民交通出版，1995），頁 325。

8　中國於 2001 年 12 月 11 日正式加入世界貿易組織。

9　華潤水泥於 2006 年被華潤集團私有化，7 月撤銷香港上市地位。2009 年 10 月重新在香港聯交所上市，集資 64 億元。參考華潤水泥控股有限公司：《華潤水泥控股有限公司 2009 年年報》（2010 年 3 月 19 日），頁 7。

10　1986 年 4 月改組成為中國銀行香港分行全資附屬公司，為中銀國際控股有限公司前身。

11　不包括交通銀行香港分行。1998 年 4 月 14 日，交通銀行香港分行回歸交通銀行總行全面管理，不再為中銀集團成員行。

12　馮邦彥：〈香港中銀集團重組合併的背景及影響〉，《南方金融》，2001 年 11 期，頁 29。

13　持有中國銀行（香港）有限公司。

14　中國銀行股份有限公司：《全球發售》（2006 年 5 月），頁 96。

15　詳見本書第十二章「離岸人民幣中心」。

16　國務院僑務辦公室的前身。

17　2016 年，中國港中旅集團公司與中國國旅集團有限公司戰略重組為中國旅遊集團公司（暨香港中旅集團有限公司）後，簡稱「中旅」。

18　該公司擁有 12 家旅行社及 3 家航空運輸銷售代理公司。

19　香港中旅（集團）有限公司：〈香港中旅接管中國招商國際旅遊管理總公司〉，國務院國資委網頁，2005 年 7 月 8 日發布，http://xn--vcsy9dxy3e.cn/n2588025/n2588124/c3936292/content.html。

20　2020 年 9 月改名為「中國光大環境（集團）有限公司」。

21　陳顯釗：〈艱苦中求卓越〉，載中國海外集團有限公司編：《中國海外 40 周年特刊》（香港：中國海外集團有限公司，2019），頁 42。

第十章
銀行

第一節 在港銀行涉內地業務

一、概況

國家實行改革開放，銀行業對外開放是國家改革開放基本國策的組成部分。香港銀行界早於改革開放前的 1975 年 11 月起，已獲中國銀行駐港機構邀請，到內地訪問交流。至改革開放之初，香港銀行將本地的銀行產品及服務引入內地，在內地特定範圍使用或向特定客戶提供服務，包括香港信用卡持有人可在內地特定地點使用信用卡，以及向購買內地房地產的香港人提供按揭貸款。隨着改革深化，內地銀行產品及服務種類趨向多元化，而香港銀行亦得以同步在內地拓展相關業務。截至 2017 年 4 月底，香港銀行在內地營業性機構擁有的總資產達 11,440.96 億元人民幣，佔外資銀行在內地總資產的 39.6%。

據中國銀行業監督管理委員會（中國銀監會）及中國銀行保險監督管理委員會（中國銀保監會）文件指出，香港銀行參與內地銀行業對外開放歷程有三個階段：

1. 1978 年至 2000 年

1978 年至 2000 年，內地銀行業開放在特定地域及部分業務以試點形式進行，開放程度有限。其間，外資銀行在內地設立營業性機構的地域，從經濟特區逐步擴展至沿海城市及中心城市。

1981 年，在香港、澳門註冊的中資銀行獲准在深圳、珠海、汕頭及廈門經濟特區設立分支機

1983 年 10 月，國務委員兼港澳辦公室主任姬鵬飛（左八）與香港金融界訪問團顧問莊世平（左七）、團長陳有慶（左五）、副團長梁定邦（左三）及吳連烽（右一）、曾永康（右二）、呂培英（右三）等主要成員會面。（陳智思提供）

構。1982 年 1 月 9 日，南洋商業銀行有限公司深圳分行舉行開幕禮，為改革開放以來在內地開業的首家香港銀行。1990 年起，外資銀行獲准在內地開設總行及分行的範圍，由經濟特區擴展至上海。1990 年 12 月，東亞銀行有限公司上海分行完成補辦成立及登記手續後獲准成立，成為內地開放外資在上海設立營業性機構後，首家正式在當地設立分行的香港銀行。1991 年 1 月，香港上海滙豐銀行有限公司繼東亞銀行後，完成補辦成立及登記手續，獲准在上海設立分行。總計 1981 年至 2000 年期間，包括 1988 年開放的海南經濟特區在內，共有 11 間香港銀行獲准在五個經濟特區內設立共 16 家分行；1990 年至 2000 年期間，共有四家香港銀行在上海設立分行，包括東亞銀行、滙豐銀行、寶生銀行及恒生銀行。[1]

1992 年，內地將外資銀行營業性機構開設範圍進一步擴大至大連、天津、青島、南京、寧波、福州、廣州共七個沿海城市。同年 8 月，南洋商業銀行獲准成立廣州分行，為最早於該新增設範圍內成立分行的香港銀行。1992 年至 2000 年期間，有六間香港銀行於上述七個對外資銀行開放的城市中，總共設立了 12 家分行。

1995 年，外資銀行獲准在北京、瀋陽、石家莊、杭州、蘇州、成都、重慶、西安、武漢、合肥及昆明共 11 個中心城市設立營業性機構。1995 年至 2000 年，有三間香港銀行在新增 11 個對外資銀行開放的城市設立共四家分行，包括滙豐銀行北京分行、南洋商業銀行北京分行、滙豐銀行武漢分行及東亞銀行西安分行。

1999 年，外資銀行於內地開設營業性分支機構的地域限制全面取消。從 1979 年東亞銀行復辦上海分行國際業務起至 2000 年年底，有 18 家香港銀行在內地設立 37 家分行及 32 家代表辦事處。

業務方面，香港銀行在內地經營範圍由外匯業務逐步擴展至人民幣業務。1996 年前，香港銀行在內地分行僅能向在內地經營的外商投資企業、華僑、香港、澳門及台灣地區居民，以及身處內地的外國人提供外匯業務。1996 年，國務院准許上海浦東新區進行外資金融機構試辦人民幣業務，服務對象為外商投資企業及外國人；同年 12 月底，中國人民銀行批准花旗銀行、滙豐銀行、日本東京三菱銀行及日本興業銀行四家外資銀行的上海分行遷址至浦東新區，遷址後繼續經營原有的外匯業務外，可經營人民幣業務，成為首批獲准經營人民幣業務的外資銀行。

1998 年，深圳允許外資金融機構試辦人民幣業務。同年 11 月，東亞銀行深圳分行獲准經營人民幣業務；12 月，滙豐銀行深圳分行獲准經營人民幣業務。

1999 年，在上海的外資銀行經營人民幣業務範圍擴大至江蘇省、浙江省客戶；在深圳的外資銀行經營人民幣業務範圍擴大至廣東省、廣西壯族自治區及湖南省客戶。

截至 2000 年，香港銀行在內地營業性機構經營外匯業務及在局部地域經營人民幣業務，惟服務對象局限於在內地經營的外商投資企業及外國人。

2. 2001 年至 2006 年

2001 年，國家加入世界貿易組織（世貿組織），承諾全面開放外資銀行對全部客戶的外匯業務；在五年過渡期內，逐步取消外資銀行開展人民幣業務的地域限制及客戶對象限制，主動開放外資銀行參與金融衍生品、託管、代理保險等新業務範圍，並推出一系列開放措施，包括上調外資金融機構入股中資銀行的持股比重，允許合資格境外戰略投資者按照自願及商業性原則投資入股中資銀行。在這個階段，香港銀行利用內地銀行業對外開放的機會，在內地開設分行、落實入股內地銀行及與內地銀行進行戰略合作。

2001 年 12 月 11 日，中國正式成為世貿組織第 143 名成員。按照加入世貿組織的承諾，2001 年起，內地分六次開放外資銀行經營人民幣業務的地域限制。2001 年開放深圳、上海、大連、天津；加入世貿組織一年內（2002 年），開放廣州、珠海、青島、南京、武漢；加入世貿組織兩年內（2003 年），開放濟南、福州、成都、重慶；加入世貿組織三年內（2004年），開放昆明、北京、廈門；加入世貿組織四年內（2005 年），開放汕頭、寧波、瀋陽、西安；加入世貿組織五年內（2006 年），全面取消對外資經營人民幣業務的地域限制。

此外，分階段向外資金融機構開放經營人民幣業務的地區。2004 年 12 月 1 日，內地提前向外資金融機構開放西安和瀋陽經營人民幣業務；2005 年 12 月 1 日，提前向外資金融機構開放哈爾濱、長春、蘭州、銀川、南寧經營人民幣業務。

2003 年，內地與香港簽訂《內地與香港關於建立更緊密經貿關係的安排》（CEPA），讓更多香港銀行能夠進入內地市場。香港銀行在內地設立分行及法人機構的准入門檻降低，由中國加入世貿組織承諾外資銀行在內地設立分行的總資產要求不低於 200 億美元，降至CEPA 架構下不低於 60 億美元。按照中國加入世貿組織承諾，香港銀行內地分行申請經營人民幣業務資格，須在內地營業三年及申請前連續兩年錄得盈利；惟在 CEPA 架構下，香港銀行內地分行只須在內地開業兩年以上，而審查有關盈利性資格時，由內地單家分行考核改為多家分行整體考核。

2003 年，內地允許外資金融機構在已開放經營人民幣業務地域，包括上海、深圳、天津、大連、廣州、珠海、青島、南京、武漢、濟南、福州、成都、重慶，申請擴大人民幣業務服務對象，由外商投資企業及境外居民擴闊至內地企業，作為履行加入世貿組織承諾。2004 年，滙豐銀行、東亞銀行、日本瑞穗實業銀行及花旗銀行的上海分行，成為首批向內地企業提供人民幣服務的外資銀行。

2004 年全年，內地透過落實 CEPA，一共批准五家香港銀行在內地設立分行的申請，包括永隆銀行有限公司深圳分行、上海商業銀行有限公司深圳分行、大新銀行有限公司深圳分行、永亨銀行有限公司上海分行、中信嘉華銀行有限公司上海分行；期內，共有 26 家香港銀行內地分行經營人民幣業務的申請獲得批准。截至 2004 年年底，香港銀行在內地開設

45 家分行、10 家支行、一家財務公司及兩家中外合資銀行,共有 58 家營業性機構,相當於外資銀行在內地開設營業性機構總數四分之一;香港亦是擁有分支機構數量最多的地區。

2006 年起,內地監管當局取消外資銀行經營人民幣業務地域範圍限制及客戶種類限制,及取消對外資銀行所有非審慎性限制。至此,內地銀行業向外資銀行全面開放。

2001 年至 2006 年期間,內地銀行業進一步對外開放,香港銀行在內地設立分支機構數目增長。截至 2001 年年底,有 18 家香港銀行在內地設立 40 家分行及 32 家代表辦事處。截至 2006 年年底,共有 16 家香港銀行在內地設立 102 家分行及 24 家代表辦事處。

2001 年至 2006 年間,合資格的香港銀行獲准按照自願及商業原則入股內地銀行,參與內地銀行業改革。滙豐銀行入股上海銀行股份有限公司(上海銀行)、福建亞洲銀行及交通銀行股份有限公司;渣打銀行(香港)有限公司入股渤海銀行;恒生銀行有限公司入股興業銀行股份有限公司;大新銀行入股重慶市商業銀行股份有限公司;上海商業銀行入股上海銀行,入股總金額為 187.59 億元人民幣。香港銀行成為內地銀行股東後,引入管理技術及發展新業務品種,例如香港銀行引入信用卡技術,協助內地銀行發行內地銀行與香港銀行雙品牌信用卡。

3. 2007 年至 2017 年

2007 年至 2017 年期間,內地監管機構推動外資銀行在內地成立的外國銀行分行,改制成為法人銀行,藉此對外資銀行全面開放人民幣業務。同時,准許香港銀行在廣東省內開設異地支行,亦是期內內地銀行業對外開放的主要措施。

2007 年,滙豐銀行及東亞銀行成為首批將在內地成立的外國銀行分行轉制為法人銀行的香港銀行。2007 年至 2017 年間,共有七家香港註冊持牌銀行將在內地成立的外國銀行分行轉制為法人銀行,連同 2005 年中國工商銀行(亞洲)有限公司收購華商銀行,共有八家香港銀行在內地設立法人銀行(見表 10-1-1)。

表 10-1-1　香港銀行在內地成立的法人銀行

滙豐銀行(中國)有限公司
東亞銀行(中國)有限公司
南洋商業銀行(中國)有限公司
恒生銀行(中國)有限公司
中信銀行國際(中國)有限公司
大新銀行(中國)有限公司
華僑永亨銀行(中國)有限公司
華商銀行

資料來源: 中國銀行業監督管理委員。

2009 年 5 月，內地與香港簽訂的 CEPA《補充協議六》，允許香港銀行在廣東省內成立異地支行。2010 年，恒生銀行（中國）有限公司成為 CEPA 架構下首批在廣東省開設異地支行的香港銀行之一。

在開放市場的基礎上，內地向外資銀行開放銀行間債券市場，促進人民幣國際化及資本項目可兌換。2015 年，中國人民銀行批覆同意滙豐銀行及中國銀行（香港）在銀行間債券市場發行金融債券，分別籌集 10 億元人民幣，為國際性商業銀行首次、也是香港銀行首次獲准在內地的銀行間債券市場發行人民幣債券。

2008 年至 2017 年期間，香港銀行在內地成立的法人銀行總貸款由 2175 億元，上升至 2017 年 6440 億元，累升 196.1%（見表 10-1-2）。截至 2017 年，共有八家香港銀行取得內地法人銀行的牌照，並在內地設立 444 間營業性機構，包括總行、分行及支行，佔外資銀行在內地設立營業性機構總數約 40%。香港銀行以外國銀行分行形式在內地成立 11 家分行（見表 10-1-3）及 11 家支行。同年累計共有七家香港銀行在廣東省設立 59 家異地支行（見表 10-1-4）。

2017 年，由香港銀行成立的法人銀行在內地總資產為 14,388 億元（見表 10-1-5），佔內地的外資銀行總資產約四成，純利 75 億元。同年香港銀行以外國銀行分行形式在內地成立的營業性機構總資產為 1124 億元，純利約 5 億元。

表 10-1-2　香港銀行在內地註冊附屬機構總貸款

年份	總貸款（億元）
2008 年	2175
2009 年	3138
2010 年	4284
2011 年	5466
2012 年	4300
2013 年	5010
2014 年	5420
2015 年	5360
2016 年	5450
2017 年	6440

資料來源：《貨幣與金融穩定情況半年度報告》、香港金融管理局。

表 10-1-3　香港銀行以外國銀行分行形式成立的內地分行

創興銀行有限公司廣州分行
創興銀行有限公司汕頭分行
創興銀行有限公司深圳分行
集友銀行有限公司廈門分行
集友銀行有限公司福州分行
大眾銀行（香港）有限公司深圳分行
永隆銀行有限公司深圳分行
永隆銀行有限公司上海分行
永隆銀行有限公司廣州分行
上海商業銀行有限公司深圳分行
上海商業銀行有限公司上海分行

資料來源：　中國銀行業監督管理委員會 。

表 10-1-4　香港銀行在廣東省設立異地支行的數目

年份	異地支行數目
2010 年	9
2011 年	13
2012 年	36
2013 年	56
2014 年	57
2015 年	59
2016 年	60
2017 年	59

資料來源：　財經事務及庫務局、香港金融管理局。

表 10-1-5　香港銀行在內地成立的法人銀行總資產、淨利潤、資本及儲備

（單位：億元）

年份	總資產	淨利潤	資本及儲備
2013 年之前		不詳	
2013 年	12,288	79	927
2014 年	13,134	91	1048
2015 年	11,954	92	1155
2016 年	12,132	61	1206
2017 年	14,388	75	1363

資料來源：　財經事務及庫務局、香港金融管理局。

二、分支機構經營

1978 年 12 月，中央政府通過中國銀行香港分行，邀請東亞銀行總經理簡悅隆復辦東亞銀行上海分行國際業務，同時邀請簡悅隆訪問北京。同年聖誕節前夕，簡悅隆抵達北京，獲安排與國務院僑務辦公室主任廖承志會晤。廖承志向簡悅隆轉達鄧小平希望更多海外華人與內地做生意的想法。新年前夕，簡悅隆轉往上海，與東亞銀行上海分行主管胡象賢會面。1979 年 2 月，簡悅隆向東亞銀行董事會匯報訪問北京及上海之行，東亞銀行董事會決定委任胡象賢為上海分行經理。1979 年 5 月，東亞銀行上海分行正式復辦國際業務。

1979 年 10 月起，中國銀行廣州分行接受客戶辦理由東亞銀行及美國銀行合辦的東美信用卡，東亞銀行正式將信用卡服務引入內地；東美信用卡為首張可在內地使用並由香港銀行發行的信用卡。[2] 同月，東亞銀行出資 180 萬元入股中國航空食品有限公司 18% 股權，藉此間接入股內地首家中外合資公司北京航空食品有限公司。

1980 年 10 月 14 日，滙豐銀行獲准在北京建立代表處，成為首家在內地成立代表處的香港銀行。

1981 年 5 月 27 日至 6 月 14 日，國務院在北京召開廣東省、福建省和經濟特區工作會議；7 月 19 日，中共中央及國務院批轉《廣東、福建兩省和經濟特區工作會議紀要》，允許在港澳註冊成立的中資銀行在經濟特區設立分支機構，並有序批准外資銀行在經濟特區設立分支機構。1982 年 1 月 9 日，南洋商業銀行深圳分行舉行開幕禮，成為國家實行改革開放後，首家在內地開設分行的香港銀行。南洋商業銀行董事長莊世平在開幕儀式上致辭，表示該行開設深圳分行的主要目的，是配合深圳經濟特區建設提供資金及引進外資，協助特區工商業發展及開拓海外市場。同年，南洋商業銀行深圳分行利用香港樓宇按揭模式，為內地首個商品房項目東湖麗苑的香港人買家安排樓宇按揭貸款。此後，樓宇按揭貸款成為港人買家在內地購買房地產的主要融資方式。1983 年 1 月 8 日，南洋商業銀行應招商局集團邀請在蛇口成立分行，以支持蛇口工業區的發展，開發南海油田及特區建設需要。

1983 年 2 月 1 日，中國人民銀行發布《關於僑資外資金融機構在中國設立常駐代表機構的管理辦法》，加強管理在內地活動的僑資及外資金融機構。僑資及外資金融機構如有需要，可申請在北京及經濟特區設立常駐代表機構；獲准在北京成立代表機構者，如有必要可申請在內地其他指定城市設立派出機構。1985 年 4 月 2 日，國務院發布《中華人民共和國經濟特區外資銀行、中外合資銀行管理條例》，第四條規定：「在經濟特區設立外資銀行、中外合資銀行，必須向中國人民銀行提出申請；中國人民銀行根據經濟特區發展的需要和平等互利的原則進行審批。」8 月 16 日，滙豐銀行獲准將深圳代表處升格為分行，滙豐銀行成為該管理條例頒布後首家獲准在內地成立分行的香港銀行。1986 年 1 月 9 日，滙豐銀行獲准在廈門開設分行。1987 年 8 月 22 日，東亞銀行深圳代表處獲准升格為深圳分行。

1982 年 1 月 9 日，南洋商業銀行深圳分行及香港民安保險有限公司深圳分公司，在深圳和平路華僑大廈舉行開幕禮，前排右一為南商創辦人莊世平。（香港大公文匯傳媒集團提供）

1990 年 9 月 8 日，中國人民銀行頒布《關於上海外資金融機構、中外合資金融機構管理辦法》，允許外資金融機構及中外合資金融機構按照該管理辦法在上海成立外資銀行、外資銀行分行、合資銀行及合資財務公司。外資銀行開設營業性機構範圍，由深圳、珠海、廈門、汕頭及海南五個經濟特區擴展至上海。至於該管理辦法生效前已在上海市經營的外資銀行分行，則須補辦設立和登記手續。1990 年 12 月，東亞銀行完成補辦設立及登記手續，獲准在上海設立分行，成為該管理辦法頒布後首家在上海市設立分行的香港銀行。1991 年 1 月，滙豐銀行完成補辦設立及登記手續，獲准在上海設立分行。1991 年初，東亞銀行及滙豐銀行上海分行獲准全面經營外匯業務。

1992 年，內地開放外資銀行營業性機構開設範圍，由五個經濟特區及上海擴展至大連、天津、青島、南京、寧波、福州、廣州七個沿海城市。同年 8 月，南洋商業銀行廣州分行獲准成立，成為新開放的七個沿海城市中首家由香港銀行開設的分行。

1994 年 2 月 25 日，國務院頒布《中華人民共和國外資金融機構管理條例》，由國務院決定外資金融機構設立的地區。1995 年，國務院批准 11 個內陸城市（北京、石家莊、武漢、西安、成都、重慶、杭州、合肥、瀋陽、昆明和蘇州）可以設立營業性外資金融機構。同年 7 月，南洋商業銀行及滙豐銀行獲准成立北京分行，成為首批在這 11 個新開放內陸城市開設分行的香港銀行。

1996 年 12 月 1 日，中國人民銀行發布《中國人民銀行關於上海浦東外資金融機構經營人民幣業務試點工作的通知》。上海的浦東新區成為外資金融機構試辦人民幣業務首個試點，設在浦西的外資金融機構申請在浦東新區經營人民幣業務，其分行行址必須遷往浦東新區；外資金融機構獲中國人民銀行批准，可以向外商投資企業、外國人提供存款、貸款、結

算、擔保、國債和金融債券投資及經批准的其他人民幣業務。1997 年 3 月，滙豐銀行上海分行在浦東新區正式經營人民幣業務，為香港銀行首次在內地經營相關業務。

1998 年 8 月 13 日，中國人民銀行深圳經濟特區分行發布《深圳外資金融機構試辦人民幣業務原則指引》，深圳成為外資金融機構試辦人民幣業務第二個試點。1998 年 10 月及 11 月，東亞銀行獲中國人民銀行批准在上海及深圳經營人民幣業務。同年 12 月，東亞銀行深圳分行及上海分行正式開辦人民幣業務。

2001 年 12 月 11 日，中國正式加入世貿組織。12 月 12 日，國務院通過《中華人民共和國外資金融機構管理條例》，作為中國履行加入世貿組織的承諾，擴大金融體系對外開放程度。外資金融機構滿足審慎性准入條件後，可在內地任何一個城市設立營業性機構。外資金融機構在內地經營外匯業務服務對象，由外商投資企業、華僑、香港、澳門及台灣地區居民，及身處內地的外國人，擴展至所有內地人士及企業。撤銷外資金融機構發展人民幣業務市場准入要求，即取消《上海浦東外資金融機構經營人民幣業務試點暫行管理辦法》中，申請開辦前一年外國銀行分行維持境內外匯貸款月底平均餘額在 1.5 億美元以上的規定。

2003 年 6 月 29 日，內地與香港簽訂 CEPA；9 月 29 日，簽訂 CEPA 附件 4《關於開放服務貿易領域的具體承諾》，降低香港銀行在內地設立分行或法人機構的條件，提出申請前一年年底總資產要求，由不低於 200 億美元降至不低於 60 億美元。香港銀行在內地分行申請開辦人民幣業務要求，由在內地開業最少三年及提出申請前連續兩年錄得盈利，下調至在內地開業最少兩年；審查盈利資格時，由內地單家分行考核改為多家分行整體考核。

2003 年年底，即《關於開放服務貿易領域的具體承諾》生效前，共四家香港銀行包括滙豐銀行、恒生銀行、東亞銀行及星展銀行（香港）有限公司符合在內地開設分行或法人機構的總資產要求。《關於開放服務貿易領域的具體承諾》生效後，符合在內地開設分行或法人機構總資產要求的香港銀行增加七間，包括南洋商業銀行、上海商業銀行、中信嘉華銀行、中國工商銀行（亞洲）、永隆銀行、大新銀行集團、永亨銀行。

2004 年 1 月 1 日，《關於開放服務貿易領域的具體承諾》生效；3 月 29 日，永隆銀行深圳分行成立，4 月 1 日起營業。永隆銀行為 CEPA 落實後首家獲准在內地開設分行的香港銀行。

CEPA 框架下，香港銀行進入內地門檻下降，部分在香港營業的境外註冊持牌銀行亦選擇改組為香港註冊持牌銀行，部分外資機構透過收購香港註冊持牌銀行，以符合 CEPA 準則進入內地市場發展。2004 年 3 月 4 日，渣打銀行（香港）獲香港金融管理局（金管局）發出銀行牌照。2004 年 6 月 28 日，花旗銀行（香港）有限公司獲金管局授予有限制牌照銀行牌照，10 月 28 日獲發銀行牌照。完成後，渣打銀行（香港）與花旗銀行（香港）成為香港註冊持牌銀行。同年，永隆銀行、上海商業銀行及大新銀行成立深圳分行，永亨銀行及中信嘉華銀行分別成立上海分行。中國銀監會按 CEPA 承諾批准 26 家由香港銀行成立的內

2004 年 3 月 29 日，永隆銀行深圳分行舉行成立典禮，由深圳市市長李鴻忠（左三）、香港特區財政司司長唐英年（左二）、永隆銀行董事長伍步高（右三）剪綵。（新華社提供）

地分行經營人民幣業務。

2006 年 11 月 11 日，國務院發布《中華人民共和國外資銀行管理條例》，12 月 11 日實施，中國加入世貿組織的五年過渡期在同日結束。由 12 月 11 日起內地向外資銀行全面開放人民幣業務，外資銀行可以向內地公民提供人民幣銀行服務。內地鼓勵外國銀行分行轉制為內地註冊的法人銀行，法人銀行經批准後可以經營最多 13 項人民幣業務及外匯業務，包括銀行卡業務及發行人民幣信用卡。外國銀行分行則不能從事銀行卡業務，吸納內地公民定期存款金額亦受到限制，每筆定期存款不能低於 100 萬元人民幣。其後開始有香港銀行在內地開設法人銀行（詳見本節「法人銀行經營」），而創興銀行、集友銀行、大眾銀行（香港）、永隆銀行、上海商業銀行繼續以外國銀行分行形式經營內地分行。

2015 年 9 月 30 日，永隆銀行廣州分行開業，以珠三角、長三角及環渤海經濟區等發達地區為業務重點，提供跨境銀行業務。永隆銀行廣州分行為永隆銀行成為招商銀行股份有限公司成員後在內地開設的首家分行。12 月 30 日，已經成為廣州越秀集團有限公司成員的創興銀行廣東自貿試驗區南沙支行開業，為 CEPA 架構下首家在廣東自貿試驗區南沙新區片區開設分支行的香港銀行。2016 年 5 月 9 日，創興銀行廣州分行開業，為該行在內地開設第二家分行，亦是該行在內地分支機構的管理行。8 月 30 日，創興銀行廣東自貿試驗區橫琴支行開業，為該行在廣東自貿試驗區設立的第二家支行。11 月 30 日，創興銀行深圳分行開業，為該行在內地開設的第三家分行。

直至 2017 年，由香港銀行在內地開設的「外國銀行分行」共 11 家，相當於外資銀行在內地開設外國銀行分行總數（122 家）的 9%，其中包括創興銀行廣州分行、汕頭分行及深圳分行；集友銀行廈門分行及福州分行；大眾銀行（香港）深圳分行；永隆銀行深圳分行、上海分行及廣州分行；上海商業銀行深圳分行及上海分行。2017 年由香港銀行在內地成立的「外國銀行分行」總資產為 1124 億元，實現利潤約 5 億元。

三、入股內地銀行經營

1985 年 6 月 19 日，在香港註冊成立的泛印集團有限公司（泛印集團）宣布已經和中國工商銀行、福建投資企業公司及廈門經濟特區建設發展公司簽約成立首間中外合資銀行廈門國際銀行，註冊資本八億元，中國工商銀行及福建投資企業公司各佔 15% 股權，廈門經濟特區建設發展公司佔 10% 股權，泛印集團佔 60% 股權。泛印集團以部分現金及泛印國際財務有限公司及澳門國際銀行作為入股資金，成為入股內地首家中外合資銀行的香港公司。1985 年 8 月 31 日，廈門國際銀行註冊成立。

1993 年 4 月 16 日，浙江商業銀行在寧波成立，為一家由南洋商業銀行、中國銀行浙江省分行、浙江省國際信託投資公司、交通銀行寧波分行共同發起成立的中外合資銀行，註冊資本 4000 萬美元。南洋商業銀行持有浙江商業銀行 25% 股權，是首家入股內地銀行的香港銀行。

2001 年 12 月 31 日，中國人民銀行上海分行同意上海銀行增資擴股方案，滙豐銀行及上海商業銀行獲准入股上海銀行，入股金額分別為 5.18 億元人民幣及 1.94 億元人民幣，持股比重分別為 8% 及 3%，為香港銀行首次入股內地的城市商業銀行。上海銀行外資股東滙豐銀行、上海商業銀行及國際金融公司通過提供技術支援及派駐董事，協助上海銀行完善治理結構，引進先進經營理念、技術及加強內控等。

2003 年 12 月 5 日，中國銀監會發布《境外金融機構投資入股中資金融機構管理辦法》，同年 12 月 31 日生效。境外金融機構入股內地商業銀行條件之一，為最近一年年底總資產不少於 100 億美元；單一境外金融機構入股內地金融機構持股比重上限由 15% 上調至 20%。12 月 17 日，恒生銀行宣布以 17.26 億元人民幣購入興業銀行 15.98% 股權，成為興業銀行第二大股東，同日雙方並簽訂《關於信用卡業務及無抵押個人消費信貸業務的合作協議書》，恒生銀行將提供相關技術援助和顧問服務，並指派專業人員協助實施該項目。2004 年 4 月 29 日，恒生銀行完成入股興業銀行，恒生銀行成為內地放寬單一境外金融機構入股內地金融機構持股比重上限後，首宗香港銀行入股個案，亦是首家持有內地銀行股權比重超過 15% 的外資銀行。當日起恒生銀行與興業銀行正式展開合作。

2004 年，興業銀行開始籌辦信用卡業務；恒生銀行向興業銀行信用卡業務骨幹成員提供培訓，分享風險控制、運營作業、市場拓展及信息管理知識，並委派資深顧問常駐興業銀行信

用卡中心及提供指導。同年 7 月 21 日，興業銀行在上海舉行興業信用卡新聞發布會，推出首張雙幣標準信用卡；恒生銀行透過技術及經驗分享，協助興業銀行以較短時間及較低成本發行具國際水平的信用卡。11 月 19 日，興業銀行與恒生銀行簽訂有關使用恒生銀行商標的《商標許可使用協議》。12 月 20 日，興業銀行發行「興業、恒生」雙標誌的國際雙幣信用卡。

2004 年 8 月 6 日，滙豐銀行與交通銀行在北京人民大會堂舉行戰略合作協議簽字儀式。滙豐銀行以 17.47 億美元購入交通銀行 77.75 億股新股，持股比重為 19.9%；連同全國社會保障基金理事會、中央滙金投資有限責任公司注資，交通銀行股本由 171.08 億元人民幣增加至 390.7 億元人民幣。滙豐銀行向交通銀行提供符合國際銀行業慣例的管理培訓及建議，包括公司治理、內部控制、風險管理、財務報告、資產負債管理及人力資源管理等方面。2004 年 9 月，滙豐控股集團總經理柯清輝及滙豐控股獨立非執行董事馮國綸出任交通銀行董事。2005 年 4 月，滙豐銀行駐中國總代表處中國業務總裁葉迪奇出任交通銀行執行副行長。同年 6 月 13 日，交通銀行在香港公開招股，滙豐銀行行使反攤薄權利，在國際發售部分獲配售 11.65 億股 H 股及在超額配售部分獲配售 1.75 億股 H 股。同年，交通銀行發行交通銀行與滙豐銀行雙品牌的雙幣國際太平洋信用卡，年底累計發卡量突破 65.7 萬張。

2005 年 9 月 6 日，渤海銀行發起人在國務院總理溫家寶及英國首相貝理雅見證下簽署發起人協議，渣打銀行（香港）認購 9.995 億股每股面值 1 元人民幣的非上市外資股，相當於已發行股份的 19.99% 股權，成為渤海銀行第二大股東及唯一外資戰略投資者。渤海銀行

2004 年 8 月 6 日，香港上海滙豐銀行有限公司主席艾爾敦（右坐）和交通銀行行長張建國（左坐）簽訂戰略合作協議，香港上海滙豐銀行出資 17.47 億美元入股交通銀行。滙豐控股主席龐約翰（前排右二）、中國人民銀行行長周小川（前排右三）、全國社會保障基金理事會理事長項懷誠（前排右四）等出席簽字儀式。（中新圖片提供）

是 1996 年以來國務院批准設立的第一家全國性股份制商業銀行，亦是第一家在發起設立階段就引入境外戰略投資者的全國性股份制商業銀行。根據發起人協議，渣打銀行（香港）提名蔡梁菁菁為渤海銀行董事會副主席、彭耀傑為副行政總裁、希孟為首席風險官。渣打銀行（香港）並派出近 100 人專家團隊，全面參與渤海銀行籌建及初期營運，渤海銀行形成符合國際要求的審慎風險管理風格。

2006 年 12 月 21 日，大新銀行以 6.94 億元人民幣向重慶渝富資產管理經營管理有限公司收購重慶市商業銀行的 17% 股權。2007 年 7 月 25 日，大新銀行集團有限公司董事會副主席及大新金融集團有限公司董事總經理兼行政總裁黃漢興，出任重慶市商業銀行的非執行董事兼副董事長。

2007 年 5 月 15 日，交通銀行發行 A 股在上海證券交易所上市，完成國有大型商業銀行改革「四部曲」的最後一步，即境內外公開發行上市。滙豐銀行在交通銀行持股比例由 19.9% 下降至 18.6%；10 月 23 日及 24 日，滙豐銀行行使反攤薄權利在聯交所增持交通銀行，分別購入 1.3 億股及 4200 萬股 H 股，每股平均購入價分別為 12.393 元及 13.035 元，滙豐銀行在交通銀行持股比重由 18.6% 上升至 19.15%。2010 年 2 月 23 日，交通銀行建議以供股形式發行 A 股及 H 股，提高核心資本充足率。滙豐銀行同意以每股 5.14 元認購 13.97 億股 H 股，供股總額為 71.8 億元。

2008 年 1 月 31 日，恒生銀行和永隆銀行分別以八億元人民幣及兩億元人民幣，認購煙台市商業銀行經擴大後已發行股本的 20% 及 4.99% 股權，恒生銀行成為煙台市商業銀行最大股東。

2008 年 6 月 10 日，富邦銀行（香港）和廈門市商業銀行簽訂股份認購協議，富邦銀行（香港）以 2.3 億元人民幣購入增資擴股後已發行股份 19.99%；富邦銀行（香港）與廈門市商業銀行簽訂戰略合作及技術支持協議，富邦銀行（香港）承諾引進國際同業最佳經營方法，及協助廈門市商業銀行重組及提升業務水平。2008 年 11 月 13 日，中國銀監會批准富邦銀行（香港）入股廈門市商業銀行。

1993 年至 2017 年期間，九家香港銀行入股十家內地銀行，包括一間國有大型商業銀行（交通銀行）、兩間股份制商業銀行（興業銀行及渤海銀行）、四間城市商業銀行（上海銀行、重慶市商業銀行、煙台市商業銀行及廈門市商業銀行）、三間中外合資銀行（浙江商業銀行、華商銀行及福建亞洲銀行），累計入股金額為 201.15 億元人民幣（見表 10-1-6）。2003 年至 2015 年期間，香港銀行出售五家內地銀行所有持股或大部分持股，包括南洋商業銀行出售浙江商業銀行股權，中信嘉華銀行出售華商銀行股權，滙豐銀行出售已易名為平安銀行的福建亞洲銀行及上海銀行股權，恒生銀行減持大部分興業銀行股權。[3] 按照截至 2017 年的公開資料，七家香港銀行仍然持有六家內地銀行股權，包括上海銀行、交通銀行、渤海銀行、前稱為重慶市商業銀行的重慶銀行、前稱煙台市商業銀行的煙台銀行及前稱為廈門市商業銀行的廈門銀行。

表 10-1-6　1993 年至 2017 年香港銀行入股內地銀行情況

內地銀行	簽訂入股協議日期	香港銀行股東	入股時持股比重（%）	入股金額
浙江商業銀行	1993 年 2 月 24 日	南洋商業銀行有限公司	25	1000 萬美元（約 5762 萬元人民幣）
華商銀行	不詳	香港華人銀行有限公司	40	1200 萬美元（約 6914.4 萬元人民幣）
上海銀行股份有限公司	2001 年 12 月 29 日	香港上海滙豐銀行有限公司	8	5.18 億元人民幣
		上海商業銀行有限公司	3	1.94 億元人民幣
福建亞洲銀行	2003 年 12 月	香港上海滙豐銀行有限公司	50	不超過 2,000 萬美元（約 1.66 億元人民幣）
興業銀行股份有限公司	2003 年 12 月 17 日	恒生銀行有限公司	15.98	17.26 億元人民幣
交通銀行股份有限公司	2004 年 8 月 6 日	香港上海滙豐銀行有限公司	19.9	17.47 億美元（約 144.61 億元人民幣）
渤海銀行股份有限公司	2005 年 9 月 7 日	渣打銀行（香港）有限公司	19.99	9.995 億元人民幣
重慶市商業銀行股份有限公司	2006 年 12 月 21 日	大新銀行有限公司	17	6.94 億元人民幣
煙台市商業銀行股份有限公司	2008 年 1 月 31 日	恒生銀行有限公司	20	8 億元人民幣
		永隆銀行有限公司	4.99	2 億元人民幣
廈門市商業銀行股份有限公司	2008 年 6 月 10 日	富邦銀行（香港）有限公司	19.99	2.3 億元人民幣
總額				201.15 億元人民幣

資料來源：　各銀行招股書、年報、通告及新聞稿。

四、法人銀行經營

2004 年 12 月 30 日，前身為香港友聯銀行的中國工商銀行（亞洲）宣布，從中國工商銀行及中信嘉華銀行收購中外合資銀行華商銀行 75% 及 25% 股權；收購代價為收購華商銀行完成日經審核資產淨值 1.1 倍。2005 年 6 月 1 日，中國銀監會批准中國工商銀行（亞洲）收購中國工商銀行及中信嘉華銀行持有的華商銀行 75% 及 25% 股權。2005 年 8 月 12 日，中國工商銀行（亞洲）完成收購華商銀行，收購代價為 7.1 億元。華商銀行由中外合資銀行變成外商獨資銀行，成為首家由香港銀行全資擁有的內地註冊成立法人銀行。[4]

2006 年 11 月 11 日，國務院發布《中華人民共和國外資銀行管理條例》，12 月 11 日起向外資銀行開放經營內地公民人民幣業務、取消開業地域限制及其他非審慎性限制，作為中國履行加入世貿組織的承諾。該條例對外資銀行在內地註冊成立法人銀行，實行與內地銀行相同監管標準，體現國民待遇。

2007 年 3 月 20 日，中國銀監會批准滙豐銀行（中國）、渣打銀行（中國）、花旗銀行（中國）及東亞銀行（中國）開業。滙豐銀行（中國）及東亞銀行（中國）分別由滙豐銀行及東亞銀行全資擁有，為首批由香港銀行註冊成立的法人銀行。滙豐銀行（中國）董事長為鄭海泉，行長為翁富澤；東亞銀行（中國）董事長為李國寶，行長為余學強。4 月 2 日，滙豐銀行（中國）、渣打銀行（中國）、花旗銀行（中國）及東亞銀行（中國）在上海開業，開始以國民待遇身份進入內地市場。滙豐銀行（中國）註冊資本為 80 億元人民幣，渣打銀行（中國）註冊資本為 62.27 億元人民幣，花旗銀行（中國）註冊資本為 39.7 億元人民幣，東亞銀行（中國）註冊資本為 80 億元人民幣，這四家法人銀行註冊資本總額為 261.97 億元人民幣。滙豐銀行（中國）及東亞銀行（中國）為四間法人銀行中註冊資本最多的銀行機構。4 月 23 日，滙豐銀行（中國）、渣打銀行（中國）、花旗銀行（中國）及東亞銀行（中國）正式為內地公民辦理人民幣業務。2008 年 12 月 23 日，東亞銀行（中國）推出東亞（中國）銀聯人民幣信用卡，為首張由外資法人銀行發行的人民幣信用卡；至 2017 年，東亞（中國）銀聯人民幣信用卡累計發卡量為 318,142 張。

2007 年 5 月 28 日，恒生銀行（中國）在上海開業，註冊資本為 45 億元人民幣，董事長為柯清輝，行長為符致京。6 月 1 日，永亨銀行（中國）在深圳開業，註冊資本 10 億元人民幣，董事長為馮鈺斌，行長為陳宏略。12 月 24 日，南洋商業銀行（中國）開業，註冊資本為 25 億元人民幣。南洋商業銀行（中國）總行設於上海，設有七家分支行，包括上海分行、北京分行、廣州分行、海口分行、大連分行、深圳分行及深圳蛇口支行。董事長為和廣北，行長為楊如海。南洋商業銀行母公司中國銀行（香港）及南洋商業銀行姊妹銀行集友銀行，繼續以「外國銀行分行」形式經營內地分行業務。

2008 年 4 月 14 日，中信嘉華銀行（中國）開業，總行設於深圳，設有上海分行及北京分行，註冊資本為 10 億元人民幣的等值外幣。中信嘉華銀行（中國）業務由中信嘉華銀行內地分行及中國國際財務（深圳）組成。董事長及法定代表人為陳許多琳，行長為謝國震。8 月 1 日，大新銀行（中國）在深圳開業，註冊資本為 10 億元人民幣，董事長為黃漢興，行長為晏小江。

2009 年 5 月 9 日，內地與香港簽訂 CEPA《補充協議六》附件《內地向香港開放服務貿易的具體承諾的補充和修正六》，允許香港銀行在廣東省內申請成立與分行所在城市不同的異地支行。香港銀行在廣東省成立營業性機構的營運資金要求，由成立分行的一億元人民幣，降低至成立支行的 1000 萬元人民幣。2010 年 1 月 29 日，恒生銀行（中國）佛山支行開幕，成為 CEPA《補充協議六》架構下的首批異地支行之一。

2010 年 8 月 26 日，國務院批覆同意《前海深港現代服務業合作區總體發展規劃》，為前海深港現代服務業合作區的起點。2012 年 12 月 27 日，中國人民銀行深圳市中心支行發布《前海跨境人民幣貸款管理暫行辦法》，在前海註冊成立及在前海經營或投資的企業，可

2007 年 4 月 2 日，東亞銀行（中國）有限公司舉行開業典禮，東亞銀行（中國）有限公司副董事長陳棋昌（左）向
第一位客戶頒發存摺。（中新圖片提供）

2007 年 3 月 29 日，滙豐銀行（中
國）有限公司行長翁富澤展示由上
海市工商行政管理局發出的《企業
法人營業執照》，代表滙豐銀行（中
國）在內地取得企業法人地位。（新
華社提供）

表 10-1-7　香港銀行在內地成立的法人銀行註冊資本變化

銀行名稱	2005 年	2006 年	2007 年	2008 年	2009 年
滙豐銀行（中國）有限公司	不適用		80	80	80
東亞銀行（中國）有限公司	不適用		80	80	80
南洋商業銀行（中國）有限公司	不適用		25	25	41
恒生銀行（中國）有限公司	不適用		45	45	45
華僑永亨銀行（中國）有限公司	不適用				
華商銀行	7.21	7.21	11.11	11.01	16.5
大新銀行（中國）有限公司	不適用			10	10
中信銀行國際（中國）有限公司	不適用			10	10
永亨銀行（中國）有限公司	不適用		10	15	15
總額	7.21	7.21	251.11	276.01	297.5

資料來源： 中國銀監會、各銀行年報。

注：2016 年，華僑銀行獲准將華僑銀行（中國）100% 股權轉讓予在香港註冊成立的華僑永亨銀行，並由華僑銀行（中國）作為合併永亨銀行（中國）的主體，易名華僑永亨銀行（中國）。此前華僑永亨銀行（中國）為新加坡註冊的華僑銀行在內地成立的法人銀行。

以從在港經營人民幣業務的銀行借入人民幣資金。2013 年 1 月 28 日，15 家在港經營人民幣業務的銀行和 15 家在前海註冊企業簽訂 26 個跨境人民幣貸款項目，總借貸額為 20 億元人民幣，為前海首批跨境人民幣貸款。6 月 25 日，恒生銀行（中國）在深圳前海支行開業，成為首家由外資銀行在前海深港服務業合作區開設的銀行網點。7 月 19 日，東亞銀行（中國）深圳前海支行開業。

2013 年 9 月 29 日，中國（上海）自由貿易試驗區正式成立。10 月 10 日，上海銀監局批准東亞銀行（中國）籌建中國（上海）自由貿易試驗區支行。2014 年 1 月 7 日，「東亞銀行（中國）中國（上海）自由貿易試驗區支行」正式開業。

2015 年 5 月 26 日，中信銀行股份有限公司董事會批准中信銀行（國際）以 23.53 億元人民幣等值港元，向中國信託金融控股股份有限公司全資擁有的中國信託商業銀行股份有限公司出售中信銀行國際（中國）100% 股權。2016 年，雙方同意終止股份轉讓。

2016 年 1 月 4 日，中國銀監會批准新加坡註冊成立的華僑銀行將華僑銀行（中國）100% 股權轉讓予香港註冊成立的華僑永亨銀行；後者為華僑銀行附屬公司及持有永亨銀行（中國）。同時中國銀監會批准華僑銀行（中國）合併永亨銀行（中國），並以華僑銀行（中國）為主體籌建華僑永亨銀行（中國），成為首宗由香港銀行持有的法人銀行合併個案。5 月 20 日，中國銀監會批准華僑永亨銀行（中國）開業，並批准華僑永亨銀行（中國）增加註冊資本 15 億元人民幣，該資金由永亨銀行（中國）註冊資本轉撥。合併完成後，華僑永亨銀行（中國）註冊資本由 35 億元人民幣增加至 50 億元人民幣。7 月 18 日，華僑永亨銀行（中國）完成合併後對外營業。合併後的華僑永亨銀行（中國）為華僑永亨銀行全資子公司，仍屬香港銀行在內地註冊成立的法人銀行。

（單位：億元人民幣）

2010 年	2011 年	2012 年	2013 年	2014 年	2015 年	2016 年	2017 年
80	108	124	154	154	154	154	154
80	80	80	80	101.6	111.6	121.6	121.6
41	41	65	65	65	65	65	95
45	45	48.18	68.18	68.18	83.18	83.18	83.18
不適用						50	50
16.5	31.5	31.5	31.5	31.5	31.5	41.5	41.5
10	10	10	10	12	12	12	12
10	10	10	10	10	10	10	10
15	15	15	15	15	15	不適用	
297.5	340.5	383.68	433.68	457.28	482.28	537.28	567.28

表 10-1-8　香港銀行在內地成立的法人銀行總資產一覽

銀行名稱	2017 年總資產 （億元人民幣）
滙豐銀行（中國）有限公司	4679.36
東亞銀行（中國）有限公司	2172.99
南洋商業銀行（中國）有限公司	1455.39
華商銀行	1277.65
恒生銀行（中國）有限公司	984.43
華僑永亨銀行（中國）有限公司	777.23
中信銀行國際（中國）有限公司	146.43
大新銀行（中國）有限公司	94.82
總額	11,588.31

資料來源：　各銀行年報。

2016 年 11 月 2 日，滙豐銀行（中國）獲中國銀監會批准將佛山南海支行升格為佛山分
行，成為首家將異地支行升格為分行的香港法人銀行。

截至 2017 年年底，由香港銀行成立或收購的內地註冊成立法人銀行共有八家，包括滙豐銀
行（中國）、東亞銀行（中國）、南洋商業銀行（中國）、恒生銀行（中國）、中信銀行國際（中
國）、大新銀行（中國）、華僑永亨銀行（中國）及華商銀行。[5] 這八間法人銀行註冊資本總
額為 567.28 億元人民幣；滙豐銀行（中國）註冊資本為 154 億元人民幣，為註冊資本最
多的香港銀行在內地註冊成立法人銀行（見表 10-1-7）。2017 年香港銀行在內地註冊成立
法人銀行總資產為 11,588.31 億元人民幣（見表 10-1-8）；同年年底內地銀行業金融機構
的資產總額為 252 萬億元人民幣。滙豐銀行（中國）總資產為 4679.36 億元人民幣，為以
總資產計規模最大的香港銀行在內地註冊成立法人銀行。

五、村鎮銀行經營

2007 年 6 月 29 日，內地與香港簽訂 CEPA《補充協議四》，鼓勵香港銀行到內地農村設立村鎮銀行。同年 8 月 6 日，湖北隨州曾都滙豐村鎮銀行獲准籌建，註冊資本為 1000 萬元人民幣。12 月 13 日，湖北隨州曾都滙豐村鎮銀行正式開業，擁有員工 22 名。湖北隨州曾都滙豐村鎮銀行由滙豐銀行全額出資成立，為內地首家由外資銀行全資成立的新型農村金融機構；滙豐銀行成為首家開設村鎮銀行的香港銀行。

2010 年 12 月 14 日，東亞銀行成立的陝西富平東亞村鎮銀行開業，東亞銀行成為首家在陝西省開設村鎮銀行的香港銀行，註冊資本為 2000 萬元人民幣，提供包括特定用途貸款及存款在內的農村金融服務。2016 年 12 月 6 日，東亞銀行向陝西定邊農村商業銀行股份有限公司出售陝西富平東亞村鎮銀行，出售作價為 2400 萬元人民幣；2017 年 5 月 22 日完成交易。

至 2017 年，滙豐銀行是唯一在內地營運村鎮銀行的香港銀行。滙豐銀行透過滙豐銀行（中國）在湖北隨州曾都、重慶大足、福建永安、北京密雲、廣東恩平、大連普蘭店、重慶榮昌、湖北天門、湖南平江、重慶豐都、山東榮成及湖北麻城成立村鎮銀行。這 12 家村鎮銀行註冊資本總額為 6.9 億元人民幣。

2007 年 12 月 13 日，香港上海滙豐銀行主席鄭海泉（左一）出席湖北隨州曾都滙豐村鎮銀行開業典禮。湖北隨州曾都滙豐村鎮銀行於 2007 年 8 月獲准籌建，註冊資本 1000 萬元人民幣，為首間外資村鎮銀行。（新華社提供）

六、非銀行金融機構經營

1984 年 1 月 10 日，鼎協租賃國際註冊成立，股東包括東亞銀行、中國銀行及法國興業銀行。鼎協租賃國際在內地發展租賃業務，協助內地引進先進技術，提升出口產品的質量及改造老舊企業。

1986 年 7 月 25 日，東亞銀行、中國銀行深圳分行、野村國際（香港）有限公司、美國太平洋銀行及住友銀行在蛇口簽署成立中國國際財務（深圳）合資協議，並隨即向中國人民銀行申請開業。12 月 8 日，中國國際財務（深圳）舉行開業典禮，成為內地首家中外合資財務公司。該公司將資金安排服務引入內地，為銀行貸款以外的融資途徑。

2003 年 10 月 21 日，中信嘉華銀行以 89.67 萬美元收購中國國際財務（深圳）。2005 年 3 月 25 日，中國國際財務（深圳）獲中國銀監會批准經營對外商投資企業、外國駐內地機構、香港、澳門、台灣地區在內地代表機構、外國人及香港、澳門、台灣地區居民和非外商投資企業的人民幣業務，中信嘉華銀行成為首間透過旗下附屬公司，通過 CEPA 的開放貿易服務承諾而取得內地人民幣業務牌照的香港銀行。2008 年 4 月 14 日，由中國國際財務（深圳）與中信嘉華銀行在內地分行改制而成的中信嘉華銀行（中國）正式開業。

2014 年 7 月 18 日，中國銀監會批准華晨東亞汽車金融有限公司（華晨東亞汽車金融）籌建，並指示籌建完成後向上海銀監局申請開業。2015 年 3 月 19 日，上海銀監局批准華晨東亞汽車金融開業，註冊資本為八億元人民幣。當中華晨中國汽車控股有限公司出資 4.4 億元人民幣，持有 55% 股權，東亞銀行全資附屬公司領達財務有限公司及 FinConsum EFC, S.A. 分別出資 1.8 億元人民幣，各自持有 22.5% 股權。2015 年 4 月，華晨東亞汽車金融開始營業。

第二節 在港發展中資銀行

一、成立分支機構

截至 1978 年年底，在香港營業的中資銀行共有 13 間，包括中國銀行香港分行、交通銀行香港分行、南洋商業銀行、新華銀行香港分行、浙江興業銀行香港分行、鹽業銀行香港分行、金城銀行香港分行、廣東省銀行香港分行、中南銀行香港分行、國華商業銀行香港分行、寶生銀行、華僑商業銀行、集友銀行，一共在香港設立 117 家分支機構。

1979 年 8 月，中國銀行在廬山召開海外銀行經理會議，提出「中國銀行海外行必須遵循國家對外方針政策，利用一切有利因素，採取現代化國際金融企業的經營方式，積極、穩妥地開展各項業務，為祖國社會主義四個現代化服務」。

1983 年 1 月，中國銀行香港分行與港澳地區 13 家姊妹銀行鹽業銀行香港分行、廣東省銀行香港分行、中南銀行香港分行、交通銀行香港分行、金城銀行香港分行、國華商業銀行香港分行、浙江興業銀行香港分行、新華銀行香港分行、集友銀行、寶生銀行、南洋商業銀行、華僑商業銀行及南通銀行，組成港澳中銀集團，支持港澳經濟發展及內地改革開放。

1988 年，中國工商銀行向中國人民銀行遞交《關於擬在香港設立分行的報告》，計劃在香港設立機構，協助有意走向國際市場的內地企業提供國際金融服務。1990 年 3 月 12 日，國務院批准實施《境外金融機構管理辦法》，並於同年 4 月 13 日由中國人民銀行發布。其中第三條規定，內地機構在海外成立或收購金融機構，須由中國人民銀行審批；第四條規定，在內地成立的金融機構在海外收購或海外設立機構，須擁有《經營金融業務許可證》、《經營外匯業務許可證》、三年以上經營外匯業務經驗，及不低於 8000 萬元人民幣等值外匯的自有資金。1992 年 8 月，招商銀行在香港成立本地代表辦事處（見表 10-2-1），成為《境外金融機構管理辦法》生效後首家在港開設代表處的中資銀行及股份制商業銀行。1993 年 9 月 3 日，中國人民建設銀行在香港成立本地代表辦事處，為首家獲准在香港成立本地代表辦事處的國有大型商業銀行。1994 年 3 月及 6 月，中國農業銀行及中國工商銀行分別在香港成立本地代表辦事處。

表 10-2-1　中資銀行獲准開設本地代表辦事處及獲發銀行牌照年份

中資銀行名稱	中資銀行類型	金管局批准成立本地代表辦事處年份	金管局發出銀行牌照年份
招商銀行股份有限公司	股份制商業銀行	1992	2002
中國建設銀行股份有限公司	國有大型商業銀行	1993	1995
中國工商銀行股份有限公司	國有大型商業銀行	1994	1995
中國農業銀行股份有限公司	國有大型商業銀行	1994	1995
平安銀行股份有限公司	股份制商業銀行	1995	2019
廣發銀行股份有限公司	股份制商業銀行	1995	2020
中國光大銀行股份有限公司	股份制商業銀行	1997	2012
國家開發銀行	開發性金融機構	1999	2009
上海浦東發展銀行股份有限公司	股份制商業銀行	2001	2011
中國民生銀行股份有限公司	股份制商業銀行	2004	2012
北京銀行股份有限公司	城市商業銀行	2008	不適用
東莞銀行股份有限公司	城市商業銀行	2014	2021
華夏銀行有限公司	股份制商業銀行	2015	2019
渤海銀行股份有限公司	股份制商業銀行	2015	2020
中國進出口銀行	政策性銀行	2016	不適用
興業銀行股份有限公司	股份制商業銀行	不適用	2014
浙商銀行股份有限公司	股份制商業銀行	不適用	2017

資料來源：　各銀行年報、香港金融管理局。
注：平安銀行前身為深圳發展銀行，1995 年深圳發展銀行獲得香港金融管理局批准在港成立本地代表辦事處。

1994 年 3 月 28 日，中國農業銀行行長馬永偉（中）在香港宣布中國農業銀行香港代表處成立。農行並於 1995 年 10 月 27 日獲發香港銀行牌照。（南華早報出版有限公司提供）

1994 年 6 月 6 日，中國工商銀行副行長劉廷煥出席該行香港代表處揭幕儀式。1995 年 10 月 27 日，中國工商銀行香港代表處獲准升格為持牌銀行。（南華早報出版有限公司提供）

1995 年 10 月 6 日，中國人民建設銀行獲批出在香港經營的銀行牌照，本地代表辦事處升格為香港分行。中國人民建設銀行成為國家實行改革開放後，首家獲批香港銀行牌照的國有大型商業銀行，並據此將香港分行發展成東南亞分區中心。繼中國人民建設銀行後，1995 年 10 月 27 日，中國工商銀行及中國農業銀行分別獲香港金管局授予香港銀行牌照。中國農業銀行透過香港分行處理總行大部分國際業務，並藉香港國際金融體系推廣國際業務，促進內地城鄉經濟發展。至此所有國有大型商業銀行已經獲准在香港成立分行。

1999 年 10 月 15 日，國家開發銀行在香港設立的本地代表辦事處正式掛牌辦公，成為首家在香港設立本地代表辦事處的政策性銀行。國家開發銀行透過在香港成立本地代表辦事處，加強與海外金融機構的聯繫及合作，利用國際金融市場協助內地經濟建設。

1999 年 12 月 16 日，國務院通過中銀重組上市申請。2000 年 12 月 12 日，國務院授權中國人民銀行批准中銀集團重組方案。2001 年 10 月 1 日，中銀集團將中國銀行香港分行、新華銀行香港分行、浙江興業銀行香港分行、鹽業銀行香港分行、金城銀行香港分行、廣東省銀行香港分行、中南銀行香港分行、國華商業銀行香港分行、華僑商業銀行的資產及負債轉讓予寶生銀行；寶生銀行易名為中國銀行（香港）有限公司（中國銀行（香港））。同日，南洋商業銀行、集友銀行及中銀信用卡（國際）有限公司成為中國銀行（香港）附屬公司。[6] 2001 年 10 月 3 日起，中國銀行（香港）以統一品牌對外營業，南洋商業銀行及集友銀行繼續以法人身份經營業務。中國銀行（香港）通過在南洋商業銀行及集友銀行董事會代表進行管理，監管融資、風險管理、稽核及特定分類貸款事宜。至此，中銀集團完成香港銀行業最大規模的合併活動。重組後的 2001 年年底，中國銀行（香港）資產總額為 7661.4 億元（見表 10-2-2），成為繼滙豐銀行後第二大香港銀行集團。

2002 年 4 月 30 日，招商銀行獲金管局授予的銀行牌照生效，該行在香港的本地代表辦事處獲准升格為香港分行，成為首間獲准成立香港分行的股份制商業銀行，並據此實行國際化戰略。同年年底，招商銀行香港分行總資產為 12.39 億元人民幣。

2009 年 6 月 25 日，金管局宣布向國家開發銀行股份有限公司授予銀行牌照並於同日生效，國開行成為首家在香港開設分行的內地開發性金融機構。7 月 29 日，國家開發銀行香港分行掛牌成立，為該行首家及唯一境外營業性分支機構，具有海外籌資、簿記業務及外匯交易的功用。

2014 年 1 月 10 日，興業銀行獲金管局授予銀行牌照並於同日生效。3 月 17 日，興業銀行香港分行開業，成為首間毋須經過開設本地代表辦事處階段，直接在香港成立分行的中資銀行。

2015 年 5 月 21 日，中銀香港（控股）有限公司（中銀香港（控股））確認擬出售南洋商業銀行全部股權，及擬收購中國銀行股份有限公司（中國銀行）在東盟部分國際銀行業務，

表 10-2-2　中銀香港（控股）數據一覽

（單位：億元）

年份	總資產	貸款及其他帳項	客戶存款	在港分行數目
1999	7729.54	3175.56	5894.21	不詳
2000	8393.70	3255.69	6247.26	不詳
2001	7661.40	3081.08	6064.28	350
2002	7355.36	3083.32	6009.77	319
2003	7625.87	3000.94	6006.42	289
2004	7967.76	3092.11	6313.30	283
2005	8310.02	3384.03	6390.31	286
2006	9289.53	3528.58	7037.76	287
2007	10,676.37	4202.34	7995.65	288
2008	11,472.45	4694.93	8115.16	286
2009	12,127.94	5271.35	8444.53	272
2010	16,610.40	6454.24	10,272.67	268
2011	17,385.10	7552.29	11,465.90	266
2012	18,307.63	8197.39	12,291.31	269
2013	20,469.36	9249.43	13,279.80	266
2014	21,893.67	10,141.29	14,832.24	262
2015	23,828.15	9288.71	14,180.58	262
2016	23,547.40	10,080.25	15,232.92	197
2017	26,457.53	11,896.09	17,742.97	近 200 家

資料來源：　中銀香港（控股）。

注：2005 年起客戶存款數字包括結構性存款。

以協助國家實現「一帶一路」、人民幣國際化、企業走出去的戰略，拓展業務增長空間。
12 月 18 日，中銀香港（控股）全資附屬公司中國銀行（香港）以 680 億元向中國信達資
產管理股份有限公司（信達資產管理）子公司信達金融控股有限公司出售南洋商業銀行全
部股權。2016 年 5 月 30 日，中銀香港（控股）完成出售南洋商業銀行全部股權的交易。

2016 年 12 月 22 日，中銀香港（控股）全資附屬公司中國銀行（香港）以 76.85 億元出
售集友銀行 70.49% 股權，分別由廈門國際銀行全資子公司廈門國際投資有限公司及福建
省廈門市私立集美學校委員會收購 64.31% 及 6.18% 股權。2017 年 3 月 27 日，中銀香
港（控股）完成出售集友銀行股權交易；廈門國際銀行成為首間購入香港註冊持牌銀行控
股權的城市商業銀行。

截至 2017 年，中資銀行及中資機構擁有九家香港註冊持牌銀行，包括中國銀行（香港）、
交通銀行（香港）有限公司、中信銀行（國際）、中國建設銀行（亞洲）股份有限公司、集
友銀行、創興銀行、中國工商銀行（亞洲）、南洋商業銀行、永隆銀行；13 家以香港分行

形式成立的境外註冊持牌銀行，包括中國農業銀行、中國銀行、交通銀行、中國建設銀行、國家開發銀行、中國光大銀行、招商銀行、中國民生銀行、浙商銀行、ICBC STANDARD BANK PLC、中國工商銀行、興業銀行及上海浦東發展銀行股份有限公司；七家本地代表辦事處，包括北京銀行股份有限公司、東莞銀行股份有限公司、渤海銀行股份有限公司、廣發銀行股份有限公司、中國進出口銀行、華夏銀行股份有限公司、平安銀行股份有限公司；兩家有限制牌照銀行，包括中銀國際有限公司及上海銀行（香港）有限公司；三家接受存款公司，包括交通財務有限公司、創興財務有限公司及香港華人財務有限公司。2017 年年底，中資銀行及中資機構擁有 22 間香港註冊或境外註冊持牌銀行（見表 10-2-3）。

2017 年年底，中資認可機構在香港擁有的客戶存款總額為 46,200 億元，相當於香港認可機構客戶存款總額 127,520 億元的 36.2%。中資認可機構在香港的客戶貸款總額為 35,850 億元，相當於香港認可機構客戶貸款總額 93,140 億元的 38.5%。與 1986 年年底數據比較，中資認可機構客戶存款總額及客戶貸款總額分別上升 44.29 倍及 61.89 倍（見表 10-2-4）。

同年年底，中資認可機構發放在香港使用貸款為 24,140 億元，佔香港認可機構發放在香港使用貸款 65,130 億元的 37.1%。中資認可機構發放在香港以外地區使用貸款總額為 11,720 億元，佔香港認可機構發放在香港以外地區使用貸款 28,010 億元的 41.8%。與 1988 年年底數據比較，中資認可機構發放在香港使用貸款增長 27.74 倍；中資認可機構發放在香港以外地區使用貸款增長 77.13 倍（見表 10-2-5）。

2017 年年底，中資認可機構在香港資產總額 82,120 億元，佔香港銀行資產總額 226,970 億元的 36.2%，較 1986 年中資認可機構資產總額上升 49.38 倍。2017 年年底，中國銀行（香港）資產總額為 25,144.64 億元，成為在香港銀行體系資產總額最多的中資認可機構（見表 10-2-6）。

二、收購在港銀行

1986 年 3 月，中國國際信托投資（香港）有限公司宣布向嘉華銀行注資 3.5 億元購入 95% 股權，並接管其業務，香港首次出現中資機構收購香港註冊持牌銀行控股權，嘉華銀行成為首家非港澳中銀集團成員的中資銀行。同年 6 月，招商局輪船股份有限公司屬下的新思想有限公司收購香港友聯銀行有限公司（香港友聯銀行）控股權。

1992 年 11 月 13 日，華潤（集團）有限公司認購香港華人銀行 8294.12 萬股新股，佔擴大後股本的 15% 權益。1993 年 7 月 16 日，香港華人銀行集團以每股 2.5 元出售 1.83 億股香港華人銀行股份予華潤（集團）。同日華潤（集團）以每股 2.5 元認購 2040 萬股新股，完成交易後華潤（集團）持有香港華人銀行擴大後股本的 50% 權益。

表 10-2-3　港資及中資持牌銀行數目

年份	港資持牌銀行數目（家）	中資持牌銀行數目（家）
1985	23	13
1986	20	15
1987	19	15
1988	19	15
1989	15	15
1990	15	15
1991	15	15
1992	15	15
1993	16	15
1994	16	15
1995	16	18
1996	16	18
1997	16	18
1998	16	18
1999	15	19
2000	16	19
2001	14	19
2002	12	13
2003	13	12
2004	12	13
2005	12	12
2006	11	13
2007	11	12
2008	10	13
2009	10	14
2010	10	14
2011	10	15
2012	9	17
2013	9	17
2014	7	19
2015	7	21
2016	7	21
2017	7	22

資料來源：　銀行業監理處、香港金融管理局。
注：香港金融管理局按實益擁有權所屬地區或經濟體系分類。

表 10-2-4　中資認可機構在香港銀行業資產總額、客戶貸款總額及客戶存款總額一覽

年份	中資認可機構資產總額（億元）	香港銀行業資產總額（億元）	比重（%）	中資認可機構貸款總額（億元）	香港銀行業客戶貸款總額（億元）	比重（%）	中資認可機構客戶存款總額（億元）	香港銀行業客戶存款總額（億元）	比重（%）
1986	1630	21,500	7.6	570	5,010	11.4	1020	5510	18.5
1987	2250	32,180	7.0	750	7,790	9.6	1390	7040	19.7
1988	2990	36,980	8.1	1030	9,620	10.7	1780	8460	21.0
1989	3290	42,470	7.7	1090	12,720	8.6	1960	10,080	19.4
1990	3970	52,340	7.6	1230	17,890	6.9	2540	12,310	20.6
1991	4690	56,200	8.3	1590	22,440	7.1	2910	13,750	21.2
1992	5300	57,330	9.2	1950	24,700	7.9	3410	15,030	22.7
1993	5880	60,630	9.7	2210	28,570	7.7	3970	17,260	23.0
1994	7110	73,210	9.7	2600	32,650	8.0	4500	19,460	23.1
1995	7760	78,390	9.9	3060	37,390	8.2	5080	22,260	22.8
1996	8700	79,070	11.0	3540	39,150	9.0	5630	24,580	22.9
1997	9570	83,970	11.4	4360	41,220	10.6	5910	26,640	22.2
1998	10,040	72,540	13.8	4330	33,040	13.1	6810	29,540	23.1
1999	9570	67,840	14.1	4050	28,130	14.4	6760	31,780	21.3
2000	10,500	66,610	15.8	4220	24,610	17.1	7430	34,830	21.3
2001	9860	61,540	16.0	4180	21,850	19.1	7340	34,070	21.5
2002	10,160	59,990	16.9	4510	20,760	21.7	7540	33,180	22.7
2003	10,790	64,910	16.6	4530	20,350	22.3	7840	35,670	22.0
2004	11,460	71,380	16.1	4780	21,560	22.2	8360	38,660	21.6
2005	11,820	72,470	16.3	5100	23,120	22.1	8420	40,680	20.7
2006	13,830	83,060	16.7	5710	24,680	23.1	10,170	47,570	21.4
2007	16,320	103,500	15.8	7040	29,620	23.8	11,910	58,690	20.3
2008	18,560	107,540	17.3	8360	32,860	25.4	13,180	60,600	21.7
2009	20,350	106,350	19.1	9580	32,880	29.1	14,330	63,810	22.5
2010	27,480	122,910	22.4	11,910	42,280	28.2	17,010	68,620	24.8
2011	34,480	137,420	25.1	14,370	50,810	28.3	20,620	75,910	27.2
2012	40,050	148,590	27.0	16,870	55,670	30.3	22,740	82,960	27.4
2013	49,410	169,410	29.2	20,520	64,570	31.8	27,600	91,800	30.1
2014	57,720	184,420	31.3	23,660	72,760	32.5	33,590	100,730	33.3
2015	64,310	191,810	33.5	27,300	75,350	36.2	36,200	107,500	33.7
2016	72,600	206,520	35.2	31,320	80,230	39.0	39,290	117,270	33.5
2017	82,120	226,970	36.2	35,850	93,140	38.5	46,200	127,520	36.2

資料來源：　銀行業監理處、香港金融管理局。

表 10-2-5　中資認可機構在港使用及在境外使用客戶貸款總額一覽

年份	中資認可機構在香港使用的客戶貸款總額（億元）	香港銀行業在香港使用客戶貸款總額（億元）	比重(%)	中資認可機構在境外使用的客戶貸款總額（億元）	香港銀行業在境外使用客戶貸款總額（億元）	比重(%)
1986	480	3060	15.7	不詳	不詳	不詳
1987	620	3970	15.6	不詳	不詳	不詳
1988	840	5140	16.3	150	3820	3.9
1989	880	6480	13.6	170	5050	3.4
1990	1020	7600	13.4	180	8830	2.0
1991	1360	9000	15.1	190	12,930	1.5
1992	1670	9990	16.7	230	14,210	1.6
1993	1860	11,790	15.8	290	16,260	1.8
1994	2250	13,890	16.2	260	18,190	1.4
1995	2670	15,540	17.2	300	21,290	1.4
1996	3130	18,020	17.4	310	20,520	1.5
1997	3930	22,100	17.8	330	18,440	1.8
1998	3920	20,930	18.7	330	11,670	2.8
1999	3730	19,220	19.4	250	8570	2.9
2000	3990	19,650	20.3	230	4960	4.6
2001	3980	18,790	21.2	200	3060	6.5
2002	4270	18,340	23.3	240	2430	9.9
2003	4270	18,090	23.6	260	2260	11.5
2004	4460	19,230	23.2	320	2330	13.7
2005	4680	20,720	22.6	420	2400	17.5
2006	4880	21,260	23.0	830	3420	24.3
2007	5770	24,570	23.5	1270	5040	25.2
2008	6720	27,100	24.8	1640	5750	28.5
2009	7470	26,500	28.2	2110	6380	33.1
2010	9050	32,620	27.7	2860	9650	29.6
2011	10,450	37,110	28.2	3920	13,700	28.6
2012	12,040	39,800	30.3	4830	15,870	30.4
2013	14,170	45,290	31.3	6340	19,280	32.9
2014	15,720	50,580	31.1	7940	22,180	35.8
2015	18,020	52,540	34.3	9270	22,810	40.6
2016	20,810	56,390	36.9	10,510	23,840	44.1
2017	24,140	65,130	37.1	11,720	28,010	41.8

資料來源：　銀行業監理處、香港金融管理局。

表 10-2-6　中資認可機構在港總資產統計及股東應佔純利統計

銀行名稱	2017 年總資產（億元）	2017 年股東應佔純利
中國銀行（香港）有限公司	25144.64	303.48 億元
中國工商銀行（亞洲）有限公司	8981.09	77.67 億元
中國交通銀行股份有限公司香港分行	5951.08	43.99 億元
中國建設銀行股份有限公司香港分行	5469.9	15.79 億元
中國農業銀行股份有限公司香港分行	5287.81	32.39 億元
中國建設銀行（亞洲）股份有限公司	5210.25	32.68 億元
南洋商業銀行有限公司	4350.62	32.56 億元
國家開發銀行香港分行	3647.58	15.49 億元
中信銀行（國際）有限公司	3443.09	28.08 億元
中國銀行股份有限公司香港分行	3490.53	12.58 億元
永隆銀行有限公司	2987.67	38.58 億元
中國工商銀行股份有限公司香港分行	2349.47	6.61 億元
興業銀行股份有限公司香港分行	1954.14	21.08 億元
中國民生銀行股份有限公司香港分行	1893.4	10.56 億元
招商銀行股份有限公司香港分行	1749.07	16.73 億元
上海浦東發展銀行股份有限公司香港分行	1641.04	9.31 億元
創興銀行有限公司	1637.47	15.65 億元
中國光大銀行股份有限公司香港分行	1237.57	6.41 億元
集友銀行有限公司	840.89	7.52 億元
上海銀行（香港）有限公司	257.77	2.21 億元
中銀國際有限公司	113.99	0.22 億元
香港華人財務有限公司	61.45	0.66 億元
交通銀行（香港）有限公司	3.03	虧損 579.23 萬元
交通財務有限公司	2.34	544.97 萬元
ICBC STANDARD BANK PLC 香港分行	0.12 億美元	41.1 萬美元
創興財務有限公司	0.45	16.07 萬元
浙商銀行香港分行	不適用	不適用

資料來源：　各銀行及接受存款公司年報。

注：2017 年 12 月 19 日，浙商銀行獲授予銀行牌照。2018 年 4 月 10 日，浙商銀行香港分行正式開業。

1994 年 1 月 19 日，中國人民建設銀行以 6000 萬元向大新銀行收購香港工商銀行 6000
萬股。中國人民建設銀行和大新銀行分別向香港工商銀行增資 6000 萬元及 9000 萬元，交
易完成後中國人民建設銀行持有香港工商銀行 40% 股權，同時大新銀行向中國人民建設銀
行授出認購權，後者有權增加在香港工商銀行持股至 70%。同年 6 月 9 日，香港工商銀行
易名為建新銀行，國有大型商業銀行首次入股香港註冊持牌銀行。1998 年，中國建設銀行
增持建新銀行股權至 70%，首次出現國有大型商業銀行獲得香港註冊持牌銀行控股權。[7]

1997 年 6 月 18 日，華潤創業有限公司宣布以 20 億元從華潤（集團）收購持有的香港華
人銀行 50% 股權，並同時訂立參與重組香港華人銀行集團架構的協議。同年 9 月 2 日，香
港華人銀行集團完成股權重組，華潤創業實際擁有前者 30.3% 股權。

1999 年，香港友聯銀行不良貸款達 37 億元，不良貸款率達 33%，並作出 6.4 億元撥備。
金管局要求香港友聯銀行控股股東鞏固該銀行資產質量。8 月中國工商銀行開始研究收購香
港友聯銀行的可能性。2000 年 1 月 7 日，中國工商銀行原則上同意收購香港友聯銀行。2
月 28 日，中國人民銀行正式批准中國工商銀行收購香港友聯銀行。4 月 19 日，中國工商
銀行以 18.05 億元收購香港友聯銀行 53.23% 股權，成為第二間國有大型商業銀行收購香
港註冊持牌銀行的控制性股權。8 月 21 日，香港友聯銀行易名為中國工商銀行（亞洲）。
中國工商銀行透過收購香港友聯銀行控股權，開闢設立海外機構的方法，直接進入國際資
本市場，獲取新資金來源。2001 年 5 月 4 日，中國工商銀行（亞洲）以 30 億元收購中國
工商銀行香港分行的商業銀行業務。中國工商銀行（亞洲）完成收購該項業務後，總資產
由 2000 年年底的 206.57 億元，升至 2001 年年底的 434.97 億元。

2001 年 10 月 31 日，中信嘉華銀行和香港華人銀行集團達成買賣協議，中信嘉華銀行以
42 億元，收購香港華人銀行全部已發行股本。2002 年 1 月 17 日，中信嘉華銀行完成收
購香港華人銀行。

2002 年 5 月，中國工商銀行以 1.4 億元向廈門國際銀行收購持有的工商國際金融有限公司
（工商國際金融）51% 股權，自此工商國際金融成為中國工商銀行全資附屬公司。工商國際
金融為有限制牌照銀行，中國工商銀行藉此累積跨境經營經驗。

2003 年內地與香港簽訂《內地與香港關於建立更緊密經貿關係的安排》（CEPA），支持內
地銀行在香港以收購方式發展網絡及業務活動。

2003 年 12 月 31 日，中國工商銀行（亞洲）以 21.57 億元向富通集團收購華比富通銀行，
後者在香港擁有 22 間分行及五間服務中小企的商務中心。中國工商銀行（亞洲）在 2004
年 4 月 30 日完成收購華比富通銀行，5 月 1 日華比富通銀行易名為華比銀行後，總資產由
2003 年年底的 753.2 億元上升至 2004 年年底的 993.44 億元，成為 CEPA 簽訂後首宗中
資銀行收購香港註冊持牌銀行的交易。

2006 年 8 月 24 日，中國建設銀行以 97.1 億元收購美國銀行在港的全資子公司美國銀行（亞洲）全部已發行股本。截至 2005 年年底，美國銀行（亞洲）總資產為 490.73 億元，淨資產為 73.82 億元。2006 年 12 月 29 日，中國建設銀行完成收購，翌日美國銀行（亞洲）易名為中國建設銀行（亞洲）股份。

2008 年 5 月 30 日，招商銀行以 193.02 億元、相當於每股 156.5 元代價，向大股東伍絜宜有限公司、伍宜孫有限公司及宜康有限公司收購永隆銀行 53.12% 股權；9 月 30 日，買賣雙方完成交易，並由招商銀行建議以 170.36 億元，即每股 156.5 元代價，向永隆銀行股東收購餘下股份。2009 年 1 月 15 日，永隆銀行成為招商銀行全資附屬公司，為 CEPA 簽訂後首宗股份制商業銀行收購香港註冊持牌銀行交易。

2010 年 8 月 10 日，中國工商銀行發出通告，提及於 7 月 28 日建議以 108.29 億元私有化中國工商銀行（亞洲）。同年 12 月 21 日，中國工商銀行（亞洲）私有化交易完成，正式從聯交所退市。

2013 年 5 月 30 日，上海銀行獲金管局批准，取代「中國建設銀行（亞洲）股份」成為「中國建設銀行（亞洲）財務」的控權人，中國建設銀行（亞洲）財務同日易名為「上海銀行（香港）」。上海銀行透過是次收購成為首間獲得香港註冊有限制牌照銀行控股權的城市商業銀行。

2013 年 10 月 25 日，越秀企業（集團）有限公司透過越秀金融控股向廖創興企業、廖創興置業有限公司、廖氏集團有限公司、愛寶控股有限公司收購創興銀行最多 50.72% 股權。同日，越秀金融控股向創興銀行合資格股東以每股 35.69 元收購最多 3.26 億股；越秀金融控股計劃以 116.44 億元收購創興銀行 75% 股權。2014 年 2 月 5 日，越秀金融控股收購創興銀行部分要約期結束，取得創興銀行 75% 股權。同年 2 月 14 日起，創興銀行成為越秀集團成員。

2016 年 12 月 22 日，中國銀行（香港）以 76.85 億元向廈門國際商業銀行及福建省廈門市私立集美學校委員會出售集友銀行 64.31% 及 6.18% 股權。2017 年 3 月 27 日，中國銀行（香港）出售集友銀行股權正式交割及完成交易。廈門國際銀行成為首間購入香港註冊持牌銀行的城市商業銀行。

截至 2017 年，中資銀行收購七家香港註冊持牌銀行，包括建新銀行、香港友聯銀行、華比富通銀行、美國銀行（亞洲）股份、永隆銀行、中信嘉華銀行、集友銀行；收購兩家本地註冊有限制牌照銀行，包括中國建設銀行（亞洲）財務、工商國際金融（見表 10-2-7）；收購兩家香港註冊接受存款公司，包括創興財務及香港華人財務。中資銀行收購香港各類認可機構總金額為 875.77 億元。

表 10-2-7　中資銀行收購香港的認可機構概況

中資銀行名稱	中資銀行類型	完成收購年份	收購香港認可機構情況	作價（億元）
中國工商銀行股份有限公司	國有大型商業銀行	1993	收購廈門國際財務49%股權，1996年易名為工商國際金融，並獲准升格為有限制牌照銀行。	1.80
中國人民建設銀行	國有大型商業銀行	1994	收購及增資香港工商銀行，獲得40%股權，1994年易名為建新銀行。	1.20
中國建設銀行股份有限公司	國有大型商業銀行	1998	行使建新銀行認購權，持股由40%增至70%。	不詳
中國工商銀行股份有限公司	國有大型商業銀行	2000	收購香港友聯銀行53.23%股權，2000年易名為中國工商銀行（亞洲）。	18.05
中信嘉華銀行有限公司	香港註冊持牌銀行	2002	收購香港華人銀行所有股權，2002年易名為中信嘉華銀行。	42.00
中國建設銀行股份有限公司	國有大型商業銀行	2002	收購建新銀行餘下30%股權，成為全資附屬公司，2005年易名為中國建設銀行（亞洲）有限公司。	1.05
中國工商銀行股份有限公司	國有大型商業銀行	2002	收購工商國際金融51%股權，成為全資附屬公司，2008年易名為工銀國際控股。	1.40
中國工商銀行股份有限公司	國有大型商業銀行	2004	收購華比富通銀行所有股權。	21.57
中國建設銀行股份有限公司	國有大型商業銀行	2006	收購美國銀行（亞洲）所有股權，2006年易名為中國建設銀行（亞洲）股份有限公司。	97.10
招商銀行股份有限公司	股份制商業銀行	2009	收購永隆銀行所有股權後於2009年撤回在聯交所上市地位。	363.38
中國建設銀行（亞洲）股份有限公司	香港註冊持牌銀行	2009	收購美國國際信貸（香港）所有股權，2009年易名為中國建設銀行（亞洲）財務。	5.43
中信銀行股份有限公司	股份制商業銀行	2009	收購前稱為中信嘉華銀行的中信國際金融控股70.3%股權，間接收購前稱為香港華人銀行的中信嘉華銀行所有股權。	135.63
中國工商銀行股份有限公司	國有大型商業銀行	2010	收購中國工商銀行（亞洲）27.19%股權，完成後在2010年撤回在聯交所上市地位。	108.29
上海銀行股份有限公司	城市商業銀行	2013	收購中國建設銀行（亞洲）財務所有股權，2013年易名為上海銀行（香港）。	2.02
廈門國際銀行股份有限公司	城市商業銀行	2017	廈門國際銀行和福建省廈門市私立集美學校委員會分別收購集友銀行64.31%及6.18%股權。	76.85
總額				875.77

資料來源：　各銀行年報、公告及新聞稿。

注：1996年3月25日，中國人民建設銀行易名為中國建設銀行。2002年11月25日，中信嘉華銀行易名為中信國際金融控股，香港華人銀行易名為中信嘉華銀行。

三、上市集資

1996 年年底，內地的四大商業銀行（中國工商銀行、中國農業銀行、中國銀行及中國建設銀行）自有資產佔總資產比率僅 3%。[8] 1998 年 2 月 28 日，第八屆全國人民代表大會常務委員會通過由財政部定向發行特別國債 2700 億元人民幣，作為國有獨資商業銀行的資本金。8 月 20 日，財政部完成向各家國有獨資商業銀行注資。1999 年，中國工商銀行、中國農業銀行、中國銀行及中國建設銀行將 14,000 億元人民幣不良資產轉讓予中國華融資產管理公司、中國長城資產管理公司、中國東方資產管理公司及中國信達資產管理公司。

2002 年，內地的大型商業銀行呈報的不良資產比率為 25%。2003 年，中國人民銀行提出核銷已實際損失的資本金、剝離處置不良資產、外匯儲備注資及境內外發行上市的國有商業銀行改革「四部曲」。該年 12 月 30 日，中國銀行及中國建設銀行分別獲國家注資 225 億美元。2004 年 6 月，交通銀行透過出售不良資產及發行新股等形式，獲得信達資產管理、財政部、中央匯金投資及全國社會保障基金理事會注資 387 億元人民幣。同年 8 月 6 日，滙豐銀行和交通銀行簽訂戰略合作協議，交通銀行向滙豐銀行發行 77.75 億股，佔已發行股份 19.9%，換取 17.47 億美元現金注資。

2004 年 8 月 26 日，中國銀行成立股份有限公司。9 月 17 日，中國建設銀行成立股份有限公司。2005 年 4 月 21 日，國務院通過中央匯金投資動用外匯儲備向中國工商銀行注資 150 億美元。

2005 年 6 月 23 日，交通銀行在聯交所上市，發行 H 股集資 168.35 億元。交通銀行成為首家完成財務重組及引入香港銀行為戰略投資者的國有大型商業銀行，亦是首家在香港上市的國有大型商業銀行。

2005 年 8 月，李嘉誠基金會有限公司聯同蘇格蘭皇家銀行集團有限公司、Merrill Lynch & Co., Inc.、D.E. Shaw 集團、Oaktree Capital Management, LLC 及 Och-Ziff Capital Management Group 投資 30.48 億美元入股中國銀行 9.6% 股權。當中李嘉誠基金會投資 7.38 億美元，獲得中國銀行超過 2% 股份，有助中國銀行補充資本。

中國建設銀行在聯交所上市前，於 2005 年 9 月 20 日，該行發起人持有的內資股獲中國證監會准許，轉換為可以買賣的 H 股，成為首家已發行股份全流通的 H 股公司。10 月 27 日，中國建設銀行在聯交所上市。發售價為每股 2.35 元，集資額為 715.78 億元，成為 2005 年集資額最高的新股，也是 1986 年至 2017 年期間，首次公開招股集資額第六大的新股集資。

2006 年 5 月 18 日，中國銀行在香港進行首次公開招股，此前與 12 組投資者簽訂配售協議，投資者同意以 175.21 億元認購中國銀行 63.71 億股 H 股。這 12 組投資者包括中國人

2005 年 6 月 23 日，交通銀行股份有限公司在香港聯合交易所上市，為首家在香港上市的國有大型商業銀行。（南華早報出版有限公司提供）

中國建設銀行股份有限公司於 2005 年 10 月 14 日在香港公開招股。此前，該行獲中國證監會批准，將發起人持有的全數內資股轉換為 H 股，成為首家 H 股全流通的 H 股公司。（美聯社提供）

壽保險（集團）公司、東亞銀行有限公司、三菱東京 UFJ 銀行、長江實業（集團）有限公司及和記黃埔有限公司、周大福代理人有限公司、李兆基、郭氏集團、南豐集團、中國平安保險（集團）股份有限公司、新鴻基地產發展有限公司、信和置業有限公司及吳光正，部分參與中國銀行配售股份的投資者為香港企業及商人。6 月 1 日，中國銀行在聯交所上市，每股發售價為 2.95 元，發行 H 股集資 867.41 億元，成為 1986 年至 2017 年期間集資金額第四大的新股。中國銀行首日掛牌收市價為 3.4 元，較招股價上升 15.3%。

2006 年 9 月 22 日，招商銀行在聯交所上市，每股發售價為 8.55 元，發行 H 股集資 206.91 億元，成為首家在香港上市的股份制商業銀行，以及首家先發行 A 股後發行 H 股的中資銀行。

2006 年 10 月 27 日，中國工商銀行在聯交所上市，每股發售價為 3.07 元，發行 H 股集資 1249.48 億元，成為集資規模最大的國有大型商業銀行。同日，中國工商銀行發行的 A 股在上海證券交易所上市，成為全球首間 A 股及 H 股同步發行及同日上市的上市公司。中國工商銀行 H 股發售價為 3.07 元，掛牌首日股價收報 3.52 元，較發售價上升 14.7%。

2008 年 10 月 21 日，國務院常務會議通過《中國農業銀行股份制改革總體實施方案》；10 月 29 日，中央匯金投資向中國農業銀行注資 190 億美元。2008 年，中國農業銀行剝離 8157 億元人民幣的不良資產。2009 年 1 月 15 日，中國農業銀行成立股份有限公司。2010 年 7 月 15 日及 16 日，中國農業銀行以「先 A 後 H」形式在上海證券交易所及聯交所上市。H 股集資 935.15 億元，長江實業按每股發售價 3.2 元認購等值 1 億美元的中國農業銀行股份，獲配售 2.43 億股。中國農業銀行在聯交所掛牌首日收報 3.27 元，較發售價 3.2 元上升 2.2%。中國農業銀行完成在香港首次公開招股後，成為第五家國有大型商業銀行完成股份制改革。

2010 年 12 月 16 日，重慶農村商業銀行股份有限公司（重慶農村商業銀行）在香港聯交所上市，成為首家在香港上市的農村商業銀行，集資 131.95 億元。2013 年 11 月 6 日，重慶銀行股份有限公司（重慶銀行）在聯交所上市，為首家在港上市的城市商業銀行，集資 43.38 億元。2016 年 9 月 28 日，中國郵政儲蓄銀行股份有限公司（中國郵政儲蓄銀行）在聯交所上市，集資 591.5 億元，成為 2016 年全球集資規模最大的首次公開招股。中國郵政儲蓄銀行透過在香港上市，完成股改、引入戰略投資者及上市的三步走改革路線圖。2017 年 6 月 20 日，廣州農村商業銀行股份有限公司（廣州農村商業銀行）在聯交所上市，集資 92.84 億元。

2005 年至 2017 年 7 月 1 日期間，共有 23 家中資銀行在香港進行首次公開招股，其中五間是國有大型商業銀行，包括交通銀行、中國建設銀行、中國銀行、中國工商銀行、中國農業銀行；五間股份制商業銀行，包括招商銀行、中信銀行、中國民生銀行、中國光大銀

2006 年 5 月 18 日至 23 日中午 12 時，中國銀行股份有限公司在香港公開招股，圖為招股首天香港市民排隊領取招股書及申請表格。中國銀行在香港集資 867.41 億元。（美聯社提供）

2006 年 9 月 22 日，招商銀行股份有限公司在香港聯合交易所上市，成為首家在香港證券市場上市的內地股份制商業銀行。在上市儀式上，財政司司長唐英年（左）、招商銀行股份有限公司董事長秦曉（中）及香港交易及結算所有限公司主席夏佳理（右）互相祝酒。（南華早報出版有限公司提供）

2006 年 10 月 27 日，中國工商銀行股份有限公司在香港聯合交易所舉行上市儀式，香港交易及結算所主席夏佳理（左一）向中國工商銀行董事長姜建清（右二）致送紀念品。中國工商銀行在香港集資 1249.48 億元，成為 1986 年至 2017 年期間以集資額計香港證券市場第二大新股集資活動。（南華早報出版有限公司提供）

2010 年 6 月 30 日至 7 月 6 日，中國農業銀行股份有限公司在香港公開招股。7 月 16 日，中國農業銀行在香港聯合交易所上市，成為第五家在香港證券市場上市的國有大型商業銀行。（南華早報出版有限公司提供）

行、浙商銀行；八間城市商業銀行，包括重慶銀行、徽商銀行股份有限公司、哈爾濱銀行股份有限公司、盛京銀行股份有限公司、青島銀行股份有限公司、錦州銀行股份有限公司、鄭州銀行股份有限公司、天津銀行股份有限公司；三間農村商業銀行，包括重慶農村商業銀行、吉林九台農村商業銀行股份有限公司、廣州農村商業銀行；一間郵儲銀行，即中國郵政儲蓄銀行；以及一間香港註冊持牌銀行，即中銀香港（控股）。[9]

據資料顯示，2005 年至 2017 年，國有大型商業銀行在港集資額為 3,936.18 億元，股份制商業銀行在港集資額為 1,247.23 億元，城市商業銀行在港集資額為 609.03 億元，農村商業銀行在港集資額為 259.4 億元，郵儲銀行在港集資額為 591.5 億元。內地註冊銀行在香港進行首次公開招股集資額為 6643.34 億元（見表 10-2-8）。

表 10-2-8　中資銀行利用香港進行首次公開招股集資額

公司名稱	機構類型	上市日期	首次公開招股集資額（億元）
中銀香港（控股）有限公司	香港註冊持牌銀行	2002 年 7 月 25 日	205.16
交通銀行股份有限公司	國有大型商業銀行	2005 年 6 月 23 日	168.35
中國建設銀行股份有限公司	國有大型商業銀行	2005 年 10 月 27 日	715.78
中國銀行股份有限公司	國有大型商業銀行	2006 年 6 月 1 日	867.41
招商銀行股份有限公司	股份制商業銀行	2006 年 9 月 22 日	206.91
中國工商銀行股份有限公司	國有大型商業銀行	2006 年 10 月 27 日	1249.48
中信銀行股份有限公司	股份制商業銀行	2007 年 4 月 27 日	329.23
中國民生銀行股份有限公司	股份制商業銀行	2009 年 11 月 26 日	312.29
中國農業銀行股份有限公司	國有大型商業銀行	2010 年 7 月 16 日	935.15
重慶農村商業銀行股份有限公司	農村商業銀行	2010 年 12 月 16 日	131.95
重慶銀行股份有限公司	城市商業銀行	2013 年 11 月 6 日	43.38
徽商銀行股份有限公司	城市商業銀行	2013 年 11 月 12 日	106.07
中國光大銀行股份有限公司	股份制商業銀行	2013 年 12 月 20 日	248.52
哈爾濱銀行股份有限公司	城市商業銀行	2014 年 3 月 31 日	87.68
盛京銀行股份有限公司	城市商業銀行	2014 年 12 月 29 日	116.48
青島銀行股份有限公司	城市商業銀行	2015 年 12 月 3 日	49.49
錦州銀行股份有限公司	城市商業銀行	2015 年 12 月 7 日	70.71
鄭州銀行股份有限公司	城市商業銀行	2015 年 12 月 23 日	58.44
天津銀行股份有限公司	城市商業銀行	2016 年 3 月 30 日	76.78
浙商銀行股份有限公司	股份制商業銀行	2016 年 3 月 30 日	150.28
中國郵政儲蓄銀行股份有限公司	郵儲銀行	2016 年 9 月 28 日	591.5
吉林九台農村商業銀行股份有限公司	農村商業銀行	2017 年 1 月 12 日	34.61
廣州農村商業銀行股份有限公司	農村商業銀行	2017 年 6 月 20 日	92.84
	總額		6848.5

資料來源： 香港交易及結算所。

注： 由於四捨五入關係，各銀行首次公開招股集資額相加未必和總額相符。2018 年，中國郵政儲蓄銀行被劃分為國有大型商業銀行。

2005 年至 2017 年，六間內地銀行在香港進行七次供股，包括交通銀行、招商銀行、中國建設銀行、中國銀行、中國工商銀行、中信銀行，集資總額為 1,429.65 億元（見表 10-2-9）。內地銀行在香港進行首次公開招股及供股的集資總額為 8072.99 億元。

國有大型商業銀行在香港完成首次公開招股後，交通銀行核心資本充足率由上市前 6.77%，改善至上市後 8.68%；中國建設銀行核心資本充足率由上市前 8.11%，改善至上市後 11.08%；中國銀行核心資本充足率由上市前 8.08%，改善至上市後 10.6%；中國工商銀行核心資本充足率由上市前的 8.97%，改善至上市後的 12.23%；中國農業銀行核心資本充足比率，由上市前的 6.72%，提高至上市後的 9.75%（見表 10-2-10）。2013 年後在香港進行首次公開招股的內地銀行，其一級資本充足率及核心一級資本充足率普遍有改善（見表 10-2-11）。

表 10-2-10　2013 年前中資銀行集資後資本充足率變化

公司名稱	機構類型	上市日期
交通銀行股份有限公司	國有大型商業銀行	2005 年 6 月 23 日
中國建設銀行股份有限公司	國有大型商業銀行	2005 年 10 月 27 日
中國銀行股份有限公司	國有大型商業銀行	2006 年 6 月 1 日
招商銀行股份有限公司	股份制商業銀行	2006 年 9 月 22 日
中國工商銀行股份有限公司	國有大型商業銀行	2006 年 10 月 27 日
中信銀行股份有限公司	股份制商業銀行	2007 年 4 月 27 日
中國民生銀行股份有限公司	股份制商業銀行	2009 年 11 月 26 日
中國農業銀行股份有限公司	國有大型商業銀行	2010 年 7 月 16 日
重慶農村商業銀行股份有限公司	農村商業銀行	2010 年 12 月 16 日

資料來源：　各銀行的招股書及年報。
注：2013 年 1 月 1 日前，商業銀行須遵守《資本充足辦法》，最低資本充足率為 8%，最低核心資本充足率為 4%。

表 10-2-9 中資銀行在港進行供股集資額

公司名稱	宣布供股條款日期	供股條款	供股集資額（億元）
交通銀行股份有限公司	2010 年 2 月 23 日	10 股供 1.5 股，供股價 5.14 元	177.83
招商銀行股份有限公司	2010 年 3 月 2 日	10 股供 1.3 股，供股價 10.06 元	45.26
中國銀行股份有限公司	2010 年 7 月 2 日	10 股供 1 股，供股價 2.74 元	208.3
中國建設銀行股份有限公司	2010 年 11 月 2 日	10 股供 0.7 股，供股價 4.38 元	688.9
中國工商銀行股份有限公司	2010 年 11 月 10 日	10 股供 0.45 股，供股價 3.49 元	130.44
中信銀行股份有限公司	2011 年 6 月 24 日	10 股供 2 股，供股價 4.01 元	99.46
招商銀行股份有限公司	2013 年 8 月 23 日	10 股供 1.74 股，供股價 11.68 元	79.47
總額			1429.65

資料來源： 香港交易所。

注：由於四捨五入關係，各銀行供股集資額相加未必和總額相符。

上市前資本充足率（%）（截數日期）	上市後資本充足率（%）（截數日期）	上市前核心資本充足率（%）（截數日期）	上市後核心資本充足率（%）（截數日期）
9.72（2004.12.31）	11.29（2005.06.30）	6.77（2004.12.31）	8.68（2005.06.30）
10.71（2005.06.30）	13.57（2005.12.31）	8.11（2005.06.30）	11.08（2005.12.31）
10.42（2005.12.31）	12.4（2006.06.30）	8.08（2005.12.31）	10.6（2006.06.30）
8.36（2006.06.30）	11.4（2006.12.31）	6.44（2006.06.30）	9.58（2006.12.31）
10.74（2006.06.30）	14.05（2006.12.31）	8.97（2006.06.30）	12.23（2006.12.31）
9.41（2006.12.31）	15.99（2007.06.30）	6.57（2006.12.31）	13.78（2007.06.30）
8.48（2009.06.30）	10.83（2009.12.31）	5.90（2009.06.30）	8.92（2009.12.31）
8.31（2010.06.30）	11.59（2010.12.31）	6.72（2010.06.30）	9.75（2010.12.31）
10.5（2010.06.30）	16.31（2010.12.31）	8.84（2010.06.30）	14.78（2010.12.31）

表 10-2-11　2013 年後中資銀行集資後資本充足率變化

公司名稱	機構類型	上市日期	上市前資本充足率（％）（截數日期）
重慶銀行股份有限公司	城市商業銀行	2013 年 11 月 6 日	11.12（2013.06.30）
徽商銀行股份有限公司	城市商業銀行	2013 年 11 月 12 日	11.9（2013.06.30）
中國光大銀行股份有限公司	股份制商業銀行	2013 年 12 月 20 日	9.67（2013.06.30）
哈爾濱銀行股份有限公司	城市商業銀行	2014 年 3 月 31 日	11.95（2013.12.31）
盛京銀行股份有限公司	城市商業銀行	2014 年 12 月 29 日	11.61（2014.06.30）
青島銀行股份有限公司	城市商業銀行	2015 年 12 月 3 日	12.78（2015.06.30）
錦州銀行股份有限公司	城市商業銀行	2015 年 12 月 7 日	8.92（2015.06.30）
鄭州銀行股份有限公司	城市商業銀行	2015 年 12 月 23 日	10.92（2015.06.30）
天津銀行股份有限公司	城市商業銀行	2016 年 3 月 30 日	12.23（2015.12.31）
浙商銀行股份有限公司	股份制商業銀行	2016 年 3 月 30 日	11.04（2015.12.31）
中國郵政儲蓄銀行股份有限公司	郵儲銀行	2016 年 9 月 28 日	10.04（2016.06.30）
吉林九台農村商業銀行股份有限公司	農村商業銀行	2017 年 1 月 12 日	13.79（2016.12.31）
廣州農村商業銀行股份有限公司	農村商業銀行	2017 年 6 月 20 日	12.16（2016.12.31）

資料來源： 各銀行的招股書及年報。

注：2013 年 1 月 1 日起，商業銀行須遵守《資本管理辦法》，商業銀行的資本充足率不得低於 8%，一級資本充足率不得低於 6%，核心一級資本充足率不得低於 5%。2018 年，中國郵政儲蓄銀行被劃分為國有大型商業銀行。

四、成立投資銀行

1979 年 3 月 2 日，由中國銀行香港分行聯同中國保險公司香港分公司，聯合超過 10 家銀行及保險公司組成的中國建設財務（香港）有限公司在香港註冊成立。該公司實收資本為 5000 萬元，由章驥出任董事長，姚慶三任常務董事兼經理，透過參與香港金融市場各項業務，協助內地實行四個現代化建設。中國建設財務（香港）成為中國最早成立的投資銀行。

1986 年 4 月，中國建設財務（香港）改組為中國銀行香港分行全資附屬公司。該公司成立初期，業務以接受存款為主及參與融資貸款，其後業務擴展至安排銀團貸款及項目貸款。1988 年，中國建設財務（香港）為中華電力持有 25% 股權的大亞灣核電廠項目安排 16 億元融資。1991 年，中國建設財務（香港）為合和中國發展（高速公路）有限公司興建廣深珠高速公路安排 8 億美元銀團貸款，1992 年再為合和集團投資的廣東省沙角發電廠 C 廠安排 7.5 億美元項目貸款。

1992 年 7 月 15 日，海虹集團在香港聯交所上市。中國建設財務（香港）成為海虹聯席保薦人，協助海虹成為首家透過首次公開招股集資的紅籌股公司，集資 9188 萬元。1993 年 7 月 15 日，青島啤酒在聯交所上市，中國建設財務（香港）成為青島啤酒獨家保薦人，協助青島啤酒成為首家在香港上市的國有企業，集資 8.89 億元。

上市後資本充足率（％）（截數日期）	上市前一級資本充足率（％）（截數日期）	上市後一級資本充足率（％）（截數日期）	上市前核心一級資本充足率（％）（截數日期）	上市後核心一級資本充足率（％）（截數日期）
13.26（2013.12.31）	8.54（2013.06.30）	10.82（2013.12.31）	8.54（2013.06.30）	10.82（2013.12.31）
15.19（2013.12.31）	9.25（2013.06.30）	12.61（2013.12.31）	9.24（2013.06.30）	12.60（2013.12.31）
10.57（2013.12.31）	7.77（2013.06.30）	9.11（2013.12.31）	7.77（2013.06.30）	9.11（2013.12.31）
15.26（2014.06.30）	10.68（2013.12.31）	14.01（2014.06.30）	10.68（2013.12.31）	14.01（2014.06.30）
12.65（2014.12.31）	9.77（2014.06.30）	11.04（2014.12.31）	9.77（2014.06.30）	11.04（2014.12.31）
15.04（2015.12.31）	10.1（2015.06.30）	12.48（2015.12.31）	10.1（2015.06.30）	12.48（2015.12.31）
10.50（2015.12.31）	7.03（2015.06.30）	8.97（2015.12.31）	7.03（2015.06.30）	8.96（2015.12.31）
12.20（2015.12.31）	8.55（2015.06.30）	10.09（2015.12.31）	8.55（2015.06.30）	10.09（2015.12.31）
12.17（2016.06.30）	9.33（2015.12.31）	9.58（2016.06.30）	9.33（2015.12.31）	9.58（2016.06.30）
11.72（2016.06.30）	9.35（2015.12.31）	10.16（2016.06.30）	9.35（2015.12.31）	10.16（2016.06.30）
11.13（2016.12.31）	8.17（2016.06.30）	8.63（2016.12.31）	8.17（2016.06.30）	8.63（2016.12.31）
12.43（2017.06.30）	10.52（2016.12.31）	9.71（2017.06.30）	10.35（2016.12.31）	9.52（2017.06.30）
11.77（2017.06.30）	9.92（2016.12.31）	10.25（2017.06.30）	9.90（2016.12.31）	10.22（2017.06.30）

1997 年，中國國際金融成立中國國際金融（香港）（中金香港），中國國際金融為中國人民建設銀行持有 42.5% 股權的中外合資投資銀行。10 月 23 日，中國電信（香港）在聯交所上市，成為首家在香港上市的內地國有電訊企業。中金香港為中國電信（香港）聯席保薦人，協助中國電信（香港）在香港上市集資 326.65 億元。

1998 年 2 月 24 日，中國工商銀行和東亞銀行在北京簽署收購西敏證券亞洲有限公司及組成工商東亞金融控股的協議。中國工商銀行佔工商東亞金融控股 60%，東亞銀行佔 25%，原西敏證券亞洲管理層佔 15%。中國工商銀行出資成立工商東亞金融控股後，擁有協助內地企業到海外上市或發債的能力。

1998 年 7 月 10 日，中國銀行在香港成立中銀國際控股有限公司（中銀國際控股），註冊資本為 10 億美元。中國建設財務（香港）成為中銀國際控股的子公司。7 月 22 日，中國建設財務（香港）易名為中銀國際融資有限公司。2002 年 7 月 25 日，中銀香港（控股）在聯交所上市，中銀國際控股的全資附屬公司中銀國際亞洲有限公司成為聯席保薦人，協助中國銀行出售中銀香港 24.54 億股，獲得 205.16 億元現金。

2004 年 1 月 14 日，中國建設銀行將建新財務易名為建銀國際（控股）。2005 年 10 月 27 日，中國建設銀行在聯交所上市，建銀國際（控股）子公司建銀國際金融出任聯席全球

協調人及聯席保薦人，協助中國建設銀行集資 715.78 億元。建銀國際金融成為首間協助內地國有大型商業銀行完成國有大型商業銀行改革「四部曲」的中資銀行系投資銀行。

2006 年 6 月 1 日，中國銀行在聯交所上市，中銀國際亞洲成為聯席保薦人，協助中國銀行集資 867.41 億元。同年 10 月 27 日，中國工商銀行在聯交所上市，工商東亞融資有限公司成為中國工商銀行進行首次公開招股的聯席保薦人，協助中國工商銀行集資 1,249.48 億元，工商東亞為首家協助國有大型商業銀行上市發行的內地與香港合資投資銀行。

2008 年 9 月 12 日，中國工商銀行全資附屬公司工商國際金融易名為工銀國際控股有限公司，中國工商銀行實現由商業銀行向投資銀行的業務轉型。2009 年 6 月 4 日，中國工商銀行和東亞銀行簽訂協議，中國工商銀行同意以 3.72 億元出售工商東亞 75% 股權予東亞銀行，結束以內地及香港合資模式經營投資銀行業務。

2009 年 11 月 10 日，中國農業銀行成立農銀國際控股。2010 年 7 月 16 日，中國農業銀行在聯交所上市，農銀國際控股子公司農銀國際證券有限公司成為聯席全球協調人、聯席保薦人及聯席帳簿管理人，協助農行集資 935.15 億元。

截至 2017 年，中資銀行在香港擁有十間投資銀行，包括工銀國際控股、中銀國際控股、交銀國際控股有限公司、農銀國際控股、建銀國際（控股）、招銀國際金融控股有限公司、光銀國際投資有限公司、民生商銀國際控股、浦銀國際控股有限公司、上銀國際有限公司，合計已發行股本總額 296.73 億元。其中，工銀國際控股已發行股本為 48.82 億元，為已發行股本最多的中資銀行系投資銀行。中銀國際控股稅後利潤為 20.77 億元，為稅後利潤最多的中資銀行系投資銀行（見表 10-2-12）。

表 10-2-12　中資銀行在港成立投資銀行概況

中資投資銀行名稱	2017 年已發行股本	2017 年總資產	2017 年淨資產	稅後利潤
中銀國際控股有限公司	35.39 億元	721.38 億元	177.36 億元	20.77 億元
交銀國際控股有限公司	39.42 億元	179.68 億元	63.56 億元	4.04 億元
民生商銀國際控股有限公司	20 億元	154.06 億元	25.14 億元	2.25 億元
工銀國際控股有限公司	48.82 億元	68.52 億美元	10.27 億美元	1.77 億美元
農銀國際控股有限公司	41.13 億元	377.61 億元	71.43 億元	13.35 億元
招銀國際金融控股有限公司	41.29 億元	164.26 億元	70.53 億元	5.82 億元
光銀國際投資有限公司	16 億元	67.58 億元	14.97 億元	128 萬元
建銀國際（控股）有限公司	6.01 億美元	779.61 億元人民幣	109.94 億元人民幣	14.38 億元人民幣
浦銀國際控股有限公司	不詳	59.27 億元人民幣	不詳	4.4 億元人民幣
上銀國際有限公司	7.8 億元	16.86 億元	不詳	5919 萬元

資料來源： 各銀行年報。

五、成立基金管理公司

1989 年，中國建設財務（香港）開辦基金管理業務。1999 年 10 月 4 日，中銀國際英國保誠資產管理有限公司在港註冊成立，中銀國際控股持有 64% 股權，在港開展零售基金管理、交易所買賣基金（ETF）及強制性公積金管理。

2007 年 7 月 17 日，中銀國際英國保誠資產管理「標智滬深 300 中國指數基金」在聯交所掛牌，為中銀國際英國保誠資產管理首隻 ETF，亦是首隻追蹤滬深 300 指數表現的 ETF。2009 年 8 月 17 日，標智滬深 300 中國指數基金在台灣證券交易所透過聯接基金形式上市，成為首隻在台灣地區上市的香港 ETF，形成台灣地區資金投資 A 股的渠道。

2013 年 3 月 1 日，在人民幣合格境外機構投資者（RQFII）的基礎下，中國證監會發布《人民幣合格境外機構投資者境內證券投資試點辦法》及《關於實施〈人民幣合格境外機構投資者境內證券投資試點辦法〉的規定》，決定將 RQFII 試點類型，由中資基金管理公司、證券公司在香港子公司，擴大至中資銀行及中資保險公司在香港子公司或註冊地及主要經營地在香港地區的金融機構；同時放寬 RQFII 投資範疇，由只能發行債券類產品或 A 股 ETF 產品，放寬至機構按市場情況自主決定產品類型。3 月 25 日，建銀國際資產管理獲批准成為首家獲得 RQFII 資格的中資銀行系資產管理公司。5 月 3 日，國家外匯管理局向建銀國際資產管理批出八億元人民幣的 RQFII 投資額度，擴大引導在海外積存人民幣資金回流內地的渠道。2013 年年底，國家外匯管理局向工銀瑞信資產管理（國際）、工銀亞洲投資管理、建銀國際資產管理、農銀國際資產管理、中銀香港資產管理、交銀國際資產管理批出合共 58 億元人民幣的 RQFII 投資額度。

2015 年 7 月 1 日，《香港互認基金管理暫行規定》正式實施。同日中銀香港資產管理及中銀國際英國保誠資產管理分別向中國證監會申請四隻基金在內地銷售，包括由中銀香港資產管理負責管理的「全天候中國高息債券基金」及「全天候內地與香港股票基金」，以及由中銀國際英國保誠資產管理負責管理的「中銀香港香港股票基金」及「中銀香港環球股票基金」。中銀香港資產管理及中銀國際英國保誠資產管理成為首批提交註冊申請材料的香港資產管理公司。

2016 年 2 月 17 日，中國證監會批准「建銀國際—國策主導基金」註冊及在內地公開銷售，成為首隻獲准在內地銷售的中資銀行系資產管理公司管理的香港基金。2 月 18 日，中國證監會批准「中銀香港全天候中國高息債券基金」註冊及在內地公開銷售。

截至 2017 年，在香港成立的中資銀行資產管理公司共有 17 家，包括工銀瑞信資產管理（國際）有限公司、工銀資管（全球）有限公司、中銀國際英國保誠資產管理有限公司、中銀香港資產管理有限公司、農銀國際資產管理有限公司、建銀國際資產管理有限公司、交

表 10-2-13　中資銀行系資產管理公司人民幣合格境外機構投資者投資額度變化

（單位：億元人民幣）

人民幣合格境外機構投資者名稱	2013 年	2014 年	2015 年	2016 年	2017 年
農銀國際資產管理有限公司	18	53	53	53	97.6
建銀國際資產管理有限公司	8	43	43	43	43
工銀瑞信資產管理（國際）有限公司	8	28	28	28	28
工銀資管（全球）有限公司	8	23	23	23	23
交銀施羅德資產管理（香港）有限公司	不適用	10	10	10	10
中銀香港資產管理有限公司	8	8	8	8	8
交銀國際資產管理有限公司	8	8	8	8	8
上投摩根資產管理（香港）有限公司	不適用			8	8
總額	58	173	173	181	225.6

資料來源：　國家外匯管理局。
注：2016 年 3 月，上海浦東發展銀行持有上海國際信託 51% 股權，間接持有上投摩根資產管理（香港）控股權，後者成為中資銀行在香港經營的資產管理公司。2017 年 10 月 9 日，工銀亞洲資產管理易名為工銀資管（全球）。

銀國際資產管理有限公司、交銀施羅德資產管理（香港）有限公司、招銀國際資產管理有限公司、浦銀國際投資管理有限公司、民銀資產管理有限公司、光銀國際資產管理有限公司、招商永隆資產管理有限公司、中信國際資產管理有限公司、上投摩根資產管理（香港）有限公司、中加國際資產管理有限公司及工銀國際資產管理有限公司。該年在香港成立的中資銀行系資產管理公司獲批的 QFII 投資額度為 18.43 億美元。[10] 同年在香港成立的中資銀行系資產管理公司獲批的 RQFII 投資額度總額為 225.6 億元人民幣，較 2013 年增加 167.6 億元人民幣（見表 10-2-13）。[11]

第三節 銀行政策與監管

一、跨境監管

1987 年，銀行監理專員霍禮義按《銀行業條例》要求發表銀行業監理處年報，指出：「中國方面還有其他資金，亦擬投資在香港的銀行業上。現時有 15 間銀行是由中資直接控制，因此，銀行監理專員與中國人民銀行，應發展有如與美國聯邦儲備局、日本銀行和英倫銀行等監理當局一般密切的關係，這點是極為重要的。無論是處理日常事務或日後可能發生的問題，特別是新機構進入香港市場的問題，這個關係是不可或缺的。」

1988 年 11 月，銀行監理專員黎恪義及副銀行監理專員劉秋華應中國銀行邀請訪問北京，順道拜會中國人民銀行商討監管問題，建立與中國人民銀行溝通渠道。

1989 年 10 月，銀行業監理處獲得中國人民銀行同意後，派出助理銀行監理專員率領小組

訪問上海，審查兩間香港註冊持牌銀行在當地運作情況。此為銀行業監理處首次審查香港註冊持牌銀行設於內地的分行，並與中國人民銀行及國家外匯管理局討論。同年 11 月，銀行業監理處派員往深圳經濟特區進行類似訪問。

1990 年至 1992 年期間，香港與內地之間的跨境銀行業務增加。1992 年，銀行業監理處與中國人民銀行建立雙邊銀行監管合作架構，為香港與內地建立首套跨境監管合作架構。

該合作架構包括三項原則：

（一）香港與內地監管當局接獲對方銀行的開業申請，均會諮詢對方，並且須取得內地與香港監管當局雙方同意，申請銀行才獲准籌備開業；

（二）香港與內地監管當局容許對方，向來自其管轄區域內的認可機構開設的跨境銀行業務進行實地審查；

（三）香港與內地監管當局容許對方，對來自其管轄區域內的認可機構開設的跨境銀行機構進行資料搜集。在法例准許的程度下，同意和對方分享個別機構資料，協助對方執行審慎監管。

1993 年 6 月 24 日，中共中央及國務院發布《中共中央、國務院關於當前經濟情況和加強宏觀調控的意見》，公布 16 項調控措施。金管局旋即就香港銀行業與內地間的交易進行按月調查，調查對象為 24 家與內地有大量業務來往機構，調查範圍包括該等機構與內地銀行及非銀行機構的存款和貸款資料，以及香港銀行業向本地及海外機構發放的貸款在內地使用的情形，以釐清資金從香港調回內地的情況。

1998 年 10 月 6 日，中國人民銀行決定關閉廣東國際信託投資公司。10 月 12 日，廣東國際信託投資公司的兩家香港附屬公司 —— 廣東國際信託投資（香港）有限公司及廣信實業有限公司宣告清盤。為評估廣信倒閉事件對香港銀行業的衝擊，金管局在 10 月份對香港銀行業進行調查，統計香港銀行業對所有非銀行中資企業，包括廣東國際信託投資公司、其他國投公司、紅籌股公司、H 股公司、國家或省市政府持有機構，及內地單位持有或控制公司的直接貸款及或有承擔。調查結果為香港銀行業對非銀行中資企業發放的總貸款為 3254 億元，佔香港銀行業總資產 4.5%。其中，香港銀行業向廣東國際信託投資公司及其他國投公司發放的總貸款為 470 億元。自 1998 年起，金管局開始收集香港所有認可機構對指定中資非銀行類機構的貸款數據。

1999 年 1 月，廣東省政府宣布粵海企業集團有限公司及有關公司的債務重組方案，涉及債權銀行逾 120 家，欠債達 330 億元，成為香港最大型的債務重組方案。金管局於事件中擔當了兩地溝通工作，協助香港銀行向內地政府傳達債務重組意見。同年 12 月 31 日，香港所有認可機構對中資企業貸款總額下降至 2336 億元，佔香港銀行業總資產的 3.4%。2000 年 12 月 31 日，香港所有認可機構對非銀行中資企業貸款總額進一步降至 1943 億元。

2003 年 4 月起，新成立的中國銀監會正式履行原本由中國人民銀行承擔的監管職能。
2003 年 8 月 25 日，金管局總裁任志剛與中國銀監會主席劉明康在上海簽訂《諒解備忘
錄》。雙方同意：

（一）確保香港與內地銀行機構的跨境分行、代理機構、代表辦事處及附屬機構按照審慎經
　　　營原則展開業務。

（二）確保香港銀行總行與內地銀行總行對其境外分行及附屬機構的經營情況進行充分有效
　　　控制。

（三）確保香港與內地監管當局對其管轄下的銀行機構跨境業務進行持續有效綜合監察，並
　　　協助對方履行此職責。備忘錄具體措施包括定期交流信息機制、每年開會兩次的定期
　　　磋商機制、前往對方區域進行現場檢查的互助機制、銀行機構申請在對方區域開設分
　　　行或附屬機構或參股在對方區域註冊成立銀行機構之前，互相徵求對方監管機構意見
　　　機制。

自 2004 年 1 月 1 日起，CEPA 架構下的《關於開放服務貿易領域的具體承諾》正式實施，
香港銀行與內地的跨境銀行業務增加。2006 年 9 月底起，金管局擴大收集香港銀行業發
放予內地相關貸款的申報範圍。在原有統計香港銀行業向內地的信託投資公司、紅籌股公
司、H 股公司、內地政府擁有的其他機構，及上述機構的附屬公司發放貸款基礎上，金管局

2003 年 8 月 25 日，香港金融管理局總裁任志剛（左）與中國銀行業監督管理委員會主席劉
明康（右）於上海簽署諒解備忘錄，訂明雙方就銀行監管的範疇互相提供監管信息及合作。
（香港特別行政區政府提供）

引入新申報項目，包括認可機構對其他中資客戶貸款及對非中資客戶在內地使用的貸款。金管局採納新申報項目前，2006 年 6 月底香港銀行業對非銀行類客戶的內地相關貸款為 2196 億元；採納新申報項目後，2006 年 9 月底香港銀行業對非銀行類客戶的內地相關貸款為 5353 億元，較採納新申報項目前增加 143.8%。

2008 年 7 月 29 日，香港與內地簽訂 CEPA《補充協議五》及其附件，內地允許符合條件的香港銀行在內地註冊成立的法人銀行在香港設立數據中心，並於 2009 年 1 月 1 日生效。2009 年 5 月，金管局與中國銀監會簽訂《監管合作安排》，加強香港及內地的跨境數據中心監管。2010 年 11 月 5 日，金管局與中國銀監會簽訂《跨境危機管理合作協議》，作為《諒解備忘錄》的補充文件。

2013 年 10 月 4 日，金管局總裁陳德霖對《銀行業條例》所載的發牌準則作出詮釋並刊登憲報，指金管局在處理非銀行或其他受監管金融機構申請收購香港註冊認可機構 50% 以上股權時，有權要求申請者在香港成立控股公司，而有關控股公司成立唯一目的是持有現有或打算成立的香港註冊認可機構。該控股公司須遵守附加條件，包括資本充足水平、流動性、大額風險承擔、集團內部風險承擔及資產抵押、集團結構、所進行的活動、風險管理、董事及高級管理層須符合「適當人選」準則的要求，以及向金管局總裁提交財務及其他資料等。

2013 年 10 月 25 日，越秀企業（集團）有限公司透過越秀金融控股有限公司向廖創興企業有限公司、廖創興置業有限公司、廖氏集團有限公司、愛寶控股有限公司收購創興銀行最多 50.72% 股權，成為金管局總裁陳德霖對《銀行業條例》發牌準則作出詮釋後，首宗由中資非銀行控股公司提出的本地註冊持牌銀行收購。

2014 年 1 月，香港銀行體系總貸款按月增長 3.7%，按年率化計算增長達 44.5%；部分貸款增長來自內地企業借貸。3 月，金管局實施「穩定資金要求」措施，要求年率化後貸款增長超過 20% 的銀行，必須擁有穩定資金支持才可繼續進行信貸擴張。4 月 15 日，金管局副總裁阮國恒發表文章指出，「從銀行監管的角度來看，使用一刀切的硬指標去管理這類貸款（指內地相關貸款）所帶來的風險是不恰當的」。

2017 年，香港銀行體系的內地相關貸款總額為 41,894 億元，當中 76% 是借予國有企業及非內地的跨國公司，而其餘為借予內地民營企業的貸款。內地相關貸款反映香港作為金融中介區域樞紐，來自日本、新加坡、澳洲及美國等地的外資銀行亦有透過其香港分行參與和內地有關貸款活動。香港銀行及外資銀行在香港分行協助內地企業透過香港籌集資金，支持其在內地及海外營運及併購活動，香港及國際企業亦可在香港籌集資金發展內地業務。香港銀行業發放的內地相關貸款普遍用作支持實體經濟，2017 年年底其不良貸款率為 0.67%，與香港銀行業整體不良貸款率基本一致。

截至 2017 年，金管局與中國銀監會繼續進行每年開會兩次的定期磋商。由 2003 年至 2017 年 6 月期間，金管局與中國銀監會共舉行 23 次磋商。

二、兩地交流

1989 年 11 月，銀行監理專員黎恪義及銀行業監理處一名高級人員應中國人民銀行邀請，前往廈門出席中國人民銀行為員工舉辦的研討會，並在會上介紹香港銀行業的監管工作及方法。香港銀行監管機構首次派員往內地分享銀行監管知識和經驗。

1991 年，中國銀行派出三名職員，以借調形式往銀行業監理處受訓三個月，為內地銀行機構首次派員前往香港銀行監管機構接受培訓。

1993 年 4 月 1 日，金管局成立；同年，中國人民銀行派出四位職員以暫時借調模式前往金管局作四個月培訓。1994 年，中國人民銀行派出四位職員到金管局作三個月培訓。同年 10 月，金管局與中國人民銀行在深圳合辦一個有關在內地進行外匯買賣的研討會，讓內地資深銀行家認識外匯市場的效益與風險。11 月，金管局派出高級職員前往中國人民銀行研究院講解香港金融體系。1995 年 4 月，中國人民銀行派出五位官員到金管局接受為期四個月銀行監管工作訓練。同年，國家外匯管理局亦派出八位官員前往金管局接受訓練課程；年底，金管局安排一位剛完成國際貨幣基金會獎學金計劃的中國人民銀行官員參與為期三個月實習課程。

1996 年，金管局為內地監管機構提供培訓的對象，由中國人民銀行、國家外匯管理局擴展至中國證監會，同年共有 16 位內地相關機構人員接受培訓。金管局亦派出兩批高級職員參與中國人民銀行舉辦的一星期培訓課程作為對等安排，以加強金管局職員對內地金融體系、銀行監管及貨幣制度的認識。

2001 年，金管局為中國人民銀行監管人員籌辦培訓課程，以協助有關人員應付中國加入世貿組織的挑戰。4 月，金管局在深圳舉辦為期一周的研討會，共有 210 位中國人民銀行人員參加；7 月及 12 月，金管局在香港舉行兩次銀行監管課程，共有 60 位中國人民銀行人員參加。2003 年 4 月，中國銀監會開始運作，金管局專為該機構銀行監管人員與內地商業銀行人員提供了兩個專題講座；2003 年內，金管局合共為 258 位內地有關機構人員提供五個課程，相當於 1322 日培訓。

2005 年，金管局進一步擴展為中國人民銀行、中國銀監會及內地其他機構舉辦培訓課程，為合共 1129 位內地人員提供 20 項課程，出席人數首次超過 1000。2010 年，金管局為合共 2064 位內地人員提供 22 項課程，出席人數首次超過 2000。

內地方面，2016 年起中國銀監會以銀鷹計劃為平台，開展香港青年學生赴內地銀行業金融機構暑期實習工作，積極推動兩地金融青年人才交流。2016 年首期實習項目共有 39 名香港學生參加，2017 年第二期實習項目共有 35 名香港學生參加。

直至 2017 年，金管局繼續為中國人民銀行、國家外匯管理局及中國銀監會的人員舉辦培訓課程。金管局亦為中國銀行業協會成員銀行的高層代表舉辦培訓研討會。課題涵蓋中央銀行運作、風險分析及管理、特殊資產管理、現場審查方法，以及最新金融發展，例如金融科技生態、儲值支付工具、零售支付系統與普及金融。2017 年內，金管局共舉行九個課程及研討會，參加人數為 225 人。1994 年至 2017 年期間，金管局共舉辦 218 個課程及研討會，累計參加人數 13,754 人。

注釋

1　1988 年 4 月 13 日，第七屆全國人民代表大會第一次會議通過建立海南經濟特區。由該日起外資銀行獲准申請在海南設立總行、分行及分支機構。

2　1981 年 1 月 21 日，南洋商業銀行發行發達卡，可在內地兌換點提取現金，為第二張可在內地使用的香港銀行發行信用卡。

3　2002 年，中信嘉華銀行完成收購香港華人銀行。

4　2003 年 12 月 31 日起實施的《境外金融機構投資入股中資金融機構管理辦法》，對海外金融機構入股中資商業銀行、城市信用社、農村信用社、信託投資公司、企業集團財務公司、金融租賃公司及中國銀監會批准設立的其他中資金融機構設置持股比重上限，單一海外金融機構入股中資金融機構持股比重不得多於 20%，但不包括中外合資銀行。華商銀行被收購前是中外合資銀行，中國工商銀行（亞洲）按照《中華人民共和國外資金融機構管理條例》收購華商銀行。

5　2019 年渣打集團有限公司進行架構重組，改由在香港註冊的渣打銀行（香港）持有渣打銀行（中國）全部股權，並於同年 6 月 1 日生效。自此，渣打銀行（中國）成為香港銀行在內地註冊成立的法人銀行。

6　交通銀行香港分行於 1998 年 4 月 14 日起由交通銀行總行直接管理。

7　1996 年 3 月 25 日，中國人民建設銀行易名為中國建設銀行。

8　徐滇慶：〈金融風暴與中國經濟〉，中國研究服務中心網頁，2021 年 6 月 11 日瀏覽，http://ww2.usc.cuhk.edu.hk/PaperCollection/Details.aspx?id=1624。

9　2018 年，中國郵政儲蓄銀行被劃分為國有大型商業銀行。

10　2017 年 12 月底，中銀國際英國保誠資產管理、工銀資管（全球）、工銀瑞信資產管理（國際）、建銀國際資產管理、農銀國際資產管理、工銀國際資產管理、招銀國際資產管理、中加國際資產管理及中銀香港資產管理獲得 QFII 投資額度，分別為 0.71 億美元、0.22 億美元、3 億美元、2 億美元、0.5 億美元、2 億美元、3 億美元、2 億美元及 5 億美元。

11　2017 年 12 月底，工銀瑞信資產管理（國際）、工銀資管（全球）、中銀香港資產管理、農銀國際資產管理、建銀國際資產管理、交銀國際資產管理、交銀施羅德資產管理（香港）及上投摩根資產管理（香港）獲得 RQFII 投資額度，分別為 28 億元、23 億元、8 億元、97.6 億元、43 億元、8 億元、10 億元及 8 億元人民幣。

第十一章
證券市場

第一節　概況

國家實行改革開放，發展社會主義市場經濟。1980 年代初期起，中國民營經濟逐漸發展起來。隨着經濟發展和市場化改革向前推進，企業的融資需求展現多樣化的發展趨勢。1980 年內地出現企業發行股票集資，1981 年國家恢復發行國債，隨後，內地一些企業也開始向公眾發行企業債。1986 年 9 月 26 日，中國工商銀行上海市信託投資公司靜安證券業務部，為上海飛樂音響股份有限公司、延中實業股份有限公司所發行的股票提供買賣服務。當時內地證券交易所尚未成立，靜安證券業務部的出現，成為內地證券二級市場的標誌性發展起點。

1988 年，新鴻基有限公司（新鴻基公司）主席兼董事總經理馮永祥向深圳市委書記兼市長李灝介紹香港證券市場基本架構，並說明內地建立按國際規範運作的交易所可以發揮集資的效用。6 月至 9 月，新鴻基公司協助深圳市政府舉辦四期資本市場基本理論培訓班；10 月，新鴻基公司獲委任為深圳發展資本市場領導小組專家顧問，成為香港證券業參與內地證券市場發展的起點。

早於深圳證券交易所（深交所）及上海證券交易所（深交所）營業之前，內地企業已經透過收購在香港註冊的上市公司，以「借殼」形式在香港聯合交易所掛牌，香港證券市場出現首批中資股公司，包括 1990 年 1 月以「借殼」形式上市的中信泰富。

1990 年 12 月，深交所及上交所先後營業；一年後，內地開始研究內地企業來香港上市的可能性。1991 年 12 月，國家經濟體制改革委員會（國家體改委）副主任劉鴻儒組織專家小組來港考察證券市場運作。考察完成後，專家小組撰寫《關於中國內地企業在香港上市問題的研究報告》，剖析內地企業來香港上市的好處，除籌集資金外，亦可以「促進企業轉換經營機制，改革企業體制和財會制度，與國際慣例相一致」。

1992 年 4 月，香港聯合交易所有限公司（聯交所）主席李業廣訪問北京，向國務院副總理朱鎔基建議內地企業來香港上市。朱鎔基聽取意見後，表示可以選擇一批基礎良好、有技術改造任務的大型國有企業作為試點，完成會計制度改造及審計後到香港上市。同年 5 月，證券事務內地香港聯合工作小組成立，研究內地企業在香港市場上市的各項問題。

1992 年下半年，朱鎔基在中南海紫光閣召開會議，解決國有企業前往香港上市採納國際標準的問題。會議上，李業廣指出，來港上市內地企業應在會計準則、信息披露、企業管治、保障投資者等方面，自一開始即嚴格遵循國際標準，以符合國際投資者要求。有關意見獲朱鎔基同意，自此內地企業在香港上市，在會計準則、信息披露、企業管治、保障投資者這些方面和國際水平大致一樣，令內地企業除香港外，亦能夠同時往紐約及倫敦上市。

1992 年 8 月，朱鎔基及中國人民銀行行長李貴鮮批准九家來香港發行股票上市的「股份制規範化試點企業」名單。「股份制規範化試點企業」須先行完成資產重組，將「企業辦政府」及「企業辦社會」所佔用資產剝離，藉此加快國有企業體制改革步伐。自此，來香港上市的國有企業不再承擔政府職能及社會職能、不再持有非營業性資產。[1]

九間「股份制規範化試點企業」於上市前組成了董事會，當中三家委任香港專業人士出任董事，包括青島啤酒股份有限公司（青島啤酒）委任阮北耀為非執行董事，東方電機股份有限公司（東方電機）委任蔡陳葆心為非執行董事，廣州廣船國際股份有限公司（廣州廣船）委任李東海及諸立力為非執行董事。

1993 年 7 月 15 日，青島啤酒在聯交所上市，成為首隻在香港證券市場上市的境外上市外資股（H 股），集資 8.89 億元，為國有企業在香港證券市場籌集資金的開端。青島啤酒完成在香港首次公開招股後，1990 年代首批內地民營企業陸續在聯交所掛牌，例如四通電子技術有限公司。

1998 年至 2004 年期間，梁定邦及史美倫先後出任中國證券監督管理委員會（中國證監會）首席顧問及中國證監會副主席，協助內地創建證券市場監管制度。1998 年 3 月 5 日，國務院副總理朱鎔基提出以年薪 100 萬美元顧問費，邀請證券及期貨事務監察委員會（香港證監會）主席梁定邦擔任中國證監會首席顧問；梁定邦應允以一元年薪出任該職位，並於 1999 年履新。[2] 任內，梁定邦向中國證監會建議實行合格境外機構投資者（QFII）制度，並邀請台灣地區「財政部證券管理委員會」前主任委員戴立寧、台灣地區「財政部證券暨期貨管理委員會」前主任委員呂東英到北京講解 QFII 制度。

2001 年 1 月，香港證監會副主席史美倫獲國務院任命為中國證監會副主席，為首次有香港人任職中央政府副部長級官員，在任期間協助改革內地證券市場的上市機制和提升上市公司管治水平，2004 年 9 月卸任。

2002 年，香港開始成為內地資本市場對外開放的試驗田。同年，內地實行「合格境外機構投資者」（QFII）制度，向海外投資者有序開放內地資本市場，香港註冊金融機構成為 QFII 啟動後的首批參與者。2006 年，內地實行「合格境內機構投資者」（QDII）制度，內地的商業銀行、證券公司、保險公司獲准利用自有資本或以代客理財形式進行海外證券投資。2007 年，國家外匯管理局批准被稱為「港股直通車」的《開展境內個人直接對外證券投資試點方案》，向內地個人開放海外證券投資。2010 年，國家外匯管理局宣布在 2007 年 8 月 20 日批准的「港股直通車」文件已經失效。

2003 年，內地與香港先後簽訂《內地與香港關於建立更緊密經貿關係的安排》（CEPA）及《關於開放服務貿易領域的具體承諾》，展開香港金融中介機構參與內地金融改革的進程。自 2005 年，內地銀行陸續到香港證券市場上市集資。截至 2017 年，共有 22 家內地銀行

在聯交所上市，總計公開招股及供股累計集資額 8072.99 億元，強化內地銀行體系的資本基礎。

2005 年，內地與香港簽訂 CEPA《補充協議二》，允許符合條件的創新試點類證券公司及內地期貨公司在香港設立分支機構，並於 2006 年正式實施。香港成為內地金融機構「走出去」和「引進來」、參與國際市場的重要平台。

2006 年，一共有五家內地證券公司獲准在香港成立分支機構，包括國泰君安證券股份有限公司成立「國泰君安金融控股有限公司」、國元證券有限責任公司成立「國元證券（香港）有限公司」、廣發證券股份有限公司成立「廣發控股（香港）有限公司」、華泰證券有限責任公司成立「華泰證券（香港）有限公司」、申銀萬國證券股份有限公司成立「申銀萬國（香港）集團有限公司」。2012 年起，內地已經取代美國成為香港的持牌法團控股股東最大來源地。截至 2017 年年底，內地證券公司、基金管理公司和期貨公司分別在香港累計成立或收購 31 家、24 家及 20 家子公司。

2013 年 11 月 12 日，中國共產黨第十八屆三中全會通過《中共中央關於全面深化改革若干重大問題的決定》，決定推動資本市場雙向開放，有序提高跨境資本和金融交易可兌換程度，以及加快實現人民幣資本項目可兌換。2014 年，滬港股票市場交易互聯互通機制試點（滬港通）最先獲得落實，「實現最大幅度的中國資本市場的雙向開放」。[3] 然後，內地與香港先後落實多項資本市場雙向開放的安排，包括 2015 年內地與香港基金互認安排（基金互認）、2016 年深港股票市場交易互聯互通機制（深港通）、2017 年香港與內地債券市場互聯互通合作（債券通）。2017 年 6 月 20 日，國際指數編製公司 MSCI 決定將內地 A 股納入 MSCI 新興市場指數，反映內地與香港互聯互通機制成功提升內地 A 股市場對外開放水平，成為內地發展資本市場成就之一。中國證監會副主席姜洋稱：「香港功不可沒。」[4]

截至 2017 年年底，內地資金經港股通流入香港證券市場共 3399.42 億元，海外資金經滬股通及深股通流入內地證券市場金額為 1997.38 億元人民幣（約 2389.47 億元），合計共有 1009.95 億元資金從內地淨流入香港證券市場。同期，基金互認安排合計共有 121.24 億元人民幣資金淨額從內地流向海外。

截至 2017 年年底，共有 1051 家內地企業在聯交所上市，佔上市公司總數 50%；市值合計 225,220.6 億元，佔聯交所上市公司總市值 66%。當中，H 股公司市值 67,678.7 億元，紅籌股公司市值 57,388.6 億元，內地民營企業市值 100,153.3 億元。騰訊控股在 2017 年年底市值為 38,565.9 億元，成為香港證券市場市值最大的內地民營企業，亦是香港證券市場市值最大的上市公司。

由 1993 年 1 月至 2017 年 12 月 29 日，內地企業在香港證券市場進行首次公開招股及上市後集資的累計集資總額為 58,106 億元，當中紅籌股公司及 H 股公司在香港證券市場主

板及創業板進行首次公開招股及上市後集資的集資總額為 44,212.15 億元，反映香港成為內地企業進行股本融資，以及債券融資規模最大的離岸集資中心。

第二節　內地企業來港融資

一、紅籌股

1992 年 7 月 15 日之前，紅籌股公司並無透過首次公開招股形式在香港聯合交易所有限公司（聯交所）上市。個別紅籌股公司收購香港上市公司，用「借殼」的方式在聯交所掛牌上市，成為第一代紅籌股。1987 年，粵海企業（集團）有限公司收購友聯世界有限公司；1990 年中國國際信托投資（香港集團）有限公司收購泰富發展（集團）有限公司，以「借殼」形式上市。[5]

1992 年 7 月 15 日，海虹集團有限公司在聯交所掛牌，成為首家在香港進行首次公開招股的紅籌股公司，首日掛牌股價收報 4.225 元，較發售價 1.5 元上升 181.7%。海虹集團通過香港證券市場，集資 9188 萬元作為發展計劃所需資金。海虹集團為招商局集團有限公司屬下的油漆企業，其成功在香港上市，為紅籌股公司在香港上市籌集資金發展作出了示範。同年，中國海外發展有限公司、香港中旅國際投資有限公司、越秀投資有限公司採取紅籌股公司形式在聯交所進行首次公開招股，分別集資 8.45 億元、4 億元及 4.46 億元。連同海虹集團，這四家紅籌股公司集資總額為 17.83 億元。

1996 年 1 月 9 日，上海實業控股有限公司（上海實業控股）的前身 —— 星禧有限公司在香港註冊成立；3 月 5 日，上海實業控股正式易名。4 月 24 日，中國證監會同意以上海實業（集團）有限公司（上海實業（集團））全資子公司南洋兄弟煙草股份有限公司、控股子公司永發印務有限公司、三維製藥有限公司及上海家化有限公司重組成為上海實業控股在香港發行股票並申請上市；同意上海實業控股向社會大眾發售 25% 股份，向策略性伙伴出售 10% 股份，獲中國國際信托投資（香港集團）、恒隆有限公司、嘉里控股有限公司、中國煙草總公司全資子公司天利國際經貿有限公司、百富勤投資控股有限公司（Peregrine Investments Holdings Limited）（百富勤投資控股）均有入股。5 月 21 日至 24 日中午 12 時，上海實業控股在香港進行首次公開招股，公開發售部分錄得超額認購 157.31 倍，並於 5 月 30 日在聯交所上市，集資 10.8 億元。首日掛牌收報 9.15 元，較發售價 7.28 元上升 25.7%。上海實業控股在香港進行首次公開招股後，於 1996 年及 1997 年亦曾以先舊後新方式配售 3.01 億股，集資 79.26 億元，主要用於上海建設項目，為上海市開闢了利用國際資本市場融資的新渠道。

1996 年 5 月 30 日，上海實業控股在香港聯合交易所掛牌，集資 10.8 億元。上海實業控股董事長蔡來興在儀式上舉杯慶祝。（南華早報出版有限公司提供）

1996 年 5 月，北京市政府計劃通過窗口公司京泰實業（集團）有限公司在香港資本市場籌集資金，為北京市建設服務。9 月 16 日，北京市政府開始為窗口公司來港集資篩選資產。1997 年 2 月 26 日，北京控股有限公司（北京控股）前身北京企業控股有限公司在香港註冊成立；4 月 9 日，北京控股正式易名。5 月 6 日，北京控股收購九家公司全部已發行股本。交易完成後，北京控股成為擁有燕京啤酒、三元食品、北京麥當勞、首都機場高速公路、八達嶺長城、建國飯店、王府井百貨、國際交換系統這些資產的上市主體。

1997 年 5 月，北京控股在進行首次公開招股前，與長江實業（集團）有限公司、嘉里集團有限公司、新世界發展有限公司、上海實業（集團）、百富勤投資控股、Morgan Stanley Group Inc. 及新鴻基地產發展有限公司簽訂股份購協議，合共認購 3600 萬股，佔擴大後已發行股本的 6%。

1997 年 5 月 20 日至 23 日中午 12 時，北京控股在香港進行首次公開招股，派發 110 萬張申請認購表格，接獲公眾有效申請 32.48 萬份，凍結資金逾 2149.32 億元，超額認購達 1275 倍；每股發售價 12.48 元，成功集資 21.53 億元。籌集所得部分資金用於北控屬下多個影響深遠的發展項目，包括首都機場高速公路等。5 月 29 日北京控股在聯交所掛牌，首日收市價為 40.2 元，較發售價 12.48 元高出 222.1%。

1997 年 10 月 13 日至 16 日中午 12 時，中國電信（香港）有限公司經國家郵電部透過轉讓廣東省移動總公司 100% 股權，以及浙江省郵電移動通信有限責任公司的 99.63% 股權予中國電信（香港）後，到香港進行首次公開招股，並引入長江實業、光大控股有限公司、中國國際信托投資公司、恒基兆業發展有限公司、和記黃埔有限公司、希慎興業有限

1997 年 5 月 20 日至 5 月 23 日中午 12 時，北京控股在香港首次公開招股，派發 110 萬張申請認購表格，接獲公眾有效申請 32.48 萬份。5 月 29 日，北京控股在香港聯合交易所掛牌，首日收市價較招股價上升 222.1%。圖為一塊以北京控股發行的股票證書為設計式樣所製作的紀念品。（南華早報出版有限公司提供）

1997 年 10 月 23 日，中國電信（香港）在香港聯合交易所掛牌，集資 326.65 億元，為內地電訊行業引進外資，獲得長期資本及推動市場化改革。掛牌首天，中國電信（香港）管理層與香港聯合交易所主席鄭維健（中）一同出席上市儀式。（南華早報出版有限公司提供）

公司、嘉里集團、名力集團控股有限公司、新世界發展、周大福珠寶有限公司、新鴻基地產、九龍倉集團有限公司為公司投資者，認購 11.6 億股，佔行使超額配股權前全球發售總股數 44.6%。中國電信（香港）公開招股超額認購 34.2 倍，共籌集 326.65 億元，於同年 10 月 23 日在聯交所掛牌，成為當年 6 月《國務院關於進一步加強在境外發行股票和上市管理的通知》發出後首隻在香港上市的大型紅籌新股。中國電信（香港）首日掛牌收報 10.55 元，較香港公開發售部分發售價 11.68 元下跌 9.7%。中國電信（香港）成功上市，為內地電訊行業引進外資、獲得長期資本及推動市場化改革。

1997 年越秀交通有限公司、深業控股有限公司、廣信企業有限公司、珠江船務發展有限公司、北京控股、粵海啤酒集團有限公司、中國電信（香港）、天津發展控股有限公司、中航興業有限公司、粵海建業有限公司這些紅籌股公司相繼在香港進行首次公開招股。該年紅

表 11-2-1　紅籌股主板歷年集資額

（單位：億元）

年份	首次招股集資	上市後集資	總集資額
1993	9.51	141.29	150.79
1994	15.41	116.85	132.27
1995	15.70	51.04	66.74
1996	34.27	155.82	190.09
1997	393.95	415.9	809.85
1998	1.42	172.32	173.75
1999	19.86	531.92	551.77
2000	440.96	2495.62	2936.59
2001	120.6	70.21	190.81
2002	209.51	317.72	527.22
2003	29.62	19.30	48.93
2004	145.49	118.17	263.65
2005	10.37	213.53	223.90
2006	27.64	480.04	507.68
2007	495.92	653.82	1149.74
2008	0	2238.01	2238.01
2009	80.16	699.93	780.09
2010	62.91	491.25	554.16
2011	59.03	548.75	607.78
2012	19.56	380.58	400.14
2013	31.79	631.38	663.17
2014	81.87	3567.10	3648.97
2015	36.54	1411.35	1447.89
2016	257.57	568.10	825.67
2017	0	1255.78	1255.78

資料來源： 香港交易及結算所。

注：1. 由於小數點後四捨五入，首次招股集資和上市後集資相加數值和總集資額未必一致。
　　2. 截至 2017 年 12 月 31 日。

籌股公司首次公開招股集資額為 393.95 億元（見表 11-2-1），按年上升 1049.4%。上市
後集資額為 415.9 億元，按年上升 166.9%。紅籌股公司集資總額為 809.85 億元，按年上
升 326%。

1999 年 11 月 15 日聯交所正式推出創業板，向具增長性公司提供集資渠道。12 月 2 日，
上海實業醫藥科技（集團）在聯交所創業板上市，成為首家在創業板上市的紅籌股公司。
該年創業板僅得上海實業醫藥科技（集團）這家紅籌股公司進行首次公開招股，全年集資
額為 4.04 億元（見表 11-2-2）。

繼收購江蘇省、海南省、河南省及福建省流動電話業務，2000 年 10 月 4 日，中國移動
（香港）以 2560.21 億元向中國移動通訊集團收購北京市、上海市、天津市、遼寧省、河北
省、山東省、廣西壯族自治區七個省、自治區及直轄市的流動電話業務。[6] 11 月 3 日，中國
移動（香港）以每股 48 元配售新股 10.68 億股，集資 512.83 億元。11 月 9 日，中國移
動（香港）額外發售 4724.74 萬股，集資 22.68 億元。11 月 13 日，中國移動（香港）向
中國移動通訊集團發行總值 1814.12 億元，總數為 37.79 億股新股，並於同日完成收購這

表 11-2-2　紅籌股創業板歷年集資額

（單位：元）

年份	首次招股集資	上市後集資	總集資額
1999	4.04 億	0	4.04 億
2000	0	0	0
2001	0	0	0
2002	0	0	0
2003	0	68 萬	68 萬
2004	9200 萬	0	9200 萬
2005	0	3953 萬	3953 萬
2006	0	690 萬	690 萬
2007	0	10.5 億	10.5 億
2008	0	2.2 億	2.2 億
2009	0	0	0
2010	0	3 萬	3 萬
2011	0	8605 萬	8605 萬
2012	0	5382 萬	5382 萬
2013	6.99 億	1.39 億	8.38 億
2014	0	5.25 億	5.25 億
2015	0	1.61 億	1.61 億
2016	0	9744 萬	9744 萬
2017	0	1.15 億	1.15 億

資料來源：　香港交易及結算所。

注：1. 由於小數點後四捨五入，首次招股集資和上市後集資相加數值和總集資額未必一致。

　　2. 截至 2017 年 12 月 31 日。

七個省、自治區及直轄市的流動電話業務。中國移動（香港）透過香港證券市場發行總值 2349.62 億元新股，作為收購內地流動通訊業務的對價。中國移動（香港）經營內地移動電訊業務範圍由六個省及自治區增加至十三個省、自治區及直轄市。中國移動（香港）完成收購後，內地電訊行業市場化經營範圍擴大。

該年紅籌股公司在香港進行的上市後集資額為 2495.62 億元，按年上升 369.17%。2000 年紅籌股公司在香港證券市場的集資總額首次突破 2000 億元，達 2936.59 億元。

1999 年 8 月 20 日，中國海洋石油有限公司（中國海洋石油）在香港註冊成立。2000 年 7 月 31 日，中國海洋石油宣布和記黃埔全資子公司和記國際有限公司及香港電燈集團有限公司於 5 月 31 日以每股 0.825 美元各自認購 1.21 億股，合共認購價值兩億美元的股份；香港電燈集團董事總經理曹棨森獲委任為中國海洋石油非執行董事。2001 年 2 月 28 日，中國海洋石油以紅籌股公司形式在聯交所上市，集資 110.47 億元。中國海洋石油總公司透過安排中國海洋石油重組上市，實行國企改革三步走戰略的第一步。

2013 年 11 月 12 日，中共十八屆中央委員會第三次全體會議通過全面深化改革，「積極發展混合所有制經濟。國有資本、集體資本、非公有資本等交叉持股、相互融合的混合所有制經濟，是基本經濟制度的重要實現形式」。[7]

2014 年 3 月 26 日，中信泰富宣布向母公司中國中信集團有限公司（中信集團）洽購主要業務平台中信股份 100% 股權，雙方已經簽訂潛在收購的框架協議。4 月 16 日，中信泰富和中信集團簽訂股份轉讓協議，中信泰富以 2269.3 億元人民幣收購中信集團主要業務平台中信股份 100% 股權。中信泰富計劃向中信集團以每股 13.48 元發行 165.79 億股，價值 1770.13 億元人民幣（折合 2234.82 億元）的新股，計劃向機構投資者發售新股籌集 499.17 億元人民幣（折合 630.21 億元），作為支付收購的對價。

2014 年 5 月 14 日，中信泰富與 15 位投資者簽訂股份認購協議，以每股 13.48 元發行 29.33 億股新股，目標集資 395.34 億元。投資者包括全國社會保障基金、友邦保險有限公司、中國華安投資有限公司、Qatar Holdings LLC、中國人壽保險股份有限公司、中國信託人壽保險股份有限公司、中銀集團投資有限公司、東京海上日動火災保險株式會社、農銀國際控股有限公司、瑞穗銀行、中國建設銀行股份有限公司、淡馬錫控股（私人）有限公司、工銀國際控股有限公司、富邦人壽保險股份有限公司及北京市人民政府國有資產監督管理委員會 100% 持股的北京市基礎設施投資有限公司持有的京投（香港）有限公司。6 月 17 日，中信泰富與另外十家投資者簽訂認購協議，中信泰富以每股 13.48 元發售 3.97 億股新股，目標集資 53.48 億元。這十家投資者包括騰訊控股有限公司、泛海建設國際有限公司、雅戈爾集團股份有限公司、Kuok（Singapore）Limited、周大福代理人有限公司、East Crimson Holdings, Ltd.、奧氏資本管理（集團）公司、Kuok Brothers Sdn Berhad、中國出口信用保險公司、中化香港（集團）有限公司。當中騰訊控股、泛海建設國際及雅戈

爾集團為內地民營企業。7 月 14 日,中信泰富向中國煙草總公司及正大光明投資有限公司(正大光明投資)以 13.48 元配售 6.23 億股,目標集資 84 億元。中信泰富進行三次配售,向 27 位投資者配售 39.52 億股,利用香港證券市場集資 532.79 億元,作為支付收購中信股份部分對價。中信泰富透過向國有企業及民營企業的配售,吸納民營企業資本及國有資本,實現混合所有制經濟。

2014 年 8 月 25 日,中信泰富完成收購中信股份 100% 股權,翌日中信泰富易名為中信股份。至此,中信集團利用香港證券市場實現整體上市,成為首宗以非常重大收購方式完成大型國有企業整體香港上市,也是首家將主要營運主體及註冊地遷址香港的中央企業。

2015 年 1 月 20 日,中信股份引入正大光明投資成為投資者,正大光明投資由正大集團及伊藤忠商事合資成立的合資公司。第一步中信集團向正大光明投資以每股 13.8 元出售 24.9 億股,套現 343.67 億元,國家首次通過國際資本市場減持國有股份。第二步中信股份向正大光明投資發行 33.28 億股可轉換優先股,集資 459.23 億元,作為發展業務及在內地投資新興行業的資金。

總計首次招股及上市後集資,2017 年紅籌股在主板及創業板集資額分別為 1255.78 億元及 1.15 億元,集資總額為 1256.93 億元。與港交所最早公布的 1993 年數據比較,紅籌股公司集資總額累計增加 733.6%。截至 2017 年,紅籌股公司主板首次公開招股的累計集資額為 2599.66 億元,上市後集資的累計集資額為 17,745.77 億元,累計集資總額為 20,345.44 億元。2017 年主板紅籌股公司及創業板紅籌股公司市值分別為 57,264.57 億元及 123.99 億元,紅籌股總市值為 57,388.56 億元,佔港股總市值的 16.9%(見表 11-2-3);1993 年紅籌股市值為 1241.3 億元,佔港股總市值 4.2%。2017 年,紅籌股上市公司數目為 159 家,較港交所最早公布的 1994 年紅籌股上市公司數目 40 家累計增加 297.5%(見表 11-2-4)。

二、H股

1991 年 6 月 4 日,聯交所宣布將第二板研究小組重組為中國研究小組,負責研究中資公司發行股票在聯交所上市的可能性,以及研究聯交所在促進香港與內地集資功能的角色。1991 年,香港有關方面邀請國家經濟體制改革委員會(國家體改委)副主任劉鴻儒組織人員來香港,研究國有企業到香港上市的可行性。劉鴻儒以新華社香港分社客人身份訪港,專家組負責人為劉鴻儒,成員包括國家體改委專職委員孫效良、國家體改委宏觀經濟司副司長李青原、中國人民銀行金融管理司市場一處副處長聶慶平。12 月 20 日至 28 日期間,專家組訪問香港政府的財政司、金融司、香港證監會、聯交所、證券公司、會計師事務所及律師事務所,並與新華社香港分社、中銀集團、華潤公司、光大金融公司舉行座談會。專家組結束香港考察後撰寫《關於中國內地企業在香港上市問題的研究報告》,指出內地企

表 11-2-3　紅籌股市值及佔港股總市值比重

年份	紅籌股主板市值（億元）	紅籌股創業板市值（億元）	紅籌股總市值（億元）	紅籌股佔港股總市值比重（%）
1993	1241.30	不適用	1241.30	4.2
1994	842.79	不適用	842.79	4.0
1995	1107.02	不適用	1107.02	4.7
1996	2633.31	不適用	2633.31	7.6
1997	4729.70	不適用	4729.70	14.8
1998	3349.66	不適用	3349.66	12.6
1999	9569.42	12.56	9581.98	20.2
2000	12,035.52	8.06	12,043.58	24.8
2001	9088.55	10.11	9098.66	23.1
2002	8064.07	8.31	8072.38	22.4
2003	11,977.71	0	11,977.71	21.6
2004	14,093.57	7.28	14,100.85	21.1
2005	17,099.61	8.36	17,107.97	20.9
2006	29,515.81	7.90	29,523.71	22.1
2007	55,140.59	103.79	55,244.38	26.7
2008	28,749.07	9.89	28,758.96	27.9
2009	38,621.43	65.52	38,686.95	21.6
2010	43,806.87	52.85	43,859.72	20.8
2011	39,990.92	34.33	40,025.25	22.8
2012	48,352.58	38.00	48,390.58	22.0
2013	48,153.17	130.83	48,284.00	20.1
2014	52,149.68	130.53	52,280.21	20.9
2015	51,377.13	129.88	51,507.01	20.9
2016	48,989.47	134.00	49,123.47	19.8
2017	57,264.57	123.99	57,388.56	16.9

資料來源： 香港交易及結算所。

注：1. 由於小數點後四捨五入，紅籌股主板市值和紅籌股創業板市值相加數值和紅籌股總市值未必一致。
　　2. 截至 2017 年 12 月 31 日。

業到香港上市有利於保持香港穩定繁榮、有助籌集資金及促進企業體制改革。該報告初步結論為內地企業到香港上市好處多於壞處，內地企業來香港上市應該審慎推行。

1992 年 2 月 14 日，聯交所中國研究小組完成《有關今後發展方向的中期報告》，指出內地企業到港上市要解決七個主要問題，包括：

（一）公司法例及管理層對股東的責任問題；

（二）證券法例及對投資者保障問題；

（三）會計制度及資產評估問題；

表 11-2-4　主板及創業板紅籌股上市公司數目統計

年份	紅籌股上市公司（家）	上市公司總數（家）	紅籌股上市公司數目佔香港上市公司總數（％）
1994	40	529	7.6
1995	41	542	7.6
1996	46	583	7.9
1997	59	658	9.0
1998	63	680	9.3
1999	68	708	9.6
2000	69	790	8.7
2001	69	867	8.0
2002	72	978	7.4
2003	72	1037	6.9
2004	84	1096	7.7
2005	89	1135	7.8
2006	90	1173	7.7
2007	93	1241	7.5
2008	93	1261	7.4
2009	97	1319	7.4
2010	102	1413	7.2
2011	107	1496	7.2
2012	108	1547	7.0
2013	122	1643	7.4
2014	133	1752	7.6
2015	145	1866	7.8
2016	153	1973	7.8
2017	159	2118	7.5

資料來源：　香港交易及結算所。
注：截至 2017 年 12 月 31 日。

（四）外匯管制問題；

（五）法律糾紛的處理問題；

（六）稅務法例問題；

（七）破產法例問題。

小組建議內地證券來港上市形式包括第二上市、預託證券、債券及可換股債券。聯交所遂將該份報告交國務院及中國人民銀行，建議國有企業來港上市，惟必須是優質國有企業。[8]

1992 年 4 月，聯交所主席李業廣訪問北京。4 月 29 日，國務院副總理朱鎔基接見李業

1993 年 6 月 19 日，國務院副總理、國務院證券委員會主任朱鎔基（右）在北京人民大會堂接見出席內地和香港《監管合作備忘錄》簽字儀式的代表。圖為朱鎔基（右）與香港聯合交易所主席李業廣（左）握手。（新華社提供）

廣，後者提出國有企業來港上市建議。朱鎔基聽取建議後表示可選擇一批經營管理基礎好、有技術改造任務的大型國有企業作為試點，完成會計制度改造及審計後可到香港上市。首批大型國有企業來香港上市試點不要超過 10 間，並同意成立證券事務內地香港聯合工作小組協助落實國企來港上市。

1992 年 7 月 11 日至 12 日，證券事務內地香港聯合工作小組在北京釣魚台國賓館舉行首次會議，商定每四周舉行一次會議，每次輪流在香港及內地召開，確定成立三個專家小組，分別為：會計專家小組，由李青原及趙志錩任召集人；法律專家小組，由孫效良及梁定邦任召集人；上市方式及外匯稅務專家小組，由金建棟及周文耀任召集人。

1992 年 8 月 1 日，國務院生產辦公室主任王忠禹及劉鴻儒向朱鎔基呈交報告，確定上海石化總廠、儀征化纖聯合公司、昆明機床廠、廣州造船廠、青島啤酒廠、馬鞍山鋼鐵公司、東方電機廠、天津渤海化工集團公司、北京人民機器廠九家國有企業為「股份制規範化試點企業」，建議這九家國有企業先在上海或深圳發行 A 股，再根據實際進展情況選擇具備條件的企業在香港發行 H 股。[9] 8 月 4 日，朱鎔基批示「擬同意」。8 月 18 日，中國人民銀行行長李貴鮮圈閱同意。

1992 年 10 月 6 日內地正式批出九家國有企業來港發行 H 股的「股份制規範化試點企業」名單，包括青島啤酒、上海石油化工、廣州廣船、北人印刷機械、馬鞍山鋼鐵、昆明機

床、儀征化纖、天津渤海化工（集團）、東方電機。

1992 年 11 月 26 日至 27 日，證券事務內地香港聯合工作小組在香港舉行第四次會議討論解決香港與內地法律差異問題。法律專家小組建議通過三份文件解決法律差異，包括：（一）由國家體改委致函聯交所對非實質性差異作出說明；（二）由國家體改委對《股份有限公司規範意見》作出補充，對實質性差異中必須由政府規定部分加以說明；（三）擬定到香港上市公司章程必備條款，由到香港上市的公司為實質性差異進行補充。1993 年 4 月 21 日，證券事務內地香港聯合工作小組結束第七次會議，對會計、法律、上市方式及外匯方面文件進行最後討論。

1993 年 5 月 24 日，國家體改委發布《關於到香港上市的公司執行〈股份有限公司規範意見〉的補充規定》。6 月 10 日，國家體改委向聯交所發出《致香港聯交所的函》。同日，國家體改委頒布《到香港上市公司章程必備條款》，彌補香港的《公司條例》和內地的《股份有限公司規範意見》之間差異。

1993 年 6 月 17 日，聯交所修訂《上市規則》准許內地國有企業來港上市，確認內地國有企業以 H 股形式在香港上市。6 月 19 日，中國證監會、上交所、深交所、香港證監會及聯交所在北京人民大會堂就兩地證券市場監管簽訂合作備忘錄。

1993 年 6 月 28 日，青島啤酒召開記者會宣布在香港發行 H 股，在保薦人中國建設財務（香港）有限公司協助下，成為首間在香港發行 H 股及上市的內地註冊股份有限公司。[10] 6 月 29 日至 7 月 2 日中午 12 時期間，青島啤酒在香港進行首次公開招股，以每股 2.8 元，發售 3.18 億股 H 股，當中 4500 萬股由 Anheuser-Busch Companies Inc. 認購。青島啤酒在香港招股凍結資金 851.8 億元，超額認購 109.5 倍。7 月 15 日在聯交所掛牌，集資 8.89 億元，中國證監會主席劉鴻儒、香港證監會主席羅德滔、青島啤酒主席張亞東、聯交所主席李業廣及聯交所其他理事出席上市儀式。青島啤酒首日掛牌股價最高升至 3.675 元，收報 3.6 元，較發售價 2.8 元升 28.6%。青島啤酒完成 H 股上市後，股本由 H 股上市前的 4.82 億元人民幣，上升至 H 股上市後的 8 億元人民幣。連同同年青島啤酒完成發行 A 股，H 股股本佔已發行股本比重為 35.3%。

上海石油化工為第二家在聯交所上市的 H 股公司，委任百富勤融資及美林香港證券有限公司為保薦人及主經辦人。1993 年 7 月 6 日至 16 日中午 12 時，上海石油化工在香港進行首次公開招股，每股發售價為 1.74 元，在香港發行不少於 8.4 億股 H 股，餘數以美國預託證券形式在美國及歐洲公開發售。至此，上海石化成為首家在內地註冊成立及進行全球發售的國有企業。[11] 1993 年 7 月 26 日上海石油化工在聯交所上市，在香港發售 H 股集資 13.27 億元，連同全球發售 H 股，集資總額為 26.54 億元。上海石化首日掛牌收報 1.61 元，較上市價 1.58 元上升 1.9%。

1993 年 7 月 15 日，青島啤酒在香港聯合交易所上市，成為首家在香港證券市場上市的 H 股公司，集資 8.89 億元。
香港聯合交易所主席李業廣（前排左三）及中國證券監督管理委員會主席劉鴻儒（前排左四），出席當日舉行的上市
儀式。（香港交易所提供）

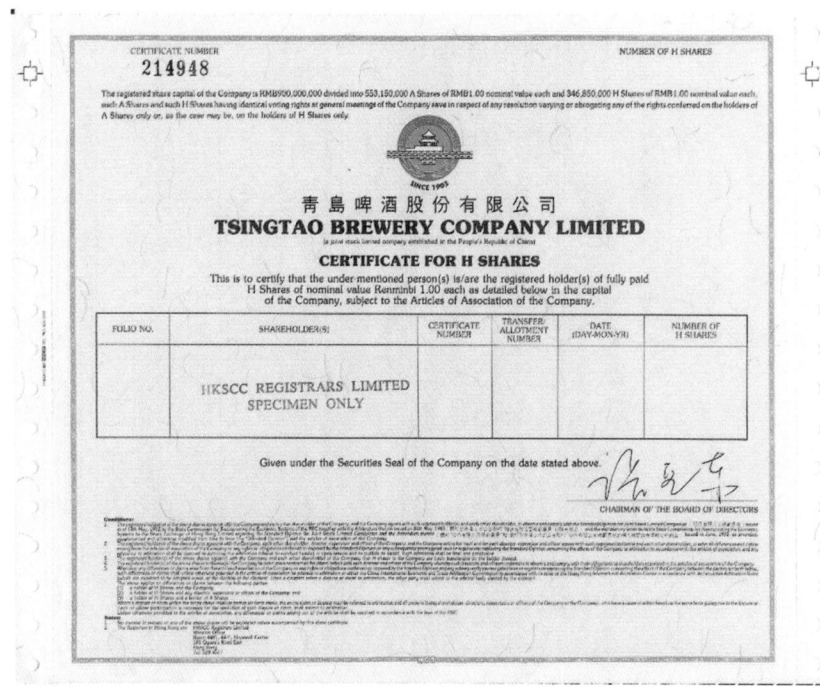

1993 年 7 月 15 日，首
隻 H 股青島啤酒在香港
聯交所掛牌上市，證券
代碼 168，每股發行價
2.8 元，集資總額 8.89
億元。圖為青島啤酒發
行的股票證書樣本。（香
港大公文匯傳媒集團
提供）

1993 年 7 月 26 日，上海石油化工在香港聯合交易所上市，在香港及全球集資總額為 26.54 億元。在上市儀式上，（左起）香港聯合交易所行政總裁周文耀、新華社香港分社副社長張浚生、上海石油化工董事長兼總經理王基銘及中國石油化工總公司總經理盛華仁舉杯慶祝。（南華早報出版有限公司提供）

1993 年 11 月 3 日，馬鞍山鋼鐵在香港聯合交易上市，成為第五家在香港證券市場上市的 H 股公司，左起：馬鞍山鋼鐵董事長杭永益、（左三起）中國證券監督管理委員會主席劉鴻儒、冶金工業部副部長徐大銓、香港聯合交易所主席李業廣、香港上海滙豐銀行主席葛賚。（南華早報出版有限公司提供）

表 11-2-5　股份制規範化試點企業發行 H 股的上市日期及集資額

公司名稱	上市日期	集資額（億元）
青島啤酒股份有限公司	1993 年 7 月 15 日	8.89
上海石油化工股份有限公司	1993 年 7 月 26 日	26.54
廣州廣船國際股份有限公司	1993 年 8 月 6 日	3.27
北人印刷機械股份有限公司	1993 年 8 月 6 日	2.08
馬鞍山鋼鐵股份有限公司	1993 年 11 月 3 日	39.34
昆明機床股份有限公司	1993 年 12 月 7 日	1.29
儀征化纖股份有限公司	1994 年 3 月 29 日	23.80
天津渤海化工（集團）股份有限公司	1994 年 5 月 17 日	4.08
東方電機股份有限公司	1994 年 6 月 6 日	4.81

資料來源：　香港聯合交易所。

1993 年共有六家內地國有企業完成首次公開招股，包括青島啤酒、上海石化、廣州廣船、北人印刷、馬鞍山鋼鐵、昆明機床（見表 11-2-5）。同年國有企業進行首次公開招股的累計集資額為 81.42 億元。

1993 年 11 月，國務院總理李鵬召開座談會，指出內地企業在香港及美國發行股票及上市，是籌集外資的形式之一，國有企業股票不僅能達致溢價發行股票，還有利於建立現代企業制度，接受股市監督。李鵬同意在 1994 年選擇一些經營穩定、效益好、進行現代企業制度改革及屬於國家基礎產業的國有企業在海外上市。

1994 年 1 月 27 日，第一批國有企業到香港及海外上市預選名單公布，共有 22 家國有企業獲准在香港或海外證券市場上市，包括華能國際電力股份有限公司、山東華能發電股份有限公司、大唐發電股份有限公司、山東國際電源開發股份有限公司、中國南方航空（集團）公司、中國東方航空公司、東風汽車公司、慶鈴汽車股份有限公司、武漢鋼鐵（集團）公司、天津鋼管公司、廣深鐵路總公司、西飛國際股份有限公司、鎮海石化總廠、吉林化學工業公司、東北輸變電設備集團股份有限公司、哈爾濱電站設備集團股份有限公司、經緯紡織機械廠、上海海興輪船股份有限公司、成都電纜廠、洛陽浮法玻璃股份有限公司、廣東佛陶集團股份有限公司、南京熊貓電子股份有限公司。1994 年 7 月 8 日，洛陽玻璃在聯交所上市，成為第一批國有企業到香港及海外上市預選名單中首家在聯交所上市的 H 股公司。

1995 年 3 月 17 日，儀征化纖發出建議增發四億股 H 股及修改公司章程召集臨時股東大會的通告。4 月 20 日，儀征化纖股東批准增發新股及修改公司章程。同月 25 日，國務院證券委員會（國務院證券委）及國家體改委批准儀征化纖發行新股。同日下午 4 時聯交所收市後，儀征化纖透過包銷商華寶證券在 18 個小時內完成配售，配售價為 2.45 元，集資額為 9.8 億元。儀征化纖成為首間透過新股配售進行再融資國有企業。

1995 年 9 月 27 日，國務院證券委宣布中國第一汽車集團公司、深圳市高速公路開發公司、皖通高速公路股份有限公司、山東新華製藥股份有限公司、天津中藥集團股份有限公司、廣東科龍電器股份有限公司、北京北大方正集團公司成為海外上市的預選企業，形成第二批國有企業到香港及海外上市預選名單。1996 年 7 月 23 日，廣東科龍電器在聯交所上市，集資 7.39 億元，成為第二批國有企業到香港及海外上市預選名單中首家在聯交所上市的 H 股公司。

1998 年 3 月 10 日，第九屆全國人民代表大會第一次會議批准《國務院機構改革方案》，改組石油石化工業，剝離中國石油天然氣總公司及中國石油化工總公司的政府職能，另組建兩個特大型石油石化企業集團公司。7 月 27 日，中國石油天然氣集團公司及中國石油化工集團公司宣告成立。1999 年 11 月，中國石油天然氣集團公司成立中國石油天然氣股份有限公司（中國石油天然氣），中國石油天然氣集團公司以淨資產 2130.86 億元人民幣的 75.1% 換取中國石油天然氣 1600 億股，為由中國石油天然氣集團公司持有的國家股。2000 年 2 月 25 日，中國石油化工集團公司獲准獨家發起成立中國石油化工股份有限公司（中國石油化工）。中國石油化工集團公司以淨資產 982.49 億元人民幣的 70%，換取中國石油化工 688 億股，為由中國石油化工集團持有的國家股。

2000 年 4 月 6 日及 7 日，中國石油天然氣分別在紐約證券交易所及在聯交所上市，集資 223.3 億元，H 股首日掛牌收報 1.21 元，較發售價 1.27 元下跌 4.7%。中國石油天然氣在香港上市後，按照《中華人民共和國公司法》及國際規範完善法人治理結構，並裁減 38,400 名員工，淘汰落後煉油化工設施，在 2000 年已經實現直至 2002 年削減成本 90 億元人民幣目標的 45%。

2000 年 9 月 15 日，恒基兆業發展及香港中華煤氣有限公司同意以美國預託證券的每股 H 股價格，分別認購價值 7000 萬美元及 3000 萬美元中國石油化工 H 股。9 月 21 日，長江實業及和記黃埔同意按美國預託證券的每股 H 股價格於亞洲發售價，分別認購價值 3333 萬美元及 6667 萬美元的中國石油化工 H 股。這四間香港公司合共認購兩億美元中國石油化工 H 股。10 月 18 日，中國石油化工發行的預託證券在紐約證券交易所上市。翌日中國石油化工發行的 H 股及預託證券分在聯交所及倫敦證券交易所上市。中國石油化工在首次公開招股及中國石油化工集團公司出售股份集資總額為 266.81 億元。中國石油化工透過重組改制及上市，轉型成為獨立規範運作的國際化公司，擁有完整產供銷業務功能及面向市場獨立經營能力，在業務、資產、機構、人員及財務這五個方面和中國石油化工集團公司分開經營。

2001 年 12 月 10 日，浙江玻璃股份有限公司在聯交所上市，成為首間以 H 股公司形式在香港進行首次公開招股的民營企業。在此之前，僅得在內地註冊成立的國有企業以 H 股公司形式在香港進行首次公開招股。

2003 年 11 月 6 日，中國人民財產保險股份有限公司在聯交所上市，集資額為 62.21 億元，成為首家發行 H 股的內地保險企業（詳見第十三章「保險」）。2005 年 6 月 23 日，交通銀行股份有限公司（交通銀行）在聯交所上市，集資額為 168.35 億元，成為首間發行 H 股的國有大型商業銀行。自此國有大型商業銀行利用香港證券市場上市發行，實行國有商業銀行改革「四部曲」（詳見第十章「銀行」）。

中國建設銀行上市前，在香港上市的 H 股公司分別設有可流通的 H 股及非流通的內資股，後者不能在證券市場上買賣。中國建設銀行於 2005 年 6 月 9 日及 9 月 20 日，分別獲得國務院及中國證監會批准將內資股轉換為 H 股。10 月 27 日，中國建設銀行在聯交所上市，集資額為 715.78 億元，成為首家以 H 股全流通形式在香港上市的內地國有企業。連同交通銀行及中國建設銀行，2005 年共有九家 H 股公司在聯交所主板上市，首次公開招股集資額首次超過 1000 億元，達 1371.85 億元。

2006 年 6 月 1 日，中國銀行股份有限公司（中國銀行）在聯交所上市，集資額為 867.41 億元。10 月 27 日，中國工商銀行股份有限公司（中國工商銀行）在聯交所上市，集資額 1249.48 億元。1986 年至 2017 年期間，中國工商銀行首次公開招股集資規模為香港證券市場第二大新股（見表 11-2-6）。中國工商銀行首次公開招股為全球首次 A 股及 H 股同日上市。H 股上市價為 3.07 元，A 股上市價為 3.12 元人民幣，折合匯價後，A 股及 H 股上市價劃一。中國工商銀行首次公開招股為 A 股及 H 股同步發行，同日同價全球首例；A 股及 H 股共集資 1732.3 億元人民幣，為截至 2006 年全球集資規模最大的首次公開招股。連同中國工商銀行及中國銀行，2006 年香港證券市場共有 16 家 H 股公司在聯交所上市，主板 H 股公司首次公開招股集資額首次超過 2000 億元，達 2900.27 億元，成為截至 2017

表 11-2-6　1986 年至 2017 年首次公開招股集資額最高的新上市公司

排名	公司名稱	上市日期	首次公開招股集資額（億元）
1	友邦保險控股有限公司	2010 年 10 月 29 日	1590.78
2	中國工商銀行股份有限公司	2006 年 10 月 27 日	1249.48
3	中國農業銀行股份有限公司	2010 年 7 月 16 日	935.15
4	中國銀行股份有限公司	2006 年 6 月 1 日	867.41
5	Glencore International plc	2011 年 5 月 25 日	777.46
6	中國建設銀行股份有限公司	2005 年 10 月 27 日	715.78
7	中國郵政儲蓄銀行股份有限公司	2016 年 9 月 28 日	591.50
8	中國聯合網絡通信（香港）股份有限公司	2000 年 6 月 22 日	436.08
9	華泰證券股份有限公司	2015 年 6 月 1 日	387.57
10	中信銀行股份有限公司	2007 年 4 月 27 日	329.23

資料來源：　香港交易及結算所。

年年底止，主板 H 股公司進行首次公開招股集資額最多的一年（見表 11-2-7）。

2010 年 7 月 16 日，中國農業銀行股份有限公司（中國農業銀行）在聯交所掛牌，集資額為 935.15 億元，成為第五家完成國有商業銀行改革「四部曲」的國有大型商業銀行。

2012 年 8 月 15 日，中國國際海運集裝箱（集團）股份有限公司建議將已發行的 14.3 億股 B 股轉換為 H 股，完成轉換後在聯交所上市，以改善股份流通性，並在原有 A 股市場外獲得國際融資平台。11 月 19 日，中國證監會批准中國國際海運集裝箱（集團）「B 轉 H」在香港上市的建議。12 月 19 日，中國國際海運集裝箱（集團）完成「B 轉 H」後首日在聯交所上市，成為首家完成「B 轉 H」的內地註冊股份有限公司。同日，中國國際海運集裝箱

表 11-2-7　H 股主板歷年集資額

（單位：億元）

年份	首次招股集資	上市後集資	總集資額
1993	81.42	0	81.42
1994	98.80	0	98.80
1995	20.11	9.80	29.91
1996	68.34	10.38	78.72
1997	320.38	10.47	330.84
1998	20.72	14.80	35.53
1999	42.64	0	42.64
2000	517.51	0	517.51
2001	55.71	4.97	60.68
2002	168.74	0	168.74
2003	462.53	5.92	468.45
2004	400.17	192.30	592.47
2005	1371.85	214.93	1586.78
2006	2900.27	137.96	3038.23
2007	747.73	109.52	857.26
2008	294.88	46.19	341.07
2009	1141.76	75.51	1217.28
2010	1384.56	1524.21	2908.77
2011	519.01	372.86	891.88
2012	638.23	598.49	1236.72
2013	896.99	459.23	1356.22
2014	1195.98	738.40	1934.38
2015	2093.73	1210.13	3303.86
2016	1308.08	197.96	1506.04
2017	614.67	395.08	1009.75

資料來源： 香港交易及結算所。

注： 1. 由於小數點後四捨五入，首次招股集資和上市後集資相加數值和總集資額未必一致。

　　 2. 截至 2017 年 12 月 31 日。

（集團）股價收市報 11.22 元，較開市價 12.6 元下跌 11%。2014 年 1 月 16 日及 6 月 25 日，麗珠醫藥集團股份有限公司及萬科企業股份有限公司完成「B 轉 H」後，先後在聯交所正式上市。

2017 年 6 月 20 日，廣州農村商業銀行股份有限公司在聯交所上市，集資 92.84 億元，成為 2017 年 6 月 30 日止最新來香港上市的主板 H 股公司。

2017 年 H 股主板及創業板集資總額分別為 1009.75 億元及 6.36 億元（見表 11-2-8），集資總額為 1016.11 億元。與 1993 年 H 股公司首次在香港上市的該年 H 股主板集資額比較，2017 年主板 H 股公司集資額增加 1140%。2017 年 H 股公司創業板集資總額較 2000 年出現首批創業板 H 股公司的全年集資總額比較減少 1.2%。截至 2017 年，在主板及創業板上市的 H 股公司進行首次公開招股的累計集資額為 17,433.76 億元，上市後累計集資額為 6396.05 億元，集資總額為 23,829.81 億元。2017 年主板 H 股公司及創業板 H 股公司市值分別為 67,589.44 億元及 89.27 億元，H 股公司總市值為 67,678.71 億元，佔港股總市值的 19.9%（見表 11-2-9）；1993 年 H 股市值則為 182.29 億元，佔港股總市

表 11-2-8　H 股創業板歷年集資額

（單位：億元）

年份	首次招股集資	上市後集資	總集資額
1999	0	0	0
2000	6.44	0	6.44
2001	7.64	0	7.64
2002	10.60	1.13	11.73
2003	12.18	2.04	14.22
2004	6.94	4.59	11.53
2005	1.75	2.73	4.48
2006	17.69	5.94	23.63
2007	0	14.00	14.00
2008	1.77	17.71	19.48
2009	0	2.23	2.23
2010	0	6.39	6.39
2011	0	0	0
2012	0	0	0
2013	0	2.41	2.41
2014	0	0	0
2015	0.78	2.55	3.33
2016	0	2.03	2.03
2017	3.19	3.18	6.36

資料來源：　香港交易及結算所。
注：1. 由於小數點後四捨五入，首次招股集資和上市後集資相加數值和總集資額未必一致。
　　2. 截至 2017 年 12 月 31 日。

值 0.6%。2017 年 H 股上市公司數目 252 家，較 1993 年 H 股公司首次在聯交所上市的該年 H 股公司數目累計增加 41 倍。2017 年 H 股上市公司數目佔港股上市公司數目比重為 11.9%（見表 11-2-10），較 1993 年 H 股上市公司佔港股上市公司數目比重上升 10.6 個百分點。

表 11-2-9　H 股市值及佔港股總市值比重

年份	H 股主板市值 （億元）	H 股創業板市值 （億元）	H 股總市值 （億元）	H 股佔港股總市值 比重（%）
1993	182.29	不適用	182.29	0.6
1994	199.81	不適用	199.81	1.0
1995	164.64	不適用	164.64	0.7
1996	315.31	不適用	315.31	0.9
1997	486.22	不適用	486.22	1.5
1998	335.33	不適用	335.33	1.3
1999	418.89	不適用	418.89	0.9
2000	851.40	9.92	861.31	1.8
2001	998.13	18.89	1017.02	2.6
2002	1292.48	23.93	1316.41	3.6
2003	4031.17	50.63	4081.80	7.4
2004	4551.52	63.76	4615.28	6.9
2005	12,804.95	64.21	12,869.16	15.7
2006	33,637.88	149.52	33,787.40	25.3
2007	50,568.20	226.95	50,795.15	24.5
2008	27,201.89	115.51	27,317.39	26.5
2009	46,864.19	270.60	47,134.79	26.4
2010	52,103.25	201.54	52,304.79	24.8
2011	40,966.60	46.12	41,012.71	23.4
2012	48,909.26	50.75	48,960.01	22.3
2013	49,065.83	59.53	49,125.36	20.4
2014	57,239.94	56.65	57,296.58	22.9
2015	51,571.10	75.30	51,646.39	20.9
2016	53,161.59	69.63	53,231.22	21.5
2017	67,589.44	89.27	67,678.71	19.9

資料來源：　香港交易及結算所。

注：1. 由於小數點後四捨五入，H 股主板市值和 H 股創業板市值相加數值和 H 股總市值未必一致。

　　2. 截至 2017 年 12 月 31 日。

表 11-2-10　主板及創業板 H 股上市公司數目統計

年份	H 股上市公司（家）	上市公司總數（家）	H 股上市公司佔上市公司總數（％）
1993	6	477	1.3
1994	15	529	2.8
1995	17	542	3.1
1996	23	583	3.9
1997	39	658	5.9
1998	41	680	6.0
1999	44	708	6.2
2000	50	790	6.3
2001	58	867	6.7
2002	74	978	7.6
2003	92	1037	8.9
2004	109	1096	9.9
2005	120	1135	10.6
2006	141	1173	12.0
2007	146	1241	11.8
2008	150	1261	11.9
2009	156	1319	11.8
2010	163	1413	11.5
2011	168	1496	11.2
2012	176	1547	11.4
2013	182	1643	11.1
2014	202	1752	11.5
2015	229	1866	12.3
2016	241	1973	12.2
2017	252	2118	11.9

資料來源：　香港交易及結算所。
注：截至 2017 年 12 月 31 日。

三、民企股

按照港交所的上市公司分類，民企股為內地以外地區註冊成立，並由內地個人控制的公司所發行股票。部分民企股公司採取可變利益實體架構在聯交所上市，即在香港上市的民企股公司並非直接擁有在內地註冊成立公司的股權，而是透過合約安排形式，控制該家在內地註冊成立公司及分享其經濟權益。

2003 年騰訊控股籌備上市，高盛（亞洲）有限責任公司投資銀行部執行董事劉熾平建議騰訊控股在聯交所上市，指出「香港更接近騰訊自己的本土市場，香港的分析師和股民顯然比美國人更了解騰訊。理論上，一家立足於服務大眾使用者的公司，它的上市地點愈貼近

由（左起）許晨曄、曾李青、馬化騰、張志東及陳一丹聯合創辦的騰訊控股，在 2004 年 6 月 16 日於香港聯合交易所上市儀式上合照。同年年底，騰訊控股市值為 81.88 億元，至 2017 年年底市值升至 38,565.9 億元，成為該年香港證券市場市值最大的內地民營企業。（騰訊提供）

它的本土市場，公司價值就反應得愈為真實」。[12] 2004 年 6 月 16 日，騰訊控股在聯交所上市，以每股發售價 3.7 元，發售 4.83 億股，集資 17.88 億元，集資所得用於發展實時通訊軟件 QQ、娛樂及互聯網業務。騰訊控股上市首日股價最高升至 4.625 元，全日收報 4.15 元；同年年底騰訊控股市值為 81.88 億元。2006 年年底騰訊控股市值升至 489.49 億元，為以市值計香港證券市場第 46 大上市公司，並首次成為香港證券市場市值最大的 50 隻股份之一。

2007 年 11 月 6 日，阿里巴巴網絡有限公司（阿里巴巴網絡）在聯交所上市。阿里巴巴網絡以每股 13.5 元發售 2.27 億股新股，集資 30.69 億元，用於收購其他公司業務、提升技術、發展內地和國際業務，以及購買電腦設備和發展新技術。Alibaba.com Corporation 透過發售 7.45 億股舊股，獲得 100.61 億元資金。阿里巴巴網絡透過發售新股及舊股合計在香港集資 131.3 億元。2007 年年底阿里巴巴網絡市值為 1396.98 億元，以市值計為香港證券市場排名第 29 大上市公司；2012 年 2 月 21 日，阿里巴巴網絡接獲阿里巴巴集團控股有限公司提出以每股 13.5 元私有化建議。[13] 5 月 25 日，阿里巴巴網絡股東通過私有化建議，6 月 20 日下午 4 時起阿里巴巴網絡在聯交所上市地位撤銷。[14]

2017 年年底在香港證券市場上市的內地民營企業市值按年上升 84.5%，至 100,153.3 億

2007 年 11 月 6 日，電子商務網站阿里巴巴網絡在香港聯交所主板掛牌上市，阿里巴巴網絡主席兼執行董事馬雲（左三）與公司高層人員出席上市儀式。（中新圖片提供）

表 11-2-11　中資股公司總市值歷年變化

（單位：億元）

年份	H 股公司總市值	紅籌股公司總市值	內地民營企業總市值
2003	4081.80	11,977.70	737.40
2004	4615.30	14,100.80	1488.40
2005	12,869.20	17,108.00	1943.80
2006	33,787.40	29,523.70	3833.50
2007	50,795.20	55,244.40	14,450.60
2008	27,317.40	28,759.00	5532.70
2009	47,134.80	38,686.90	18,615.80
2010	52,304.80	43,859.70	23,193.20
2011	41,012.70	40,025.20	16,199.50
2012	48,960.00	48,390.60	28,627.20
2013	49,125.40	48,284.00	39,496.30
2014	57,296.60	52,280.20	41,199.40
2015	51,646.40	51,507.00	50,044.80
2016	53,231.20	49,123.50	54,284.30
2017	67,678.70	57,388.60	100,153.30

資料來源：　香港交易及結算所。
注：截至 2017 年 12 月 31 日。

元（見表 11-2-11），當中主板上市的民營企業市值為 99,382.17 億元，在創業板上市的內地民營企業市值為 771.15 億元。同年年底 H 股公司市值為 67,678.7 億元，紅籌股公司市值為 57,388.6 億元；內地民營企業成為市值最大的中資股類別，佔港股總市值比重為 29.5%。同年內地民營企業成交金額為 48,322.4 億元，佔香港證券市場成交總額的 29.8%。2017 年在聯交所上市的內地民營企業共有 640 家，當中 575 家在主板上市，另外 65 家在創業板上市。內地民營企業上市公司數目佔香港證券市場上市公司總數的 30.2%。同年共有 41 家內地民營企業在香港證券市場進行上市集資，集資總額為 1250 億元，當中首次招股集資的集資總額為 370 億元；上市後集資的集資金額為 880 億元。2017 年內地民營企業集資額佔港股集資總額比重為 21.6%。

四、非人民幣債券

1982 年 1 月，中國國際信托投資在東京發行 100 億日圓私募債券，票面年利率為 8.7 厘，為內地企業首次在海外發債。1985 年 8 月，中國國際信托投資將發債地點擴至香港，發債籌集三億元，票面年利率為 9.375 厘。中國國際信托投資成為首家在香港發債的內地企業，透過是次發債集資，大部分集資所得投資在內地特區及開放城市的建設項目。翌年 9 月 30 日，中國國際信托投資再度在港發行港元債券，發行金額為四億元，票面年利率為 7.875 厘。部分發債集資所得作為香港東區海底隧道項目的工程款。1987 年 6 月廣東國際信託投資在香港發行亞洲美元債券，發行額為 5000 萬美元，為首家在港發行美元債券的內地企業。由 1982 年至 1989 年期間，內地企業在香港發行三隻非人民幣債券，發行額為七億元及 5000 萬美元。

1995 年 10 月，中國建設銀行在香港發行 12 億元港元浮息票據，為內地金融機構首次在香港發行的 H 債，即內地機構在香港發行的港元面值債券。1995 年 11 月 7 日，中國人民建設銀行發行的港元浮息票據上市。

2005 年 5 月，中國海外發展在摩根大通協助下，成為首家獲得穆迪和標準普爾授予信貸評級的內地房地產公司。7 月，中國海外發展發行三億美元、七年期及票息率為 5.75 厘的應付擔保票據，獲得超額認購 1.5 倍，成為首家發行美元債的內地房地產公司。

2010 年至 2014 年期間，人民幣兌美元匯價累計升值 10%。期內內地企業增加在香港發行非人民幣債券，2010 年共有七隻由內地企業發行非人民幣債券在聯交所上市，至 2014 年已增至 126 隻。

2015 年 2 月 12 日，青島城市建設投資（集團）有限責任公司（青島城投集團）透過在香港成立的香港國際（青島）有限公司（香港國際（青島））發行八億美元的海外債券，包括五億美元的五年期債券及三億美元的十年期債券，票面息率分別為 4.75 厘及 5.95 厘。青島城市建

設投資（集團）成為首間在香港發行美元債券的內地城投公司。2 月 13 日，香港國際（青島）發行的八億美元債券在聯交所上市。2015 年 7 月 16 日，新疆金風科技在香港發行票面息率為 2.5 厘的三億美元綠色債券，成為首家在香港發行綠色債券的內地註冊成立股份有限公司。

2017 年 3 月，國家開發銀行香港分行發行 77.5 億元三年期浮息票據在聯交所上市，創內地企業單筆發行規模最大的港元債券，成為首家發行港元債券的內地政策性銀行。

截至 2017 年年底，由內地企業發行的非人民幣債券在聯交所上市數目為 284 隻。當中，美元債佔 268 隻（見表 11-2-12），相關債券發行額為 1538.6 億美元。港元債券數目為 5 隻，相關債券發行額為 191.5 億元。歐元債券數目為 7 隻，相應債券的發行額為 44.8 億歐元。澳元債券數目為 1 隻，相應債券的發行額為 8 億澳元。新加坡元債券數目為 3 隻，相關債券的發行額為 15 億新加坡元。

表 11-2-12　在香港聯交所上市的內地企業非人民幣債券數目及發行總額

年份	美元債券		港元債券		歐元債券		澳元債券		新加坡元債券	
	債券數量（隻）	發行總額（億美元）	債券數量（隻）	發行總額（億元）	債券數量（隻）	發行總額（億歐元）	債券數量（隻）	發行總額（億澳洲元）	債券數量（隻）	發行總額（億新加坡元）
1997	1	1	0	0	0	0	0	0	0	0
1998	0	0	0	0	0	0	0	0	0	0
1999	0	0	0	0	0	0	0	0	0	0
2000	0	0	0	0	0	0	0	0	0	0
2001	0	0	0	0	0	0	0	0	0	0
2002	0	0	0	0	0	0	0	0	0	0
2003	2	5	0	0	0	0	0	0	0	0
2004	4	26.7	5	42.5	0	0	0	0	0	0
2005	5	30	2	14	0	0	0	0	0	0
2006	3	5.8	11	118.1	0	0	0	0	0	0
2007	0	0	3	139	0	0	0	0	0	0
2008	2	5	0	0	0	0	0	0	0	0
2009	0	0	1	21.8	0	0	0	0	0	0
2010	7	80.6	2	27.4	0	0	0	0	0	0
2011	11	75	1	1.1	0	0	0	0	0	0
2012	29	190.8	0	0	0	0	0	0	0	0
2013	74	435.6	3	83.8	2	10.5	0	0	0	0
2014	126	806.8	10	173.7	1	5	1	2	2	6
2015	110	766	3	21.2	8	43	0	0	0	0
2016	162	816.4	7	94.2	5	27	0	0	0	0
2017	268	1538.6	5	191.5	7	44.8	1	8	3	15

資料來源： WIND。
注：截至 2017 年 12 月 31 日。

第三節 證券市場互聯互通

一、北向金融投資

1. B 股

1990 年上海市提出透過發行 B 股吸納外匯，以支持上海市在第八個五年計劃（1991 年至 1995 年）期間的企業技術改造，以及浦東開發的基礎建設。該年 12 月底，國務院委託國家經濟體制改革委員會（國家體改委）副主任劉鴻儒率領的調查小組研究上海發行 B 股的可行性，翌年 1 月，該調查小組建議以上海市作為試點，發行只供海外的企業法人、基金及自然人認購的 B 股。

1991 年 9 月 20 日，證券及期貨事務監察委員會（香港證監會）與中國人民銀行深圳經濟特區分行官員，討論在香港發行於深圳證券交易所（深交所）上市 B 股的可能性。同年 12 月，中國人民銀行總行與深圳經濟特區分行代表團分別訪問香港證監會，商討內地發行 B 股在香港拓展市場事宜。

1991 年 11 月 22 日，中國人民銀行及上海市人民政府發布《上海市人民幣特種股票管理辦法》。12 月 5 日，中國人民銀行及深圳市人民政府發布《深圳市人民幣特種股票管理暫行辦法》。自此，上海及深圳允許香港機構投資者及個人投資者投資於 B 股。

1992 年 2 月 21 日，上海真空電子器件股份有限公司發行的 B 股在上海證券交易所（上交所）掛牌，成為內地首家發行 B 股的內地註冊成立股份有限公司。2 月 28 日，中國南方玻璃股份有限公司發行 B 股在深交所掛牌，成為深交所首隻 B 股。

1992 年至 2000 年期間，B 股的每日平均成交金額由 1992 年的 1453 萬元人民幣，上升至 2000 年的 2.32 億元人民幣。而 A 股每日平均成交金額由 1992 年的 2.54 億元人民幣，上升至 2000 年的 252.21 億元人民幣；2000 年 B 股日均成交金額僅及 A 股的 0.9%。1992 年至 2000 年期間，內地註冊成立的股份有限公司發行 B 股集資額同步減少，由 1992 年集資 48.45 億元人民幣，減少至 2000 年 10.51 億元人民幣。2000 年 10 月 27 日，廣東雷伊股份有限公司在深交所上市，成為截至 2017 年最後一家在 B 股市場公開招股的上市公司。自此，內地註冊成立的股份有限公司不再透過發行 B 股吸納外資。

2001 年 2 月 19 日，經國務院批准，中國證監會決定允許內地居民持有合法外匯開立 B 股戶口。2001 年年底，上交所及深交所的 B 股戶口分別為 929,082 個及 555,939 個，B 股戶口總數為 1,485,021 個，按年上升 4.4 倍。同年年底，上交所及深交所來自香港的 B 股戶口分別為 15,285 個及 76,749 個，來自香港的 B 股戶口佔比下降。

2001 年，上交所及深交所 B 股的全年成交額分別為 2832.54 億元人民幣及 2232.77 億元
人民幣，按年上升 7.2 倍及 10 倍。然而，2002 年上交所及深交所 B 股全年成交額分別只
有 517.38 億元人民幣及 331.47 億元人民幣，按年下跌 81.7% 及 85.2%。

2012 年 8 月 15 日，中國國際海運集裝箱（集團）股份有限公司建議將在深交所上市的
14.3 億股 B 股轉換為 H 股，並於 12 月 19 日完成轉換及在聯交所上市，成為首宗「B 轉
H」在香港上市的個案。2014 年 1 月 16 日及 6 月 25 日，麗珠醫藥集團股份有限公司及
萬科企業股份有限公司完成「B 轉 H」後，先後在聯交所正式上市。

2017 年，上交所及深交所 B 股全年成交金額分別為 555.3 億元人民幣及 421.94 億元人民
幣。同年「滬港股票市場交易互聯互通機制試點」（滬港通）下的滬港通全年總成交金額為
13,146.22 億元人民幣，「深港股票市場交易互聯互通機制」（深港通）下的深股通全年總
成交金額為 9507.05 億元人民幣。B 股吸納外資的功能被滬股通及深股通取代。

2.「合格境外機構投資者」

「合格境外機構投資者」（QFII）制度允許合格海外機構投資者經核准匯入一定額度的外匯資
金，並兌換為當地貨幣，再通過嚴格監管的專用帳戶投資當地的證券市場。合格海外機構
投資者透過這個制度在當地獲得的資本增值及股息，經批准後始可購匯並匯出境外，為資
本項目未完全開放的過渡性安排。

2002 年 11 月 5 日，中國證監會及中國人民銀行正式頒布《合格境外機構投資者境內證券
投資管理暫行辦法》。中國證監會負責向內地以外地區的基金管理機構、保險公司、證券公
司及其他資產管理機構批出投資內地證券市場資格，國家外匯管理局則負責向這些機構投
資者批出投資額度。申請者須符合累計經營年期、管理資產規模及實收資本規模要求，包
括：基金管理機構經營基金業務達五年，最近一個會計年度管理資產規模不少於 100 億美
元；保險公司經營保險業務超過 30 年，實收資本不少於 10 億美元，最近一個會計年度管
理證券資產規模不少於 100 億美元；證券公司經營證券業務超過 30 年，實收資本不少於
10 億美元，最近一個會計年度管理證券資產不少於 100 億美元；商業銀行最近一個會計年
度，總資產在全球銀行業排名前 100 名以內，管理證券資產不少於 100 億美元。合格境外
機構投資者匯入內地的資金，須存放於託管行開設的人民幣特殊帳戶，只限用於結匯、購
匯後匯出、收取股息、債券及活期存款利息、支取購入股票股款及接收沽出股票股款及支
取相關管理費和託管費。合格境外機構投資者可以投資的人民幣金融工具，包括在內地證
券交易所掛牌的上市外資股以外的股票、在內地證券交易所掛牌交易的國債、在內地證券
交易所掛牌交易的可轉換債券和企業債券，以及中國證監會批准的其他金融工具。11 月 28
日，國家外匯管理局公布單一合格境外機構投資者的申請投資額度，不得低於等值 5000 萬
美元的人民幣及不得高於等值 8 億美元的人民幣。

2002 年 12 月 1 日，QFII 制度正式實施。2003 年 6 月 6 日，滙豐銀行表示已委任中國建設銀行股份有限公司（中國建設銀行）成為 QFII 託管銀行，後者並已代表滙豐銀行向中國證監會遞交 QFII 資格申請材料。7 月 9 日，獲批出首個 QFII 人民幣特殊帳戶的瑞士銀行，其中國證券部主管袁淑琴在北京透過電話發出買入寶山鋼鐵股份有限公司、上海港集裝箱股份有限公司、中外運空運發展股份有限公司及中興通訊股份有限公司這四家 A 股公司股票的指示。而袁淑琴則成為首位經 QFII 代表外資金融機構買入 A 股的香港證券業人員。2003 年 8 月 4 日，滙豐銀行獲中國證監會批出 QFII 資格，成為首家獲得 QFII 資格的香港註冊成立金融機構。9 月 5 日，國家外匯管理局宣布已經向滙豐銀行授予 QFII 投資額度 5000 萬美元。

2004 年 11 月 18 日，由巴克萊國際投資管理北亞有限公司管理的「i 股新華富時 A50 中國指數基金」在聯交所上市。上市首六個月，「i 股新華富時 A50 中國指數基金」獲花旗環球金融有限公司撥出 QFII 投資額度 5000 萬美元，成為香港首隻可以利用 QFII 額度投資 A 股的交易所買賣基金（ETF）。2005 年 2 月 1 日，總部設在香港的名力集團控股有限公司通過擁有 QFII 資格的恒生銀行，購買並持有上海愛建集團股份有限公司 5.066% 股權，為海外投資者首次通過 QFII 持有 A 股公司超過 5% 已發行股份。

2005 年 7 月 11 日，國務院批准 QFII 整體投資額度由 40 億美元上調至 100 億美元。至 8 月底，國家外匯管理局累計批出 QFII 投資額度為 40 億美元。9 月 25 日，國家外匯管理局宣布已經批准恒生銀行增加 QFII 投資額度 5000 萬美元，專項用於在香港市場發行的「恒生中國 A 股精選基金」。恒生銀行成為國務院批准上調 QFII 整體投資額度後，首家獲國家外匯管理局批出 QFII 投資額度的金融機構。「恒生中國 A 股精選基金」在 2006 年 2 月 28 日成立，為香港首隻獲得國家外匯管理局授出 QFII 額度的基金。

2006 年 9 月 1 日，合格境外機構投資者的申請資格由基金公司、保險公司、證券公司、商業銀行，擴大至養老基金、捐贈基金、共同基金、慈善基金。2009 年 9 月 29 日，單一合格境外機構投資者投資額度上限由 8 億美元上調至 10 億美元。

2007 年 2 月 13 日，國家外匯管理局向滙豐投資管理（香港）有限公司批出 QFII 投資額度為兩億美元，以及批准以「滙豐投資管理（香港）有限公司—滙豐中國翔龍基金」的名義在交通銀行開設外匯帳戶及人民幣特殊帳戶。7 月 6 日至 11 日中午 12 時，「滙豐中國翔龍基金」在香港公開發售，每個基金單位發售價為 10 元，成功籌集 37.19 億元。「滙豐中國翔龍基金」成為香港首隻獲准利用 QFII 額度投資 A 股市場的封閉式基金。7 月 20 日，「滙豐中國翔龍基金」在聯交所上市。

2007 年 12 月 9 日，國家外匯管理局宣布將 QFII 整體投資額度由 100 億美元上調至 300 億美元。2012 年 4 月 3 日，QFII 整體投資額度再由 300 億美元上調至 800 億美元。2013

年 7 月 15 日，QFII 整體投資額度再升至 1500 億美元。2016 年 2 月 3 日，國家外匯管理局發布《合格境外機構投資者境內證券投資外匯管理規定》，不再對單家合格境外機構投資者設置統一的投資額度上限，而是根據機構投資者的管理資產規模的一定比例，作為獲取投資額度的依據。

截至 2017 年年底，中國證監會累計向 73 家香港註冊成立機構批出 QFII 資格（見表 11-3-1）。國家外匯管理局累計向 69 家香港註冊成立機構批出 QFII 總投資額度 244.1 億美元（見表 11-3-2），佔已批出 QFII 投資額度 25.1%。其中，香港金融管理局（金管局）獲得國家外匯管理局批出 25 億美元的 QFII 投資額度，成為獲得最多 QFII 投資額度的香港機構。

表 11-3-1　香港註冊的合格境外機構投資者

合格境外機構投資者	獲批 QFII 資格日期
香港上海滙豐銀行有限公司	2003 年 8 月 4 日
瑞士信貸（香港）有限公司	2003 年 10 月 24 日
渣打銀行（香港）有限公司	2003 年 12 月 11 日
恒生銀行有限公司	2004 年 5 月 10 日
JF 資產管理有限公司	2005 年 12 月 28 日
瀚亞投資（香港）有限公司	2006 年 7 月 7 日
滙豐環球投資管理（香港）有限公司	2006 年 9 月 5 日
道富環球投資管理亞洲有限公司	2008 年 5 月 16 日
羅祖儒投資管理（香港）有限公司	2009 年 5 月 27 日
東亞聯豐投資管理有限公司	2009 年 6 月 18 日
宏利資產管理（香港）有限公司	2009 年 11 月 20 日
富達基金（香港）有限公司	2010 年 9 月 1 日
香港金融管理局	2010 年 10 月 27 日
東方匯理資產管理香港有限公司	2011 年 7 月 14 日
醫院管理局公積金計劃	2012 年 1 月 31 日
友邦保險有限公司	2012 年 3 月 5 日
中銀國際英國保誠資產管理有限公司	2012 年 5 月 3 日
安智投資管理亞太（香港）有限公司	2012 年 6 月 4 日
中銀集團人壽保險有限公司	2012 年 7 月 12 日
惠理基金管理香港有限公司	2012 年 8 月 21 日
海通資產管理（香港）有限公司	2012 年 9 月 20 日
IDG 資本管理（香港）有限公司	2012 年 9 月 20 日
貝萊德資產管理北亞有限公司	2012 年 10 月 26 日
嘉實國際資產管理有限公司	2012 年 11 月 12 日
中信證券國際投資管理（香港）有限公司	2012 年 12 月 11 日
太平洋投資策略有限公司	2012 年 12 月 11 日
易方達資產管理（香港）有限公司	2012 年 12 月 11 日
華夏基金（香港）有限公司	2012 年 12 月 25 日
瑞銀資產管理（香港）有限公司	2013 年 1 月 24 日
南方東英資產管理有限公司	2013 年 1 月 31 日
國泰君安資產管理（亞洲）有限公司	2013 年 2 月 21 日

（續上表）

合格境外機構投資者	獲批 QFII 資格日期
泰康資產管理（香港）有限公司	2013 年 2 月 22 日
招商證券資產管理（香港）有限公司	2013 年 2 月 22 日
工銀亞洲投資管理有限公司	2013 年 3 月 25 日
海富通資產管理（香港）有限公司	2013 年 5 月 7 日
太平資產管理（香港）有限公司	2013 年 5 月 15 日
中國國際金融香港資產管理有限公司	2013 年 5 月 16 日
中國光大資產管理有限公司	2013 年 5 月 30 日
博時基金（國際）有限公司	2013 年 6 月 4 日
法國巴黎投資管理亞洲有限公司	2013 年 6 月 19 日
景林資產管理香港有限公司	2013 年 7 月 15 日
凱思博投資管理（香港）有限公司	2013 年 8 月 20 日
廣發國際資產管理有限公司	2013 年 9 月 26 日
國信證券（香港）資產管理有限公司	2013 年 9 月 29 日
中國人壽富蘭克林資產管理有限公司	2013 年 10 月 30 日
高觀投資有限公司	2014 年 4 月 8 日
花旗集團基金管理有限公司	2014 年 6 月 16 日
萬金全球香港有限公司	2014 年 9 月 22 日
國投瑞銀資產管理（香港）有限公司	2014 年 12 月 1 日
工銀瑞信資產管理（國際）有限公司	2014 年 12 月 4 日
申万宏源投資管理（亞洲）有限公司	2014 年 12 月 30 日
廣發資產管理（香港）有限公司	2015 年 1 月 7 日
麥盛資產管理（亞洲）有限公司	2015 年 1 月 22 日
匯添富資產管理（香港）有限公司	2015 年 2 月 27 日
富國資產管理（香港）有限公司	2015 年 4 月 8 日
淡水泉（香港）投資管理有限公司	2015 年 5 月 20 日
安信資產管理（香港）有限公司	2015 年 6 月 2 日
建銀國際資產管理有限公司	2015 年 7 月 28 日
摯信投資顧問（香港）有限公司	2015 年 10 月 12 日
農銀國際資產管理有限公司	2015 年 11 月 24 日
融通國際資產管理有限公司	2016 年 1 月 15 日
國泰全球投資管理有限公司	2016 年 3 月 17 日
工銀國際資產管理有限公司	2016 年 7 月 19 日
中國光大證券資產管理有限公司	2016 年 8 月 12 日
中郵創業國際資產管理有限公司	2016 年 9 月 9 日
財通國際資產管理有限公司	2016 年 9 月 9 日
大成國際資產管理有限公司	2016 年 12 月 6 日
招銀國際資產管理有限公司	2017 年 1 月 5 日
中加國際資產管理有限公司	2017 年 1 月 10 日
中銀香港資產管理有限公司	2017 年 5 月 24 日
興證國際資產管理有限公司	2017 年 6 月 19 日
山證國際資產管理有限公司	2017 年 8 月 14 日
上投摩根資產管理（香港）有限公司	2017 年 10 月 27 日

資料來源： 中國證監會。

注：截至 2017 年 12 月 31 日。

表 11-3-2　國家外匯管理局批出香港註冊合格境外機構投資者投資額度

合格境外機構投資者	託管銀行	投資額度（億美元）
瑞銀資產管理（香港）有限公司	花旗銀行	1
花旗集團基金管理有限公司	德意志銀行	1.6
香港上海滙豐銀行有限公司	建設銀行	6
滙豐環球投資管理（香港）有限公司	交通銀行	3
JF 資產管理有限公司	建設銀行	15.25
瑞士信貸（香港）有限公司	滙豐銀行	6
渣打銀行（香港）有限公司	中國銀行	1.75
恒生銀行有限公司	建設銀行	1.5
法國巴黎投資管理亞洲有限公司	中國銀行	5.7
東方匯理資產管理香港有限公司	建設銀行	1
瀚亞投資（香港）有限公司	農業銀行	3.5
道富環球投資管理亞洲有限公司	渣打銀行	0.5
羅祖儒投資管理（香港）有限公司	滙豐銀行	0.5
東亞聯豐投資管理有限公司	工商銀行	1
宏利資產管理（香港）有限公司	工商銀行	3
富達基金（香港）有限公司	滙豐銀行	12
香港金融管理局	花旗銀行	25
醫院管理局公積金計劃	滙豐銀行	1
貝萊德資產管理北亞有限公司	花旗銀行	10
友邦保險有限公司	中國銀行	1.5
中銀國際英國保誠資產管理有限公司	渣打銀行	0.71
中銀香港資產管理有限公司	農業銀行	5
海通資產管理（香港）有限公司	交通銀行	1
中銀集團人壽保險有限公司	農業銀行	0.64
惠理基金管理香港有限公司	滙豐銀行	2
嘉實國際資產管理有限公司	中國銀行	2
易方達資產管理（香港）有限公司	滙豐銀行	6.98
華夏基金（香港）有限公司	滙豐銀行	2
中信證券國際投資管理（香港）有限公司	工商銀行	3
IDG 資本管理（香港）有限公司	建設銀行	0.6
南方東英資產管理有限公司	渣打銀行	2
招商證券資產管理（香港）有限公司	交通銀行	7.2
招銀國際資產管理有限公司	中國銀行	3
泰康資產管理（香港）有限公司	工商銀行	18.3
工銀亞洲投資管理有限公司	建設銀行	0.22
工銀瑞信資產管理（國際）有限公司	滙豐銀行	3

（續上表）

合格境外機構投資者	託管銀行	投資額度（億美元）
中國光大資產管理有限公司	滙豐銀行	4
中國光大證券資產管理有限公司	交通銀行	7
中國國際金融香港資產管理有限公司	建設銀行	11
博時基金（國際）有限公司	滙豐銀行	0.5
景林資產管理香港有限公司	滙豐銀行	1.23
凱思博投資管理（香港）有限公司	工商銀行	0.31
太平洋投資策略有限公司	建設銀行	4
中國人壽富蘭克林資產管理有限公司	建設銀行	2.6
海富通資產管理（香港）有限公司	工商銀行	1
高觀投資有限公司	滙豐銀行	1
廣發國際資產管理有限公司	工商銀行	3.31
廣發資產管理（香港）有限公司	工商銀行	2
萬金全球香港有限公司	花旗銀行	1
麥盛資產管理（亞洲）有限公司	興業銀行	2
申萬宏源投資管理（亞洲）有限公司	工商銀行	2
富國資產管理（香港）有限公司	滙豐銀行	2
淡水泉（香港）投資管理有限公司	滙豐銀行	2
匯添富資產管理（香港）有限公司	建設銀行	4
建銀國際資產管理有限公司	工商銀行	2
融通國際資產管理有限公司	工商銀行	5
國泰全球投資管理有限公司	建設銀行	4
工銀國際資產管理有限公司	農業銀行	2
摯信投資顧問（香港）有限公司	工商銀行	1
中郵創業國際資產管理有限公司	中國銀行	1
農銀國際資產管理有限公司	中國銀行	0.5
國投瑞銀資產管理（香港）有限公司	工商銀行	1
大成國際資產管理有限公司	渣打銀行	2
安信資產管理（香港）有限公司	滙豐銀行	1
中加國際資產管理有限公司	建設銀行	2
國泰君安資產管理（亞洲）有限公司	花旗銀行	7
財通國際資產管理有限公司	中國銀行	0.2
興證國際資產管理有限公司	興業銀行	5
山證國際資產管理有限公司	交通銀行	1
總額		244.1

資料來源： 國家外匯管理局。

注：截至 2017 年 12 月 31 日。

二、南向金融投資

1. 「合格境內機構投資者」（QDII）

「合格境內機構投資者」制度允許符合條件的內地機構，經內地監管部門批准後，在特定投資額度內，可通過專用帳戶投資海外證券市場。QDII 制度為內地仍然實行資本及金融帳戶管制下，有限度允許內地投資者投資海外證券市場的過渡性安排。

2001 年，香港特別行政區政府邀請摩根大通集團、瑞士信貸第一波士頓、高盛集團公司、滙豐投資管理（香港）、美林證券、摩根士丹利、所羅門美邦、瑞銀華寶、香港證監會及金管局提供建議。特區政府收集意見後，向國務院建議設立 QDII 制度、中國盈富指數基金及讓海外企業在內地發行中國預託證券，協助內地疏導游資。2001 年年底，內地人民幣存款143,617.17 億元人民幣，內地流通股份市值 14,463.16 億元人民幣；到了 2005 年年底，內地人民幣存款已經升至 287,169.52 億元人民幣，內地流通股份市值 10,630.51 億元人民幣。

2006 年 4 月 13 日，中國人民銀行發布 2006 年第五號公告，允許銀行、基金管理公司等證券經營機構、保險機構在符合條件下進行海外證券投資，具體包括：

· 允許符合條件的銀行匯集內地機構及個人的人民幣資金，在特定額度內購匯投資海外固定收益產品；
· 允許符合條件的基金管理公司等證券經營機構，匯集內地機構及個人自有外匯，用於在海外投資包括股票在內的投資組合；
· 允許符合條件的保險機構，透過購匯投資海外的固定收益產品及貨幣市場工具。

2006 年 4 月 17 日，中國人民銀行、中國銀行業監督管理委員會（中國銀監會）、國家外匯管理局發布《商業銀行開辦代客境外理財業務管理暫行辦法》，達致「有序可控推進人民幣資本項目可兌換」，取得海外理財業務資格的商業銀行獲准接受內地機構及內地居民個人委託在海外進行金融產品投資，並允許商業銀行代客投資香港及澳門的金融產品。

2006 年 6 月 21 日，中國銀監會辦公廳發出《中國銀行業監督管理委員會辦公廳關於商業銀行開展代客境外理財業務有關問題的通知》，重申商業銀行開辦代客海外理財業務只能投資境外的固定收益產品，不得直接投資於股票及其結構性產品、商品衍生工具及信貸評級在 BBB 級以下的證券。7 月 21 日，國家外匯管理局宣布已向中國銀行股份有限公司（中國銀行）、中國工商銀行股份有限公司（中國工商銀行）及東亞銀行有限公司（東亞銀行）內地分行批出代客海外理財購匯額度，分別為 25 億美元、20 億美元及 3 億美元，成為中國人民銀行 2006 年第五號公告發布以來，首批獲得代客海外理財購匯額度的商業銀行。9 月27 日，國家外匯管理局批准恒生銀行代客海外理財項目下投資購匯額度 3 億美元。8 月 10日，國家外匯管理局批准滙豐銀行代客海外理財項目下投資購匯額度 5 億美元。

2006 年年底，國家外匯管理局累計向 19 家金融機構，包括商業銀行、保險公司、基金公司，總共批出 173.88 億美元 QDII 投資額度。東亞銀行、恒生銀行及滙豐銀行這三家香港銀行獲批出共 11 億美元 QDII 投資額度，佔整體 QDII 投資額度比重為 6.3%。

2007 年 4 月 10 日，香港證監會與中國銀監會簽署《關於內地商業銀行代客境外理財業務監管合作諒解備忘錄》，建立信息共享及合作平台，有助及時準確識別風險，採取監管措施，保護投資者利益。5 月 10 日，中國銀監會頒布《關於調整商業銀行代客境外理財業務境外投資範圍的通知》，將內地商業銀行代客境外理財業務的核准投資範圍擴大至股票及其結構性產品，惟仍不能代客投資商品類衍生產品、對沖基金及國際公認評級機構評級 BBB 級以下的證券。內地商業銀行代客進行海外股票投資的地點，限於已和中國銀監會簽訂諒解備忘錄的監管機構所管轄市場。內地商業銀行委託負責海外投資管理人士，須受到已經與中國銀監會簽訂代客境外理財業務監管合作諒解備忘錄的海外監管機構所監管。單一客戶購買理財產品的銷售額不得低於 30 萬元人民幣或等值外幣。

2007 年 6 月 18 日，中國證監會發布《合格境內機構投資者境外證券投資管理試行辦法》，基金管理公司申請 QDII 資格條件為淨資產不少於 2 億元人民幣，經營證券投資基金業務有 2 年以上時間，管理資產規模不少於 200 億元人民幣或等值外匯資產。證券公司申請 QDII 資格條件為淨資本不低於 8 億元人民幣，經營集合資產管理計劃一年以上，並在最近一個季度末的資產管理規模不少於 20 億元人民幣或等值外匯資產。6 月 21 日，中國證監會主席尚福林指出，香港市場將會是合格境內機構投資者的首選境外市場。

2007 年 6 月 28 日，中國保險監督管理委員會（中國保監會）、中國人民銀行、國家外匯管理局發布《保險資金境外投資管理暫行辦法》，並於同日實施。9 月 12 日，內地首隻股票型 QDII 基金「南方全球精選配置證券投資基金」發售，即日募集逾 150 億元人民幣並提早完成預定發售規模。2007 年 12 月底，「南方全球精選配置證券投資基金」持有價值 92.89 億元人民幣在香港證券市場上市的股票，佔基金資產淨值比重為 32.9%。該基金十大持股包括中國中鐵股份有限公司、中國移動有限公司、新鴻基地產發展有限公司、中國電信股份有限公司、中國神華能源股份有限公司、中國人壽保險股份有限公司、中國石油化工股份有限公司、中國海洋石油有限公司、中國國際航空股份有限公司、中國聯通股份有限公司。

2007 年年底，共有 50 家商業銀行、基金公司、證券公司及保險公司獲得 QDII 投資額度，累計金額額度為 645 億美元。友邦保險控股有限公司在內地分公司獲得國家外匯管理局批出 8220 萬美元的 QDII 投資額度，成為《保險資金境外投資管理暫行辦法》實施後，首家香港保險公司透過內地子公司獲得國家外匯管理局批出 QDII 投資額度。2007 年，內地投資者透過 QDII 制度投資香港證券市場金額為 1300 億元（見表 11-3-3）。

截至 2016 年，在香港管理的 QDII 管理資產規模為 1530 億元，當中 49% 的 QDII 管理資

表 11-3-3　合資格境內機構投資者在香港管理的內地資產

年份	管理資產規模（億元）	投資地域劃分		
		香港（%）	亞太區其他地方（%）	北美及歐洲和其他地區（%）
2007	1300	不詳	不詳	不詳
2008	640	不詳	不詳	不詳
2009	750	50	20	30
2010	770	50	25	25
2011	620	60	15	25
2012	800	50	30	20
2013	1120	50	11	39
2014	1250	39	17	44
2015	1450	44	10	46
2016	1530	49	10	41

資料來源：　證券及期貨事務監察委員會。
注：截至 2017 年 12 月 31 日。

產投資於香港證券市場，10% 的管理資產投資於亞太區其他地方，41% 的管理資產投資於北美及歐洲市場和其他地區。

三、雙向金融投資

1. 滬港通

「滬港股票市場交易互聯互通機制試點」（滬港通）是指港交所屬下的聯交所與上交所建立技術連接，讓當地投資者通過本地證券公司買賣指定範圍內在對方交易所上市的股票，分為南向港股通及北向滬股通。香港方面，滬港通由財經事務及庫務局統籌，香港證監會、港交所、金管局和內地部門協商推動。滬港通於 2014 年正式開通。

實行滬港通前的 2006 年，中銀國際控股有限公司（中銀國際控股）與中國銀行天津分行雙方職員進行業務交流時，研究如何在支持天津市濱海新區改革開放的前提下擴大中國銀行業務，從而探索出協助內地個人投資者購匯及通過中銀國際控股投資香港股市的業務發展方向。[15] 2007 年 8 月 20 日，國家外匯管理局發布《國家外匯管理局關於開展境內個人直接投資境外證券市場試點的批覆》，批准國家外匯管理局天津分局上報的《開展境內個人直接投資境外證券市場試點方案》（即「港股直通車」）。內地投資者獲准投資在聯交所公開上市交易的證券，通過在中銀國際辦理證券買賣及託管，以及在中國銀行天津市分行開設個人境外證券投資外匯戶口，以自有外匯或購匯進行對外證券投資，投資規模不受每年購匯額度不超過 5 萬美元的限制，惟國家外匯管理局並無公布此項業務的實施日期。

香港參與國家改革開放志

2010 年 1 月 12 日，國家外匯管理局公布，於 2007 年 8 月 20 日獲得批准的《國家外匯管理局關於開展境內個人直接投資境外證券市場試點的批覆》已經失效。惟內地對開放個人進行境外證券投資的探索持續。

2014 年 4 月 10 日，國務院總理李克強出席博鰲亞洲論壇 2014 年年會開幕式，發表題為《共同開創亞洲發展新未來》的演講。他指出：「我們將積極創造條件，建立上海與香港股票市場交易互聯互通機制，進一步促進內地與香港資本市場雙向開放和健康發展。我們將與國際市場更深度融合，不斷提升對外開放的層次和水平。」同日，香港證監會和中國證監會發表聯合公告，原則上批准聯交所、上交所、中國證券登記結算有限責任公司（中國結算）和香港中央結算有限公司（香港結算）開展「滬港股票市場交易互聯互通機制試點」，即「滬港通」。其中，北向滬股通是指投資者委託香港的證券公司，經聯交所設立的證券交易服務公司向上交所傳遞買賣盤，買賣指定範圍內在上交所上市的股票。南向港股通是指投資者委託內地證券公司，經上交所設立的證券交易服務公司，向聯交所傳遞買賣盤，買賣指定範圍內在聯交所上市的股票。

北向滬股通成份股為上證 180 指數、上證 380 指數成份股及同時在上交所及聯交所上市的內地註冊成立股份有限公司所發行的 A 股。南向港股通成份股為恒生綜合大型股指數、恒生綜合中型股指數成份股，以及同時在上交所及聯交所上市的內地註冊成立股份有限公司所發行的 H 股。

滬港通實行初期對人民幣跨境投資額度實行總量管理，滬股通額度為 3000 億元人民幣，每日額度為 130 億元人民幣；港股通總額度為 2500 億元人民幣，每日額度為 105 億元人民幣。香港證監會要求參與港股通的內地投資者僅為機構投資者和證券帳戶及資金帳戶餘額合計不低於 50 萬元人民幣的個人投資者。2014 年 4 月 29 日，聯合交易所及香港結算分別向市場參與者刊發通告，提供有關滬港通主要特點相關文件。同日，上交所公布《滬港股票市場互聯互通機制試點實施細則（徵求意見稿）》。

2014 年 9 月 4 日，聯交所、香港結算、上交所、中國結算就設立滬港通簽訂四方協議，明確了四方就滬港通股票交易、結算、存管、市場監察的各項權利及義務。10 月 17 日，香港證監會和中國證監會簽訂《滬港通項目下中國證監會與香港證監會加強監管執法合作備忘錄》，加強滬港通的跨境監管及執法合作。11 月 3 日，金管局宣布推行兩項新措施，委任七家一級流動性提供行及設立日間回購交易機制，額外向香港銀行提供不超過 100 億元人民幣日間資金，以增加人民幣流動性。

2014 年 11 月 10 日，中國證監會及香港證監會宣布滬港通於 11 月 17 日啟動。當日港交所上載滬股通股票名單，共有 568 隻在上交所上市股票在滬港通啟動後可供海外投資者買賣。11 月 14 日，中國投資信息有限公司公布港股通股票名單，共有 268 隻在聯交所上市股票入選，可供內地投資者經滬港通下的港股通買賣。

2014 年 9 月 4 日，港交所集團行政總裁李小加（左一）、上交所總經理黃紅元（右二）及中國結算總經理戴文華（右一）於上海簽訂就建立滬港通的《四方協議》。港交所主席周松崗（左二）、上交所理事長桂敏杰（左三）及中國結算董事長周明（右三）出席並見證簽約儀式。（香港交易所提供）

2014 年 11 月 17 日，香港交易及結算所在交易所展覽館舉行滬港通開通儀式。左起：中國結算香港子公司籌備組組長姚蒙、上海證券交易所副總經理徐明、香港交易所集團行政總裁李小加、香港證監會主席唐家成、中央人民政府駐香港特別行政區聯絡辦公室副主任仇鴻、香港交易所主席周松崗、香港特區行政長官梁振英、署理財政司司長陳家強、中國證監會副主席劉新華、金管局總裁陳德霖、深圳證券交易所總經理宋麗萍及香港證監會副行政總裁張灼華出席開通儀式。（南華早報出版有限公司提供）

2014年11月17日，滬港通正式開通。北向滬股通130億元人民幣額度於當日下午2時前用完，是截至2017年7月1日為止唯一一次，全日成交金額120.82億元人民幣，首筆交易為內蒙古伊利實業集團股份有限公司。南向港股通全日成交金額23.44億元，全日餘額為87.32億元人民幣，即用去16.8%額度，首隻成交股份為騰訊控股。滬港通開通首日，海外資金流入內地A股市場多於南向資金。開通首月，南向港股通日均總成交額6.02億元人民幣，全月買入淨額36.65億元人民幣；北向滬股通日均成交總額46.59億元人民幣，全月買入淨額405.54億元人民幣。首月外資透過滬港通流入內地證券市場淨額為368.89億元人民幣。

2014年12月8日，恒生綜合大型股指數和恒生綜合中型股指數調整成份股，滬港通投資標的首次調整，南向港股通加入五隻香港股票，包括萬洲國際有限公司、綠葉製藥集團有限公司、中國聖牧有機奶業有限公司、神州租車有限公司、利標品牌有限公司。12月15日，上證180指數及上證380指數調整成份股，北向滬股通投資標的出現首次調整，加入28隻股票及刪除27隻股票。

2015年3月2日起，海外投資者可以通過滬股通沽空在上交所上市的414隻A股，包括中國石油天然氣、中國石油化工、中國工商銀行、中國農業銀行、中國銀行、中國建設銀行等權重股。自此，海外投資者獲得和內地投資者相同的沽空A股資格。

2015年3月27日，中國證監會發布《公開募集證券投資基金參與滬港通交易指引》，明確基金管理人募集新基金不需具備QDII資格，亦可通過滬港通投資香港市場特定股票，有利內地資產管理行業產品和業務創新，有助提升國際化水平。4月8日及9日，港股通成交金額連續兩日打破滬港通開通以來紀錄，分別為210億及261億元，兩日南向港股通每日105億人民幣額度均用盡，是直至2017年7月1日為止僅有的兩次。整體港股成交宗數和成交額於4月9日分別達3,247,002宗和2939億元，皆為歷史新高。

2015年6月29日，上海證券綜合指數一度跌近7.6%；恒生指數當日一度跌3.9%。港股通當日餘額107.69億元人民幣、滬股通餘額143.33億元人民幣，佔每日額度均逾100%，顯示港股通及滬股通錄得資金淨流出。7月6日，北向滬股通錄得133.85億元人民幣的淨流出，為至2017年7月1日止最高。7月8日，港股通淨流出19.16億元人民幣，為截至2017年7月1日止最多，反映此時期兩地均透過滬港通大規模撤回資金，而該月亦是港股通首次錄得資金淨流出。

2016年8月16日，中國證監會與香港證監會發表聯合公告，宣布批准深港通的同時，取消滬港通總額度。9月9日，中國保監會公布《關於保險資金參與滬港通試點的監管口徑》，允許保險機構經滬港通投資內地及海外證券市場，以助優化資產配置結構，防範及化解投資風險，並藉提升投資收益服務保險主業。

由 2014 年 11 月 17 日滬港通開通至 2017 年 10 月 31 日止，海外投資者持股金額最多的北向滬股通股票為貴州茅台酒股份有限公司，持股金額為 464.85 億元人民幣（見表 11-3-4）；內地投資者持股金額最多的南向港股通股票為滙豐控股，持股金額為 757.9 億元（見表 11-3-5）。

以流向金額計，由 2016 年起，內地投資者經南向港股通持股金額，已經超越海外投資者經北向滬股通持股金額；截至 2017 年年底，內地投資者經滬港通下的南向港股通持股金額為 7892.91 億元，海外投資者經北向滬股通持股金額為 3322.38 億元人民幣（見表 11-3-6）。

表 11-3-4　滬股通十大持股

排名	公司名稱	外資持股金額（元人民幣）
1	貴州茅台酒股份有限公司	46,485,431,757
2	中國平安保險（集團）股份有限公司	26,112,020,134
3	江蘇恒瑞醫藥股份有限公司	23,075,476,738
4	中國長江電力股份有限公司	16,763,664,971
5	內蒙古伊利實業集團股份有限公司	16,725,128,787
6	上海國際機場股份有限公司	14,267,604,269
7	方正證券股份有限公司	9,424,033,393
8	青島海爾股份有限公司	8,906,071,261
9	招商銀行股份有限公司	8,546,231,502
10	上海汽車集團股份有限公司	7,588,620,673

資料來源：　香港交易及結算所。
注：截至 2017 年 10 月 31 日。

表 11-3-5　滬港通下的港股通十大持股

排名	公司名稱	內地投資者持股金額（元）
1	滙豐控股有限公司	75,790,293,631
2	建設銀行股份有限公司	66,459,226,836
3	工商銀行股份有限公司	58,377,558,396
4	騰訊控股有限公司	51,177,692,234
5	融創中國控股有限公司	39,581,528,769
6	吉利汽車控股有限公司	19,078,412,046
7	招商銀行股份有限公司	15,531,754,425
8	新華人壽保險股份有限公司	14,935,301,209
9	中國銀行股份有限公司	14,639,946,828
10	豐盛控股有限公司	13,704,921,800

資料來源：　香港交易及結算所。
注：截至 2017 年 10 月 31 日。

表 11-3-6　2014 年至 2017 年滬港通統計

		2014 年	2015 年	2016 年	2017 年
合資格股份	滬股通（隻）	596	659	574	791
	港股通（隻）	273	310	316	311
持有市值	滬股通（億元人民幣）	865.01	1248.17	1711.23	3322.38
	港股通（億元）	131	1,152	3,680.2	7892.91
成交金額	滬股通（億元人民幣）	1675.12	14,710.64	7452.73	13,146.22
	港股通（億元）	260.11	7777.01	8267.76	17,244.05
平均每日成交金額	滬股通（億元人民幣）	55.84	63.68	32.12	55.94
	港股通（億元）	9.29	33.96	36.26	74.97

資料來源：　香港交易及結算所、上海證券交易所。
注：截至 2017 年 10 月 31 日。

2. 深港通

深港通全稱為「深港股票市場交易互聯互通機制」，即聯交所與深交所建立技術連接，讓兩地投資者通過本地證券公司買賣指定範圍內在對方交易所上市的股票，分為北向深股通及深港通下的南向港股通。

在國務院總理李克強宣布建立滬港通機制的翌日，即 2014 年 4 月 11 日，中國證監會新聞發言人張曉軍指出：「在滬港通試點經驗的基礎上，下一步深、港兩地市場可以具備更好條件，在更高的起點上自主探索包括互聯互通在內的各種合作形式。中國證監會也將一如既往地繼續支持深港兩地市場加強合作與交流。」2015 年 1 月 5 日，李克強在深圳考察時指出，滬港通後應該有深港通。2016 年 3 月 5 日，李克強在《政府工作報告》提出要「適時啟動『深港通』」。

2016 年 8 月 16 日，李克強在國務院常務會議上表示：「深港通相關準備工作已基本就緒，國務院已批准《深港通實施方案》。」同日，中國證監會與香港證監會發表聯合公告，宣布批准設立深港股票市場交易互聯互通機制（深港通），設有北向深股通及深港通下的南向港股通。深港通不設總額度限制，仍然保留每日額度限制，北向深股通每日額度為 130 億元人民幣，南向港股通每日額度為 105 億元人民幣，與滬港通相同。

深港通下的北向深股通投資範圍，包括市值 60 億元人民幣及以上的深證成份指數及深證中小創新指數成份股、深交所上市的 A+H 股公司股票；南向港股通投資範圍，包括恒生綜合大型股指數成份股、恒生綜合中型股指數成份股、市值在 50 億元以上的恒生綜合小型股指數成份股及在聯交所上市的 A+H 股公司所發行股票。

2016 年 10 月 11 日，聯交所、香港結算、深交所及中國結算簽訂建立深港股票市場交易互聯互通機制協議（《四方協議》），成為深港通各項協議和備忘錄的基礎文件，各方就深

2016 年 12 月 5 日，香港交易及結算所於交易所展覽館舉行深港通開通儀式，香港交易所主席周松崗（左）及深圳證券交易所副總經理金立揚（右）互送紀念品。開通首天，深港通下的港股通成交額為 9.23 億元，深港通下的深股通成交額為 26.69 億元人民幣。（Anthony Wallace/AFP via Getty Images）

港通交易結算運作機制達成共識。11 月 25 日，香港證監會及中國證監會共同宣布批准深港通在 12 月 5 日啟動；深交所同日公布深港通下的南向港股通合資格證券共 417 隻，當中來自恒生綜合大型股指數成份股 100 隻、恒生綜合中型股指數成份股 193 隻、恒生綜合小型股指數成份股 95 隻，不在上述指數成份股內的 A+H 股為 29 隻。北向深股通合資格證券共 881 隻，當中深交所主板股票 267 隻、中小板股票 411 隻、創業板股票 203 隻。

2016 年 12 月 5 日，深港通正式啟動。第一單深股通交易由境外投資者買入康佳集團股份有限公司 100 股，成交金額為 481 元人民幣；全日成交最活躍股份為珠海格力電器股份有限公司，總成交額 3.72 億元人民幣。深股通啟動首日共有 464 隻深股通成份股錄得交易，總成交額 26.69 億元人民幣，使用額度 27.11 億元人民幣，佔每日額度的 20.9％；同日滬股通全日成交金額為 68 億元人民幣。同日，深港通下南向港股通的第一單交易，為內地投資者以 24,500 元買入滙豐控股 400 股。全日成交最活躍的深港通下的港股通成份股為比亞迪股份有限公司，總成交額 1.3 億元。深港通啟動首日共有 348 隻深港通下的港股通成份股錄得交易，內地投資者買入金額為 9.02 億元（8.23 億元人民幣），賣出金額為 2100 萬元（1800 萬元人民幣），使用額度為 8.5 億元人民幣，佔每日額度的 8.1％；同日滬股通下的港股通全日成交金額為 44.27 億元。

2017 年 6 月底，中國保監會發布《保險資金參與深港通業務試點監管口徑》，明確指出保

表 11-3-7　深股通十大持股

排名	公司名稱	外資持股金額（元人民幣）
1	杭州海康威視數字技術股份有限公司	35,378,394,550
2	美的集團股份有限公司	31,023,800,871
3	珠海格力電器股份有限公司	20,731,154,621
4	宜賓五糧液股份有限公司	6,910,545,763
5	江蘇洋河酒廠股份有限公司	6,395,703,132
6	雲南白藥集團股份有限公司	6,301,920,658
7	杭州老闆電器股份有限公司	3,934,359,532
8	平安銀行股份有限公司	2,612,177,956
9	深圳市匯川技術股份有限公司	2,360,450,602
10	索菲亞家居股份有限公司	2,107,575,198

資料來源： 香港交易及結算所。
注：截至 2017 年 10 月 31 日。

險機構可投資深港通下的港股通股票，保險資金可以通過證券投資基金投資港股通股票。

北向深股通日均交易金額由開通首月的 15.41 億元人民幣，逐步增至 2017 年 6 月的 38.29 億元人民幣。每月交易總金額由首月 261.9 億元人民幣，增加至 2017 年 6 月的 842.37 億元人民幣。開通首月流入深圳 A 股市場資金淨額為 151.68 億元人民幣，其後數月漸趨回落至 2017 年 4 月份 87.73 億元人民幣，5 月起反彈，至 6 月份更回復至開通初期水平。南向港股通方面，日均交易金額由 2016 年開通首月 5.09 億元，升至 2017 年 6 月的 16.68 億元。每月交易總金額由 2016 年開通首月 91.64 億元，增加至 2017 年 6 月的 366.97 億元。由開通至 2017 年 6 月止，透過深港通購入港股淨額為 457.31 億元。

由深港通開通起至 2017 年 10 月底止，海外投資者持倉最多的深股通股票為杭州海康威視數字技術股份有限公司，持有金額為 353.78 億元人民幣（見表 11-3-7）。2017 年，深港通下深股通合資格證券 1028 隻，全年總成交額 9507.05 億元人民幣，日均成交額 40.46 億元人民幣。深港通下港股通合資格證券 445 隻，總成交額 5353 億元，日均成交額 23.27 億元。

3. 基金互認

「內地與香港基金互認安排」（基金互認），是中國證監會與香港證監會共同推出的計劃，允許合資格的內地與香港基金透過簡化程序，在對方市場向公眾投資者銷售。透過在香港銷售的「獲認可內地基金」，香港投資者可直接投資於人民幣合格境外機構投資者（RQFII）以外的內地基金；而內地投資者則可透過購買在內地銷售的「獲認可香港基金」，投資於海外資本市場。

2012 年年底，中國證監會與香港證監會就基金互認事宜派員成立工作小組。2013 年 8 月 29 日，香港特區政府和國家商務部簽署 CEPA《補充協議十》，內容包括承諾積極研究兩地基金產品互認安排。2015 年 5 月 14 日，中國證監會發布《香港互認基金管理暫行規定》，就香港互認基金在產品註冊、投資運作及信息披露、基金銷售、代理機構及監督管理這些方面制定規則。

2015 年 5 月 22 日，中國證監會及香港證監會簽署《關於內地與香港基金互認安排的監管合作備忘錄》，允許合資格的內地與香港基金產品透過簡化方式審批後在對方市場銷售，基金互認初始投資額度為資金進出各 3000 億元人民幣，達致內地與香港資本市場進一步互聯互通及拓闊跨境投資渠道。7 月 1 日，內地與香港基金互認安排正式啟動。

2015 年 7 月 1 日至 12 月 18 日期間，香港證監會共受理超過 30 隻內地互認基金的註冊申請，中國證監會共受理 17 隻香港互認基金產品的註冊申請。香港證監會於 12 月 18 日為首批四隻內地互認基金正式註冊，包括「華夏回報證券投資基金」、「工銀瑞信核心價值混合型證券投資基金」、「滙豐晉信大盤股票型證券投資基金」及「廣發行業領先混合型證券投資基金」。截至同年 9 月底，這四隻基金的管理資產規模為 173 億元人民幣。同日，中國證監會亦為首批三隻香港互認基金正式註冊，包括：「恒生中國 H 股指數基金」、「行健宏揚中國基金」、「摩根亞洲總收益債券基金」，基金類型分別是股票指數型、股票型及債券型；截至 9 月底，這三隻基金管理資產規模為 166 億元人民幣。12 月 29 日，「華夏回報證券投資基金」、「滙豐晉信大盤股票型證券投資基金」及「廣發行業領先混合型證券投資基金」在香港接受公眾認購。

2016 年 2 月中，中國證監會批准第二批「獲認可香港基金」，包括「摩根太平洋證券基金」（2 月 15 日批准）、「建銀國際—國策主導基金」（2 月 17 日批准）、「中銀香港全天候中國高息債券基金」（2 月 18 日批准）。

2017 年 5 月至 6 月間，中國證監會批准第三批「獲認可香港基金」，包括「施羅德亞洲高息股債基金」（5 月 24 日批准）及「東方匯理香港組合—亞太新動力股息基金」（6 月 28 日批准）。

截至 2017 年 6 月 30 日，中國證監會一共批准八隻「獲認可香港基金」在內地銷售（見表 11-3-8），累計在內地銷售額 142.93 億元人民幣，累計在內地淨銷售額 94.32 億元人民幣；共有 49 隻「獲認可內地基金」獲香港證監會批准在香港銷售（見表 11-3-9），累計在香港銷售額 2.71 億元人民幣，累計淨銷售額 1.71 億元人民幣。合計共有 92.6 億元人民幣的資金透過基金互認安排從內地流向境外。

表 11-3-8　在內地銷售的「獲認可香港基金」資料一覽

基金名稱	基金公司	獲批日期	2017 年資產淨值
行健宏揚中國基金	行健資產管理有限公司	2015 年 12 月 18 日	2,264,919,062 元 （30/6/2017）
恒生中國 H 股 指數基金	恒生投資管理有限公司	2015 年 12 月 18 日	942,937,906 元 （30/6/2017）
摩根亞洲 總收益債券基金	摩根資產管理有限公司	2015 年 12 月 18 日	3,809,838,031 美元 （30/9/2017）
摩根太平洋證券基金	摩根資產管理有限公司	2016 年 2 月 15 日	541,647,990 美元 （30/9/2017）
建銀國際—國策 主導基金	建銀國際資產管理 有限公司	2016 年 2 月 17 日	434,551,495 元 （30/6/2017）
中銀香港全天候 中國高息債券基金	中銀香港資產管理 有限公司	2016 年 2 月 18 日	3,353,226,938 人民幣 （30/6/2017）
施羅德亞洲 高息股債基金	施羅德投資管理 （香港）有限公司	2017 年 5 月 24 日	36,960,605,554 元 （30/6/2017）
東方匯理香港組合—亞 太新動力股息基金	東方匯理資產管理 香港有限公司	2017 年 6 月 28 日	38,106,354 美元 （30/6/2017）

資料來源： 各基金公司報告。

表 11-3-9　在香港銷售的「獲認可內地基金」資料一覽

基金名稱	基金公司名稱	認可日期
華夏回報證券投資基金	華夏基金管理有限公司	2015 年 12 月 18 日
廣發行業領先混合型證券投資基金	廣發基金管理有限公司	2015 年 12 月 18 日
滙豐晉信大盤股票型證券投資基金	滙豐晉信基金管理有限公司	2015 年 12 月 18 日
工銀瑞信核心價值混合型證券投資基金	工銀瑞信基金管理有限公司	2015 年 12 月 18 日
華夏興華混合型證券投資基金	華夏基金管理有限公司	2015 年 12 月 30 日
上投摩根新興動力混合型證券投資基金	上投摩根基金管理有限公司	2015 年 12 月 30 日
上投摩根雙息平衡混合型證券投資基金	上投摩根基金管理有限公司	2015 年 12 月 30 日
上投摩根行業輪動混合型證券投資基金	上投摩根基金管理有限公司	2015 年 12 月 30 日
大成內需增長混合型證券投資基金	大成基金管理有限公司	2015 年 12 月 30 日
廣發聚優靈活配置混合型證券投資基金	廣發基金管理有限公司	2015 年 12 月 30 日
滙豐晉信動態策略混合型證券投資基金	滙豐晉信基金管理有限公司	2015 年 12 月 30 日
景順長城核心競爭力混合型證券投資基金	景順長城基金管理有限公司	2015 年 12 月 30 日
工銀瑞信穩健成長混合型證券投資基金	工銀瑞信基金管理有限公司	2015 年 12 月 30 日
招商行業領先混合型證券投資基金	招商基金管理有限公司	2016 年 1 月 6 日

基金名稱	基金公司名稱	認可日期
南方優選價值混合型證券投資基金	南方基金管理有限公司	2016 年 1 月 6 日
匯添富醫藥保健混合型證券投資基金	匯添富基金管理股份有限公司	2016 年 1 月 6 日
匯添富民營活力混合型證券投資基金	匯添富基金管理股份有限公司	2016 年 1 月 6 日
匯添富價值精選混合型證券投資基金	匯添富基金管理股份有限公司	2016 年 1 月 6 日
華安 MSCI 中國 A 股指數增強型證券投資基金	華安基金管理有限公司	2016 年 1 月 6 日
中銀收益混合型證券投資基金	中銀基金管理有限公司	2016 年 1 月 6 日
中銀持續增長混合型證券投資基金	中銀基金管理有限公司	2016 年 1 月 6 日
交銀施羅德成長混合型證券投資基金	交銀施羅德基金管理有限公司	2016 年 1 月 6 日
交銀施羅德穩健配置混合型證券投資基金	交銀施羅德基金管理有限公司	2016 年 1 月 6 日
富蘭克林國海潛力組合混合型證券投資基金	國海富蘭克林基金管理有限公司	2016 年 2 月 1 日
博時裕富滬深 300 指數證券投資基金	博時基金管理有限公司	2016 年 2 月 5 日
博時信用債券投資基金	博時基金管理有限公司	2016 年 3 月 30 日
博時特許價值混合型證券投資基金	博時基金管理有限公司	2016 年 3 月 30 日
嘉實成長收益證券投資基金	嘉實基金管理有限公司	2016 年 4 月 6 日
嘉實研究精選混合型證券投資基金	嘉實基金管理有限公司	2016 年 4 月 6 日
建信優選成長混合型證券投資基金	建信基金管理有限責任公司	2016 年 4 月 11 日
招商安泰系列開放式證券投資基金	招商基金管理有限公司	2016 年 4 月 13 日
招商安泰系列開放式證券投資基金——招商安泰債券基金	招商基金管理有限公司	2016 年 4 月 13 日
建信雙息紅利債券型證券投資基金	建信基金管理有限責任公司	2016 年 4 月 21 日
華泰柏瑞積極成長混合型證券投資基金	華泰柏瑞基金管理有限公司	2016 年 4 月 26 日
國投瑞銀穩定增利債券型證券投資基金	國投瑞銀基金管理有限公司	2016 年 4 月 27 日
浦銀安盛價值成長混合型證券投資基金	浦銀安盛基金管理有限公司	2016 年 5 月 11 日
融通醫療保健行業混合型證券投資基金	融通基金管理有限公司	2016 年 5 月 26 日
華寶動力組合混合型證券投資基金	華寶興業基金管理有限公司	2016 年 7 月 8 日
農銀匯理消費主題混合型證券投資基金	農銀匯理基金管理有限公司	2016 年 7 月 22 日
農銀匯理行業成長混合型證券投資基金	農銀匯理基金管理有限公司	2016 年 7 月 22 日
融通通利系列證券投資基金	融通基金管理有限公司	2016 年 7 月 25 日
融通通利系列證券投資基金——融通深證 100 指數證券投資基金	融通基金管理有限公司	2016 年 7 月 25 日
易方達科翔混合型證券投資基金	易方達基金管理有限公司	2016 年 8 月 24 日
易方達價值成長混合型證券投資基金	易方達基金管理有限公司	2016 年 8 月 24 日
匯豐晉信平穩增利債券型證券投資基金	匯豐晉信基金管理有限公司	2016 年 9 月 7 日
華泰柏瑞量化增強混合型證券投資基金	華泰柏瑞基金管理有限公司	2016 年 10 月 5 日
南方多利增強債券型證券投資基金	南方基金管理股份有限公司	2016 年 10 月 31 日
長盛電子信息產業混合型證券投資基金	長盛基金管理有限公司	2016 年 11 月 22 日
易方達安心回報債券型證券投資基金	易方達基金管理有限公司	2017 年 3 月 15 日

資料來源： 香港證監會。

注：截至 2017 年 6 月 30 日。

2017 年 7 月 3 日，香港金融管理局總裁陳德霖（前左四）和中國人民銀行副行長潘功勝（前右三）在債券通開通儀式上一起敲鑼，啟動香港與內地債券市場互聯互通機制。香港特區行政長官林鄭月娥（前右二）及國務院港澳辦副主任黃柳權（前左三）等主禮嘉賓在旁見證。（星島新聞集團提供）

4. 債券通

「香港與內地債券市場互聯互通合作」（債券通），為內地與海外投資者通過香港與內地債券市場基礎設施連接，買賣在兩個市場流通債券的機制。

2017 年 3 月 15 日，國務院總理李克強宣布於該年試行「債券通」，境內外投資者可通過香港與內地債券市場基礎設施機構連接，買賣兩地市場的債券。5 月 16 日，香港金融管理局與中國人民銀行發表聯合公告，宣布先開通「北向通」，讓境外投資者透過兩地互聯互通機制，沿用國際買賣債券的結算託管習慣，投資於內地銀行間債券市場。6 月 7 日，港交所與中國外匯交易中心成立債券通有限公司，承擔支持債券通相關交易服務職能。7 月 3 日，債券通啟動。至 2017 年年底，有 240 多名投資者參與債券通，每日平均成交額 20 億元人民幣。

第四節　在港發展證券公司

一、中資證券公司

1. 設立機構

1979年，香港民安保險有限公司在國家實行改革開放後，計劃出資200萬元在香港成立證券公司拓展業務，並由香港民安保險總經理沈日昌妻子沈江黛茜作為公司代表，購入香港證券交易所會籍。[16] 1980年1月，新世紀證券投資公司開業。

四年後，第二家在香港經營的中資證券公司 —— 中茂證券有限公司（中茂證券）開業。中茂證券為中銀集團成員新華銀行及寶生銀行的兩家附屬機構聯同證券商人張偉國，於1983年10月25日成立，並於1984年2月6日開始營業。1992年11月19日，中茂證券改名為中銀集團證券有限公司，後於1998年7月20日再易名為中銀國際證券有限公司。兩天後的1998年7月22日，前身為中國建設財務（香港）有限公司的中銀國際融資有限公司正式易名，並於2009年2月26日再度易名為中銀國際有限公司（中銀國際）。

1998年7月10日，中銀國際控股有限公司（BOC International Holdings Limited）（中銀國際控股）在香港註冊成立，取代1996年7月倫敦註冊成立的中銀國際控股（Bank of China International Holdings Limited）。完成註冊後，中銀國際控股將中銀國際證券及中銀國際融資納入為全資附屬公司，主力發展證券業務。

第三家在香港經營的中資證券公司為國泰君安證券（香港）有限公司，於1995年成為聯合交易所成員並展開業務。1997年4月4日，中國國際金融（香港）有限公司（中金香港）前身在香港註冊成立，並於同年9月24日正式易名，是中國國際金融有限公司（中金公司）首家海外子公司及中金公司海外業務的控股公司，協助內地企業走向國際資本市場。1998年3月9日，中國國際金融香港證券有限公司（中金香港證券）成立，1999年展開港股經紀業務。

2005年10月18日，香港與內地簽署CEPA《補充協議二》。2006年1月1日起，內地允許符合條件的內地創新試點類證券公司在香港設立分支機構，而符合條件的內地期貨公司亦可在香港經營期貨業務，包括設立分支機構。2006年，國泰君安證券股份有限公司、國元證券有限責任公司、廣發證券股份有限公司、華泰證券有限責任公司、申銀萬國證券股份有限公司先後獲得中國證監會批准在香港成立分支機構。2007年5月29日，格林集團旗下格林期貨（香港）有限公司宣布獲香港證監會批准在港開業，成為首批透過CEPA《補充協議二》開放措施獲准在港開業的內地期貨公司之一。2012年起，內地已經取代美國成為香港的持牌法團控股股東最大來源地。

2. 收購同業

1992 年 8 月 12 日，中國光大集團有限公司（光大集團）收購持有寧發國際有限公司 50.95% 的 Guildford Limited 的 45% 股權，間接入股寧發國際全資附屬公司寧發證券有限公司股權。1993 年 3 月 25 日，光大集團以 7280 萬元收購 Guildford Limited 餘下股權，增持寧發國際持股至 50.95%，間接收購寧發證券的控股權。4 月 16 日，光大集團董事長邱晴獲委任成為寧發國際主席。

1993 年 6 月 17 日，上海萬國證券有限公司成為王集團（香港）有限公司的控股公司。8 月 5 日，王集團易名為上海萬國（香港）有限公司，上海萬國證券總經理管金生獲委任為上海萬國（香港）董事會主席。

2008 年 8 月 13 日，亨達集團有限公司與 Sinoday Limited 及銀建國際證券投資有限公司達成協議，亨達集團以總代價 2.41 億元，出售亨達國際控股有限公司（亨達國際）52.32% 及 9.58% 股權予 Sinoday Limited 及銀建國際證券投資。Sinoday Limited 由中國信達資產管理公司（中國信達資產管理）擁有，銀建國際證券由銀建國際實業有限公司（銀建國際）全資擁有，中國信達資產管理持有銀建國際 22.08% 股權。11 月 27 日，Sinoday Limited 及銀建國際證券完成購入亨達國際股權。12 月 31 日，亨達國際易名為信達國際控股有限公司。

2009 年 1 月 6 日，中國證監會批准安信證券股份有限公司以 3500 萬元人民幣收購在香港經營的南方證券（香港）有限公司。4 月 29 日，安信證券完成收購南方證券（香港）；5 月 22 日，南方證券（香港）易名為安信國際金融控股有限公司。

2009 年 6 月，中銀國際亞洲有限公司代表新創建集團有限公司（新創建）就後者有意出售大福證券集團有限公司（大福證券）股權，與海通證券股份有限公司（海通證券）接觸。11 月 19 日，海通（香港）金融控股有限公司（海通（香港））同意以每股 4.88 元即總代價 18.22 億元，向新創建收購大福證券 52.86% 股權。12 月 21 日，海通（香港）完成收購大福證券，成為擁有超過 10 萬位客戶的中資證券公司。海通（香港）接手大福證券的海外交易商網絡。

2010 年 5 月，中信證券股份有限公司（中信證券）與東方匯理銀行談判，尋求建立一個全球性機構經紀業務平台及專注亞太區的投資銀行。2011 年 6 月 9 日，中信證券獲董事會批准收購里昂證券（CLSA B.V.）及盛富證券（Crédit Agricole Cheuvreux SA）各 19.9% 股權。7 月 13 日，中信證券與東方匯理銀行及法農控股（CASA BV）訂立協議，中信證券透過香港註冊的全資子公司中信證券國際有限公司（中信證券國際），向東方匯理銀行收購里昂證券及盛富證券各 19.9% 股權，作價 3.74 億美元。法農控股為東方匯理持有里昂證券的中介持股公司。

2012 年 7 月 20 日，中信證券和東方匯理銀行及法農控股修訂股權轉讓協議，中信證券放棄收購盛富證券 19.9% 及同意以 3.1032 億美元收購里昂證券 19.9% 股權；同日交易完成並另訂選擇權協議，中信證券承諾以 9.4168 億美元代價購入里昂證券餘下 80.1% 股權。11 月 5 日，中信證券董事會議決通過，中信證券國際以 9.4168 億美元收購里昂證券餘下 80.1% 股權。惟基於監管限制，2013 年 7 月 31 日，中信證券國際、東方匯理銀行、法農控股及里昂證券香港另訂協議，將里昂證券台灣業務剝離於該次收購範圍以外，並將里昂證券 80.1% 股權收購價由 9.4168 億美元調整為 8.4168 億美元。根據協議的後續調整及對台灣業務的安排，中信證券國際收購里昂證券 100% 的最終總代價為 10.9 億美元。自此收購完成，中信證券國際將里昂證券納入為全資子公司，並透過該公司展開國際業務合作。

2014 年 6 月 13 日，西證國際投資有限公司與敦沛金融有限公司控股訂立諒解備忘錄，前者擬以每股 0.28 元認購後者 12.4 億股，相當於擴大後已發行股本約 51%。2015 年 1 月 6 日完成認購協議，並於 5 月 6 日易名為西證國際證券股份有限公司（西證國際證券）。西南證券股份有限公司為一家在上海證券交易所上市的公司，西證國際投資為其全資附屬公司。

2015 年 2 月 1 日，新鴻基有限公司（新鴻基公司）宣布以 40.95 億元向光大證券股份有限公司（光大證券）出售新鴻基金融集團有限公司（新鴻基金融）70% 股權，新鴻基公司保留剩餘 30% 股權並獲光大證券授予認沽權。6 月 2 日，光大證券完成收購新鴻基金融 70% 股權。透過該項收購，光大證券迅速擴大香港業務基礎，拓展跨境業務，提升收入來源及盈利並提高多渠道融資能力。

2015 年 5 月 7 日，雲鋒金融控股有限公司（雲鋒金融控股）及其他投資者與瑞東集團有限公司（瑞東集團）訂立股份認購協議，前兩者以每股 2 元認購後者發行 19.43 億股新股，入股總額為 38.85 億元；雲鋒金融控股認購當中的 13.43 億股新股，佔瑞東集團擴大後已發行股本 56%。11 月 9 日，完成認購，雲鋒金融控股間接獲得三間獲香港證監會發出經營受規管活動牌照的公司，包括提供資產管理服務的 Cannon Investment Advisors（HK）Limited、從事證券經紀業務的瑞東資本市場有限公司及從事證券經紀、證券配售和包銷以及提供顧問及諮詢服務的瑞東金融市場有限公司。2016 年 10 月 28 日，瑞東集團易名為雲鋒金融集團有限公司（雲鋒金融集團）。在這個基礎上，雲鋒金融集團發展互聯網金融，提供跨境的資本市場金融服務。

2016 年 7 月 29 日，天順證券集團有限公司（天順證券）與東吳證券股份有限公司的全資附屬公司東吳證券（香港）金融控股有限公司（東吳證券（香港））簽訂諒解備忘錄，由後者認購前者發行的新股，認購股份相當於經擴大已發行股本不少於 51%，雙方須於簽署諒解備忘錄後 90 日或之前訂立正式協議。2016 年 10 月 26 日，由於雙方未能於限期前達成正式協議，該份諒解備忘錄失效。

2016 年 10 月 28 日，華富國際控股有限公司（華富國際）主席兼執行董事包利華，副主席、行政總裁兼執行董事林建興，副主席兼執行董事魏永達，同意以每股 1.38 元出售 7.95 億股，即總現金代價 10.97 億元，出售華富國際全面行使購股權及認股權證前的已發行股本 52.45% 予泛海控股國際金融發展有限公司（泛海控股國際金融）。2017 年 1 月 26 日，泛海控股國際金融完成買賣協議，獲得 52.45% 股權。2 月 2 日，泛海控股國際金融提出無條件現金要約，分別以每股 1.38 元及 0.88 元收購全部已發行股份及全部未行使認股權證。另外，泛海控股國際金融分別以每份購股權 0.6177 元及 0.546 元向華富國際董事及其他僱員收購購股權。2 月 23 日，泛海控股國際金融收購華富國際的要約結束，分別獲 3.54 億股、21.76 萬份認股權證及 296.63 萬份購股權接納要約。自此，泛海控股國際金融持有華富國際已發行股本 75.67%。4 月 28 日，華富國際建議易名為中國泛海國際金融有限公司（中國泛海國際金融）。完成收購後，泛海控股國際金融間接獲得香港註冊成立的華富嘉洛證券有限公司、華富嘉洛資產管理有限公司及華富嘉洛企業融資有限公司。

2016 年 12 月 16 日，林海四、艾青、民生商銀國際控股有限公司（民銀國際）及中國華融海外投資控股有限公司（中國華融海外投資）就轉讓天順證券股權達成諒解備忘錄。2017 年 3 月 7 日，林海四和艾青與民銀國際及中國華融海外投資全資附屬公司 Brilliant Decent Limited（Brilliant Decent）訂立買賣協議。民銀國際及中國華融海外投資同意以 2.0563 億元，即每股 0.06 元收購總數 34.27 億股。同日，民銀國際及 Brilliant Decent 同意以每股 0.032 元認購天順證券 269.5 億股新股，總代價為 8.624 億元。2017 年 5 月 26 日，天順證券易名為民銀資本控股有限公司（民銀資本）。5 月 31 日，民銀國際及 Brilliant Decent 完成買賣及認購協議。至此，民銀國際間接擁有民銀資本經擴大後已發行股本的 60.13%，間接獲得天順證券投資有限公司、天順期貨有限公司及天順資產管理有限公司。

3. 上市集資

2010 年 7 月 8 日，國泰君安國際控股有限公司在聯交所上市，集資額為 17.63 億元，為首家主要業務在港經營的中資證券公司，獲中國證監會批准透過首次公開招股在聯合交易所上市。

2011 年 10 月 6 日，中信證券在聯交所上市，集資額為 142.47 億元，成為首家在香港證券市場公開招股的全國性證券公司。

2015 年 6 月 1 日，華泰證券股份有限公司在聯交所掛牌，集資額為 387.57 億元，成為香港證券市場在 1986 年至 2017 年期間以集資額計第九大的新上市公司。

2015 年 7 月 7 日，魯證期貨股份有限公司在聯交所上市，集資額為 9.2 億元，成為首家在港上市的內地期貨公司。

2017 年 5 月 19 日，交銀國際控股有限公司在聯交所上市，集資額為 19.68 億元。直至

2017 年年底，共有 18 家中資證券公司及期貨公司在香港進行首次公開招股，累計集資額為 1738.49 億元（見表 11-4-1）。共有五間在聯交所上市的中資證券公司進行了六次上市後集資，集資額為 193.98 億元（見表 11-4-2）。總計首次公開招股及上市後集資，中資證券公司在香港證券市場集資額為 1932.47 億元。

4. 拓展投行業務

中國建設財務（香港）為中國最早成立的投資銀行。1992 年，中國建設財務（香港）成為海虹集團聯席保薦人，協助海虹集團成為首家在香港公開招股的紅籌股公司；1993 年，成為首家在聯交所上市的 H 股公司青島啤酒的獨家保薦人。

1997 年，由中金公司成立的中金香港和高盛（亞洲）有限責任公司（高盛（亞洲））成為中國電信（香港）有限公司（中國電信（香港））聯席保薦人，協助中國電信（香港）在聯交所上市集資 326.65 億元。中金香港完成首個在境外進行的首次公開招股。

2003 年，中國人民財產保險股份有限公司在香港公開招股，委任中金香港及摩根士丹利添惠亞洲有限公司為聯席保薦人。同年，中金公司成為中國人壽股份有限公司聯席保薦人。中金公司旗下的中金香港證券先後成為中國太平洋保險（集團）股份有限公司、新華人壽保險股份有限公司、中國人民保險集團股份有限公司及中國再保險（集團）股份有限公司的聯席保薦人。另外，中銀國際亞洲有限公司成為中國平安保險（集團）股份有限公司的聯席保薦人。

2005 年，中國建設銀行股份有限公司在香港公開招股，委任中金香港、摩根士丹利添惠亞洲及建銀國際金融有限公司為聯席保薦人，集資 715.78 億元。自此，國有大型商業銀行在香港進行首次公開招股均委任中資證券公司為聯席保薦人。2006 年，中國工商銀行股份有限公司在香港公開招股，委任中金香港、工商東亞融資有限公司、美林遠東有限公司為聯席保薦人。同年，中國銀行股份有限公司（中國銀行）在香港公開招股，委任中銀國際亞洲為聯席保薦人之一。2010 年，中國農業銀行股份有限公司（中國農行）委任中金香港證券及農銀國際證券有限公司為聯席保薦人之一。

5. 拓展基金業務

1999 年，中銀國際控股全資子公司中銀國際資產管理有限公司與 Prudential Corporation Holdings Limited 在香港合資成立中銀國際英國保誠資產管理有限公司。2000 年 12 月 1 日，香港實施強積金計劃，中銀國際英國保誠資產管理推出「中銀保誠簡易強積金計劃」及「中銀保誠靈活強積金計劃」，為中資機構透過與外資合作發展資產管理業務的初步嘗試。

2007 年 6 月 29 日，內地及香港簽訂 CEPA《補充協議四》，內地允許經中國證監會批准的內地基金管理公司在香港設立分支機構。2008 年 4 月 8 日，中國證監會發布《關於證券投資基金管理公司在香港設立機構的規定》。6 月 27 日，中國證監會批准南方基金管理有

表 11-4-1　內地證券公司及期貨公司在港上市日期及集資額

公司名稱	上市日期	集資金額（億元）
國泰君安國際控股有限公司	2010 年 7 月 8 日	17.63
中信證券股份有限公司	2011 年 10 月 6 日	142.47
海通證券股份有限公司	2012 年 4 月 27 日	143.83
中國銀河證券股份有限公司	2013 年 5 月 22 日	85.15
中原證券股份有限公司	2014 年 6 月 25 日	15.01
廣發證券股份有限公司	2015 年 4 月 10 日	320.79
華泰證券股份有限公司	2015 年 6 月 1 日	387.57
國聯證券股份有限公司	2015 年 7 月 6 日	35.41
魯證期貨股份有限公司	2015 年 7 月 7 日	9.2
恒泰證券股份有限公司	2015 年 10 月 15 日	17.67
中國國際金融股份有限公司	2015 年 11 月 9 日	72.28
弘業期貨股份有限公司	2015 年 12 月 30 日	6.07
東方證券股份有限公司	2016 年 7 月 8 日	83.71
光大證券股份有限公司	2016 年 8 月 18 日	89.28
招商證券股份有限公司	2016 年 10 月 7 日	106.95
興證國際金融集團有限公司	2016 年 10 月 20 日	13.3
國泰君安證券股份有限公司	2017 年 4 月 11 日	172.49
交銀國際控股有限公司	2017 年 5 月 19 日	19.68

集資總額 1738.49

資料來源： 香港交易所市場資料。
注：截至 2017 年 12 月 31 日。

表 11-4-2　中資證券公司在港進行供股集資額

公司名稱	宣布供股條件日期	供股條款	供股集資額（億元）
信達國際控股有限公司	2011 年 3 月 29 日	5 股供 1 股，供股價 1.1 元	1.18
海通國際證券集團有限公司	2014 年 4 月 22 日	2 股供 1 股，供股價 3.8 元	26.52
國泰君安國際控股有限公司	2014 年 8 月 18 日	5 股供 1 股，供股價 5.3 元	20.06
申銀萬國（香港）有限公司	2014 年 11 月 28 日	2 股供 1 股，供股價 2.342 元	6.22
海通國際證券集團有限公司	2015 年 3 月 18 日	1 股供 1 股，每股供 3.5 元	88.67
華富國際控股有限公司	2017 年 4 月 28 日	1 股供 3 股，供股價 1.1 元	51.33

總額 193.98

資料來源： 香港交易及結算所。
注：截至 2017 年 12 月 31 日。

限公司出資 1.4 億元，與東英金融投資有限公司在香港合資成立「南方東英資產管理有限公司」，南方基金管理佔 70% 股權，東英金融佔 30% 股權，成為首家內地基金公司在香港成立的資產管理公司。9 月 29 日，香港證監會向南方東英資產管理發出牌照。

2011 年 8 月 17 日，國務院副總理李克強在香港發表演講，支持香港發展離岸人民幣中心，「允許以人民幣境外合格機構投資者方式（RQFII）投資境內證券市場，起步金額為 200 億元」。12 月 13 日，內地與香港簽署 CEPA《補充協議八》及其附件，內地透過落實 RQFII 開放投資內地證券市場。12 月 16 日，中國證監會、中國人民銀行、國家外匯管理局發布《基金管理公司、證券公司人民幣合格境外機構投資者境內證券投資試點辦法》，允許符合條件的內地基金管理公司、證券公司在香港成立的子公司成為 RQFII 的試點機構。

2011 年 12 月 30 日，「匯添富人民幣債券基金」、「南方神州人民幣基金」、「大成中國人民幣固定收益基金」及「國泰君安巨龍中國固定收益基金」，獲香港證監會認可成為首四隻 RQFII 產品。這些 RQFII 產品由內地基金管理公司在香港成立的子公司管理，分別為匯添富資產管理（香港）有限公司（匯添富資產管理（香港））、南方東英資產管理、大成國際資產管理有限公司及國泰君安資產管理（亞洲）有限公司。

2012 年 1 月 11 日，海通國際證券集團有限公司透過海通國際資產管理（香港）有限公司及匯添富資產管理（香港）在香港發售「海通中國人民幣收益基金」及「匯添富人民幣債券基金」，成為首批在香港發售的 RQFII 產品。7 月 17 日，由華夏基金（香港）有限公司發行、追蹤華夏滬深 300 指數表現的交易所買賣基金（ETF）「華夏滬深 300 指數 ETF」在聯交所上市，成為首隻利用 RQFII 額度進行投資的 A 股 ETF、首隻可在內地以外市場直接投資 A 股的實物 ETF，以及首隻以人民幣作為買賣貨幣單位的 ETF。該 ETF 上市首日的管理資產規模為 38.06 億元人民幣。

2017 年 5 月 22 日，惠理集團有限公司公布，主席、董事兼聯席首席投資總監謝清海及非執行名譽主席葉維義分別持有惠理集團已發行股本 24.9% 及 16.14%，獲潛在要約人洽購股權，並已於 2017 年 1 月 24 日簽署無約束力諒解備忘錄。該潛在要約人為海航集團。[17] 直至同年 7 月 1 日，謝清海與葉維義繼續與潛在要約人進行商討。[18]

截至 2017 年 3 月 31 日，由內地相關集團在香港成立的資產管理持牌法團及註冊機構共 313 家，當中內地證券公司 124 家、其他類型內地公司 109 家、內地保險公司 13 家、內地私人基金管理公司 9 家、內地基金管理公司 41 家、內地期貨公司 17 家。

截至 2017 年年底，由內地相關基金集團管理及獲香港證監會認可基金數目為 318 隻；內地相關基金集團管理的香港證監會認可基金資產淨值為 2950 億元（見表 11-4-3）。

表 11-4-3　內地基金公司管理的香港證監會認可基金數目和資產淨值

年份	認可基金數目（隻）	認可基金資產淨值（億元）
2008	46	296
2009	65	458
2010	81	532
2011	106	523
2012	161	1357
2013	194	1451
2014	253	1891
2015	283	1790
2016	333	2320
2017	318	2950

資料來源： 證券及期貨事務監察委員會。
注：截至 2017 年 12 月 31 日。

二、港資外資證券公司

1. 投資銀行

1987 年 10 月，全球各地主要股市發生股災後，在萬國寶通國際有限公司任職的杜輝廉及梁伯韜開始構思創辦百富勤。1988 年 8 月 3 日，Peregrine International Holdings（百富勤國際控股）在開曼群島註冊成立。1988 年 8 月 19 日，百富勤融資有限公司（Peregrine Capital Limited）（百富勤融資）前身在香港註冊成立，並於 1989 年 1 月 24 日正式易名。

1988 年 9 月梁伯韜轉職至百富勤，1989 年 1 月杜輝廉履新。杜輝廉和梁伯韜透過引入華資及中資的企業客戶成為百富勤國際控股的創辦股東，包括和記黃埔有限公司、中國國際信托投資、合和實業有限公司、越秀企業有限公司、Invesco MIM 客戶、海裕實業有限公司、鷹君有限公司、中華娛樂置業有限公司、瑞安投資有限公司、品質企業有限公司、冠亞商業集團有限公司、惠泰置業有限公司、美麗華酒店企業有限公司、其士（國際）有限公司、大同機械（控股）有限公司、謝瑞麟珠寶有限公司、Leung Shu Wing、Gabriel Yue，成功籌集三億元創業資金。杜輝廉及梁伯韜合共持有百富勤國際控股 35% 股權，和記黃埔持有 8%，合和實業持有 8%，中國國際信托投資（香港集團）持有 5% 股份，海裕持有 2.4%。

創立百富勤的梁伯韜指出，該公司成立的目標，是服務內地市場及協助改革開放，並意識到中資機構將在香港經濟扮演重要角色，故引入中國國際信托投資（香港集團）及廣州市政府在香港的窗口公司越秀企業這些中資股東。[19]

1990 年 1 月 18 日，中國國際信托投資（香港集團）委任百富勤融資為財務顧問，協助中國國際信托投資（香港集團）向泰富發展（集團）有限公司注入港龍航空 38% 股權及香港物業權益。

1992 年 1 月，粵海投資有限公司（粵海投資）在百富勤負責包銷下，增發新股集資 5.37 億元，收購廣東（香港）旅遊有限公司全部權益、擁有廣州麥芽有限公司 37.6% 權益的永順泰發展有限公司全部權益，以及番禺縣一幅 410 萬平方呎的土地。

1992 年 7 月 15 日，百富勤融資以海虹集團聯席保薦人身份，協助海虹集團成為首間在香港公開招股集資的紅籌股公司。

1992 年 8 月，內地確定上海石化總廠、儀征化纖聯合公司、昆明機床廠、廣州造船廠、青島啤酒廠、馬鞍山鋼鐵公司、東方電機廠、天津渤海化工集團公司、北京人民機器廠成為「股份制規範化試點企業」，在港資及在外資證券商協助下籌備來港發行 H 股。

1993 年 7 月 15 日，青島啤酒在聯交所上市，成為首家在香港發行股票的 H 股公司。青島啤酒由中國建設財務（香港）出任保薦人，並由高盛（亞洲）、日興證券（亞洲）有限公司、華寶證券（遠東）有限公司、獲多利財務顧問有限公司、順隆美亞證券有限公司、亞洲凱華有限公司這些外資及港資證券公司作為包銷商，協助青島啤酒上市籌集 8.89 億元。

此外，港資及外資證券公司亦有出任其餘八間「股份制規範化試點企業」的保薦人，包括：百富勤融資和美林香港證券有限公司為上海石油化工股份有限公司保薦人及主經辦人，百富勤融資為廣州廣船國際股份有限公司保薦人，華寶證券（遠東）為儀征化纖股份有限公司保薦人兼牽頭經理人，怡富證券有限公司為天津渤海化工（集團）股份有限公司聯席保薦人兼牽頭包銷商，渣打（亞洲）有限公司為北人印刷機械股份有限公司保薦人及包銷商，野村國際（香港）有限公司為東方電機股份有限公司保薦商及經辦商，霸菱兄弟有限公司為昆明機床股份有限公司保薦人，獲多利財務顧問為馬鞍山鋼鐵股份有限公司保薦人兼經辦人。

1993 年年底，百富勤投資控股市值為 98.23 億元，為市值最大的港資證券公司。[20] 惟杜輝廉及梁伯韜相信「發展已經到達分水嶺」。1994 年 4 月，百富勤定息債券有限公司（Peregrine Fixed Income Limited）（百富勤定息債券）成立。

1997 年 5 月 29 日，百富勤定息債券與 Steady Safe 簽訂協議，代表後者發行三批上限五億美元及最多五年內到期的浮息票據。1997 年 8 月，印尼開始受到亞洲金融風暴影響。8 月至 9 月期間，印尼盾兌美元貶值 29%。百富勤定息債券持有的抵押品價值下跌，由 9 月底 1.66 億美元，跌至 10 月底的 8000 萬美元。1997 年 11 月 16 日，百富勤投資控股和 Zurich Centre Investments Limited（瑞士蘇黎世中心集團）達成協議，Zurich Centre

Investments 透過認購可換股可贖回優先股向百富勤投資控股注資兩億美元。1998 年 1 月 9 日，百富勤投資控股未能與 Zurich Centre Investments 達成認購百富勤投資控股可換股可贖回優先股的最終條款。1998 年 1 月 13 日，百富勤投資控股向法院提出清盤呈請。2 月 2 日，法國國家巴黎銀行及旗下法國國家巴黎建東證券購入百富勤原有的大中華地區企業融資、證券買賣、研究及部分銷售網絡，並易名為法國國家巴黎百富勤，梁伯韜出任副主席及董事總經理，百富勤由港資證券公司變成外資證券公司。

2005 年 6 月，交通銀行股份有限公司在保薦人滙豐銀行及高盛（亞洲）協助下，在香港公開招股，集資 168.35 億元，為首家國有大型商業銀行聘請外資證券公司在香港進行首次公開招股，並於 2007 年完成境內公開發行上市的國有大型商業銀行改革「四部曲」最後一步。此後，陸續有其他國有大型商業銀行委任外資證券公司為聯席保薦人。2005 年 10 月，中國建設銀行上市並以摩根士丹利添惠亞洲為保薦人。2006 年 6 月，中國銀行上市並聘請高盛（亞洲）及瑞銀投資銀行為保薦人；同年 10 月，中國工商銀行上市並以工商東亞融資及美林遠東為保薦人，工商東亞為東亞銀行及工商銀行的合資證券公司。2010 年 7 月，中國農業銀行以高盛（亞洲）、摩根士丹利亞洲、德意志銀行香港分行、摩根大通證券（亞太）、麥格理資本證券股份為保薦人上市。

1986 年至 2017 年期間，以首次公開招股集資額計最高十家新上市公司中，前稱為摩根士丹利添惠亞洲的摩根士丹利亞洲，獲其中六家集資額最高的新上市公司委任為聯席保薦人，包括友邦保險、中國農業銀行、Glencore International plc、中國建設銀行、中國郵政儲蓄銀行、中國聯合網絡通信（香港），累計集資總額為 5,046.9 億元（見表 11-4-4）。另外，十家首次公開招股集資額最高的上市公司中，僅中信銀行委任屬於香港銀行的滙豐銀行為聯席保薦人。

2. 基金管理

1992 年 4 月 10 日，「景泰深圳及中國基金」（GT Shenzhen and China Fund）獲香港證監會批准向零售投資者推廣，成為首隻獲香港證監會認可，投資內地 B 股市場的互惠基金。

1992 年，中國置業（控股）有限公司、中國基金、The Wardley China Fund Limited、Lloyd George-Standard Chartered China Fund Limited、里昂中國增長基金、國泰財富有限公司及 SHK China Industrial Investments Limited 這些投資公司相繼在聯交所上市。除里昂中國增長基金以介紹形式上市外，其他投資公司以配售形式上市，集資總額為 24.43 億元，並將部分集資所得投資於內地實業、B 股及在香港上市的中國概念股。2000 年 7 月，在香港營運的惠理集團推出「智者之選基金—中國 B 股基金」，成為全球首隻專門投資 B 股的基金。2001 年 2 月 19 日，中國證監會、國家外匯管理局決定向內地居民開放 B 股市場。2001 年，「智者之選基金—中國 B 股基金」A 類別單位價格上升 70.9%。

表 11-4-4　1986 年至 2017 年首次公開招股集資額最高的十家上市公司及保薦人

上市公司名稱	集資總額（億元）	保薦人
友邦保險有限公司	1590.78	花旗環球金融亞洲有限公司
		德意志銀行香港分行
		高盛（亞洲）有限責任公司
		摩根士丹利亞洲有限公司
中國工商銀行股份有限公司	1249.48	中國國際金融（香港）有限公司
		工商東亞融資有限公司
		美林遠東有限公司
中國農業銀行股份有限公司	935.15	中國國際金融香港證券有限公司
		高盛（亞洲）有限責任公司
		摩根士丹利亞洲有限公司
		德意志銀行香港分行
		摩根大通證券（亞太）有限公司
		麥格理資本證券股份有限公司
		農銀國際證券有限公司
中國銀行股份有限公司	867.41	中銀國際亞洲有限公司
		高盛（亞洲）有限責任公司
		瑞士銀行，通過其業務集團瑞銀投資銀行營運
Glencore International plc	777.46	花旗環球金融亞洲有限公司
		摩根士丹利亞洲有限公司
中國建設銀行股份有限公司	715.78	中國國際金融（香港）有限公司
		摩根士丹利添惠亞洲有限公司
		建銀國際金融有限公司
中國郵政儲蓄銀行股份有限公司	591.5	中國國際金融香港證券有限公司
		摩根士丹利亞洲有限公司
		Merrill Lynch Far East Limited
		高盛（亞洲）有限責任公司
		摩根大通證券（遠東）有限公司
中國聯合網絡通信（香港）股份有限公司	436.08	摩根士丹利添惠亞洲有限公司
		中國國際金融（香港）有限公司
華泰證券股份有限公司	387.57	華泰金融控股（香港）有限公司
		摩根大通證券（遠東）有限公司
		瑞銀證券香港有限公司
中信銀行股份有限公司	329.23	中國國際金融（香港）有限公司
		中信証券融資（香港）有限公司
		花旗環球金融亞洲有限公司
		香港上海滙豐銀行有限公司
		美國雷曼兄弟亞洲有限公司

資料來源：　香港交易及結算所、各上市公司招股書。

注：截至 2017 年 12 月 31 日。

2002 年 11 月 5 日，中國證監會及中國人民銀行頒布《合格境外機構投資者境內證券投資管理暫行辦法》。2003 年 9 月 5 日，國家外匯管理局宣布向滙豐銀行批出 5000 萬美元合格境外機構投資者（QFII）額度。

2004 年 11 月 18 日，由巴克萊國際投資管理北亞管理有限公司管理的交易所買賣基金（ETF）「i 股新華富時 A50 中國指數基金」在聯交所上市，該基金以新華富時中國 50 指數為追蹤標的，投資於上海證券交易所及深圳證券交易所市值最大的 50 隻 A 股。該基金為首隻讓國際投資者買賣的 A 股市場的 ETF，為內地企業開闢一條吸引外國資金的途徑。

2007 年 2 月 13 日，國家外匯管理局向滙豐投資管理（香港）有限公司（滙豐投資管理（香港））批出 QFII 額度為兩億美元，以及批准以「滙豐投資管理（香港）有限公司—滙豐中國翔龍基金」的名義，在交通銀行開設外匯帳戶及人民幣特殊帳戶。2007 年 7 月 6 日至 11 日中午 12 時，「滙豐中國翔龍基金」在香港進行公開發售，每個基金單位發售價為 10 元，成功籌集 37.19 億元，為香港首隻獲准利用 QFII 配額投資 A 股市場的基金。2007 年 7 月 20 日，「滙豐中國翔龍基金」在聯交所上市。

第五節　北上發展證券公司

一、CEPA實施前時期

1980 年，內地出現企業發行股票集資。1988 年，深圳市委書記兼市長李灝與新鴻基有限公司（新鴻基公司）主席兼董事總經理馮永祥會面，談到利用政策優勢創立按國際慣例運作的證券市場的想法。馮永祥向李灝建議實行股份制及商品經濟，需成立按國際規範運作的證券交易所。李灝遂向馮永祥提出三項邀請：一、聘請馮永祥為金融證券業顧問；二、請新鴻基公司協助起草深圳證券市場的總體規劃；三、協助培訓金融證券的專業幹部。

1988 年 6 月至 9 月，新鴻基公司舉辦四期深圳市資本市場培訓班，共培訓 200 多位金融證券人員。10 月 18 日，深圳市以中國人民銀行深圳經濟特區分行名義，聘請新鴻基公司為深圳發展資本市場領導小組專家顧問，任期兩年。新鴻基公司象徵式收取中國人民銀行深圳經濟特區分行一元人民幣為顧問費，向深圳提供香港證券交易條例、投資者保護條例、會計制度等整套資料，由深圳發展資本市場領導小組屬下的專家小組人員及武漢大學的研究生，將香港證券市場資料翻譯超過 200 萬字資料，遇上問題再由新鴻基公司解答。在深圳市籌備成立證券交易所過程中，新鴻基公司管理人員馮永祥、葉黎成、陳新燊及邱小菲義務指導。1990 年 12 月 1 日，深圳證券交易所（深交所）開始試業，1991 年 7 月 3 日正式開業。

1988 年，新鴻基有限公司主席馮永祥向深圳市委書記兼深圳市長李灝建議成立按照國際規範運作的證券交易所。同年 10 月 18 日，深圳市以人民銀行深圳特區分行名義，聘請新鴻基公司為深圳發展資本市場領導小組專家顧問，任期兩年，協助成立深圳證券交易所。圖為新鴻基有限公司獲委任為專家顧問的聘書。（新鴻基有限公司提供）

1991 年 12 月 5 日，中國人民銀行和深圳市政府頒布《深圳市人民幣特種股票管理暫行辦法》。人民幣特種股票是指以人民幣標明股票面值，以外幣認購及交易，專供外國投資者及香港、澳門、台灣地區投資者購買的股票，通稱為「B 股」。深圳市政府選定 13 家境外證券公司為深圳 B 股境外經紀商，包括浩威證券亞洲有限公司、里昂證券有限公司、振通有限公司、新鴻基投資服務有限公司、霸菱證券（香港）有限公司、高誠證券（香港）有限公司、百富勤證券有限公司、獲多利有限公司、怡富集團有限公司、東盛證券公司、南華證券投資有限公司、瑞士銀行國際金融亞洲有限公司、沙宣證券公司；選定 14 家境外證券公司為深圳 B 股境外包銷商，包括浩威證券亞洲、里昂財務顧問（亞洲）有限公司、渣打（亞洲）有限公司、新鴻基投資服務、霸菱兄弟有限公司、高誠證券（香港）、百富勤融資有限公司、獲多利、太豐行融資（亞洲）有限公司、怡富集團、南華證券投資、瑞銀國際金融亞洲、沙宣證券、廣利證券公司。除霸菱兄弟外，其餘均是香港註冊的證券公司。深圳 B 股的清算銀行為花旗銀行深圳分行、滙豐銀行深圳分行及渣打銀行深圳分行。

1991 年 12 月 18 日，深圳 B 股承銷簽字儀式在深圳富臨大酒店舉行。深圳市物業發展（集團）股份有限公司、新鴻基投資服務及里昂財務顧問（亞洲）簽訂包銷協議；中國南方玻璃股份有限公司和浩威證券（亞洲）簽訂包銷協議；深圳中華自行車（集團）股份有限公司和渣打（亞洲）簽訂包銷協議；深圳康佳電子（集團）股份有限公司和渣打（亞洲）簽訂包銷協議；深圳市深寶實業股份有限公司、深圳中廚股份有限公司、深圳市石油化工（集團）股份有限公司、深圳華發電子股份有限公司及深圳鴻華實業股份有限公司和里昂財務

顧問（亞洲）、霸菱兄弟、高誠證券、百富勤證券簽訂 B 股承銷意向書。除霸菱兄弟並非在香港註冊成立外，其餘包銷商均屬香港註冊成立的證券公司，為香港註冊成立的證券公司北上發展業務的開端。

上海真空電子器件股份有限公司透過國際分承銷商瑞銀國際金融亞洲、所羅門兄弟國際有限公司及新鴻基投資服務，協助籌集 6749.69 萬美元。1992 年 2 月 21 日，上海真空電子器件發行的 B 股在上海證券交易所（上交所）掛牌，成為內地首隻上市 B 股。南方玻璃透過包銷商浩威證券（亞洲）及深圳國際信託投資公司國際證券投資基金部，協助籌集 8480 萬元。1992 年 2 月 28 日，南方玻璃發行的 B 股在深交所掛牌，成為深交所首隻 B 股。瑞銀國際金融亞洲、新鴻基投資服務、浩威證券（亞洲）成為首批包銷內地首隻 B 股及深圳證券交易所首隻 B 股的香港證券公司。

1999 年 5 月 10 日，光大控股有限公司以 13.18 億元人民幣向光大集團收購光大證券有限責任公司 49% 股權，在 2002 年 2 月 5 日完成交易，光大控股成為首間入股內地證券公司的香港非銀行金融機構，得以透過光大證券參與內地 A 股市場。此前香港註冊成立的證券公司，只能在深交所及上交所以 B 股境外券商特別席位形式，代客買賣在內地上市的 B 股。

2002 年 1 月 17 日，中國證監會發布《關於同意中銀國際證券有限責任公司開業的批覆》，同意中銀國際證券有限責任公司（中銀國際證券）開業，註冊資本為 15 億元人民幣，批准中銀國際控股、中國石油天然氣集團公司、國家開發投資公司、中國通用技術（集團）控股有限責任公司、玉溪紅塔煙草（集團）有限責任公司、上海國有資產經營有限公司的股東資格及出資金額；中銀國際控股為香港註冊的金融機構。1 月 22 日，中銀國際證券獲得中國證監會頒發的《經營證券業務許可證》。2 月 28 日，中銀國際證券在上海成立。

二、CEPA實施後時期

2003 年 6 月 29 日，香港與內地簽訂《內地與香港關於建立更緊密經貿關係的安排》（CEPA），內容包括「內地在金融改革、重組和發展中支持充分利用和發揮香港金融中介機構的作用」。2003 年 9 月 29 日，內地與香港簽訂 CEPA 六份附件，透過附件四《關於開放服務貿易領域的具體承諾》，向香港逐步開放內地證券市場，包括允許香港交易及結算所有限公司（港交所）在北京設立辦事處，簡化香港專業人員在內地申請證券期貨從業資格的相關程序，香港專業人員只需通過內地法律法規的培訓與考試，毋須通過專業知識考試。

2003 年 11 月 17 日，港交所在北京東方君悅大酒店為其北京代表辦事處舉行揭牌儀式。港交所透過成立北京代表處，加強向內地公司推廣香港上市工作，以及強化港交所與內地監管機構及其他官方機構的溝通及合作，為內地落實《關於開放服務貿易領域的具體承諾》有關內地證券業開放的首項成果。

2003 年 11 月 21 日，香港證監會與中國證監會達成共識，在 CEPA 架構下簡化香港專業人員在內地申請證券期貨從業資格的相關程序，香港專業人員通過內地相關法規考試，可獲中國證券業協會或中國期貨業協會頒發從業員資格。循此途徑取得從業資格者，若本身持有香港負責人員牌照，可獲認可為內地高管人員任職資歷要求；若本身持有香港代表牌照，即等同取得內地一般的從業資格。

此外，申請在內地執業資格的安排方面，香港專業人員若持有在香港取得或香港證監會接納的大學學歷，可獲視作符合內地對大學學歷的要求；在香港累積或獲香港證監會接納的市場經驗，亦可視作等同內地相關工作經歷；香港證監會同意對內地的專業人員作出對等安排。2003 年 12 月 5 日，香港證監會公布已經與中國證監會簽訂《內地與香港關於建立更緊密經貿關係的安排 —— 與證券及期貨人員資格有關的安排》，落實 CEPA 有關證券及期貨人員承諾所達成共識。

2003 年 11 月 17 日，香港交易及結算所在北京東方君悅大酒店為其北京代表辦事處舉行揭牌儀式。國務委員唐家璇（左）、香港特區財政司司長唐英年（右）及港交所主席李業廣（中）在儀式上互相祝酒。（香港交易所提供）

2004 年 3 月 20 日，中國證券業協會在深圳舉行首次證券法規考試，348 名香港專業人員應試，169 人通過考試。4 月，中國證券業協會開始受理通過證券法規考試的香港專業人員申請內地證券從業的資格。5 月 19 日，中國證券業協會收到 26 份申請，當中 11 份申請符合要求，包括蔡興泰、鄧儲、鄧偉基、黃國威、李廣成、任錦成、施文漢、蘇國堅、吳子惠、袁光銘、張小沅獲得內地證券從業資格。直至 7 月 28 日，中國證券業協會再受理 60 份申請，共有 57 份申請符合要求，獲批內地證券從業員資格。總計首兩批申請，獲得內地證券從業資格的香港專業人員共 68 人。

期貨業務方面，於 2002 年 4 月 1 日生效的《外商投資產業指導目錄》，內地禁止外商投資期貨公司。2004 年 10 月 27 日，內地與香港簽訂 CEPA 補充協議及修訂《關於開放服務貿易領域的具體承諾》。內地允許持有香港證監會牌照並符合中國證監會規定條件的中介機構，在內地設立合資期貨經紀公司，香港持牌中介機構連同關聯方持股比例上限為 49%；2005 年 1 月 1 日正式生效。自此，內地正式向香港持牌中介機構開放入股內地期貨公司的限制。

2005 年 11 月 29 日，荷銀金融期貨亞洲有限公司獲得中國證監會批准成為銀河期貨經紀有限公司股東的資格。2006 年 7 月 3 日，銀河期貨經紀成為首家合資期貨公司。銀河期貨經紀透過將註冊資本由 3000 萬元人民幣增加至 5000 萬元人民幣，調節各方持股比重；完成後，中國銀河證券有限責任公司出資比例降至 49.99%，銀河保險經紀（北京）有限責任公司出資比例為 9.99%，荷銀金融期貨亞洲出資比例為 40.02%。荷銀金融期貨亞洲為香港註冊的期貨公司，以香港公司身份通過 CEPA，成為內地首家合資期貨公司的股東。

2009 年 5 月 9 日，香港與內地簽訂 CEPA《補充協議六》及附件，內地允許符合外資參股證券公司境外股東資格的香港證券公司，與具備成立子公司條件的內地證券公司，在廣東省成立合資證券投資諮詢公司；香港證券公司持股比例上限為三分之一。

2011 年 12 月 13 日，香港與內地簽署 CEPA《補充協議八》及附件，內地允許以人民幣合格境外機構投資者（RQFII）方式投資內地證券市場。12 月 16 日，中國證監會、中國人民銀行及國家外匯管理局發布《基金管理公司、證券公司人民幣合格境外機構投資者境內證券投資試點辦法》，允許內地基金管理公司及證券公司在香港設立的子公司成為 RQFII 試點，運用在香港募集的人民幣資金投資內地證券市場，增加人民幣資金回流內地的渠道，促進內地金融市場開放。2012 年 1 月 11 日，海通證券股份有限公司的非全資子公司海通國際證券集團有限公司透過海通國際資產管理（香港）有限公司，以及匯添富基金管理股份有限公司全資子公司匯添富資產管理（香港）有限公司，在香港發售 RQFII 產品，分別為「海通中國人民幣收益基金」及「匯添富人民幣債券基金」，成為首批在香港公開發售的 RQFII 產品。

2012 年 3 月 9 日，恒生銀行全資附屬機構恒生證券有限公司，與廣州越秀集團股份有限公司旗下的廣州證券有限責任公司，獲中國證監會批准成立廣州廣證恒生證券投資諮詢有限公司，註冊資本為 4468 萬元人民幣，廣州證券持股 67%，恒生證券持股 33%。4 月 12 日，廣證恒生證券投資諮詢舉行籌建酒會，為 CEPA《補充協議六》及附件生效後，在廣東省成立的首家合資證券投資諮詢公司。

2012 年 6 月 29 日，香港與內地簽署 CEPA《補充協議九》及附件，內地承諾研究降低香港金融機構申請合格境外機構投資者（QFII）的資格，支持符合條件的香港金融機構在內地設立合資證券公司、基金管理公司及期貨公司，具體上包括允許符合外資參股證券公司境外股東條件的香港證券公司，與具備成立子公司條件的內地證券公司，在內地設立合資證券投資諮詢公司，香港證券公司持股比例上限為 49%。相較於 CEPA《補充協議六》及附件，香港證券公司參股在內地設立的合資證券投資諮詢公司，持股上限由三分之一增加至 49%，而成立地區則由廣東省擴展至全國。

2013 年 2 月，深圳前海深港現代服務業合作區建設部際聯席會議上，中國證監會首次提出可以考慮在 CEPA 框架下，在前海設立港資金融機構控股的基金管理公司。8 月 29 日，香港與內地簽署 CEPA《補充協議十》及附件，內容包括：

（一）允許符合條件的港資金融機構，按照內地有關規定在內地成立合資基金管理公司，港資持股比例可達 50% 以上；

（二）允許港資證券公司申請 QFII 資格時，可按集團管理證券資產規模計算；

（三）允許符合設立外資參股證券公司資格的港資金融機構，在上海市、廣東省、深圳市各設一家兩地合資全牌照證券公司，港資合併持股比例上限為 51%；

（四）允許符合設立外資參股證券公司條件的港資金融機構，「在金融改革方面先行先試」的若干改革試驗區內，各設一家兩地合資全牌照證券公司，港資合併持股比例上限為 49%；

（五）在若干改革試驗區內，允許香港證券公司在合資證券投資諮詢公司的持股比例達 50% 以上；

（六）承諾研究與香港基金產品實行互認。

2014 年 12 月 18 日，香港與內地簽署《關於內地在廣東與香港基本實現服務貿易自由化的協議》（《廣東協議》），內地首次以「准入前國民待遇加負面清單」方式制定自由貿易協議，首先在廣東對香港基本實現服務貿易自由化。《廣東協議》允許港商入股合資基金公司的數目，參照國民待遇實行「參一控一」，即同一港資金融機構或受同一主體實際控制的多家港資金融機構，獲准參股不多於兩間兩地合資基金管理公司，並只能在其中一家擁有控制性股權。

內地與香港基金互認安排於 2015 年 7 月 1 日正式實施，CEPA《補充協議十》有關金融服務業措施開始落實。11 月 27 日，內地與香港簽訂《〈內地與香港關於建立更緊密經貿關係的安排〉服務貿易協議》（《服務貿易協議》），港資金融機構可以入股內地證券公司、證券投資諮詢公司或期貨公司，同樣採取「參一控一」模式。《服務貿易協議》同時亦提出研究推動符合條件的香港公司，在內地交易所市場發行人民幣債券。

2016 年 3 月 14 日，申港證券股份有限公司獲中國證監會批准成立，註冊地為中國（上海）自由貿易試驗區，由三家香港持牌金融機構及 11 個內地機構投資者組成。港資股東包括民信金控有限公司、民眾證券有限公司及嘉泰新興資本管理有限公司。[21] 註冊資本 35 億元人民幣，港資股東的投資總額為 12.2 億元人民幣，佔比為 34.85%。申港證券成為 CEPA《補充協議十》下，首家內地與香港合資的全牌照證券公司。

2016 年 7 月 1 日，恒生前海基金管理有限公司（恒生前海基金管理）在前海深港現代服務業合作區成立，註冊資本為二億元人民幣；9 月 8 日舉行開業儀式。經中國證監會批准，恒生銀行持股 70%，前海金融控股有限公司（前海金控）持有 30%；恒生前海基金管理成為內地首家外資控股的合資基金管理公司。2017 年 3 月，恒生前海基金管理在內地推出首隻公募基金「恒生前海滬港深新興產業精選混合型證券投資基金」，獲得 4.2 億元人民幣認購。

2016 年 9 月 8 日，恒生銀行與前海金融控股分別持有 70% 及 30% 股權的恒生前海基金管理成立，成為 CEPA《補充協議十》生效後，首家在內地成立的外資控股合資基金公司。同日，恒生銀行副董事長兼行政總裁李慧敏（左）及前海金融控股董事長李強出席開業慶典。（Edward Wong/South China Morning Post via Getty Images）

2017 年 6 月 19 日，由東亞銀行有限公司與其他股東合資成立的東亞前海證券有限責任公司獲得中國證監會核准成立，註冊地點為前海深港現代服務業合作區。東亞前海證券註冊資本為 15 億元人民幣，業務範圍包括證券經紀、證券承銷與保薦、證券資產管理及證券自營。東亞銀行持股 49%，深圳市銀之杰科技股份有限公司持股 26.1%，晨光控股（集團）有限公司持股 20% 及前海金控持股 4.9%。東亞前海證券是根據 CEPA《補充協議十》條款，在金融改革方面先行先試的改革試驗區內成立的第二間內地與香港合資全牌照證券公司。

同日，中國證監會核准設立滙豐前海證券有限責任公司，註冊地點為深圳市。股東出資額為 18 億元人民幣，滙豐銀行持股 51%，前海金控持股 49%，為首家根據 CEPA《補充協議十》成立的外資控股合資證券公司。

截至 2017 年，有 10 家香港註冊金融機構，包括花旗環球金融亞洲有限公司、光大控股、萬誠證券有限公司、摩根士丹利亞洲有限公司、茂宸集團控股有限公司、民眾證券有限公

表 11-5-1　香港註冊金融機構參股內地證券公司

公司名稱	香港註冊金融機構股東	境外股東持股比重（%）
東方花旗證券有限公司	花旗環球金融亞洲有限公司	33.33
光大證券股份有限公司	光大控股有限公司	23.30
華菁證券有限公司	萬誠證券有限公司	49.00
摩根士丹利華鑫證券有限責任公司	摩根士丹利亞洲有限公司	49.00
申港證券股份有限公司	茂宸集團控股有限公司	15.00
	民眾證券有限公司	15.00
	嘉泰新興資本管理有限公司	4.85
中銀國際證券有限責任公司	中銀國際控股有限公司	37.14
滙豐前海證券有限責任公司	香港上海滙豐銀行有限公司	51.00
東亞前海證券有限責任公司	東亞銀行有限公司	49.00

資料來源：　中國證券業監督管理委員會 2017 年年報。
注：截至 2017 年 12 月 31 日。

表 11-5-2　2016 年香港註冊金融機構參股內地證券公司滬市營業狀況

公司名稱	名次	成交總額	股票	
光大證券股份有限公司	18	82,394.46 億	25,041.75 億	
中銀國際證券有限責任公司	25	44,202.77 億	8219.94 億	
申港證券股份有限公司	102	49.63 億	1.27 億	
摩根士丹利華鑫證券有限責任公司	103	8.79 億	970 萬	
東方花旗證券有限公司	106	1.42 億	1860 萬	

資料來源：　上海證券交易所。
注：1. 2017 年起，由上海證券交易所編輯的《上海證券交易所統計年鑑》不再公布所有會員公司成交數據。
　　2. 截至 2016 年 12 月 31 日。

司、嘉泰新興資本管理有限公司、中銀國際控股、滙豐銀行及東亞銀行，分別成為八間內地證券公司的股東。這八間內地證券公司為光大證券、中銀國際證券、申港證券、華菁證券有限公司、東方花旗證券有限公司、摩根士丹利華鑫證券有限責任公司、滙豐前海證券、東亞前海證券（見表 11-5-1）。當中，滙豐前海證券是首家由外資，也是首家由香港公司控制的內地證券公司。

在一眾獲香港金融機構入股的內地證券公司之中，光大證券是上交所代客買賣證券成交額最多的一家，2016 年代客買賣證券成交額達 82,394.46 億元人民幣，在上交所排名 18 位（見表 11-5-2）。光大證券也是深交所代客買賣證券成交額最多的一家，2017 年代客買賣證券成交額 35,563.99 億元人民幣，在深交所排名 14 位（見表 11-5-3）。

截至 2017 年，共有兩家香港註冊金融機構持有兩間內地期貨公司股權：蘇皇金融期貨亞洲有限公司持有銀河期貨有限公司 16.68% 股權、摩根大通經紀（香港）有限公司持有摩根大通期貨有限公司 49% 股權。同年亦有兩間香港註冊金融機構持有兩家內地基金公司股權，分別為宏利資產管理（香港）有限公司持有泰達宏利基金管理有限公司 49% 股權，恒生銀行持有恒生前海基金管理 70% 股權。

表 11-5-3　2017 年香港註冊金融機構參股內地證券公司深市營業狀況

（單位：元人民幣）

公司名稱	名次	成交總額	股票成交額	基金成交額	債券成交額
光大證券股份有限公司	14	35,563.99 億	29,541.52 億	273.42 億	5749.05 億
中銀國際證券有限責任公司	35	12,832.32 億	9355.9 億	515.11 億	2961.31 億
申港證券股份有限公司	101	49.21 億	44.69 億	5121 萬	4.01 億
華菁證券有限公司	102	5.75 億	1.29 億	0	4.46 億
東方花旗證券有限公司	106	456 萬	456 萬	不適用	不適用

資料來源：　深圳證券交易所。
注：截至 2017 年 12 月 31 日。

（單位：元人民幣）

基金	政府債	公司債	債券回購	期權
3022.77 億	93.40 億	1,129.56 億	53,079.31 億	27.51 億
5804.73 億	92.16 億	512.61 億	29,557.84 億	1300 萬
0	190 萬	5410 萬	47.8 億	0
0	0	8.23 億	4600 萬	0
0	0	1.24 億	0	0

第六節 證券市場配套

一、金融監管與合作

1. 金融監管

H 股上市監管 1992 年 4 月 29 日，香港聯合交易所有限公司（聯交所）主席李業廣前往北京，與國務院副總理朱鎔基見面，建議內地的國有企業來香港上市，籌集資金發展。朱鎔基表示贊同，並同意成立一個聯合工作小組，其後，小組定名為「證券事務內地香港聯合工作小組」。8 月 27 日至 28 日，證券事務內地香港聯合工作小組在香港舉行第二次會議，討論法律專家小組提出的建議，包括解決香港與內地法律差異的原則及辦法，成立仲裁委員會解決兩地股東糾紛。香港代表提出，內地須明確委派主管證券監管機構，以便研究監管合作。內地代表回應，國務院決定建立不屬於現有架構下的證券監管機構。

1992 年 11 月 26 日至 27 日，證券事務內地香港聯合工作小組在香港舉行第四次會議，討論解決香港與內地法律差異問題的具體辦法。法律專家小組建議透過三份文件解決法律差異，包括：一、由國家經濟體制改革委員會（國家體改委）致函聯交所對非實質性差異作出說明；二、由國家體改委對《股份有限公司規範意見》補充內地與香港法律的實質性差異；三、擬定《到香港上市公司章程必備條款》，以補充實質性差異。此外，法律專家小組建議，香港與內地的證券監管當局應為未來監管協調及聯絡事宜達成五邊的制度安排，為此着手草擬《監管合作備忘錄》。[22]

1993 年 1 月 13 日至 14 日，證券事務內地香港聯合工作小組在上海舉行第五次會議，法律小組表示已完成草擬《股份有限公司規範意見》補充規定、關於《股份有限公司規範意見》若干問題的說明、《到香港上市公司章程必備條款》三份文件，並討論由法律專家小組草擬的《監管合作備忘錄》草稿。

1993 年 5 月 24 日，國家體改委發布《關於到香港上市的公司執行〈股份有限公司規範意見〉的補充規定》。6 月 10 日，國家體改委向聯交所致函《國家經濟體制改革委員會關於〈股份有限公司規範意見〉和〈關於到香港上市的公司執行「股份有限公司規範意見」的補充規定〉致香港聯交所的函》（《致香港聯交所的函》）。同日國家體改委頒布《到香港上市公司章程必備條款》，彌補香港《公司條例》和內地《股份有限公司規範意見》之間的法律監管架構差異。證監及期貨事務監察委員會（香港證監會）指出，《致香港聯交所的函》及《到香港上市公司章程必備條款》為 H 股公司股東提供了額外保障。

1993 年 6 月 17 日，聯交所公布因應內地註冊的股份有限公司在港發行 H 股修訂《上市規則》，為來香港上市的 H 股公司設立第 19A 章，規定 H 股公司須按照香港的會計準則或國

際會計準則編製財務報表，遵行以下規定：

（一）所有已發行 H 股須由公眾持有；

（二）H 股發行額不少於 5000 萬元或佔已發行股本總額的 10%，以較高者為準；

（三）A 股和 H 股合計已發行股本中不少於 25% 由公眾人士持有；

（四）聘用一名香港保薦人，為期不短於三年；

（五）其董事及監事須書面承諾遵守香港有關法規及自律性守則。

1993 年 6 月 19 日，中國證券監督管理委員會（中國證監會）主席劉鴻儒、上海證券交易所（上交所）理事長李祥瑞、深圳證券交易所（深交所）理事長羅顯榮、聯交所主席李業廣及香港證監會主席羅德滔在北京人民大會堂簽訂《監管合作備忘錄》，確保內地或香港證券市場的證券發行人及要約人、所有上市公司或申請上市的公司的董事、高級管理人員、股東及公司的專業顧問，均須遵守香港及內地的適用法規，以及有義務完整、準確、及時披露與投資者相關信息；確保執行證券及其他金融工具發行、交易、安排、管理和諮詢服務法規；促進證券商及投資顧問從業時遵循高標準的公平交易原則及職業道德準則；監督證券市場及清算登記過戶活動；協助調查內幕交易、操縱市場及其他證券交易及上市公司活動中出現的欺詐行為，並採取制裁措施；促進人員培訓及交流。自此中國證監會、上海

1993 年 6 月 19 日，中國證監會主席劉鴻儒（中坐）、香港證監會主席羅德滔（左坐二）、上海證券交易所理事長李祥瑞（左坐一）、香港聯合交易所理事會主席李業廣（右坐二）和深圳證券交易所理事長羅顯榮（右坐一）在北京簽署《監管合作備忘》，為中國證監會成立以來簽署的首個雙邊備忘錄，為內地企業赴香港上市打開大門。（南華早報出版有限公司提供）

證券交易所、深圳證券交易所、聯交所及香港證監會每季開會一次商討監管事宜。

1994 年 7 月 1 日，內地正式實行《中華人民共和國公司法》，加上《國務院關於股份有限公司境外募集股份及上市的特別規定》及《到境外上市公司章程必備條款》，取代由《股份有限公司規範意見》、《關於到香港上市的公司執行〈股份有限公司規範意見〉的補充規定》及《到香港上市公司章程必備條款》組成的監管架構。自此到香港上市的內地註冊成立的股份有限公司，必須在公司章程載入《到境外上市公司章程必備條款》。

1994 年 11 月 9 日，香港證監會與中國證監會簽署協議書，規定在聯交所上市的 H 股公司必須保存香港股東名冊。

基於內地新監管架構與原有架構有所差別，1994 年 11 月 11 日，香港證監會和聯交所透過修訂《上市規則》，以保留《股份有限公司規範意見》對保障投資者權益的條款。經修訂的《上市規則》的投資者保障有關條款如下：

（一）《到香港上市公司章程必備條款》中未被納入新監管架構的規定，例如有關委任收款代理人及核數師更換、解聘及辭職的規定；

（二）《股份有限公司規範意見》中未被納入新監管架構的規定，例如與監事會有關的程序；

（三）加入某些須內地及海外證券監管機構同意才能納入的條款，例如香港證監會與中國證監會簽署同意在香港備存 H 股股東名冊的規定。

1999 年 7 月 14 日前，中國證監會對申請往海外上市的內地註冊成立股份有限公司的淨資產、稅後利潤及集資額並未規管。1999 年 7 月 14 日，中國證監會發布《中國證券監督管理委員會關於企業申請境外上市有關問題的通知》，要求內地註冊股份有限公司申請海外上市，須符合一定要求，包括淨資產不少於四億元人民幣、過去一年稅後利潤不少於 6000 萬元人民幣並具備增長潛力，以及按合理預期市盈率計算的集資額不少於 5000 萬美元。

2012 年 6 月 29 日，特區政府與國家商務部簽訂 CEPA《補充協議九》，內地承諾修訂往海外上市的相關規定，支持符合香港上市條件的內地企業赴香港上市，為內地企業特別是中小企業到海外上市融資創造便利條件。

同年 12 月 20 日，中國證監會發布《關於股份有限公司境外發行股票和上市申報文件及審核程序的監管指引》，該指引在翌年 1 月 1 日起實施，《中國證券監督管理委員會關於企業申請境外上市有關問題的通知》同時廢止。自此中國證監會不再對申請往海外上市的內地註冊成立股份有限公司的淨資產、稅後利潤及集資額作出規管。

紅籌股及民企股上市監管　1992 年 12 月 17 日，國務院發布《國務院關於進一步加強證券市場宏觀管理的通知》，指定中國證監會為國務院證券委員會（國務院證券委）執行機

構，對內地企業向海外發行股票實施監管。內地企業到海外公開發行股票和上市，必須經國務院證券委統一安排進行及審批。

該通知發出後，有內地企業未經批准自行到境外發行股票及上市，亦有單位及個人組織研討會，引導企業通過紅籌股公司形式在境外成立控股公司，從而在境外發行股票及上市。1993年4月9日，國務院證券委員會批轉中國證監會《關於境內企業到境外公開發行股票和上市存在的問題的報告》的通知，表明有關行為屬違反國家規定，並重申內地企業利用境外成立公司名義在境外發行股票及上市，須事先向國務院證券委申報審批。中國證監會具有審批紅籌股公司上市申請的權力。

1994年2月4日，中國證監會發布致函香港證監會的《關於境內企業到境外發行股票和上市審批程序的函》。中國證監會指出，根據國務院證券委員會確立事先審批原則，所有擬直接或間接到海外發行股票及上市的內地企業及海外關聯人士，事先向中國證監會匯報情況，說明意圖及解釋方案。中國證監會全面了解後，根據已有的規定及實踐作出審批。未經國務院證券委員會批准，任何內地企業不得以任何方式到海外發行股票和上市。

1997年6月20日，國務院頒布《關於進一步加強在境外發行股票和上市管理的通知》。在海外註冊及中資控股的海外上市公司進行分拆上市及增發股份時，除受所在地證監部門監管外，中資控股股東的內地持股單位亦須在事後向中國證監會備案。另亦規範在海外註冊的中資非上市公司及中資控股上市公司，申請將持有三年以上的內地資產到海外發行上市前，須取得內地持股單位隸屬的省級人民政府或國務院有關主管部門同意。持有不到三年的內地資產，不得在海外發行股票及上市。如有特殊需要，可報請中國證監會審核及由國務院證券委審批。凡內地企業通過收購、換股、劃轉及其他任何形式，將資產轉移到海外中資非上市公司或海外中資控股上市公司在海外上市，以及將內地資產通過先轉移到海外中資非上市公司，再注入海外中資控股上市公司在海外上市，該內地企業或中資控股股東的內地持股單位，須按隸屬關係事先取得省級人民政府或國務院主管部門的同意，並報請中國證監會審核，再由國務院證券委員會按國家產業政策、相關規定及年度總規劃審批。

1999年9月21日，中國證監會發布《境內企業申請到香港創業板上市審批與監管指引》，列出國有企業、集體企業及其他所有制形式企業在成立股份有限公司後，可以透過保薦人向中國證監會提交申請往聯交所創業板上市，但須符合指定條件，包括屬於經省級人民政府或國家經濟貿易委員會批准、依法成立及規範運作的股份有限公司，以及公司和主要發起人須符合國家有關法規和政府規定，在最近兩年內沒有重大違法違規行為。10月14日，香港證監會和中國證監會就有關在聯交所創業板上市的內地公司監管合作安排簽署換文，為這些在創業板上市的內地企業提供監管框架，並加強香港證監會及中國證監會監管合作。

1999 年 11 月，裕興電腦科技控股有限公司（裕興電腦科技）未有向中國證監會申請往聯交所創板業上市，已經在香港向機構投資者進行股票發行推介。隨後於該年 12 月，中國證監會要求裕興電腦科技停止在聯交所創業板上市的籌備工作。2000 年 1 月 7 日，中國證監會接受裕興上市申請材料，開始進入上市審批程序。1 月 17 日，中國證監會正式批准裕興電腦科技在聯交所創業板上市。1 月 31 日，裕興電腦科技在聯交所創業板掛牌上市。

2000 年 6 月 9 日，中國證監會發布《關於涉及境內權益的境外公司在境外發行股票和上市有關問題的通知》，規定內地機構及公民申請將持有內地資產的海外成立公司在海外上市時，其代表律師事務所須出示法律意見書。中國證監會發行監管部受理法律意見書後會作出相應查詢，如無進一步意見，則在收到法律意見書起的 15 個工作日內提出處理意見，由法律部函覆律師事務所，形成內地公司向中國證監會申請海外上市的無異議函制度。

2003 年 4 月 1 日，中國證監會發布《關於取消第二批行政審批項目及部分行政審批項目改變管理方式後的後續監管和銜接工作的通知》，不再審閱內地律師呈交關於涉及內地權益的海外公司在海外發行股票和上市的法律意見書。

2006 年 8 月 8 日，商務部、國務院國有資產監督管理委員會、國家稅務總局、國家工商行政管理總局、中國證監會、國家外匯管理局公布《關於外國投資者併購境內企業的規定》，規定內地企業或自然人在海外成立的特殊目的公司在海外上市，須經國務院證券監督管理機構批准。自此，紅籌股公司獲中國證監會批准後始能往海外上市。

跨境監管　1993 年 6 月 19 日，中國證監會、上交所、深交所、聯交所及香港證監會在北京人民大會堂簽訂《監管合作備忘錄》，互相協助及交換信息，合作範圍包括內幕交易、操縱市場及其他證券交易及上市公司活動的欺詐行為等執法方面的協助。2007 年 3 月 30 日，香港證監會主席方正與中國證監會主席尚福林就簽訂《監管合作備忘錄》及《有關期貨事宜的監管合作備忘錄》交換附函，擴展現有協議的覆蓋範圍，加強跨境執法合作。香港證監會可請中國證監會協助，在內地獲取調查所需信息。被要求信息提供者拒絕合作，中國證監會可向內地法院尋求協助，強制相關人士提供調查所需信息。

2007 年 4 月 10 日，香港證監會與中國證監會簽署《關於內地商業銀行代客境外理財業務監管合作諒解備忘錄》。5 月 11 日，中國銀行業監督管理委會（中國銀監會）頒布《關於調整商業銀行代客境外理財業務境外投資範圍的通知》，擴大合格境內機構投資者（QDII）的適用範圍。根據新修訂內容，內地商業銀行開辦代客海外理財業務的核准投資範圍擴至股票及其結構性產品，惟須屬於與中國證監會簽訂諒解備忘錄的監管機構所監管的股票市場及所認可的股票基金。此外，獲內地商業銀行委託為投資經理的海外中介人，必須受香港證監會監管。

2014 年 10 月 17 日，香港證監會與中國證監會簽訂《滬港通項目下中國證監會與香港證

監會加強監管執法合作備忘錄》，協定內容包括：若香港或上海證券市場出現潛在或涉嫌失當行為，雙方互相通報信息，以及就未來的聯合調查制定程序；若兩地同時發生市場失當行為，確保可以互相配合採取執法行動；確保雙方採取的執法行動能夠保障兩地投資大眾。

2016 年 8 月 16 日，中國證監會宣布批准設立深港股票市場交易互聯互通機制（深港通），同年 11 月香港證監會主席唐家成和中國證監會主席劉士余簽訂《內地與香港股票市場交易互聯互通機制下中國證監會與香港證監會加強監管執法合作備忘錄》，取代《滬港通項目下中國證監會與香港證監會加強監管執法合作備忘錄》。

2017 年 3 月 10 日，中國證監會公布在香港證監會協助下，查辦了唐漢博及王濤跨境操縱滬股通股票浙江中國小商品城集團股份有限公司（小商品城）案件，為滬港股票市場交易互聯互通機制（滬港通）開通後，中國證監會首宗查處的跨境操縱案件。唐漢博及其操盤手王濤利用三個香港帳戶及一個內地帳戶，操縱滬股通股票小商品城股價，非法獲利逾 4188 萬元人民幣。中國證監會根據與香港證監會建立的執法合作機制，向香港證監會發出四項請求，要求香港證監會協助移交資料及要求安排與唐漢博會面。中國證監會查明唐漢博及王濤操縱股價後作出行政處罰，包括沒收操縱行為的利潤 4188 萬元人民幣，對唐漢博罰款 2.09 億元人民幣，對王濤罰款 60 萬元人民幣。

2007 年香港證監會與中國證監會進行執法合作個案接近 20 件，至 2017 年，中國證監會處理各類對港跨境執法協作的新增事項共 145 件，為 2007 年香港證監會和中國證監會透過在現有諒解備忘錄基礎上交換附函後，展現香港與內地加強跨境執法合作的成果。

2. 人才交流

1993 年 6 月 19 日，中國證監會主席劉鴻儒、上海證券交易所理事長李祥瑞、深圳證券交易所理事長羅顯榮、香港聯交所主席李業廣及香港證監會主席羅德滔，共同簽訂《監管合作備忘錄》，確定人員培訓和交流屬於合作範圍，各方同意在工作人員培訓及交流進行磋商合作。

1993 年 7 月至 9 月，香港證監會與聯交所為內地監管機構工作人員制訂培訓計劃，中國證監會、上海證券交易所及深圳證券交易所派員在香港證監會及聯交所實習三個月，協助內地監管機構人員及交易所人員加深了解香港證券市場監管工作，首批共有六名內地監管機構工作人員參與培訓。1993 年 10 月香港證監會及聯交所成立香港證券培訓贊助基金，初步籌得 520 萬元作為培訓計劃經費。1994 年至 1995 年度，中國證監會派出兩位高級行政人員借調香港證監會工作。1995 年 5 月 5 日香港證監會、香港期貨交易所、中國證監會簽訂《關於技術協助、培訓及交換工作人員的意向書》。

1998 年 3 月 5 日，國務院副總理朱鎔基邀請香港證監會主席梁定邦出任中國證監會首席顧問，並要求他邀請更多香港專家加入中國證監會工作。梁定邦同意以一元作工資接受邀

1999 年，梁定邦正式出任中國證券監督委員會首席顧問，同年向內地建議引入合格境外機構投資者（QFII）制度。圖為梁定邦出任中國證監會首席顧問後，在中國證監會辦公室留影。（梁定邦提供）

2001 年 1 月，國務院宣布委任史美倫為中國證監會副主席，屬副部級官員，成為國家實施改革開放後，中央政府首個自境外聘請的高層官員。圖為 2001 年 4 月 18 日，史美倫於北京出席「世界經濟論壇 2001—中國企業高峰會」時發表演講。（南華早報出版有限公司提供）

請，1999 年正式履新，並為中國證監會首次邀請來自香港專家任職，包括香港證監會副主席吳偉聰於 1999 年至 2001 年出任中國證監會顧問，於 2001 年至 2002 年出任中國證監會規劃發展委員會委員及上交所副理事長。2001 年 1 月 23 日國務院宣布委任香港證監會副主席史美倫為中國證監會副主席，為首次有香港人任職中央政府副部長級官員。繼史美倫之後，香港證監會高級總監彭張興及邵蓓蘭相繼加入中國證監會工作。

2009 年 1 月 21 日，港交所與上交所簽訂更緊密合作協議，雙方每年舉行一次管理層會晤，建立行政人員互訪制度及培訓計劃。[23] 4 月 9 日港交所與深交所簽訂合作協議，內容涉及管理層定期會晤、信息互換及合作、產品開發合作研究及技術合作。2010 年 1 月，港交所與上交所簽訂的更緊密合作協議更新合作內容，包括建立定期交流機制、加強推出交易所買賣基金（ETF）產品合作及探討合作編製以兩地證券為成份股的指數。2012 年 3 月 2 日，港交所與上海期貨交易所簽訂《上海期貨交易所與香港交易及結算所有限公司諒解備忘錄》，進行戰略合作、分享經驗、加強信息互換。

2016 年至 2017 年度，香港證監會安排了 19 名員工借調至中國證監會工作，並安排香港證監會員工參觀深圳及上海監管機構。

二、證券市場基建

1. 會計制度

1992 年 7 月 11 日至 12 日，聯交所主席李業廣及國家經濟體制改革委員會副主任劉鴻儒為成員的證券事務內地香港聯合工作小組，在北京釣魚台國賓館舉行第一次會議，確定成立會計專家小組，由聯交所理事趙志錩及國家體改委宏觀經濟司副司長李青原擔任召集人。8 月 27 日至 28 日，證券事務內地香港聯合工作小組在香港召開第二次會議，會計專家小組要求討論到香港上市企業的會計準則貼近國際會計制度和準則，需要在《股份制試點企業會計制度》基礎上制訂附則。

1992 年 9 月 17 日至 25 日，會計專家小組在北京召開會議，完成草擬《關於股份制試點企業股票香港上市有關會計處理問題的補充規定》。11 月 2 日，財政部及國家經濟體制改革委員會發布《關於股份制試點企業股票香港上市有關會計處理問題的補充規定》，內地採納國際會計準則的要求，並經由財政部、中國註冊會計師協會、香港會計師公會及聯交所確認。

1992 年 11 月 26 日至 27 日，證券事務內地香港聯合工作小組在香港召開第四次會議，討論九家國有企業聘請中介機構的安排。原則上採取招標辦法由相關公司選定中介機構，惟時間不足，會議決定透過介紹七家會計師事務所予九家有意來港上市的國有企業，以便盡快展開工作。青島啤酒股份有限公司委任安達信公司為核數師、上海石油化工股份有限公司委任畢馬威會計師行為核數師，廣州廣船國際股份有限公司委任容永道會計師事務所為

核數師，北人印刷機械股份有限公司委任關黃陳方會計師行為核數師，馬鞍山鋼鐵股份有限公司委任安永會計師事務所為核數師，昆明機床股份有限公司委任德勤會計師行為核數師，儀征化纖股份有限公司委任畢馬域會計師行為核數師，天津渤海化工（集團）股份有限公司委任羅兵咸會計師事務所為核數師，東方電機股份有限公司委任關黃陳方會計師行為核數師。九家國有企業聘請海外註冊會計師，對過去三年業績審計及提供一年盈利預測。

1993 年 4 月 28 日，財政部發布《關於香港上市的股份制試點企業執行何種會計制度等問題的通知》，香港上市的試點企業編製的會計報表及其他財務資料，須由具資格的內地批准註冊會計師及香港會計師公會註冊的會計師，進行查帳驗證及出具查帳報告，形成在香港上市的 H 股公司雙重審計政策。

2005 年 1 月 1 日起，《香港財務報告準則》（HKFRS）與《國際財務報告準則》（IFRS）完全一致。2006 年 2 月，中國財政部公布《中國企業會計準則》（CASBE）與 IFRS 基本趨同。2007 年 12 月 6 日，中國會計準則委員會與香港會計師公會簽署聯合聲明，雙方承諾致力持續維持 CASBE 與 HKFRS 趨向相同，即日生效。同日，中國審計準則委員會與香港會計師公會簽署內地與香港審計準則等效聯合聲明，承諾致力維持兩地審計準則持續等效。

2009 年 8 月 28 日，港交所就有關審計問題發出諮詢文件，尋求公眾人士意見，當中包括：

（一）接受內地註冊成立的上市公司採用內地會計準則編製其財務報表；
（二）經財政部及中國證監會認可的內地會計師事務所，可為內地註冊成立的香港上市公司提供核數服務；
（三）接受內地上市的香港註冊公司採用 HKFRS 或 IFRS，有關財務報表可由經香港會計師公會審核推薦、認可及註冊的香港會計師事務所按 HKFRS 或 IFRS 審計。

2010 年 12 月 10 日，港交所公布諮詢總結，決定採納諮詢文件的建議，修訂在 2010 年 12 月 15 日生效，自此取消在香港上市的 H 股公司雙重審計政策。內地共有 12 家大型會計師事務所獲准為 H 股公司提供核數服務，包括立信會計師事務所、天健會計師事務所、立信大華會計師事務所、信永中和會計師事務所、安永華明會計師事務所、國富浩華會計師事務所、京都天華會計師事務所、普華永道中天會計師事務所、德勤華永會計師事務所、畢馬威華振會計師事務所、中瑞岳華會計師事務所、大信會計師事務所。2013 年 5 月 10 日，中瑞岳華會計師事務所和國富浩華會計師事務所合併為瑞華會計師事務所，獲准為 H 股公司提供核數服務的內地大型會計師事務所由 12 間減至 11 間。

截至 2017 年，獲准為 H 股公司提供核數服務的內地大型會計師事務所數目共 11 間，為 411 家 H 股公司提供核數服務，較 2011 年共有 165 家 H 股公司採用內地大型會計師事務所提供核數服務，累計上升 149.1%。

2. 指數編製

1992 年 8 月 4 日，中信泰富有限公司成為恒指成份股，成為首家加入恒生指數的中資企業。該年年底中信泰富市值為 172.24 億元，為香港證券市場第二十大上市公司，佔港股總市值比重為 1.3%。香港證券市場第十九大的上市公司為怡和策略控股，市值為 186.11 億元。

1994 年 8 月 8 日，恒指服務有限公司（後改稱恒生指數有限公司，簡稱恒指公司）首次發布恒生中國企業指數，其成份股為在內地註冊成立的股份有限公司，共有 10 隻，包括青島啤酒、北人印刷機械、昆明機床、廣州廣船國際、馬鞍山鋼鐵、上海石油化工、儀征化纖、天津渤海化工（集團）、東方電機、洛陽玻璃（見表 11-6-1）；發布首日收報 1323.71 點。

1997 年 6 月 16 日，恒指公司首次發布恒生香港中資企業指數，其成份股為具有中資背景並於內地以外地區註冊成立及在香港證券市場掛牌的上市公司，共有 32 隻（見表 11-6-2）；首日收報 2867.32 點。

繼中信泰富後，粵海投資、華潤創業、上海實業、中國電信（香港）、聯想集團、中國聯通、中國海洋石油、中遠太平洋、駿威汽車、招商局國際等中資企業依次成為恒生指數成份股（見表 11-6-3）。至 2006 年 2 月 10 日，恒指公司宣布股本全流通或完成股權分置改革的 H 股公司，符合成為恒指成份股的資格。中國建設銀行是唯一已發行股份全流通的 H 股公司。9 月 11 日，中國建設銀行被納入恒生指數成份股，成為恒生指數首家 H 股公司成份股（見表 11-6-4）。2008 年 6 月 10 日，騰訊控股成為恒生指數成份股，是恒生指數首家內地民營企業成份股（見表 11-6-5）。

2012 年 9 月，中華證券交易服務有限公司（中華交易服務）在香港註冊成立及營運。中華證券交易服務是港交所、上交所及深交所的合資公司，以上海、深圳及香港三地市場交易產品為基礎，編製跨市場指數，並向投資者提供指數化跨境交易產品和跨境金融服務。12 月 10 日，中華交易服務首次發布中華交易服務中國 120 指數（中華 120 指數），為該公司首項指數產品。

2017 年 2 月 10 日，恒指公司提出擴大恒生中國企業指數成份股選股範疇，逐步加入紅籌股公司及內地民營企業，讓恒生中國企業指數成為具代表性的「香港市場中國指數」。5 月 19 日，恒指公司決定將紅籌股及內地民營企業加入恒生中國企業指數的選股範疇。

直至 2017 年年底，恒生指數共有 50 隻成份股，按照恒生指數有限公司分類，紅籌股公司佔 10 間，H 股公司佔 9 間，內地民營企業佔 6 間，中資股公司佔 25 間。[24] 以市值佔比計，紅籌股公司市值佔 12%，H 股公司佔 26.8%，內地民營企業佔 14.8%，中資股公司佔恒生指數比重為 53.6%。

表 11-6-1　恒生中國企業指數成份股轉變

1994 年 8 月 8 日首次發布成份股	2017 年 12 月底成份股
青島啤酒股份有限公司	中國工商銀行股份有限公司
北人印刷機械股份有限公司	中國建設銀行股份有限公司
昆明機床股份有限公司	中國銀行股份有限公司
廣州廣船國際股份有限公司	中國平安保險（集團）股份有限公司
馬鞍山鋼鐵股份有限公司	中國人壽保險股份有限公司
上海石油化工股份有限公司	中國石油化工股份有限公司
儀征化纖股份有限公司	中國石油天然氣股份有限公司
天津渤海化工（集團）股份有限公司	中國農業銀行股份有限公司
東方電機股份有限公司	招商銀行股份有限公司
洛陽玻璃股份有限公司	中國太平洋保險（集團）股份有限公司
	中國神華能源股份有限公司
	中國人民財產保險股份有限公司
	交通銀行股份有限公司
	中國電信股份有限公司
	中國民生銀行股份有限公司
	中國交通建設股份有限公司
	中信銀行股份有限公司
	海通證券股份有限公司
	國藥控股股份有限公司
	中信證券股份有限公司
	中國中車股份有限公司
	安徽海螺水泥股份有限公司
	新華人壽保險股份有限公司
	比亞迪股份有限公司
	中國郵政儲蓄銀行股份有限公司
	中國中鐵股份有限公司
	中國信達資產管理股份有限公司
	廣發證券股份有限公司
	萬科企業股份有限公司
	中國廣核電力股份有限公司
	中國銀河證券股份有限公司
	華能國際電力股份有限公司
	中國人民保險集團股份有限公司
	長城汽車股份有限公司
	華泰證券股份有限公司
	東風汽車集團股份有限公司
	株洲中車時代電氣股份有限公司
	中國鐵建股份有限公司
	廣州汽車集團股份有限公司
	中國國際航空股份有限公司

資料來源：　恒生指數有限公司。
注：截至 2017 年 12 月 31 日。

表 11-6-2　恒生香港中資企業指數成份股轉變

1997 年 6 月 16 日首次發布成份股	2017 年 12 月底成份股
航天科技國際集團有限公司	昆侖能源有限公司
首長寶佳集團有限公司	招商局港口控股有限公司
新海康航業投資有限公司	深圳國際控股有限公司
越秀投資有限公司	中國光大控股有限公司
中國（香港）石油有限公司	中國光大國際有限公司
招商局海虹有限公司	中國中信股份有限公司
嘉華銀行有限公司	粵海投資有限公司
駿威投資有限公司	華潤啤酒（控股）有限公司
上海萬國（香港）有限公司	北控水務集團有限公司
東方有色集團有限公司	北京控股有限公司
中國光大國際有限公司	中國海外發展有限公司
保興投資控股有限公司	中國聯合網絡通信（香港）股份有限公司
鵬利國際集團有限公司	中國金茂控股集團有限公司
粵海投資有限公司	華潤電力控股有限公司
華潤創業有限公司	中國海洋石油有限公司
香港中旅國際投資有限公司	中國移動有限公司
五豐行有限公司	中國太平保險控股有限公司
香港友聯銀行有限公司	上海實業控股有限公司
上海實業控股有限公司	華潤置地有限公司
華凌集團有限公司	華晨中國汽車控股有限公司
四通電子技術有限公司	華潤燃氣控股有限公司
方正（香港）有限公司	中遠海運港口有限公司
中國食品發展集團有限公司	聯想集團有限公司
首長科技集團有限公司	中國蒙牛乳業有限公司
中國海外發展有限公司	華潤醫藥集團有限公司
首長國際企業有限公司	
首長四方（集團）有限公司	
香港聯想控股有限公司	
中國製藥企業投資有限公司	
中遠太平洋有限公司	
廣南（集團）有限公司	
東方鑫源（集團）有限公司	

資料來源：　恒生指數有限公司。
注：截至 2017 年 12 月 31 日。

表 11-6-3　紅籌股公司加入和退出恒生指數情況

公司名稱	加入恒指日期	退出恒指日期
中信泰富有限公司①	1992 年 8 月 4 日	不適用
粵海投資有限公司	1994 年 11 月 30 日	1999 年 12 月 6 日
華潤創業有限公司②	1997 年 7 月 31 日	2016 年 3 月 14 日
上海實業控股有限公司	1998 年 1 月 27 日	2004 年 9 月 6 日
中國電信（香港）有限公司③	1998 年 1 月 27 日	不適用
聯想集團有限公司	2000 年 8 月 2 日	2006 年 9 月 11 日
中國聯通股份有限公司④	2001 年 6 月 1 日	不適用
中國海洋石油有限公司	2001 年 7 月 31 日	不適用
中遠太平洋有限公司⑤	2003 年 6 月 9 日	2014 年 12 月 8 日
駿威汽車有限公司	2004 年 9 月 6 日	2006 年 3 月 6 日
招商局國際有限公司⑥	2004 年 9 月 6 日	不適用
中國網通集團（香港）有限公司	2006 年 3 月 6 日	2008 年 10 月 8 日
中國海外發展有限公司	2007 年 12 月 10 日	不適用
華潤電力控股有限公司	2009 年 6 月 8 日	不適用
華潤置地有限公司	2010 年 3 月 8 日	不適用
昆侖能源有限公司	2012 年 12 月 10 日	不適用
聯想集團有限公司	2013 年 3 月 4 日	不適用
中國蒙牛乳業有限公司	2014 年 3 月 10 日	不適用

資料來源：　恒生指數有限公司。
注：① 2009 年，恒指公司將中信泰富界定為紅籌股公司。2014 年 8 月 26 日，中信泰富易名為中國中信股份有限公司。
　　② 2015 年 10 月 16 日，華潤創業易名為華潤啤酒（控股）。
　　③ 2000 年 6 月 28 日，中國電信（香港）易名為中國移動（香港），2006 年 6 月 29 日，中國移動（香港）易名為中國移動。
　　④ 2008 年 10 月 15 日，中國聯通股份易名為中國聯合網絡通信（香港）股份。
　　⑤ 2016 年 8 月 15 日，中遠太平洋易名為中遠海運港口。
　　⑥ 2016 年 8 月 10 日，招商局國際易名為招商局港口控股。
　　截至 2017 年 12 月 31 日。

表 11-6-4　H 股公司加入和退出恒生指數情況

公司名稱	加入恒指日期	退出恒指日期
中國建設銀行股份有限公司	2006 年 9 月 11 日	不適用
中國石油化工股份有限公司	2006 年 12 月 4 日	不適用
中國銀行股份有限公司	2006 年 12 月 4 日	不適用
中國工商銀行股份有限公司	2007 年 3 月 12 日	不適用
中國人壽保險股份有限公司	2007 年 3 月 12 日	不適用
中國平安保險（集團）股份有限公司	2007 年 6 月 4 日	不適用
交通銀行股份有限公司	2007 年 9 月 10 日	不適用
中國石油天然氣股份有限公司	2007 年 12 月 10 日	不適用
中國神華能源股份有限公司	2007 年 12 月 10 日	不適用
中國鋁業股份有限公司	2008 年 6 月 10 日	2013 年 3 月 4 日
中國中煤能源股份有限公司	2010 年 9 月 6 日	2014 年 3 月 10 日

資料來源：　恒生指數有限公司。
注：截至 2017 年 12 月 31 日。

表 11-6-5　內地民營企業加入恒生指數情況

公司名稱	加入恒指日期
騰訊控股有限公司	2008 年 6 月 10 日
恒安國際集團有限公司	2011 年 6 月 7 日
瑞聲科技控股有限公司	2016 年 9 月 5 日
吉利汽車控股有限公司	2017 年 3 月 6 日
舜宇光學科技（集團）有限公司	2017 年 12 月 4 日
碧桂園控股有限公司	2017 年 12 月 4 日

資料來源： 恒生指數有限公司。
注：截至 2017 年 12 月 31 日。

由恒指公司編製的恒生指數、恒生中國企業指數、恒生中國（香港上市）25 指數、恒生綜合中小型股指數及恒生綜合小型股指數，成為內地基金公司發行投資港股，並在內地掛牌的交易所買賣基金（ETF）、分級基金、上市開放式基金、指數基金的追蹤指數。

截至 2017 年 6 月 30 日，內地基金公司按照恒指公司編製指數為追蹤指數所成立的港股基金共有 11 個，其管理資產規模為 158.43 億元人民幣（見表 11-6-6）；以恒生指數為追蹤指數的內地基金共有四個，管理資產規模為 37.8 億元人民幣；以恒生中國企業指數為追蹤指數的內地基金共有三個，管理資產規模為 112.26 億元人民幣。在香港買賣與中華證券交易服務指數掛鈎的基金產品共有三隻，分別為華夏中華交易服務中國 A80 指數 ETF、南方東英中華 A80 指數 ETF 及易方達中華交易服務中國 120 指數 ETF。截至 2017 年 6 月 30 日，管理資產規模為 1199.02 萬元人民幣。

3. 交易時段

2010 年 9 月 17 日，港交所發表《有關建議更改交易時間的諮詢文件》，提出改革證券市場交易時間，透過縮窄香港與內地證券市場每日開市時間的差距，強化香港證券市場對內地相關證券的價格發現能功能及增強競爭力。港交所展開更改交易時間諮詢時，聯交所交易時段為上午 10 時至下午 12 時 30 分及下午 2 時 30 分至 4 時。上海證券交易所交易時段為上午 9 時 30 分至上午 11 時 30 分及下午 1 時至下午 3 時。深圳證券交易所交易時段為上午 9 時 30 分至上午 11 時 30 分及下午 1 時至下午 2 時 57 分。香港早上開市較內地遲半小時，下午開市較內地遲一個半小時。

2010 年 11 月 23 日，港交所宣布分兩階段延長證券市場交易時間。第一階段在 2011 年 3 月 7 日實施，證券市場持續交易時段為上午 9 時 30 分至中午 12 時及下午 1 時 30 分至下午 4 時。第二階段在 2012 年 3 月 5 日實施，證券市場持續交易時段為上午 9 時 30 分至中午 12 時及下午 1 時至下午 4 時。

表 11-6-6 　在內地買賣與恒生指數系列掛鈎的基金產品

種類	追蹤指數	基金名稱	資產管理公司名稱	成立日期	基金資產淨值（億元人民幣）
交易所買賣基金	恒生中國企業指數	易方達恒生 H 股 ETF	易方達基金管理有限公司	2012 年 8 月 9 日	58.13
	恒生指數	華夏恒生 ETF	華夏基金管理有限公司	2012 年 08 月 9 日	13.22
		南方恒生 ETF	南方基金管理股份有限公司	2014 年 12 月 23 日	0.53
		華夏滬港通恒生 ETF	華夏基金管理有限公司	2014 年 12 月 23 日	16.69
分級基金	恒生中國企業指數	銀華恒生中國企業指數基金	銀華基金管理有限公司	2014 年 04 月 09 日	46.52
	恒生指數	匯添富恒生指數基金	匯添富資產管理有限公司	2014 年 03 月 06 日	7.36
上市開放式基金	恒生中國（香港上市）25 指數	華寶興業港股通恒生中國基金	華寶興業基金管理有限公司	2017 年 4 月 20 日	1.23
	恒生中國企業指數	嘉實恒生中國企業指數證券投資基金	嘉實基金管理有限公司	2010 年 9 月 30 日	7.61
	恒生綜合中小型股指數	大成恒生綜合中小型股指數基金	大成資產管理有限公司	2016 年 12 月 02 日	1.22
	恒生綜合小型股指數	易方達香港恒生綜合小型股指數基金	易方達資產管理有限公司	2016 年 11 月 02 日	3.33
指數基金	恒生 A 股行業龍頭指數	滙豐晉信恒生 A 股行業龍頭指數證券投資基金	滙豐晉信基金管理有限公司	2012 年 08 月 01 日	2.59

資料來源： 恒生指數有限公司、各基金單張。
注：截至 2017 年 6 月 30 日。

港交所實施第二段階交易時間改革後，香港證券市場的每日交易時段和內地完全重疊，聯交所開市時間上午 9 時 30 分，和上海證券交易所及深圳證券交易所一致。聯交所每日交易時間由改革前的四個小時，延長至五個半小時，較上海證券交易所的四個小時及深圳證券交易所的三小時五十七分鐘為長。

4. 股權架構

1988 年 9 月 14 日，聯交所與證券事務監察委員會發出聯合公告，除聯交所及證券監理專員同意的特殊情況外，聯交所不會批准上市公司發行同股不同權股份，以及不會批准同股不同權股份的上市申請。惟上市公司已發行的同股不同權股份則可繼續在聯交所買賣。[25]

2013 年 10 月 10 日，阿里巴巴集團控股有限公司（阿里巴巴集團）首席執行官陸兆禧表示：「今天的香港市場，對新興企業的治理結構創新，還需要時間研究和消化。我們決定不

選擇在香港上市。」2014 年 3 月 16 日，阿里巴巴集團宣布啟動在美國上市程序，不再尋求以同股不同權形式在香港上市。

2014 年 8 月 29 日，聯交所公布《有關不同投票權架構的概念文件》，展開應否容許現有上市公司或有意來港上市的公司實行同股不同權股權架構的首階段諮詢。2015 年 6 月 19 日，聯交所公布接獲 200 份意見。聯交所根據諮詢回應，相信展開第二階段諮詢獲得支持。聯交所為第二階段諮詢準備的建議草案為：僅容許新申請發行人採用同股不同權股權架構，新申請發行人須通過非常高的預計市值測試，設有反規避條款防止已經上市的公司採用同股不同權股權架構。

2015 年 6 月 25 日，香港證監會董事局對聯交所建議的不同股權架構草案「一致決定不支持」。香港證監會的意見認為，符合實行不同股權架構的申請人須擁有非常高的預計市值，公司規模龐大並不能保證會公平對待其他股東，若有失當行為會有更多投資者受影響。香港證監會關注聯交所對防止已上市公司實行不同股權架構的反規避條文的有效性。10 月 5 日，聯交所上市委員會考慮香港證監會董事局意見後，決定擱置撰寫不同投票權架構建議草案。

直至 2017 年 7 月 1 日，除太古股份有限公司外，並沒有其他在聯交所主板及創業板上市的公司實行同股不同權股權架構。[26]

5. 資訊科技

2010 年 2 月，港交所以 2600 萬元購入將軍澳工業邨用地興建數據中心。2013 年 1 月 31 日，港交所數據中心開幕；該數據中心總樓面面積 31,400 平方米，為港交所優化交易基礎設施的「領航星技術計劃」的核心項目。港交所「領航星技術計劃」總投資額為 30 億元。

2013 年 9 月 30 日，港交所在證券市場推出「領航星市場數據平台」的第一階段開始運作。2014 年 3 月 3 日，港交所在上海推出內地市場數據樞紐，為港交所在內地設立首個基礎設施據點，也是領航星市場數據平台的一部分。內地客戶透過該市場數據樞紐，直接收取港交所領航星市場數據平台的證券數據傳輸及指數數據傳輸。首批客戶包括阿斯達克網絡信息／上海大智慧股份、東方財富信息股份、上海益盟軟件技術股份、新浪香港／北京新浪互聯信息服務、騰訊控股。當中阿斯達克網絡信息／上海大智慧股份、上海益盟軟技術股份、新浪香港／北京新浪互聯信息服務、騰訊控股為內地市場數據樞紐計劃創始成員。6 月 27 日，港交所宣布領航星中央交易網關穩定期完成。同年 12 月，港交所在衍生產品市場推出領航星市場數據平台。

注釋

1　「企業辦政府」指國有企業用自有資源提供政府服務，包括設立公安局、派出所、法院。「企業辦社會」指國有企業用自有資源為職工及家屬提供社會服務，包括舉辦幼兒園、學校、醫院、食堂、職工宿舍。

2　朱鎔基向梁定邦提出支付後者在香港工作年薪，甚至更高年薪作為出任中國證監會首席顧問工資，梁定邦要求收取一元作為工資，獲朱鎔基同意。但一元工資貨幣幣種是人民幣還是美元，當時並沒有提及；最後梁定邦沒有收取這一元工資。

3　李小加：《互聯互通的金融大時代：小加隨筆》（香港：商務印書館（香港）有限公司，2018），頁 129-135。

4　姜洋：〈攜手並進 共譜新時代資本市場改革發展新篇章 —— 姜洋副主席在「新時代香港資本市場再出發」研討會上的演講〉，中國證券監督管理委員會網頁，2018 年 6 月 1 日發布，2021 年 5 月 27 日瀏覽，http://www.csrc.gov.cn/pub/newsite/zjhxwfb/xwdd/201806/t20180601_339003.html。

5　按照香港交易及結算所有限公司（港交所）的上市公司分類，中資企業控股公司（紅籌股公司）為：由內地國有企業及由內地各省、市機關控制的機構直接或間接持有最少 30% 股權的上市公司；或內地國有企業及由內地各省、市機關控制的機構，持股比例低於 30% 但高於 20%，在董事局有明顯支配權的上市公司。

6　2000 年 6 月 28 日，中國電信（香港）易名為中國移動（香港）。

7　中共中央：《中共中央關於全面深化改革若干重大問題的決定》（2013 年 11 月 12 日）。

8　李業廣：Hong Kong Stock Market History Project，1997 年 4 月 30 日，謄本。

9　按照港交所的上市公司分類，H 股公司為在內地註冊成立及在聯交所掛牌的上市公司，其發行的股票以人民幣作為面值單位，並以港元認購及交易。

10　聯交所主席李業廣指出，九家國有企業來港上市名單排名第一是上海石化。上海石化籌備上市過程大部分時間領先，惟重組過程較青島啤酒複雜。最後中央決定以青島啤酒為第一間在香港上市的國有企業。

11　梁伯韜：香港地方志中心編輯部訪問，2019 年 12 月 9 日，訪談 HKCI 2019-A8，影像，118:00，香港地方志中心檔案庫，香港：香港地方志中心。

12　吳曉波：《騰訊傳：中國互聯網公司進化論》（台北：遠見天下文化出版股份有限公司，2017），頁 168。

13　阿里巴巴集團控股前身為 Alibaba.com Corporation。

14　2019 年 11 月 26 日，阿里巴巴網絡母公司阿里巴巴集團控股以不同投票權架構在聯交所掛牌。

15　田俊榮：〈肖鋼縱論金融熱點〉，《人民日報》（北京），2007 年 9 月 10 日，第 14 版。

16　1985 年 8 月立法局通過《證券交易所合併（修訂）條例》前，證券交易所只接納個人成為會員。

17　2018 年 6 月 10 日，謝清海接受英國《金融時報》訪問，證實接獲海航集團提出的股權收購接洽。

18　2018 年 1 月 4 日，惠理集團宣布謝清海及葉維義終止與潛在要約人收購。

19　梁伯韜：香港地方志中心編輯部訪問，2019 年 12 月 9 日，訪談 HKCI 2019-A8，影像，118:00，香港地方志中心資料庫，香港：香港地方志中心。

20　在 1983 年註冊成立的新鴻基公司於 1993 年年底市值為 42.71 億元。

21　2017 年 7 月 12 日，民信金控有限公司易名為茂宸集團控股有限公司。

22　五邊安排包括：內地一個證監會（中國證券監督管理委員會）、兩家交易所（上海證券交易所、深圳證券交易所）；香港一個證監會（香港證券及期貨事務監察委員會）、一個交易所（香港聯合交易所）。

23　2000 年 3 月 6 日，香港聯合交易所有限公司、香港期貨交易所有限公司與香港中央結算有限公司合併生效。自此港交所成為這三間機構的控股公司。

24　按照恒指公司所提供截至 2017 年年底的分類方式，共有 6 家內地民營企業為恒生指數成份股；萬洲國際營業額超過 50% 來自香港及內地以外的地區，按照恒指公司分類屬於香港公司。惟按照港交所披露易，萬洲國際主席兼行政總裁萬隆持有萬洲國際已發行股本 20.4% 股權。是以在股東持股性質上，萬洲國際屬於內地民營企業。

25　1989 年 5 月 1 日成立的證券及期貨事務監察委員會，取代了證券事務監察委員會、商品交易事務監察委員會和證券及商品交易監理專員辦事處的職責。

26　2017 年 6 月 16 日，聯交所刊發《有關建議設立創新板的框架諮詢文件》，同年 12 月 15 日，聯交所指出將透過修訂《上市規則》容許擁有不同股權架構的創新產業及高增長公司上市。2018 年 2 月 23 日，聯交所與香港證監會及相關利益人士商討後，刊發《上市規則修訂諮詢文件》。同年 4 月，聯交所刊發諮詢總結，建議增訂《上市規則》第八 A 章，列明不同股票權架構公司的上市資格，以及必須落實的投資者保障持續措施。7 月 9 日，小米集團在聯交所上市，成為首間在聯交所掛牌的不同投票權架構上市公司。2019 年 11 月 26 日，實行合伙人制度的阿里巴巴集團控股以不同投票權架構在聯交所掛牌。

第十二章
離岸人民幣中心

香港銀行自 2004 年初起開辦人民幣業務，為第一個開展人民幣業務的離岸市場。人民幣於 1993 年以前不准在內地以外流通，1993 年 3 月起，內地允許每人每次可攜帶不超過 6000 元人民幣出入境，人民幣自此有流入香港的合法渠道。個別香港銀行此時起開辦人民幣與港元兌換業務，沉澱在境外的人民幣大部分通過民間渠道回流內地，未有透過銀行體系回流的渠道。

2001 年 11 月，香港金融管理局（金管局）總裁任志剛帶領香港銀行公會代表團往北京訪問，向國家外匯管理局（外匯局）提出在港發展人民幣業務的可能性，建議研究建立合適機制，讓人民幣回流內地，並監測人民幣的跨境流動。2002 年 2 月起，金管局、中國人民銀行（人民銀行）及外匯局展開實質磋商，形成規範和引導香港銀行辦理個人人民幣業務的方案。2003 年 11 月，經國務院批准，中國人民銀行同意為香港試行辦理個人人民幣業務（存款、兌換、匯款、人民幣卡）提供清算安排；同月，人民銀行與金管局簽訂合作備忘錄，並在翌月委任「中國銀行（香港）」（中銀香港）為清算行，開啟內地與香港之間人民幣資金透過銀行體系流動的新渠道。

香港開辦人民幣業務，有助香港維持其國際金融中心重要地位。國家改革開放後經濟急速增長，成為全球最大規模經濟體系之一，加上國際貨幣體系多邊化的需要，人民幣逐漸成為區內以至全球的主要貨幣，「香港作為中國的國際金融中心，必須為此作好準備，以及提升其金融體系處理人民幣及其他交易的能力」。[1] 除了滿足《基本法》第 109 條「保持香港的國際金融中心地位」的規定，香港發展人民幣業務切合內地經濟發展的迫切需要。隨着內地經濟發展，其資金融通渠道需更多元化及國際化，在人民幣未完全自由兌換下，香港可以在內地金融市場自由化過程中，擔當試驗場地的作用。2003 年的清算安排，使香港的人民幣離岸市場與在岸市場連結，其後香港人民幣業務發展，依據「先經常項、後資本項；先銀行負債、後銀行資產；先入（內地）後出（國門）」的策略進行。

香港離岸人民幣中心由開辦人民幣個人業務起步發展。初期在香港開辦的人民幣業務，主要為滿足兩地居民個人往來和小額旅遊消費的需要，引導在港人民幣現金回流，故業務範圍限於個人人民幣存款、兌換、匯款及銀行卡（信用卡及扣帳卡），不涉及大額經常項下的交易和人民幣貸款、投融資等交易。2004 年 2 月 25 日，香港銀行正式推出個人人民幣存款、兌換及匯款服務。4 月，中國銀聯批准 16 家香港銀行加入中國銀聯，在港全面開展銀聯卡服務。

各項人民幣個人業務其後漸次放寬經營限制。2005 年，香港銀行除了可接受香港居民個人人民幣存款外，還可接受商業零售、餐飲、住宿、交通、通訊、醫療及教育共七類行業商

戶的人民幣存款；又允許香港居民開立人民幣支票帳戶，以支付在廣東的消費支出。因應香港人民幣業務擴大，2006 年 3 月，金管局及中銀香港推出全新人民幣交收系統（Renminbi Settlement System, RSS），並於翌年 6 月提升為人民幣 RTGS 系統（Renminbi Real Time Gross Settlement System, RMB RTGS，又稱人民幣結算所自動轉帳系統），以即時支付結算方式處理銀行同業人民幣支付項目。香港人民幣業務相關金融基礎設施不斷完善，為日後更多其他以人民幣計價的交易做好準備。

2009 年 7 月跨境貿易人民幣結算試點推出，是香港人民幣業務發展一大分水嶺。2008 年全球金融危機爆發，美元、歐元、日圓等主要國際儲備貨幣匯率大幅波動，內地企業提出在跨境貿易中以人民幣結算，以降低匯兌成本，並獲得穩定的貿易融資。2008 年 12 月，國務院宣布擴大香港人民幣業務的範圍，以試點形式允許內地及香港合資格的企業使用人民幣進行貿易支付。2009 年 7 月 6 日，香港與內地跨境貿易人民幣結算業務正式展開，香港銀行可為與內地貿易並以人民幣結算的企業，提供包括存款、兌換、匯款、支票及貿易融資的服務。透過開辦人民幣跨境貿易結算業務，香港的離岸人民幣業務對象由個人擴展至企業層面，香港人民幣資金亦由以往單向回流內地，轉變為雙向資金流動。自香港與內地間人民幣跨境貿易結算開辦以來，大多呈內地往香港淨匯出，內地支付香港的人民幣淨額在香港沉澱，成為香港離岸人民幣資金的重要來源，擴大了香港離岸人民幣資金池規模。

2010 年 2 月，金管局與人民銀行商討後，對香港人民幣業務的監管原則和操作安排作出詮釋，明確了「離岸事情離岸辦」的基本原則，[2]《關於人民幣業務的清算協議》（清算協議）並於同年 7 月修訂，香港任何企業（包括金融機構）得以開立人民幣銀行戶口，[3] 個人帳戶與企業帳戶間跨銀行轉撥人民幣資金再沒限制。上述制度安排「為香港銀行開展各種人民幣業務提供更大的政策空間和確定性」，[4] 香港離岸人民幣業務發展取得新突破，跨境貿易結算額其後錄得快速增長。

2010 年金管局詮釋監管原則及清算協議修訂後，香港離岸人民幣銀行間外匯市場及拆借市場此時開始形成。2011 年 6 月，香港的財資市場公會推出美元兌離岸人民幣（CNH）即期匯率定盤價，以此為參考匯率的人民幣外匯衍生產品相繼出現。而 2013 年 6 月，財資市場公會推出人民幣香港銀行同業拆息定價（CNH HIBOR Fixing），是全球人民幣離岸市場首個銀行同業拆息定價機制，離岸市場人民幣利率產品其後出現。

2010 年的新制度安排，進一步發揮香港離岸人民幣的投資貨幣功能。香港發行人民幣債券（點心債）始於 2007 年 7 月國家開發銀行的 50 億元兩年期人民幣債券，其後陸續有內地金融機構（包括內地外資法人銀行如滙豐中國及東亞中國）參與，財政部亦自 2009 年起在港發售人民幣國債，後來成為長期制度安排。在港發行的人民幣計價證券自 2010 年開始更多元化，2010 年 7 月，合和公路基建成首間在港發行人民幣企業債券的非金融機構，其後陸續有跨國企業、中資企業、國際金融機構發行點心債。2011 年 4 月，匯賢產業信託在港

公開發售，是中國境外首隻以人民幣計價的股份。香港離岸人民幣投資產品的出現，增加了離岸人民幣資金的出路，刺激對人民幣的需求。

2011 年公布的《中華人民共和國國民經濟和社會發展第十二個五年規劃綱要》（「十二五」規劃），國家提出「支持香港發展成為離岸人民幣業務中心」。自 2008 年全球金融危機，「擴大人民幣跨境使用」成為國策，在同時須符合「逐步實現資本項目可兌換」的政策目標下，發展離岸人民幣業務中心一方面可免內地金融市場暴露於國際金融風險；另一方面，國家能在風險可控下，有序推動人民幣國際使用。香港作為離岸市場，在發展人民幣業務方面被國家視為具有天然優勢。[5] 2011 年 8 月 17 日，國務院副總理李克強來港出席「十二五」規劃論壇，宣布多項措施，包括允許「人民幣合格境外機構投資者」（RMB Qualified Foreign Institutional Investors, RQFII）投資內地證券市場、允許內地企業在港發行人民幣債券、支持香港企業使用人民幣到內地直接投資等，以拓展香港與內地人民幣資金循環流通渠道，及支持離岸人民幣金融產品創新發展。

2011 年 12 月內地金融管理部門發布 RQFII 試點辦法。香港成為首個 RQFII 試點地區，符合條件並獲投資額度的試點機構，可將離岸人民幣匯往內地，投資內地證券市場。RQFII 初期僅限內地基金管理公司及證券公司的香港子公司，其後逐步放寬至包括以香港為基地的金融機構和內地銀行、保險公司等在港的子公司。投資額度亦從初期 200 億元人民幣，逐步增加至 2700 億元人民幣；[6] 基金資產初時設股債比例限制，其後撤銷，並陸續出現以 RQFII 額度推出的 A 股 ETF、國債 ETF、貨幣市場基金等產品。繼香港之後，新加坡、英國、法國、韓國等地的金融機構於 2014 年起相繼獲批 RQFII 額度。2017 年末，RQFII 試點擴展至 18 個國家／地區。

為落實全面深化改革，內地政府於 2013 年提出「推動資本市場雙向開放、有序提高跨境資本和金融交易可兌換程度、加快實現人民幣資本項目可兌換」的決定。2014 年 11 月 17 日，「滬港股票交易互聯互通機制試點」（滬港通）開通，兩地投資者可進入對方的證券市場。2015 年 7 月，內地與香港基金互認安排（基金互認）正式啟動，合資格的內地與香港基金，可透過簡化程序在對方市場銷售。2016 年 12 月，繼滬港通後，「深港股票市場交易互聯互通機制」（深港通）實施，讓兩地投資者可通過香港交易所及深圳交易所買賣規定範圍內的對方交易所上市股票。2017 年 3 月，國務院總理李克強宣布在內地及香港試行「內地與香港債券市場互聯互通合作」（債券通），並於同年 7 月正式開通，讓境內外投資者可通過香港與內地債券市場基礎設施機構連接，買賣兩地市場的債券。

2015 年香港人民幣業務發展呈轉折。2015 年 8 月 11 日，人民銀行調整人民幣匯率中間價報價機制（八一一匯改），並於當日將人民幣兌美元中間價下調 1.9%。八一一匯改改變了市場對人民幣匯率的預期，在市場對美國的加息預期，[7] 以及環球股市（包括香港與內地）大幅調整的背景下，香港離岸人民幣資金池收縮。2015 年香港人民幣存款總額（包括客戶

存款和存款證餘額）較對上一年下跌 12.8%，其後一年續跌；香港與內地跨境貿易結算呈人民幣淨匯出；香港證監會認可人民幣投資產品規模於 2015 年達 1000 億元人民幣後，至 2016 年下跌至 700 億元人民幣。

2017 年，共 140 間銀行在香港經營人民幣業務，[8] 離岸人民幣存款總額為 6184 億元人民幣，是內地以外全球最大的人民幣存款池。人民幣債券發行額 206 億元人民幣，餘額為 2124 億元人民幣，是全球最大離岸人民幣債券市場。經香港銀行處理的人民幣貿易結算總額為 39,139 億元人民幣。外匯交易日均成交額為 771 億美元，[9] 是全球最大離岸人民幣外匯市場。香港的人民幣清算行獲委任多年後，內地政府自 2012 年起先後在台灣地區、新加坡、英國等 22 個國家／地區委任當地的清算行，形成以香港為主，倫敦、新加坡、歐洲及東南亞地區多點並行的格局。2016 年公布的《「十三五」規劃綱要》，確立了香港由「離岸人民幣業務中心」發展為「全球離岸人民幣業務樞紐」。而香港作為全球最大離岸人民幣資金池，推動了人民幣於國際上發揮投資、交易結算貨幣作用。人民幣於 2016 年納入國際貨幣基金會特別提款權（Special Drawing Rights, SDR）貨幣籃，代表國際社會對人民幣國際地位的認可，中央政府稱香港「功不可沒」。[10]

第二節 人民幣資產市場

一、存貸市場

1. 人民幣存款

2003 年 11 月 18 日，香港特區行政長官董建華宣布，經國務院批准，中國人民銀行同意為香港試行辦理個人人民幣業務提供清算安排；業務範圍包括人民幣存款、兌換、匯款及人民幣卡（信用卡及扣帳卡），方便個人消費，人民幣存款利率水平和存款期由銀行自行釐定。2004 年 2 月 25 日，27 間香港銀行推出個人人民幣存款服務，存款帳戶並可每天兌換不逾 2 萬元人民幣、非存戶限每天 6000 元人民幣；並可每天匯款 5 萬元人民幣到內地同名銀行帳戶。該月人民幣存款（定期、活期及儲蓄存款，下同）總計 8.95 億元人民幣。至該年底人民幣存款服務銀行增至 38 間，人民幣存款增至 121.27 億元人民幣，佔香港整體存款額 0.3%，每戶存款額平均為 43,781 元人民幣。

2005 年 10 月，行政長官曾蔭權表示，根據特區政府建議，中央政府同意繼續擴大香港人民幣業務。香港銀行除可接受香港居民個人人民幣存款外，還可接受指定的「提供個人旅遊消費等服務的商戶」[11] 開設人民幣存款戶口，並可將帳戶內人民幣存款單向兌換成港元。香港居民並可開立往來帳戶，在廣東使用人民幣支票支付消費性支出，每天限額 8 萬元人民幣；個人人民幣現鈔兌換限額由每天 6000 元人民幣提高至 2 萬元人民幣，匯款限額提

2004 年 2 月 25 日香港銀行推出個人人民幣銀行服務首天，有客戶（左）即往開立人民幣存款戶口。（南華早報出版有限公司提供）

2005 年，香港銀行人民幣業務擴大，包括可接受更多類型的商戶開設人民幣存款戶口。圖為內地遊客（左）在尖沙咀一珠寶金行以人民幣付款。（南華早報出版有限公司提供）

高至每天 8 萬元人民幣。同年，人民銀行公布實行「以市場供求為基礎、參考一籃子貨幣進行調節、有管理的浮動匯率制度」，人民幣兌美元開始升值。該年底香港人民幣存款額增至 225.86 億元人民幣，佔香港整體存款額 0.5%，每戶存款額平均為 53,000 元人民幣。

2007 年人民幣債券開始在港發行，香港銀行可以為人民幣債券發行人及包銷商開立人民幣存款戶口。2009 年 7 月，香港開辦跨境貿易人民幣結算業務，貿易企業可在香港銀行開設人民幣存款帳戶，用作處理與內地試點企業貿易相關的人民幣收支款項。帳戶內的人民幣資金亦可以用於購買在香港發行的人民幣債券。2010 年，跨境貿易人民幣結算試點擴大，香港的人民幣清算協議相應修訂後，個人及指定商戶的人民幣資金可在帳戶間自由轉撥，自行決定用途；企業及其他非個人客戶亦可在銀行開立人民幣存款帳戶，並自由轉撥，用途不限於貿易結算。自跨境貿易結算推出以來，內地對香港人民幣貿易結算收付比大致呈淨流出，成為香港離岸人民幣資金的重要來源。2010 年 12 月，人民幣存款額為 3149.38 億元人民幣，較跨境貿易結算業務開展前的 2008 年年底，增長 4.6 倍。

2012 年 8 月 1 日起，香港銀行可為非香港居民的個人客戶開立人民幣帳戶，提供包括存款的各類人民幣服務，且無兌換量限制。2014 年 11 月，隨着滬港通開通，香港居民每日兌換 2 萬元人民幣限額取消。

2014 年年底，香港人民幣存款額突破萬億，達 10,035.57 億元人民幣，佔存款總額 12.47%。2015 年 8 月 11 日，人民銀行調整人民幣兌美元匯率中間價報價機制（八一一匯改），人民幣貶值壓力增加，離岸人民幣匯率跟隨在岸匯率下跌，香港人民幣資金池規模收縮。2015 年年底，香港人民幣存款額為 8511.06 億元人民幣，較對上一年減少 15%。

截至 2017 年 6 月底，在港人民幣存款總額為 5260.77 億元人民幣，佔香港存款總額 4.9%，同期中國人民幣存款餘額為 159.66 萬億元人民幣。人民幣存款帳戶數目方面，2017 年 11 月底香港人民幣活期及儲蓄存款戶口有 6,080,619 個，人民幣定期存款戶口有 762,056 個。

2. 人民幣貸款

香港銀行於 2004 年起開辦人民幣業務初期，不可向客戶提供人民幣信貸服務。2009 年 7 月，香港人民幣業務擴大至跨境人民幣貿易結算，合資格內地及香港企業可用人民幣進行貿易支付，香港銀行可就相關貿易提供人民幣融資，惟款項不能撥作其他用途或保留作人民幣存款，並須直接支付予內地企業。

2010 年 2 月，金管局對人民幣業務的監管原則及操作安排作出詮釋，此後香港銀行可為企業提供人民幣貸款，企業類別或貸款種類不受限制，惟不可向個人客戶借貸。

2011 年 10 月，中國人民銀行及商務部公布有關外商直接投資人民幣結算（RFDI）的管理辦法，企業在香港取得的人民幣資金，可以直接投資的方式回流內地，成為刺激香港人民幣貸款需求的因素之一。該年香港人民幣貸款餘額 308 億元人民幣，較對上一年的 18 億元大增 16 倍；同期香港離岸人民幣存款額增長率為 86%。隨着香港人民幣貸款及其他業務穩步發展，香港銀行同業拆借市場逐漸形成，2013 年 6 月財資市場公會推出人民幣香港銀行同業拆息定價，為離岸市場融資活動提供定價參考基準。2014 年 11 月，香港銀行為香港居民每日兌換 2 萬元人民幣限額取消，人民幣頭寸改為在離岸市場平盤，香港居民可獲銀行提供全面的人民幣服務，包括人民幣融資貸款。2015 年 8 月內地實行匯改，人民幣貶值壓力增加；此時期香港人民幣貸款餘額升至 2974 億元人民幣（2015 年）及 2948 億元人民幣（2016 年）的高峰。2017 年，香港人民幣未償還貸款餘額為 1445 億元人民幣，較對上一年下跌逾半，金管局指原因「部分由於人民幣融資成本高於美元及港元融資成本」。[12]

跨境人民幣貸款　2011 年 12 月，中國廣東核電集團獲國家發展和改革委員會批准，向中銀香港借貸 30 億元人民幣，是內地企業首次獲准借用境外中長期人民幣商業貸款，惟此僅特例而非政策。

2012 年 12 月，中國人民銀行發布《前海跨境人民幣貸款管理暫行辦法》，在前海註冊的企業可向香港銀行借入人民幣資金。2013 年 1 月，15 家香港銀行與 15 家前海企業簽署 20 億元貸款協議，利率約 4%。[13] 翌年 12 月，港深兩地 6 家金融機構與深圳市前海金融控股組建首單跨境人民幣銀團貸款。[14] 截至 2014 年 2 月，前海企業從香港跨境人民幣貸款逾 150 億元人民幣。2015 年 7 月 13 日，人民銀行廣州分行發布《廣東南沙、橫琴新區跨境人民幣貸款業務試點管理暫行辦法》，將跨境人民幣貸款試點擴至廣州南沙及珠海橫琴新區，允許合資格企業向香港銀行借入人民幣，用於南沙及橫琴新區內的生產經營、區內及境外項目等業務。當日，中銀香港與中國銀行廣東省分行合作，為南沙新區企業廣州港發放首筆 3 億元跨境人民幣中長期貸款，借款利息降幅 25%。至 2017 年 3 月，前海、南沙及珠海橫琴新區共 229 家企業辦理跨境人民幣貸款業務，匯入貸款金額 415.4 億元人民幣。

2015 年 2 月，上海自貿區實行全口徑跨境融資宏觀審慎管理，境外融資取消前置審批，企業可按自身資本規模，自主決策境外融資的方式、年期及幣種。2016 年 1 月，全口徑跨境融資宏觀審慎管理擴大至包括廣東的 4 個自貿區的企業和 27 家金融機構。5 月，全口徑跨境融資審慎管理政策推廣至全國。2017 年，廣東企業通過全口徑跨境融資宏觀審慎管理政策，向香港機構借款 249 筆，合共 36.4 億美元。

表 12-2-1　香港人民幣存貸業務

年末數字	人民幣客戶存款期末餘額（億元人民幣）	人民幣存款證期末餘額（億元人民幣）	人民幣存款總額（億元人民幣）	人民幣帳戶數目（萬個）	人民幣貸款期末餘額（億元人民幣）
2004	121.3	不適用	121.3	27.7	不適用
2005	225.9	不適用	225.9	42.8	不適用
2006	234.0	不適用	234.0	45.1	不適用
2007	334.0	不適用	334.0	69.9	不適用
2008	560.6	不適用	560.6	116.7	不適用
2009	627.2	不適用	627.2	133.1	0.0
2010	3149.4	67.6	3217.0	238.8	17.5
2011	5885.3	730.5	6615.8	294.9	307.9
2012	6030.0	1172.5	7202.5	375.3	790.2
2013	8604.7	1925.5	10,530.2	449.7	1156.1
2014	10,035.6	1547.1	11,582.6	525.7	1879.7
2015	8511.1	1593.0	10,104.1	580.0	2974.0
2016	5467.1	783.5	6250.5	615.0	2948.1
2017	5591.4	592.7	6184.1	691.6	1444.7

資料來源：　香港金融管理局。

二、債券市場

1. 人民幣離岸債券

2007 年 1 月 10 日，香港特區政府宣布，國務院同意進一步擴大香港的人民幣業務，獲批准的內地金融機構可以來香港發行人民幣金融債券。同年 6 月 8 日，中國人民銀行、國家發展和改革委員會共同制定並公布《境內金融機構赴香港特別行政區發行人民幣債券管理暫行辦法》，規定了商業銀行赴港發行人民幣債券的條件等。7 月，人民幣債券首次在港發行，是年總發行額為 100 億元人民幣。2008 年 12 月，為應對國際金融危機的衝擊，國務院公布《關於當前金融促進經濟發展的若干意見》，提出「擴大債券發行規模」，包括「允許在內地有較多業務的香港企業或金融機構在港發行人民幣債券」。2009 年 6 月，在內地註冊的滙豐銀行（中國）和東亞銀行（中國）雙雙在港發行人債。9 月，人民幣國債首次在港發行，其後成為長期的制度安排。2007 年至 2009 年合計，內地金融機構及香港銀行在內地的分支機構發債額佔總額 84.2%、國債佔 15.8%。

2010 年，金管局對香港人民幣業務的監管原則及操作安排作出詮釋，人民幣債券的發債體範圍、發行規模及方式、投資者主體等，均可按香港法規和市場因素來決定，海外金融機構、港資企業、跨國企業和國際組織都可以於香港發行人民幣債券；同年 7 月清算協議修訂，任何公司都可在港開立人民幣存款帳戶，跨行轉帳不受限制。兩項發展令香港人債發

債體及投資者類別大幅增加，其中合和公路基建、麥當勞、中國重汽（香港）、亞洲開發銀行等均在當年下半年發行離岸人債。2010年香港新發行人債金額升至357.6億元人民幣，內地金融機構佔41.9%、香港及境外非金融機構佔28.5%、國債佔22.3%。

2011年8月，國務院副總理李克強宣布擴大在港人民幣債券發行人類別至內地企業，並擴大內地機構在港發人債的規模。同年10月，中國人民銀行與商務部頒布管理辦法，准許企業可運用在港籌集的資金，包括通過離岸發行人民幣債券方式取得的人民幣，到內地進行「外商直接投資」。該年香港新發行人債金額增至1079.1億元人民幣，其中香港及境外非金融類企業發債額佔65.8%、內地非金融類企業佔3.3%。2012年，內地非金融類企業發債額佔比升至23.5%，僅次於佔比最多的香港及境外非金融類企業（佔29.7%）。

香港人民幣債券發行量於2014年進入高峰，新發行人債金額達1967.9億元人民幣，餘額3805.4億元人民幣。其後中國人民銀行於2015年8月改革人民幣匯率形成機制，打破市場對人民幣匯率單向升值預期，加上內地融資成本持續下降，鼓勵了部分企業改道至內地市場籌資，2015年起香港人民幣債券新發行金額轉趨下跌，至749億元人民幣。2017年，香港仍是全球最大離岸人民幣債券市場，[15] 年末香港人民幣債券發行額205.9億元人民幣，餘額2124億元人民幣（見表12-2-2）。

表 12-2-2 在香港發行人民幣債券

（單位：億元人民幣）

年份	在香港發行人民幣債券發行金額	在香港發行人民幣債券期末餘額
2007	100.0	100.0
2008	120.0	220.0
2009	160.0	300.0
2010	357.6	557.6
2011	1079.1	1466.7
2012	1121.7	2371.7
2013	1165.7	3100.4
2014	1967.9	3805.4
2015	749.0	3679.5
2016	527.6	3188.3
2017	205.9	2124.0

資料來源： 香港金融管理局。

人民幣國債 2007 年 7 月，直屬國務院的國家開發銀行在香港發行總值 50 億元兩年期人民幣債券，用於貸款支援基礎設施領域的國家重點項目建設，是人民幣債券在港發行之始。翌月，同屬國務院領導、由政府全資擁有的中國進出口銀行在港發行 20 億元人民幣債券，認購總額 53 億元，為發行額的 2.6 倍。

2009 年 9 月 28 日，財政部在香港首次正式發售人民幣國債，發行規模 60 億元，其中 2 年期國債主要面向個人投資者，5 年期國債主要面向機構投資者，3 年期債則視認購情況在機構和個人投資者之間配售。香港金管局為此發出《人民幣國債銷售簡化安排》，包括毋須將銷售程序錄音等。最終，是次國債認購額為 180 億元（3 倍），個人投資者認購申請超過 149,451 份。2010 年 12 月，財政部在港發行 80 億元人民幣國債，其中 30 億元面向個人投資者，另外 50 億元則透過金管局債務工具中央結算系統（CMU）債券投標平台，供機構投資者投標。

2011 年 8 月，財政部在港發行 200 億元人民幣國債，分為 2 年期（50 億元）、3 年期（60 億元）、5 年期（50 億元）、7 年期（30 億元）及 10 年期（10 億元），2 年期為零售，其餘面向機構投資者。同時，副總理李克強表明中央政府在港發行人民幣國債是一項長期的制度安排。2012 年 6 月至 7 月，財政部發行 230 億元人民幣國債，是至 2017 年止規模最大之一，並首次有 15 年期國債讓機構投資者選擇，有助為香港的人民幣長債定下孳息基準。另外，有 20 億元國債首次透過新設的「金管局 CMU 央行配售統籌窗口」，向國外中央銀行及貨幣管理當局配發。

2007 年，國家開發銀行在港推出香港人民幣零售債券，為全球首筆境外人民幣債券。圖為該年 6 月 26 日財政司司長唐英年（左四）、國開行董事長陳元（左五）、中聯辦副主任郭莉（右四）、金管局總裁任志剛（右三）等出席發行儀式。（香港特別行政區政府提供）

2009 年財政部首次在港發售人民幣國債，其後成為一項長期的制度安排。圖為 2012 年人民幣國債在港發行的戶外廣告。（香港特別行政區政府提供）

2007 年 9 月，中國銀行在港發行 30 億元人民幣債券，是首家來港發債的內地商業銀行。圖為 9 月 12 日舉行的中國銀行香港人民幣債券發行儀式。（南華早報出版有限公司提供）

2013 年，國家財政部一年內兩度在港發行人民幣國債。6 月發行總額為 130 億元人民幣，其中首次發行長達 30 年期的離岸人民幣國債，發行額 5 億元，使香港人民幣債券的基準孳息曲線進一步延長。11 月，財政部再發債 100 億元人民幣，並首次採用聯交所設施公開發售。此後，國家財政部均在同一年分兩期在港發行人民幣國債。

2017 年 6 月，財政部連續 9 年於港發行人民幣國債，發行額為 70 億元，分為 50 億元 3 年期債券及 20 億元 5 年期債券，供機構投資者投標，最終分別錄得超額認購約 1.6 倍及 1.4 倍。2009 年至 2017 年 6 月，國家財政部在香港累計發行人民幣國債共 1710 億元人民幣（見表 12-2-3）。

外國政府機構亦到香港發行人民幣債券。2011 年，馬來西亞國家主權財富基金「國庫控股」（Khazanah Nasional Berhad）在港發行全球首隻人民幣計價伊斯蘭債券。2013 年 11 月，加拿大卑詩省政府在香港發行 1 年期人民幣債券，票面息率 2.25 厘，發行額 25 億元人民幣，評級為「AAA」，是首隻外國政府發行的人民幣離岸債券。卑詩省政府其後於 2014 年 11 月再度在港發行人債，年期 2 年，票面息 2.85 厘，發行總額 30 億元人民幣，認購額 65 億元人民幣。2016 年 4 月，匈牙利政府在港發行 10 億元、3 年期人民幣離岸債券，發行利率 6.25 厘，是中、東歐第一隻人民幣計價的主權債券。

人民幣金融債 2007 年 9 月，中國銀行繼國家開發銀行及中國進出口銀行之後，在香港發行 30 億元人民幣債券，年期為 2 年（個人投資者）及 3 年（機構投資者），票面利率分別為 3.15 厘及 3.35 厘，成為首家在港發債的內地商業銀行。2008 年 7 月，交通銀行在港發行 30 億元的 2 年期人民幣債券。建設銀行亦於翌月發售 2 年期人民幣零售債券。

2009 年 3 月，滙豐銀行（中國）和東亞銀行（中國）獲國務院批准來港發行人民幣債券，成為首批在港發行人民幣債券的內地外資法人銀行。滙豐銀行（中國）的離岸人民幣債券於該年 6 月在港推出，發債額為 10 億元人民幣，年期 2 年，利率參考 3 個月上海銀行間拆放利率；同月東亞銀行（中國）推出的人債年息 2.8 厘，2 年期限，兼向個人投資者發售。兩銀行此舉能在內地銀行同業拆息市場以外，另闢了人民幣資金來源。

2010 年第四季，俄羅斯外貿銀行（VTB Bank）發行點心債，總額 10 億元人民幣，是首個中國以外的新興市場點心債發債體。2010 年 10 月，亞洲開發銀行（Asian Development Bank）在港推出 12 億元人民幣 10 年期債券，票面年利率 2.85 厘，為其內地清潔能源項目提供資金，是首家「AAA」評級機構及國際金融機構首次發行離岸人民幣債券，其 10 年長年期亦對香港離岸人債的孳息曲線發展有深遠影響。世界銀行集團成員「國際金融公司」（International Finance Corporation，IFC）翌年 1 月在港推出 5 年期人債，年息率 1.8 厘，用於其內地環保項目。金管局指兩間國際金融機構在港發人債，有助拓展香港人民幣債券市場的深度與廣度。世界銀行翌年發行 5 億元 2 年期人債。

中華人民共和國人民幣國債在港發行儀式
Launch Ceremony of the People's Republic of China RMB Sovereign Bonds in Hong Kong

2009 年 10 月 27 日，人民幣國債首次在香港發行。圖為當年 9 月 28 日署理財政司司長陳家強（左起）、駐港部隊副司令員張明、中聯辦副主任王志民、署理行政長官唐英年、財政部副部長李勇、外交部駐港特派員公署署理特派員詹永新、財政部金融司司長孫曉霞、香港金管局總裁任志剛出席發行儀式。（南華早報出版有限公司提供）

表 12-2-3　中國財政部歷年在港發行人民幣國債（2009 年至 2017 年）

發行日	到期日	發行金額（億元人民幣）	年期	票面年利率 (%)
2009 年 10 月 27 日	2011 年 10 月 27 日	30	2	2.25%
2009 年 10 月 27 日	2012 年 10 月 27 日	25	3	2.70%
2009 年 10 月 27 日	2014 年 10 月 27 日	5	5	3.30%
2010 年 12 月 1 日	2013 年 12 月 1 日	20	3	1.00%
2010 年 12 月 1 日	2015 年 12 月 1 日	20	5	1.80%
2010 年 12 月 1 日	2020 年 12 月 1 日	10	10	2.48%
2010 年 12 月 20 日	2012 年 12 月 20 日	30	2	1.60%
2011 年 8 月 18 日	2014 年 8 月 18 日	60	3	0.60%
2011 年 8 月 18 日	2016 年 8 月 18 日	50	5	1.40%
2011 年 8 月 18 日	2018 年 8 月 18 日	30	7	1.94%
2011 年 8 月 18 日	2021 年 8 月 18 日	10	10	2.36%
2011 年 9 月 6 日	2013 年 9 月 6 日	50	2	1.60%
2012 年 6 月 29 日	2015 年 6 月 29 日	81	3	1.85%
2012 年 6 月 29 日	2017 年 6 月 29 日	61	5	2.56%
2012 年 6 月 29 日	2019 年 6 月 29 日	12	7	2.65%
2012 年 6 月 29 日	2022 年 6 月 29 日	11	10	3.10%
2012 年 6 月 29 日	2027 年 6 月 29 日	10	15	3.48%
2012 年 7 月 19 日	2014 年 7 月 19 日	55	2	2.38%
2013 年 6 月 27 日	2016 年 6 月 27 日	70	3	2.87%
2013 年 6 月 27 日	2018 年 6 月 27 日	27	5	3.02%
2013 年 6 月 27 日	2020 年 6 月 27 日	12	7	3.09%

（續上表）

發行日	到期日	發行金額（億元人民幣）	年期	票面年利率（%）
2013 年 6 月 27 日	2023 年 6 月 27 日	11	10	3.16%
2013 年 6 月 27 日	2028 年 6 月 27 日	5	15	3.60%
2013 年 6 月 27 日	2043 年 6 月 27 日	5	30	3.95%
2013 年 11 月 22 日	2016 年 11 月 22 日	50	3	2.60%
2013 年 11 月 22 日	2018 年 11 月 22 日	20	5	3.09%
2013 年 12 月 11 日	2015 年 12 月 11 日	30	2	2.80%
2014 年 5 月 22 日	2017 年 5 月 22 日	84	3	2.53%
2014 年 5 月 22 日	2019 年 5 月 22 日	44	5	3.25%
2014 年 5 月 22 日	2021 年 5 月 22 日	12	7	3.80%
2014 年 5 月 22 日	2024 年 5 月 22 日	10	10	4.00%
2014 年 5 月 22 日	2029 年 5 月 22 日	5	15	4.29%
2014 年 5 月 22 日	2034 年 5 月 22 日	5	20	4.50%
2014 年 11 月 21 日	2017 年 11 月 21 日	40	3	2.74%
2014 年 11 月 21 日	2019 年 11 月 21 日	30	5	3.00%
2014 年 11 月 21 日	2024 年 11 月 21 日	20	10	3.38%
2014 年 12 月 11 日	2016 年 12 月 11 日	30	2	2.93%
2015 年 5 月 21 日	2018 年 5 月 21 日	67.5	3	2.80%
2015 年 5 月 21 日	2020 年 5 月 21 日	32.5	5	3.00%
2015 年 5 月 21 日	2022 年 5 月 21 日	15	7	3.36%
2015 年 5 月 21 日	2025 年 5 月 21 日	15	10	3.39%
2015 年 5 月 21 日	2030 年 5 月 21 日	5	15	3.60%
2015 年 5 月 21 日	2045 年 5 月 21 日	5	30	4.10%
2015 年 11 月 30 日	2018 年 11 月 30 日	70	3	3.29%
2015 年 11 月 30 日	2020 年 11 月 30 日	30	5	3.40%
2015 年 11 月 30 日	2025 年 11 月 30 日	10	10	3.31%
2015 年 11 月 30 日	2035 年 11 月 30 日	10	20	4.00%
2015 年 12 月 18 日	2017 年 12 月 18 日	20	2	3.45%
2016 年 7 月 4 日	2019 年 7 月 4 日	70	3	2.90%
2016 年 7 月 4 日	2021 年 7 月 4 日	45	5	3.25%
2016 年 7 月 4 日	2023 年 7 月 4 日	10	7	3.30%
2016 年 7 月 4 日	2026 年 7 月 4 日	10	10	3.38%
2016 年 7 月 4 日	2036 年 7 月 4 日	5	20	3.90%
2016 年 12 月 12 日	2019 年 12 月 12 日	70	3	3.40%
2016 年 12 月 12 日	2021 年 12 月 12 日	30	5	3.55%
2016 年 12 月 12 日	2026 年 12 月 12 日	10	10	3.85%
2016 年 12 月 12 日	2031 年 12 月 12 日	5	15	4.15%
2016 年 12 月 12 日	2046 年 12 月 12 日	5	30	4.40%
2016 年 12 月 30 日	2018 年 12 月 30 日	20	2	3.50%
2017 年 6 月 26 日	2020 年 6 月 26 日	50	3	3.99%
2017 年 6 月 26 日	2022 年 6 月 26 日	20	5	4.10%
2017 年 12 月 4 日	2019 年 12 月 4 日	43	2	3.90%
2017 年 12 月 4 日	2022 年 12 月 4 日	22	5	4.10%
2017 年 12 月 4 日	2027 年 12 月 4 日	5	10	4.15%

資料來源： 香港金融管理局。

2012 年 12 月，成員包括 18 個國家的拉美開發銀行（Banco de Desarrollo de América Latina，簡稱 CAF），在香港發行 6 億元人民幣債券，票息 3.55 厘，是首批拉丁美洲人民幣債券發債體。2013 年 11 月，德國 L-Bank 在港發行 1 年期 2.5 億元人民幣債券，票息首次參考離岸人民幣香港銀行同業拆息（CNH HIBOR）。

截至 2017 年，金融機構透過香港 CMU 及聯交所共發行 115 隻離岸人民幣債券。

人民幣企業債　自金管局 2010 年對人民幣業務的監管原則及操作安排作出詮釋，在港人民幣發債體由以往的財政部、內地政策性銀行和商業銀行擴大至企業，成為企業人民幣融資新渠道。同年 7 月，人民幣貿易結算試點計劃擴大和《清算協議》修訂，將人民幣交易涵蓋範圍從貿易用途擴展至「一般用途」，企業可在銀行開設人民幣存款帳戶，兌換金額不設上限，企業間也可透過銀行進行人民幣資金支付和轉帳。在人民幣升值預期下，企業增加了在離岸市場籌措人民幣的意欲。

2010 年 7 月，合和實業的附屬公司「合和公路基建」（2019 年改稱「深圳投控灣區發展有限公司」）成為首間在港發行人民幣企業債券的非金融機構。其發行的 2 年期人民幣企業債券，年息率 2.98 厘，最終發行額為 13.8 億元人民幣，所籌資金部分用於注資珠江三角洲西岸幹道 III 期（西線 III 期）。翌月，麥當勞向機構投資者發行 2 億元人民幣債券，年利率 3 厘，為在港首個發行人民幣債的海外跨國企業。同年 10 月，中國重汽（香港）在港發行 27 億元人民幣債券，是首家在港發行人民幣債券的中資非金融機構，其債券年利率 2.95 厘，期限 2 年。11 月，美國推土機製造商 Caterpillar 在港發行兩年期人民幣債券，是繼麥當勞之後第二家發行人債的跨國公司。同年 12 月，銀河娛樂發行 13.8 億元人民幣債券，定息 4.625 厘，年期 3 年，用於其翌年開幕酒店的非博彩部分，是香港市場上首隻非投資級別人債，結果錄得 10 倍超額認購。

2011 年 3 月，日用消費品企業聯合利華（Unilever）在港向機構投資者發行 3 億元人民幣債券，票息 1.15 厘，年期 3 年。是次為首間歐洲跨國企業發行人民幣債券，聯合利華指發債為其於內地的擴張計劃帶來優質財政資源。同年 11 月，寶鋼發行 36 億元人民幣點心債，籌集資金用於增資旗下海外子公司「寶鋼資源（國際）」，是首家在港直接發行人債的內地非金融企業。2012 年 5 月，國家發改委發出《關於境內非金融機構赴香港特別行政區發行人民幣債券有關事項的通知》，明確了內地企業赴港發債的相關規定。

2012 年初，墨西哥電訊商 América Móvil 推出首隻拉丁美洲企業點心債，期限 3 年，票面息率 3.5 厘，總發行額 10 億元人民幣，籌得資金用於公司支付中國供應商，以減少匯兌風險。

2009 年至 2017 年，非金融企業透過香港 CMU 及聯交所共發行 130 隻以人民幣計值及結算的債券。

2010 年 7 月，合和公路基建在港發行首筆人民幣企業債券。圖為財政司司長曾俊華（右四）出席該債券發行慶祝酒會，左三為合和公路基建董事總經理胡文新。（香港特別行政區政府提供）

2. 內地銀行間債券市場

2010 年 8 月 17 日，人民銀行公布境外三類機構經核准後，可進入內地銀行債券市場，在一定額度內進行債券現貨及回購協議交易。三類機構包括香港人民幣業務的清算行和參加行（銀行），以及包括香港金管局在內的境外中央銀行和貨幣當局，此安排拓闊了香港人民幣投資的渠道。工銀亞洲於翌月獲批額度，完成首筆相關交易，涉及 1 億元人民幣一年期中央銀行票據；金管局則獲批 150 億元人民幣額度，隨後用盡，並於 2012 年獲增加至 300 億元人民幣額度。

2011 年 12 月，人民幣合格境外機構投資者（RQFII）試點推出，基金管理公司、證券公司人民幣合格境外機構投資者，可委託結算代理人，於內地銀行間債券市場進行債券交易和結算。2016 年 2 月，內地銀行間債券市場境外機構投資者範圍放寬至所有境外機構投資者，包括商業銀行、保險公司、證券公司、基金管理公司等。

2017 年 3 月，國務院總理李克強宣布於該年試行「債券通」，境內外投資者可通過香港與內地債券市場基礎設施機構連接，買賣兩地市場的債券。5 月，金管局與人民銀行發布聯合公告，宣布先開通「北向通」，讓境外投資者透過兩地互聯互通機制，沿用國際買賣債券的結算託管習慣，投資於內地銀行間債券市場。翌月，香港交易所與中國外匯交易中心成立債券通公司，承擔支持債券通相關交易服務職能。7 月 3 日，債券通啟動。至 2017 年年底，240 多名投資者參與債券通，每日平均成交額 20 億元人民幣。

三、股本證券市場

1. 離岸人民幣計價證券

2010年2月11日，金管局詮釋香港人民幣業務的監管原則及操作安排，拓闊了人民幣銀行業務在香港的發展空間。7月19日，清算協議修訂，准許香港任何企業（包括金融機構）開立人民幣銀行戶口，並自由撥劃資金，是邁向在港推出人民幣投資產品的重要一步。8月6日，證監會認可首隻向香港散戶投資者發售的人民幣計值基金 —— 海通環球人民幣收益基金，該基金認購及贖回均以人民幣支付，發行規模50億元人民幣。由於內地法規所限，基金發行初期主要投資於香港的人民幣產品。

2011年4月10日，匯賢產業信託公布首次公開發售，是中國境外首隻以人民幣計價的股份，以及全球首隻以人民幣計價的房地產信託基金（REITs）。其時，匯賢持有北京東方廣場物業的產業租賃協議，基金單位以人民幣計價和交易，並以人民幣分派收益。匯賢兩成基金單位在香港公開發售，超額認購1.19倍，發售價5.24元人民幣，市值262億元人民幣。4月29日，匯賢於香港聯合交易所上市。

2011年6月22日，港交所提出「單幣單股」及「雙幣雙股」兩種人民幣股份在聯交所上市及買賣的模式。9月獲證監會批准。2011年8月17日，國務院副總理李克強在港公布支持香港發展成為離岸人民幣業務中心的措施，包括「支持香港企業使用人民幣到境內直接投資」。10月，內地公布人民幣外商直接投資管理辦法，外商在港籌集人民幣再將資金轉往內地投資的程序更為清晰，使企業可以利用香港的人民幣融資平台集資，匯到內地直接投資。10月24日，港交所推出「人證港幣交易通」（交易通），讓投資者在沒有足夠人民幣下，以港元購買人民幣股票，從而解決二級市場的人民幣流通量問題。交易通運作初期，只支援人民幣股本證券交易，翌年8月擴展至以人民幣交易的股本相關ETF及房地產投資信託基金。

2012年2月14日，恒生人民幣黃金ETF在香港聯交所上市。該基金持有實物黃金，以人民幣計值，是聯交所首隻以人民幣買賣的交易所買賣基金（ETF），亦是全球首隻以人民幣計價的黃金ETF。7月17日，內地境外首隻可直接投資A股的實物ETF、首隻人民幣買賣的A股ETF「華夏滬深300指數ETF」在聯交所上市。

2012年10月25日，收費高速公路基建公司「合和公路基建」（2019年改稱「深圳投控灣區發展有限公司」）宣布，透過雙幣雙股模式，配售於聯交所掛牌的1.2億股人民幣交易股票，集資3.75億元人民幣，成為全球首家通過此模式同時提供人民幣及港元交易股票的上市公司，亦是首隻內地境外上市，以人民幣交易的股本證券。29日掛牌當日，該人民幣股成交646萬股，相當於2094萬元人民幣；港元股總成交則為870.8萬股，相當於3522萬港元。

2011 年 4 月 29 日，匯賢產業信託在香港聯合交易所上市，是香港首隻人民幣計價的首次公開招股（IPO）及房地產信託基金（REIT）。前排右六為匯賢信託主席甘慶林。（星島新聞集團提供）

2012 年 1 月 30 日，恒生銀行宣布在港推出全球首隻以人民幣計價的黃金 ETF（交易所買賣基金），2 月 14 日在香港聯交所掛牌，亦是香港首隻以人民幣計價的 ETF。（中新圖片提供）

2013 年 6 月 18 日，亞洲首隻離岸人民幣債券 ETF「iShare 安碩人民幣債券指數 ETF」於聯交所上市。該 ETF 為人民幣計價實物 ETF，同時以人民幣及港元買賣及結算，主要投資於離岸人民幣債券。該 ETF 於 2016 年 12 月自願申請撤銷認可資格及除牌。

2017 年，於港交所交易的人民幣股本證券共 2 隻，總成交金額 5195 萬元人民幣；人民幣 ETF 共 42 隻，總成交金額 62.9 億元人民幣；人民幣 REIT 有 1 隻，總成交金額 27.52 億元人民幣。[16]

2. 滬港通及深港通

滬港通　滬港股票市場交易機制試點計劃（滬港通）是由香港交易及結算所有限公司、上海證券交易所與中國證券登記結算有限責任公司在內地與香港兩地證券市場建立的交易及結算互聯互通機制，讓兩地投資者進入對方的股票市場，分為南向港股通及北向滬股通。2014 年 4 月 10 日，國務院總理李克強在博鰲亞洲論壇 2014 年年會開幕式上發表演講，提到：「我們將積極創造條件，建立上海與香港股票市場交易互聯互通機制，進一步促進內地與香港資本市場雙向開放與健康發展。」[17] 同日，香港證監會及中國證監會（中證監）發表聯合公告，原則上批准開展滬港股票市場交易機制試點計劃。9 月 4 日，香港聯交所、香港中央結算有限公司、上海證券交易所、中國證券登記結算有限責任公司就設立滬港通簽訂四方協議。

滬港通準備正式啟動之際，香港金融管理局分別於同年 11 月 3 日及 10 日推行兩項新舉措 —— 委任七家一級流動性提供行（Primary Liquidity Providers），及設立日間回購交易機制，額外向香港銀行提供多 100 億元人民幣日間資金 —— 以增加人民幣流動性。

2014 年 11 月 17 日，滬港通正式開通。北向滬股通 130 億元人民幣額度於當日下午 2 時前用完，是直至 2017 年 7 月為止唯一一次，全日成交金額 120.82 億元人民幣，首筆交易為伊利股份。而南向港股通全日成交金額 23.44 億港元，全日餘額為 87.32 億元人民幣，即用去 16.8% 額度，首隻成交股為騰訊控股。滬港通開通首日，海外資金流入內地 A 股市場多於南向資金。開通首月，南向滬港通下港股通日均總成交額 6.02 億元人民幣，全月交易淨額 36.65 億元人民幣；北向滬股通日均成交總額 46.59 億元人民幣，全月交易淨額 405.54 億元人民幣。首月境外透過滬港通向內地淨流入資金 368.89 億元人民幣。

2015 年 3 月 2 日起，滬港通下的合資格上海 A 股可進行擔保沽空，滬股通中逾七成股票被列入可沽空股票名單，包括「兩桶油」（中國石油和中國石化）、「四大行」（中國工商銀行、中國農業銀行、中國銀行、中國建設銀行）等「權重股」。3 月 27 日，中證監發布《公開募集證券投資基金參與滬港通交易指引》，明確基金管理人不需具備合格境內機構投資者（QDII）資格，也可以募集新基金通過滬港通投資香港市場股票，以利內地資產管理行業產品和業務創新，提升國際化水平。4 月 8 日及 9 日，港股通成交金額連續兩日破滬

港通開通以來紀錄，分別為 210 億元及 261 億元，兩日南向港股通每日 105 億元額度均用盡，是直至 2017 年 7 月 1 日為止僅有兩次。整體港股成交宗數和成交額於 9 日分別達 3,247,002 宗和 2939 億元，皆為歷史新高；總市值則為 28.6 萬億元，是截至當時的最高紀錄。[18] 當月港股每日平均成交金額達 2000 億元。

同年年初 A 股大幅上升，惟至年中轉勢向下。[19] 6 月 29 日，上證指數跌穿 120 天平均線，一度跌近 7.6%，收市跌 139.84 點；恒指當日一度跌 1046.09 點，收市跌 2.61%。港股通當日餘額 107.69 億元、滬股通餘額 143.33 億元，佔每日額度均逾 100%，顯示兩地均錄淨賣盤。此趨勢至 7 月上旬更烈。

滬港通試點限制其後進一步放寬。2016 年 8 月 16 日，中證監與香港證監會發布《中國證券監督管理委員會香港證券及期貨事務監察委員會聯合公告》，宣布批准深港通的同時，取消滬港通總額度。同年 9 月 8 日，中國保監會公布《關於保險資金參與滬港通試點的監管口徑》，明確保險資產管理機構可透過港股通投資。

2017 年，滬港通下滬股通合資格證券範圍包括 791 隻上交所上市滬股通股票，全年總成交額 13,146.22 億元人民幣，日均成交額 55.9 億元人民幣。滬港通下港股通合資格證券 311 隻，全年總成交額 17,244.05 億元（14,886 億元人民幣），日均成交額 74.97 億元。

深港通 滬股通於 2014 年 11 月 17 日開通後，翌年 1 月 5 日，國務院總理李克強在深圳考察時表示，「滬港通後應該有深港通」。2016 年 3 月，李克強發表政府工作報告，提出深化內地金融體制改革，包括「適時啟動深港通」。8 月 16 日，李克強宣布國務院已批准《深港通實施方案》。同日，中證監與香港證監會宣布原則上批准深港通。10 月 11 日，港交所全資附屬公司香港聯合交易所有限公司（聯交所）及香港中央結算有限公司（香港結算）與深交所及中國證券登記結算有限責任公司（中國結算）訂立四方協議。11 月 25 日，中證監和香港證監會決定批准正式啟動深港通。

深港通下的港股通每日額度 105 億元人民幣，股票範圍是在滬港通下的港股通標的基礎上（即恒生綜合大型股指數成份股和恒生綜合中型股指數成份股），新增恒生綜合小型股指數中市值 50 億港元及以上成份股，及同時在香港和深圳交易所上市的 A＋H 股。首批深港通下港股通股票共有 417 隻，約佔香港上市股票市值 87%、日均成交額的 91%。

2016 年 12 月 5 日，深港通正式實施。第一隻深股通交易股份為深康佳 A，首單交易成交股數 100 股，金額 481 元人民幣；全日成交最活躍股份為格力電器，總成交額 3.72 億元人民幣。深股通首日交易股份 464 隻，成交額 26.69 億元人民幣，使用額度 27.11 億元人民幣（21%）。同日滬股通全日成交金額為 68 億元人民幣。

深港通下港股通首宗交易股份為滙豐控股，成交股數 400 股，金額 2.45 萬元，全日成交

最活躍股份為比亞迪股份，總成交額 1.3 億元。深港通下港股通首日交易股份 348 隻，成交額 9.23 億元，使用額度 8.5 億元人民幣（8.1%）。同日滬股通下港股通全日成交金額 44.27 億元。2017 年 6 月底，中國保險監督管理委員會發布《保險資金參與深港通業務試點監管口徑》，明確指出保險機構可投資深港通下的港股通股票，保險資金可以通過證券投資基金投資港股通股票。

2017 年，深港通下深股通合資格證券 1028 隻，全年總成交額 9507.05 億元人民幣，日均成交額 40.46 億元人民幣。深港通下港股通合資格證券 445 隻，總成交額 5353 億元，日均成交額 23.27 億元。

從滬港通開通至 2017 年 10 月 31 日，南向滬深港通下港股通總成交額 33,270 億元，淨流入金額 6375 億元，日均成交額從 2014 年佔港股市場 0.91%，升至 2017 年的 7.17%。北向滬股通及深股通總成交金額 40,550 億元人民幣，淨流入內地股市金額 3263 億元人民幣，日均成交額佔上海股市 1.14%、佔深圳股市 0.66%。

四、基金市場

1. 人民幣合格境外機構投資者（RQFII）

人民幣合格境外機構投資者（Renminbi Qualified Foreign Institutional Investor，下稱 RQFII）為符合一定條件並獲中國證監會批准的中國內地境外法人，其取得國家外匯管理局的投資額度後，可將中國內地境外人民幣匯往內地，投資內地證券市場，包括 A 股、定息工具、證券投資基金及其他中國證監會批准的金融工具。

2011 年 8 月 17 日，國務院副總理李克強公布支持香港發展成為離岸人民幣業務中心的措施，當中包括「允許以人民幣境外合格機構投資者方式（RQFII）投資境內證券市場，起步金額為 200 億元」。12 月 13 日，兩地政府簽署《內地與香港關於建立更緊密經貿關係的安排補充協議八》（即 CEPA 第九階段），訂明「深化內地與香港金融服務及產品開發合作，允許以人民幣境外合格機構投資者方式投資境內證券市場」，RQFII 計劃正式敲定。

2011 年 12 月 16 日，中國證監會、中國人民銀行及國家外匯管理局聯合公布《基金管理公司、證券公司人民幣合格境外機構投資者境內證券投資試點辦法》，允許符合一定資格條件的內地基金管理公司、證券公司的香港子公司為試點機構，運用在港募集的人民幣資金，在經批准的人民幣投資額度內展開境內證券投資業務，試點初期額度約 200 億元人民幣。基金資產設股債比例限制，至少有 80% 須為內地發行的人民幣債務票據，而 A 股或其他獲准的內地投資工具佔基金資產不可超過 20%。基金單位以人民幣認購及贖回。12 月 21 日及 22 日，中證監分別批准首批基金系和證券系 RQFII 資格。30 日，國家外匯管理局批准了 10 家 RQFII 機構的投資額度，共 107 億元人民幣。

2011 年 8 月 17 日，國務院副總理李克強在港出席國家「十二五」規劃與兩地經貿金融合作發展論壇，並發表演講，宣布一系列支持香港發展成為離岸人民幣業務中心的措施，包括支持香港企業以人民幣到內地直接投資、允許以人民幣境外合格機構投資者方式投資內地證券市場（RQFII）、允許內地企業在香港發行人民幣債券等。（南華早報出版有限公司提供）

同日，香港證監會認可首四隻 RQFII 基金，分別為大成國際資產管理、南方東英資產管理、國泰君安資產管理及匯添富資產管理旗下產品，香港散戶投資者首次可直接以人民幣投資內地股票及債券。2012 年 1 月 11 日，海通國際證券集團及匯添富資產管理在港推出首兩隻 RQFII 基金產品，[20] 分別為「海通中國人民幣收益基金」（9 億元額度）和「匯添富人民幣債券基金」（11 億元額度）。

2012 年 1 月 22 日，國家外匯管理局公布，已全部批出 RQFII 200 億元額度。4 月 3 日，RQFII 投資額度增加 500 億元人民幣。除增加額度外，內地同時允許試點機構發行人民幣 A 股 ETF。RQFII A 股 ETF 可運用其獲批投資額度，以中國內地境外人民幣直接投資於 A 股，以追蹤 A 股指數的表現。7 月 17 日，華夏基金（香港）的「華夏滬深 300 指數 ETF」上市，是聯交所首隻 RQFII A 股 ETF，亦是中國內地境外首隻實物 ETF，以及中國內地境外首隻以人民幣交易的 A 股 ETF。[21] 該 ETF 追蹤滬深 300 指數，初時額度為 50 億元人民幣。其後數月，追蹤其他 A 股指數的 ETF 陸續推出，分別是追蹤中證 100 指數的「易方達中證 100A 股指數 ETF」（2012 年 8 月 27 日香港聯交所上市）、追蹤富時中國 A50 指數的「南方富時中國 A50 ETF」（2012 年 8 月 28 日香港聯交所上市）及追蹤 MSCI 中國 A 股指數的「嘉實MSCI 中國 A 股指數 ETF」（2012 年 10 月 12 日香港聯交所上市）。「嘉實 MSCI 中國 A 股指數 ETF」亦是香港首隻雙櫃枱證券，提供人民幣櫃枱和港元櫃台交易和結算。

2013 年 3 月 6 日，中證監公布《人民幣合格境外機構投資者境內證券投資試點辦法》和

《關於實施〈人民幣合格境外機構投資者境內證券投資試點辦法〉的規定》，RQFII 資格擴大至以香港為基地的金融機構和內地金融機構（包括商業銀行、保險公司等）在香港的子公司。[22] RQFII 資產配置的限制亦放寬，取消股債比例限制，允許機構根據市場情況自主決定產品類型，包括：

（一）在證券交易所交易或轉讓的股票、債券和權證；
（二）在銀行間債券市場交易的固定收益產品；
（三）證券投資基金；
（四）股指期貨；
（五）中國證監會允許的其他金融工具。

RQFII 機構亦可以參與新股發行、可轉換債券發行、股票增發和配股的申購。

RQFII 額度於 2012 年年底獲批准新增 2000 億元人民幣以來，2013 年 4 月首度批出，共有 5 家基金公司獲批額度共 63 億元人民幣。建銀國際旗下建銀國際資產管理公司則為首家獲得 RQFII 資格的銀行系公司，並於 5 月獲 8 億元 RQFII 額度。6 月 7 日，恒生銀行宣布旗下全資附屬機構恒生投資管理有限公司獲 RQFII 資格，翌月獲批 10 億元人民幣額度，並於 11 月 26 日推出「恒生 A 股行業龍頭指數 ETF」掛牌上市，成為首間獲 RQFII 資格及發行 RQFII ETF 的本地金融機構，該 ETF 投資於內地 11 個行業的龍頭股。以香港為基地的永豐金資產管理（亞洲）則為首家台資背景 RQFII，其於 2013 年 8 月 11 日獲 RQFII 資格，於 11 月獲 5 億元人民幣額度，並在翌年 2 月在港推出「永豐金 RQFII 中國穩健收益型基金」，是第一隻台資金融機構自行設計並發行的 RQFII 基金。2014 年 3 月 7 日，海通國際滬深 300 指數 ETF 掛牌上市，額度 20 億元人民幣，為香港中資券商首個推出的 RQFII ETF。

香港是 RQFII 首個試點，2013 年 7 月 12 日，中證監宣布將 RQFII 試點從香港擴大到倫敦、新加坡等地，並指將參照香港金融機構參與 RQFII 試點的相關法規實施。而滙豐銀行作為中國境內主要託管行，則於 2014 年 1 月宣布協助註冊於倫敦的安石集團（Ashmore Group）獲得 RQFII 資格，成為首家服務倫敦 RQFII 的託管行。隨着 RQFII 試點擴大至世界各地，滙豐銀行先後成為首家服務法國、韓國、德國、澳洲、瑞士、加拿大、盧森堡、泰國、美國 RQFII 的託管行。截至 2016 年 12 月，滙豐銀行託管的 RQFII 額度佔市場獲批總額度 51.65%。

香港 RQFII 產品不僅在港掛牌，2013 年 11 月 6 日，嘉實基金旗下香港子公司嘉實國際與德意志資產管理合作，以嘉實的 RQFII 額度，發行「db X-trackers 嘉實滬深 300 指數 ETF」，在美國紐約交易所掛牌並以美元為交易貨幣。嘉實負責基金在中國的全部投資運作，德銀則負責在美國募集銷售等。

A 股 ETF 以外，RQFII 產品趨多元化。2014 年 2 月 19 日南方東英推出追蹤中債五年期國

債指數的「中國 5 年期國債 ETF」，讓外國和香港的投資者可通過 ETF 的形式和 RQFII 的額度，直接投資中國在岸國債，被視為「人民幣離岸市場發展的一個新的里程碑」。[23] 2014 年 4 月 28 日，首隻 RQFII 貨幣市場基金海富通（香港）中國人民幣貨幣基金成立，配額為 10 億元人民幣。2014 年 5 月 12 日，添富共享中證主要消費指數 ETF 及添富共享中證醫藥衛生指數 ETF 在聯交所上市，是首兩隻追蹤行業板塊的 RQFII ETF，額度各 3 億元。

2014 年 9 月 26 日，香港累計 2700 億元 RQFII 額度分配用盡。截至 2017 年 6 月，RQFII 總額度共 1.51 萬億元人民幣，香港獲授額度為 2700 億元人民幣，[24] 在 18 個獲 RQFII 額度的國家和地區中排名第一，其次為美國（2500 億元人民幣），第三名為韓國（1200 億元人民幣）。香港 RQFII 額度總計共分配予 79 間機構，累計批准額度 2700 億元人民幣（見表 12-2-4）。[25]

2. 基金互認

內地與香港基金互認安排（基金互認）是中國證監會與香港證監會共同推出的計劃，允許合資格的內地與香港基金透過簡化程序，在對方市場的公眾投資者銷售。透過在香港銷售的「獲認可內地基金」（南向基金），投資者可直接投資於人民幣合格境外機構投資者（RQFII）以外的內地基金；而內地投資者透過購買在內地銷售的「獲認可香港基金」（北向基金），則可投資於海外資本市場。基金互認拓寬內地與香港的跨境投資渠道，為兩地投資者提供更多元化基金投資產品，並為兩地監管機構共同建立基金監管標準奠定基礎，是中國資本市場對外開放的重要內容。

2013 年 8 月 29 日，兩地政府簽署《內地與香港關於建立更緊密經貿關係的安排》（CEPA）補充協議十，內容包括承諾積極研究兩地基金產品互認安排。2015 年 5 月 12 日，中國證監會公布《香港互認基金管理暫行規定》，就香港互認基金（北向基金）的產品註冊、投資運作及信息披露、銷售、代理機構、監督管理等立下規定。5 月 22 日，兩地證監會簽署《關於內地與香港基金互認安排的監管合作備忘錄》，允許合資格的內地與香港基金透過簡化程序在對方市場銷售，初始投資額度為資金進出各 3000 億元人民幣。香港證監會發出通函，訂明內地基金的認可條件、程序等。首階段只有一般股票基金、債券基金、混合基金、非上市指數基金及實物跟蹤指數及交易所買賣基金才合資格參與基金互認安排。

2015 年 7 月 1 日，內地與香港基金互認安排正式啟動。11 月 9 日，中國人民銀行和國家外匯管理局發布《內地與香港證券投資基金跨境發行銷售資金管理操作指引》，訂明僅監控基金互認的總額度，而不對單家機構或單項產品的額度進行審批；基金跨境發行募集資金可以人民幣或外匯形式進出，並鼓勵跨境發行銷售以人民幣計價和跨境收付。12 月 18 日，香港證監會認可首 4 隻在基金互認下可在港向公眾銷售的內地基金，總資產淨值約 204.3 億元人民幣；同時中國證監會批准首批 3 隻基金互認下的香港基金在內地市場向公眾銷售，總資產淨值約 202 億元。截至該年年底，香港證監會認可 13 隻內地基金；中證監共受理 17 隻香港地區互認基金產品的註冊申請，並註冊首批 3 隻香港互認基金。

表 12-2-4　在港人民幣合格境外機構投資者（RQFII）名單及投資額度一覽（截至 2017 年 6 月 29 日）

RQFII 中文名稱	累計批准額度 （億元人民幣）
南方東英資產管理有限公司	461.00
嘉實國際資產管理有限公司	147.40
華夏基金（香港）有限公司	218.00
大成國際資產管理有限公司	37.00
匯添富資產管理（香港）有限公司	31.00
博時基金（國際）有限公司	96.00
海富通資產管理（香港）有限公司	44.00
華安資產管理（香港）有限公司	39.00
易方達資產管理（香港）有限公司	272.00
工銀瑞信資產管理（國際）有限公司	28.00
上投摩根資產管理（香港）有限公司	8.00
廣發國際資產管理有限公司	39.00
國投瑞銀資產管理（香港）有限公司	28.00
富國資產管理（香港）有限公司	38.00
諾安基金（香港）有限公司	10.00
工銀亞洲投資管理有限公司	23.00
申萬宏源（國際）集團有限公司	39.00
安信國際金融控股有限公司	24.00
中國國際金融（香港）有限公司	17.00
國信證券（香港）金融控股有限公司	17.00
光大證券金融控股有限公司	35.00
華泰金融控股（香港）有限公司	29.50
國泰君安金融控股有限公司	69.00
海通國際控股有限公司	107.00
廣發控股（香港）有限公司	27.00
招商證券國際有限公司	27.00
中信証券國際有限公司	14.00
國元証券（香港）有限公司	73.00
中投證券（香港）金融控股有限公司	11.00
長江證券控股（香港）有限公司	2.00
國金證券（香港）有限公司	10.00
建銀國際資產管理有限公司	43.00
泰康資產管理（香港）有限公司	74.00
中國人壽富蘭克林資產管理有限公司	65.00
農銀國際資產管理有限公司	53.00
恒生投資管理有限公司	10.00
信達國際資產管理有限公司	8.00
興證（香港）金融控股有限公司	13.00
太平資產管理（香港）有限公司	13.00
中銀香港資產管理有限公司	8.00

（續上表）

RQFII 中文名稱	累計批准額度 （億元人民幣）
中國平安資產管理（香港）有限公司	10.00
滙豐環球投資管理（香港）有限公司	8.00
豐收投資管理（香港）有限公司	8.00
交銀國際資產管理有限公司	8.00
惠理基金管理香港有限公司	13.00
橫華國際資產管理有限公司	8.00
中國東方國際資產管理有限公司	25.00
東亞銀行有限公司	10.00
東方金融控股（香港）有限公司	5.00
柏瑞投資香港有限公司	8.00
永豐金資產管理（亞洲）有限公司	10.00
未來資產環球投資（香港）有限公司	13.00
中信建投（國際）金融控股有限公司	20.00
中國光大資產管理有限公司	19.00
香港滬光國際投資管理有限公司	8.00
JF 資產管理有限公司	10.00
創興銀行有限公司	13.00
中國銀河國際金融控股有限公司	11.00
瑞銀環球資產管理（香港）有限公司	10.00
景林資產管理香港有限公司	20.00
華寶興業資產管理（香港）有限公司	10.00
潤暉投資管理香港有限公司	13.00
貝萊德資產管理北亞有限公司	20.00
施羅德投資管理（香港）有限公司	10.00
麥格理基金管理（香港）有限公司	15.00
招商資產管理（香港）有限公司	10.00
越秀資產管理有限公司	10.00
赤子之心資本亞洲有限公司	4.50
易亞投資管理有限公司	3.00
交銀施羅德資產管理（香港）有限公司	10.00
道富環球投資管理亞洲有限公司	10.00
新華資產管理（香港）有限公司	10.00
中泰金融國際有限公司	8.00
輝立資本管理（香港）有限公司	1.00
聯博香港有限公司	5.00
嘉理資產管理有限公司	5.00
國泰君安基金管理有限公司	4.00
元富證券（香港）有限公司	1.60
高泰盆景資產管理（香港）有限公司	5.00
	總計 2700.00

資料來源： 國家外匯管理局。

2015 年 12 月 29 日，華夏回報證券投資基金、匯豐晉信大盤股票型證券投資基金及廣發行業領先混合型證券投資基金在港接受公眾認購。2016 年 1 月 4 日，首隻北向互認基金「行健宏揚中國基金」正式開售，該基金為開放式股票型基金，投資中國相關上市股票。2016 年 2 月中，中證監批准第二批北向基金註冊，包括摩根太平洋證券（2 月 15 日批准）、建銀國際—國策主導基金（2 月 17 日批准）及中銀香港全天候中國高息債券基金（2 月 18 日批准）。2017 年 5 月 24 日，中證監批准施羅德亞洲高息股債基金的註冊。6 月 28 日，中證監批准東方滙理香港組合 —— 亞太新動力股息基金的註冊。

截至 2017 年 6 月 30 日，獲中國證監會認可的北向基金共有 8 隻，獲香港證監會認可的南向基金共有 49 隻。北向基金累計內地發行銷售額 142.93 億元人民幣，累計淨銷售額 94.32 億元人民幣；南向基金累計香港發行銷售額 2.71 億元人民幣，累計淨銷售額 1.71 億元人民幣。北向基金中源自內地投資者的資產為 76.66 億元人民幣（數據截至 2017 年 3 月 31 日）、南向基金中源自香港投資者的資產為 1.12 億元人民幣（數據截至 2017 年 3 月 31 日）。

五、外匯市場

1. 人民幣不交收遠期合約（NDF）

人民幣不交收遠期合約（Non-deliverable Forward, NDF）是場外外匯衍生產品，買賣方以合約遠期人民幣匯率和合約到期前的現貨人民幣匯率的差異，以美元作淨額付款。在中國內地境外人士或機構無適當途徑買賣遠期結算人民幣的時候，NDF 能在不涉人民幣交付的情況下，對沖外匯風險。1996 年，香港出現人民幣 NDF 交易，主要參與者為外匯交易者，「反而那些應該有較大對沖需要的（例如在內地設廠的生產商、與內地有貿易往來的商家），對這個市場的興趣或實際參與都甚少」。[26] 2005 年 7 月 21 日起，人民幣不再盯住單一美元，而是實行「以市場供求為基礎、參考一籃子貨幣進行調節、有管理的浮動匯率制度」，人民幣匯率機制更富彈性。9 月 26 日，香港財資市場發展委員會宣布，人民幣匯率機制改革後，「中小企及零售客戶對利用金融產品來對沖人民幣交易風險的需求逐漸增加」，[27] 遂建議推出零售人民幣 NDF，供中小企及零售商戶買賣。零售 NDF 於 11 月 9 日正式開始買賣，其時共 16 間銀行參加，當中 11 間銀行在翌日推出產品，合約期限分 1、2、3、6 或 12 個月，最低金額為 10,000 美元。

2011 年離岸人民幣可交收遠期市場出現前，NDF 是主導離岸人民幣外匯遠期市場的產品。然而，離岸人民幣可交收遠期市場出現後，人民幣 NDF 市場的交易量及流動性均下降。2014 年，人民幣是 NDF 持倉中最常見的不交收貨幣，佔名義總額 57%，至 2017 年在不交收遠期市場的使用量減少 32%。

2. 離岸人民幣（CNH）外匯市場

2010 年 7 月 19 日，中國人民銀行與中銀香港簽署經修訂的清算協議，香港銀行為金融機構開設人民幣帳戶和提供各類服務不再有限制，個人和企業間可透過銀行自由進行人民幣資金支付和轉帳。人民幣在香港成為可交收貨幣，「標誌着香港銀行間人民幣外匯市場的開端」。[28]

修訂清算協議翌日，工銀亞洲、建行亞洲及中信銀行國際完成首筆人民幣美元掉期交易，涉 6000 萬元人民幣。21 日，中信銀行國際與滙豐完成香港首宗人民幣現貨交易，交易匯率較人行公布的人民幣中間價低 100 至 150 點子。

2011 年 6 月 27 日，財資市場公會推出美元兌人民幣（香港）即期匯率定盤價（Spot USD/CNY(HK) Fixing），該價以 15 間報價銀行提供的中間報價計算定出，作為香港離岸人民幣產品定價的參考匯率。首日定價為 6.4753 兌 1 美元（見表 12-2-5 及表 12-2-6）。[29]

香港離岸人民幣市場及後出現交易所交易的標準化外匯衍生產品。2012 年 9 月 17 日，香港交易所推出人民幣貨幣期貨，是全球首隻人民幣交收貨幣期貨合約，每張合約 10 萬美元，到期後以財資市場公會公布的美元兌人民幣（香港）即期匯率定盤價結算，交收實物人民幣。買賣首日總共成交 415 張，共涉 24 家參與者。港交所人民幣貨幣期貨於 2013 年平均每日成交 568 張，2016 年 12 月日均成交量升至 4325 張。2016 年 5 月 30 日，港交所再推出 4 隻以現金結算的人民幣貨幣期貨，分別為以人民幣計價的「歐元兌人民幣」、「日圓兌人民幣」、「澳元兌人民幣」期貨，及以美元計價的「人民幣兌美元」期貨。「人民幣兌美元」期貨合約於同年 12 月平均每日成交 95 張，至年底未平倉合約 1494 張。

2016 年 6 月 23 日，港交所推出與湯森路透聯合開發的「湯森路透／香港交易所人民幣貨幣指數」，計算人民幣兌一籃子貨幣匯率的表現，為期貨、期權及 ETF 等金融工具提供參考

表 12-2-5　美元兌離岸人民幣即期匯率定盤價報價銀行名單

美國銀行香港分行	中國銀行（香港）有限公司	交通銀行股份有限公司，香港分行
法國巴黎銀行，香港分行	花旗銀行，香港分行	中信銀行國際有限公司
星展銀行（香港）有限公司	德意志銀行，香港分行	恒生銀行有限公司
香港上海滙豐銀行有限公司	中國工商銀行（亞洲）有限公司	JP Morgan Chase Bank, N.A. 香港分行
蘇格蘭皇家銀行香港分行	渣打銀行（香港）有限公司	瑞士銀行，香港分行

資料來源： 財資市場公會《推出美元兌人民幣（香港）即期匯率定盤價》。

表 12-2-6　美元兌在岸人民幣與美元兌離岸人民幣滙率走勢

資料來源：　CEIC Database

基準。該指數是首次以人民幣為相關貨幣推出的可交易貨幣指數，基準日期為 2014 年 12 月 31 日，歷史數據追溯至 2010 年 12 月 31 日。2017 年 3 月 20 日，港交所推出美元兌離岸人民幣期權，亦是首隻在港交所買賣的貨幣期權。首日成交量 109 張，至 2017 年 3 月底日均成交量為 122 張。兩個月後，法國巴黎銀行推出美元兌離岸人民幣外滙窩輪，於港交所買賣。

香港人民幣外滙交易日均成交額於 2013 年 4 月為 495 億美元，領先其他人民幣離岸市場如英國及新加坡；至 2016 年 4 月，香港日均成交額升至 771 億美元，是全球最大離岸人民幣外滙市場，較第二位的英國多九成（見表 12-2-7）。

表 12-2-7　人民幣外滙交易平均每日成交額（美元）

	香港	英國	新加坡
2013 年 4 月	495 億	243 億	239 億
2016 年 4 月	771 億	392 億	425 億

資料來源：《立法十三題：離岸人民幣業務》財經事務及庫務局引述國際結算銀行數據，2020 年 1 月 15 日。

第三節 人民幣跨境貿易結算

2004 年 2 月 25 日香港開辦離岸人民幣個人業務，惟跨境交易仍有限制，對內地支付人民幣只限個人小款項，而內地則不能以人民幣對外支付任何形式的款項。

2008 年全球金融危機爆發，企業和個人對人民幣跨境使用的呼聲愈來愈高。內地政府因應市場需求，逐步放寬人民幣跨境使用的限制。同年 12 月，國務院公布了有關貨物貿易進行人民幣結算試點的措施，香港成為首批可以開辦人民幣跨境貿易結算業務的境外地區。2009 年 4 月 8 日，國務院決定以上海市和廣東省廣州、深圳、珠海、東莞為跨境貿易人民幣結算的內地試點。

2009 年 6 月 29 日，香港金管局與人民銀行簽訂了相關的補充合作備忘錄，落實人民幣貿易結算試點的工作。7 月 1 日，人民銀行、財政部、商務部、海關總署、稅務總局、銀監會發布《跨境貿易人民幣結算試點管理辦法》（《管理辦法》），明確了指定企業和銀行可以通過清算行模式或代理行模式參與跨境人民幣貿易結算試點。在清算行模式下，香港的人民幣業務參加行可以委託清算行為企業客戶辦理相關的人民幣資金結算。《管理辦法》容許香港清算行可以從內地的外匯市場和同業拆借市場兌換人民幣和拆借資金，為境外企業和香港的參加行提供了取得人民幣的渠道。在代理行模式下，香港參加行與內地的商業銀行（即代理行）訂立協議，委託其辦理人民幣資金結算。7 月 4 日，中銀香港與人民銀行簽署《關於人民幣業務的清算協議》，獲得跨境貿易人民幣清算行的資格。其後，該行與多家東盟地區銀行簽署清算及結算協議，為東盟地區提供人民幣貿易結算服務。而自人民幣貿易結算開展至 7 月底，香港共有 25 間認可機構與清算行簽訂清算協議，其中 16 間亦已與內地代理銀行訂立協議。

至此，香港銀行人民幣業務的服務對象，由個人擴展至企業層面，為企業提供人民幣存款、匯款、支票、兌換及貿易融資服務。[30] 香港離岸人民幣市場藉跨境貿易結算業務，獲得長期流動性，擴大人民幣在香港流通和存量規模。

2009 年 7 月 6 日，香港與內地間的跨境貿易人民幣結算業務正式展開。中銀香港當日上午與中國銀行上海市分行合作，為上海電氣香港有限公司向內地的上海電氣國際貿易有限公司，以人民幣支付貨款，是香港首筆經清算行渠道完成的人民幣貿易結算業務。同日，滙豐銀行和交通銀行合作，為上海環宇進出口公司辦理人民幣跨境結算交易，並完成首宗人民幣跟單信用證（Documentary Credit, DC）交易；滙豐亦是首家參與人民幣跨境貿易結算的外資銀行。翌日，廣東省絲綢紡織集團透過中國銀行廣東省分行及中銀香港，開出人民幣進口信用證，受益人為香港的廣東—里昂貿易有限公司（GuangDong-Lyon Trading Co. Ltd），是粵港首筆跨境貿易人民幣結算業務。14 日，中銀香港辦理香港首筆人民幣貿易融資業

2009年7月6日上午約9時10分，上海電氣香港有限公司職員（左）辦理香港首筆跨境貿易人民幣結算業務。（中新圖片提供）

務。業務展開首月，兩地人民幣貿易結算交易共66宗，總值4280萬元人民幣，其中46完交易（總值4110萬元人民幣）由內地支付香港；另外20宗交易由香港支付內地，總值170萬元人民幣。業務展開首年，香港的人民幣結算量為19億元人民幣。

2010年2月，金管局對人民幣業務的監管原則和操作安排作出詮釋，釐清人民幣流進香港後，只要不涉及回流內地，銀行和客戶可以自行決定如何運用其人民幣資金，為香港發展各種人民幣業務提供更大空間。隨着「詮釋」公布，以及跨境人民幣貿易結算試點在年內逐步擴大，香港銀行為企業提供的貿易結算配套服務進一步發展。人民幣清算行中銀香港其後於7月與人民銀行修訂《香港銀行人民幣業務的清算協議》，個人和企業間跨銀行支付轉帳人民幣不再受到限制。

2010年6月17日，人民銀行經國務院批准，擴大跨境貿易人民幣結算試點，包括將境外地域由港澳和東盟地區擴至所有國家和地區、增加內地18個省（自治區、直轄市）為內地試點地區，並將廣東試點由四個城市擴至全省，合資格使用人民幣結算的貿易類別，亦擴大至包括服務貿易及其他經常帳交易。跨境人民幣貿易結算地域範圍擴大後，香港人民幣結算量由上半年每月平均大約40億元，增至8月和9月每月大約300億元，至10月再增至680億元。2010年香港的人民幣結算量增加至3692億元人民幣。

2011年7月27日，內地可進行跨境貿易人民幣結算的地區進一步擴大至全國。2012年2月，內地所有具進出口經營資格的企業，都可開展出口貨物貿易人民幣結算，人民銀行等六

表 12-3-1　經香港處理的人民幣貿易結算

	香港匯款往內地 （億元人民幣）	內地匯款往香港 （億元人民幣）	匯款比例	其他 （億元人民幣）	總計 （億元人民幣）
2009 下半年	4.0	14.6	1：3.7	—	18.5
2010	829.1	2393.3	1：2.9	469.9	3692.3
2011	7413.6	8246.2	1：1.1	3489.4	19149.2
2012	10178.2	11442.4	1：1.1	4704.5	26325.0
2013	13629.1	18489.0	1：1.4	6291.4	38409.5
2014	22893.3	28377.5	1：1.2	11311.8	62582.6
2015	30263.3	25351.5	1：0.8	12716.0	68330.8
2016	19168.0	20975.6	1：1.1	5208.5	45352.1
2017	13182.6	16824.5	1：1.3	9131.8	39138.9

資料來源：　香港金融管理局。

部委會對出口貨物貿易人民幣結算企業實行重點監管名單管理。6 月，人民銀行確定重點監管名單，內地跨境貿易人民幣結算業務自此全面鋪開。2012 年後，香港的人民幣貿易結算額逐年上升，2015 年高見 68,331 億元人民幣，2016 年回落至 45,352 億元人民幣。

人民幣跨境貿易結算業務開辦後，內地對港人民幣貿易結算收付比大致呈淨流出（2015 年除外，見表 12-3-1），並成為香港離岸人民幣資金來源的重要渠道。2017 年經香港銀行處理人民幣貿易結算總額為 39,139 億元人民幣。

第四節 人民幣直接投資

一、人民幣外商直接投資（RFDI）

2010 年開始，個別企業開始透過人民幣外商直接投資（Foreign Direct Investment in Renminbi, RFDI）將離岸人民幣資金回流內地，如合和公路基建於 2010 年在香港發行人民幣債券後，便將資金以人民幣 FDI 形式支付在內地的項目。惟其時是以個案試點形式審批，且並無具體的申請辦法。2011 年 6 月 3 日，中國人民銀行發布《關於明確跨境人民幣業務相關問題的通知》，明確指出外商直接投資人民幣結算業務處於個案試點階段，並列出跨境人民幣直接投資項目的審批流程，以規範境外投資者以人民幣到內地直接投資，包括用於新設立企業出資、併購內地企業、股權轉讓及對現有企業增資、提供股東貸款。

2011 年 8 月 17 日，國務院副總理李克強在香港宣布支持香港發展成為離岸人民幣業務中心的措施，當中包括「支持香港企業使用人民幣到境內直接投資」。10 月 14 日，商務部及

人民銀行分別發布《商務部關於跨境人民幣直接投資有關問題的通知》及《外商直接投資人民幣結算業務管理辦法》，界定了人民幣 FDI 的准許範圍及程序。內地境外投資者通過跨境貿易結算，或透過離岸市場發行人民幣債券、股票等方式取得的人民幣，可轉往內地開展直接投資活動，惟不得投資於有價證券和金融衍生品及用於委託貸款，且出資 3 億元人民幣或以上者須報商務部審核。自此，香港離岸人民幣市場在跨境貿易結算以外，增加了資金回流在岸市場的橋樑。政策出台至同年 12 月中，商務部共接獲 74 宗人民幣 FDI 申請，涉資 165.3 億元人民幣，當中七成資金源自香港。翌年 1 月，共 110 個投資項目獲批准，涉 210 億元人民幣，當中 70 個項目來自香港。

2013 年 10 月 10 日，人民銀行對外發布《關於境外投資者投資境內金融機構人民幣結算有關事項的通知》，包括香港在內的境外投資者可以人民幣投資內地金融機構，進一步擴大人民幣跨境使用範圍。2014 年 11 月，人民銀行印發《中國人民銀行關於跨國企業集團開展跨境人民幣資金集中運營業務有關事宜的通知》，跨國企業集團跨境雙向人民幣資金池業務從上海自貿區擴展至全國範圍，跨國企業集團的中國內地境內外成員企業間可劃轉人民幣資金，不需貿易背景。2015 年 9 月，人民銀行降低參與跨境雙向人民幣資金池業務企業的門檻。至 2017 年中，單計廣東省，共有 182 家港資跨國企業集團設立跨境雙向人民幣資金池，累計辦理業務金額 2442.4 億元人民幣。

二、人民幣境外直接投資（RODI）

香港是內地企業對外直接投資的主要平台和跳板，據 2003 年以來統計，內地對外直接投資之中，香港所佔投資流量及存量幾乎全踞首位。[31] 2010 年，中國人民銀行對內地企業和銀行開展人民幣境外直接投資（Outward Direct Investment in Renminbi, RODI）個案試點。2011 年 1 月 13 日，人民銀行公布《境外直接投資人民幣結算試點管理辦法》，內地境外直接投資人民幣結算試點啟動。跨境貿易人民幣結算試點地區內登記註冊的非金融企業，經過相關部門核准後，可以使用人民幣進行直接投資，即通過設立、併購、參股等方式，在內地境外設立或取得企業或項目的所有權、控制權或經營權等。內地銀行的香港分行或代理銀行，可以從內地取得人民幣資金，向進行投資的企業發放人民幣貸款。在岸人民幣自此除透過跨境貿易結算，也可經人民幣境外直接投資結算試點走出境外，增加人民幣在香港離岸市場的流通和沉澱。

742

第五節 人民幣金融基建

一、結算清算

1. 人民幣清算行

2003 年 11 月 18 日，行政長官董建華宣布，經國務院批准，中國人民銀行同意為香港試行辦理個人人民幣業務（存款、兌換、匯款及人民幣卡）提供清算安排；人民銀行會在香港金管局協助下，委任一家香港銀行為香港人民幣業務的清算行，為開辦人民幣業務的香港銀行辦理清算業務。自願接受人民銀行清算條件的香港銀行，與清算行簽訂協議後，便可以使用內地提供的清算安排，開展人民幣銀行業務。11 月 26 日，7 家銀行表示有興趣申請成為清算行，並有 6 家銀行於翌月提交申請建議書。12 月 24 日，「中國銀行（香港）」（中銀香港）獲人民銀行委任為香港人民幣清算行，任期 3 年。2004 年 2 月 25 日，中銀香港正式在港推出人民幣清算服務，為 40 間開辦人民幣業務的銀行提供存款、兌換和匯款清算，並於 4 月起提供人民幣銀行卡清算服務。

據清算安排，人民銀行深圳市中心支行為清算行中銀香港設立清算帳戶，辦理人民幣結算。香港銀行吸收人民幣存款後，轉存於中銀香港；中銀香港吸收本身和其他銀行存入人民幣存款後，全數存入人民銀行深圳市中心支行。[32] 人民銀行深圳市中心支行向中銀香港支付存款利息，中銀香港付息予銀行，銀行則付息予存戶。兌換方面，清算行為香港銀行辦理人民幣與港元兌換業務平盤後，進入中國外匯交易中心進行人民幣買賣，匯率通過內地公布的人民幣對美元基準匯率和香港市場港元對美元的市場匯率套算。清算行亦通過人行深圳市中心支行的清算帳戶，辦理香港銀行對內地的轉匯款和未提用部分的匯回服務。人民幣銀行卡（即信用卡及扣帳卡）清算由中銀香港作為清算行和中國銀聯辦理。2007 年 1 月，中銀香港獲授權繼續擔任香港人民幣業務清算行。

2009 年 7 月，人民銀行等公布《跨境貿易結算試點管理辦法》，允許指定企業以人民幣進行跨境貿易結算，香港人民幣清算行可提供跨境貿易人民幣結算和清算服務（清算行模式）。清算行須直接加入中國現代化支付系統（CNAPS）下的內地大額實時支付系統（HVPS），以此與內地銀行直接往來資金。清算行亦可從內地銀行間外匯市場、銀行間同業拆借市場兌換人民幣和拆借資金。在清算行模式下，參與跨境貿易結算的香港銀行，須在清算行開立人民幣帳戶。清算行模式外，具備國際結算業務能力的內地商業銀行，亦可與境外銀行簽訂人民幣代理結算協議，為其開立人民幣同業往來帳戶，代理境外商業銀行進行人民幣資金跨境結算和清算（代理行模式）。7 月，中銀香港與人民銀行簽署修訂後的《清算協議》，正式獲得跨境貿易人民幣清算行的資格。跨境貿易結算試點開辦首月，香港共 25 間銀行與清算行簽訂清算協議，其中 16 間亦與內地代理銀行訂立協議。11 月，中銀香

2005 年 12 月 5 日，香港銀行推出擴大人民幣服務，包括人民幣支票戶口等。圖為中銀香港為擴大服務舉行儀式，圖中為中銀香港副總裁林炎南，右為該行副總經理林廣明。（中新圖片提供）

港與多家東盟地區銀行簽署清算及結算協議，為東盟地區提供人民幣貿易結算服務。[33]

2010 年 7 月 19 日，人民銀行與清算行簽署經修訂的《清算協議》。根據該修訂協議，所有公司均可開設人民幣帳戶，個人帳戶與企業帳戶之間跨銀行轉撥人民幣資金亦再沒有限制。金管局亦在同日向銀行發出通告，促請業界留意《清算協議》的主要修訂，以及列載對參加行的監管指引，當中就各項人民幣業務環節，包括存款、兌換、匯款、貸款和人民幣債券等，提供常見答問。隨着《清算協議》修訂，銀行業界迅速把握當中商機，進一步拓展離岸人民幣業務和推出更多產品。

2011 年 2 月，中銀香港推出人民幣回購服務（RMB Repo Facilities），提升銀行的人民幣流動性。4 月，推出人民幣託管帳戶方案，允許香港銀行將存放在清算行的多餘人民幣資金，改存人民銀行深圳支行，減低「交易對手風險」。7 月，金管局允許香港銀行把同一銀行集團的香港境外銀行人民幣貿易持倉，及其自身的人民幣貿易持倉合併後，與人民幣清算行淨額平倉。11 月 4 日，人民銀行授權中銀香港繼續擔任香港人民幣業務清算行。

2014 年 10 月，中銀香港延長人民幣清算服務時間，由早上 8 時 30 分至翌日凌晨 5 時，每日運作 20.5 小時，為全球首個覆蓋歐洲、美洲及亞洲時區的人民幣清算服務系統。

2015 年 9 月，中銀香港推出香港人民幣即時支付結算系統延伸清算服務，方便通過 RTGS 參加行間接加入清算平台的境外中小銀行，使用 RTGS 實時清算服務。10 月 8 日，人民銀行推出的人民幣跨境支付系統（Cross-border Interbank Payment System, CIPS）一期成功上線運行，採用實時全額結算方式，為跨境貿易、跨境投融資等跨境人民幣業務提供清算結算服務。2016 年 7 月 11 日，中銀香港以首家境外銀行「直接參與者」身份，成功透過 CIPS 辦理首筆跨境人民幣匯款業務。2017 年 6 月 29 日，中銀香港獲委任繼續擔任香港人民幣業務清算行。至 2017 年，中銀香港清算行的參加行超過 200 間，覆蓋六大洲接近 40 個國家及地區；另有超過 2000 多家海外機構通過參加行，間接以香港清算平台進行人民幣清算。

2. 人民幣 RTGS 系統

2005 年 7 月，金管局完成有關香港金融基建發展的全面檢討，提出三個主要發展方向，包括與內地有關的金融基建方面，目標將香港發展為重要渠道，讓內地及世界其他地區可以藉以進行金融中介活動。11 月，人民銀行宣布，經國務院批准，香港人民幣業務範圍擴大，包括提供個人旅遊消費等服務的商戶可開立人民幣存款戶口，以及香港居民可開立人民幣支票帳戶。為配合人民幣支票業務，以及使擴大後的人民幣業務運作自動化，金管局、香港銀行同業結算公司及中銀香港發展人民幣交收系統（Renminbi Settlement System, RSS）。按照清算協議，參加行無論是否開展人民幣支票業務，均須成為交收系統的直接參與者。

2006 年 3 月 6 日，中銀香港推出個人人民幣支票清算服務，人民幣交收系統同日投入運作，為全球首個中國內地境外人民幣交收系統。系統主要功能包括清算及交收由香港銀行付款、用作支付在廣東省的消費性支出的人民幣支票；自動化處理匯款、人民幣銀行卡支付及人民幣平倉，以及為系統參與機構提供即時查詢服務。香港銀行同業結算有限公司為交收系統營運者，聯同廣州銀行電子結算中心及深圳金融電子結算中心有限公司，為銀行提供人民幣跨境支票聯合結算，即香港銀行作為付款人，向廣東省轄內（包括深圳）的銀行出示作結算的人民幣支票。系統推出初期共 42 間銀行及信用卡公司參與，首 10 個月平均每日成交量為 3300 萬元人民幣。[34]

2007 年 1 月，人民銀行宣布合資格內地金融機構可在香港發行人民幣債券；為配合人民幣債券交易的清算結算，香港的人民幣交收系統於同年 6 月 18 日提升為人民幣 RTGS 系統（Renminbi Real Time Gross Settlement System，又稱人民幣結算所自動轉帳系統），以即時支付結算方式處理銀行同業人民幣支付項目，亦處理人民幣批量結算及交收支付項目。人民幣 RTGS 系統於首年平均每日處理總值 2.11 億元人民幣。

2012 年 6 月 25 日起，香港人民幣 RTGS 系統的服務時間由 10 小時延長至 15 小時（早上

8 時 30 分至晚上 11 時 30 分），美國及歐洲的銀行可在其辦公時間內，通過香港結算系統實時辦理人民幣交易。2013 年 1 月 21 日，香港人民幣 RTGS 系統與深圳金融結算系統互通，跨境人民幣清算服務截止時間由下午 4 時 30 分延至晚上 10 時 30 分，海外匯款可由此途徑，於同日經香港抵達深圳收款銀行，再經其行內網絡實時傳送至內地各省市分行帳戶，反之亦然。

2013 年 5 月，香港人民幣 RTGS 系統處理的人民幣成交量為 79,021.17 億元人民幣（折合 100,001.3 億元），首次超越港元的成交量（99,555.9 億元）。2015 年 7 月 20 日，香港人民幣 RTGS 系統清算服務時間再延長：周一至五早上 8 時 30 分至翌日凌晨 5 時；特定周末早上 8 時 30 分至下午 6 時 30 分，以提升向海外地區提供的人民幣清算服務。2017 年，人民幣 RTGS 系統每日平均交易 9036 億元人民幣。單計 2017 年 6 月，人民幣 RTGS 系統人民幣成交量 380,970 筆交易，成交金額為 208,545.1 億元人民幣（239,180.4 億元），同期港元成交金額為 158,122.15 億元。2017 年年底，香港人民幣支付佔全球份額 75.68%，為全球最大人民幣清算中心（見表 12-5-1、12-5-2 及 12-5-3）。

3. 債務工具中央結算系統（CMU）

2004 年 4 月，金管局與內地中央國債登記結算公司簽訂協議，金管局的債務工具中央結算系統（Central Moneymarkets Unit, CMU）與中央國債登記結算公司的政府債券簿記系統建立直接聯網，使內地經批准買賣海外債券的內地銀行、信託公司等金融機構，可以在 CMU 開設帳戶，結算交收及持有香港及海外債券。

2006 年 3 月，CMU 系統與人民幣 RTGS 系統聯網，為債券提供即時貨銀兩訖（Delivery versus Payment, DvP）結算服務。2010 年 9 月，香港交易所與香港銀行同業結算有限公司推出以人民幣結算的中央結算系統項目服務。11 月，金管局與財政部簽訂備忘錄，使用 CMU 債券投標平台為人民幣國債招標，以提高市場透明度及改善價格形成機制。同月，財政部以 CMU 平台發行 50 億元面向機構投資者的人民幣國債，為 CMU 首次以人民幣計價進行的債券招標工作，投標結果最高接納息率（票面息率）分別為 1 厘（三年期）、1.8 厘（五年期）及 2.48 厘（十年期）。此後財政部每年均以此方式在港發行國債。2011 年 12 月，國家開發銀行以 CMU 債券投標平台發行人民幣債券，是繼財政部後首家利用 CMU 發行點心債的內地金融機構。2012 年 6 月 28 日，財政部透過金管局的 CMU 系統央行配售統籌窗口，向國外中央銀行及貨幣管理當局發行 20 億元人民幣國債。

2015 年，為配合是年推出的內地與香港基金互認安排，金管局與中國證券登記結算有限責任公司、深圳證券交易所通過平台對接方式，為基金互認提供基礎設施服務，包括傳遞基

金互認下的認購及贖回指示、現金交收指示等。2017 年初債券通宣布將試行後，CMU 與上海清算所建立基礎設施連接，以支持債券通業務發展，境外投資者直接通過具 CMU 成員資格的香港託管行，開立 CMU 子帳戶；資金支付則通過人民幣跨境支付系統（CIPS）辦理。

2011 年 1 月，由 CMU 託管和結算的未償還人民幣債務工具總額為 673.03 億元人民幣，佔 CMU 總額比例 23.35%，平均每日成交量 3.71 億元人民幣。2014 年 5 月，人民幣債務工具總額 4431.67 億元人民幣，佔 CMU 總額比例 54.37%，為 2011 年至 2017 年期間最高佔比，平均每日成交量 40.55 億元人民幣。2017 年 6 月人民幣債務工具總額為 2126.67 億元人民幣，佔 CMU 總額比例 27.65%，平均每日成交量 11.11 億元人民幣。

2010 年 11 月 22 日，財政部金融司司長孫曉霞（右）與金管局副總裁余偉文（左）在港簽訂《關於使用債務工具中央結算系統發行人民幣國債的合作備忘錄》，進一步拓寬人民幣國債發行渠道。同月，財政部以債務工具中央結算系統（CMU）債券投標平台發行 50 億元人民幣國債。（香港特別行政區政府提供）

表 12-5-1 香港人民幣交收系統 / 人民幣即時支付結算系統每日平均交易額

（單位：元人民幣）

2006 年	3800 萬
2007 年	2.11 億
2008 年	6.10 億
2009 年	3.88 億
2010 年	50 億
2011 年	1140 億
2012 年	2140 億
2013 年	3950 億
2014 年	7330 億
2015 年	9470 億
2016 年	8636 億
2017 年	9036 億

資料來源： 金管局年報、立法會《香港在離岸人民幣業務方面的競爭力》、2015 經濟概況、金管局《貨幣與金融穩定情況半年度報告》。

表 12-5-2 人民幣支付香港佔全球份額

2010 年 12 月	81%
2011 年 12 月	78%
2012 年 12 月	79%
2013 年 6 月	78%
2014 年 12 月	69%
2015 年 9 月	69.8%
2016 年 12 月	74.08%
2017 年 12 月	75.68%

資料來源： SWIFT、立法會《香港在離岸人民幣業務方面的競爭力》。

表 12-5-3 人民幣結算會員一覽（截至 2017 年 6 月 26 日）

1. 人民幣結算本地會員名單	
渣打銀行（香港）有限公司	Coutts & Co. Ltd.
香港上海滙豐銀行有限公司	彰化商業銀行股份有限公司
東方匯理銀行	法國外貿銀行
花旗銀行	中國工商銀行股份有限公司
摩根大通銀行	美國道富銀行
中國建設銀行（亞洲）股份有限公司	中國建設銀行股份有限公司
中國銀行（香港）有限公司	中國農業銀行股份有限公司
東亞銀行有限公司	伊予銀行
星展銀行（香港）有限公司	Erste Group Bank AG
中信銀行國際有限公司	中國信託商業銀行股份有限公司
永隆銀行有限公司	臺灣中小企業銀行
華僑銀行	Credit Suisse AG

（續上表）

恒生銀行有限公司	意大利西雅那銀行香港分行
上海商業銀行有限公司	國泰世華商業銀行股份有限公司
交通銀行股份有限公司	瑞士盈豐銀行股份有限公司
大眾銀行（香港）有限公司	招商銀行股份有限公司
華僑永亨銀行有限公司	台北富邦商業銀行股份有限公司
集友銀行有限公司	永豐商業銀行股份有限公司
大新銀行有限公司	兆豐國際商業銀行
創興銀行有限公司	玉山商業銀行股份有限公司
南洋商業銀行有限公司	台新國際商業銀行股份有限公司
KEB Hana Bank	豐隆銀行有限公司
三菱東京 UFJ 銀行	花旗銀行（香港）有限公司
盤谷銀行	ICICI Bank Limited
印度海外銀行	中銀信用卡（國際）有限公司
德意志銀行	華美銀行
美國銀行	遠東國際商業銀行股份有限公司
法國巴黎銀行	國泰銀行
印度銀行	台灣土地銀行股份有限公司
巴基斯坦國民銀行	合作金庫銀行
大生銀行有限公司	西班牙桑坦德銀行有限公司
馬來亞銀行	上海商業儲蓄銀行股份有限公司
三井住友銀行	Industrial Bank of Korea
印尼國家銀行	新加坡銀行有限公司
金融銀行有限公司	Shinhan Bank
大華銀行有限公司	王道商業銀行股份有限公司
中國工商銀行（亞洲）有限公司	BNP Paribas Securities Services
Barclays Bank Plc.	國家開發銀行
加拿大豐業銀行	National Bank of Abu Dhabi
加拿大皇家銀行	Bank J. Safra Sarasin Ltd
法國興業銀行	ABN AMRO Bank N.V.
印度國家銀行	Skandinaviska Enskilda Banken AB
滿地可銀行	KDB Asia Limited
加拿大帝國商業銀行	Bank Julius Baer & Co. Ltd.
德國商業銀行	中銀國際有限公司
瑞士銀行	Habib Bank Zurich (Hong Kong) Limited
瑞穗銀行	臺灣新光商業銀行股份有限公司
德國中央合作銀行	中國銀行香港分行
友利銀行	CA Indosuez (Switzerland) SA
富邦銀行（香港）有限公司	LGT Bank AG
三菱 UFJ 信託銀行	Macquarie Bank Limited
紐約梅隆銀行有限公司	上海浦東發展銀行股份有限公司
ING Bank N.V.	Edmond de Rothschild (Suisse) S.A.
西班牙對外銀行	瑞意銀行
澳洲銀行	中國民生銀行股份有限公司
西太平洋銀行	Pictet & Cie (Europe) S.A.

（續上表）

澳洲紐西蘭銀行集團	換銀韓亞環球財務有限公司
澳洲聯邦銀行	中國光大銀行股份有限公司
Intesa Sanpaolo S.p.A.	三井住友信託銀行
裕信銀行	上海銀行（香港）有限公司
瑞典商業銀行	CIMB Bank Berhad
千葉銀行	J.P. Morgan Securities (Asia Pacific) Limited *
比利時聯合銀行	興業銀行股份有限公司
荷蘭合作銀行	大眾商業銀行股份有限公司
星展銀行香港分行	Mashreq Bank - Public Shareholding Company
靜岡銀行	開泰銀行（大眾）有限公司
八十二銀行	Kookmin Bank
華南商業銀行股份有限公司	PT. Bank Mandiri (Persero) Tbk, Hong Kong Branch
滋賀銀行	匯商銀行
臺灣銀行股份有限公司	香港金融管理局 ─ 附屬戶口
The Chugoku Bank Limited	香港金融管理局
第一商業銀行股份有限公司	
人民幣本地會員總數：143	

2. 人民幣結算海外會員名單	
銀行名稱	**國家／城市**
中國銀行馬尼拉分行	菲律賓
中國銀行東京分行	日本
PT Bank Central Asia Tbk, Indonesia	印尼
馬來西亞中國銀行	馬來西亞
中國銀行俄羅斯	俄羅斯
中國銀行雅加達分行	印尼
中國銀行股份有限公司首爾分行	韓國
中國銀行股份有限公司，新加坡分行	新加坡
中國銀行法蘭克福分行	德國
中國銀行股份有限公司悉尼分行	澳大利亞
中國銀行（泰國）股份有限公司	泰國
匈牙利中國銀行	匈牙利
中國銀行米蘭分行	意大利
中國銀行倫敦分行	英國
Vietnam Joint Stock Commercial Bank for Industry and Trade	越南
Metropolitan Bank & Trust Company	菲律賓
Saigon Thuong Tin Commercial Joint Stock Bank	越南
Wells Fargo Bank, N.A., London Branch	英國
中國銀行約翰內斯堡分行	南非
中國銀行盧森堡有限公司	盧森堡
中國銀行盧森堡分行	盧森堡
中國銀行開曼分行	開曼群島
中國銀行巴黎分行	法國
中國銀行紐約分行	美國
哈薩克中國銀行	哈薩克

（續上表）

贊比亞中國銀行	贊比亞
加拿大中國銀行	加拿大
中國銀行巴拿馬分行	巴拿馬
Turk Ekonomi Bankasi A.S.	土耳其
中國銀行（英國）有限公司	英國
中國銀行（澳大利亞）有限公司	澳大利亞
Joint Stock Company Commercial Bank 'Lanta-Bank'	俄羅斯
Cooperatieve Rabobank U.A., Singapore	新加坡
Cooperatieve Rabobank U.A., Utrecht	荷蘭
Gránit Bank Zrt	匈牙利
中國銀行（巴西）有限公司	巴西
中國銀行股份有限公司金邊分行	柬埔寨
加拿大豐業銀行	新加坡
Industrial and Commercial Bank of China (Malaysia) Berhad	馬來西亞
National Bank of Canada	加拿大
中國農業銀行新加坡分行	新加坡
CIMB Thai Bank Public Company Limited	泰國
HSBC Bank Plc	英國
中國銀行胡志明市分行	越南
交通銀行首爾分行	韓國
Cambodia Mekong Bank Public Limited	柬埔寨
Mashreqbank psc	阿拉伯聯合酋長國
永豐銀行洛杉磯分行	美國
Banco do Brasil S.A., Tokyo Branch	日本
建設銀行首爾分行	韓國
Finabank N.V.	蘇利南
Canadian Imperial Bank of Commerce, Canada	加拿大
Orient Express Bank	俄羅斯
Bank of China (Dubai) Branch	阿拉伯聯合酋長國
中國銀行股份有限公司澳門分行	澳門地區
永豐商業銀行台灣	台灣地區
中國銀行台北分行	台灣地區
KEB Hana Bank, Seoul	韓國
中國工商銀行（莫斯科）股份公司	俄羅斯
Woori Bank, Korea	韓國
Standard Chartered Bank, Tokyo	日本
招商銀行新加坡分行	新加坡
中國銀行阿布達比分行	阿拉伯聯合酋長國
中國銀行（新西蘭）有限公司	新西蘭
中國銀行匈牙利分行	匈牙利
中國銀行股份有限公司萬象分行	老撾
中國銀行多倫多分行	加拿大
人民幣海外會員總數：67	

資料來源： 香港銀行同業結算有限公司

二、流動性措施

1. 貨幣互換協議

2008 年 12 月 19 日，中央政府宣布 14 項措施，支持香港應對國際金融危機，包括同意人民銀行與金管局簽訂貨幣互換協議，有需要時為香港提供資金支持。2009 年 1 月 20 日，人民銀行與金管局簽署 2000 億元人民幣／2270 億港元貨幣互換協議，有效期 3 年，以促進地區金融穩定，並推動兩地人民幣貿易結算業務發展。2009 年 7 月，香港與內地間跨境貿易人民幣結算業務正式展開，翌年試點擴大。2010 年 10 月 28 日，香港人民幣清算行中銀香港就貿易結算交易所指定的 80 億元人民幣兌換年度配額用盡，無法再在內地兌換人民幣，金管局首次啟動貨幣互換協議，動用逾 100 億元人民幣，以減低因額度用罄而引起的市場流動性緊張。金管局翌年 1 月實施優化措施，包括利用貨幣互換安排，提供 200 億元人民幣常設資金池，為跨境貿易結算和支付提供人民幣資金。[35]

2011 年 11 月 22 日，金管局與人民銀行續簽貨幣互換協議，互換規模擴大至 4000 億元人民幣／4900 億港元。2012 年 6 月 15 日，金管局宣布運用貨幣互換協議，向銀行提供人民幣流動資金安排，資金期限一周。7 月 26 日，再增加翌日交收的一日期限人民幣資金安排，資金來源同樣為金管局與人民銀行間的貨幣互換協議。

2011 年 11 月 22 日，中國人民銀行行長周小川（左）與金管局總裁陳德霖（右）續簽為期 3 年的貨幣互換協議，互換規模擴大至 4000 億元人民幣／4900 億港元。（香港特別行政區政府提供）

表 12-5-4　香港與內地雙邊貨幣互換協議下的未償還總額

（單位：元人民幣）

2010 年 12 月 31 日	200 億
2011 年 12 月 31 日	200 億
2012 年 12 月 31 日	無
2013 年 12 月 31 日	400 億
2014 年 12 月 31 日	511 億
2015 年 12 月 31 日	556 億
2016 年 12 月 31 日	560 億
2017 年 12 月 31 日	568 億

資料來源：　香港金融管理局年報。

2014 年 11 月 27 日，貨幣互換協議續簽 3 年，規模為 4000 億元人民幣／5050 億港元。2017 年年底，香港與內地貨幣互換協議下未償還總額為 568 億元人民幣（見表 12-5-4）。

2. 短期流動性補充機制

金管局人民幣流動資金安排　2012 年 6 月 15 日，金管局宣布為銀行提供人民幣流動資金安排，以助銀行處理資本市場活動等引起的短期流動資金緊縮情況。[36] 金管局接納外匯基金票據和債券、香港特區政府債券及國家財政部在港發行的人民幣債券為抵押品，向銀行提供 T+2 交收的人民幣資金，期限一周。2013 年 1 月 16 日改為翌日交收。7 月 26 日，新增翌日交收的一日期限人民幣資金；另金管局使用自身離岸人民幣資金，提供即日交收的隔夜人民幣資金，總額不超過 100 億元人民幣。

2014 年 11 月 10 日滬港通開展前夕，[37] 金管局擴大回購債券名單至內地政策銀行在港發行的人民幣債券，[38] 並增設 100 億元人民幣日間流動資金。12 月 8 日，隔夜流動資金安排申請時間由下午 3 時延長至下午 6 時，並可經 CMU（債務工具中央結算系統）進行貨銀兩訖交收（DvP）。2015 年 7 月 20 日，香港人民幣 RTGS 系統清算服務時間延長，金管局日間回購協議運作時間跟隨配合，由原來早上 8 時 30 分至晚上 11 時 30 分，改為早上 8 時 30 分至翌日上午 5 時。11 月 23 日，日間及隔夜回購協議由三方回購安排（金管局、人民幣清算行及參加銀行）改為雙邊安排（金管局及參加銀行），金管局不再經人民幣清算行收取利息。2016 年 3 月，香港離岸人民幣同業隔夜拆息出現負利率，[39] 同月金管局為人民幣日間及隔夜回購協議的回購利率設定下限，日間回購協議下限為 0%，隔夜下限為 0.5%。6 月 2 日，合資格抵押品名單擴大至財政部於倫敦發行的人民幣債券。

2016 年 11 月 1 日起，金管局公布周一至五早上 9 時、11 時、下午 2 及 4 時四個時間點有關日間和隔夜人民幣流動資金安排的使用情況，以提高人民幣市場流動性的透明度，減少資金錯配。2016 年 11 月 1 日至 2017 年 6 月 30 日期間，日間回購協議有 4 天內的時間點曾調用 100% 額度，分別為 2016 年 12 月 5 日、2017 年 1 月 5 日、5 月 31 日及 6

月 1 日；隔夜回購協議共兩天內的時間點曾調用 100% 額度，分別為 2017 年 5 月 31 日及 6 月 1 日。

一級流動性提供行 2014 年 10 月 27 日，金管局推出一級流動性提供行安排（Primary Liquidity Providers, PLPs），從 16 間參與人民幣香港銀行同業拆息定價報價銀行中，指定 7 間銀行為香港離岸人民幣市場的一級流動性提供行，為期兩年。一級流動性提供行承諾在香港擴大離岸人民幣市場的莊家活動，以及利用香港平台推廣全球離岸人民幣業務；金管局則為各家提供行提供 20 億元人民幣回購協議安排，總額度 140 億元人民幣。

2016 年 10 月 27 日，金管局擴大一級流動性提供行計劃，指定 9 間銀行為一級流動性提供行。9 間提供行除上一任 7 間銀行外，新增中國農業銀行及交通銀行，金管局為提供行安排的回購協議總額度由原來 140 億元人民幣增至 180 億元人民幣（見表 12-5-5）。

2016 年 11 月 1 日起，金管局公布周一至五早上 9 時、11 時、下午 2 及 4 時四個時間點有關一級流動性提供行安排的使用情況，以提高人民幣市場流動性的透明度，減少資金錯配。2016 年 11 月 1 日至 2017 年 6 月 30 日期間，未嘗調盡額度；共有 3 天內的時間點曾調用 90% 以上額度，分別為 2017 年 1 月 6 日（94%）、5 月 31 日（96%）及 6 月 1 日（99%）（見表 12-5-5）。

人民幣清算行流動性措施 香港清算行辦理香港銀行間拆借人民幣業務，自 2009 年 7 月跨境貿易人民幣結算業務開始，惟銀行人民幣資金用途不多，加上參加行不缺人民幣流動性，故「只有零星的拆借交易發生」。[40] 2011 年 2 月 21 日，香港人民幣清算行中銀香港推出人民幣回購服務。清算行接受抵押品包括外匯基金票據及債券、香港特區政府債券、財政部在港發行人民幣債券，以向銀行提供人民幣資金，日間回購免息，隔夜回購則收取利息，協助銀行加強在人民幣結算系統的日間流動資金管理。2015 年 7 月 20 日，人民幣 RTGS 系統延長運作時間，清算行的人民幣日間回購融資服務時間亦一併由早上 8 時 30 分至晚上 11 時 30 分，延長至早上 8 時 30 分至翌日上午 5 時。

表 12-5-5 2016 年金管局指定 9 間一級流動性提供行

中國農業銀行股份有限公司	交通銀行股份有限公司
中國銀行（香港）有限公司	法國巴黎銀行
中國建設銀行（亞洲）股份有限公司	花旗銀行
香港上海滙豐銀行有限公司	中國工商銀行（亞洲）有限公司
渣打銀行（香港）有限公司	

資料來源： 金融管理局。

內地銀行同業拆借及在岸市場債券回購 2009 年 7 月《跨境貿易人民幣結算試點管理辦法》及《跨境貿易人民幣結算試點管理辦法實施細則》公布，跨境貿易結算可經清算行模式或代理行模式進行。在代理行模式下，香港銀行如於內地代理銀行往來帳戶有頭寸臨時需要，可獲內地代理銀行提供人民幣帳戶融資，總餘額不得超過其人民幣存款上年末餘額 1%，融資期限不得超過一個月。2013 年 7 月 10 日，人民銀行發布《中國人民銀行關於簡化跨境人民幣業務流程和完善有關政策的通知》，人民幣帳戶融資期限延長至一年，帳戶融資比例上限增至 3%。2015 年 6 月 4 日，人民銀行允許離岸機構在境內回購市場融資。境外人民幣清算行及參加行（包括在香港開展跨境人民幣結算業務的銀行）可在境內銀行間市場開展債券回購交易，回購資金可調出內地境外使用。6 月 18 日，中銀香港與國家開發銀行達成 50 億元人民幣隔夜回購，為全球首宗境外參加行回購交易。同年「八一一匯改」後，內地商業銀行對境外參加行的帳戶融資規模受嚴格控制，以穩定離岸人民幣市場。

三、市場基準

1. 離岸人民幣銀行同業拆息

2004 年香港開辦人民幣個人業務時，香港銀行的人民幣存款不可用於同業拆借。2009 年 7 月香港與內地間跨境貿易人民幣結算業務開展，香港人民幣業務清算行中銀香港開始可為香港銀行辦理人民幣拆借。2010 年 7 月 19 日，人民銀行與中銀香港修訂人民幣清算協議，開拓香港人民幣服務空間，企業可開立人民幣帳戶，亦允許非跨境貿易產生的頭寸於銀行間互相平盤。香港銀行不限於與清算行拆借，人民幣拆借量隨之增長。[41] 2012 年 1 月 3 日起，滙豐銀行、中銀香港及渣打銀行發布離岸人民幣銀行同業拆息，其他銀行隨後亦逐步提供其人民幣香港銀行同業拆息。

2013 年 6 月 24 日，財資市場公會推出人民幣香港銀行同業拆息定價（CNH HIBOR Fixing），定價以 15 至 18 間銀行報價計算定出，[42] 周一至五營業日上午 11 時 15 分在公會網頁公布，涵蓋隔夜、1 星期、2 星期、1 個月、2 個月、3 個月、6 個月、12 個月，為全球人民幣離岸市場首個銀行同業拆息定價機制，為人民幣貸款產品提供參考基準。

拆息定價推出前兩個月，滙豐與中信銀行（國際）已先行推出以人民幣香港銀行同業拆息定價的 1 億元利率掉期合約，定息 2.64 厘，浮息為 3 個月 CNH 拆息。一個月後，渣打以 3 個月人民幣香港銀行同業拆息為定價基準，完成首宗為香港企業以人民幣香港銀行同業拆息定價進行的利率掉期合約。中銀香港亦於同期為中國銀行香港分行發行首宗以人民幣香港銀行同業拆息定價的存款證，該為期一年的存款證以 3 個月拆息定價。11 月，德國 L-BANK 發行了全球首批與人民幣香港銀行同業拆息掛鈎的人民幣幣債券；國家開發銀行於同月發行 19 億元 2 年期人民幣債券，息率為 3 個月人民幣香港銀行同業拆息加 20 個基點（見表 12-5-6）。

12-5-6 人民幣香港銀行同業拆息定價（2013 年 6 月至 2017 年 7 月）

	隔夜	一星期	兩星期	一個月	兩個月	三個月	六個月	十二個月
2013 年 6 月	4.925	4.788	4.490	4.010	3.755	3.580	3.353	3.230
2013 年 7 月	1.824	2.135	2.405	2.638	2.775	2.888	3.072	3.190
2013 年 8 月	1.223	1.965	2.208	2.484	2.636	2.770	3.019	3.175
2013 年 9 月	1.004	1.278	1.540	2.240	2.428	2.620	2.930	3.110
2013 年 10 月	0.965	1.240	1.465	2.024	2.225	2.459	2.775	2.947
2013 年 11 月	1.004	1.254	1.505	2.022	2.225	2.435	2.743	2.887
2013 年 12 月	0.801	1.152	1.448	1.985	2.181	2.387	2.695	2.849
2014 年 1 月	1.339	1.905	1.999	2.100	2.261	2.419	2.729	2.948
2014 年 2 月	1.488	1.799	1.907	2.047	2.200	2.356	2.726	2.942
2014 年 3 月	0.797	1.374	1.642	1.975	2.108	2.303	2.688	2.925
2014 年 4 月	1.258	1.563	1.750	1.981	2.109	2.318	2.697	2.928
2014 年 5 月	1.270	2.461	2.470	2.484	2.551	2.555	2.721	2.943
2014 年 6 月	3.579	3.568	3.460	3.197	3.007	2.993	2.997	3.043
2014 年 7 月	3.768	3.431	3.445	3.297	3.134	3.114	3.036	3.126
2014 年 8 月	1.994	2.650	2.834	3.034	3.063	3.097	3.059	3.176
2014 年 9 月	1.389	3.298	3.300	3.296	3.267	3.286	3.300	3.342
2014 年 10 月	4.070	3.417	3.327	3.295	3.315	3.342	3.318	3.366
2014 年 11 月	3.850	3.848	3.666	3.533	3.456	3.461	3.464	3.490
2014 年 12 月	1.833	3.413	3.623	4.042	4.173	4.189	3.954	3.892
2015 年 1 月	4.107	4.628	4.652	4.826	4.481	4.457	4.101	4.010
2015 年 2 月	2.782	4.040	4.193	4.182	4.209	4.210	4.190	4.178
2015 年 3 月	3.291	4.157	4.193	4.432	4.454	4.463	4.492	4.501
2015 年 4 月	1.986	3.231	3.296	3.453	3.504	3.520	3.709	3.793
2015 年 5 月	1.732	2.606	2.708	2.752	2.773	2.855	3.038	3.278
2015 年 6 月	3.921	3.607	3.584	3.249	3.251	3.237	3.244	3.316
2015 年 7 月	2.281	2.937	2.963	3.047	3.075	3.218	3.406	3.564
2015 年 8 月	2.664	4.144	4.176	4.589	4.544	4.600	4.440	4.382
2015 年 9 月	6.741	6.690	6.003	5.268	4.881	4.705	4.422	4.283
2015 年 10 月	3.028	3.500	3.384	3.351	3.359	3.447	3.554	3.573
2015 年 11 月	4.756	4.938	4.845	4.610	4.574	4.577	4.451	4.174
2015 年 12 月	1.763	5.026	5.198	5.405	5.470	5.459	5.024	4.628
2016 年 1 月	0.716	2.819	3.159	3.965	4.736	4.871	4.892	4.989
2016 年 2 月	2.044	3.718	3.916	4.556	4.725	4.758	4.834	4.836
2016 年 3 月	-3.725	1.242	1.455	1.847	2.333	2.667	3.071	3.684
2016 年 4 月	1.278	1.877	2.100	2.471	2.648	2.801	3.213	3.745
2016 年 5 月	0.823	1.760	1.970	2.295	2.584	2.861	3.235	3.799
2016 年 6 月	0.981	1.680	1.922	2.245	2.450	2.599	2.949	3.475
2016 年 7 月	1.238	1.738	1.909	2.302	2.455	2.607	2.925	3.467
2016 年 8 月	1.373	1.702	1.868	2.222	2.467	2.730	3.027	3.507
2016 年 9 月	1.722	3.394	3.308	3.381	3.392	3.413	3.594	3.794
2016 年 10 月	1.631	2.989	3.276	3.601	3.721	3.955	4.067	4.107

（續上表）

	隔夜	一星期	兩星期	一個月	兩個月	三個月	六個月	十二個月
2016 年 11 月	2.940	3.767	3.941	4.079	4.443	4.531	4.497	4.492
2016 年 12 月	12.813	11.817	11.673	11.857	10.240	9.131	7.618	6.925
2017 年 1 月	2.415	5.625	5.931	6.834	6.893	6.881	6.418	6.265
2017 年 2 月	2.000	3.619	3.905	4.301	4.463	4.613	4.939	5.306
2017 年 3 月	4.017	4.389	4.537	4.584	4.568	4.626	4.658	5.031
2017 年 4 月	2.764	4.902	4.824	4.708	4.667	4.645	4.682	4.901
2017 年 5 月	21.079	7.852	6.580	5.906	5.287	5.035	4.929	5.050
2017 年 6 月	1.183	5.425	5.390	4.953	4.842	4.864	4.856	4.971
2017 年 7 月	2.212	3.189	3.389	3.687	3.857	3.967	4.267	4.513

資料來源： CEIC。

2. 離岸人民幣匯率

2010 年 7 月 19 日，金管局與人民銀行就擴大人民幣結算安排簽訂補充合作備忘錄，人行並與中銀香港簽署經修訂的清算協議，企業可開立人民幣存款帳戶，不同帳戶間可進行各種用途的資金轉撥，人民幣在香港成為可交收貨幣，「標誌着香港銀行間人民幣外匯市場的開端」。[43] 7 月 21 日，中信銀行國際與滙豐完成香港首宗人民幣現貨交易，交易匯率較人行公布的人民幣中間價低 100 至 150 點子。

2011 年 6 月 27 日，財資市場公會推出美元兌人民幣（香港）即期匯率定盤價（Spot USD/CNY(HK) Fixing），該價以 15 間報價銀行提供的中間報價計算定出，[44] 周一至周五營業日上午 11 時 15 分公布，作為香港離岸人民幣產品定價的參考匯率。首日定價為 6.4753 兌 1 美元。[45]

2016 年 8 月 1 日起，基準改為以每營業日上午 11 時正為中心的 30 分鐘內（上午 10 時 45 分至 11 時 15 分）實際交易計算匯率，以增加透明度及穩健性，與國際做法看齊，並改名為美元兌人民幣（香港）即期匯率（USD/CNY(HK) Spot Rate）。

四、監管

1. 香港金融管理局

2003 年 11 月 19 日，即行政長官宣布人民銀行同意為香港個人人民幣業務提供清算安排翌日，金管局總裁任志剛與人民銀行行長周小川在北京簽署《合作備忘錄》，加強雙方合作，包括就香港的個人人民幣業務交換信息。人行行長同日通過金管局，邀請香港銀行申請擔任人民幣清算行，金管局負責在甄選準則和程序上提供意見。香港銀行自願接受人民銀行提出的清算條件，並與清算行簽訂清算協議後，便可在港開辦人民幣服務。清算行及

銀行定期向金管局提交報表，申報清算協議的遵守情況，金管局通過現場及非現場審查，核查資料，並督促提醒銀行必須遵守金管局有關指引，包括反洗黑錢的指引。

2004 年香港開辦人民幣個人業務，金管局為銀行納入流動資產比率計算的人民幣比例設定上限。2005 年 11 月香港擴大個人人民幣業務後，金管局對 25 間提供人民幣服務銀行進行專題審查，結果顯示銀行的內部監控系統足以確保其業務合規及偵察異常交易，並向銀行發出通函，提醒銀行留意個人客戶的大額提款交易，以及不可為人民幣支票帳戶提供信貸服務。2007 年內地金融機構開始在港發行人民幣債券，金管局為銀行訂立人民幣風險管理限額，確保銀行維持適當流動資產水平。

2009 年 6 月 29 日，香港與內地跨境貿易人民幣結算試點業務運作前夕，金管局與人民銀行簽署補充合作備忘錄，明確各自的監管職責範圍。然而「當時香港很多銀行對新業務運作仍有不少疑問……幾個月來累計的貿易結算總額只有 5 億元」。[46] 11 月，金管局總裁陳德霖率銀行公會訪京，與內地財金部委等各方的共識是要盡快提供必要的配套措施，方便人民幣貿易結算。與人行商討後，金管局於 2010 年 2 月 11 日發出《香港人民幣業務的監管原則及操作安排的詮釋》，釐清兩項基本原則：

（一）人民幣資金進出內地的跨境流動須符合內地有關法規和要求。內地企業辦理相關業務是否符合內地有關法規和要求，由內地監管當局和銀行負責審核。
（二）人民幣流進香港以後，只要不涉及資金回流內地，香港銀行可以按照香港的法規、監管要求及市場因素發展人民幣業務。即銀行可以參照適用於其他幣種進行的銀行業務用規則，來進行人民幣業務。[47]

金管局於同年 7 月與人民銀行簽訂補充合作備忘錄，《清算協議》同時修訂。在上述「離岸事情離岸辦」的原則下，企業可開立人民幣存款帳戶，自行決定資金用途，並可在不同帳戶間轉撥；銀行可為企業提供人民幣融資或貸款；香港及海外企業可以在港發行人民幣債券，並自由運用所籌資金，銀行可為此提供開戶、買賣、託管和融資等服務。另外，香港銀行從事跨境貿易結算業務時，毋須審查內地企業是否符合內地相關的法律法規。2010 年 10 月底，跨境貿易結算下香港銀行經清算行於內地購買人民幣的額度用盡，市場人民幣流動性緊張。金管局於翌年 1 月進一步具體化銀行為客戶進行跨境平盤的監管要求，包括銀行只可以為客戶三個月內需要進行貿易支付給內地的交易，通過清算行到內地購人民幣；要求銀行須以未平倉淨額向清算行平倉，並限制銀行的未平倉淨額規模。

2013 年 4 月 25 日，財資市場公會公布將推出離岸人民幣同業拆息定價，金管局同日撤銷「人民幣未平倉淨額上限」、「人民幣流動資產比率」及「計算法定流動資產比率時計入人民幣流動資產的條件」三項規定。金管局要求銀行管理外匯及流動性風險時，按照與其他貨幣相同的方式處理離岸人民幣。

2009 年 6 月 29 日，人民銀行行長周小川（左）與金管局總裁任志剛（右）簽署補充合作備忘錄，雙方同意在各自的職責範圍內，對香港銀行辦理人民幣貿易結算業務進行監管並相互配合。（南華早報出版有限公司提供）

2010 年 7 月 19 日，中國人民銀行副行長胡曉煉（左）和金管局總裁陳德霖（右）簽署《中國人民銀行與香港金融管理局合作備忘錄》，就擴大人民幣貿易結算安排加強合作，是全面落實金管局 2010 年 2 月《香港人民幣業務的監管原則及操作安排的詮釋》兩大原則非常關鍵一步。（中新圖片提供）

法定銀行流動資產比率 2004 年香港開辦人民幣個人業務後，金管局於 4 月 13 日向銀行發出通函，確定香港銀行存於清算行的人民幣存款，可計算入銀行的法定流動資產比率，[48]惟設 25% 上限，避免扭曲銀行整體的流動資產比率。[49] 2009 年 7 月跨境人民幣貿易結算業務開展後，香港銀行相關人民幣資產同樣可計入流動資產比率，銀行可計算入流動性比率的人民幣資產不得多於其可計入限定債務的人民幣債券的 25%。2010 年 11 月 1 日起，25% 限額撤銷，改為符合兩項條件下，[50] 銀行便可將其人民幣流動資產計算入流動資產比率。2012 年 2 月 9 日，金管局再修改相關條件，[51] 符合條件銀行可將更高比例的人民幣流動資產計入流動資產比率。2013 年 4 月 25 日，計算法定流動資產比率時計入人民幣流動資產的條件撤銷。

人民幣風險管理限額／人民幣流動資產比率 隨着香港人民幣業務於 2007 年擴展至人民幣債券，6 月 20 日，金管局訂立人民幣風險管理限額，規定銀行不論是否參與人民幣債券交易，其人民幣現金及在清算行的結算帳戶結餘總額，須經常保持在其人民幣客戶存款的 25% 或以上，以確保香港銀行在離岸人民幣資金池未達規模下，其人民幣流動資金仍足以應付客戶提款需要。

2009 年 7 月跨境人民幣貿易結算業務開展，金管局在上述限額以外，規定銀行的人民幣現金、在清算行及所有內地代理行結算帳戶結餘總額，須經常保持在其人民幣負債的 25% 或以上。[52] 2010 年 7 月 19 日，金管局簡化風險管理限額，只要求銀行的人民幣現金及在清算行帳戶給餘的總額，經常保持不低於其人民幣客戶存款的 25%。2012 年 1 月 17 日，金管局容許銀行在計算人民幣風險管理限額時，把持有的在港發行人民幣國債，以及通過內地銀行間債券市場持有的人民幣債券，包括在銀行的人民幣資產內。6 月 14 日，金管局規定銀行的人民幣流動資產比率，須維持在 25% 或以上，並決定以此取代風險限額，監察銀行人民幣流動資金狀況。新安排下銀行可將更多人民幣流動資產如同業拆借淨額、出口貿易票據貼現等納入計算，釋放更多人民幣資金。2013 年 4 月 25 日，人民幣流動資產比率的規定撤銷。

人民幣未平倉淨額 2010 年 10 月底，跨境貿易結算下香港銀行透過清算行，於上海外匯交易中心購買人民幣的 80 億元年度額度用盡，金管局隨即啟動貨幣互換安排，為香港銀行提供資金，並於翌年規定銀行須先運用貿易結算產生的人民幣持倉，應付客戶的跨境貿易結算人民幣需求；用盡該等持倉後，方可與清算行平倉 —— 即銀行只可以跨境貿易結算下產生的「人民幣未平倉淨額」，與清算行平倉。此外，銀行的人民幣未平倉淨額，不可超過其人民幣資產或負債的 10%。2011 年 7 月 28 日，未平倉淨額限於人民幣資產或負債10% 的規定，增設 5000 萬元人民幣最低豁免水平（de minimis exemption）。2012 年 1 月 17 日，人民幣未平倉淨額上限調高至 20%。5 月 22 日，銀行可以在諮詢金管局後，自行設定人民幣未平倉淨額上限；最低豁免水平亦增至 1 億元人民幣。2013 年 4 月 25 日，人民幣未平倉淨額上限的規定撤銷。

2. 證券及期貨事務監察委員會

RQFII 2009 年年初，證監會副行政總裁張灼華向內地監管機構「首次提議讓證監會持牌資產管理機構取得合格境外機構投資者的資格（QFII），以便可以有真正的實物 A 股交易所買賣基金（ETF）」。內地推展跨境貿易人民幣結算業務後，證監會「將爭取港幣 QFII 的建議改為爭取人民幣 QFII」，並於 2010 年初夏，開始與內地部門商討 RQFII 的架構及有關規則。[53] 2011 年 12 月，RQFII 規則公布，證監會於同月 30 日認可首四隻 RQFII 基金，供香港投資者直接用人民幣投資內地股票及債券。2012 年 6 月 29 日，證監會認可全球首隻 RQFII 實物 A 股 ETF。其後 RQFII 計劃不斷擴展，愈來愈多公司（包括國際資產管理公司）參與該計劃，一系列以人民幣計價的新金融產品和基金相繼在市場推出，增加香港人民幣產品的品種，鞏固香港離岸人民幣業務中心的領先地位。隨着人民幣投資產品的多元化發展，2015 年，證監會允許海外基金管理公司在特定情況下，在香港發售以人民幣計價的海外基金。證監會陸續認可 RQFII 下的債券 ETF、貨幣市場基金等。證監會在促進市場發展及產品創新之餘，亦繼續肩負把關責任，確保證監會認可的投資產品符合披露規定及其他要求。至 2017 年 6 月 30 日，證監會共認可 90 隻 RQFII 產品。

基金互認 內地進一步開放其資本市場予國際投資者，香港作為資產管理中心，擁有豐富的內地市場知識，繼續擔當通往內地的門戶。2013 年 3 月，證監會與內地監管機構成立聯合工作組，就基金互認安排建立定期溝通與會商機制，磋商內容包括獲認可基金的類別、基金管理公司的資格規定、獲認可基金的審批程序、基金運作、信息披露及投資者保障六大範疇。2015 年 5 月 22 日，證監會與中證監簽署《關於內地與香港基金互認安排的監管合作備忘錄》，允許合資格的內地與香港基金透過簡化程序，在對方市場銷售；雙方就跨境監管執法建立合作機制，確保兩地基金投資者得到同等水平保護。證監會發出《有關內地與香港基金互認的通函》，訂明內地基金的認可條件、程序等，並在深圳舉辦兩地證監會聯合技術簡介會，以及在香港舉行研討會，協助業界就基金互認安排作好準備。基金互認實施後，運作有序。證監會與中證監保持緊密聯繫，包括協助對方審批香港基金進程，以及商討優化基金互認安排。證監會亦不時更新基金互認常見問題，向業界釐清操作細節。2015 年 12 月，證監會認可首批 4 隻在基金互認下在港銷售的內地基金。至 2017 年 6 月 30 日，證監會在基金互認安排下，已認可共 49 隻內地基金。

滬深港通 滬港股票市場交易互聯互通機制（滬港通）的開通，豐富香港的人民幣投資產品種類，並促進人民幣國際化，亦為跨境規管帶來新的機遇和挑戰。2014 年 4 月 10 日，證監會與中證監發表聯合公告，指出滬港通將遵循「兩地市場現行的交易結算法律法規和運行模式」，雙方監管機構加強跨境監管和執法合作。兩地市場相關的監管、交易及結算機構亦積極推進各項預備工作，包括證監會於 2014 年 8 月修訂了《豁免上市法團使其不受〈證券及期貨條例〉第 XV 部（披露權益）規限的指引》，為與已獲豁免履行披露責任的人士扮演相似角色的滬港通參與者提供一個公平的競爭環境。10 月 17 日，證監會與中證監

簽署《滬港通項目下中國證監會與香港證監會加強監管執法合作備忘錄》，進一步完善違法違規行為的發現和通報機制，開展有效的調查合作，包括：

（一）建立違法違規線索和案件調查信息通報共享機制；
（二）發生需要緊急協助的案件時，一方將立即通知對方；
（三）遇到涉及兩地重大緊急案件，雙方可啟動聯合調查程序；
（四）雙方每三個月舉辦一次定期聯絡會議。

證監會的相關監管措施，包括與香港交易所合作，於 2015 年 4 月推出特別獨立戶口，方便機構投資者滿足滬港通的前端監控要求，以及加強技術基礎設施的建設，以便能實時監控透過滬港通進行的滬股通交易。

2016 年開展的深港通參照滬港通相關規定，兩地證監會並就此簽署監管執法合作備忘錄，進一步加強雙方監管執法合作，共同密切監察在滬深港通下的操守和營運風險。通過執法合作，中證監於 2016 年 11 月順利完成對股票市場交易互聯互通機制下首宗跨境市場操縱案的調查。兩地證監會會定期舉辦高層執法合作會議和就執法及法律事宜聯合舉辦執法培訓及研討會，以及就跨境政策及監管合作事宜恒常溝通，並定期進行高層會議。為了維護市場廉潔和加強對兩地市場投資者的保障，證監會與中證監致力在打擊市場失當行為方面進一步加強監管合作。自 2014 年 11 月滬港通開通至 2017 年 6 月，證監會及中證監依據合作備忘錄，開展各類跨境執法協作事項 365 件。[54]

注釋

1　任志剛：《在香港發行人民幣債券》，《觀點》，2007 年 6 月 21 日。https://www.hkma.gov.hk/chi/news-and-media/insight/2007/06/20070621/

2　人民幣業務的監管安排，應遵循兩項原則：（1）人民幣資金進出內地的跨境流動須符合內地的法規和要求，而內地企業辦理相關業務是否符合這些法規要求，由內地監管當局和銀行負責審核；（2）人民幣流進香港以後，只要不涉及資金回流內地，銀行可按本地法規、監管要求及市場因素發展人民幣業務。

3　此前僅限於有真實貿易背景及實際貿易需要的企業。

4　陳德霖：〈打造全球離岸人民幣中心〉，《中國金融》，2014 年第 20 期，頁 44。

5　新華社：〈李克強出席國家十二五規劃與兩地經貿金融合作發展論壇並發表主旨演講〉，中華人民共和國商務部網頁，2011 年 8 月 18 日發布，2021 年 8 月 11 日瀏覽，http://www.mofcom.gov.cn/aarticle/ae/ai/201108/20110807699671.html。

6　截至 2017 年 7 月 1 日。

7　2015 年 12 月 16 日，美國聯邦儲備局宣布加息 0.25 厘，標誌美國自 2006 年 6 月以來正式開啟加息周期，終結近 10 年零利率時代。

8　2017 年 6 月數字。

9　2016 年數字。

10　2015 年 12 月金管局總裁陳德霖訪京與國務院副總理馬凱會面，並引述馬凱指香港對人民幣成功納入 SDR 籃子「功不可沒」。參見〈馬凱：人幣「入籃」港功不可沒 冀在一帶一路發揮戰略作用〉，《大公報》，2015 年 12 月 4 日，A10；〈陳德霖訪京 馬凱：人幣入籃港功不可沒〉，《星島日報》，2015 年 12 月 4 日，A02。

11 「指定商戶」包括商業零售、餐飲及住宿、交通、通訊、醫療及教育共七類行業。參見 Hong Kong Monetary Authority, "Personal Renminbi Business in Hong Kong" (13 December 2005), Hong Kong Monetary Authority.

12 香港金融管理局:《貨幣與金融穩定情況半年度報告》(2018 年 3 月),頁 44。

13 15 家香港註冊銀行包括渣打香港、中銀香港等;15 家企業包括康佳光電、中興供應鏈、中興雲服務、騰訊電商、前海控股等。

14 中國建設銀行(亞洲)為主協調行及境外代理行,國家開發銀行香港分行為主牽頭行、東亞銀行、中信(國際)和中國民生銀行香港分行為參與行,國開行深圳分行為跨境銀團的境內結算行。

15 「香港亦是全球最大的離岸人民幣債券市場,截至今年三月底債券餘額超過 2,800 億元人民幣」,見香港特別行政區政府新聞處:〈立法會七題:香港的離岸人民幣業務〉,香港特別行政區政府新聞公報網頁,2017 年 5 月 31 日發布,2021 年 8 月 11 日瀏覽,https://www.info.gov.hk/gia/general/201705/31/P2017053100427.htm。

16 同年港交所交易的 ETF 共 106 隻,總成交金額 10,653.8 億元;REITs 共 11 隻,總成交金額 894.1 億元。參見香港交易所:《2017 香港交易所市場資料》(2018 年 3 月 8 日),頁 2。

17 中國政府網:〈李克強出席博鰲論壇年會開幕式並發表主旨演講〉,中央政府門戶網站,2014 年 4 月 10 日發布,2021 年 8 月 11 日瀏覽,http://www.gov.cn/guowuyuan/2014-04/10/content_2656834.htm。

18 同年 5 月 26 日,港股市值升至 315,499 億元,是至 2017 年 7 月 1 日為止最高紀錄。

19 上證綜合指數 2015 年開盤 3258.63 點,最高 5178.19 點,最低 2850.71 點,參見上海證券交易所:〈上交所 2016 市場資料〉,上海證券交易所網頁,2021 年 8 月 11 日瀏覽,http://www.sse.com.cn/aboutus/publication/factbook/documents/c/4062036.pdf,頁 5。

20 海通國際於 2012 年 1 月 2 日獲外管局批准投資額度,其基金於同年 1 月 6 日獲香港證監會認可。

21 此前香港聯交所有 24 隻 A 股指數 ETF,全部採用合成模擬策略及以港元交易。

22 須在港取得資產業務資格(俗稱 9 號牌)並已開展資產管理業務。

23 香港特別行政區政府新聞處:〈財經事務及庫務局局長與傳媒談話全文〉,香港特別行政區政府新聞公報網頁,2014 年 2 月 19 日發布,2021 年 8 月 11 日瀏覽,https://www.info.gov.hk/gia/general/201402/19/P201402190284.htm。

24 2017 年 7 月 4 日,人民銀行宣布,國務院批准提高香港的 RQFII 額度至 5000 億元人民幣。參見中國人民銀行:〈香港人民幣合格境外機構投資者(RQFII)額度擴大至 5000 億元人民幣〉,中央人民政府網頁,2017 年 7 月 4 日發布,2021 年 8 月 11 日瀏覽,http://www.gov.cn/xinwen/2017-07/04/content_5207931.htm;2019 年,國家外匯管理局宣布取消 RQFII 投資額度限制。參見經濟參考報:〈QFII、RQFII 投資額度限制全面取消〉,新華網,2019 年 9 月 11 日發布,2021 年 8 月 11 日瀏覽,http://www.xinhuanet.com/money/2019-09/11/c_1210275808.htm。

25 至 2017 年年底,香港 RQFII 額度總計共分配予 82 機構,累計批准額度 3056.37 億元人民幣。

26 任志剛:〈人民幣遠期外匯市場〉,《觀點》,香港金融管理局網頁,2005 年 8 月 18 日發布,2021 年 8 月 11 日瀏覽,https://www.hkma.gov.hk/chi/news-and-media/insight/2005/08/20050818/。

27 香港特別行政區政府新聞處:〈香港財資市場發展委員會主席蔡耀君的致辭〉,香港特別行政區政府新聞公報網頁,2005 年 9 月 26 日發布,2021 年 8 月 11 日瀏覽,https://www.info.gov.hk/gia/general/200509/26/P200509260264.htm。

28 劉鎏、梁紅:〈中金公司詳解境內外人民幣外滙市場〉,中國外滙網,2005 年 11 月 4 日發布,2021 年 8 月 11 日瀏覽,http://www.chinaforex.com.cn/index.php/cms/item-view-id-38789.shtml。

29 當日在岸人民幣中間價為 6.4750。

30 此階段僅限於有真實貿易背景及實際貿易需要的企業,參見香港金融管理局:〈人民幣貿易結算試點業務〉,香港金融管理局網頁,2009 年 9 月發布,2021 年 8 月 11 日瀏覽,https://www.hkma.gov.hk/media/gb_chi/publications-and-research/quarterly-bulletin/qb200909/fa2_print.pdf。

31 2005 及 2006 年對香港流量排名第二。

32 銀行及清算行均保留適量頭寸。

33 簽署清算及結算協議的東盟地區銀行包括:Bank Central Asia、中國銀行曼谷分行、中國銀行馬尼拉分行、中國銀行雅加達分行、中國銀行新加坡分行、馬來西亞中國銀行等。見中國銀行(香港):〈中銀香港與多家東盟地區銀行簽署人民幣貿易結算業務清算及結算協議〉,中國銀行(香港)新聞稿,2009 年 11 月 24 日發布,2021 年 8 月 11 日瀏覽,https://www.bochk.com/dam/bochk/desktop/top/aboutus/pressrelease/20091124_01_Press_Release_TC.pdf。

34 同期美元結算系統平均每日成交量為 62 億美元、歐元結算系統成交量為 11 億歐元。見香港金融管理局：《香港的金融基建》（2006 年 12 月），頁 12。

35 其餘三項措施為：一、銀行與客戶進行貿易結算的兌換，不足之數可以與清算行進行平盤；二、參加行只可以為客戶三個月內需要進行貿易支付給內地的交易通過清算行去上海購買人民幣；三、銀行的人民幣長倉或短倉，不可超過其人民幣資產或負債的 10%。

36 人民幣合格境外機構投資者（RQFII）於 2011 年 12 月敲定，相關人民幣投資產品翌年上半年在港推出。

37 滬港通於 2014 年 11 月 17 日正式開通。

38 包括中國農業發展銀行、國家開發銀行及中國進出口銀行。

39 2016 年 3 月財資市場公會人民幣香港銀行同業拆息（CNH Hibor Fixing）月結為 -3.73%。資料來源：CEIC Database。

40 花鋒：〈香港人民幣拆息為何大幅波動〉，中國銀行（香港）網頁，2016 年 3 月 22 日發布，2021 年 8 月 11 日瀏覽，https://www.bochk.com/pvblib/pdf/renminbi-commentary/2016/20160322.pdf。

41 中銀香港研究報告推算香港人民幣拆借量從 2011 年 9 月至 2013 年 4 月增長 8 至 9 倍。見花鋒：〈香港人民幣拆息為何大幅波動〉，中國銀行（香港）網頁，2016 年 3 月 22 日發布，2021 年 8 月 11 日瀏覽，https://www.bochk.com/pvblib/pdf/renminbi-commentary/2016/20160322.pdf。

42 計算方法為從報價銀行提供的報價中，剔除最高 3 個及最低 3 個報價，再取其平均數。參見財資市場公會：〈人民幣香港銀行同業拆息定價參考說明〉，2021 年 8 月 11 日瀏覽，https://www.tma.org.hk/CNH_HIBOR_Fixing_Specifications_(Chinese).pdf。

43 劉鎏、梁紅：〈中金公司詳解境內外人民幣外滙市場〉，中國外匯網，2015 年 11 月 4 日發布，2021 年 8 月 11 日瀏覽，http://www.chinaforex.com.cn/index.php/cms/item-view-id-38789.shtml。

44 計算方法是從報價銀行提供的中間報價中，剔除兩個最高及兩個最低報價，再取其平均數。資料來源：財資市場公會：《美元兌人民幣（香港）即期匯率定盤價》（附件 A）（2011 年 6 月 23 日）。

45 當日在岸人民幣中間價為 6.4750。

46 陳德霖：〈香港離岸人民幣中心 —— 回顧與展望〉，《匯思》，香港金融管理局網頁，2014 年 2 月 18 日發布，2021 年 8 月 11 日瀏覽，https://www.hkma.gov.hk/chi/news-and-media/insight/2014/02/20140218/。

47 香港金融管理局：《香港人民幣業務的監管原則及操作安排的詮釋》（2010 年 2 月 11 日）。

48 2015 年 1 月 1 日以前，香港所有銀行必須將每月平均流動資產比率（liquidity ratio）維持在不低於 25% 的水平。參見香港金融管理局：〈香港貨幣、銀行及金融用語匯編〉，香港金融管理局網頁，2021 年 8 月 11 日瀏覽，
https://www.hkma.gov.hk/chi/data-publications-and-research/guide-to-monetary-banking-and-financial-terms/liquidity_ratio/。

49 原因是此類流動性僅可用於應付人民幣個人業務的需求。

50 1. 銀行的人民幣流動資產總額不超過人民幣債務，及 2. 銀行人民幣流動資產比率不高於非人民幣流動資產比率。

51 詳情可參考 2012 年 2 月 9 日金管局致所有認可機構通函《流動資產比率：人民幣交易》。

52 包括銀行的人民幣客戶存款、人民幣銀行間貨幣市場及貿易融資負債（inter-bank money market and trade finance liabilities in renminbi）。

53 張灼華：〈人民幣投資產品及資產管理業務的新領域 香港證券及投資學會「證監會執行董事系列」研討會演說〉，香港證監會網頁，2013 年 1 月 23 日發布，2021 年 8 月 11 日瀏覽，https://www.sfc.hk/web/files/ER/PDF/Alexa_20130123c.pdf。

54 2017 年 11 月，兩地證監會達成共識，公布為滬股通、深股通引入投資者識碼制度，有效監控及監察市場操作。

第十三章
保險

第一節 概況

香港在國家實行改革開放後，為內地保險業務的復辦、擴充及發展提供市場條件及改革助力，包括接納首家內地保險機構完成上市程序、成為內地首家再保險公司及專屬自保公司的註冊地、讓完成股份制改革的國有保險機構藉由上市集資吸納國際資金，以及為內地保險資金提供投資機會。

1949 年新中國成立後，中央政府取消外商外匯自由進出並禁用外幣保單，至 1952 年年底，外資保險公司陸續停業，退出內地保險市場。1958 年 12 月，內地舉辦全國財政會議，議決全面停辦國內保險業務，內地保險機構只維持海外包括在港保險業務。1979 年 4 月，國務院批准恢復國內保險業務。1979 年 11 月 19 日至 27 日，第八次全國保險工作會議在北京召開，會上肯定保險工作在四個現代化建設中的意義及作用，並提出隨着四個現代化進程，必須發展國外保險業務。自此，內地保險機構在境外地區擴張業務，並拓展香港業務規模。

1980 年 9 月，內地的中國人民保險有限公司，在港註冊成立中國再保險（香港）公司（後改稱太平再保險有限公司），為新中國成立後內地首家成立的再保險公司，亦是歷史上第一家由中國人開設的再保險公司。1980 年代至 1990 年代，中資保險機構相繼於香港設立公司，開拓保險業務，如在 1984 年 11 月成立的中國人壽保險股份有限公司香港分公司、1994 年 4 月成立的中國太平洋保險（香港）有限公司等。

2000 年 6 月，中保國際控股有限公司在港上市，為新中國成立以來首家在香港及內地境外上市的中資保險機構及內地保險業的首家上市機構。同年 12 月，在港註冊成立的中海石油保險有限公司獲授權在港經營業務，成為中國第一家專屬自保保險公司。

2001 年，中國加入世界貿易組織（世貿組織），並按照加入世貿組織的承諾，在三年過渡期後全面對外開放內地保險業市場。面對國際競爭，內地保險機構持續進行企業股份制改革，追求國際企業管理水平，其後以香港為上市目的地。2003 年 11 月及 12 月，經過國有保險企業股份制改革的中國人民財產保險股份有限公司及中國人壽保險股份有限公司分別來港上市，吸納國際資金並賺取外匯，開啟日後以外匯從事保險資金境外運用。2010 年，中資保險機構中銀集團人壽保險有限公司推出香港首個人民幣保險計劃。截至 2017 年中，已有共八家中資及內地保險機構在港上市，另有三家中資專屬自保保險公司位處香港，佔全國總數一半。

中資保險機構在香港擴充經營之際，港資及以香港為業務重心的外資保險機構亦尋求參與內地保險市場。1992 年，以香港為亞太區總部的友邦保險有限公司，獲授權在內地經營保

險業務，於上海設立分公司，為改革開放實施以來，重返內地的外資保險公司首例，並在內地引入保險行銷員制度，改變內地保險行銷模式。2002 年 9 月，首家港資保險公估公司——平量行保險公估（上海）有限公司，獲授權在內地經營業務。

2003 年，香港與內地簽署《內地與香港關於建立更緊密經貿關係的安排》（CEPA），港資及外資保險機構可於符合准入條件下進入內地經營保險業務，包括允許香港保險公司合併組成集團，並在持股比例不超過 24.9% 下參股內地保險公司；香港銀行的內地分行可從事保險代理服務；香港保險代理公司及香港保險經紀公司可設立獨資保險代理公司。2010 年，匯才保險代理（深圳）有限公司成為首家經 CEPA 獲取內地保險代理業務資格的港資保險代理公司。2013 年 2 月，康宏理財控股有限公司宣布透過 CEPA 取得全國性保險代理牌照，成為首家擁有相關牌照的香港企業。

2004 年 8 月，中國保險監督管理委員會（中國保監會）等公布《保險外匯資金境外運用管理暫行辦法》，首次容許內地保險公司運用自有外匯資金，投資香港以及境外市場的債券，香港成為內地保險資金可供投資地點。中國保監會其後陸續頒布法規，包括 2005 年 9 月的《保險外匯資金境外運用管理暫行辦法實施細則》、2007 年 7 月的《保險資金境外投資管理暫行辦法》、2010 年 8 月的《關於調整保險資金投資政策有關問題的通知》，以及 2015 年 3 月的《中國保監會關於調整保險資金境外投資有關政策的通知》，逐漸放寬內地保險機構資金在港的運用渠道。2016 年 9 月，中國保監會公布《關於保險資金參與滬港通試點的監管口徑》，允許內地保險資金透過滬港通購買港股；2017 年 6 月 30 日，中國保監會發布《保險資金參與深港通業務試點監管口徑》，批准內地保險資金通過深港通投資港股通股票。截至 2017 年 6 月，內地保險資金通過滬港通於港股市場的投資額為 1743.58 億元人民幣。

2005 年第二季起，香港保險業監理處（保監處）開始公布本地保險業向內地旅客發出的新造保單保費數字。2006 年至 2017 年，來自內地旅客的新造保費收入由 28.03 億元升至 508.4 億元，其間佔個人壽險業務新造保費的平均比例為 20.4%，即香港保險市場每收取 100 元個人壽險業務新造保費，有 20 元來自內地旅客。

在保險機構發展與保險資金運用外，香港與內地於 1990 年代相繼設立官方保險監管機構，並就保險監管及人才培訓事宜展開合作。1990 年 6 月，保監處成立，並與中國人民銀行交流保險監管經驗。1998 年 11 月，中國保險監督管理委員會（中國保監會）成立，並與保監處保持交流。2002 年 5 月至 6 月，保監處首次為中國保監會代表團舉辦為期三星期的培訓課程，分享香港的保險規管架構及監管經驗，如監察保險公司的財政狀況。2004 年 2 月，保監處與中國保監會簽署協議，允許香港居民在港報名參加於深圳舉行的內地保險中介從業人員基本資格考試，2008 年 3 月底起，香港居民可報名在港參加上述考試。

就兩地保險監管合作方面，2002 年起，香港聯同廣東、深圳及澳門開始舉辦粵港澳深四地保險監管聯席會議，由四地的保險監管部門輪流承辦，為四地聯繫、協調及討論解決四地保險業重要事宜的合作制度。在同年舉行的第二屆聯席會議上，四地代表針對有保險從業員在未獲內地授權下到內地銷售保單的事宜，首次取得共識，規定任何在港已獲授權的保險公司或其委任代理人，必須取得中國保監會許可，方能於內地經營保險業務，未獲中國保監會批准而於內地直接銷售保單者即屬違規。截至 2017 年 7 月 1 日，四地共已舉行共 16 屆聯席會議。

香港與內地透過簽署協議，加強保險監管及信息交換，2004 年 11 月，特區政府與中國保監會於北京簽署《中國保險監督管理委員會與香港特別行政區保險業監督保險監管合作協議》，涉及兩地保險監管機構之間的保險監管法規交流、交換資訊、調查支援、互訪與合作，以促進彼此溝通，提高各自對保險市場的監管能力。2008 年 3 月，香港證券及期貨事務監察委員會與中國保監會簽訂監管合作諒解協議，為首個涉及內地保險資金境外運用的監管合作協議，涵蓋信息共享、使用，以及溝通機制，議定雙方互相提供監管協助，交換各自持牌機構信息。2014 年 12 月，香港保監處、中國保監會及澳門金融管理局簽訂合作協議，以便三方互相提供協助和信息交流，提高三地保險監管機構在打擊跨境保險欺詐方面的監管及合作。

2015 年 12 月 7 日，《2015 年保險公司（修訂）條例》生效，臨時保險業監管局成立，為獨立於特區政府的新保險業監管機構，旨在加強規管保險公司及保險中介人、為保單持有人提供更佳保障，以及遵行國際保險監督官協會規定，即保險監管機構應在財政及運作上獨立於政府及業界，與國際標準接軌，確保香港保險業的規管架構與時並進，以促進保險業穩健發展。

2017 年 5 月，保監處與中國保監會簽署《關於開展償付能力監管制度等效評估工作的框架協議》，開展兩地保險償付能力監管制度等效評估工作，以實現兩地償付能力監管制度等效互認，避免兩地監管重疊。

2017 年 6 月 26 日起，臨時保險業監管局正名為保險業監管局，接替作為特區政府部門並於同日解散的保監處，開始規管香港保險公司，以及繼續與內地保險監管機構聯繫及合作。

第二節 保險機構發展概況

一、在港中資保險機構發展

1979 年 2 月，中國人民銀行在全國分行行長會議上提出恢復內地保險業務的決議，同年 4 月，國務院批轉《中國人民銀行全國分行行長會議紀要》，作出「逐步恢復國內保險業務」

的決策。同年 11 月，中國人民銀行於北京召開全國保險工作會議後，內地保險業務開始復業。內地保險業於 1980 年開始建立再保險公司，以開拓再保險業務市場、於 2000 年開始建立專屬自保保險公司，以及在 2003 年落實國有保險企業股份制改造及境外上市集資，香港為內地保險業的改革提供落實助力。

獨佔內地保險市場至 1985 年的全國性保險公司中國人民保險公司，於 1980 年恢復業務後，同年在香港註冊設立新的附屬公司 —— 中國再保險（香港）有限公司，為歷史上首家由中國人開設的再保險公司。1984 年，中國人民保險公司設立中國保險港澳管理處，管理旗下於改革開放前已在港經營業務的中資保險公司，包括太平保險股份有限公司香港分公司、中國保險股份有限公司香港分公司及香港民安保險有限公司，在香港擴大經營及涉足國際保險市場。

1980 年代起，香港是內地保險業界的改革參照對象及擴大業務的目的地。1984 年，中國人民保險公司下發《關於改革深圳經濟特區保險工作問題的通知》，改革深圳分公司，提及要面向國際市場，以及借鑒和移植香港及國外保險市場的營運做法，並利用港澳和中外保險經紀人介紹業務。同年 11 月，國務院批轉中國人民保險公司《關於加快發展我國保險事業的報告》，報告提出「適應對外開放的需要，擴大國外保險業務」。中資機構亦在 1980 年代起，藉收購在港保險公司，以及新設保險公司，進入香港保險市場拓展業務。1985 年 3 月，國務院頒布《保險企業管理暫行條例》，訂立除中國人民保險公司外，在內地設立其他保險公司的法律條件。1988 年及 1991 年，平安保險公司及中國太平洋保險公司在內地分別成立，其後分別於 2004 年及 2009 年來港上市，完成境外集資，吸納國際資金以求發展。

1990 年代起，內地繼續進行保險業改革，包括推動國有保險企業股份制改革，以及對國內保險公司進行分業經營，再邁向上市集資。1993 年 11 月 11 日至 14 日，第十四屆三中全會在北京舉行，會上提出「進一步轉換國有企業經營機制，建立適應市場經濟要求，產權清晰、權責明確、政企分開、管理科學的現代企業制度」。1995 年 10 月 1 日，《中華人民共和國保險法》正式在內地實施，建立保險業的監管框架，並將保險公司的業務範圍分為財產保險（包括財產損失保險、責任保險、信用保險等），以及人身保險（包括人壽保險、健康保險、意外傷害保險等）兩類，規定同一保險公司不得同時兼營兩類業務。

1996 年 7 月，中國人民保險公司進行產險及壽險分業經營改革，並改組為中國人民保險（集團）公司，下設中保財產保險有限公司、中保人壽保險有限公司及中保再保險有限公司，分別經營產險、壽險及再保險業務，這三間透過分業經營而組成的公司，於 2000 年代起落實 1995 年 11 月中國人民銀行發布的《中國人民銀行關於改革中國人民保險公司機構體制的通知》規章，指出在條件成熟後「過渡為股份有限公司」的組建方式，經過國有企業股份制改造後分別來港上市，於香港股票市場吸納國際資金，以提升企業管理至國際水

2000 年 6 月，中保國際控股有限公司在港上市，成為新中國成立以來第一家在內地境外上市的中資保險機構，董事長楊超在上市祝捷酒會上講話。（中國太平保險集團有限責任公司提供）

平，以及把香港作為內地保險企業首個境外上市集資地點，賺取外匯，開拓內地保險資金境外投資運用（見本章第三節「保險資金」）。

1997 年 5 月 1 日，港府通過《1997 年保險公司（修訂）條例》，為香港保險市場引入專屬自保保險人類別，並對在港成立的專屬自保保險公司提供規管寬免，包括豁免其在香港維持資產的規定、將其最低股本要求定為一般保險公司所需的五分之一（200 萬元）。同年 12 月 19 日起，《1997 年保險公司（授權費及年費）（修訂）規例》生效，規定在港經營的專屬自保保險公司須繳交的授權費及年費均為 22,600 元，為經營一般保險業務及長期保險業務的保險公司被徵收同類費用（227,300 元）的十分之一，以吸引跨國企業集團在港設立專屬自保保險公司，進一步鞏固香港的國際金融中心地位。

2000 年，中資企業在港註冊成立中國第一家專屬自保保險公司 —— 中海石油保險有限公司，承保企業自身業務風險。同年 6 月，中保國際控股有限公司於香港聯合交易所（香港聯交所）掛牌上市，成為新中國成立以來第一家在香港及內地境外上市的中資保險機構，以及第一家上市的內地保險業機構。

2002 年 2 月 5 日至 7 日，國務院於北京召開全國金融工作會議，要求加快國有獨資保險公司股份制改革步伐。同年 12 月，國務院批准中國人民保險公司及中國人壽保險公司的股份制改革方案。2003 年 6 月，內地與香港簽署《內地與香港關於建立更緊密經貿關係的安

2003 年 12 月，中國人壽保險股份有限公司在港首次公開招股，市民索取招股書。（星島新聞集團提供）

排》（CEPA）協議，協定雙方加強在保險領域的合作，由內地按照市場規律、提高監管效率的原則，支持符合條件的內地保險企業到香港上市。同年 11 月及 12 月，完成股份制改造的國有保險公司 —— 中國人民財產保險股份有限公司（中保財產保險有限公司後來成立的子公司）及中國人壽保險股份有限公司分別來港上市集資。2003 年後陸續有中資保險機構來港上市。據香港交易所前主席李業廣表示，在中資保險機構來港上市的過程中，港交所曾與該等機構的管理層會面，解釋上市所需的標準及規則，協助他們進行上市工作，而港交所亦重點爭取內地保險企業在港上市。

2009 年 9 月，內地的中國人民保險集團公司（中保人壽保險有限公司後來成立的子公司）[1]改制為中國人民保險集團股份有限公司，並於 2012 年 12 月到港上市。香港再次為完成股份制改革的國有保險企業提供境外上市集資發展的平台。

2012 年 6 月 30 日，中央政府公布加強內地與香港合作的政策措施，包括支持內地機構在香港設立自保公司。2014 年 3 月 19 日，立法會通過《2013 年稅務（修訂）（第 3 號）條例草案》，由 2013／14 課稅年度起，向專屬自保公司提供稅務優惠，將其離岸風險保險業務的利得稅減半，以推動集團或企業考慮在港設立專屬自保公司，從而減少保險費用及完善風險管理，鞏固香港在區內保險樞紐地位，並把本地風險管理服務更多元化。對內地企業而言，由於其業務愈來愈國際化和分工精細，增加使用專屬自保保險可減少保險費用及完善風險管理。

2015 年 10 月 12 日，中國再保險（集團）股份有限公司召開新聞發布會，宣布首次公開招股安排。（香港大公文匯傳媒集團提供）

2015 年 10 月，中國再保險（集團）股份有限公司（前身為中保再保險有限公司）在港上市，成為首家上市的內地再保險公司。至此，內地原有的中國人民保險公司於 1996 年分拆而成的三家保險機構，均已完成股份制改革並在港上市。

截至 2017 年 7 月 1 日，已有八家中資保險公司在港上市。在全中國共六家專屬自保公司中，有半數即三家在港經營。香港成為內地專屬自保保險公司的經營集中地。2017 年，香港保險市場業務的毛保費總額為 4892 億元，而香港保險業則佔本地生產總值 3.7%。

1. 改組及合併業務

內地實行改革開放前，中國人民保險公司屬下的太平保險股份有限公司（太平保險）、中國保險股份有限公司（中國保險）及香港民安保險有限公司（香港民安），[2] 已在香港營運。

1981 年，中國人民保險公司及中國人民銀行設立保險駐港聯辦處，取代原有由太平保險、中國保險及香港民安三家公司自己組設的聯合駐港辦事處，以貫徹實施中央政府的保險政策，考核上述三家駐港保險公司的業績，以及監督保險資金運用的安全。

1984 年 1 月，中國人民保險公司從中國人民銀行分設出來並單獨建制，成為直屬國務院領導的副部級單位。同年 10 月，國務院港澳辦撤銷保險駐港聯辦處，成立中國保險港澳管理

處，為中國人民保險公司派駐香港的行政管理機構，與中國銀行港澳管理處平行，代表中央政府行使對駐港中資保險機構的管理職能，管理包括太平保險香港分公司、中國保險香港分公司及香港民安，增加保險業管理制度的專業化程度。

1992 年 10 月，中國人民保險公司在港成立香港中國保險（集團）有限公司（香港中保集團），代替中國保險港澳管理處以法人身份，管理轄下中國保險香港分公司、太平保險香港分公司、香港民安及中國再保險（香港）有限公司等在港中資保險機構。

1998 年 10 月，國務院批准撤銷中國人民保險（集團）公司，並將其海外經營機構劃歸香港中保集團管理。同年，由原中國人民保險（集團）公司持股的香港中保集團股權轉讓予內地的中國保險，後者成為原中國人民保險（集團）公司所有海外經營機構的最終控股公司，與香港中保集團實行「兩塊牌子、一套班子」管理模式，並作為直屬國務院的保險集團。經過改組合併，中國保險及屬下的香港中保集團擴大經營規模，建立集團化架構，以香港為總部，管理香港和海外的國有保險業務。

2000 年，香港民安與中國保險香港分公司、太平保險香港分公司重組合併，以香港民安保險名義對外營業。2002 年 8 月，中國保險更名為「中國保險（控股）有限公司」，成為中國保險業首家金融保險控股公司。

2009 年 5 月及 6 月，中國保險（控股）有限公司及香港中保集團分別更名為中國太平保險集團公司（中國太平集團）[3] 及中國太平保險集團（香港）有限公司。2009 年 6 月起，中國太平集團所轄機構陸續統一採用「中國太平」品牌。[4]2011 年 10 月，中國太平集團列入中央管理，升格為副部級金融央企。2013 年至 2015 年，中國太平集團屬下的太平再保險有限公司以毛保費收入計算，於香港再保險市場中排行第一。2015 年，按整體毛保費收入計算，中國太平集團旗下的中國太平保險（香港）有限公司位居香港一般保險業務市場第二，在港毛保費收入達 32.8 億元。2016 年 12 月，中國太平集團首次入選由世界品牌實驗室編制的「世界品牌 500 強」。

截至 2017 年 6 月，中國太平集團為中國唯一一家管理總部設在境外及香港的中管金融企業，於內地、香港及國際地區包括北美、歐洲、大洋洲、東亞及東南亞等經營保險業務，包括財產保險、人壽保險、再保險、養老保險、再保險經紀及保險代理、互聯網保險，以及資產管理、證券經紀、金融租賃、不動產投資、養老產業投資等綜合金融保險業務。2017 年，中國太平集團錄得總保費收入 1787 億元，屬下的中國太平保險（香港）有限公司在港錄得毛保費收入 28.46 億元；中國太平人壽保險（香港）有限公司在港錄得保費收入 37.37 億元；太平再保險有限公司在港錄得毛保費收入 7 億元。在港中資保險公司通過改組及合併業務，確立在香港經營的發展根基。

2. 上市集資

2000 年 2 月，香港中保集團成立中保國際控股有限公司，同年 6 月 29 日於香港聯交所掛牌上市，集資 4.89 億元，為新中國成立以來第一家於香港及內地境外上市的中資保險企業，經營財險、壽險、再保險、保險經紀等業務，同日錄得總市值 14.18 億元。2003 年 11 月，發行 1.75 億美元（約 13.6 億元）10 年期國際優先債券，創內地保險企業海外發債首例。2009 年 8 月，更名為中國太平保險控股有限公司。2017 年 6 月 30 日的總市值為 710.9 億元，較 2000 年 6 月 29 日首天上市增加 49.1 倍。

2003 年 11 月 6 日，中國人民財產保險股份有限公司以 H 股形式於香港聯交所主板上市[5]，共集資 62.2 億元，並引入美國國際集團（AIG）作為戰略投資者購入 9.9% 股權，為內地境內首家完成股份制改造上市的中資保險企業，同日錄得總市值 288.66 億元，港股上市部分市值為 81.14 億元。2017 年 6 月 30 日，其總市值為 1933.64 億元，港股上市部分市值為 599.77 億元，分別較 2003 年 11 月 6 日上市首天增加 5.7 倍及 6.4 倍。

2003 年 12 月 17 日及 18 日，中國人壽保險股份有限公司[6]分別在紐約、香港兩地上市，集資 267.1 億元，為該年全球規模最大的首次公開招股，亦是首家於內地境外上市，以及在香港與紐約同步上市的內地壽險公司。同年 12 月 18 日，其總市值為 1167.18 億元，香港 H 股上市部分市值為 292.79 億元。2007 年 1 月 9 日，回歸內地 A 股市場，成為內地首家在香港、紐約及上海三地上市的保險公司。2017 年 6 月 30 日，其總市值為 8257.84 億元，港股上市部分市值為 1774.72 億元，分別較 2003 年 12 月 18 日在港首天上市增加 6.1 倍及 5.1 倍。

2004 年 6 月 24 日，內地境內首家股份制保險公司 —— 中國平安保險（集團）股份有限公司[7]，以 H 股形式於香港聯交所主板掛牌交易，集資 143.4 億元，為該年香港最大宗首次公開招股，並成為內地首家以集團形式在境外上市的金融保險企業，同日總市值錄得 511.89 億元，港股上市部分市值為 266.1 億元。2007 年 3 月 1 日，於上海證券交易所掛牌上市，成為當時全球最大的保險公司首次公開招股。2017 年 6 月 30 日，其總市值為 10,030 億元，當中港股上市部分市值為 3831.78 億元，分別較 2004 年 6 月 24 日首天上市增加 18.6 倍及 13.4 倍。

2006 年 6 月，香港中保集團引入長江實業（集團）有限公司（長江實業）為香港民安的策略投資者，長江實業協議以 6.07 億元入股香港民安 29% 股權。同年 9 月，香港中保集團將香港民安全部股權按現有股東持股比例注入於開曼群島註冊成立的民安（控股）有限公司（民安控股），同年 12 月 22 日，民安控股於香港聯交所上市，集資 15.1 億元，同日錄得總市值 70.87 億元。2009 年 10 月，中國太平保險控股有限公司全面收購民安控股，以顧及發展需要及整合資源，民安控股成為前者全資附屬公司。同年 11 月 2 日，民安控股撤銷香港聯交所上市地位，同日總市值為 71.21 億元。

2003 年 11 月，中國人民財產保險股份有限公司慶祝成功上市，董事長唐運祥（左二）與出席者握手寒暄。（星島新聞集團提供）

2004 年 6 月，中國平安保險（集團）股份有限公司成功在港上市，董事長馬明哲（右二）舉杯慶祝。（星島新聞集團提供）

2009 年 12 月 23 日，中國太平洋保險（集團）股份有限公司以 H 股形式在香港聯交所主板掛牌上市，[8] 集資 277.2 億元，同日錄得總市值 2286.04 億元，港股上市部分市值 618.24 億元，成為另一家於 H 股及 A 股均上市的內地中資保險機構。2017 年 6 月 30 日，其總市值為 3342.44 億元，當中港股上市部分市值 885.32 億元。

2011 年 12 月 15 日及 16 日，新華人壽保險股份有限公司（新華人壽）分別於香港聯交所及上海證券交易所上市，當中在香港上市集資 102.9 億元，成為內地首家完成 H 股及 A 股同步上市的保險企業，於香港上市首天的總市值為 926.37 億元，港股上市部分市值為 334.42 億元。2017 年 6 月 30 日，其總市值為 1647.48 億元，港股上市部分市值為 410.54 億元。

2012 年 12 月 7 日，中國人民財產保險股份有限公司的母公司「中國人民保險集團股份有限公司」以 H 股形式在香港聯交所上市，集資 276.1 億元，同日錄得總市值 1535.84 億元，當中港股上市部分市值為 282.27 億元。2017 年 6 月 30 日，其總市值為 1391.51 億元，當中港股上市部分市值為 286.22 億元。

2015 年 10 月 26 日，中國再保險（集團）股份有限公司以 H 股形式在香港聯交所掛牌上市，[9] 共集資 163.9 億元，同日總市值為 1138.79 億元，港股上市部分市值為 171.36 億元，成為內地首家上市的再保險公司。2017 年 6 月 30 日，其總市值為 734.9 億元，港股上市部分市值為 115.55 億元。

3. 自設保險機構

1980 年 9 月，中國人民保險公司聯同屬下的太平保險、中國保險及香港民安，於香港合資註冊組建中國再保險（香港）有限公司，為歷史上首家由中國人開辦的再保險公司；1999 年 7 月，更名為中國國際再保險有限公司，2009 年 8 月更名為太平再保險有限公司；以毛保費收入計算，於 2013 年至 2015 年排行香港再保險市場第一，並於 2017 年在港錄得毛保費收入 7 億元。

1984 年 11 月，中國人壽保險股份有限公司香港分公司（中人壽香港）成立，為國有企業，並在港經營人壽保險業務，1992 年成為香港中保集團屬下公司。2003 年，為配合中國人壽保險（集團）公司改制，香港中保集團將中國人壽香港的股權轉讓予中國人壽保險（集團）公司，中人壽香港更名為中國人壽保險（海外）股份有限公司（中人壽海外），成為中國人壽保險（集團）公司的全資子公司。截至 2017 年，中人壽海外在港經營儲蓄、兒童、退休、醫療、人壽、意外及危疾保險，同年在港保費收入為 566.6 億元。

1988 年，招商局保險有限公司成立，為招商局金融集團有限公司全資附屬公司，經營財產保險、責任保險、貨物運輸保險、意外保險等一般保險業務。2017 年，其在港毛保費收入為 1.41 億元。

1994 年 4 月，中國太平洋保險公司設立全資子公司中國太平洋保險（香港）有限公司（太平洋香港），經營一般保險業務，提供意外及健康保險、汽車保險、航空航天保險、船舶保險、貨運保險、財產損壞保險、一般法律責任保險和金錢損失保險等。2017 年，太平洋香港在港的毛保費收入為 1.36 億元。

1998 年 2 月，中銀集團保險有限公司設立的中銀集團人壽保險有限公司（中銀人壽）開業，於香港經營財富管理、退休及人壽保險業務。2006 年 4 月，中銀集團保險向中銀香港（控股）有限公司出售中銀人壽 51% 股權。2010 年，中銀人壽推出香港首個人民幣保險計劃。2017 年，中銀人壽的在港保費收入為 218.09 億元。

1999 年 12 月，中國光大控股有限公司與英國標準人壽保險公司及澳洲興業保險集團合資成立標準人壽保險（亞洲）有限公司（標準人壽亞洲），經營人壽保險業務，佔股比例為 20%。2001 年，因澳洲合作伙伴破產，中國光大控股有限公司將標準人壽亞洲的持股比例升至 35%。2002 年 10 月，中國光大控股有限公司向英國標準人壽保險公司出售標準人壽亞洲 35% 股份，退出標準人壽亞洲合營。

2000 年 11 月，交通銀行股份有限公司設立中國交銀保險有限公司（交銀保險），屬交通銀行全資擁有。交銀保險提供一般保險服務，包括火險、旅遊保險、中國意外急救醫療保險、家居綜合保險、樓宇（業主）責任險、海外家傭綜合保險、汽車保險、財產保險、營業中斷保險、盜竊保險、團體醫療保險、建築工程保險、機械損壞保險及董事和行政人員責任保險等。2017 年，交銀保險在港的毛保費收入為 1.78 億元。

2001 年 10 月，中國海外保險有限公司成立，為中國海外集團有限公司的全資附屬公司。2007 年 7 月，中國建築國際集團有限公司向主要股東中國海外集團有限公司收購中國海外保險有限公司全部權益，經營險種類包括工程險、僱員賠償險、財產險、專業責任險等。2017 年在港錄得毛保費收入 2.73 億元。

2006 年，民安保險（中國）有限公司於香港設立分公司，其前身為香港民安於 1982 年 1 月開設的深圳分公司。2004 年 3 月，香港民安深圳分公司與香港 50 名獲內地專業資格的代理人簽署代理合同，成為 CEPA 框架下擁有首批在內地合法開展業務的香港代理人的保險公司，同年 5 月獲中國保監會批准改建為民安保險（中國）有限公司（民安中國）。2010 年 12 月，海口美蘭國際機場有限責任公司等六家企業購入民安中國全部股權，翌年 3 月民安中國更名為民安財產保險有限公司（民安財產）。2015 年 11 月，泛海控股股份有限公司收購民安財產 51% 股權，成為後者控股股東。2016 年 1 月，民安財產更名為亞太財產保險有限公司。亞太財產保險有限公司為全國性綜合財產保險公司，於香港及內地經營財產保險、責任保險、信用保險和意外傷害保險等業務，2017 年在港的毛保費收入為 3352.7 萬元。

2012 年 12 月，復星國際有限公司獲保監處授權，與世界銀行成員組織國際金融公司（IFC）合資成立鼎睿再保險有限公司（鼎睿再保險），並持有 85.1% 股權，為財產及意外傷亡保險公司提供再保險產品，2014 年 6 月獲保監處頒發承保長期再保險業務的牌照。2015 年，以毛保費計算，鼎睿再保險於香港再保險公司中排行第四；2016 年躋身國際保險業評級機構貝氏排名的全球再保險集團五十強。截至 2017 年 6 月，鼎睿再保險以香港為總部，為亞太區、歐洲、中東、非洲及美洲客戶提供壽險及非壽險再保險業務，同年在港錄得毛保費收入 4.38 億元。

2015 年 12 月，中國太平保險集團成立中國太平人壽保險（香港）有限公司，在港經營人壽保險及年金業務，並提供短期險儲蓄及具分紅成分的終身險產品，2017 年，中國太平人壽保險（香港）有限公司在港錄得保費收入 37.37 億元。

4. 收購保險公司

1986 年 6 月，招商局輪船股份有限公司透過與美資兆亞國際有限公司合組並持有 68% 股權的新思想有限公司，收購香港友聯銀行有限公司（友聯銀行）控股權。友聯銀行旗下設有友誼保險有限公司，1988 年 7 月更名為新聯保險有限公司。1992 年 12 月，中國平安保險公司收購新聯保險有限公司 75% 股權而更名成立的中國平安保險（香港）有限公司開業，經營一般保險業務，2014 年按毛保費收入計算，位列香港汽車保險市場第八位，2017 年在港的毛保費收入為 3.56 億元。

1987 年 12 月，福建省人民政府直屬企業福建投資企業集團公司收購泛印集團有限公司及其旗下的泛印保險有限公司。翌年 7 月，泛印保險有限公司及泛印集團有限公司分別易名為閩信保險有限公司（閩信保險）及閩信集團有限公司。閩信保險在港澳承保各種保險業務，包括人身意外險、旅遊險、家居保險、汽車險、財物險、勞工保險、公共責任險、現金險、運輸險及工程險等，2017 年在港的毛保費收入為 1471.7 萬元。

1989 年 10 月，廣東省人民政府駐港窗口公司粵海企業（集團）有限公司收購亞洲保險有限公司全資附屬公司德誠保險有限公司的 49% 股權，德誠保險有限公司易名為粵海亞洲保險有限公司。1993 年 12 月及 1994 年，粵海企業（集團）有限公司再分別向亞洲保險有限公司收購粵海亞洲保險有限公司 26% 及 15% 股權。2002 年 11 月，中國人民保險公司收購粵海亞洲保險有限公司九成股權，粵海亞洲保險有限公司更名為中國人民保險（香港）有限公司（人保香港），為中國人民保險公司首個海外經營性子公司，亞洲保險有限公司持有一成股權。2003 年 7 月，亞洲保險有限公司同意出售持有的人保香港一成股權予由亞洲保險有限公司、新加坡亞洲保險有限公司、泰國盤谷保險有限公司及印尼中亞保險有限公司合組而成的亞洲保險（投資）有限公司（亞洲保險投資）。2003 年 8 月，亞洲保險投資增持人保香港股份至 25%，餘下 75% 由中國人民保險公司持有。2006 年，亞洲保險投資成員減至三間公司，包括亞洲保險有限公司、泰國盤谷保險有限公司及印尼中亞保險有限

公司。人保香港的經營範圍涵蓋財產、船舶、貨運、汽車、信用保證、航空航天、意外健康、一般法律責任等一般保險業務，業務遍及香港、內地、澳門、台灣地區、東南亞及其他「一帶一路」沿線國家和地區。2017 年，人保香港在港的毛保費收入為 2.97 億元。

1992 年 6 月，以中國銀行為首的中資銀行共同收購步飛保險有限公司。同年 7 月，步飛保險有限公司更名為中銀集團保險有限公司（中銀集團保險），2003 年年底成為中國銀行全資附屬機構。中銀集團保險於香港經營財產保險業務，包括火險、財產一切險、現金險、船舶險、盜竊險、運輸險、汽車險、僱員賠償險、公眾責任險、建築工程全險、旅行綜合險等。2015 年，中銀集團保險在港的毛保費收入為 20.2 億元，位居香港一般保險市場第五位，2017 年在港錄得毛保費收入 21.12 億元。

1995 年，農業銀行收購捷和保險有限公司，後者成為農銀財務有限公司的全資子公司，並改稱農銀國際保險有限公司（農銀保險）。2010 年，農銀國際控股有限公司收購農銀財務有限公司持有的全部農銀保險股權。農銀保險經營財產保險業務，包括財產一切險、火險、利潤損失險、僱員賠償險、建築工程險、貨物運輸險、辦公室綜合險等，同時全資擁有農銀國際保險經紀人有限公司，經營產險、壽險及再保險經紀人業務。2017 年在港的毛保費收入為 2.18 億元。

2008 年 9 月，招商銀行股份有限公司完成收購永隆銀行有限公司 53.12% 股權，後者的全資附屬公司永隆保險有限公司，成為招商銀行集團內唯一提供一般保險服務的公司，提供旅遊保險、個人意外保險、商業保險、火險、僱員補償保險、汽車保險、建築工程保險、辦公室綜合保險、店舖綜合保險、貨運保險等。2017 年，永隆保險有限公司在港的毛保費收入為 5.33 億元。[10]

2016 年 5 月，同創九鼎投資管理集團股份有限公司（九鼎集團）完成收購歐洲富通集團全資子公司的富通保險（亞洲）有限公司。同年 9 月，富通保險（亞洲）有限公司正式更名為富通保險有限公司，經營人壽保險業務，包括終身壽險、定期壽險、投資相連壽險和意外、醫療及傷殘保險等。2017 年，富通保險在港的保費收入為 66.48 億元。[11]

2016 年 8 月，立橋集團控股有限公司完成收購豐亞保險（香港）有限公司。2017 年 6 月，豐亞保險（香港）有限公司更名為立橋保險有限公司，提供一般保險產品和服務，包括汽車、旅遊及家居保險，2017 年在港的毛保費收入為 6576.4 萬元。

2017 年 6 月，泰禾投資集團有限公司完成收購大新金融集團有限公司旗下的大新人壽保險有限公司（大新人壽）[12] 及大新保險服務有限公司，並與大新銀行有限公司簽訂 15 年獨家銀保協議。大新人壽提供人壽產品、儲蓄產品、醫療保障及投資相連壽險計劃等服務。

5. 設立專屬自保保險公司

2000 年 12 月，中國海洋石油總公司成立的中海石油保險有限公司獲保險業監理處（保監處）授權，成為香港第二間專屬自保保險人公司。中國海洋石油總公司為國營企業，於國內從事離岸探勘和開採石油及天然氣。2013 年，中海石油保險有限公司在港的毛保費收入為 14.09 億元，排行香港保險市場第九。2015 年，中海石油保險有限公司以財產損壞業務計算，位居香港一般保險市場第一，2017 年在港錄得毛保費收入 5.28 億元。

2013 年 10 月，中國石油化工集團公司（中石化集團）成立中石化保險有限公司，負責中石化集團海外資產和業務的保險統籌管理，2017 年在港錄得毛保費收入 2.76 億元。

2015 年 3 月，中國廣核集團有限公司成立的專屬自保公司中廣核保險有限公司正式開業，為中國首家核電專業自保公司，主要從事核電站運營期、工程期保險及其他一般財產保險業務，2017 年在港的毛保費收入為 1.34 億元。

二、港資外資保險機構在內地發展

內地自實行改革開放後，逐步開放保險市場，在香港經營業務的港資及外資保險以至銀行機構，透過不同形式陸續於內地拓展保險業務。1992 年，以香港為亞太區總部的美國友邦保險有限公司，獲內地頒發保險牌照，成為改革開放以來首家獲准重返內地經營的外資保險公司。

2003 年 6 月，內地與香港簽署《內地與香港關於建立更緊密經貿關係的安排》（CEPA），為香港保險業進入內地保險市場提供優惠待遇，包括在 2004 年 1 月 1 日起允許香港保險公司以合併組成集團的形式，按照內地市場准入條件（集團總資產 50 億美元以上、其中任何一家香港保險公司的經營歷史在 30 年以上，且其中任何一家香港保險公司在內地設立代表處兩年以上）進入內地保險市場；允許香港保險公司在持股比例不超過 24.9% 下參股內地保險公司，高於其他外地保險公司參股內地保險公司的 10% 最高股比，如亞洲金融集團（控股）有限公司以合組形式，設立中國人民人壽保險股份有限公司進入內地人壽保險市場；滙豐集團則以外資參股形式，入股內地保險公司，以及籌組合資企業，參與內地保險業務；2004 年 11 月 1 日起，容許香港銀行的內地分行提供代理保險服務，恒生銀行及東亞銀行等隨之相繼在內地從事代理保險業務；2008 年 1 月 1 日起，符合條件的香港保險代理公司可於內地設立獨資保險代理公司，為內地保險公司提供保險代理服務，申請者必須為香港本地的保險專業代理機構，並經營保險代理業務 10 年以上；提出申請前三年的年均業務收入不低於 50 萬元；提出申請上一年度的年末總資產不低於 50 萬元，以及於申請前三年無嚴重違規及受處罰記錄。2010 年，匯才保險代理（深圳）有限公司成為首家經 CEPA 獲取內地保險代理業務資格的港資保險代理公司。

2011 年 8 月 17 日，國務院副總理李克強訪港並出席「國家『十二五』規劃與兩地經貿金融合作發展論壇」，宣布中央政府支持香港經濟社會發展的措施，包括支持香港保險公司以設立營業機構或通過參股的方式，參與及分享內地保險市場的發展。2012 年 4 月 1 日起，根據 CEPA 補充協議八，合資格的香港保險經紀公司可於廣東省包括深圳試點設立獨資保險代理公司，條件包括申請人須在香港經營保險經紀業務 10 年以上；提出申請前 3 年的年均保險經紀業務收入不低於 50 萬元，提出申請上一年度的年末總資產不低於 50 萬元；提出申請前 3 年無嚴重違規和受處罰紀錄；及申請人在內地設立代表處時間一年以上。

2015 年 11 月 27 日，香港與內地簽署《服務貿易協議》，將服務貿易自由化的地域範圍由廣東省擴展至內地全境，允許香港的保險經紀公司在 2016 年 6 月 1 日起，按照在廣東包括深圳設立獨資保險代理公司的相同條件，在內地全境設立獨資保險代理公司。截至 2017 年 6 月 30 日，共計有 22 份由保險及保險相關服務公司提交的香港服務提供者證明書申請，在 CEPA 框架下獲得批核。

1. 友邦保險有限公司

友邦保險有限公司（友邦保險）前身為 1931 年於上海註冊成立的四海保險公司（International Assurance Company, Limited ，即 INTASCO），[13] 同年設立香港分公司。1947 年，四海保險公司將總部遷往香港，翌年更名為美國友邦保險有限公司（美國友邦），其內地業務則於 1950 年暫停營運。美國友邦於戰後在香港經營亞太區的核心業務。

1992 年 9 月，美國友邦於上海設立分公司，從而恢復內地業務，成為改革開放後內地首家獲發牌照銷售壽險的外資保險公司。美國友邦為內地引入國外的保險營銷員制度，培訓保險營銷員隊伍開拓商機，並相繼獲內地保險公司採用。

1995 年 10 月，美國友邦成立廣州分公司，成為第一家進入廣東省的外資保險機構。1999 年 10 月，美國友邦成立深圳分公司，為首家成功進入深圳的外資人壽保險公司。1999 年 11 月，設立佛山支公司。2002 年 6 月及 7 月，分別成立北京及蘇州分公司，同年 11 月於東莞及江門設立支公司。2006 年 5 月，美國友邦獲批將其業務範圍擴大至廣東省及江蘇省全省，以及於其內地分公司及支公司所在地區經營團體保險業務。同年 6 月，廣州分公司獲批更名為廣東分公司。同年 7 月，蘇州分公司更名為江蘇分公司。

2007 年，美國友邦成為內地第一家獲得合格境內機構投資者（QDII）資格的外資保險公司。2009 年，按壽險保費計算，美國友邦為內地最大的外資壽險公司。2013 年 1 月，美國友邦更名為友邦保險。2014 年 5 月，友邦保險與花旗銀行在內地市場合作，上海、北京、廣州、深圳、南京和無錫的花旗銀行可向客戶銷售友邦保險的產品。

友邦保險在內地經營人壽保險、健康保險、意外傷害保險等，以及上述業務的再保險業務，而各內地分支公司的最終控股公司為香港註冊並上市的友邦保險控股有限公司。2017年，友邦保險於內地的保險業務收入為 207.59 億元人民幣。

2. 滙豐控股有限公司

滙豐控股有限公司（滙豐控股）為滙豐集團的控股公司，1991 年在港上市，旗下滙豐保險顧問集團有限公司（滙豐保險顧問）於 2002 年 11 月，以 6 億美元（約 46.8 億元）完成收購中國平安保險股份有限公司（平安保險）股份，持股比例為 10%，為截至當時內地保險界外資參股中最大一筆交易。滙豐集團同時承諾於個人金融及保險領域向後者提供技術支援。2005 年 8 月，滙豐控股以 10.39 億美元（約 81.04 億元），完成收購平安保險9.91% 股權，令滙豐控股整體以持股 19.9% 成為平安保險最大股東，並透過後者間接於內地經營財產保險及人壽保險業務。2012 年 12 月 5 日，滙豐控股宣布悉數出售其所持的15.57% 平安保險股份，共計獲利 23 億美元（約 179.4 億元）。

此外，滙豐保險顧問亦發展內地保險經紀業務，於 2003 年 10 月與上海華域資產管理公司及北京中科築邦工程技術有限公司簽訂協議，合組北京滙豐保險經紀有限公司，並持有24.9% 股權。

滙豐控股另透過 CEPA 框架，藉銀行分行及合資保險公司進入內地保險市場。2006 年 8月，滙豐控股屬下的滙豐銀行上海分行推出代理保險業務，開始涉足內地銀行保險代理服務。2009 年 6 月，滙豐控股旗下的滙豐保險（亞洲）有限公司與國民信託投資有限公司獲中國保監會批准，於上海合資成立滙豐人壽保險有限公司（滙豐人壽），雙方分別持股50%。滙豐人壽於北京及廣東設有分公司，並經營人壽保險、健康保險、意外傷害保險及有關業務的再保險業務，2017 年的保險業務收入為 11.84 億元人民幣。

3. 亞洲金融集團（控股）有限公司

1990 年，香港商業銀行（前身為 1934 年成立的香港汕頭商業銀行）與 1959 年創立的亞洲保險有限公司（亞洲保險）合併，組成亞洲金融集團有限公司，並在港上市，主要經營保險、退休保障、醫療保健及投資業務，並為亞洲保險的唯一股東。亞洲保險主要在香港經營一般保險業務。1993 年 6 月，亞洲保險於深圳成立代表處，為進駐內地保險市場進行調查研究。2003 年 6 月，亞洲金融集團有限公司更名為亞洲金融集團（控股）有限公司（亞洲金融）。

亞洲金融先與內地保險公司合作，拓展當地的保險經紀業務。2004 年 12 月，亞洲保險與中國人保控股公司、廣東省粵電集團、日本財產保險公司、日本愛和誼保險公司等合組中人保險經紀有限公司，為全國性保險經紀機構，經營財產保險、人壽保險、再保險經紀及風險管理等業務，於 2010 年為廣東省業務規模最大的保險經紀公司，並於深圳成立分公司。

2005 年 11 月，亞洲金融與中國人保控股公司、泰國盤谷銀行及日本住友生命保險公司合

1992 年 10 月 8 日，美國友邦保險有限公司上海分公司舉行開業典禮，總裁兼首席執行官謝仕榮向媒體展示該公司的營業執照。（友邦保險控股有限公司提供）

美國友邦上海分公司於 1998 年遷入上海中山東一路 17 號大樓，成為國家實施改革開放後，上海外灘金融街上首家經營保險業務的外國金融機構。（新華社提供）

組中國人保壽險有限公司，並獲准於全國提供人壽保險服務。2007 年增資改制為中國人民人壽保險股份有限公司（中國人民人壽保險）。中國人民人壽保險主要經營人壽保險、年金保險、健康保險、意外傷害保險及相關再保險業務，並代理中國人民財產保險股份有限公司和中國人民健康保險股份有限公司的保險業務。2014 年 3 月，中國人民人壽保險與美國國際集團合資成立中美國際保險銷售服務有限責任公司，於內地全國經營保險銷售中介服務，包括人壽保險、健康保險、汽車保險、財產保險等。2017 年，中國人民人壽保險的保費收入為 1062.95 億元人民幣。

4. 匯才保險代理（深圳）有限公司

2010 年 2 月，中國保監會批准榮駿保險服務有限公司於深圳設立匯才保險代理（深圳）有限公司（匯才深圳），成為第一家經 CEPA 獲取內地保險代理業務資格的港資保險代理公司。2012 年獲中國平安保險（集團）股份有限公司委任從事人壽保險代理業務。

截至 2017 年 6 月，匯才深圳於廣東省經營包括財產保險及責任保險業務和顧問服務、僱員福利保險業務和顧問服務、風險管理顧問服務、個人理財、儲蓄計劃、退休策劃、索賠服務，以及共保及再保安排。

5. 康宏環球控股有限公司

2010 年 7 月，康宏理財控股有限公司（康宏理財）於香港聯交所上市，2014 年 9 月更名為康宏金融控股有限公司（康宏金融），2016 年 8 月更名為康宏環球控股有限公司，經營理財顧問業務。[14]

康宏理財於 2011 年 9 月收購深圳康宏保險經紀有限公司（後更名為康宏保險經紀有限公司），並於 2012 年 5 月開設深圳康宏保險經紀有限公司成都分公司，提供人壽保險及一般保險經紀服務。

2012 年 8 月，康宏理財收購江西泛誠保險代理有限公司，後改稱江西康宏泛誠保險代理有限公司，於江西從事保險代理業務。2012 年 11 月，康宏理財完成收購北京碧升保險代理有限公司（後更名為康宏碧升保險代理有限公司）共 76% 擁有權權益，成為首批透過 CEPA 進入內地保險中介市場的香港保險公司之一。

2013 年 1 月，康宏理財的附屬公司康宏中國保險代理公司獲內地批准於南京設立康宏保險銷售服務（江蘇）有限公司。同年 2 月，康宏理財宣布成功透過 CEPA 取得全國性保險代理牌照，成為第一家於內地獲發相關牌照的香港企業。2014 年 8 月，康宏理財的全資附屬公司康宏理財服務有限公司，與內地第三方理財公司金誠財富集團簽訂策略性框架合作協議，建立策略性聯盟，以透過後者的銷售網路、理財產品研發資源及客戶資源，加快在內地業務發展。

2016 年，康宏環球於內地的保險經紀業務佣金收入為 7418.3 萬元；翌年截至 6 月 30 日的同類收入為 4250.2 萬元。

6. 寰宇保險代理（上海）有限公司

2013 年 7 月，栢斯保險代理有限公司在中國保監會批准下於上海成立寰宇保險代理（上海）有限公司，為香港獨資保險代理公司，提供健康保險、人壽保險、個人意外保險、旅行保險、家居保險及企業保險等產品。2017 年 5 月，寰宇保險代理（上海）有限公司與中國人民財產保險股份有限公司合作，代理由後者承保的家居保險產品。

7. 平量行保險公估（上海）有限公司

1986 年 6 月，平量行有限公司成立，為香港首家華資英國特許保險理賠公司。2002 年 9 月，平量行有限公司經中國保監會批准，於上海成立全控股子公司 —— 平量行保險公估（上海）有限公司，成為第一家獲得中國保監會批准於內地經營的港資保險公估公司，獲授權業務範圍包括保險標的承保前的檢驗、估價及風險評估、對保險標的出險後的查勘、檢驗、估損理算及出險保險標的殘值處理，以及風險管理諮詢。

截至 2017 年 7 月，平量行保險公估（上海）有限公司於北京、廣州、深圳、澳門、成都、福州、南京、上海、蘇州和武漢均設有分公司。

8. 其他銀行保險機構

2005 年 3 月，恒生銀行、南洋商業銀行及東亞銀行獲深圳銀監局批准備案，於深圳代理售賣家庭財險、貨物運輸險及與貿易貨款標的物相關的產險。同年 11 月，東亞銀行有限公司與中國人壽保險股份有限公司簽署全面業務合作協議，東亞銀行成為後者在內地的首家港澳銀行保險兼業代理人，負責銷售保險產品、代收保費及代支保金。

截至 2006 年 2 月，恒生銀行上海及深圳分行及支行推出保險兼業代理業務，分別代理中國平安財產保險股份有限公司及民安保險（中國）有限公司的保險產品。截至 2017 年 7 月，恒生銀行於內地包括北京、廣州、深圳、上海、杭州、東莞、中山、佛山、順德、福州及天津代理銷售保險產品，包括重大疾病保險、終身壽險、年金保險、醫療保險以及投資連結保險。

9. 其他保險公司內地辦事機構

香港的保險公司透過在內地設立辦事機構，以了解及調研內地保險市場情況，並辦理申請設立外資或合資保險公司，與及在內地開辦保險業務的申請手續。

2001 年，其士保險有限公司於北京成立代辦處，以研究及拓展內地保險市場業務，並建立網絡。同年，恒生保險有限公司亦成立深圳代表處，為在華南開展業務及擁有產業的企業提供諮詢服務。2014 年 11 月，盈科拓展集團旗下的富衛人壽保險（百慕達）有限公司於上海開設代表處，以拓展內地業務關係，進行市場調查，尋找商業伙伴，準備未來進入內地保險市場。

第三節 保險資金

一、內地資金來港投保

國家實行改革開放後，香港與內地商貿往來增加。2003 年 6 月，兩地簽署《內地與香港關於建立更緊密經貿關係的安排》（CEPA），翌月自由行措施生效，便利內地旅客赴港旅遊、探親或從事商務活動。部分內地旅客同時亦在港購買保險，其投保資金推動香港保險業務發展，其佔香港保險業個人壽險業務新造保費的比例自 2006 年起有所上升，並從同年的5.3%，升至 2016 年的 39.3%，達至高峰，並在 2017 年錄得 32.6%，開始回落。

2005 年第二季起，特區政府開始公布香港保險業向內地旅客發出的新造保單保費數字（見表 13-3-1）。2006 年至 2017 年，香港保險市場的毛保費總額及個人壽險保費錄得增加，而來自內地旅客的新造保費收入亦從 28.03 億元升至 508.4 億元，年複合增長率為 30%，而金額則從 2016 年的高位開始回落；其佔個人壽險業務新造保費的比例，於 2006 年至2017 年平均為 20.4%，即香港保險市場每收取 100 元個人壽險業務新造保費，有 20 元來自內地旅客。

表 13-3-1　來自內地旅客的新造保費收入及佔比

時間	內地訪客的新造保單保費（億元）	同比增長（%）	個人壽險業務新造保單保費（億元）	佔比（%）	香港保險業務毛保費總額（億元）
2005 年（最後三季）	18.2	不適用	366.5	5.0	1373（2005 年全年）
2006 年	28.03	不適用	532.59	5.3	1560
2007 年	52.48	87.23	806.15	6.5	1972.87
2008 年	32.63	-37.82	604.17	5.4	1887
2009 年	30	-8.06	463	6.4	1846
2010 年	44	46.67	588	7.5	2050
2011 年	63	43.18	703	9.0	2337
2012 年	99	57.14	776	12.8	2633
2013 年	149	50.51	923	16.1	2995
2014 年	244	63.76	1136	21.4	3393
2015 年	316	29.51	1309	24.2	3741
2016 年	726.88	130.03	1851.46	39.3	4517
2017 年	508.40	-30.06	1558.68	32.6	4892

資料來源：　特區政府新聞公報、保險業監管局。

內地旅客在港購買保險的付款方式包括銀聯卡。2010 年 10 月，國家外匯管理局發布《國家外匯管理局關於規範銀行外幣卡管理的通知》，劃定境外包括香港的保險機構受理境內銀聯卡屬限制類交易，每筆交易的刷卡限額為 5000 美元（約 3.9 萬元）。2016 年 2 月，中國銀聯股份有限公司（中國銀聯）重申要求保險機構遵守上述規定。2016 年 10 月，中國銀聯旗下的銀聯國際有限公司發布《境外保險類商戶受理境內銀聯卡合規指引》，進一步規管內地旅客來港投保，包括禁止以銀聯卡購買儲蓄及投資性質的保險產品，嚴格落實境外保險機構單筆交易不超過 5000 美元的銀聯卡消費金額限制。

上述指引發布後，內地旅客購買香港保險的金額有所回落。2017 年第一季的內地旅客新造保費為 188.08 億元，與去年同期比較下降 20.8%，保單數目則下跌 9.3% 至 120,846 份。同年第二季的同類數字分別為 116.12 億元及 94,917 份，較去年同期下跌 38.3% 及 21.5%。

在 2017 年內地訪客購買的保險產品中，約 95% 的保單屬危疾、醫療、終身人壽、定期人壽及年金等保單，5% 屬儲蓄壽險、萬用壽險等保單。

二、內地保險資金在港運用

1996 年起，內地保險機構相繼於香港成立資產管理子公司，一方面在香港管理自家保險機構或集團的資金，另一方面從事海外投資業務，開拓內地保險資金的投資機會及配置渠道，邁向國際市場。

自 2004 年中國保險監督管理委員會（中國保監會）公布《保險外匯資金境外運用管理暫行辦法》起，中央政府逐漸放寬內地保險機構資金的運用渠道，從只限於投資國內銀行及市場至能夠參與境外投資，香港金融股票市場成為內地保險資金的最大投資目的地，讓內地保險資金走出境外，拓展運用，追求投資收益增加與分散投資風險（見表 13-3-2）。

2004 年 8 月 9 日，中國保監會與中國人民銀行聯合公布《保險外匯資金境外運用管理暫行辦法》，首次容許內地保險機構運用自有外匯資金，投資香港以及境外市場的「外國政府債券、國際金融組織債券和外國公司債券」、「中國的政府或者企業在境外發行的債券」、「銀行票據、大額可轉讓存單等貨幣市場產品」及銀行存款，但不包括境外股票。2003 年 12 月，中國人壽保險股份有限公司（中國人壽）分別在香港及紐約上市；2004 年，中國平安保險（集團）股份有限公司（平安保險）於香港上市，內地保險機構在借助香港上市集資的過程中籌得外匯資金。內地保險資金正式能夠從事境外運用。

2005 年 9 月 11 日，中國保監會公布《保險外匯資金境外運用管理暫行辦法實施細則》，在 2004 年《保險外匯資金境外運用管理暫行辦法》的基礎上，進一步准許內地保險機構的外匯資金投資於境外，包括香港證券交易所、紐約、倫敦、法蘭克福、東京及新加坡上市

表 13-3-2 內地保險資金在香港的主要投資

日期	投資項目及金額
2007 年 11 月	中國平安保險（集團）股份有限公司以策略性投資者身份，斥資 10.99 億元購買同月上市的惠理集團有限公司 1.44 億股，佔發行後股份 9%。
2009 年 5 月 15 日	中國人壽集團、中國人壽、中國人壽保險（海外）股份有限公司以 15 億美元（約 117 億元）購買中國建設銀行 27.68 億股 H 股。
2009 年 12 月 27 日	中國人壽協議以 58.19 億元，認購遠洋地產控股有限公司（遠洋地產）9.34 億股，成為其第二大股東，持股比例達 16.57%，其後於翌年 1 月 12 日，購入中國中化股份有限公司所持遠洋地產 4.23 億股，令持股比例增至 24.08%，成為遠洋地產最大股東。
2013 年 11 月 22 日	中國人壽以 30.15 億元，買入遠洋地產 6.36 億股，持有後者 29.02% 股份，為最大股東。
2015 年 4 月 10 日	廣發証券股份有限公司 H 股上市，獲華夏人壽保險股份有限公司及前海人壽保險股份有限公司分別以 7.76 億元及 3.88 億元認購 4114.16 萬股及 2057.08 萬股，兩者均為基石投資者。
2015 年 4 月	平安保險屬下的中國平安人壽保險股份有限公司以 62.97 億元入股碧桂園 22.36 億股新股，持股 9.9%。
2015 年 5 月 29 日	中國人壽集團以 17.49 億元認購康健國際醫療集團有限公司 17.85 億股，持有 23.9% 股份，成為最大股東。
2015 年 6 月 17 日	新華人壽保險股份有限公司以 27.68 億元購得方興地產（中國）有限公司（同年 9 月 更名為中國金茂控股集團有限公司）10.14 億股，並以持股 9.5% 成為第二大股東。
2015 年 12 月 7 日	安邦保險集團股份有限公司及安邦財產保險股份有限公司以 77.84 億元，購買轉讓自南豐集團的遠洋地產 20.5% 股權，涉及 15.41 億股，成為其第二大股東，再於同月 9 日，以 32.56 億元增購遠洋地產 6.51 億股，令安邦保險集團股份有限公司在遠洋地產的持股量升至 29.98%，成為最大股東。
2016 年 2 月 19 日	華夏人壽保險股份有限公司以 5.52 億元買入 2.76 億股哈爾濱銀行股份有限公司股份，同年 5 月 19 日再以 2.4 億元增持 1.2 億股，同年 7 月 13 日再以 9.74 億元增持哈爾濱銀行股份至 4.87 億股，持股達 16.1%。
2017 年 5 月 11 日	中國人壽集團以 7.78 億元購入青島港國際股份有限公司 1.8 億股 H 股。

資料來源： 各上市公司招股書、通告、年報、中期報告、新聞稿、媒體報道、香港交易所披露易網站。

的內地企業股票，並首次將結構性存款、住房抵押貸款債券，以及貨幣市場基金，納入保險外匯資金投資範圍；同時規定境外投資幣種可包括港元。內地保險機構此後相繼來港投資內地銀行 H 股。

2005 年 10 月，中國建設銀行股份有限公司在香港公開招股上市，中國保監會及國家外匯管理局特批中國人壽認購該行 2.5 億美元（約 19.5 億元）H 股，並於翌年 4 月禁售期屆滿後全數售出，帳面獲利 3.6 億元。根據中國保監會數字，截至 2005 年 12 月，已有 3.4 億美元（約 26.52 億元）內地保險資金投資於內地銀行 H 股；截至 2006 年 2 月，中國人壽及平安保險已投資超過 3 億美元（約 23.4 億港元）於中國建設銀行、交通銀行股份有限公司及中國石油化工股份有限公司的 H 股股份。

2006 年 6 月，國務院公布《國務院關於保險業改革發展的若干意見》（國十條），提出支持保險資金境外投資，提高保險資金運用水平。同月，中國銀行股份有限公司 H 股上市，獲中國人壽保險（集團）公司（中國人壽集團）、中國人壽、平安保險、泰康人壽保險股份有限公司、中國人民財產保險股份有限公司及中國太平洋保險（集團）股份有限公司投資共 6 億美元（約 46.8 億元）。2006 年 10 月，中國工商銀行股份有限公司在港上市，獲中國人壽集團及中國人壽以共 64 億元購入該行 H 股。內地保險資金既協助中資銀行在港上市發展，亦實現資金境外運用。

2007 年 7 月 25 日，中國保監會、中國人民銀行及國家外匯管理局共同發布《保險資金境外投資管理暫行辦法》，確立內地保險機構的合格境內機構投資者（QDII）的投資框架，規定內地保險機構可運用自有外匯或購匯從事境外投資，並擴大投資範圍至香港在內境外市場的股票、股票型基金、股權、股權型產品等境外權益類產品，而「投資形式或者投資品種的具體管理辦法由中國保監會另行制定」，投資總額不超過保險機構上年末總資產 15%。截至 2007 年 11 月，已有 20 家內地保險機構獲批 QDII 資格，可於國家外匯管理局批准的指定投資額度內投資港股。同年 12 月底，據中國保監會統計，內地保險業的境外投資餘額為 634.33 億元人民幣，當中港股投資 627.55 億元人民幣，佔約 98.9%，香港成為內地保險資金境外運用的最大目的地。

2010 年 8 月 11 日，中國保監會發布《關於調整保險資金投資政策有關問題的通知》，將內地保險機構投資香港市場時的股票品種，調整為公開發行並在主板上市的股票，而債券品種則調整為主板市場上市公司以及大型國有企業在港公開發行的債券。

2012 年 10 月 22 日，中國保監會發布《保險資金境外投資管理暫行辦法實施細則》，將內地保險資金的可投資範圍擴展至香港在內的 45 個國家或地區，包括貨幣市場、固定收益及權益類金融產品，不動產及境外基金，但規定內地境內保險資產受託人受託管理的保險資金只限投資香港市場。

2014 年 8 月，中國保監會發布《關於加快發展現代保險服務業的若干意見》（新國十條），提出「加大保險業支持企業『走出去』的力度」，拓展保險資金境外投資範圍。2015 年 3 月 31 日，中國保監會公布《中國保監會關於調整保險資金境外投資有關政策的通知》，准許內地保險資金投資香港創業板的股票。

在內地逐步放寬保險資金可投資地域的背景下，香港成為內地保險資金的最大境外投資目的地。根據中國保監會數字，截至 2014 年末，內地保險資金的境外投資以投資香港市場的股票及債券為主，其中港元資產佔比超過 64%。另截至 2015 年中，內地保險資金境外投資中的港元資產超過 1700 億元，約佔境外投資餘額的 67%。

2016 年 9 月 8 日，中國保監會公布《關於保險資金參與滬港通試點的監管口徑》，讓內地保險資金可以透過滬港通購買港股，而不佔用 QDII 投資額度。2017 年 6 月 30 日，中國保監會發布《保險資金參與深港通業務試點監管口徑》，允許內地保險資金通過深港通及證券投資基金投資港股通股票，為內地保險資金在港運用再闢新路。據中國保險資產管理業協會表示，保險資金通過滬港通及深港通投資港股，可有利於緩解資產配置壓力，分散投資風險、提升投資收益，以及拓寬保險資金境外投資管道。

內地保險資金透過投資香港 H 股，從中支持國家經濟發展，如中國人壽集團旗下的中國人壽資產管理有限公司，在 2017 年獲中國保監會邀請出席新聞發布會時表示，藉由參與同年 5 月，青島港國際股份有限公司的 H 股配售，已達至「支援『一帶一路』國家戰略重要節點港口的建設。以上項目以股權為紐帶，實現了『一帶一路』關鍵節點的投資布局，發揮了保險資金服務國家『一帶一路』戰略作用」。

根據中國保監會統計，自滬港通開通以來，截至 2017 年 6 月，內地保險資金已通過滬港通於港股市場投資 1743.58 億元人民幣，其中直接投資規模達 1117.46 億元人民幣，通過保險資產管理公司發起設立的保險資管產品投資規模為 626.12 億元人民幣。中國保監會於同月表示，內地保險資金投資滬港通股票的特點包括「投資標的大多為大型藍籌股，佔比超過 60%」，以及「投資行業以金融業為主，成長型、消費性行業也參與較多」。

除直接投資香港股票市場及金融產品以作資金運用，內地保險機構相繼在香港成立保險資產管理公司（見表 13-3-3），充當投資平台，將自家機構的保險資金配置到港股在內的國際市場，發揮投資效益。

根據 2015 年《中國保監會關於調整保險資金境外投資有關政策的通知》，內地保險機構於香港設立的保險資產管理公司，可將受託管理的內地保險資金，投資至香港在內並經《保險資金境外投資管理暫行辦法實施細則》規定的 45 個國家和地區。內地保險資金從中取道香港，走向國際，追求資產配置國際化及投資收益。

表 13-3-3　內地保險機構在港成立的主要保險資產管理公司

成立日期	公司名稱	所屬機構
1996 年 10 月	太平資產管理（香港）有限公司（成立時原稱中保集團資產管理有限公司。）	中國太平保險集團有限責任公司
2005 年 11 月	中國人壽富蘭克林資產管理有限公司 [①]	中國人壽保險（集團）公司
2006 年 5 月	中國平安資產管理（香港）有限公司	中國平安保險（集團）股份有限公司
2007 年 6 月	華泰資產管理（香港）有限公司	華泰保險集團股份有限公司
2007 年 11 月	泰康資產管理（香港）有限公司	泰康保險集團股份有限公司
2010 年 2 月	中國太保投資管理（香港）有限公司	中國太平洋保險（集團）股份有限公司
2011 年 12 月	安邦資產管理（香港）有限公司	安邦保險集團股份有限公司
2012 年 12 月	富德資產管理（香港）有限公司	富德控股（集團）有限公司
2013 年 12 月	新華資產管理（香港）有限公司	新華人壽保險股份有限公司
2014 年 6 月	中國人保香港資產管理有限公司	中國人民保險集團股份有限公司
2015 年 1 月	中再資產管理（香港）有限公司	中國再保險（集團）股份有限公司

資料來源：　各公司網站、年報、新聞稿、公司註冊處、香港交易所披露易網站、媒體報道。

① 　原稱「中國人壽資產管理（香港）有限公司」，2007 年 1 月起，改以中國人壽富蘭克林資產管理有限公司名義營運。公司由中國人壽資產管理有限公司、富蘭克林鄧普頓戰略投資公司及中國人壽保險（海外）股份有限公司三方合資組成，是首家在香港成立，有內地保險背景的中外合資資產管理公司。

第四節 保險監管與培訓

一、兩地監管合作

國家實行改革開放後，香港與內地的保險業監管機構及自律規管團體，透過會議及簽訂協議，針對不同範疇進行監管合作，包括打擊未獲內地政府准許於內地銷售保險而衍生的非法境外保單問題、反跨境保險欺詐、規管保險資金運用，交流保險監管經驗，以及推動兩地償付能力監管制度的等效互認。

1991 年 4 月 9 日至 14 日，香港保險業聯會與香港保險學會合組承保商代表團，到北京及上海，分別訪問中國人民保險公司及中國保險學會，代表團期間分享香港的保險監管制度，以及香港保險業的發展狀況。

1992 年 5 月 25 日至 29 日，中國人民保險公司副董事長宋國華率領五人內地保險代表團訪港，與香港保險業聯會及香港保險學會會面，談及香港保險業的自律規管制度，以及內地的保險法規立法進展。

1993 年 4 月，香港保險業聯會組團訪問北京及上海，與內地保險業界會面，其間分享香港保險業的監管情況，以及了解內地起草保險法的進展。

2000 年 3 月 14 日、3 月 16 日及 5 月 19 日，保險業監理專員鄧國斌先後官式訪問中國保監會北京總部[15]、上海保險監管辦公室（上海保監辦），以及廣州保險監管辦公室（廣州保監辦）。訪問期間，鄧國斌獲中國保監會主席馬永偉、上海保監辦主任周延禮，以及廣州保監辦主任魏迎寧接待，他們就香港與內地各自的保險監管制度、法例發展及市場情況交流，並曾討論網上保險銷售與中國加入世貿對內地保險業的影響。

2001 年 7 月 7 日，中國保監會副主席吳小平率團訪問保監處，團員包括廣州、深圳，成都及南京保險監管辦公室的代表，雙方就香港與內地保險業的發展情況交換意見，並磋商加強雙方聯繫。

2001 年 11 月 22 日至 23 日，在中國加入世界貿易組織前夕，中國保監會於北京主辦「中國保險市場與 WTO 國際高峰會議」，讓國際的保險業監管者交流有關開放中國保險市場的意見。保險業監理專員鄧國斌獲邀出席並發表「有效規管香港保險市場」演說，同時獲國務院副總理溫家寶接見。

2002 年 11 月 22 日，第二次粵港澳深保險監管聯席會議在港舉行，與會者（由左至右）包括深圳保監辦副主任謝憲、廣州保監辦副主任曾祥威、香港保險業監理專員鄧國斌及澳門金融管理局專員、執行董事潘志輝。（香港特別行政區政府提供）

2002 年 2 月 28 日，首次粤港澳深保險監管聯席會議於廣州舉行；同年 11 月 22 日，第二次粤港澳深保險監管聯席會議於香港舉行，為四地首次就違規向內地居民銷售境外保單問題進行溝通及監管合作，並強調任何在香港已獲授權的保險公司或其委任代理人，必須取得中國保監會許可，並遵從許可證的經營範圍，方能於內地經營保險業務，否則即屬違規。保監處同時表示，已要求香港保險公司遵守經營所在地的法律，並加強實地審查，確保保險公司向內地居民銷售保單的行為有足夠及適當的內部監控。

2003 年 8 月 15 日，第三次粤港澳深保險監管聯席會議在深圳召開，香港及其他三地代表討論在 CEPA 框架下加強四地的保險監管合作及共同促進四地保險業健康發展，同時鼓勵符合條件的香港保險公司及保險從業人員在 CEPA 框架下進入廣東及深圳保險市場。截至 2017 年 7 月 1 日，粤港澳深保險監管聯席會議已舉行至第十六屆，粤港澳深四地一直通過聯席會議，就四地保險業發展及監管等共同關注的議題交換意見，以促進四地保險業在風險可控下共同發展，並配合國家政策，對其後的粤港合作建立堅實的合作平台。

2004 年 11 月 25 及 26 日，保監處參與在北京舉行的保險業資金運用研討會，保險業監理專員袁銘輝作為研討會講者之一，在會上發表題為「從規管角度看保險公司投資香港的證券市場」的演説，分享香港保險監管機構的視野。

2004 年 11 月 26 日，特區政府與中國保監會於北京簽署《中國保險監督管理委員會與香港特別行政區保險業監督保險監管合作協議》，涉及兩地保險監管機構之間的保險監管法規

2004 年 11 月 26 日，香港保險業監理專員袁銘輝（右）與中國保險監督管理委員會副主席李克穆（左）於北京簽署《中國保險監督管理委員會與香港特別行政區保險業監督保險監管合作協議》。（香港特別行政區政府提供）

交流、交換資訊、調查支援、互訪與合作，以促進彼此溝通，提高各自對保險市場的監管能力。

2005 年 5 月 23 日，保監處出席中國保監會於北京主辦題為「現代保險監管體系建設」的中國保險國際論壇，會中，保監處與中國保監會以及其他 12 個國家或地區的保險監管機構原則上通過一項北京宣言，提升相互規管合作共同推動亞洲區的保險業發展。

2006 年起，香港以始創成員身份，開始參與由中國保險監管部門首倡建立的亞洲保險監督官論壇年會。亞洲保險監督官論壇為亞洲區首個保險監管合作機制，旨在促進亞洲區域保險監管信息交流及監管合作、代表亞洲參與國際保險監管改革、於國際發出亞洲聲音，反映亞洲訴求，從而推動亞洲區域保險市場健康及穩定發展，並逐漸發展為促進亞太地區保險監管機構之間資訊交流、知識發放和能力建設的多邊平台，以加強亞太地區的監管能力及金融穩定。截至 2017 年 7 月 1 日，亞洲保險監督官論壇已舉行 12 次會議，香港每次均有出席，響應由國家發起，就亞太地區保險監管事宜的交流，在會上向其他成員分享有關香港保險業的監管框架及發展。

內地政府逐步放寬內地保險資金境外運用，包括到香港投資，並在 2007 年頒布《保險資金境外投資管理暫行辦法》，確立內地保險機構的合格境內機構投資者（QDII）身份，2008 年 3 月 27 日，香港證券及期貨事務監察委員會（證監會）與中國保監會於北京簽訂監管合作諒解協議，為首個關於內地保險資金境外運用的監管合作協議，涵蓋效力範圍、信息共享、信息使用、溝通機制，並議定雙方互相提供監管協助，包括交換各自持牌機構的信息，證監會相信協議讓內地保險公司運用香港作為推動建立投資及資產管理活動的平台，推進內地保險資金境外運用。

2008 年 4 月 17 日，保險業監理專員張雲正造訪深圳保監局，並與深圳保監局局長孟龍會面，雙方就保監處與保監局加強保險監管合作交換意見，並互相提供兩地保險市場發展的最新資料。

2008 年 8 月，保險業監理專員張雲正獲中國保監會廣東監管局委任為廣東保險業決策諮詢顧問，因香港作為國際金融中心，加上保險業發展成熟及在保險監管方面有良好的聲譽，故保監處被邀請推薦一名專家加入廣東保險業決策諮詢顧問團隊。顧問主要針對廣東保險業發展中帶有前瞻性、宏觀性、綜合性的議題進行研究和作出建議，並為港粵兩地保險監管部門和行業提供交流平台。

隨着內地居民到香港購買保單的金額上升，2013 年 5 月 1 日起，香港保險索償投訴局納入內地投保人至其服務範圍，接受在香港購買保單的內地居民對香港保險公司的投訴。

2014 年 12 月 18 日，保監處、中國保監會及澳門金融管理局於澳門簽訂合作協議，以

便三方互相提供協助和信息交流，提高三地保險監管機構在打擊跨境保險欺詐的監管及合作，履行對保險欺詐風險的監管職能，保護投保人權益。

2016 年 5 月 11 日，中國保監會發布《關於加強對非法銷售境外保險產品行為監管工作的通知》，要求內地各保監局高度重視打擊非法銷售境外保險產品的工作。2016 年 7 月，保監處向經營長期業務的香港保險公司發出通函，要求內地居民在購買香港保險時，額外簽署內地人士在港投購人身／壽險保單重要資料聲明書（聲明書），以提醒他們在香港投保時應考慮的因素及風險，包括整份保單的銷售過程及簽署必須在香港境內進行，同時列明有關保單若是在內地銷售，可能違反內地法規。聲明書於同年 9 月 1 日起生效。

2017 年 5 月 16 日，保監處與中國保監會於北京簽署《關於開展償付能力監管制度等效評估工作的框架協議》，在中國風險導向償付能力體系（償二代）實施下，開展香港與內地的保險償付能力監管制度等效評估工作，以實現兩地償付能力監管制度的等效互認，為雙方保險業提供監管便利，避免兩地監管重疊。兩地在協議下同意評估工作設四年過渡期，其間暫時承認對方的保險公司償付能力監管效能與己方的等同或相近，並在等效互認基礎上，讓雙方考慮給予對方業界優惠，加強兩地保險業合作。同年 7 月，財經事務及庫務局表示，香港保監局將以上述協議為基礎，向中國保監會爭取在內地保險公司分出業務予香港的再保險公司時，內地的保險公司可享有較低的資本額要求，讓香港的再保險公司爭取承保內地分出的保險業務時更具競爭力，以助香港發展為大灣區內的再保險中心。

截至 2017 年 6 月，香港保險業聯會曾在港接待內地多個保險相關機構及保險行業協會，包括中國保監會、中國保險行業協會、中國保險學會、北京保險行業協會、上海洋面保險公會、上海保險交易所、深圳市保險同業公會、深圳市保險消費者權益服務中心、江蘇省保險學會、湖南省保險行業協會、重慶市保險行業協會、山東省保險行業協會、四川省保險行業協會等，並在會上向到訪機構介紹香港的保險法規及監管制度，包括香港保險業的自律監管機制及其運作。

2017 年 6 月 26 日起，臨時保監局正名為保監局，接替同日解散的保監處，開始規管香港保險公司，並繼續與內地保險監管機構就保險監管事宜聯繫及合作。

二、人才培訓

1. 兩地監管機構培訓安排

1997 年，保監處與中國人民銀行就培訓職員及交換監管資訊事宜簽訂工作協議。在中國保監會於 1998 年 11 月成立前，保監處與中國人民銀行保持緊密聯繫，就提高保險業監管水平及人才培訓方面，互相交流經驗和心得。

2002 年 5 月 27 日至 6 月 14 日，保監處首次為中國保監會的代表團舉辦為期三星期的培訓課程，分享香港的規管架構以及監管保險業的經驗，如監察保險公司的財政狀況，並安排代表團訪問香港保險業的自律規管團體。[16] 2002 年 10 月 18 日至 2003 年 1 月 10 日，保監處再為中國保監會人員舉辦了另一次培訓課程。

2008 年 11 月 4 日及 5 日，保監處為協助推廣小額保險及向中國保監會人員講解專屬自保保險的實質好處，於北京與中國保監會聯合舉辦兩場關於小額保險及專屬自保保險的交流會，並由小額保險及專屬自保保險專家擔任講者，跟與會者交換意見。

2010 年 11 月 12 日，保監處於北京舉行題為「企業走出去：加強風險管理、善用香港優勢」的專屬自保保險研討會，並獲中國保監會、內地企業參與，安排來自國際機構及保險經紀公司的專屬自保保險專家主講，探討善用專屬自保保險作為風險管理的措施及選擇在香港成立專屬自保保險公司的優勢。

2012 年 6 月及 11 月、2013 年 6 月 11 日、2014 年 9 月，以及 2016 年 11 月 28 日，保監處均於香港協辦為中國保監會人員而設的培訓班。

保監處除培訓內地保險監管機構人員，亦派員前往內地接受培訓。2000 年 4 月起，保監處實施「持續專業培訓計劃」，規定保險業監察主任職系人員必須在每兩個財政年度內，完成最少80 小時的進修。2001 年至 2016 年，保監處曾派員到內地清華大學及北京大學接受培訓。

2. 內地保險人員資格考試安排

2001 年，中國保監會廣州保監辦公布，允許年滿 18 歲並具高中以上或同等學歷，且未受過法律處罰的香港特區中國公民，向廣州保監辦報名參加保險代理人資格考試，及格者將獲發《保險代理人資格證書》，可於獲得內地授權保險機構委任及申領《保險代理人展業證書》（展業證書）後，在內地從事保險代理業務。

2004 年 1 月 1 日起生效的 CEPA，規定香港居民如獲內地保險從業資格並受聘於內地的保險營業機構，則獲准於內地從事相關保險業務。2004 年 2 月 17 日，保監處出席於北京舉行的 CEPA 專業人士資格互認高層會議，並與中國保監會簽署合作協議，允許香港居民在香港報名參加於深圳舉行的內地保險中介從業人員基本資格考試，雙方亦原則上同意在香港設立考試點。

2007 年 6 月 29 日，內地與香港簽訂 CEPA 補充協議四，為保險業帶來更多開放措施，包括在港設立內地保險中介資格考試考點，以便香港居民在港取得於內地保險中介業務工作所需的最基本從業資格。

2008 年 3 月 31 日起，香港居民可向獲中國保監會委任為指定主考機構的職業訓練局，報名在港參加中國保險業保險中介從業人員資格考試（資格考試）。資格考試設保險代理、保

險經紀及保險公估從業人員三份試卷，分別讓希望於內地從事保險代理、保險經紀及保險公估者報考。及格者在獲發資格證書後，必須受聘於內地獲授權的保險公司或保險中介機構，並在取得展業證書後，方可在內地從事有關保險工作。

2015 年 7 月起，職業訓練局因應內地政策改動，停辦資格考試。2015 年 8 月 18 日，中國保監會公布《中國保監會關於保險中介從業人員管理有關問題的通知》，取消內地保險代理、保險經紀及保險公估從業人員的資格考試，資格證書不再成為從業人員執業登記的必要條件。

注釋

1　1996 年成立的中國人民保險（集團）公司於 1998 年 10 月恢復中國人民保險公司名稱；2003 年 7 月更名為中國人保控股公司，2007 年 6 月更名為中國人民保險集團公司。

2　1929 年，太平水火保險公司在上海成立，1933 年更名為太平保險股份有限公司，1935 年在港設立分公司；1931 年，中國保險股份有限公司於上海成立，1938 年設立香港分公司。1949 年 10 月，香港民安保險有限公司於香港成立。1956 年，根據國家安排，太平保險及中國保險停辦國內業務，專營港澳及海外保險業務。

3　2013 年 7 月，中國太平保險集團公司更名為「中國太平保險集團有限責任公司」（中國太平集團）。

4　香港民安於 2009 年 12 月更名為中國太平保險（香港）有限公司；中國再保險（香港）有限公司於 1999 年 7 月更名為中國國際再保險有限公司，再於 2009 年 8 月更名為太平再保險有限公司。

5　1998 年 10 月，中保財產保險有限公司改稱中國人民保險公司，2003 年 7 月更名為中國人保控股公司。中國人民財產保險股份有限公司為中國人保控股公司屬下機構。2007 年，中國人保控股公司更名為中國人民保險集團公司；2009 年 9 月改制為中國人民保險集團股份有限公司，從傳統國有企業轉變成現代國有控股金融保險集團。

6　1999 年 1 月，中保人壽保險有限公司更名中國人壽保險公司，再於 2003 年 6 月重組成中國人壽保險（集團）公司，中國人壽保險股份有限公司為其屬下公司。

7　平安保險公司於 1988 年 3 月成立，1992 年 6 月更名為中國平安保險公司，1997 年 1 月更名為中國平安保險股份有限公司，2003 年 2 月完成分業重組改為中國平安保險（集團）股份有限公司。

8　1991 年 5 月，中國太平洋保險公司於上海成立，2001 年 10 月改組為中國太平洋保險（集團）股份有限公司。

9　中國再保險（集團）股份有限公司前身為中保再保險有限公司，1999 年 3 月更名為中國再保險公司，2003 年更名為中國再保險（集團）公司，2007 年改制為中國再保險（集團）股份有限公司。

10　2018 年，永隆保險有限公司更名為招商永隆保險有限公司。

11　2019 年 11 月 1 日起，富通保險成為新創建集團有限公司的間接全資附屬公司。

12　2017 年 11 月，大新人壽更名為泰禾人壽保險有限公司。

13　美國友邦的母公司美國國際集團（AIG）的亞洲業務源於 1919 年在上海創立的美亞保險公司（AAU）。2008 年金融海嘯後，美國國際集團面臨財困，需重組業務，並於 2010 年 10 月 29 日分拆美國友邦，以友邦保險控股有限公司名義，於香港聯合交易所有限公司主板上市。美國國際集團於 2012 年出售全數持有的友邦保險控股有限公司股份。

14　2021 年 5 月 4 日起，香港聯合交易所有限公司取消康宏環球控股有限公司的上市地位。

15　2018 年 4 月，整合中國保監會及中國銀行業監督管理委員會職責的中國銀行保險監督管理委員會成立，不再保留中國保監會。

16　1995 年 6 月 30 日起，根據《保險公司條例》第 X 部開始實施的自律規管制度，香港保險中介人須獲三個自律規管機構中的一個登記及受其規管，包括香港保險業聯會轄下的保險代理登記委員會、香港保險顧問聯會和香港專業保險經紀協會。2019 年 9 月 23 日起，保險業監管局（保監局）接管三間自律規管機構的監管職能，直接規管香港保險中介人（包括保險代理及保險經紀）。